Grundkenntnisse Metallbauer und Konstruktionsmechaniker

Lernfelder 1–4

Josef Moos (Herausgeber)
Nina Bräu
Hans Werner Wagenleiter
Peter Wollinger

5., völlig überarbeitete Auflage

HANDWERK UND TECHNIK – HAMBURG

ISBN 978-3-582-89870-8 Best.-Nr. 31971

Die Normblattangaben werden wiedergegeben mit Erlaubnis des DIN Deutsches Institut für Normung e.V. Maßgebend für das Anwenden der Norm ist deren Fassung mit dem neuesten Ausgabedatum, die bei der Beuth Verlag GmbH, Burggrafenstraße 6, 10787 Berlin, erhältlich ist.

Umschlagmotive: TRUMPF Schweiz AG, CH-Grüsch (1); EMCO Maier GmbH, A-Hallein-Taxach (2); AIR LIQUIDE Deutschland GmbH, Krefeld (3); Schüco International KG, Bielefeld (4)

Verlag Handwerk und Technik GmbH,
Lademannbogen 135, 22339 Hamburg; Postfach 63 05 00, 22331 Hamburg – 2020
E-Mail: info@handwerk-technik.de – Internet: www.handwerk-technik.de

Satz und Layout: CMS – Cross Media Solutions GmbH, 97082 Würzburg
Zeichnungen: nach Vorlagen ausgeführt von Dipl. Ing. Manfred Appel, A & I Planungsgruppe, 23570 Lübeck
Druck: Himmer GmbH Druckerei & Verlag, 86167 Augsburg

Vorwort

Der die Berufsausbildung begleitende fachliche Unterricht in der Berufsschule ist in Lernfelder gegliedert und so den Erfordernissen einer zukunftsweisenden beruflichen Tätigkeit angepasst. Das bewährte und jetzt gründlich überarbeitete Werk **Grundkenntnisse für Metallbauer und Konstruktionsmechaniker** folgt in seiner Konzeption den Inhalten der Lernfelder für diese beiden sehr ähnlichen Ausbildungsberufe, ohne eine Fachsystematik ganz aufzugeben. Das Lehrbuch vereint so in einem Band die fachlichen Inhalte des ersten Ausbildungsjahres und ist besonders geeignet für

- Metallbauer und Metallbauerinnen im Handwerk
- Konstruktionsmechaniker und Konstruktionsmechanikerinnen in der Industrie
- Maschinenbauer und Maschinenbauerinnen

sowie den mit ihnen eng verwandten Monoberufen im Handwerk, wie Metallbauhelfer und -helferinnen.

Den vier Lernfeldern ist eine Einführung vorangestellt, die von der Geschichte der Ausbildungsberufe, der Organisation von Unternehmen, den Präsentations- und Lerntechniken über das Qualitätsmanagement bis hin zum Arbeits- und Gesundheitsschutz im Betrieb all die Gebiete zusammenfasst, die lernfeldübergreifend von grundlegender Bedeutung für die Einführung in die Arbeitswelt und für die Berufstätigkeit in Betrieben und auf Baustellen des Metallhandwerks und des industriellen Stahlbaus von zeitloser Bedeutung sind. Es folgen die weiteren lernfeldübergreifenden Kapitel Technische Kommunikation, Theoretische Grundlagen und Werkstofftechnik.

Die vier Lernfelder sind deutlich gekennzeichnet und können deshalb sowohl in anderer Reihenfolge als auch parallel im Unterricht behandelt werden. Auch können Auszubildende beim Selbststudium mit diesem Buch ihre persönlichen Akzente setzen.

Wo immer passend, wird durch kleine, der Arbeitswelt entnommene Projekte ein handlungs- und projektorentierter Unterricht ermöglicht, wobei auch Wert auf die Fachsystematik gelegt wird. Damit wird eine enge Verzahnung von Berufspraxis und den dazu notwendigen theoretischen Grundlagen gesichert. Die für eine erfolgreiche Tätigkeit in Metallberufen elementaren Kenntnisse in Technischer Kommunikation und Fachmathematik sind den Lernfeldern vorangestellt und auch in den einzelnen Lernfeldern an geeigneter Stelle eingebunden. Die in Industrie und Handwerk immer wichtiger werdende Automatisierung durch Steuerungs- und Regelungstechnik ist in einem eigenen Kapitel in Lernfeld 3 behandelt. Die zunehmende Internationalisierung der Arbeitswelt macht es sinnvoll, bereits in der Grundstufe fachbezogenes Englisch anzubieten. Die kurzen Texte fassen die Lerninhalte einzelner Kapitel zusammen und eignen sich deshalb auch zur Wiederholung und Festigung von Lern- und Arbeitsgebieten.

Der Umfang des Werkes ergibt sich aus der Zielsetzung, den Lehrplänen aller Bundesländer sowie den breit gestreuten Arbeitsgebieten der beiden Zielgruppen gerecht zu werden. So ist es möglich, dass in einzelnen Lernfeldern auch mehrere Lehrerinnen und Lehrer durch die Auswahlmöglichkeiten in den Inhalten und vielfältigen Aufgaben zur Sicherung des Ausbildungserfolgs bei den Auszubildenden für die Berufe Metallbauer und Konstruktionsmechaniker beitragen.

Verlag und Autoren wünschen den Auszubildenden einen erfolgreichen Einstieg in die Beruf- und Arbeitswelt und danken für Wünsche und konstruktive Anregungen.

Autoren und Verlag

Bildquellen

Autoren und Verlag danken den genannten Firmen, Institutionen und Personen für die Überlassung von Vorlagen bzw. Abdruckgenehmigungen folgender Abbildungen:

AB Forma GmbH, Bad Zwischenahn: S. 267.1, 4a+b, 5, 6, 7 – **Adolf Würth GmbH & Co. KG**, Künzelsau-Gaisbach: S. 255.1, 2a–j – **AIR LIQUIDE Deutschland GmbH**, Krefeld: S. 285.2a; 286.1a; 287.1, 2b; 288.1b; 289.3a – **Alfred Schellenberg GmbH**, Siegen: S. 379.1 – **ALPEN-MAYKESTAG GmbH**, A-Puch: S. 217.3a – **ALZMETALL Werkzeugmaschinenfabrik und Gießerei Friedrich GmbH & Co. KG**, Altenmarkt: S. 368.1 – **Arnz FLOTT GmbH Werkzeugmaschinen**, Remscheid: S. 361.1; 390.2a – **August Rüggeberg GmbH & Co. KG PFERD-Werkzeuge**, Marienheide: S. 157.2a–f – **Balluff GmbH**, Neuhausen auf den Fildern: S. 335.3 – **Bergmoser + Höller Verlag AG**, Aachen: S. 16.1 – **BESSEY Tool GmbH & Co. KG**, Bietigheim-Bissingen: S. 160.1; 163.7a+b, 8a+b, 9, 10a+b – **Böllhoff Gruppe**, Bielefeld: S. 266.1a, 3, 4a+b; 267.2, 3a–e – **Christof Braun**, Dortmund: S. 362.2; 376.1a–c – **bwz Schwingungstechnik GmbH**, Ostfildern: S. 274.1 – **Columbus McKinnon Industrial Products GmbH**, Wuppertal: S. 355.1 – **Josef Demmelmaier**, Langenpettenbach: S. 126.2 – **Deutsches Kupferinstitut Berufsverband e.V**, Düsseldorf: S. 121.2a; 139.1, 2 – **3M Deutschland GmbH**, Neuss – 3M™ Speedglas™ Schweißmaske & Automatikschweißfilter 9002NC: S. 297.2 – **Einhell Germany AG**, Landau/Isar: S. 292.3 – **EMCO Maier GmbH**, A-Hallein-Taxach: S. 4.1, 210.4 – **EMIL LUX GmbH & Co. KG**, Wermelskirchen: S. 154.2b – **Engel Oberflächentechnik GmbH**, Pohlheim: S. 374.2b – **EWM AG**, Mündersbach: S. 293.2 – **FELDER GMBH**, Oberhausen: S. 121.1a–e – ©Festo SE & Co. KG, alle Rechte vorbehalten: S. 317.1d; 348.1c – **fischerwerke GmbH & Co. KG**, Walmdachtal: S. 277.2b+c; 370.2 – **GEDORE GmbH**, Remscheid: S. 173.2a – **GEFAS Safety GmbH**, A-Wien: S. 289.1 – **Georg Fischer Fittings GmbH**, A-Traisen: S. 263.3c – **Glas Trösch GmbH**, Ulm: S. 145.2 – **GLASER GmbH & Co. KG**, Bamberg: S. 172.1 – **GLUNZ Technik GmbH**, Recklinghausen: S. 186.1 – **Reiner Haffer**, Dautphetal: S. 57.1a+c; 113.2; 120.4c; 177.1; 179.1; 180.1a+b; 183.3; 184.1, 5; 247.3; 248.4, 5a+b; 249.1, 2a+b – **HAZET-WERK – Hermann Zerver GmbH & Co. KG**, Remscheid: S. 265.3 – **HELIOS-PREISSER GmbH**, Gammertingen: S. 184.3 – **Henkel AG & Co. KGaA**, Düsseldorf: S. 257.1 – **Hesse & Co Maschinenfabrik GmbH**, A-Wiener Neudorf: S. 232.1a–g – **Hommel Hercules Werkzeughandel GmbH & Co. KG**, Viernheim: S. 217.3b – **IBP GmbH – Conex | Bänninger**, Linden: S. 273.1 – **Jansen AG** – Janisol HI Türe, CH-Oberriet: S. 126.3a – **Kasto Maschinenbau GmbH & Co. KG**, Achern: S. 204.2, 3; 204.3; 205 oben links; 307.2 – **KNUTH Werkzeugmaschinen GmbH**, Wasbek: S. 216.1a+b – **KUNZMANN Maschinenbau GmbH**, Remchingen: S. 4.3 – **Ludwig Hunger Werkzeug- und Maschinenfabrik GmbH**, München: S. 204.1a+b – **MAHLER GmbH**, Plochingen: S. 269.1 – **Mahr GmbH**, Göttingen: S. 247.4 – **MASC Bauartikel Vertriebs GmbH**, Vöhringen: S. 166.1b – **MASCHINENFABRIK RUDOLF SCHÖBERL Gesellschaft m.b.H. & Co. KG.**, A-Perg: S. 306.1; 348.1a – **Mäule und Beck GmbH & Co.KG**, Stuttgart: S. 357.1 – **maurer.eu**: S. 126.1 – **Messer Cutting Systems GmbH**, Groß-Umstadt: S. 73.1 – **Metabowerke GmbH**, Nürtingen: S. 227.1a–d, 2; 268.1a; 390.1 – **Mitutoyo Deutschland GmbH**, Neuss: S. 177.3; 178.4, 5; 247.1 – **Reiner Möller**, Lübeck: S. 394.1 – **MONTANSTAHL AG**, CH-Stabio: S. 126.3b–d – **MORADELLI GmbH**, Ismaning: S. 130.2 – **Moradelli-Lochbleche**/Foto: Peter Junginger: S. 129.3 – **Josef Moos**, Eching: S. 2.1, 2, 3, 4; 3.1, 2, 3, 4, 5; 5.1, 2; 21.1, 2, 3; 119.1, 2; 122.1; 136.1, 2; 138.1; 140.1, 2; 141.2; 144.1, 2; 362.1; 374.1, 2a, 2c – **MTS Mathematisch Technische Software-Entwicklung GmbH**, Berlin: S. 210.2 – **Nedo GmbH & Co. KG**, Dornstetten: S. 186.2, 5; 187.1 – **Gunter Offterdinger**, Niefern-Öschelbronn: S. 290.1a; 379.3; 380.1a; 380.2; 380.2 Spalte oben; 382.1; 382.4a; 383.1; 383.2; 383.3a; 384.1a; 386.1; 386 oben links; 389.3 – **Perkeo-Werk GmbH & Co.KG**, Schwieberdingen: S. 268.1b; 272.1a+c – **PWA HandelsgesmbH, Bernardo**, A-Linz: S. 208.1; 231.1c – **RAS Reinhardt Maschinenbau GmbH**, Sindelfingen: S. 174.1a–f; 308.1 – **RB-Messwerkzeuge GmbH**, Albstadt: S. 182.3a – **REMS GmbH & Co KG**, Waiblingen: S. 155.2c; 159.1; 389.1c – **RK Rose+Krieger GmbH**, Minden: S. 138.2 – **Robert Bosch Power Tools GmbH**, Leinfelden-Echterdingen: S. 155.2a+b; 226.2a+b; 389.1a+b – **RÖHM GmbH**, Sontheim: S. 201.5a – **ROTHENBERGER Werkzeuge GmbH**, Kelkheim: S. 171.2a–c; 272.1b; 292.2 – **SAEILO GmbH**, Wetzlar: S. 210.1 – **Schechtl Maschinenbau GmbH**, Edling: S. 173.3b – **Schröder-Fasti Technologie GmbH**, Wermelskirchen: S. 231.1a – **Schüco International KG**, Bielefeld: S. 142.4 – **Shutterstock Images LLC**, New York, USA: S. 79.1 ©Leo Pakhomov; 156.1 ©Monkey Business Images; 326.1a ©ElRoi; 390.3a ©mipan – **SNA Europe [Deutschland] ein Geschäftsbereich der SNA Germany GmbH**, Mettmann: S. 155.1a–e – **Stanley Black & Decker Deutschland GmbH**, Idstein: S. 189.2b – **Stock.adobe.com**: S. 266.2 ©2 HeikoR – **SWM Maschinen Werkzeugmaschinen**, Mosbach: S. 213.1 – **technische teile vertrieb GmbH**, Illertissen: S. 120.4b – **TECHNOLIT® GmbH**, Großenlüder: S. 285.2b – **Thoman Biegemaschinen GmbH**, Breisach-Oberrimsingen: S. 172.2a+b – **TRUMPF GmbH + Co. KG**, Ditzingen: S. 15.1 – **TRUMPF Schweiz AG**, CH-Grüsch: S. 165.1, 2, 3, 4, 5, 6 – **Umweltbundesamt**, Dessau: S. 146.1 – **Universität Ulm**, Studienkomission Physik: S. 141.1 – **Hans Werner Wagenleiter**, Mülheim a. d. R.: S. 89.1; 109.1; 374.5; 376.2c; 384.2; 388.1, 2 – **Weiler Werkzeugmaschinen GmbH**, Emskirchen: S. 209.5 – **Wilhelm Hundt GmbH**, Wuppertal: S. 166.1a – **WILO SE**, Dortmund: S. 389.2 – **WITT-GASETECHNIK GmbH & Co KG**, Witten: S. 289.2a+b – **WOLTERSDORF Schweißmaschinen GmbH**, Woltersdorf: S. 292.1 – **ZINSER GmbH**, Albershausen: S. 304.1 – **Zopf Biegemaschinen GmbH**, Haldenwang: S. 173.2b

Inhaltsübersicht

Lernfeldübergreifende Inhalte

Lernfelder

Inhaltsverzeichnis

Lernfeldübergreifende Inhalte

Kapitel A: Metallberufe – Allgemeines

Kapitel K: Technische Kommunikation – Arbeitsplanung

Kapitel G: Grundlagen technischer Berechnungen

Kapitel W: Werkstofftechnik

Lernfelder

Lernfeld 1: Fertigen von Bauelementen mit handgeführten Werkzeugen

Lernfeld 2: Fertigen von Bauelementen mit Maschinen

Lernfeld 3: Herstellen von einfachen Baugruppen

Lernfeld 4: Warten technischer Systeme

Lernfeldübergreifende Inhalte

Kapitel A: Metallberufe – Allgemeines

1 Geschichte Ihres Berufes

Der von Ihnen gewählte Beruf, ob Metallbauer, Konstruktionsmechaniker oder ein anderer Metallberuf, hat eine lange Geschichte und Tradition. Gemeinsame „Wurzel" aller Metallberufe ist der Schmied, er gilt als ihr „Urvater" und war schon im Altertum bekannt. Vor 5000 Jahren bearbeitete er nur Kupfer, später Bronze und Eisen und musste sich dieses sogar selbst aus Erz erschmelzen. Im Laufe der Jahrhunderte spezialisierte sich der Schmied, mit neuen Werkstoffen entstanden neue Berufe und auch neuartige Erzeugnisse und Verfahren, z. B. führten die Verarbeitung von Stahlprofilen und die Schweißtechnik zu einer weiteren Aufsplitterung der Berufe. Betrachtet man die letzten 1000 Jahre, so lässt sich grob folgende Entwicklung und Spezialisierung erkennen (Bild 1).

Über das ganze Mittelalter bis zum Beginn der Industrialisierung um 1800 war in Mitteleuropa die Wirtschaftsordnung festgefügt. Jeder hatte seine Stellung, als Lehrling, Geselle oder Meister. Darüber wachten streng die Zünfte, die auch das Prüfungswesen organisierten und die Zahl der Betriebe und ihrer Gesellen und Lehrlinge festlegten. Vieles ist uns an Brauchtum und Sprüchen aus dieser Zeit überliefert, so z. B. „Ein Lob dem ehrsamen Handwerk" oder „Handwerk hat goldenen Boden". Gemeint war damit, das Handwerk brauchte sich um den Absatz seiner Erzeugnisse keine Sorgen zu machen.

Das hat sich heute geändert. Die Konkurrenz zwingt die Betriebe zu Rationalisierung und zum Senken der Kosten. Sie werden während Ihrer Ausbildung

<table>
<tr><th>Epoche</th><th colspan="30">Metallberufe und Tätigkeiten</th></tr>
<tr><td>um 1200</td><td colspan="30">Schmied
Universalhandwerker für alle Metallarbeiten, z. B. Beschläge, Hufeisen, Waffen, Werkzeuge</td></tr>
<tr><td rowspan="3">um 1300</td><td colspan="30">Trennung in</td></tr>
<tr><td colspan="10">Schlosser</td><td colspan="10">Kunstschmiede</td><td colspan="10">Dorfschmiede</td></tr>
<tr><td colspan="10">Schlösser, Schlüssel und Kleinbeschläge</td><td colspan="10">Gitter, Baueisen, Beschläge für Portale</td><td colspan="10">Hufeisen, Pflüge, Werkzeuge für Wald und Feld</td></tr>
<tr><td rowspan="3">um 1500</td><td colspan="30">Spezialisierung nach dem Erzeugnis z. B. in</td></tr>
<tr><td colspan="5">Pfannenschmied</td><td colspan="5">Gitterschmied</td><td colspan="5">Kupferschmied</td><td colspan="5">Nagelschmied</td><td colspan="5">Sensenschmied</td><td colspan="5">Klingenschmied</td></tr>
<tr><td colspan="5">Küchengeräte, Töpfe und Pfannen</td><td colspan="5">Gitter und Geländer</td><td colspan="5">Behälter, Becher aus Kupfer, Zinn, Messing</td><td colspan="5">Nägel für den Bau und Schuhe</td><td colspan="5">Sensen, Sicheln</td><td colspan="5">Klingen, Schwerter, Messer</td></tr>
<tr><td rowspan="4">um 1850
(In dieser Zeit entstehen auch die „maschinentechnischen Berufe" wie Dreher, Maschinenschlosser, Fräser, Bohrer)</td><td colspan="30">Niedergang der Zünfte, Unterscheidung in Handwerk und Industrie</td></tr>
<tr><td colspan="12">Berufe im Handwerk z. B.</td><td colspan="18">Berufe in der Industrie z. B.</td></tr>
<tr><td colspan="6">Bauschlosser</td><td colspan="6">Kunstschlosser</td><td colspan="6">Stahlbauschlosser</td><td colspan="6">Maschinenschlosser</td><td colspan="6">Schiffsbauer</td></tr>
<tr><td colspan="6">Universalhandwerker für alle Metallarbeiten „am Bau", z. B. Beschläge, Geländer</td><td colspan="6">Kunstvolle Gitter und Geländer, geschmiedete Möbel, Lampen, Türbeschläge</td><td colspan="6">Stahlbaukonstruktionen wie Hallen, Brücken, Hochbauten, Stahlwasserbauten</td><td colspan="6">Bedienen und Reparieren von Werkzeugmaschinen, Schweißarbeiten mit Gas und elektrischem Strom als Wärmequelle und Bedienen von Werkzeugmaschinen</td><td colspan="6">Stahlarbeiten an Stahlschiffen, vom Schiffsrumpf bis zur Ausstattung</td></tr>
<tr><td>um 1980</td><td colspan="30">Neuordnung der Metallberufe</td></tr>
<tr><td>z. B.</td><td colspan="10">Metallbauer</td><td colspan="10">Industriemechaniker</td><td colspan="10">Konstruktionsmechaniker</td></tr>
</table>

Bild 1 Spezialisierung der Metallberufe

A

und auch später immer den „Kostendruck" spüren und erfahren, dass es nicht reicht, nur einwandfreie Erzeugnisse zu liefern, sondern „Ihr" Betrieb und auch Sie müssen „Kundenpflege" betreiben.
Der von Ihnen gewählte Beruf ist keine Sackgasse, Sie haben nach der Ausbildung gute Aufstiegschancen. Zwei Beispiele zeigen Ihnen Möglichkeiten der Fortbildung.

Bild 1 Angela Stasiczek

„Ich bilde mich zurzeit an der Technikerschule für Metallbautechnik in München zur Staatlich geprüften Metallbautechnikerin fort. Nach der Realschule lernte ich Technische Zeichnerin Metall- und Stahlbau" und ich arbeitete noch acht Jahre in meinem Ausbildungsbetrieb. Neben technischen Zeichnungen für Fassaden und Stahlkonstruktionen habe ich Arbeitspläne und Angebote erstellt und unterschiedliche Objekte vom Firmensitz aus betreut. Nach Abschluss meiner Fortbildung strebe ich eine Stelle als Projektleiterin an."

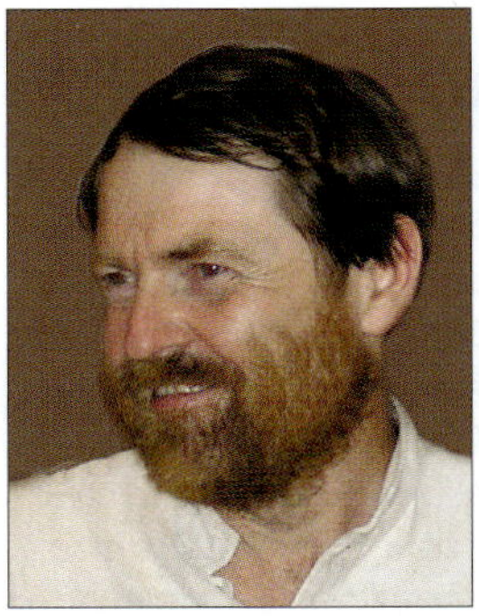

Bild 2 Helmut Brunner

„Ich bin selbstständiger Kunstschlossermeister mit einer kleinen Werkstatt und in der Fachgruppe „Metallgestaltung" im Landesinnungsverband Bayern tätig. Nach meiner Lehre in einer Kunstschlosserei arbeitete ich in verschiedenen Werkstätten bevor ich die Meisterprüfung ablegte und mich selbstständig machte. Ich fertige Arbeiten wie Gitter, Brunnen, Plastiken usw. nach eigenem Entwurf, präsentiere meine Arbeiten auf Messen, berate auch Architekten und unterrichte den Berufsnachwuchs an einer Meisterschule."

2 Erzeugnisse der Metallbaubetriebe

Welchen Metallberuf Sie auch erlernen, Sie arbeiten überwiegend mit Stahl, als Metallbauer oder Konstruktionsmechaniker zunehmend auch mit EDELSTAHL Rostfrei®, Aluminium und Glas.
Metallbau und Stahlbau unterscheiden sich in den Erzeugnissen und in den Anforderungen.

2.1 Metallbau

Der **Metallbau** fertigt und montiert Ausbauelemente wie Fenster und Türen aus Stahl und Aluminium, Treppen und Geländer, Garten- und Hoftore, Gitter und Umwehrungen und Kleineisenwaren wie Riegel oder Sonderbeschläge (Bild 3, 4, Bild 1, Seite 3). Die Erzeugnisse werden meist aus Stabstahl durch Schweißen oder aus sogenannten Systemprofilen durch Verschrauben gefertigt. Notwendige Beschläge, Schlösser, Antriebe und Kleinmaterial werden fertig bezogen und montiert.
Metallbaukonstruktionen müssen ihre Eigenlasten (= „Gewicht") aufnehmen, sowie den Winddruck, z. B. bei Fenstern, oder die Belastungen durch Personen, z. B. bei Geländern. Sie müssen so ausgelegt sein, dass sie diese Lasten sicher in das Bauwerk einleiten. Dazu sind Berechnungen zu den erforderlichen Materialstärken, zu Verbindungen

Bild 3 Metallbaukonstruktion: Kellerfenstergitter München

Bild 4 Westabschlussgitter, Alter Peter, München

und Befestigungen notwendig, die ein Metallbauer beherrschen muss. Für einfache Ausbauelemente wie Geländer ist meist keine Baugenehmigung notwendig.

2.2 Metallgestaltung

Die **Metallgestaltung** als Teilbereich des Metallbaus fertigt individuell gestaltete Arbeiten aus unterschiedlichen Metallen, die Palette reicht von Balkongeländern, Stahl- Glas-Treppen bis zu Grabzeichen aus Bronze und Plastiken nach Entwurf von Künstlern. Viele Metallgestalter sind auch in der Restaurierung von Objekten tätig, so an Großgittern, Portalen oder alten Grabkreuzen. Die Fertigung von „gestalteten" Metallarbeiten setzt eine intensive Beschäftigung mit den Grundlagen der Form- und Oberflächengestaltung voraus, außerdem ein Gefühl für Proportionen und Kenntnisse in der Kunstgeschichte, speziell der Baustilkunde. Metallgestalter stellen Arbeiten oft durch Schmieden her, doch nicht ausschließlich – auch „geschlosserte" Arbeiten bedürfen einer „Gestaltung" (Bild 2, 3)

2.3 Stahlbau

Der **Stahlbau** fertigt und montiert Stahlkonstruktionen wie Hallen, Treppentürme, Brücken, Stahlhochbauten, Stahlwasserbauten und Fliegende Bauten, z. B. Achterbahnen. Die Erzeugnisse werden meist aus Formstahl durch Schweißen in der Werkstatt vorgefertigt, durch Verzinken gegen Korrosion geschützt, auf die Baustelle transportiert und dort zur fertigen Konstruktion durch Schrauben gefügt.

Stahlbaukonstruktionen müssen ihre Eigenlasten (= „Gewicht") aufnehmen, auch die der Ausbauelemente wie Fenster, die Belastungen durch Personen sowie durch Wind und Schnee, z.B. bei Hallen (Bild 4, 5). Sie müssen so ausgelegt sein, dass sie diese Lasten sicher in den Standort bzw. das Fundament einleiten. Dazu sind umfangreiche Berechnungen zu den erforderlichen Materialstärken, zu Verbindungen und Befestigungen notwendig, die nur ein Statiker durchführen kann und die von einem Prüfstatiker nachgerechnet werden. Für Stahlbaukonstruktionen ist in der Regel eine Baugenehmigung durch die zuständigen Behörden und eine Abnahme nach Fertigstellung notwendig. Stahlkonstruktionen lassen sich in der Gestaltung individuell den Anforderungen der „Bausache" anpassen. Sie haben bei gleicher Tragfähigkeit eine geringe Eigenlast und wirken, wenn sie verglast sind, leicht und transparent. Die Grenze zwischen innen und außen wird so aufgehoben. Turmartige Gebäude erreichen heute Höhen von bis zu 500 m.

Bild 1 Glaskonstruktion: Rotunde Pinakothek der Moderne München

Bild 2 Werke der Metallgestaltung: Friedhofstor Freiberg/ Sachsen

Bild 3 Werke der Metallgestaltung: Kanzel St. Bonifatius München

Bild 4 Stahlkonstruktion: Kuppel Reichstag Berlin

Bild 5 Stahlkonstruktion: IHK Berlin, genannt „Das Gürteltier"

A

2.4 Feinwerktechnik und Maschinenbau

In **Feinwerktechnik und Maschinenbau** bearbeiten Sie neben Stahl und Kupferlegierungen auch Gusseisen und verwenden dazu Werkzeuge aus Werkzeugstahl, Sinterwerkstoffen und Keramik. Ihre Arbeit findet vorwiegend in Werkstätten und an Werkzeugmaschinen statt, deren Bedienung Sie im Laufe Ihrer Ausbildung kennenlernen werden. Die Erzeugnisse Ihres Ausbildungsbetriebs kennzeichnet Genauigkeit und lange Lebensdauer, z. B. Maschinen, Vorrichtungen oder Spezialwerkzeuge, die von Konstrukteuren nach Kundenwunsch entworfen und berechnet, von Technischen Zeichnern an CAD-Anlagen erstellt und deren Herstellungsschritte oft von Arbeitsvorbereitern geplant werden. Deshalb ist es auch für Sie wichtig, technische Zeichnungen und Arbeitspläne „lesen" zu können und einfache selbst erstellen zu können. An Werkstücken der Feinwerktechnik und des Maschinenbaus verwendet man eine Vielzahl von genormten Bauelementen wie Schrauben, Wälzlager, Zahnräder sowie Schrauben und Stifte zur Montage. Diese sog. **Normteile** werden nie selbst hergestellt, sondern von Zulieferern bezogen. Zur Auswahl der geeigneten Normteile stehen Tabellenbücher und Kataloge der Hersteller zur Verfügung. In Ihrer Ausbildung werden Sie eine Vielzahl solcher Normteile kennenlernen, ebenso ihre Darstellung in Zeichnungen mit genormten Symbolen und die normgerechte Angabe in Stücklisten.

***Bild 1** Längsrunddrehen einer Welle*

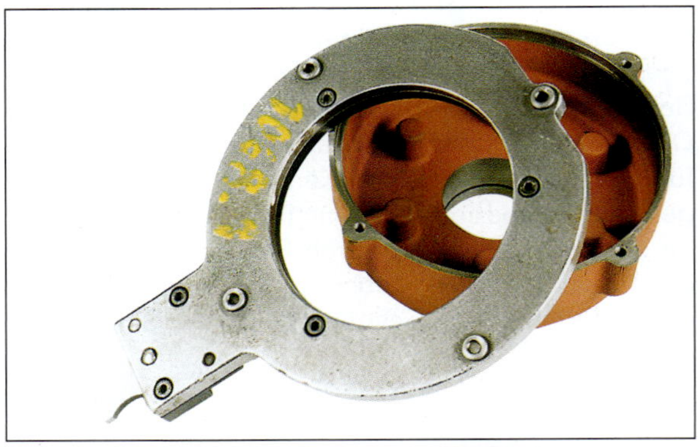

***Bild 2** Bohrschablone mit eingepressten Bohrbuchsen*

***Bild 3** Universalfräsmaschine mit CNC-Steuerung*

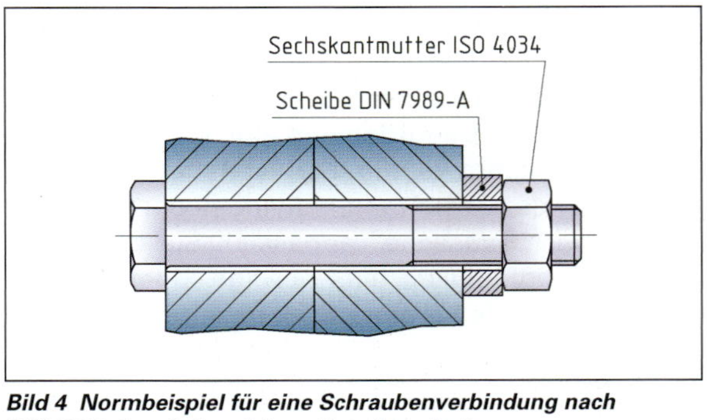

***Bild 4** Normbeispiel für eine Schraubenverbindung nach DIN 7990: Spezielle stärkere Unterlegscheiben*

2.5 Aufgaben zu 2

1. Beschreiben Sie Ihren Mitschülern Ihren Ausbildungsbetrieb und dort gefertigte Erzeugnisse.
2. Bilden Sie in Ihrer Klasse Arbeitsgruppen, fotografieren Sie unterschiedliche Metall- und Stahlbauarbeiten und erstellen Sie eine kleine Präsentation, indem Sie gleichartige Erzeugnisse zusammenfassen und beschreiben.
3. Vergleichen Sie die Arbeit in einer alten Schmiede mit der in einem modernen Metallbau-/Stahlbaubetrieb und stellen Sie die Ergebnisse in einem Wandplakat zusammen.
4. Demontieren Sie in Arbeitsgruppen einfache Vorrichtungen, bezeichnen Sie fachgerecht die daran enthaltenen Normteile und entschlüsseln Sie die genaue Bezeichnung mithilfe Ihres Tabellenbuchs.

3 Bauvorschriften, Normen, Fachregeln

In Maschinenbau und Feinwerktechnik bestimmen die Kunden im Wesentlichen die Art und Gestaltung der Erzeugnisse. Im Metall- und Stahlbau können Planer, Konstrukteure und Hersteller die Erzeugnisse nicht nach Gutdünken entwerfen und fertigen, es sind eine Vielzahl von Gesetzen, Vorschriften und Normen zu beachten.
Am Beispiel einer Anbau-Balkonkonstruktion lässt sich erkennen, dass viele Vorschriften in der richtigen Reihenfolge einzuhalten sind, ehe mit der Fertigung und Montage begonnen werden kann (Bild 1).

- Der **Stadt- oder Gemeinderat** legt in einem **Bebauungsplan** fest
  - Nutzung eines Grundstücks
  - Zulässige Größe von Gebäuden
  - Baulinien, das sind Abstände zu Straßen und Nachbargrundstücken
  - Gestaltung der Fassaden und Dächer.
- Die zuständige **Baubehörde** überprüft den von einem Architekten entworfenen Eingabeplan mit den Vorgaben des Bebauungsplans und genehmigt ihn, oft mit Auflagen. Der Eingabeplan muss den Vorschriften der Landesbauordnung (LBO) entsprechen und die dort gemachten Auflagen berücksichtigen, z. B. den Brandschutz.
- Die **Werkplanung** legt die **Details** für die Balkonanlage fest. Dabei sind je nach Bundesländern verschiedene LBOs zu beachten. In einer LBO ist z. B. die Mindesthöhe des Handlaufs und der zulässige Stababstand festgelegt. Ferner sind bei der Detailplanung zu beachten:
  - auftretende Belastungen für Balkonplatte und Geländer,
  - Nutzung des Balkons,
  - Anschluss an das Mauerwerk,
  - bauaufsichtlich zugelassene Werkstoffe,
  - geforderte Lebensdauer der Konstruktion.
- Ein **Technisches Büro** erstellt die notwendigen **Pläne und Zeichnungen** für Zuschnitt, Fertigung und Montage. Dabei sind **Normen** für Technische Zeichnungen sowie für die Ausführung und Wahl der Verbindungselemente zu beachten.
  Man unterscheidet:
  - DIN-Norm: Diese Norm gilt nur in **Deutschland.**
  - DIN EN-Norm: Diese Norm gilt in der **Europäischen Union** und hat den **Status einer deutschen Norm.**
  - DIN EN ISO-Norm: Diese Norm gilt international, ist von der **Europäischen Union** und hat den **Status einer deutschen Norm.**

***Bild 1** Anbau-Balkonanlage: Boardinghaus Eching*

***Bild 2** Detail Balkonplatte aus Gitterrost*

A

- Der **Fertigungsbetrieb** muss bei der Annahme des Auftrags und bei der Herstellung die „**Vergabe- und Vertragsordnung für Bauleistungen (VOB)**" beachten. Hier sind geregelt in:
  Teil A: die allgemeinen Bestimmungen für die Vergabe, z. B. die Auftragserteilung,
  Teil B: die allgemeinen Vertragsbedingungen, z. B. über Abnahme und Bezahlung und
  Teil C: die allgemeinen technischen Vertragsbedingungen (ATV).
  Das sind DIN-Normen und **bewährte Fachregeln**, die vom Hersteller beachtet werden müssen, sonst kann der Bauherr die Abnahme der Balkonanlage und damit die Bezahlung verweigern.
- Bei der **Fertigung** sind neben Normen noch die **Arbeitsregeln** z. B. der Schweißelektrodenlieferanten über Eignung, Stromstärke und Polung zu beachten, ebenso Bohrungen in Hohlkörpern und Profilabstände vor der Feuerverzinkung. Es sind die **Unfallverhütungsvorschriften** der Berufsgenossenschaften zu beachten.
- Bei der **Montage** sind **Sicherheitsvorschriften** zu Gerüsten und Straßenabsperrungen bei Anlieferung zu beachten.
- Bei der **Übergabe an den Bauherrn** muss ein **Abnahmeprotokoll** gefertigt werden. Jetzt beginnt die **Gewährleistungsfrist**, sie beträgt nach VOB fünf Jahre.
- Während und nach der Gewährleistungsfrist gilt das **Produkthaftungsgesetz**. Es besagt im Wesentlichen, dass „ein Erzeugnis zum Zeitpunkt, in dem es in Verkehr gebracht wird so beschaffen sein muss, dass es dem **Stand der Technik** entspricht". Der Metallbaubetrieb muss deshalb bei der Herstellung und Montage der Balkonanlage über den aktuellen Stand der Balkontechnik informiert sein. Das kann durch laufende Fortbildung und Studium von Fachzeitschriften und **Fachregelwerken** geleistet werden. So würde z. B. ein Gitterrost als Balkonplatte nicht dem Stand der Technik entsprechen, da ein Durchrieseln von Schmutz lästig wäre (Bild 2, Seite 5).

3.1 Aufgaben zu 3

1. Entschlüsseln Sie in Ihrem Tabellenbuch eine Normangabe.
2. Informieren Sie sich durch Internetrecherche über Vorschriften zu Briefkästen.
3. Stellen Sie einen Katalog von Fachregeln für Außenbauteile zusammen, z. B. Balkongeländer.
4. Überlegen Sie am Beispiel von Schrauben, welche Bedeutung internationale Normen haben.

4 Englisch im Metallbaubetrieb: Einführung

Durch die zunehmende Globalisierung gewinnt Englisch auch in den Metallberufen, in der Werkstatt und auf der Baustelle an Bedeutung, diese Sprache wird zum internationalen Verständigungsmittel, auch Sie brauchen zumindest Grundkenntnisse. Im Anschluss an die einzelnen Kapitel finden Sie kleine Übungen, mit deren Hilfe Sie kurze Dialoge in Englisch einüben können.

1. Beschreiben Sie Ihre ersten Eindrücke am Beginn Ihrer Berufsausbildung. Übersetzen Sie dazu den folgenden Text ins Deutsche, die Vokabelliste wird Ihnen dabei helfen.
2. Benennen Sie Handwerkzeuge wie Hammer, Bohrer, Säge usw. mit den englischen Bezeichnungen.
3. Legen Sie sich ein Wörterverzeichnis deutsch-englisch an.

Introduction

I am training to be a construction worker at xyz company. The company employs 20 people. In the workshop we have got one master craftsman, 10 craftsmen and 3 trainees. We produce steel-, aluminium and brass constructions: windows, doors, staircases, railings and little steel workpieces. There is also a small smithery for metal processing and metal design.
My craft has got a long history and originally developed from the job as a blacksmith. At the beginning of my training I work at the workbench but later I will be allowed to go to the building sites.
In construction you have to follow many regulations and keep standards. Every four weeks I attend the vocational school in Munich. The training lasts three and a half years. After my final exams I can qualify as a master craftsman or state certified technical engineer.

Vokabelliste

Abschlussprüfung	final test
Aluminium	aluminium
Auszubildender	apprentice
Baustelle	building site
Beruf	profession
Berufsschule	vocational school
Betrieb	factory
Eisen	iron
Erzeugnisse	products
Fenster	window
Firma	company
Geländer	railing
Geschichte	history
Geselle	craftsman
herstellen	to produce
Konstruktionen	constructions
Konstruktionsmechaniker	steel construction craftsman
Lehrzeit	apprenticeship
Messing	brass
Meister	master
Metallbau	steel and metal work
Metallgestaltung	metal design
Normen	standards
qualifizieren	to qualify
Schmied	blacksmith
Schmiede	smithy
Stahl	steel
Techniker	technican
Treppe	staircase
Türe	door
Vorschriften	specifications
Werkbank	bench
Werkstatt	workshop

5 Auftragsdurchlauf

Zur Herstellung von Erzeugnissen sind nicht nur eine Vielzahl von Vorschriften und Normen einzuhalten, es müssen auch viele Stellen im Betrieb zusammenwirken, damit das Erzeugnis

- nach den Wünschen des Kunden
- termingerecht und
- zum angebotenen Preis

produziert werden kann. Das ist unabhängig von der Art der Aufträge und den Erzeugnissen, die ein Betrieb fertigt.

Aufträge werden unterschieden nach

- Eigenauftrag
- Fremdauftrag
- Einmalauftrag
- Folgeauftrag.

Eigenaufträge werden für eine Abteilung innerhalb des Unternehmens gefertigt, z.B. die Abteilung „Montage" bestellt bei der Abteilung „Betriebsmittelbau" eine Schweißvorrichtung.

Fremdaufträge kommen von Kunden außerhalb des Unternehmens, z.B. ein Bauträger bestellt eine Anbau-Balkonalage.

Einmalaufträge werden nur einmal erteilt, z.B. eine Stahltreppe durch einen Privatkunden.

Folgeaufträge bestehen aus einzelnen Losen (= Fertigungsmengen), z.B. ein Bauträger bestellt pro Monat 50 Gitterroste für Industrietreppen.

Daneben kann man in der Fertigung noch nach der Menge unterscheiden in

- Unikate: sie werden nur ein einziges Mal gefertigt, z.B. ein individuelles Grabzeichen
- Einzelfertigung: bestellt wird ein Stück, mit Folgeaufträgen ist zu rechnen, z.B ein Musterbeschlag
- Serienfertigung: das Erzeugnis wird in großer aber begrenzter Stückzahl gefertigt, z.B. Kellerfenstergitter
- Massenfertigung: das Erzeugnis wird in unbegrenzter Stückzahl gefertigt, z.B. genormte Schrauben.

Die Abläufe in einem kleinen Handwerksbetrieb unterscheiden sich dabei ganz wesentlich von dem in einem großen Industriebetrieb (Bild 1 und 2, Seite 8). Gemeinsam ist beiden: im Mittelpunkt stehen Kundenwunsch und Qualität. Um das zu gewährleisten, gibt sich jeder Betrieb ein auf seine Größe und die Erzeugnisse zugeschnittene Betriebsorganisation. Sie bildet die innere Struktur eines Unternehmens und legt die Abläufe und die Aufgaben der einzelnen Mitarbeiter und Abteilungen fest. Dazu bedient sich das Unternehmen verschiedener Organisationsmittel wie Pläne und Aufgabengliederungen.

5.1 Planung

Unabhängig von der Betriebsgröße müssen alle Aufgaben vor ihrer Ausführung geplant werden. Das geschieht in kleinen Betrieben oft durch den Meister oder Betriebsinhaber selbst und in Eigenverantwortung, in großen Unternehmen durch Mitarbeiter in der Fertigungsplanung. Für die Werkstatt sind Skizzen und Zeichnungen wichtig, sie zeigen die Einzelteile einer Konstruktion, sowie Arbeits- und Montagepläne. Im Lernfeld 1 „Fertigen von Bauelementen mit einfachen Maschinen" lernen Sie die Grundlagen des Technischen Zeichnens kennen.

In der Ausbildung müssen Sie sich mit diesen Organisationsmitteln vertraut machen und selbst einfache Skizzen, Zeichnungen und Arbeitspläne erstellen können. In der Metallgestaltung müssen Sie sich zusätzlich mit Gestaltungsfragen beschäftigen, denn das Erzeugnis muss individuell und formschön entworfen und ausgeführt werden. Das geschieht vorwiegend in Freihandzeichnungen. Ansonsten sind Zeichnungen üblich, die mit CAD-Anlagen erstellt werden (CAD = Computer Aided Design = computergestützes Konstruieren und Zeichnen).

5.2 Organisationsmittel

Der Unterschied zwischen einer Skizze und einer mit CAD erstellten Zeichnung ist auch ohne Zeichenkenntnisse sofort erkennbar. Eine CAD-Zeichnung kann mit Software weiterbearbeitet werden, sämtliche dazu notwendigen Informationen werden der Zeichnung direkt digital entnommen und damit die für die Fertigung und Abrechnung der Auftrags notwendigen Unterlagen erstellt.

- Die **Stückliste** zeigt die Einzelteile einer Konstruktion und wird mit Tabellenkalkulationsprogrammen erstellt, z.B. mit Excel.
- Die **Arbeitspläne** geben Auskunft über die notwendigen Fertigungsschritte und die dafür benötigte Zeit und die erforderlichen Maschinen und werden mit einem Anwenderprogramm erstellt.
- Werden die Einzelteile auf CNC-gesteuerten Maschinen gefertigt, so erstellt die Arbeitsvorbereitung aus der CAD-Zeichnung ein digitales **CNC-Programm**, das direkt online zur Maschine übertragen wird.

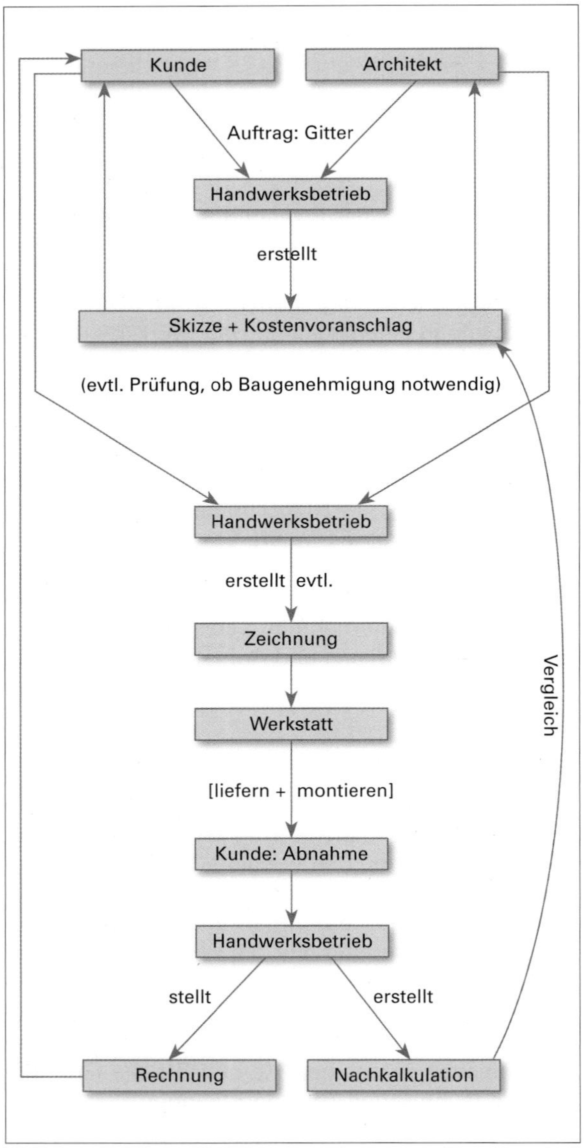

***Bild 1** Auftragsdurchlauf: Handwerksbetrieb (Fremdauftrag)*

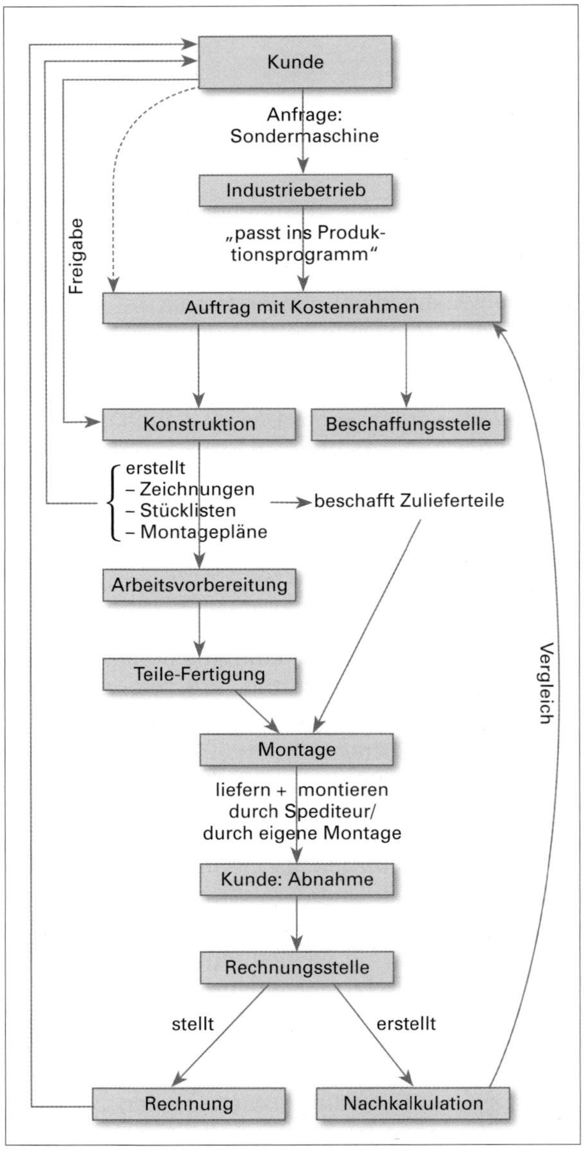

***Bild 2** Auftragsdurchlauf: Industriebetrieb (Fremdauftrag)*

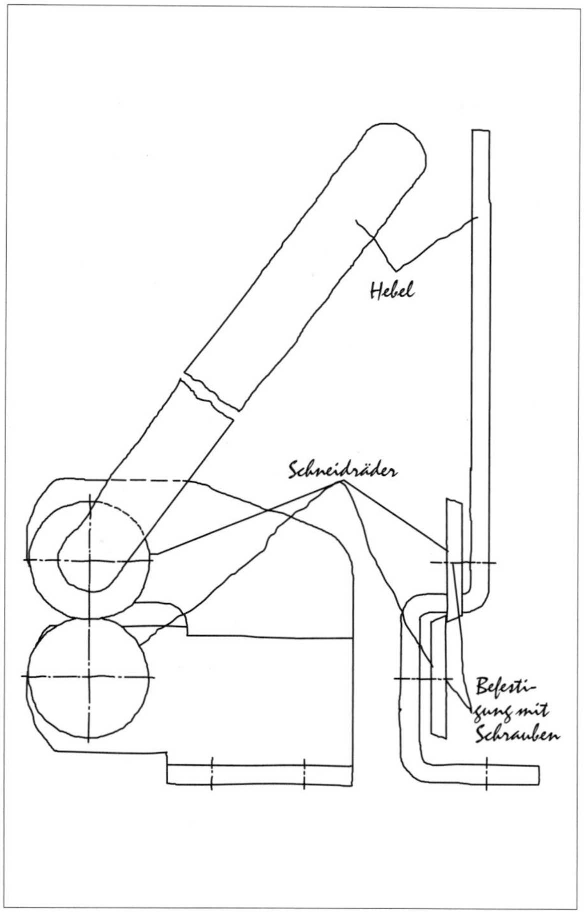

Bild 1 Werkstückskizze

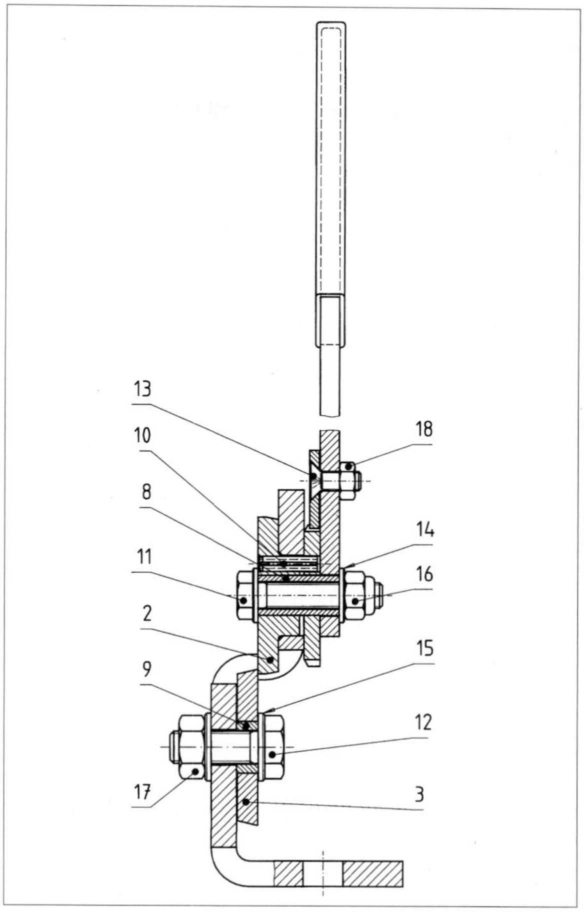

Bild 2 CAD-Zeichnung

- Die **Angebotskalkulation** und Rechnungsstellung erfolgt mit ERP-Programm, z. B. SAP. (ERP = Enterprise – Resource – Planning system = Unternehmensverwaltungsprogramm)
- Für die Werkstatt werden dann Balkendiagramme und Netzpläne erstellt. Auch dazu gibt es spezielle Software.
  Balkendiagramme zeigen in Form einer Matrix die notwendigen Arbeitsschritte an den einzelnen Bauteilen unter einer Zeitachse (Bild 3)
  Netzpläne ordnen in einem Feld die einzelnen Arbeitsschritte und zeigen die Verbindungen und Abhängigkeiten zwischen den Fertigungsschritten, wie Anfangs- und Endtermine und Pufferzeiten, die für Störungen gebraucht werden (Bild 1, Seite 10).

Ist in einem Unternehmen ein **Qualitätsmanagementsystem** eingeführt, so sind darüber hinaus noch Nachweise für zugekaufte Bauteile, Prüfprotokolle und Kundenreklamationen zu führen.

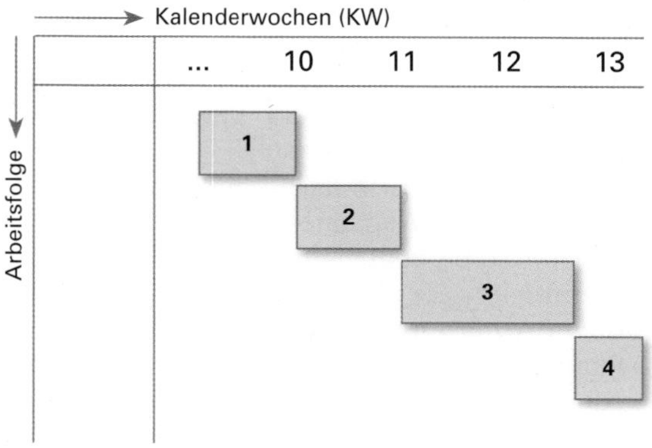

1 Maßaufnahme, Kalkulation
2 Erstellen der Zeichnungen, Stücklisten
3 Fertigung
4 Montage

Bild 3 Balkendiagramm

Auch kleinere Metallbetriebe arbeiten zunehmend mit Software, die Mitarbeiter müssen zumindest die für sie notwendigen Informationen an PC-Stationen abrufen können und die geforderten Daten auch eingeben können. Diese Vernetzung mit der Werkstatt bezeichnet man als BDE (= Betriebsdatenerfassung), sie hat die früher üblichen Handzettel und schriftlichen Rückmeldungen abgelöst. Nicht nur die Arbeit in einem Technischen Büro, auch die in den Werkstätten wird zunehmend „papierlos" organisiert.

Größere Projekte werden mithilfe von BIM (= Building Information Modeling) organisiert. Dabei werden das ganze Bauwerk und die einzelnen Gewerke erst digital modelliert und dann die Schnittstellen festgelegt und die Zeichnungen für alle Gewerke erstellt.

In der Werkstatt müssen alle in der Planung vorbereiteten Arbeitsschritte bei der Fertigung der Erzeugnisse umgesetzt werden. Bei der Herstellung einfacher Teile und Baugruppen müssen Sie das selbst leisten können:

- **Informationen zum Auftrag sammeln**
  z. B. Zeichnungen und Pläne „lesen", Material nach Form und Größe wählen
- **Ausführung planen**
  z. B. Arbeitsschritte festlegen. Maschinen, Werkzeuge und Prüfmittel auswählen und bereitstellen
- **Fertigen**
- **Arbeitsergebnisse prüfen**
  z. B. Istmaße und -formen prüfen und in Prüfprotokolle eintragen, Fertigmeldung an Vorgesetzte
- **Arbeit beenden**
  z. B. Erzeugnis übergeben, Maschinen und Werkzeuge in den Ausgangszustand zurückversetzen, Arbeitsplatz reinigen

5.3 Aufgaben zu 5

1. Informieren Sie sich über den Aufbau Ihres Ausbildungsbetriebs und visualisieren Sie das in einer Skizze.
2. Informieren Sie sich in Ihrem Ausbildungsbetrieb über den Weg eines Auftrags „vom Kundenauftrag bis zur Übergabe an den Kunden".
3. Informieren Sie sich durch Internetrecherche über CAD-Programme.
4. Planen Sie die notwendigen Arbeitsschritte zur Fertigung und Montage von zehn einfachen Wandhaken und übertragen Sie alle Vorgänge in ein Balkendiagramm.
5. Planen Sie eine arbeitsgruppenorientierte Sitzordnung in Ihrem Klassenzimmer und stellen Sie die dazu notwendigen Arbeitsschritte in einem Balken- oder Verlaufsdiagramm sowie einer Skizze dar.

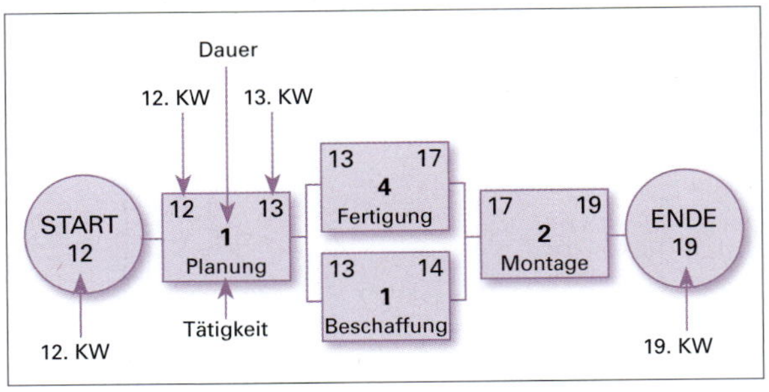

***Bild 1* Netzplan**

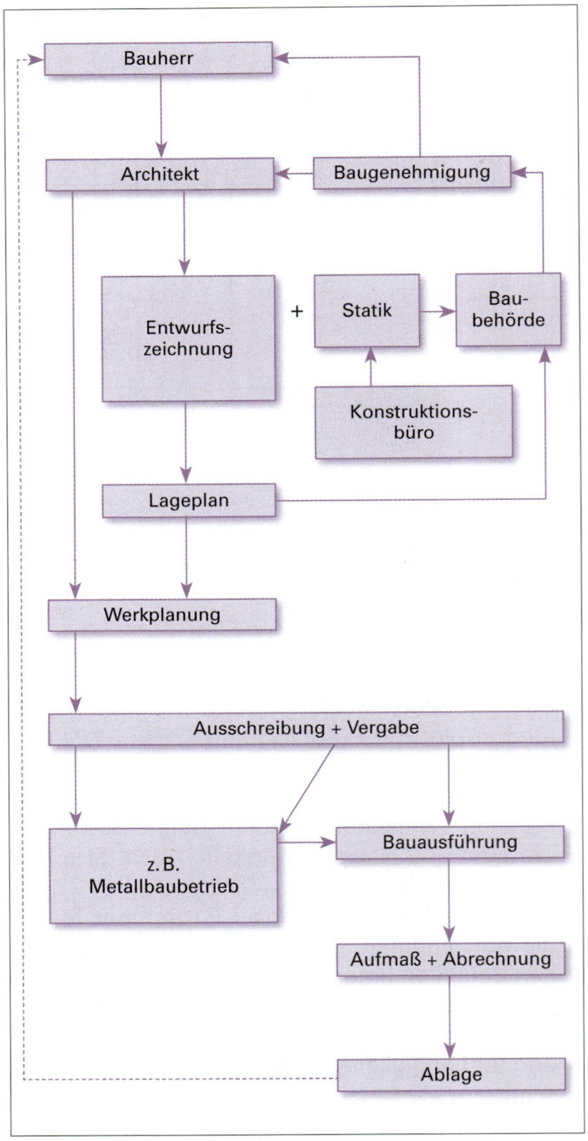

***Bild 2* Vom Kundenauftrag bis zum fertigen Erzeugnis**

6 Grundlagen des Qualitätsmanagements

6.1 Kundenorientierung im Metallbaubetrieb

In der gesamten Wirtschaft hat in den letzten Jahren ein Wandel in Angebot und Nachfrage stattgefunden. Es gibt in allen Branchen ein Überangebot, der Markt hat sich vom **Verkäufer-** zu einen **Käufermarkt** gewandelt. Auch in der Metallbranche kommen die Aufträge nicht mehr „von selbst“, die Unternehmen müssen sich um die Kunden bemühen, ihre Wünsche kennen und sich den wechselnden Anforderungen der Marktes anpassen: die Unternehmen müssen **Marketing** betreiben. Wer heute „am Markt“ bestehen und erfolgreich sein will, muss nicht nur einwandfreie und gute Erzeugnisse liefern, sondern seine Fertigung so organisieren, dass nur Qualitätsprodukte gefertigt werden.

Der Begriff Marketing stammt aus den USA und bedeutet „auf den Markt bringen“. Gemeint sind damit alle Aktivitäten, die ein Unternehmen leisten muss um

- die Wünsche der Kunden zu ermitteln,
- die geforderten Erzeugnisse und Dienstleistungen zu planen,
- deren Herstellung und Vermarktung zu organisieren.

Marketingexperten haben dazu Richtziele und Inhalte entwickelt, die alle Unternehmen unabhängig von ihrer Art und Größe beachten müssen. Wenn ein Unternehmen laufend um Kundenorientierung bemüht ist und mit bewährten Methoden (Bild 1) an der Verbesserung seiner Abläufe und Prozesse arbeitet, dann werden auch

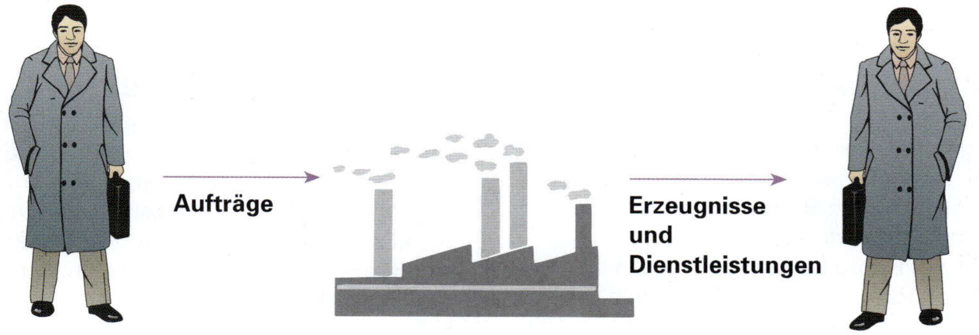

Kunde	Betrieb	Kunde
erwartet	zeichnet sich aus durch	ist zufrieden
- fachliche und persönliche Kompetenz - umfassende Beratung - Zuverlässigkeit - Termintreue, - klare Angebote, - Kundenpflege	- Sauberkeit und Ordnung in der Werkstatt - freundliche Mitarbeiter	- bei termingerechter Lieferung „wie bestellt“ - bei Beratung und Einführung in das bestellte Erzeugnis - mit klarer Rechnungstellung - wenn der Kundendienst bei Mängeln zuverlässig ist

steigert seine Qualität nach außen und innen durch

- Schulung und Weiterbildung seiner Mitarbeiter
- Beachtung von und Reaktion auf Reklamationen
- Nachkalkulation von Aufträgen
- kontinuierlichen Verbesserungsprozess

Die Einführung und die laufende Überwachung eines Qualitätsmanagementsystems stellen Kunden und Betrieb zufrieden.

Bild 1 Kundenorientierung und Unternehmensziele

A

- die Kosten der Fertigung sinken,
- die Wettbewerbsfähigkeit steigen und
- das Unternehmen wird am Markt erfolgreich sein.

Dazu muss nicht nur die Unternehmensleitung, sondern jeder Mitarbeiter beitragen.

6.2 Qualitätsmanagement im Metallbaubetrieb

Auf dem Käufermarkt ist Qualität der Schlüssel zum Kunden geworden. Nur wenn es Qualität liefert, kann ein Unternehmen heute seinen Vorsprung gegenüber seinen Mitbewerbern halten und dann auf Dauer am Markt bestehen. Allerdings ist der Qualitätsbegriff heute nicht mehr auf das Erzeugnis allein, seine Beschaffenheit und Genauigkeit oder Gebrauchstauglichkeit beschränkt, er wird viel weiter gefasst und bezieht die Unternehmensstrukturen mit ein.

Nach DIN EN ISO 9001 ist Qualität definiert als die „Gesamtheit von Merkmalen einer Einheit bezüglich ihrer Eignung, die festgelegten und vorausgesetzten Erfordernisse erfüllen zu können". Der Qualitätsbegriff enthält

1. **Einheit:** Das kann ein Erzeugnis oder eine Dienstleistung sein, z. B. ein Gitter oder die Reparatur einer Markise.
2. **Merkmale einer Einheit**: Das sind die vom Kunden gewünschten und im Angebot zugesicherten Eigenschaften, z. B. Stahlhalle mit feuerverzinkten Rahmenbindern.
3. **Erfüllung der Erfordernisse**: Es müssen die vom Kunden konkret geforderten Merkmale und Eigenschaften vorhanden und überprüfbar sein, z. B. Korrosionsschutz nach DIN EN ISO 1461.

Qualität im Sinne der Norm liegt dann vor, wenn das Erzeugnis oder die Dienstleistung das erfüllt, was der Kunde gewünscht hat. Es ist also nicht nur „Genauigkeit" sondern auch die Erfüllung der im Auftrag vereinbarten Merkmale gefragt. Dazu gehören im Metall- und Stahlbau neben den Produktmerkmalen wie Funktion, Sicherheit, Zuverlässigkeit, Aussehen immer auch

- Termin- und Liefertreue sowie
- Qualität im Herstellungsprozess der Erzeugnisse.

Das lässt sich durch die Einführung eines Qualitätsmanagementsystems (QM-System) sicherstellen. **Unter Qualitätsmanagement versteht man „alle Tätigkeiten der Gesamtführung, die Qualitätspolitik, Qualitätsziele und Verantwortlichkeiten festlegen und durch Qualitätsplanung, -lenkung, -sicherung und -verbesserung verwirklichen".**

Ein Unternehmen, in dem das umgesetzt ist, besitzt ein funktionierendes QM-System. Am häufigsten wird das QM-System nach DIN EN ISO 9001:2015 angewendet. Die Norm fordert: Alles was im Unternehmen geschieht muss

- in einen QM-Handbuch festgelegt sein und
- einem Qualitätskreis folgen.

Ein **QM-Handbuch** enthält die Qualitätspolitik des Unternehmens:

1. Die Verantwortung und Befugnisse der Mitarbeiter
2. Verfahrensanweisungen (VA)
3. Arbeitsanweisungen (AA)
4. Prüfpläne
5. Regelungen zur laufenden Aktualisierung des QM-Handbuchs
6. Anhang, z. B. Betriebsnormen, Formulare, E-Mail und Telefonnummern-Verzeichnisse.

Die für einen Arbeitsplatz geltenden Verfahrens- und Arbeitsanweisungen müssen dort auch ausliegen und den Mitarbeitern bekannt sein.

Der **Qualitätskreis** enthält die Elemente (QE) des QM-Systems – von der Produktidee bis zur Entsorgung. Jedes Element bildet einen Baustein zur Qualitätsfähigkeit des Unternehmens (Bild 1)

6.3 Auditierung und Zertifizierung

Viele Kunden verlangen heute von ihren Lieferanten nicht nur, dass diese ein QM-System eingeführt haben, sondern darüber hinaus auch den Nachweis der Wirksamkeit. Das Unternehmen muss sich also auditieren und zertifizieren lassen.

Auditieren = Untersuchen der Wirksamkeit des eingeführten QM-Systems als

- Prozessaudit: Untersucht die Abläufe bei der Planung, Fertigung und Nutzung von Erzeugnissen
- Produktaudit: Untersucht die Erfüllung der zugesicherten Produkteigenschaften.

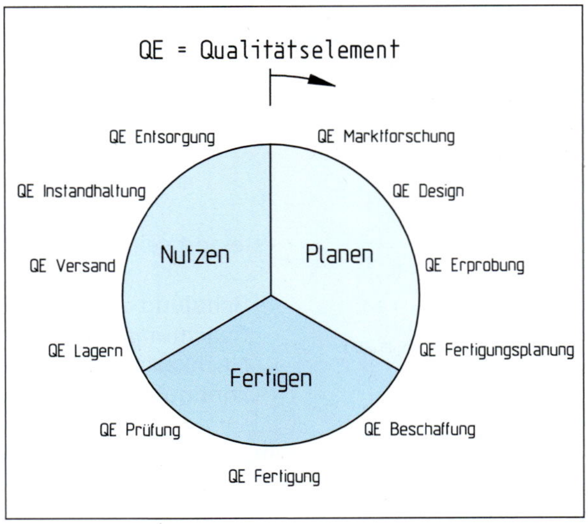

Bild 1 Qualitätskreis nach DIN 55 350

Ein Audit wird vom Unternehmen selbst, vom Kunden oder externen Beratern durchgeführt. Ergebnis eines Audits ist das QM-Handbuch.

Zertifizieren = Bescheinigen der Wirksamkeit des eingeführten QM-Systems durch ein allgemein anerkanntes **Prüfsiegel**, das nur eine Zertifizierungsgesellschaft verleihen darf. Es gilt für die Dauer von drei Jahren, wird allerdings jährlich überprüft.

Viele Kleinbetriebe scheuen die Kosten, die durch die Einführung eines QM-Systems entstehen, dabei übersehen sie aber, dass eine Auditierung und Zertifizierung nicht nur eine Auflage mancher Kunden ist, sondern in der Regel auch zu einer erheblichen Kostensenkung im Betrieb führt. Fehler und Ausschuss werden verringert, es fallen weniger Reklamationen und Nachbesserungen an, und die Wirtschaftlichkeit sowie die Rendite verbessern sich.

Wirtschaftlichkeit W	= Ertrag E / Aufwand A
Gewinn G	= Ertrag E – Aufwand A
Rendite R (Zins)	= (Gewinn G × 100) / eingesetztes Betriebskapital K

Da der Aufwand nach einer Zertifizierung oft geringer wird, hat sich bei gleichem Ertrag die Wirtschaftlichkeit verbessert, der Gewinn ist gestiegen und das eingesetzte Betriebskapital verzinst sich höher.

6.4 Werkzeuge des Qualitätsmanagements

Bei der Einführung und der Pflege eines QM-Systems haben sich die elementaren **QM-Werkzeuge** als sehr hilfreich erwiesen. Das sind Verfahren und Techniken zur Problemlösung und ständigen Verbesserung und sie sollten von allen Mitarbeitern

Werkzeug	Beschreibung	Anwendung
Fehlersammelliste 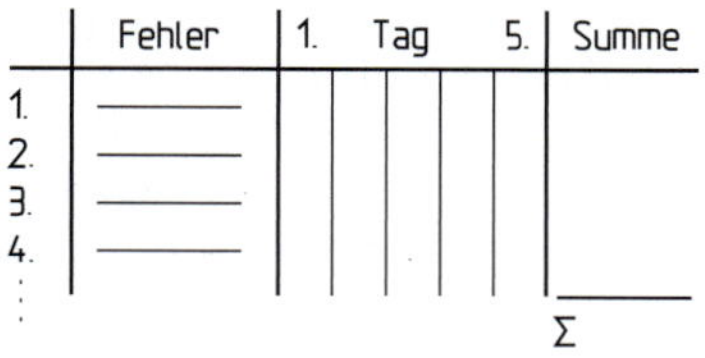	Erfassen und Darstellen von Fehlerart und ihrer Häufigkeit, z. B. Fehler bei der Al-Fensterherstellung wie Kratzer, unsaubere Gehrung, Schere klemmt.	Durch die Art der Darstellung können Trends und Schwachstellen erkannt und lokalisiert werden, z. B. Schwachstelle Endmontage in der Fensterfertigung.
Histogramm 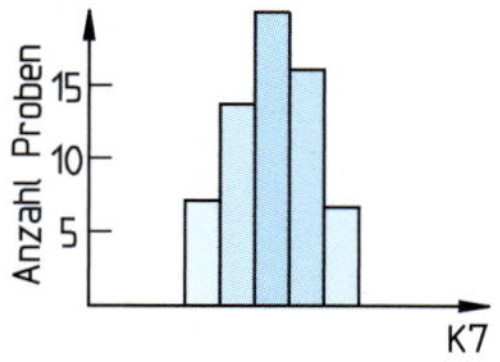	Zusammenfassen und Verdichten von Daten, wobei die Höhe einer Säule der Anzahl der Daten entspricht. Daten können sein, z. B. die Werte der Kerbschlagarbeit an Schweißproben.	Durch die Verdichtung lassen sich große Datenmengen übersichtlich darstellen und ihre Verteilung und Lage innerhalb von Toleranzen erkennen, z. B. Werte der Kerbschlag-Prüfproben sind am „unteren Ende“.
Korrelationsdiagramm 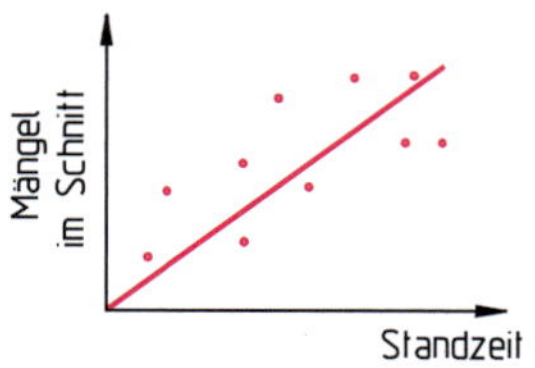	Grafische Darstellung der Beziehung zwischen zwei Merkmalen, z. B. Zusammenhang zwischen der Standzeit eines Sägeblatts und der Qualität des Schnitts.	Je nach Art und Stärke der Korrelation lassen sich vorbeugende Maßnahmen treffen, z. B. rechtzeitiges Auswechseln des Sägeblatts.
Ursache-Wirkungs-Diagramm 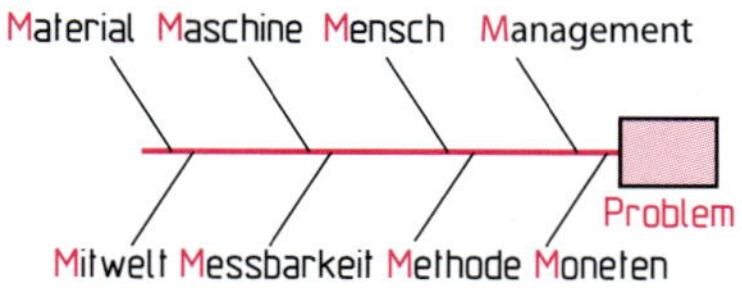	Grafische Darstellung der Häufung möglicher Ursachen für ein Problem. Die Ursachen werden als die 8 „M“s gebündelt: **M**ensch, **M**aschine, **M**aterial, **M**itwelt, **M**essbarkeit, **M**ethode, **M**oneten, **M**anagement; z. B. Problem Kratzer in Fensterscheiben.	Ist ein Problem aufgetreten, dann zeigt sich im Ursache-Wirkungs-Diagramm (nach seinem Erfinder auch „Ishikawa-Diagramm“ genannt) sehr schnell der oder die Hauptfehler, denn hier werden die häufigsten Anmerkungen stehen.

***Bild 1** Werkzeuge des Qualitätsmanagements*

A

beherrscht werden, die mit Qualität im Unternehmen zu tun haben. Auch als Auszubildender sollten Sie sich damit befassen, denn auch Sie tragen zur Qualität bei.
Die wichtigsten QM-Werkzeuge sind zur:
- Fehlervermeidung: die Fehler-Möglichkeits- und Einflussanalyse
- Fehlererfassung: die Fehlersammelliste und das Histogramm
- Fehleranalyse: das Korrelationsdiagramm und das Ursache-Wirkungs-Diagramm (benannt nach seinen Erfinder auch als Ishikawa-Diagramm)

Fehler-Möglichkeits- und Einflussanalyse (FMEA)
Die Fehler-Möglichkeits und Einflussanalyse (FMEA) ist das wichtigste Werkzeug zur Qualitätsplanung. Dabei überlegen sich mehrere Mitarbeiter anhand eines Formblatts (Bild 1)
- welche Fehler am Erzeugnis auftreten können
- welche Folgen diese Fehler haben können
- setzten ein für die Bewertung der Fehler
  - ob sie oft (= 10) oder weniger oft (= 1) auftreten
  - ob sie leicht (= 1) oder schwer (= 10) zu entdecken sind
  - ob die Auswirkungen gering (= 1) oder katastrophal (= 10) sind.

Ergebnis ist eine sogenannte Risikoprioritätszahl (RPZ), die sich aus der Multiplikation der Faktoren der Fehlerbewertung errechnet. Anschließend überlegen Fachleute, ob und wie sich der Fehler vermeiden lässt und berechnen die Risikoprioritätszahl aufs Neue.

Bild 1 zeigt eine FMEA am Beispiel eines Al-Fensters.

6.5 Aufgaben zu 6

1. Beschreiben Sie den Unterschied zwischen Käufer- und Verkäufermarkt am Beispiel Ihres Ausbildungsbetriebs.
2. Beschreiben Sie wie „Ihr" Betrieb erfolgreich Marketing betreiben könnte.
3. Wie unterscheidet sich Qualität im Sinne des Qualitätsmanagements von Maßgenauigkeit?
4. Unterscheiden Sie Auditierung und Zertifizierung.
5. Ein Metallbaubetrieb hat in einem Jahr Erträge von 1,5 Mio. € erwirtschaftet, der Aufwand betrug 1,35 Mio. €, das eingesetzte Betriebskapital 1,9 Mio. €. Berechnen Sie Wirtschaftlichkeit W und Rendite R.
6. Entwerfen Sie ein FMEA-Formblatt (Bild 1) und untersuchen Sie am System „Hoftor" den möglichen Fehler „Flügel schleift".
7. Ihr Betrieb hat vor einem halben Jahr einen Carport aus verzinkten Stahlprofilen geliefert. Der Kunde reklamiert „Rost an den Stützen". Untersuchen Sie den Fehler mithilfe des Ursache-Wirkungs-Diagramms. Entscheiden Sie, ob und welche Maßnahmen Sie ergreifen sollen oder ob der Fehler vom Kunden akzeptiert werden muss.

Formblatt: Fehler-Möglichkeits- und Einflussanalsyse

System	Mögliche Fehler	Mögliche Fehler-ursachen	Mögliche Fehler-folgen	Wahrscheinlichkeit, dass der Fehler			Risikoprioritätszahl RZP = A · E · F 1 ... 1000	Maßnahmen zur Fehlervermeidung
				auftritt 1 ... 10	entdeckt wird 1 ... 10	Folgen hat 1 ... 10		
Fenster	Scheibenbruch	Glashalteleisten mit Gewalt eingesetzt	Kunde verlangt Austausch der Scheibe	4	1	10	8 · 1 ·10 = 40	Maße der Glashalteleisten überprüfen
		Unachtsamer Transport	Kunde verlangt Austausch der Scheibe	6	1	10	6 · 1 ·10 = 60	Personal unterweisen, Ladung sichern

Bild 1 Werkzeuge des Qualitätsmanagements

A

7 Englisch im Metallbaubetrieb: Qualitätsmanagement

Beschreiben Sie einem Kunden das in Ihrem Ausbildungsbetrieb eingeführte Qualitätsmanagementsystem. Übersetzen Sie dazu den folgenden Text ins Deutsche, die Vokabelliste wird Ihnen dabei helfen.

Quality management
My company is certified, a quality management system in DIN EN ISO 9001:2008 has been introduced.
The company structure and all work processes are supervised by an auditor. All work sequences are described in a QM manual. It contains all working processes and instructions as they are performed. You can find them on every workplace.
The consumers can see the QM manual on request. Quality doesn't only mean working accuracy but also all orders are executed exactly to the customer's demands.
The most important tools are the error list and the FMEA (failure mode and effective analysis). There is a smaller reject rate and it saves time for error correcting and there are fewer reclamations than before. The tolerances are strictly adhered to and all deviations are recorded.
The error rate and corresponding costs have declined. We are inspecting all incoming goods of our suppliers. For series production we take random samples and perform inprocess and final inspections.
Today our customers are much satisfied than before.

Vokabelliste

Abweichung	deviation
Annahme	acceptance
Arbeitsgenauigkeit	operation accuracy
Audit	audit
Auftrag	order
Ausschuss	scrap
Auswertung	working-up results
Durchschnitt	mean
Endprüfung	final inspection
Erzeugnis	product
Fehler	error
Fehlerkosten	nonconformity costs
Fertigung	production
Funktion	function
Güte	quality standard
Kosten	costs
Kunde	customer
Lieferant	supplier
Lieferung	consigment
Nacharbeit	rework
optimieren	to optimize
Prozess	process
prüfen	to inspect
Qualitätskontrolle	quality control, q-inspection
Qualitätsmanagementsystem	quality management system
Qualitätsmanagement-Handbuch	QM manual
Reklamation	reclamation
Serienfertigung	series production
Stichprobe	random sample
Toleranz	tolerance
Verfahren	procedure
vorbeugen	to prevent
Waren	goods
zertifizieren	to certificate
Zwischenprüfung	in-process inspection

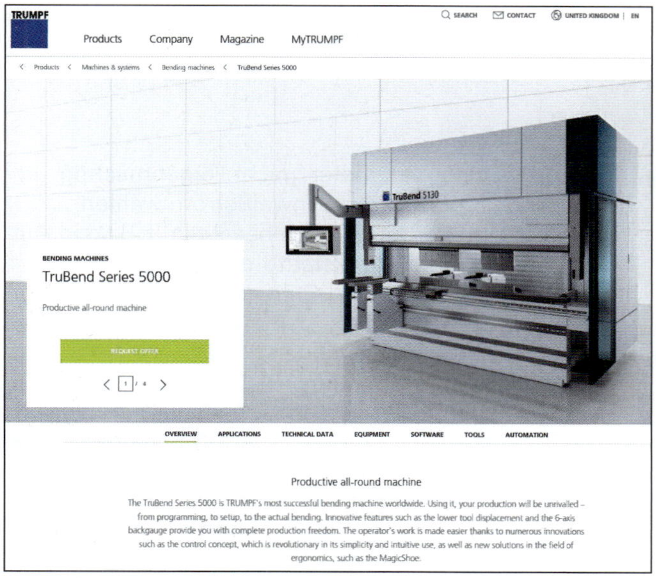

***Bild 1** Es lohnt sich, Englisch zu lernen – auch beim Surfen im Internet*

8 Unfall- und Gesundheitsschutz im Betrieb

In einem Metallbetrieb lauern vielfältige Gefahren, die zu Verletzungen, Unfällen bis zu Todesfällen führen können. Auch Berufskrankheiten wie Lärmschwerhörigkeit und Rückenschäden können auftreten, wenn Unternehmen und Mitarbeiter die geltenden Vorschriften und Arbeitsregeln nicht beachten. Die Beachtung der Unfallverhütungsvorschriften ist die beste Vorbeugung gegen Unfälle. Maschinen und Anlagen dürfen nie ohne Einweisung durch sach- und fachkundige Vorgesetzte benutzt werden.

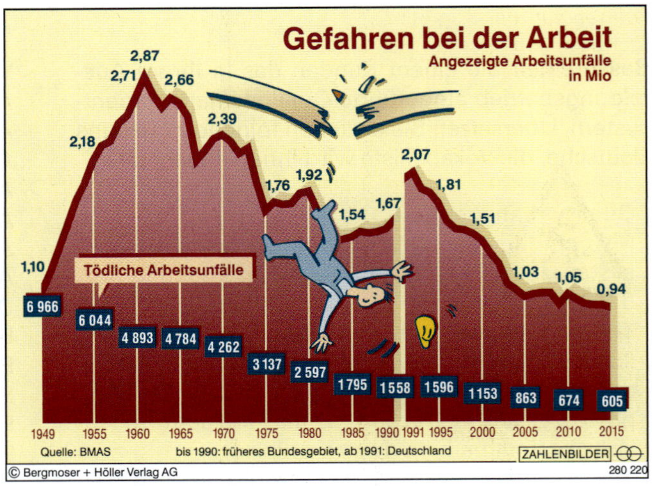

Bild 1 Unfallhäufigkeit am Arbeitsplatz

8.1 Unfallverhütungsvorschriften

Der Unfall- und Gesundheitsschutz im Betrieb ist in zwei Regelwerken festgelegt:

Regelwerk	Gesetzliche Vorschriften	Vorschriften der Berufsgenossenschaften
Ziele	• Verhüten von Unfällen im Betrieb • Vorbeugen gegen Berufskrankheiten • Schutz der Mitarbeiter vor Überforderung	
wird erlassen von	Bundestag	zuständiger Berufsgenossenschaft (= Versicherungsanstalt)
Enthält	• Arbeitsstättenverordnung • Gerätesicherheitsgesetz • Gefahrstoffverordnung • Arbeitssicherheitsgesetz • Arbeitszeitgesetz • Jugendarbeitsschutzgesetz	Gebote und Verbote bei der Benutzung von Maschinen und Anlagen, z. B. Einhausung von Schweißplätzen, Schutzeinrichtungen an Maschinen, Sicherheitskennzeichnungen an Elektrogeräten
Überwachung im Betrieb durch	Gewerbeaufsichtsamt Sicherheitsbeauftragte im Betrieb	Berufsgenossenschaft Sicherheitsbeauftragte im Betrieb

Bild 2 Regelwerke zum Unfallschutz

Die wesentlichen Ursachen für Unfälle im Betrieb sind:

- **sicherheitswidrige Zustände (eher selten)**
- **sicherheitswidriges Verhalten (sehr häufig)**

Zum Schutz vor Unfällen und Berufskrankheiten kann jeder Mitarbeiter durch aktive Selbstschutzmaßnahmen und durch bewusstes Verhalten beitragen, z. B.

- Nicht ohne Einweisung an Maschinen und Anlagen arbeiten, z. B. an Werkzeugmaschinen
- Schutzeinrichtungen nie entfernen, z. B. Schutzhauben, -geländer
- Schutzkleidung und -mittel tragen, z. B. Schutzbrille beim Schleifen, Schutzhelm auf Baustellen, Gehörschutz im Stahlbau
- Maschinenparameter nicht eigenmächtig ändern, z. B. höheren Schweißstrom wählen
- Ge- und Verbotszeichen beachten, z. B. kein Aufenthalt hinter Werkstatttoren
- Unfallgefahren und Störungen sofort beim Vorgesetzten melden, z. B. Beschädigungen an Schweißraumvorhängen
- Unfälle sofort melden
- Alkohol und Drogen am Arbeitsplatz meiden
- über die Lage von „NOT AUS" Schalter an Maschinen informieren
- gesundheitsschonend arbeiten, z. B. nie in gebückter Haltung heben, Einatmen von Rauchen und Dämpfen vermeiden.

Warnzeichen	Verbotszeichen	Gebotszeichen	Rettungszeichen	Brandschutzzeichen	Kennzeichnung von Gefahrstoffen
weisen auf Hindernisse und Gefahrstellen hin	untersagen ein Verhalten, von dem Gefahr ausgehen kann	weisen auf eine zu tragende Schutzausrüstung hin	weisen auf Rettungsgeräte und Rettungswege hin	weisen auf Einrichtungen zum Melden und Löschen von Bränden hin	weisen auf Gefahrstoffe und ihre Wirkung hin

Warnung vor Hindernissen am Boden	Zutritt für Unbefugte verboten	Gehörschutz benutzen	Notruftelefon	Feuerlöscher	Giftiger Stoff Weitere Symbole siehe S. 147

Bild 1 Sicherheitszeichen

Grundsätzlich gilt beim Unfall- und Gesundheitsschutz im Betrieb:
1. Gefährdungen vermeiden
2. Gefahren erkennen
3. Schutzmaßnahmen vornehmen

8.2 Sofortmaßnahmen bei Unfällen

Trotz strikter Beachtung aller Unfallverhütungsvorschriften können im Betrieb Unfälle geschehen, denn Unfälle sind „unvorhersehbare Ereignisse“. Die Kenntnis der Sofortmaßnahmen am Unfallort schützt vor weiteren Gefahren und mindert die Folgeschäden.
Wie im Straßenverkehr gilt auch im Betrieb
1. Maschinen und Anlagen sofort abschalten
2. Unfallopfer aus dem Gefahrenbereich bergen
3. Unfallopfer fachgerecht lagern
4. Hilfe holen
5. Unfall melden

Die Berufsgenossenschaften führen dazu in vielen Betrieben Informationen und Lehrgänge an. Nicht nur als Helfer sondern auch zur Vorbeugung sollten Sie diese Angebote nutzen.
Wer Unfallverhütungsvorschriften grobfahrlässig oder vorsätzlich missachtet
- gefährdet sich und andere,
- verliert den gesetzlichen Versicherungsschutz, z.B. Unfallrente
- macht sich strafbar.

Sicherheitseinrichtungen und Unterweisungen durch Vorgesetzte haben die Zahl der Arbeitsunfälle stark verringert, groß ist allerdings noch die Zahl der Berufskrankheiten. Diese zeigen sich erst nach jahrzehntelanger Berufstätigkeit und können zu einem vorzeitigen Ausscheiden aus dem Berufsleben führen, oft auch zum frühzeitigen Tod.
Ursachen für Berufskrankheiten können sein
- falsche Arbeitshaltung, z.B. Heben mit gekrümmtem Rücken statt aus der Hocke
- unzureichende Berufskleidung, z.B. Überhitzung beim Schweißen ohne Schutzkleidung
- Einatmen von Schadstoffen am Arbeitsplatz, z.B. Dämpfe und Rauche.

Zum Schutz vor Berufskrankheiten durch Schadstoffe am Arbeitsplatz hat der Gesetzgeber sog. MAK- und BAT-Werte erlassen.

MAK = maximale Arbeitsplatz-Konzentration
BAT = Biologischer Arbeitsstoff-Toleranzwert

Sie sind in der Gefahrstoffverordnung (GefStoffV) festgelegt, die regelmäßig überarbeitet und den neuen Gefahren am Arbeitsplatz angepasst wird. Die Einhaltung der Werte am Arbeitsplatz überprüft das zuständige Gewerbeaufsichtsamt, da es sich um gesetzliche Vorschriften handelt.

A

8.3 Aufgaben zu 8

1. Informieren Sie sich in Ihrem Ausbildungsbetrieb über Aushänge zu Unfallverhütungsvorschriften sowie über Gebots- und Verbotszeichen.
2. Informieren Sie sich, welche Berufsgenossenschaft für Ihren Ausbildungsbetrieb zuständig ist, besuchen Sie deren Homepage im Internet und fordern Sie von dieser Merkblätter an.
3. Ermitteln Sie an einer Tischbohrmaschine: Gefahren – Ursachen der Gefahren – Auswirkungen – Abhilfemaßnahmen und stellen Sie Ihre Ergebnisse in einer 4-Spalten-Tabelle zusammen.
4. Üben Sie in einem Rollenspiel Maßnahmen am Unfallort bei „Kopfverletzung an einer Bohrmaschine durch lose Werkstücke".

9 Kommunikation in der Metalltechnik

In allen Arbeitsgebieten der Metalltechnik sind Werkstücke und Anlagen zu fertigen und/oder zu montieren. Form, Gestalt und Arbeitsschritte könnte man mit Worten beschreiben, das würde aber zu Missverständnissen und vielen Rückfragen führen. Deshalb haben sich zur Darstellung der Werkstücke unterschiedliche schriftliche Darstellungsformen entwickelt, die in der Berufsausbildung erworben werden müssen.
Man unterscheidet:

- **Fotografische Darstellung:** Das Werkstück oder die Anlage, z. B. ein Gartentor, sind als Foto dargestellt. Das ist besonders bei Restaurierungsaufträgen üblich, wenn ein Kunde ein Bauteil nach Muster in Auftrag gibt oder bei der Maßaufnahme, z. B. für die Fertigung eines Balkongeländers nach Aufmaß auf der Baustelle.

Aufgabe:
Nehmen Sie mit einer Digitalkamera einfache Bauteile auf, z. B. Beschläge oder kleine Gitter, und ergänzen Sie auf dem Ausdruck alle für die Fertigung notwendigen Angaben.

- **Produktbeschreibung:** Hier wird ein Bauteil mit Worten, oft ergänzt durch Skizzen, beschrieben. Das ist bei einfachen Werkstücken, bei Montageanleitungen oder Verarbeitungsrichtlinien üblich und ausreichend. Diese Form der Darstellung hilft, die Funktion von komplizierten Maschinen zu verstehen, z. B. als Bedienungsanleitung einer WIG-Schweißanlage.

Aufgabe:
Beschreiben Sie einen Beschlag nach Ihrer Wahl, sodass er gefertigt werden kann.

- **Explosionsdarstellung:** Sie zeigt den Aufbau und oft auch das Zusammenwirken der einzelnen Bauteile einer Anlage. Sie sind auch für Personen ohne Kenntnisse im Technischen Zeichnen verständlich. Man findet sie häufig bei Reparatur- und Montageanleitungen (Bild 1, S. 19).

Aufgabe:
Demontieren Sie einen vorhandenen Türdrücker und stellen Sie ihn in einer Explosionszeichnung mit allen für die Herstellung notwendigen Angaben dar.

- **Freihandskizze:** Sie wird „freihand" und oft in perspektivischer Darstellung entworfen und ist besonders in der Metallgestaltung und in der Entwurfsphase von Bauteilen üblich, z. B. um das Design eines Türdrückers zu entwerfen (Bild 1, S. 19). Für diese Form der Darstellung gelten keine Regeln, wird das Bauteil aber in wahrer Größe dargestellt, so kann eine Freihandskizze auch als Schablone, z. B. in der Blechbearbeitung, oder als Muster bei Biege- und Schmiedearbeiten dienen.

Aufgabe:
Skizzieren Sie einen ausgeführten Türdrücker und verändern Sie Form und Größe; dabei lernen Sie den Designprozess bei der Produktgestaltung kennen.

- **Technische Zeichnung:** Sie wird nach Regeln und Normen für die Darstellung, die Einzelheiten, die Blattgrößen und Maßstäbe sowie die Bemaßung erstellt. Eine Stückliste gibt Auskunft über Einzelteile, eine ergänzende Beschreibung auf der Zeichnung informiert über Besonderheiten zur Fertigung. Üblich ist die sogenannte Drei-Tafel-Projektion. Dabei wird das Werkstück als Einzelteil oder als Baugruppe in mehreren einander zugeordneten Ansichten erstellt. Die Art des Werkstücks bestimmt die Zahl der Ansichten, durch Schnitte lässt sich auch das Innere des Werkstücks darstellen. Diese Form der Darstellung wird zunehmend mit Hilfe von CAD-Software erstellt (CAD = Computer Aided Design

= computergestützes Konstruieren). Die händische Erstellung von technischen Zeichnungen schult das Vorstellungsvermögen und sollte bis zur sicheren Beherrschung geübt werden, denn in der Fertigung müssen Technische Zeichnungen gelesen und so alle Informationen aus Darstellung, Stückliste und Hinweisen entnommen werden können (Bild 1b).

Aufgabe:
Analysieren Sie in Gruppenarbeit die Technische Zeichnung des Türdrückers Bild 1. Ideal ist es, wenn Sie sich einen Türdrücker im Beschlaghandel erwerben. Im Laufe Ihrer Ausbildung werden Sie eine Vielzahl von Technischen Zeichnungen selbst erstellen und in Ihrer Berufspraxis nach Technischen Zeichnungen, die vom Konstruktionsbüro erstellt werden, Bauteile und Anlagen fertigen.

Das sichere Beherrschen dieser Darstellungsformen erleichtert Ihnen die Berufspraxis und ist eine notwendige Voraussetzung für eine erfolgreiche Tätigkeit in Ihrem Beruf.

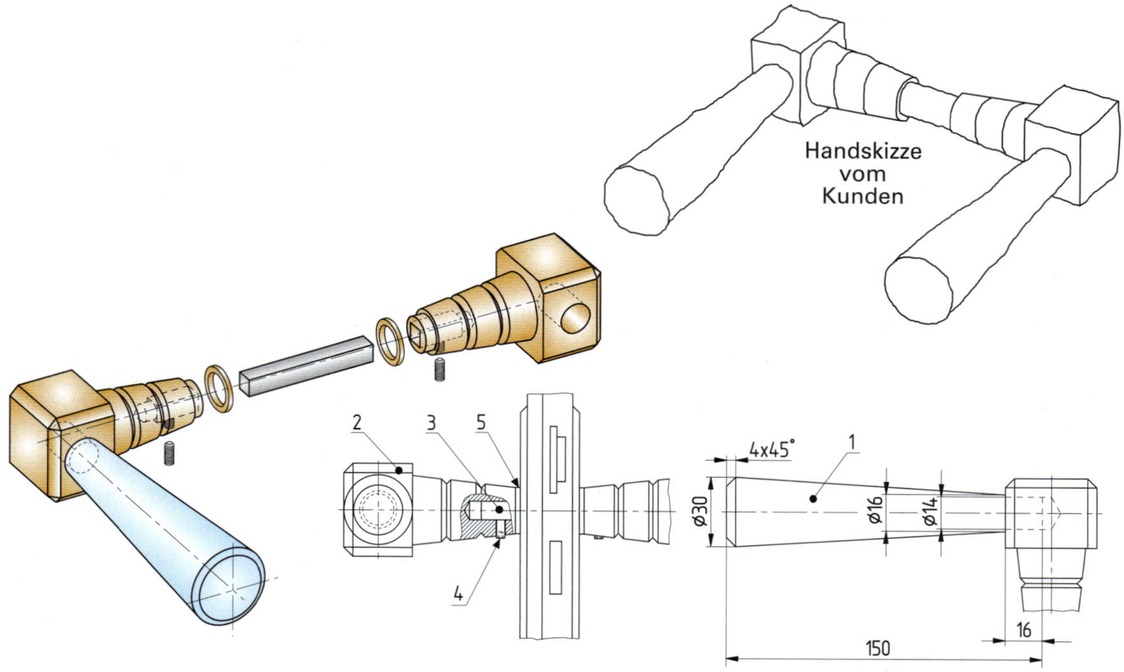

Pos.	Menge	Einheit	Benennung	Sachnummer / Norm		Bemerkung
5	2	Stck	Scheibe	Bl 800 x 0,7 - 1224		D=20 d=16 s=2 Kunststoff
4	2	Stck	Gewindestift	Bl 800 x 0,7 - 1224	ISO 7435	M4 x 10 - 5.8
3	1	Stck	Vierkantstift	Bl 800 x 0,7 - 1224		□8 - 60 S235JR
2	2	Stck	Drückerhals	Bl 800 x 0,7 - 1224		□40 - 80 CuZn40
1	2	Stck	Drückerarm	Bl 800 x 0,7 - 1224		Rd 30 - 150 Acryl

Verantwortl. Abt.	Technische Referenz	Erstellt durch	Genehmigt von
Gesetzlicher Eigentümer		Dokumentenart: Gesamtzeichnung	Dokumentenstatus: freigegeben
		Titel, Zusätzlicher Titel: Drückergarnitur	18. 051
			Änd.: A · Ausgabedatum: 2006-08-10 · Spr.: de · Blatt: 1/1

Bild 1 Türdrückergarnitur

A

10 Technische Berechnungen

Bei der Darstellung, Fertigung und Montage von Bauteilen sind in allen Metallberufen technische Berechnungen durchzuführen. Dabei verwendet man bevorzugt Formeln, die in Tabellenbüchern und Formelsammlungen zu finden sind. Voraussetzung dafür ist, dass Sie die Grundrechenarten sicher beherrschen, Formeln und Tabellen handhaben können und Maßeinheiten kennen und umrechnen können. Für die Ermittlung des Zahlenwertes benutzt man grundsätzlich einen elektronischen Taschenrechner mittlerer Preisklasse, der eine Vielzahl von Festfunktionen besitzt, z. B. Tasten für %, x^2, Sinus, Tangens, Cosinus sowie Speicher für Zwischenergebnisse.

Machen Sie sich zu Beginn Ihrer Berufsausbildung mit Ihrem elektronischen Taschenrechner vertraut!

Für alle technischen Berechnungen gilt der Dreischritt:

Prinzip	1. Analyse der Aufgabe und Abschätzen des voraussichtlichen Ergebnisses	2. Suchen und Anwenden von geeigneten Formeln oder Tabellen zur Lösung	3. Darstellen und Überprüfen des Ergebnisses nach Zahlenwert und Einheit
Beispiel	Eine einfache Geländerfüllung ist nach Skizze herzustellen. Berechnen Sie die Masse *m* der Füllstäbe in kg. Geschätzt: 4 kg 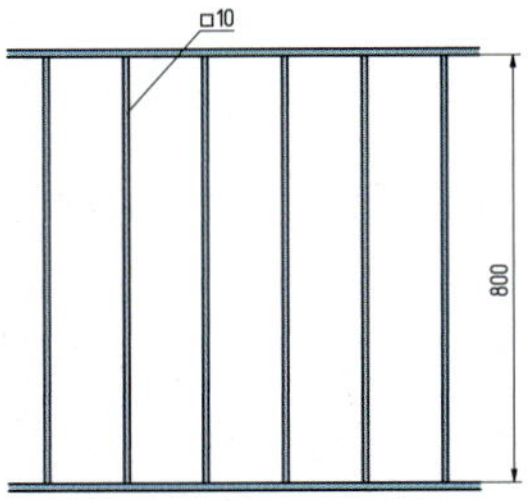 Bild 1. Gitter (Skizze + Beschreibung)	Es ist eine Masseberechnung durchzuführen. Methoden: a) Formeln zur Massenberechnung m = Volumen × Dichte × Anzahl $m = (l \times b \times h) \times \rho \times n$ $m = (1 \times 1 \times 80)\ \text{cm} \times 7{,}85\ \text{g/cm}^3 \times 5$ $\underline{m = 3140\ \text{g}}$ $\underline{m = 3{,}14\ \text{kg}}$ (ρ = rho aus Tabellenbuch) b) Tabellen zur Masseberechnung von Profilen m = längenbezogene Masse × Länge × Anzahl $m = m' \times l \times n$ $m = 0{,}785\ \text{kg/m} \times 0{,}8\ \text{m} \times 5$ $\underline{m = 3{,}14\ \text{kg}}$ (m' aus Tabellenbuch)	Die Füllstäbe haben eine Masse m = 3,14 kg Größe: Masse Zahlenwert: 3,14 Einheit: kg Das Ergebnis entspricht dem Schätzwert 4 kg. Verwendet wurden die Formelzeichen: – m für Masse – l für Länge – b für Breite – h für Höhe – ρ für Dichte – n für Anzahl – m' für längenbezogene Masse

Bild 1 Prinzip technischer Berechnungen

Für technische Berechnungen bedient man sich je nach Aufgabe und Genauigkeit verschiedener Methoden und Hilfsmittel:

- **Überschlagsrechnung:** Dabei wird aus der Lebens- oder Berufserfahrung das voraussichtliche Ergebnis abgeschätzt. Das liefert rasche Ergebnisse, muss aber für genaue Zahlenwerte noch nachgerechnet werden. Diese Art der Berechnung ist besonders in der Werkstatt von Nutzen, wenn nur ca.-Werte gebraucht werden.

Aufgabe:
Berechnen Sie überschlägig die Geschwindigkeit eines 100-m-Läufers in m/s und in km/h.

- **Berechnung mit Formeln:** Die gesuchte Größe wird mithilfe technischer Formeln berechnet, dabei ist besonders auf die Einheiten zu achten. Oft ist erst ein Umstellen der Formel nach der gesuchten Größe notwendig (Bild 1).
- **Berechnung mit Tabellen und Diagrammen:** Für Routineberechnungen stehen Tabellen und Diagramme zur Verfügung, mit deren Hilfe sich rasch die gesuchte Größe durch Ablesen ermitteln lässt. Sie sind z. B. für Profile in Profiltabellen enthalten oder werden von Zulieferbetrieben zur Verfügung gestellt.

Aufgabe:
Berechnen Sie die Umdrehungsfrequenz beim Bohren mithilfe von Umdrehungsfrequenzdiagrammen aus Ihrem Tabellenbuch und an Werkzeugmaschinen.

A

- **Mechanische Rechenhilfen:** Sie sind meist in Form eines Rechenschiebers gestaltet und erlauben ein rasches Ablesen der gesuchten Größe in Abhängigkeit von den Einflussgrößen (Bild 1).

Aufgabe:
Beschaffen Sie sich nach Internetrecherche mechanische Rechenhilfen von Werkzeugmaschinenherstellern und machen Sie sich mit deren Handhabung vertraut, indem Sie Umdrehungsfrequenzen an Werkzeugmaschinen in Abhängigkeit der Einflussgrößen bestimmen.

- **EXCEL-Rechenblatt:** Für häufig wiederkehrende Berechnungen an einem PC (Personalcomputer) sind Rechenblätter, die mithilfe der Standard-Software EXCEL selbst erstellt werden können, sehr hilfreich. Dabei lassen sich Skizzen zu den hinterlegten Formeln einbinden und darin die gegeben Größen direkt eintragen (Bild 2).

Aufgabe:
Überlegen Sie, welche Vorteile EXCEL-Rechenblätter beim Entwurf von Bauteilen in einem Konstruktionsbüro bringen.

- **Anwenderprogramme:** Das sind Softwareprogramme, die von Anbietern professionell erstellt und von Nutzern erworben werden können. Bechnungen, z. B. zur Geländerstatik, lassen sich so rasch erstellen und als Ausdruck dokumentieren. Bei vielen Programmen kann man die errechneten Werte direkt in die Konstruktion übernehmen (Bild 3).

Aufgabe:
Beschaffen Sie sich von z. B. Dübelherstellern Statikprogramme und führen Sie damit Berechnungen durch. Gute Programme sind „selbsterklärend" und es sind zur Bedienung nur geringe Fachkenntnisse notwendig.

Selbst für die Herstellung von einfachen Werkstücken in der Werkstatt sind mathematische Berechnungen notwendig. So müssen z. B. für die Fertigung des Blechformteils (Bild 4) die notwendige Tafelgröße und Zuschläge berechnet werden. Wird das Bauteil gekantet, so sind darüber hinaus noch Verkürzungen zu ermitteln. Dazu ist eine mechanische Rechenhilfe für Verkürzungen besonders geeignet (Bild 1).

Aufgabe:
Welche Vorteile haben mechanische Rechenhilfen, wie z. B. der Rechenschieber zum Berechnen von Verkürzungen gegenüber Berechnungen mit Formeln oder mit EXCEL-Rechenblättern?

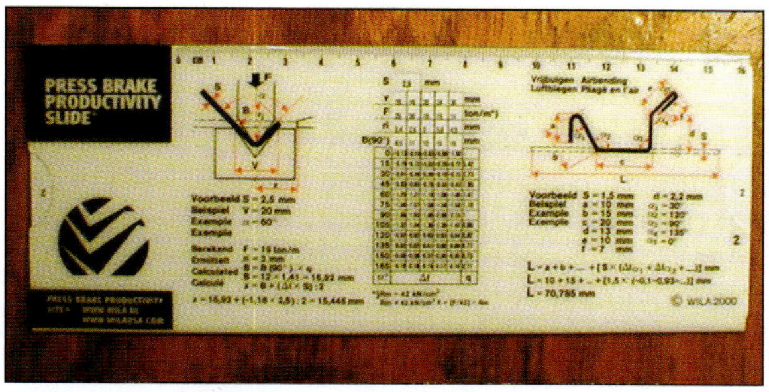

Bild 1 Rechenschieber

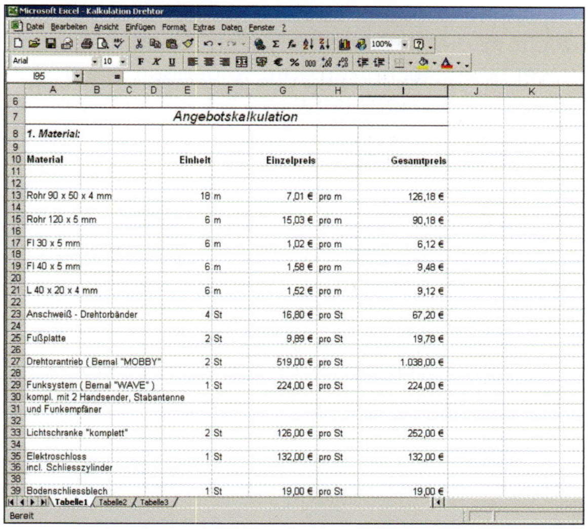

Microsoft Excel - Kalkulation Drehtor

Angebotskalkulation

1. Material:

Material	Einheit		Einzelpreis		Gesamtpreis
Rohr 90 x 50 x 4 mm	18	m	7,01 €	pro m	126,18 €
Rohr 120 x 5 mm	6	m	15,03 €	pro m	90,18 €
Fl 30 x 5 mm	6	m	1,02 €	pro m	6,12 €
Fl 40 x 5 mm	6	m	1,58 €	pro m	9,48 €
L 40 x 20 x 4 mm	6	m	1,52 €	pro m	9,12 €
Anschweiß - Drehtorbänder	4	St	16,80 €	pro St	67,20 €
Fußplatte	2	St	9,89 €	pro St	19,78 €
Drehtorantrieb (Bernal "MOBBY"	2	St	519,00 €	pro St	1.038,00 €
Funksystem (Bernal "WAVE") kompl. mit 2 Handsender, Stabantenne und Funkempfäner	1	St	224,00 €	pro St	224,00 €
Lichtschranke "komplett"	2	St	126,00 €	pro St	252,00 €
Elektroschloss incl. Schliesszylinder	1	St	132,00 €	pro St	132,00 €
Bodenschliessblech	1	St	19,00 €	pro St	19,00 €

Bild 2 Rechenblatt

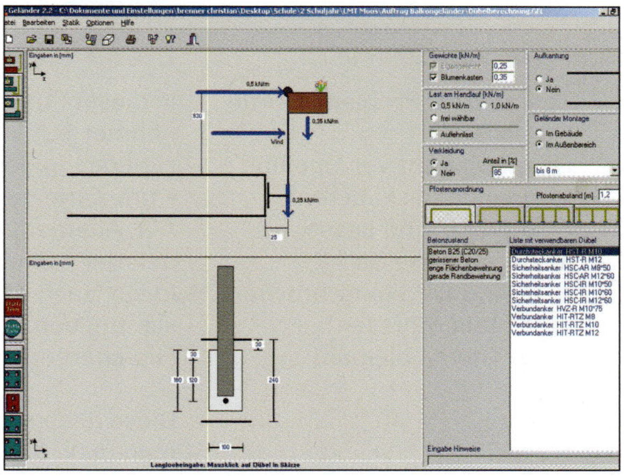

Bild 3 Anwenderprogramm

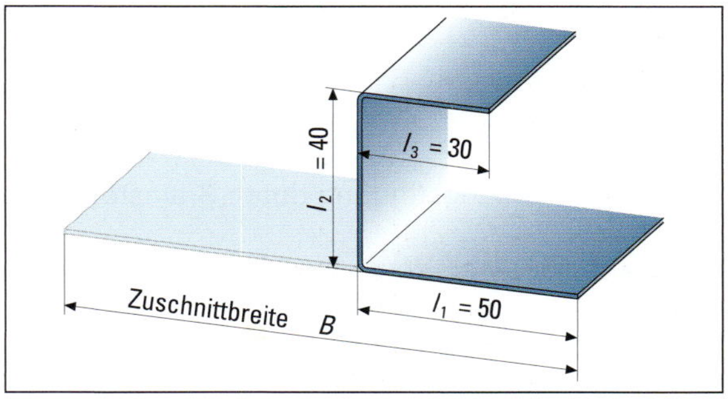

Bild 4 Berechnung eines Bauteils

A

11 Kreativ- und Präsentationstechniken

In Ihrer Berufsabschlussprüfung werden nicht nur Ihre theoretischen Kenntnisse und praktischen Fertigkeiten geprüft, Sie müssen auch das Ergebnis Ihrer Arbeitsprobe in geeigneter Form präsentieren können. In der späteren Berufstätigkeit werden Sie feststellen: die fachlichen Kenntnisse allein genügen nicht den Anforderungen an eine Fachkraft. Teamarbeit, das Lösen von Problemen und die zunehmende Kundenorientierung verlangen von Mitarbeitern die Beherrschung von Kreativitäts- und Präsentationstechniken. Die folgenden Methoden geben Ihnen einen Überblick, die Anwendung und Festigung können Sie während Ihrer Berufsausbildung an vielen Aufgaben einüben.

Für alle Techniken gilt:
1. Welche Zielgruppe soll angesprochen werden?
2. Wer ist an der Lösung beteiligt? Ein Einzelner? Eine Kleingruppe? Eine Großgruppe?
3. Wie viel Zeit steht zur Verfügung?
4. Welche technischen Einrichtungen sind vorhanden?

Zunehmend werden Präsentationen mithilfe von Software erstellt, z. B. dem Anwenderprogramm PowerPoint. Diese Programme besitzen in der Regel selbsterklärende Lernhilfen und Assistenten zur Erstellung und werden deshalb hier nicht behandelt.

11.1 Brainstorming

Diese Kreativitätstechnik, benannt nach „brain" = Gehirn und „storm" = (Gedanken-)blitze wird in der Gruppe angewendet und liefert sehr rasch Lösungen zu einem Problem. Die Gruppe bestimmt zuerst einen Moderator und legt den zeitlichen Rahmen für das Brainstorming fest, maximal 15 Minuten.
Der Ablauf gliedert sich in drei Phasen:
1. Regeln vereinbaren und auf einem Plakat festhalten. Diese Regeln müssen nur einmal vereinbart werden und gelten für alle weiteren Sitzungen.
2. Ideen zum Problem sammeln, schriftlich oder mündlich.
3. Ideen ordnen und visualisieren, idealerweise strukturiert auf einem Plakat.

Phasen		
1. Regeln vereinbaren	**2. Ideen sammeln**	**3. Ideen ordnen und visualisieren**
– Thema bzw. Problem schriftlich fixieren – Quantität geht vor Qualität! – Ideen nicht diskutieren! – Stichworte sind besser als ausformulierte Sätze! – Niemand wird unterbrochen! – Keine Killerphrasen! – Beim Thema bleiben!	In dieser Phase schreiben die Teilnehmer auf kleinen Karten Ideen zur Lösung des Problems – pro Karte nur eine Idee. Als Alternative können die Teilnehmer dem Moderator ihre Ideen auch zurufen, er sammelt sie ungeordnet auf einer Tafel, Flip-chart oder einem Plakat. Diese Phase sollte bei beiden Formen max. 5 Minuten dauern.	Der Moderator – sammelt die Karten ein, – pinnt sie auf eine Tafel. Die Gruppe ordnet und strukturiert die Ideen zusammen mit dem Moderator und überträgt sie, wenn notwendig auf ein Plakat.

Bild 1 Phasen des Brainstorming

Aufgabe für Lösungsfindung durch Brainstorming:

Wie kann in einer Werkstatt Ordnung gehalten werden?
Phase 1. Moderator wählen und Thema auf Flipchart schreiben

Phase 2: Ideen sammeln: z. B. Verantwortungsbereiche festlegen – wechselnder Reinigungsdienst – genügend Behälter – jeder räumt seinen Platz selbst auf – Prämien für Ordnung vergeben – Ablagen farblich kennzeichnen – nichts liegt in den Gängen – Abfalltrennung – Meister kontrolliert

– Fotos von aufgeräumter Werkstatt aufhängen –

Wie kann in einer Werkstatt Ordnung gehalten werden?		
Persönliche Maßnahmen	Organisationsmittel	**Anreize**
Verantwortungsbereiche festlegen	Abfalltrennung	Prämien für Ordnung vergeben
....	....	....

***Bild 1** Beispiel: Brainstorming Phase 3*

....
Phase 3: Ordnen und visualisieren

11.2 Mindmapping

Eine Mindmap ist eine Gedanken-Landkarte, die Gedanken sammelt, ordnet und übersichtlich darstellt. Gedanken verzweigen sich oft und werden weiter vereinzelt, auch das kann auf einer Mindmap wie auf einer Landkarte sehr einprägsam visualisiert werden. Eine Mindmap kann in der dritten Phase eines Brainstorming verwendet werden, sie ist aber auch ein eigenständiges Mittel, ein Problem in Gruppenarbeit zu lösen. Die Erstellung kann händisch auf einem Blatt A3 quer oder mit Hilfe von Software erfolgen. Besonders bewährt hat sich diese Methode bei der Erarbeitung von Arbeitsplänen.

Wie geht man dabei vor?

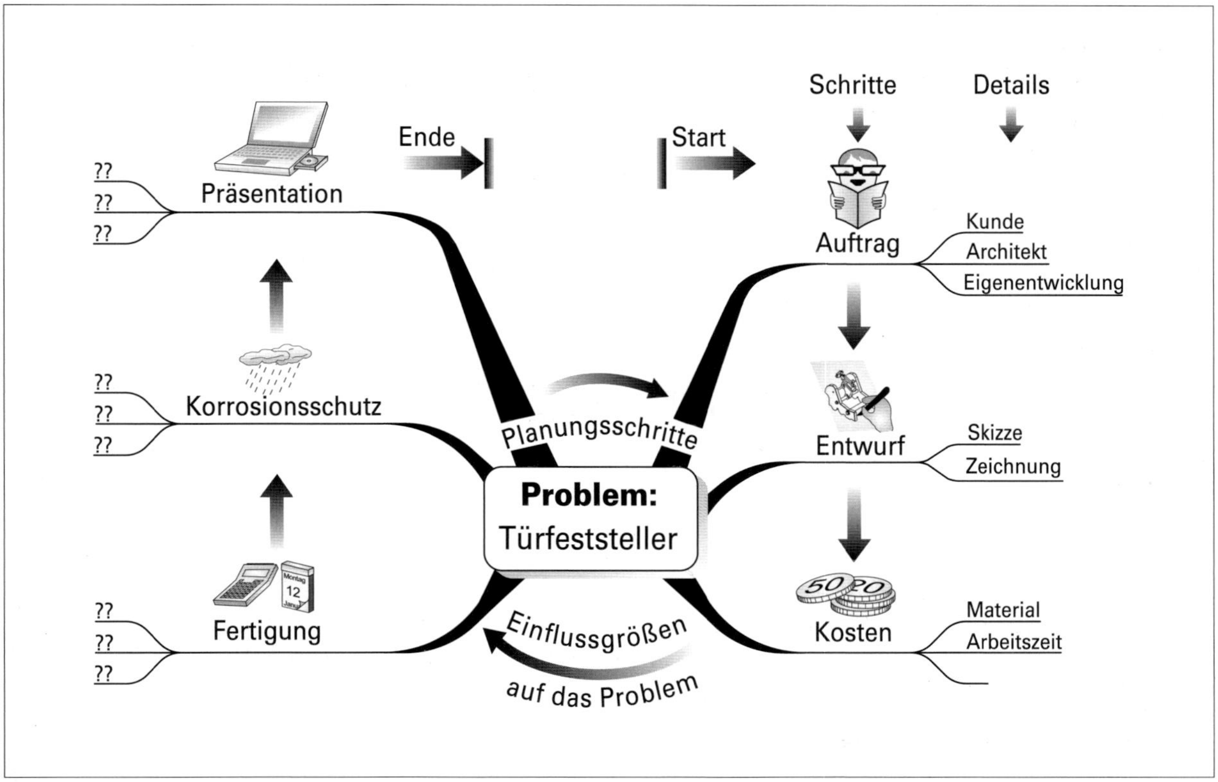

***Bild 2** Prinzip einer Mindmap*

A

1. Thema in die Mitte des Blattes schreiben.
2. Überbegriffe bzw. Schritte an die Enden der Hauptäste schreiben.
3. Unterbegriffe bzw. Teilschritte an die einzelnen Enden der Hauptäste an Unterverzweigungen anhängen.
4. Haupt- und Unteräste evtl. korrgieren bzw. in die richtige Reihenfolge bringen.
5. Einprägsame einfache Symbole anfügen.

Das Erstellen einer Mindmap muss wie jede Präsentationstechnik geübt werden. Idealerweise bieten sich dafür Themen an, die keine fachlichen

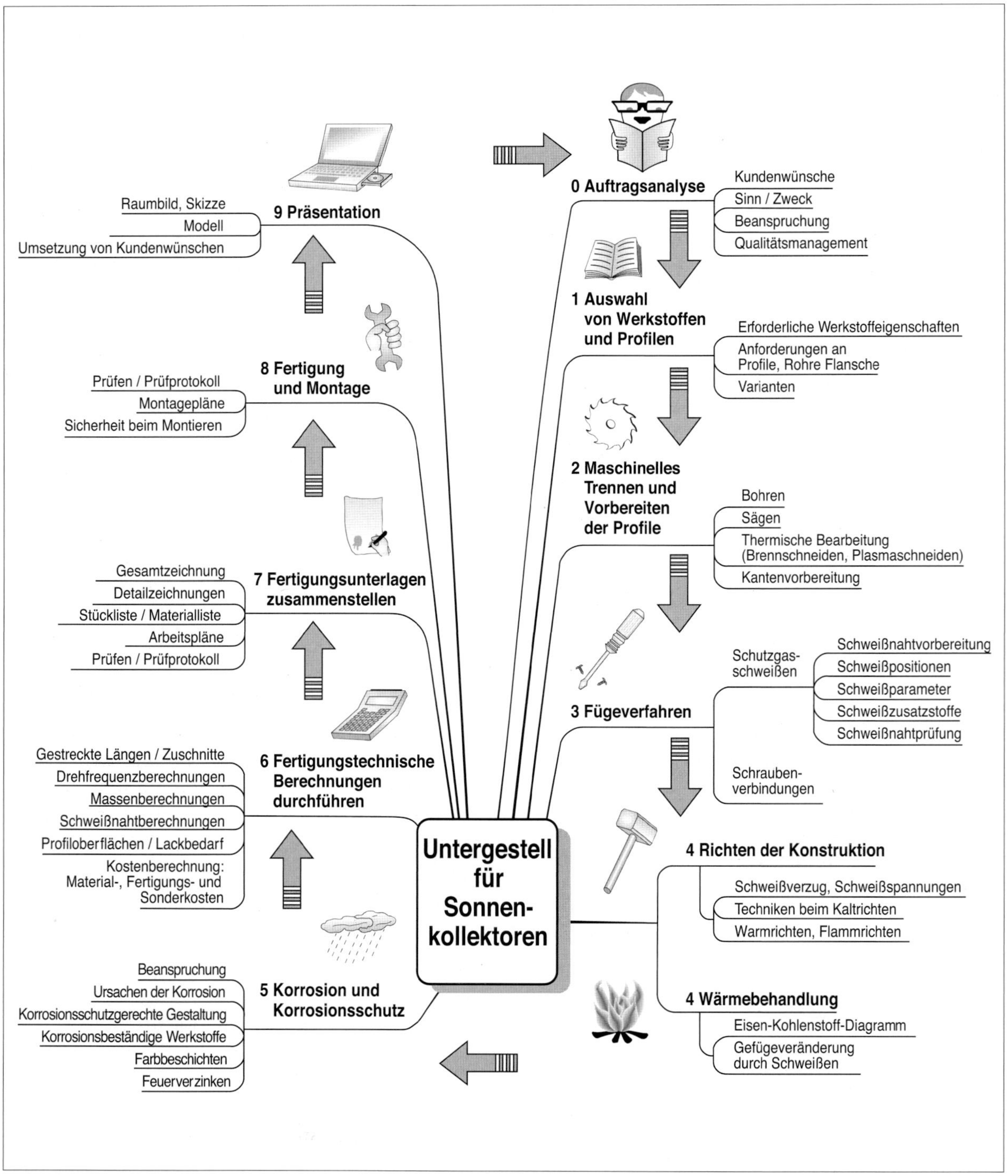

***Bild 1** Mindmap: Struktur des Auftrags „Untergestell für Sonnenkollektoren"*

Schwierigkeiten bereiten, z.B. ein Arbeitsfolgeplan für einfache Werkstücke, die Sie in Ihrem Betrieb fertigen.

11.3 ISHIKAWA-Diagramm

Diese vom japanischen Ingenieur Ishikawa erdachte grafische Darstellungsmethode erinnert an einen Fisch und wird deshalb auch als „Fischgräten-Diagramm" bezeichnet. Sie wird besonders als 1. Stufe bei der Suche nach Ursachen für Probleme eingesetzt und deshalb auch Ursache-Wirkungs-Diagramm genannt. Die Ursachen werden dabei als die „8 M's" gebündelt: **M**ensch, **M**aschine, **M**aterial, **M**itwelt, **M**essbarkeit, **M**ethode, **M**oneten, **M**anagement. Die Häufung an wenigen „M's" führt zur raschen Ursachenzuschreibung für Fehler, z.B. bei der Untersuchung der Ursachen für Kratzer an Scheiben (Bild 1).

Wie geht man dabei vor?

1. Fischgrätmuster mit sieben Ästen skizzieren.
2. Problem in den Fischkopf eintragen und die Äste beschriften.
3. Im Brainstorming gefundene Ursachen den einzelnen M's zuordnen.
4. Die einzelnen Hauptursachen evtl. weiter verästeln.

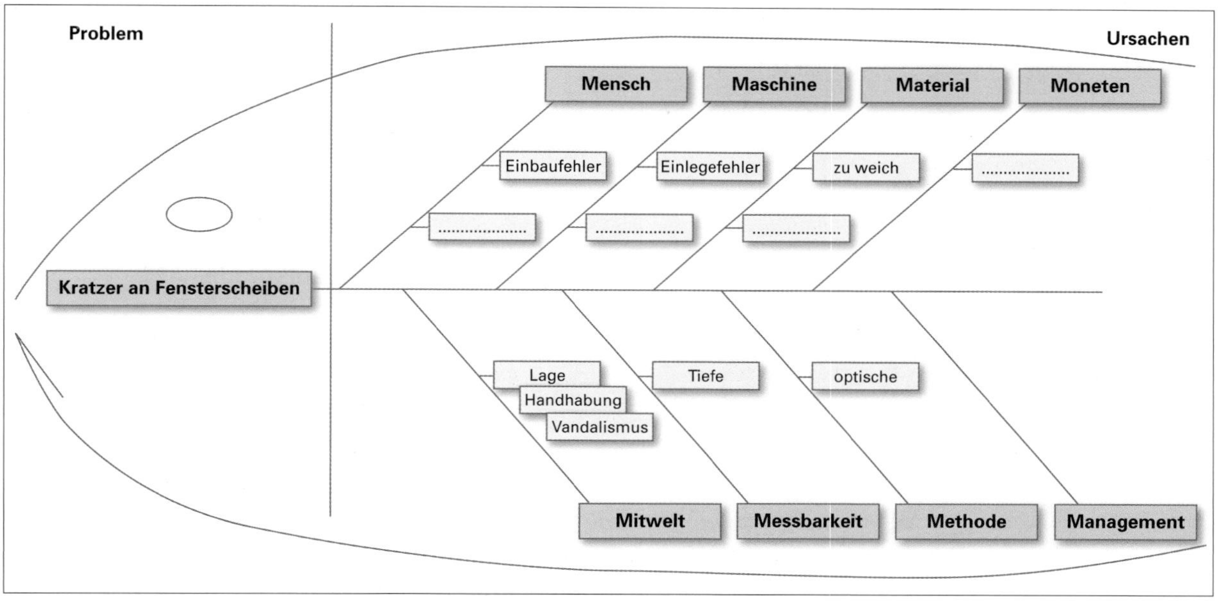

Bild 1 Ishikawa-Diagramm am Beispiel: Kratzer an Fensterscheiben

5. Eine Häufung von Einträgen an Ästen gibt Auskunft über die Hauptursache für das Problem.
6. Die so erkannte Hauptursache für ein Problem weiter untersuchen.

Die Ursachen für das Problem „Kratzer an Fensterscheiben" häufen sich bei „Mitwelt". Diese Ursache ist weiter zu untersuchen, z.B. wie kann eine Scheibe am besten gegen Einflüsse der Mitwelt, wie Vandalismus, falsche Handhabung oder ungünstige Lage geschützt werden. Dafür bieten sich an ein Gitter, ein Rolladen oder eine Beschichtung.

11.4 Methode 6-3-5

Diese Kreativitäts- und Problemlösungstechnik setzt für ihre Anwendung sechs Personen bzw. Kleingruppen voraus. Sie kann z.B. bei der Gestaltung von Erzeugnissen angewendet werden, wenn der Kunde alternative Vorschläge wünscht. Der Ablauf der Methode 6-3-5 liefert rasch 18 Vorschläge, die von fünf Personen oder Kleingruppen sofort optimiert wurden. Die zur Durchführung der Methode notwendige Zeit hängt von der Aufgabenstellung ab.

Wie geht man dabei vor?

Sechs Personen oder Kleingruppen	→	notieren/ skizzieren drei Vorschläge zur Lösung eines Problems und	→	reichen die Vorschläge fünfmal weiter, bis jede Gruppe ihren ursprünglichen Vorschlag mit Ergänzungen/Korrekturen zurückerhält

Am Beispiel „Gestaltung eines Türdrückers" soll die Methode 6-3-5 erläutert werden.

Die sechs Gruppen A, B, C, D, E, F skizzieren je drei Türdrückermodelle. In der Skizze werden nur die Vorschläge der Gruppe A weiter verfolgt.

A

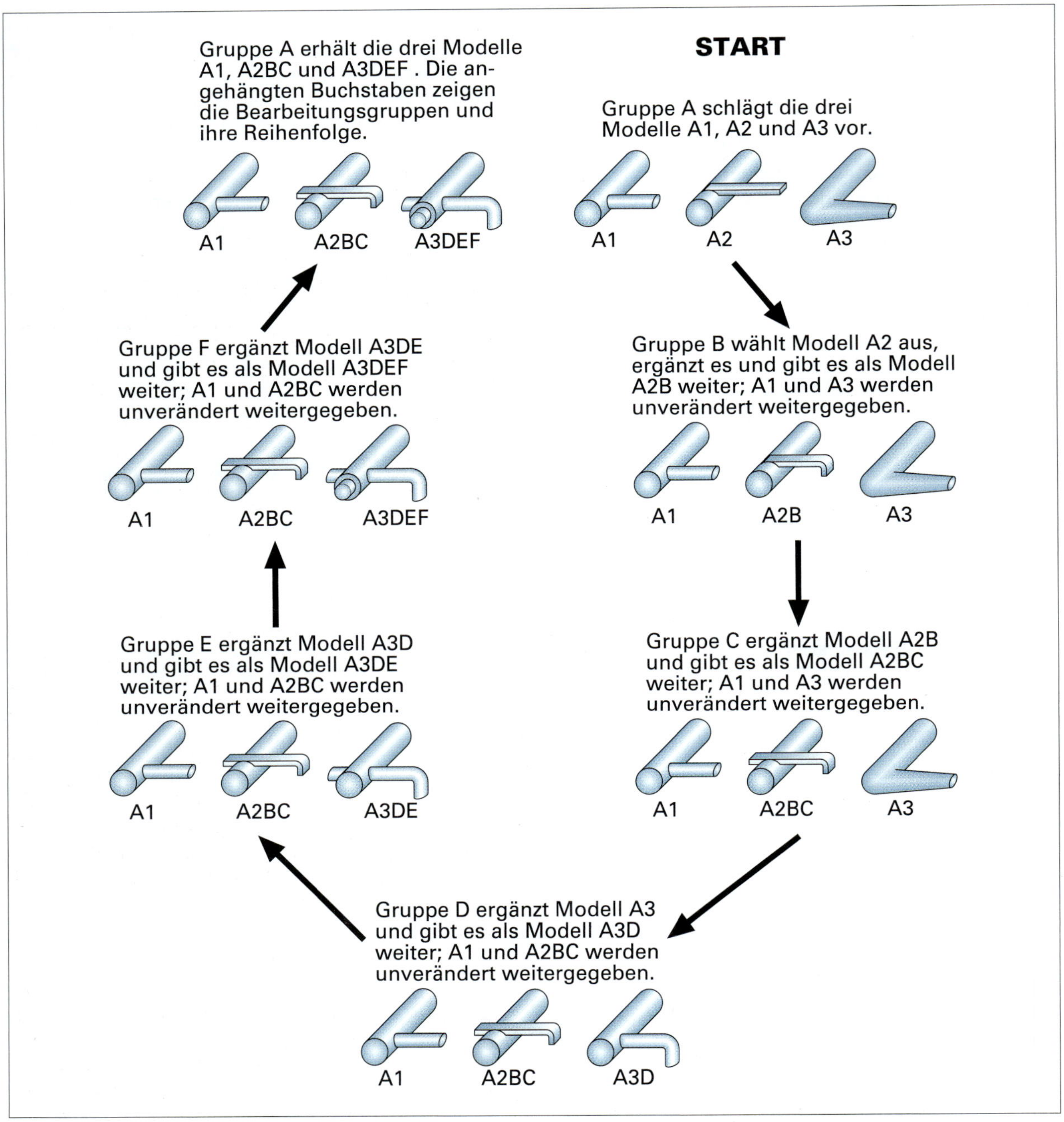

***Bild 1** Prinzip der Methode 6-3-5 am Beispiel: Gestaltung eines Türdrückers*

11.5 Aufgaben zu 11

1. Machen Sie in Ihrer Klasse ein Brainstorming zur Aufgabe: „Was sichert eine erfolgreiche Berufsausbildung?"
2. Erstellen Sie eine Mindmap: „Arbeiten mit Fachbüchern"
3. Untersuchen Sie mit einem ISHIKAWA-Diagramm die Ursache für den Ausfall eines Smartphones.
4. Verbessern Sie mit der Methode 6-3-5 die Gestaltung Ihres Klassenzimmers.

K

Kapitel K: Technische Kommunikation – Arbeitsplanung

1 Grundlagen der Technischen Kommunikation

1.1 Technische Unterlagen (Überblick)

Die Technische Kommunikation beinhaltet den Umgang mit technischen Unterlagen. Sie bedient sich hierbei der **Fachsprache** und des **Technischen Zeichnens**.

Technische Unterlagen dienen als Grundlage für die Herstellung, für die Montage und für die Bedienung eines Gerätes. Sie beschreiben immer den Endzustand eines Werkstücks oder eines Produkts.

Ein Geselle oder Facharbeiter muss alle für seinen Beruf typischen Unterlagen lesen, verstehen und anwenden können.

Er muss in der Lage sein, Skizzen zu erstellen und mit Zeichnungen, Tabellen, Normen, Anweisungen umzugehen. Außerdem soll er Bedienungs- und Sicherheitsvorschriften den Kunden verständlich erklären können.

1.2 Fotografische Darstellung

Das Foto der Rollenblechschere[1] zeigt lediglich die äußere Form und die Farbgestaltung. Es vermittelt einen Gesamteindruck. Die Abbildung zeigt die Blechschere im Einsatz. Deutlich wird ein besonderes Merkmal dargestellt: Die Rollenblechschere ermöglicht einen gekrümmten Schnittverlauf.

Bild 1 Rollenblechschere

1.3 Produktbeschreibung

Eine Produktbeschreibung enthält die für den Fachmann erforderlichen Informationen, die einen gefahrlosen, technisch richtigen Einsatz des Produkts sicherstellen.

Bei der Rollenblechschere sind dies Angaben über die Werkstoffe und die Blechdicken, die bearbeitet werden können:

- Stahlblech — bis 1,6 mm Dicke
- VA-Blech (EDELSTAHL Rostfrei®) — bis 1,2 mm Dicke
- Aluminiumblech — bis 1,6 mm Dicke

Hinzu kommt eine kurze Funktionsbeschreibung, die die wesentlichen Einsatzmerkmale enthält.

Durch den Einsatz der Rollenmesser ergibt sich am Blech eine kurze Schnittfläche. Dadurch können leicht gekrümmte Kurvenschnitte und gerade Längsschnitte ausgeführt werden. Das Obermesser und das Untermesser laufen gegeneinander und ziehen das Blech gleichmäßig in die Schere. Beim Trennen entsteht ein Grat. **Schützen Sie Ihre Hände.**

1.3.1 Aufgaben zu 1.3

1. Für welche Schneidarbeiten ist die Rollenschere besonders geeignet?
2. Welche Werkstoffe und welche Blechdicken können getrennt werden?
3. Welche Drehrichtung haben die Messer beim Trennen?
4. Welche Informationen muss eine Produktbeschreibung enthalten?

[1] Die Schere ist für ca. 100,00 € im Fachhandel erhältlich.

K

1.4 Explosionsdarstellung

Explosionsdarstellungen[1] sind bei der Montage, bei Reparaturen und bei Wartungsarbeiten gut zu gebrauchen. Sie zeigen alle Teile in ihrer Lage zueinander und somit auch die Position der Teile innerhalb eines Gerätes. Meist sind die Teile räumlich abgebildet, sodass ihre Form eindeutig zu erkennen ist.

Explosionszeichnungen werden angefertigt zur Erleichterung von

- Montage
- Demontage
- Ersatzteilbeschaffung.

Explosionsdarstellungen werden auch als **Anordnungszeichnungen** bezeichnet.

Die Explosionszeichnung ermöglicht eine genaue Vorgabe der Reihenfolge der Arbeitsschritte bei der Montage.

Sie ist auch immer dann von Bedeutung, wenn der Handwerker eine Vielzahl von Modellen verschiedener Hersteller einzubauen und zu warten hat. So zeigt der Plan die Form und die Lage der Wartungselemente an. Zusätzlich können dem Plan Hinweise für das Auswechseln dieser Teile entnommen werden.

Mit Hilfe von Strich-Punkt-Linien werden Fügestellen und Fügeteile miteinander verbunden. Dadurch werden einzelne Montagegruppen hervorgehoben. Auch Funktionsgruppen können so veranschaulicht werden.

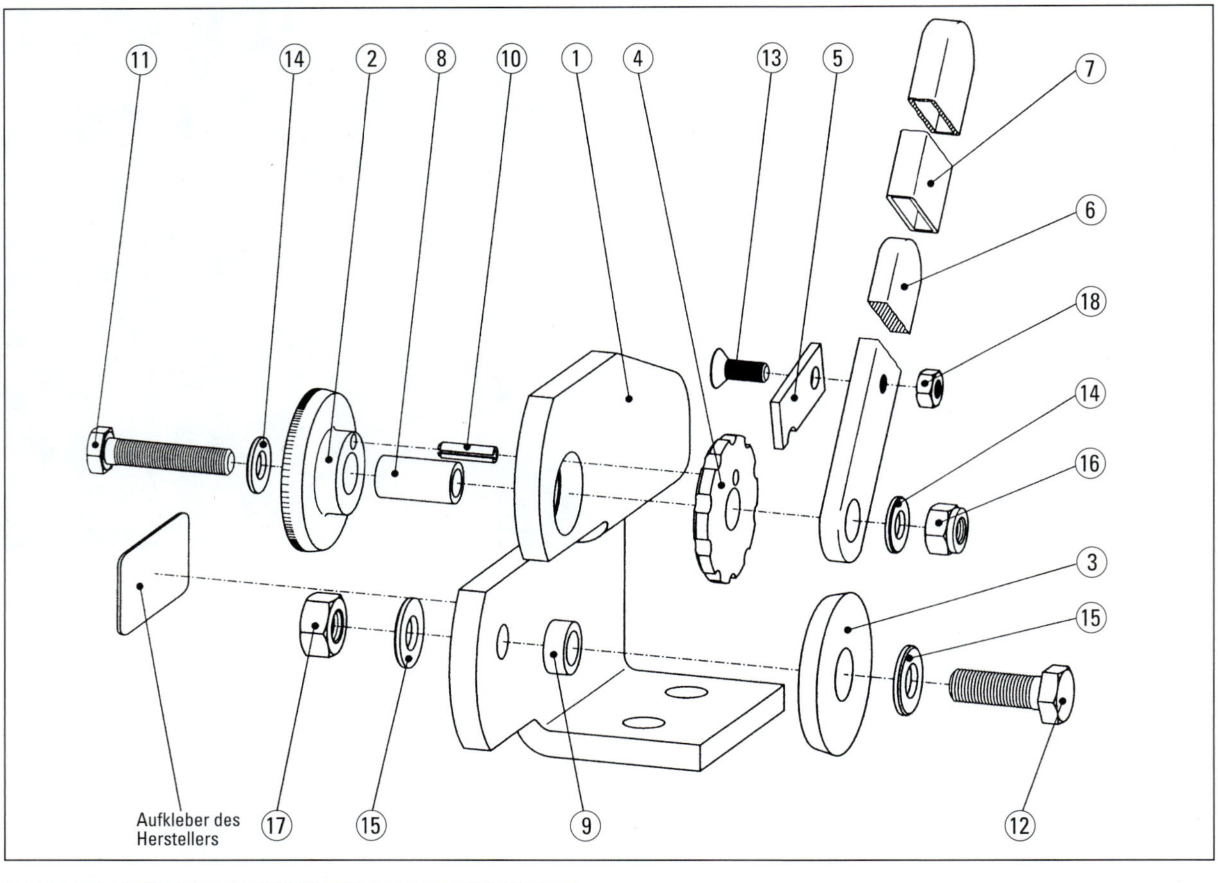

1.4.1 Aufgaben zu 1.4

1. Welchen Vorteil hat der Anordnungsplan bei der Montage eines Gerätes?
2. Welche Hilfe bietet der Anordnungsplan bei der Demontage eines Gerätes?
3. Welche Informationen bietet ein Anordnungsplan bei der Wartung eines Gerätes, z. B. bei einem Ölwechsel?
4. Inwieweit ist ein Anordnungsplan hilfreich bei der Begrenzung der Teilevielfalt?
5. Welche Bedeutung haben die Strich-Punkt-Linien?
6. Welche Aussagen über die Einzelteile können aus dem Anordnungsplan entnommen werden?

[1] DIN ISO 5456-1: 1998-04: Projektionsmethoden

1.5 Skizzen

Skizzen sind freihand erstellte Zeichnungen, für die es keine Normen zur Darstellung und Bemaßung gibt. Sie werden immer dann erstellt, wenn

- einfache Werkstücke oder Sachverhalte schnell und einfach dargestellt werden müssen,
- Entwürfe gefertigt und laufend verbessert werden sollen (= Designprozess),
- die Skizze als Vorlage während der Fertigung dient, z. B. beim Freiformschmieden,
- keine Zeichenausstattung zur Verfügung steht, z. B. im Metallbau bei einer Maßaufnahme beim Kunden,
- die Anfertigung einer technischen Zeichnung zu kostenaufwändig wäre, z. B. bei einfachen Blechformteilen.

Das Skizzieren erfordert ein gutes Vorstellungsvermögen für Proportionen und Gewandtheit im Freihandzeichnen. Beides lässt sich beim Abzeichnen von Gegenständen und ausgeführten Konstruktionen üben. Die Werkstücke und Konstruktionen können im Maßstab 1 : 1, das heißt in natürlicher Größe, verkleinert oder vergrößert dargestellt werden. Nach Art der Darstellung unterscheidet man

Flachdarstellungen

- vermitteln den Gesamteindruck eines Gegenstands oder einer Konstruktion
- zeigen nur die Vorderansicht und können durch Detailzeichnungen noch ergänzt werden
- sind nur „auf Wirkung" angelegt und enthalten keine Details, Schnitte oder verdeckte Körperkanten

Räumliche Darstellungen

- zeigen den Gegenstand „wie man ihn mit dem Auge wahrnimmt"
- werden perspektivisch gezeichnet und enthalten Vorder- und Seitenansicht sowie die Draufsicht
- vereinen in möglichst einer Ansicht alle Details eines Werkstücks

Anfertigen einer Skizze

Beispiel: Füllungsgitter (Flachdarstellung)

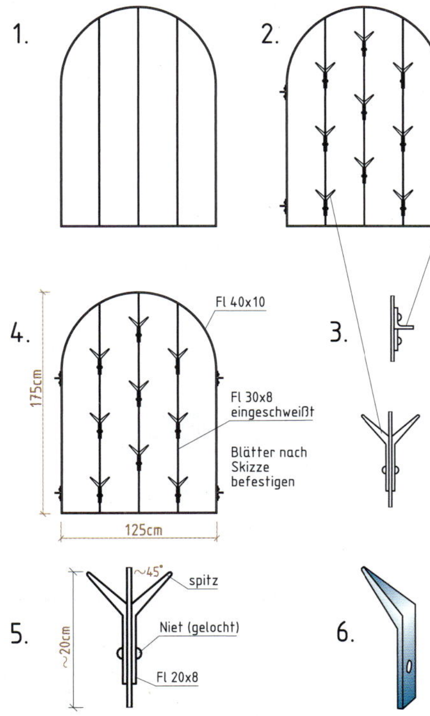

1. gewünschten Gesamteindruck entwerfen
2. Werk detaillieren
3. Einzelheiten herauszeichnen, wenn notwendig
4. Bemaßung und notwendige Angaben zur Werkstoffwahl und Fertigung ergänzen
5. Freiformschmiedeteile im Maßstab 1 : 2 herauszeichnen
6. Schattierungen zur besseren räumlichen Wirkung ergänzen

Beispiel: Türdrücker (räumliche Darstellung)

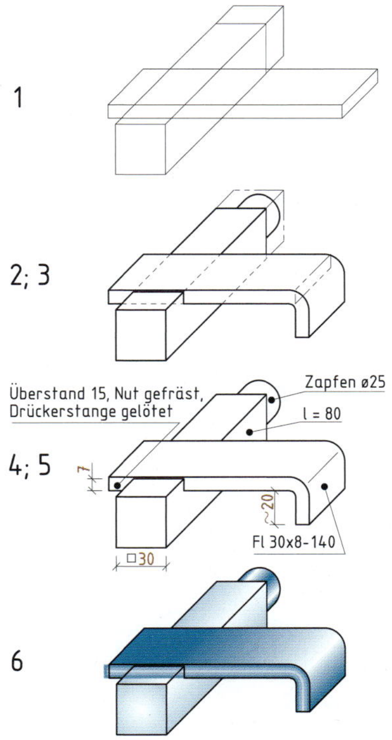

1. Hüllform(en) skizzieren
2. Grundform(en) einzeichnen
3. Grundform schrittweise verbessern
4. Bemaßung und notwendige Angaben zur Werkstoffwahl ergänzen
5. Hilfslinien entfernen
6. Schattierungen zur besseren räumlichen Wirkung ergänzen

K

1.6 Gesamtzeichnung

Die Gesamtzeichnung zeigt den Aufbau eines Gerätes. Mit ihrer Hilfe kann die Wirkungsweise, z. B. die der Rollenblechschere, in allen Einzelheiten beschrieben werden.

Gesamtzeichnungen dienen als Grundlage für die Montage und die Demontage.

Gleiche Teile, wie z. B. Schrauben und Durchgangslöcher, werden häufig nur einmal zeichnerisch im Ausbruch (das ist eine Darstellung im Schnitt) dargestellt und an anderen Stellen nur durch Strich-Punkt-Linien angedeutet.
Aus einer Gesamtzeichnung können die Form, die Lage und die Funktion der Einzelteile und des Gerätes oder der Baugruppe entnommen werden.

Zu einer Gesamtzeichnung gehört eine **Stückliste** (vgl. Kap. 1.1.7), aus der weitere Informationen über die Einzelteile entnommen werden können. Im Zusammenhang mit der Montage und Demontage eines Gerätes ist die Anzahl der Teile und die Anzahl jeweils gleicher Teile wichtig. Aus diesem Grund erhalten alle Teile eine **Positionsnummer**. In der Gesamtzeichnung und in der Stückliste müssen die Teile jeweils die gleiche Nummer erhalten. Dies ermöglicht eine Identifizierung der Teile und erleichtert, die Einzelteile in einer Gesamtzeichnung aufzufinden. Alle Positionsnummern dürfen nur einmal in eine Gesamtzeichnung eingetragen werden. Damit wird vermieden, dass bei späteren Ergänzungen oder Änderungen eine Position übersehen wird.

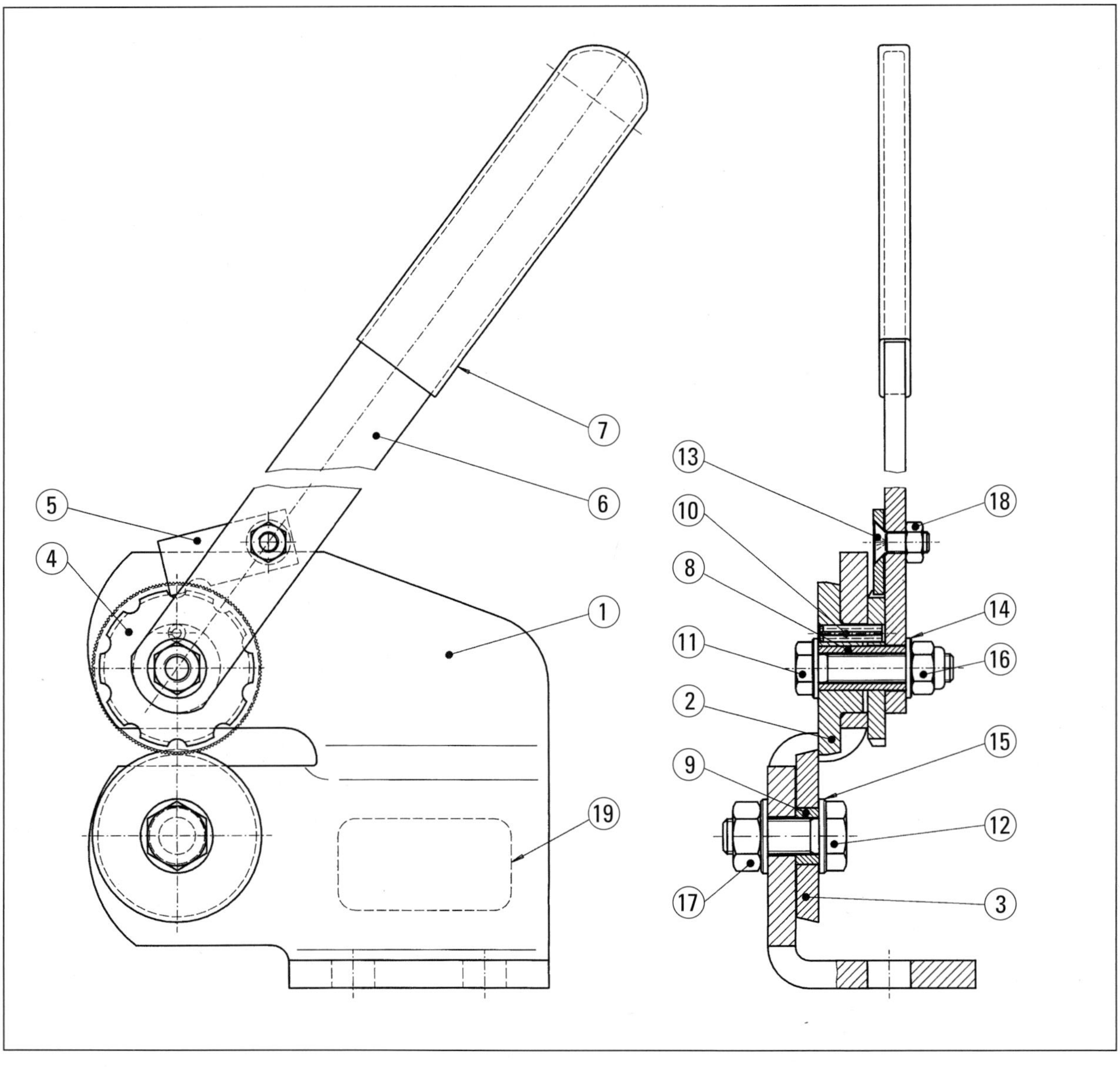

1.7 Stückliste – Teileübersicht

Zu einer Gesamtzeichnung gehört immer eine Stückliste. In ihr sind alle Einzelteile aufgeführt.

Die Einzelteile werden in **Fertigungsteile** (sie werden im Betrieb selbst hergestellt) und in **Fremdteile** (dies sind Kaufteile und Normteile) unterschieden. Weiter enthält die Stückliste Informationen, die für die Fertigung, Lagerhaltung, Wartung usw. der Einzelteile von Bedeutung sind.

18	1	Sechskantmutter	ISO 4032 - M6 - 4		
17	1	Sechskantmutter	ISO 4032 - M10 - 8		
16	1	Sechskantmutter	ISO 10511 - M8 - 8		Fremdteile
15	2	Scheibe	ISO 7090 - 10 - 200 HV		
14	2	Scheibe	ISO 7090 - 8 - 200 HV		
13	1	Senkschraube	ISO 7046-1v- M6 x 16 - 4. 8 - H		
12	1	Sechskantschraube	ISO 4014 - M10 x 30 - 8. 8		
11	1	Sechskantschraube	ISO 4014 - M8 x 40 - 8. 8		
10	1	Spannstift	ISO 8752 - 5 x 18 - A - St		
9	1	Buchse	Rund EN 10278 - 16vh8	S235JR + C	Fertigungsteile
8	1	Lagerbuchse	Rund EN 10278 - 13 h8	S235JR + C	
7	1	Griff		Kunststoff	
6	1	Hebel	Flach EN 10278 - 25 x 6 - 301	S235JR + CR	
5	1	Mitnehmerplatte	Flach EN 10278 - 16 x 3 - 40	S235JR + CR	

Platz für zusätzliche Angaben, z. B. Bestellnummer, Hinweise für die Fertigung oder auch Werkstoffangaben.

Kennzeichnung eines Fremdteils. Norm-Kurzbezeichnungen enhalten die DIN-Nummer[1] und für die Fachkraft wichtige Angaben über die Form, die Abmessungen und die Festigkeit des Normteils.

Name eines Teils, der auch in der Teilzeichnung verwendet wird. Die Benennungen werden grundsätzlich in der Einzahl angegeben.

Anzahl der gleichen Teile einer Position.

Die Einzelteile werden fortlaufend nummeriert. An dieser Stelle können auch Identnummern oder Bestellnummern stehen.

Die Teile innerhalb der Stückliste sind nach Fertigungs- und Fremdteilen geordnet. Fertigungsteile erhalten dabei die niedrigen und Fremdteile die höheren Positionsnummern.

Bild 1 Aufbau einer Stückliste (Auszug)

[1] DIN: **D**eutsches **I**nstitut für **N**ormung

1.8 Teilzeichnung – Fertigung

Die Abbildung zeigt die Mitnehmerplatte der Rollenblechschere als Teilzeichnung.

In einer Teilzeichnung wird das Einzelteil mit allen für die Fertigung erforderlichen Maßeintragungen und Angaben gezeichnet.

Maße und Angaben werden von der Verwendung bzw. der Funktion eines Einzelteils bestimmt und müssen bei dessen Herstellung genau beachtet und eingehalten werden.

Die Angaben werden häufig mithilfe von **Symbolen** gemacht, z. B. für die Kennzeichnung von Mittelpunkten und Schnitten. Mithilfe von Wortangaben können besondere Fertigungsverfahren, z. B. „verzinkt“, „bei Montage gebohrt“ usw. vermerkt werden.

Alle Angaben müssen von **unten** und von **rechts** zu lesen sein. Das Schriftfeld bestimmt die Leselage einer Zeichnung (siehe Kap. 1.9). Das Schriftfeld liegt immer am unteren Blattrand.

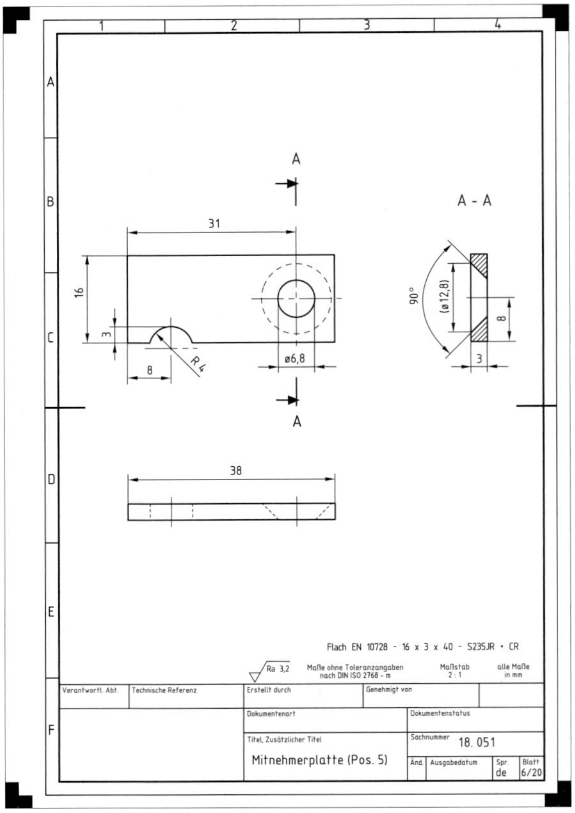

1.9 Schriftfeld

Im Schriftfeld[1] sind Angaben enthalten, die in der zeichnerischen Darstellung **nicht** eingetragen sind, wie z. B. die Zeichnungs- und die Teilenummer, die Benennung, Herstellungsangaben usw. Toleranzangaben, Halbzeug- und Werkstoffangaben sowie Oberflächenbeschaffenheiten stehen nur im Schriftfeld einer **Teilzeichnung**, aber nicht im Schriftfeld einer **Gesamtzeichnung**.

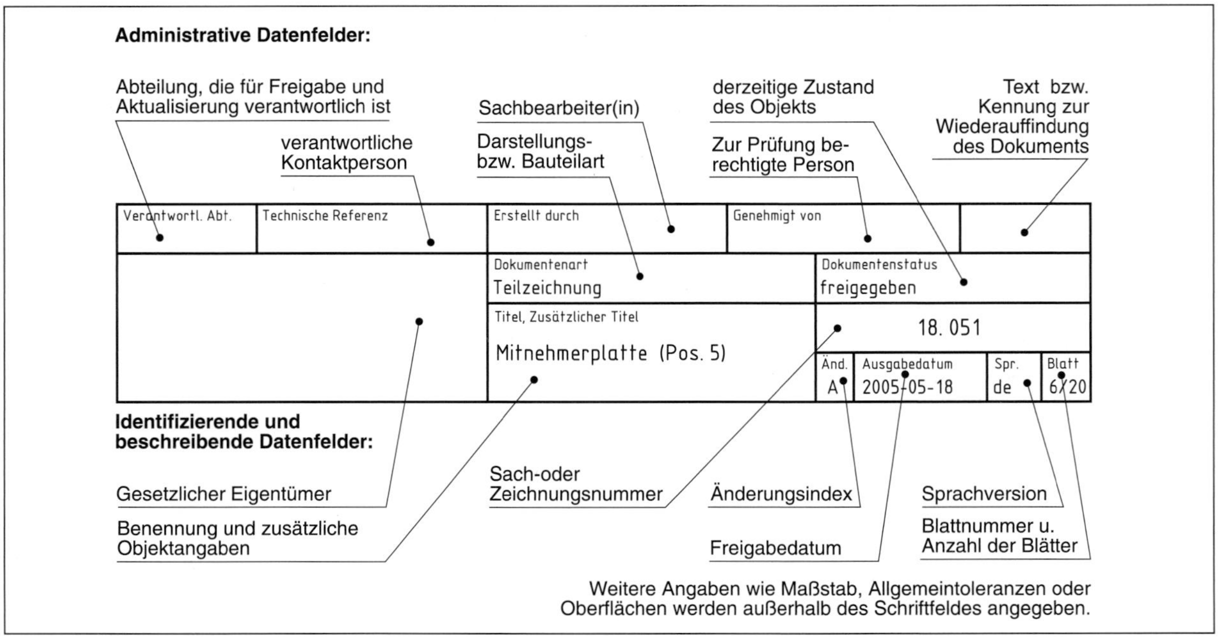

[1] Das Grundschriftfeld ist in DIN EN ISO 7200 genormt.

1.10 Linienarten und Linienbreiten

Die Linienarten sind bestimmten Anwendungen zugeordnet (siehe Übersicht). Im Unterricht zur Technischen Kommunikation wird die Liniengruppe 0,5 verwendet. Die **Körperkanten** werden **0,5 mm** und die **Hilfs- und Mittellinien 0,25 mm** breit gezeichnet[1].

Linienarten	Linienbreiten für die Liniengruppen		Benennung	Anwendung
	0,5	**0,7**		
	0,5	0,7	Volllinie, breit	sichtbare Kanten und Umrisse, Gewindeabschlusslinien
	0,25	0,35	Volllinie, schmal	Maßlinien, Maßhilfslinien, Schraffuren, Lichtkanten, Bezugslinien, Umrisse eingeklappter Querschnitte, Gewindegrund, Diagonalkreuze, Biegelinien
	0,25	0,35	Freihandlinie, schmal Zickzacklinie, schmal	Begrenzung von abgebrochenen oder unterbrochenen Ansichten und Schnitten
	0,25	0,35	Strichlinie, schmal	verdeckte Kanten und Umrisse
	0,25	0,35	Strichpunktlinie, schmal	Mittellinien, Symmetrielinien, Teilkreise von Verzahnungen
	0,5	0,7	Strichpunktlinie, breit	Kennzeichnungen von Schnittebenen und geforderten Behandlungen
	0,25	0,35	Strich-Zweipunkt-Linie, schmal	Umrisse angrenzender Teile, Umrisse vor der Verformung, Grenzstellungen, Schwerlinien
	0,35	0,5		Maßzahlen, Maßbuchstaben, Oberflächensymbole

1.11 Maßstäbe

Zu jeder Zeichnung gehört eine Maßstabangabe. Sie wird entweder in das Schriftfeld oder unter die Positionsnummer geschrieben[2].

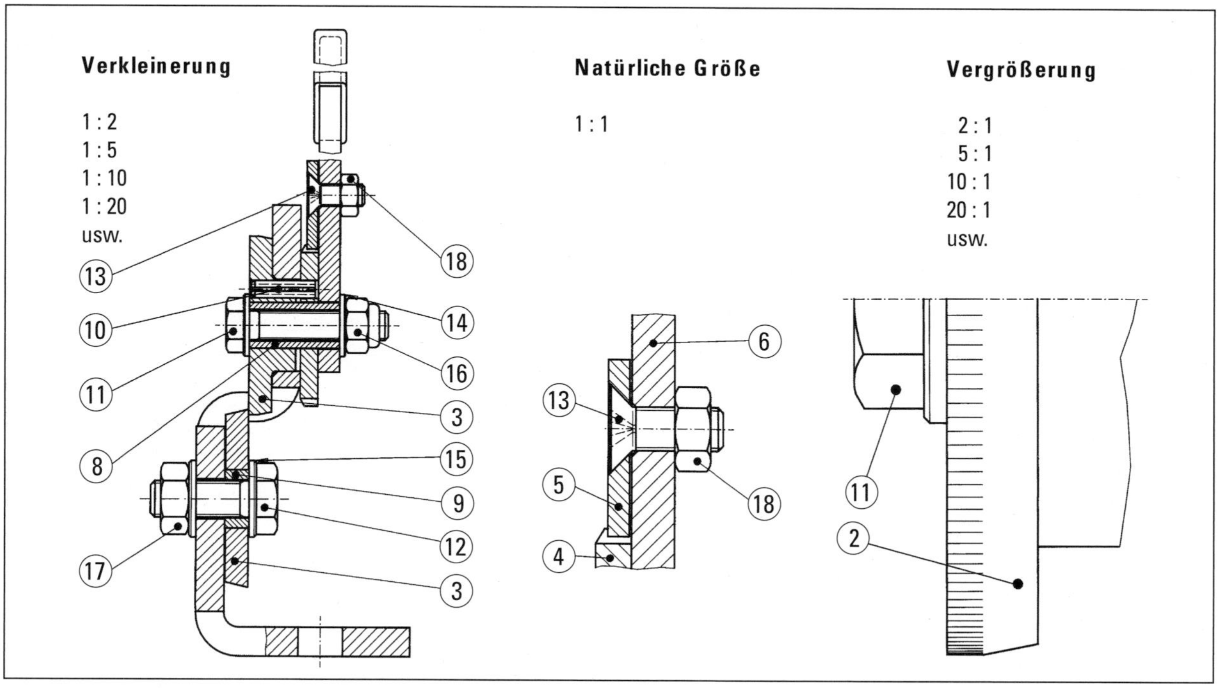

[1] Linienarten und Linienbreiten sind in DIN ISO 128-24 genormt

[2]) Die Maßstäbe sind in DIN ISO 5455 genormt.

K

1.12 Papierformate

Das Zeichenblatt A4 hat die Abmessungen 297 mm × 210 mm. Es kann als Hochformat und als Querformat verwendet werden.
Das Schriftfeld bleibt dabei immer an der gleichen Stelle, so dass es bei einer abgehefteten Zeichnung immer **waagerecht** zu lesen ist. Diese Leselage des Schriftfeldes bestimmt auch die Leselage aller eingetragenen Zahlen und Wortangaben.

Das Ausgangsformat der A-Reihe hat die Abmessungen 1189 mm × 841 mm. Das ergibt eine Fläche von 1 m². Jeweils durch Halbierung senkrecht zur langen Seite entsteht das nächst kleinere Format.
Zeichenmappen, Schnellhefter und Umschläge gibt es in den Formaten B und C, die in ihren Größen so bemessen sind, dass die A-Formate hineinpassen.

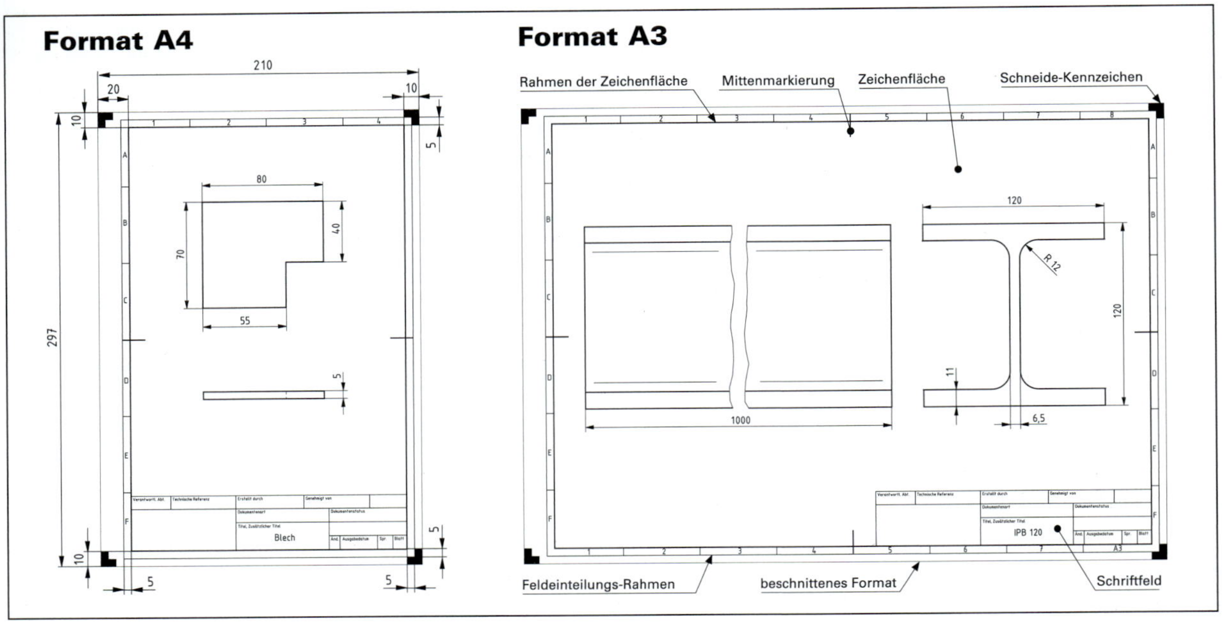

2 Darstellung in Ansichten

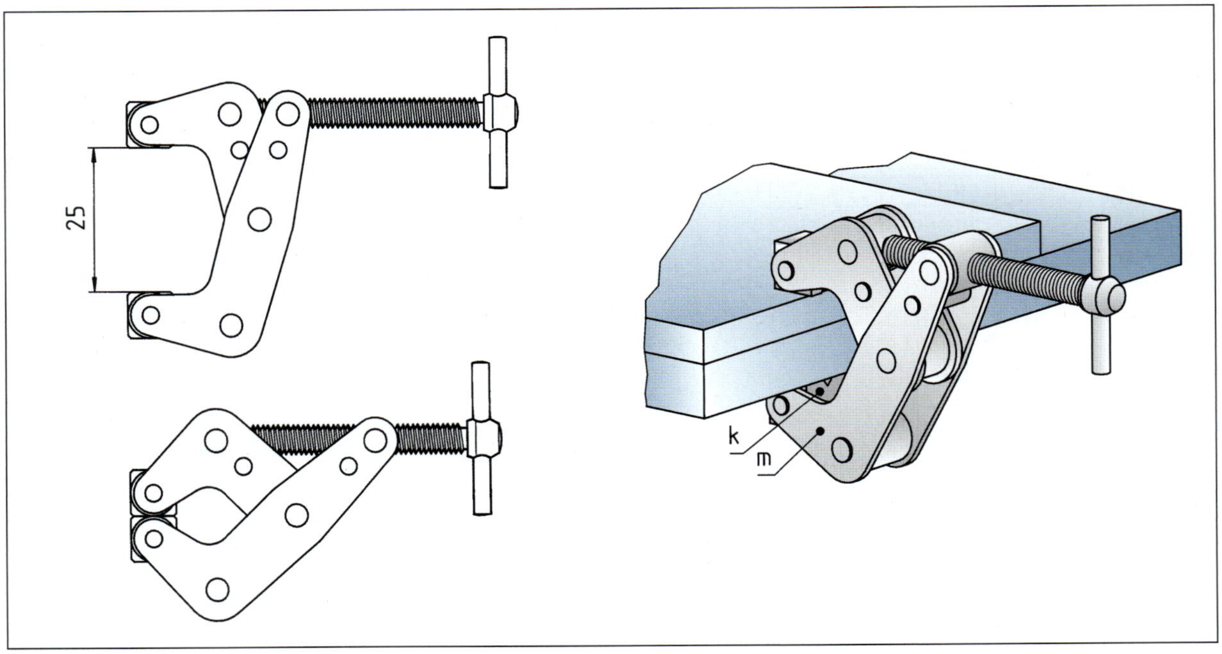

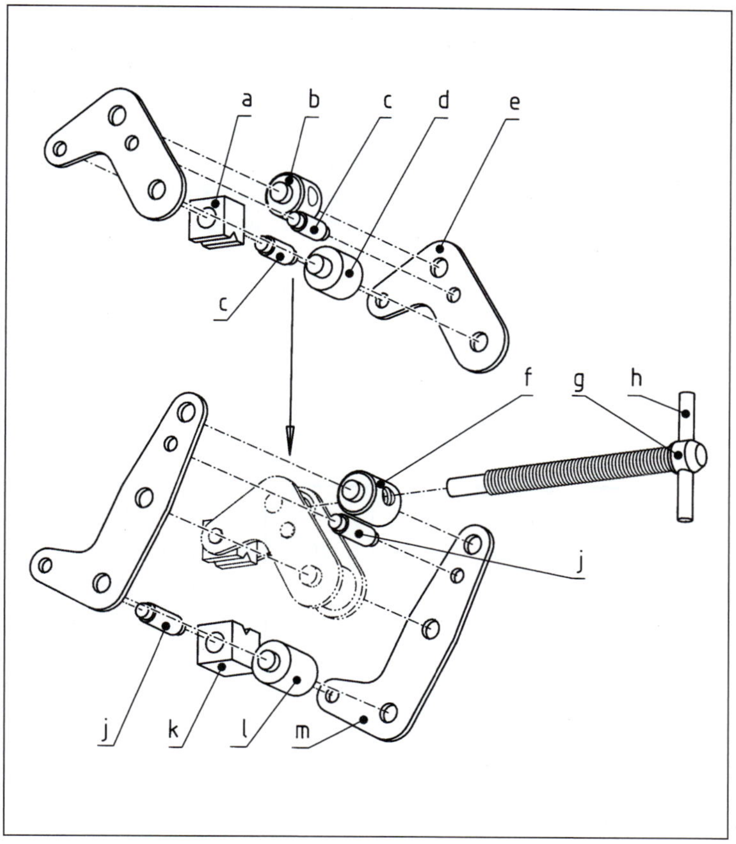

Aufgaben

1. Beschreiben Sie die Funktion der Klemmzwinge.
   Unterscheiden Sie dabei zwischen festen und beweglichen Teilen.
2. Erstellen Sie eine Stückliste nach folgendem Muster:

Pos.	Kenn-buchst.	Menge	Benennung
1	m	2	Halteblech

   Verwenden Sie dabei folgende Pos.-Nummern mit den Benennungen:
   1 Halteblech
   2 Spannblech
   3 Gegenhalter
   4 Spannklotz
   5 kleine Aufnahme
   6 große Aufnahme
   7 Hauptachse
   8 Distanzstück
   9 Achse mit Bohrung
   10 Achse mit Gewinde
   11 Knebel
   12 Gewindestange
3. Erstellen Sie eine Produktbeschreibung (vgl. Kap. 1.1.3)

2.1 Projektionsmethoden

Als **Vorder-** oder **Hauptansicht** muss die aussagefähigste Ansicht eines Gegenstandes gewählt werden. Bei der Auswahl sind zusätzlich z. B. die Gebrauchslage, die Fertigungslage bzw. die Einbaulage zu berücksichtigen.

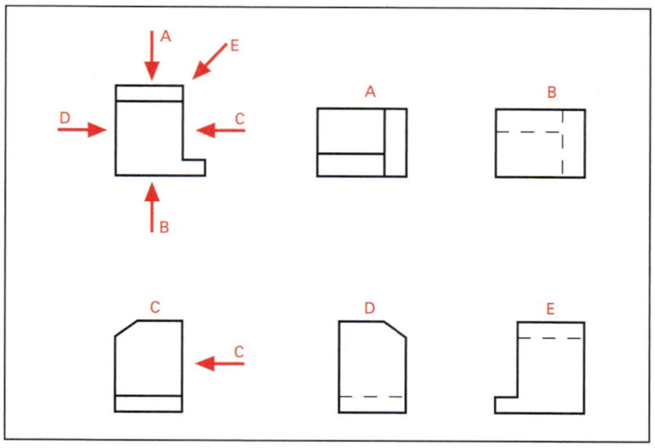

Pfeilmethode

Die Ansichten können in CAD-Systemen beliebig verschoben und platziert werden. Aus diesem Grund wird in der internationalen Norm[1] die Pfeilmethode als bevorzugte Darstellungsform genannt.

Jede Ansicht wird mit einem Großbuchstaben gekennzeichnet. Nur die Vorder- oder Hauptansicht erhält keinen Buchstaben. Mit einem Bezugspfeil wird die Betrachtungsebene angegeben. Rechts neben oder über dem Bezugspfeil steht der Buchstabe, der auch über der jeweiligen Ansicht angegeben ist. Die Leserichtung der Buchstaben entspricht der des Schriftfeldes. Die Ansichten können **beliebig** auf einer Zeichnung angeordnet werden.

[1] DIN ISO 128-30:2002-05 Grundregeln für Ansichten

K

Projektionsmethode 1

In der **Projektionsmethode 1** sind jeweils die Lagen der Ansichten zur Vorder- bzw. Hauptansicht festgelegt. Die **Projektionsmethode 1** wird überwiegend in **Europa** verwendet.

Bezogen auf die Ansicht A (Vorderansicht) sind die anderen Ansichten wie folgt anzuordnen:

- die Ansicht B (Draufsicht) in Blickrichtung b liegt unterhalb
- die Ansicht E (Unteransicht) in Blickrichtung e liegt oberhalb
- die Ansicht C (Seitenansicht von links) in Blickrichtung c liegt rechts
- die Ansicht D (Seitenansicht von rechts) in Blickrichtung d liegt links
- die Ansicht F (Rückansicht) in Blickrichtung f darf beliebig links oder rechts liegen

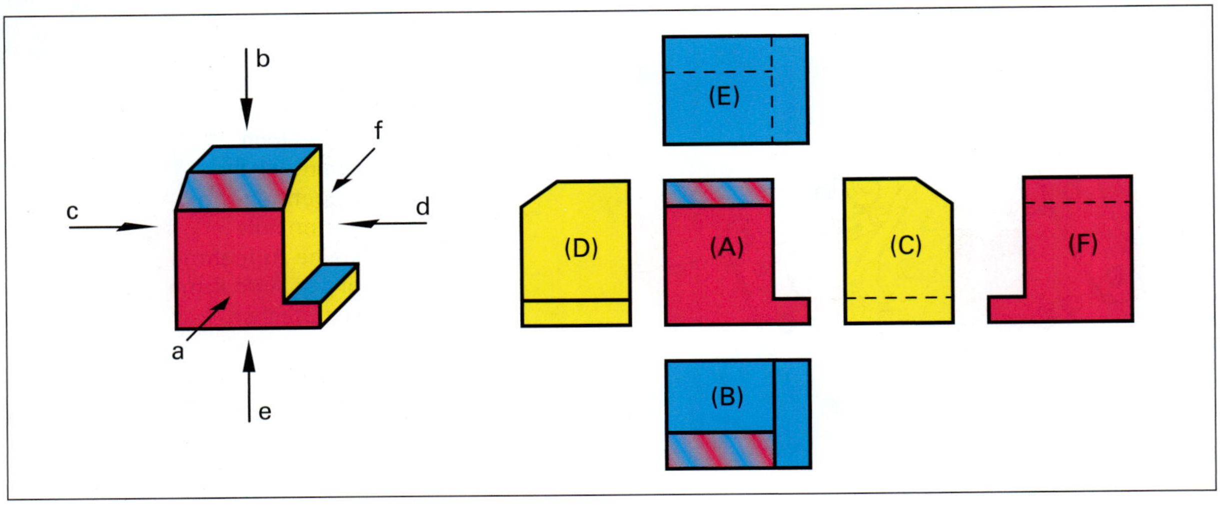

Sinnbild im Datenfeld bei Projektionsmethode 1: 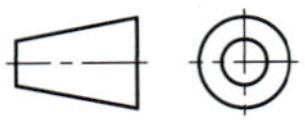

Neben dieser so genannten „Dreitafel-Projektion“ (A) (B) (C) gibt es weitere Projektionsmethoden z. B.

- Schrägbildprojektion (Isometrie, Bild x)
- Fluchtpunktprojektion (Bild y)

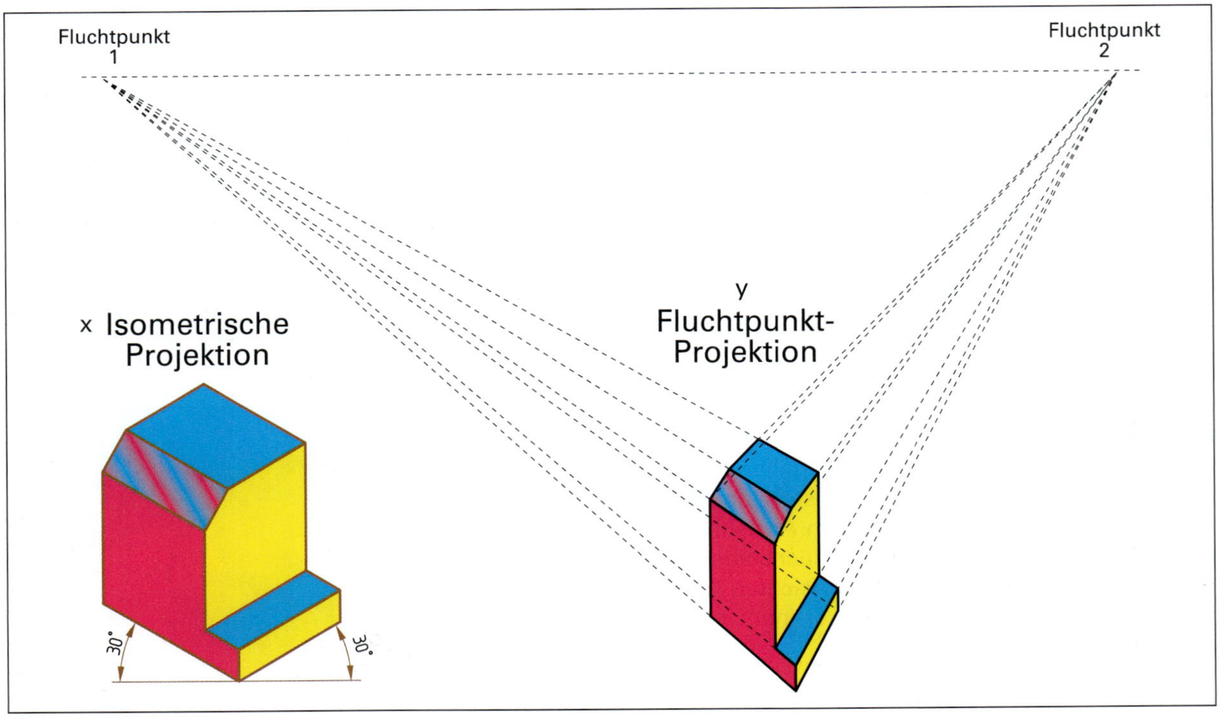

2.2 Entwicklung der Ansichten in der Projektionsmethode 1

Blickrichtungen

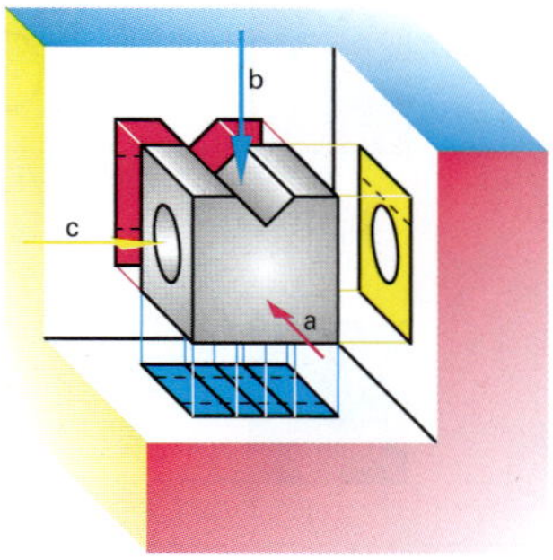

Ansichten in einer Raumecke

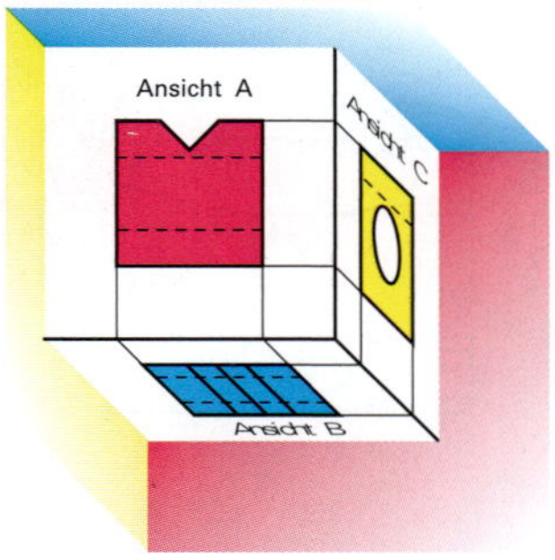

Zuerst die **Ansicht A (Vorderansicht),**

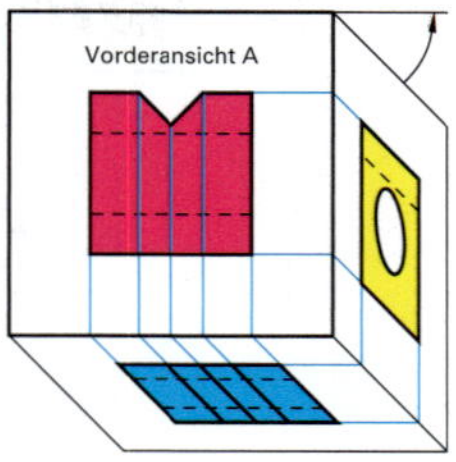

dann die **Ansicht C (Seitenansicht von links),**

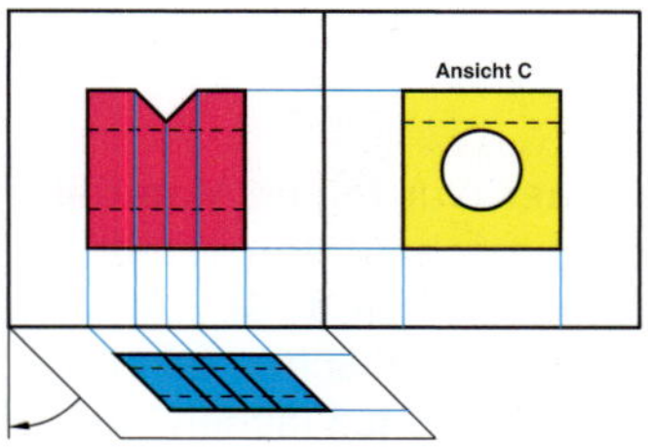

zum Schluss die **Ansicht B (Draufsicht).**

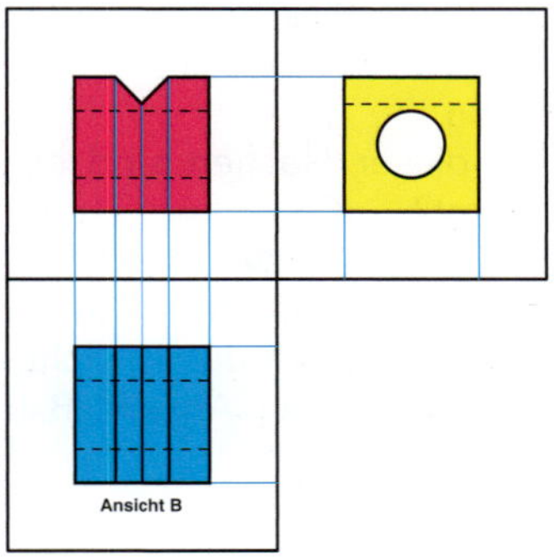

Zur Herstellung der Einzelteile werden für jedes Teil Angaben über die Form, die Größe und besondere Beschaffenheiten benötigt.
Der Spannklotz Pos. 4 soll als Einzelteil in drei Ansichten dargestellt werden.
Mit Hilfe einer Perspektive, die den Spannklotz in einer Raumecke zeigt, wird der Zusammenhang zwischen dem Gegenstand und seiner zeichnerischen Darstellung in **Ansichten** verdeutlicht. Als Ansichten werden die flächenhaften Abbildungen der verschiedenen Seiten eines Werkstücks bezeichnet. So, wie man auf die einzelnen Seiten des Spannklotzes blickt, werden diese hinter dem Raumbild als Flächen abgebildet – wie auf einem Foto.

- Die rote Fläche kennzeichnet die **Ansicht A (Vorderansicht)**.
- Die gelbe Fläche kennzeichnet die **Ansicht C (Seitenansicht von links)**.
- Die blaue Fläche kennzeichnet die **Ansicht B (Draufsicht)**.

Geometrische Besonderheiten

- Ansicht A und Ansicht C liegen auf gleicher Höhe zwischen zwei parallelen Konstruktionslinien.
- Ansicht A und Ansicht B liegen übereinander zwischen zwei parallelen Konstruktionslinien.

Hinweis: Die Konstruktionslinien können waagerecht bzw. senkrecht von einer Ansicht zur anderen gezogen werden.

- Zwischen der Ansicht C und der Ansicht B können die Konstruktionslinien an einer Geraden unter 45° gespiegelt werden.

Körperkanten

In einer Technischen Zeichnung wird die Außenkontur einer Ansicht von Kanten (breiten Volllinien) begrenzt. Innerhalb der Kontur liegende Kanten zeigen dem Betrachter, aus wie vielen Flächen eine Ansicht besteht.
Die dargestellte Ansicht B z. B. besteht aus vier Einzelflächen. Alle so abgegrenzten Einzelflächen liegen auf unterschiedlicher Höhe oder sind gegeneinander geneigt.

Weitere Übertragungsmöglichkeiten sind Kreisbögen oder eine unter 45° verlaufende Hilfslinie

Aufgaben

1. Der Hammer wurde aus Material mit quadratischem Querschnitt hergestellt. Die Perspektive und die Ansichten lassen mehrere schräge Flächen erkennen.
   a) Wie viele schräge Flächen hat der Hammer?
   b) Wie viele schräge Flächen zeigt die Draufsicht?
2. Das Übergangsstück aus einem Steckschlüsselsatz zeigt in der Ansicht A (Vorderansicht) drei Flächen.
   a) Welche dieser Flächen sind eben, welche gekrümmt?
   b) Beschreiben Sie, wo die beiden Flächen der Ansicht C (Seitenansicht von links) in der Perspektive, in der Ansicht A (Vorderansicht) und in der Ansicht B (Draufsicht) liegen.

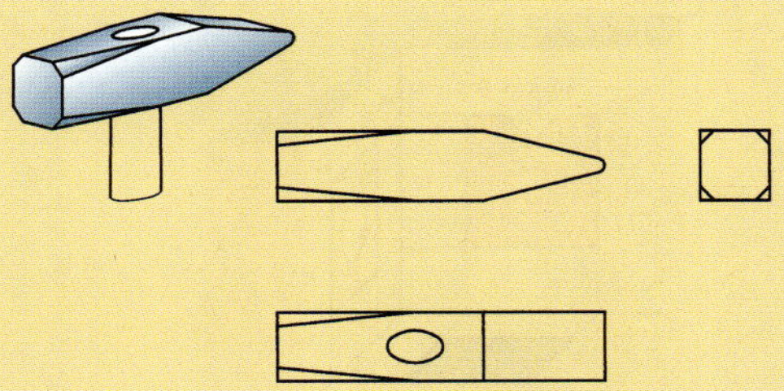

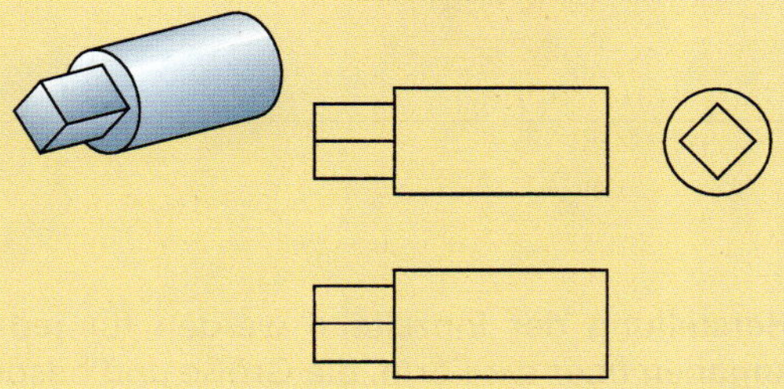

Verdeckte Kanten

Körperkanten, die in einer Ansicht nicht zu erkennen sind, wie z.B. im Spannklotz Pos. 4 die V-Nut und die Bohrung, heißen verdeckte Kanten. Sie werden als **schmale Strichlinien** (vgl. Kap. 1.1.10) gezeichnet.
Verdeckte Kanten werden eingetragen, wenn sie zum Verständnis der Zeichnung beitragen.

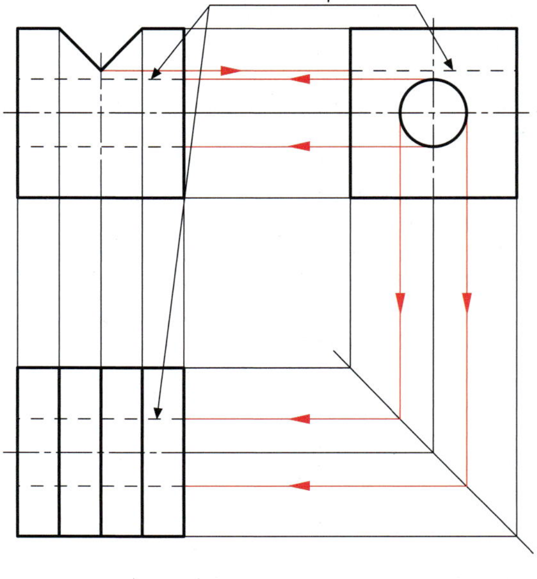

Aufgaben zu nebenstehender Abbildung

1. Aus wie vielen Flächen besteht jeweils die Ansicht A (Vorderansicht), die Ansicht C (Seitenansicht von links) und die Ansicht B (Draufsicht)?
2. Aus wie vielen Flächen besteht das Werkstück insgesamt?
3. Wie werden die einzelnen Flächen innerhalb einer Ansicht gegeneinander abgegrenzt?
4. Was sind verdeckte Kanten?
5. In welchem Fall werden verdeckte Kanten eingetragen?
6. Wie viele Maße des Hüllkörpers sind pro Ansicht zu erkennen?

Zeichenaufgabe
Zeichnen Sie das Werkstück in drei Ansichten A, B und C nach Projektionsmethode 1.

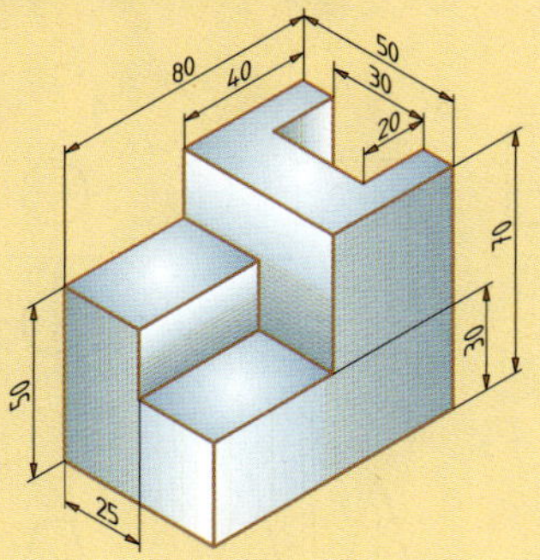

2.3 Zeichnen in Ansichten

Die Anfertigung einer Zeichnung erfordert, ebenso wie die Herstellung eines Werkstücks, eine sinnvolle Reihenfolge der Arbeitsschritte.
In das Raumbild des Gegenhalters Pos. 3 sind die drei Hauptmaße eingetragen. Sie bestimmen den Platzbedarf. Sie werden zuerst gezeichnet. In den folgenden Arbeitsschritten können die drei Ansichten gezeichnet werden.

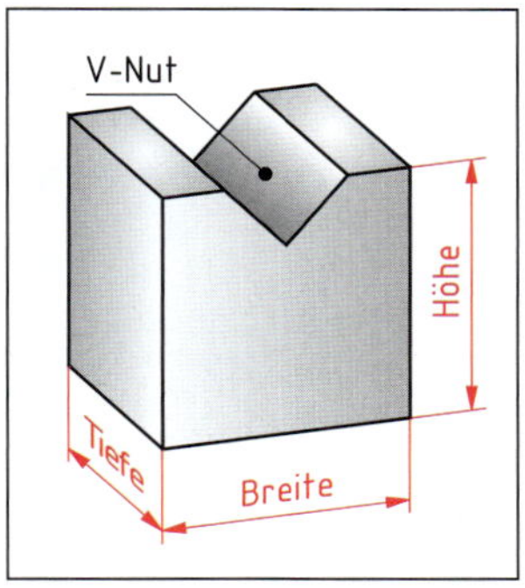

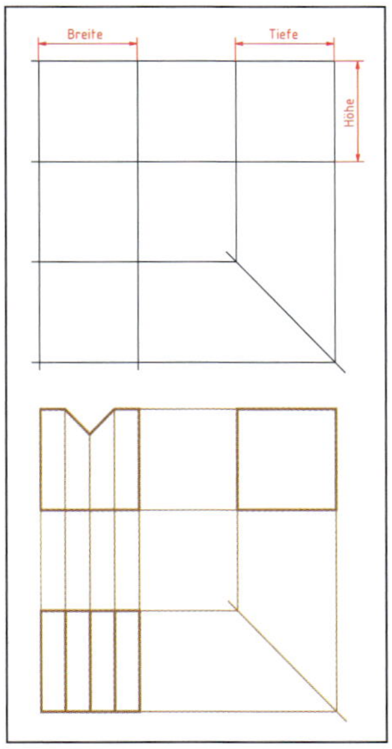

Arbeitsschritte:
1. Zunächst werden zwei waagerechte und zwei senkrechte parallele Konstruktionslinien gezeichnet, so, wie sie sich aus den Außenmaßen von **Breite** und **Höhe** ergeben.
   Es entsteht die **Hüllfläche der Vorderansicht**.
2. Eine **Spiegelachse** wird als Gerade unter 45° eingezeichnet.
3. Das dritte Hauptmaß, die **Tiefe**, wird in die Seitenansicht und die Draufsicht eingezeichnet.
   Es entstehen die **Hüllflächen der Ansicht C (Seitenansicht von links)** und der **Ansicht B (Draufsicht)**.
4. Die V-Nut wird in die Vorderansicht und in die Ansicht B (Draufsicht) eingetragen.

Es entsteht die **tatsächliche Gestalt** des Werkstücks in drei Ansichten. In der Ansicht C (Seitenansicht von links) ist die V-Nut nicht zu sehen.

Aufgaben
Zeichnen Sie die beiden Werkstücke in drei Ansichten A, B und C nach Projektionsmethode 1.

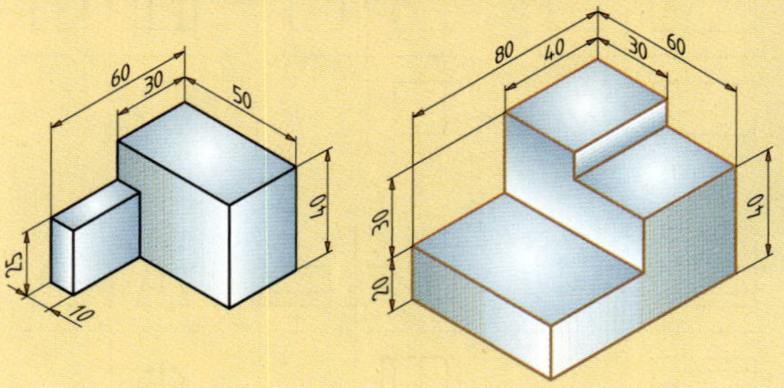

2.4 Geometrische Grundkörper, Profile

Werkstücke können als **Summe** oder **Differenz geometrischer Grundkörper** betrachtet werden.
Aus der Mathematik wissen Sie, dass das Volumen eines Körpers aus der Summe oder aus der Differenz einzelner Körper berechnet werden kann.
In der Technik werden Baugruppen und Werkstücke bei der Montage durch **Fügen zusammengesetzt**. Oder es werden Werkstücke z. B. durch **Spanen** gefertigt bzw. Baugruppen bei der Wartung **zerlegt**.
Zu den geometrischen Grundkörpern gehören auch die Formen einfacher **Profile**.
Die Kenntnis der Grundkörper und ihrer Darstellung in drei Ansichten erleichtert das Zeichnungslesen und das Verständnis für die räumliche Form eines in Ansichten gezeichneten Werkstücks.

Ein Werkstück wird aus **Einzelelementen gefügt.**

Ein Werkstück wird durch **Spanen gefertigt.**

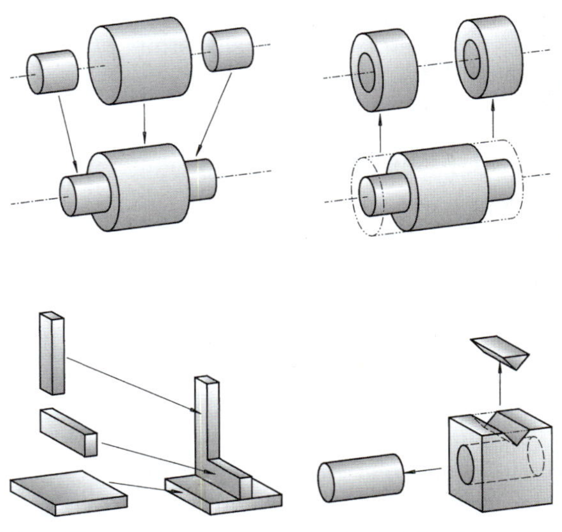

2.4.1 Aufgaben zu 2.4

1. Benennen Sie die abgebildeten Grundkörper und Profile.
2. Skizzieren Sie die fehlenden Perspektiven.

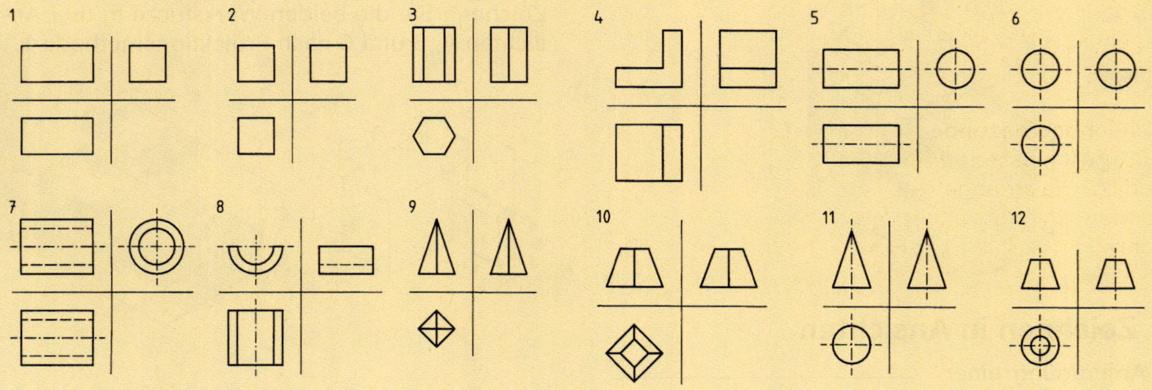

3. Die abgebildeten Werkstücke sollen aus Grundkörpern zusammengesetzt bzw. in Grundkörper zerlegt werden.
a) Skizzieren Sie ein Werkstück als Summe von Grundkörpern.
b) Skizzieren Sie ein Werkstück als Differenz von Grundkörpern.

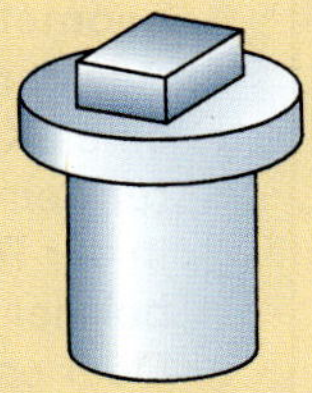
Stopfen mit Rand

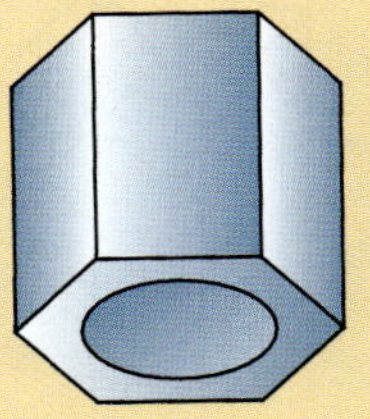
Kappe

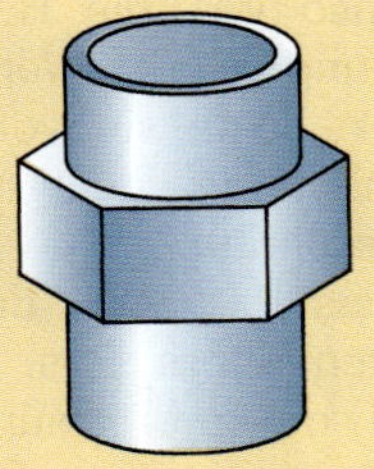
Verbindungsstück

3 Maßeintragungen

Für die Herstellung eines Werkstückes kann eine Zeichnung erst dann verwendet werden, wenn sie alle erforderlichen Maße enthält.

3.1 Grundlagen

Maßlinien (a)

- werden parallel zur Körperkante gezeichnet,
- werden deutlich vom Werkstück entfernt gezeichnet,
- haben auf einer Zeichnung untereinander gleiche Abstände,
- sollen sich mit anderen Linien und untereinander nicht schneiden,
- Mittellinien und Körperkanten dürfen nicht als Maßlinien benutzt werden.

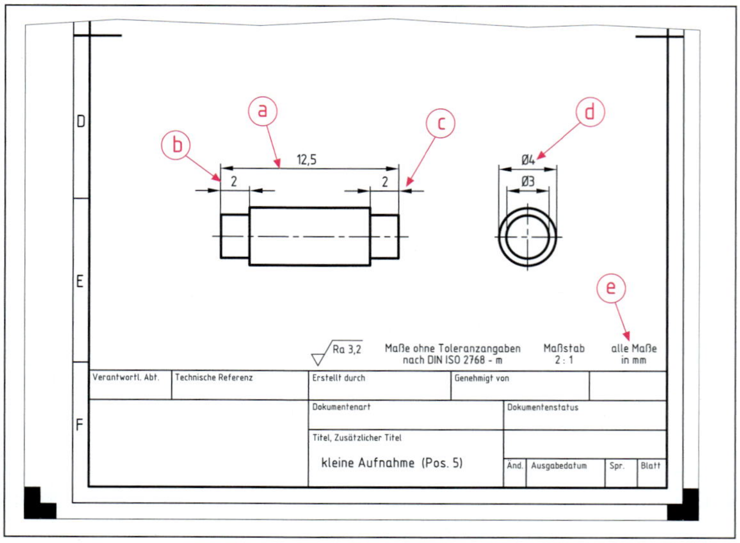

Maßhilfslinien (b)
- beginnen direkt an der Körperkante,
- werden senkrecht zur Körperkante herausgezogen, nur im Ausnahmefall können sie schräg herausgezogen werden,
- ragen 1 bis 2 mm über die Maßlinie hinaus.

Maßlinienbegrenzungen (c)
- sind geschlossene Pfeile (Regelfall) und bei Platzmangel auch Punkte,
- können in Bauzeichnungen auch Schrägstriche und offene Kreise sein.

Maßzahlen (d)
- werden in Normschrift geschrieben (vgl. Kap. 1.10),
- dürfen nicht durch Linien getrennt werden.

Maßeinheiten (e)
- werden im Schriftfeld vermerkt,
- werden in der Metalltechnik stets in mm angegeben,
- werden in Bauzeichnungen auch in m, cm und mm angegeben.

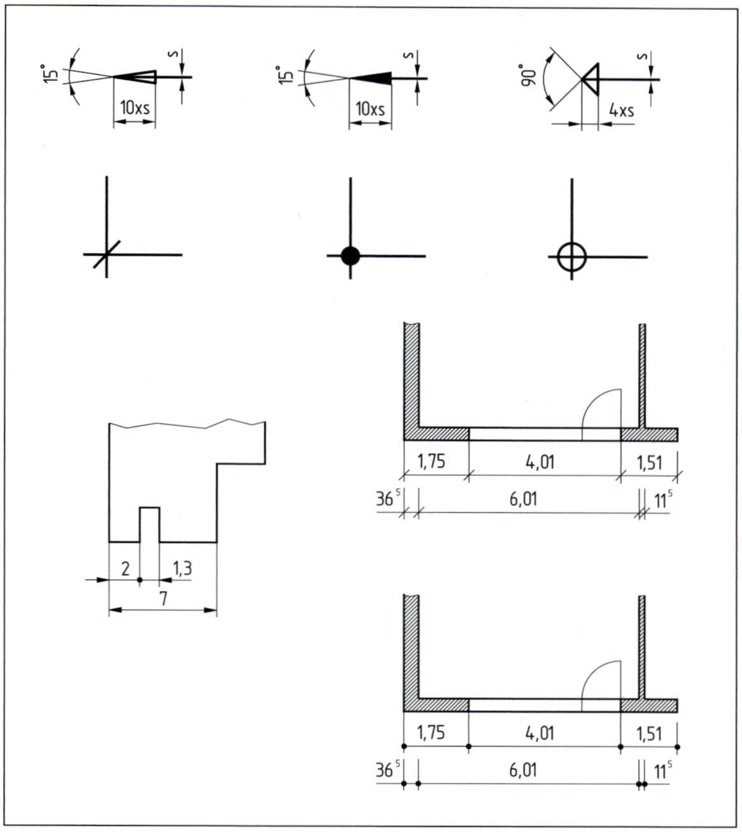

3.2 Kennzeichen

Die Kennzeichen sind zusätzliche Angaben über Werkstückformen. In Verbindung mit der Bemaßung erleichtern sie das Erkennen besonderer Formelemente. Kennzeichen müssen immer **vor die Maßzahl** geschrieben werden.

Kennzeichen	Beispiel	Erläuterungen
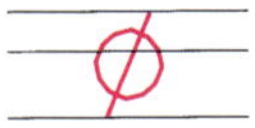	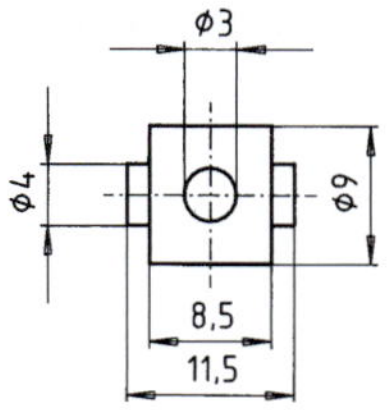	Das **Durchmesserzeichen** kennzeichnet Bohrungen und Zylinder. Es muss **in jedem Fall** vor die Maßzahl gesetzt werden. Bei **Bohrungen** werden • die Mittelpunkte in möglichst einer Ansicht bemaßt, • die Durchmesser bemaßt und • bei Grundlöchern die Tiefe bemaßt. Bei **Drehteilen** (Zylindern) werden • der Durchmesser bemaßt und • die Länge bemaßt.
	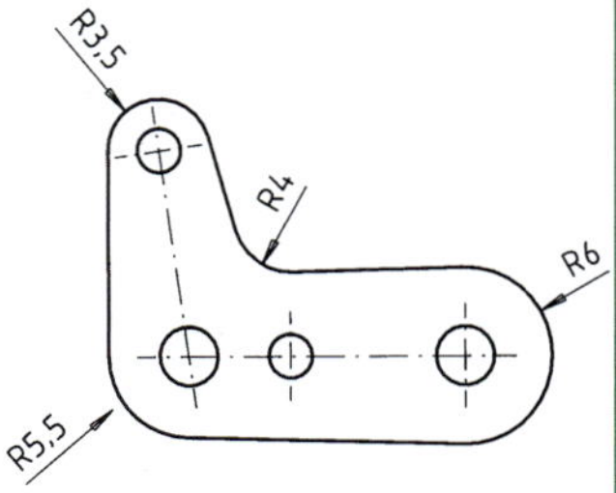	Der Großbuchstabe R kennzeichnet **Radien** und **Abrundungen**. Die Maßlinie verbindet Mittelpunkt und Kreisbogen. Es wird nur ein Maßpfeil gezeichnet.

Kennzeichen	Beispiel	Erläuterungen
SØ SR	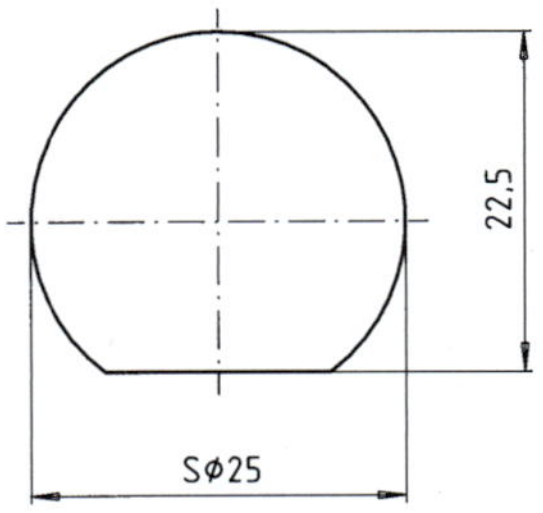	SØ kennzeichnet die Kugelform, wenn der **Kugeldurchmesser** bemaßt ist, bzw. SR, wenn der **Kugelradius** bemaßt ist.
□	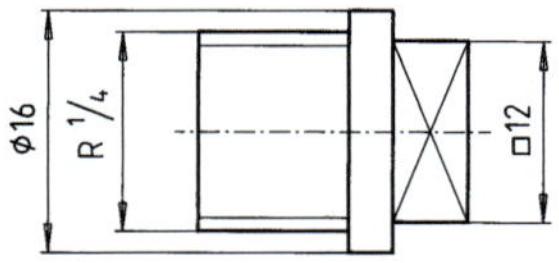	Das **Quadratzeichen** kennzeichnet einen **quadratischen** Werkstückquerschnitt. Kennzeichen und Maßzahl werden nur einmal eingetragen.
SW	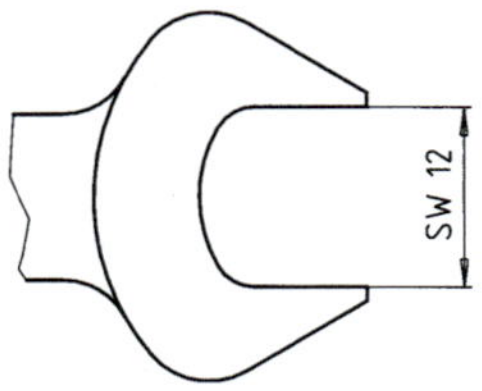	Die Großbuchstaben SW kennzeichnen die **Schlüsselweite**.
O→	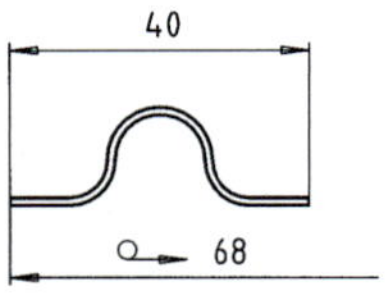	Der Kreis mit einem waagerechten Pfeil kennzeichnet eine **gestreckte Länge**.

3.3 Anordnung der Maße

Die Leserichtung der Maße ist vorgeschrieben. Sie sollen von **unten** und von **rechts** zu lesen sein.

Konturbemaßung

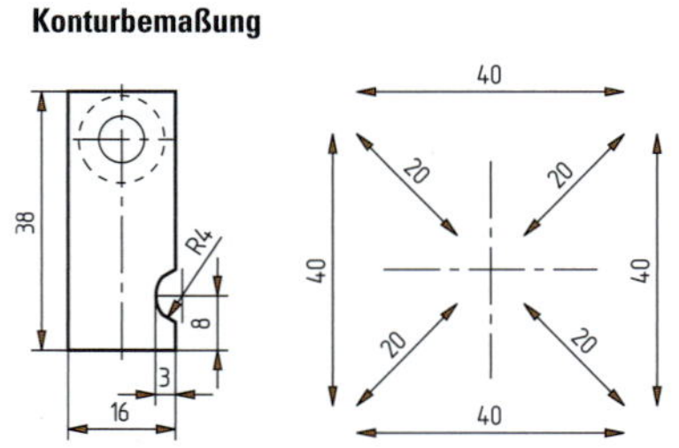

Winkelbemaßung

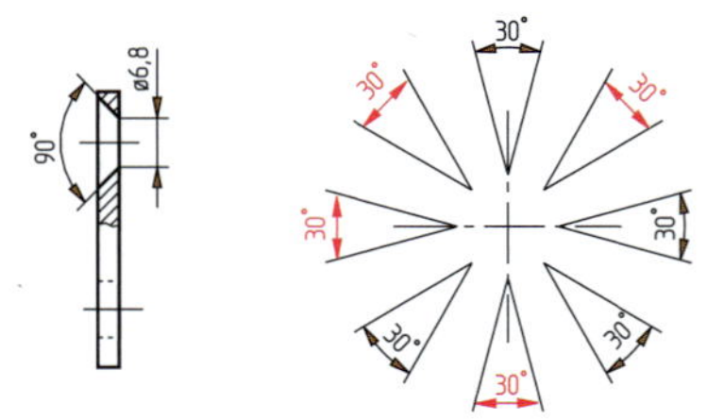

Winkel bis 30° können auch mit geraden Maßlinien bemaßt werden.

Die in die Ansichten eingetragenen **Mittellinien** sind Symmetrielinien. Sie brauchen nicht bemaßt zu werden. Die Maße für die Mittenlage der V-Nut und für den Mittelpunkt der Bohrung können entfallen.

Jedes Maß darf nur **einmal** eingetragen werden. Bei Änderungen kann sonst leicht eine Maßangabe übersehen werden.
Die Maße sollen möglichst aus dem Werkstück **herausgezogen** werden. Die **Form** des Werkstücks muss immer deutlich zu erkennen sein.

Die **zusammengehörenden Maße** gehören in **eine Ansicht**; z. B. die Mittelpunktsmaße von Bohrungen. Die Maße werden in die Ansicht eingetragen, in der die Form am besten zu erkennen ist, bzw. wie es für die Herstellung am übersichtlichsten ist.

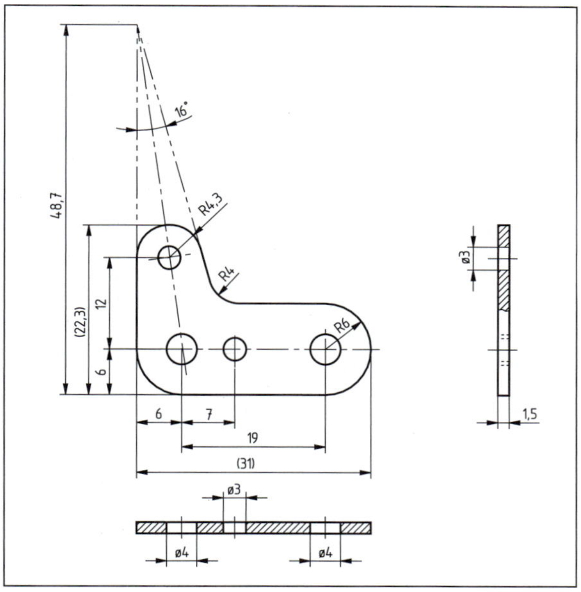

Maßlinien und Maßhilfslinien sollen an **sichtbaren** Kanten bzw. an Mittellinien beginnen.
Überbemaßungen, wie z. B. die Maße 22,3 und 31, müssen eingeklammert werden. Eingeklammerte Maße sind **Hilfsmaße**, die nicht zur Kontrolle benutzt werden dürfen.

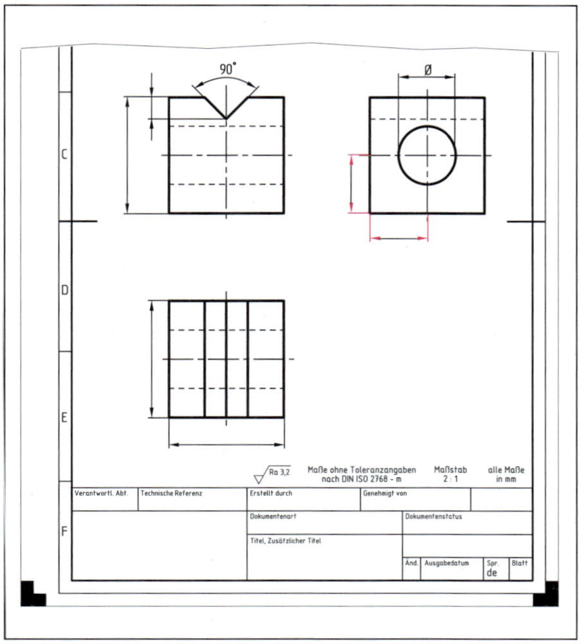

Dickenmaße können im Werkstück oder auf einer abgeknickten Hinweislinie eingetragen werden.

Es ist erlaubt, alle Maße in nur einer **Leserichtung** einzutragen. Die senkrechten Maßlinien erhalten dann Lücken für die Maßzahlen.

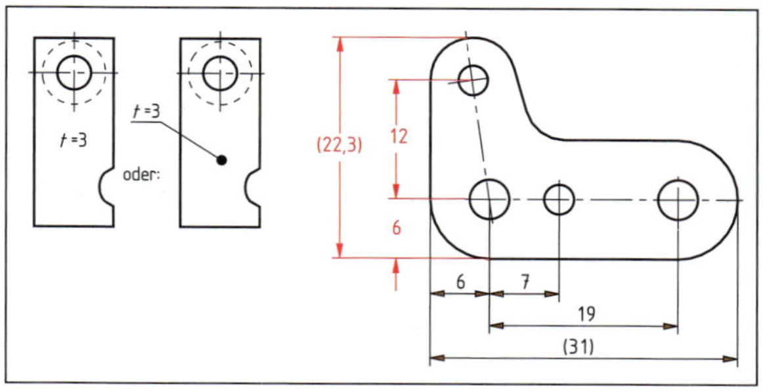

3.4 Maßbezugsebenen, Maßlinien

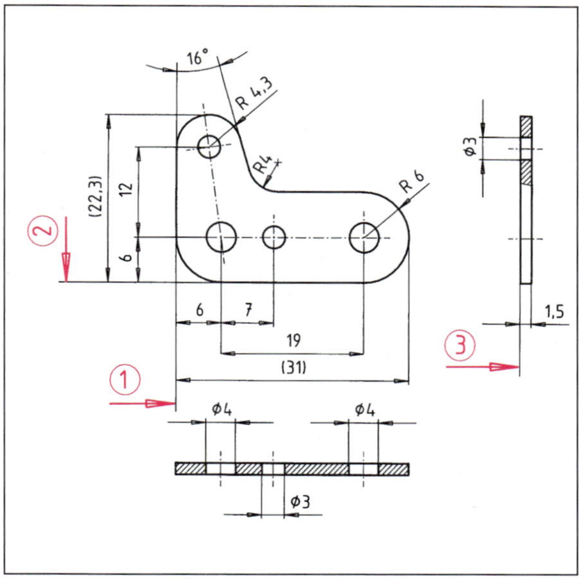

Für die Funktion und die Qualität eines Gerätes ist neben der Einhaltung der Toleranzen auch die Anordnung der Maße von Bedeutung. **Anlage-** und **Funktionsflächen** sind häufig Maßbezugsebenen.

Bei symmetrischen Konturen werden die **Mittellinien** als Maßbezugslinien verwendet.

Jedes Werkstück hat mindestens drei Maßbezugsebenen (MBE) oder Maßbezugslinien (MBL):

① Maßbezugslinie für die **Breitenmaße**
② Maßbezugsebene für die **Höhenmaße**
③ Maßbezugsebene für die **Tiefenmaße**

Drehteile benötigen als Maßbezugsebene bzw. als Maßbezugslinie

- die **Rotationsachse** (Symmetrielinie) und
- die **Planflächen**.

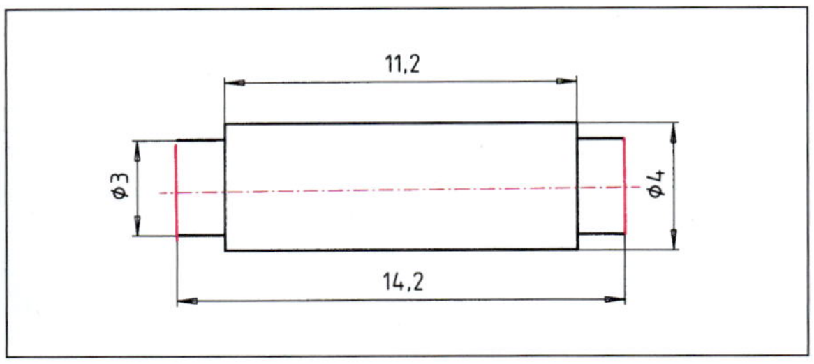

Wenn eine **Mittellinie** Maßbezugslinie ist, werden symmetrische Konturen nur einmal bemaßt.

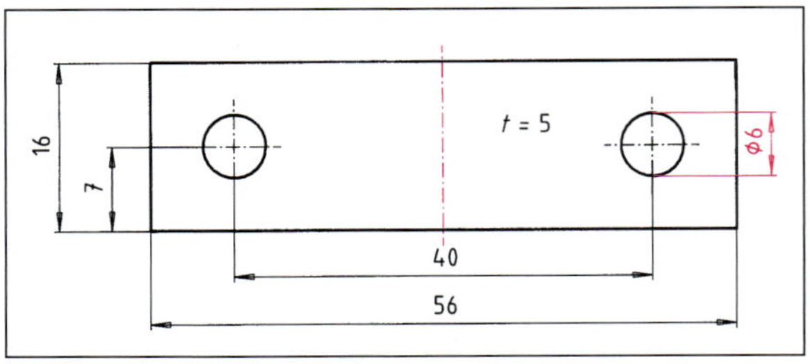

3.4.1 Aufgaben zu 3.4

1. Zeichnen und bemaßen Sie den Hebel Pos. 6 der Rollenblechschere in Ansicht A im Maßstab 1:2.

2. Zeichnen und bemaßen Sie den Haltebügel im Maßstab 1:2 in gestreckter Länge.
   Die Gesamtlänge ist 388,3 mm und der Abstand der Bohrungen ⌀ 25 ist 308,3 mm.

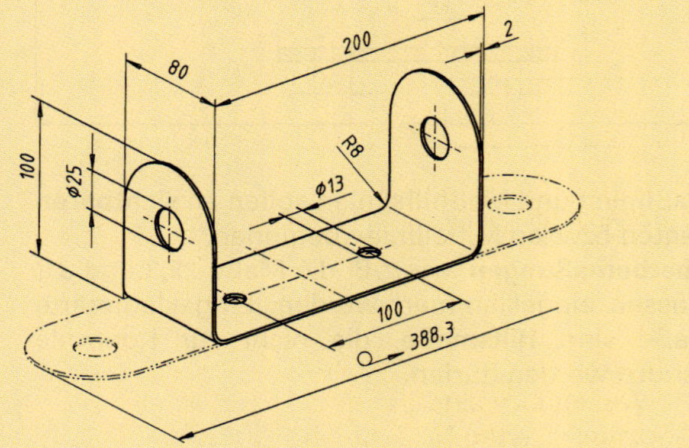

3. a) Fertigen Sie für das Scharnier eine Stückliste an.
   b) Bestimmen Sie die Bohrungsdurchmesser für die Aufnahme des Bolzens Pos. 3. Begründen Sie Ihre Wahl.
   c) Zeichnen und bemaßen Sie den Bügel Pos. 1 im Maßstab 2:1 in den Ansichten A und B (gestreckte Länge).

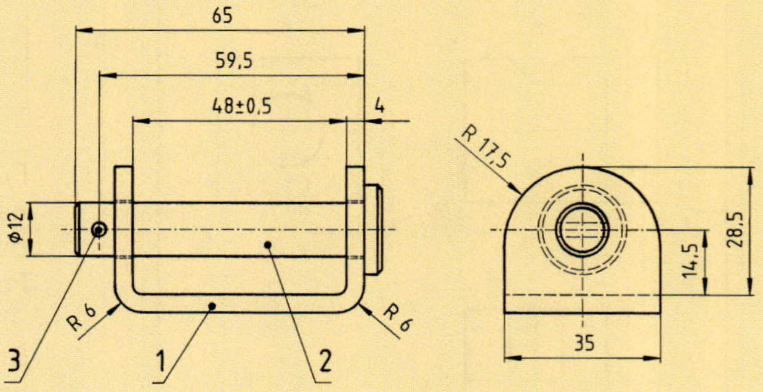

3.5 Zylindrische Werkstücke

Zusätzliche Informationen und Kennzeichen vereinfachen die Darstellung der Werkstücke. Ansichten können eingespart werden.

Zylinder, Rohre, Kugeln usw. erhalten Mittellinien. Die **Mittellinien** kennzeichnen die **Drehachse**. Sie werden als schmale Strich-Punkt-Linie gezeichnet. Die Kreisfläche wird mit einem **Durchmesserzeichen** vor der Maßzahl bemaßt. Die Angabe des Durchmesserzeichens an zylindrischen Teilen **erspart** häufig eine Ansicht.

Alle Teile sind in **Fertigungslage**, d. h. mit waagerechter Mittellinie zu zeichnen.

Drehachsen werden mit Mittellinien gekennzeichnet.

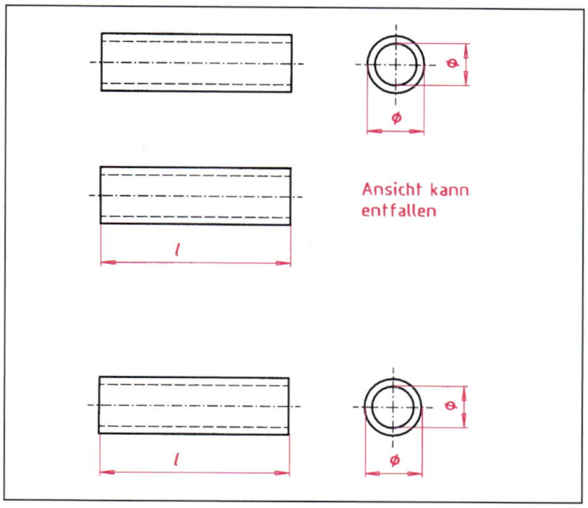

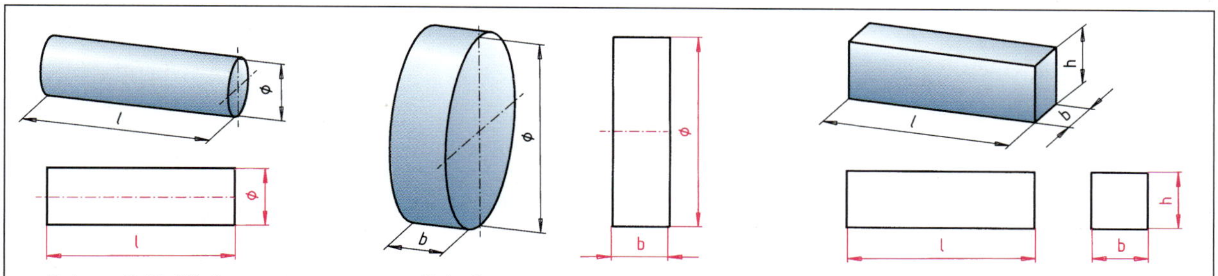

Bolzen, Stift, Welle

Scheibe

Passfeder

Aufgabe

Die Werkstücke sind in nur einer Ansicht A zu zeichnen und zu bemaßen. Wählen Sie für die einzelnen Werkstücke einen Maßstab aus, der eine übersichtliche Bemaßung zulässt.

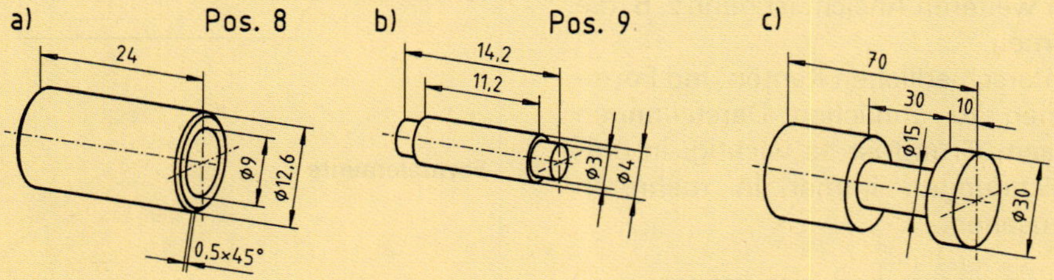

Haben Werkstücke mit zylindrischer Grundform ebene Flächen, die parallel zu deren Mittellinie verlaufen, z. B. Schlüsselflächen, so ist oft eine zweite Ansicht erforderlich. In zwei Ansichten können beim Verschlussstück die Lage der Fläche und die Tiefe dargestellt und bemaßt werden. Solche ebenen Flächen werden an zylindrischen Teilen mithilfe eines **Diagonalkreuzes** besonders gekennzeichnet.

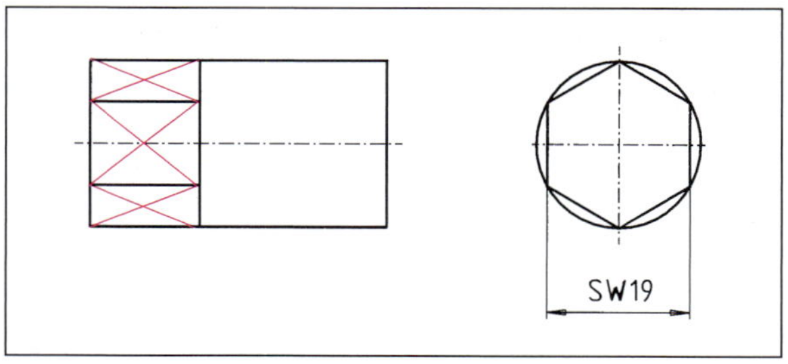

K

Es gibt grundsätzlich drei Möglichkeiten für achsparallele Ausnehmungen an zylindrischen Körpern.
Sie können a) **vor**, b) **auf** und c) **hinter** der **Mittellinie** liegen. In Abhängigkeit von ihrer Lage kann sich die äußere Form des Zylinders verändern. Dies zeigt die nebenstehende Übersicht.

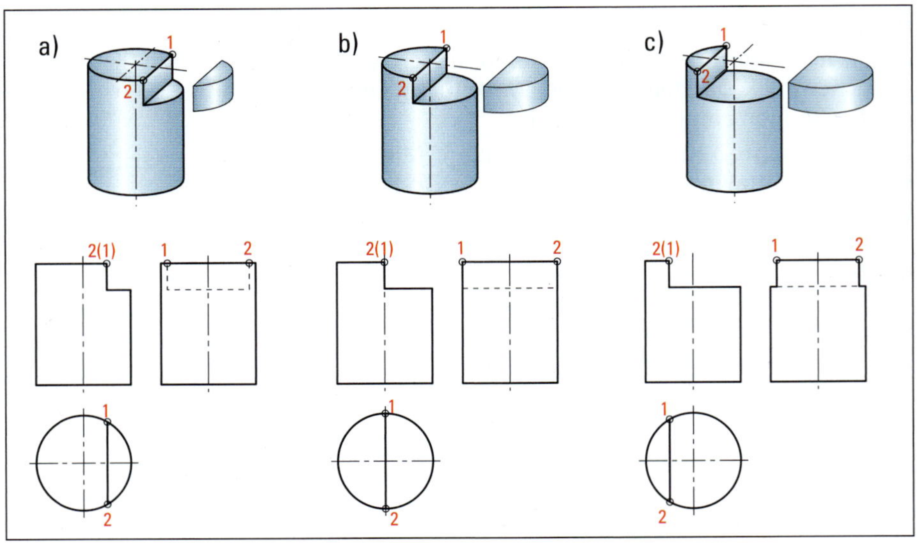

3.6 Werkstücke mit schiefen Flächen und Rundungen

Bei der Herstellung durch Trennen, Umformen oder Urformen entstehen an den Werkstücken immer wieder ähnliche Bearbeitungskonturen.
Es werden **Kanten** und **Formelemente** unterschieden.
Die Kontur einer Bearbeitung ist häufig nur in mehreren Ansichten zu erkennen. In einer Ansicht ist die Form, z. B. eine Fase, ein Radius, eine Nut usw. dargestellt. Einer weiteren Ansicht ist dann z. B. die Breite zu entnehmen.
Konturen von unterschiedlichen Kanten und Formelementen können zu ähnlichen Darstellungen führen. Aus diesem Grund ist es wichtig, in umfangreichen Zeichnungen immer in mehreren Ansichten nachzusehen.

Die Bemaßung ist immer dort einzutragen, wo die Form eindeutig zu erkennen ist.

Die folgende Übersicht zeigt die wichtigsten Konturen, ihre Darstellung in drei Ansichten und ihre Bemaßung.

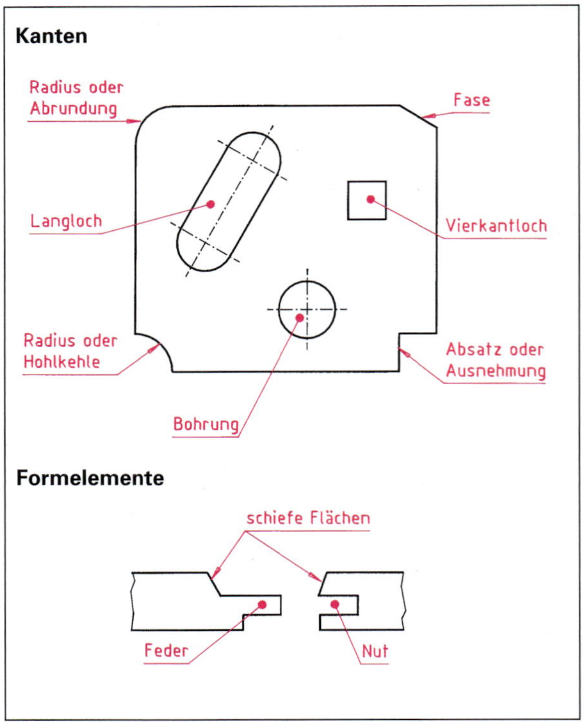

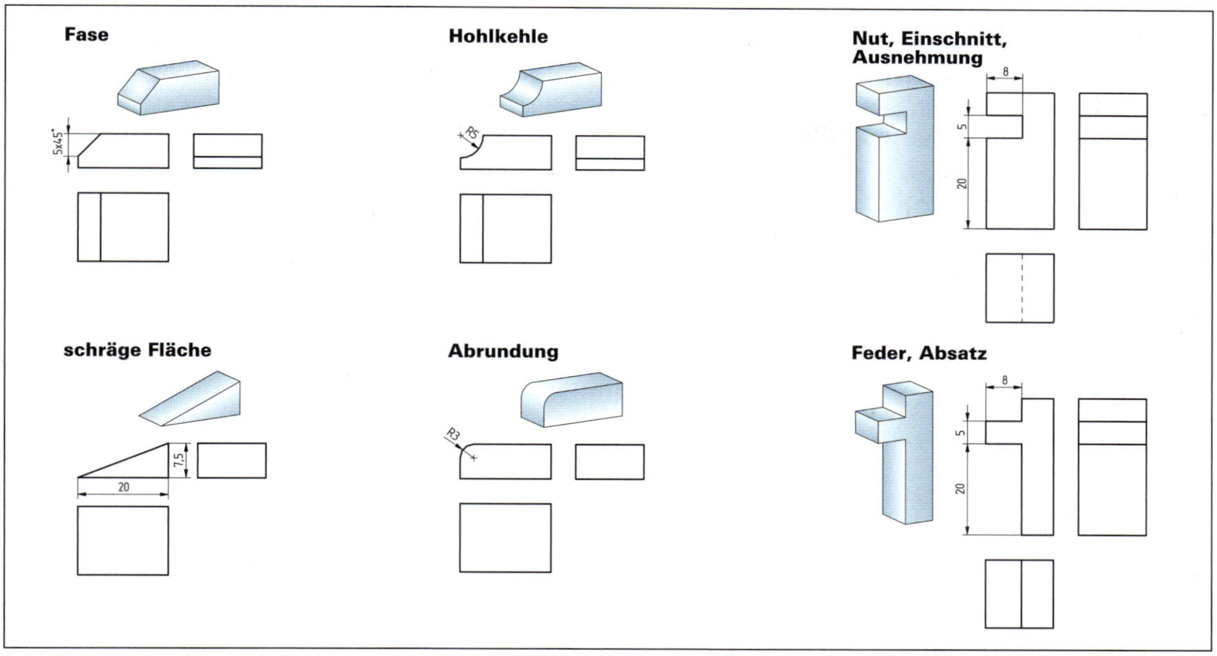

Aufgabe
Die Einzelteile der Eckverbindung sind maßstäblich 1:2 bzw. 1:10 jeweils in den Ansichten A, B und C zu zeichnen. Die Verbindung soll aus gleichschenkligem Profil L 30 × 3 hergestellt werden. Der Eckwinkel soll 90° betragen.

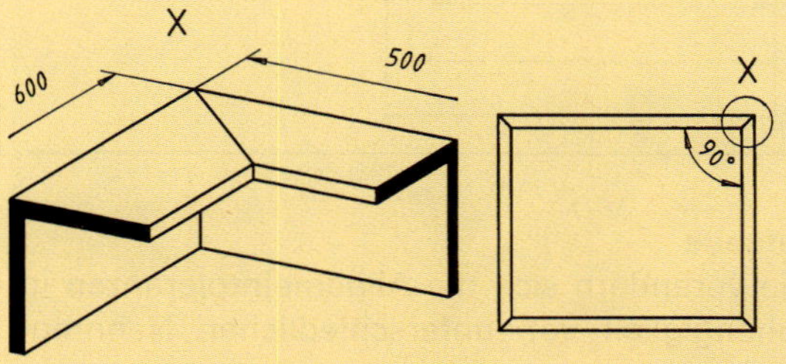

3.7 Besondere Angaben in Teilzeichnungen

Toleranzangaben

Allgemeintoleranzen
Die Einzelteile der Klemmzwinge lassen sich nur dann montieren, wenn ihre Maße aufeinander abgestimmt sind. Außerdem müssen die Fertigungsgrenzen festgelegt sein, weil die **Istmaße** immer von den **Nennmaßen** abweichen.
Damit diese Abweichungen nicht zu groß werden, sind alle Maße ohne besondere Angaben mit **Allgemeintoleranzen**[1] versehen.
Häufig wird der Genauigkeitsgrad **mittel** verwendet.

Der Hinweis auf die Allgemeintoleranzen wird außerhalb des Schriftfeldes (vgl. Kap. 1.1.9) eingetragen.
Die Toleranzen sind den Längen- und Winkelmaßen fest zugeordnet. Die jeweiligen Werte stehen im Tabellenbuch.
Die **Toleranz *T*** ist der Bereich, innerhalb dessen das Istmaß liegen muss. Das **obere Abmaß *es***[2] und das **untere Abmaß *ei***[3] geben die größtmöglichen Abstände vom Nennmaß an.

Beispiel
Für die Funktion der Klemmzwinge ist es erforderlich, dass der Spannklotz Pos. 4 auf der Aufnahme Pos. 5 beweglich ist.

---

1) Die Allgemeintoleranzen für Längen- und Winkelmaße sind in DIN ISO 2768 genormt.
2) *es*: **é**cart **s**upérieur (französisch) = oberes Abmaß. Oberes Abmaß einer Bohrung: *ES*
3) *ei*: **é**cart **i**nférieur (französisch) = unteres Abmaß Unteres Abmaß einer Bohrung: *EI*

Das Maß 8 hat nach DIN ISO[1] 2768-m (früher DIN 7168-m) die Grenzabmaße +/– 0,2 mm. Folgende Einzelmaße können unterschieden werden:

- das Nennmaß: $N = 8$ mm
- das obere Abmaß: $es = 0{,}2$ mm
- das Höchstmaß: $G_o = N + es$
  $G_o = 8$ mm + 0,2 mm
  $\underline{G_o = 8{,}2 \text{ mm}}$
- das untere Abmaß: $ei = -0{,}2$ mm
- das Mindestmaß: $G_u = N + ei$
  $G_u = 8$ mm + (–0,2) mm
  $\underline{G_u = 7{,}8 \text{ mm}}$
- die Toleranz: $T = G_o - G_u$
  $T = 8{,}2$ mm – 7,8 mm
  $\underline{T = 0{,}4 \text{ mm}}$
- das Istmaß: Das tatsächlich gemessene Maß.

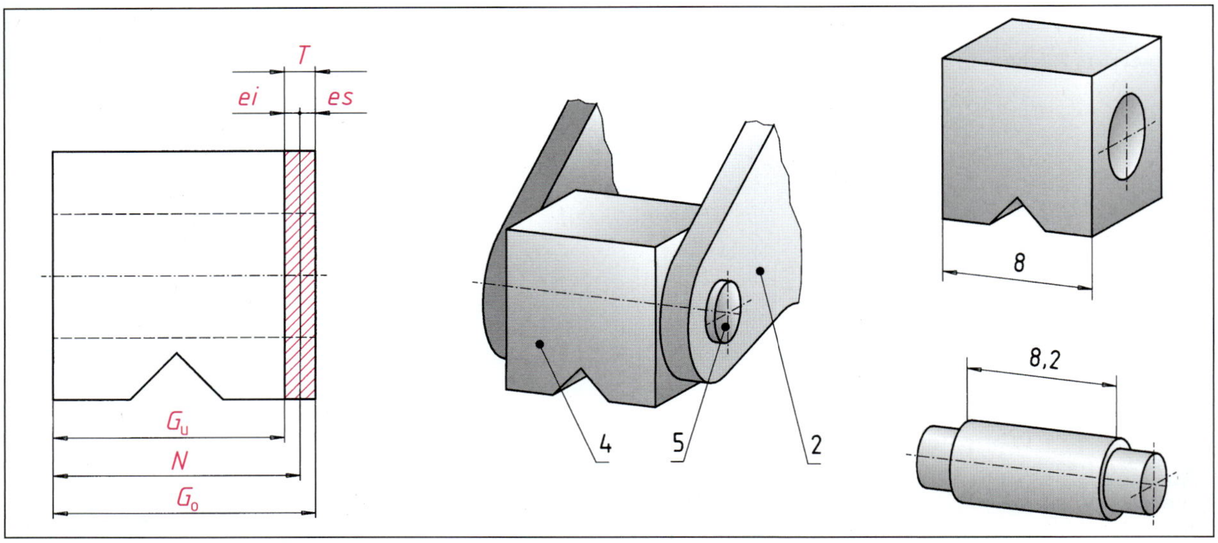

> **Aufgabe**
> Wie verändern sich die Allgemeintoleranzen in Abhängigkeit von unterschiedlichen Nennmaßen?
> Lösen Sie die Aufgabe mithilfe Ihres Tabellenbuchs.

Frei gewählte Toleranzen

Das Untermesser (Pos. 3) der Rollenblechschere (vgl. Seite 30) ist nur dann frei drehbar, wenn es geringfügig schmaler ist als die Buchse (Pos. 9). Um dies sicherzustellen, müssen in diesem Fall die Toleranzen besonders angegeben werden. Jedes Maß erhält seine eigenen Toleranzen, die direkt an die Maßzahl geschrieben werden.

Eintragen der Abmaße:

- Sie stehen hinter dem Nennmaß (a)
- Sie werden in der gleichen Schrifthöhe wie das Nennmaß ausgeführt (a), (b)
- Wenn ein Abmaß Null ist, kann die Ziffer „0" angegeben werden (b)
- Wird nur ein Abmaß aufgeführt, ist das zweite immer Null
- Wenn das obere und das untere Abmaß gleich sind, so wird das Abmaß mit dem +/– Zeichen nur einmal eingetragen (a)

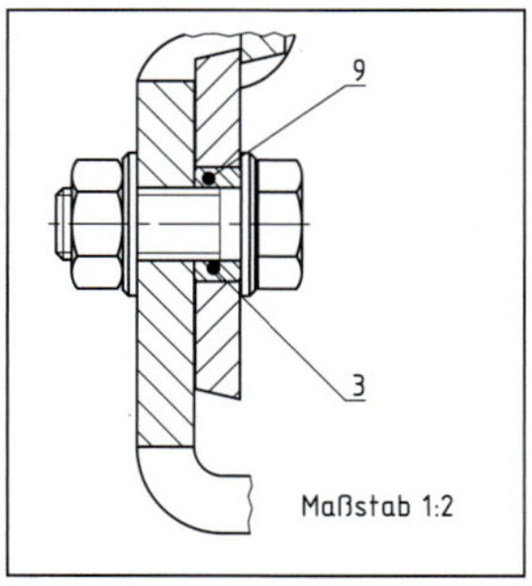

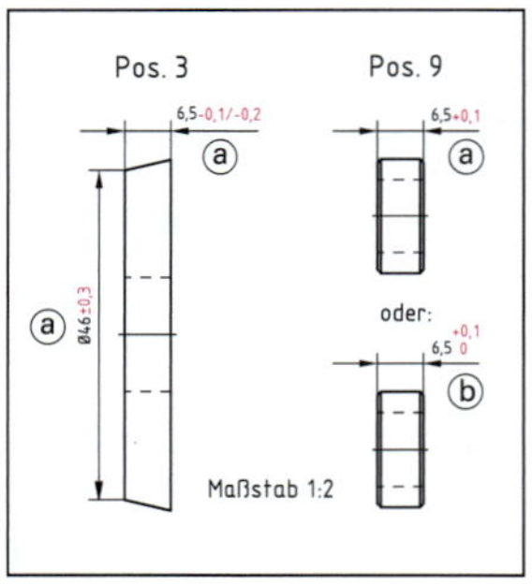

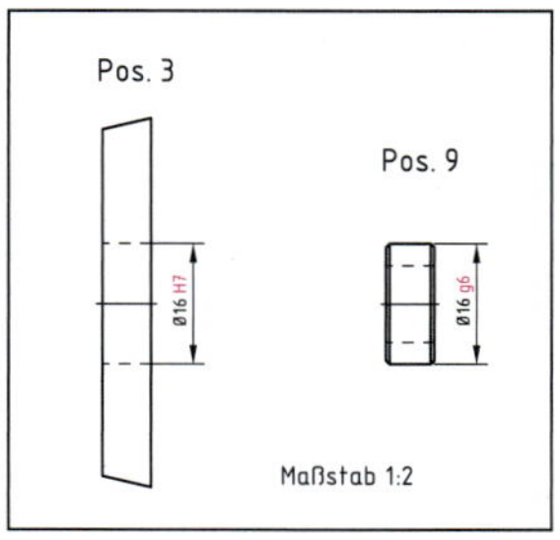

[1] ISO: **I**nternational **O**rganization for **S**tandardization (englisch) = Internationale Organisation für Normung

Beispiel:
$N = 6{,}5$ mm

Untermesser (Pos. 3): $G_o = 6{,}5\text{ mm} - 0{,}1\text{ mm}$
$\underline{\underline{G_o = 6{,}4\text{ mm}}}$

$G_u = 6{,}5\text{ mm} - 0{,}2\text{ mm}$
$\underline{\underline{G_u = 6{,}3\text{ mm}}}$

Buchse (Pos. 9): $G_o = 6{,}5\text{ mm} + 0{,}1\text{ mm}$
$\underline{\underline{G_o = 6{,}6\text{ mm}}}$

$G_u = 6{,}5\text{ mm} + 0\text{ mm}$
$\underline{\underline{G_u = 6{,}5\text{ mm}}}$

Das Untermesser (Pos. 3) mit der größten zulässigen Breite $G_o = 6{,}4$ mm ist in jedem Fall schmaler als die Buchse (Pos. 9), die das Maß $G_u = 6{,}5$ mm nicht unterschreiten darf.

ISO-Toleranzen
Das Untermesser (Pos. 3) muss auf der Buchse (Pos. 9) drehbar gelagert sein. Für den geforderten Sitz werden ISO-Toleranzen gewählt.
ISO-Toleranzen werden mithilfe von Buchstaben und Zahlen angegeben. Die zugehörigen Werte in µm (Mikrometer) können dem Tabellenbuch entnommen werden.
Die **Buchstaben** wie z. B. **g** oder **H** bilden das **Grundabmaß**. Dies ist der Wert für das **untere Abmaß**.
Die **Zahlen** wie z. B. **6** oder **7** bilden den **Toleranzgrad**. Dies ist der Wert für das **obere Abmaß**.
Grundabmaß und Toleranzgrad bilden gemeinsam die **Toleranzklasse** wie z. B. **g6** oder **H7**.

Eintragen der ISO-Toleranzen:
- Sie stehen hinter dem Nennmaß
- Sie werden in der gleichen Schrifthöhe wie das Nennmaß ausgeführt
- Bohrungen und Innenmaße erhalten große Buchstaben
- Wellen und Außenmaße erhalten kleine Buchstaben

Aufgabe
1. Bestimmen Sie für die Bohrung von Pos. 3 (Nennmaß ∅ 16H7) die Abmaße, das Höchstmaß, das Mindestmaß und die Toleranz. Lösen Sie die Aufgabe mithilfe Ihres Tabellenbuches.
2. Mit welchem Messzeug können Sie das IST-Maß ∅ 16H7 nachprüfen?

3.8 Systeme der Maßeintragung

Die Bemaßung eines Werkstücks kann fertigungsbezogen, prüfbezogen oder funktionsbezogen ausgeführt werden. Auf einer Zeichnung können auch gleichzeitig mehrere Systeme der Maßeintragung vorkommen.

Fertigungsbezogene Bemaßung
Die Maßbezugsflächen sind Auflageflächen beim Anreißen oder Auflageflächen bei der maschinellen Spanabhebung.

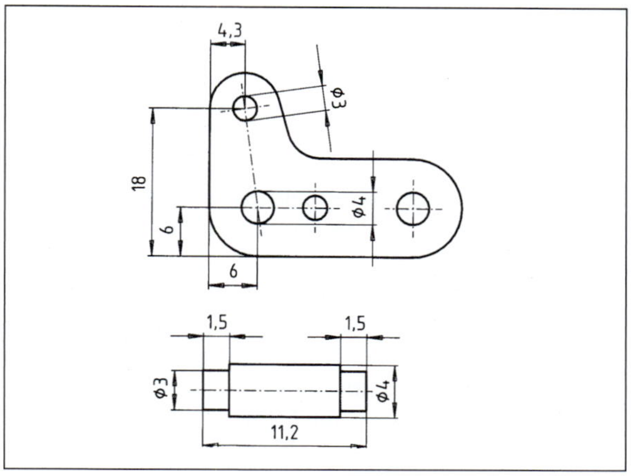

Prüfbezogene Bemaßung
Meistens sind die Fertigungsmaße auch die Prüfmaße. Bei Bohrungen z. B. können zusätzliche Prüfmaße erforderlich sein. Im Beispiel wird der Abstand der Bohrungen über die Prüfmaße kontrolliert. Prüfmaße werden in einen **Rahmen** geschrieben.

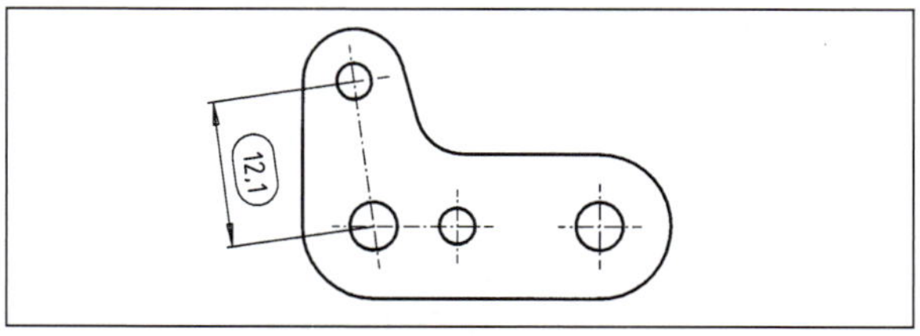

Funktionsbezogene Bemaßung
Diese Art der Bemaßung orientiert sich an der Funktion eines Teils. Für die Fertigung müssen eventuell besondere Abstände bestimmt werden. Im Beispiel ist dies die Länge der beiden Zapfen.

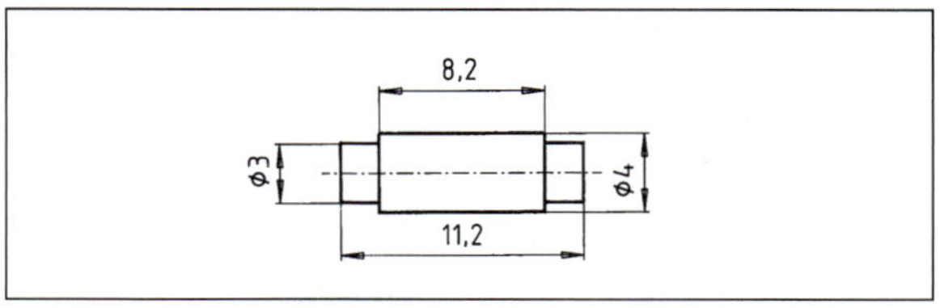

3.9 Maßketten, Hilfsmaße

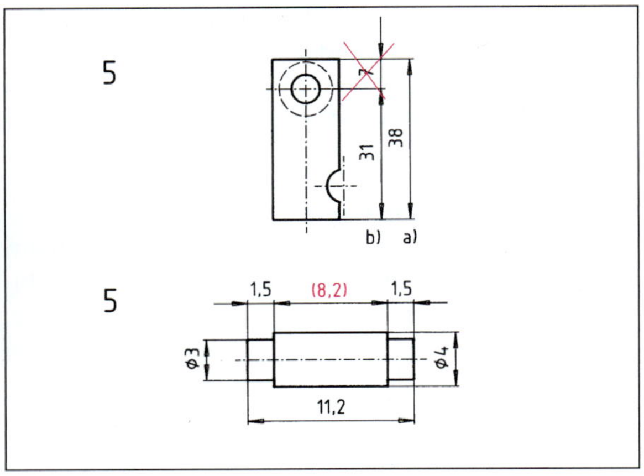

Alle Maße sind mit Grenzabmaßen versehen (vgl. Kap. 1.3.7). Alle Istmaße können daher geringfügig vom Nennmaß abweichen. Aus diesem Grund ist es nicht sinnvoll, zu viele Einzelmaße als **Maßkette** aneinander zu hängen. Besser ist es, die Maße immer wieder von der Maßbezugsebene oder von der Maßbezugslinie ausgehend einzutragen.
Nicht erlaubt sind **Doppel-Tolerierungen**.

Sie entstehen, wenn eine Gesamtlänge a) angegeben ist, aber auch aus der Summe mehrerer Einzelmaße b) berechnet werden kann. Zur Vermeidung von Doppel-Tolerierungen muss die Kette der Einzelmaße gegenüber dem Gesamtmaß immer eine Lücke haben.
Bei durchgehenden Maßketten muss ein Einzelmaß als **Hilfsmaß** geschrieben werden. Hilfsmaße werden immer in Klammern gesetzt. Sie haben keine Abmaße. Sie dienen nur zur Kennzeichnung von Zusammenhängen.

Aufgaben
1. Berechnen Sie die Summe der Einzeltoleranzen (rot) und die Toleranz des Gesamtmaßes 100 (blau).
2. Begründen Sie den Unterschied.

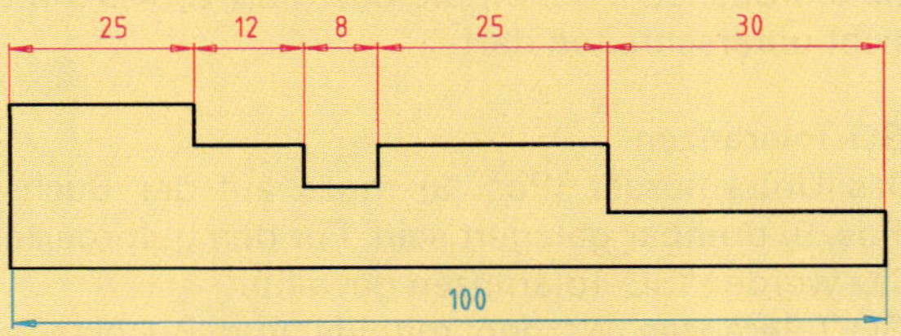

3.10 Teilungen

Bei regelmäßig wiederkehrenden Abständen können diese als **Teilungen** bemaßt werden. Formelemente wie z. B. Bohrungen, die in gleichen Abständen mehrfach vorkommen, können auf diese Weise vereinfacht bemaßt werden.

- Bohrungsdurchmesser werden nur einmal eingetragen. Auf einer Hinweislinie wird zusätzlich eingetragen, wie oft diese Bohrung vorkommt.
- Auch die Bohrungsabstände werden nur einmal zwischen zwei Bohrungen bemaßt. Auf einer zweiten Maßlinie wird angegeben, wie oft der Abstand vorkommt. Die Gesamtlänge aller Abstände wird als Hilfsmaß zusätzlich eingetragen.

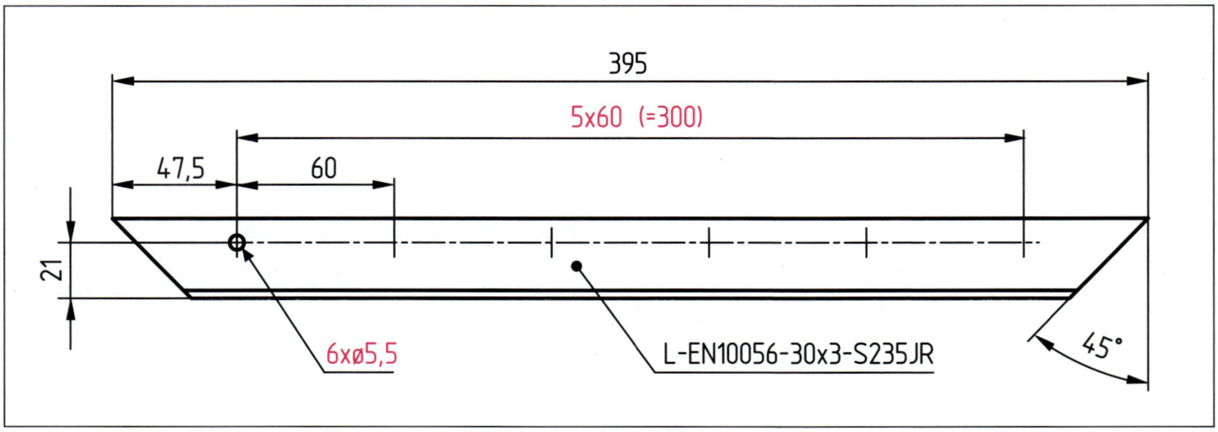

3.11 Bemaßung von Fasen und Senkungen

Verlaufen die Fasen oder Senkungen unter einem Winkel von 45° zur Werkstückfläche, dann werden sie in vereinfachter Form bemaßt.

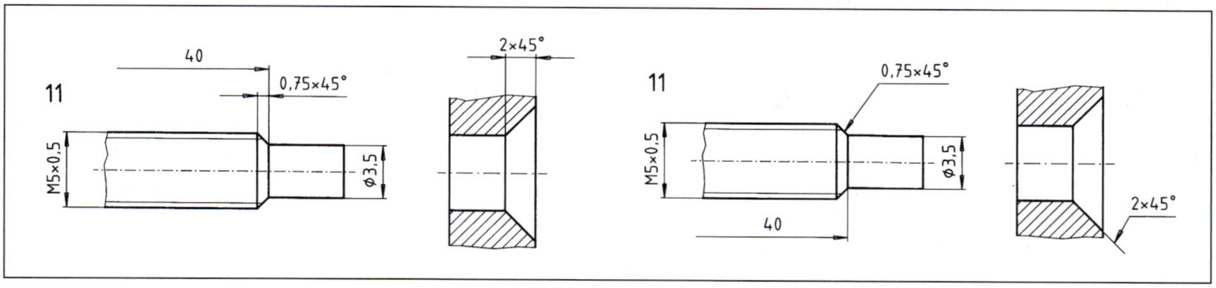

Alle anderen Fasen oder Senkungen müssen zwei Maße erhalten.

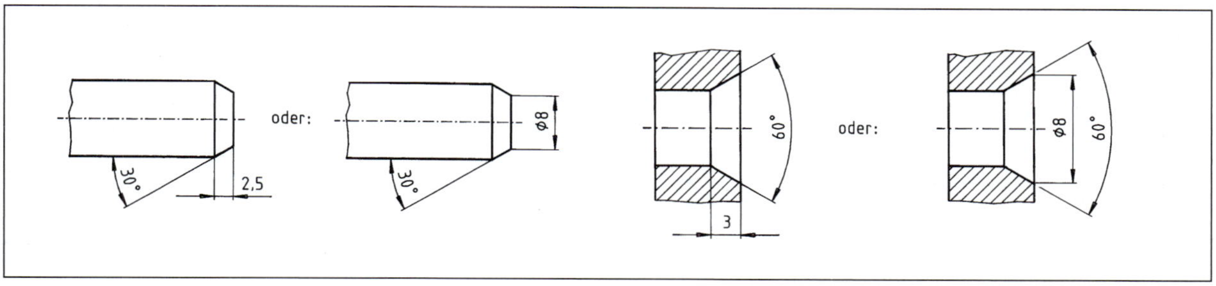

3.12 Eintragung von Oberflächenbeschaffenheiten

Durch eine zusätzliche Angabe von **Rauheitswerten** wird die erforderliche Oberflächenbeschaffenheit bemaßt[1].

Grundsymbol	Symbole mit besonderer Bedeutung			

Oberfläche, die behandelt wird.	Die Oberfläche wird **materialabtrennend bearbeitet.**	Materialabtrennende Bearbeitung **nicht zugelassen.** Oder Im Zustand des **vorhergehenden Fertigungsvorgangs belassen.**	Für zusätzliche **Angaben**. Zulässig für **alle** Fertigungsverfahren.	Gleiche Oberflächenbeschaffenheit auf **allen** Oberflächen rund um die **Kontur** (z. B. 4 Würfelflächen)

Die Oberflächenbeschaffenheit kann als **Mittenrauheit *Ra*** oder als **gemittelte Rautiefe *Rz*** angegeben werden. Beide Kennzeichnungen stehen am Symbol an der gleichen Stelle.

[1] vgl. DIN EN ISO 1302, Ausgabe Juni 2002

Mittenrauheit *Ra*

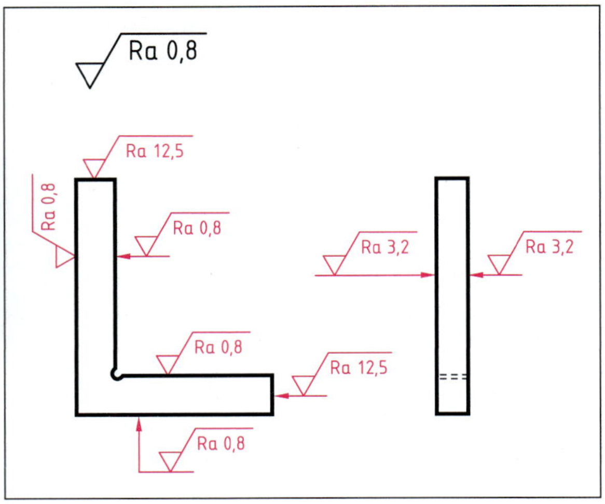

gemittelte Rautiefe *Rz*

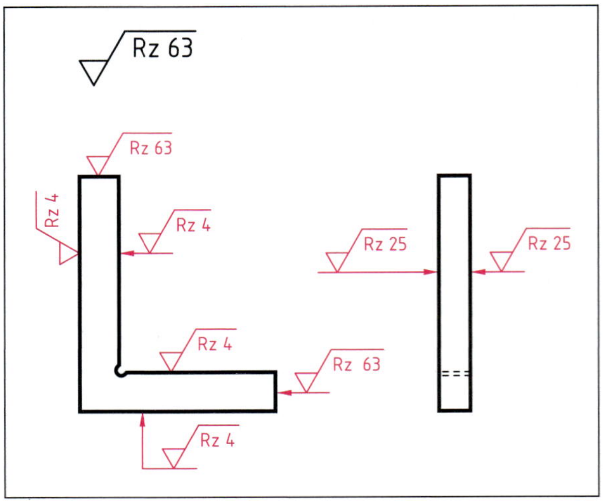

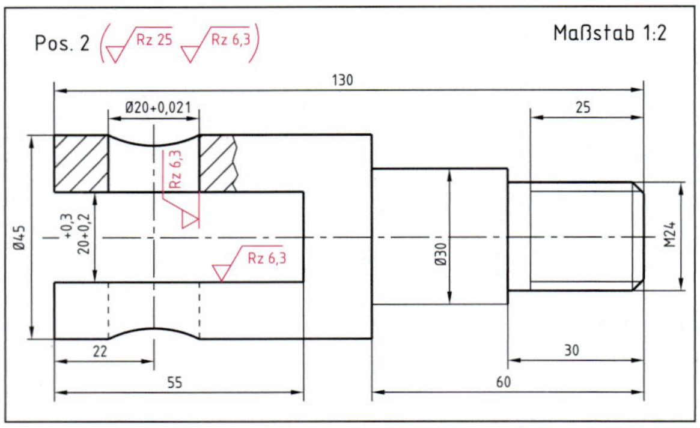

- Das Symbol kann immer mit der Spitze an die Körperkante gezeichnet werden.
- Bei der Eintragung der Zahlen und Angaben ist die Leserichtung zu beachten.
- Bei der Verwendung von Hilfslinien ist die Leserichtung zu beachten.

Alle nicht gekennzeichneten Flächen werden spanend bearbeitet und erhalten eine Oberflächenbeschaffenheit Rz 25.

Aufgabe

Skizziert ist eine Wellenkupplung.

- Zeichnen Sie die Wellenkupplung ab.
- Ergänzen Sie funktionsgerechte Toleranzangaben.
- Ergänzen Sie Angaben zur Oberflächenbeschaffenheit.

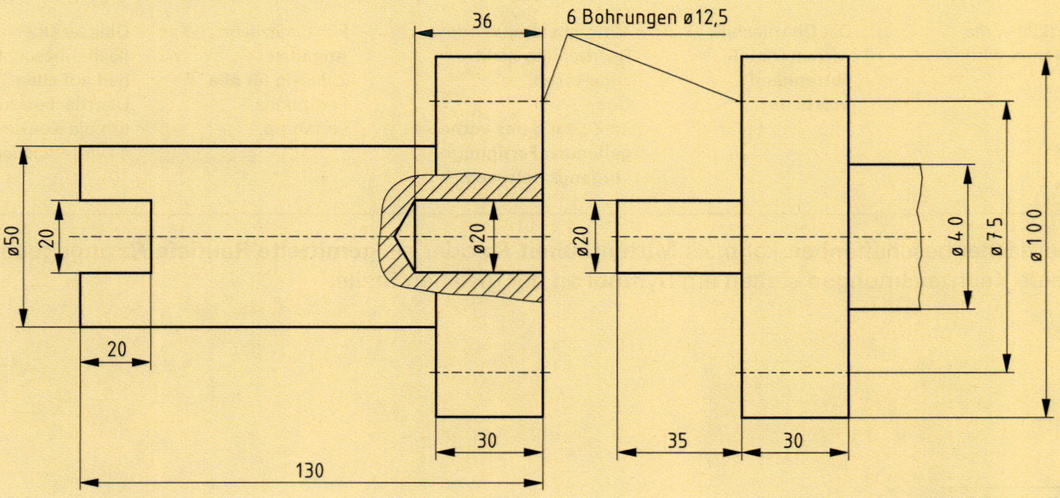

3.13 Eintragung von Schweißsymbolen

Schweißnähte werden in Zeichnungen mit Hilfe von Symbolen[1] gekennzeichnet. Sie enthalten Aussagen über

- die Form,
- die Verarbeitung und
- die Ausführung

der jeweiligen Naht.

Grundsymbole		
Benennung	Darstellung	Symbol/Nahtart
V-Naht	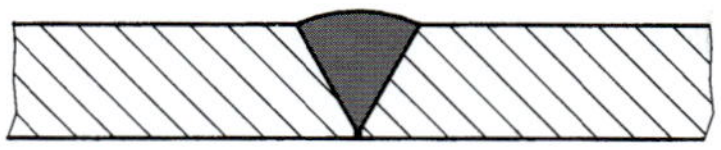	
Y-Naht	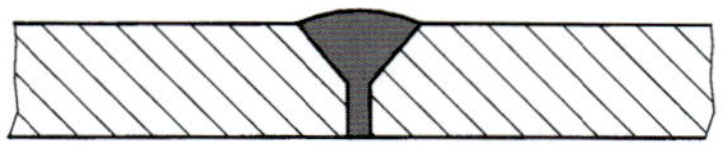	
Kehlnaht	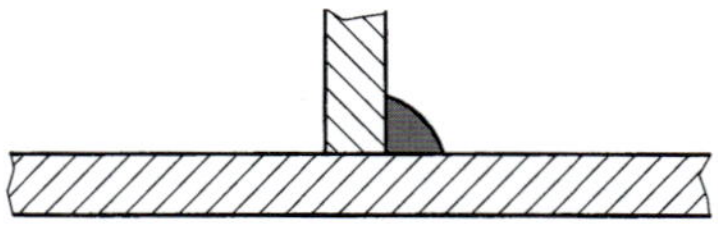	

Grundsymbol:

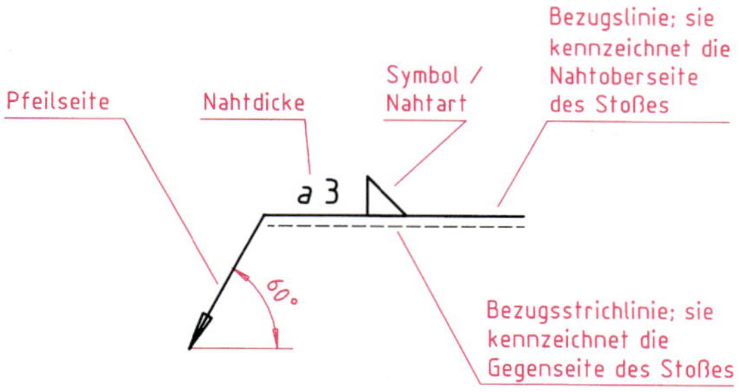

Ergänzende Angaben:

Ringsumnaht

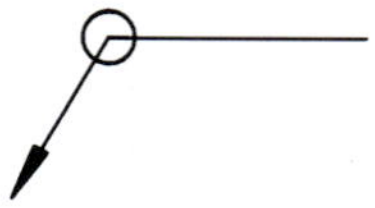

Baustellennaht

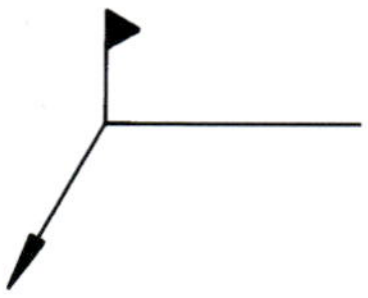

Beispiel:

Kehlnaht

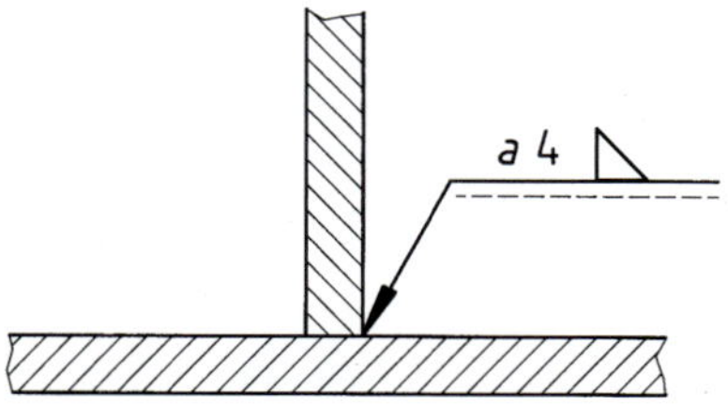

Doppelkehlnaht

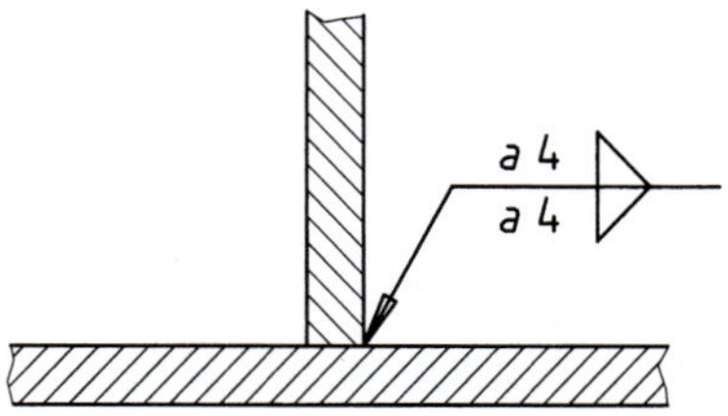

Einseitige Nähte erhalten immer eine Bezugsstrichlinie. Durch sie wird die Lage der Schweißnaht (Nahtoberseite oder Gegenseite des Stoßes) festgelegt.

[1] vgl. DIN EN ISO 2553, Ausgabe April 2014

K

4 Perspektivische Darstellungen

Für einen Handlauf sollen Konsolen gefertigt werden. Ein Mitarbeiter hat von der Konsole eine perspektivische Skizze angefertigt. Dabei hat er die Konsole in der Lage skizziert, in der sie auch eingebaut werden soll. Bei der Bemaßung sind die bauseitigen Vorgaben zu beachten.

4.1 Erstellung einer Perspektive

Die folgenden Arbeitsschritte sollen die Vorgehensweise des Mitarbeiters beim Erstellen der perspektivischen Skizze erläutern.
Beim Herstellen einer Perspektive als Technische Zeichnung würde man die gleiche Reihenfolge der Arbeitsschritte einhalten.

1. Zuerst wird ein **Hüllkörper** gezeichnet, in den das Werkstück (die Konsole) hineinpasst.
   Bei der Wahl des Hüllkörpers ist darauf zu achten, dass dieser das Bauteil möglichst eng umschließt.
   Der Hüllkörper hat somit das größte Maß der **Breite** (der Breite des Flachstahls), das größte Maß der **Höhe** (wird bauseitig aufgemessen als Unterschied zwischen dem Handlauf und der Befestigung am Mauerwerk) und das größte Maß der **Tiefe** (Abstand von der Wand).
2. In eine der Flächen des Hüllkörpers wird zweidimensional die Form der Konsole eingezeichnet.
3. Danach werden die Breite und die Bohrung eingezeichnet.
4. Abschließend wird die Perspektive bemaßt.

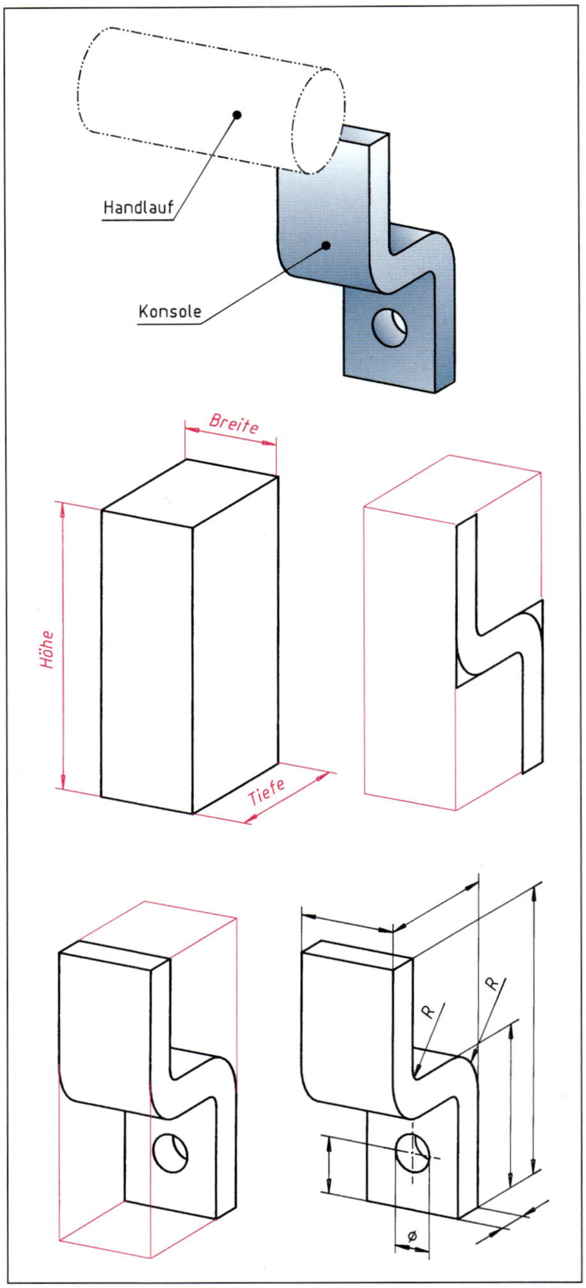

Aufgabe
Skizzieren Sie die Werkstücke als Perspektiven und tragen Sie die Maße ein.

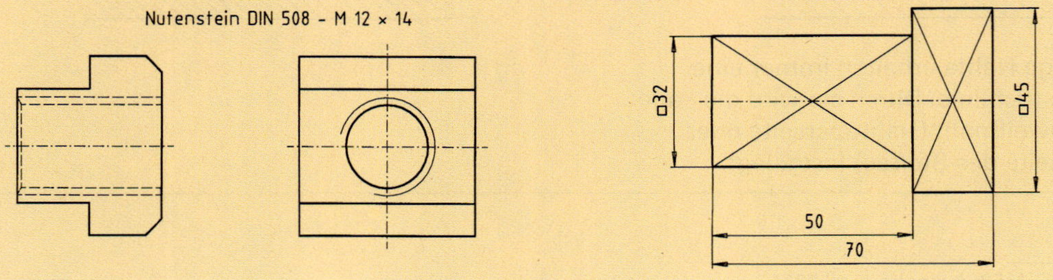

K

5 Auswahl von Normteilen

Für einen Betrieb sind alle nicht selbst hergestellten Teile **Fremdteile**. Eine besondere Gruppe innerhalb der Fremdteile bilden die **Normteile**. Dies sind standardisierte Teile, die es nur in bestimmten Abmessungen gibt. Das erleichtert ihre Austauschbarkeit und vereinfacht die Lagerhaltung.
Normteile können Sie mit Hilfe Ihres Tabellenbuchs bestimmen bzw. auswählen. Die Angaben im Tabellenbuch sind für den Benutzer gedacht. Sie enthalten die Größenangaben, die für den Einbau der Normteile von Bedeutung sind.

Beispiel:
Die Rollenblechschere soll mit zwei Schrauben M12 auf einer Werkbank befestigt werden. Das Material des Grundkörpers der Schere hat eine Dicke von

$t_1 = 8$ mm

und die Arbeitsplatte der Werkbank ist

$t_2 = 40$ mm

dick.
Für die Befestigung werden zusätzlich zwei Scheiben und zwei Muttern benötigt.

Lösung:
Mithilfe des Tabellenbuchs werden die Höhe der Mutter und der Scheibe bestimmt.

$m = 10$ mm

$h = 2{,}5$ mm

Schere, Arbeitsplatte, Mutter und Scheibe haben eine Gesamthöhe von

$H = 60{,}5$ mm.

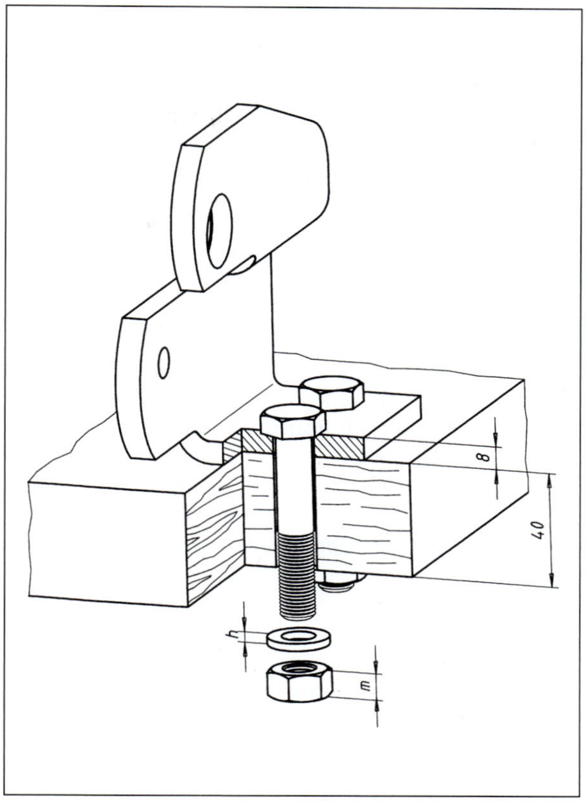

So lang muss die Schraube mindestens sein.
Die nächstgrößere genormte Schraubenlänge beträgt

$l = 65$ mm.

Folgende Normteile werden gewählt:

Pos.	Menge	Benennung	Norm-Kurzbezeichnung
1	2	Sechskantschraube	ISO 4014 – M12 × 65 – 8.8
2	2	Scheibe	ISO 7089 – 12 – 200 HV
3	2	Sechskantmutter	ISO 4032 – M12 – 5

Im Zusammenhang mit der Vereinheitlichung von internationalen und nationalen Normen und der fortschreitenden europäischen Einigung werden immer mehr DIN-Normen durch internationale ISO-Normen oder europäische EN-Normen ersetzt, die häufig neue Bezeichnungen mit sich bringen.

Bis sich die neuen Bezeichnungen durchgesetzt haben, bedeutet dies, dass an vielen Stellen doppelte Bezeichnungen notwendig sind.

Beispiel:
Ein ungehärteter Zylinderstift mit $d = 6$ mm Durchmesser, $l = 28$ mm Länge und mit Kegelkuppen kann folgende Bezeichnungen haben:

Norm bis 1992-10:
Zylinderstift DIN 7 – 8m6 × 28 – St50K

Norm bis 1998-02:
Zylinderstift ISO 2338 – B – 8 × 28 – St

Norm ab 1998-02:
Zylinderstift ISO 2338 – 8m6 × 28 – St

Eine Scheibe für eine Schraube mit M12-Gewinde kann folgende Bezeichnungen haben:
Norm bis 2000-10:
Scheibe **ohne** Fase:
Scheibe DIN 125 – A 8,4 – 140 HV
Scheibe **mit** Fase:
Scheibe DIN 125 – B 8,4 – 140 HV

Norm ab 2000-11:
Scheibe **ohne** Fase (vgl. Seite 55):
Scheibe ISO 7089 – 12 – 200 HV
Scheibe mit Fase (vgl. Seite 31):
Scheibe ISO 7090 – 12 – 200 HV

5.1 Aufgaben zu 5

1. Mithilfe des Tabellenbuchs sind die Benennungen der abgebildeten Teile zu bestimmen.
In einer Tabelle sind Positionsnummern, Benennungen und Norm-Nummern einander zuzuordnen.

Normteile:
Federring, Kronenmutter, Mutter, Scheibe, selbstsichernde Mutter, Sicherungsring, Spannstift, Splint, Sechskantschraube, Zylinderschraube mit Innensechskant.

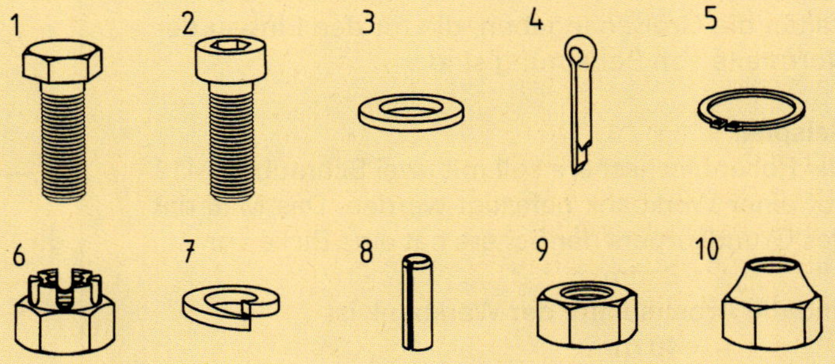

Pos.	Benennung	DIN-Nummer	ISO-Nummer
1	L	L	L
2	L	L	L
–	–	–	–
–	–	–	–
10	■	■	■

2. a) Benennen Sie die Schraube rechts normgerecht.
b) Bestimmen Sie die Gewindelänge.

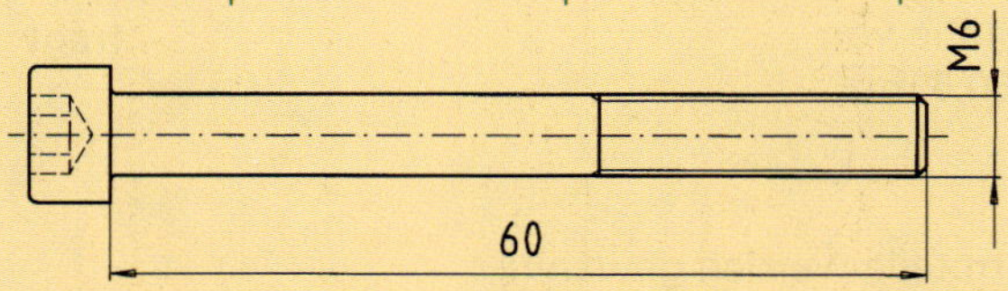

3. a) Benennen Sie die Schraubenmutter normgerecht.
b) Bestimmen Sie die Schlüsselweite SW.

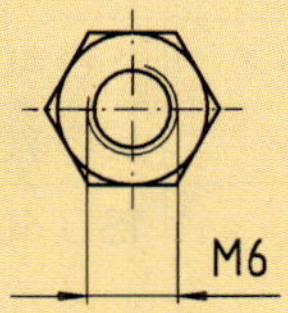

4. a) Benennen Sie die Keilscheibe rechts normgerecht.
b) Bei welchen Stahlprofilen werden solche Keilscheiben verwendet und warum?

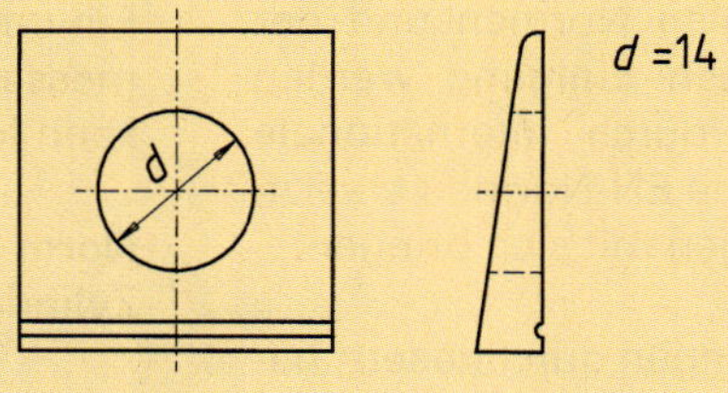

5. Für eine Verbindung mit t = 80 mm Gesamtdicke sind die Elemente Sechskantschraube, Scheibe, selbstsichernde Mutter zu bestimmen.

6 Darstellung im Schnitt

6.1 Grundlegendes

Die Rohrverbindung ist zeichnerisch auf zwei Arten dargestellt. Die **Schnittzeichnung** zeigt gegenüber der Ansicht wesentlich mehr Einzelheiten. Es ist nicht nur das **Äußere**, sondern auch das **Innere** der Verbindung zu erkennen. Gleichzeitig ist ersichtlich, dass sich zwischen der Muffe und den Rohrenden ein weiterer „Stoff" befindet. Es handelt sich dabei um Klebstoff.
Bei Baugruppen- oder Gesamtzeichnungen erleichtern Schnittzeichnungen das Erkennen der einzelnen Bauteile und deren Funktionen.

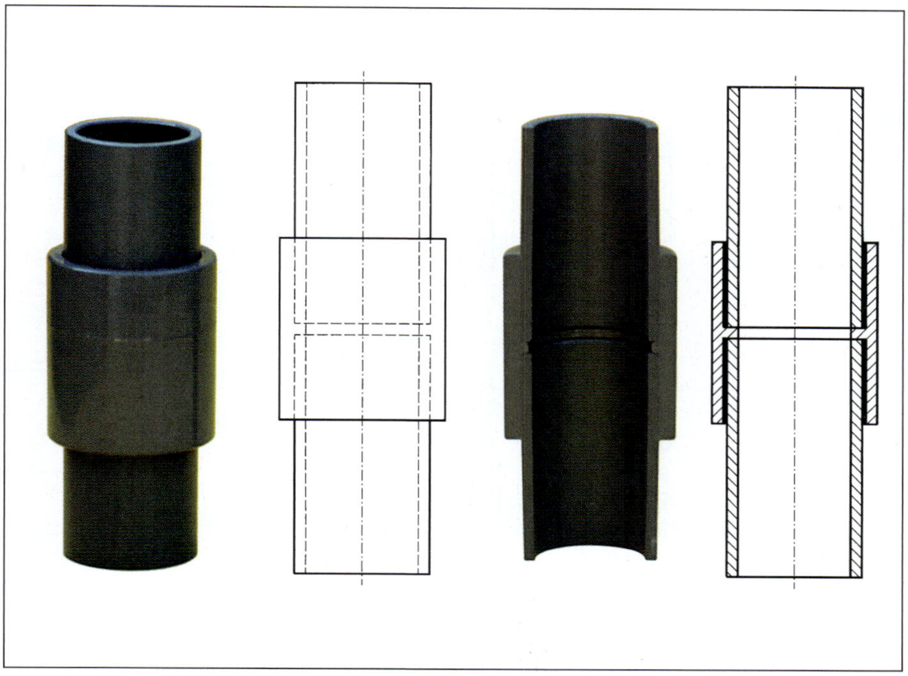

6.2 Darstellungsregeln

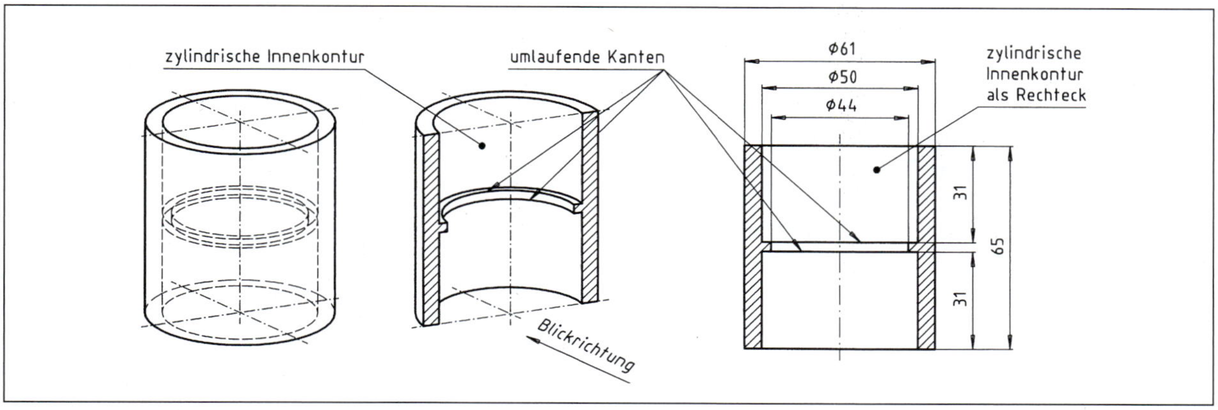

Beim **Schnitt** wird das Bauteil (z. B. Muffe) gedanklich „durchgeschnitten". Die Ebene, in der dieser Schnitt erfolgt, heißt **Schnittebene**. Sie liegt bei symmetrischen Werkstücken meist auf der Symmetrieachse (Mittellinie).
Die **Schnittfläche**, die beim Schneiden der Werkstücke entstehen würde, ist zu **schraffieren**. Es muss also die Fläche schraffiert werden, auf der beim tatsächlichen Auseinandersägen des Bauteils die Sägeriefen entstünden. Die Schraffur erfolgt unter einem Winkel von 45° zur Achse (Mittellinie) oder zu den Hauptumrissen (Körperkanten) des Bauteils. Alle Schnittflächen desselben Teiles sind in der gleichen Richtung zu schraffieren. Die Schraffurlinien werden als schmale Volllinien ausgeführt.
Bei der Muffe werden durch das Schneiden **innere Kanten** sichtbar. Bei runden Teilen heißen sie „umlaufende Kanten". Diese Kanten sind als breite Volllinien zu zeichnen.
Durch die Blickrichtung werden die tatsächlich vorhandenen zylindrischen Innenkonturen bei der Muffe und bei anderen Teilen im Schnitt als Rechtecke gezeichnet.
Der **Abstand** der Schraffurlinien richtet sich in erster Linie nach der **Größe der Schnittfläche**.

Je größer die Schnittfläche, desto größer ist der Linienabstand zu wählen. Besonders schmale Schnittflächen dürfen geschwärzt werden.

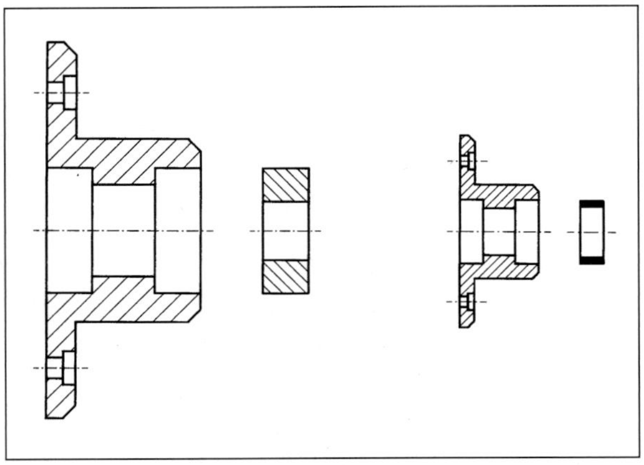

Bei Baugruppen oder Gesamtzeichnungen sind die Schnittflächen der Einzelteile in **verschiedenen Richtungen** schraffiert. Das erleichtert das Erkennen der Einzelteile.

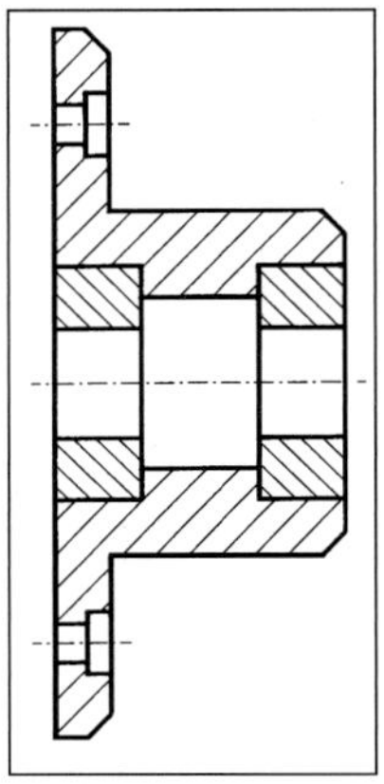

Rippen werden in Längsrichtung nicht geschnitten, weil sie sich von der Grundform abheben sollen. In untenstehender Abbildung ist durch die nicht schraffierte Rippe die Grundform des Lagerbocks besser zu erkennen.

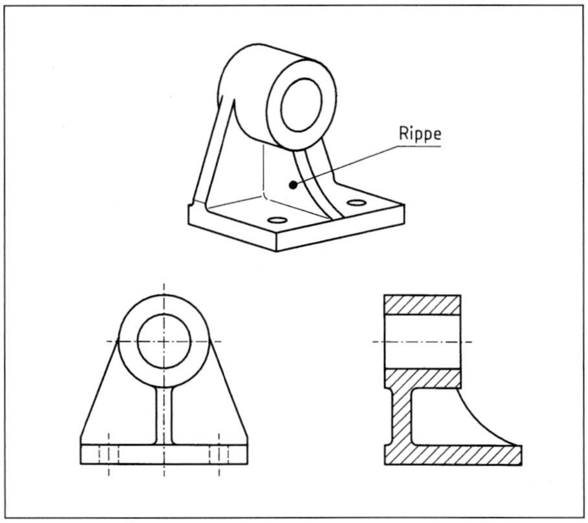

Normteile werden nicht geschnitten. Dies gilt z. B. für Muttern, Unterlegscheiben, Passfedern, Keile, Bolzen, Nieten usw. Ihre Schnittdarstellung liefert keine zusätzlichen Informationen, sondern die Schraffur macht die Zeichnung nur unübersichtlicher. **Schrauben** und **Stifte** werden in Längsrichtung nicht geschnitten. Ist dagegen der Querschnitt abgebildet, erhält er eine Schraffur. Zusätzlich kann das genaue Aussehen dieser Teile Normblättern, Tabellen und Katalogen entnommen werden.

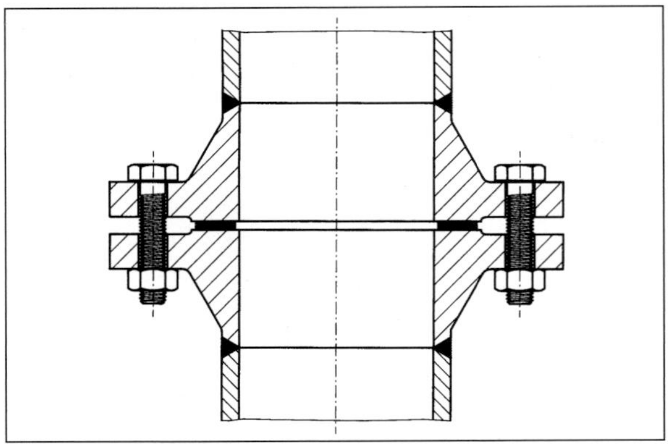

Nicht genormte Vollteile ohne Hohlräume oder verdeckte Einschnitte werden **nicht geschnitten,** wenn sie in ihrer **Längsrichtung** dargestellt sind, (z. B. nachfolgende Zeichnung). Auch hier würde die Zeichnung durch die zusätzliche Schraffur unübersichtlicher und einen größeren Arbeitsaufwand erfordern.

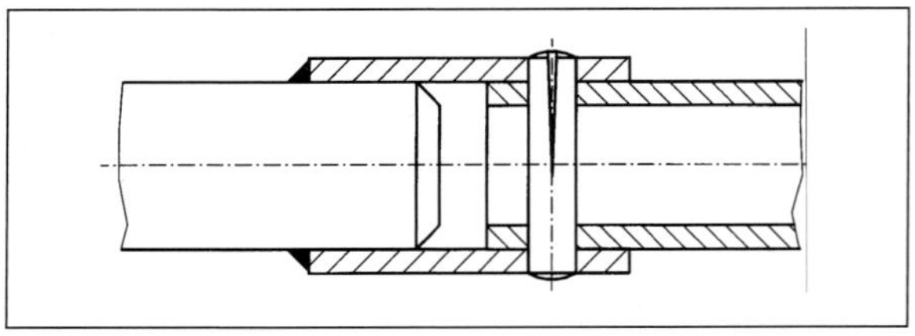

Die Schraffur ist in verschiedenen Schnitten desselben Bauteils in **gleicher Richtung und gleichem Abstand** darzustellen.

Verdeckte Kanten werden in Schnittzeichnungen **nicht gezeichnet** (z. B. Senkbohrungen in der Seitenansicht).

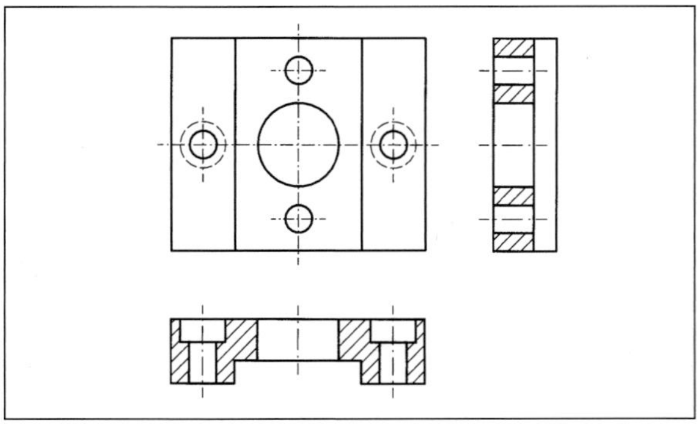

6.3 Werkstücke in einer Ansicht

Bei **symmetrischen** Werkstücken reicht oft nur **eine Schnittdarstellung** aus, um ihre Form eindeutig zu beschreiben. Die Schnittebene liegt dann auf einer Symmetrieachse. Mit Hilfe der **Durchmesser- und Quadratzeichen** wird angegeben, ob die entsprechenden Flächen gekrümmt oder eben sind.
Drehteile mit Innenkonturen werden im Schnitt dargestellt. **Eine** Schnittdarstellung reicht aus, um die Maße für die äußere und innere Kontur an sichtbaren Kanten einzutragen.

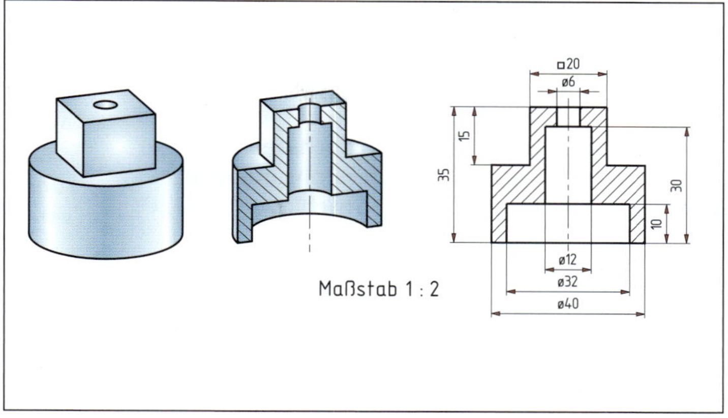

Bei **Profilen** wird die Profilform als Schnitt in die Ansicht eingezeichnet und schraffiert. Dünne Profilformen werden geschwärzt.

Das Einzeichnen der Profilform in die Ansicht erspart in Stahl- und Metallbauzeichnungen sehr oft die Seitenansicht. Da sich die sog. I-Profile sehr ähnlich sind, wird die genaue Bezeichnung des Profils unter den eingezeichneten Schnitt geschrieben, z. B. IPE-Profil, oder HE-M Profil. Die Größe kann ergänzt werden, soweit das zum Verständnis der Zeichnung notwendig ist.

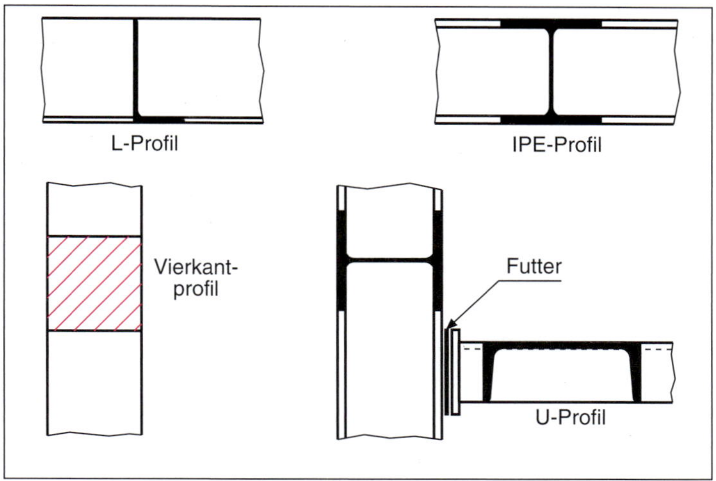

6.3.1 Aufgaben zu 6.3

1. Zeichnen Sie die dargestellten Drehteile im Schnitt mit der erforderlichen Bemaßung. Die Drehteile sind 70 mm lang und ihr größter Durchmesser bzw. die Kantenlänge des größten Vierkants beträgt 60 mm. Alle anderen Maße können frei gewählt werden. Die gerundeten Kanten (Lichtkanten) sind als dünne Volllinien dargestellt. Sie enden vor den Körperkanten.

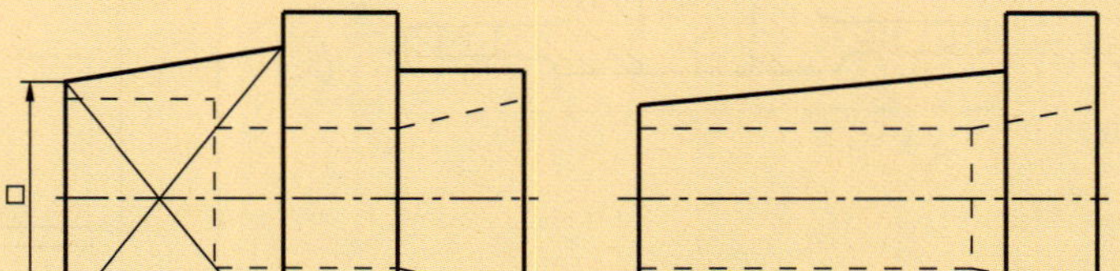

2. Zeichnen Sie den Lagerblock im montierten Zustand (einschließlich Sechskantschraube ⇒ aus Tabellenbuch auswählen) im Schnitt.

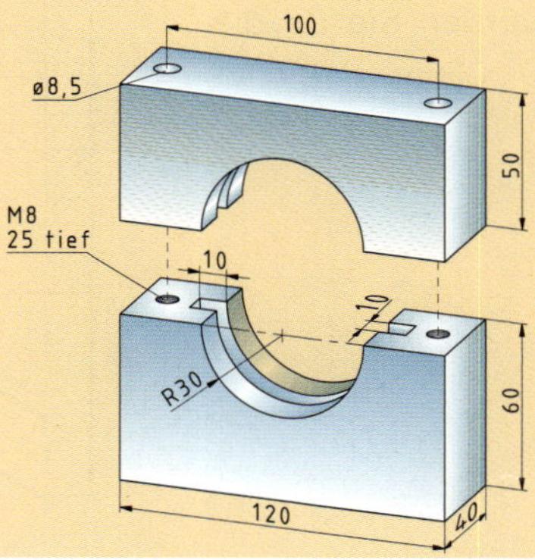

6.4 Ergänzende Angaben

Durch **ergänzende Angaben** können Bauteile eindeutig in nur **einer Ansicht** dargestellt werden.
Die **Seitenansichten** (Bild a) sind **nicht** erforderlich, wenn stattdessen **eingeklappte Lochkreise** (Bild b) gezeichnet werden. Die **Lage der Bohrungen** ist auf den Lochkreisen durch **dünne Strichlinien** angegeben. Die **Lochkreise** sind als **dünne Strich-Punkt-Linien** auszuführen.
In den Seitenansichten von links und rechts ist die Lage der Durchgangsbohrungen zu erkennen. Auch die Bohrungen des rechten Flansches werden in die Schnittebene geklappt, damit die Bohrungsformen erkennbar sind und im Schnitt keine Verzerrungen auftreten.

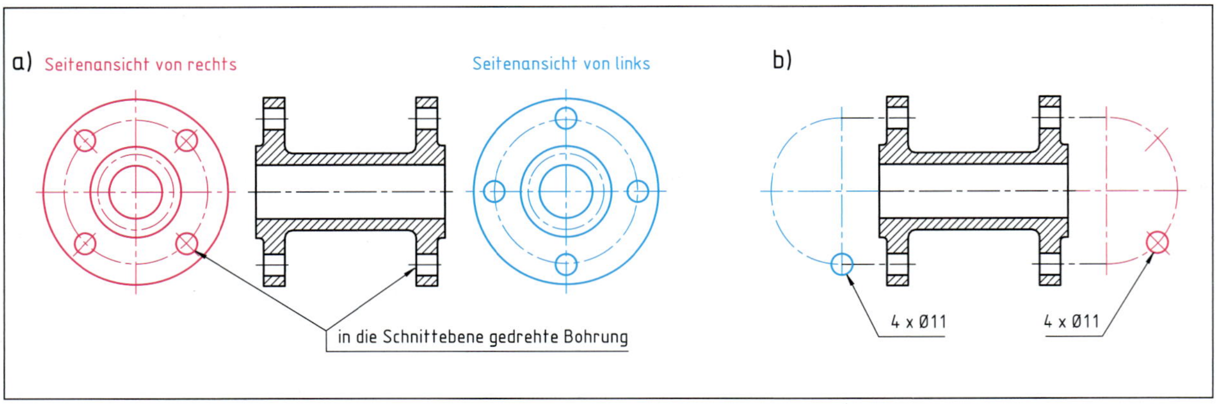

Statt die Form des Flansches als weitere Ansicht zu zeichnen, kann sie in die **Schnittebene geklappt** werden.
Die Flanschform wird als dünne Strich-Punkt-Linie gezeichnet.

Um eine Ansicht der linken Darstellung a) einzusparen, werden die Querschnitte der verwendeten Profile in **eine Ansicht** eingezeichnet (rechte Darstellung b)).
Das Profil (Profilschnitt) wird mit dünnen Volllinien gezeichnet und mit einer Schraffur versehen.

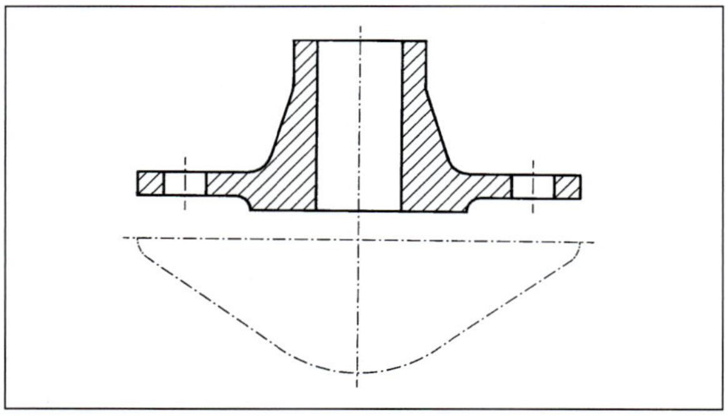

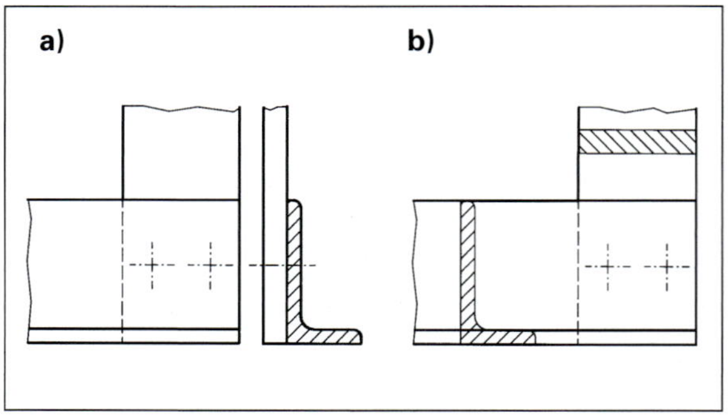

Aufgabe
Aus welchen Profilen besteht die Wandkonsole und welche Abmessungen würden Sie für die Stahlprofile wählen?

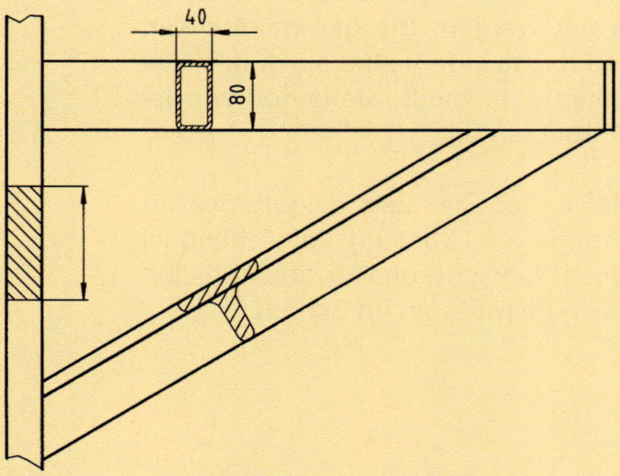

K

7 Gewindedarstellung und Senkungen

7.1 Außen- und Innengewinde

Dargestellt ist die Befestigung eines Handrades (Einzelheit X) auf der Spindel eines Freistromventils mithilfe einer Schlitzschraube.

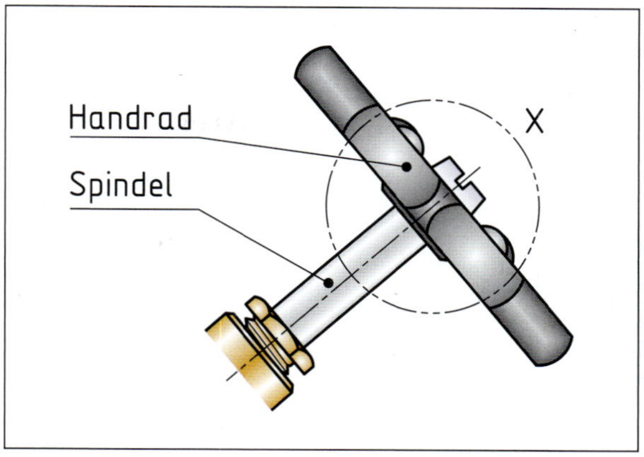

In der linken Abbildung sind sowohl beim Innen- wie beim Außengewinde die Gewindespitzen gezeichnet. In der rechten werden die Gewinde im Schnitt und in der Ansicht **symbolisch nach Norm** dargestellt.

- Beim Außen- bzw. Bolzengewinde in der Ansicht wird die äußere Kontur des Gewindebolzens als breite Volllinie gezeichnet. Der Außendurchmesser entspricht dem Nenndurchmesser des Gewindes (z. B. Außendurchmesser).
- Der Kerndurchmesser des Gewindes wird durch schmale Volllinien symbolisiert, deren Abstand z. B. beim Gewinde M12 laut Tabellenbuch 9,853 mm beträgt.
- Beim Außengewinde in der Draufsicht wird der Kerndurchmesser durch einen ¾-Kreis[1] mit schmaler Volllinie dargestellt.
- Beim Innen- bzw. Muttergewinde im Schnitt wird der Kerndurchmesser des Gewindes mit breiter Volllinie gezeichnet, während der Nenndurchmesser mit schmaler Volllinie symbolisiert wird.
- Beim Muttergewinde in Draufsicht wird der Kerndurchmesser als Vollkreis mit breiter Volllinie und der Nenndurchmesser als ¾-Kreis mit schmaler Volllinie dargestellt.

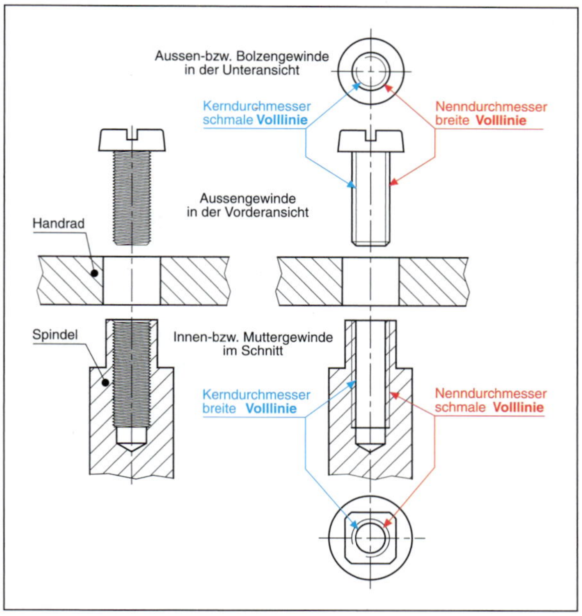

In einfachen Werkstattskizzen werden Gewinde grundsätzlich nicht dargestellt, sondern nur durch einen Hinweis in Textform angegeben. Dabei hat sich der Entwerfer/Konstrukteur auf gängige Gewindegrößen zu beschränken.

Innengewinde werden mit Mutterngewindebohrer oder einem Gewindebohrersatz gefertigt, Außengewinde mit Schneideisen. Das sind sehr teuere Werkzeuge, aus Kostengründen beschränkt sich der handwerkliche Metallbetrieb deshalb auf wenige Gewindegrößen, z. B. M6, M8, M10, M16.

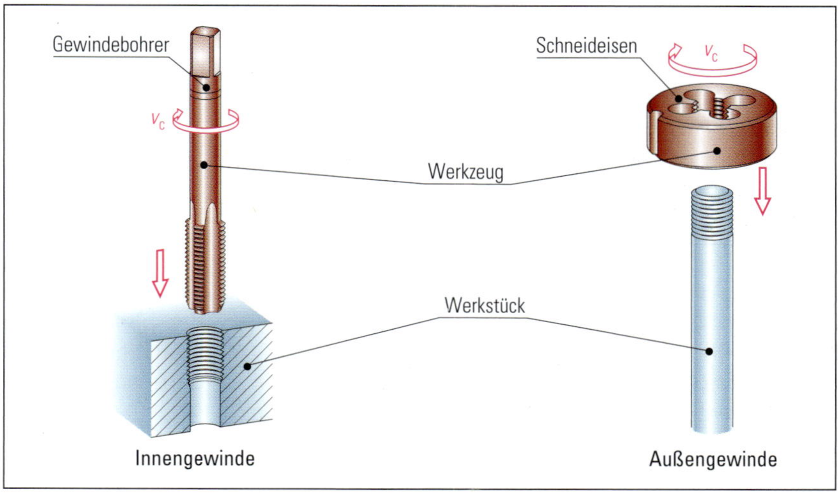

[1] vgl. DIN ISO 6410, Ausgabe Dezember 1993

Zeichnen von Gewinden im Vergleich zur Gewindeherstellung

Das Gewinde wird in der gleichen Reihenfolge gezeichnet, in der es gefertigt wird.

Außengewinde

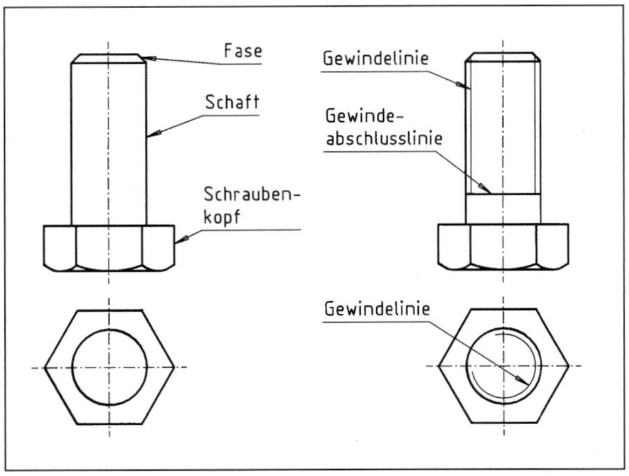

Zuerst wird die **äußere Form** des Schraubenrohlings (Kopf, Schaft und Fase) mit breiten **Volllinien** in Vorderansicht und Draufsicht gezeichnet.

Mit der **Gewindeabschlusslinie**, die als **breite Volllinie** zu zeichnen ist, wird die nutzbare Gewindelänge bestimmt. Die **Gewindelinien** sind als **schmale Volllinen** darzustellen. In der Draufsicht wird die Gewindelinie als **¾-Kreis** gezeichnet.

Innengewinde

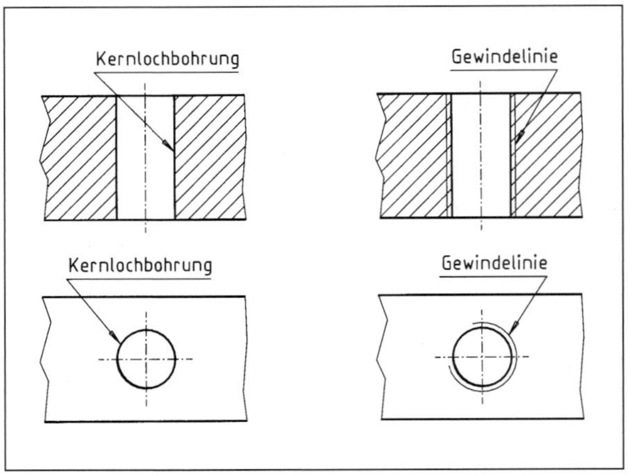

Zunächst wird die **Kernlochbohrung** im Schnitt bzw. in der Draufsicht mit breiten **Volllinien** gezeichnet.
In der Schnittdarstellung sind die Schraffurlinien bis an die Kernlochwandung zu ziehen.

Sowohl in der Schnittdarstellung als auch in der Draufsicht werden die **Gewindelinien** als **dünne Volllinien** gezeichnet. Die Gewindelinie in der Draufsicht ist als **¾-Kreis** darzustellen.

Gewindegrundloch

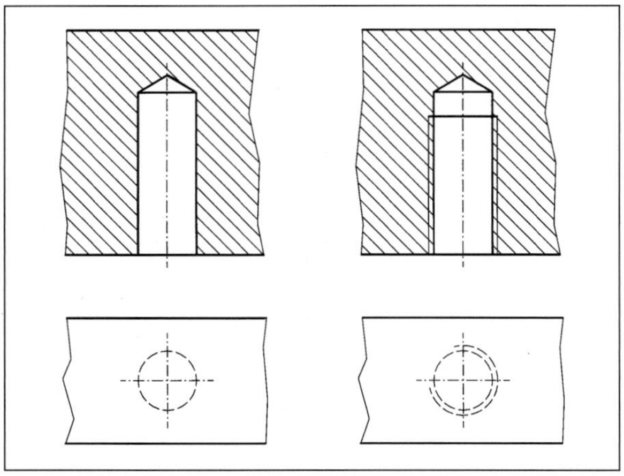

Zeichnen des Grundloches im Schnitt als breite Volllinie und in der Draufsicht als verdeckte Kante. Anbringen der Schraffur im Schnitt.

Im Schnitt ist die Gewindeabschlusslinie als breite Volllinie und die Gewindelinien als schmale Volllinien zu zeichnen. Das Gewinde ist in der Draufsicht als verdeckter ¾-Kreis darzustellen.

Verdeckte Gewinde

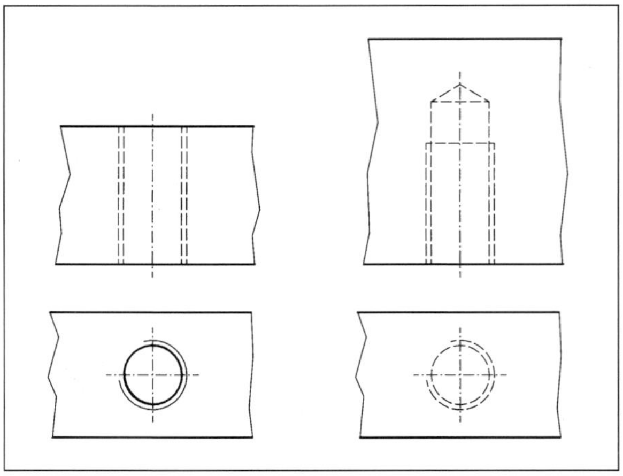

Die Darstellung verdeckter Gewinde erfolgt nach den gleichen Regeln wie oben, jedoch mit dem Unterschied, dass alle Linien als schmale Strichlinien dargestellt werden.

Rohrgewinde
Das Rohr wird zunächst im Schnitt gezeichnet.
- Die Gewindeabschlusslinie wird im Schnitt beim **Außengewinde** als **schmale Strichlinie** und beim **Innengewinde** als **breite Volllinie** dargestellt.
- Abschließend sind die Gewindelinien als schmale Volllinien einzutragen.

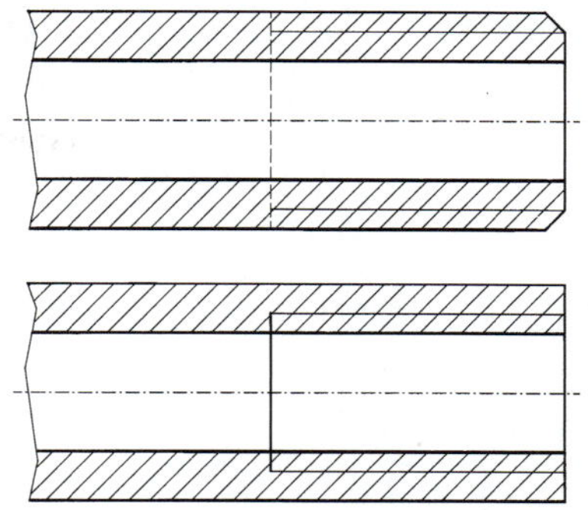

K

7.2 Bemaßung von Gewinden

- Es **muss** immer das **Kurzzeichen des Gewindes** und sein **Nenndurchmesser** angegeben werden (z. B. **M20** für metrisches Gewinde mit 20 mm Nenndurchmesser oder **R2** für Rohrgewinde mit 2 Zoll Nenndurchmesser).
- Außerdem **kann** z.B. die **Steigung** angegeben werden (z. B. **M10x1** für metrisches Gewinde mit 10 mm Nenndurchmesser und 1 mm Steigung).
- Bei **Linksgewinden** wird die Gangrichtung angegeben (z. B. **M16-LH**, wobei LH für left hand, d. h. Linksgewinde steht).
- Die **Längen** oder **Tiefen des Gewindes** werden in den Ansichten bemaßt, in denen sie zu sehen sind.
- Beim **Gewindegrundloch** ist noch die **Tiefe des Gewindekernloches** anzugeben.
- Die **Mindestlänge des Gewindeauslaufs**, das ist die Differenz zwischen der Gewindekernlochtiefe und der nutzbaren Gewindelänge, kann **Tabellen** (DIN 76) entnommen werden.

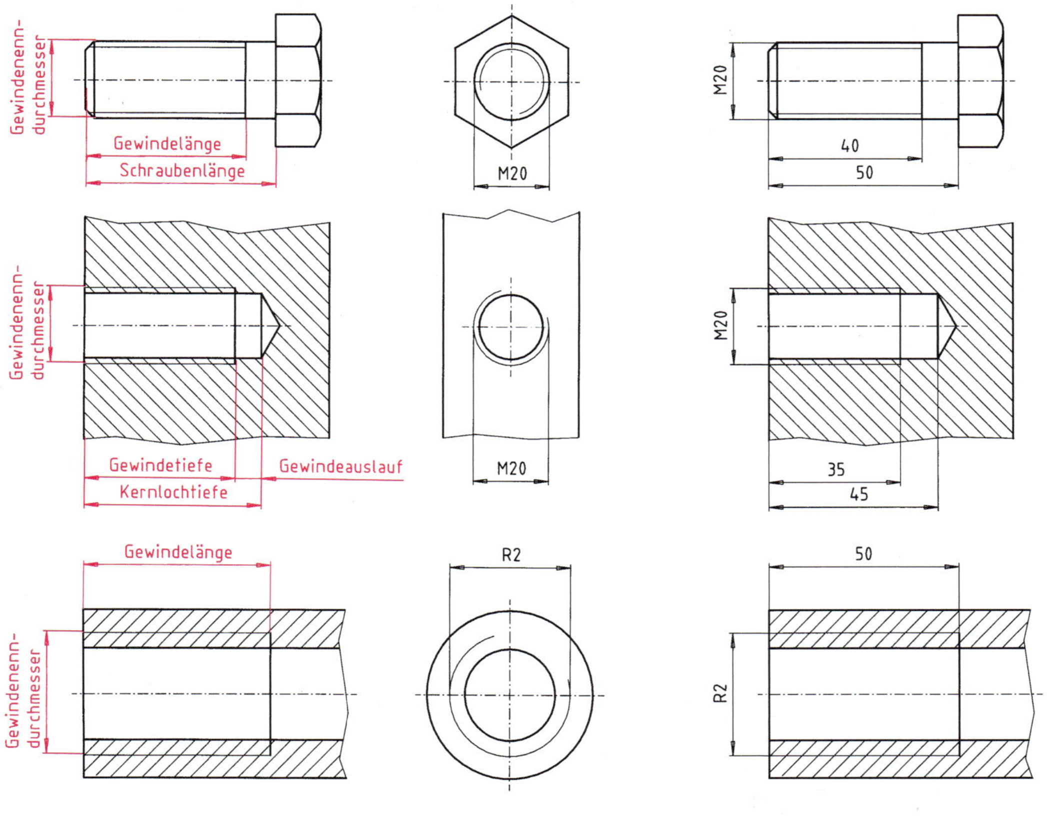

K

Aufgabe
Darstellung A oder B ist jeweils falsch, die andere richtig. Wählen Sie die richtige Darstellung aus und beschreiben Sie den Fehler.

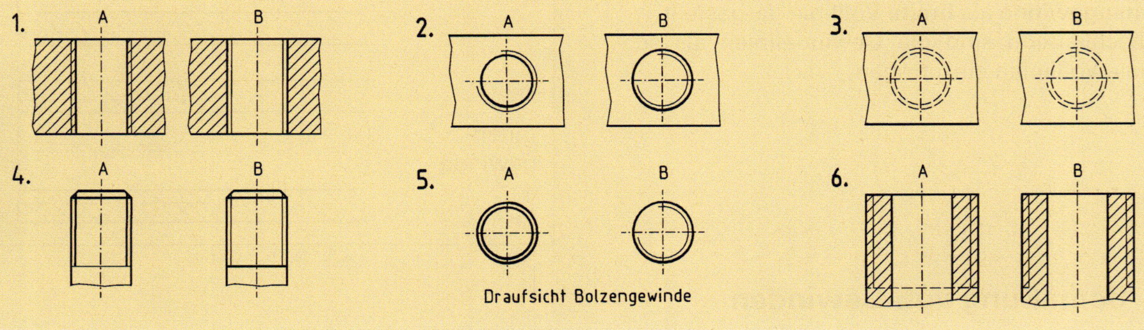

7.3 Verschraubungen und Senkungen

Im nebenstehenden Bild ist die Verschraubung des Handrades für ein Freistromventil dargestellt.

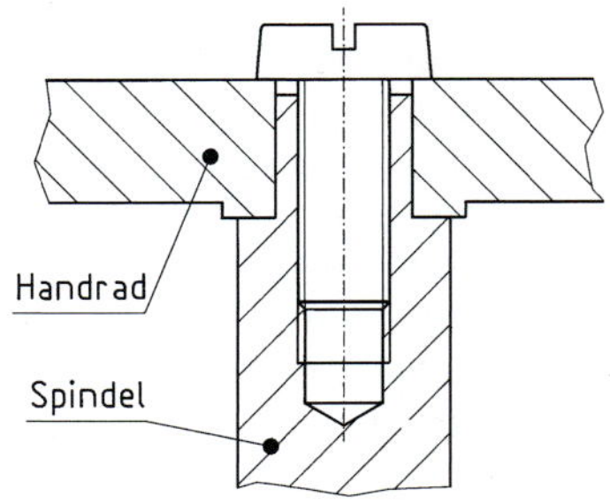

Aufgaben
1. Wie viele Teile sind im Schnitt gezeichnet?
2. Durch welche Maßnahmen wird erreicht, dass das Handrad in axialer Richtung fest auf der Spindel sitzt?

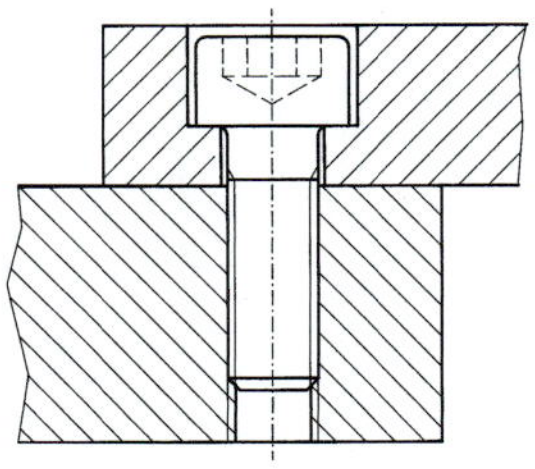

- Die **Schrauben** werden als Normteile **nicht geschnitten**.
- Die **Schraffur** reicht bis an den Außendurchmesser der Schraube bzw. beim Muttergewinde bis an den Kernlochdurchmesser.

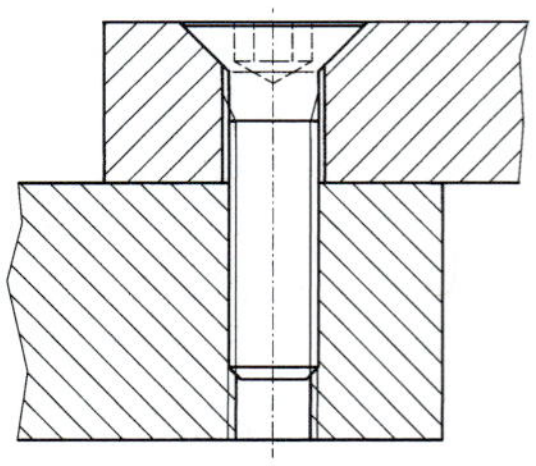

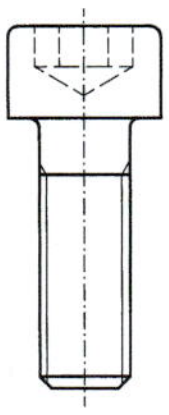

- Bei Zylinderschrauben und Senkkopfschrauben mit Innensechskant kann das Innensechskant mithilfe verdeckter Kanten symbolisiert werden.

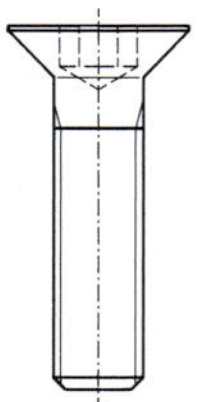

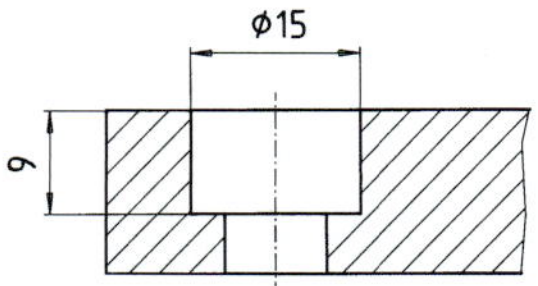

- Senkungen und Durchgangsbohrungen müssen in ihrer Form und Größe auf die jeweils eingesetzte Schraube abgestimmt sein. Die Abmessungen sind Tabellenbüchern zu entnehmen.
- Zylindrische Senkungen werden durch die Angabe von Durchmesser und Senktiefe bemaßt.
- Bei kegeligen Senkungen sind der Winkel und die Tiefe der Senkung anzugeben.

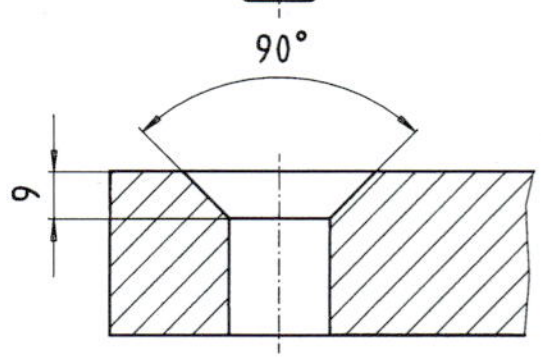

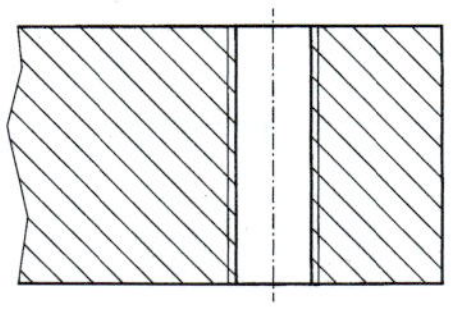

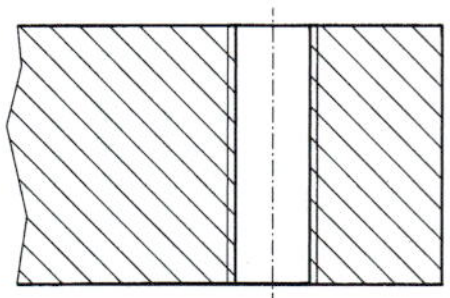

K

7.3.1 Aufgaben zu 7.3

1. Darstellung A oder B ist jeweils falsch, die andere richtig. Wählen Sie die richtige Darstellung aus und beschreiben Sie den Fehler.

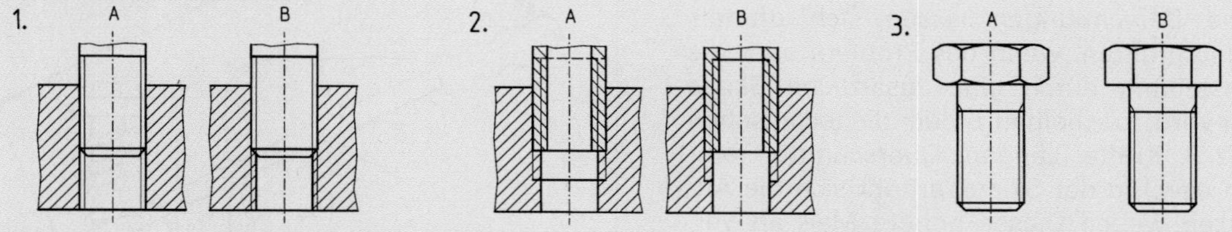

2. Mit dem Rohrverbinder können z. B. Rohre, die sich unter 90° kreuzen, kraftschlüssig miteinander verbunden werden. Dazu sind die Zylinderschrauben so fest anzuziehen, dass sich die Rohre in den Bohrungen verklemmen.
Zeichnen Sie die Vorderansicht A im Schnitt, die Draufsicht B und die Seitenansicht C mit allen verdeckten Kanten und bemaßen Sie den Rohrverbinder.

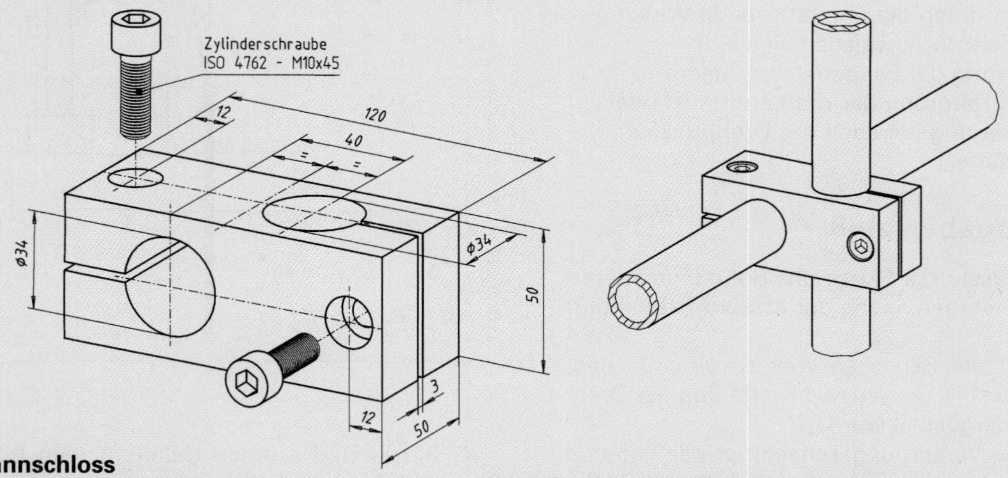

3. Spannschloss
Die dargestellten Einzelteile ergeben im zusammengebauten Zustand ein Spannschloss, das zum Spannen eines Seiles genutzt wird. Das Spannschloss wird wie folgt montiert:

- Jeweils richtige Sechskantmutter auf Augenschraube schrauben (Vorsicht, Links- bzw. Rechtsgewinde).
- Augenschrauben in Spannmutter einschrauben.
- Mit den Sechskantmuttern Augenschrauben gegen Spannmutter verspannen (kontern).

Fertigen Sie eine Gesamtzeichnung des Spannschlosses im Schnitt an, bei der die Augenschrauben 30 mm tief in die Spannmutter eingeschraubt sind.

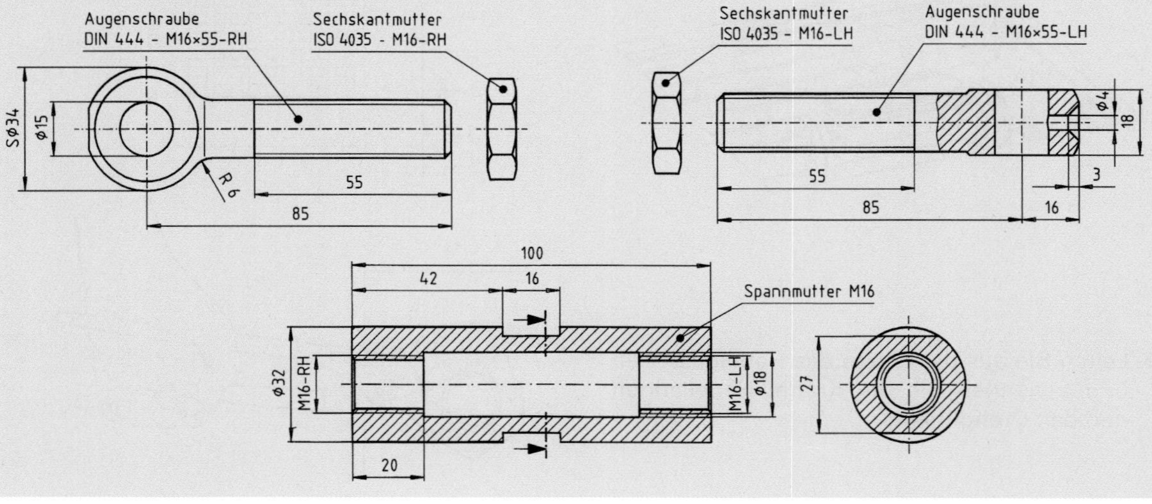

K

8 Darstellungen und Berechnungen

Technische Berechnungen lassen sich oftmals leichter durchführen, wenn das Problem oder die Aufgabenstellung durch eine zusätzliche Skizze deutlicher wird. Erscheinen zudem die technischen Größen (z. B. Kräfte, Längen, Querschnitte, Temperaturen usw.) in der Skizze, erhöht sich die Anschaulichkeit weiter. Dieses höhere Maß an Verständlichkeit durch eine Skizze soll am Beispiel des Hebelgesetzes verdeutlicht werden.
Die Skizze eines Bohrständers zeigt die Zuordnung von Last- und Kraftarm, die Wirkungslinien und die Richtungen der Kräfte.
Zugleich ist durch die unterstützende Wirkung der Skizze z. B. deutlich, welche Folge eine
- Veränderung der Längen der Hebelarme,
- eine Vergrößerung der Kraft am Hebel oder
- eine Änderung der Lage des Drehpunktes

zur Folge hätte.

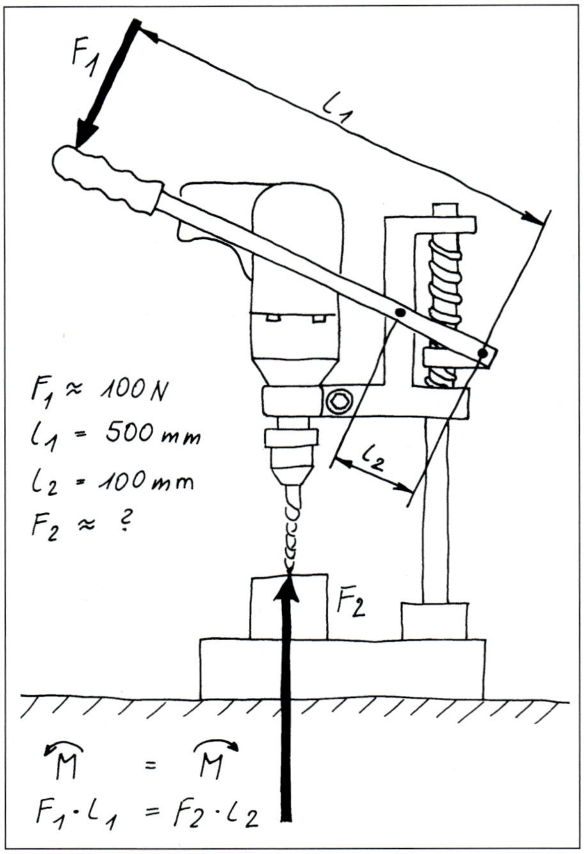

8.1 Aufgaben zu 8

1. Wie müsste die Skizze des Bohrständers verändert werden, wenn der Kraftarm verlängert wird?
2. Wie ist die Skizze so weit zu vereinfachen, dass nur die Längen, die Kräfte und der Drehpunkt dargestellt werden?
3. Für den Versorgungsschacht ist der Rahmen für die Abdeckung zu fertigen. Erstellen Sie eine Skizze für den Rahmen (Winkelstahl L-Profil 50 x 40 x 5).

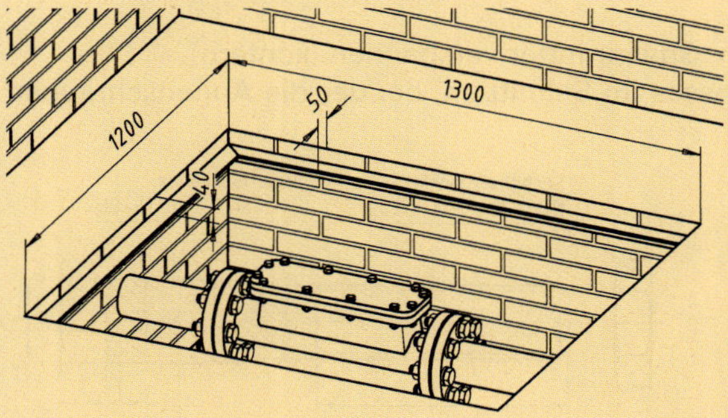

4. Skizzieren Sie einen Halter für den Blumenkasten.
Zu verwenden ist Flachstahl 50 × 6.

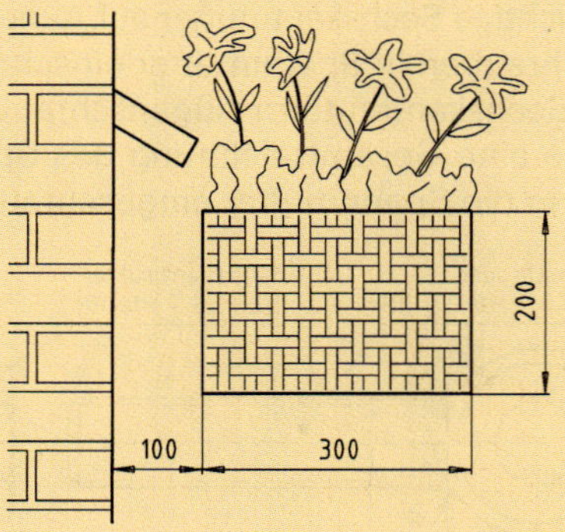

5. Leiten Sie aus der Skizze das Hebelgesetz ab und benennen Sie die Kräfte, Hebellängen und den Drehpunkt.

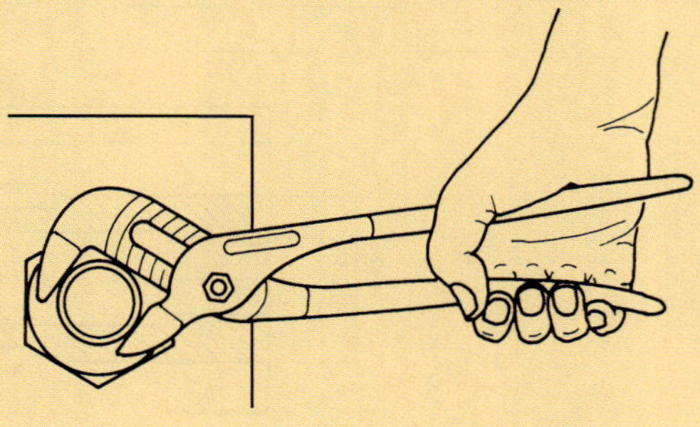

9 Grafische Darstellungen

9.1 Diagramme

In der Technik, in den Naturwissenschaften und in der Wirtschaft haben grafische Darstellungen eine große Bedeutung. Sie sind eine Grundlage der Technischen Kommunikation.

Grafische Darstellungen ermöglichen einen schnellen Überblick über einen Sachzusammenhang. Sie lassen Größenvergleiche zu, zeigen Veränderungen oder Entwicklungen auf und sind als Abbildung oft einprägsamer als Texte und Zahlenreihen. Dies soll am Beispiel der Gegenüberstellung der Schmelzpunkte einiger Metalle gezeigt werden.
Die absoluten Zahlen der Schmelzpunkte erscheinen eher unverständlich. Sie müssen gelernt werden. Die grafische Darstellungsform erleichtert das Erfassen der Größenverhältnisse.

Aluminium	660 °C
Blei	327 °C
Chrom	1900 °C
Eisen	1535 °C
Kupfer	1083 °C
Platin	1796 °C
Titan	3535 °C

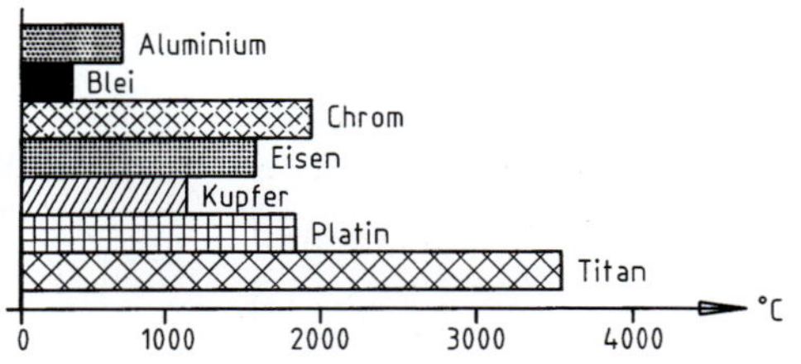

Bild 1 Schmelztemperaturen von Metallen

Das Diagramm (Bild 1) stellt in **Säulen** dar, wie groß die tägliche Sonneneinstrahlung im Verlauf eines Jahres ist. Die Säulen für die einzelnen Monate zeigen dem Betreiber einer Solaranlage z.B., wann und welche Energiemenge aus anderen Energiequellen bereitzustellen ist. Für die unterschiedlichen Regionen in Deutschland sind diese Informationen von den Energieversorgungsunternehmen zu erhalten. Sie sind Grundlage für die Entscheidung für den Bau von Solaranlagen.
Das Säulendiagramm kann in der **räumlichen Darstellungsform** noch anschaulicher und übersichtlicher weitergehende Zusammenhänge erfassen. Im Bild 2 wird der Zeitaufwand in Stunden pro Kraftfahrzeug für die Endmontage im Vergleich Europa, USA und Japan aufgezeigt.
Oft lassen sich in den Darstellungen die Angaben **prozentual** auf die Gesamtmenge 100% beziehen. In Bild 1 Seite 68, ist der Anteil der Wärmeverluste einer Umwälzpumpe ohne und mit Wärmedämmschalen dargestellt. Die Anteile entsprechen der Fläche der Kreissektoren: ohne – mit Wärmedämmschalen:
A Hydraulische Leistung: 31.6% – 31.6% (kein Einfluss)
B an Medium abgegebene Wärme 46% – 65,4% Steigerung um nahezu 50%
C an Umgebung verlorene Wärme 22,4% – 3% Rückgang auf nahezu 0.

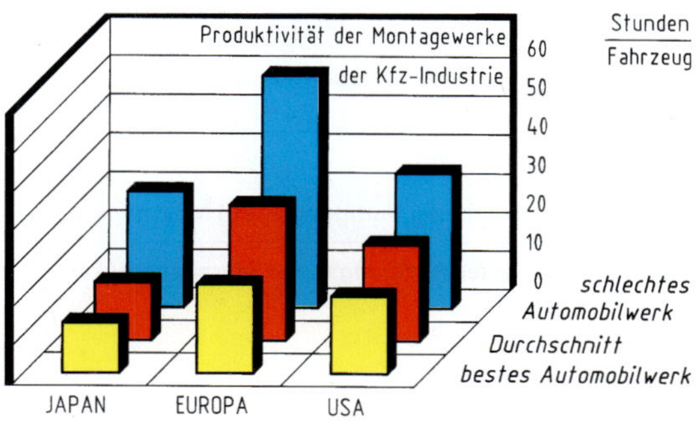

Zahlen absolut

Japan	Europa	USA
25,9	55,7	30,7
16,8	35,5	24,9
13,2	22,8	18,6

Bild 2 Produktivitätsvergleich

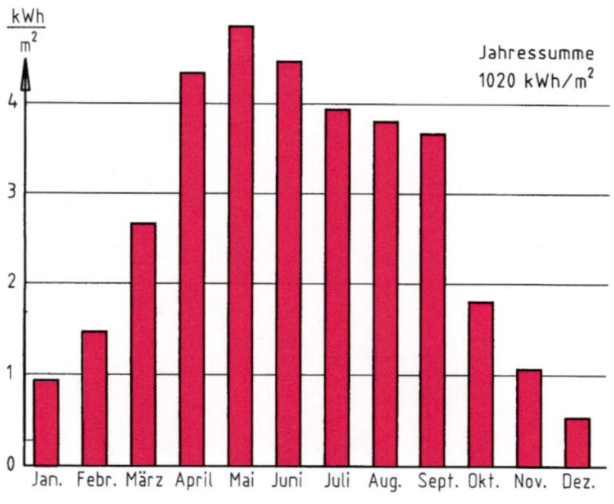

Bild 3 Durchschnittswerte der täglichen Sonneneinstrahlung in Hamburg

So zeigt die Darstellung der Wärmeverluste durch ein **Kreisflächendiagramm** sehr anschaulich die Verringerung der Verluste.
Die Energiebilanz des Elektromotors der Heizungs-Umwälzpumpe Energiebilanz zeigt ein **Sankey-Diagramm** (Bild 2). In dieser Art wird z. B. überwiegend die Energiebilanz von Motoren, Turbinen, Heizungen usw. erfasst.
Auch lassen sich in Diagrammen Funktionen/Prozesse (Bild 3) oder technische Entwicklungen in bestimmten Zeiträumen (Bild 4) veranschaulichen.

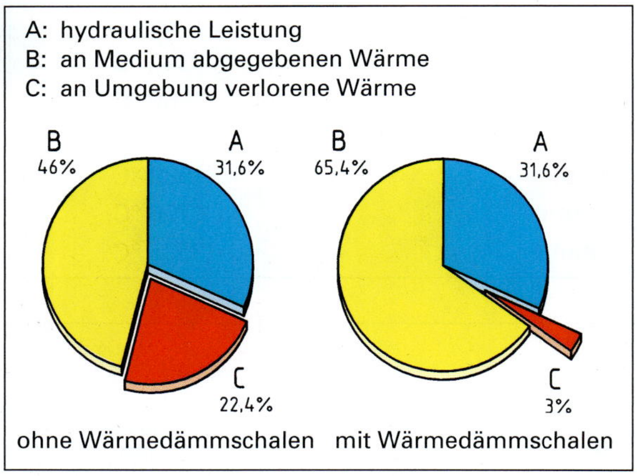

Bild 1 Wärmeverluste

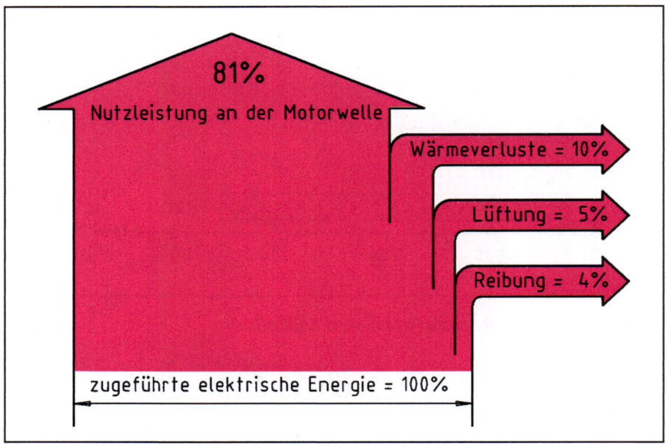

Bild 2 Energiebilanz

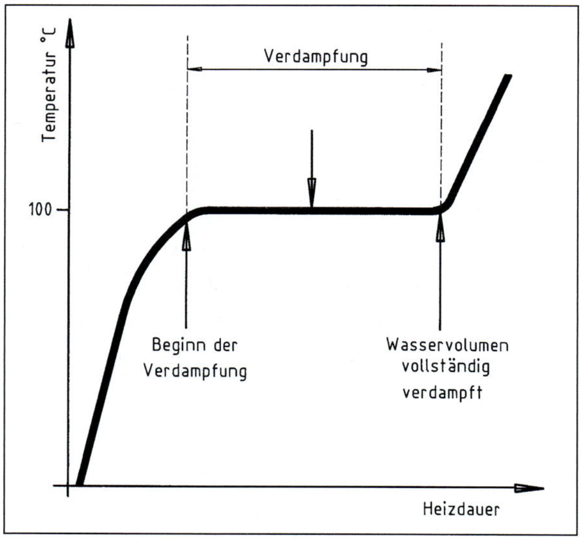

Bild 3 Temperaturverlauf beim Aufheizen von Wasser

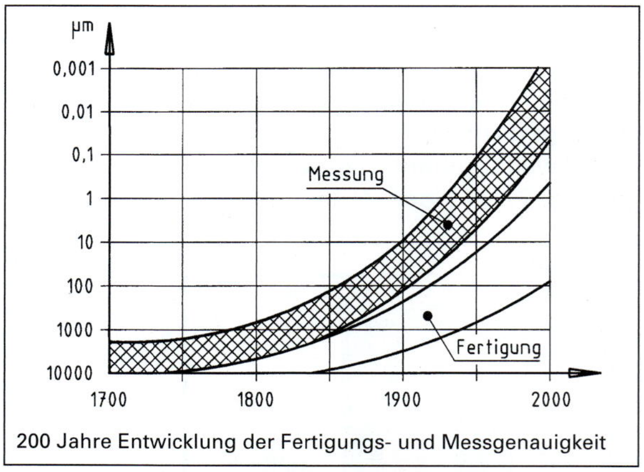

Bild 4 Entwicklung der Fertigungs- und Messgenauigkeit

Die Übersicht in Bild 1 zeigt eine weitere Auswahl von Diagrammen. Wichtig ist:

Größen und **Größenpaare ohne Zahlenangabe** zeigen im Liniendiagramm einen grundsätzlichen Verlauf auf, den sogenannten **qualitativen Zusammenhang**.

Zahlen oder **Zahlenpaare** lassen eine eindeutige Bestimmung eines Kurvenpunktes im Liniendiagramm zu, sie zeigen den sogenannten **quantitativen Zusammenhang**.

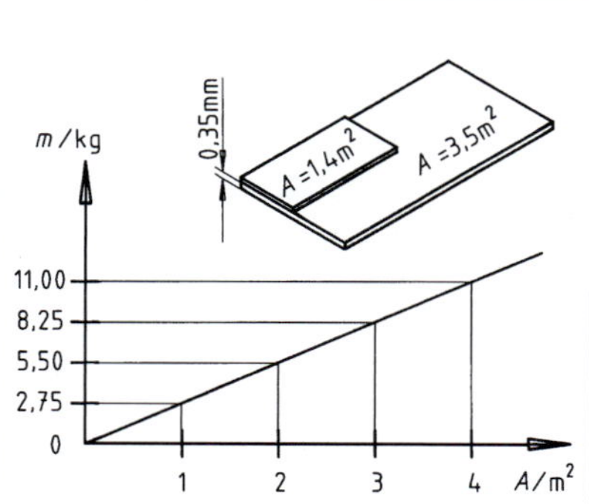

Die Masse des Feinbleches (Kennzeichnung 1.0333-03-g, Blechdicke 0,35 mm) lässt sich in Abhängigkeit von der Fläche erfassen. Da die Größen Masse und Fläche **verhältnisgleich** steigen, heißt dieser Zusammenhang **direkte Proportionalität**.

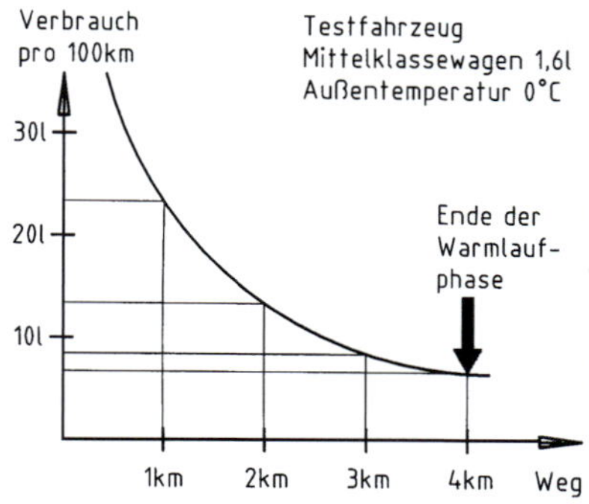

Der Kraftstoffverbrauch eines Kraftfahrzeuges nimmt nach dem Kaltstart mit zunehmender Wegstrecke ab. Dieser Zusammenhang heißt **umgekehrte Proportionalität**, weil eine Größe in Abhängigkeit zur zunehmenden zweiten abnimmt.

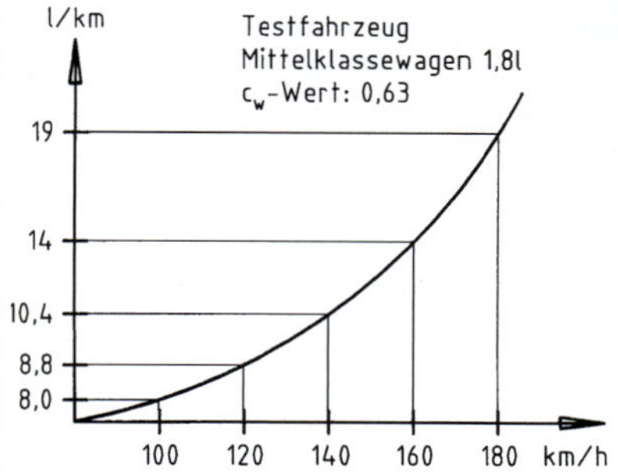

Der Kraftstoffverbrauch eines Kraftfahrzeuges nimmt umso stärker zu, je größer die Geschwindigkeit wird. Dieser Zusammenhang heißt **Überproportionalität**.

Bild 1 Proportionen

9.1.1 Aufgaben zu 9.1

1. In der Technik sind Computer zum Konstruieren, zum Zeichnen und Berechnen eingesetzt. In Deutschland werden 46 % in der Mechanik, 31 % in der Elektrotechnik, 9 % in der Architektur und 2 % in der Landvermessung genutzt. Der Rest teilt sich auf sonstige Anwendungsgebiete auf. Erstellen Sie ein Kreisflächendiagramm.
2. Erstellen Sie ein Liniendiagramm, in dem für Rundstahl die Abhängigkeit des Durchmessers von der Kreisfläche dargestellt wird. Berechnen Sie für die Durchmesser 2, 4, 6, 8, 10 und 12 mm die Kreisfläche und entwickeln Sie daraus das Liniendiagramm. Welche Aussage können Sie aus dem Diagramm ableiten?
3. Analysieren Sie das Diagramm: Primärenergieverbrauch in Deutschland 2004. Welche Vorteile bietet hier die Zusammenfassung von zwei Diagrammformen?

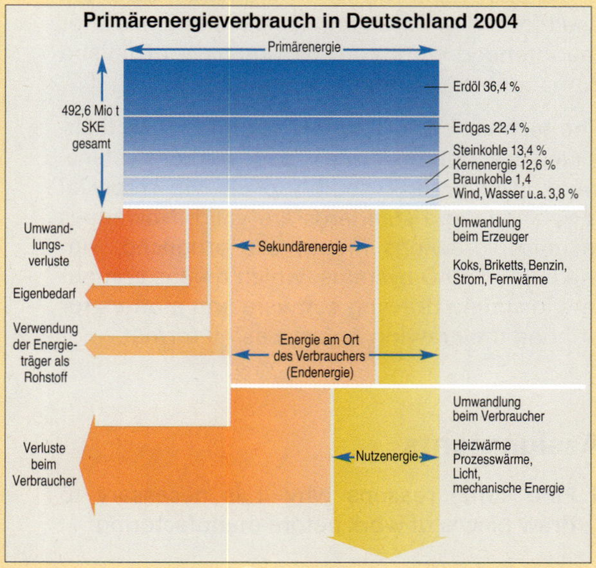

K

10 Englisch im Metallbaubetrieb

10.1 Technische Kommunikation

Translate into german, please.

Technical Communication

Pieces of work and constructions can be shown in photos, descriptions, exploded views, freehand sketches or standardized technical drawings. You always choose the most suitable form of representation. Metal craftsmenship not only has to be able to understand engineering drawings but also has to be capable of producing simple ones itself. For that you have to know the standards for the kind of notation, for the thickness of lines, for the dimensional entry and for the scales.

All work pieces consist of simple geometric bodies such as cylinder, cuboid, cone or pyramid and get their final form through the processing. On constructions you also use standard parts such as screws, pins, balls an parallel roller bearings and gaskets. These finished parts are marked in drawings by standardized symbols for the joining, e. g. for the welding, screwing and riveting. Many customers don`t know what they are supposed to do with the technical drawing of a certain construction, because they don`t know the standards and notations. Therefore especially for metal work perspective views are produced for them. They show a construction similar to that seen in reality. The inner part of subassembles is depicted by sectioning. A bill of materials tells you which individual parts are used for the construction. It serves as a basis for the intended work and the purchase of finishd components and profils.

The technical drawings are completed by technical descriptions, e. g. development plans, welding plans or assembly plans. Here special regulations and standards are valid. Nowadays technical drawings mostly are produced with the help of CAD-systems, which means computers including drawing software and plotters for printing the drawing as large as A0 format.

Vokabelliste

assembly plan	Montageplan
bill of materials (BOM)	Stückliste
to be capable of	fähig sein zu
to choose	wählen
cone	Kegel
construction	Konstruktion
cuboid	Quader
cylinder	Zylinder
to depict	darstellen
description	Beschreibung
development plan	Ablaufplan
dimensional entry	Maßeintragung
exploded views	Explosionszeichnung
final form	Endform
finished components	Fertigteile
finished part	Fertigteil
freehand sketch	Freihandzeichnung
gasket	Dichtung
geometric body	geometrischer Körper
to join	verbinden, fügen
joining	Verbindung
notation	Darstellung
parallel roller bearing	Kugellager
perspective view	perspektivische Darstellung
pieces of work	Werkstücke
pin	Stift
processing	Bearbeitung
profil	Profil
purchase	Einkauf
pyramid	Pyramide
regulation	Regel
representation	Darstellung
riveting	Vernieten
scale	Maßstab
screw	Schraube
screwing	Verschrauben
section	Schnitt
similar	ähnlich
standard parts	Normteile
standard	Norm
to standardize	normen
subassembles	Bauteile, Baugruppen
technical drawing	technische Zeichnung
welding	Schweißen

Assignments

1. Find some reasons why it is necessary to draw pieces of work before manufactoring.
2. Steel constructions are often very large. Which possibilities of representation do you know?
3. Repeat and sketch the special notations of holes in metal constructions.

Kapitel G: Grundlagen technischer Berechnungen

1 Umformen von Bestimmungsgleichungen

1.1 Beispiele für Bestimmungsgleichungen

Zur Bemessung von Baueinheiten müssen Berechnungen durchgeführt werden. Für immer wiederkehrende Berechnungen werden **Formeln** verwendet, die man z. B. in Tabellenbüchern findet. Diese Formeln werden **Bestimmungsgleichungen** genannt. Eine Bestimmungsgleichung hat zwei Seiten, die durch ein Gleichheitszeichen verbunden sind. Damit Gleichungen im „Gleichgewicht“ bleiben, müssen beide Seiten gleichwertig sein.

Zur Berechnung einer der Größen (Variable) in der Gleichung muss die gesuchte Größe (Variable) auf einer Seite allein stehen. Ist dies nicht gegeben, so muss die Gleichung nach dieser Variablen aufgelöst werden. Die Bestimmungsgleichung wird umgeformt.
Zum Umformen müssen die Rechenregeln für das Addieren, Subtrahieren, Multiplizieren, Dividieren, Potenzieren und Radizieren (Wurzelziehen) beachtet werden.

Beispiel 1:

Gegeben: $A = 400\ \text{mm}^2$; $l = 40\ \text{mm}$
Gesucht: b in mm

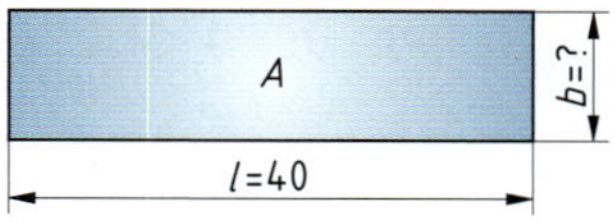

Lösung:

Gleichung (Formel): $A = l \cdot b$

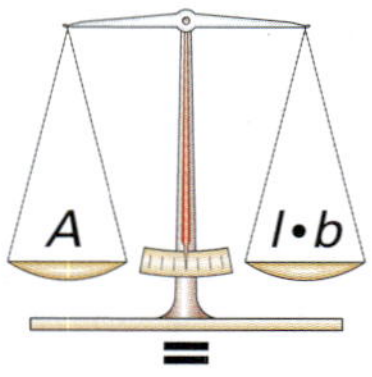

Gleichgewicht

Ziel: Gleichung so umstellen, dass b auf der linken Gleichungsseite alleine steht.
Damit das Gleichgewicht der Waage bzw. der Gleichung erhalten bleibt, müssen alle Veränderungen auf beiden Seiten der Waage bzw. der Gleichung durchgeführt werden.

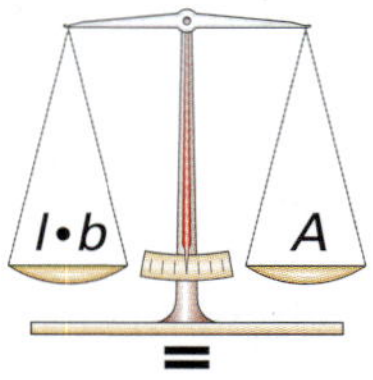

Gleichgewicht

Umformung: Vertauschen der beiden Seiten. Der gesuchte Wert steht auf der linken Seite. Das Gleichgewicht bleibt erhalten.

$$l \cdot b = A \qquad |:l$$

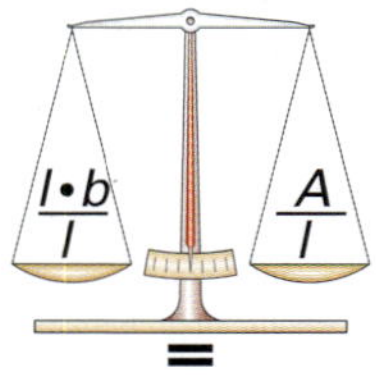

$$\frac{l \cdot b}{l} = \frac{A}{l}$$

$$b = \frac{A}{l} = \frac{400\ \text{mm}^2}{40\ \text{mm}} = 10\ \text{mm}$$

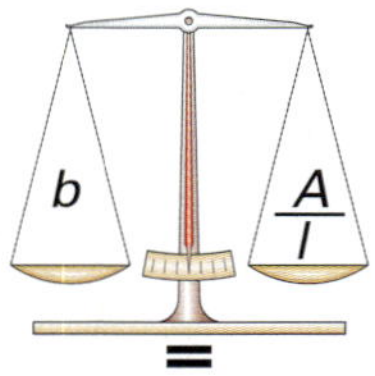

$$\underline{\underline{b = 10\ \text{mm}}}$$

G

Beispiel 2:

Eine Blechdose soll ein Volumen V von 0,5 dm³ (0,5 l) haben und 100 mm hoch sein. Welchen Durchmesser d in mm muss die Dose haben?

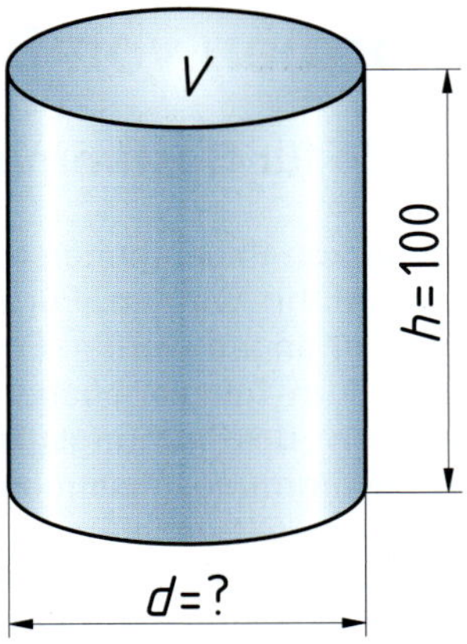

Gegeben: $V = 0{,}5\ \text{dm}^3$, $h = 100\ \text{mm}$

Gesucht: d in mm

Gleichung: $V = \frac{\pi}{4} \cdot h \cdot d^2$

Ziel: Die Gleichung muss nach d umgeformt werden; d soll auf der linken Seite der Gleichung stehen.

Umformung: Vertauschen der beiden Seiten; d ist auf der linken Seite.

$$\frac{\pi}{4} \cdot h \cdot d^2 = V \qquad | \cdot 4$$

$$\frac{\pi}{4} \cdot 4 \cdot h \cdot d^2 = 4 \cdot V \qquad | : \pi$$

$$\frac{\pi}{\pi} \cdot h \cdot d^2 = 4 \cdot \frac{V}{\pi} \qquad | : h$$

$$\frac{h}{h} \cdot d^2 = 4 \cdot \frac{V}{\pi \cdot h} \qquad | \text{Wurzel ziehen; } \frac{\text{h}}{\text{h}} = 1$$

$$d = \sqrt{\frac{4 \cdot V}{\pi \cdot h}}$$

$$d = \sqrt{\frac{4 \cdot 0{,}5\ \text{dm}^3}{\pi \cdot 0{,}1\ \text{dm}}}$$

$$\underline{\underline{d = 0{,}79\ \text{dm} \approx 80\ \text{mm}}}$$

1.1.1 Aufgaben zu 1.1

Stellen Sie die Bestimmungsgleichung nach der rot gekennzeichneten Größe um.

1. $L = l_1 + l_1$
2. $L = l_2 + l_2 + l_3$
3. $F = F_1 - F_2$
4. $F = F_1 - F_2$
5. $A = A_1 - A_2 - A_3 + A_4$
6. $F_G = m \cdot g$
7. $W = P \cdot t$
8. $W = U \cdot I \cdot t$
9. $F_1 \cdot s_1 = F_2 \cdot s_2$
10. $v = \frac{s}{t}$
11. $v = \frac{s}{t}$
12. $n = \frac{v}{d \cdot \pi}$
13. $P = \frac{m \cdot g \cdot s}{t}$
14. $P = \frac{m \cdot g \cdot s}{t}$
15. $l_m = \frac{l_1 + l_2}{2}$
16. $A = \frac{\pi \cdot d^2}{4}$
17. $A = \frac{\pi \cdot d^2}{4}$
18. $\eta = \frac{P_{zu} - P_v}{P_{zu}}$
19. $\frac{1}{R} = \frac{1}{R_1} + \frac{1}{R_2}$
20. $V = \frac{\pi}{4} \cdot \frac{h}{2} \cdot d^2$
21. $l = l_0 + \alpha \cdot l_0 \cdot \Delta\vartheta$
22. $A = \frac{\pi}{4} \cdot \left(D^2 - d^2\right)$
23. $A = \pi \cdot \left(2 \cdot r_2^2 + h^2\right)$
24. $c^2 = a^2 + b^2$
25. $a = \frac{m \cdot z_1 + m \cdot z_2}{2}$

2 Größenwert, Zahlenwert, Einheit

2.1 Beispiele für Größenwerte und Zahlenwerte

Die Brennschneidmaschine wird durch einen Elektromotor angetrieben. Die Geschwindigkeit soll nach Herstellerangabe mit 620 mm/min eingestellt werden. Die Geschwindigkeit ist eine physikalische Größe. Physikalische Größen werden mit Formelzeichen abgekürzt.

Beispiele:

v für Geschwindigkeit, l für Länge, A für Fläche, α, β, γ für Winkel, η für den Wirkungsgrad. In Fachbüchern werden die Formelzeichen kursiv (schräg) geschrieben.

Es gibt physikalische Basisgrößen (SI[1]-Größen) wie z. B. die Länge l in m, die Masse m in kg, die Zeit in s u. a. m. Physikalische Größen können sich wie z. B. die Geschwindigkeit aus mehreren anderen physikalischen Größen zusammensetzen:

$$\text{Geschwindigkeit} = \frac{\text{Weg}}{\text{Zeit}}$$

$$v = \frac{s}{t}$$

$$v = 620\ \frac{\text{mm}}{\text{min}}$$

Eine konkrete Angabe einer physikalischen Größe setzt sich aus dem **Zahlenwert** und der **Einheit** zusammen:

$$v = 620\ \frac{\text{mm}}{\text{min}}$$

phys. Größe = Zahlenwert · Einheit

In technischen Berechnungen rechnet man mit Größengleichungen, weil:

- Größengleichungen unabhängig von der Einheit gelten,
- die Zusammenhänge überschaubar sind und
- die Einheitenkontrolle einfach ist.

Beispiel 1:

Das Rundprofil hat einen Durchmesser d = 60 mm und ist 100 mm lang. Welche Masse hat der Rundstahl?

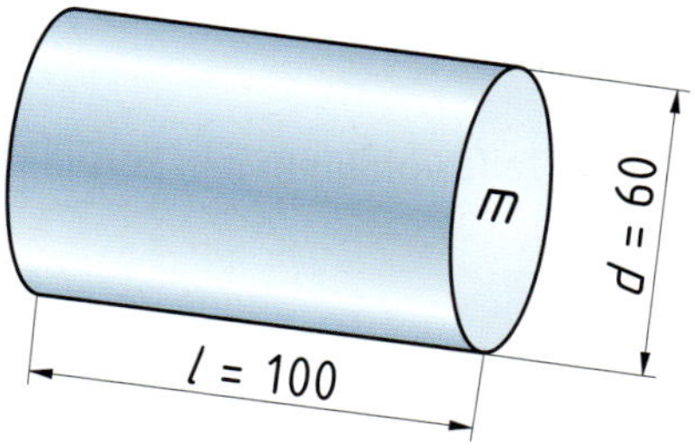

Größengleichung:

$$m = V \cdot \rho$$

$$V = d^2 \cdot \frac{\pi}{4} \cdot l$$

$$V = (6\ \text{cm})^2 \cdot \frac{\pi}{4} \cdot 10\ \text{cm}$$

$$V = 282{,}7\ \text{cm}^3$$

$$m = 282{,}7\ \text{cm}^3 \cdot 7{,}85\ \frac{\text{g}}{\text{cm}^3}$$

$$m \approx 2220\ \text{g}$$

$$\underline{\underline{m \approx 2{,}2\ \text{kg}}}$$

Für genormte Profile lässt sich die Masse m auch mithilfe eines Tabellenbuchs bestimmen. Dort ist die längenbezogene Masse m' in kg/m angegeben.
m [kg] = Masse m' [kg/m] x Länge l [m]

[1] Système International d'Unitès (Internationales Einheitensystem)

Beispiel 2:
Aus der nebenstehenden Bauzeichnung sind die mit l_M und l_R bezeichneten Teillängen zu berechnen. Dabei muss beachtet werden, dass für die einzelnen Zahlenwerte unterschiedliche Einheiten vorliegen.

Maße < 1 m in cm
Maße > 1 m in m

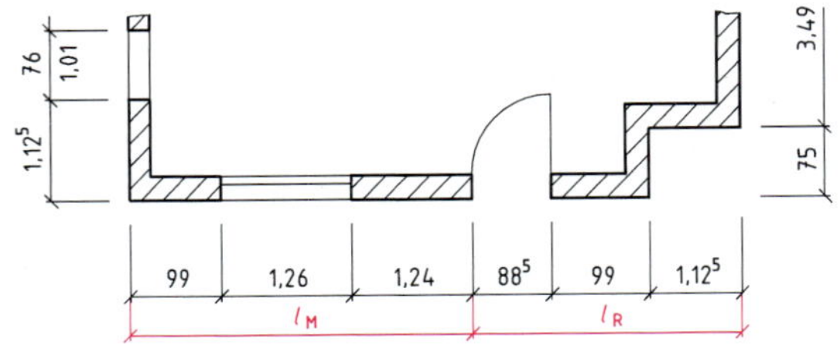

Größengleichung:

$l_M = l_1 + l_2 + l_3$

l_M = 99 cm + 1,26 m + 1,24 m
l_M = 0,99 m + 1,26 m + 1,24 m
l_M = (0,99 + 1,26 + 1,24) m
l_M = 3,49 m

Größengleichung:

$l_R = l_4 + l_5 + l_6$

l_R = 88,5 cm + 99 cm + 1,125 m
l_R = 0,885 m + 0,99 m + 1,125 m
l_R = (0,885 + 0,99 + 1,125) m
l_R = 3 m

2.2 Einheiten

Zur Vergleichbarkeit von physikalischen Größen werden einheitliche Messvorschriften durch das **internationale Einheitensystem** (SI-System) festgelegt. Alle in der Technik und Physik angewendeten Größen lassen sich auf Basisgrößen zurückführen:

Physikalische Größe	Formelzeichen	Einheit	Zeichen	Beschreibung
Länge	*l, d, s* ...	Meter	m	Länge der Strecke, die Licht im Vakuum während der Dauer von 1/299792458 Sekunden durchläuft.
Masse	*m*	Kilogramm	kg	Bis 2019: Masse des internationalen Kilogrammprototyps in Paris. Seit 2019: Ableitung von Fundamentalkonstanten.
Zeit	*t*	Sekunde	s	9 192 631 770faches der Periodendauer der beim Übergang zwischen den beiden Hyperfeinstrukturniveaus des Grundzustandes von Atomen des Nuklids ^{133}Cs entsprechenden Strahlung.
Temperatur	*T*	Kelvin	K	273,16tes Teil der thermodynamischen Temperatur des Tripelpunktes des Wassers.
Elektrische Stromstärke	*I*	Ampere	A	Stärke eines konstanten elektrischen Stromes, der, durch zwei im Vakuum parallel im Abstand 1 m voneinander angeordnete, geradlinige, unendlich lange Leiter von vernachlässigbar kleinem Querschnitt fließend, zwischen diesen Leitern je 1 m Leiterlänge die Kraft $0{,}2 \cdot 10^{-6}$ N hervorrufen würde.

Vielfache oder Teile von Einheiten können durch Vorsätze abgekürzt werden.

Vorsatz	Kurzzeichen	Faktor für die Multiplikation mit der Einheit			Beispiel	
Mega	M	1000000		$= 10^6$	Megawatt	MW
Kilo	k	1000		$= 10^3$	Kilometer	km
Hekto	h	100		$= 10^2$	Hektoliter	hl
Deka	da	10		$= 10^1$	kaum verwendet	
Dezi	d	0,1	= 1/10	$= 10^{-1}$	Dezimeter	dm
Zenti	c	0,01	= 1/100	$= 10^{-2}$	Zentimeter	cm
Milli	m	0,001	= 1/1000	$= 10^{-3}$	Milligramm	mg
Mikro	µ	0,000001	= 1/1000000	$= 10^{-6}$	Mikrometer	µm

Damit Vorsätze und Einheiten nicht falsch verwendet werden, sollten die nachfolgenden Hinweise unbedingt beachten werden:

- Das Vorsatzzeichen und die Einheit werden ohne Zwischenraum geschrieben.
  Vorsatz: m für Milli
  Einheit: m für Meter
  zusammengesetzt: mm für Millimeter
- Es ist jeweils nur ein Vorsatz erlaubt:
  100 mm = 100 · 0,001 m = 0,1 m = 10 cm
- Damit die Werte besser lesbar sind, wird grundsätzlich so auf die nächst kleinere oder größere Einheit umgerechnet, dass die Zahlenwerte zwischen 0,1 und 1000 liegen:
  0,02 m = 2 cm
  1500 m = 1,5 km
  10000 N = 10 kN
  0,001 m = 1 mm
- Das Vorsatzzeichen muss **immer** vor dem Einheitenzeichen stehen. Bei Zeichen, die sowohl als Vorsatz als auch als Einheit benutzt werden, ist die Bedeutung deshalb aus der Position erkennbar:
  kN · m → Kilo-Newton · Meter
  mN → Milli-Newton
  mN · m → Milli-Newton · Meter
  N · m → Newton · Meter (ohne Vorsatz)
- Um eine Einheit im Nenner zu vermeiden, wird diese mit negativem Exponenten (Hochzahl) im Zähler geschrieben:
  $\frac{1}{\text{min}} = \text{min}^{-1}$

G

Umrechnung für Längen-, Flächen- und Volumeneinheiten

Beispiel 1:

Die Länge eines Mastes betrage 5430 mm.
Wie groß ist seine Länge in m?

5430 mm = 5,430 · 1000 mm
5430 mm = 5,430 · 1 m
5430 mm = 5,430 m

Beispiel 2:

Die Fläche eines Bleches betrage A = 1 m² (Quadratmeter).
Wie groß ist die Fläche in mm² (Quadratmillimeter)?

$1\ \text{m}^2 = 1\ \text{m} \cdot 1\ \text{m}$
$1\ \text{m}^2 = 1000 \cdot 1\ \text{mm} \cdot 1000 \cdot 1\ \text{mm}$
$1\ \text{m}^2 = 1000 \cdot 1000 \cdot 1\ \text{mm} \cdot 1\ \text{mm}$
$1\ \text{m}^2 = 1000000 \cdot 1\ \text{mm}^2$
$\underline{\underline{1\ \text{m}^2 = 1000000\ \text{mm}^2}}$

Beispiel 3:

Das Volumen eines Quaders betrage V = 1 m³ (Kubikmeter).
Wie groß ist das Volumen in dm³ (Kubikdezimeter)?

$1\ \text{m}^3 = 1\ \text{m} \cdot 1\ \text{m} \cdot 1\ \text{m}$
$1\ \text{m}^3 = 10 \cdot 1\ \text{dm} \cdot 10 \cdot 1\ \text{dm} \cdot 10 \cdot 1\ \text{dm}$
$1\ \text{m}^3 = 10 \cdot 10 \cdot 10 \cdot 1\ \text{dm} \cdot 1\ \text{dm} \cdot 1\ \text{dm}$
$1\ \text{m}^3 = 1000 \cdot 1\ \text{dm}^3$
$\underline{\underline{1\ \text{m}^3 = 1000\ \text{dm}^3}}$

Quadratmeter **Kubikmeter**

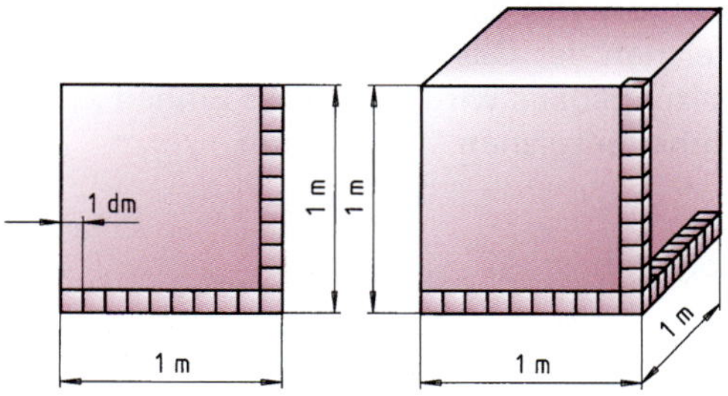

$1\ \text{m}^2 = 1\ \text{m} \cdot 1\ \text{m}$ $1\ \text{m}^3 = 1\ \text{m} \cdot 1\ \text{m} \cdot 1\ \text{m}$

Umrechnung für Zeiteinheiten

Es gelten die Beziehungen:

1 h = 60 min
1 min = 60 s

Beispiel 1:
Die Zeit t = 1 h ist in der Einheit s anzugeben.
1 h = 60 min
1 h = 60 · 1 min
1 h = 60 · 60 s
1 h = 360 · 1 s = 3600 s

Beispiel 2:
Die Zeit t = 100 s ist in der Einheit h anzugeben.

$$100\ \text{s} = 100 \cdot 1\text{s} \quad 60\ \text{s} = 1\text{min} \Rightarrow 1\text{s} = \frac{1}{60}\text{min}$$

$$100\ \text{s} = 100 \cdot \frac{1}{60}\text{min}$$

$$100\ \text{s} = \frac{10}{6} \cdot 1\text{min} \quad 60\ \text{min} = 1\text{h} \Rightarrow 1\text{min} = \frac{1}{60}\text{h}$$

$$100\ \text{s} = \frac{10}{6} \cdot \frac{1}{60}\text{h}$$

$$100\ \text{s} = \frac{10}{360}\text{h} = \frac{1}{36}\text{h} = 0{,}028\ \text{h}$$

G

Umrechnung für Winkelwerte

Als 1 Grad = 1° wird der 360ste Teil des Vollkreises mit 360° bezeichnet.
Es gilt: 1° = 60′ (1 Grad = 60 Gradminuten)
1′ = 60″
(1 Gradminute = 60 Gradsekunden)

Die Umrechnung zwischen Grad, Gradminute und Gradsekunde entspricht der Umrechnung für Stunde, Minute und Sekunde.

Beispiele:

1. Bei der Berechnung des Freiwinkels eines Sägeblattes ergibt sich ein Wert von 38,46°. Wie groß ist der Winkel in Grad und Gradminuten?

$$\alpha = 38{,}46^\circ$$
$$\alpha = 38^\circ + 0{,}46^\circ$$
$$\alpha = 38^\circ + 0{,}46 \cdot 60'$$
$$\alpha = 38^\circ + 27{,}6'$$
$$\alpha = 38^\circ + 27' + 0{,}6'$$
$$\alpha = 38^\circ + 27' + 0{,}6 \cdot 60''$$
$$\underline{\underline{\alpha = 38^\circ 27' 36''}}$$

2. Beim Prüfen eines Winkels wurde der Winkelwert 10° 20′ 30″ bestimmt. Wie groß ist der Winkel als Dezimalzahl?.

$$\alpha = 10^\circ\, 20'\, 30''$$
$$\alpha = 10^\circ + 20' + 30''$$
$$\alpha = 10^\circ + 20' + \frac{30}{60}'$$
$$\alpha = 10^\circ + 20' + 0{,}5'$$
$$\alpha = 10^\circ + 20{,}5'$$
$$\alpha = 10^\circ + \frac{20{,}5}{60}^\circ$$
$$\alpha = 10^\circ + 0{,}3417^\circ$$
$$\underline{\underline{\alpha = 10{,}3417^\circ}}$$

Umrechnungen von Zoll in Millimeter

In den Bereichen der Gas- und Wasserinstallation und des Heizungsbaus wird häufig die Einheit Zoll mit dem Einheitenzeichen " verwendet.
Es gilt:

1″ = 25,4 mm

1 Inch (1") ist ein altes englisches Längenmaß, die durchschnittliche Daumendicke eines Schmieds. Es wurde, wie viele Längenmaße, vom menschlichen Körper abgeleitet.

Beispiel:

Welches Maß in mm hat ein Durchmesser $\frac{3}{8}$″?

$$d = \frac{3}{8}''$$
$$d = \frac{3}{8} \cdot 1''$$
$$d = \frac{3}{8} \cdot 25{,}4\ \text{mm}$$
$$\underline{\underline{d = 9{,}525\ \text{mm}}}$$

Umrechnen von Einheiten

Für das Umrechnen von Einheiten in Bestimmungsgleichungen bietet sich unter anderem die Vorgehensweise an, die umzurechnende Einheit durch die geforderte Einheit zu ersetzen, z. B.:

1 km = 1000 m
1 m = 0,001 km
1 h = 3600 s

$$1\text{s} = \frac{1}{3600}\text{h} = 0{,}0002778\text{ h}$$

Beispiel 1:
Ein Auto legt in einer Stunde eine Strecke von 50 Kilometern zurück.

Welche Geschwindigkeit v in $\frac{\text{m}}{\text{s}}$ hat das Auto?

gegebene Einheit: $\frac{\text{km}}{\text{h}}$

gesuchte Einheit: $\frac{\text{m}}{\text{s}}$

Lösung:

$$v = 50\frac{\text{km}}{\text{h}} = 50 \cdot \frac{1\text{ km}}{1\text{ h}}$$

Es gilt: 1 km = 1000 m und

1 h = 60 min = 60 · 60 s = 3600 s

$$v = 50 \cdot \frac{1000\text{ m}}{3600\text{ s}} = 50 \cdot \frac{1000}{3600} \cdot \frac{\text{m}}{\text{s}} = \frac{50 \cdot 1000}{3600} \cdot \frac{\text{m}}{\text{s}}$$

$$\underline{\underline{v = 13{,}889\frac{\text{m}}{\text{s}}}}$$

Beispiel 2:
Sprinter benötigen für die Strecke von 100 Metern etwa 10 Sekunden.

Welche Geschwindigkeit v in $\frac{\text{km}}{\text{h}}$ haben sie dabei?

gegebene Einheit: $\frac{\text{m}}{\text{s}}$

gesuchte Einheit: $\frac{\text{km}}{\text{h}}$

Lösung:

$$v = \frac{s}{t}$$

$$v = \frac{100\text{ m}}{10\text{ s}} = 10\frac{\text{m}}{\text{s}} = 10 \cdot \frac{1\text{ m}}{1\text{ s}}$$

Es gilt:
1 km = 1000 m und somit
1 m = 0,001 km
1 h = 3600 s und somit

$$1\text{ s} = \frac{1}{3600}\text{h} = 0{,}0002778\text{ h}$$

$$v = 10 \cdot \frac{0{,}001\text{ km}}{0{,}0002778\text{ h}}$$

$$v = \frac{10 \cdot 0{,}001}{0{,}0002778} \cdot \frac{1\text{ km}}{1\text{ h}}$$

$$\underline{\underline{v = 36 \cdot \frac{1\text{ km}}{1\text{ h}} = 36\frac{\text{km}}{\text{h}}}}$$

2.2.1 Aufgaben zu 2.2

Rechnen Sie in die geforderten Längen-, Flächen- oder Volumeneinheit um.

l = 550 mm	⇒	l = ? m	S = 25 mm²	⇒	S = ? cm²
d = 0,5 m	⇒	d = ? mm	A = 1,25 m²	⇒	A = ? dm²
U = 33,5 cm	⇒	U = ? dm	A = 251 mm²	⇒	A = ? dm²
b = 12 dm	⇒	b = ? mm	V = 3,71 m³	⇒	V = ? dm³
A = 0,345 dm²	⇒	A = ? mm²	V = 7 235 mm³	⇒	V = ? cm³

2.3 Dreisatz, Verhältnis

2.3.1 Gleiche Verhältnisse

In den Ausleger eines Wanddrehkranes soll zur Versteifung eine Strebe eingesetzt. Wie lang muss die Strebe (H in mm) sein.

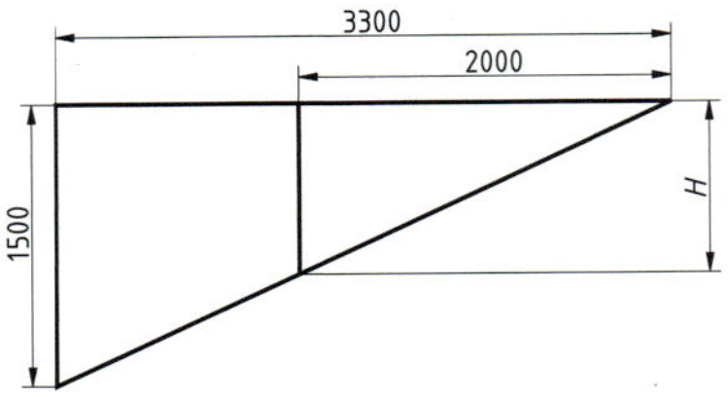

Lösungsansatz
Die gesuchte Strebenhöhe H_2 hat den Abstand $l_2 = 2000$ mm
Die Strebe befindet sich über der Hälfte der Auslegerlänge.
3000 mm ist weniger als $2 \cdot 2000$ mm = 4000 mm
3000 mm < 4000 mm
Das bedeutet, dass die Strebenhöhe etwas größer als die Hälfte der Höhe H_1= 1500 mm sein muss.

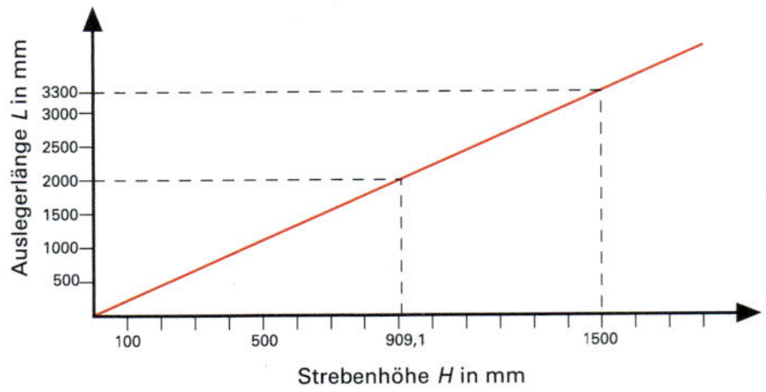

Das Lösungsansatz verwendet das Wissen über gleiche Verhältnisse.
Es gilt:

„Je weniger ..., desto weniger ... ." oder
„Je mehr ..., desto mehr ... ."

Im Diagramm stellt sich das **gleiche Verhältnis** als **Gerade** dar.

Lösung mit dem Dreisatz:

Gesucht: H_2 in mm für Abstand 2000 mm
Gegeben: Bei einer Auslegerlänge von 3300 mm ist die Strebenlänge 1500 mm

3300 mm Auslegerlänge entsprechen 1500 mm
⇒ 1. Satz: Behauptungssatz

1 mm Auslegerlänge entsprechen 1500 mm/3300 mm ⇒ 2. Satz: Mittelsatz (Schließen vom Vielfachen auf das 1fache)

2000 mm Auslegerlänge entsprechen
$2000 \cdot 1500$ mm/3300 mm = 909,1 mm
⇒ 3. Satz Schlusssatz (Schließen vom 1fachen auf das Vielfache)

Die Strebenlänge muss 909,1 mm sein, wenn sie im Abstand von 2000 mm eingepasst werden soll.

Aufgaben zu 2.3.1

1. Vier Meter Stahlrohr haben eine Gewichtskraft von F_G = 12 N. Welche Gewichtskraft haben 25 m Stahlrohr?
2. 250 Schrauben kosten 22,50 €. Was kostet ein Paket mit einem Inhalt von 50 Schrauben?
3. Eine Kiste mit Schrauben hat eine Masse m = 25 kg. Wie viele Schrauben sind in der Kiste, wenn 50 Schrauben 1 kg wiegen und die Kiste eine Masse von 1 kg hat?
4. Kaltgezogener Stahldraht mit 4 mm Durchmesser hat eine Masse von ca. 100 kg pro 1000 m. Welche Länge hat der Draht auf einer Stahldrahtrolle mit einer Masse von 16 kg?
5. 150 Spiralspannstifte für Zahnräder kosten 48,00 €. Für die Rechnung an einen Kunden ist der Preis für 50 Stifte zu ermitteln.

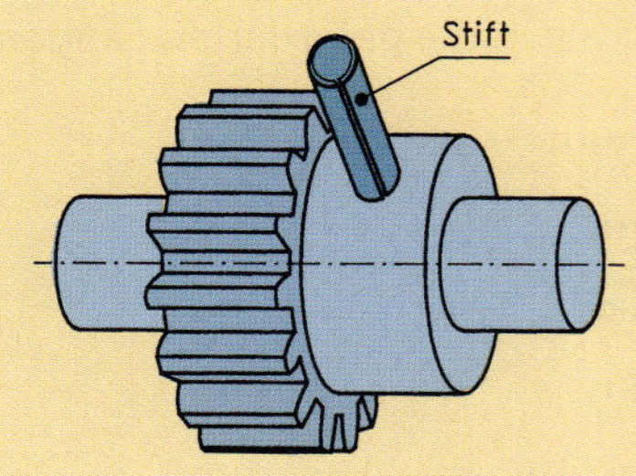

2.3.2 Ungleiche Verhältnisse

Drei Schweißer fertigen 240 m Schweißnaht in 100 Minuten. Durch Krankheit fällt ein Schweißer aus. In welcher Zeit schweißen die verbliebenen zwei Schweißer die Nähte?

Lösungsansatz
Es kann angenommen werden, dass eine größere Zahl von Schweißern die Schweißzeit verkürzt. Fällt ein Schweißer aus, muss mit verlängerter Schweißzeit gerechnet werden.

Der Lösungsansatz verwendet das Wissen über umgekehrte Verhältnisse.
Es gilt:

„Je weniger ..., desto mehr ... .“. oder
„Je mehr ..., desto weniger ...“.

Dem nebenstehendem Diagramm kann entnommen werden, dass 2 Schweißer 150 Minuten benötigen.

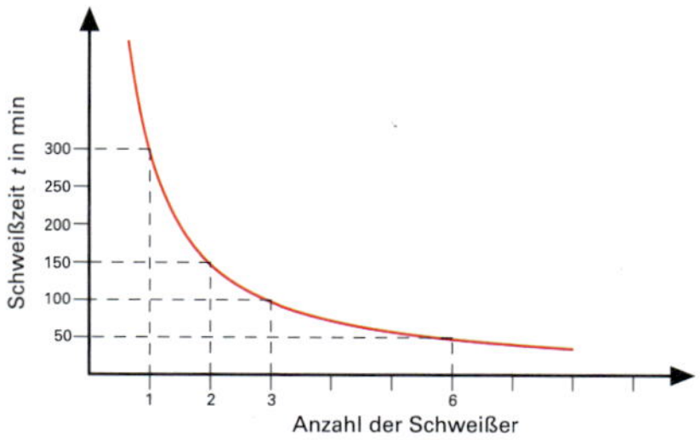

Gesucht: Schweißzeit t in Minuten für 240 m Schweißnaht mit zwei Schweißern.
Gegeben: Schweißzeit von 100 Minuten für 240 m Schweißnaht mit drei Schweißern.

Lösung mit dem Dreisatz:

3 Schweißer benötigen 100 Minuten ⇒ 1. Satz: Behauptungssatz

1 Schweißer benötigt 3 · 100 Minuten ⇒ 2. Satz: Mittelsatz (Schließen vom Vielfachen auf das 1fache)

2 Schweißer benötigen $3 \cdot \frac{100}{2}$ Minuten ⇒ 3. Satz: Schlusssatz (Schließen vom 1fachen auf die Vielfache)

Zwei Schweißer benötigen 150 Minuten.

Schlussfolgerung
Das Ergebnis der Dreisatzberechnung entspricht dem Lösungsansatz:

Je weniger Schweißer, **desto mehr** Schweißzeit.

Aufgaben zu 2.3.2

1. Mit zwei Handbrennern lassen sich in sechs Stunden 64 Stützen thermisch trennen.
   Auf welche Zeit lässt sich der Fertigungsvorgang verkürzen, wenn ein dritter Handbrenner eingesetzt wird?
2. Für die Montage einer Rettungstreppenanlage an einem öffentlichen Gebäude sind vier Monteure 80 Stunden beschäftigt. Wie viele Monteure sind einzusetzen, wenn die Montage der Treppenanlage bereits nach 64 Stunden beendet sein soll?
3. Die vier Lüfter einer Werkshalle tauschen in 6 Stunden 192 000 m³ Luft aus.
   In welcher Zeit wird die gleiche Luftmenge ausgetauscht, wenn zusätzlich zwei Lüfter gleicher Leistung eingesetzt werden?

2.4 Prozentrechnung

Ein Metallbauunternehmen kauft Stangenmaterial im Verkaufswert von 2320,33 € ein. Für Selbstabholung und Barzahlung räumt der Verkäufer dem Kunden einen Rabatt von 7,5 % ein.
Wie hoch ist der zu bezahlende Rechnungsbetrag?

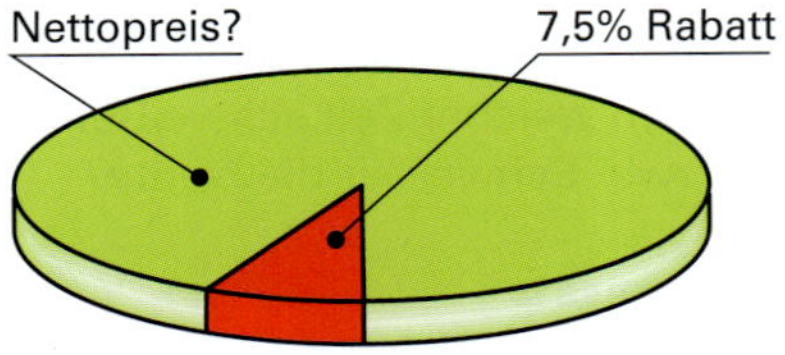

Bruttopreis 2320,33 € ≙ 100%

Lösungsansatz:
Die Schreibweise 7,5 % bedeutet, dass 7,5 Teile von 100 also $\frac{7{,}5}{100}$ vom Bruttopreis abgezogen werden können.
Berechnet man überschlägig von 2400 € den Rabatt von 7,5 % dann kann wie folgt gerechnet werden:

$\frac{7{,}5}{100}$ von 2400 € = 180 €

Es kann mit einem Nachlass von etwas weniger als 180 € gerechnet werden

Zuordnungen beim Prozentrechnen
100 % = dem Ganzen (Grundwert)
x % = dem Teil vom Ganzen (Prozentwert)
1 % = 1/100 vom Ganzen

Beispiel
Bruttopreis = 100 %
Rabatt 7,5 %
Nettopreis 92,5 %

Lösung mit der Prozentrechnung:

Behauptungssatz:
100 % entsprechen 2320,33 €

Mittelsatz (Schließen vom Vielfachen aufs 1fache)

1 % entsprechen $\frac{2320{,}33\ €}{100\ \%}$

Schlusssatz (Schließen vom 1fachen auf das neue Vielfache) 92,5% entsprechen

$92{,}5\ \% \cdot \frac{2320{,}33}{100\ \%} = 2146{,}31\ €$

Der Metallbauunternehmer muss 2146,31 € bezahlen.

Die Einräumung eines Rabatts verringert den zu zahlenden Betrag. Der Metallbauunternehmer hat noch 2146,31 € zu bezahlen. Der Rabatt beträgt also 174,02 €.

2.4.1 Aufgaben zu 2.4

1. Die Rechnung von gelieferten Profilen beträgt 1120,00 €. Bei Zahlung innerhalb von 1 Woche wird ein Skonto von 3 % eingeräumt. Wie hoch ist die mögliche Einsparung?

2. Eine Baugruppe hat eine Masse m = 1850 kg. Für Verbindungselemente wurden 4 % berechnet. Wie schwer ist die Baugruppe ohne die Verbindungselemente?

3. Für die Montage eines Geländers werden 6 Stunden benötigt; der Stundensatz beträgt 50,00 €. Wie hoch ist die Rechnung, wenn ein Zuschlag von 10 % und die MwSt. von 19 % zu berücksichtigen sind?

4. Für das Brennschneiden von Abdeckplatten wurde Blech für 12 220,00 € gekauft.
a) Berechnen Sie die gelieferte Masse, wenn der Einkaufspreis 450 €/t kostet.
b) Wie viel Euro macht der Verschnitt vom Kaufpreis aus, wenn der Verschnitt 38,3 % beträgt?
c) Welche Masse in kg hat der Verschnitt von 38,3 %?

5. Ein Gitter mit einer Masse von 140 kg soll verzinkt werden. Was kostet das Verzinken, wenn der Verzinkungspreis 161,50 €/100 kg beträgt und ein Sperrigkeitszuschlag von 160 % berechnet wird?

3 Längen

3.1 Rand-, Mitten- und Lochabstände

3.1.1 Teilungen

Beispiel 1: Gleichmäßige Teilung

An den Rahmen des Gartentores sind sieben geschmiedete Gitterstäbe in **gleichem Abstand** anzunieten. Für das Anreißen der Bohrungsmittelpunkte sind die Abstände (Teilung) der Stäbe zu ermitteln.

1. In wie viele gleiche Abstände ist die Gesamtlänge L aufzuteilen?

2. Wie viel mm Abstand haben die Stäbe zueinander?

Gegeben: aufzuteilende Gesamtlänge
L = 960 mm
Anzahl der Stäbe n = 7

Gesucht: Teilung t

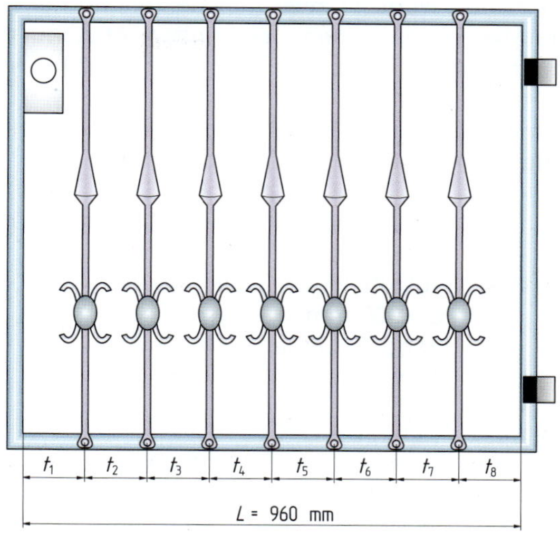

***Bild 1** Gartentor mit Füllstäben*

Lösung

Die Gesamtlänge L ist einschließlich der **beiden Endstücke** t_1 und t_8 in **gleiche Abstände** t aufzuteilen.

Es gilt:

1. $z = n + 1$
$z = 7 + 1$
$\underline{\underline{z = 8}}$ ⇒

Anzahl der Teilungen z = Anzahl n der Stäbe + 1

$z = n + 1$ — z: Anzahl der Teilungen; n: Anzahl der Stäbe, Bohrungen usw.

Die Gesamtlänge L = 960 mm des Rahmens ist in 8 gleiche Abstände aufzuteilen.

Die Teilung t errechnet sich somit aus:

2. $t = \frac{L}{z}$
$t = \frac{960 \text{ mm}}{8}$
$\underline{\underline{t = 120 \text{ mm}}}$ ⇒

Gesamtlänge L geteilt durch Anzahl z der Teilungen.

$t = \frac{L}{z}$ — t: Teilung in mm; L: Gesamtlänge in mm

Die Stäbe haben 120 mm Abstand zueinander.

wird z durch $n + 1$ ersetzt, dann ergibt sich:

$$t = \frac{L}{n + 1}$$

G

Beispiel 2: Gleichmäßige Teilung mit Randabstand

Der Kunde wünscht zwar gleiche Teilung der Gitterstäbe, jedoch einen bestimmten Abstand des ersten und des letzten Gitterstabes zum Rahmen.

1. In wie viele gleiche Abstände ist die Teilungslänge l_1 aufzuteilen?

2. Wie viel mm Abstand haben die Stäbe zueinander?

Gegeben: aufzuteilende Gesamtlänge
$L = 900$ mm
Randabstände $l_2 = 90$ mm
Anzahl der Stäbe $n = 7$

Gesucht: Teilung t

Gleiche Stababstände lassen sich in der Werkstatt einfach herstellen, wenn auf den Ober- und Untergurt zwischen die Stäbe beim Heften Holzleisten mit der Länge l = lichte Weite der Stäbe gespannt werden.

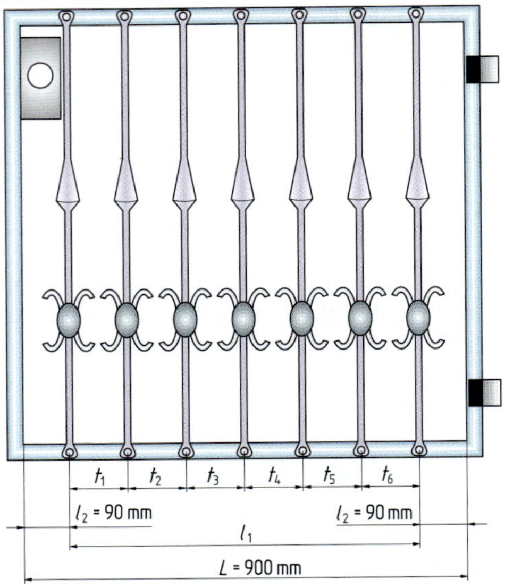

Lösung

$L = l_1 + 2 \cdot l_2$
$l_1 = L - 2 \cdot l_2$
$l_1 = 900 \text{ mm} - 2 \cdot 90 \text{ mm}$
$\underline{\underline{l_1 = 720 \text{ mm}}}$

⇒ Die Gesamtlänge L verringert sich um die beiden Randabstände $2 \cdot l_2$ auf die Teilungslänge l_1.

$L = l_1 + 2 \cdot l_2$
$l_1 = L - 2 \cdot l_2$

L: Gesamtlänge in mm
l_1: Teilungslänge in mm
l_2: Randabstand in mm

1. $z = n - 1$
$z = 7 - 1$
$\underline{\underline{z = 6}}$

Die Teilungslänge $l_1 = 720$ mm ist in 6 gleiche Abstände aufzuteilen.

⇒ Die verbleibende **Restlänge** ist die **Teilungslänge** l_1. Sie ist in gleiche Abstände aufzuteilen.

Anzahl der Teilungen z = Anzahl n der Stäbe – 1

$z = n - 1$

z: Anzahl der Teilungen
n: Anzahl der Stäbe, Bohrungen usw.

2. $t = \frac{l_1}{z}$

$t = \frac{720 \text{ mm}}{6}$

$\underline{\underline{t = 120 \text{ mm}}}$

Die Stäbe haben 120 mm Abstand zueinander.

⇒ Die Teilung P errechnet sich somit aus:

Teilungslänge l_1 geteilt durch Anzahl z der Teilungen.

$t = \frac{l_1}{z}$

t: Teilung in mm
L: Gesamtlänge in mm

wird z durch $n - 1$ ersetzt, dann ergibt sich:

$t = \frac{l_1}{n - 1}$

Aufgaben zu 3.1.1

1. Ein Fenstergitter mit einer Rahmenlänge von 660 mm soll 5 geschmiedete Gitterstäbe in gleichen Abständen erhalten.
a) Welche Teilung t ist einzumessen?
b) Welche Teilung t ist dann vorzunehmen, wenn der Randabstand links und rechts jeweils l_2 = 60 mm sein soll?

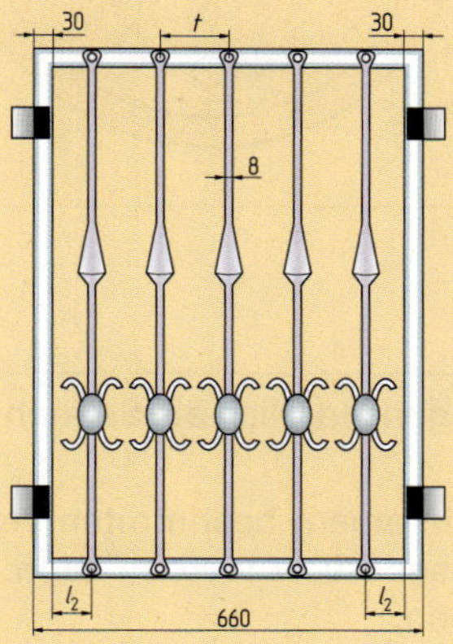

2. An einem Winkelstahl sind 6 Bohrungsmittelpunkte gleicher Teilung anzureißen.
Berechnen Sie ihre Teilung t.

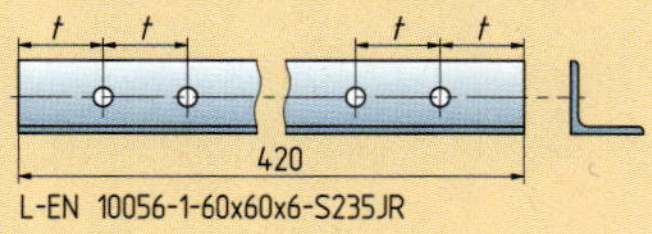

3. Verbindungslaschen für Trägeranschlüsse sollen 5 Bohrungen erhalten. Die Teilungen betragen je 60 mm.
In welcher Länge sind die Laschen abzusägen?

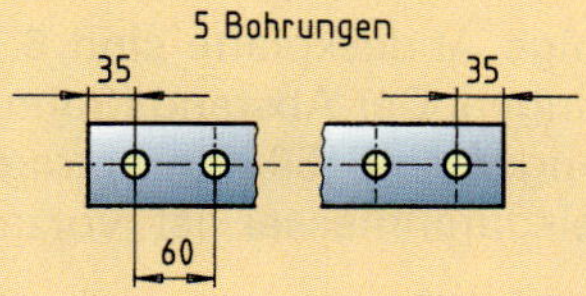

4. In einen Winkelstahl der Länge L = 325 mm sind 4 Bohrungen mit gleicher Teilung einzubringen.

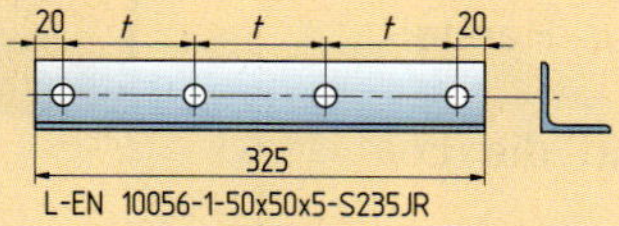

Welche Teilung t ist anzureißen?

5. T-Träger sollen jeweils 25 Bohrungen erhalten.
Berechnen Sie ihre Länge.

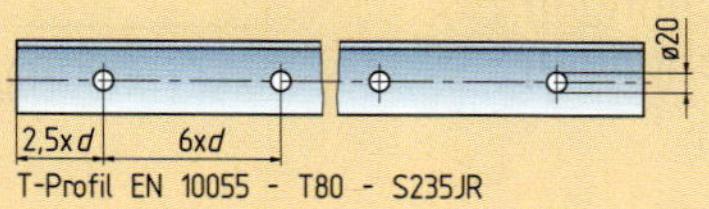

6. Eine Verbindungslasche aus Flachstahl der Länge l = 870 mm soll 16 Bohrungen erhalten. Die Teilung t ist mit 50 mm vorgegeben. Die verbleibenden Randlängen dürfen dabei nicht kleiner als jeweils 40 mm sein.
Überprüfen Sie diese Forderung.

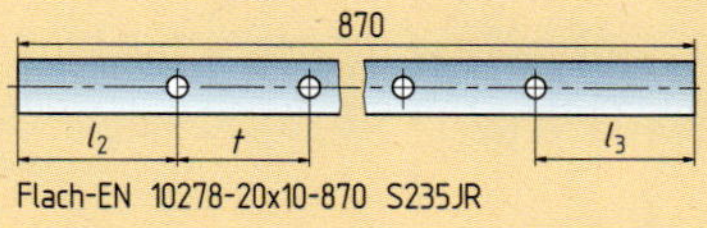

7. Für das Anschweißen von 6 Füllstäben (mit gleicher Teilung) in einen Stahlrahmen ist eine Schablone anzufertigen.
Welche Länge muss sie haben?

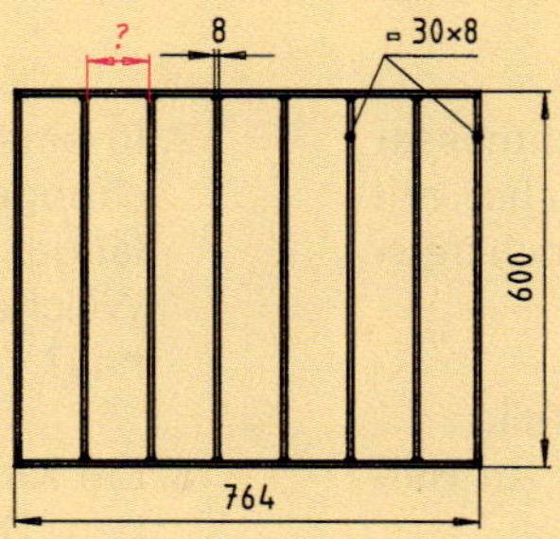

8. Eine Stirnplatte erhält Bohrungen ∅ 12 mm.
a) Berechnen Sie die Teilung t der Bohrungen in der Länge.
b) Ermitteln Sie die notwendige Breite des Bleches.

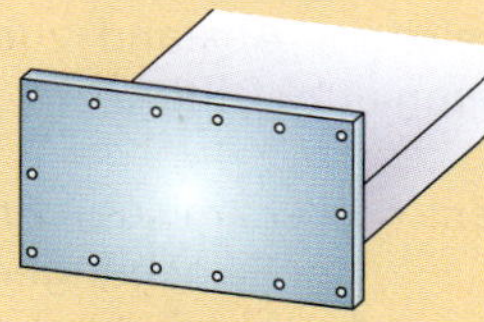

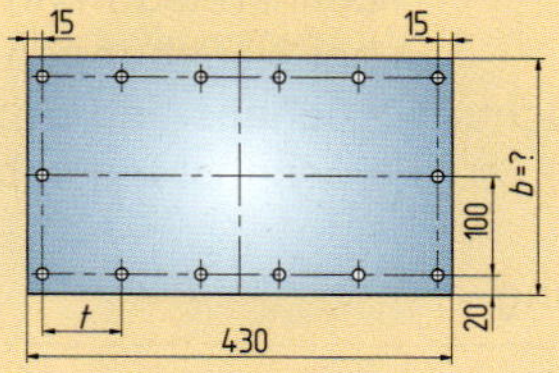

9. Für ein Treppengeländer ist der Abstand der Gittereinsätze l_{a1} und l_{a2} zu berechnen.

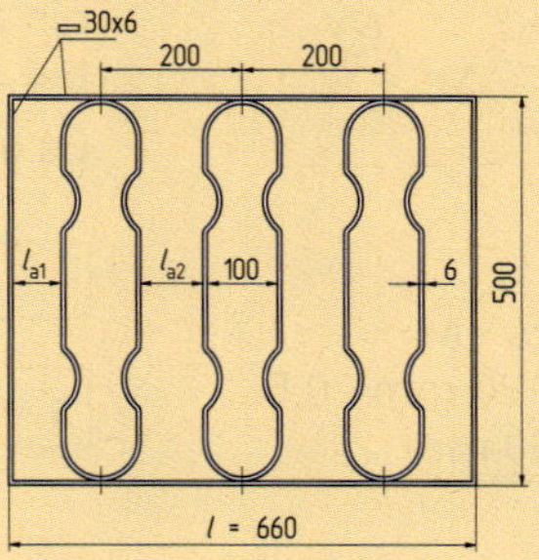

10. Die Stäbe eines Fenstergitters sind diagonal angeordnet. Die waagerechte Teilung ist t = 150 mm.
a) Welche Teilung muss der Diagonalstab haben?
b) Wie viele Verbindungsstellen müssen an dem Stab angelegt werden, wenn das Gitter ca. 1050 mm hoch ist?

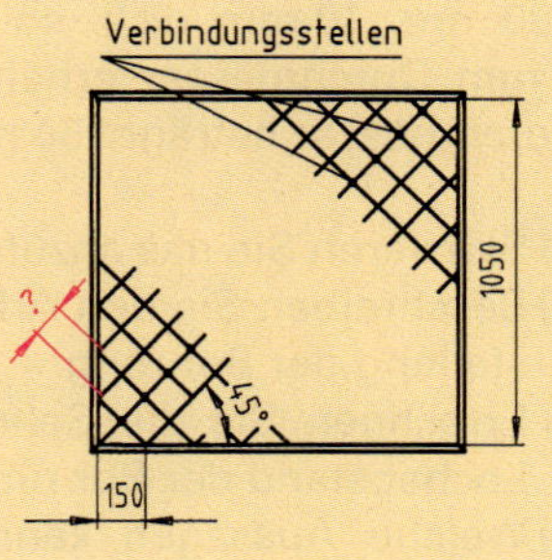

3.1.2 Kreisteilungen

Das Kiesfanggitter soll eine Abdeckung erhalten, damit weder Kies noch Schmutz in das Kanalisationssystem gelangen können. Der zusätzlich anzufertigende Deckel soll ebenfalls Lochungen erhalten. Die Kreisteilung der Lochungen ist nach Vorgabe auszuführen.

1. Bestimmen Sie den Arbeitsablauf zur Herstellung der Lochungen.
2. In welchem Abstand zueinander sind die Lochungen anzureißen?

Gegeben:
- Lochkreisdurchmesser 120 mm bei 6 Lochungen
- Lochkreisdurchmesser 60 mm bei 3 Lochungen

Gesucht:
- Lochabstand s_1 bei 6 Lochungen
- Lochabstand s_2 bei 3 Lochungen

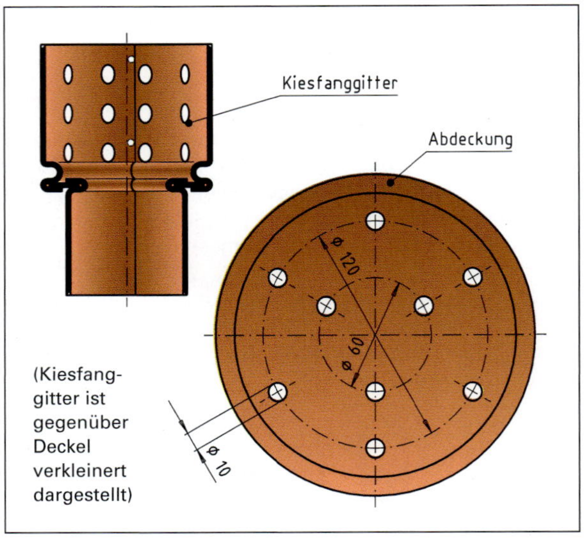

Bild 1 Kiesfanggitter

Lösung

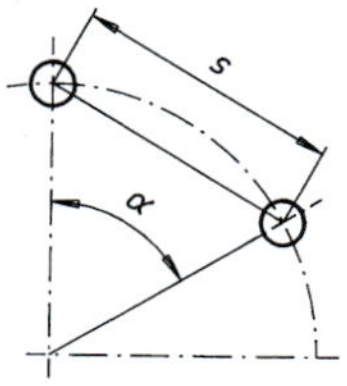

Mit dem Stechzirkel kann der Abstand der Lochungen lediglich als Sehnenlänge abgetragen werden.

Sehnenlänge und Lochkreisdurchmesser stehen in einem bestimmten Verhältnis zueinander, das durch einen **Multiplikator** ausgedrückt werden kann. Hierbei ist die Anzahl der Lochungen zu berücksichtigen.

Es gilt:

Sehnenlänge s = Lochabstand = Lochkreisdurchmesser $d \cdot$ Multiplikator M

$$s = d \cdot M$$

s und d in mm

Kreislöcher	Multiplikator	Kreislöcher	Multiplikator
3	0,866	7	0,434
4	0,707	8	0,383
5	0,588	9	0,342
6	0,500	10	0,309

$s_1 = d_1 \cdot M$
$s_1 = 120\text{ mm} \cdot 0{,}5$
$\underline{\underline{s_1 = 60\text{ mm}}}$

$s_2 = d_2 \cdot M$
$s_2 = 60\text{ mm} \cdot 0{,}866$
$\underline{\underline{s_2 = 52\text{ mm}}}$

Aufgaben zu 3.1.2

1. Ein kreisförmiger Deckel (Außendurchmesser 180 mm, 10 mm dick) soll 5 Bohrlöcher mit 9 mm Durchmesser erhalten. Der Lochkreisdurchmesser beträgt 150 mm.

a) Skizzieren Sie das anzufertigende Teil.
b) Beschreiben Sie den Arbeitsablauf zur Herstellung der Bohrung.
c) Errechnen Sie die Sehnenlänge bzw. den Lochabstand der Bohrungen.
d) Welche Aussagen kann man hinsichtlich der Genauigkeit dieser Anreißmethode machen?

2. In eine kreisförmige Abdeckplatte sind 6 Lochungen einzubringen. Der Abstand (Sehnenlänge) der Lochungen soll 150 mm betragen. Welcher Lochkreisdurchmesser ist vorzusehen?

3. Ein Knotenblech ist mit Bohrungen zu versehen. Der Lochkreis für die Befestigungsbohrungen beträgt 200 mm, die Abstände der Bohrungen (Sehnenlängen) dürfen 40 mm nicht unterschreiten.
Bestimmen Sie die Anzahl der möglichen Bohrungen.

G

3.2 Gestreckte Längen

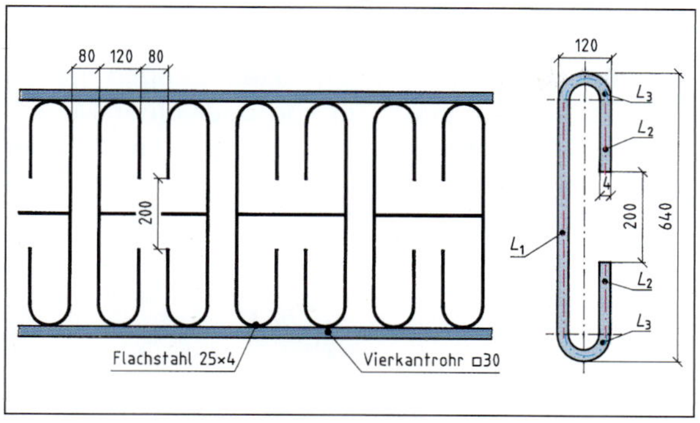

Für das dargestellte Geländer sind die Flachstähle abzusägen und zu biegen. Die Länge der waagerechten Stäbe ist aufgrund der Zeichnungsmaße recht einfach zu bestimmen. Sie beträgt:

120 mm + 80 mm +120 mm – 2 · 4 mm = 312 mm.

Für die zu biegenden Stäbe gilt:

> Gestreckte Länge des Biegeteils = Länge der neutralen Faser
> Die neutrale Zone liegt auf der Schwerpunktachse

Für den gebogenen Geländerstab aus Flachstahl 25 × 4 mm ist die neutrale Zone zu bestimmen. Sie liegt im Schwerpunkt des rechteckigen Profils und ist farblich als Mittellinie gekennzeichnet. Die Schwerpunktlagen verschiedener Profile sind dem Tabellenbuch zu entnehmen. Somit ergibt sich für die Berechnung der gestreckten Länge folgender Rechenweg:

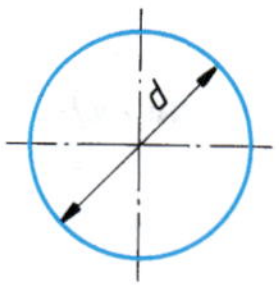

$l = U$
$l = d \cdot \pi$

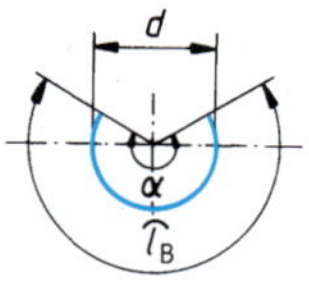

$l = l_B$
$l = \frac{d \cdot \pi \cdot \alpha}{360°}$

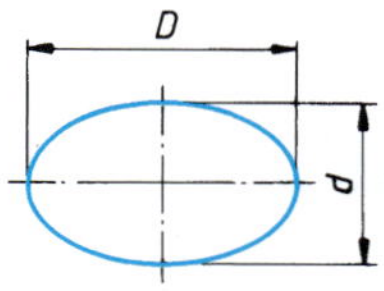

$l = U$
$l \approx \frac{\pi}{2}(D + d)$

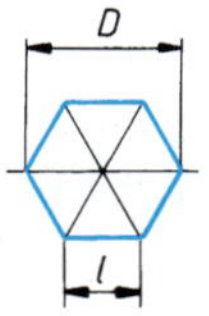

$l = D \cdot \sin\left(\frac{180°}{n}\right)$

Schwerpunktlagen

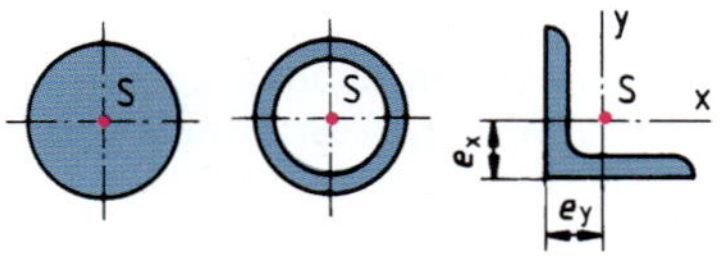

$l = l_1 + 2 \cdot l_2 + 2 \cdot l_3$	⇒	Die Gesamtlänge wird in berechenbare Teillängen zerlegt.
$l_1 = 640\text{ mm} - 2 \cdot 60\text{ mm}$ $\underline{\underline{l_1 = 520\text{ mm}}}$	⇒	Die Teillängen sind zu berechnen. Dazu werden Formeln aus dem Tabellenbuch oder der oben stehenden Übersicht verwendet.
$l_2 = \frac{640\text{ mm} - 2 \cdot 60\text{ mm} - 200\text{ mm}}{2}$ $\underline{\underline{l_2 = 160\text{ mm}}}$		
$l_3 = \frac{d_m \cdot \pi}{2}$ $l_3 = \frac{116\text{ mm} \cdot \pi}{2}$ $\underline{\underline{l_3 = 182{,}2\text{ mm}}}$	⇒	**Vorsicht!** Durchmesser und Radien immer auf die Schwerpunktachse beziehen.
$l = 520\text{ mm} + 2 \cdot 160\text{ mm} + 2 \cdot 182{,}2\text{ mm}$ $\underline{\underline{l = 1204{,}4\text{ mm}}}$	⇒	Addition der Teillängen

Die Funktion des Geländers ist nicht beeinträchtigt, wenn das Maß 200 mm nicht genau eingehalten wird. Daher wird der Stab nicht auf 1204,4 mm, sondern auf 1200 mm abgelängt. Das 200er-Maß vergrößert sich dadurch zwar auf 204,4 mm, aber 1200 mm lassen sich mithilfe des Gliedermaßstabs einfacher anreißen, und aus dem 6 m langen Ausgangsmaterial lassen sich auf diese Weise 5 statt 4 Stäbe herstellen.

Je nach den gegebenen Einbaubedingungen müssen die berechneten gestreckten Längen genau eingehalten, mit einer Zugabe oder einer Minderung versehen werden. Die Entscheidung darüber muss der Meister treffen.

3.2.1 Aufgaben zu 3.2

1. Wie groß ist die gestreckte Länge für den gebogenen Bügel einer Aufhängevorrichtung?

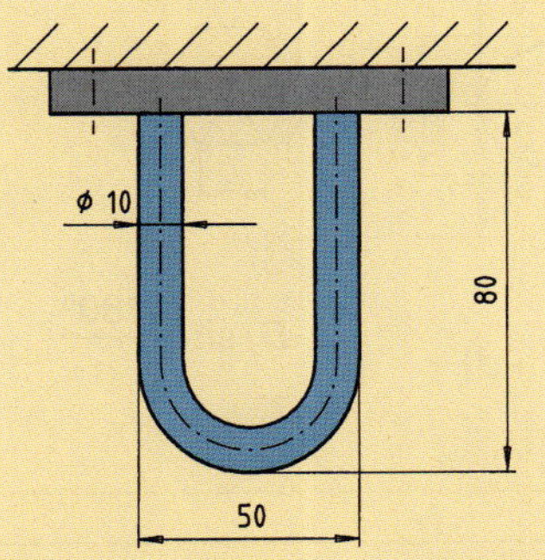

2. a) Wie groß ist die gestreckte Länge des Hakens?
b) Wie viele Haken können aus einem 2 m langen Stab hergestellt werden, wenn die Einzelstücke abgeschert werden?

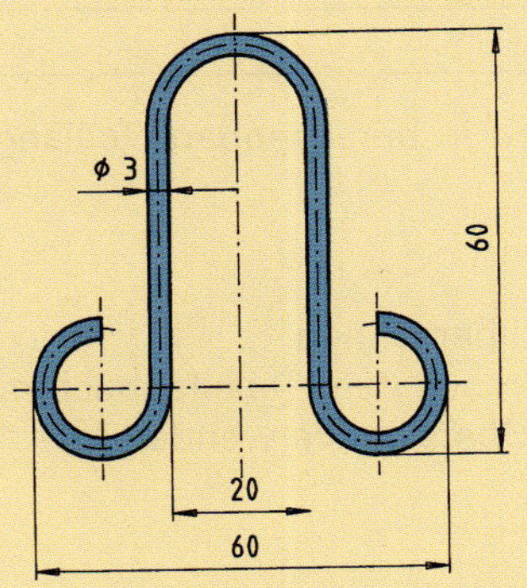

3. Welche Ausgangslänge wird für die Öse benötigt?

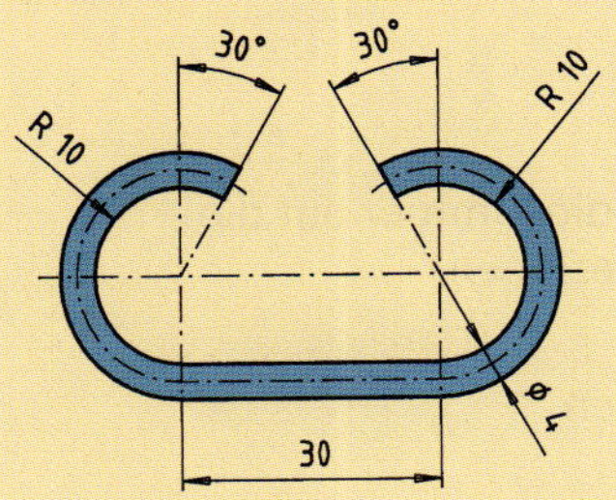

4. a) Wie groß ist die gestreckte Länge des Bügels?
b) Wie viele Bügel können aus einer 2 m langen Stange gefertigt werden, wenn für das Absägen jeweils 3 mm für den Sägeschnitt erforderlich sind?

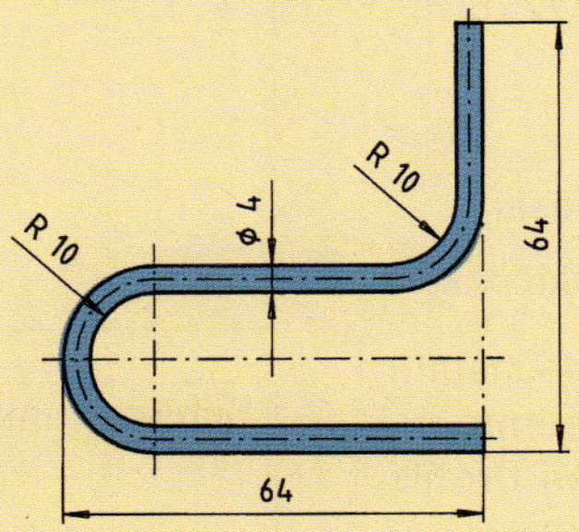

5. Wie groß ist die gestreckte Länge für den Rohrbügel?

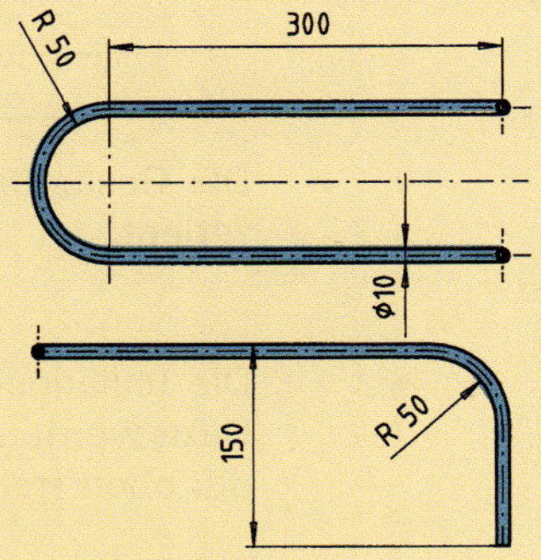

6. Berechnen Sie die Länge des Flachprofils.

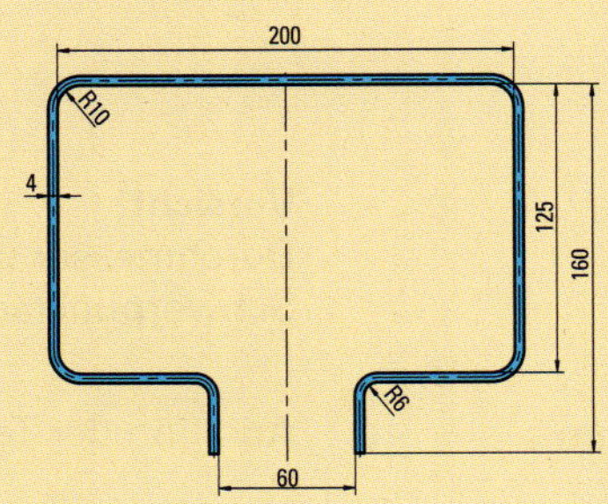

7. Wie groß ist die gestreckte Länge für die Halteöse?

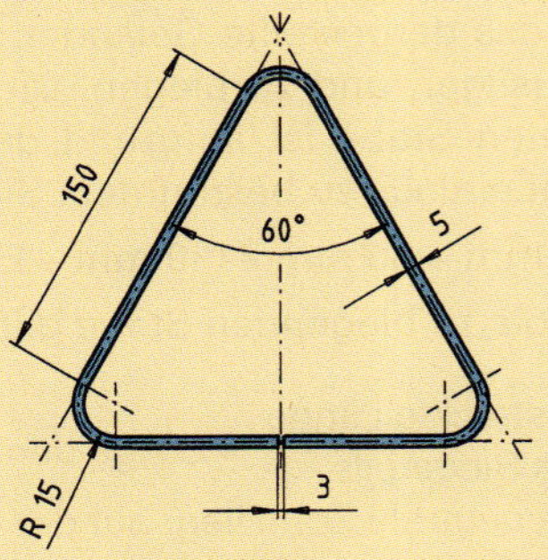

8. Welcher Innendurchmesser *d* wird erreicht, wenn ein Stab von 157 mm Länge zu einem Kreisring gebogen wird?

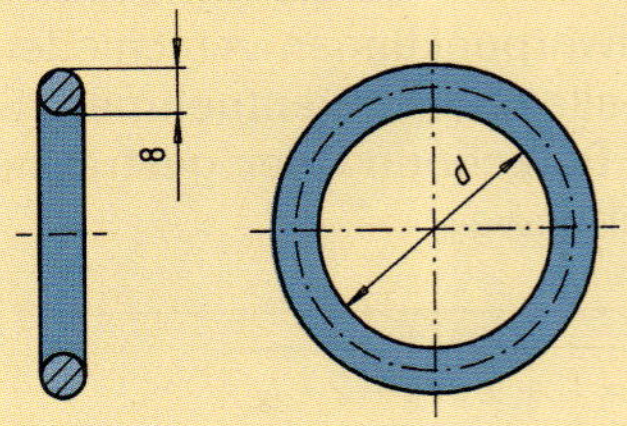

9. Der Kreisbogen wird aus einem Stab von 130,9 mm Länge hergestellt. Wie groß ist der Öffnungswinkel α?

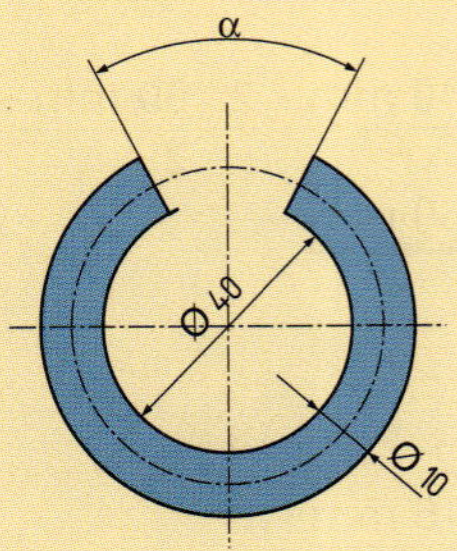

10. Wie groß muss die Ausgangslänge des Profils L-EN 10056-1-40×40×5-S235JR für den Kreisring sein?

3.3 Umfänge an Blechteilen

Für Lüftungskanäle sind zwei gleichartige Rohrbögen aus Blechtafeln herzustellen. Sie bestehen jeweils aus vier Einzelteilen, die durch Eckfalze verbunden werden.
Die Einzelteile sind mit der Elektroblechschere auszuschneiden.

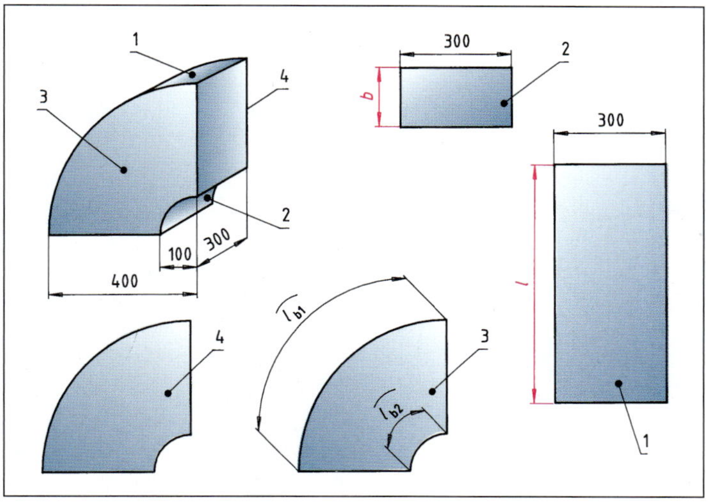

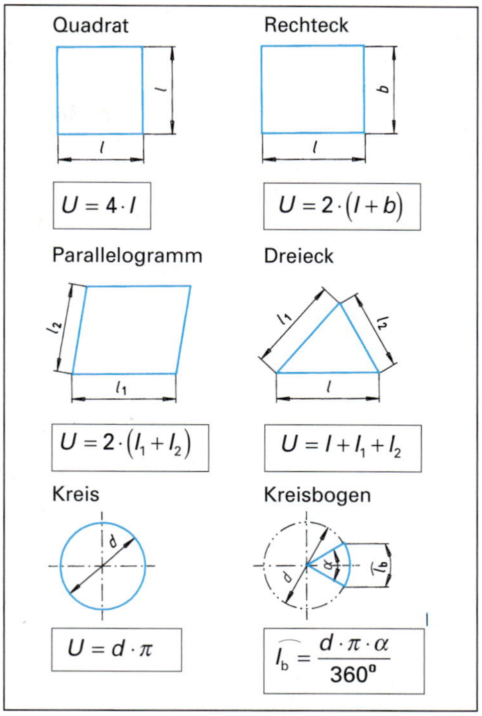

G

1. Wie groß ist die Länge *l* von Pos. 1 und die Breite *b* von Pos. 2?

2. Wie groß ist die Summe der Schnittkanten zur Herstellung des Rohrbogens?

Gegeben: Rohrbogen $r_a = 400$ mm; $r_i = 100$ mm
Breite des Bogens $B = 300$ mm

Gesucht: 1. *l* von Pos. 1
b von Pos. 2
2. Länge U_{ges} aller Schnittkanten für **zwei** Rohrbögen

1. Pos 1 ist am **äußeren Bogen** $\widehat{l_{b1}}$ von Pos. 3 und Pos. 4 anzulegen.
Die Länge *l* von Pos 1 entspricht deshalb der Bogenlänge $\widehat{l_{b1}}$ von Pos. 3 und Pos. 4.

$$l = \widehat{l_{b1}} = \frac{d \cdot \pi \cdot \alpha}{360°}$$
$$l = \widehat{l_{b1}} = \frac{800\text{ mm} \cdot \pi \cdot 90°}{360°}$$
$$l = \widehat{l_{b1}} = 628\text{ mm}$$

Pos. 2 ist am **inneren Bogen** $\widehat{l_{b2}}$ von Pos. 3 und Pos. 4 anzulegen.
Die Breite *b* von Pos. 2 entspricht deshalb der Bogenlänge $\widehat{l_{b2}}$ von Pos. 3 und Pos. 4.

$$b = \widehat{l_{b2}} = \frac{d \cdot \pi \cdot \alpha}{360°}$$
$$b = \widehat{l_{b2}} = \frac{200\text{ mm} \cdot \pi \cdot 90°}{360°}$$
$$b = \widehat{l_{b2}} = 157\text{ mm}$$

2. $U_{ges} = 2 \cdot (2 \cdot U_{Pos.3\ u.\ 4} + U_{Pos.1} + U_{Pos.2})$

$$U_{Pos.\ 3\ u.\ 4} = l_{b1} + l_{b2} + 2\ B$$
$$U_{Pos.\ 3\ u.\ 4} = 628\text{ mm} + 157\text{ mm} + 2 \cdot 300\text{ mm}$$
$$U_{Pos.\ 3\ u.\ 4} = 1385\text{ mm}$$

$$U_{Pos.\ 1} = 2 \cdot (l + 300\text{ mm})$$
$$U_{Pos.\ 1} = 2 \cdot (628\text{ mm} + 300\text{ mm})$$
$$U_{Pos.\ 1} = 1856\text{ mm}$$

$$U_{Pos.\ 2} = 2 \cdot (b + 300\text{ mm})$$
$$U_{Pos.\ 2} = 2 \cdot (157\text{ mm} + 300\text{ mm})$$
$$U_{Pos.\ 2} = 914\text{ mm}$$

$$U_{ges} = 2 \cdot (2 \cdot 1385\text{ mm} + 1856\text{ mm} + 914\text{ mm})$$
$$U_{ges} = 11080\text{ mm}$$

G

3.3.1 Aufgaben zu 3.3

1. Aus einer Blechtafel ist ein oben offener Behälter anzufertigen.

a) Bestimmen Sie die Seitenlängen der Blechtafel.

b) Welches Elektroschneidwerkzeug ist vorteilhaft einzusetzen?

c) Welche Schnittkantenlänge muss mit dem Werkzeug durchfahren werden?

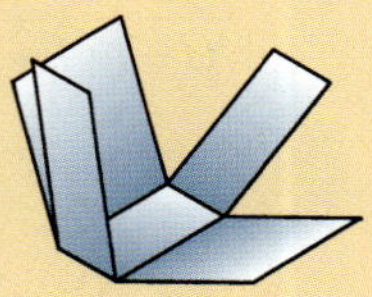

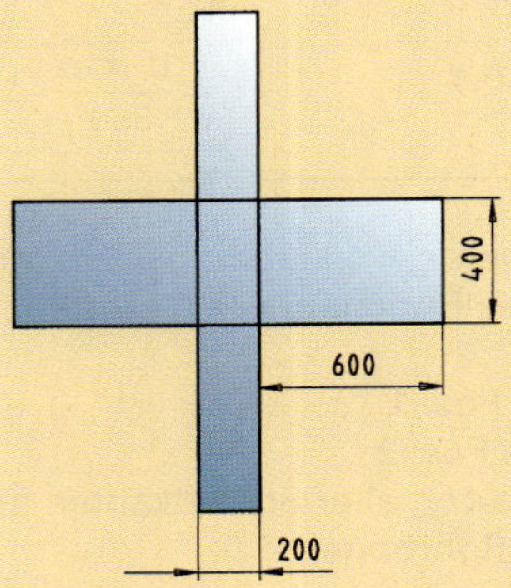

2. Ein Schütttrichter mit jeweils zwei gleichen Seitenteilen ist aus einer Blechtafel herzustellen. Die eingesetzte Elektroschere zerteilt in einer Minute 4 m Werkstoff.

a) Berechnen Sie die Zeit für das Ausschneiden der vier Teile.

b) Warum ist die Elektroschere hierbei nicht sinnvoll einzusetzen?

c) Welches Schneidwerkzeug schlagen Sie statt dessen vor?

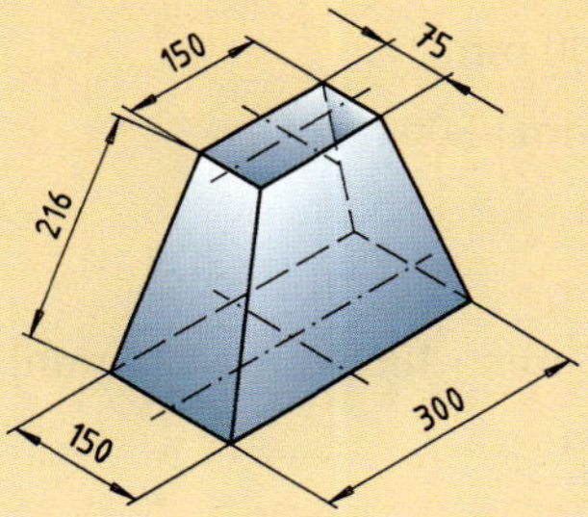

3. Mit einer Kapsel ist eine Kaminhülse zu verschließen. Der Innendurchmesser der Hülse beträgt 120 mm. Welche Seitenlänge hat der Zuschnitt der Kapsel vor dem Runden?

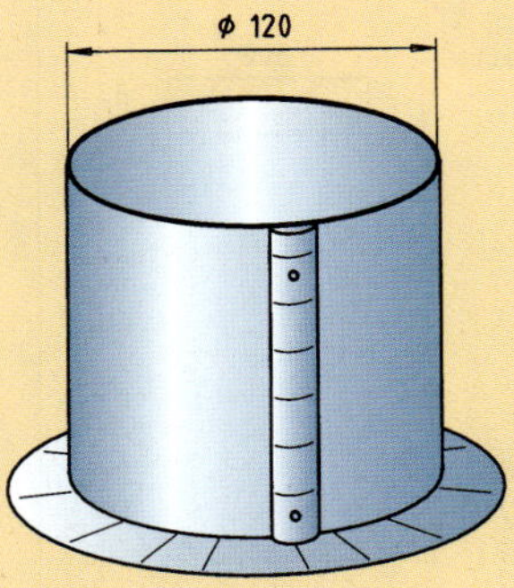

Hülse

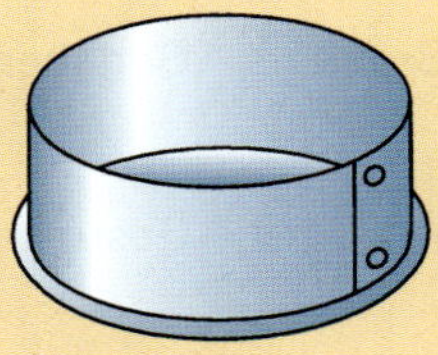

Kapsel

4. Zwischen zwei Rohren mit den Durchmesser ∅ 100 und ∅ 160 ist ein Verbindungsrohr einzubringen.
Welche Bogenlängen l_{b1} und l_{b2} hat der Zuschnitt?

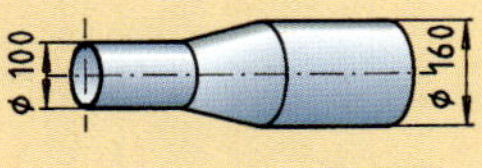

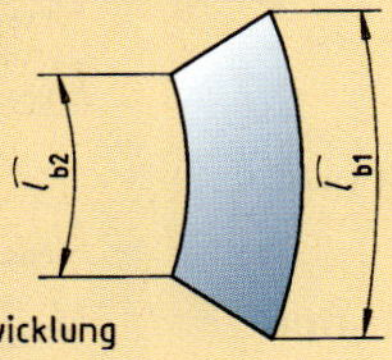

Abwicklung

5. Berechnen Sie die Schnittkantenlänge der Blechschablone.

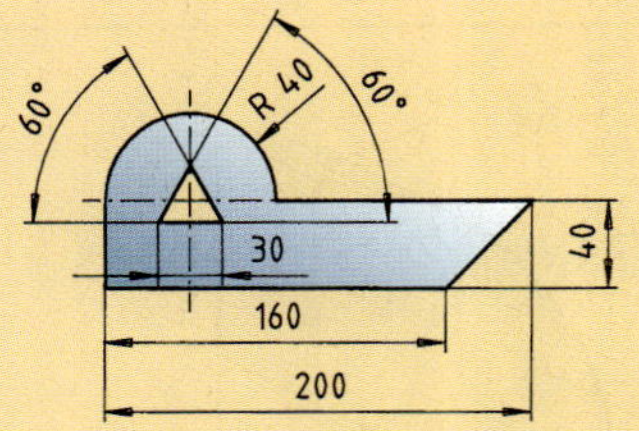

6. Welche Zeit benötigt eine Brennschneidmaschine zum Ausschneiden des Abdeckbleches, wenn sie pro 1 m Schnittfuge 1,5 min braucht?

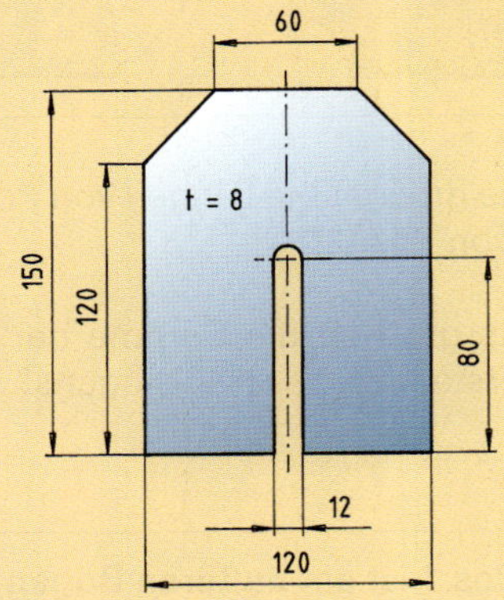

7.

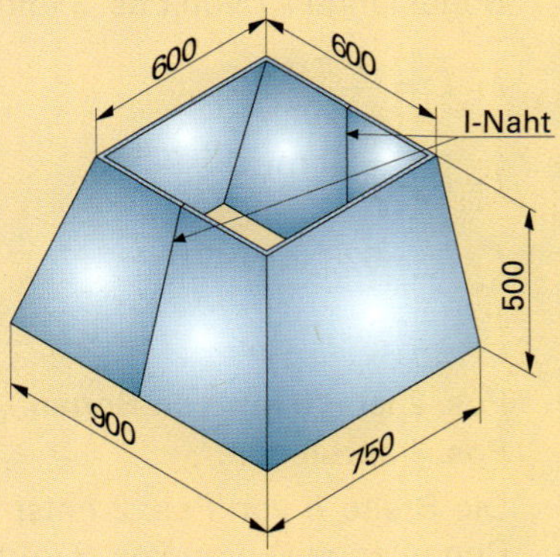

Aus einer Blechtafel ist die zweiteilige Haube zu fertigen.

a) Zeichnen Sie die Abwicklung.

b) Berechnen Sie die Schnittkantenlänge für eine Hälfte.

3.4 Lehrsatz des Pythagoras

Aus Rahmen gefertigte Tore biegen sich durch. Damit die Durchbiegung möglichst gering gehalten werden kann, wird eine Zugstange eingeschweißt. Aus dekorativen Gründen und verbesserter Steifigkeit wird die Zugstange mittig in den Rahmen eingeschweißt.
Die Füllstäbe werden aufgebohrt und die Zugstange mit den Füllstäben verschweißt. Alle benötigten Profillängen werden vor der Endmontage auf Länge gesägt. Die Längen werden in Stücklisten eingetragen, damit sie durch den Metallbauer leicht zu erfassen sind. Die Länge der Zugstange muss berechnet werden. Diese Berechnung ist mit der Bestimmungsgleichung für **rechtwinklige Dreiecke** möglich. Diese Bestimmungsgleichung heißt: **Lehrsatz des Pythagoras**.

Es gilt:

Im rechtwinkligen Dreieck ist der Flächeninhalt des Quadrates über der Hypotenuse gleich dem Flächeninhalt der beiden Quadrate über den Katheten.

$a^2 + b^2 = c^2$
und damit
$l_1^2 + l_2^2 = l_3^2$

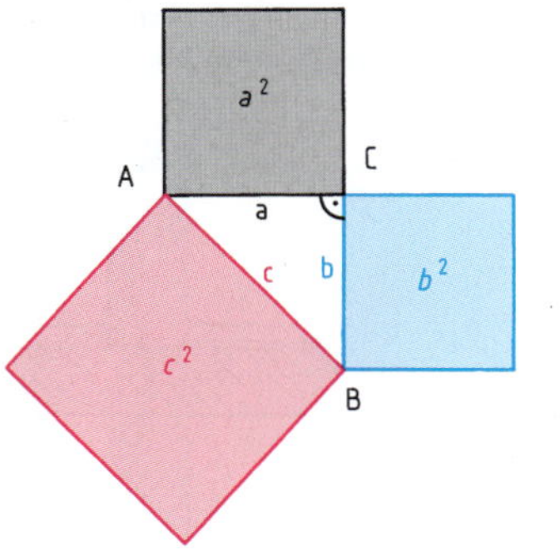

Die Zugstrebe kann wie folgt berechnet werden:
Gesucht: Hypotenuse l_3 in mm
Gegeben: Kathete $l_1 = 1920$ mm
Kathete $l_2 = 700$ mm

$$l_3 = \sqrt{l_1^2 + l_2^2}$$
$$l_3 = \sqrt{(2600\ \text{mm})^2 + (900\ \text{mm})^2}$$
$$l_3 = \sqrt{6760000\ \text{mm}^2 + 810000\ \text{mm}^2}$$
$$l_3 = \sqrt{7570000\ \text{mm}^2}$$
$$\underline{\underline{l_3 \approx 2751\ \text{mm}}}$$

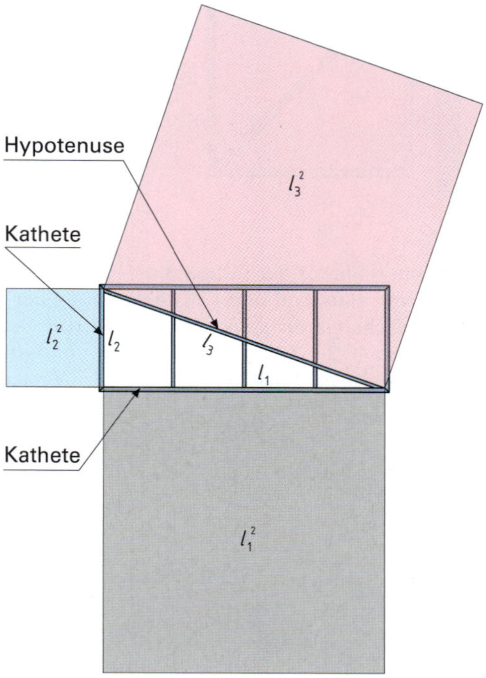

Bewertung der Ergebnisse:
Die Zugstange muss auf 2751 mm abgesägt werden. Die Stangenenden werden durch Abschrägen eingepasst.

Bei fast allen Anwendungen des Satzes des Pythagoras ist das Entdecken des rechtwinkligen Dreiecks das eigentliche Problem.

3.4.1 Aufgaben zu 3.4

1. Bestimmen Sie die Länge von *l*.

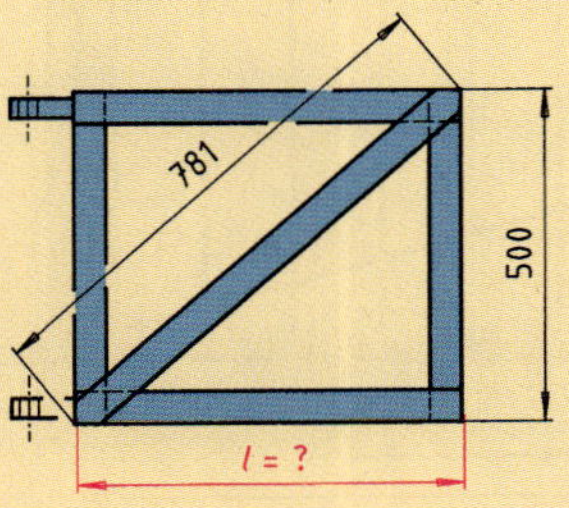

2. In einem Metallbaubetrieb soll aus 40 mm Vierkantrohr für eine Gartentür die Querstrebe *l* gefertigt werden.

a) Berechnen Sie die Länge der Querstrebe *l* in mm.

b) Kontrollieren Sie Ihr Ergebnis.

c) Warum ist der Zahlenwert für die Querstrebe abzurunden?

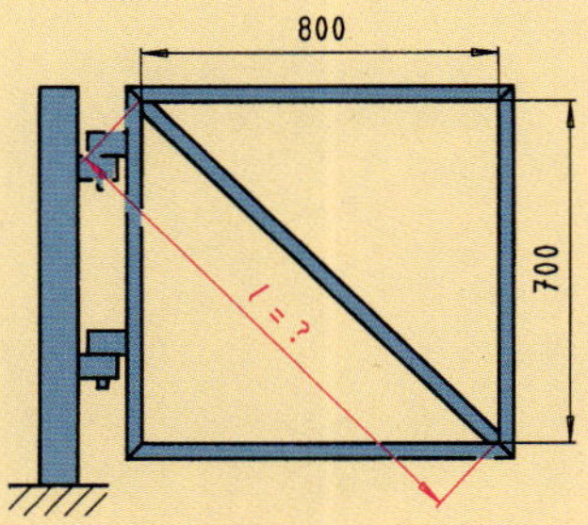

3. Berechnen Sie für die Treppe die Länge von Handlauf und Füllstäben zwischen zwei senkrechten Stäben Ro 48,3 × 3,2.

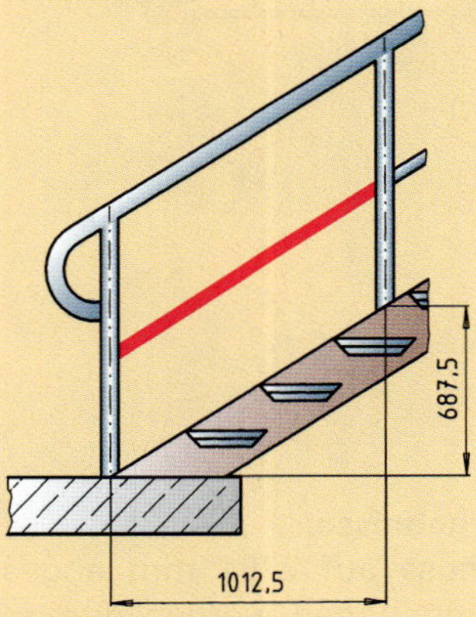

4. Finden Sie die rechtwinkligen Dreiecke. Bestimmen Sie die Seitenlängen (Profile selbst wählen).

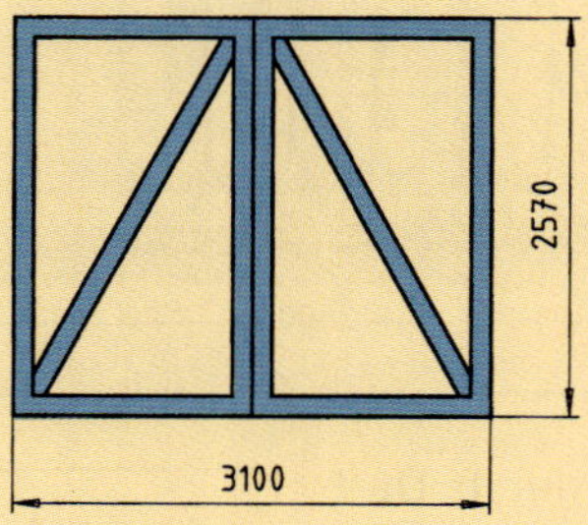

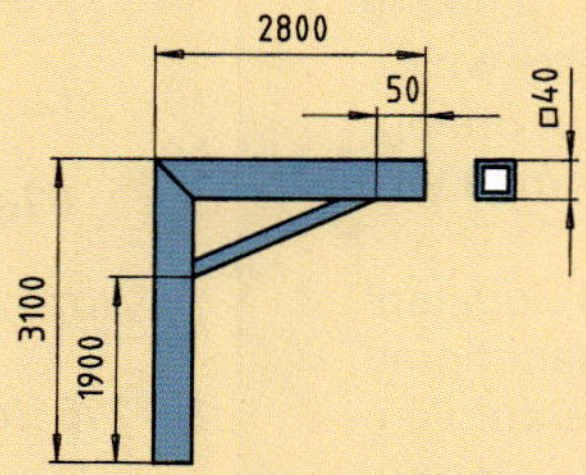

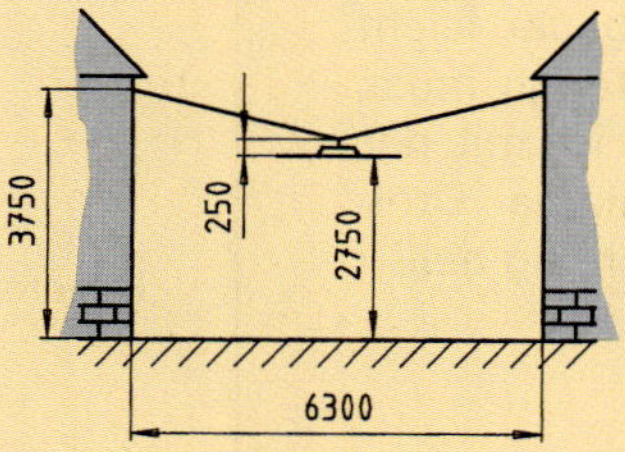

5. Ein Mast soll durch vier Seile in seiner Position gehalten werden. Die Seile werden 5 m vom Mast entfernt am Boden befestigt. Wie lang muss jedes Seil mindestens sein?

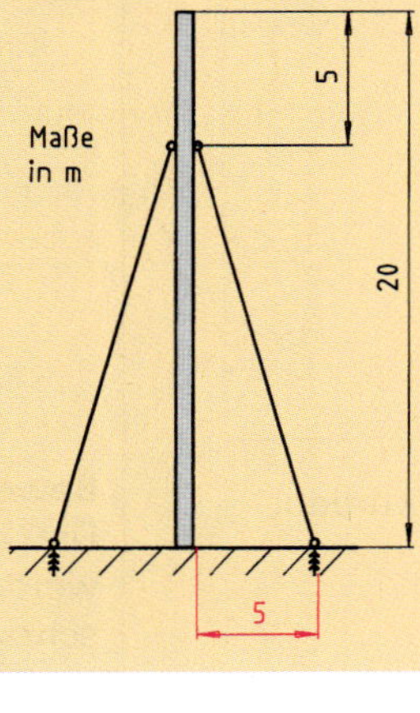

6. Für ein Gewächshaus ist eine Aluminiumkonstruktion mit 40 mm T-Profilen herzustellen. Auf welche Länge sind die Streben *l* zu sägen?

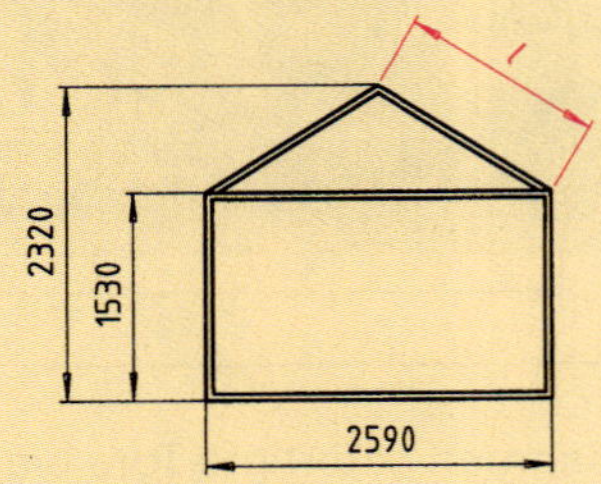

7. Ein Ausleger soll vom Drehgestell aus eine Förderhöhe von 1,5 m haben. Wie lang müssen die Streben l_1 und l_2 sein?

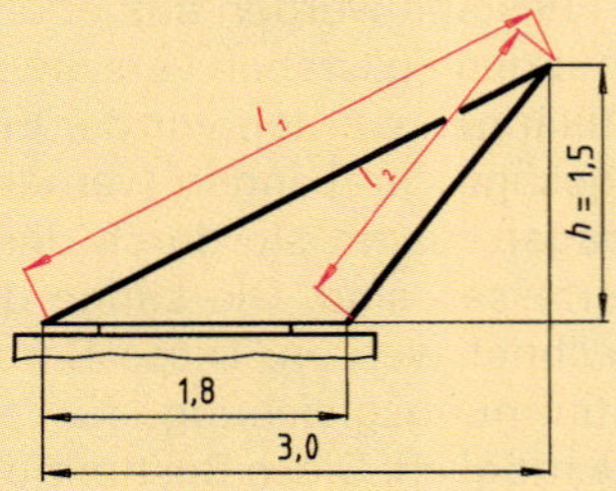

8. Eine Innenwand in einem Reihenhaus soll zwischen Keller und Erdgeschoss für die Durchführung einer Leitung mit einem Durchmesser von 20 mm durchbohrt werden. Wie lang muss der Steinbohrer mindestens sein?

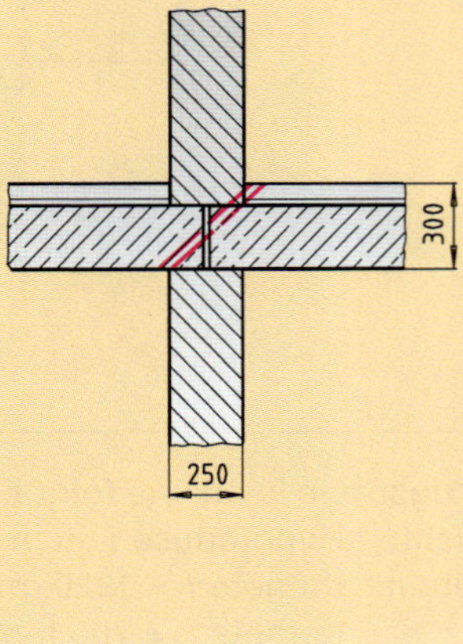

9. Der Ausleger wird durch eine Druckstrebe mit l = 3,30 m gestützt.
Wie groß ist der Abstand x der beiden Lager?

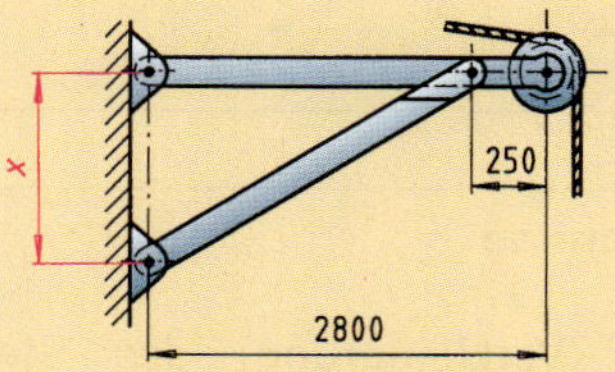

10. Eine Platte dient zur Befestigung eines Flanschlagers. In diese Platte sind 4 Bohrungen für Schrauben M12 zu bohren.
Wie groß ist der Lochmittenabstand x?

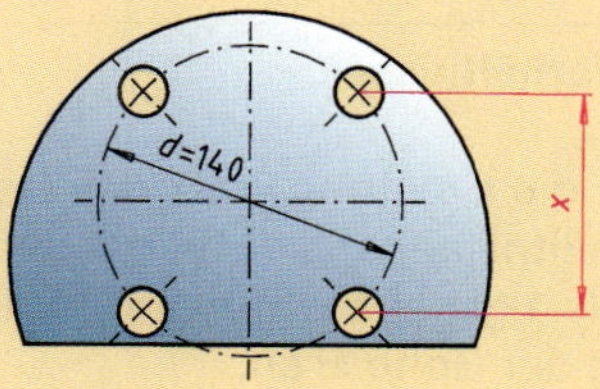

11. Berechnen Sie den Mindestdurchmesser des Rohmaterials für eine Sechskantmutter M30 mit der Schlüsselweite s = 44 mm (Sonderanfertigung).

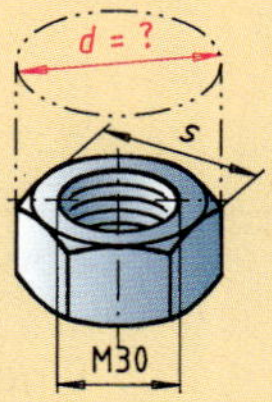

12. Für einen Einfülltrichter gelten die Abmessungen der Skizze.
a) Berechnen Sie die Länge x der Seitenwände.
b) Wie lang ist die Schweißnaht der Kante s?

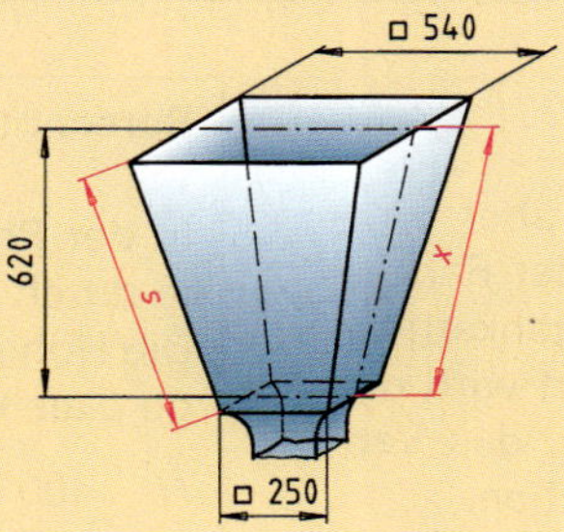

13. Das pyramidenförmige Dach einer Kirchturmspitze soll neu mit Kupferblech gedeckt werden. Für die Berechnung der 4 Dreiecksflächen wird die Länge der Kante s und die Höhe einer Dreiecksseite h_s benötigt.

Berechnen Sie

a) die Länge der Diagonalen d der Grundseite der Pyramide,
b) die Länge der Kante s und
c) die Länge der Höhe h_s.

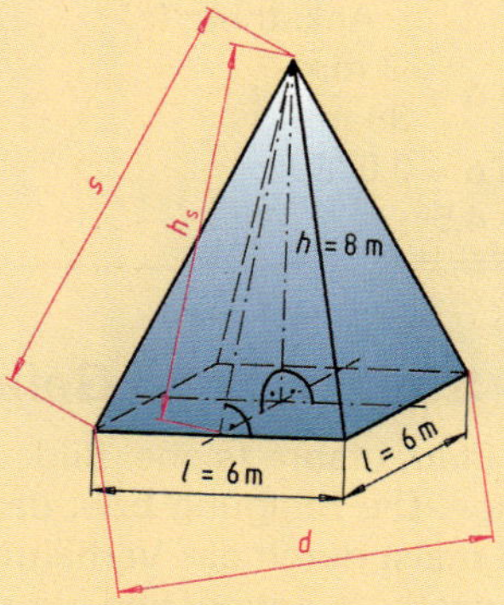

3.5 Winkelfunktionen

Bild 1 zeigt den Knauf eines Türriegels. Damit der Knauf gedreht werden kann, benötigt man den Kegelerzeugungswinkel α.

Der Kegelerzeugungswinkel kann mit Hilfe der **Winkelfunktionen** im **rechtwinkligen** Dreieck berechnet werden.

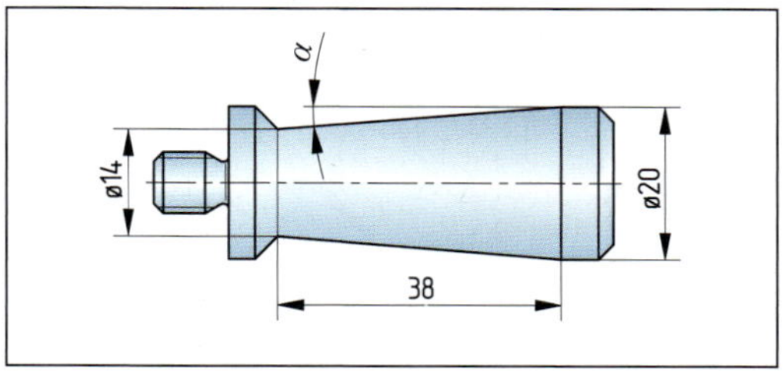

Bild 1

Allgemeine Aussagen zum rechtwinkligen Dreieck

Ähnliche Dreiecke

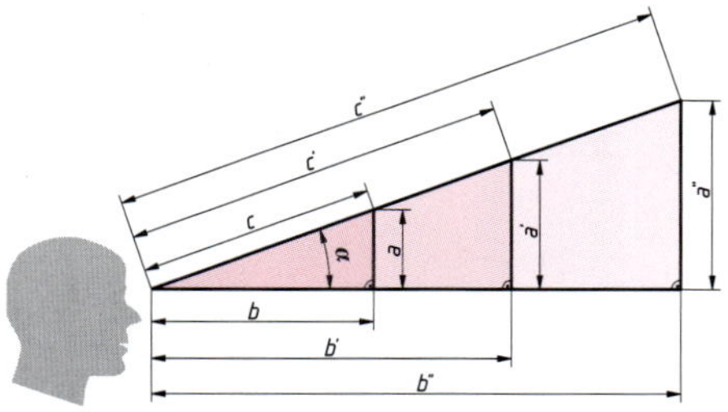

Seitenabhängigkeit	Bezeichnung	Schreibweise
$\frac{\text{Gegenkathete}}{\text{Hypotenuse}}$	Sinusfunktion	$\sin\alpha = \frac{a}{c} = \frac{a'}{c'} = \frac{a''}{c''} = \ldots$
$\frac{\text{Ankathete}}{\text{Hypothenuse}}$	Cosinusfunktion	$\cos\alpha = \frac{b}{c} = \frac{b'}{c'} = \frac{b''}{c''} = \ldots$
$\frac{\text{Gegenkathete}}{\text{Ankathete}}$	Tangensfunktion	$\tan\alpha = \frac{a}{b} = \frac{a'}{b'} = \frac{a''}{b''} = \ldots$
$\frac{\text{Ankathete}}{\text{Gegenkathete}} = \frac{1}{\tan}$	Cotangensfunktion	$\cot\alpha = \frac{b}{a} = \frac{b'}{a'} = \frac{b''}{a''} = \frac{1}{\tan\alpha}$

Zur Lösung der Aufgabe muss das rechtwinklige Dreieck gefunden werden, auf das die Winkelfunktion angewendet werden kann.

Gegeben: Länge des Kegels b = 38 mm
Höhe des Dreiecks a = 3 mm
[a = (20 mm – 14 mm) : 2]
Gesucht: Steigungswinkel α

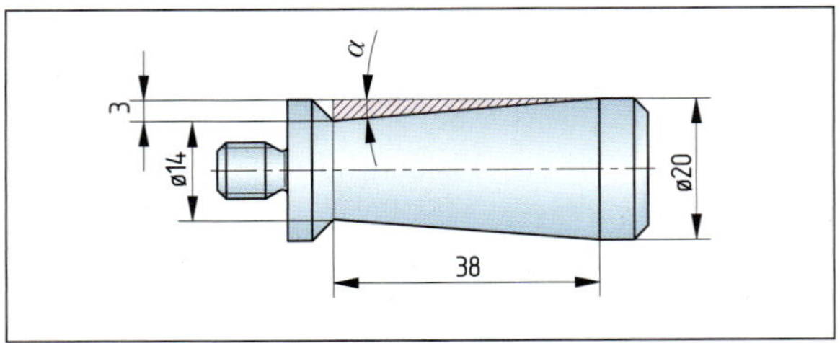

Lösung:

1. Schritt: Berechnen des Steigungswinkels α

$$\tan \alpha = \frac{\text{Gegenkathete } (a)}{\text{Ankathete } (b)}$$

$$\tan \alpha = \frac{3 \text{ mm}}{38 \text{ mm}}$$

$$\tan \alpha = 0{,}0789$$

$$\alpha \approx 4{,}5°$$

Bewertung der Ergebnisse

Eine Vergrößerung (Verkleinerung) des Steigungswinkels hat eine Vergrößerung (Verkleinerung) des Höhenunterschiedes zur Folge.

Eine Vergrößerung (Verkleinerung) der Länge L des Kegels hat eine Vergrößerung (Verkleinerung) des Höhenunterschiedes zur Folge.

3.6 Steigung und Gefälle

Die Platzzufahrt (siehe Bild 1) erfolgt über eine Rampe. Die Steigung bzw. das Gefälle der Rampe wird meist durch das Verhältnis von Gegenkathete zu Ankathete angegeben. Je nach Bedarf wird die Steigung durch den **Steigungswinkel** α, das **Verhältnis 1 : n** oder als **Prozentwert** angegeben.

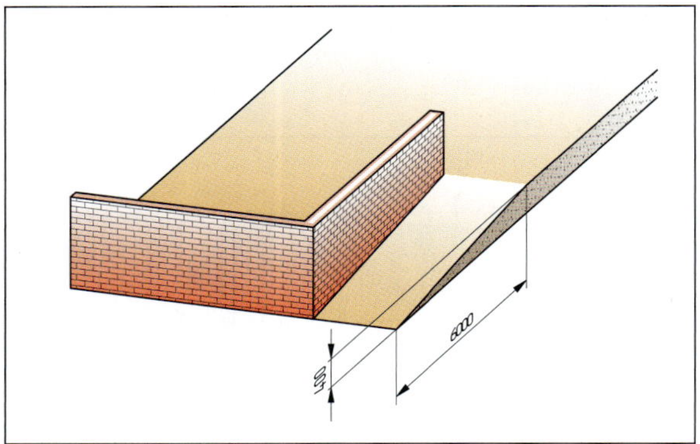

Bild 1 Platzzufahrt mit Steigung

Berechnen des Steigungswinkels α

H = 400 mm
L = 6000 mm

$$\tan \alpha = \frac{400 \text{ mm}}{6000 \text{ mm}} = 0{,}067 \Rightarrow \alpha \cong 3{,}8°$$

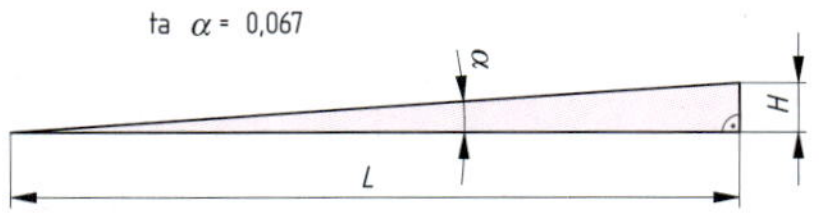

Berechnung des Verhältnisses

In der Praxis wird die Steigung oder das Gefälle durch eine Verhältnisangabe 1 : n angegeben. Die Höhe H wird als 1 gesetzt und n gibt die Länge L als Vielfaches der Höhe H an.

$$\frac{H}{L} = \frac{400 \text{ mm}}{6000 \text{ mm}} = \frac{1}{15} = 1:15$$

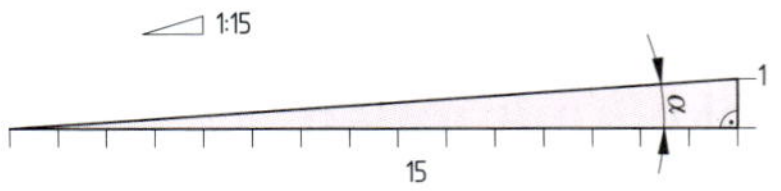

Berechnung als Prozentwert

Bei der Berechnung der Steigung als Prozentwert wird die Länge als 100 % gesetzt. Die Angabe einer Steigung oder eines Gefälles in Prozent besagt dann, um wie viele mm (cm oder m) eine Neigung auf einer Länge L von 100 mm (cm oder m) steigt bzw. fällt.

6000 mm = 100 %

$$1 \text{ mm} = \frac{100 \%}{6000 \text{ m}}$$

$$400 \text{ mm} = \frac{100 \% \cdot 400 \text{ mm}}{6000 \text{ mm}} \cong 6{,}7 \%$$

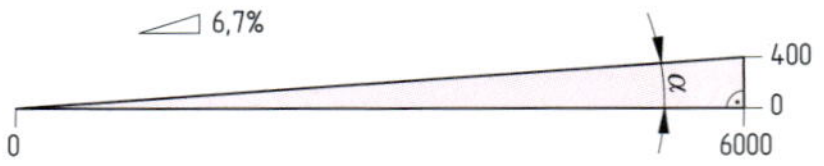

3.6.1 Aufgaben zu 3.6

1. Für das Beispiel „Platzzufahrt mit Steigung" (Seite 92) ist für die Hinterkante des Torflügels der Versatz x vom oberen Drehpunkt zum unteren Drehpunkt zu bestimmen. Die Drehpunkte haben den Abstand $a = 950$ mm. Der Neigungswinkel beträgt $\alpha = 8°$.

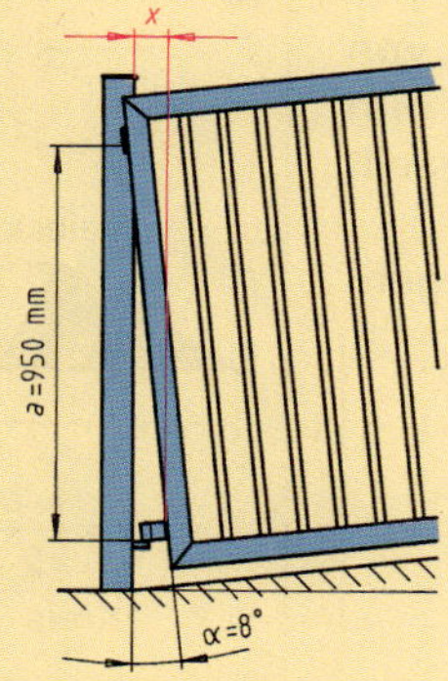

2. Der Ausleger einer Beleuchtungsanlage hat die Länge $L_1 = 1600$ mm. Welchen Abstand haben die beiden Befestigungspunkte von der Wand?

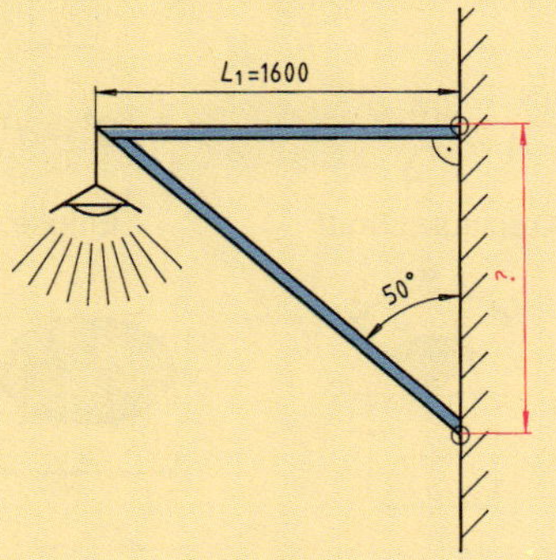

3. Für eine Entwässerungsanlage ist ein Anschlusskanal nach folgendem Gefälleplan mit einem Neigungswinkel $\alpha = 3°$ herzustellen. Welcher Höhenunterschied H ergibt sich auf der 16 m langen Gefällestrecke?

Geben Sie das Gefälle in Prozent an.

Pos.	Bauteil
1	Mischwasserkanal
2	Mischwasserleitung
3	Regenwasserleitung
4	Schmutzwasserleitung
5	Regenwasserablauf
6	Ablauf mit Rückstauverschluss
7	Entwässerungsrinne mit Geruchsverschluss
8	Reinigungsrohr

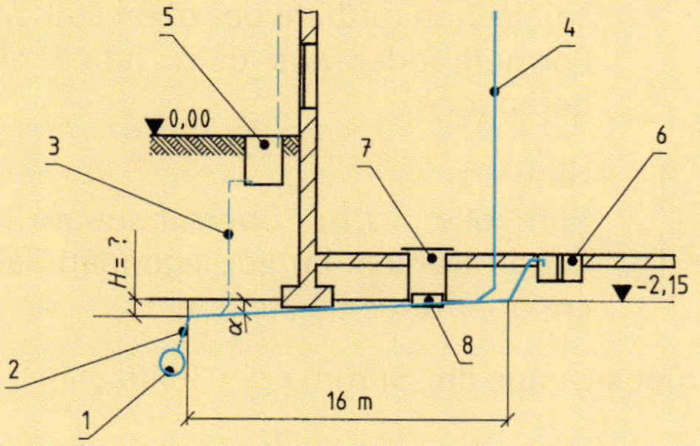

4.–7.: Ermitteln Sie die gesuchten Größen (rot).

4. Das Mindestgefälle für liegende Leitungen in Gebäuden sollte 2 % nicht unterschreiten. Die Fallleitung für die Anschlussleitung der Sanitärinstallation erfordert daher ein Mindestgefälle von 5,35 cm. Berechnen Sie den Gefällewinkel α.

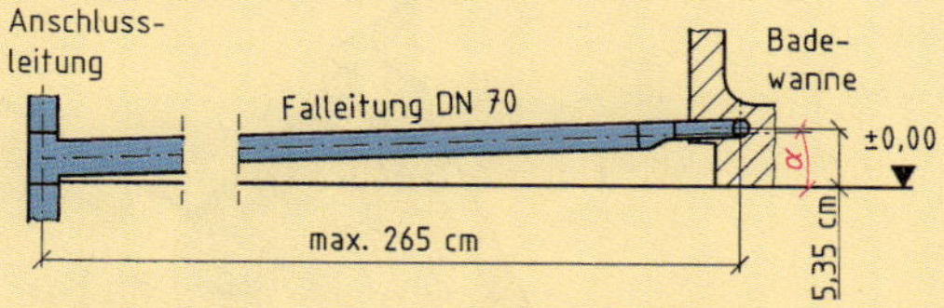

5. Welcher Kontrollabstand b ergibt sich für die Freitreppe bei einem Steigungswinkel $\alpha = 30°$?

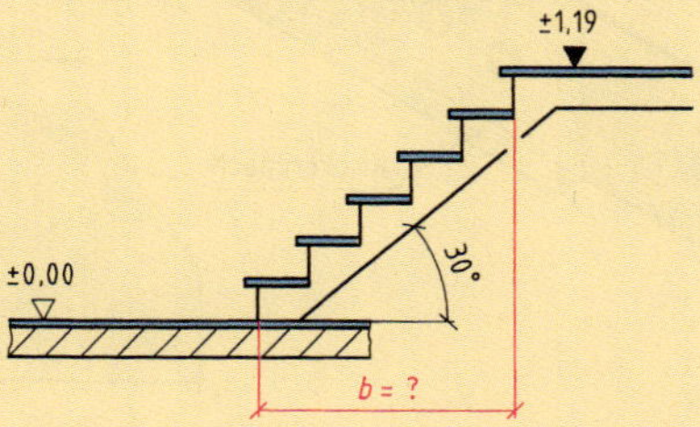

6. Die beste Begehbarkeit von Treppen liegt bei einem Steigungswinkel $\alpha = 25°...30°$. Die geradläufige Stahltreppe erreicht bei einer Lauflänge von $L = 8$ m eine Geschosshöhe von $H = 4{,}07$ m. Überprüfen Sie rechnerisch, ob der Steigungswinkel innerhalb dieser Werte liegt.

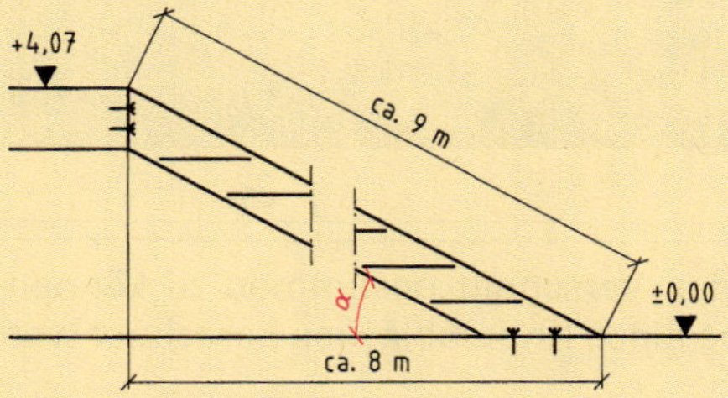

7. Auf dem Werkstattdach soll ein Sonnenkollektor aufgestellt werden. Welche Schattenlänge wirft das 3,70 m höhere Bürogebäude, wenn die Sonne im Winter mit minimal 20° einstrahlt?

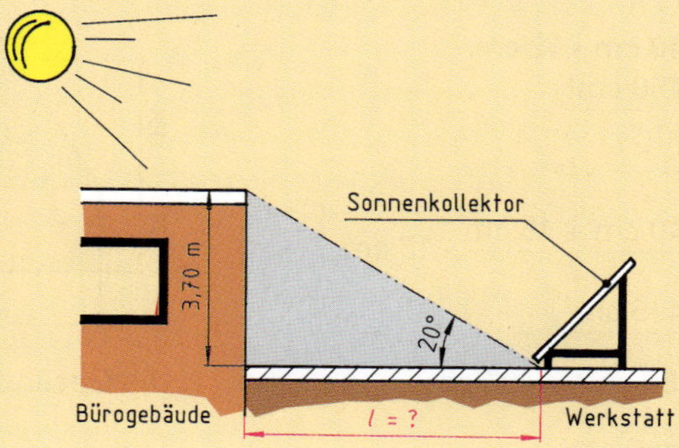

G

4 Flächen

4.1 Ermittlung der Flächen

Knotenbleche werden z. B. im Stahlbau zum Verbinden von Stahlprofilen eingesetzt. Aus einer Stahlplatte von 400 mm Breite und 12,5 m Länge können vier Knotenbleche hergestellt werden.
Wie groß ist der Verschnitt? (Schnittfugen nicht berücksichtigen)

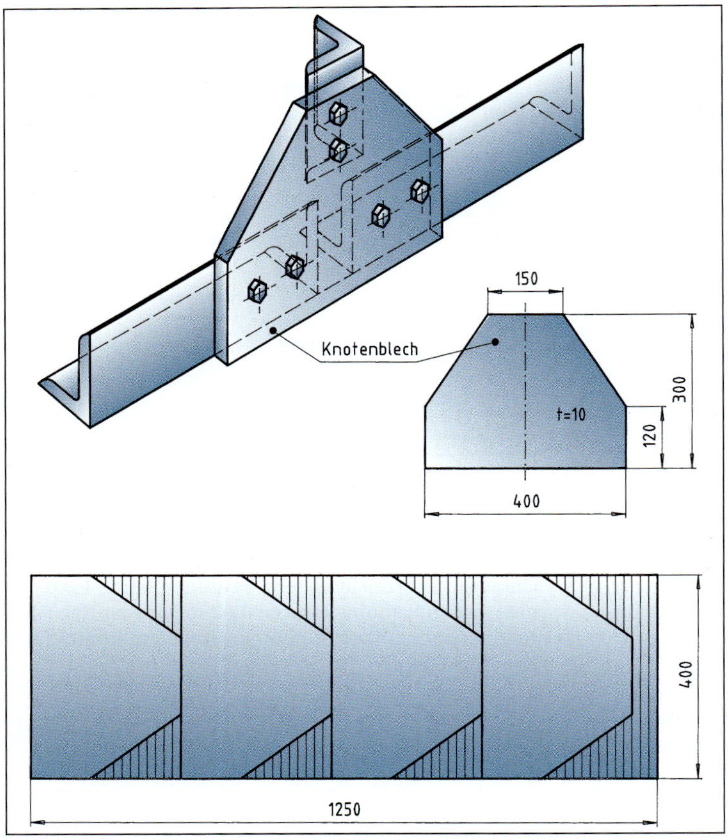

Um den Verschnitt bestimmen zu können, muss zunächst die Fläche eines Knotenbleches berechnet werden:

Quadrat

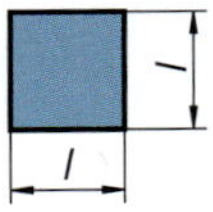

$A = l^2$

Rechteck

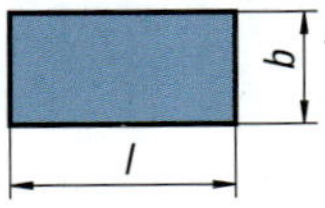

$A = l \cdot b$

Dreieck

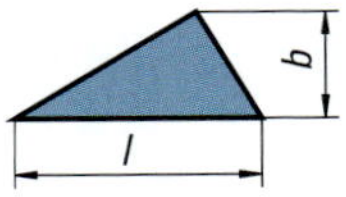

$A = \frac{l \cdot b}{2}$

Trapez

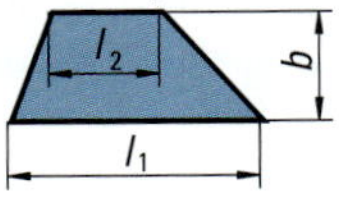

$A = \frac{l_1 + l_2}{2} \cdot b$

Kreis

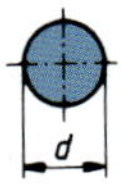

$A = \frac{d^2 \cdot \pi}{4}$

Kreisring

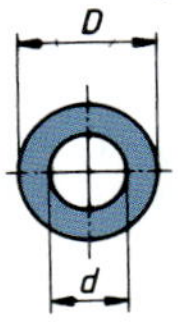

$A = \left(D^2 - d^2\right) \cdot \frac{\pi}{4}$

Kreisausschnitt

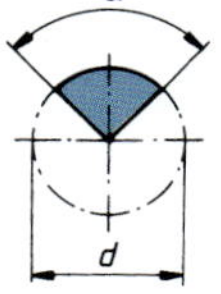

$A = \frac{d^2 \cdot \pi \cdot \alpha}{4 \cdot 360°}$

Ellipse

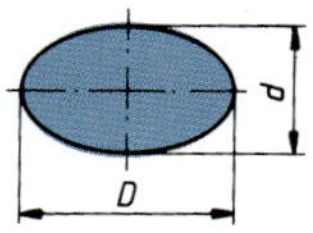

$A = \frac{\pi \cdot d \cdot D}{4}$

Kugel

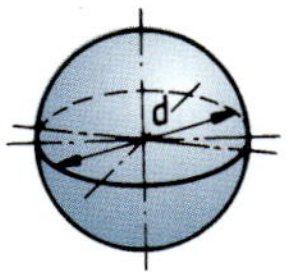

$A = \pi \cdot d^2$

1. Möglichkeit: Gesamtfläche ist die Summe der Teilflächen

$A = A_1 + A_2$ ⇒ Gesamtfläche in berechenbare Teilflächen (Rechteck und Trapez) zerlegen

$A_1 = l \cdot b$
$A_1 = 40\ \text{cm} \cdot 12\ \text{cm}$ ⇒ Teilflächen mithilfe der oben stehenden Formeln oder aus dem Tabellenbuch berechnen.
$A_1 = 480\ \text{cm}^2$

$A_2 = \frac{l_1 + l_2}{2} \cdot b$

$A_2 = \frac{40\ \text{cm} + 15\ \text{cm}}{2} \cdot 18\ \text{cm}$

$A_2 = 495\ \text{cm}^2$

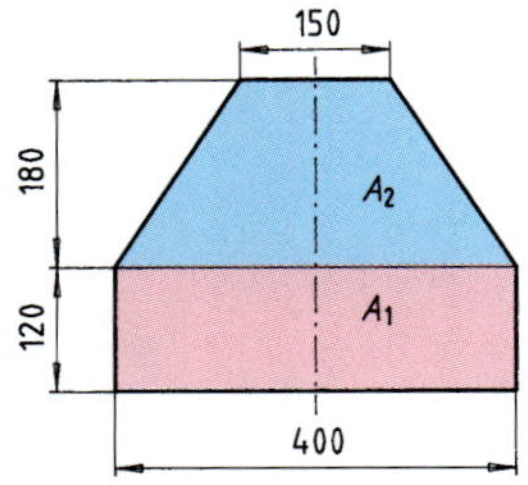

Hinweis:
Sinnvolle, d. h. überschaubare Einheiten wählen. Im vorliegenden Fall für cm oder dm entscheiden.

$A = 480\ \text{cm}^2 + 495\ \text{cm}^2$ ⇒ Die Gesamtfläche ergibt sich aus der Summe der Teilflächen
$A = 975\ \text{cm}^2$

2. Möglichkeit: Gesamtfläche ist die Differenz der Teilflächen

$A = A_1 - 2 \cdot A_2$ ⇒ Gesamtfläche in berechenbare Teilflächen (Rechtecke und Trapez) zerlegen

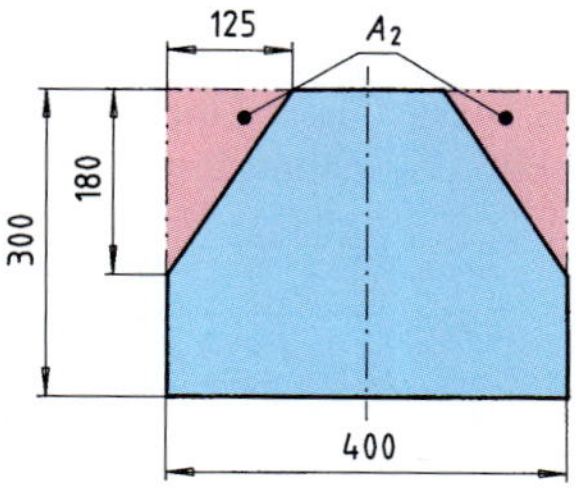

$A_1 = 40\ \text{cm} \cdot 30\ \text{cm}$

$A_1 = 1200\ \text{cm}^2$

$A_2 = \dfrac{l_1 \cdot b}{2}$

$A_2 = \dfrac{12{,}5\ \text{cm} + 18\ \text{cm}}{2}$

$A_2 = 112{,}5\ \text{cm}^2$

$A = 1200\ \text{cm}^2 - 2 \cdot 112{,}5\ \text{cm}^2$ ⇒ Die Gesamtfläche ergibt sich aus der Differenz der Teilflächen

$\underline{\underline{A = 975\ \text{cm}^2}}$

Berechnung des Verschnitts

Verschnitt A_V = Ausgangsblechfläche A_{Blech} – Werkstückfläche A_{ges}

Ausgangsblechfläche A_{Blech}

$A_{Blech} = l \cdot b$

$A_{Blech} = 40\ \text{cm} \cdot 125\ \text{cm}$

$A_{Blech} = 5000\ \text{cm}^2$

Werkstückfläche A_{ges}

Aus einem Stahlblech können vier Knotenbleche hergestellt werden. Daher gilt in diesem Fall:

$A_{ges} = 4 \cdot A$

$A_{ges} = 4 \cdot 975\ \text{cm}^2$

$A_{ges} = 3900\ \text{cm}^2$

Verschnitt

$A_V = 5000\ \text{cm}^2 - 3900\ \text{cm}^2$

$\underline{\underline{A_V = 975\ \text{cm}^2}}$

Prozentualer Verschnitt

Bei der Berechnung des prozentualen Verschnitts kann von zwei Bezugsgrößen ausgegangen werden. Entweder von der **Ausgangsblechfläche A_{Blech}** oder von der **Werkstückfläche A_{ges}**:

Bezogen auf die Ausgangsfläche

$5000\ \text{cm}^2 \triangleq 100\ \%$

$1100\ \text{cm}^2 \triangleq\ ?\ \%$

$1\ \text{cm}^2 \triangleq \dfrac{100\ \%}{5000\ \text{cm}^2}$

$1100\ \text{cm}^2 \triangleq \dfrac{100\ \% \cdot 1100\ \text{cm}}{5000\ \text{cm}^2}$

$\underline{\underline{1100\ \text{cm}^2 \triangleq 22\ \%}}$

Der Verschnitt beträgt 22 % der Ausgangsblechfläche.

Bezogen auf die Werkstückfläche

$3900\ \text{cm}^2 \triangleq 100\ \%$

$1000\ \text{cm}^2 \triangleq\ ?\ \%$

$1\ \text{cm}^2 \triangleq \dfrac{100\ \%}{3900\ \text{cm}^2}$

$1100\ \text{cm}^2 \triangleq \dfrac{100\ \% \cdot 1100\ \text{cm}}{3900\ \text{cm}^2}$

$\underline{\underline{1100\ \text{cm}^2 \triangleq 28{,}2\ \%}}$

Der Verschnitt beträgt 28,2 % der Werkstückfläche.

4.1.1 Aufgaben zu 4.1

1. Welche Fläche A in m^2 hat das Knotenblech?

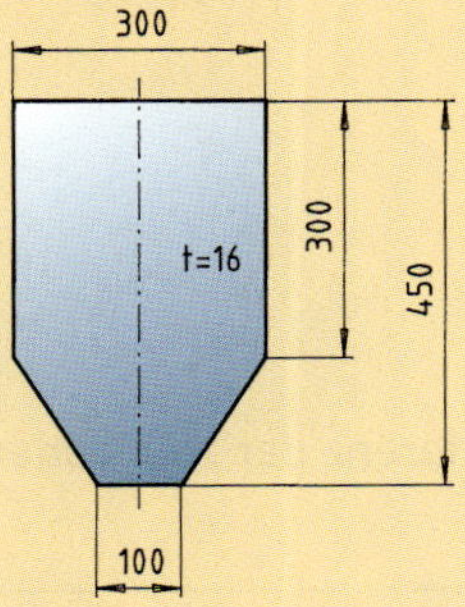

2. Aus einem Stahlblech von 300 mm Breite und 1250 mm Länge sind Knotenbleche herzustellen.
a) Berechnen Sie die Fläche eines Knotenbleches.
b) Wie viele Knotenbleche lassen sich aus dem Stahlblech schneiden?
c) Berechnen Sie den prozentualen Verschnitt
– bezogen auf die Ausgangsfläche.
– bezogen auf die Werkstückfläche.

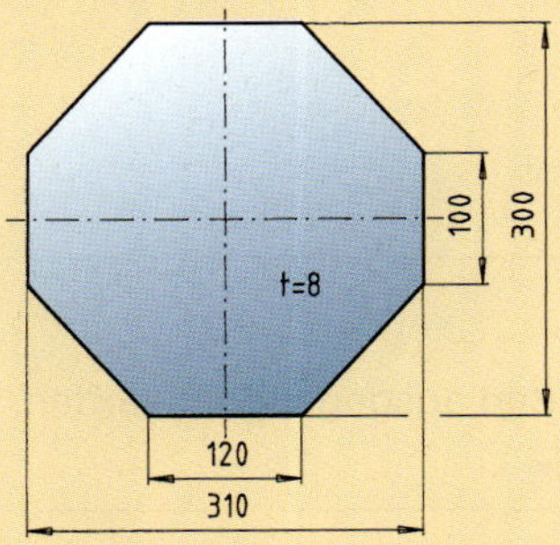

3. Wie viel Quadratmeter Kupferblech sind erforderlich, um die Dachfläche zu decken, wenn für Verschnitt und Überlappungen ein Zuschlag von 7 % der Dachfläche angenommen wird?

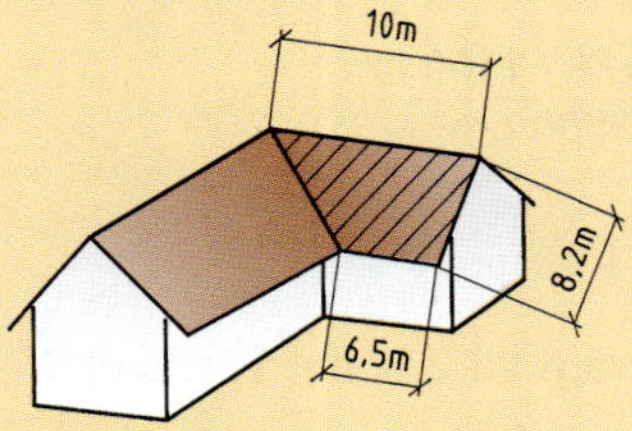

4. Die beiden Abzweigquerschnitte des Hosenrohrs sollen so groß sein wie der Eingangsquerschnitt. Berechnen Sie d in mm.

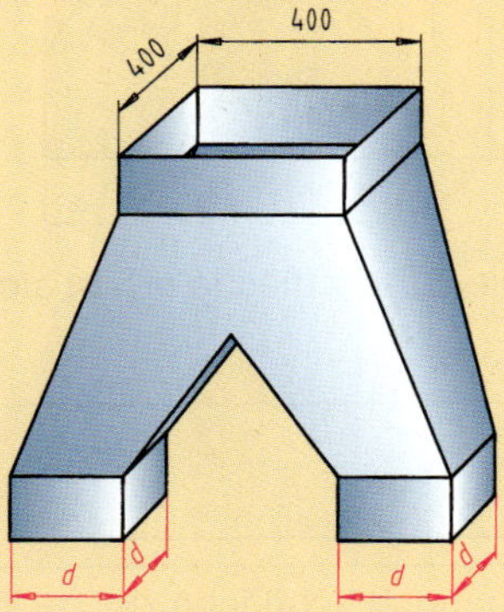

5. Wie groß ist die Fläche des Aluminiumblechs und wie viel Kilogramm wiegt es, wenn 1 m^2 eine Masse von 5,4 kg hat?

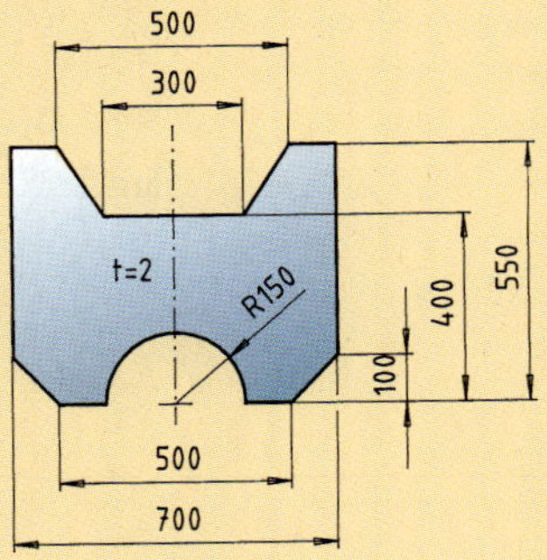

6. Aus einer 3 mm dicken quadratischen Gummiplatte von 500 mm · 500 mm sollen Dichtungen ausgeschnitten werden. Wie groß ist der prozentuale Verschnitt in Bezug auf die Werkstückfläche?

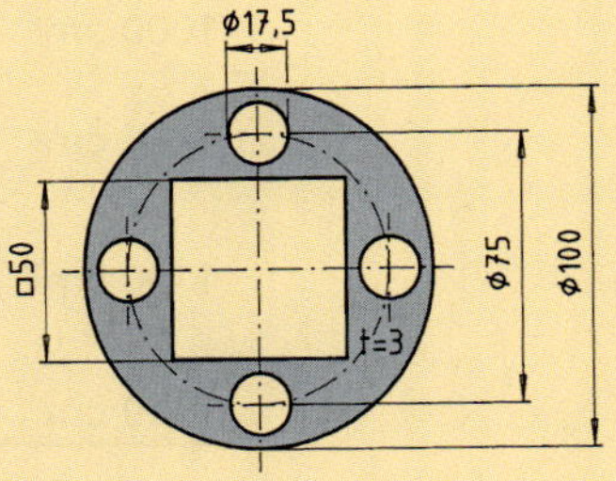

7. Welchen Strömungsquerschnitt hat eine Gewinderohr EN 10255-DN 25 mit einem Außendurchmesser d_1 = 33,7 mm und einer Wanddicke s = 3,25 mm?

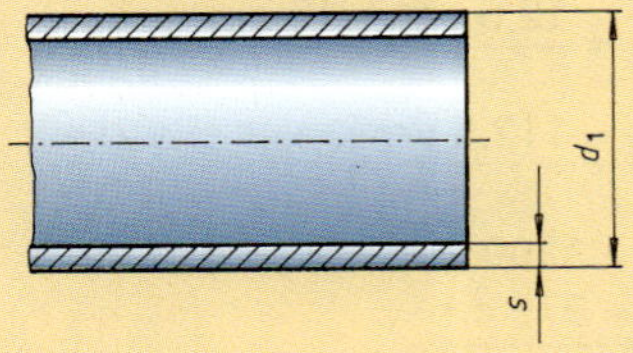

8. Wie viele Isolierungen können aus einem 0,3 mm dicken Kunststoffstreifen von 60 mm Breite und 300 mm Länge ausgeschnitten werden und wie groß ist der prozentuale Verschnitt in Bezug auf die Ausgangsfläche?

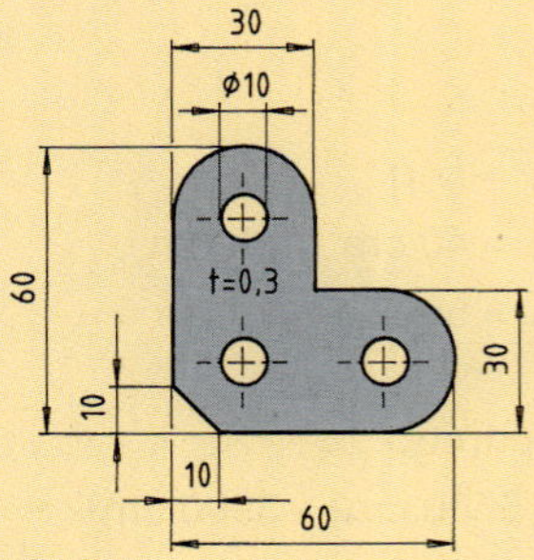

9. In den in der Bauzeichnung dargestellten Raum soll eine Fußbodenheizung verlegt werden. Je Quadratmeter Fußbodenfläche werden 4,5 m Heizungsrohr kalkuliert. Welche Rohrlänge wird für den Raum benötigt?

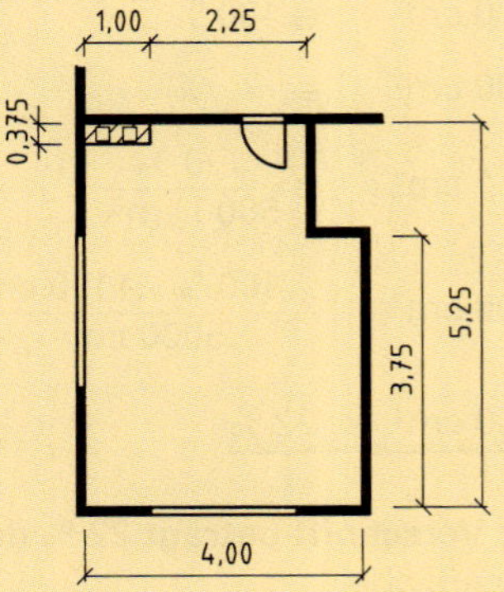

G

10. Ein Zugstab mit quadratischem Querschnitt von 50 mm · 50 mm soll durch einen gleich großen rechteckigen Querschnitt mit einer Breite von 60 mm ersetzt werden. Welche Höhe muss der rechteckige Querschnitt erhalten?

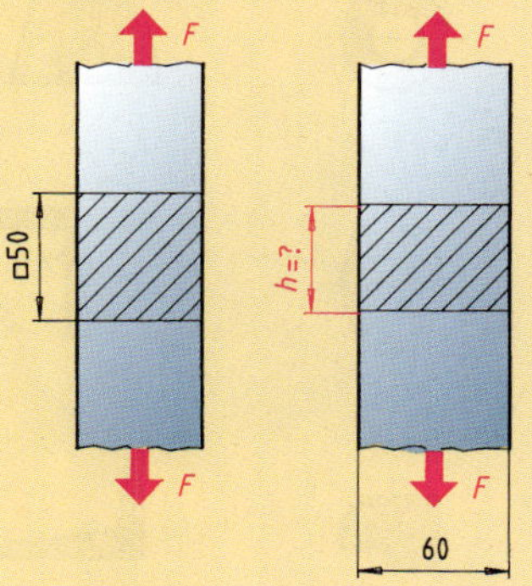

11. Welchen Durchmesser muss ein kreisförmiger Querschnitt haben, der den quadratischen aus Aufgabe 10 ersetzen kann?

12. Wie groß ist die Fläche des Trittblechs?

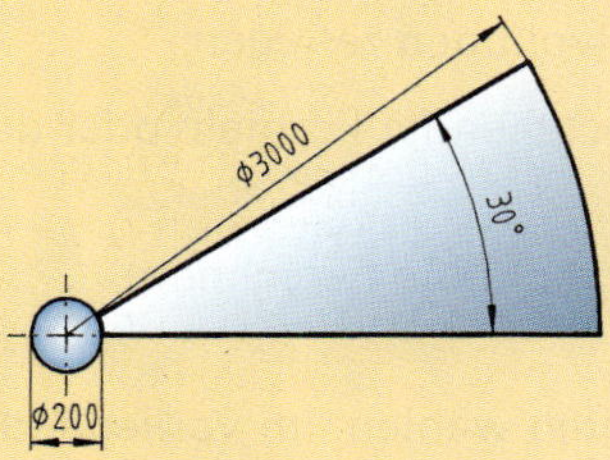

13. Wie groß ist der Blechbedarf für die Schleifscheibenabdeckung (zwei Seiten- und eine Mantelfläche), wenn mit 22 % Verschnitt in Bezug auf die Ausgangsfläche gerechnet wird?

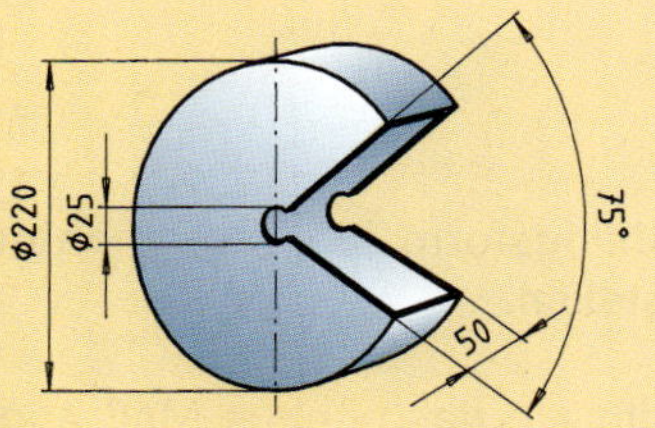

14. Wie viel Prozent der Ausgangsfläche sind Verschnitt?

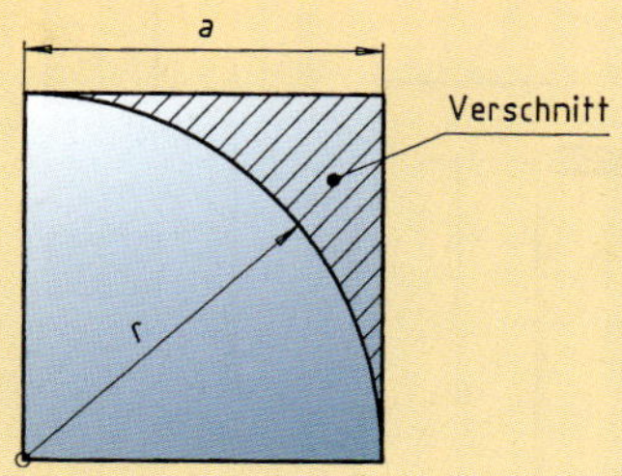

15. Bestimmen Sie die Fläche der Dichtung.

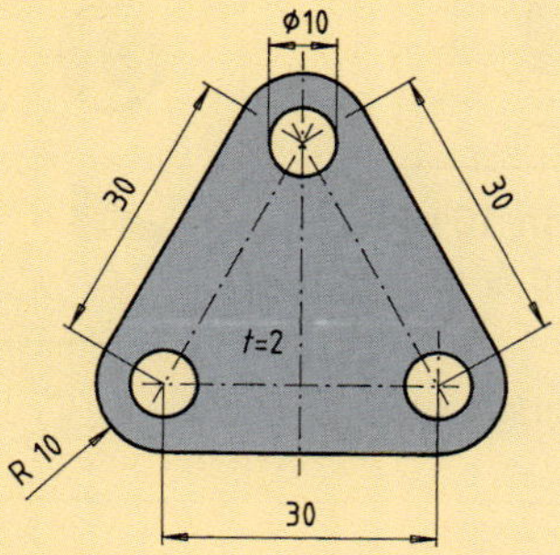

16. Ein Drahtseil besteht aus 144 Einzeldrähten mit jeweils 1 mm Durchmesser.

a) Wie groß ist die auf Zug beanspruchte Fläche des Seils?

b) Welchen Durchmesser muss der Einzeldraht haben, wenn die tragende Fläche verdoppelt werden soll?

17. Das Ende eines Rohres soll so gestaltet werden, dass sich die Strömungsgeschwindigkeit vom Eintritt bis zum Austritt des Konus verdoppelt. Um dies zu erreichen, muss der Austrittsquerschnitt halb so groß sein wie der Eintrittsquerschnitt.
Wie groß muss der Austrittsdurchmesser sein?

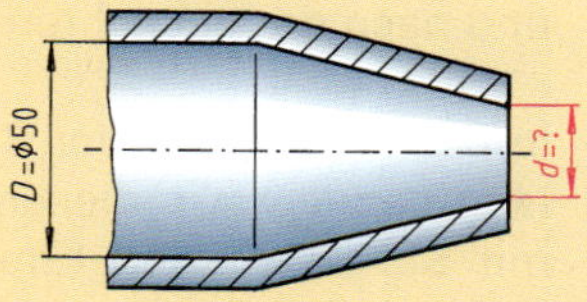

18. Ein Absaugrohr mit 60 mm Innendurchmesser soll in einen 5mal so großen Rechteckquerschnitt mit 60 mm Breite übergehen.
Wie lang muss die Öffnung werden?
Wie groß ist das Seitenblech?

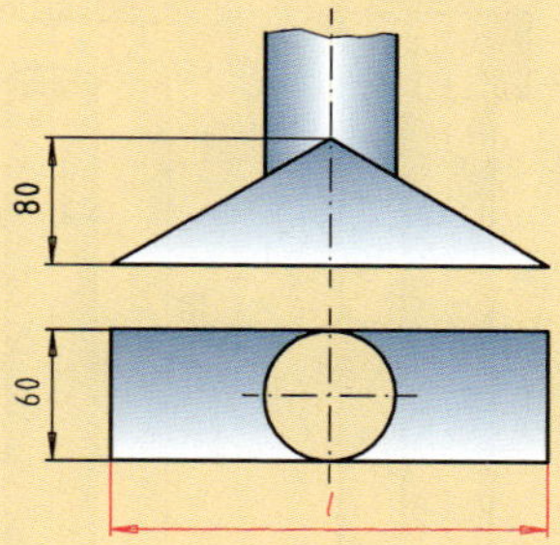

19. Welche Masse hat die Schutzhaube? 1 m² des Bleches wiegt 6,28 kg.

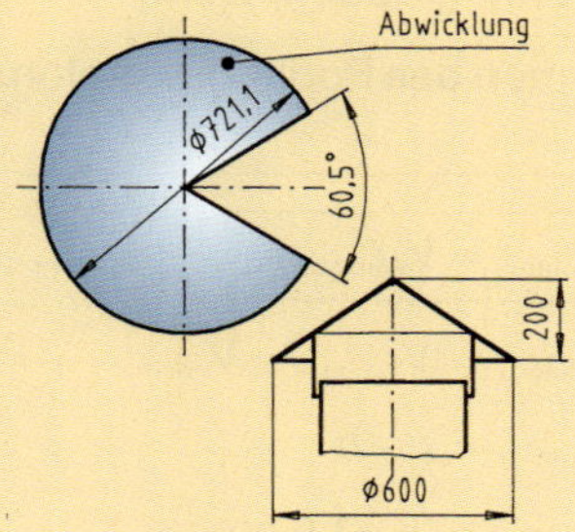

20. Wie schwer ist das Teil, wenn 1 dm² des Bleches 392,5 g wiegt?

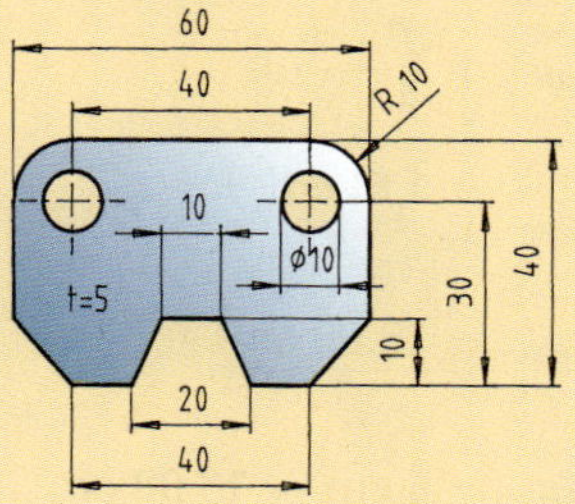

21. Berechnen Sie den Blechbedarf für die Windschutzhaube in dm² bei 8 % Verschnitt.

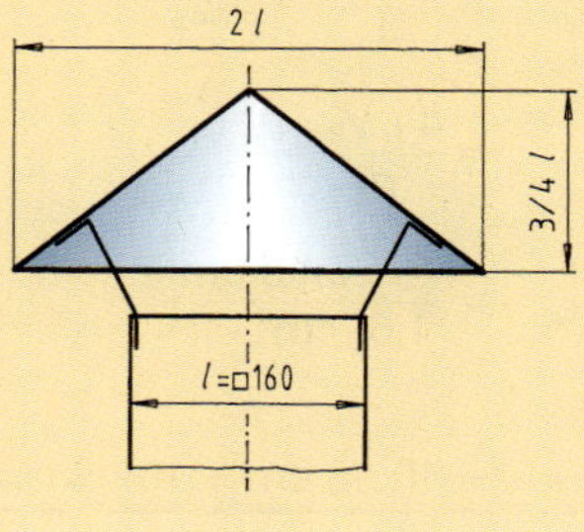

5 Volumen

5.1 Grundkörper

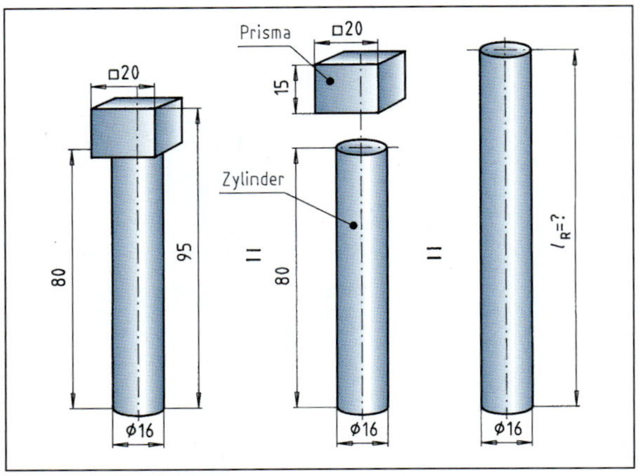

Der Bolzen wird aus einem Rundstahl von 16 mm Durchmesser geschmiedet. Welche Länge l_R muss der Rohling haben, wenn

Volumen des Rohlings = Volumen des Werkstücks

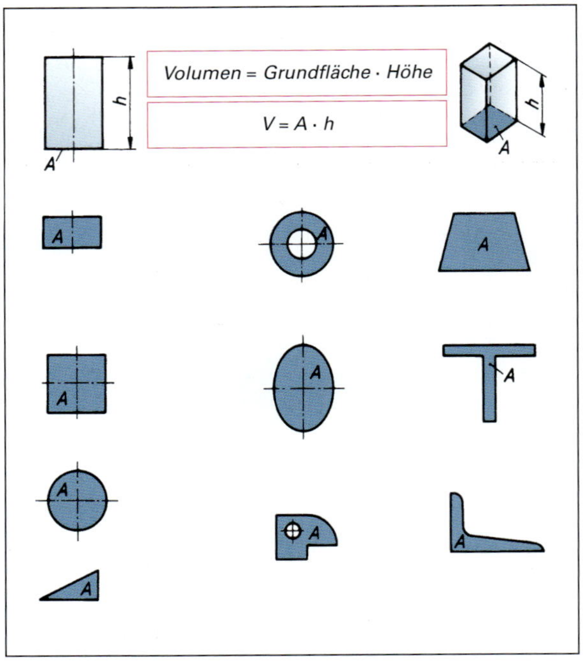

$V_{Rohling} = V_{Werkstück}$

$V_{Rohling} = V_{Zylinder} + V_{Prisma}$ ⇒ Schmiedeteile in berechenbare Einzelvolumen zerlegen.

$V_{Prisma} = l^2 \cdot h$ ⇒ Volumenberechnungen mithilfe obenstehender Formeln oder dem Tabellenbuch.

$V_{Prisma} = 2^2 \cdot 1{,}5\ \text{cm}$

Einzelvolumen aufgrund der gegebenen Maße berechnen.

$V_{Prisma} = 6\ \text{cm}^3$

Hinweis:
Sinnvolle, d. h. überschaubare Einheiten wählen, im vorliegenden Beispiel cm bzw. cm³.

$$V_{Zylinder} = \frac{d^2 \cdot \pi}{4} \cdot h$$

$$V_{Zylinder} = \frac{1{,}6^2\ \text{cm}^2 \cdot \pi}{4} \cdot 8\ \text{cm}$$

$$V_{Zylinder} = 16{,}08\ \text{cm}^3$$

$V_{Werkstück} = 6\ \text{cm}^3 + 16{,}08\ \text{cm}^3$ ⇒ Addition der Einzelvolumen

$V_{Werkstück} = 22{,}08\ \text{cm}^3$

$V_{Rohling} = \frac{d^2 \cdot \pi}{4} \cdot l_{Rohling}$ ⇒ Grundformel für die zylindrische Rohlingsform Tabelle entnehmen und nach der gesuchten Größe umstellen.

$$l_{Rohling} = \frac{4 \cdot V_{Rohling}}{d^2 \cdot \pi}$$

$$l_{Rohling} = \frac{4 \cdot 22{,}08\ \text{cm}^3}{1{,}6^2\ \text{cm}^2 \cdot \pi}$$

$$l_{Rohling} = 10{,}98\ \text{cm} = 109{,}8\ \text{mm}$$

In der Praxis wird der Stahlstab nicht auf das genaue Maß abgelängt, sondern in diesem Fall erfolgt eine Zugabe von 5 mm, um mit Sicherheit den Kopf formen zu können. Der Stab wird auf 115 mm abgesägt.

Kegelige und pyramidenförmige Körper

$$\text{Volumen} = \frac{\text{Grundfläche} \cdot \text{Höhe}}{3}$$

$$V = A \cdot \frac{h}{3}$$

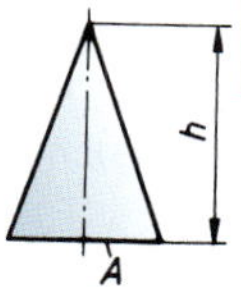

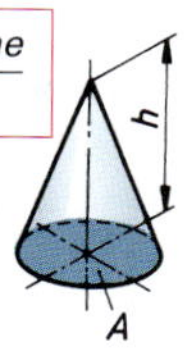

A kann z. B. folgendes Aussehen haben:

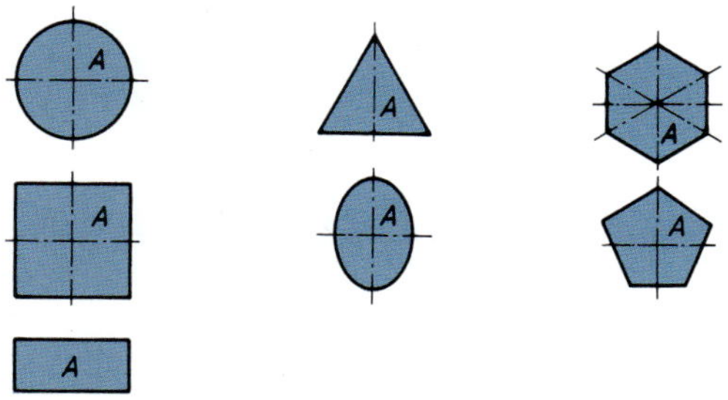

Kegelstumpf- und pyramidenstumpfförmige Körper

$$V = A \cdot \frac{h}{3} \left(A_1 + A_2 + \sqrt{A_1 \cdot A_2}\right)$$

Die Deckflächen A_2 und Grundflächen A_1 können z. B. folgendes Aussehen haben:

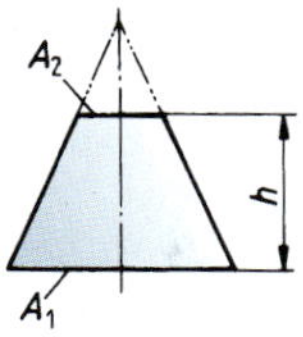

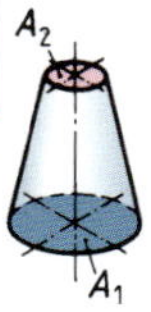

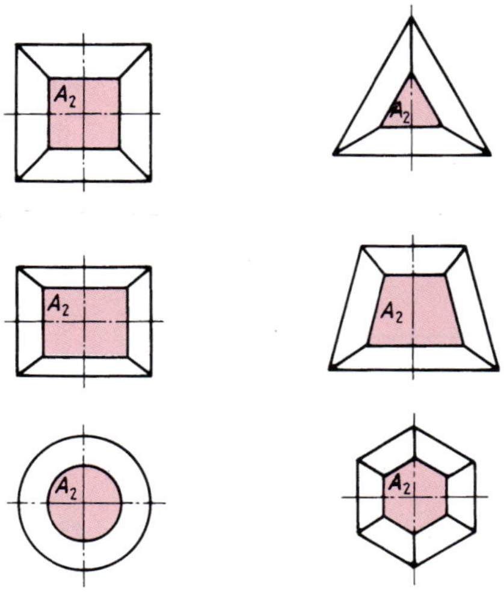

Guldinsche Regel

$$\text{Volumen} = \text{Querschnittsfläche} \cdot \text{Schwerpunktweg}$$

$$V = A \cdot s$$

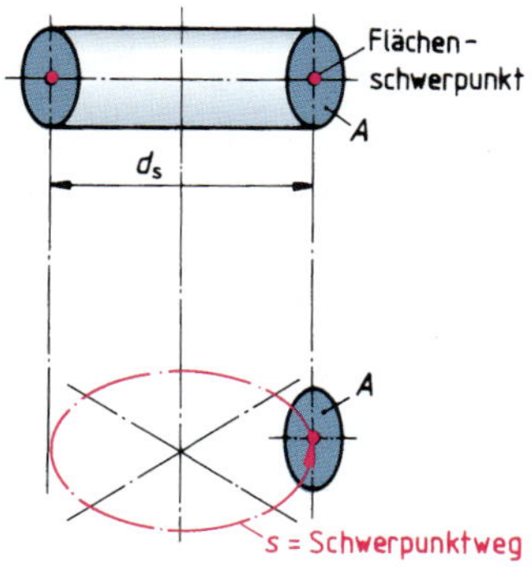

Kugel

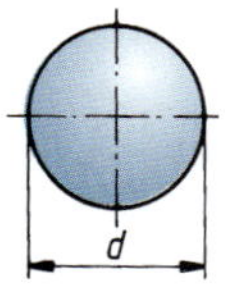

$$V = \frac{d^3 \cdot \pi}{6}$$

5.1.1 Aufgaben zu 5.1

1. Wie lang muss l_R gewählt werden, wenn an einen Quadratprofil von 32 mm Kantenlänge ein quadratischer Bund geschmiedet wird?

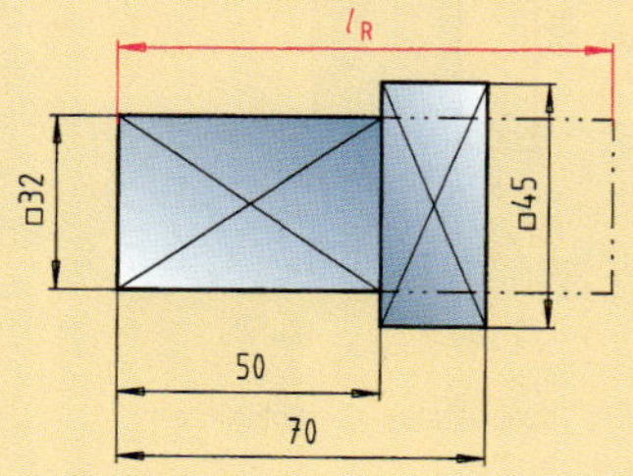

2. An einem Rundprofil ist durch Gesenkformen ein Bund herzustellen. Wie lang sind l_R und l_{ges} zu wählen?

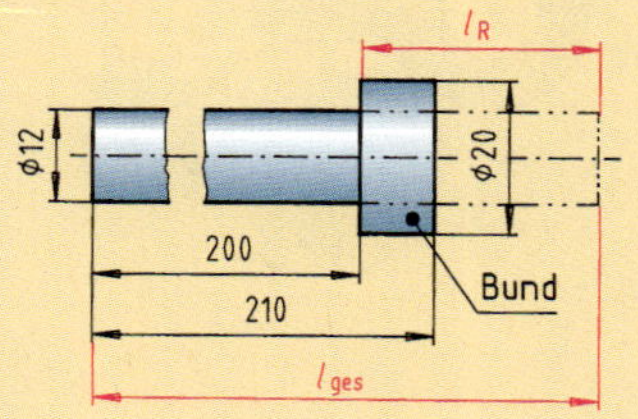

3. Bei einem Schraubenrohling wird der Sechskantkopf durch Formpressen aus Rundprofil mit ∅ 12 mm geschmiedet.

Welche Rohlänge muss das Rundprofil erhalten?

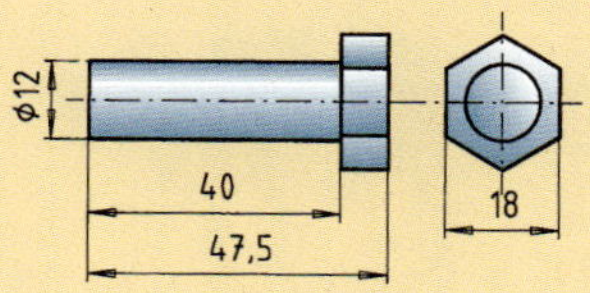

4. Am Rohling für eine Feile wird eine Feilenangel geschmiedet. Wie lang muss für die Angel die Zugabe l_R sein, wenn 6 % ihres Volumens für Abbrand zugegeben werden müssen?

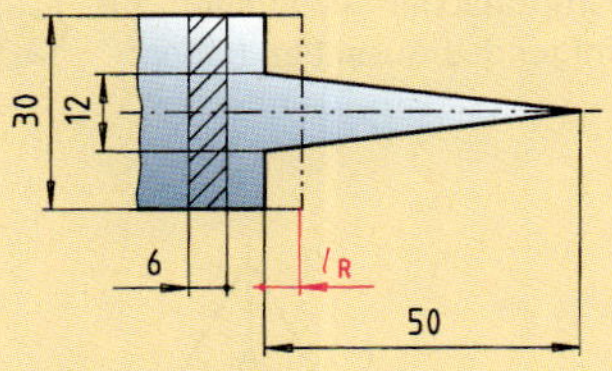

5. Wie lang muss die Rohlänge l_R für die pyramidenförmige Spitze sein, wenn für Abbrand eine Zugabe von 3 mm erforderlich ist?

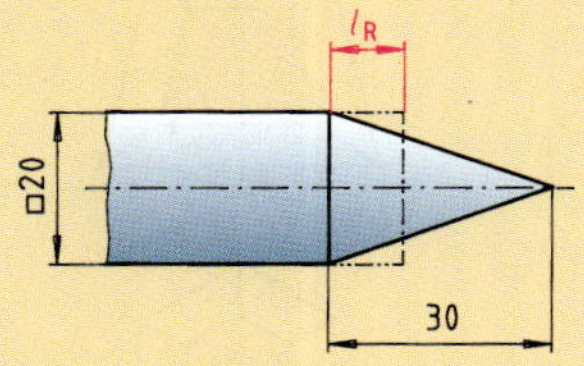

6. Durch Formpressen mit Grat wird aus Rundprofil mit ∅ 70 mm ein Flansch mit kegelstumpfförmigem Ansatz geschmiedet. Welche Rohrlänge muss der Rundstahl haben, wenn für Grat und Abbrand 12 % des Schmiedevolumens verloren gehen?

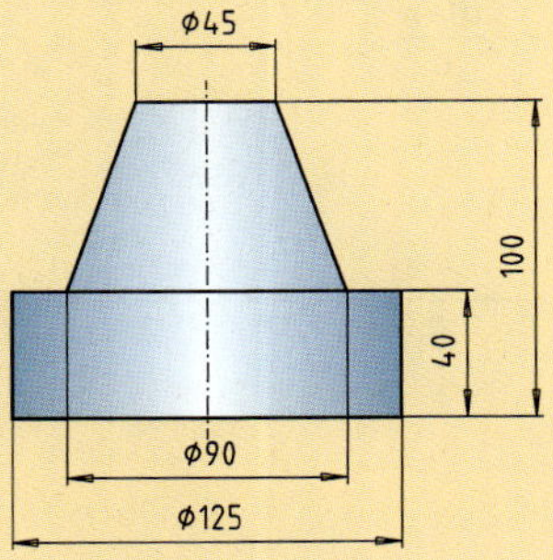

7. Welche Länge muss ein Stahlblock von quadratischem Querschnitt mit 250 mm Kantenlänge haben, wenn daraus 4000 m Stahldraht von 5 mm Durchmesser gewalzt werden sollen?

8. Aus einem Stahlblock von 800 mm · 300 mm · 1250 mm wird Stahlband von 2 mm Dicke und 600 mm Breite gewalzt. Welche Länge erhält das Stahlband?

9. Aus einem zylindrischen Aluminiumblock mit ∅ 250 mm und 1250 mm Länge wird durch Strangpressen das dargestellte Profil hergestellt. Welche Länge erhält der Profilstab?

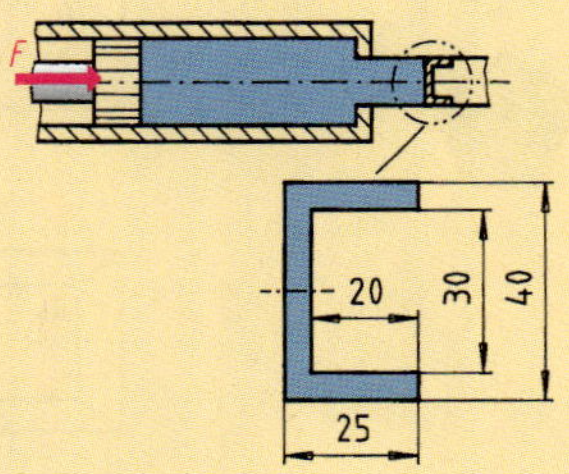

10. Bei einem Vierzylindermotor beträgt der Zylinderdurchmesser 75 mm und die Hublänge 80 mm. Wie groß ist der gesamte Hubraum?

11. Der Hubraum eines Sechszylindermotors beträgt 2,8 Liter. Welche Durchmesser müssen die Zylinder haben, wenn der Hub 80 mm beträgt?

12. Ein Würfel besitzt eine Kantenlänge von 250 mm. Welchen Durchmesser muss eine Kugel mit dem gleichen Volumen haben?

13. Die Oberfläche einer Kugel beträgt 1 dm². Wie groß ist ihr Volumen?

14. Wie groß ist das Volumen?

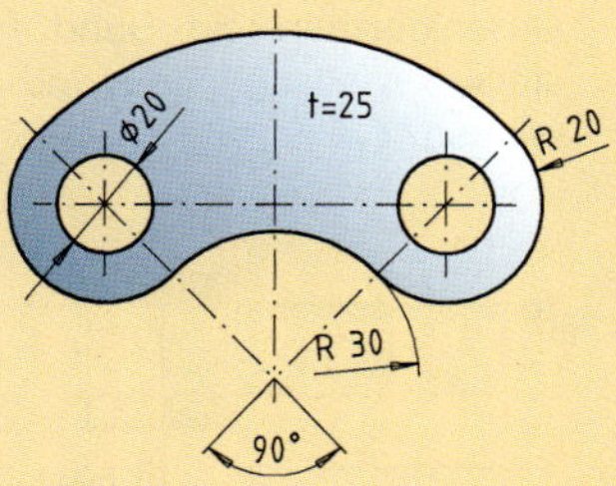

15. Ein prismatischer Behälter ist mit Öl gefüllt. Nachdem 1200 Liter entnommen wurden, ist der Ölspiegel von 1,60 m auf 0,70 m gefallen. Wie viel Liter Öl sind noch im Behälter?

16. Ein kegelstumpfförmiger Blechbehälter soll ein Volumen von ¼ Liter aufnehmen. Welche Höhe h muss der Behälter erhalten?

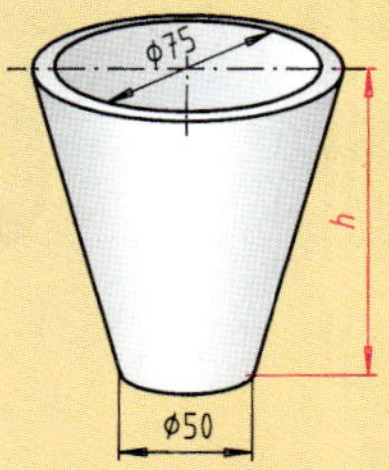

17. Wie viel Liter Flüssigkeit kann der Behälter aufnehmen?

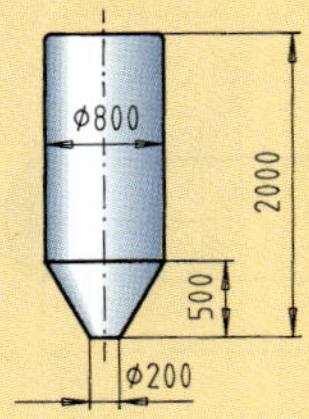

18. Bei Reparaturarbeiten muss ein Wasserleitungsrohr aus Kupfer mit 22 mm Außendurchmesser, einer Wanddicke von 1 mm und einer Länge von 12,5 m entleert werden. Wie viel Liter Wasser enthält das Rohr?

19. Eine Pumpe fördert in der Minute 400 Liter Kühlwasser in den leeren Behälter. Wie lange dauert es, bis der Behälter voll ist?

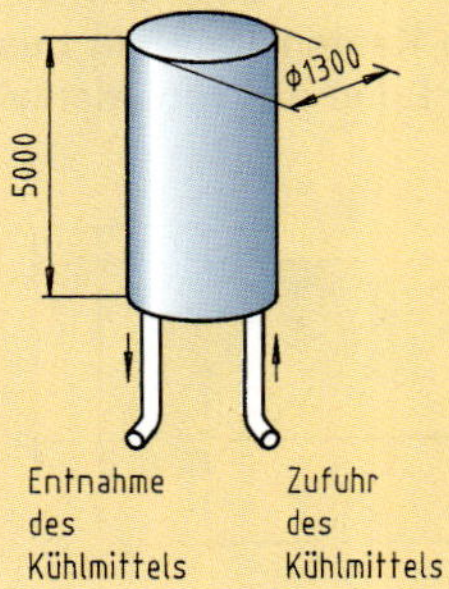

6 Massen

6.1 Profile und Bleche

Eine bisher in Stahl ausgeführte Konstruktion soll aus Gründen des Korrosionsschutzes in Aluminium umkonstruiert werden. Das Distanzstück aus Stahl wird durch ein Distanzstück aus Aluminium ersetzt werden. Damit die Stabilität gewährleistet bleibt, wird es in seinen Querschnitten größer ausgeführt.
Wie groß war die Masse m des Stahl-Distanzstückes?

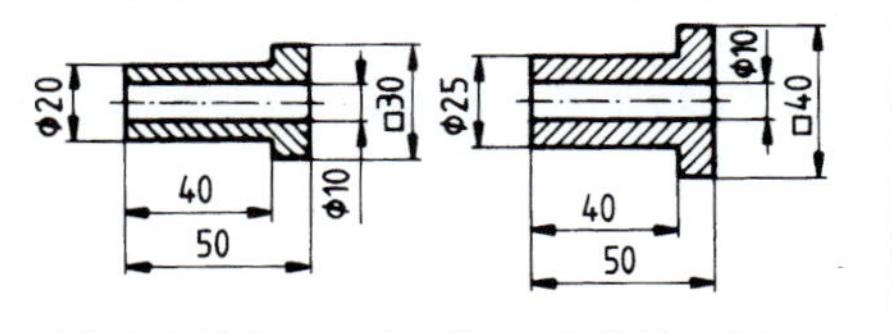

Werkstoff Baustahl   Werkstoff Aluminium

Jeder Körper besitzt eine bestimmte **Masse**, die sich auf einer Waage durch Vergleich mit einem Gewichtsstück bestimmen lässt.

- Die Einheit der Masse ist das **Kilogramm** (kg).

Je nach Anwendungsfall werden auch die folgenden Einheiten verwendet:

- **Gramm** (g): 1 kg = 1000 g oder
- **Tonne** (t): 1 t = 1000 kg

Ein Vergleich der beiden Werkstücke macht deutlich, dass die Masse abhängig ist:

- vom Volumen V des Körpers und
- von seiner Dichte ρ (Rho).

Masse = Volumen · Dichte $\qquad m = V \cdot \rho$

Die **Dichte** ist ein werkstoffspezifischer Wert:

$\text{Dichte} = \dfrac{\text{Masse}}{\text{Volumen}} \qquad \rho = \dfrac{m}{V}$

$m = V \cdot \rho$ ⇒ Allgemeine Formel für die Massenberechnung.

$m_{St} = V_{St} \cdot \rho$ ⇒ Formel für die Masse des Distanzstücks aus Stahl.

$V_{St} = V_{1\,St} + V_{2\,St} - V_{3\,St}$ ⇒ Volumen des Werkstückes bestimmen. Bei zusammengesetzten Körpern die einzelnen Teilvolumen bestimmen.

$$V_{1\,St} = \frac{d^2 \cdot \pi}{4} \cdot h$$

$$V_{1\,St} = \frac{(2\text{ cm})^2 \cdot \pi}{4} \cdot 4\text{ cm}$$

$$\underline{V_{1\,St} = 12{,}57\text{ cm}^3}$$

$$V_{2\,St} = l^2 \cdot h$$

$$V_{2\,St} = (3\text{ cm})^2 \cdot 1\text{ cm}$$

$$\underline{V_{2\,St} = 9\text{ cm}^3}$$

$$V_{3\,St} = \frac{d^2 \cdot \pi}{4} \cdot h$$

$$V_{3\,St} = \frac{(1\text{ cm})^2 \cdot \pi}{4} \cdot 5\text{ cm}$$

$$\underline{V_{3\,St} = 3{,}93\text{ cm}^3}$$

$$V_{St} = 12{,}57\text{ cm}^3 + 9\text{ cm}^3 - 3{,}93\text{ cm}^3$$

$$\underline{V_{St} = 17{,}64\text{ cm}^3}$$

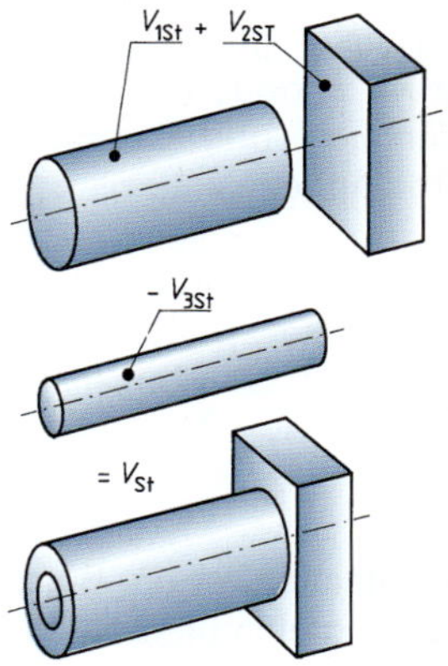

$m_{St} = 17{,}64\text{ cm}^3 \cdot 7{,}85\,\dfrac{\text{g}}{\text{cm}^3}$ ⇒ Stahlmasse berechnen. Wert für ρ aus Tabelle entnehmen.

$$\underline{\underline{m_{St} = 138{,}5\text{ g}}}$$

Werkstoff	Dichte in $\frac{\text{kg}}{\text{dm}^3}$ bzw. $\frac{\text{g}}{\text{cm}^3}$	Werkstoff	Dichte in $\frac{\text{kg}}{\text{dm}^3}$ bzw. $\frac{\text{g}}{\text{cm}^3}$
Aluminium	2,7	PVC	ca. 1,35
Blei	11,3	Quecksilber	13,6
Cu-Al-Legierung	ca. 7,5	Stahl	ca. 7,85
Cu-Sn-Legierung	ca. 8,2	Zink	7,13
Cu-Zn-Legierung	ca. 8,5	Zinn	7,29
Gusseisen	ca. 7,25	Petroleum	ca. 0,8
Kupfer	8,96	Schmieröl	ca. 0,9
Magnesium	1,74		

Die Dichte von Stoffen kann Tabellenbüchern oder nebenstehender Tabelle entnommen werden.

Um überschaubare Zahlenwerte zu erhalten, ist es sinnvoll, die Wahl der Einheit der jeweiligen Aufgabenstellung anzupassen. Bei kleineren Werkstücken wird als Einheit $\frac{\text{g}}{\text{cm}^3}$ gewählt, bei mittleren die Einheit $\frac{\text{kg}}{\text{dm}^3}$ und bei sehr großen $\frac{\text{t}}{\text{m}^3}$.

1 m³ Stahl hat eine Masse von 7850 kg

$$\rho = 7850\,\frac{\text{kg}}{\text{m}^3}$$

Durch Umrechnen ergibt sich:

$$\rho = \frac{7850\text{ kg}}{\text{m}^3} \cdot \frac{1\text{ m}^3}{1000\text{ dm}^3} = 7{,}85\,\frac{\text{kg}}{\text{dm}^3}$$

$$\rho = \frac{7{,}85\text{ kg}}{\text{dm}^3} \cdot \frac{1000\text{ g}}{1\text{ kg}} \cdot \frac{1\text{ dm}^3}{1000\text{ cm}^3} = 7{,}85\,\frac{\text{g}}{\text{cm}^3}$$

Berechnung der Masse mithilfe von Tabellen

Ein Kupferrohr hat eine Länge von 2,88 m, einen Außendurchmesser von 30 mm und eine Wanddicke von 3 mm.
Welche Masse hat das Kupferrohr?

$m = m' \cdot l$	$\Rightarrow$	allgemeine Formel für längenbezogene Masse.
$m = 2{,}26\,\frac{kg}{m} \cdot 2{,}88\,m$	$\Rightarrow$	Wert für m' aus Tabelle entnehmen
$\underline{\underline{m = 6{,}5\,kg}}$		

Bei **Rohren, Profilen** und **Drähten** ist die **Querschnittsfläche** über der gesamten Länge gleich bleibend. Ein doppelt so langes Profil aus dem gleichen Werkstoff und mit dem gleichen Querschnitt hat auch die doppelte Masse.

In Halbzeugtabellen ist die **längenbezogene Masse** m' angegeben. Das ist die auf den jeweiligen Werkstoff und Querschnitt bezogene Masse pro 1 m Länge.

Für die Berechnung der Masse ergibt sich damit:

Masse = längenbezogene Masse · Länge

$m = m' \cdot l$

Bei **Blechen** ist die **Blechdicke** über der gesamten Fläche gleich bleibend. Eine doppelte Fläche ergibt damit eine doppelte Masse. Tabellen für Bleche enthalten Werte für die **flächenbezogene Masse** m''. Das ist die auf den jeweiligen Werkstoff und die Blechdicke bezogene Masse pro 1 m² Fläche.

Masse = flächenbezogene Masse · Fläche

$m = m'' \cdot A$

Stabstahl

$d = a = s$	m' in kg/m		
	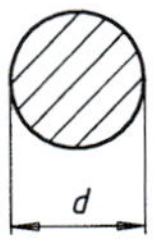	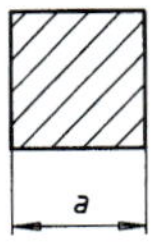	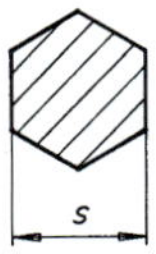
6	0,222	0,283	0,245
10	0,617	0,785	0,680
16	1,58	2,01	1,74
22	2,98	3,80	3,29

Rohre aus Kupfer nahtlos gezogen

Außen ∅ in mm	m' in kg/m – Wanddicke s in mm				
	1	1,5	2	3	4
10	0,25	0,36	0,45	–	–
20	0,53	0,78	1,01	1,43	1,79
25	0,67	–	1,29	1,85	2,35
30	0,81	–	1,75	2,26	2,91

Stahlblech

Blechdicke mm	m'' in kg/m²	Blechdicke mm	m'' in kg/m²	Blechdicke mm	m'' in kg/m²
0,50	3,92	2,0	15,70	3,0	23,55
1,00	7,85	2,5	19,60	4,0	31,40

6.1.1 Aufgaben zu 6.1

1. Bestimmen Sie mithilfe Ihres Tabellenbuchs die längenbezogene Masse m' für folgende blanke Flachstähle:
   a) 10 mm × 6 mm
   b) 20 mm × 10 mm
   c) 32 mm × 4 mm
   d) 40 mm × 20 mm
2. Ermitteln Sie die Masse mithilfe Ihres Tabellenbuches.
   a) U-Profil DIN 1026-S235JR-U 80 500 mm lang
   b) L-EN 10056-1-50×50×5-S235JR, 200 mm lang
   c) I-Profil DIN 1025-S235JR-I 220 5,5 mm lang
3. Bestimmen Sie mithilfe Ihres Tabellenbuches die längenbezogene Masse m' für folgende Stabstähle bzw. Rohre aus Stahl:

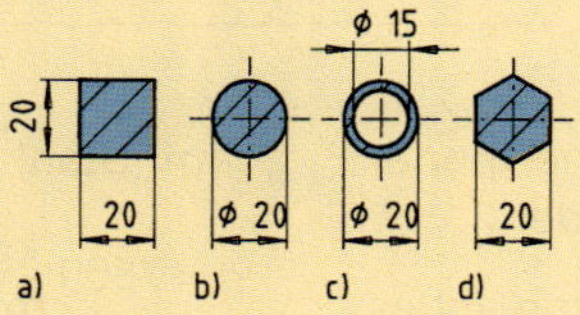

4. Wie groß ist in der Beispielaufgabe von S. 101 die Masse des Distanzstückes aus Aluminium und wie groß ist die Massenersparnis gegenüber der Stahlausführung?
5. Eine Spule mit ∅ 1 mm Kupferdraht hat eine Masse von 4,5 kg. Wie lang ist der Draht?
6. Welche Masse hat der Stahlrahmen aus Hohlprofil? ($m' = 5{,}67$ kg/m)

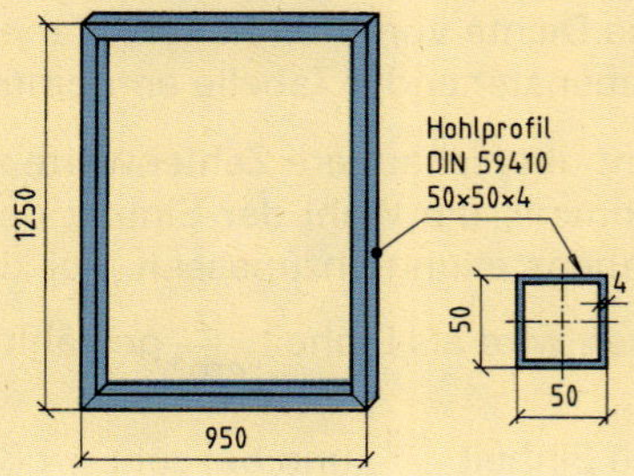

7. Welche Masse haben 20 Aluminiumblechtafeln von 2,5 m Länge, 1,25 m Breite und 1,5 mm Dicke?

8. Die Gleitlagerbuchse besteht aus Kunststoff (Polytetrafluorethylen) mit einer Dichte von 2,2 kg/dm³. Welche Masse hat sie?

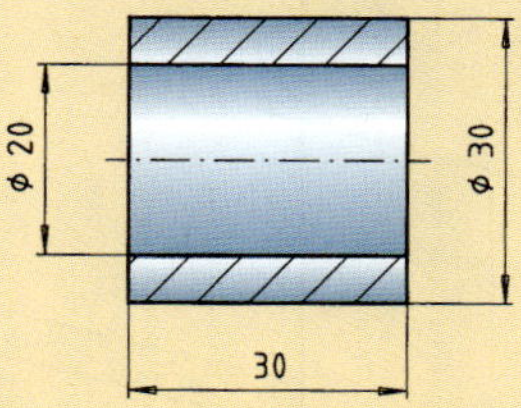

9. Das Gegengewicht mit einer Masse von 50 kg soll aus Gusseisen hergestellt werden.
Welche Höhe *h* muss das Teil haben?

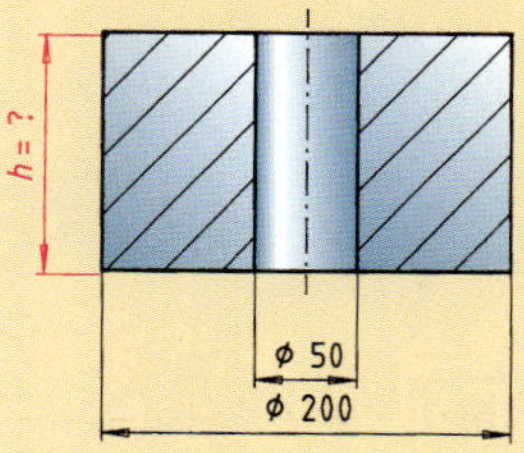

10. In einen zylindrischen Behälter mit 500 mm lichtem Durchmesser werden 100 kg (200 kg, 250 kg) Schmieröl gepumpt.
Wie hoch steht das Öl jeweils im Behälter?

11. Welche Höhe muss der zylindrische Teil des Gewichtsstückes aus Gusseisen erhalten, wenn der Griff 500 g wiegt und der Durchmesser 100 mm beträgt?

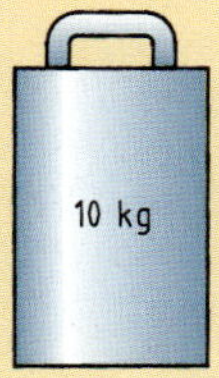

12. Ein mit Benzin gefüllter Tank hat eine Masse von 5,6 kg.
Wieviel Liter Benzin sind im Tank, wenn der leere Behälter 850 g wiegt?

13. Welche Masse hat der Zinnring? (Guldinsche Regel beachten!)

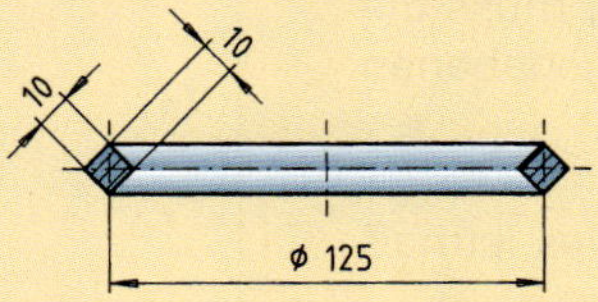

14. Ein zylindrischer Warmwasserspeicher von ∅ 450 mm Außendurchmesser und 1500 mm Höhe soll allseitig mit einer 150 mm dicken Isolierungsschicht aus Polyurethanschaum (ρ = 0,04 kg/dm³) ummantelt werden.
Welche Masse besitzt die Isolierung?

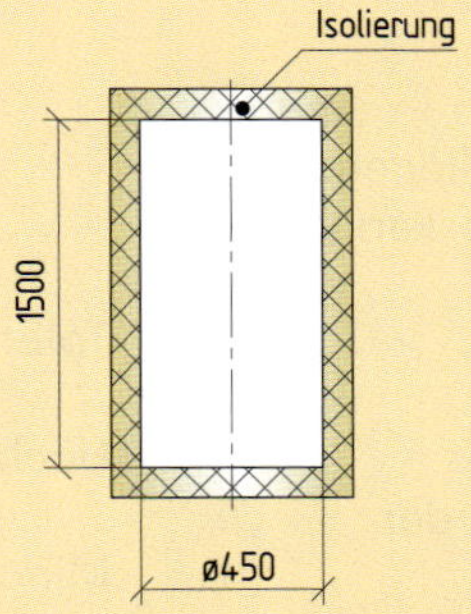

15. Welche Masse hat die Zentrierspitze aus Stahl?

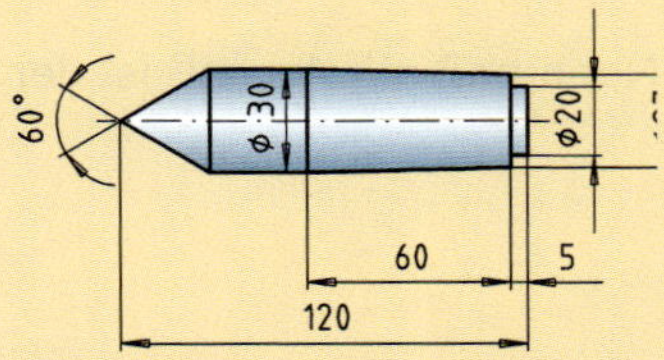

16. Wie schwer ist eine Stahlkette aus 55 Kettengliedern?

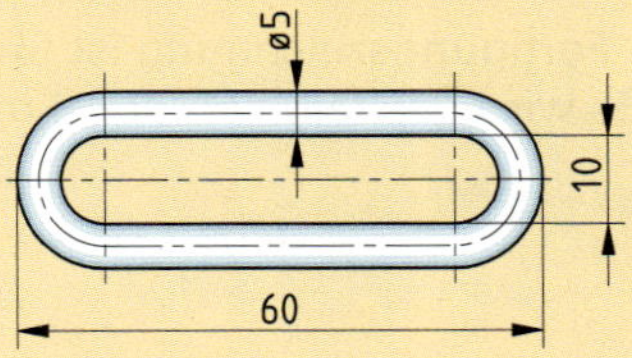

17. Welche Masse hat der Krümmer aus Stahl?

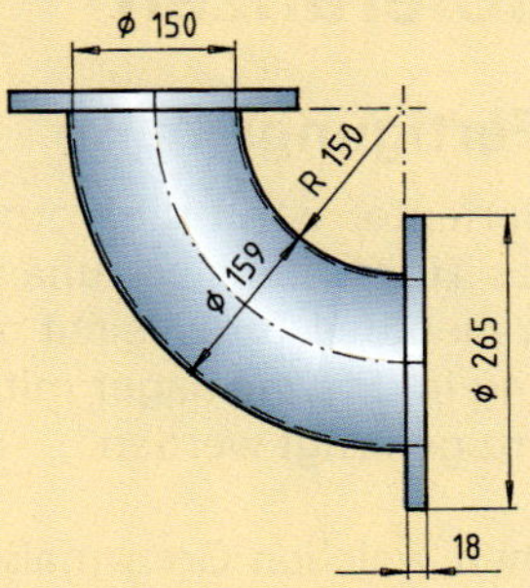

18. Berechnen Sie die Masse des Abschrots (Stahl).

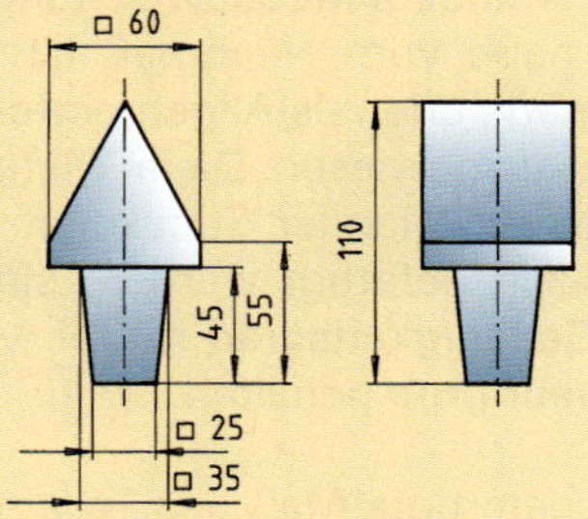

19. Eine Tafel aus Stahlblech 1000 mm · 2000 mm wiegt 54,95 kg. Wie dick ist das Blech?

20. Die Rauchhaube wird aus Stahlblech, 2,5 mm dick, gefertigt. Berechnen Sie:
a) Längen der Brennschnitte.
b) Blechbedarf in m² bei 8 % Verschnitt.
c) Masse *m* in kg.
Lösungshinweis: Skizzieren Sie zuerst die drei unterschiedlichen Haubenflächen.

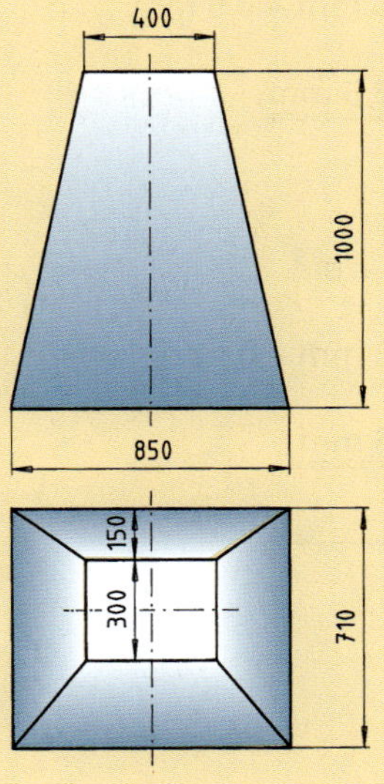

7 Höchstmaß, Mindestmaß, Toleranzen

7.1 Fertigungsmaße

Das Gartentor ist in die vorgesehenen Mauerkloben des Türpfostens einzuhängen. Damit dies und das Drehen des Tores leicht möglich ist, muss die Bohrung im Pfannenlager mit einer vorgegebenen Toleranz gefertigt werden.

Zwischen welchen Grenzmaßen muss das Istmaß liegen?

Die geduldete Maßabweichung (Abmaße) der Längenmaße vom Nennmaß ist im Zeichnungsmaß vermerkt oder als **Allgemeintoleranz** nach DIN ISO 2768 ausgewiesen. Da im Metallbau meist größere Teile wie Geländer, Stahlkonstruktionen usw. handwerklich gefertigt werden, sind seine Toleranzen im **Genauigkeitsgrad mittel,** vielfach jedoch **grob** bis **sehr grob** gehalten.

Das gefertigte Maß des Teils muss dann in einem durch die Abmaße bestimmten Bereich liegen. Die obere und untere Grenze des Bereichs kann berechnet werden.

Gegeben: Fertigungsmaß der Bohrung ∅ 16 + 0,5 mm

Gesucht: Höchstmaß und Mindestmaß der Bohrung

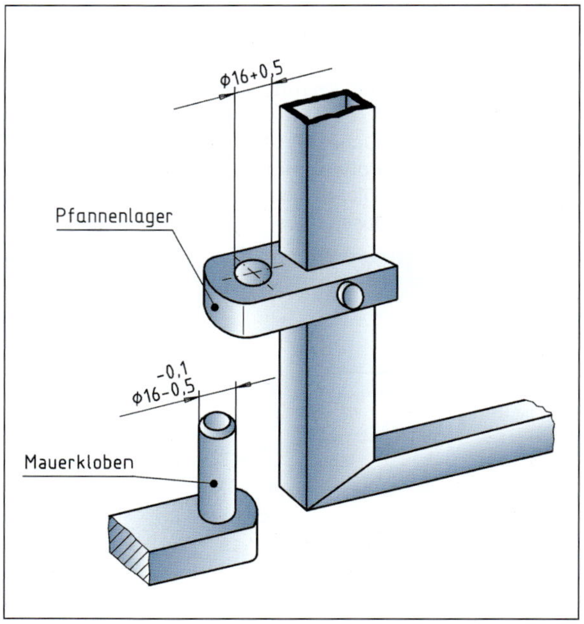

Bild 1 Pfannenlager

Toleranz:	$T = es - ei$	N: Nennmaß in mm
Höchstmaß:	$G_o = N + es$	es: oberes Abmaß in mm
Mindestmaß:	$G_u = N + ei$	ei: unteres Abmaß in mm

$G_o = N + es$ ⇒ Das Nennmaß mit Abmaß ist der Fertigungszeichnung zu entnehmen.

$G_o = 16\text{ mm} + 0{,}5\text{ mm}$

$\underline{\underline{G_o = 16{,}5\text{ mm}}}$

$G_u = N + ei$ ⇒ In der Fertigungszeichnung ist für das untere Abmaß kein Wert angegeben. Es wird deshalb von $ei = 0$ mm ausgegangen.

$G_u = 16\text{ mm} + 0\text{ mm}$

$\underline{\underline{G_u = 16\text{ mm}}}$

7.1.1 Aufgaben zu 7.1

1. Eine Zeichnung enthält folgende Maße:

a) $40^{+0,5}_{+0,2}$ b) 30 + 0,15

c) $50^{+0,3}_{-0,2}$ d) 45 – 0,4

e) $60^{-0,1}_{-0,5}$ f) $55^{+0,15}_{+0,1}$

g) 60 + 0,4 h) $90^{+0,15}_{-0,15}$

i) 35 – 0,2 j) $65^{-0,1}_{-0,2}$

Berechnen Sie Höchstmaß, Mindestmaß und die Toleranz.

2. a) Ermitteln Sie für die angegebenen Nennmaße nach den Allgemeintoleranzen die Abmaße und ermitteln Sie Höchstmaß, Mindestmaß und die Toleranz.

Nennmaß	Genauigkeitsgrad
120	mittel
120	sehr grob
1200	mittel
1200	sehr grob

b) Welche Erkenntnisse lassen sich aus den Ergebnissen von a) ableiten?

3. Ermitteln Sie für das Stahlgelenk das größte und das kleinste Spiel.

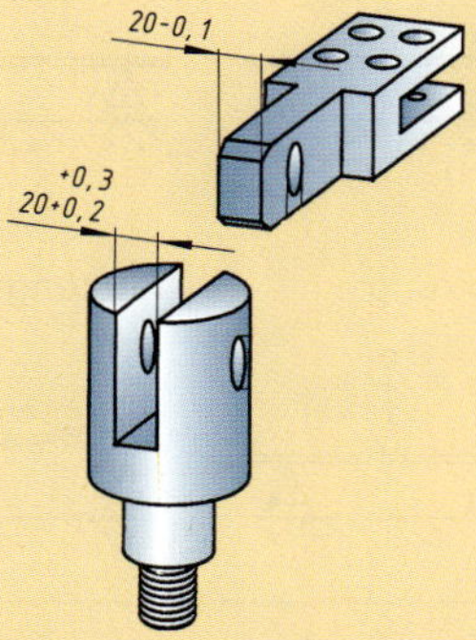

4. Die Bohrungen der Lasche sind nach DIN ISO 2768 m zu fertigen. Zwischen welchen Grenzmaßen muss das Istmaß liegen?

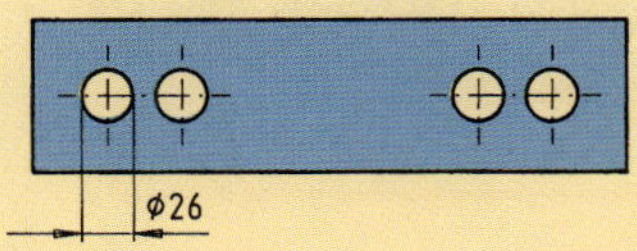

5. Berechnen Sie für die angegebenen Maße einer Torführung das Höchst- und das Mindestspiel.

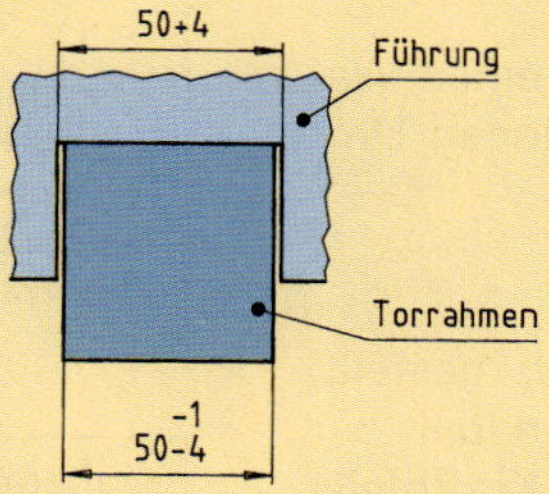

6. Berechnen Sie für die Schablone das Höchstmaß und das Mindestmaß für das Nennmaß „x".

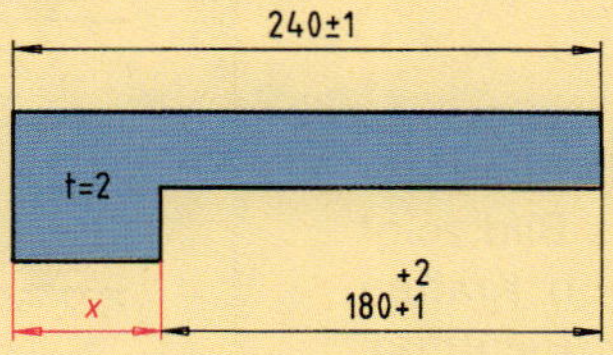

7. a) Ermitteln Sie nach den Allgemeintoleranzen für die Nennmaße
N = 250 mm,
N = 500 mm und
N = 400 mm
einer Blechschablone das Mindestmaß und das Höchstmaß.

b) Berechnen Sie Höchstmaß und Mindestmaß für das Maß „x" mit den unter a) ermittelten Werten.

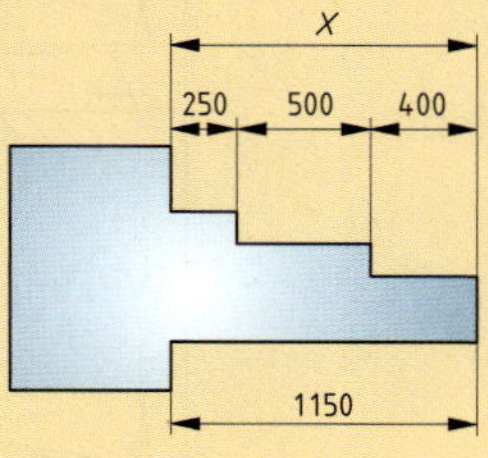

c) Legen Sie Höchstmaß und Mindestmaß für das Nennmaß 1150 mm fest.

d) Welche Erkenntnis lässt sich von den unter b) und c) ermittelten Ergebnissen ableiten?

8. Ermitteln Sie für das Verbindungsblech die Grenzwerte für das Kontrollmaß „x".

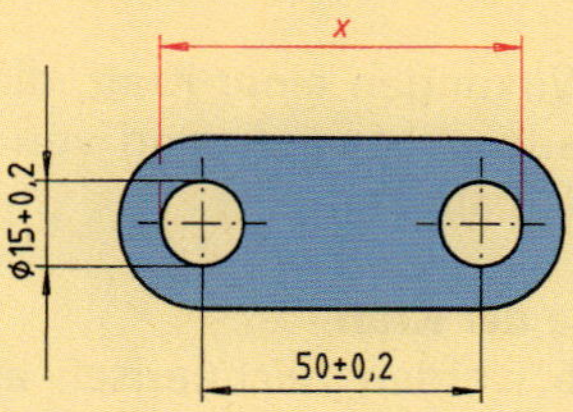

9. Für gleiche Werkstücke liegen folgende Messergebnisse vor: Welche Werkstücke sind maßgerecht?

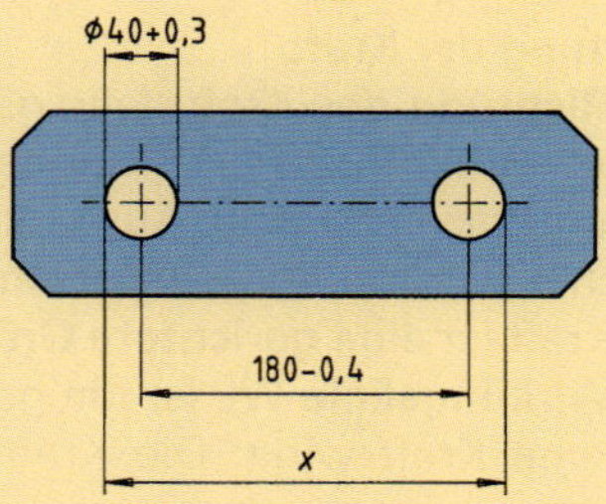

Linke Bohrung in mm	Rechte Bohrung in mm	Kontrollmaß x in mm
a) 40,20	40,00	220,00
b) 40,10	40,20	220,50
c) 40,20	40,20	219,60
d) 40,10	40,50	220,30
e) 40,00	40,30	219,90

Welche Werkstücke sind maßgerecht?

8 Kräfte

8.1 Darstellung von Kräften

Kräfte sind gerichtete Größen

Die Wirkungen einer Kraft, die z. B. auf einen Wagen ausgeübt wird, sind von verschiedenen Umständen abhängig:

Größe der Kraft
Kräfte werden zeichnerisch als **Pfeile** dargestellt. Die **Länge** des Kraftpfeils entspricht dabei der **Größe** der Kraft. Zum Zeichnen eines Kraftpfeils ist ein geeigneter **Kräftemaßstab** KM festzulegen. KM: 5 mm ≙ 1 kN bedeutet, dass z. B. eine Kraft von 3 kN als ein 15 mm langer Kraftpfeil zu zeichnen ist.

Richtung der Kraft
Die **Richtung** des Kraftpfeils gibt die Richtung der einwirkenden Kraft an. Nebenstehendes Bild zeigt die unterschiedlichen Auswirkungen von Kräften gleicher Größe aber unterschiedlicher Richtung. Die Kraft ist eine **gerichtete Größe**.
Die **Wirkungslinie** WL ist die gedachte Gerade, auf der eine Kraft wirkt. Die Kräfte können auf ihrer Wirkungslinie verschoben werden, ohne dass sich dadurch ihre Wirkung ändert.

Angriffspunkt der Kraft
Trotz gleicher Größe von 750 N und gleicher Richtung senkrecht nach unten ergeben sich unterschiedliche Wirkungen durch die jeweiligen Angriffspunkte der Kräfte.

Kräfte sind auf ihrer Wirkungslinie verschiebbar. Sie sind bestimmt durch:
- Größe,
- Richtung und
- Angriffspunkt.

Gleichgewicht der Kräfte
Das Spannschloss wird durch das linke Seil mit der Kraft *F* belastet. Gleichzeitig übt das rechte Seil eine Gegenkraft *F'* auf das Spannschloss aus. Diese liegt auf der gleichen Wirkungslinie und besitzt die gleiche Größe wie die Kraft *F*, ist jedoch entgegengerichtet.

Wenn Kraft und Gegenkraft gleich groß sind, stehen die Kräfte im Gleichgewicht. Das betrachtete System bleibt in Ruhe.

Kräftemaßstab KM: 5 mm ≙ 1 kN

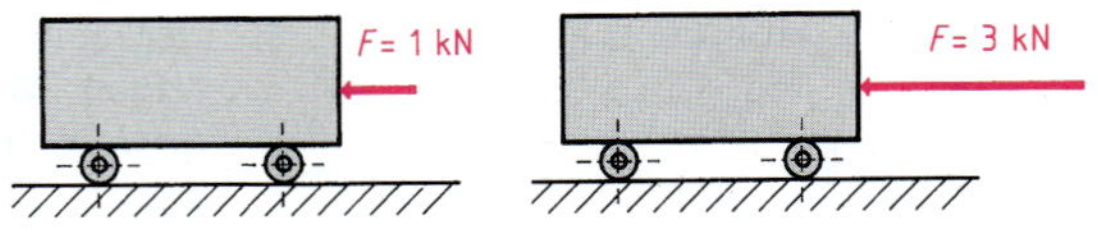

Ursache:	Ursache:
kleine Kraft	**große** Kraft
Wirkung:	Wirkung
kleine Beschleunigung des Wagens	**große** Beschleunigung des Wagens

Kräftemaßstab KM: 5 mm ≙ 3 kN

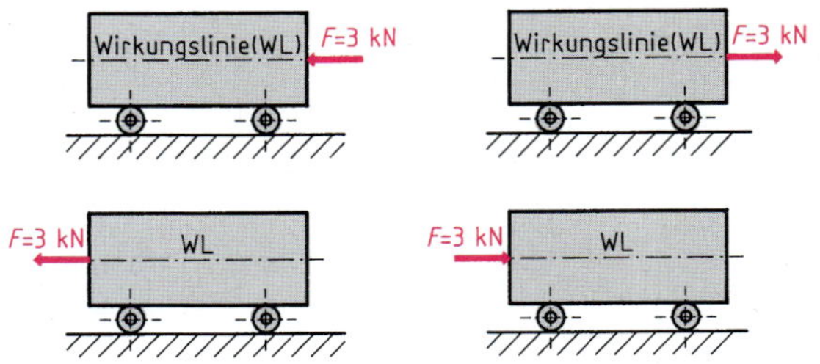

Ursache:	Ursache:
nach **links** gerichtete Kraft	nach **rechts** gerichtete Kraft
Wirkung:	Wirkung:
Beschleunigung des Wagens nach **links**	Beschleunigung des Wagens nach **rechts**

Kräftemaßstab KM: 5 mm ≙ 500 N

Ursache: Ursache: Ursache:

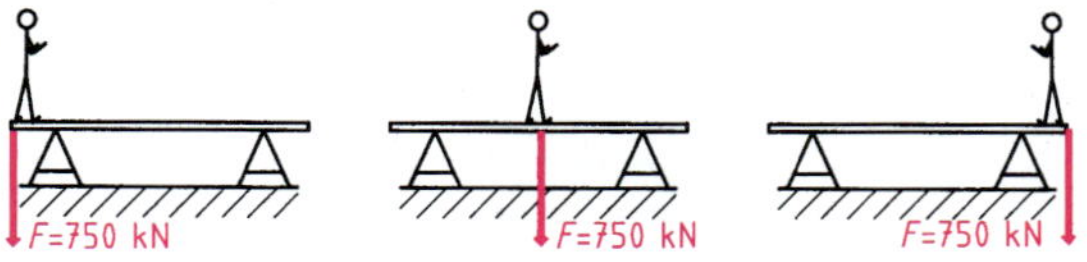

Wirkung: Wirkung: Wirkung:

Kräftemaßstab KM: 5 mm ≙ 500 N

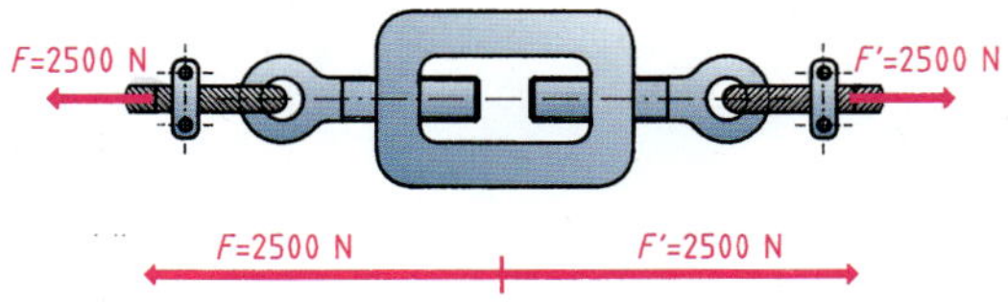

Kraft = Gegenkraft

8.1.1 Aufgaben zu 8.1

1. Ein Aufzug hat eine Gewichtskraft von 9500 N. Skizzieren Sie den Aufzug und zeichnen Sie maßstäblich die auf ihn einwirkende Kraft und Gegenkraft ein.

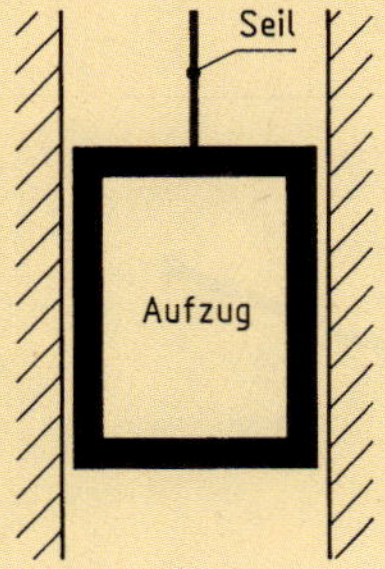

2. Auf die Kolbenstange eines Pneumatikzylinders wirkt eine Spannkraft von 1600 N. Skizzieren Sie Kolben und Kolbenstange und zeichnen Sie für den ruhenden Zustand die wirkenden Kräfte maßstäblich ein.

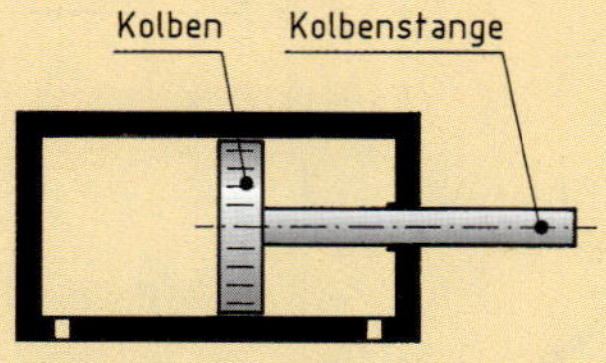

3. Wie verhält sich bei einem Pkw in den folgenden drei Fällen die Antriebskraft F_A der Räder zu der Widerstandskraft F_W, die der Pkw durch den Luftwiderstand und den Rollwiderstand erfährt?
   a) Der Pkw fährt mit konstanter Geschwindigkeit von 100 km/h.
   b) Der Pkw vermindert seine Geschwindigkeit von 100 km/h auf 80 km/h.
   c) Der Pkw erhöht seine Geschwindigkeit von 80 km/h auf 100 km/h.

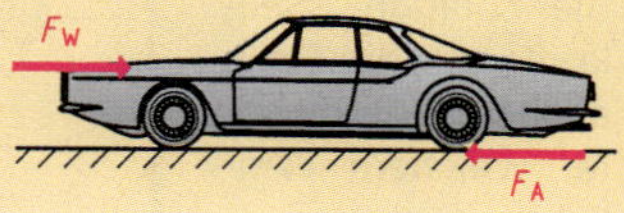

G

8.2 Zusammengesetzte Kräfte

8.2.1 Kräfte auf einer Wirkungslinie

Beim Tauziehen wirken z. B. vier Kräfte auf einer Wirkungslinie. Welche der beiden Guppen die stärkere ist, lässt sich zeichnerisch ermitteln, indem die Summe der Einzelkräfte gebildet wird. Dazu sind die Kräfte in beliebiger Reihenfolge aneinanderzureihen, wobei unbedingt die **Richtung** der Einzelkräfte zu beachten ist.

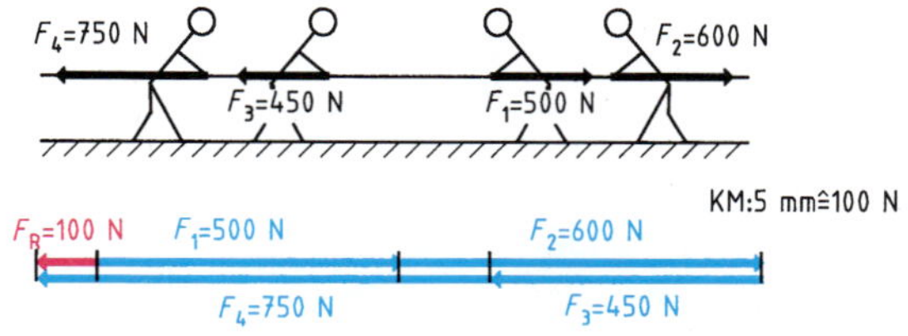

Die Summe der Kräfte ergibt sich vom Angriffspunkt des ersten bis zur Spitze des letzten Kraftpfeils.

Sie hat die gleiche Wirkung wie die vier Kräfte zusammen. Sie wird Ersatzkraft oder **Resultierende** F_R genannt. In unserem Beispiel beträgt die waagerecht nach links gerichtete Resultierende 100 N. Die linke Gruppe ist also stärker.

Bei F_R = 0 herrscht Gleichgewicht.

Wenn alle Kräfte auf einer gemeinsamen Wirkungslinie liegen, kann die Resultierende auch durch Addition bzw. Subtraktion der Einzelkräfte ermittelt werden. Das Vorzeichen berücksichtigt die Richtung der jeweiligen Kraft. In unserem Beispiel werden alle nach rechts wirkenden Kräfte mit positivem und die nach links wirkenden Kräfte mit negativem Vorzeichen versehen.

Aufgaben zu 8.2.1

1. 1.Ermitteln Sie rechnerisch und zeichnerisch die resultierende Kraft, die ein Aufzug auf das Seil ausübt, wenn die Gewichtskraft des Aufzugs 3200 N beträgt und sich fünf Personen mit einer durchschnittlichen Gewichtskraft von 750 N im Aufzug befinden.

2. Wie groß ist die resultierende Kraft, die zum Beschleunigen des Zuges dient, wenn die Zuglok mit einer Kraft von 200 kN durch eine Schiebelok mit 180 kN unterstützt wird und der Fahrwiderstand für den Zug 350 kN beträgt?

3. Bestimmen Sie rechnerisch und zeichnerisch, mit welcher Druckkraft F_D die Kolbenstange des Pneumatikzylinders mit Federrückstellung beansprucht wird. Wählen Sie einen geeigneten Kräftemaßstab.

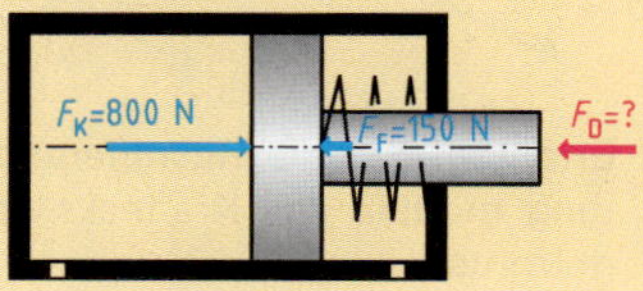

8.2.2 Zwei Kräfte auf sich schneidenden Wirkungslinien

Die Umlenkrolle wird durch die Seilkräfte F_1 = 40 kN und F_2 = 40 kN belastet. Wie groß ist die resultierende Kraft, die die Achse der Seilrolle aufnehmen muss und wie ist sie gerichtet?

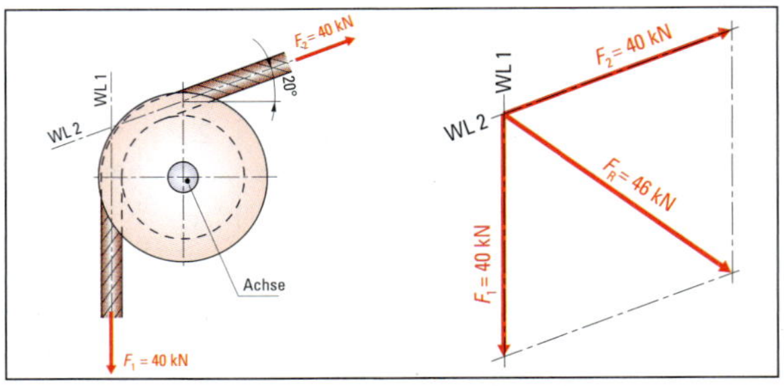

G

Aufgaben zu 8.2.2

1. Welche resultierende Kraft wird durch die beiden Seilkräfte auf die Rolle ausgeübt und unter welchem Winkel greift sie an?

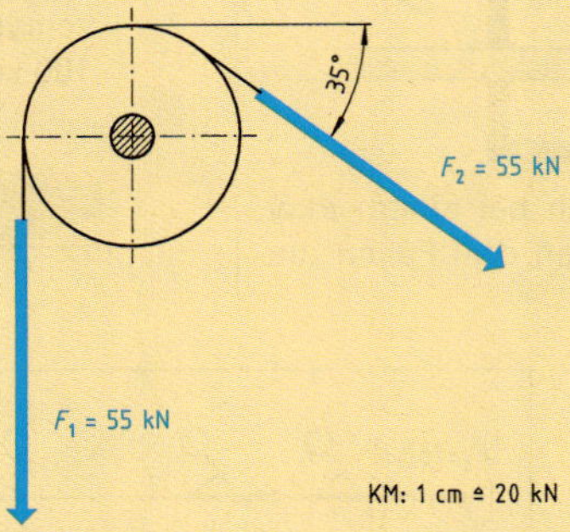

2. An einem Mauerhaken sind zwei Spannseile befestigt. Mit welcher resultierenden Kraft wird der Haken belastet und unter welchem Winkel wirkt die Kraft?

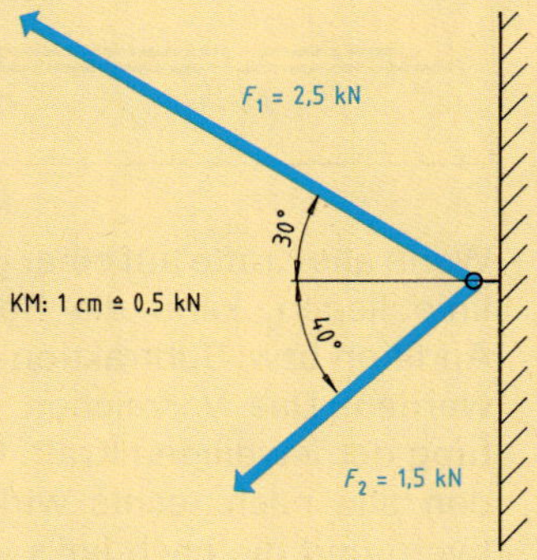

3. Zwei Traktoren sollen einen Baum umlegen. Bestimmen Sie die resultierende Kraft auf den Baum in Größe und Richtung.

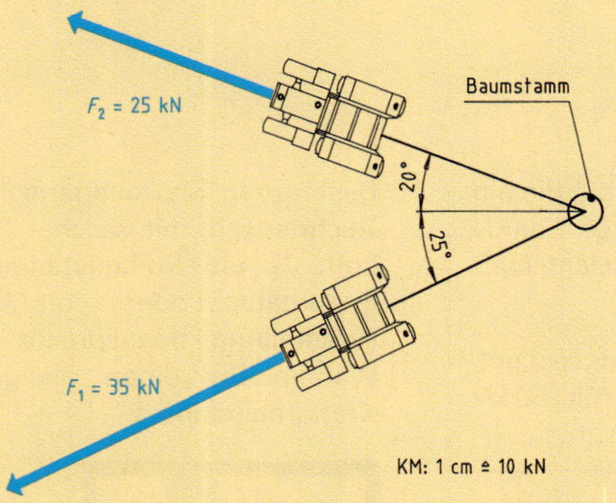

4. Ermitteln Sie die Resultierende in Größe und Richtung mithilfe des Kraftecks und des Kräfteparallelogramms.

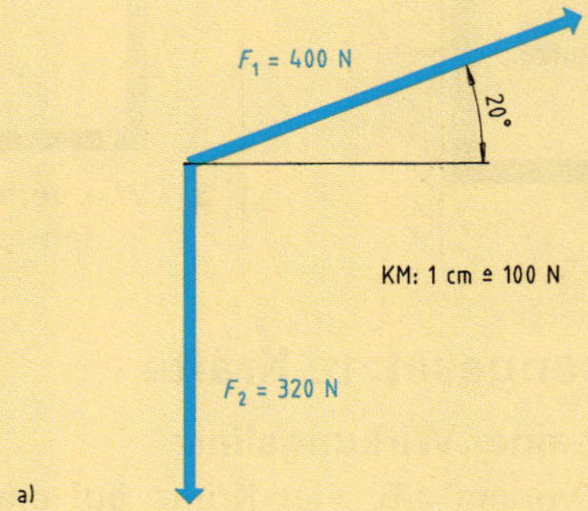

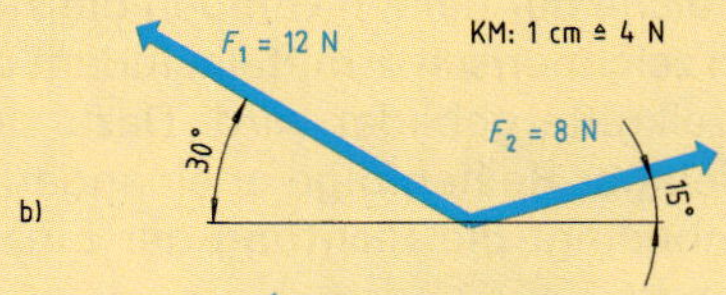

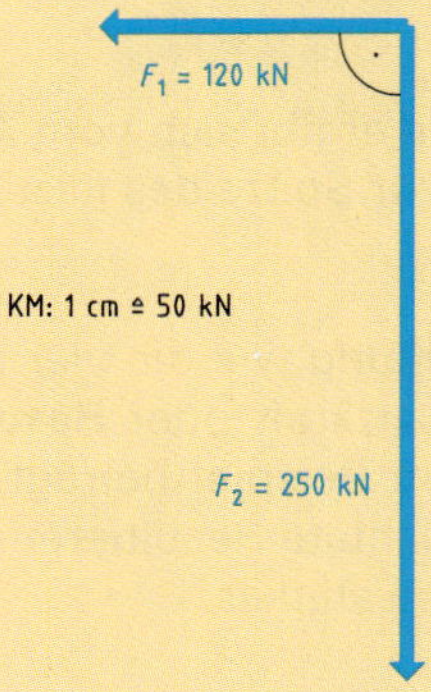

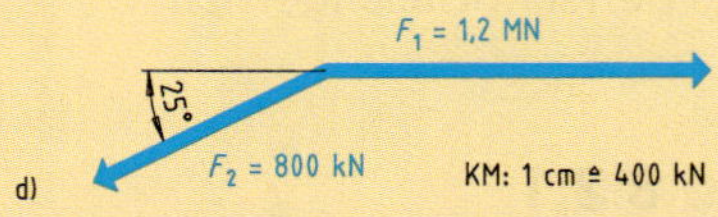

5. In welcher Größe und in welcher Richtung wirkt die Resultierende auf die Lagerung des Winkelhebels, die sich aus den Kräften F_1 und F_2 ergibt?

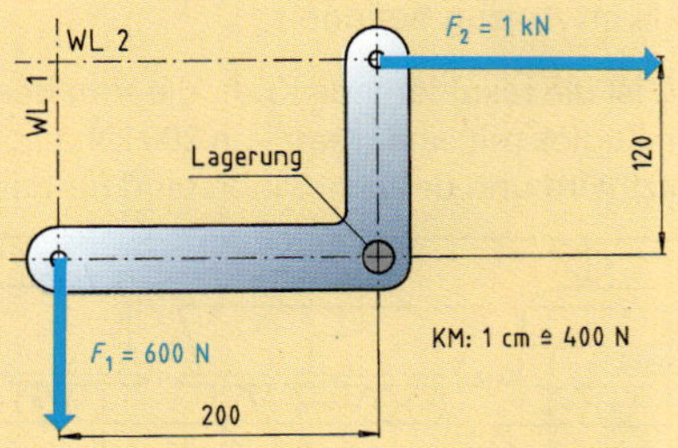

8.2.3 Mehrere Kräfte auf sich schneidenden Wirkungslinien

An einen Mast sind vier Seile gespannt. Wie groß ist die resultierende Kraft, die die vier Seilkräfte ausüben, und in welcher Richtung wirkt sie?

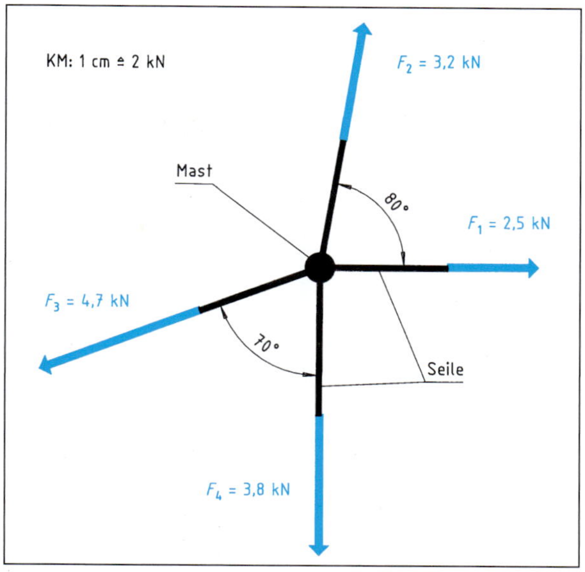

Bild 1 Kräfte an einem Mast (Draufsicht)

Kräfteparallelogramm

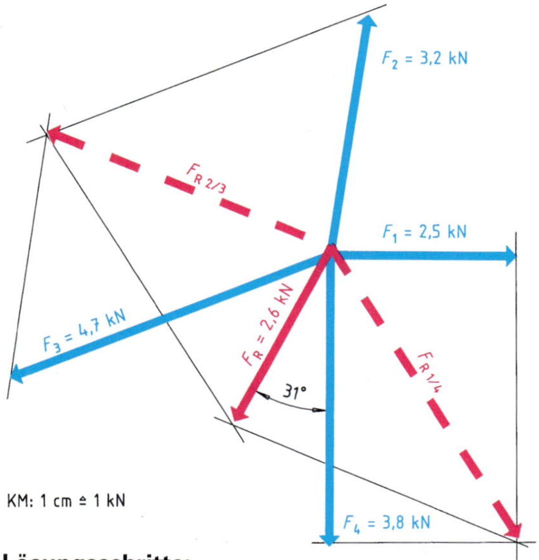

Lösungsschritte:

- Kräftemaßstab festlegen.
- Je zwei beliebige Kräfte zu einer Ersatzkraft (Teilresultierenden) zusammenfassen. Z. B. werden die Kräfte F_1 und F_4 zusammengefasst zu $F_{R\,1/4}$.
- Mit den beiden Ersatzkräften $F_{R\,1/4}$ und $F_{R\,2/3}$ ein weiteres Kräfteparallelogramm zeichnen.
- Die resultierende Kraft F_R als Diagonale vom gemeinsamen Angriffspunkt der beiden Teilresultierenden beginnend einzeichnen.
- Resultierende in Größe und Richtung abmessen.

Krafteck

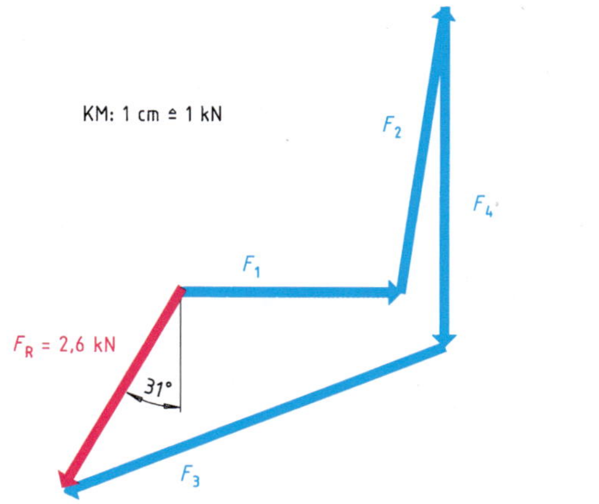

Lösungsschritte:

- Kräftemaßstab festlegen.
- Kräfte in beliebiger Reihenfolge aneinanderreihen, wobei unbedingt die gegebenen Kraftrichtungen einzuhalten sind.
- Die resultierende Kraft F_R wird vom Angriffspunkt des ersten Kraftpfeils bis zur Spitze des letzten Kraftpfeils eingezeichnet.
- Resultierende in Größe und Richtung abmessen.

Die resultierende Kraft von 2,6 kN greift unter einem Winkel von 31° zur Kraft F_4 an.

G

Aufgaben zu 8.2.3

1. Bestimmen Sie Größe und Richtung der Resultierenden der an einem Pfeiler angreifenden Seilkräfte.

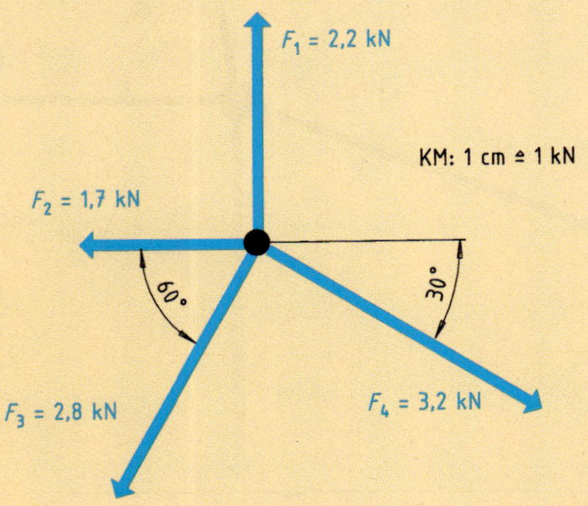

2. Bestimmen Sie Größe und Richtung der resultierenden Kräfte.

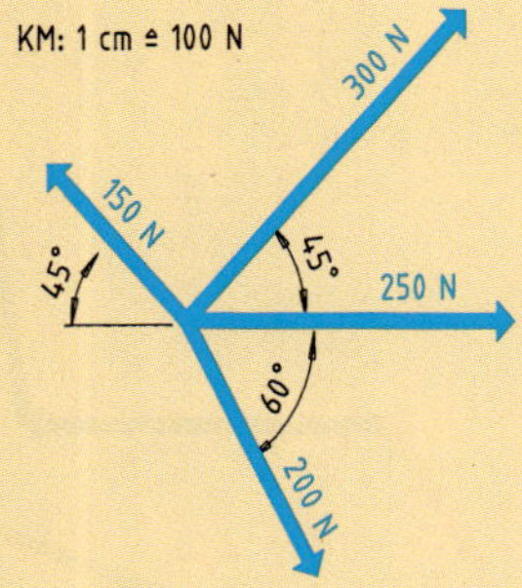

a)

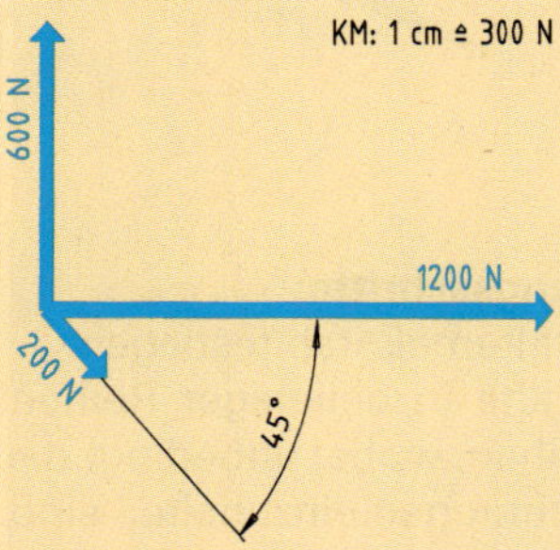

b)

3. Am Knotenblech einer Stahlkonstruktion sind drei Stäbe angeschweißt.
a) Bestimmen Sie die resultierende Kraft.
b) Welche Bedeutung hat das Ergebnis von a) für das Knotenblech?

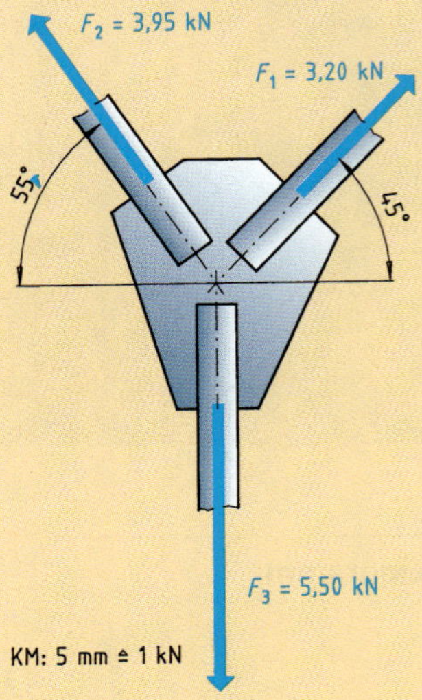

4. Bestimmen Sie für die drei im rechten Winkel zueinander im Raum stehenden Kräfte die Resultierende F_R.

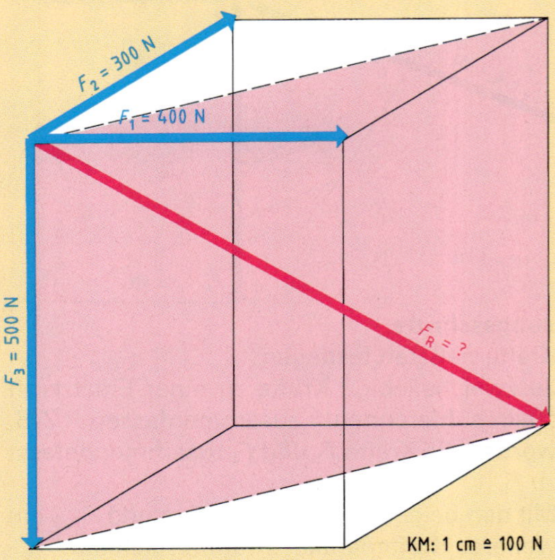

G

8.2.4 Kräftezerlegung

Eine Kiste mit einer Gewichtskraft von 5 kN hängt an einer Krankette. Da in dem System Gleichgewicht herrscht, muss die in Kette 3 nach oben gerichtete Kraft F so groß wie die Gewichtskraft F_G der Kiste sein. Von Kette 3 wird die Gewichtskraft F in die Ketten 1 und 2 eingeleitet, die einen Winkel von 70° zueinander bilden.

Wie groß sind die Kräfte F_1 und F_2 in den Ketten 1 und 2?

Um dies zu ermitteln muss die gegebene Kraft $F = 5$ kN in die zwei Teilkräfte (Komponenten) F_1 und F_2 zerlegt werden.

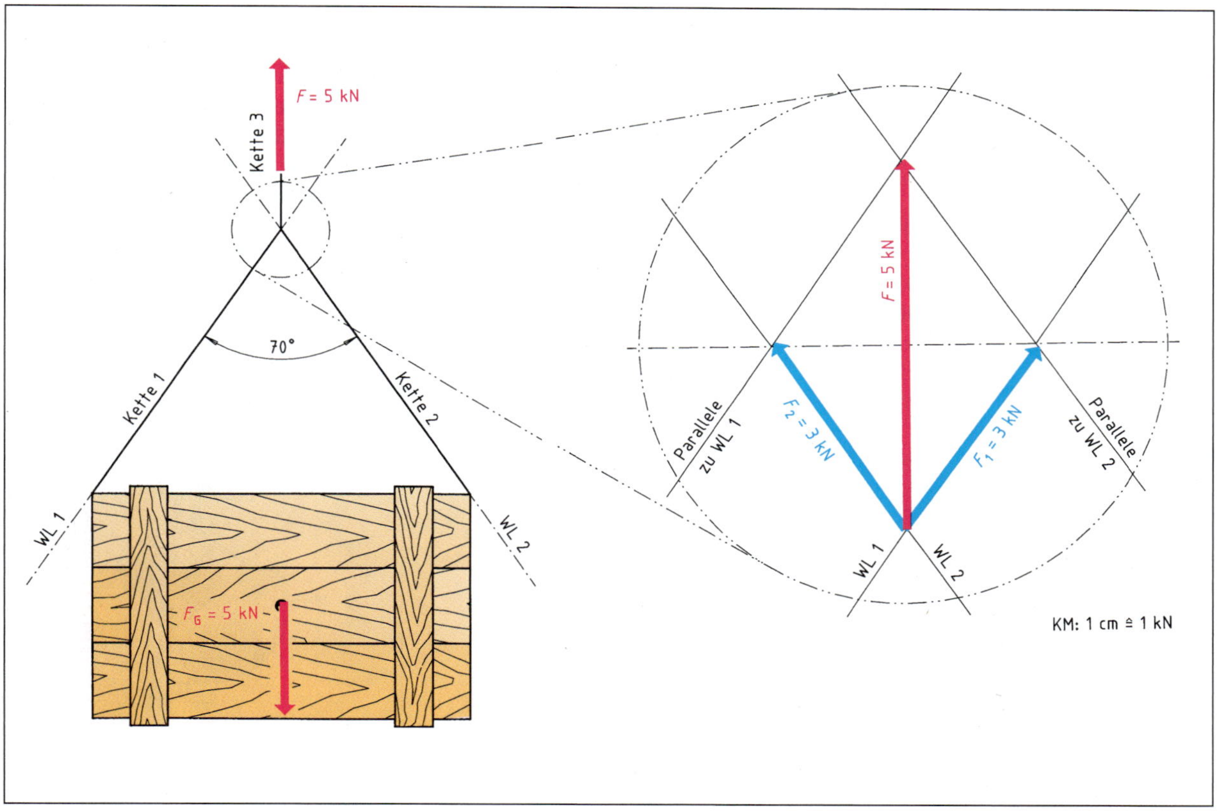

Lösungsschritte:

- Kräftemaßstab festlegen.
- Gegebene Kraft F in Größe und Richtung einzeichnen.
- Die Wirkungslinien der Teilkräfte WL 1 und WL 2 durch den Angriffspunkt der gegebenen Kraft F eintragen.
- Parallelen zu den Wirkungslinien durch die Pfeilspitze von F konstruieren.
- Teilkräfte F_1 und F_2 vom gemeinsamen Angriffspunkt der Kräfte zu den Schnittpunkten von Wirkungslinie mit der Parallelen eintragen.
- Größe der Teilkräfte abmessen und mithilfe des Kräftemaßstabes umrechnen.

Jede Kraft kann mithilfe eines Kräfteparallelogramms in zwei Teilkräfte zerlegt werden, wenn die Wirkungslinien der Teilkräfte bekannt sind.

Aufgaben zu 8.2.4

1. Wie verändern sich im Eingangsbeispiel die Kräfte in den Ketten 1 und 2, wenn sie statt 70° einen Winkel von 45° bzw. 130° einschließen?

2. Welche Zugkräfte wirken in den Stangen der Zuggabel?

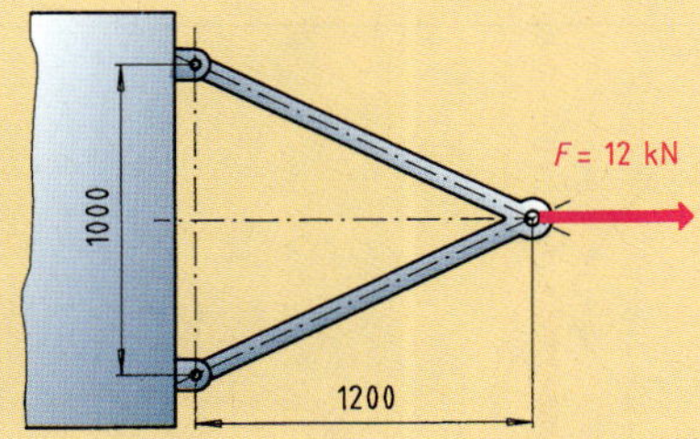

3. Wie groß sind die Kräfte in den beiden Seilen, die eine Straßenlaterne mit einer Gewichtskraft von 150 N halten?

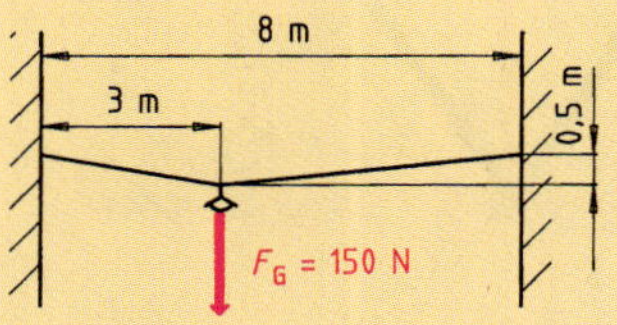

4. Bestimmen Sie die Größe der waagerechten Zugkraft, mit der der Wagen nach rechts gezogen wird.

5. Wie groß sind die Normalkräfte F_1 und F_2, die rechtwinkelig auf die Flächen der unsymmetrischen V-Führung wirken?

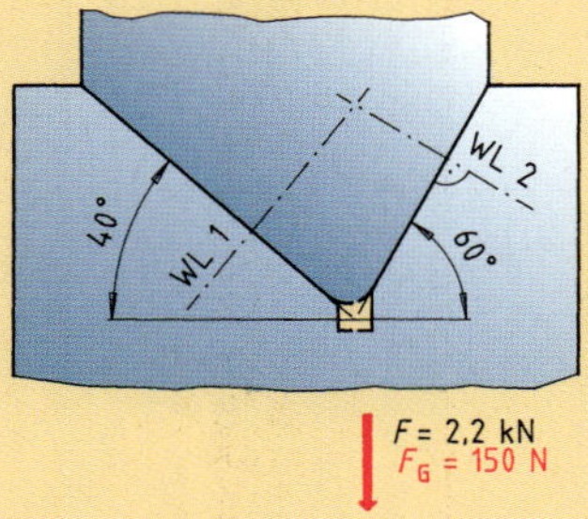

6. a) Wie groß sind jeweils die Normalkräfte F_N, die beim Trennen mit den beiden Keilwinkeln entstehen?
   b) Vervollständigen Sie in Ihrem Heft folgenden Merksatz: „Je kleiner der Keilwinkel, desto ... die Trennkräfte F_N."

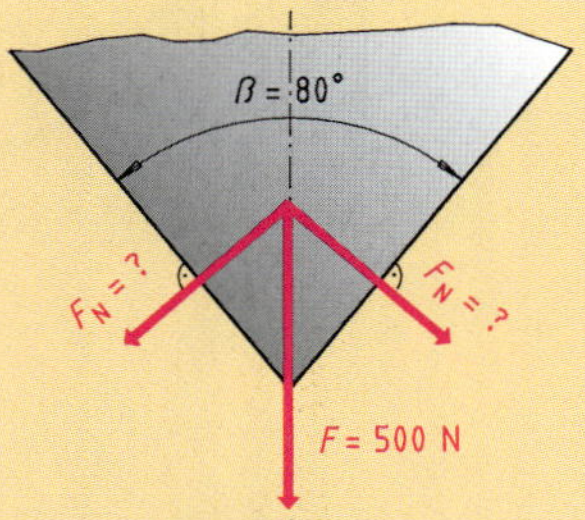

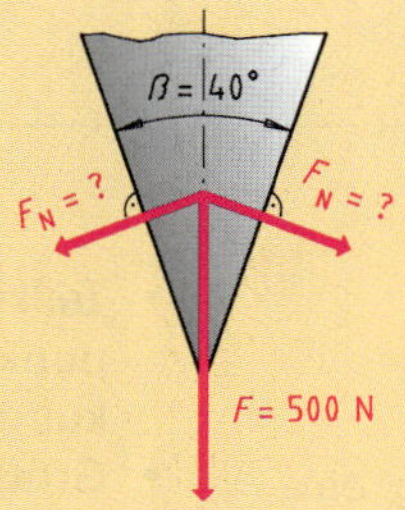

7. Wie groß sind die Kräfte F_1 und F_2 im Druck- bzw. Zugstab des Drehkrans?

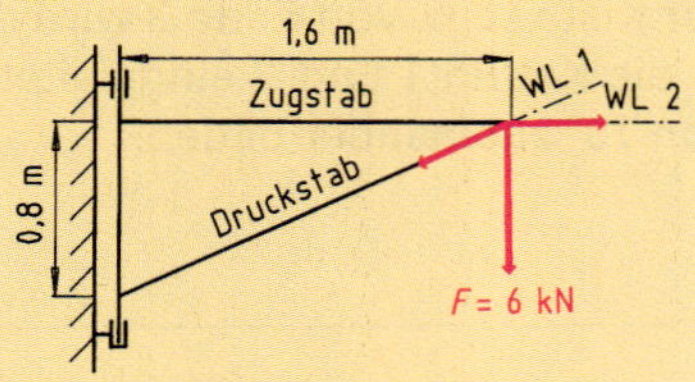

8. Bei einem Verbrennungsmotor beträgt die Kolbenkraft F_K = 4,2 kN. Wie groß ist in der gezeichneten Position die Druckkraft im Pleuel F_P und die waagerecht gegen die Zylinderwand gerichtete Kraft F_W?

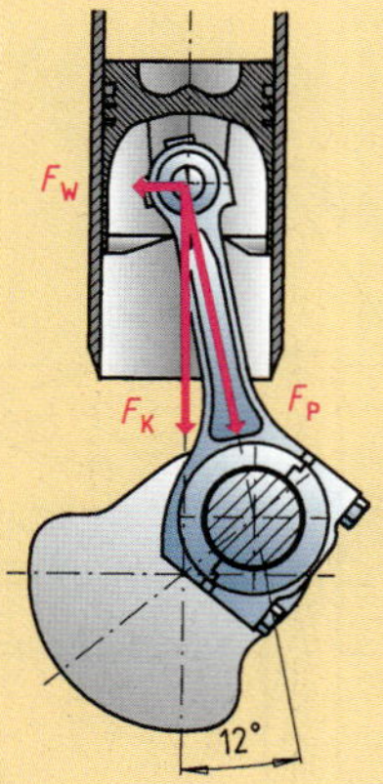

9. Bei einem schrägverzahnten Zahnrad beträgt die Umfangskraft F_U = 250 N. Bestimmen Sie die Normalkraft F_N und die Axialkraft F_a.

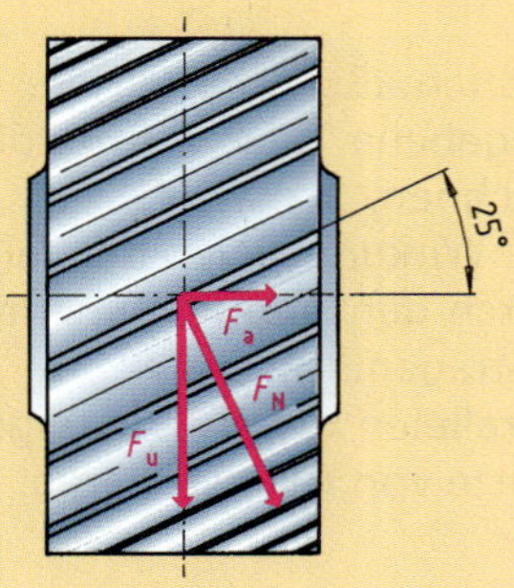

8.3 Beschleunigungs- und Gewichtskräfte

Kräfte können ruhende Körper **verformen**, dies kann man z. B. sehr anschaulich beim Schmieden oder auch bei einer Zug- oder Druckfeder beobachten. Die eingetretene Verformung des Körpers lässt Rückschlüsse auf die einwirkende Kraft zu. Kräfte selbst sind nicht sichtbar, sondern nur ihre Wirkungen. Wenn Zug- oder Druckfedern innerhalb ihres elastischen Bereiches beansprucht werden (durch plastische Verformung werden sie unbrauchbar), verhalten sich die einwirkende Kraft F und die dadurch entstehende Längenänderung ΔL proprtional. Eine Verdoppelung der Kraft verdoppelt die Längenänderung. Federn können deshalb zur Kraftmessung verwendet werden (Federwaage, Bild 2).

Kräfte sind auch die Ursache für **Bewegungsänderungen** von Körpern. Um ein Auto anzuschieben braucht man Kraft. Je größer (schwerer) das Auto ist, umso mehr Kraft wird benötigt.

Je größer die zu beschleunigende Masse m ist, umso größer muss die einwirkende Kraft F sein.

Um ein Auto in der Zeit t = 10 s von 0 auf 4 m/s zu beschleunigen braucht man mehr Kraft, als es von 0 auf 3 m/s zu beschleunigen.

Je mehr ein Körper beschleunigt werden soll, umso größer ist die hierzu erforderliche Kraft.

Die **Beschleunigung** a ist die Änderung der Geschwindigkeit v pro Zeiteinheit t.

$$\text{Beschleunigung} = \frac{\text{Geschwindigkeit}}{\text{Zeit}} \qquad a = \frac{v}{t}$$

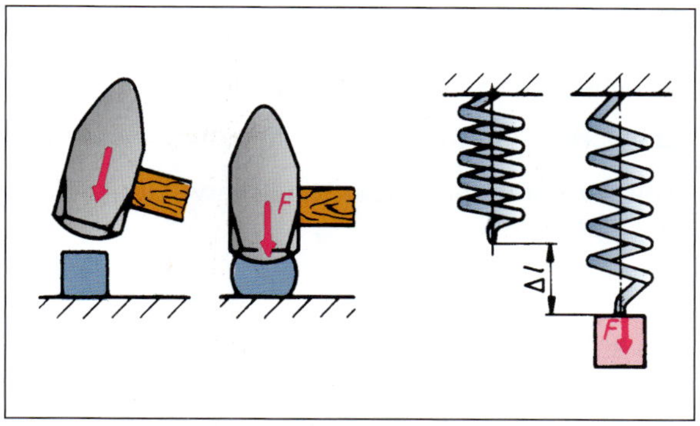

Bild 1 Verformung durch Krafteinwirkung

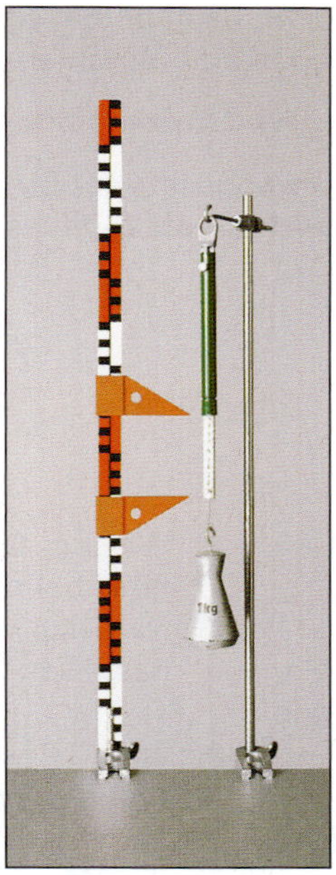

Bild 2 Federwaage

Bild 3 Anschieben eines PKW

1. Fall

$t = 10\ \text{s}$

$v = 3\ \frac{\text{m}}{\text{s}}$

$a = \frac{v}{t}$

$a = \frac{3\ \frac{\text{m}}{\text{s}}}{10\ \text{s}}$

$a = \frac{3\ \text{m}}{\text{s} \cdot 10\ \text{s}}$

$a = 0{,}3\ \frac{\text{m}}{\text{s}^2}$

2. Fall

$t = 10\ \text{s}$

$v = 4\ \frac{\text{m}}{\text{s}}$

$a = \frac{v}{t}$

$a = \frac{4\ \frac{\text{m}}{\text{s}}}{10\ \text{s}}$

$a = \frac{4\ \text{m}}{\text{s} \cdot 10\ \text{s}}$

$a = 0{,}4\ \frac{\text{m}}{\text{s}^2}$

Die Erkenntnis, dass die erforderliche Kraft mit steigender Beschleunigung und größerer Masse zunimmt, kann mit folgender Formel beschrieben werden:

$$\text{Kraft} = \text{Masse} \cdot \text{Beschleunigung}$$

$$F = m \cdot a$$

Dieser Zusammenhang ist von so großer Bedeutung, dass er als **Grundgesetz der Dynamik** bezeichnet wird. Es wurde von Isaak Newton (1643–1727) entdeckt.

Nach ihm wurde das „Newton" (Einheitenzeichen N) als Einheit für die Kraft benannt:

$$1\ \text{N} = 1\ \text{kg} \cdot 1\ \frac{\text{m}}{\text{s}^2} = 1\ \frac{\text{kg} \cdot \text{m}}{\text{s}^2}$$

Beispielaufgabe

Welche Kraft ist erforderlich, wenn ein 800 kg schweres Auto mit 0,3 $\frac{m}{s^2}$ beschleunigt werden soll (Reibung und Luftwiderstand werden vernachlässigt)?

$F = m \cdot a$

$F = 800 \text{ kg} \cdot 0{,}3 \frac{m}{s^2}$

$F = 240 \frac{kg \cdot m}{s^2}$

$\underline{\underline{F = 240 \text{ N}}}$

Fällt ein Körper im luftleeren Raum nach unten, so erfährt er in unseren Breitengraden eine Beschleunigung von 9,81 $\frac{m}{s^2}$. Diese Größe wird **Erdbeschleunigung *g*** genannt. Nach dem Grundgesetz der Dynamik lässt sich damit die **Gewichtskraft F_G** eines Körpers berechnen:

$F_G = m \cdot a$ $\qquad g = 9{,}81 \frac{m}{s^2}$

(überschlägig wird mit $g = 10$ m/s² gerechnet)

Die Gewichtskraft eines Körpers ist immer senkrecht nach unten zum Erdmittelpunkt hin gerichtet.

Beispielaufgabe

An der Kette eines Krans hängt ein Stahlblock mit einer Masse von 500 kg. Mit welcher Kraft wird die Kette auf Zug beansprucht?

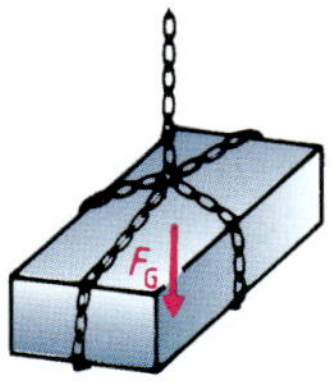

$F_G = m \cdot g$

$F_G = 500 \text{ kg} \cdot 9{,}81 \frac{m}{s^2}$

$F_G = 4905 \text{ N}$

$\underline{\underline{F_G = 4{,}9 \text{ kN}}}$

8.3.1 Aufgaben zu 8.3

1. Welche Gewichtskraft hat eine Masse von 5,4 kg?

2. Ein Werkstück hat eine Gewichtskraft von 100 N. Wie groß ist seine Masse?

3. Ein Stahlträger hat eine Masse von 0,5 t. Welche Gewichtskraft hat er?

4. Ein Stahlträger IPB 200 DIN 1025 hat eine Gewichtskraft von 3007 N. Ermitteln Sie mithilfe des Tabellenbuches die Länge des Trägers.

5. Welche Kraft wird zum Beschleunigen bzw. Abbremsen eines 15 kg schweren Wagens mit 2,5 m/s² benötigt?

6. Welche Kraft ist erforderlich, um einen Pkw mit 800 kg in 10 Sekunden von 0 auf 100 km/h zu beschleunigen? (Reibung bleibt unberücksichtigt)

7. Welche Beschleunigung erfährt beim Kegeln eine Kugel mit 2 kg, wenn sie mit 100 N gestoßen wird?

8. Zum Beschleunigen eines Wagens wird eine Kraft von 500 N wirksam. Wie groß ist die Masse des Körpers, wenn die Beschleunigung 2 m/s² beträgt?

9. Das Werkstück hat eine Gewichtskraft von 2,96 N. Aus welchem Werkstoff wurde es gefertigt?

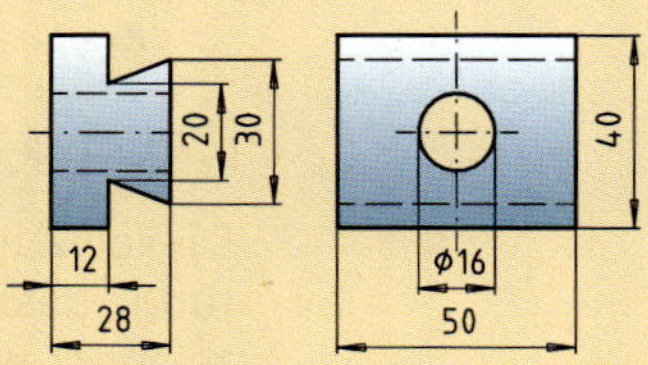

10. Welche Masse hat ein Aluminiumteil mit einer Dichte von 2,7 kg/dm³, das eine Gewichtskraft von 1250 N ausübt?

11. Wie viele Liter Kraftstoff sind in einem Tank, der mit Füllung eine Gewichtskraft von 120 N hat, wenn der Tankbehälter eine Masse von 1,5 kg besitzt und die Dichte des Kraftstoffs 0,75 kg/dm³ beträgt?

12. Der aus der Elbe gehobene Findling „Alter Schwede" aus Granit hat ein Volumen von 80 m³. Welche Kraft musste der Kran aufwenden, damit er an das Ufer gehoben werden konnte?

9 Berechnungen mit Tabellenkalkulation

9.1 Prinzipieller Aufbau der Tabellenkalkulation

Auch wenn die Handhabung und der Befehlsumfang der Tabellenkalkulationsprogramme unterschiedlich ist, arbeiten sie alle nach dem gleichen Prinzip. Der Rechnerspeicher, als Auszug auf dem Bildschirm sichtbar gemacht, ist in **Zeilen** und **Spalten** unterteilt. Jedes einzelne **Feldelement** wird durch die Angabe von **Spalten-** und **Zeilennummer** – z. B. **A1** (Spalte A, Zeile 1) – beschrieben. Die einzelnen Feldelemente lassen sich mit Texten oder Zahlenwerten füllen. Die Zahlenwerte können z. B. addiert oder subtrahiert werden.

Microsoft Excel - Materialkosten

	A	B	C	D	E	F
1		Kostenermittlung				
2						
3	**Material**	**Meter**	**Preis/Meter**	**Kosten**		
4	Profil, Flach 60x25	15	15,81 €	237,15 €		
5	Profil, Flach 75x10	33	7,32 €	241,56 €		
6	Profil, Flach 35x10 feuerverzinkt	50	4,31 €	215,50 €		
7	Rundstahl d=65mm	33	39,26 €	1.295,58 €		
8	T-Stahl 80x80x9	40	14,87 €	594,80 €		
9	T-Stahl 80x80x9 feuerverzinkt	40	20,56 €	822,40 €		
10	U-Stahl 65	28	9,64 €	269,92 €		
11	Winkelstahl 75x75x10	50	16,65 €	832,50 €		
12						
13						
14	**Nettosumme**			4.509,41 €		
15	Mehrwertsteuer 16%			721,51 €		
16						
17	**Bruttosumme**			5.230,92 €		
18						

Bild 1 Prinzip der Tabellenkalkulation

Es ist sinnvoll, zuerst die Texteingaben vorzunehmen. Hierzu wird der Feldcursor mit den Pfeiltasten oder der Maus auf das Feldelement gebracht, in das der Text geschrieben werden soll. Die Texteingabe wird jeweils mit der Zeilenschalttaste (RETURN) abgeschlossen. Die Zahlenwerte für Material und Längen in Meter sind in weiteren Feldelementen einzutragen. Um z. B. die Kosten für den Flachstahl 60 × 25 zu ermitteln, sind die **Inhalte** der **Felder B4** (Länge: 15 m) und **C4** (Preis: 15,81 €) miteinander zu **multiplizieren**. Nach der Eingabe der Formel = **B4 · C4** in das Feld **D4** führt das Programm die Multiplikation selbständig durch. Das Ergebnis 273,15 € wird angezeigt. Jede Änderung der Anzahl oder des Preises bewirkt eine sofortige Neuberechnung nach der eingegebenen Formel.

Microsoft Excel - Materialkosten

	A	B	C	D
1			Kostenermittlung	
2				
3	**Material**	**Meter**	**Preis/Meter**	**Kosten**
4	Profil, Flach 60x25	15	15,81	=B4*C4
5	Profil, Flach 75x10	33	7,32	=B5*C5
6	Profil, Flach 35x10 feuerverzinkt	50	4,31	=B6*C6
7	Rundstahl d=65mm	33	39,26	=B7*C7
8	T-Stahl 80x80x9	40	14,87	=B8*C8
9	T-Stahl 80x80x9 feuerverzinkt	40	20,56	=B9*C9
10	U-Stahl 65	28	9,64	=B10*C10
11	Winkelstahl 75x75x10	50	16,65	=B11*C11
12				
13				
14	**Nettosumme**			=SUMME(D4:D13)
15	Mehrwertsteuer 16%			=D14*0,16
16				
17	**Bruttosumme**			=SUMME(D14:D15)
18				

Bild 2 Anzeige der Formeln für die Berechnung

Wie in Bild 1 dargestellt, wird beim späteren Arbeiten mit der Tabelle nicht die Formel, sondern nur der durch sie berechnete Wert auf dem Bildschirm angezeigt.

Die Einsatzgebiete sind sehr vielfältig:

- Kostenkalkulation
- Auftragskalkulation
- Rechnungserstellung
- Volumen-/Massenberechnungen u. a. m.

10 Englisch im Metallbaubetrieb

10.1 Berechnungen

Translate into german, please.

Calculation

For constructing and manufactoring technical products calculation is necessary. You have to master perfectly the basic arithmetical operations, e. g. addition and subtraction, division and multiplication as well as percentage calculation and rule of three. In steel and metal work simple exercises are edge – and hole – distances, the calculation of volume, mass and girth.

When operating machines the calculations of the number of revolutions and feeder, leverage and angular momentum, roll and block pulley are necessary. The Pythagoras theorem and the angle functions will help you to work out unkown size on rectangular triangles.

Forces and moments have effects on constructions of steel and metall work. They can be determined by graphical designs and arithmetical calculations.

As the pieces of work are always manufactured with tolerances you have to be able to figure out maximal and minimal sizes.

For the solution of technical calculations there are formularies. The solution will also be less difficult if you use a pocket calculator and software, e. g. EXCEL.

Vokabelliste

angle functions	Winkelfunktionen
block pulley	Flaschenzug
calculation	Berechnung
to construct	konstruieren
to determinate	bestimmen
distance	Abstand, Entfernung
edge	Rand, Kante
feed	Vorschub
to figure out	bestimmen, ermitteln
force	Kraft
formulary	Formel
girth	Gewicht
graphical	grafisch
hole	Loch, Bohrung
less	weniger
leverage	Hebel
to manufacture	herstellen
mass	Masse
to master	beherrschen
moment	Moment
momentum	Drehmoment
number of revolutions	Umdrehungsfrequenz
to operate	bedienen
percentage	Prozent
pocket calculator	Taschenrechner
Pythagoras theorem	Lehrsatz des Pythagoras
rectangular	rechtwinkelig
roll	Rolle
rule of three	Dreisatz
size	Größe
solution	Lösung
tolerance	Toleranz, Abweichung
triangle	Dreieck

Assignments

We present you basic arithmetical operations. Translate the calculations into english and try to answer in correct sentences.

1. 24 mm + 48 mm = ________

2. 16,2 mm – 0,4 mm = ___

3. 45° + 90° = ________

4. 125 – 5 = ________

5. 7 · 6 = ________

6. 3 m · 6 N = ________

7. $4^2 + 6^2$ = ________

8. 19 % von 200 € = ________

9. Zwei Tonnen Stahl kosten 1200 €. Wie viel € kosten 5 Tonnen?

10. Ein Würfel aus Stahl misst 50 mm Kantenlänge. Wie groß ist seine Masse in Gramm?

11. Ein Hebel hat die Hebelarme 1,5 m und 20 cm. Am langen Hebelarm wirken 100 N. Wie groß ist die Kraft am kurzen Hebelarm in N?

12. Ein Bohrer hat einen Durchmesser d = 12 mm. Die Schnittgeschwindigkeit beträgt 50 m/min. Wie groß muss die Drehzahl n in min^{-1} sein?

Kapitel W: Werkstofftechnik

1 Werkstoffe im Metall- und Stahlbau

1.1 Einleitung

Profile und Blech aus Stahl sind die am häufigsten verwendeten Fertigerzeugnisse der Walzwerke, die dann in Metall- und Stahlbaubetrieben verarbeitet werden. Für Fenster, Geländer, Vitrinen, Gitter und Grabzeichen finden auch EDELSTAHL Rostfrei®, Aluminium, Kupfer und seine Legierungen, sowie Kunststoffe und Glas Verwendung. Maschinenbaubetriebe verarbeiten oft Gusswerkstoffe zu Maschinengestellen und Gehäusen, z. B. für Motoren und Getriebe. Die Bearbeitungswerkzeuge sind oft aus sehr harten Verbundwerkstoffen und aus Keramik. Diese Werkstoffvielfalt verlangt vom Verarbeiter deshalb fundierte Kenntnisse über Verhalten und Verarbeitung. Besonders in kleinen Betrieben müssen oft die Werkstoffe nach Art und Form selbst ausgewählt und sach- und fachgerecht bearbeitet werden. Größere Konstruktionen, wie Stahlhochbauten, werden im Technischen Büro konstruiert, dabei werden die Werkstoffe und Profile vorgegeben. Die Stück- oder Zuschnittliste gibt darüber Auskunft.

Walz- und Presswerke liefern die unterschiedlichsten Bleche, Rohre, Profile usw. in vielen Größen, Formen und Werkstoffen. Dabei ist zwischen ge-

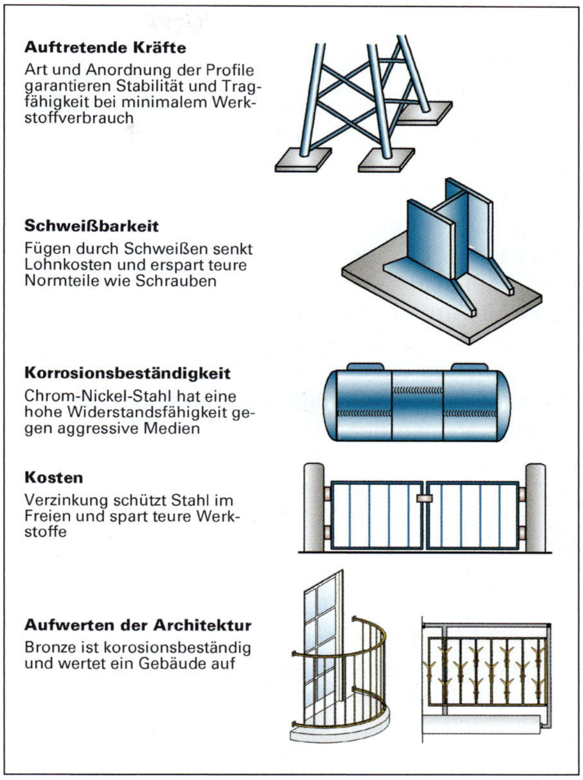

Bild 1 Werkstoffauswahl nach Anforderungen

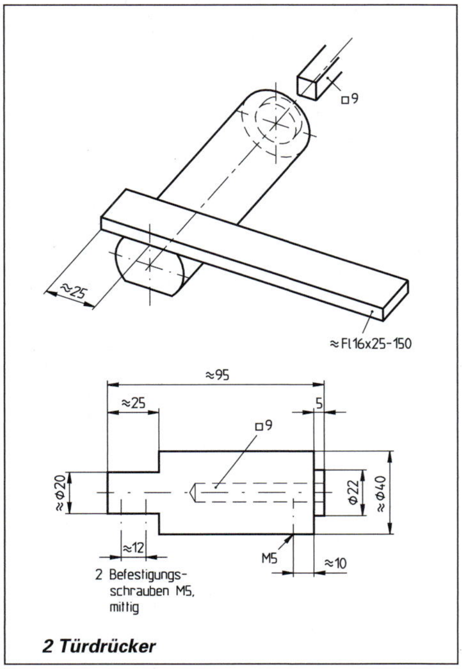

Bild 2 Werkstoffauswahl am Beispiel Türdrücker

Anforderung Der Werkstoff muss ...	Gewünschte Eigenschaft	Werkstoff	Profil
gut zu bearbeiten sein	leicht zerspanbar	Aluminium, Kupfer, Bronze, weicher Stahl	gezogenes Profil, das im Querschnitt möglichst den Fertigmaßen entspricht
geringes Gewicht haben	geringe Dichte	Aluminium	
bruchfest sein	hohe Bruchfestigkeit	Stahl, EDELSTAHL Rostfrei®	
kostengünstig sein	geringe Werkstoffkosten	Stahl	
repräsentativ sein	hohe Oberflächengüte, Farbe	Stahl oder EDELSTAHL Rostfrei® poliert, Kupfer	
hautfreundlich sein	dichte Oberfläche	Alle Werkstoffe mit polierter Oberfläche	
einfach zu recyclen sein	Umweltfreundlich	alle Metalle	

normten Standardprofilen (DIN-Profile), Systemprofilen und Sonderanfertigungen zu unterscheiden.
Im Metall- und Stahlbau sind bei der Werkstoffauswahl besonders die in Bild 1 (S. 71) dargestellten Gesichtspunkte zu beachten.

1.2 Eigenschaften der Werkstoffe

Der Verwendungszweck eines Bauteils oder Werkstücks ist ein ganz wesentliches Element bei der Wahl von Werkstoff und Profil. Der Werkstoff für den in Bild 2 (S. 70) dargestellt Türdrücker muss bestimmte Anforderungen erfüllen. Diese verlangen bestimmte Eigenschaften und legen Werkstoff und Profil fest.
Gewählt wird ein einfacher Baustahl, er erfüllt einen Großteil der Anforderungen.
Die Wahl des Werkstoffs richtet sich nach der bestimmenden Eigenschaft. So könnte man den Türdrücker ebenso aus Kupfer fertigen, dieser Werkstoff wäre für die Anforderung „Repräsentation" besser geeignet als Stahl. Da es sich aber um ein einfaches Übungsstück handelt, an dem das Arbeiten mit handgeführten Werkzeugen erlernt werden soll, wählt man weichen Baustahl, es ist wesentlich „billiger". Bei der Werkstoffwahl zwingen sehr oft die Kosten zu Kompromissen. So ist es kostengünstiger z. B. ein Balkongeländer aus Baustahl zu fertigen und durch Feuerverzinken vor Korrosion zu schützen, als EDELSTAHL Rostfrei® zu verwenden. Dieser Werkstoff ist zwar korrosionsbeständig, aber sehr teuer und schwierig zu bearbeiten.
Die Werkstoffeigenschaften lassen sich in Gruppen zusammenfassen. Bild 1 gibt in einem Überblick die Erklärung und Bedeutung für die Werkstoffauswahl.
Die für die Verwendung und Verarbeitung wichtigen Kenngrößen finden Sie in Tabellenbüchern, auf sie wird bei den einzelnen technischen Werkstoffen noch näher eingegangen.

W

Werkstoffeigenschaften				
Physikalische	**Chemische**	**Technologische**	**Ökologische**	**Kosten**
Kenngrößen und Verhalten bei Einwirkungen von außen	Verhalten bei chemischen Einwirkungen auf die Oberfläche	Verhalten bei der Formgebung durch Umformen und Spanen	Eigenschaften bei der Gewinnung und am Ende der Produktlebensdauer	Gewinnung und Verarbeitung zu Halbfertigfabrikaten, z. B. Profile
• Dichte = Masse pro Volumen • Schmelzpunkt = Übergang in flüssigen Zustand • Festigkeit = Widerstand gegen Formänderung • Härte = Widerstand gegen Eindringen eines Körpers • Dehnbarkeit = Verhalten bei Zugkraft • Elastizität = Rückfederungsvermögen bei Längung • Schmelzpunkt = Übergang in flüssigen Zustand • Leitfähigkeit für Wärme und elektrischen Strom	• Korrosionsbeständigkeit = Verhalten beim Einwirken von korrosiven Medien • Säure-/Laugebeständigkeit = Verhalten bei Einwirkung von Säuren und Laugen	• Zerspanbarkeit = Widerstand beim Zerspanen • Gießbarkeit = Fließ- und Formfüllungsverhalten beim Urformen durch Gießen • Umformbarkeit = Verhalten beim Umformen z. B. durch Schmieden • Schweißbarkeit = Verhalten beim Schweißen	• Energieaufwand bei der Gewinnung = einfach aus Erz zu erschmelzen oder nur durch Elektrolyse, z. B. bei Aluminium • Verhalten bei Gebrauch = besondere Schutzvorkehrungen notwendig, z. B. durch ausschwemmen von Kupferionen, die das Grundwasser gefährden • reyclingfähig = einfach einzuschmelzen, z. B. Stahl, Glas oder nur deponiefähig, z. B. manche Kunststoffe	• Häufigkeit des Metalls in der Erdkruste und Kosten der Förderung • Kosten der Gewinnung des Werkstoffs aus dem Rohstoff • Kosten der Herstellung von Halbfertigfabrikaten

Bild 1 Werkstoffeigenschaften

Bild 1 Torgitter: korrosionsbeständig, schweißbar, geringe Kosten, hohe Festigkeit (Marsstraße, München)

Bild 2 Briefkastenanlage: umformbar, korrosionsbeständig, farbig zu beschichten, schweißbar

1.3 Einteilung der Werkstoffe

Werkstoffe unterscheiden sich vor allem in ihren physikalischen und technologischen Eigenschaften. Von der Vielzahl der technischen Werkstoffe werden im Metall- und Stahlbau nur sehr wenige verwendet, über deren Einteilung, Gewinnung, Eigenschaften und Verwendung Sie aber informiert sein müssen, um sie bestimmungsgemäß auswählen und verarbeiten zu können. Bild 1 gibt einen Überblick über die wichtigsten Werkstoffe, mit denen Sie es in der Werkstatt zu tun haben werden.

Werkstoffe							
Metalle				Verbundwerkstoffe	Nichtmetalle		
Eisenwerkstoffe			Nichteisen-Metalle		Kunststoffe	Naturstoffe	Glas
Gusseisen	Stahl						
	Unlegierte Stähle	Legierte Stähle					
In Formen gegossenes Eisen	Stahl ohne Legierungselemente	Stahl durch Legierungselemente veredelt	Buntmetalle Leichtmetalle	nach den Anforderungen „komponierte" Werkstoffe	künstlich hergestellte Stoffe	in der Natur vorkommende Stoffe	unterkühlte glasklare Schmelze
z. B. • Grauguss • Temperguss	z. B. • einfacher Baustahl • Einsatzstahl	z. B. • legierter Baustahl • legierter Werkzeugstahl • EDELSTAHL Rostfrei®	z. B. • Aluminium • Kupfer und seine Legierungen wie Bronze, Messing • Zink • Zinn	Mischungen aus gepresstem Werkstoffpulver, z. B. Schneidstoffe	z. B. • Thermoplaste • Duroplaste • Elastomere	z. B. • Holz • Gips • Zement	z. B. • Bauglas • Einscheiben-Sicherheitsglas • Verbundglas

Bild 3 Einteilung der Werkstoffe

Gemeinsame **Merkmale aller Metalle** sind, sie

- besitzen eine Gitterstruktur, diese kann kubisch raumzentriert, kubisch flächenzentriert oder hexagonal sein (Bild 1, S. 74)
- leiten Strom und Wärme mit Hilfe der sog. freien Leitungselektronen im Metallgitter
- lassen ihre Eigenschaften durch Legieren (= Mischen im flüssigen Zustand) verändern und bilden dann
  - ein Kristallgemisch (unterschiedliche Kristalle auf den Gitterplätzen) oder
  - einen Mischkristall (unterschiedliche Atome) (Bild 2 und 3, S. 74)
- lassen sich durch Gießen im flüssigen Zustand urformen
- lassen sich bei Erwärmung umformen, z. B. durch Schmieden (Ausnahme: Gusswerkstoffe)

- besitzen einen ausgeprägten Schmelzpunkt und Siedepunkt
- sind bei Raumtemperatur fest (Ausnahme: Quecksilber)
- liegen in der Erdkruste nie gediegen (= rein), sondern immer als Erz mit anderen Stoffen vermischt vor (Ausnahme: Gold, Silber)
- werden aus Erzen durch Schmelzen gewonnen (Ausnahme: Aluminium; es kann nur durch Schmelzflusselektrolyse im elektrischen Lichtbogen gewonnen werden)
- können nach dem Verdampfen anhand der dabei ausgesandten Spektralfarben analysiert werden.

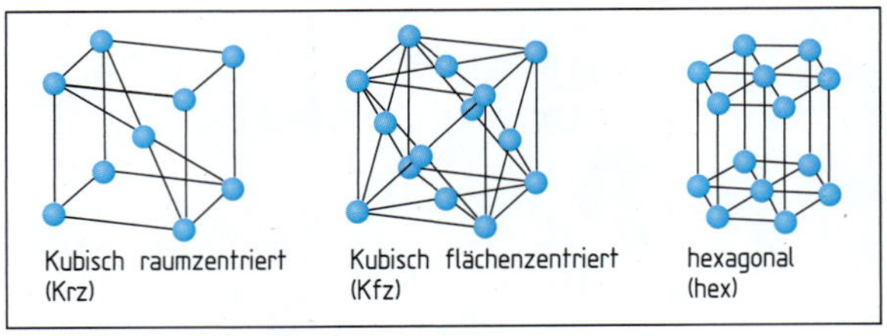

Bild 1 Kristallgitterformen

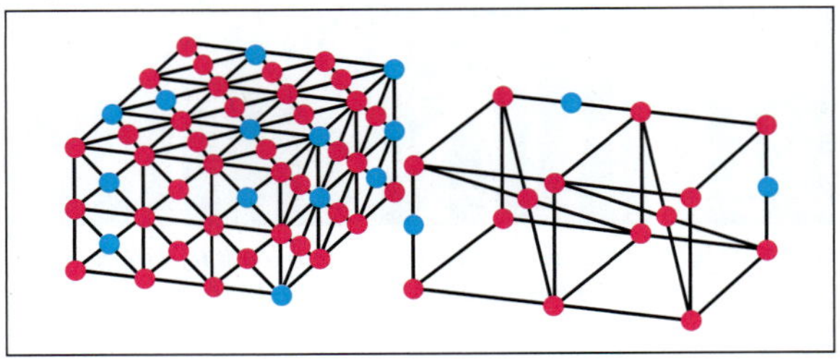

Bild 2 Mischkristalle

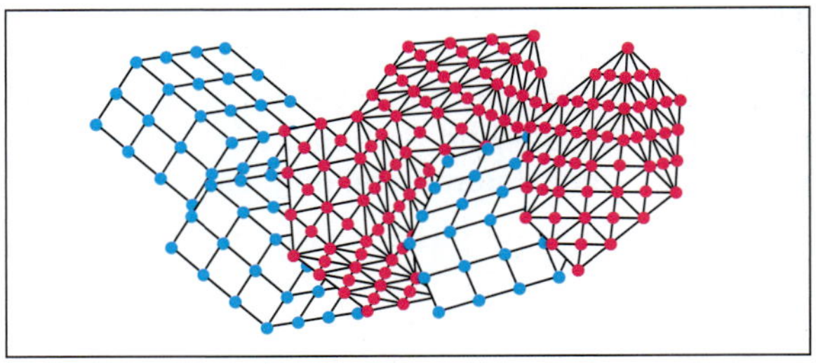

Bild 3 Kristallgemisch

Diese Merkmale machen Metalle für eine technische Verwendung besonders geeignet. Das wichtigste Metall im Metall- und Stahlbau ist einfacher Baustahl, gefolgt von EDELSTAHL Rostfrei®, Aluminium und Messing (Kupfer-Zink-Legierung) sowie Zink als Überzugsmetall beim Feuerverzinken.

Verbundstoffe werden nicht durch Legieren im flüssigen Zustand gewonnen, sondern durch Mischen und anschließendes Pressen von pulverisierten Metallen und Nichtmetallen. So lassen sich auch Werkstoffe mit sehr unterschiedlichen Schmelzpunkten kombinieren. Man bezeichnet diesen Vorgang als **Sintern**, die verwendeten Werkstoffe werden Sinterwerkstoffe genannt. Diese

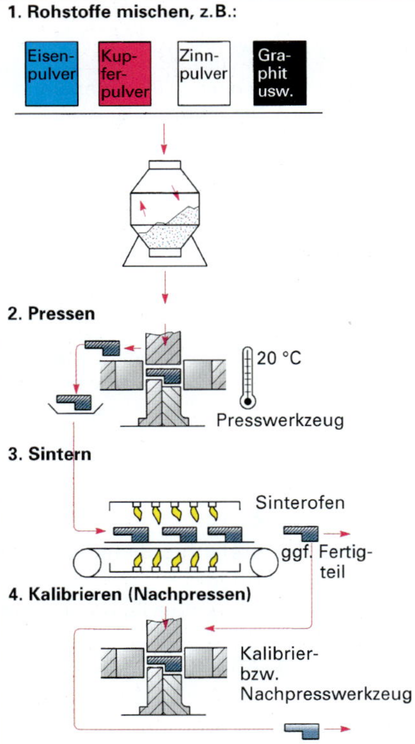

Gleitlager
Graphit-, Molybdänsulfit-, Eisen-, Bronzepulver

Gleitlagerbüchse

Hartmetalle
Wolfram-, Titan-, Tantalpulver
Kobalt als Bindemittel

Hartmetallschneide

Die pulverisierten Werkstoffe, Reinmetalle oder Legierungen werden in der gewünschten Zusammensetzung vermischt

Pressen mit geringem Druck, damit Hohlräume entstehen, die das Gleitmittel aufnehmen können

Pressen mit hohem Druck (60 kN/cm²), damit ein dichtes Gefüge von hoher Festigkeit entsteht

Sintern = „Zusammenbacken" der Legierungsbestandteile **unterhalb** der Schmelztemperatur. Gleitlager werden mit hohen Drücken gepresst.

Nachpressen für hohe Form- und Maßgenauigkeit

Bild 4 Sintervorgang

sehr einfache Formgebung und die hohe Form- und Maßgenauigkeit macht das Sintern zum idealen Formgebungsverfahren für Massenteile wie Gleitlager, Schlossbauteile und Beschläge sowie von Schneidstoffen, wie Hartmetallschneiden an Steinbohrern und Drehmeißeln sowie oxidkeramische Werkstoffe aus Aluminium- und Magnesiumoxid. So könnte man z. B. den Türdrücker (Bild 4, S. 74) in großen Stückzahlen „in einem Stück" durch Sintern herstellen. Von Nachteil sind aber die hohen Werkzeugkosten.
Der Sintervorgang ist im Prinzip für alle Bauteile gleich und besteht aus
Mischen – Pressen – Sintern – Kalibrieren.

Die große Gruppe der technisch verwendeten **Nichtmetalle** umfasst die Kunststoffe, Naturstoffe sowie Glas, das im Metallbau eine immer größere Bedeutung gewinnt. Sie werden in eigenen Abschnitten behandelt.

Alle in der Werkstatt verwendeten Werkstoffe lassen sich einteilen in

- **Fertigungsmaterial** wie Profile und Bleche aus Stahl, Aluminium, Kupfer, Glasscheiben.

Aus ihnen werden Konstruktionen gefertigt.

- **Fertigungshilfsstoffe**, z. B. Elektroden, Klebstoffe, Dichtstoffe.

Sie sind an Konstruktionen oft noch erkennbar.

- **Betriebsstoffe**, wie Schmierstoffe, Kühlmittel, Schleif- und Poliermittel, Flussmittel, Reinigungsmittel.

Das sind Hilfsstoffe für den unterschiedlichsten Einsatz.

- **Schmierstoffe** vermindern die Reibung zwischen Werkzeugschneide und Werkstoff beim Zerspanen und zwischen den Bauteilen von Maschinen. Sie liegen vor in Form von **Fett**, für langsam laufende Maschinen und niedrige Temperaturen und als **Öl** bei höheren Anforderungen. Diese Stoffe werden aus Naturstoffen wie Talg gewonnen, meist aber aus Erdöl mit Legierungszusätzen.
- **Kühlmittel** führen Wärme ab, die bei Reibung an Maschinenteilen oder bei der Zerspanung entsteht. Das ideale Kühlmittel wäre Wasser, weil es sehr viel Wärme bei der Temperaturerhöhung aufnimmt. Nachteilig sind aber die fehlenden Schmiereigenschaften, deshalb stellt man Emulsionen (= Mischungen) aus Öl und Wasser her, die beide Eigenschaften vereinen, z. B. „Bohrwasser".
- **Schleif- und Poliermittel** werden aus natürlichen Stoffen wie Sand oder Korund oder synthetisch (= künstlichen) Stoffen wie Siliziumkarbid hergestellt. Sie finden sie in unterschiedlicher Form in der Werkstatt, als Schleifscheibe, Schleifband oder als Paste. Sie dienen zum Schärfen von Werkzeugschneiden, zum flächigen Abtragen von Werkstoff und zur Oberflächenbearbeitung, z. B. beim Schleifen und Polieren von Stäben und Handlauf an Geländern aus EDELSTAHL Rostfrei®.
- **Flussmittel** werden zum Löten und als Umhüllungsstoff von Schweißelektroden gebraucht. So vielfältig wie ihre Eigenschaften sind auch ihre Zusammensetzung und Handelsformen. Als Paste zum Löten bestehen sie aus Borax und Säuremischungen, Elektrodenumhüllungen meist aus pulverisierten Mineralien wie Rutil.
- **Reinigungsmittel** sind entweder verdünnte Säuren bzw. Laugen oder flüssige Kohlenwasserstoffe, die aus Erdöl gewonnen werden. Sie lösen durch ihre reduziernde Wirkung (= Sauerstoffentzug) Schmutz, Ablagerungen oder Rost und machen eine Werkstückoberfläche „metallisch rein".

Für viele Hilfsstoffe gilt, sie

- sind gesundheitsgefährdend bis giftig, insbesondere die Dämpfe beim Einatmen, deshalb sind beim Umgang die Herstellerhinweise und Unfallverhütungsvorschriften zu beachten
- können das Grundwasser verschmutzen
- müssen in gesonderten Behältern aufbewahrt und als Sondermüll entsorgt werden.

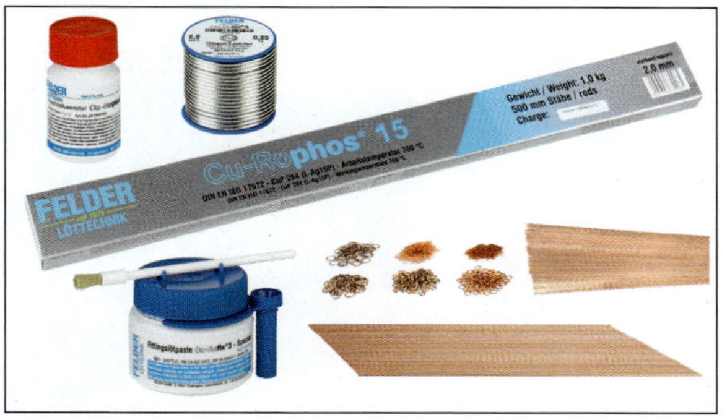

Bild 1 Lote und Flussmittel

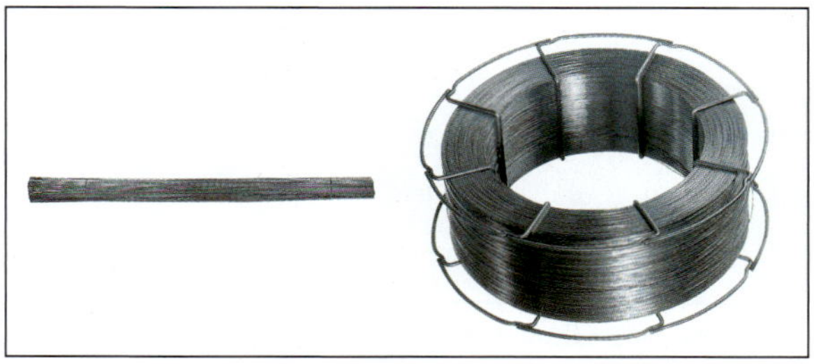

Bild 2 Schweißstäbe und Schweißdraht

2 Eisen und Stahl

2.1 Gewinnung von Eisen und Stahl

Spricht man im Metall- und Stahlbau von **Eisen** so meint man den schmiedbaren Stahl im Unterschied z.B. zum Gusseisen oder zu den NE-Metallen, die ihrer Farbe wegen in der Werkstatt auch als Buntmetalle bezeichnet werden. In der Werkstofftechnik ist Eisen das chemische Element, das technisch aber nicht verwendet wird.

Eigenschaften von reinem Eisen (Kurzzeichen Fe = Ferrum, lat.)
- Dichte 7,85 kg/dm³
- Schmelztemperatur 1535 °C
- Wärmeleitfähigkeit 75,5 W/(m · K)
- Spezifischer elektrischer Widerstand 0,13 Ω mm²/m
- Zugfestigkeit: ca. 100 N/mm²

Zu Beginn der Eisenverarbeitung um 2000 v. Chr. wurde ausschließlich **Meteoreisen**, auch „Metall des Himmels" genannt, gesammelt und zu Messern, Waffen und Beschlägen verarbeitet. Es war, weil sehr selten, um ein mehrfaches teurer als Gold. Später wurde Rasenerz in kleinen Rennfeuern erschmolzen und die so gewonnene Eisenluppe ausgeschmiedet. Seit der Einführung der Koksfeuerung durch Darby um 1700 in England wird Eisen in Hochöfen aus Erz erschmolzen. Heute werden ca. 80% des Stahls aus Schrott gewonnen, die Gewinnung aus Eisenerz ist stark zurückgegangen.

Stahl ist eine Eisen-Kohlenstoff-Verbindung mit bis zu 2 % Kohlenstoff. Er ist schmiedbar und ab 0,5 % Kohlenstoffgehalt auch härtbar. Stahl lässt sich je nach Zusammensetzung
- gut umformen
- gut zerspanen
- gut schweißen
- durch Wärmebehandlung in seinen Eigenschaften beeinflussen, z.B. Härten

W

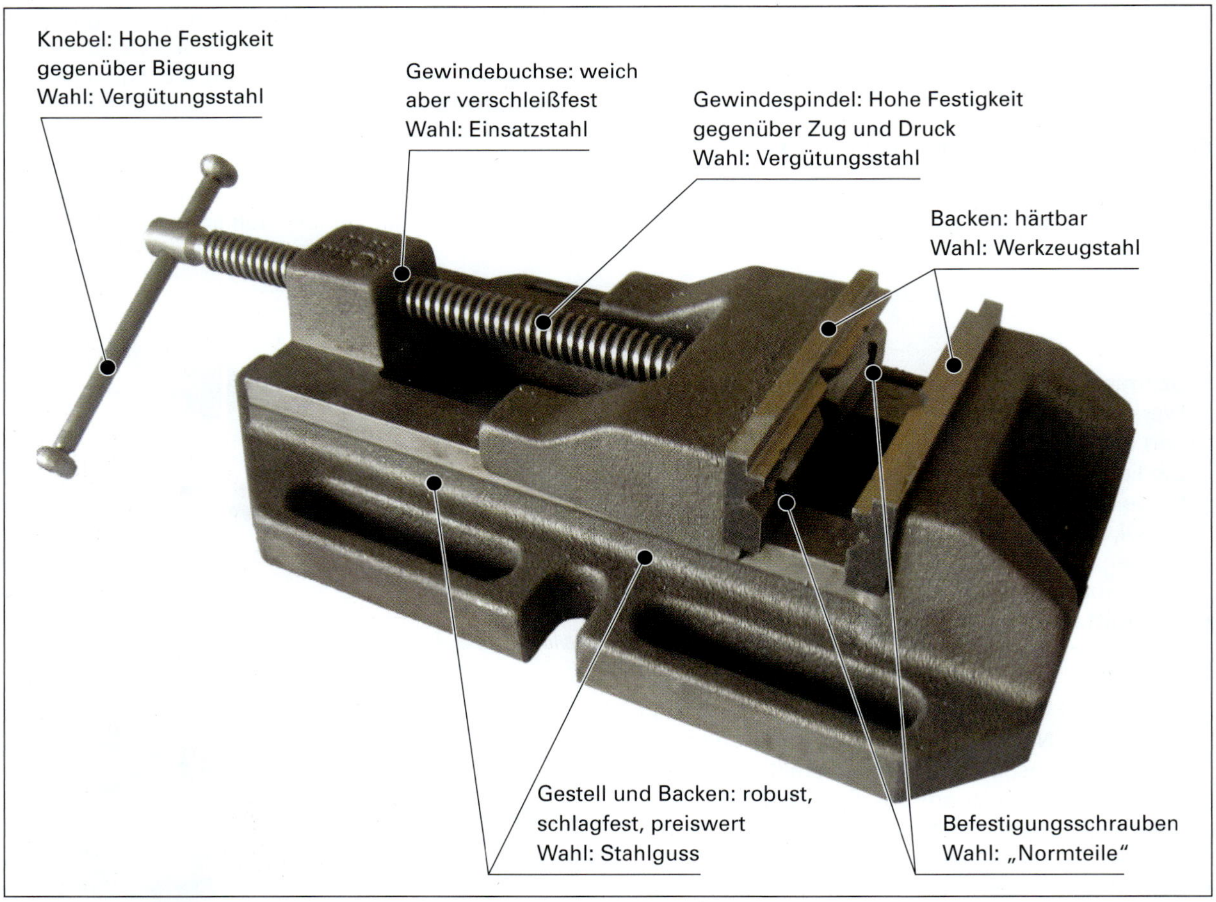

***Bild 1** Maschinenschraubstock: Die Beanspruchung bestimmt die Werkstoffauswahl*

Die Herstellung von Lang- und Flachzeug (= Profile und Bleche) aus Stahl für den Metall- und Stahlbau erfolgt in den Stufen:

	1. Gewinnung von Roheisen (= Verhüttung)	2. Gewinnung von Stahl	3. Warmwalzen	4. Walzen	5. Sonderverfahren im Anschluss an das (Warm-) Walzen
(Ausgangsprodukt) ↓ **Anlage** ↓ Endprodukte	(Eisenerz) **Hochofen** ↓ 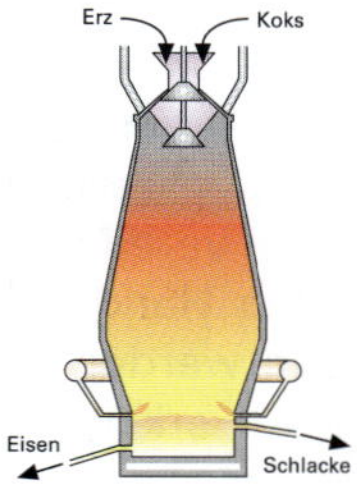 Roheisen zur Weiterverarbeitung zu Stahl oder Gusseisen oder (Eisenerz) ↓ **Drehrohrofen** ↓ 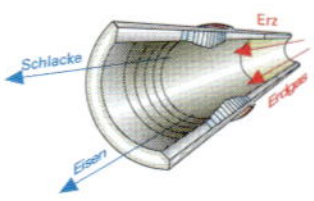 Eisenschwamm	(Roheisen, Eisenschwamm) ↓ **LD-Konverter** ↓ 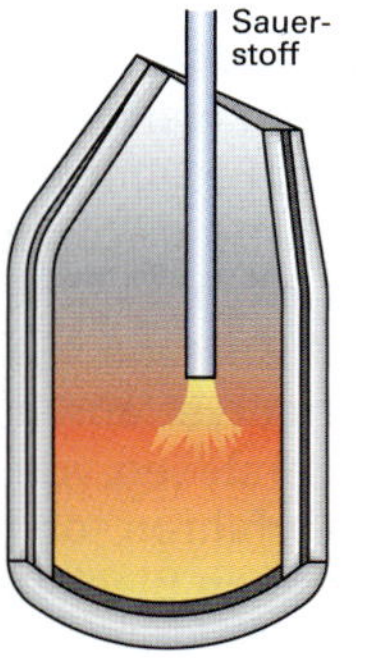 Stahl als Strang oder Kokille oder flüssig 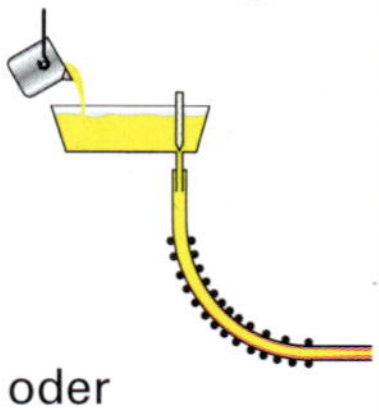 oder (Stahlschrott) ↓ **Elektroofen** ↓ 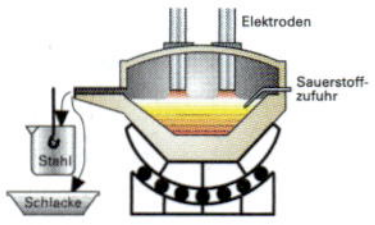 Stahl als Strang oder Kokille oder flüssig 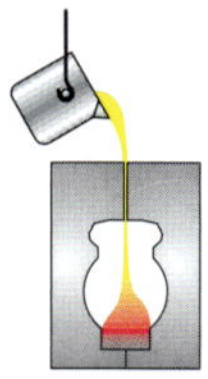	(Stahlstrang oder Kokille oder flüssiger Stahl) ↓ **Warm-Walzwerk** ↓ 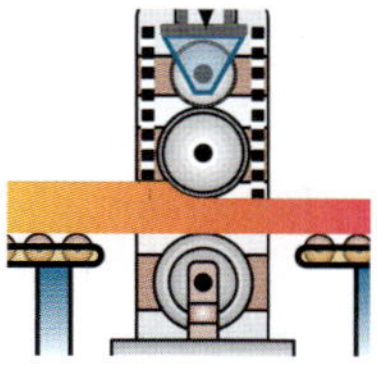 Halbzeuge: – Vorblöcke – Knüppel – Brammen – Warmband	(Halbzeuge) ↓ 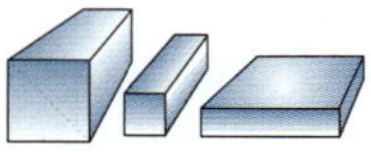 **Walzwerk** ↓ 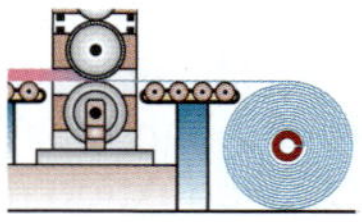 Fertigerzeugnisse: – Formstahl – Schienen – Stabstahl – Bleche – Kaltband 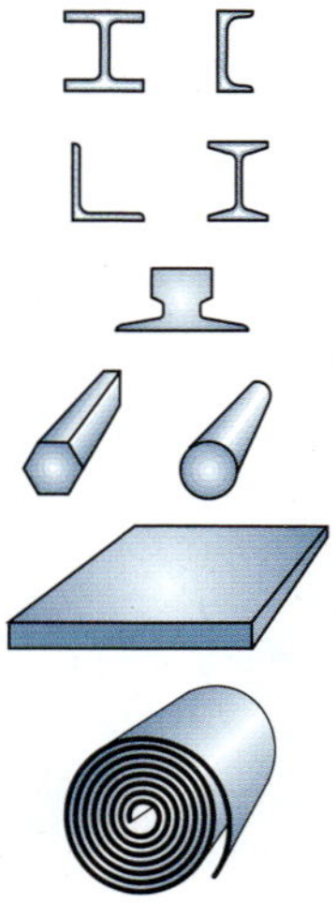	• Rohre aus Vorblöcken und Knüppeln 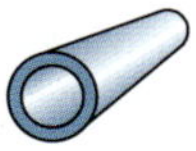 • Stranggepresste Profile aus Knüppeln 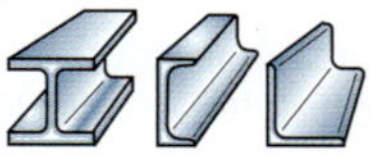 • Kaltgewalzter Stabstahl aus warmgewalztem Stabstahl • Kaltgewalzte Bleche aus Breitflachstahl  • Gezogener Stabstahl aus kaltgewalztem Stabstahl • Drahtziehen 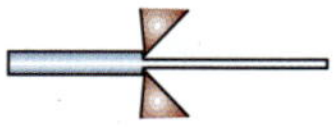

***Bild 1** Eisen- und Stahlgewinnung und Verarbeitung*

W

Eisenerze sind chemische Verbindungen mit bis zu 60 % Eisenanteil sowie Begleitmineralien, Gestein und chemisch gebundenem Wasser und Sauerstoff. Die **Roheisengewinnung** (= Verhüttung) aus Erz erfolgt

- im Hochofen durch Reduktion (= Sauerstoffentzug): gewonnen wird je nach Erzart
  - weißes Roheisen, es wird zu Stahl weiterverarbeitet,
  - graues Roheisen, es wird in Kupolöfen zu Gusseisen umgeschmolzen,
- im Drehofen durch Direktreduktion zu Eisenschwamm, er wird in Konvertern zu Stahl verarbeitet.

Das so gewonnene Roheisen wird in Kokillen gegossen oder als gegossener Strang sofort weiterverarbeitet. Es ist technisch nicht verwendbar, es enthält noch Verunreinigungen, das Roheisen aus dem Hochofen durch die Reduktion mit Kohlenmonoxid (CO) und Kohlendioxids (CO_2) noch zusätzlich 3–5 % Kohlenstoff, der es brüchig macht.

In der anschließenden **Stahlgewinnung** werden die Kokillen, der Strang oder das flüssige Roheisen zu Stahl reduziert. Das erfolgt

- für Massenstähle im LD Konverter (LD = Linz-Donawitz) durch Aufblasen von reinem Sauerstoff mittels einer Lanze,
- für Sonderstähle oder reine Schrottverwertung im Elektroofen durch Schmelzen im elektrischen Lichtbogen.

Dabei wird der unerwünscht hohe Kohlenstoffgehalt vermindert und der flüssige Stahl mit den notwendigen Legierungsmetallen veredelt, die Kühlung erfolgt durch beigefügten Stahlschrott. In der schwimmenden Schlacke sammeln sich die Verunreinigungen und werden abgezogen.
Der so gewonnene Rohstahl wird sofort zu Halbzeug im anschließenden Warmwalzwerk verarbeitet. Sind Roheisenherstellung und Warmwalzwerk räumlich getrennt, wird der Stahl zu Kokillen oder zu einem Endlosstrang gegossen.

2.2 Weiterverarbeitung von Eisen und Stahl

Halbzeuge sind Halb-Fertigerzeugnisse, sie werden im warmen Zustand in **Warmwalzwerken** weiter zu Fertigerzeugnissen veredelt und kommen als genormte Profile in den Handel. Kleinere Profile mit engeren Toleranzen werden oft noch im „kalten" Zustand in Kaltwalzwerken nachgewalzt.
Sonderverfahren sind das

- Herstellen von Rohren durch das Mannesmann-Verfahren oder durch Verschweißen von gerollten Blechstreifen,
- Kaltwalzen von Blechen,
- Ziehen von Stabstahl,
- Drahtziehen,
- Strangpressen.

In der Werkstattsprache werden die Fertigerzeugnisse oft als „Halbzeug" bezeichnet.

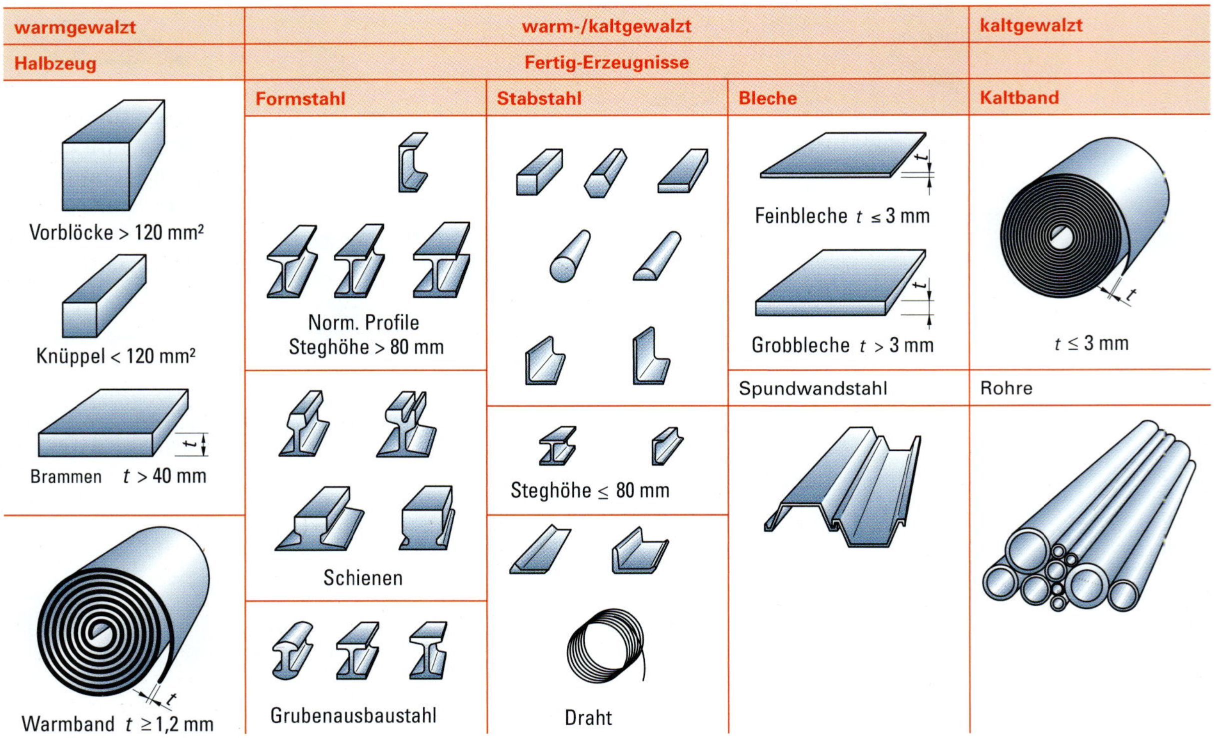

***Bild 1** Walzwerkserzeugnisse (Auswahl)*

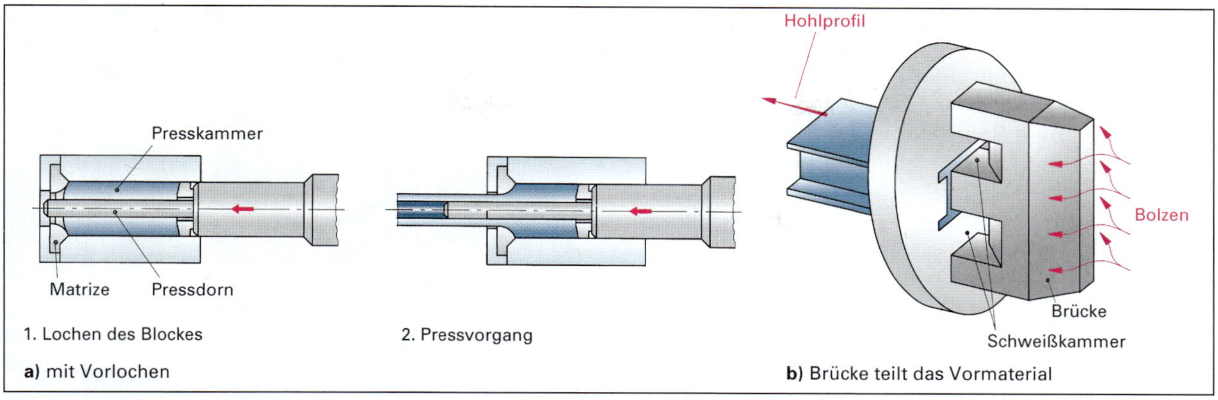

Bild 1 Strangpressen von Profilen

2.3 Handelsformen von Stahl

Komplizierte Profilformen und Hohlprofile lassen sich am wirtschaftlichsten durch **Strangpressen** fertigen (Bild 1). Der auf Presstemperatur (950 °C) erwärmte Knüppel wird in eine Presskammer einlegt und hydraulisch gegen eine Matrize mit eingearbeiteter Profilkontur gedrückt. Da das Material plastisch ist, „fließt" es um eine „Brücke herum", an der der Einsatz der Innenkontur hängt, und vereint sich wieder beim Austritt aus der Matrize. Gepresst werden Stangen mit 50 m Länge, die dann zu Lagerlängen (3 m, 6 m, 12 m) abgelängt werden.

Dieses Verfahren ist mehr noch als bei Stahl bei Aluminium-Systemprofilen üblich. Die Presstemperatur beträgt hier ca. 450 °C.

Durch Strangpressen lassen sich Rohre und Profile mit komplizierten Konturen einfach herstellen.

Stahlwerke liefern den Verarbeitern ca. 70 000 verschiedene Fertigerzeugnisse in unterschiedlichen Lagerlängen. Diese lassen sich einteilen in

- Langerzeugnisse (Bild 2)
- Flacherzeugnisse (Bild 3)
- Sondererzeugnisse, z. B. Rohre, Sonderprofile (Bild 1, S. 79)

Für diese Profilvielfalt gibt es eine einfache Begründung: Sie erlaubt im Metall- und Stahlbau eine sehr wirtschaftliche Bauweise. Im Idealfall wird ein Profil nur nach den statischen Erfordernissen in Form und Größe ausgewählt,

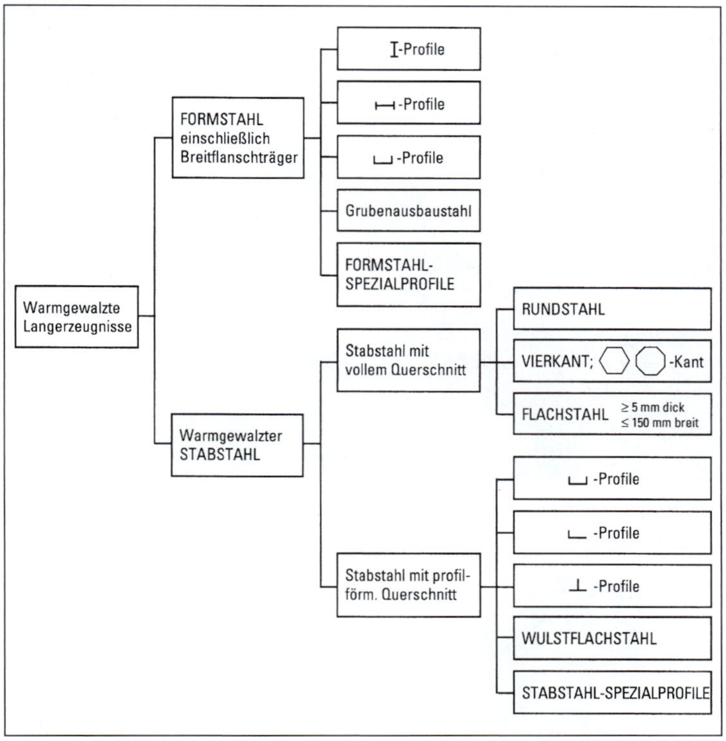

Bild 2 Walzwerkserzeugnisse: Langerzeugnisse

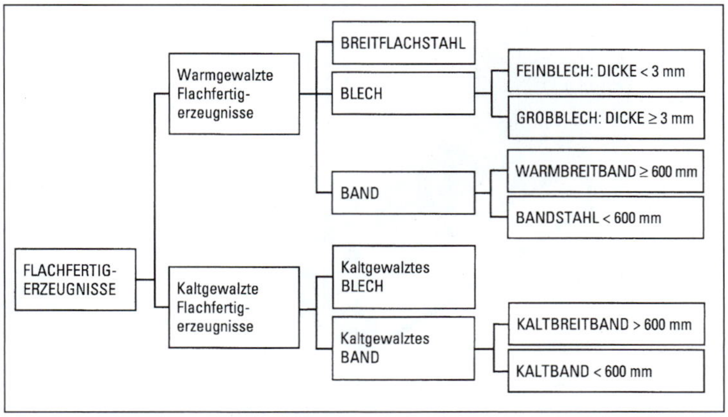

Bild 3 Walzwerkserzeugnisse: Flacherzeugnisse

auf die erforderliche Länge geschnitten, evtl. die Enden bearbeitet und gebohrt oder mit Kopfplatten verschweißt, mit einem Korrosionsschutz versehen und zu einer Konstruktion verschraubt oder verschweißt. Eine Bearbeitung am Querschnitt wie im Maschinenbau sollte nicht erfolgen.

Sonderanfertigungen, z.B. Profile zur Herstellung eines Fahrbahnübergangs sind nicht frei im Handel erhältlich. Sie werden nur dem Hersteller des Fahrbahnübergangs geliefert (Bild 1).

Sonderprofile sind auch RP-Profile, aus denen Stahlfenster und -türen gefertigt werden. Sie lassen sich untereinander kombinieren und können zusammen mit allen notwendigen Beschlägen, Dichtungen, Verarbeitungshinweisen, Fertigungszeichnungen etc. vom Profilhersteller bezogen werden. Man spricht dann von **Systemprofilen** (Bild 3).

***Bild 1* Fahrbahnübergang aus Sonderprofilen**

***Bild 2* Materiallager**

Ein Betrieb, der ein Qualitätsmanagementsystem (siehe S. 11ff.) eingeführt hat, muss seine Profile im Lager bezeichnen. Das erspart nicht nur lästiges Suchen, sondern auch die sog. Rückverfolgbarkeit beigestellter Produkte ist nur möglich, wenn alle Regale beschriftet sind.

***Bild 3* Profilstahlrohr:** *Diese Profile sind geschützt, werden von Systemherstellern gefertigt und vom Metallbaubetrieb zu einem „System", z.B. einem Flügelrahmen, gefügt.*

Angabe in der Stückliste	Erläuterung	Skizze	Liefergrößen
I-Profil DIN 1025–I 120–3000	Schmales I-Profil, 120 mm hoch, 3000 mm lang, nach DIN 1025-1 (möglichst vermeiden, da Flanschflächen geneigt!)		80 ... 600
I-Profil DIN 1025–IPE 200–4000	Mittelbreites I-Profil mit parallelen Flanschflächen 200 mm hoch, 4000 mm lang nach DIN 1025-5		80 ... 600
I-Profil DIN 1025–IPBl 220–4600	Breites I-Profil mit parallelen Flanschflächen, leichte Ausführung, 220 mm hoch, 4600 mm lang nach DIN 1025-3	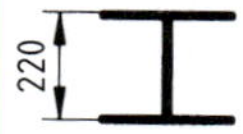	100 ... 1000
I-Profil DIN 1025–IPB 300–8000	Breites I-Profil mit parallelen Flanschflächen, 300 mm hoch, 8000 mm lang, nach DIN 1025-2		100 ... 1000
I-Profil DIN 1025–IPBv 600–6000	Breites I-Profil mit parallelen Flanschflächen, verstärkte Ausführung, 600 mm hoch, 6000 mm lang, nach DIN 1025-4		100 ... 1000
I PBS 360/380–4000 (HE-C)	Breites I-Profil mit parallelen, breiteren Flanschen, 360 mm hoch, 380 mm breit, 4000 mm lang, nicht genormt	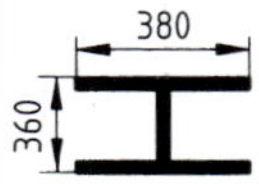	360/380 ⋮ ⋮ 1000/400
U-Profil DIN 1026–U 160–550	U-Profil 100 mm hoch, 550 mm lang, nach DIN 1026-1		30 ... 400
L EN 10 056-1 60 × 60 × 5–800	Winkelprofil, gleichschenkelig, Schenkelbreiten 60 mm, 5 mm dick, 800 mm lang, nach DIN EN 10 056-1	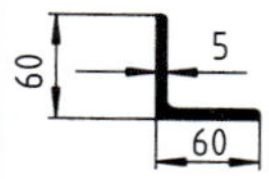	20 × 20 × 3 ⋮ ⋮ ⋮ 200 × 200 × 2
LS 50 × 5–700 DIN 1022	Winkelprofil scharfkantig, gleichschenkelig, 50 mm Schenkelbreiten, 5 mm dick, 700 mm lang, nach DIN 1022	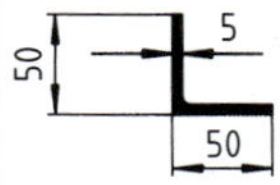	20 × 3 ⋮ ⋮ 50 × 5
L EN 10 056-1 100 × 50 × 8–3400	Winkelprofil rundkantig, ungleichschenkelig, 100 und 50 mm Schenkelbreiten, 8 mm dick, 3400 mm lang, nach DIN EN 10 056-1	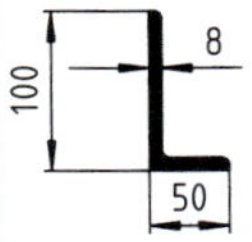	30 × 20 × 3 ⋮ ⋮ ⋮ 200 × 100 × 14
Z-Profil DIN 1027–Z 100–1200	Z-Profil rundkantig, 100 mm hoch, 1200 mm lang, nach DIN 1027	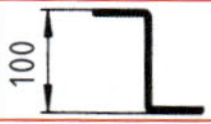	30...160
T-Profil EN 10 055–T 60–1400	T-Profil hochstegig, 60 mm Höhe, 1400 mm lang, nach DIN EN 10 055		20...140
T-Profil EN 10 055–TB 60–1200	Breitfüßiges T-Profil, rundkantig, 60 mm hoch, 1200 mm lang, nach DIN EN 10 055		30...60
T-Profil DIN 59 051–TPS 40 × 4000	Scharfkantiges T-Profil mit parallelen Flansch- und Stegseiten, 40 mm hoch, 4000 mm lang, nach DIN 59 051		20...40
Flach EN 10 058 – 80 × 10–1000	Flachstahl mit 80 mm Breite, 10 mm dick, 1000 mm lang, nach DIN EN 10058	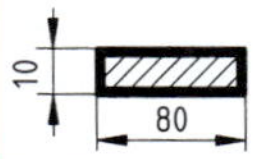	10 × 5 ⋮ ⋮ 150 × 60
C 80 × 3–3000	Kaltprofil mit C-Form, 80 mm hoch, 3 mm dick, 3000 mm lang, nicht genormt	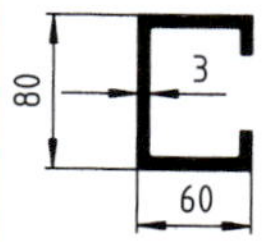	80 × 3 ⋮ ⋮ 200 × 3
U 140/60 × 3–2000	Kaltprofil mit U-Form, 140 mm hoch, 60 mm breit, 3 mm dick, 2000 mm lang, nicht genormt	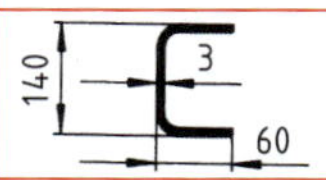	20/20 × 1,5 ⋮ ⋮ ⋮ 200/80 × 6
U-Profil EN 1993 UPE 200-800	U-Profil mit parallelen Flanschen 200 mm hoch, 800 mm lang, nach EN 1993	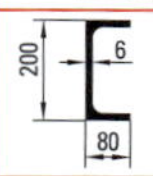	120 ... 400
Hut 25/150/70/25–5	Kaltprofil mit Hutform, 150 mm hoch, Hut 80 mm breit, Krempen 25 mm breit, 5 mm dick, nicht genormt	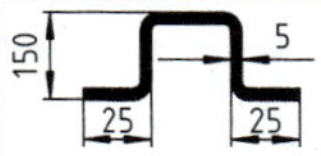	15/ 25/ 40/15 × 1,5 ⋮ ⋮ ⋮ ⋮ ⋮ 30/150/110/30 × 7

***Bild 1** Normung und Bezeichnung von Profilen*

Für die Arbeit in der Werkstatt müssen oft die geeigneten Werkstoffe vom Fachmann selbst ausgewählt werden. Ein Werkstattauftrag lautet: **Herstellen von 20 Türriegeln nach Zeichnung** (Bild 1).

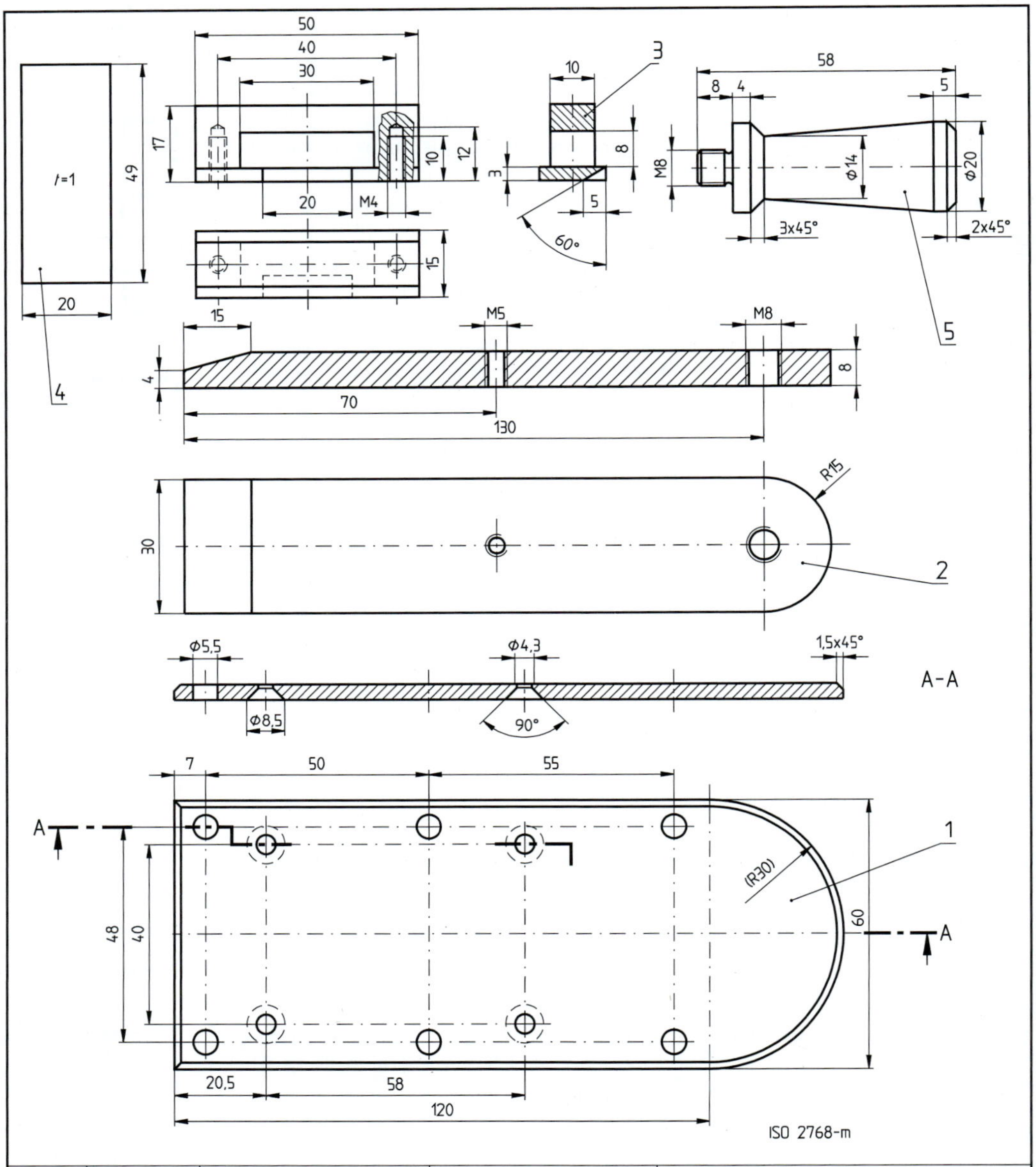

Pos.	Menge	Benennung	Sach.-Nr. / Norm	Bemerkung / Werkstoff
7		Senkschraube	ISO 2009	M4x12-5,8
6		Zylinderschraube	ISO 1207	M5x8-5,8
5		Knauf		
4		Klemmfeder		
3		Führung		
2		Schieber		
1		Grundplatte		

Maße in mm	Datum	Name	Werkstoff	Seite	39a
gezeichnet				Blatt	6.1(2)
geprüft				2	Bl.

***Bild 1** Türriegel*

Zur Werkstoffauswahl müssen erst die Funktionen der Einzelteile analysiert werden und dann der dafür geeignete Werkstoff bestimmt werden, dafür bieten sich oft mehrere Lösungen an:

Einzelteil	Funktion	Anforderungen	Werkstoff
Grundplatte	Träger des Riegels	ausreichende Festigkeit, darf sich nicht durchbiegen	Baustahl
Schieber	Verschließt die Tür	verschleißfest, stabil, abriebfest	Baustahl, Vergütungsstahl, Einsatzstahl
Führung	Führt den Riegel	verschleißfest	Baustahl, Cu-Zn-Legierung (Messing)
Klemmfeder	Drückt den Riegel gegen die Grundplatte	federnd	Federstahl
Knauf	Bedienung für den Schieber	griffig, ausreichende Festigkeit	Baustahl, Cu-Zn-Legierung (Messing)
Zylinderschraube	Befestigung der Führungen	ausreichende Festigkeit, preiswert	Stahl, EDELSTAHL Rostfrei®
Senkschraube	Befestigung des Riegels auf der Tür	ausreichende Festigkeit, preiswert	Stahl, EDELSTAHL Rostfrei®

***Bild 1** Werkstoffauswahl*

Stahlbleche

Bleche werden in Längs- und Querrichtung gewalzt und kommen als **Schwarzblech** mit verbesserter Oberfläche oder oberflächenbehandelt in die Werkstatt. **Riffel-, Raupen-, Tränen-, Loch-** oder **Warzenbleche** eignen sich wegen ihrer Strukturierung und Dicke (3...24 mm) besonders für Bauteile, die trittsicher sein müssen. Man findet sie bei Treppenstufen, Podesten und Bühnen (Bild 2 und 3), **Trapez-** und **Pfannenbleche** sind meist verzinkt, da sie überwiegend im Freien verwendet werden.
Wurden früher Bleche nach ihrer Dicke in Fein-, Mittel- und Grobblech eingeteilt, so unterscheidet man nach Norm:

DIN EN 10 048:
- warmgewalztes Blech 0,8 ... 3 mm dick,
- Warmband 0,8 ... 20 mm dick

DIN 1623-2:
- kaltgewalztes Blech und Breitband 0,35 ... 3 mm dick

DIN EN 10 202, DIN EN 10 205:
- Feinstblech und Weißblech in Dicken bis 1 mm (mit angegebener Zinnauflage bei Weißblech)

Üblich sind Tafeln der Abmessungen 1 m × 1 m sowie 1 m × 2 m und Rollen (Coils) von 1...2 m Breite und bis zu 50 m Länge.

Für Sonderzwecke gibt es Bänder bis 600 mm Breite. Kaltgewalzte Bleche aus DC02 und DC03 eignen sich besonders zum Tiefziehen, wobei Oberflächenart und Ausführung genormt sind. Für Behälter verwendet man besondere warmfeste Kesselbleche der Güteklassen H I und H II (P 235 GH und P 265 GH).

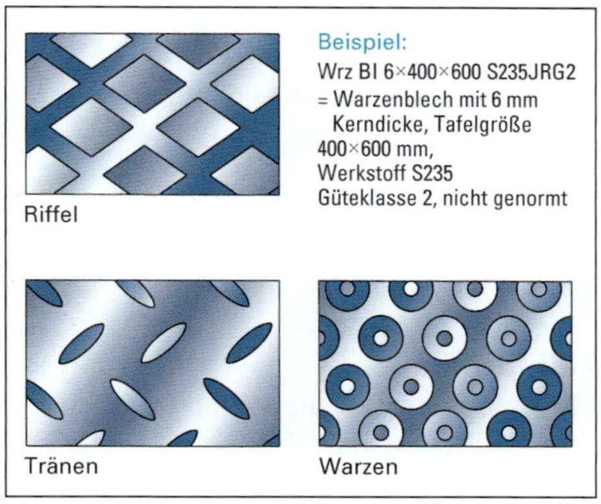

***Bild 2** Strukturierte Bleche*

***Bild 3** Treppe mit Trittstufen aus gelochtem Blech*

Fertigung		Verwendung	
nahtlose Rohre DIN EN 10 220 aus dem Vollblock durch Eindrücken eines Stempels und gleichzeitiges Walzen erzeugt 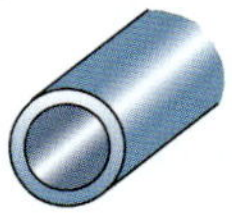	geschweißte Rohre DIN EN 10 220 aus Band geformt und verschweißt oder als Spiralrohr gewickelt 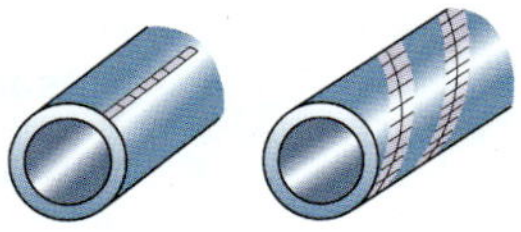	Gewinderohre DIN EN 10 255 Die Nennweite entspricht dem Innendurchmesser 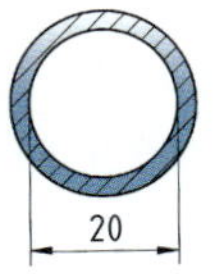 **Beispiel:** Gewinderohr DIN EN 10 255 – DN 20	Präzisionsstahlrohre DIN EN 10 305 Angegeben werden Außendurchmesser und Wanddicke 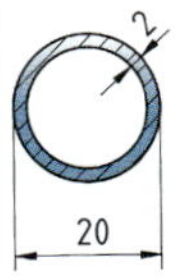 **Beispiel:** Rohr 20 × 2 – EN 10 305 – E235

Die sonstigen Hohlprofile sind aus Band geformt, geschweißt und evtl. kalt gewalzt und profiliert

quadrat. Hohlprofile	rechteckige Hohlprofile	Hohlprofile, nicht genormt
DIN EN 10 210-2, DIN EN 10 219-2, DIN EN 10 210, DIN EN 10 219 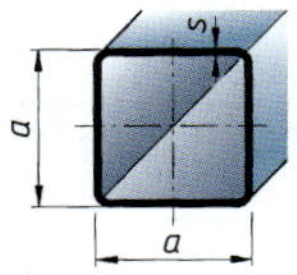 *a*: 40 ... 250 *s*: 2,9 ... 12,5	DIN EN 10 210-2, DIN EN 10 219-2 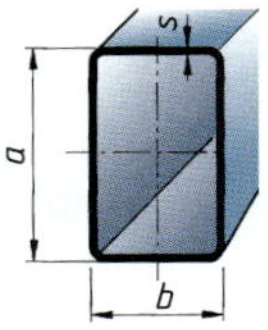 *a* × *b*: 50 × 30 ... 250 × 180 *s*: 2,9 ... 10	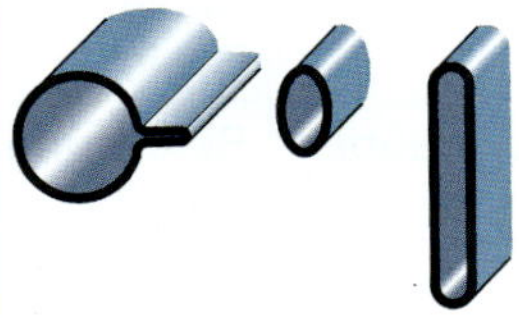 Der Verwendungszweck bestimmt die Form

***Bild 1** Runde, quadratische und rechteckige Hohlprofile*

In der Stückliste wird ein Blech wie folgt angegeben:

Blech	Dicke	× Breite	× Länge	Norm	Werkstoff
Bl	3	× 250	× 2000	DIN 1623	S235 (St 37-k)
Bl	0,32	× 1000	× 5000	DIN EN 10130	DC02 (St 13)

Hohlprofile

Geschlossene Hohlprofile, wie **Rund-, Quadrat-** und **Rechteckrohre**, finden im Metallbau für druck- und biegebelastete Bauteile Verwendung. Man findet sie im Kranbau ebenso wie als Stützen im Hochbau. Wegen ihrer geschlossenen Form knicken sie weniger leicht als offene Profile.

In der Rohrleitungstechnik fördern sie flüssige und gasförmige Stoffe und werden dort meist oberflächenbehandelt, z. B. verzinkt.

Nach der Fertigung unterscheidet man **nahtlose** und **geschweißte Rohre**, nach der Verwendung **Gewinderohre** und **Präzisionsstahlrohre** (Bild 1).

Sonstige Hohlprofile sind aus Band geformt, kalt gewalzt und profiliert.

Für besondere architektonische Anforderungen und Gestaltungsaufgaben an Metallbauten liefern die Hersteller besondere Profile. So lässt sich die Füllung von Balkongeländern nicht nur mit Profilstäben gestalten, sondern Architekten und Metallgestalter wählen auch Lochbleche mit unterschiedlichen Löchern und Farben (Bild 2). Die Lochbleche werden nach Größe, Lochmuster und Lochanordnung direkt beim Hersteller bestellt und dann in den tragenden Rahmen eingeschweißt.

***Bild 2** Lochblechgeländer*

Aufgabe
Überlegen Sie sich in Gruppenarbeit alternative Werkstoffe für den Türriegel S. 82 und bedenken Sie dabei, dass bei der Kombination unterschiedlicher Werkstoffe, z.B. Stahl und CuZn-Legierung, Korrosion auftreten kann.
Ein Ergebnis der Gruppenarbeit könnte sein: Alle Bauteile werden aus Stahl der gleichen Sorte gefertigt.
- Begründen Sie dieses mögliche Ergebnis.
- Denken Sie dabei auch an Kosten und Profile, die Sie nicht mehr aufwändig bearbeiten müssen, weil sie schon in den richtigen Querschnittsabmessungen im Materiallager vorrätig sind.

2.4 Normung von Stahl

Für die Auswahl eines bestimmten Stahlwerkstoffs nach den geforderten Eigenschaften ist ein Überblick über die Normung notwendig. Tabellenbücher sowie Handbücher der Hersteller geben darüber Auskunft. Für Konstruktionen im Bau- und Ausbausektor sind zusätzlich die Landesbauordnungen zu beachten, sie schränken die Auswahl weiter ein, denn nur wenige Stahlsorten sind bauaufsichtlich zugelassen. Will man davon abweichen, ist eine sogenannte „Zustimmung im Einzelfall" (= ZiE) notwendig.
Gusseisen spielt im Metall- und Stahlbau nur eine geringe Rolle, ein Überblick über die Normung ist jedoch Grundwissen aller Metallberufe.
Grundsätzlich wird in der europaweit gültigen Norm (= EN) unterschieden
- **Stahl:** ein Eisenwerkstoff mit bis zu 2 % Kohlenstoff (chemisches Kurzzeichen: C für den lateinischen Namen Carbon), er ist schmiedbar und ab 0,5 % C auch härtbar
  Stähle werden weiter unterteilt in
  - **unlegierte Stähle:** der Anteil der Legierungselemente ist unbedeutend und in DIN EN 10020 mit Grenzwerten festgelegt
  - **legierte Stähle**, die Legierungsanteile werden mit ihren Prozentwerten oder durch Multiplikatoren angegeben
- **Stahlguss**, das ist in Formen gegossener Stahl; Werkstücke werden durch Urformen hergestellt
- **Gusseisen**, enthält 2,06 % ... 5 % C, ; Werkstücke werden durch Urformen hergestellt

Bei Stählen sind zur eindeutigen Bezeichnung zwei Systeme üblich

System	Werkstoffnummern	Kurznamen
Norm	DIN EN 10027-2	DIN EN 10027-1
Angabe der Stahlsorte durch	Siebenstellige Nummern 1. Stelle: Werkstoff mit „Punkt" 2. und 3. Stelle: Sortenklasse 4.–7. Stelle: Zählnummern **z. B.: 1.0038** 1 = Stahl 00 = Grundstahl 38 = Zählnummer: hier Stahl mit einer garantierten Mindestzugfestigkeit von 380 N/mm²	Die eindeutige Kennzeichnung erfolgt in sieben Positionen = Feldern **z. B.: S235JR** Pos. 1: Erzeugnisart, Anwendung oder vorangestellter Buchstabe Pos. 2: Eigenschaften, Zahlenangaben von Kennwerten oder Kohlenstoffkennzahl Pos. 3: Kennzeichnung der Legierungselemente, chemische Symbole und Zahlenangaben Pos. 4: Zusatzsymbole Gruppe 1 (Bild 2) Pos. 5: Zusatzsymbole Gruppe 2 (Bild 2) Pos. 6: Zusatzsymbole ohne Gruppenbezeichnung (Bild 2) Pos. 7: Behandlungszustand oder Überzugsart (Bild 2)
Hinweis	Das Werkstoffnummernsystem ist nicht mehr üblich, es wird nur noch im Stahlhandel verwendet.	Das Kurznamensystem entspricht der aktuell geltenden Norm; im Werkstattgebrauch werden Stähle aber nach ihrem Verwendungszweck bezeichnet, z. B. Wetterfester Baustahl, Feinkornbaustahl.

1 Werkstoffnummern und Kurznamen

Für Stähle sind bei Verwendung des Kurznamensystems nach DIN EN 10027-1 fünf Gruppen (= Bezeichnungssysteme) genormt, sie unterscheiden nach

1. Verwendungszweck und Festigkeitseigenschaften
2. Kohlenstoffgehalt (unlegierter Stahl)
3. Chemischer Zusammensetzung (niedrig legierter Stahl mit < 5 % Legierungsanteilen
4. Chemischer Zusammensetzung (hochlegierter Stahl mit > 5 % Legierungsanteilen
5. Chemischer Zusammensetzung (Schnellarbeitsstähle)

Die früher üblichen Bezeichnungen niedrig legiert, hochlegiert und Schnellarbeitsstähle sind nicht genormt. Zur eindeutigen Bezeichnung eines Stahls werden aber nicht in jedem Falle alle Pos. 1–7 gebraucht.

Die folgenden Beispiele erläutern typische Werkstoffe jeder Gruppe.

Pos. 4 **Zusatzsymbole Gruppe 1** (Auswahl):
- E: eingeschränkter Schwefelgehalt
- M: Feinkornstahl, themomechanisch gewalzt
- O: Feinkornstahl, vergütet
- G: andere Merkmale folgen

Pos. 5 **Zusatzsymbole Gruppe 2** (Auswahl):
- C: besondere Kaltumformbarkeit
- H: für hohe Temperaturen
- L: für tiefe Temperaturen
- M: thermomechanisch gewalzt
- N: normalgeglüht oder normalisierend gewalzt
- O: vergütet
- X: Hoch- und Tieftemperatur

Pos. 6 **Zusatzsymbole ohne Gruppenbezeichnung** (Auswahl):
- +C Grobkornstahl
- +F Feinkornstahl

Pos. 7 **Zusatzsymbole für Stahlerzeugnisse** (Auswahl):
- +A weichgeglüht
- +C kaltverfestigt
- +CR kaltgewalzt
- +QT vergütet
- +Z feuerverzinkt

Bild 1 Bedeutung der Zusatzsymbole

1. Bezeichnung nach Verwendungszweck und Festigkeitseigenschaften:

S275JR, Werkstoffnummer 1.0044

Pos. 1	Pos. 2	Pos. 3	Pos. 4	Pos. 5	Pos. 6	Pos.7
S	275		JR			

Hauptsymbole:
S: für allgemeinen Stahlbau
275: Streckgrenze 275 N/mm²
Zusatzsymbole Stähle:
JR: Zähigkeitsangabe
Kerbschlagarbeit[1] 27 J bei 20 °C
Zusatzsymbole für Stahlerzeugnisse:
ohne Angabe

S235JR, Werkstoffnummer 1.0038

Pos. 1	Pos. 2	Pos. 3	Pos. 4	Pos. 5	Pos. 6	Pos.7
S	235		JR			

Hauptsymbole:
S: für allgemeinen Stahlbau
235: Streckgrenze 235 N/mm²
Zusatzsymbole Stähle:
JR: Zähigkeitsangabe
Kerbschlagarbeit 27 J bei 20 °C
Zusatzsymbole für Stahlerzeugnisse:
ohne Angabe

E360+A, Werkstoffnummer 1.0070

Pos. 1	Pos. 2	Pos. 3	Pos. 4	Pos. 5	Pos. 6	Pos.7
E	360					+A

Hauptsymbole:
E: Maschinenbaustahl (engl. **E**ngineering)
360: Streckgrenze 360 N/mm²
Zusatzsymbole Stähle:
ohne Angabe
Zusatzsymbole für Stahlerzeugnisse:
+A weichgeglüht

GP240GH, Werkstoffnummer 1.0345

Pos. 1	Pos. 2	Pos. 3	Pos. 4	Pos. 5	Pos. 6	Pos.7
GP	240		G	H		

Hauptsymbole:
G: Stahlguss
P: für Druckbehälter
240: Streckgrenze 240 N/mm²
Zusatzsymbole Stähle:
G: andere Merkmale folgen
H: für hohe Temperaturen
Zusatzsymbole für Stahlerzeugnisse:
ohne Angabe

1) Die Kerbschlagarbeit ist ein Werkstoffkennwert aus dem Kerbschlagbiegeversuch nach DIN EN ISO 148-1.

2. Bezeichnung nach Kohlenstoffgehalt (unlegierte Stähle):

C45+QT, Werkstoffnummer 1.0503

Pos. 1	Pos. 2	Pos. 3	Pos. 4	Pos. 5	Pos. 6	Pos.7
C	45					+QT

Hauptsymbole:
C: Kennzeichen für Kohlenstoff
45: Kohlenstoffkennzahl (45/100 → 0,45 % C)
Zusatzsymbol für Stahlerzeugnisse:
+QT: vergütet

C60E, Werkstoffnummer 1.0601

Pos. 1	Pos. 2	Pos. 3	Pos. 4	Pos. 5	Pos. 6	Pos.7
C	60		E			

Hauptsymbole:
C: Kennzeichen für Kohlenstoff
45: Kohlenstoffkennzahl (60/100 → 0,60 % C)
Zusatzsymbole Stähle:
E: eingeschränkter Schwefelgehalt

3. Bezeichnung nach der Zusammensetzung mit chemischen Symbolen und Kennzahlen für die Anteile, die mit Multiplikatoren (Bild 1) gebildet werden:

16MnCr5+C, Werkstoffnummer 1.7131

Pos. 1	Pos. 2	Pos. 3	Pos. 4	Pos. 5	Pos. 6	Pos.7
	16	MnCr5				+C

Hauptsymbole:
16: Kohlenstoffkennzahl (16/100 → 0,16 % C)
Mn: 1. Legierungselement Mangan
Cr: 2. Legierungselement Chrom (< 1 %)
5: Kennzahl für 1. Legierungselement (5/4 → 1,25 % Mn)
Zusatzsymbol für Stahlerzeugnisse:
+C: kaltverfestigt

Multiplikator 4	Multiplikator 10	Multiplikator 100
Chrom (Cr) Kobalt (Co) Mangan (Mn) Nickel (Ni) Silicium (Si) Wolfram (W)	Aluminium (Al) Kupfer (Cu) Molybdän (Mo) Tantal (Ta) Titan (Ti) Vanadium (V)	Kohlenstoff (C) Phosphor (P) Schwefel (S)

Bild 1

W

4. Bezeichnung nach der Zusammensetzung mit chemischen Symbolen und Prozentangaben (ohne Multiplikatoren) für die Anteile (hochlegierte Stähle):

X100CrMoV5-1, Werkstoffnummer 1.2363

Pos. 1	Pos. 2	Pos. 3	Pos. 4	Pos. 5	Pos. 6	Pos.7
X	100	CrMoV5-1				

Hauptsymbole:
X: Kennbuchstabe für hochlegierten Stahl
100: Kohlenstoffkennzahl (100/100 → 1,0 % C)
Cr: 1. Legierungselement Chrom
Mo: 2. Legierungselement Molybdän
V: 3. Legierungselement Vanadium (< 1 %)
5: Gehalt 1. Legierungselement (5 % Cr)
1: Gehalt 2. Legierungselement (1 % Mo)

GX23CrMoV12-1, Werkstoffnummer 1.4931

Pos. 1	Pos. 2	Pos. 3	Pos. 4	Pos. 5	Pos. 6	Pos.7
GX	23	CrMoV12-1				

Hauptsymbole:
G: Stahlguss
X:
23: Kohlenstoffkennzahl (23/100 → 0,23 % C)
Cr: 1. Legierungselement Chrom
Mo: 2. Legierungselement Molybdän
V: 3. Legierungselement Vanadium (< 1 %)
12: Gehalt 1. Legierungselement (12 % Cr)
1: Gehalt 2. Legierungselement (1 % Mo)

5. Bezeichnung von Schnellarbeitsstählen mit Prozentzahlen des Gehalts an Wolfram, Molybdän, Vanadium, Kobalt in dieser Reihenfolge:

HS18-1-2-10, Werkstoffnummer 1.3207

Pos. 1	Pos. 2	Pos. 3	Pos. 4	Pos. 5	Pos. 6	Pos.7
HS		18-1-2-10				

Hauptsymbole:
HS: Schnellarbeitsstahl
18: 18 % Wolfram
1: 1 % Molybdän
2: 2 % Vanadium
10: 10 % Kobalt

HS2-9-1-8, Werkstoffnummer 1.3247

Pos. 1	Pos. 2	Pos. 3	Pos. 4	Pos. 5	Pos. 6	Pos.7
HS		2-9-1-8				

Hauptsymbole:
HS: Schnellarbeitsstahl
2: 2 % Wolfram
9: 9 % Molybdän
1: 1 % Vanadium
8: 8 % Kobalt

Die noch sehr verbreitete Werkstoffnormung nach DIN 17006 von 1977 ist zurückgezogen. Sie unterschied bei der Werkstoffangabe nach

- Herstellungsteil
- Zusammensetzungsteil
- Behandlungsteil.

In der Metallbauwerkstatt oder dem Technischen Büro eines Stahlbaubetriebs ist nicht die Entschlüsselung einer Normangabe entscheidend, sondern die Auswahl des geeigneten Stahlwerkstoffs für den geforderten Verwendungszweck. Darüber geben Tabellenbücher Auskunft. Sie teilen die Stähle in Verwendungsgruppen, geben für die einzelnen Stahlsorten innerhalb einer Gruppe die technologischen Kennwerte wie Zugfestigkeit, Bruchdehnung usw. sowie die Eignung für bestimmte Werkstücke oder Anwendungen an. Die Übersicht in Bild 1 zeigt die wichtigsten Verwendungsgruppen mit je einem Beispiel.

Verwendungsgruppe	Werkstück	Geforderte Eigenschaft	Empfohlener Werkstoff
Unlegierte Stähle für den Stahl- und Metallbau	Balkongeländer	garantierte Streckgrenze, schweißbar	S235JR
Wetterfeste Baustähle für den Stahl- und Metallbau	Stahlkonstruktion ohne Korrosionsschutz	dauerhafte Rostschicht muss sich selbst bilden	S235J2W
Schweißgeeignete Feinkornbaustähle	Kesselanlage	hohe Zugfestigkeit bei guter Schweißbarkeit	S460N
Einsatzstähle	Anhängerachse	schmiedbar, Lagerzapfen nach Einsetzen härtbar	C15E
Stähle zum Flammhärten	Maschinenwelle	einfach zu härtende dünne Oberflächenschicht	Cf45
Vergütungsstähle	Handwerkzeuge, z. B. Hammer, Zange	zähhart mit hoher Festigkeit	C45E
Warmfeste Baustähle	Hochdruckrohre	hohe Festigkeit bei hohen Betriebstemperaturen	11CrMo9-10
Automatenstähle	Einfache Massenschrauben	gute Zerspanbarkeit	10S20
Werkzeugstähle	Bohrer, Schaber	schneidhaltig	100 Cr6
Betonstähle	Betonstahlmatten, Bewehrungs„eisen"	hohe Zugfestigkeit bei guter Schweißbarkeit	BSt500M
Stähle für Druckbehälter	Druckbehälter in thermischen Kraftwerken	hohe Festigkeit bei hohen Betriebstemperaturen	13CrMo4-5
Nichtrostende Stähle	Dekorative Geländer, Behälter für Nahrungsmittel	korrosionsbeständig	X6CrNiTi18-10
Stähle für Bleche	Tiefziehteile	hohe Dehnung	DC03
Stähle für Präzisionsstahlrohre	Präzisionsrohre	gut verformbar	S215GSiT
Messerstähle	Messer	schneidhaltig, korrosionsbeständig	440C

Bild 1

2.5 Normung von Gusseisen

Kurzzeichen für Gusseisenwerkstoffe nach DIN EN 1560 bestehen aus maximal 6 Positionen, die aber nicht alle belegt sein müssen (Bild 1). Ein Nummernsystem ist bei Gusseisen nicht üblich, da die Verarbeiter nicht wie bei Stahl Profile oder Halbzeuge, sondern gegossene Werkstücke beziehen. Für diese wird die Werkstoffsorte angegeben.

Ähnlich der Stahlnormung ist bei den Kurzzeichen zwischen Angaben nach mechanischen Eigenschaften und nach chemischer Zusammensetzung zu unterscheiden. Letztere ist mit der Bezeichnung von hochlegierten Stählen vergleichbar, wobei die Angabe des Kohlenstoffgehaltes entfallen kann.

Pos. 1:	Vorsilbe EN für europäisch genormten Werkstoff
Pos. 2:	Zeichen für Gusseisen GJ
Pos. 3:	Zeichen für die Graphitstruktur: L: lamellar, S: kugelig, M: Temperkohle, N: graphitfrei (Temperkohle), Y: Sonderstruktur
Pos. 4:	Mikro- oder Makrostruktur: A: Austenit, F: Ferrit, P: Perlit, M: Martensit, L: Ledeburit, Q: abgeschreckt, T: vergütet, B: nicht entkohlend geglüht, W: entkohlend geglüht
Pos. 5:	Zeichen für Klassifizierung durch mechanische Eigenschaften oder durch chemische Zusammensetzung
Pos. 6:	Zeichen für zusätzliche Anforderungen

Bild 1 Aufbau des Bezeichnungssystems

Gusseisen mit lamellarer Graphitstruktur

EN-GJL-200

EN	GJ	L		-200	

EN-GJ:	europäisch genormtes Gusseisen
L:	Graphitstruktur lamellar
-200	Zugfestigkeit 200 N/mm²

Gusseisen mit kugelförmiger Graphitstruktur

EN-GJS-600-3

EN	GJ	S		-600	-3

EN-GJ:	europäisch genormtes Gusseisen
S:	Graphitstruktur kugelförmig
-600	Zugfestigkeit 600 N/mm²
-3:	Bruchdehnung ≥ 3 %

Temperguss

EN-GJN-HV350

EN	GJ	N		HV350	

EN-GJ:	europäisch genormtes Gusseisen
N:	graphitfrei (Temperkohle)
-HV350:	Vickershärte 350

EN-GJMW-360-12S

EN	GJ	MW		-360-12S	

EN-GJ:	europäisch genormtes Gusseisen
M:	martensitisch
W:	entkohlend geglüht
-360	Zugfestigkeit 360 N/mm²
-12:	Bruchdehnung ≥ 12 %
S:	getrennt gegossenes Probenstück

2.6 Pulvermetallurgischer Stahl CPM

CPM-Stähle sind pulvermetallurgisch hergestellt (= Mischen von Metallpulvern und anschließendes Sintern).
Man unterscheidet Sorten für

- **Hochleistungsarbeitswerkzeuge:**
  z.B. CPM 9 V, CPM 10 V, CPM Rex 4,
  durch den hohen Gehalt an Kohlenstoff und Vanadium (bis 10%) steigen Verschleißfestigkeit und Schneidhaltigkeit.
- **Sonderanwendungen, z. B. Messer**
  CPMS30V

CPM-Stähle und CP-Werkstoffe sind nicht genormt. Üblich sind die von den Herstellern verwendeten Bezeichnungen, die meist den Vanadiumgehalt in % angeben.

2.7 EDELSTAHL Rostfrei®

Stahl verbindet sich an der Luft mit Sauerstoff und muss deshalb gegen Korrosion geschützt werden, dazu eignen sich Feuerverzinken, Pulverbeschichten oder Anstriche. Legiert man aber Stahl mit Chrom und Nickel, ist er
- beständig gegen Korrosion,
- säure- und laugenbeständig durch Passivbeschichtung
- lebensmittelneutral.

Dieser Stahl ist unter dem Markenzeichen „EDELSTAHL Rostfrei®" mit über 120 Sorten im Handel und wird zunehmend auch für dekorative Bauteile, wie Geländer und Stahl-Glas-Konstruktionen verwendet. Nachteilig ist der gegenüber Baustahl um ein mehrfaches höhere Preis und die besonderen Anforderungen zum Bearbeiten durch Spanen, Schweißen und Umformen. Der werkstattübliche Name ist „Nirosta" = nichtrostender Stahl. Nichtgenormte Kurzbezeichnungen sind V2A für übliche Verwendung und V4A für säurebeständigen Stahl. Er muss aber mind. 10,5 % Chrom enthalten und nach der Verarbeitung nachbehandelt werden, z. B. durch Schleifen und Polieren, und es dürfen nur Werkzeuge eingesetzt werden, mit denen kein Baustahl verarbeitet wird.

Je glatter und homogener die Oberfläche ist, desto beständiger ist sie gegen Korrosion.
- Edelstahl und „normalen" Stahl nie mit denselben Werkzeugen bearbeiten

Eigenschaften von EDELSTAHL Rostfrei® (je nach Legierungsanteilen)
- Dichte ca. 7,9 kg/dm³
- Schmelzpunkt ca. 1450 °C
- Wärmeleitfähigkeit ca. 16 W/(m · K)
- Spezifischer elektrischer Widerstand ca. 0,96 Ω mm²/m
- Zugfestigkeit: ca. 500–700 N/mm²
- Mindestens 10,5 % Chromanteil

Nichtrostende Stähle sind nach DIN EN 10088 genormt. Man unterscheidet sie nach dem Gefügezustand (Bild 3) und der Oberflächenbeschaffenheit.
- warmgefertigte Profile: geschliffen = G, seidenmatt = K
- kaltgefertigte Profile: gebürstet = J, blankpoliert = P

Die Edelstahlwerke liefern Profile in vielen Formen und Oberflächenausführungen, denn EDELSTAHL Rostfrei® lässt sich wegen der Kaltverfestigung nur mit Schwierigkeiten spanend bearbeiten und nur unter Schutzgas schweißen.

Bild 1 Geländer: Hakesche Höfe Berlin

Bild 2 Kraftwerksturbine: Eisenbibliothek Schaffhausen/CH

Ferritischer Edelstahl	Martensitischer Edelstahl	Austenitischer Edelstahl	Austenitischer ferritischer Edelstahl
11 ... 13 % bzw. 17 % Cr	12 ... 18 % Cr mit C oder Ni	Cr, Ni ≥ 8 % Mo	22 % Cr, 5 % Ni, 3 % Mo **(Duplex-Stahl)**
Begrenzte Korrosionsbeständigkeit Schweißgeeignet bei verminderter Zähigkeit	**Härtbar!** Bei polierter Oberfläche gute Korrosionsbeständigkeit Beim Schweißen Neigung zu Härterissen	Gute Korrosionsbeständigkeit Gute Kaltumformbarkeit Schweißen mit höher legierten Schweißzusätzen	Sehr gute Korrosionsbeständigkeit Gut schweißbar bei Beachtung der Vorgaben
Nur wenige Anwendungen im Metall- und Behälterbau		Breite Verwendung im Metallbau	Chemie, Apparatebau; auch für aggressive Medien (Salzwasser, Chlor)

Bild 3 Rostfreie Stahlsorten, Zusammensetzung und Verwendung

Werkstoff Nr.	Kurzzeichen	Anwendungsgebiete	Hauptmerkmale
1.4016 Ferritisch	X6Cr17 legierter Stahl 0,06 % Kohlenstoff 17 % Chrom	Beschläge, Möbelgestelle, Regale, Schließfachanlagen, Schilder, Stoßleisten, Tresore	Nicht für den Außenbereich geeignet, magnetisch.
1.4301 Austenitisch	X5CrNi18-10 0,05 % C; 18 % Cr; 10 % Ni	Aufzüge, Geländer, Möbelgestelle	Für Außen- und Innenbereich, nicht magnetisch.
1.4541 1.4401 Austenitisch	X6CrNiTi18-10 0,06 % C; 18 % Cr; 10 % Ni; etwas Titan X5CrNiMo17-12-2 0,05 % C; 17 % Cr; 12 % Ni; 2 % Mo	Brüstungen, Dacheindeckungen, Dachzubehör, Gitter, Portale, Türen, Treppen, Geländer	Besonders geeignet für Schrauben und Schwerlastanker. Nicht magnetisch.
1.4571 Austenitisch	X6CrNiMoTi17-12-2 0,06 % C; 17 % Cr; 12 % Ni; 2 % Mo	Brüstungen, Fassaden, Fenster, Geländer, Kamineinzüge, Portale, Sanitärtechnik, Tresore, ungeschweißte Verankerungen aller Art	Höhere Warmfestigkeit, nicht magnetisch.

***Bild 1** Rostfreie Stähle: Arten, Eigenschaften, Verwendung*

Neben der Magnetprobe und dem Aussehen kann man ein Profil aus EDELSTAHL Rostfrei® in der Werkstatt am einfachsten durch eine Funkenprobe identifizieren, es fehlen die Kohlenstoffexplosionen wie bei Baustahl, der Strahl ist fein und gerade (Bild 2). Besondere Sorgfalt ist bei der Verarbeitung von EDELSTAHL Rostfrei® in der Werkstatt verlangt. So dürfen Bauteile aus diesem Werkstoff nicht mit herkömmlichen Werkzeugen für „schwarzes Material" (= Baustahl) bearbeitet werden, denn Späne würden sofort an der Oberfläche oxidieren. Auch sind Kratzer und Riefen zu vermeiden, sie müssen sorgfältig ausgeschliffen werden, denn nur mit bester Oberfläche behält EDELSTAHL Rostfrei® seine garantierten Eigenschaften.

Funkenprobe „Unlegierter Werkzeugstahl C105W1"

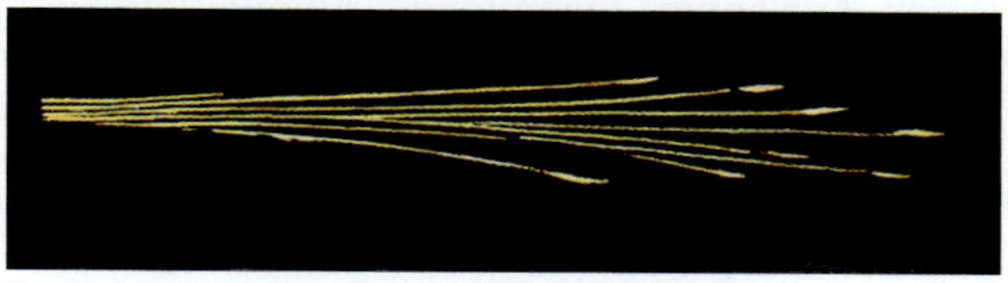

Funkenprobe „Nichtrostender Stahl X5CrNi18-8"

***Bild 2** Funkenprobe: Baustahl – EDELSTAHL Rostfrei®*

3 Aluminium und seine Legierungen

3.1 Herstellung und Verwendung

Stahl ist wegen seiner hohen Festigkeit und seiner einfachen Gewinnung aus Erz ein idealer Werkstoff für Stahlkonstruktionen und den gesamten Maschinenbau. Legt man aber auf geringes Gewicht und Korrosionsbeständigkeit Wert, so sind Aluminium und seine Legierungen eine ideale Alternative. Dieser Werkstoff wurde erst um 1840 durch Wöhler „entdeckt", weil er sich nicht aus Erz schmelzen, sondern nur durch Schmelzflusselektrolyse aus Bauxit gewinnen lässt. Dazu wird erst aus dem ausreichend vorhandenen Mineral **Bauxit** durch chemische und physikalische Aufbereitung ein Zwischenprodukt, die **Tonerde**, gewonnen und dann im Elektrolyseofen unter dem Lichtbogen geschmolzen.
Nachteilig ist der hohe Preis, denn zur Gewinnung von einer Tonne Aluminium werden ca. 1400 kWh elektrische Energie gebraucht (Vergleich: Baustahl: ca. 100 kWh).
Seine Eigenschaften machen es zum idealen Konstruktionswerkstoff im Metallbau:

- Korrosionsbeständigkeit, z. B. für Außenbauteile (Bild 1, S. 92)
- geringere Dichte, z. B. für den Flugzeugbau
- gute Verformbarkeit, z. B. für den Behälterbau, stranggepresste Profile
- gute Oberflächenbearbeitbarkeit, z. B. für Außenwandbekleidungen

Eigenschaften von Reinaluminium (Kurzzeichen: Al):

- Dichte 2,7 kg/dm³
- Schmelztemperatur 660 °C
- Wärmeleitfähigkeit 238 W/(m · K)
- Spezifischer elektrischer Widerstand 28,6 Ω mm²/m
- Zugfestigkeit: ca. 40 ... 100 N/mm², kaltverfestigt bis 250 N/mm²

Durch Legieren lassen sich die Eigenschaften von Aluminium den Anforderungen anpassen. Dabei unterscheidet man

- **Gusslegierungen:** werden zu Fertigteilen wie Beschlägen, Gehäusen, Maschinenteilen verarbeitet; sie können nicht mehr durch Umformen bearbeitet werden.
- **Knetlegierungen:** werden zu Profilen und Blechen verarbeitet; sie können durch Umformen und Schweißen weiterverarbeitet werden.

Eine für den Metallbau wichtige Weiterverarbeitung ist das **Strangpressen** von Profilen. Damit lassen sich so genannte **Systemprofile** herstellen, die sich zu unterschiedlichen Konstruktionen, wie Fenster, Fassaden, Türen, zusammensetzen lassen (Bild 2). Vor der Verarbeitung in der Werkstatt werden die Profile pulverbeschichtet oder eloxiert (Eloxal = **el**ektrisch **ox**idiertes **Al**uminium).

***Bild 1** Geländer aus Aluminium-Systemprofilen*

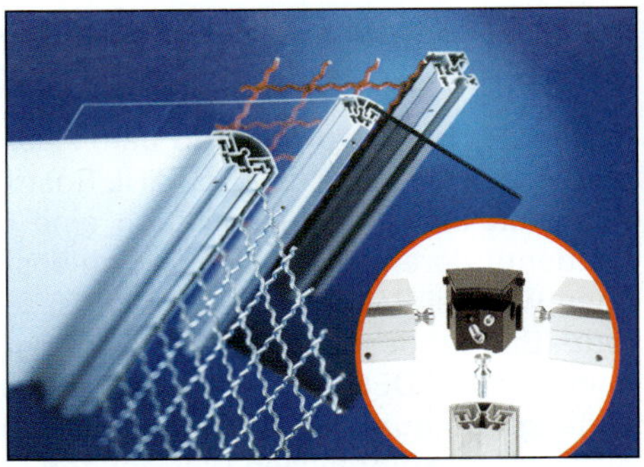

***Bild 2** Firstknoten aus stranggepressten Systemprofilen*

W

Wichtige Legierungsmetalle sind Magnesium und Kupfer. Damit lassen sich aus aushärtbare Aluminiumlegierungen herstellen. Dabei werden Fertigteile erst erwärmt und dann mehrere Stunden kalt oder warm „ausgelagert". Das ergibt Festigkeiten bis zu 200 N/mm², was für viele Verwendungen ausreicht. Da aber die Dichte nur ein Drittel der von Stahl ist, ergeben sich enorme Gewichtseinsparungen, z. B. für demontierbare Hallen oder Flugzeugbauteile.

Durch Auslagern „gehärteter" Aluminiumlegierungen dürfen nicht mehr durch Schweißen gefügt werden. Die erhöhte Festigkeit würde dadurch wieder verloren gehen. Besondere Sorgfalt ist auch beim Umformen durch Biegen notwendig, denn durch die Reibung der Korngrenzen im Werkstoffgefüge beim Umformen erfolgt eine Entspannung und damit eine Minderung der Festigkeit.

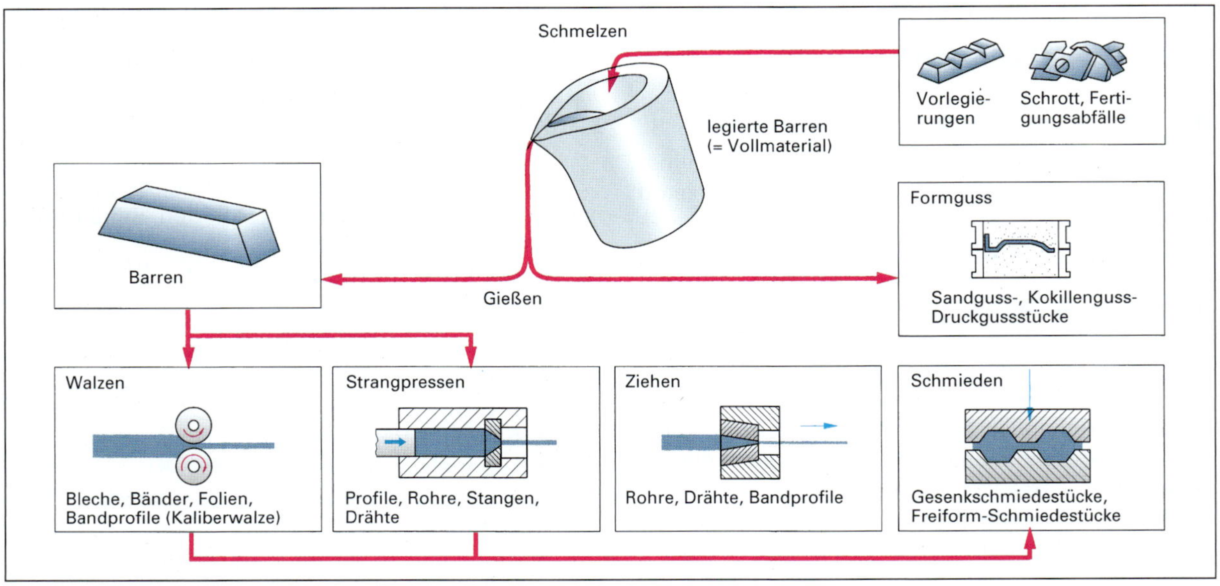

***Bild 3** Weiterverarbeitung von Aluminium*

Normung von Aluminium
Reinaluminium (Al99, 98) wird wegen seiner geringen Festigkeit nur selten verwendet. Wichtige Legierungen in der Metalltechnik sind

Knetlegierung:

EN AW-6080 (früher: Al Mg Si 0,5 F 22)

Aluminiumlegierung
Legierungsmetalle
0,5 % Magnesium
Zugfestigkeit 220 N/mm²

Gusslegierung: **G-AlSi12ka**

Aluminium-Gusslegierung
Siliziumanteil 12 %
kalt ausgehärtet

Der hohe Werkstoffpreis macht ein Recyclen von Aluminium wirtschaftlich. Abfälle sind nach Knet- und Gusslegierung getrennt zu sammeln und werden wieder in Aluminiumhütten eingeschmolzen.

4 Kupfer

Kupfer und seine Legierungen werden ihrer Farbe wegen in der Werkstatt auch als **Buntmetalle** bezeichnet. Kupfer wurde in der Geschichte lange vor Eisen bearbeitet und gab legiert mit Zinn zu Bronze einer ganzen Periode den Namen, der Bronzezeit von ca. 5000–2000 v. Chr.

4.1 Reinkupfer

Kupfer wird immer dann verwendet, wenn die positiven Eigenschaften gebraucht werden. Die Haupteinsatzgebiete sind Leiterwerkstoff in der Elektrotechnik, Dachdeckungen, Fassadenbekleidungen und für repräsentative Bauteile.

Eigenschaften von Reinkupfer (Kurzzeichen. Cu):
- Dichte 8,94 kg/dm³
- Schmelztemperatur 1083 °C
- Wärmeleitfähigkeit 293–364 W/(m · K)
- Spezifischer elektrischer Widerstand 0,019–0,024 Ω mm²/m
- Zugfestigkeit: ca. 200 N/mm², kaltverfestigt bis 400 N/mm²

Der Werkstoff Kupfer
- lässt sich auf Hochglanz polieren
- ist sehr gut kalt durch Treiben, Tiefziehen und Hämmern verformbar; eine Kaltverfestigung kann durch Glühen bei ca. 400 °C wieder beseitigt werden
- ist gut schweiß- und lötbar
- lässt sich mit anderen NE-Metallen legieren zu
  - Knetlegierungen: sie können durch Umformen bearbeitet werden
  - Gusslegierungen: sie lassen sich nur durch Urformen, z. B. Gießen, verarbeiten

Kupfer und seine Knetlegierungen kommen in unterschiedlichen Dicken in den Handel, als
- Blechtafeln mit genormten Abmessungen
- Coil (= zu einer Rolle aufgewickeltes Blechband in genormten Breiten) (Bild 1)
- Stangenmaterial mit unterschiedlichen Querschnittsformen und -abmessungen

Kupfer ist ein mehrfaches teuerer als Baustahl, deshalb sind die Abfälle sorgfältig zu sammeln und werden dann in Kupferhütten wieder eingeschmolzen. An der Atmosphäre bildet Kupfer eine dichte dunkelbraune, später grüne Oxidschicht, die **Patina**. Sie schützt den Werkstoff vor weiterer Korrosion. Mit Essigsäure bildet sich aber giftiger **Grünspan**, deshalb dürfen Kupfergefäße für Lebensmittel nur verzinnt verwendet werden. Durch Legieren entstehen völlig neuartige Werkstoffe. Die technisch wichtigen Legierungen sind
- **Messing:** Kupfer + Zink (bis 40 %)
- **Bronze:** Kupfer + Zinn (bis 8,5 % als Knetlegierung, bis 13 % als Gusslegierung)

Bild 1 Kupfercoil

Bild 2 Kupfergefäße

4.2 Bronze (Kupfer-Zinn-Legierung)

Bronze zeichnet sich aus durch
- höhere Festigkeit (bis 590 N/mm²) und Verschleißfestigkeit als unlegiertes Kupfer
- gute Beständigkeit gegen Seewasser und Industrieatmosphäre
- hohen Widerstand gegen Spannungsrisskorrosion
- gute Schmiedbarkeit

Die wichtigste Bronzelegierung im Metallbau ist CuSn6 (übliche Bezeichnung, „alte" Norm), Kupfer mit 6 % Zinn. Es wird verwendet für
- Handläufe
- Beschläge, z. B. Türdrücker
- dekorative Elemente, z. B. Fassadenbekleidungen
- hochwertige Kunstschmiedearbeiten, z. B. Grabzeichen (Bild 2)

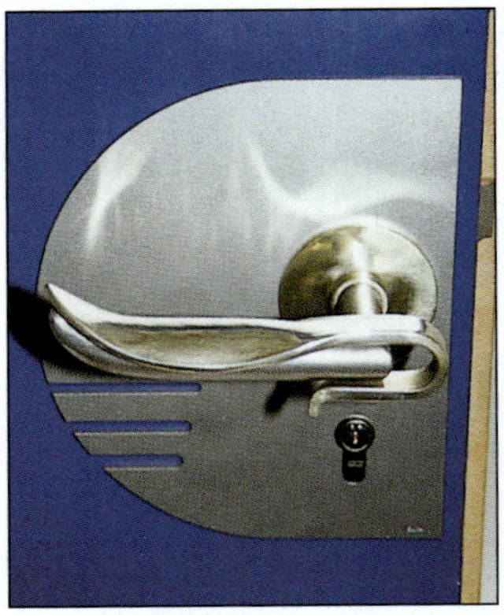

Bild 1 Türdrücker

4.3 Messing (Kupfer-Zink-Legierungen)

Messing wurde schon vor über 1000 Jahren hergestellt und als Gusslegierung verarbeitet. Messing zeichnet sich aus durch
- größere Härte, Dehngrenze und Zugfestigkeit als unlegiertes Kupfer (mit steigendem Zinkgehalt)
- Beständigkeit gegenüber Wasser, Dampf, verschiedenen Salzlösungen und vielen organischen Flüssigkeiten
- hellen dauerhaften Glanz nach dem Polieren.

W

Es ist allerdings bauaufsichtlich nicht zugelassen. Nachteilig ist seine Sprödigkeit und die Kaltverfestigung beim Umformen, diese kann aber durch Glühen wie bei Kupfer beseitigt werden. Bei manchen Legierung tritt auch eine „Entzinkung" auf, das Zink löst sich dabei aus dem Mischkristall und führt zur sogenannten interkristallinen Korrosion. Der Werkstoff zeigt dabei Verfärbungen an der Oberfläche und wird „von innen heraus" zerstört.

Bild 2 Grabzeichen: Manfred Bergmeister, Ebersberg

Die wichtigsten Messingsorten im Metallbau sind:

übliche Norm	Zusammensetzung: Legierung mit	Werkstattbezeichnung (nicht genormt)	Verwendung
• CuZn15:	15 % Zink, Rest Kupfer	**Tombak**	für Fassadenbekleidungen
• CuZn30:	30 % Zink, Rest Kupfer	**Kartuschenmessing**	für Türdrücker, Beschläge, Handläufe, Schilder
• CuZn37:	37 % Zink, Rest Kupfer		für den dekorativen Innenausbau, wie Wandbekleidungen
• CuZn40:	40 % Zink, Rest Kupfer	**Schmiedemessing**	für Türdrücker, Fensterbeschläge, Gesenkschmiedestücke
• CuZn39Pb2:	39 % Zink und 2 % Blei, Rest Kupfer		für Bauprofile, nicht zum Kaltumformen geeignet
• CuZn43Pb2Al:	43 % Zink, 2 % Blei und Spuren Aluminium, Rest Kupfer	**Architekturmessing**	für hochfeste Winkel- und Treppenkantenprofile; es ist von hellgelber Farbe
• CuZn40Mn2	40 % Zink und 2 % Mangan, Rest Kupfer	**„Baubronze"** Der Name „Baubronze" ist historisch gewachsen, es ist keine Kupfer-Zinn-Legierung	für Fassadenprofile, Kunstschmiedearbeiten, Profile für den Geländer- und Fensterbau.

Kupfer, Messing und Bronze verlangen in der Metallgestaltung durch Schmieden besondere Aufmerksamkeit, denn es sind keine Glühfarben zu erkennen. Zur Temperaturbestimmung behilft man sich durch Bestreichen der Oberfäche mit Thermochromstiften, die Strichspur wechselt bei Erreichen bestimmter Temperaturen ihre Farbe. Den Glanz dieser Buntmetalle kann man durch Klarlacke bewahren.

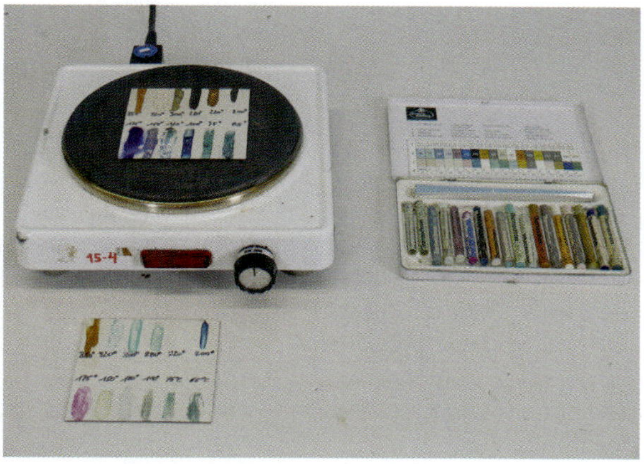

***Bild 1** Thermochromstifte*

***Bild 2** Messingarbeiten: Bayerisches Reinheitsgebot für Bier, Hofbrauhaus München (Entwurf M. Bergmeister, Ebersberg)*

4.4 Normung von Kupferlegierungen

Werkstattüblich sind bei Kupfer und seinen Legierungen die Angaben nach der Zusammensetzung. Nach EN (= europäische Norm) ist die Angabe des Werkstoffs möglich

- numerisch, mit Werkstoffnummern
- mit Kurzzeichen und Angabe der Zusammensetzung

Werkstoffbezeichnung:
Beispiel. Messing für Bauprofile

numerisch	mit Kurzzeichen
EN 12165-C W 617N	**EN 12165-CuZn40Pb2**
EN: europäische Norm 12165: Nummer des Normblatts (Vormaterial für Schmiedestücke) 12163: Stangen 12167: Profile und Rechteckstangen 1982: Gusslegierungen und Blockmetalle C: Basiswerkstoff: C = Kupfer W: Art der Legierung: W = Knetlegierung C = Gusslegierung 617: Zählnummer N: Legierungsgruppe, hier: Legierung mit Zink und Blei	EN: europäische Norm 12165: Nummer des Normblatts Cu: Basismetall Kupfer Zn40: 40 % Zink Pb2 2 % Blei
	An die Werkstoffnummer oder das Kurzzeichen kann noch angefügt werden • Gießverfahren, z. B. G Guss GZ Schleuderguss GD Druckguss GC Strangguss GK Kokillenguss GI Gleitmetall • Behandlungszustand (bei Knetlegierungen), z. B. g geglüht und abgeschreckt wh gewalzt (walzhart zh gezogen (ziehhart)

***Bild 3** Bezeichnungsbeispiel Kupferlegierung*

A od. B:	Reinkupfer
C od. D:	niedriglegiertes Kupfer < 5 % Legierungsbestandteile
E od. F:	Kupfersonderlegierungen > 5 % Legierungsbestandteile
G:	Kupfer-Aluminium-Legierungen
H:	Kupfer-Nickel-Legierungen
J:	Kupfer-Nickel-Zink-Legierungen
K:	Kupfer-Zinn-Legierungen
L od. M:	Kupfer-Zink-Legierungen (2-Stofflegierung)
N od. P	Kupfer-Zink-Blei-Legierungen
R od. S:	Kupfer-Zink-Legierungen (Mehrstofflegierungen)

***Bild 1** Kupferlegierungen, Legierungsgruppen*

	Numerisch	Kurzzeichen	Zugfestigkeit in N/mm²	Streckgrenze in N/mm²	Bruchdehnung in %
EN 1982-	CC040A	Cu-C	≥ 150	≥ 40	≥ 25
EN 1982-	CB750S	CuZn33Pb2	≥ 180	≥ 70	≥ 12
EN 1982-	CC480K	CuSn10	≥ 250	≥ 130	≥ 18
EN 1982-	CC333G	CuAl10Fe5Ni5	≥ 600	≥ 250	≥ 13

***Bild 2** Kupfergusslegierungen*

	Numerisch	Kurzzeichen	Zugfestigkeit in N/mm²	Streckgrenze in N/mm²	Bruchdehnung in %
EN 12163-	CW023A	Cu-DLP	≥ 250	≈ 220	≥ 8
EN12163-	CW101C	CuBe2	≥ 420	≥ 140	≥ 25
EN12163-	CW500L	CuZn5	≥ 240	≈ 60	≥ 20
EN12163-	CW509L	CuZn40	≥ 340	≈ 260	≥ 18
EN12163-	CW453K	CuSn8	≥ 390	≈ 260	≥ 35
EN12165-	CW101C	CuBe2	≈ 450	≈ 200	≈ 20
EN12165-	CW617N	CuZn40Pb2	≈ 350	≈ 140	≈ 15
EN12167-	CW101C	CuBe2	≥ 410	≈ 190	≈ 40
EN12167-	CW509L	CuZn40	≥ 440	≈ 300	≈ 10

***Bild 3** Kupferknetlegierungen*

5 Kunststoffe

5.1 Vorteile von Kunststoff

Für viele Bauteile sind Kunststoffe geeigneter als Stahlwerkstoffe und Nichteisenmetalle, denn ihre Eigenschaften lassen sich gezielt den Erfordernissen anpassen, so z. B. Kunststoffhandläufe, mit Kunststoff beschichtete Bleche oder Rohre und Formteile (Bild 4). Für die Verarbeitung sind Kenntnisse über Vor- und Nachteile sowie die Herstellung wichtig (Bild 1, S. 96).

5.1.1 Herstellung von Kunststoffen

Sie können sowohl synthetisch als auch durch Veränderung und Abwandlung von Naturstoffen hergestellt werden.

Ausgangsmaterial sind

- für die synthetische Kunststofferzeugung: Erdöl, Kohle, Erdgas
- für die abgewandelten Naturstoffe: Cellulose und Latex (= Gummibaumsaft).

Durch chemische Umwandlungsprozesse gewinnt man aus diesen Stoffen Moleküle, deren Hauptbestandteil der **Kohlenstoff** ist. An diese Einzelmoleküle, **Monomere** genannt, können noch weitere Stoffe wie Chlor angelagert werden.

In einer weiteren chemischen Reaktion, der Synthese, verbinden sich diese Monomere zu langen

***Bild 4** Fenster aus Kunststoffprofilen mit Kernprofilen aus verzinkten Stahlrohren*

Vorteile	Eignung als	Nachteile	Probleme bei der Verwendung als
geringe Dichte $0{,}2 \ldots 2{,}2\,\frac{g}{m^3}$	Leichtbauteil	niedriger E-Modul, geringe Festigkeit bei sehr hohen und sehr niedrigen Temperaturen	Konstruktionswerkstoff, da der Werkstoff zum „Kriechen" neigt
Korrosionsbeständigkeit	Fassadenverkleidung	nur bedingt UV-beständig	Bauteile, die Witterungseinflüssen ausgesetzt sind
Beständigkeit gegen Chemikalien	Behälter, Rohrleitung in der chemischen Industrie	elektrostatisch aufladbar	Boden- und Teppichbeläge
gute Isoliereigenschaften gegen Wärme und Schall	Dämmstoffe, Abdichtung zwischen Glas und Rahmen	große Wärmedehnung	Beschichtungswerkstoff
einfärbbar	dekorative Bauteile	selten farbecht	dekorativer Überzug
physiologische Unbedenklichkeit	Lebensmittelverpackungen	Abfälle schwierig zu verwerten	Verpackungsmaterial

***Bild 1** Eigenschaften von Kunststoff*

Molekülketten, die untereinander mehr oder weniger vernetzt (= verbunden) sind. Aus gasförmigem oder flüssigem Monomer wird so ein fester Stoff, das **Polymer**, ein Rohstoff für die unterschiedlichsten Kunststoffarten. Zu einem Werkstoff mit genau festgelegten Eigenschaften wird das Polymer erst durch die folgende Nachbehandlung und eigenschaftsverbessernde Maßnahmen.

Wegen ihrer Struktur bezeichnet man Kunststoffe als **makromolekulare organische Werkstoffe** im Gegensatz zu Metallen mit Gitterstruktur. Je nach Vernetzung unterscheidet man Thermoplaste, Duroplaste und Elastomere.

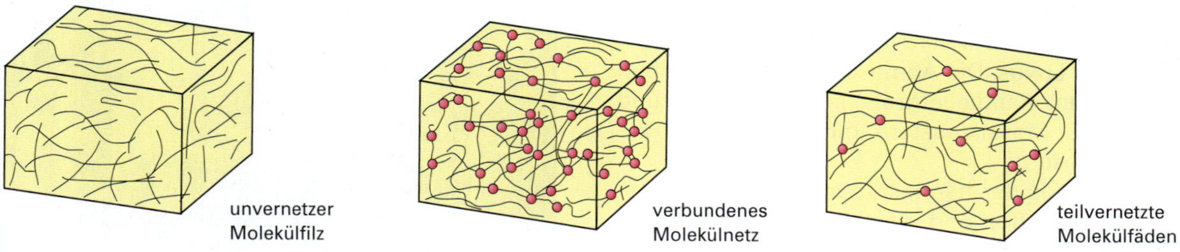

Thermoplaste:
Thermoplaste (Thermomere) werden bei Erwärmung immer wieder zäh fließend. Bei höherer Temperatur ist ihre Anwendung durch die Erweichungsgefahr begrenzt. Bei tiefen Temperaturen neigen sie zum Verspröden.

Duroplaste:
Duroplaste (Duromere) behalten ihre einmal angenommene Form auch bei Erwärmung. Bei noch höheren Temperaturen zersetzt sich der Stoff.

Elaste:
Gummiartige Elaste (Elastomere) entstehen bei einer Teilvernetzung. Sie werden bei hohen Temperaturen schmierig, können aber nicht mehr umgeformt werden. Diese Eigenschaften hängen vom Vernetzungsgrad der Markomoleküle ab. Unvernetzt ist der Werkstoff thermoplastisch, stark vernetzt ist er duroplastisch.

***Bild 2** Vernetzung von Kunststoffen*

Viele Kunststoffe sind nur unter ihrem Handelsnamen bekannt.

Kunststoff nach Art der Vernetzung	Kurz-zeichen	Kunststoffart	Handelsname ® = eingetragenes Warenzeichen des Herstellers	Verwendung
Thermoplast	PE	Polyethylen	**Hostalen®**	z. B. Rohrleitungen
Duroplast	MF	Melaminharz	**Resopal®**	z. B. Möbelbeschichtungen
Elastomere	EP	Epoxidharz	**Uhu-Plus®**	z. B. Klebstoff

Allen Kunststoffen ist gemeinsam

- geringe Wärmeleitfähigkeit → besondere Eignung als Dämmstoff, z. B. Styropor
- geringe Leitfähigkeit für elektrischen Strom → besondere Eignung als Isolator
- einfärbbar → besondere Eignung für dekorative Überzüge
- wärmeempfindlich
- umweltbelastend bei Herstellung, Verbrennung und unkontrollierter Entsorgung → Abfälle sammeln und recyclen.

Die Bedeutung der Kunststoffe lässt sich an ihrem Anteil an Werkstoffen für Bauelemente feststellen, z. B. bei Fenstern: ca. 57 % Kunststoff, ca. 16 % Holz, ca. 15 % Aluminium, ca. 8 % Holz-Al-Kombination, ca. 4 % Stahl (Stand 2018).

Bild 1 Ganzglaskonstruktion. Kirche München-Neuhausen

6 Glas

6.1 Eigenschaften von Glas

Glas ist ein sehr alter Werkstoff und wurde bereits vor 6000 Jahren in Ägypten hergestellt, allerdings nur kleine trübe Scheiben. Das Verglasen von Fenstern ist erst seit dem Mittelalter üblich und galt lange Zeit als Luxus. Die Abmessungen der Scheiben waren kaum handtellergroß, immer gefärbt, und wurden zu Mosaikfenstern mittels Bleiruten zusammengesetzt.

Heute ist Glas der häufigste Werkstoff in der Fassadenkonstruktion und -gestaltung und selbst tragende Konstruktionen aus Glas sind möglich (Bild 1, 2).

Glas ist kein Werkstoff mit Gitterstruktur, sondern eine sogenannte unterkühlte Schmelze, es erstarrt ohne Kristallbildung. Der Gemengesatz für die Glasschmelze besteht aus ca.

- 60 % reinem Quarzsand (= Glasbildner)
- 20 % Soda als Flussmittel
- 10 % Kalk
- Spuren von Blei und Dolomit um die Gebrauchseigenschaften wie Glanz und Härte zu verbessern
- Metalloxiden zum Färben, Eisen färbt grün, Kupfer rot, Kobalt blau.

Die besonderen Eigenschaften von Glas machen es zum idealen Werkstoff nicht nur zur Verglasung

Bild 2 Detail: Waagerechtes Glasschwert zur Lastabtragung

W

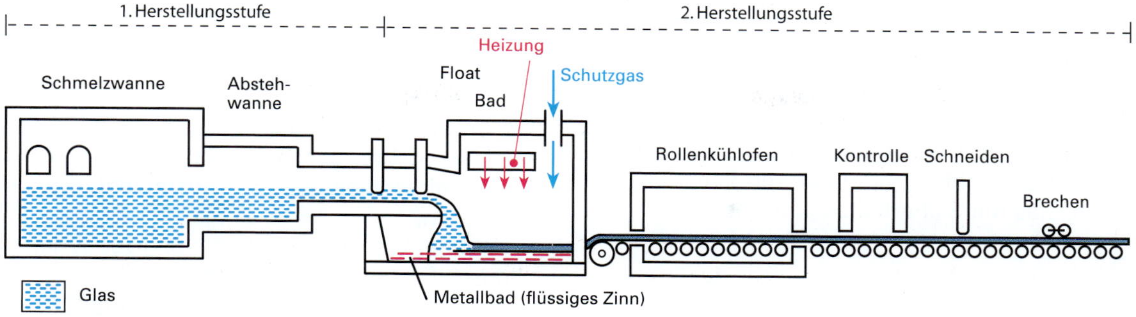

***Bild 1** Herstellung von Flachglas im Floatverfahren*

von Metall- und Stahlbaukonstruktionen, sondern auch für Behälter und Kochgefäße, denn es ist absolut lebensmittelneutral und säure- und laugenbeständig. Nachteilig sind aber Härte (wie Werkzeugstahl) und Sprödigkeit. Deshalb lässt es sich nur mit Spezialwerkzeugen bearbeiten. Der größte Teil der Glasproduktion wird zu Flaschen und Autoglas verarbeitet.

Eigenschaften von Glas:
- Dichte 2,5 kg/dm³
- Schmelztemperatur ca. 1500 °C
- Wärmeleitfähigkeit 0,81 W/(m · K), theoretisch
- Spezifischer elektrischer Widerstand: ca. 0 (!) Ω mm²/m; Glas ist ein guter Isolator
- Zugfestigkeit: ca. 40–80 N/mm², je nach Nachbehandlung

6.2 Herstellung von Flachglas

Die Herstellung von technischem Flachglas für das Bauwesen erfolgt in vier Stufen

1. Schmelzen des Gemenges in einer Wanne
2. Herstellen von
   - Spiegelglas durch Floaten
   - Gussglas durch Giessen und Walzen
3. Nach- und Weiterarbeiten zu Scheiben mit Sicherheits- oder Wärmeschutzeigenschaften
4. Herstellen von Mehrscheiben-Isoliergläsern

6.3 Weiterverarbeitung von Glas

In der dritten Stufe werden die Scheiben weiterverarbeitet zu Glas mit Sicherheits- und Wärmeschutzeigenschaften. Das ist notwendig, weil Spiegelglas bei Beschädigung oder Anprall mit scharfkantigen spitzen Scherben bricht. Landesbauordnungen schreiben an Orten mit Publikumsverkehr und für „Überkopfverglasungen" Scheiben mit Sicherheitseigenschaften vor, die Energieeinsparverordnung (EnEV) fordert bei Wohngebäuden Scheiben mit geringem Wärmedurchlass um den Heizenergiebedarf nachhaltig zu senken.

Sicherheitsgläser sind
- Einscheibensicherheitsglas (= ESG)
- Verbundsicherheitsglas (= VSG)
- Mehrscheibensicherheitsglas (= MSG)
- Teilvorgespanntes Glas (= TVG)

6.4 Isolierglaseinheiten

In der vierten Verarbeitungsstufe werden die Scheiben zu Einheiten verbunden und ergeben Wärmeschutzgläser. Dazu kombiniert man zwei oder mehr beschichtete Floatglasscheiben, getrennt durch einen Steg aus Aluminium-Rechteckrohr mit eingelegtem Trocknungsmittel. Der definierte Scheibenzwischenraum (SZR) wird mit trockener Luft oder Schutzgas gefüllt und wirkt als zusätzlicher Isolator gegen unerwünschten Wärmedurchgang. Die äußere Scheibe besitzt eine

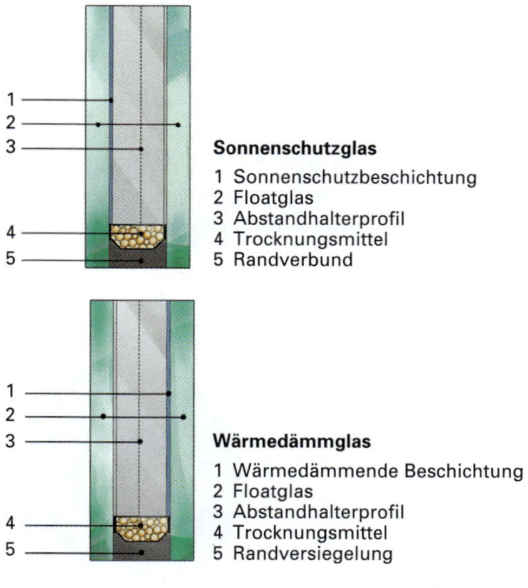

***Bild 2** Mehrscheibenisoliergläser*

W

zusätzliche Beschichtung aus farbneutralen Silberoxiden. Sie reflektieren die Wärmestrahlung im Winter von innen, im Sommer von außen und wirken auch als Sonnenschutz, da sie den Infrarotanteil des Sonnenlichts um bis zu 80 % reduzieren. Der Wärmeschutz wird in der Fachstufe behandelt. Durch die Kombination mit mehreren Scheiben erhält man Glas mit Sicherheitseigenschaften.

Isolierglaseinheiten können nach der Herstellung nicht mehr bearbeitet werden. Die Scheiben müssen vor dem Verbund auf Maß zugeschnitten werden.

7 Werkstoffe und Umwelt

Bei der Verwendung, Verarbeitung und Entsorgung von Werk- und Hilfsstoffen müssen Umweltbelastungen und Gesundheitsgefahren möglichst gering gehalten werden. Auch muss mit den nicht erneuerbaren Werkstoffen und Energiereserven sparsam umgegangen werden.

7.1 Umweltschutzmaßnahmen

Folgende Regeln sollten immer beachtet werden:
- möglichst Werkstoffe verwenden, deren Herstellung und Verwendung die Umwelt nur gering belasten. Umweltfreundliche Produkte dürfen mit dem Umweltzeichen **Blauer Engel** gekennzeichnet werden (Bild 1).
- Trinkwasser ist knapp und darf nicht verunreinigt werden; deshalb Öle und Lösungsmittel vorschriftsmäßig entsorgen!
- Bauteile nicht überdimensionieren und hochwertige Werkstoffe nur dort einsetzen, wo es sinnvoll ist; Wegwerfverpackungen vermeiden!
- Wiederverwertung von Abfällen schont Rohstoffreserven. So benötigt die Gewinnung von Aluminium aus Abfällen nur 5 % der Energiemenge, die beim Herstellen aus Bauxit gebraucht wird. Voraussetzung für Recycling ist aber getrenntes Sammeln der Abfälle, z. B. besondere Tonnen für Kupfer, Stahl usw.

***Bild 1** Umweltengel: Symbol für umweltverträgliche Produkte*

- Energieverschwendung vermeiden, z. B. durch Überheizen von Räumen, falsches Lüften, unnötige Fahrten zur Baustelle.

Der Energieverbrauch lässt sich senken, z. B. durch
- Hilfseinrichtungen wie Gassparer beim Gasschmelzschweißen, Thermostatventile an Heizkörpern,
- richtige Wärmedämmung von Gebäuden, z. B. durch Einsatz geeigneter Isoliergläser.
- Investition in Maschinen mit niedriger Energieaufnahme, z. B. Inverterschweißgeräte.

7.2 Gefahrstoffe

Das sind Arbeitsstoffe, die durch Einatmen, Einnehmen oder Berühren zu schweren gesundheitlichen Schäden führen können und die Umwelt schädigen. Der Umgang mit diesen Stoffen erfordert besondere Vorsichtsmaßnahmen, die in der Gefahrstoffverordnung festgelegt sind. Bei der Verarbeitung sind Herstellerangaben genau zu beachten!
Die Verpackung von Gefahrstoffen ist gesetzlich geregelt und muss so gestaltet sein, dass sie nicht mit Lebensmittelverpackungen verwechselt werden kann. Gefährliche Stoffe können sich auch bei Arbeiten an beschichteten Konstruktionen bilden, z. B. beim Schweißen an alten, mit Bleimennige gestrichenen Stahlkonstruktionen.

Krebserzeugende Arbeitsstoffe
Diese Stoffe müssen mit dem Aufdruck **„Kann Krebs erzeugen"** gekennzeichnet sein. Beim Umgang mit diesen Stoffen ist besondere Vorsicht geboten, und Mitarbeiter, die damit umgehen, müssen sich regelmäßigen Vorsorgeuntersuchungen unterziehen. Die Gefährdung entsteht durch Einatmen **giftiger**
- **Dämpfe**, z. B. Benzol,
- **Rauche**, z. B. beim Verschweißen von Nickelelektroden
- **Stäube**, z. B. Asbeststaub.

Obwohl bei Neuanlagen Ersatzstoffe für Asbest verwendet werden, muss bei Reparaturarbeiten mit Asbest hantiert werden, z. B. Entfernen von Isolierungen an Lüftungskanälen.

Folgende Vorsichtsmaßnahmen schützen:
- Absperrung der Asbestbereiche!
- Geräte verwenden, die keinen Feinstaub erzeugen!
- Abfälle sammeln, als Sondermüll entsorgen!
- Atemschutz tragen!
- Staub absaugen!
- Endreinigung frühestens nach 12 Stunden: nass oder Aufsaugen!

Gefahren-symbol	Kennbuchstabe Hinweise auf besondere Gefahren	Gefahren-symbol	Kennbuchstabe Hinweise auf besondere Gefahren
	giftiger Stoff Einstufung je nach toxischer Wirkung in: Sehr giftig T+ Giftig T z. B. an Säurebehältern		Je nach Art des Stoffes: leichtentzündlich F z. B. Holzwolle hochentzündlich F+ z. B. Propan
	reizender Stoff sehr giftig beim Einatmen, reizt die Haut Gefahr ernster Augenschäden z. B. Formaldehyddämpfe		Feuer- oder Explosionsgefahr bei Berührung oder Mischung mit brennbaren Stoffen z. B. Kalziumkarbid
	ätzender Stoff verursacht leichte bis schwere Verätzungen, je nach Konzentration z. B. Schwefelsäure		Stoffe, die durch Reibung, Schlag, Feuer oder andere Zündquellen explodieren können z. B. Peroxid

Schutzmaßnahmen:
- Gefahrstoffe nur in dafür vorgesehenen Behältern aufbewahren
- Schutzausrüstungen benutzen, z. B. Gummihandschuhe
- Herstellervorschriften beachten
- Dämpfe nicht einatmen

Schutzmaßnahmen:
- beim Umgang mit diesen Stoffen nicht rauchen
- keine funkenschlagenden Werkzeuge benutzen
- Räume gut lüften
- brennbare Flüssigkeiten nie in Abflüsse gießen, sondern als Sondermüll beseitigen

***Bild 1** Gefahrensymbole*

W

7.3 Aufgaben zur Werkstofftechnik

1. Welche technologischen Eigenschaften müssen bei der Auswahl eines Werkstoffs für eine Rohrschelle (Bild 1) beachtet werden?
2. Unterscheiden Sie die Eigenschaften Festigkeit und Härte.
3. Unterscheiden Sie elastisches und plastisches Werkstoffverhalten.
4. Mit welchen Eigenschaften hängt die Zerspanbarkeit eines Werkstoffs zusammen?
5. Mit welchen Eigenschaften hängt die Schweißbarkeit eines Werkstoffs zusammen?
6. Beschreiben Sie das Verhalten eines reinen metallischen Werkstoffs (z. B. Zinn) bei der Erstarrung der Schmelze und Abkühlung bis auf Raumtemperatur.
7. Skizzieren Sie die Grundform eines kubisch raumzentrierten und flächenzentrierten Kristalls.
8. Beschreiben Sie die unterschiedlichen Eigenschaften von Gusseisen mit Lamellengraphit und Kugelgraphit.
9. Wie lassen sich bei der Stahlerzeugung unerwünschte Bestandteile aus der Schmelze entfernen?
10. Was lässt sich an der Normbezeichnung vieler Stahl- und Metallbauprofile erkennen, z. B. der H-Profile?
11. Unterscheiden Sie Stahlbauteile mit I-, IPE- und IPB-Profil.

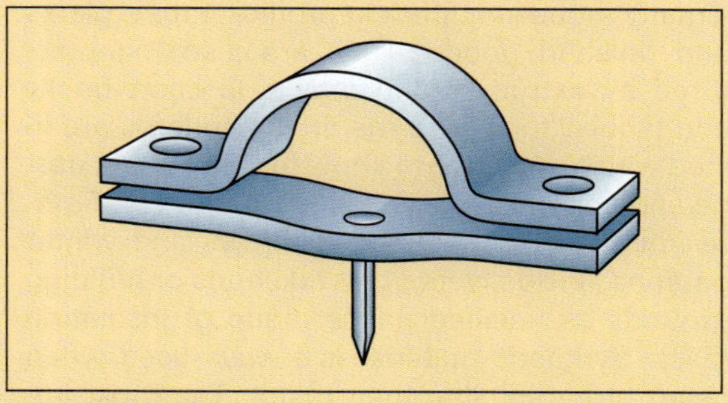

***Bild 1** Rohrschelle*

12. Bestimmen Sie die Maße für folgende Formstähle: I 80 DIN 1025, L 30 × 20 × 3 EN 10056, T 30 EN 10 055.
13. Unterscheiden Sie zwischen Stahl, Stahlguss und Gusseisen.
14. Ein Spiralbohrer ist nach dem Einsatz blau verfärbt und abgestumpft. Ist es sinnvoll, ihn neu anzuschleifen?
15. Warum wird ein Kupferrohr an der Verbindungsstelle einer Hartlötung weich?
16. Warum lässt sich kalt gezogenes Rohr schlecht biegen? Wie kann man Abhilfe schaffen?
17. Wie unterscheiden sich die drei Kunststoffarten in Gefüge und Verhalten ?
18. Warum sind Kunststoffe umweltbelastend?
19. In welchen Verarbeitungsstufen wird 2-Scheiben-Wärmeschutzglas hergestellt?

8 Englisch im Metallbaubetrieb

8.1 Werkstoffe

1. Beschreiben Sie die Werkstoffe mit denen Sie in Ihrem Ausbildungsbetrieb arbeiten, in englisch. Übersetzen Sie dazu den folgenden Text ins deutsche, die Vokabelliste wird Ihnen dabei helfen.
2. Legen Sie mit Ihren Mitschülern eine Sammlung von Werkstücken aus unterschiedlichen Werkstoffen und Profilen an und erstellen Sie in englisch Kurzbeschreibung auf Karten.

Materials

Metal and steel work use different metals from profils and plates. In steel work mild steel is predominant, in metal work also aluminium, stainless steel, bronze, brass, copper. Cast iron (C.I.) is of no importance for metal work. Steel is obtained from iron scrap and iron or by means of blast furnace and formed by rollers into a manifold number of profiles. Alloying enables you to change the characteristics of the materials. For the construction it is very important to choose the right materials and profils. There are a many thousand different profiles, tubes, plates and finished goods. They are also manufactured by extruders and draws. In chart books and tabular forms the material standards are listed which you have to know for the correct usage and handling. Glass is getting more and more important for facades, windows and winter gardens. It is delivered to workshops or building grounds as finished panes made of insulating glass. Synthetic material is always used when being more suitable than metal. The most important ones are the thermoplasts. For the processing you also need auxiliary material such as driling oil, welding electrodes and cleansing agents. Material is expensive, so that waste is collected and recycled. That also saves energy and protects our environment.

W

Vokabelliste

Abfall	waste
Aluminium	aluminium
Baustahl	mild steel (M. S.)
Baustelle	building site
Blech	sheet
Bohröl	drill emulsion
Bronze	bronze
Edelstahl	high grade steel
Eisen	iron
Eisenerz	iron ore
Fertigerzeugnis	finished components
Glas	glass
Glasscheibe	pane
Gusseisen	cast iron (C. I.)
Hilfsstoffe	auxillary materials
Hochofen	furnice
Isolierglas	isolated pane
Konstruktion	construction
Kunststoff	synthetic material, plastics
Kupfer	copper
Legierung	alloy
Messing	brass
Norm	standard
Profil	bar, profile
Rohr	tube
sammeln	to collect
Schrott	scrap iron
schweißen	to weld
Stahl	steel
strangpressen	to extrude
Stückliste	bill of materials (BOM)
Tabellenbuch	chart
teuer	expensive
Umwelt	environment
verwenden	to use
walzen	to roll
Werkstatt	shop
Werkstoff	material
wiederverwerten	to recycle
ziehen	to stretch

Lernfeld 1: Fertigen von Bauelementen mit handgeführten Werkzeugen

Auftrag: Handlauf

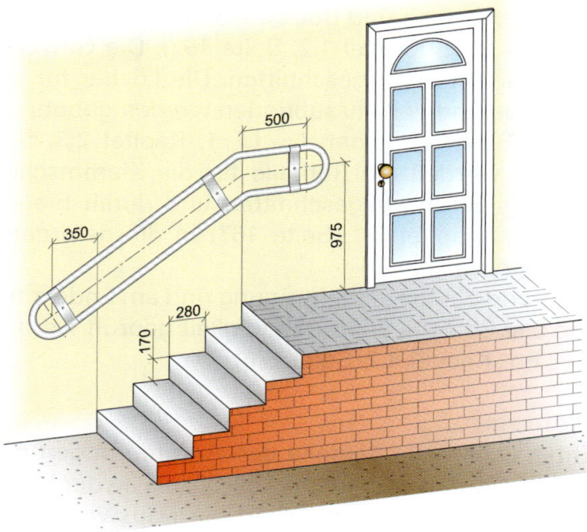

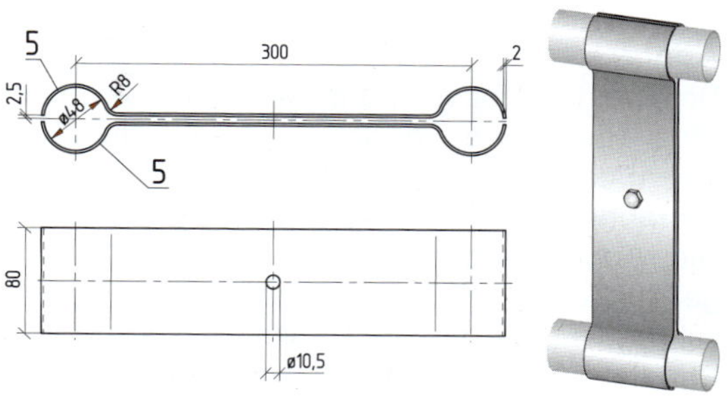

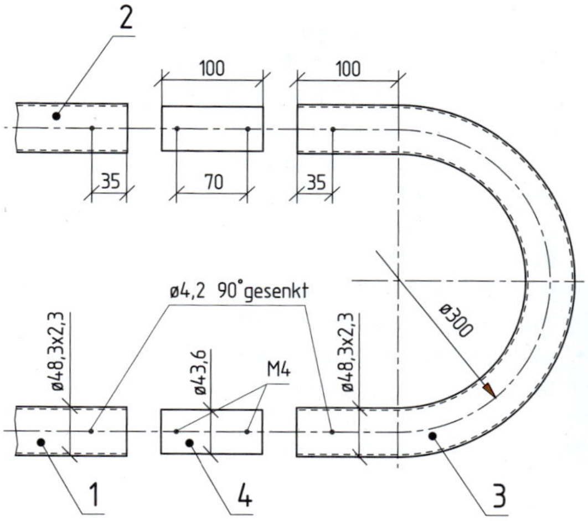

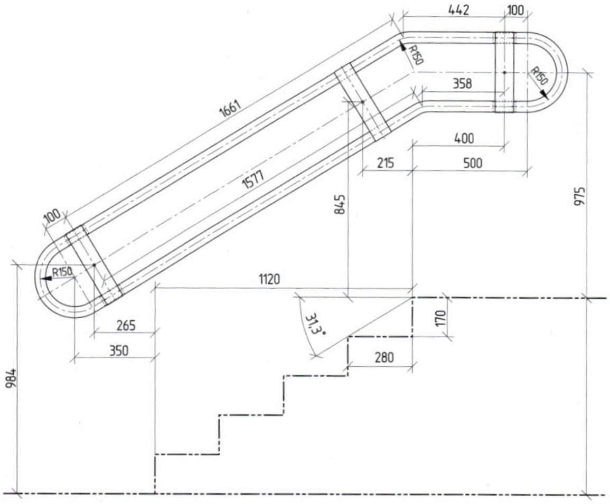

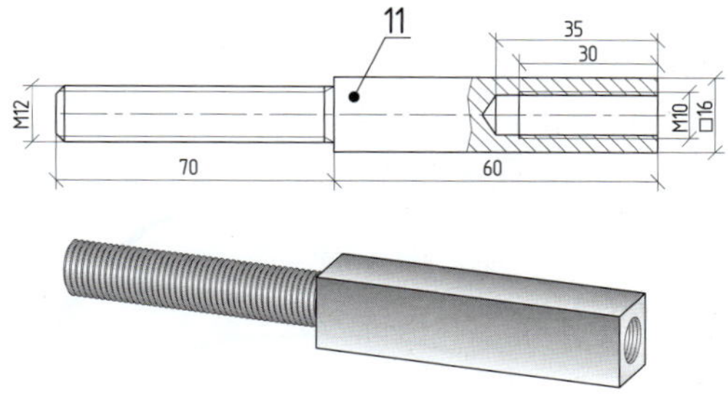

11	3	Stck	Wandschraube	Vierkant EN 10059-16	S235JR
10	8	Stck	Linsensenkschraube	ISO 7046 M4x30-H	A2
9	3	Stck	Sechskantmutter	ISO 4032-M10	A2-70
8	3	Stck	Scheibe	ISO 7090-10	A2
7	3	Stck	Sechskantschraube	ISO 4017-M10x30	A2-70
6	3	Stck	Wandscheibe	Fertigteil	S235JR
5	6	Stck	Klemmblech	Blech EN 10131-2x80-	S235JR
4	4	Stck	Bolzen	Rund EN 10060-43,6x100	X5CrNi18-10
3	2	Stck	Bogen	ISO 1127-48,3x2,3-	X5CrNi18-10
2	1	Stck	Rohr	ISO 1127-48,3x2,3-	X5CrNi18-10
1	1	Stck	Rohr	ISO 1127-48,3x2,3-	X5CrNi18-10
Pos.	Menge	Einheit	Benennung	Sachnummer / Norm	Bemerkung

Verantwortl. Abt.	Technische Referenz	Erstellt durch	Genehmigt von	
HT-MA	Frau Marten	Herr Wagenleiter	Herr Hayen	HT3196-K4.1

Verlag Handwerk & Technik 22331 Hamburg

Dokumentenart	Dokumentenstatus
Stückliste	freigegeben
Titel, Zusätzlicher Titel	Maier 10.100
Stahl-Handlauf	Änd. A · Ausgabedatum 2005-07-14 · Spr. de · Blatt 1 / 1

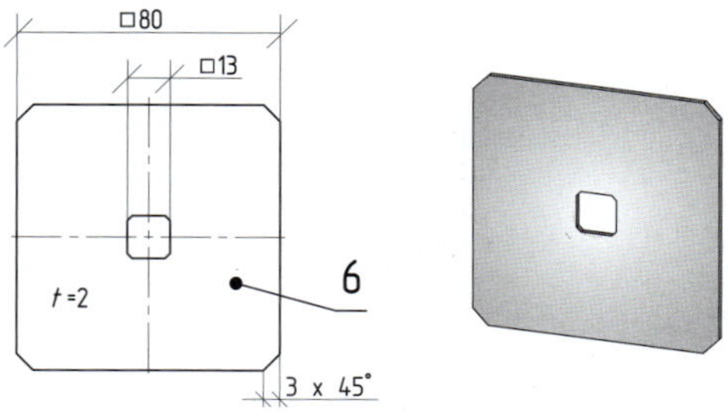

Auftrag

Für einen Treppenaufgang soll ein Handlauf angefertigt werden. Der Kunde wünscht einen doppelten Handlauf; dadurch erreicht man eine geeignete Griffhöhe für Erwachsene und Kinder zugleich.

Analyse

Der Handlauf besteht aus zwei gebogenen Rohren (Pos. 1) und zwei Endbögen (Pos. 2), die über Bolzen (Pos.3) gesteckt und dann mit Linsensenkschrauben (Pos. 9) verschraubt werden.
Die Wandscheiben (Pos. 5) können als Fertigteil gekauft oder selbst gefertigt werden; die Wandschrauben werden in Dübel eingeschraubt. Der Handlauf wird mit den Klemmblechen (Pos. 4) an den Wandhalterungen angeschraubt.

Fertigungsunterlagen

Bevor die einzelnen Bauteile gefertigt werden können, müssen folgende Unterlagen (⇒ K, Kapitel 1.1, Seite 27) erstellt werden:

- **Skizzen** für die Maßaufnahme vor Ort
- eine **Gesamtzeichnung,** welche den zusammengebauten Handlauf darstellt
- eine **Stückliste,** in welcher die benötigten Einzelteile mit ihren Abmaßen, Stückzahlen usw. aufgelistet werden (⇒ Tabellenbuch) und
- alle **Einzelteilzeichnungen,** in denen alle Bauteile fertigungsgerecht dargestellt werden.

Neben der gestalterischen Festlegung, muss eine Werkstoffauswahl (⇒ W, Kapitel 2.1, Seite 71) getroffen werden, die den Ansprüchen an die Konstruktion, dem Korrosionsschutz und der Verarbeitung gerecht werden

Fertigung

Die Schrauben, Scheiben und Muttern sowie eventuell die Wandscheiben sind Fertigteile und werden zugekauft. Alle anderen Bauteile können in der Werkstatt angefertigt werden. Die Rohrstücke, die Wandschrauben und Bolzen werden auf Länge gesägt (⇒ LF 1, Kapitel 1.2, Seite 152). Die Gewinde werden von Hand geschnitten. Die Löcher für die Gewinde und Verschraubungen werden gebohrt.
Durch Scherschneiden (⇒ LF 1, Kapitel 2.3, Seite 159) werden die Rohteile für die Klemmscheiben aus Blech ausgeschnitten und durch Biegen (⇒ LF 1, Kapitel 3.1, Seite 167) in die geforderte Form gebracht.
Während der Einzelteilfertigung und am Ende müssen alle Bauteile auf Maßhaltigkeit geprüft werden (⇒ LF 1, Kapitel 4.2, Seite 176).

Montage

Entsprechen alle Bauteile den Anforderungen aus den Fertigungsunterlagen, können sie an der Hauswand angebracht werden. In die Hauswand werden Löcher gebohrt, Dübel eingesetzt und dann die Wandschrauben mit den Wandscheiben eingeschraubt. Die vormontierten Rohre werden über die Klemmbleche mit Schrauben, Scheiben und Muttern an den Wandschrauben befestigt. Abschließend erfolgt eine Maß- und Sichtkontrolle.

Übergabe

Nach Abschluss der Montage erfolgt die Übergabe an den Kunden.

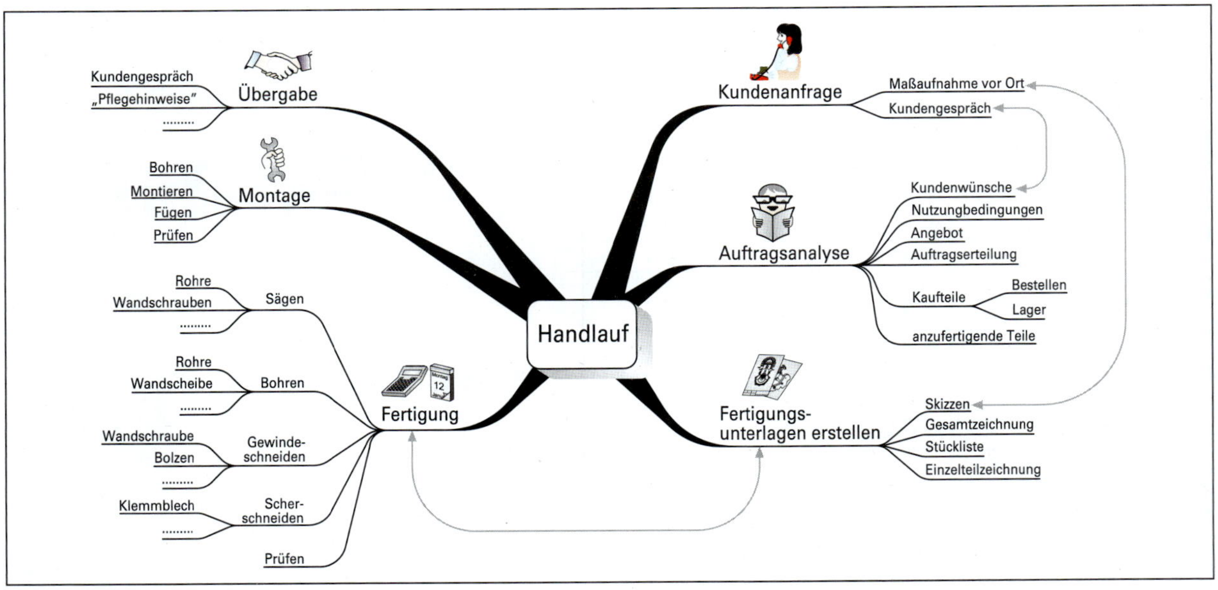

Bild 1 Mind Map: Planung, Entwurf und Fertigung eines Handlaufs

1 Trennen durch Spanen von Hand

1.1 Wirkprinzip der keilförmigen Werkzeugschneide

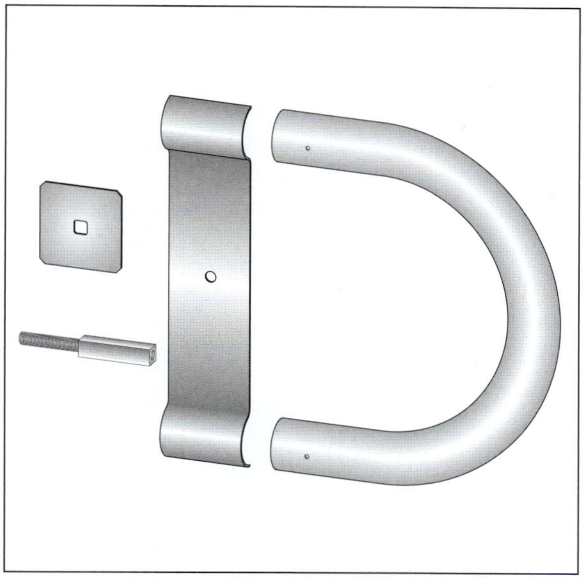

Bild 1 Klemmblech, Bolzen, Wandscheibe und Bogen

Die Erfahrung zeigt, dass Schneiden mit einem großen **Keilwinkel** Beanspruchungen besser aufnehmen. Die Schneidkeile müssen nicht so schnell nachgeschliffen werden (z. B. beim Meißel und Bohrer).

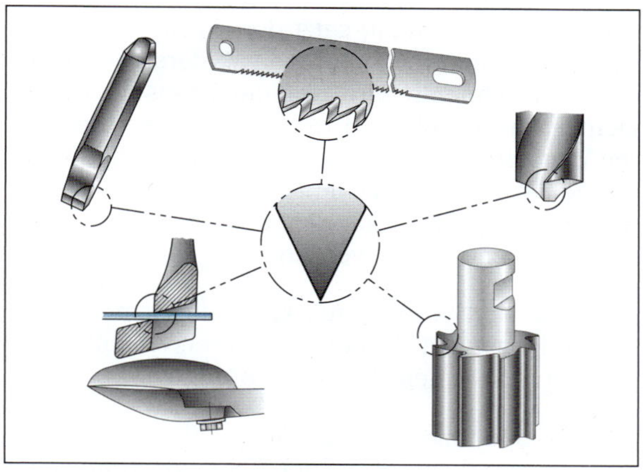

Bild 2 Keilförmige Werkzeugschneide

1

Alle abgebildeten Bauteile werden aus Blechen oder Profilen **abgetrennt** und weiter bearbeitet oder umgeformt. Alle handgeführten Trennwerkzeuge aus Bild 2 leiten sich aus einer gemeinsamen Grundform dem **Keil** ab.

Steht der Keil senkrecht auf der Werkstückoberfläche wird das Werkstück geteilt, z. B. beim Meißeln. Wird der Keil schräg auf die Werkstückoberfläche aufgesetzt, wird ein Span abgehoben, z. B. beim Sägen (Bild 3).

Das Wirkprinzip beruht auf der Kräftezerlegung im Keil. Die Schneidkraft F_C (z. B. Hammerschlag) wird zerlegt in zwei senkrechte Kräfte auf der Keiloberfläche der Druckkraft F_D. Die Größe des Keilwinkels β beeinflusst die aufzubringende Schneidkraft und den Verschleiß (siehe Bild 1, S. 152).

Dringt der Schneidkeil in den Werkstoff ein, wird Material zuerst zusammengedrängt, dabei elastisch und plastisch verformt, dann abgetrennt und an der Spanfläche nach oben weggeschoben. Der **Zerspanvorgang** erfordert Kraft. Der Schneidkeil wird beansprucht und dadurch abgenutzt oder sogar beschädigt.

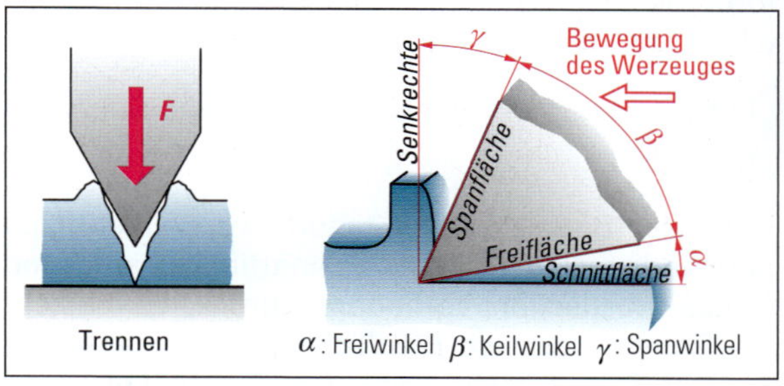

Bild 3 Winkel an der Werkzeugschneide

Alle **spanabhebenden Werkzeuge** haben eine **keilförmige Werkzeugschneide** (Bild 4). Drei **Winkel an der Werkzeugschneide** beeinflussen die Spanabnahme:

Freiwinkel α (alpha), begrenzt durch Schnitt- und Freifläche,
Keilwinkel β (beta), begrenzt durch Frei- und Spanfläche und
Spanwinkel γ (gamma), begrenzt durch Spanfläche und Senkrechte auf Schnittfläche.

Die Winkelsumme am Schneidkeil beträgt somit stets 90°. Es gilt:

$$\alpha + \beta + \gamma = 90°.$$

Große Keilwinkel β erhöhen die Stabilität der Schneide. Dadurch werden längere Standzeiten erzielt. Kleine Keilwinkel β erleichtern das Trennen.

Die **Wahl eines Keilwinkels** stellt somit immer einen Kompromiss zwischen langer Standzeit und leichter Spanabnahme dar. Die Größe des Keilwinkels wird im Wesentlichen von den Werkstoffeigenschaften beeinflusst. Ein Werkstoff mit vergleichsweise geringer Härte und Festigkeit (z.B. Kupfer im Vergleich zu Stahl) setzt dem Trennen und der Spanabnahme einen geringen Widerstand entgegen. Die Schneide wird weniger beansprucht. Ein kleiner Keilwinkel kann gewählt werden. Bei harten Werkstoffen ist für die geforderte Stabilität der Schneide ein entsprechend großer Keilwinkel erforderlich. Die dadurch große Kraft zum Trennen muss hingenommen werden.

Bei weichen Werkstoffen kann ein kleiner Keilwinkel β genutzt werden. Bei harten Werkstoffen ist ein großer Keilwinkel β erforderlich.

Bei der Spanbildung (vgl. Bild 2) wird der Werkstoff an der Spanfläche der Schneide umgelenkt und nach oben weggeschoben. Es ist offensichtlich, dass umso mehr Kraft zur Spanabnahme erforderlich ist, je stärker das Material umgelenkt wird. Dies ist bei negativen Spanwinkeln der Fall.

Ein großer Spanwinkel γ erleichtert die Spanabnahme.

Nach der Spanabnahme federt der Werkstoff an der Werkstückoberfläche (Schnittfläche) aufgrund seines elastischen Verhaltens zurück. Es besteht die Gefahr, dass die Freifläche des Schneidkeiles auf der Schnittfläche reibt. Der **Freiwinkel** ist so groß zu wählen, dass die **Reibung** zwischen Frei- und Schnittfläche möglichst gering wird. Dadurch wird eine zu starke Erwärmung und ein zu schnelles Abstumpfen der Schneide vermieden.

Um Reibung zu vermindern, ist der Freiwinkel erforderlich.

Die Zeit, während der sich ein Werkzeug bis zum Nachschleifen im Eingriff befindet, wird als **Standzeit** bezeichnet. Beispiele (z.B. Holzspalten mit einer Axt) belegen, dass ein kleiner Keilwinkel das Trennen und die Spanabnahme erleichtert.

1.2 Sägen

Das Sägeblatt (Bild 1, S. 154) besteht aus vielen Schneidkeilen. Der **Keilwinkel bei Sägeblättern** (vgl. Bild 2, S. 153) beträgt meist **50°**. Er gibt dem Schneidkeil ausreichende Stabilität. Bei gegebenem Keilwinkel werden Frei- und Spanwinkel durch die Stellung des Keils festgelegt. Der **Freiwinkel** ist bei Hand- und Maschinensägeblättern mit 38° bzw. 0° ungewöhnlich groß. Hierdurch ergibt sich ein großer Spanraum (vgl. Bild 3, S. 153). Die Zahnlücken können somit während des Zerspanvorganges die Späne besser aufnehmen und aus der Schnittfuge führen.

Sägeblätter unterscheiden sich in der **Zahnteilung *t*** (vgl. Bild 4, S. 153). Neben dem Freiwinkel bestimmt die Zahnteilung die Größe des Spanraumes. Wenn bei weichem Material ein großes Spanvolumen pro Hub abgenommen wird, ist ein großer Spanraum und somit eine grobe Zahnteilung (z.B. 16 Zähne pro inch)[1] erforderlich.

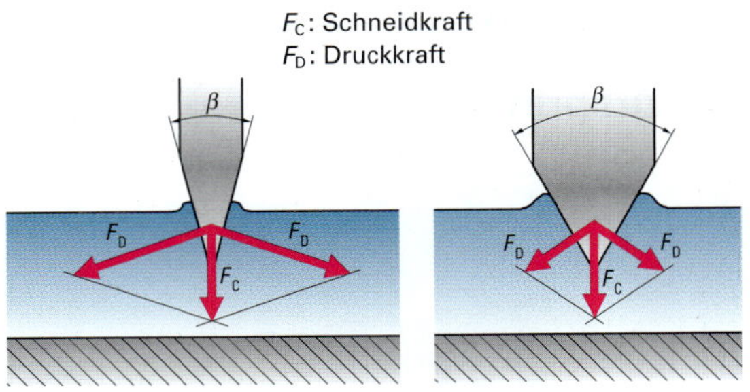

bei gleicher Schneidkraft und gleichem Werkstoff gilt:

Keilwinkel	klein	groß
Werkstoffverdrängung	klein	groß
Druckkraft F_D	groß	gering
Veschleiß	groß	gering
Schnittfläche	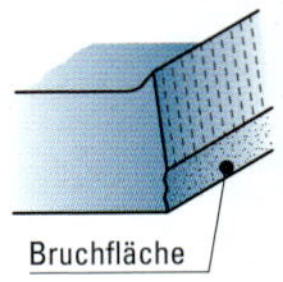	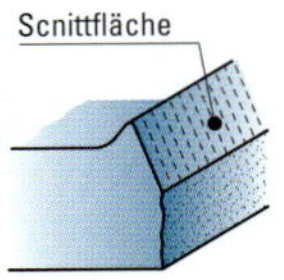

Bild 1 Kräfte am Schneidkeil

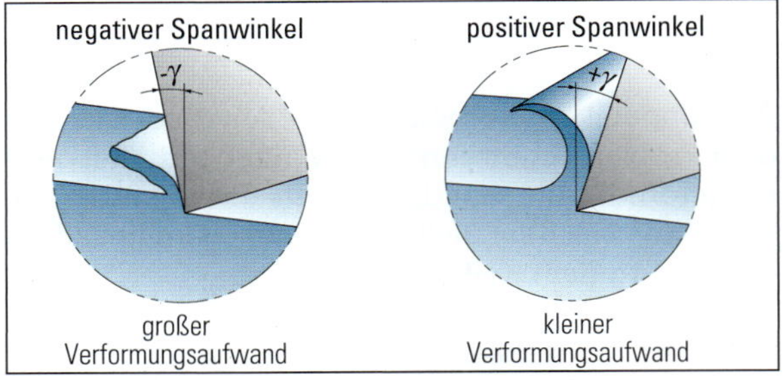

Bild 2 Spanbildung bei unterschiedlichen Spanwinkeln

[1] inch = 25,4 mm, wird häufig noch als Zoll bezeichnet.

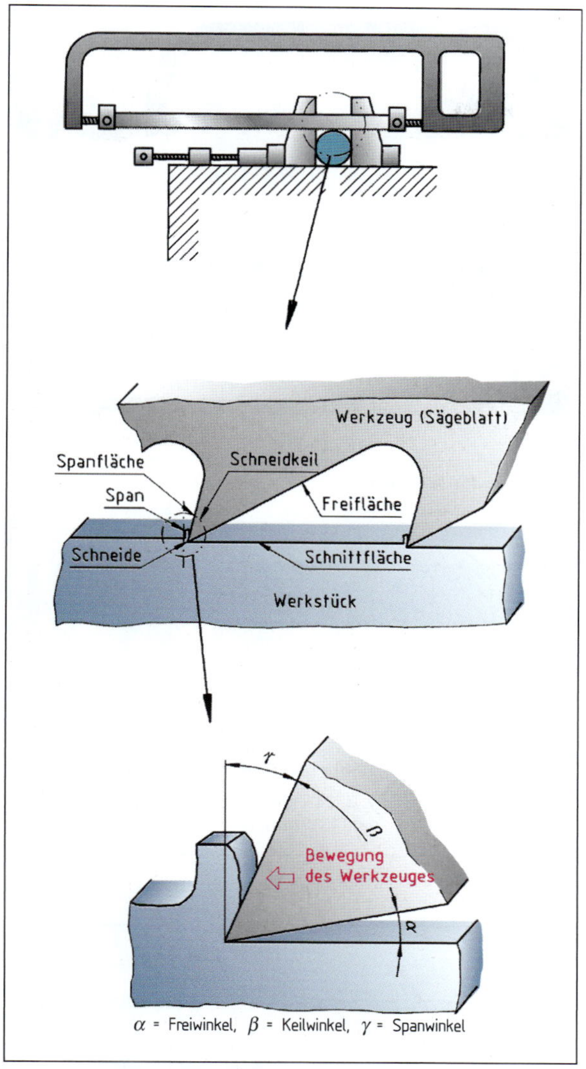

***Bild 1** Werkzeugwinkel und Zerspanvorgang*

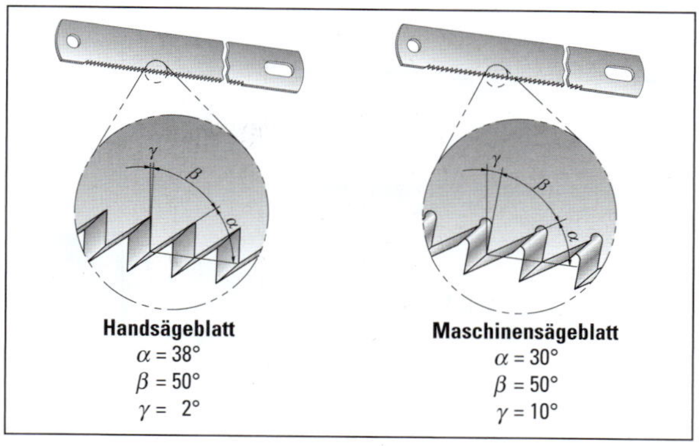

***Bild 2** Schneidkeile von Sägeblättern*

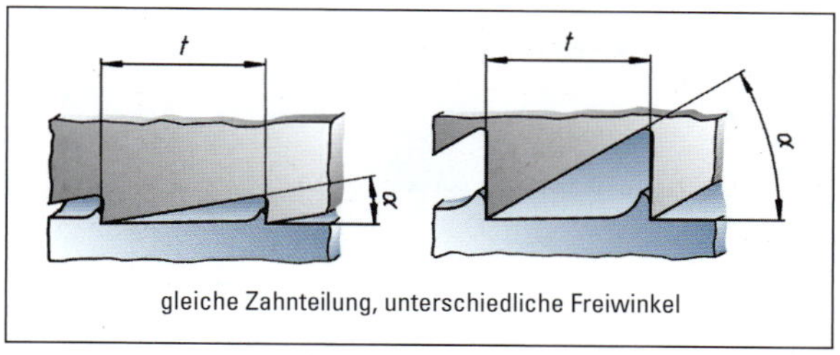

***Bild 3** Freiwinkel und Spanraum*

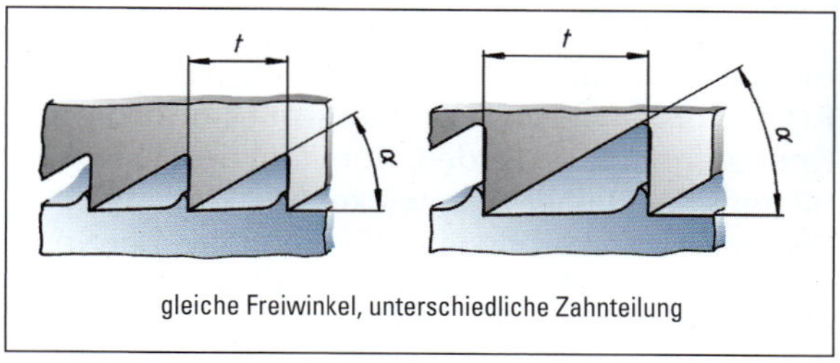

***Bild 4** Zahnteilung und Spanraum*

Nur wenn mehrere Zähne gleichzeitig im Eingriff sind, kann die Säge ruhig und gleichmäßig geführt werden. Dies ist erforderlich, damit keine Zähne ausbrechen. Je kürzer die Schnittfuge, desto feiner muss die Zahnteilung sein. Zum Sägen von Rohren und Profilen muss somit selbst bei weichen Werkstoffen eine feinere Zahnteilung gewählt werden (vgl. Bild 5).

Aufgrund des größeren Spanraumes eignet sich eine grobe Zahnteilung für weiche Werkstoffe und lange Schnittfugen. Eine feine Zahnteilung ist bei harten Werkstoffen und kurzen Schnittfugen erforderlich.

Bei einem großen **Spanwinkel** dringt der Schneidkeil tief in den Werkstoff ein und es entsteht ein

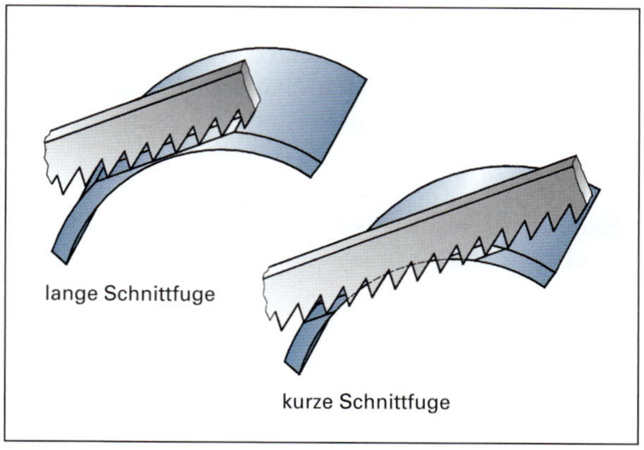

***Bild 5** Sägen von Rohren*

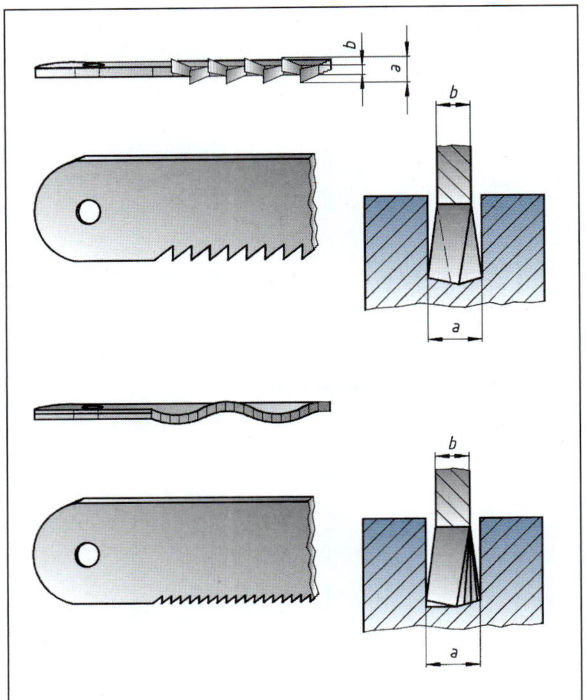

Bild 1 Freischneiden durch Schränken und Wellen

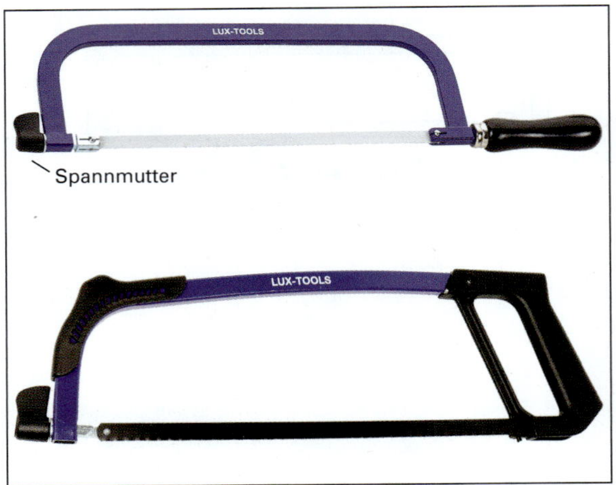

Bild 2 Handbügelsägen

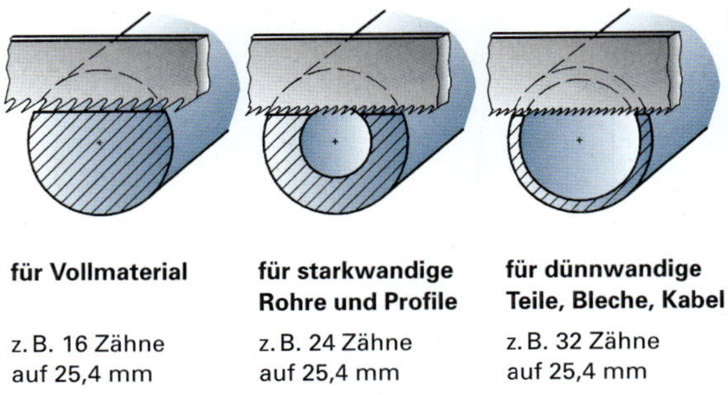

Bild 3 Wahl der Zahnteilung

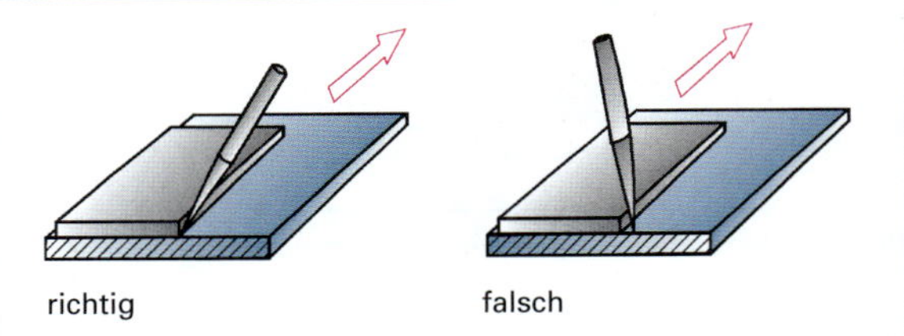

Bild 4 Anreißen der Schnittlinie

dicker Span. Um diesen abzutrennen, ist eine große Kraft erforderlich. Von Hand kann nur eine begrenzte Kraft aufgebracht werden. Somit ist bei Handsägeblättern ein kleiner Spanwinkel ($\gamma = 2°$) zu wählen. Sägemaschinen erbringen größere Kräfte. Der Spanwinkel bei Maschinensägeblättern ($\gamma = 10°$) ist deshalb größer.

Schneidkeile an Sägeblättern haben einen kleinen Spanwinkel und einen großen Freiwinkel.

Damit das Sägeblatt nicht festklemmt, muss die Sägefuge breiter als die Dicke des Sägeblattes werden. Hierzu werden Sägeblätter z. B. geschränkt oder gewellt. Handsägeblätter sind meist gewellt (vgl. Bild 1).

Sägeblätter schneiden frei, wenn die Sägefugenbreite größer ist als die Sägeblattdicke.

Sägen von Hand

Zum Sägen von Hand werden oft **Handbügelsägen** verwendet (vgl. Bild 2).

Um **Handsägearbeiten** richtig durchzuführen, ist Folgendes zu beachten:

- Es ist ein Sägeblatt mit geeigneter Zahnteilung zu wählen (vgl. Bild 3).
- Die Sägezähne müssen in Schnittrichtung zeigen. Über die Spannmutter ist das Sägeblatt so zu spannen, dass es nur noch wenig federt. Zu leicht gespannte Sägeblätter ergeben ein ungenaues Anschneiden. Sie klemmen leicht in der Sägefuge und neigen deshalb zu Zahnausbrüchen.
- Die Schnittlinie ist anzureißen (vgl. Bild 4).

Für unterschiedliche Arbeiten stehen verschiedene **Handsägen** zur Verfügung. Bild 1 (S. 155) zeigt eine Auswahl.

Um den vielfältigen Anforderungen bei Montage und Reparaturarbeiten gerecht zu werden, muss

Kleinsäge
für enge, unzugängliche Stellen

Universal-Stichsäge
Sägeblatt ist stufenlos verstellbar
für bündiges Sägen an Wand und Decke

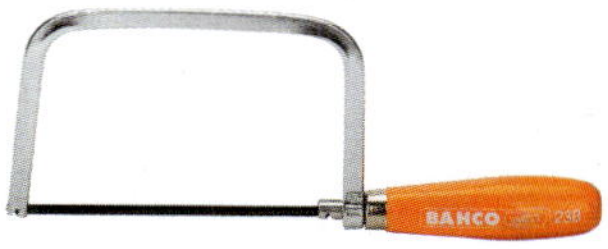

Metallsäge
Griff ist verstellbar
für Sägen an schwer zugänglichen Stellen

Universal-Fuchsschwanz
für Schneiden von Schlitzen auch in Kunststoffplatten

Feinsäge
für Sägen von Kunststoffen, Kupfer, Kupfer-Legierungen usw

Bild 1 Handsägen

ein Werkzeugkoffer eine entsprechende Vielfalt von Handsägen enthalten. Die Arbeit wird oft erleichtert, wenn Sägen für schwer zugängliche Stellen (z. B. Kleinsäge und Metallsäge) und für bündiges Sägen (z. B. Stichsäge) vorhanden sind. Da neben Stahl oft Kunststoffe oder Kupfer zu bearbeiten sind, sind entsprechende Sägen (z. B. Fuchsschwanz und Feinsäge) bereitzustellen. Nach Möglichkeit werden Sägen verwendet, bei denen das Sägeblatt über einen Elektromotor angetrieben wird.

Es kann schneller und genauer gesägt werden. Bild 2 zeigt eine Auswahl von **elektrisch betriebenen Handsägen**.
Mit **Rohrsägen** lassen sich Rohre rechtwinklig sägen. Durch Einsatz entsprechender Sägeblätter können auch Kunststoffe und z. B. Bleche aus Stahl und NE-Metallen gesägt werden.

Sägen mit Maschinen
Die Antriebe von Sägemaschinen erzeugen große Kräfte. Ein gleichmäßiger Bewegungsablauf ist sichergestellt. **Hub-, Band-** und **Kreissägemaschinen** unterscheiden sich in der Schnittbewegung. Auch hierdurch wird ihr jeweiliger Einsatz bestimmt.

1.3 Feilen

Nach dem Absägen des Rundstahls bilden sich an den Schnittkanten Grate, die entfernt werden müssen. Dazu werden die Bauelemente in einen Schraubstock eingespannt und der Grat mit einer Feile abgetragen.
Das Feilen hat durch den Einsatz moderner Fertigungsverfahren an Bedeutung verloren. Dennoch kann in der Einzelfertigung und bei Reparaturarbeiten darauf nicht verzichtet werden. Anwendungsfälle sind immer noch Pass-, Entgrat- und Verputzarbeiten (Bild 1, S. 156).

Bei der Spanabnahme dringen die Schneidkeile in den Werkstoff ein und heben Späne ab. Diese sammeln sich in den Zahnlücken und werden über die Werkstückkanten abgeführt (Bild 2, S. 156).

Die Schneidkeile von Feilen unterscheiden sich **in Form und Lage**. Bei **gehauenen Feilen** ergibt sich nach Bild 3 (S. 156) ein **negativer Spanwinkel** γ. Somit lassen sich nur kleine Späne abtrennen. Die gehauene Feile wirkt also schabend. Sie eignet sich deshalb für harte Werkstoffe wie z. B. Stahl und Grauguss. **Gefräste Feilen** haben einen **positiven**

1

Stichsäge

Handkreissäge

Rohrsäge

Bild 2 Elektrisch betriebene Handsägen

Bild 1 Feilen erfordert Geschick und Übung

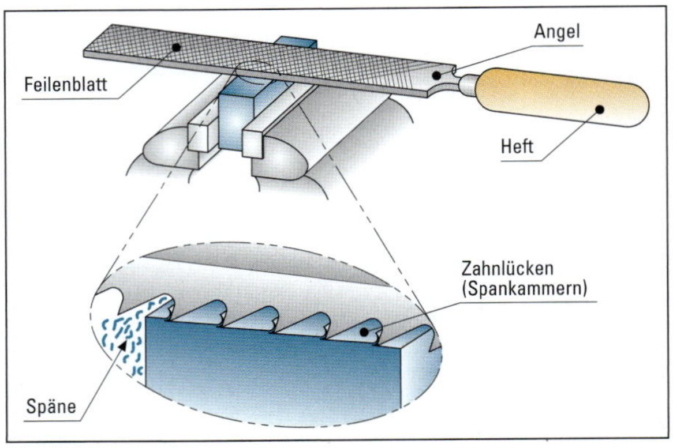

Bild 2 Spanabnahme durch Feilen

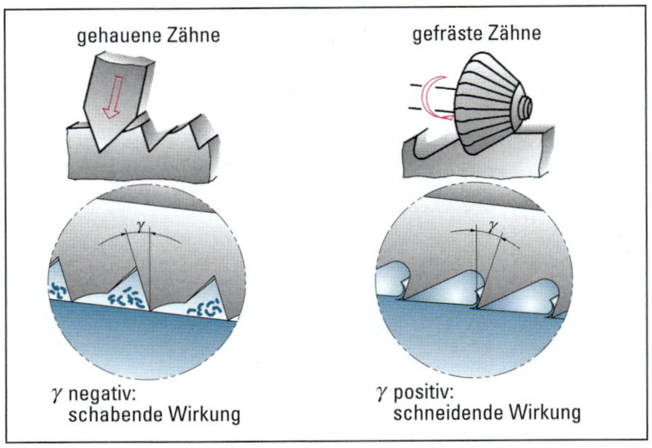

Bild 3 Schneidkeile von Feilen

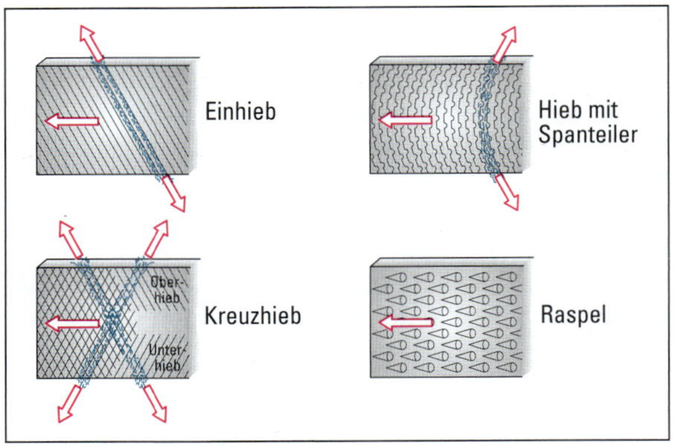

Bild 4 Hiebarten

Spanwinkel γ und damit schneidende Wirkung. Sie können vorteilhaft bei weichen Werkstoffen wie z. B. Aluminium, Kupfer, Zinn, Zink, Blei und Kunststoffen eingesetzt werden.

Ein **negativer Spanwinkel** am Schneidkeil einer gehauenen Feile ergibt eine **schabende Wirkung**, ein **positiver Spanwinkel** am Schneidkeil einer gefrästen Feile ergibt eine **schneidende Wirkung**.

Ein Feilenblatt (Bild 3 und 4) besteht aus hinter- und nebeneinanderliegenden Schneidkeilen. Eine Schneidenreihe bezeichnet man als Hieb. Bei einhiebigen Feilen verläuft die Schneidenreihe zur besseren Spanabfuhr schräg oder bogenförmig. Spanteiler bewirken, dass nur schmale Späne entstehen. Die Anwendung einhiebiger Feilen ist auf weiche Werkstoffe, z. B. Aluminium, begrenzt. Kreuzhiebfeilen besitzen kreuzweise verlaufende Ober- und Unterhiebe. Dadurch entstehen viele kleine Schneidkeile. Somit bilden sich auch kleine Späne. Kreuzhiebfeilen eignen sich z. B. für Stahl und Grauguss. Raspeln haben einzelne, zahnartige Erhöhungen. Kunststoff, Holz, Leder und Kork können hiermit bearbeitet werden.

Der Abstand zwischen hintereinander liegenden Feilenzähnen wird als **Hiebteilung** bezeichnet. Die **Hiebzahl** gibt die Anzahl der Hiebe (Einkerbungen) je cm Feilenlänge an (vgl. Bild 1, S. 157). Ein kleiner Abstand zwischen Feilenzähnen bedeutet eine große Anzahl von Hieben je cm Feilenlänge.

Eine hohe Oberflächenqualität wird durch Schlichten erzielt. Hierbei sind möglichst viele Zähne im Eingriff und es wird wenig Spanvolumen abgenommen. Wenn mit meist hohem Kraftaufwand eine große Spanabnahme erfolgt, spricht man von Schruppen.

Es werden deshalb entsprechend der Hiebzahl folgende Feilen unterschieden:

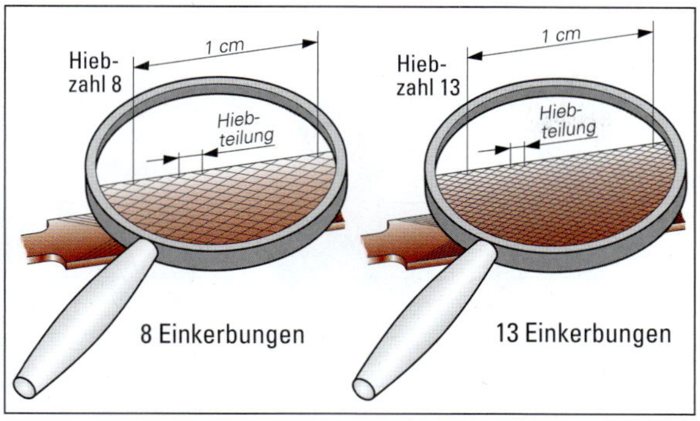

***Bild 1** Hiebteilung und Hiebzahl*

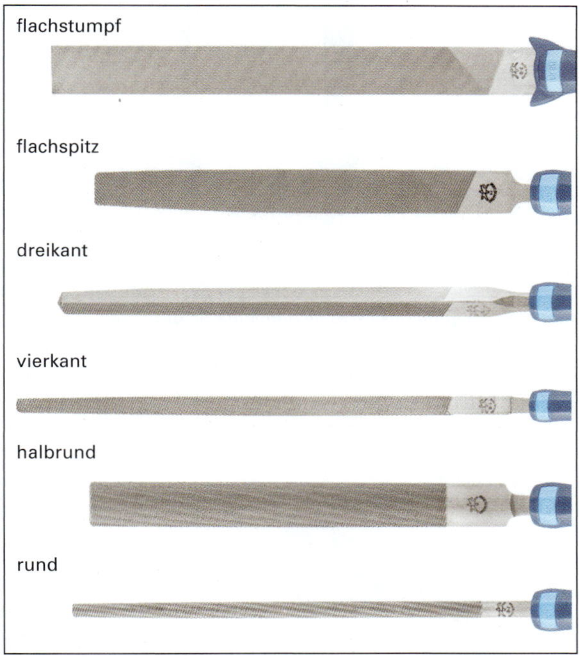

***Bild 2** Feilenquerschnitte*

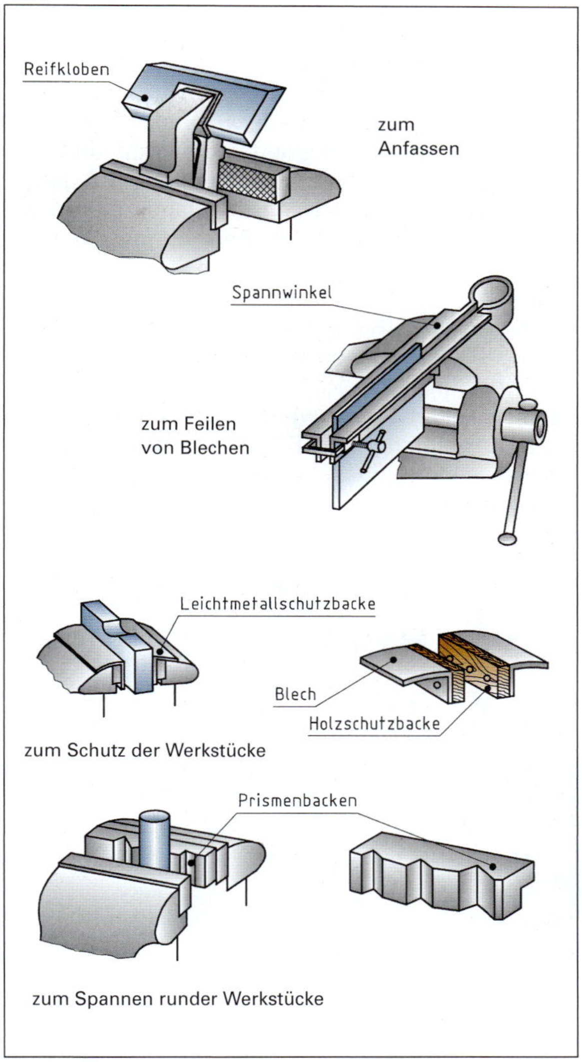

***Bild 3** Hilfsmittel zum Spanen im Schraubstock*

- Feinschlichtfeilen mit einer Hiebzahl von 35 ... 70.
- Schlichtfeilen mit einer Hiebzahl von 15 ... 35. und
- Schruppfeilen mit einer Hiebzahl von 5 ... 15.

Um durch Feilarbeiten unterschiedliche Werkstückgeometrien fertigen zu können, müssen die Feilenquerschnitte entsprechend gestaltet werden (vgl. Bild 2). Ecken können mit Dreikant- und Halbrundfeilen hergestellt werden. Für eine Nacharbeit an Flächen bieten sich flachstumpfe und flachspitze Feilen an.

Bei der Wahl einer Feile sind die geeignete Hiebart und Hiebzahl sowie der richtige Feilenquerschnitt festzulegen.

Werkstücke werden meist im Schraubstock gefeilt. Zum Spannen der Werkstücke stehen für die unterschiedlichsten Aufgaben entsprechende Hilfsmittel zur Verfügung. Bild 3 zeigt eine Auswahl.

Schutzbacken vermeiden, dass das Werkstück beim Spannen beschädigt wird. Für unterschiedliche Anwendungen gibt es Schutzbacken aus Aluminium, Holz oder Kunststoff. Bleche zu feilen ist oft schwierig, wenn nur ein kleiner Teil des Werkstücks im Schraubstock gespannt wird und das Blech dadurch federt. Ein Spannwinkel (Blechspannkluppe) verhindert dies, da er das Blech auf der gesamten Länge spannt.

1.4 Aufgaben zu 1

Sägen

1. Skizzieren Sie eine keilförmige Werkzeugschneide und bestimmen Sie die Winkel an der Schneide.
2. Erläutern Sie die Wahl des Keilwinkels in Abhängigkeit von Standzeit und Werkstofffestigkeit.

3. Erklären Sie den Einfluss des Spanwinkels auf die Spanabnahme.
4. Warum vermeidet ein Freiwinkel ein zu schnelles Abstumpfen der Schneide?
5. Warum eignet sich eine feine Zahnteilung bei harten Werkstoffen und kurzen Schnittfugen?
6. Wie unterscheiden sich Hub-, Band- und Kreissägemaschinen in ihrem Bewegungsablauf?

Feilen

7. Beschreiben Sie anhand des Zerspanvorganges die schabende Wirkung eines negativen Spanwinkels.
8. In welchen Fällen werden einhiebige Feilen, Kreuzhiebfeilen und Raspeln eingesetzt?
9. Welchen Einfluss hat die Hiebzahl auf die Spanabnahme?

2 Trennen durch Zerteilen von Hand

Keilschneiden mit einer Schneide ist ein Messerschneiden. Der Werkstoff wird dabei durch den Schneidkeil auseinandergedrängt. Keilschneiden mit zwei Schneiden ist ein Beißschneiden.

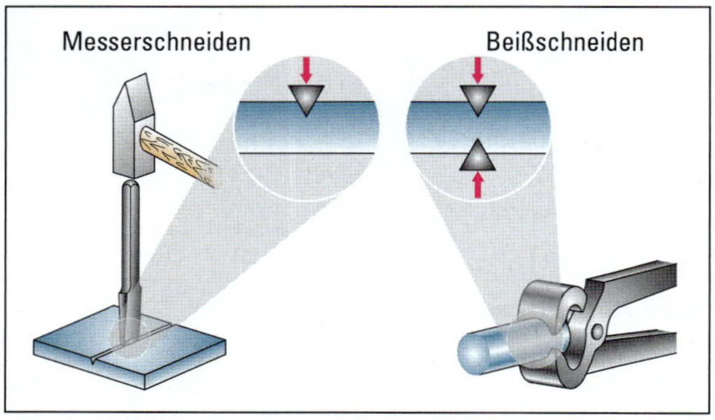

Bild 1 Messerschneiden und Beißschneiden

2.1 Meißeln

Zerteilvorgang

Beim Meißeln wird durch Hammerschläge über das Werkzeug eine Kraft auf den Werkstoff ausgeübt. Der Schneidkeil kerbt den Werkstoff ein, verdrängt den Werkstoff und es bildet sich ein Wulst. Das weitere Eindringen führt zu einer Rissbildung. Der sich weiter entwickelnde Riss führt dann zur vollständigen Trennung des Werkstückes (Bild 2).

Je nach Bearbeitungsauftrag werden unterschiedliche Werkzeuge mit Messerschneiden eingesetzt. Dabei erfolgt der Trennvorgang von der Bearbeitungsseite. Als Widerstandsfläche dient eine Unterlage. Die Schnittlinie legt die Auswahl des Werkzeuges fest.

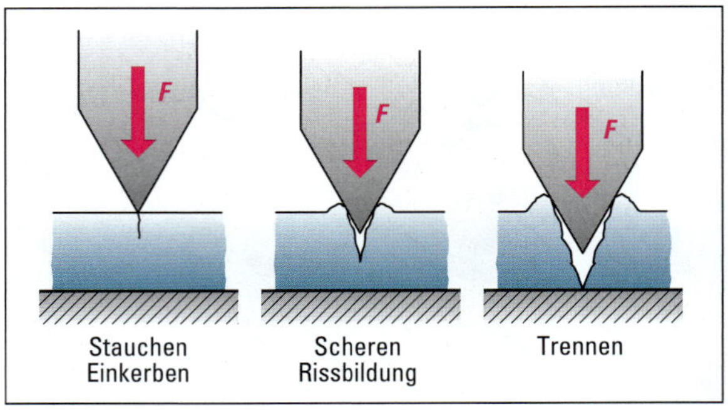

Bild 2 Zerteilvorgang

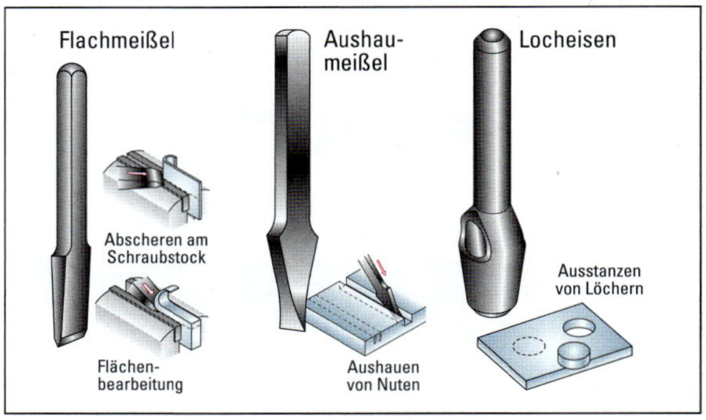

Bild 3 Festlegung des Meißels durch die Schnittlinie

Der Keilwinkel des Meißelschneide hängt von der Werkstoffhärte ab:

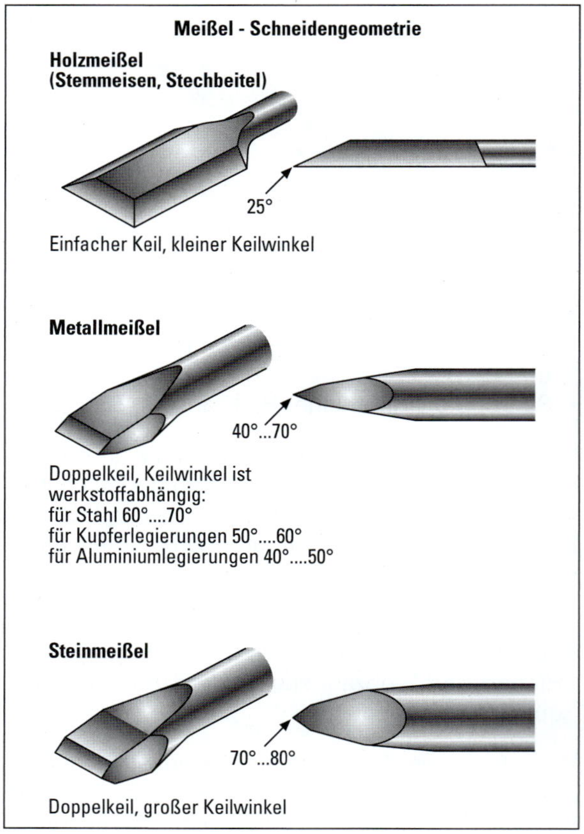

Bild 4 Keilwinkel bei Meißelschneiden

Bild 1 Rohrabschneider

Werkstoff	Kupfer	Stahl (schwarz verzinkt)	Kunststoff	Guss
Bearbeitung	• leicht zu trennen (z. T. ohne Schraubstock)	• schwer zu trennen (Spannmöglichkeit muss vorhanden sein)	• problemloses Trennen (bis ≈ 100 mm ohne Spannvorrichtung)	• sehr schwer zu trennen (großer Verschleiß der Schneidrädchen) **besser sägen**
Probleme	• Gratbildung	• sehr starke Gratbildung bei dicker Rohrwandung	• Gratbildung sehr gering	• kein Grat
	Nacharbeit mit Rohrinnenfräser			

Rohrabschneider
Im Metallbau werden Rohre aus verschiedenen Werkstoffen verwendet, wie z. B. Stahl, Aluminium und Kunststoff. Weniger wird Kupferrohr eingesetzt.
Sind sie abzulängen, dann soll:
- dies einfach und schnell, auch auf Baustelle, durchgeführt werden können und
- die Schnittfläche rechtwinklig sein.

Handsägen sind dabei Grenzen gesetzt. Durch die geringe Führung ihres Sägeblattes sind rechtwinklige Schnittfugen schwer möglich.
Zum Trennen von Rohren verwendet man **Rohrabschneider** (vgl. Bild 1). Das wesentlichste Teil dieses Werkzeuges ist ein keilförmig ausgebildetes Schneidrad. Dieses wird gegen das Rohr gepresst, dann eine Kreisbewegung ausgeführt. Der Werkstoff wird an der Schnittstelle zur Seite gedrängt. Durch stetiges Nachstellen der Spindel dringt das Rad tiefer in den Werkstoff ein. Das Rohr wird zerteilt.
Das Schneidrad ist sehr verschleißgefährdet. Deshalb sind für unterschiedliche Rohrwerkstoffe Schneidräder mit entsprechenden Keilwinkeln einzusetzen. Werkstoffe mit geringer Festigkeit, z. B. Kunststoffe, bedingen einen kleinen Keilwinkel; Werkstoffe mit größerer Festigkeit, z. B. Stahl, einen großen Keilwinkel. Für die gängigsten Werkstoffe gibt es deshalb spezielle Rohrabschneider.

Der Keilwinkel des Schneidrades des Rohrabschneiders muss auf den zu trennenden Rohrwerkstoff abgestimmt sein.

2.2 Beißschneiden

Beim **Beißschneiden** bewegen sich **zwei keilförmige Schneiden** aufeinander zu. Zangenförmige Trennwerkzeuge wie Kneifzange, Seitenschneider, Hebelvornschneider und Bolzenschneider arbeiten nach diesem Prinzip. Sie unterscheiden sich in Größe, Gestaltung und Einsatzmöglichkeit. Über lange Hebelarme können größere Zerteilkräfte leicht aufgebracht werden. Dennoch eignen sich diese Werkzeuge nur für kleine Werkstoffquerschnitte.

2.3 Scherschneiden

Mit spanlosen Fertigungsverfahren lassen sich dünne Bleche leichter, genauer und schneller trennen als mit Sägen. Dabei wird der Werkstoff zwischen Schneidkeilen zerteilt (vgl. Bild 2, S. 160).

Zerteilen ist ein Trennen des Werkstoffes, ohne dass sich Späne bilden.

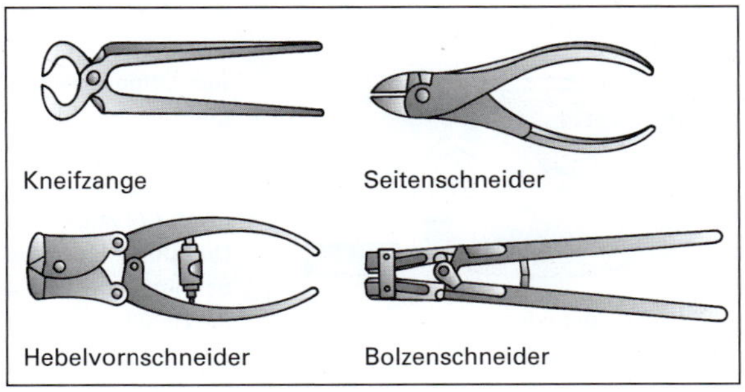

Bild 2 Beißschneiden

- aus Qualitätsstahl z. B. C60
- Schneiden gehärtet auf 54–56 HRC
- Länge ca. 250 ... 350 mm

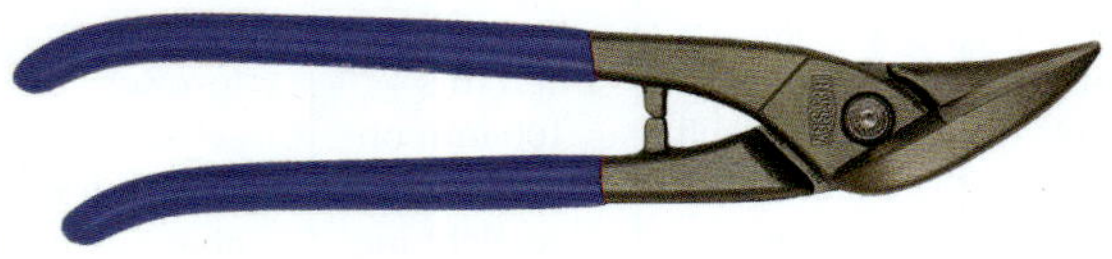

Bild 1 Handblechschere – Idealschere

Scherschneiden von Hand

Handblechschere

Für das Zerteilen von Blechen werden im Bereich des Metallbaus vielfach Scheren eingesetzt. Sie unterscheiden sich in Form, Größe, sowie in der Krafteinleitung: z. B. von Hand oder maschinell. Auf Baustellen werden meist Handblechscheren verwendet. Sie lassen sich für dünne Bleche vorteilhaft einsetzen, um z. B. geringfügige Korrekturen an den Zuschnitten auszuführen.

Auch zur Herstellung der Wandscheibe oder des Klemmblechs können Handblechscheren verwendet werden (vgl. Bild 1).
Diese Scheren bestehen aus zwei kurzen Schneiden mit entsprechend ausgebildeten Schneidkeilen. Sie bewegen sich während des Schneidvorganges aneinander vorbei.

Scherschneiden ist ein Trennen des Werkstoffes, bei dem sich zwei Schneiden aneinander vorbei bewegen.

Die **Größe des Schneidkeiles** (vgl. Kap. 4.1.2 „Sägen", S. 152) beeinflusst in hohem Maße die notwendige Schneidkraft und den Verschleiß der Schneiden. Als vorteilhaft haben sich **Keilwinkel** von 75 ... 85° erwiesen. Sie verleihen der Schneide bei der Bearbeitung unterschiedlicher Werkstoffe ausreichende Stabilität. Zur Verringerung der Reibung an der Freifläche der Schneiden und Schnittfläche des Werkstücks wird die Schneide hinterschliffen. Der **Freiwinkel** beträgt ca. 2°. Die Summe

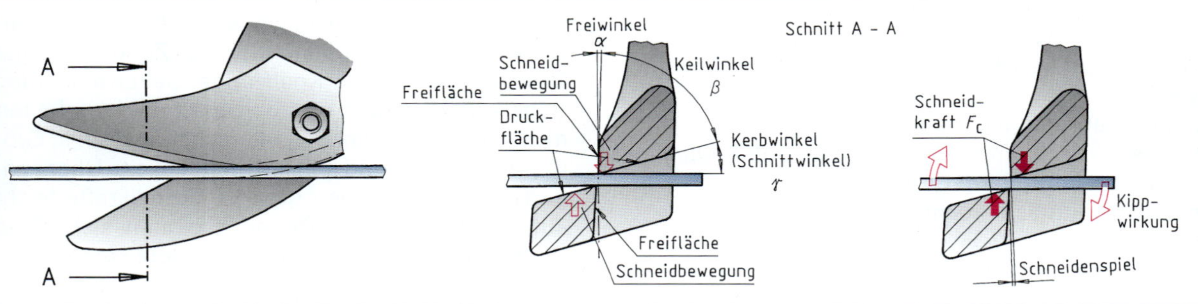

Bild 2 Winkel und Kräfte am Schneidkeil der Handblechschere

Handschere mit geraden Schneiden

Schnittfläche an Blech

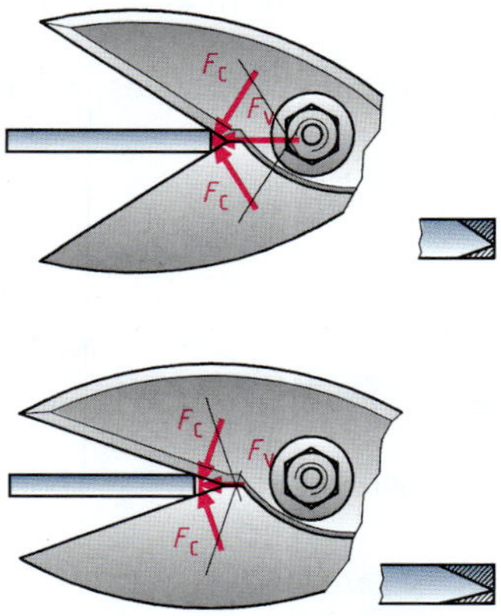

F_c: Schneidekraft
F_v: Verschiebekraft

Bemerkungen:

Großer Öffnungswinkel
- große Verschiebekraft (F_v), schlechtes Anschneiden
- geringer Abstand zum Drehpunkt, daher:
  - kleine Schnittfläche
  - geringe Handkraft

Kleiner Öffnungswinkel
- geringe Verschiebekraft, leichtes Anschneiden
- großer Abstand zum Drehpunkt und große Schnittfläche erhöhen die Handkraft

Handschere mit gekrümmter Schneide

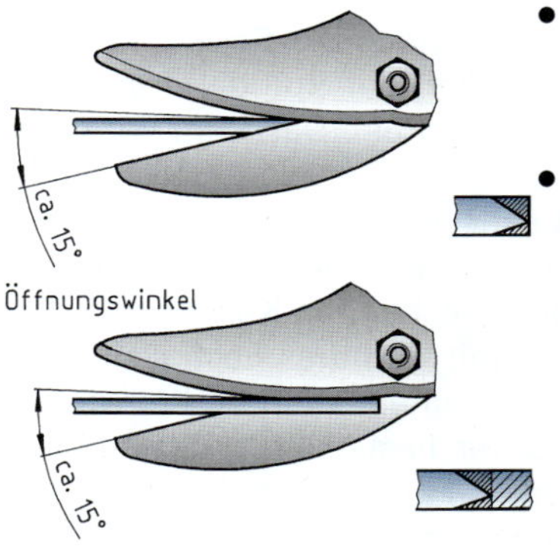

Bemerkungen:
- Öffnungswinkel beträgt immer ≈ 15°
- Größe der Schnittfläche bleibt über Schneidelänge gleich, daher:
  - Handkraft wird nur vom Abstand der Schnittfläche zum Drehpunkt beeinflusst!

Bild 3 Handscheren mit gerader und gekrümmter Schneide

aus Keilwinkel und Freiwinkel ist kleiner als 90°. Von der Druckfläche der Schneiden zum Werkstück bilden sich dadurch **Kerbwinkel** aus. Somit berühren zu Beginn des Schneidvorganges (vgl. Bild 2, S. 158) lediglich die Schneidkanten (Linienberührung) den Werkstoff. Die Schneiden können leichter eindringen, die Schneidkraft wird geringer.

Schneidenspiel

Da sich die Schneiden beim Zerteilen aneinander vorbei bewegen (vgl. Bild 2, S. 158), wirken die Schneidkräfte seitlich versetzt gegeneinander. Das Blech kippt über die Schneidkeile ab und muss mit der Hand abgestützt werden. Dieses Abkippen wird verstärkt durch einen großen Schneidenabstand, das Schneidenspiel. Dieses Spiel ist daher so klein wie möglich zu halten. Bei Handblechscheren ist praktisch kein Spiel vorhanden. Damit die Schneiden aber nicht auf ihrer gesamten Länge aneinanderreiben, werden sie mit einem **Hohlschliff** ausgestattet und vorgespannt. Die Schneiden berühren sichdann lediglich an der jeweiligen Schnittstelle.

Scherwiderstand

Die Schneiden der Schere müssen den Widerstand des Werkstoffes beim Zerteilen überwinden. Dieser Scherwiderstand ist abhängig von der Scherfestigkeit des zu bearbeitenden Werkstückwerkstoffs. Die Größe der Scherfestigkeit τ_{aB} lässt sich näherungsweise aus der Zugfestigkeit R_m berechnen:

Für **Stahl** gilt: $\tau_{aB} \approx 0{,}8 \cdot R_m$
Scherfestigkeit: τ_{aB} in N/mm²
Zugfestigkeit: R_m in N/mm²

Die erforderliche Schneidkraft ist umso größer, je höher die Scherfestigkeit des Werkstoffes ist.

Bei einem Stahlblech aus S235JR wird die Zugfestigkeit mit 340...470 N/mm² angegeben. Für die Scherfestigkeit ergibt sich:

$\tau_{aB} = 0{,}8 \cdot R_m = 0{,}8 \cdot 470\ \text{N/mm}^2 = 376\ \text{N/mm}^2$

Damit ist eine Schnittkraft von bis zu 376 N pro Quadratmillimeter notwendig. Lange Handgriffe und kurze Schneidenlänge vermindern die notwendige Handkraft. Es gilt das **Hebelgesetz**:

Hand**kraft** · **Hebelarm** der Griffe = Schneid**kraft** · **Hebelarm** der Schneiden

$$F_H \cdot l_H = F_C \cdot L_c$$

Die Handkraft errechnet sich aus:

$$F_H = \frac{F_C \cdot l_C}{l_H}$$

Kraft F in N
Hebelarm l in mm

Werkstoffe z. B.	τ_{aB} in $\frac{N}{mm^2}$
Stahl bei $R_m = 410 \frac{N}{mm^2}$	328
Kupfer	212
Aluminium	185
Blei	24
Titanzink	182

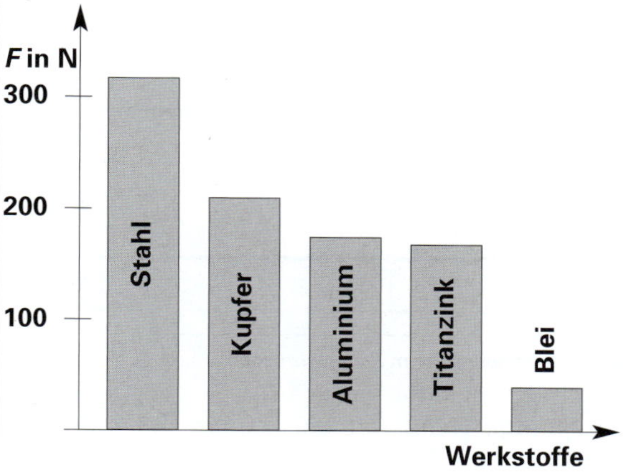

Schneidkraft für 1 mm² Querschnittsfläche

Bild 1 Scherwiderstand

Beispielaufgabe

Der Widerstand des Werkstoffes beim Trennen beträgt 450 N. Der Hebelarm der Schneide (Lastarm) wird mit 30 mm bzw. 60 mm angenommen, der Hebelarm des Griffes (Kraftarm) mit 150 mm (vgl. Bild 1, S. 160). Welche Handkräfte sind zum Trennen des Bleches notwendig?

Scherstelle 1

$$F_{H1} = \frac{F_{C1} \cdot l_{C1}}{l_H}$$

$$F_{H1} = \frac{450\ \text{N} \cdot 30\ \text{mm}}{150\ \text{mm}}$$

$$\underline{\underline{F_{H1} = 90\ \text{N}}}$$

Scherstelle 2

$$F_{H2} = \frac{F_{C2} \cdot l_{C2}}{l_H}$$

$$F_{H2} = \frac{450\ \text{N} \cdot 60\ \text{mm}}{150\ \text{mm}}$$

$$\underline{\underline{F_{H2} = 180\ \text{N}}}$$

Die durch konstante Handkraft mögliche Schneidkraft an den Schneiden ist über die Schneidenlänge nicht gleich. Die Handkraft muss umso größer sein, je weiter die Scherstelle (Scherstelle 2) vom Drehpunkt entfernt ist.
Für gleichbleibenden Werkstoffwiderstand und Kraftarm gilt:

Kleinerer Schneidenabstand bedeutet geringere Handkraft – größerer Schneidenabstand bedeutet höhere Handkraft.

1

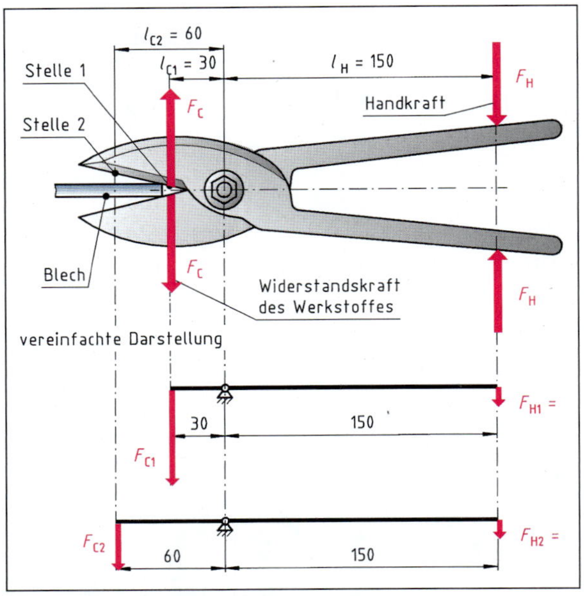

***Bild 1** Hebelgesetz beim Scherschneiden*

Für geringe Handkraft bei kleinem Schneidenabstand muss die Schere weit geöffnet werden. Es entsteht ein großer Öffnungswinkel. Beim Anschneiden des Bleches greifen die Schneiden nicht, sondern verschieben den Werkstoff. Da die Griffe bei großem Öffnungswinkel zudem weit auseinander stehen, lässt sich die Schere schlecht in der Hand halten. Ein kleinerer Öffnungswinkel bewirkt eine geringe Verschiebekraft. Der längere Hebelarm der Schneiden und die größer werdende Schnittfläche (vgl. Bild 1, S. 160) erhöhen jedoch die notwendige Handkraft. Eine gleichbleibende Schnittfläche über die gesamte Schneidenlänge lässt sich durch eine gebogene Schneide der Schere erreichen. Dabei beträgt der Öffnungswinkel an jeder Stelle der Schneide ca. 15° (vgl. Bild 3, S. 160).
In jedem Fall soll die erforderliche Handkraft 200 N nicht überschreiten. Die Schnittfläche an der Schnittstelle muss daher klein sein. Stahlbleche bis etwa 1,5 mm Dicke können mit Handscheren leicht zerteilt werden.

Scherschneidvorgang

Das Eindringen der Schneiden bzw. das Zerteilen des Werkstoffes erfolgt beim Scherschneiden in folgenden Phasen (Bild 2):

- **Stauchen:** Der Werkstoff wird an seiner Ober- und Unterseite zusammengedrückt und eingekerbt.
- **Scheren:** Dringen die Schneiden weiter in den Werkstoff ein, so wird ein Teil der Werkstofffasern zerschnitten. Es entstehen dann Risse in der Scherzone.
- **Trennen:** Diese Risse führen zum Trennen des Werkstoffes. Er bricht an der Schnittstelle auseinander.

Die Schneiden der Handschere zerteilen den Werkstoff fortlaufend entlang der Schneide. Man spricht von einem **ziehenden Schnitt**. Aufgrund ihrer kurzen Schneiden muss die Handschere für lange Schnitte mehrmals nachgeschoben werden. Die Phasen des Schneidvorganges sind an der Schnittfläche des Werkstoffs zu erkennen. Die Größe von Scherfläche zu Trennfläche ist von der Werkstoffeigenschaft abhängig:

- weicher Werkstoff: große Scherfläche, kleine Trennfläche
- harter Werkstoff: geringe Scherfläche, große Trennfläche

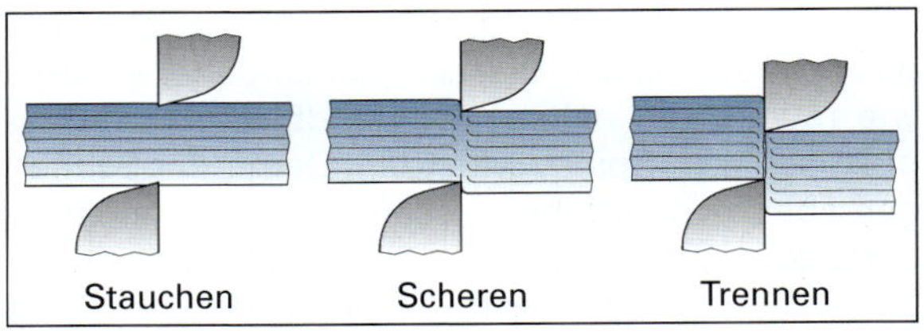

***Bild 2** Phasen des Schneidvorgangs*

Auch entsteht an der Schnittfläche ein Grat, der bei zu großem Schneidenspiel stark ausgeprägt sein kann. Daraus entstehen:

- Probleme bei weiteren Arbeitsgängen, z. B. beim Löten mit Lötspalt und Lotfluss (vgl. Kap. III-2.4 „Löten") und
- Unfallgefahren, z. B. Schnittwunden.

Vorbereitende Arbeiten zur Herstellung des Klemmblechs

Für die Herstellung der Abwicklung des Klemmbleches (vgl. Bild 1, S. 151) sind folgende Arbeiten auszuführen:

- Anreißen der Schnittlinien und
- Auswahl der richtigen Handscheren.

Für **gerade Anrisslinien** eignen sich Reißnadel und Stahlmaßstab. Die Stahlreißnadel mit gehärteter Spitze bildet eine Einkerbung auf der Blechplatte ab, die gut sichtbar ist. Kerben sind zu vermeiden bei:

- Biegekanten, denn durch ihre Kerbwirkung kann der Werkstoff beim Umformen oder beim Gebrauch brechen,
- dünnwandigen Blechen, um ihre Festigkeit zu erhalten und
- beschichteten Blechen, damit keine Korrosion entsteht.

Für diese Anwendungsbereiche eignen sich Reißnadeln aus CuZn oder Bleistifte.
Sind Abwicklungen aus verzinktem Stahlblech herzustellen und werden in einem weiteren Arbeitsgang gebogen, wird zum Anreißen ein Bleistift verwendet.
Die geeigneten Handscheren sind auszuwählen!

Fertigungsverfahren z. B.	Abschneiden	Ausklinken	Beschneiden	Einschneiden	Kreisschneiden	Lochschneiden
Zeichnerische Darstellung	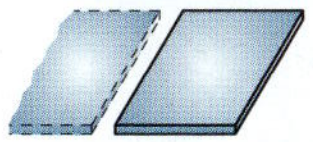	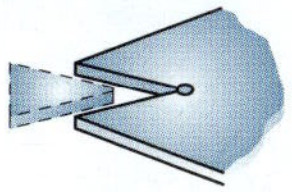	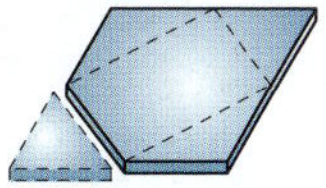	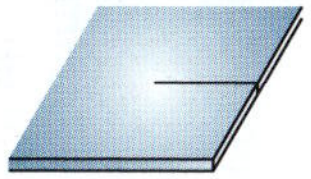	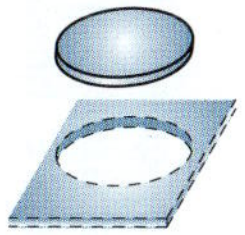	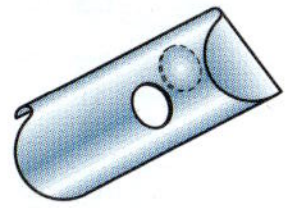
Bedeutung	meist ein langer, gerader Schnitt	zwei aufeinander zulaufende Schnitte	ein oder mehrere Schnitte	ein oder mehrere Schnitte, kein Abfall	Schneiden einer Außenkreisform	Schneiden einer Innenkreisform
Bevorzugte Scherenart	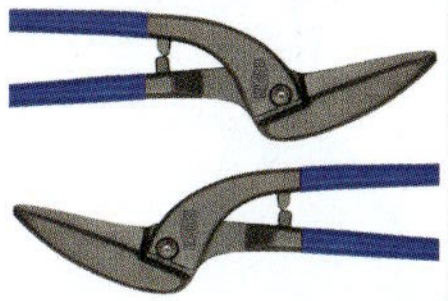 ***Durchlaufschere***	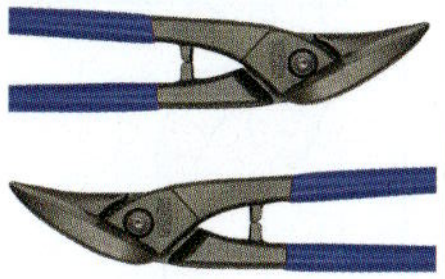 ***Ideale Schere*** *Gerade Schere*	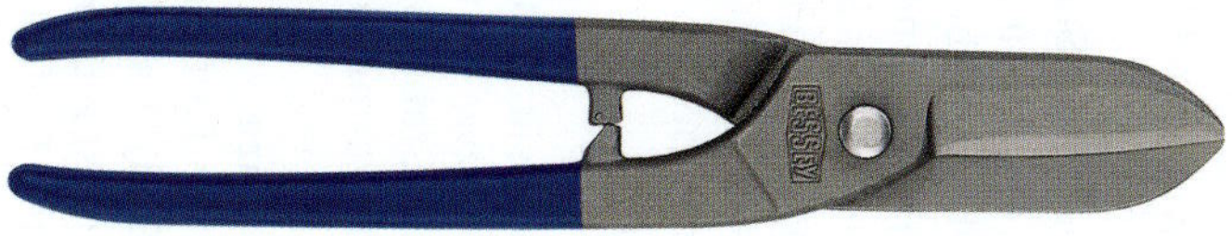 ***Gerade Schere***			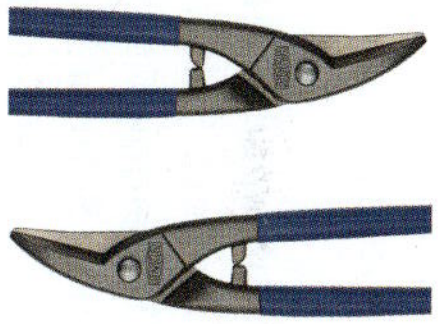 ***Lochschere***
Besonderheiten	• Beide Schnittteile sind verwendbar, ohne dass größere Richtarbeiten durchgeführt werden müssen. • Handhaltung der Schere über Blech – **keine Verletzungsgefahr.**	• Schere mit langen Schneiden, daher ist wenig nachzuschieben. • Bei längerem Schnitt werden die Bleche gleichermaßen nach unten und oben verschoben. • Hand gerät zwischen die Bleche – **Verletzungsgefahr.**	• Schere mit kurzen Schneiden. • Sie ist universell einsetzbar. • Abfallstreifen erfährt unter Umständen eine größere Biegung. • Handhaltung der Schere über Blech – **keine Verletzungsgefahr.**			• Schere mit kurzen, schmalen Schneidbacken, daher für kleine Radien bzw. Löcher vorteilhaft einsetzbar. • Abfallblech läuft über festen Schneidbacken nach oben ab. Es verbiegt sich stark. • Handhaltung der Schere über Blech – **keine Verletzungsgefahr**

***Bild 1** Handblechscheren, Auswahl*

Scherenarten
Bild 1, Seite 163 zeigt eine Auswahl verschiedener Handblechscheren.

Aufgabe
Welche Scheren lassen sich für die notwendigen Schneidarbeiten für die Wandscheibe und Klemmblech einsetzen?

Bei den nun folgenden Schneidarbeiten muss der Anriss des zu verwendenden Bleches immer gut sichtbar sein. Nur so ist ein maßgenauer, sauberer Schnitt möglich. Der linke Anriss der Ausklinkung wird durch die obere Schneide der Schere verdeckt Um auch bei solchen Fällen maßgenaue Schnitte zu ermöglichen, gibt es Scheren mit unterschiedlich angeordneten Schneiden: **rechte** und **linke** Scheren.

Um beim Zurechtschneiden der Bleche Verletzungen der Hände zu vermeiden, sind **Unfallverhütungsvorschriften** zu beachten, z. B.:

- nach der Bearbeitung der Bleche müssen die Schnittgrate entfernt werden,
- beim Transportieren oder Verladen von Blechen, beim Aufräumen von Blechabfällen sind Schutzhandschuhe zu tragen,
- beim Durchschneiden der Bleche ist Vorsicht geboten, da Blechabfälle abspritzen können und
- die Schere muss immer vollständig nachgeschoben werden, da sonst bei Kreis- und Lochschnitten „Fleischhaken" auftreten.

Scherschneiden mit Maschinen

Elektrische Handschneidwerkzeuge zum Zerteilen
Elektrische Handschneidwerkzeuge zerteilen den Werkstoff entweder spanlos oder spanend (vgl. Bild 1, S. 165).
Das Scherprinzip gleicht dem der Handblechschere. Dabei wirken maschinell angetriebene Schneidkeile gegeneinander.
Die Werkzeuge werden für unterschiedliche Werkstoffe verwendet, wie z. B.: Stahl, Nichteisenmetalle, Kunststoffe.

Im Gegensatz zu Handblechscheren ergeben sich Vorteile wie:

- schnelles Schneiden durch hohe Schnittgeschwindigkeit,
- Trennen von größeren Blechdicken durch hohe Schneidleistung und
- geringer Kraftaufwand des Bedieners durch handliche Maschinen.

Die Elektrohandwerkzeuge sind nach der Arbeitsaufgabe bzw. ihrem Anwendungsbereich auszuwählen (vgl. Bild 1, S. 165). Die Elektrohandschere eignet sich besonders z. B. für Feinbleche und gerade Schnittlinien.

Maschinenscheren
Für längere Schnitte, dickere Bleche (vgl. Kap. 5.2, S. 211) eignen sich Handscheren nicht. Durch die geringe Schneidenlänge der Scheren wird:

- die Schneidkante nicht gerade und
- der zum Schneiden notwendige Zeit- und Kraftaufwand groß.

Die jeweilige Schnittlänge ist in einem Hub auszuführen! Es sind Maschinenscheren einzusetzen. Sie verfügen über die notwendige Schneidenlänge (z. B. bis 7 m) und Schneidkraft.
Der Antrieb der Scheren erfolgt dabei:

- von Hand mit Hilfe eines langen Hebelarmes oder
- maschinell, z. B. mit Kurbeltrieb oder hydraulisch.

Durch zusätzliche Vorrichtungen (Profilmesser) an Hebel- bzw. Profilstahlscheren können auch Profil und Stabstähle (Rund-, Vierkantstahl bis ca. 30 mm) zerteilt werden.

Lochstanze
Spanlose Fertigungsverfahren wie die Lochstanze (vgl. Bild 1) stellen die Lochungen in einem Hub her. Sie ist z. B. eine weitere Arbeitsstelle der kombinierten Profilstahlschere (Bild 1, S. 214).

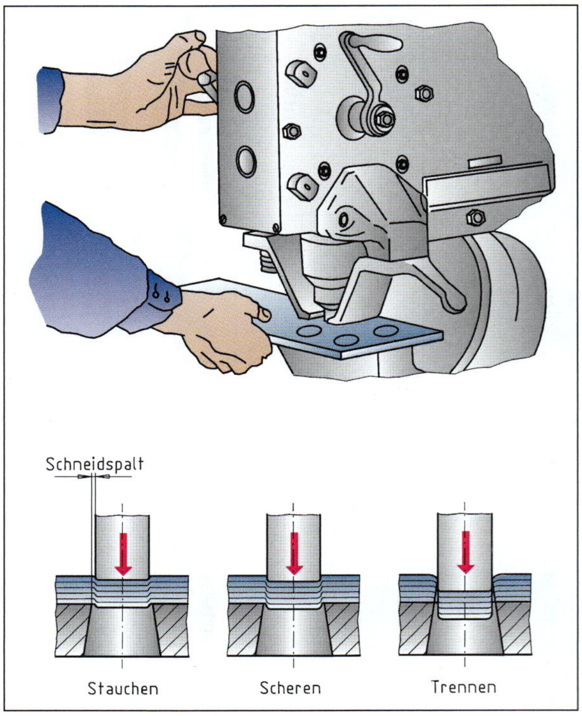

Bild 1 Maschinelle Lochstanze

	spanlos	spanend	
Elektrowerkzeuge zum Trennen von Blechen	**Blechschere** 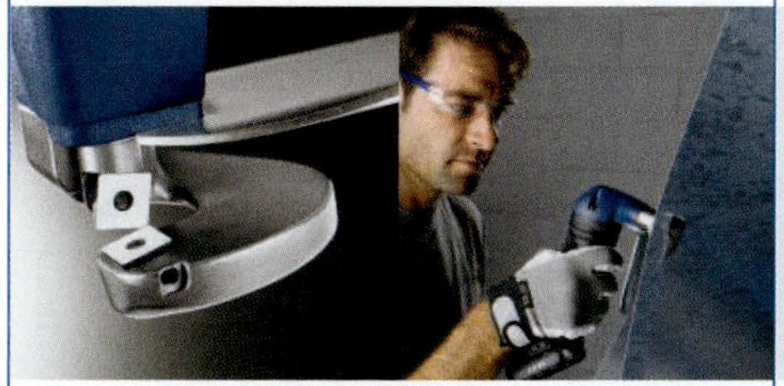	**Plattenschere** 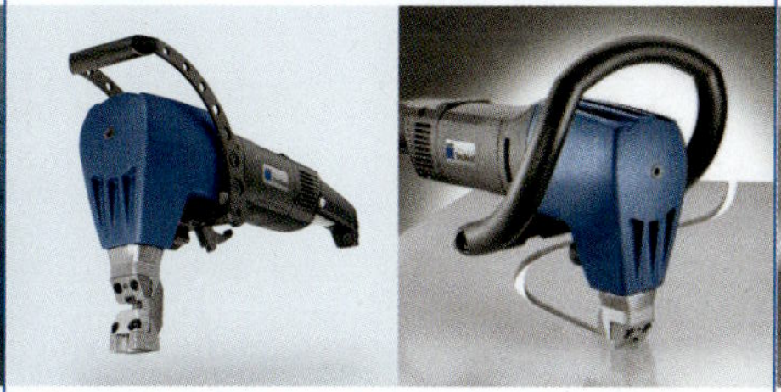	**Nibbler** 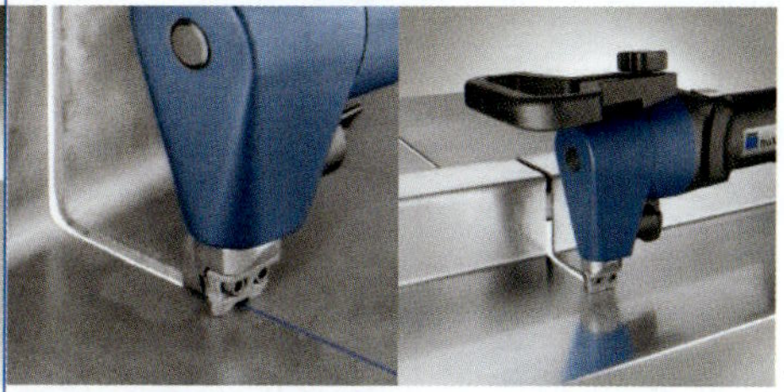
Beschreibung	• Ein bewegtes Obermesser arbeitet gegen ein feststehendes Untermesser • Hubzahl bis 4100 $\frac{1}{\text{min}}$ • Arbeitsgeschwindigkeit 8 ... 12 $\frac{\text{m}}{\text{min}}$	• Ein bewegtes Stößelmesser arbeitet gegen ein feststehendes Untermesser • Hubzahl bis 700 $\frac{1}{\text{min}}$ • Arbeitsgeschwindigkeit ca. 5 $\frac{\text{m}}{\text{min}}$	• Stempel bewegt sich gegen Schneidmatrize und „nagt“ sich durch den Werkstoff • Hubzahl bis 1400 $\frac{1}{\text{min}}$ • Arbeitsgeschwindigkeit ca. 1,3 $\frac{\text{m}}{\text{min}}$
Qualität des Schnittteils	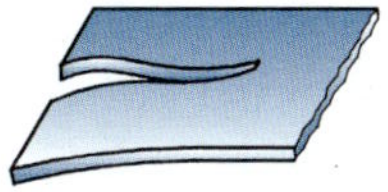 • Blech verformt sich an der Schnittkante	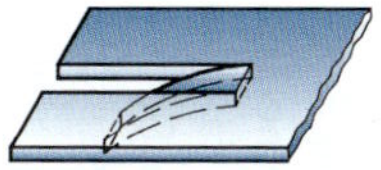 • verwindungsfreier Schnitt, daher keine Verformung der Bleche • es entsteht an der Schnittspur ein zusammenhängender Abfallspan	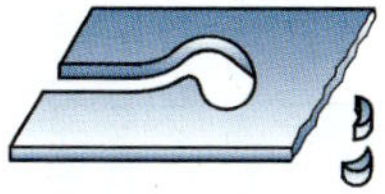 • verwindungsfreier Schnitt, daher keine Verformung der Bleche • es entstehen an der Schnittspur viele kleine Späne
Anwendung	• unbegrenzte Schnitte • große Radien bzw. Kurven • Blechdicke: Stahl bis ca. 2,5 mm Aluminium bis ca. 4,5 mm	• unbegrenzte Schnitte • große Radien bzw. Kurven • Blechdicke: Stahl bis ca. 6,5 mm Aluminium bis ≈ 10 mm • Abschneiden von Rohren	• auch für kleinste Radien (uneingeschränkte Beweglichkeit) • komplizierte Innen-/Außenformen • für Schnitte an gewölbten bzw. gekrümmten Blechen • Blechdicke: Stahl bis ca. 1,5 mm Aluminium bis ca. 2,5 mm • Abschneiden von Rohren

***Bild 1** Elektro-Handwerkzeuge*

1

Ihre wesentlichen Elemente sind:
- ein senkrecht beweglicher Schneidstempel (z. B. 22 mm Durchmesser) und
- eine fest im Maschinengestell verschraubte Schneidplatte (Matrize).

Der Werkstoff wird zerteilt, wenn sich die Schneidkeile dieser Elemente aneinander vorbei bewegen. Ein Schneidspalt verhindert, dass die Schneiden dabei beschädigt werden. Der Durchbruch der Schneidplatte ist daher um ca. 1/10 der Blechdicke größer als der Stempeldurchmesser ausgebildet.

Mit einer Suchvorrichtung wird die vorgesehene Lochung genau nach Anriss ausgerichtet und der Schneidstempel auf den Werkstoff aufgesetzt. Die Bewegung des Schneidstempels gegen Werkstück und Schneidplatte kann dann von Hand oder maschinell erfolgen. Dabei wird der Werkstoff gelocht. Der Schneidvorgang ist gleich wie beim Trennen mit der Schere. Die Lochung hat dann die Form des Schneidstempels – eine geschlossene Schnittkante. Als Schnittabfall entsteht dabei eine runde Scheibe mit gleichem Durchmesser. Sie fällt nach unten aus. In die Lochstanze lassen sich Schneidelemente unterschiedlicher Durchmesser und Querschnittsform einbauen. Die Leistung der Maschine setzt hierbei Grenzen. Umfang des Loches (Schnittlinienlänge), Blechdicke und Scherfestigkeit des Werkstoffes beeinflussen die Schneidkraft.

1

Die erforderliche Schneidkraft wird mit zunehmender Schnittlinienlänge, Blechdicke und Scherfestigkeit des Werkstoffes größer.

Daher lassen sich mit der Lochstanze der Profilstahlschere (Bild 1, S. 214) Lochungen von höchstens 25 mm Durchmesser in bis zu 10 mm dicke Bleche schneiden.
Mithilfe von Handlochzangen werden in dünne Bleche Löcher bis ca. 5 mm Durchmesser geschnitten. Sowohl Stempel als auch Schneidring (Matrize) sind auswechselbar. Lochungen an Dachrinnen, z. B. für eine Nietverbindung, sind mit
- von Hand mithilfe eines langen Hebelarmes oder
- maschinell, z. B. mit Kurbeltrieb oder hydraulisch.

Bild 1 Handlochzangen

Durch zusätzliche Vorrichtungen (Profilmesser) an Hebel- bzw. Profilstahlscheren können auch Profil und Stabstähle (Rund-, Vierkantstahl bis ca. 30 mm) zerteilt werden.

2.4 Aufgaben zu 2

Zuschnitt für eine kegelförmige Haube im Außenbereich:

Bild 2 Zuschnitt für Haube mit Blechverwahrung

1. a) Warum wird für die Haube beschichtetes Stahlblech verwendet?
b) Welche Arbeitsmittel sind zum Anreißen des Dachzuschnittes erforderlich? Begründen Sie Ihre Antwort.
c) Nennen Sie die Fertigungsverfahren für die Herstellung der Haube.
d) Wählen Sie geeignete Handblechscheren für die Schneidarbeiten aus.
e) Beschreiben Sie den Arbeitsablauf.
f) Auf welche Unfallgefahren ist dabei zu achten?
g) Wie kann die notwendige Schneidkraft gering gehalten werden?
h) An der Schnittfläche zeigt sich ein starker Grat. Wodurch könnte dieser verursacht worden sein?

2. a) Mit welchem Elektro-Handwerkzeug wäre der Zuschnitt für die Haube einfacher herzustellen?
b) Nennen Sie Grenzen des Einsatzes von Elektro-Handwerkzeugen.

3. a) Worin unterscheidet sich das Scherschneiden vom Messer- und Beißschneiden?
b) Nennen Sie zu jedem Verfahren Anwendungsmöglichkeiten.

3 Umformen

3.1 Handwerkliches Biegen von Blechen und Flachstählen

Das Klemmblech Pos. 5 des Handlaufs (siehe Seite 149) wird als Streifen aus einer Blechtafel ausgeschnitten, z.B. an einer Tafelschere. Anschließend muss es gebogen werden.

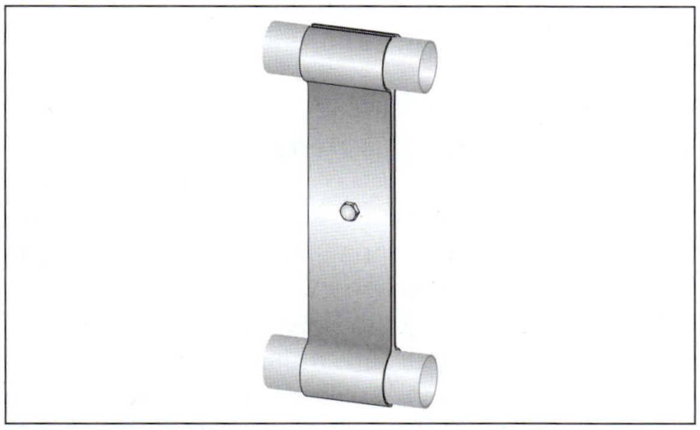

Bild 1 Klemmblech

Vorgänge beim Biegen von Blech oder Flachstahl

Das Klemmblech muss viermal gebogen werden. Für den kleinen Bogen beträgt der Radius 8 mm und für den großen Bogen zur Aufnahme der Rohre 24 mm. Ein Biegen durch Hammerschläge im Schraubstock wäre möglich, wenn die Backen des Schraubstockes die entsprechenden Biegekanten aufweisen. Da die Schraubstockbacken meist scharfkantig ausgebildet sind, ist über einen Biegeklotz zu biegen. Vielfach finden jedoch Biegevorrichtungen Anwendung: Der Biegeaufwand wird geringer und die Biegegenauigkeit größer.

Das abgewinkelte Klemmblech erfährt beim Biegen in der Biegezone eine Querschnittsänderung (vgl. Bild 3). Die Umformung bewirkt:

- eine **Streckung** des Werkstoffs im **äußeren Biegebereich** – er wird **gedehnt** – und
- eine **Stauchung** des Werkstoffs im **inneren Biegebereich** – er wird **zusammengedrückt**.

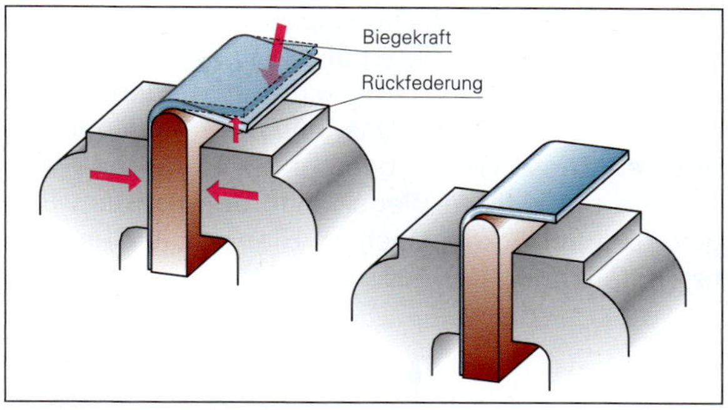

Bild 2 Biegeverfahren

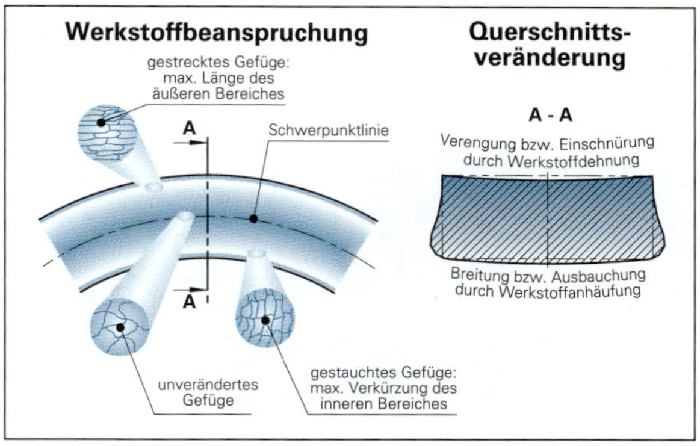

Bild 3 Ursache der Querschnittsänderung

Durch das Strecken entsteht eine Einschnürung, durch das Stauchen eine Ausbuchtung am Werkstückquerschnitt.

Damit die abgewinkelte Form des Werkstücks erhalten bleibt, muss der Werkstoff plastisch umformbar sein. Nur bestimmte Werkstoffe (vgl. Bild 4) besitzen diese Eigenschaft.

Um den Baustahl S235JR (zur Herstellung der Klemmbleche) bleibend umzuformen, ist der Werk-

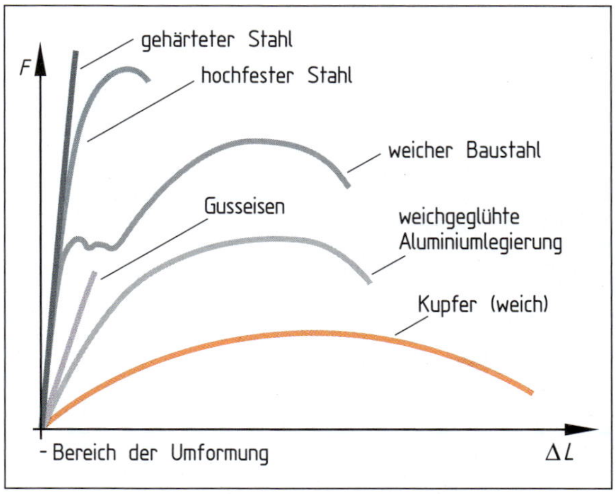

Bild 4 Umformbarkeit verschiedener Werkstoffe

1

stoff über den elastischen Bereich (vgl. Bild 1) hinaus zu biegen. Wird dabei die Bruchdehnung im äußeren Biegebereich überschritten, bilden sich an der Biegestelle Risse. Das Teil kann auseinanderbrechen. Diese Gefahr besteht vor allem bei Werkstücken mit kleinen Biegeradien und großem Biegewinkel an dicken Blechen. Hier ist die Dehnung bzw. Stauchung besonders groß!

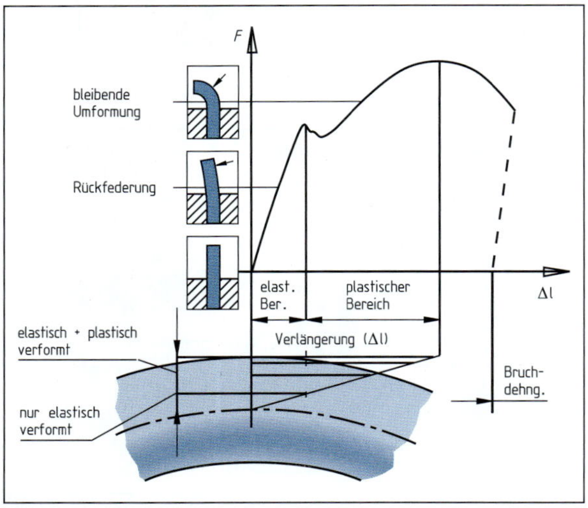

***Bild 1** Elastische und plastische Verformung im gestreckten Bereich*

Die Dehnung bzw. Stauchung des Werkstoffes beim Biegen ist umso größer, je:
- kleiner der Biegeradius,
- größer der Biegewinkel und
- größer die Blechdicke ist.

Bestimmte Mindestbiegeradien dürfen nicht unterschritten werden. Die in Bild 3 genannten Werte sind Erfahrungswerte.
Der elastisch verformte Bereich des Teils bewirkt, dass der Werkstoff nach dem Biegevorgang etwas zurückfedert (vgl. Bild 2).

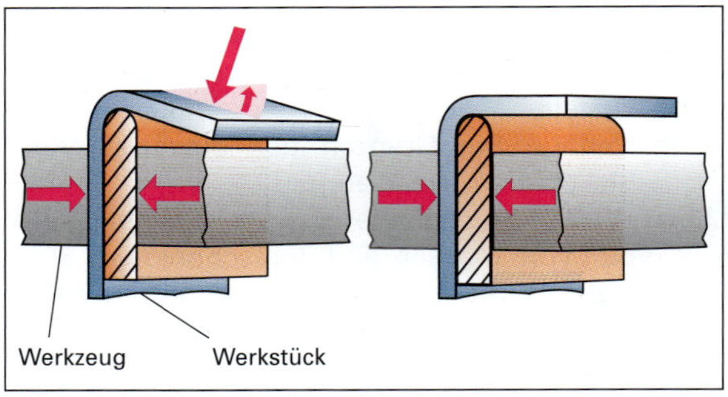

***Bild 2** Rückfederung beim Biegen*

Der Werkstoff in der Mitte (Schwerpunktslinie) des Teils wird beim Biegen nicht beansprucht (vgl. Bild 3, S. 167) und erfährt dadurch keine Längenänderung. Er befindet sich in der neutralen Zone (neutrale Faser).
Die Rückfederung wird umso größer, je geringer die plastische Umformung an der Biegestelle ist. Dies ist besonders zu beachten bei:
- großem Biegeradius und Biegewinkel bei geringer
- Blechdicke und
- höherer Festigkeit des Werkstoffes.

Die Winkel Klemmblech am Biegeradius 8 mm sind daher etwas größer als 90° zu biegen. Das Teil wird geringfügig überbogen.
Damit Biegeteile vor dem Biegen mit richtiger Länge abgeschnitten werden, muss die Ausgangslänge berechnet werden. Äußere und innere Bereiche erfahren beim Biegen eine Längenveränderung. Die neutrale Zone der Schwerpunktlinie verändert ihre Länge nicht. Es gilt:

Länge der neutralen Zone = gestreckte Länge des Biegeteils bzw. des Halbzeugs.

Werkstoff	Blechdicke in mm									
	≤ 1	≤ 1,5	≤ 2,5	≤ 3	≤ 4	≤ 5	≤ 6	≤ 7	≤ 8	≤ 10
Stahl bis R_m = 390 N/mm²	≤ 1	≤ 1,6	≤ 2,5	≤ 3	≤ 5	≤ 6	≤ 8	≤ 10	≤ 12	≤ 16
Stahl bis R_m = 490 N/mm²	≤ 1,2	≤ 2	≤ 3	≤ 4	≤ 5	≤ 8	≤ 10	≤ 12	≤ 16	≤ 20
Stahl bis R_m = 640 N/mm²	≤ 1,6	≤ 2,5	≤ 4	≤ 5	≤ 6	≤ 8	≤ 10	≤ 12	≤ 16	≤ 20
Reinaluminium (kaltverfestigt)	≤ 1,0	≤ 1,6	≤ 2,5	≤ 4	≤ 6					
AlCuMg-Leg. (ausgehärtet)	≤ 2,5	≤ 4	≤ 6	≤ 10						
CuZn-Leg. (kaltverfestigt)	≤ 1,6	≤ 2,5	≤ 4	≤ 6						
Kupfer (weichgeglüht)	≤ 1,6	≤ 2,5	≤ 4							

***Bild 3** Mindestbiegeradius für α < 120° in Abhängigkeit von Blechdicke und Werkstoff*

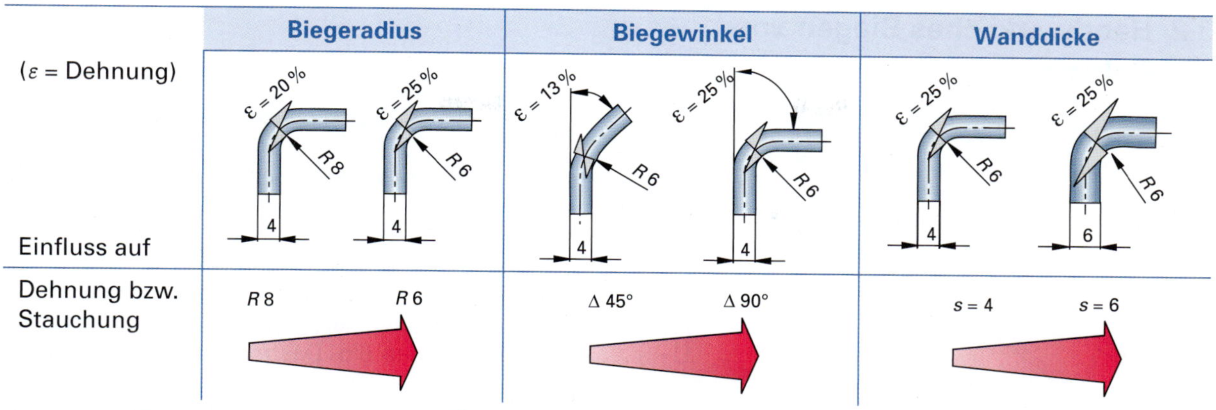

***Bild 1** Einflüsse auf Dehnung und Stauchung beim Biegen*

Beispielaufgabe

Berechnung der gestreckten Länge des Flachstahls 8 × 40.

Lösung:

$L = l_1 + 2 \cdot l_2 + l_3 + l_4 \qquad = 384\ \text{mm}$

$l_1 = 400\ \text{mm} - 16\ \text{mm}$

$l_2 = 2 \cdot \dfrac{d_m \cdot \pi}{4}$

$d_m = 2 \cdot \left(R + \dfrac{s}{2}\right) = 2 \cdot \left(16\ \text{mm} + \dfrac{8\ \text{mm}}{2}\right) \qquad = 40\ \text{mm}$

$l_2 = 2 \cdot \dfrac{40\ \text{mm} \cdot \pi}{4} \qquad = 63\ \text{mm}$

$l_3 = 70\ \text{mm} - 2 \cdot 16\ \text{mm} - 2 \cdot 8\ \text{mm} \qquad = 22\ \text{mm}$

$l_4 = 460\ \text{mm} - 400\ \text{mm} - 8\ \text{mm} - 16\ \text{mm} \qquad = 36\ \text{mm}$

$L = 384\ \text{mm} + 63\ \text{mm} + 22\ \text{mm} + 36\ \text{mm} \qquad = 505\ \text{mm}$

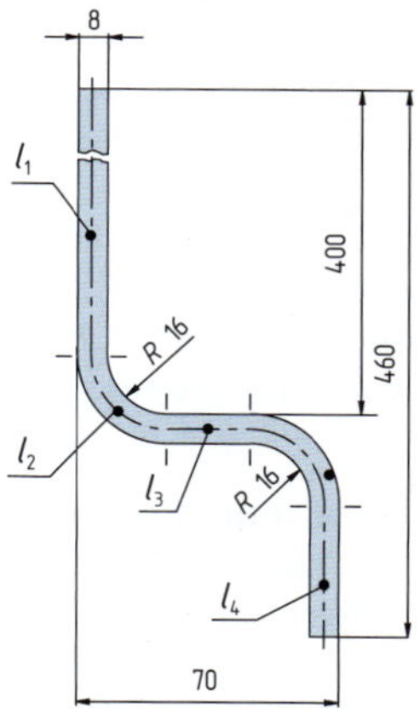

Biegeteile setzen sich meist aus Geraden und Bogenstücken zusammen. Die Summe der Teillängen ergibt die gestreckte Länge. Der Flachstahl muss demnach eine Länge von mindestens 505 mm aufweisen. In vielen Fällen wird die Endlänge nach dem Biegen durch Ablängen auf das Fertigmaß erreicht.

Werkstücke sollen möglichst quer zur Walzrichtung gebogen werden.

Dem Biegen setzt der Werkstoff einen Widerstand entgegen, der mit entsprechender Biegekraft überwunden werden muss. Dieser Widerstand ist z. B. abhängig von:

- dem Werkstoff (vgl. Bild 3, S. 168)
- dem Werkstückquerschnitt (vgl. Bild 3, S. 168)
- der Werkstofftemperatur (vgl. Kap. „Schmieden")

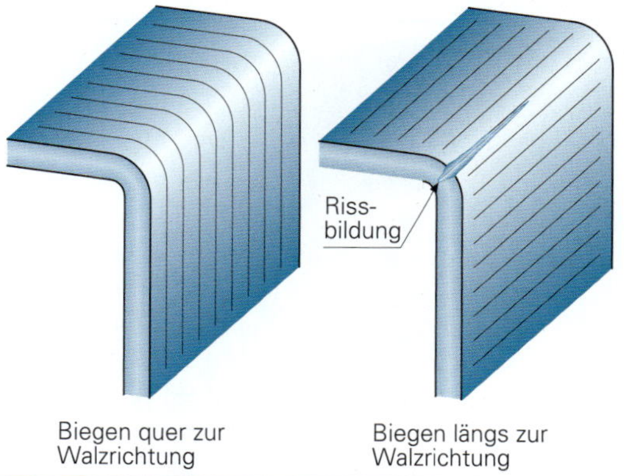

***Bild 2** Gefahr der Rissbildung beim Biegen parallel zur Walzrichtung*

3.2 Handwerkliches Biegen von Rohren

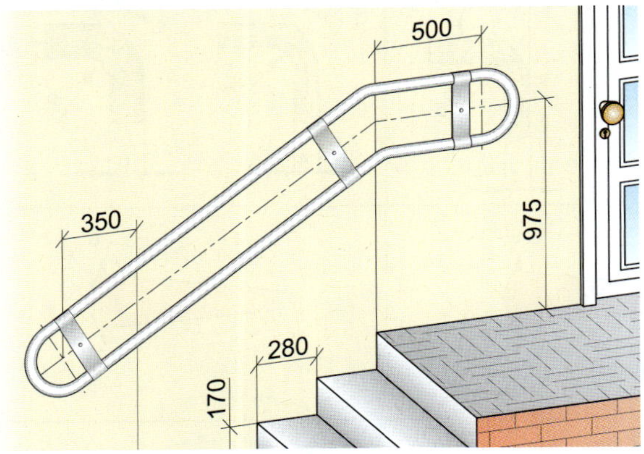

Bild 1 Skizze Handlauf

Für den **Handlauf** muss der Bogen gebogen werden. Der Rohrwerkstoff unterliegt dabei den gleichen Einflüssen wie der Flachstahl:

- der äußere Biegebereich wird gestreckt und
- der innere gestaucht.

Aufgrund meist geringer Rohrwanddicken bilden sich:

- auf seiner Außenseite Einschnürungen, auch Risse und
- auf seiner Innenseite Einknickungen bzw. Wellen.

Der Rohrquerschnitt wird dadurch stark verändert. Dies muss aus optischen Gründen (z. B. Handlauf) und technischen Gründen (z. B. Wasser- oder Heizungsrohre) vermieden werden.

Dabei ist:

- der Biegeradius entsprechend des Rohrdurchmessers und seiner Wandstärke nach Erfahrungswerten festzulegen und
- das Rohr eventuell durch Hilfsmittel in seiner Form zu halten.

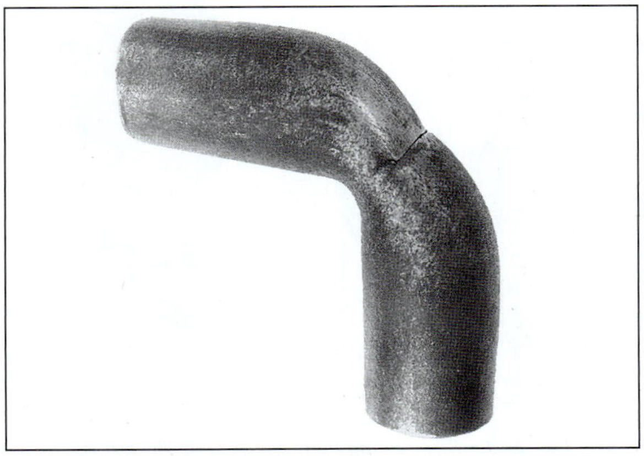

Bild 2 Mögliche Querschnittsveränderung beim Rohrbiegen

Dies kann geschehen z. B. durch:

- Auffüllen des Rohrhohlraumes mit eingepresstem Sand,
- Spannen eines Feilklobens an der Biegestelle senkrecht zur Biegerichtung und
- Verwendung von Biegesegmenten mit eingearbeiteter Passform des Rohres.

Um kostengünstig fertigen zu können, setzt man meist Maschinen ein. Das maschinelle Biegen bedingt wesentlich kürzere Fertigungszeiten als das Biegen von Hand. Für den Handlauf wird ein Rohr EN 10220-42, 4 × 2,6 verwendet und an hydraulischen Rohrbiegemaschine gebogen. Dabei wird die notwendige Biegekraft mit einer Hand-Hydraulik auf das Biegesegment übertragen. Segmente gibt es für unterschiedliche Biegewinkel (Bögen) und Rohrdurchmesser.

Auf Baustellen werden **Stahlrohre** auch von Hand im Schraubstock gebogen. Um das Rohr leichter verformen zu können, wird es im Biegebereich auf eine Temperatur von 800 bis 900° erwärmt. Der Biegevorgang muss abgeschlossen sein, bevor das Rohr auf 300 °C abgekühlt ist. In diesem Temperaturbereich ist der Stahl „blaubrüchig" und neigt zu verstärkter Rissbildung.

Arbeitsauftrag

Ein Rohr soll nach Zeichnung gebogen werden:

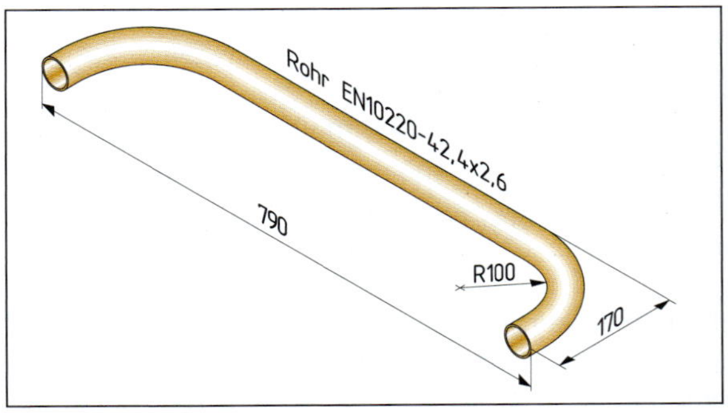

Bild 3 Rohrbiegen nach Zeichnung

Stahl S235JR (St 37)			Aluminium			Kupfer		
D (ca.)	*s*	*R* (ca.)	*D* (ca.)	*s*	*R* (ca.)	*D* (ca.)	*s*	*R* (ca.)
6	1	16	10	1	30	6	1	20
10	1	20	20	1,5	80	10	1	40
30	2	50	40	3	200	20	1	100
40	2	100	60	4	300	40	1,5	200
60	4	200	im weichgeglühten Zustand *R* wie bei Stahl					
100	5	300						

Bild 4 Richtwerte zum Rohrbiegen

1. Vorbereiten
Anfertigen einer Biegeschablone 90° aus Blech ($t \geq 50$ mm). Der Biegeradius kann Tabellen entnommen werden (s. Bild 4, S. 170). Die Werte wurden durch Versuche ermittelt.

Bestimmen der Einspannlänge und Anwärmlänge:
Mittlerer Biegeradius R_m:
$R_m = R + D / 2 - s$
R_m = 100 mm + 21,2 mm – 2,6 mm = <u>118,6 mm</u>

Einspannlänge l_s:	**Anwärmlänge l:**
$l_s = 2{,}5 \cdot D$	$l = 1{,}6 \cdot R_m$
$l_s = 2{,}5 \cdot 200$ mm	$l = 1{,}6 \cdot 118{,}6$ mm
$\underline{l_s = 500 \text{ mm}}$	$\underline{l \approx 190 \text{ mm}}$

Mindestlänge des Rohrs bestimmen:
$L = 2 \cdot l_s + 2 \cdot l + l_{gerade}$ = 1000 mm + 380 mm + (790 mm – 42,4 mm – 412 mm) ≈ <u>1716 mm</u>

Linke Anwärmzone mit Kreide markieren.

2. Biegen
- Verschließen eines Rohrendes mit einem Holzstopfen.
- Auffüllen des Rohres mit trockenem Sand, verdichten des Sandes und Verschließen des Rohrendes.
- Das linke Bogenstück wird mit einer Gasflamme auf „Schmiedetemperatur" erwärmt. Es muss auf gleichmäßige Erwärmung geachtet werden, damit eine gleichmäßige Verformung erreicht wird.
- Das erwärmte Rohr in die Halterung legen. Die Anrisslinie muss am Biegeklotz liegen. Zügiges Herumziehen des Rohres um den Biegklotz auf der Platte.
- Abkühlen
- Rechte Anwärmzone mit Kreide markieren.
- Erwärmen, Biegen und Abkühlen des rechten Bogens.
- Rohr entleeren.
- Winkligkeit mit Anschlagwinkel prüfen (vgl. Kapitel 7 „Prüfen", Seite 238)
- Gegebenfalls Richten mit einem Hammer.

3. Werkstück fertigstellen
- Anreißen des Maßes 170 mm mit Höhenreißer auf der Anreißplatte. Das Rohr wird senkrecht an einem Anreißklotz angelegt.
- An der Risslinie wird das Rohr mit einer Handbügelsäge auf Länge gesägt.
- Entgraten des Rohres innen und außen mit einer Feile.

Für häufig auftretende Biegearbeiten werden Vorrichtungen oder Maschinen eingesetzt. Das Biegen erfolgt ohne Erwärmung (Bilder 2 und 3 und 1, nächste Seite).

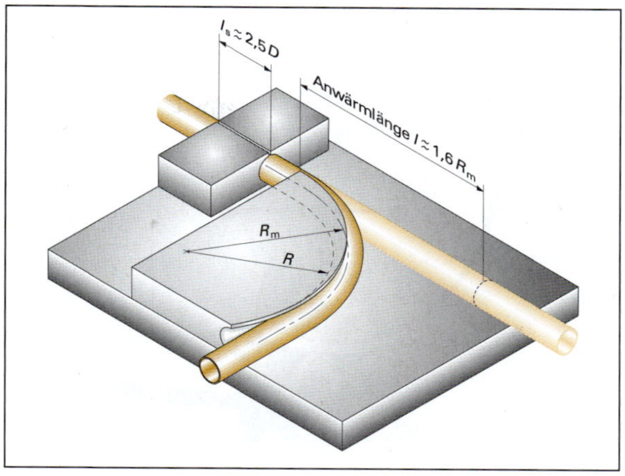

Bild 1 Anwärmlänge beim Rohrbiegen

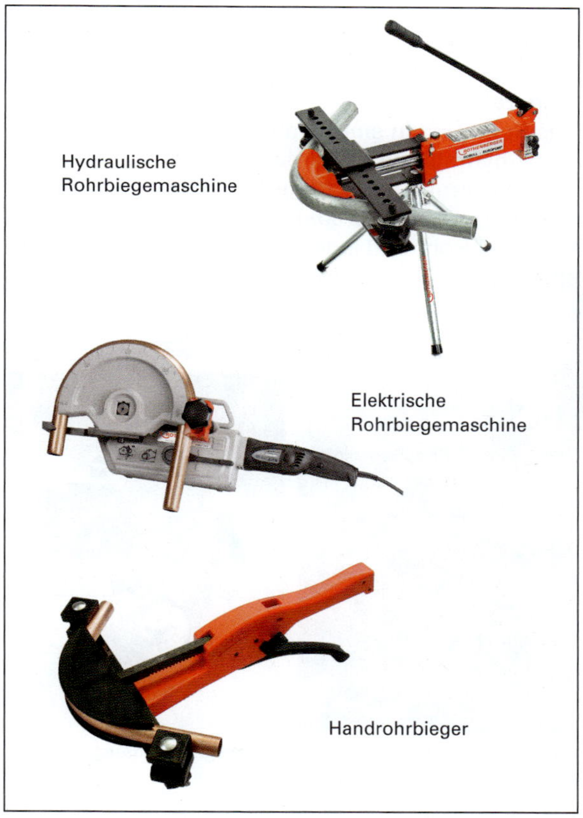

Bild 2 Rohrbiegevorrichtungen

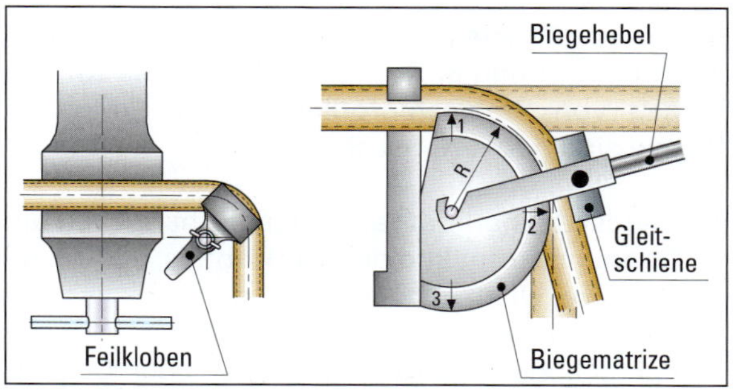

Bild 3 Verhinderung von Querschnittsveränderungen

Bild 1 ***Profilbieger mit Handkurbel***

Pressbiegen

Für **starkwandige** Rohre mit **kleinem** bis **mittlerem Biegeradius**.

Das Rohr wird in einer Matrize, dem sog. Biegesegment, hydraulisch gegen zwei Gegenhalter gepresst und verformt. Das richtige Verhältnis von Rohrabmessung zum Biegeradius muss gewährleistet sein. Für jedes Rohr und jeden Biegeradius muss ein entsprechendes Biegewerkzeug vorhanden sein.

1

Rohrbiegeeinrichtung vor dem Biegevorgang

Rohrbiegeeinrichtung in Funktion

Bild 2 ***Pressbiegen***

Biegen von Profilen

In Bild 2 und Bild 3, S. 218, sind Beispiele für das Biegen von Stabstahlprofilen gezeigt. Folgende Regeln sind dabei zu beachten:

1. Mindestbiegeradius einhalten! Er hängt ab vom Dehnungsverhalten des Werkstoffes, von Materialdicke, Querschnittsform u. a.
   Er beträgt ca. 0,5 ... 2,5 × Profildicke.
   Für „offene" Profile, z. B. mit L- oder C-Form, rechnet man das zwei- bis dreifache dieser Werte.
2. An der neutralen Faser bleibt die Werkstofflänge unverändert. Zuschnitt = Länge der neutralen Faser.
3. Raue und porige Oberfläche an der Außenseite der Biegestelle weist auf Überdehnung und Kaltverfestigung hin. Beim Zurückbiegen würde der Werkstoff sofort reißen.
4. Beim Biegen von L-Profil versucht der am meisten beanspruchte Schenkel zur neutralen Faser hin auszuweichen. Ein Ausgleich ist möglich, wenn man die Schenkel vorher leicht zusammendrückt.
5. Beim scharfkantigen Biegen von Profilen sind diese vorher anzubohren. Das vermindert die Kerbwirkung und Quetschen durch Werkstoffanhäufung.

a) Mindestbiegeradien abhängig von der Blechdicke

Vollprofil aus	Mindestbiegeradius R
S235JR	0,5....1,0 s
S355J0	1,0....1,5 s
EN AW-1200 (Al99,0)	0,2....1,0 s
CuZn40	0,2....0,5 s

b) Gestreckte Länge in Abhängigkeit von der Profilart

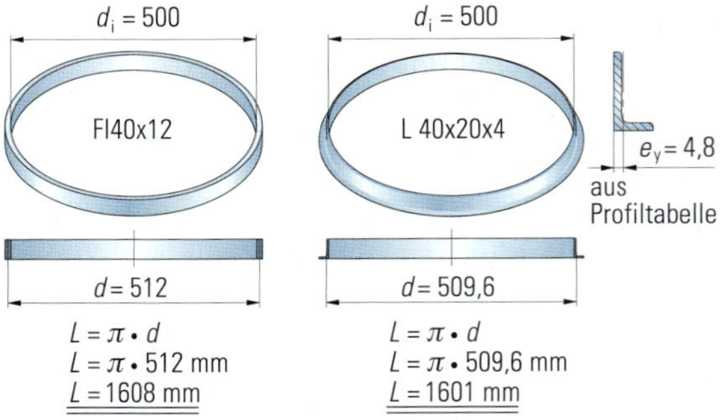

c) Veränderungen an L-Profilen

d) Ausklinken oder Anbohren von Innenecken

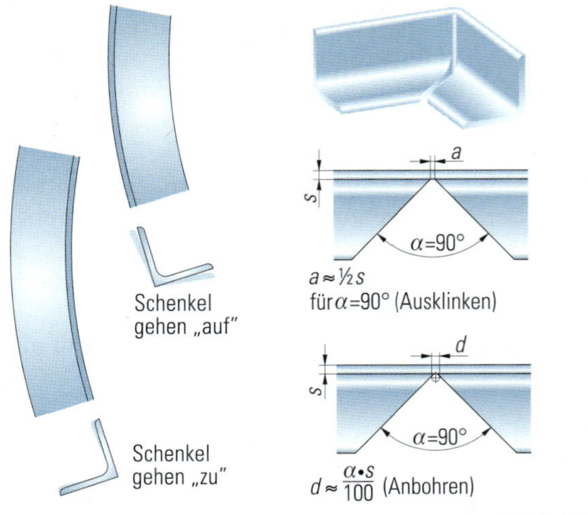

Bild 3 ***Verstärkungen und Rahmen aus Profilen***

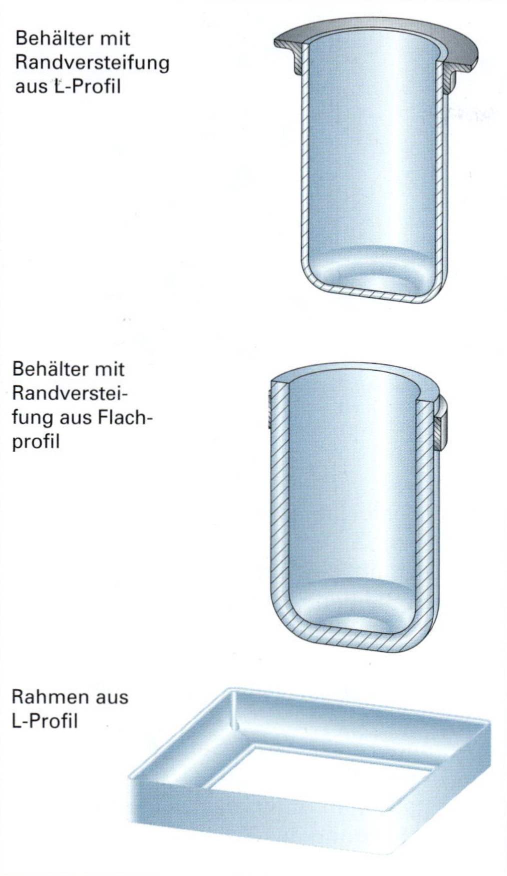

Bild 1 Biegen von Randverstärkungen

Ringbiegemaschine
Vertikale 3-Rollen-Ringbiegemaschine für Handbetrieb, mit zwei Geschwindigkeiten, Tischgerät mit angetriebener Oberrolle.

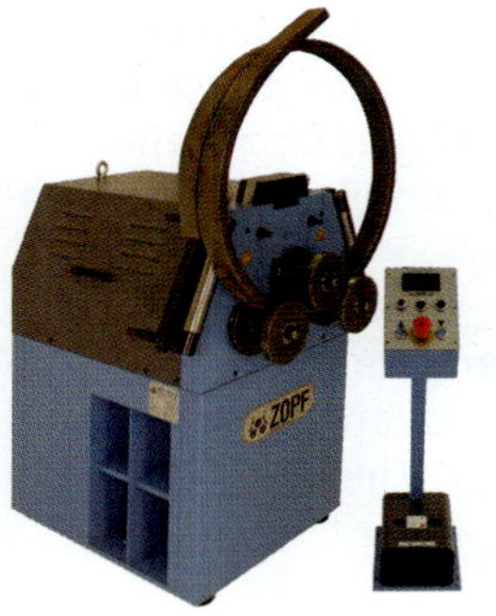

Dreiwalzenbiegemaschine,
Biegewalze von Hand verstellbar.

Bild 2 Biegemaschinen

3.3 Kanten von Blechen mit Maschinen

Kaltprofile für den Stahlleichtbau, Stahlblechzargen oder Blechformteile für den Lüftungsbau stellt man am wirtschaftlichsten durch **Abkanten** her. Das ist ein maschinelles Formgebungsverfahren mit geraden Biegekanten bei sehr kleinen Biegeradien. Gearbeitet wird mit Schwenkbiegemaschinen oder Gesenkbiegepressen.

Arbeitsweise einer Schwenkbiegemaschine

Kennzeichnend für diese Maschine sind drei linealartige Wangen. Der umzuformende Blechstreifen wird zwischen Ober- und Unterwange gehalten. Ihr Abstand ist zum Einführen und für unterschiedliche Blechdicken veränderbar. Durch Schwenken der Biegewange um den geforderten Biegewinkel wird das Blech umgeformt. Für die unterschiedlichsten Arbeiten lassen sich in Ober- und Biegewange auswechselbare Formschienen einsetzen.

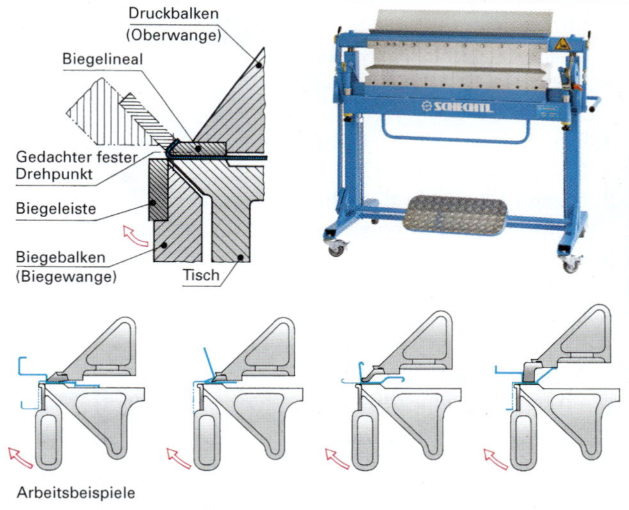

Bild 3 Arbeitsweise einer Schwenkbiegemaschine

Schwenkbiegemaschine mit Oberwangenteilung

Sie arbeitet nach dem Prinzip der Schwenkbiegemaschine, nur ist hier die Oberwange in einzelne unterschiedlich breite Segmente geteilt (= Klavierbandwangen).
Diese lassen sich zur gewünschten Breite einer Kantung kombinieren. Das vereinfacht die Herstellung von Kanälen im Lüftungsbau und das Kanten kleiner Behälter.
Bei CNC gesteuerten Maschinen werden die Segmente selbsttätig analog der Kantbreite der Biegung zusammengestellt und dann die Biegewange betätigt.
In aufeinander folgenden Arbeitsgängen kann so z. B. ein rechteckiger Behälterdeckel umlaufend an seinen vier Seiten mit Umkantungen oder Falzen versehen werden (Bild 1 Seite 174).

Bild 1 Schwenkbiegemaschine mit Oberwangenteilung

3.4 Aufgaben zu 3

Profilumformen

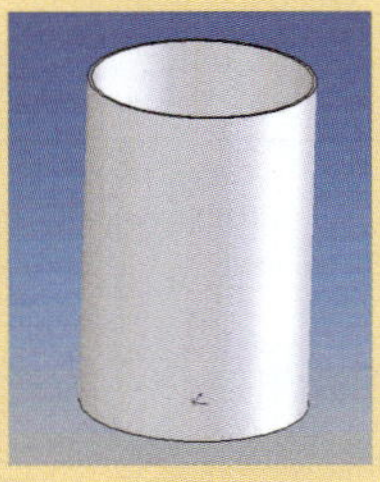

Der abgebildete Behälter (D = 600 mm) soll eine Randversteifung erhalten aus:

- Flachstahl EN 10058 – 20 × 5
- L-Profil EN 10056-1 – 30 × 20 × 3.

1. Warum erhalten Behälter Randversteifungen?
2. Beschreiben Sie den Biegevorgang bei Flachstählen und Winkelstählen.
3. Wo liegt die neutrale Faser bei den beiden Profilarten?
4. Berechnen Sie die benötigten Profillängen.

Rohrumformen

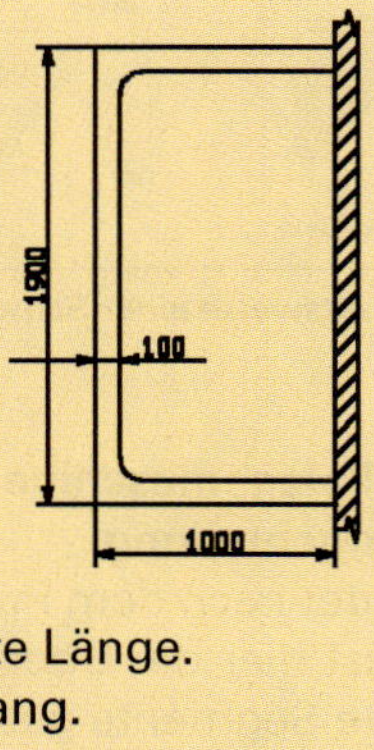

Ein Balkon hat die Abmaße 1200 mm × 600 mm. Es soll ein Handlauf aus Stahlrohr ∅ 50 × 2,5 gefertigt werden. Die Rohrachse ist vom Balkonrand 100 mm entfernt. Die Wandscheiben sind 5 mm dick.

1. Bestimmen Sie den Mindestbiegeradius.
2. Berechnen Sie die gestreckte Länge.
3. Beschreiben Sie Biegevorgang.

Biegen

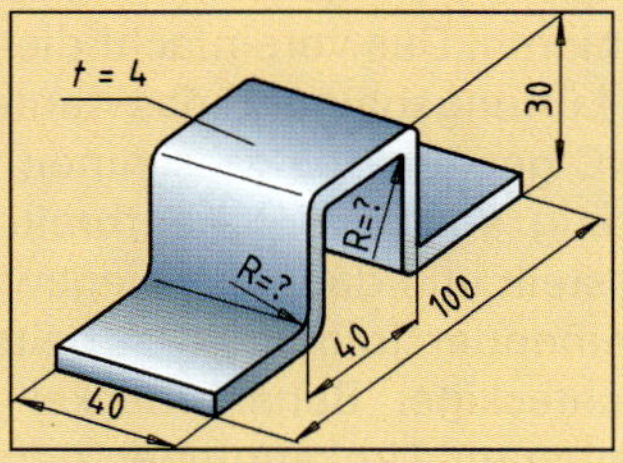

Lasche aus S235JR

1. Bestimmen bzw. berechnen Sie:
   a) die Normbezeichnung für das zu verwendende Halbzeug.
   b) die Mindestbiegeradien der Lasche für diesen Werkstoff.
   c) Die Zuschnittslänge des Halbzeugs.
2. a) Erklären Sie den Begriff: „neutrale Zone".
   b) Warum wird in der Berechnung der gestreckten Länge von dieser Zone ausgegangen?
3. Beschreiben Sie den Arbeitsablauf beim Biegen der Lasche.
4. Wie verändert sich das Gefüge des Werkstoffes in den Biegebereichen?
5. Was versteht man unter elastischer und plastischer Verformung des Werkstoffes?
6. a) Welche Probleme entstehen beim Biegen von Rohren?
   b) Wodurch kann man beim Rohrbiegen den Kreisquerschnitt beibehalten?

Blechumformung

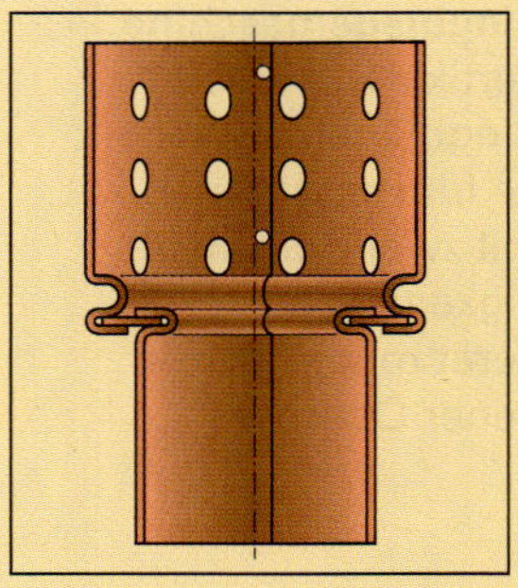

Kiesfanggitter aus Kupfer

1. a) Aus wie viel Teilen besteht das Kiesfanggitter?
   b) Welche geometrische Form haben die Einzelteile?
2. a) Beschreiben Sie die Herstellungsverfahren für die jeweiligen Einzelteile.
   b) Welche Verbindungstechniken wurden angewandt?
3. Aus welchem Grund werden Randversteifungen an Blechteilen angebracht?
4. Welche zusätzliche Randversteifung könnte im oberen Bereich des Kiesfanggitters gewählt werden?

4 Prüfen von Werkstücken

4.1 Toleranzen

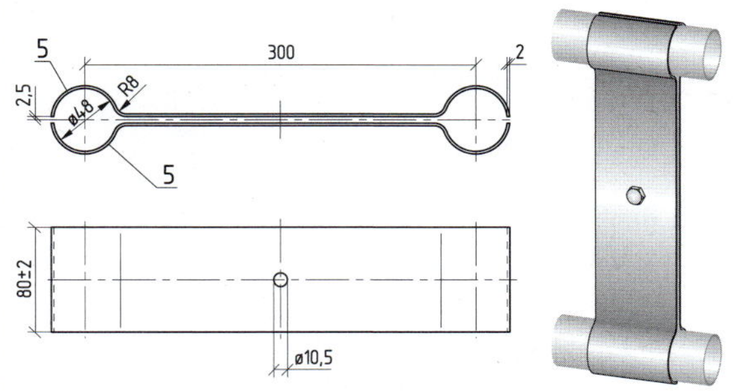

***Bild 1** Klemmblech mit Toleranzen*

Das Klemmblech soll nach Zeichnung 80 mm breit sein. Das Fertigen genau auf **Nennmaß N** (80 mm) ist nicht möglich; unabhängig vom gewählten Trennverfahren werden immer Abweichungen auftreten. Daher muss eine **Toleranz *T*** festgelegt werden, innerhalb derer sich das fertige Maß befinden muss. Die **Abweichung** wird durch **Abmaße** (±2 mm) begrenzt. Das **obere Abmaß *es*** oder ***ES*** (+2 mm) ist der Abstand zwischen dem **Höchstmaß G_o** und dem **Nennmaß N**. Das **untere Abmaß *ei*** oder ***EI*** (–2 mm) ist die Differenz zwischen **Mindestmaß G_u** und **Nennmaß N.**

Das **Fertigmaß** darf das Höchstmaß 82 mm nicht überschreiten. Das Mindestmaß muss mindestens 78 mm betragen.

Somit liegt das Fertigmaß zwischen dem Höchstmaß und dem Mindestmaß. Abweichungen können die Funktion oder das optische Erscheinungsbild beeinträchtigen.

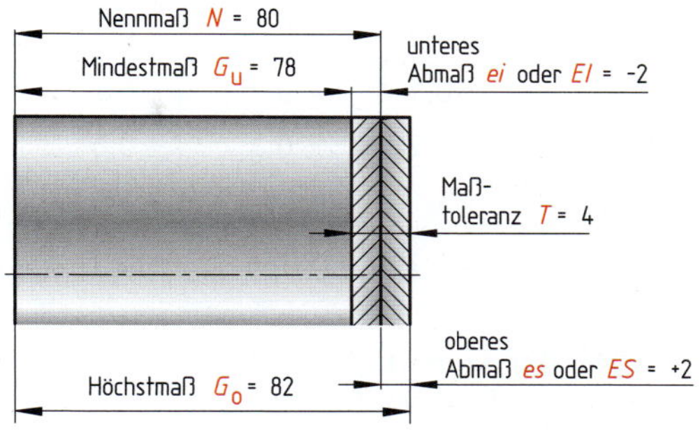

[1] Kurzzeichen nicht genormt (alle Maße in mm)

G ≙ Grenzmaß
I ≙ inférieur = unteres
S ≙ supérieur = oberes
E ≙ écart = Abmaß

Höchstmaß = Nennmaß + oberes Abmaß

$G_o = N + es$ $\quad G_o = 80 + 2$, $G_o = 82$

Mindestmaß = Nennmaß + oberes Abmaß

$G_u = N + ei$ $\quad G_u = 80 + (-2)$, $G_u = 78$

Maßtoleranz = Höchstmaß – Mindestmaß

$T = G_o - G_u$ $\quad T = 82 - 78$, $T = 4$

Maßtoleranz = oberes Abmaß – unteres Abmaß

$T = es - ei$ $\quad T = 2 - (-2)$, $T = 4$

***Bild 2** Grenzmaße, Abmaße, Maßtoleranzen*

Die **Maßtoleranz *T*** ist die Differenz zwischen dem Höchst- und Mindestmaß. Je kleiner die Maßtoleranz gewählt wird, umso größer werden einerseits der fertigungs- und andererseits der messtechnische Aufwand und damit auch die Fertigungskosten.
Damit sowohl die Fertigungskosten möglichst niedrig und trotzdem die Funktion des Bauteils gewährleistet ist, gilt folgender Grundsatz:

Toleranzen sind so groß wie möglich und so klein wie nötig zu wählen.

Allgemeintoleranzen
Nicht immer werden die Abmaße direkt an der Maßzahl eingetragen. Dies bedeutet jedoch nicht, dass das Istmaß beliebig sein darf. Es werden dann in der Regel Allgemeintoleranzen angewendet.
Die Toleranzen sind genormt und man unterscheidet vier **Genauigkeitsgrade** (siehe Bild 1, S. 176).

1

Genauigkeitsgrad	Nennbereich in mm							
	ab 0,5 bis 3	über 3 bis 6	über 6 bis 30	über 30 bis 120	über 120 bis 400	über 400 bis 1000	über 1000 bis 2000	über 2000 bis 4000
	Grenzabmaße für Längenmaße in mm							
f (fein)	± 0,05	± 0,05	± 0,1	± 0,15	± 0,2	± 0,3	± 0,5	± 0,8
m (mittel)	± 0,1	± 0,1	± 0,2	± 0,3	± 0,5	± 0,8	± 1,2	± 2
c (grob)	± 0,2	± 0,3	± 0,5	± 0,8	± 1,2	± 2	± 3	± 4
v (sehr grob)	–	± 0,5	± 1	± 1,5	± 2,5	± 4	± 6	± 8

***Bild 1** Allgemeintoleranzen für Längen DIN ISO 2768-1 : 1991-06*

- **Je gröber der Genauigkeitsgrad, umso größer sind die Abmaße bzw. Toleranzen.**

Die Allgemeintoleranzen nach DIN ISO 2768-1 gelten für Längenmaße, Rundungshalbmesser, Fasenhöhen und Winkelmaße.

- **Je größer das Nennmaß, umso größer sind die Abmaße bzw. Toleranzen.**

Die DIN ISO 2768-2 dient zur Vereinfachung von Zeichnungen und legt Allgemeintoleranzen für Form und Lage fest.

4.1.1 Aufgaben zu 4.1

1. Wie groß müssen Toleranzen gewählt werden?
2. Legen Sie eine Tabelle nach folgendem Muster für alle Maße des Klemmblechs auf Seite 175 an. Es gilt die Allgemeintoleranz DIN ISO 2768-c.

Maßangabe in mm	80	∅ 10,5
Nennmaß *N* in mm	80	
unteres Abmaß *ei* in mm	–2	
oberes Abmaß *es* in mm	+2	
Mindestmaß G_u in mm	78	
Höchstmaß G_o in mm	82	
Maßtoleranz *T* in mm	4	

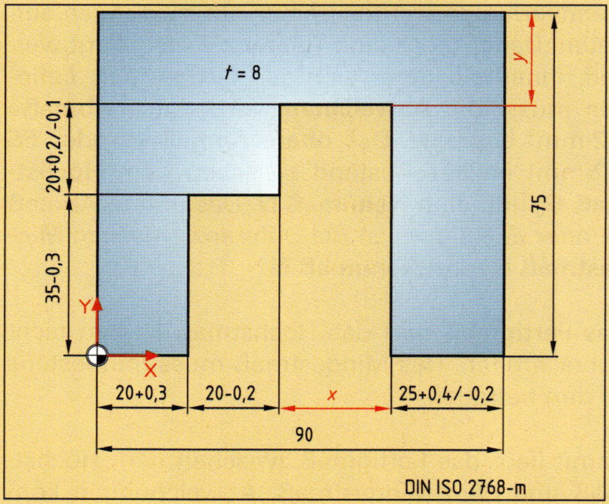

3. Bestimmen Sie für die Nennmaße des Formblechs Mindest-, Höchstmaße und die Maßtoleranzen.
4. Ermitteln Sie für die Maße x und y des Formblechs das Nennmaß, die Abmaße und das Höchst- und Mindestmaß.

4.2 Prüfen

Das Klemmblech muss vor, während und nach der Fertigung geprüft werden.
Prüfen bedeutet nach DIN 1319 feststellen, inwieweit ein Prüfobjekt eine Forderung erfüllt.

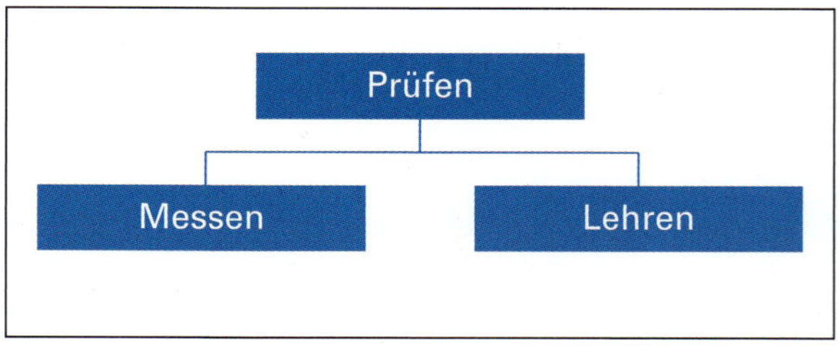

Die Prüfung kann durch **Messen** und **Lehren** erfolgen. Durch **Messen** wird ein **Messwert**, z. B. eine Länge oder ein Winkel, ermittelt. Das geschieht durch Vergleich mit einer Maßverkörperung. Das sind z. B. definierte Abstände auf einem Strichmaßstab oder Winkelmesser. Die Auswahl der Messgeräte richtet sich vor allem nach Messwert (z. B. Länge oder Winkel), der Form, Größe und Genauigkeit der Werkstücke. Beim Lehren wird festgestellt, ob ein Maß oder eine Form den Anforderungen entspricht. Das Ergebnis des Lehrens ist „Gut" oder „Ausschuss".
Zusätzlich kann das Prüfen in subjektives und objektives Prüfen unterteilt werden. Das subjektive Prüfen erfolgt mit Sinneswahrnehmungen, das objektive Prüfen erfolgt mit Werkzeugen.

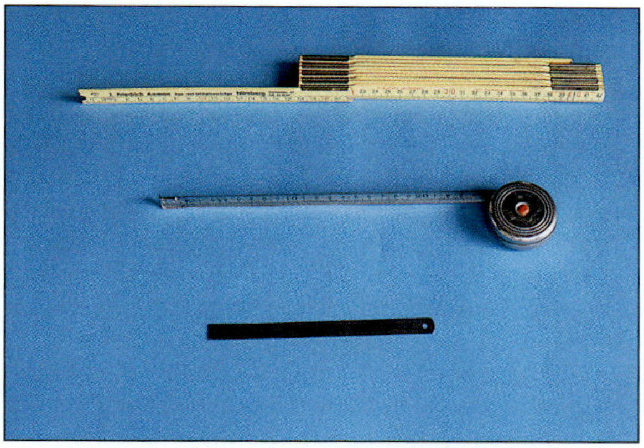

Bild 1 Stahlmaßstab, Gliedermaßstab und Rollbandmaß

4.2.1 Messen mit Strichmaßstäben

Stahlmaßstab, **Gliedermaßstab** und **Rollbandmaße** (Bild 1) besitzen meist **Millimeterteilungen**, manchmal sind sie auch in halbe Millimeter unterteilt.
Die Auswahl des Messwerkzeuges richtet sich nach der geforderten Messgenauigkeit. Lässt die Zeichnung eine große Toleranz zu, so kann der Gliedermaßstab zum Messen verwendet werden. Mit dem Stahlmaßstab werden Maße genauer erfasst.
Der **Gliedermaßstab** wird für Längenmessungen bis 2 m genutzt. Es kann ein Spiel in den Führungen der Holzglieder entstehen, wodurch die Messgenauigkeit gemindert wird.
Mit **Rollbandmaßen** können Entfernungen bis zu 50 m gemessen werden. Das Band muss beim Messen ausreichend gespannt sein, ansonsten werden die Messungenauigkeiten zu groß.

4.2.2 Messen mit dem Messschieber

Die Bohrung im Klemmblech soll 10,5 mm groß sein. Diese Maß lässt sich nur mit einem Messwerkzeug messen, dass eine genauere Skala als der Gliedermaßstab hat. Der Messschieber erfasst auch Maße, die zwischen einem Millimeter liegen, z. B. 0,1 oder 0,05 mm. Außerdem lassen sich Außen-, Tiefen- und Innenmaße erfassen. Mit den unteren Messschenkeln kann z. B. die Breite des Klemmblechs gemessen werden. Der Durchmesser der Bohrung wird mit den im Bild 2 oben abgebildeten Messflächen erfasst.

1

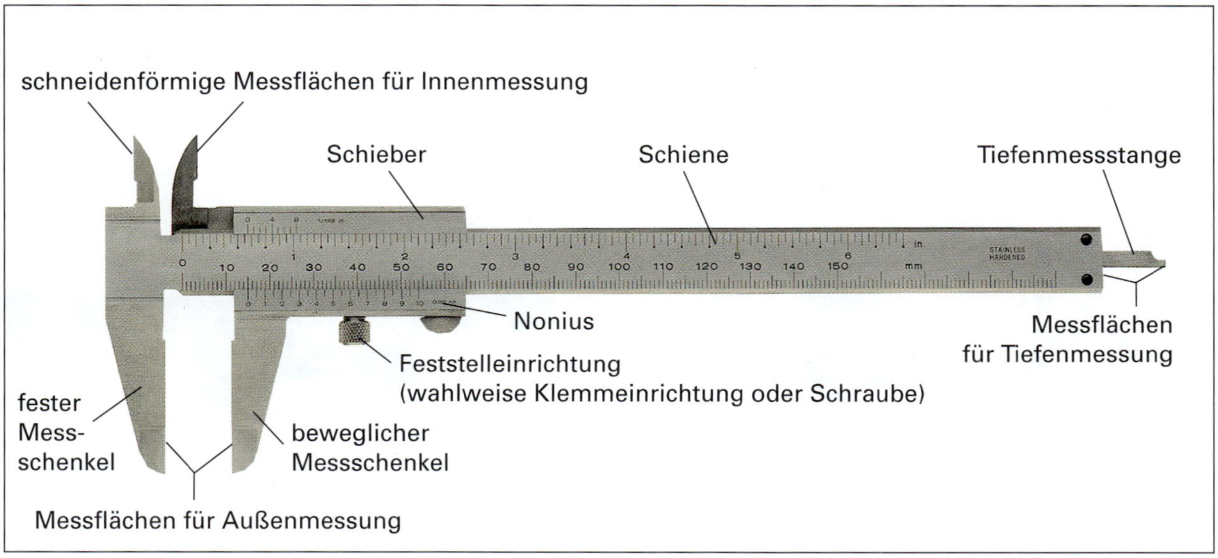

Bild 2 Messschieber mit 20er-Nonius

Ein Messschieber erfüllt folgende Forderungen:

- Die beiden Messschenkel erfassen das Werkstück wesentlich genauer als der Strichmaßstab, bei dem durch falsches Anlegen das Messergebnis leicht verfälscht werden kann.
- Mithilfe des Nonius (Bild 1, 2 und 3) ist es möglich Millimeter so zu teilen, dass Maße in 1/10 mm- bzw. 1/20 mm-Schritten abgelesen werden können.

Auf dem beweglichen Messschenkel des Messschiebers ist der **Nonius** angebracht. Er ist z. B. 19 mm lang und in 10 gleiche Teile (10er Nonius) geteilt. Somit beträgt der Abstand von einem zum anderen Noniusstrich 19 mm : 10 = 1,9 mm. Wenn der erste Noniusstrich (Nullstrich) mit einem Strich auf der Hauptskale der Schiene übereinstimmt (fluchtet), beträgt der Abstand zwischen den Messschenkeln immer ganze Millimeter.

Wird der bewegliche Messschenkel um 0,1 mm verschoben (Bild 1), fluchtet der „1er-Strich" des Nonius mit der Hauptskale. Dann beträgt der Abstand zu den ganzen Millimetern 1/10 mm = 0,1 mm. Wenn der „2er-Strich" mit einem Strich der Hauptskale übereinstimmt, beträgt der Abstand 0,2 mm, beim „3er-Strich" 0,3 mm usw.

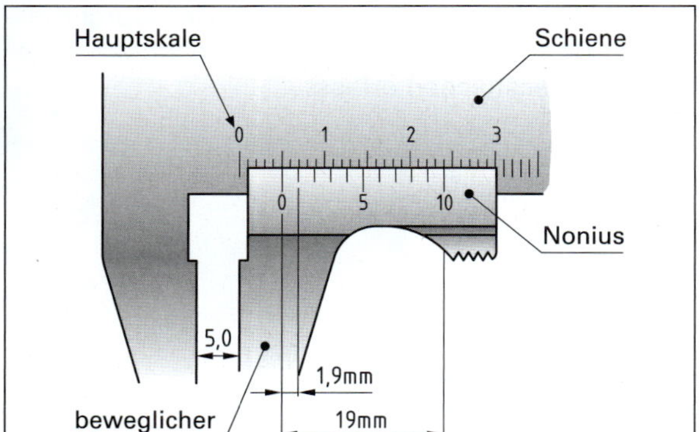

Bild 1 Aufbau des 1/10 mm-Nonius

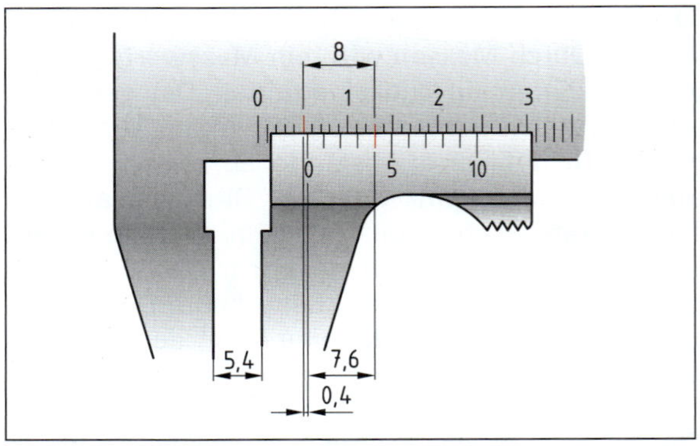

Bild 2 Funktion des 1/10 mm-Nonius

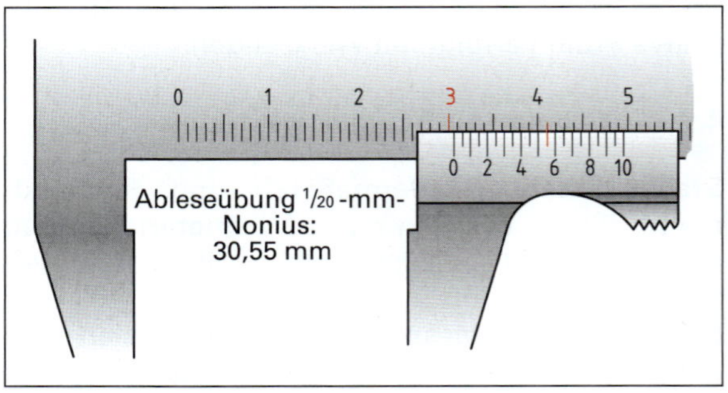

Bild 3 Aufbau des 1/20 mm-Nonius

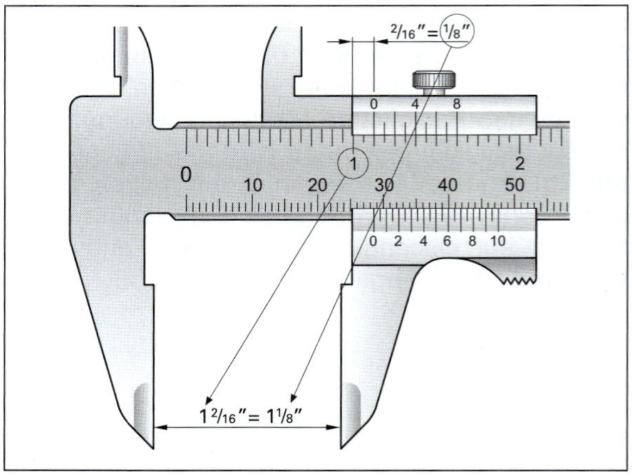

Bild 4 Ablesebeispiel in Inch

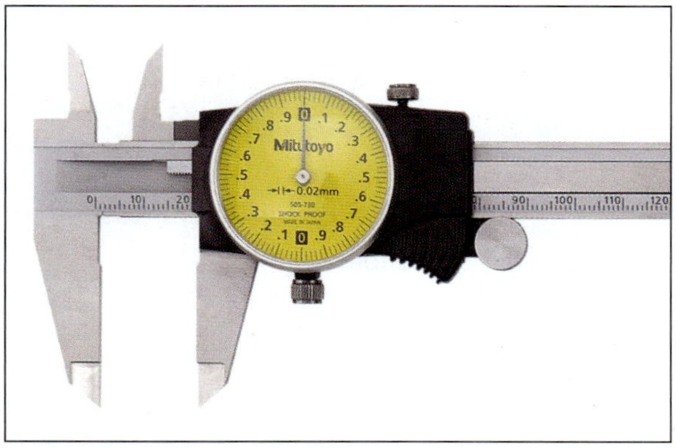

Bild 5 Messschieber mit Rundskale

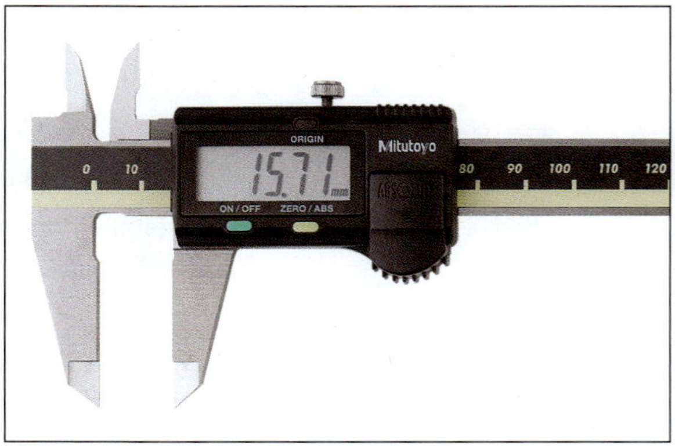

Bild 6 Messschieber mit Ziffernanzeige (digitale Anzeige)

Der Nonius, mit dem 1/20 mm abgelesen werden können, arbeitet nach dem gleichen Prinzip (Bild 2, Seite 178).

Aufgabe
Wie groß ist der Teilstrichabstand beim 1/20 mm-Nonius?

Rohre und Gewinde werden oft in **Inch (Zoll)** angegeben und gemessen (1″ = 25,4 mm). Dafür besitzen die Messschieber im oberen Bereich der Schiene eine **Inch-Skalierung**. Der dazugehörende Nonius befindet sich am oberen Teil des Schiebers (siehe Bild 3, Seite 177). Das Inch-Maß wird als Bruch (z. B. 3/8″) oder als gemischter Bruch (z. B. 1 3/4″) angegeben. Bei der Hauptskale beträgt die Entfernung zwischen zwei Strichen 1/16″ (Bild 5, Seite 178). Soll die Ablesegenauigkeit der Zoll-Maße kleiner als 1/16″ sein, kommt der Zoll-Nonius zum Einsatz.

Messschieber mit Rundskale (Bild 4, Seite 178) oder mit Ziffernanzeige (Bild 5, Seite 178) besitzen eine Ablesegenauigkeit von 1/100 mm. Das Ablesen der Messwerte ist mit diesen Messschiebern wesentlich einfacher und es geht schneller. Bei der digitalen Anzeige kommt es kaum zu Ablesefehlern, trotzdem können Messfehler wie beim normalen Messschieber entstehen, z. B. durch eine große Messkraft.

Bei der Ziffernanzeige wird die kleinste ablesbare Maßänderung (z. B. 1/100 mm) als **Ziffernschrittwert** bezeichnet. Bei Skalen, einschließlich der Rundskalen, heißt der Wert **Skalenteilungswert**. Bei den Nonien wird er **Nonienwert** genannt. Es ist immer die Maßänderung, die erforderlich ist, damit die nächste Ziffer angezeigt oder die nächst mögliche Skalierung erreicht wird. Tiefenmessungen können mit der Tiefenmessstange durchgeführt werden (Bild 1).

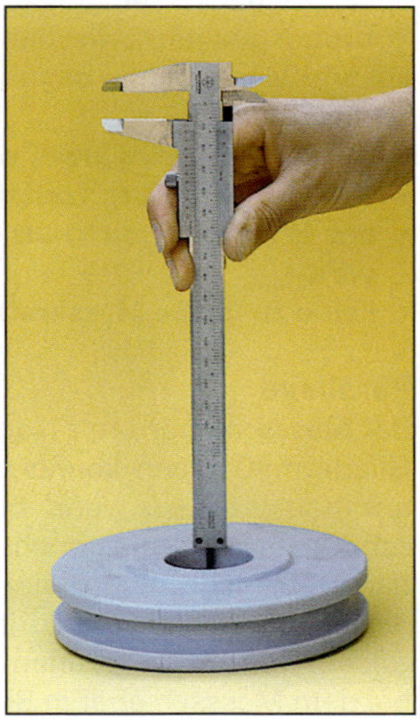

Bild 1 Tiefenmessung

Messschieberauswahl

Welcher Messschieber einzusetzen ist, hängt von der jeweiligen Form des Werkstückes und vor allem von seiner Toleranzangabe ab. Beim Messen mit dem Messschieber gilt der folgende Grundsatz:

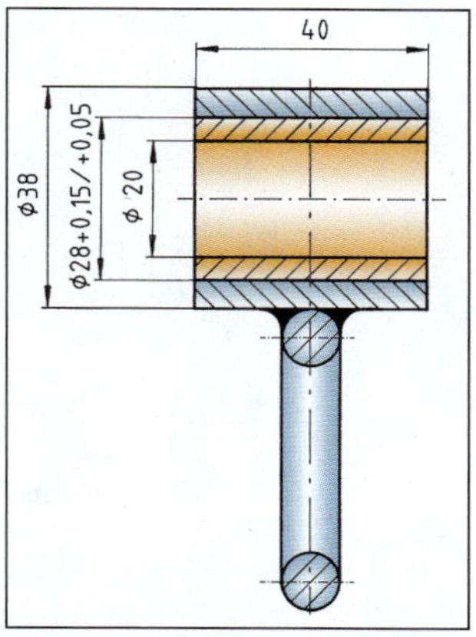

Bild 2 Gleitlager aus Kunststoff

Der Nonienwert, Skalenteilungswert oder Ziffernschrittwert eines Messgerätes sollte so gewählt werden, dass sicher erfasst werden kann, ob das Istmaß zwischen Mindest- und Höchstmaß liegt.

Aufgabe
Wählen Sie geeignete Prüfmittel zum Messen des Gleitlagers aus Kunststoff in Bild 2.

Messen von Mittenabständen

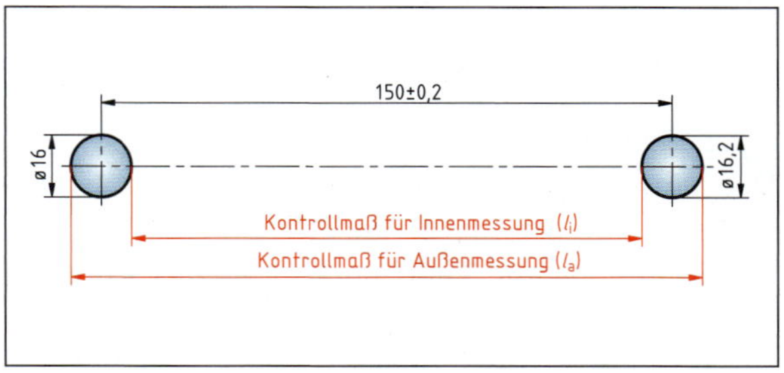

Bild 3 Kontrollmaße bei Mittenabständen von Bohrungen

Der Mittenabstand der beiden Bohrungen kann mit dem Messschieber nicht abgelesen werden, da keine Kanten vorhanden sind. Mithilfe von Kontrollmaßen kann der Mittenabstand berechnet werden. Zu genauen Bestimmung müssen zunächst die Durchmesser der Bohrungen ermittelt werden. Die Zeichnungsmaße können nicht verwendet werden, da durch die Fertigung Abweichungen entstehen, die berücksichtigt werden müssen.

Folgende Maße werden ermittelt:
Kontrollmaß für die Innenmessung: l_a = 133,9 mm
Bohrung links: d_l = 16,0 mm
Bohrung rechts: d_r = 16,2 mm

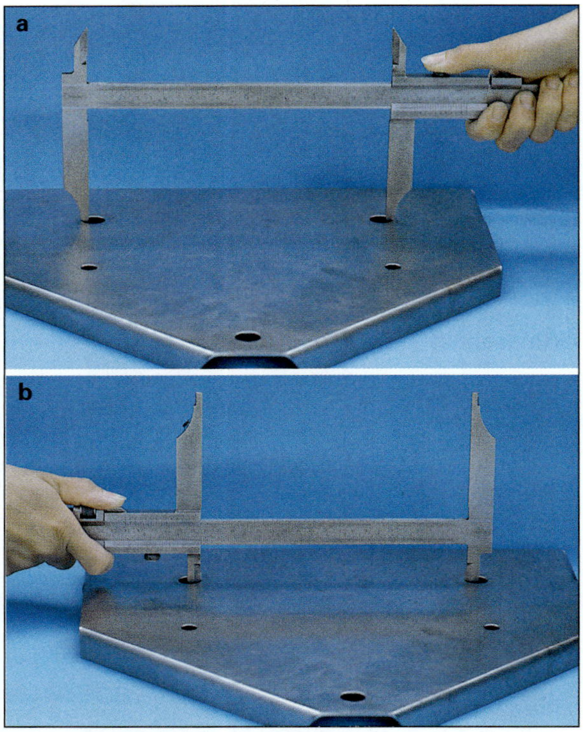

Bild 1 Messen des Bohrungsabstandes a) als Innen- b) als Außenmessung

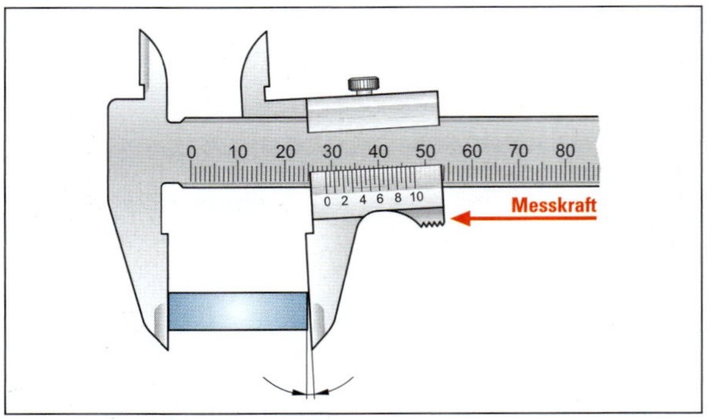

Bild 2 Kippfehler beim Messschieber

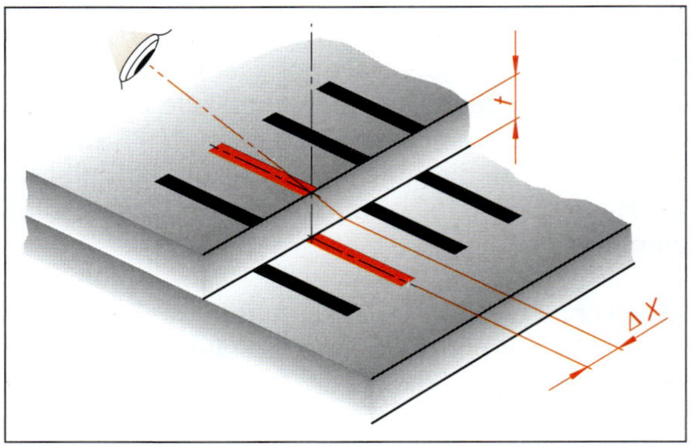

Bild 3 Ursache für Parallaxe

Der Mittenabstand *a* kann ausgerechnet werden; das Kontrollmaß und die beiden halben Bohrungsdurchmesser ergeben den Mittenabstand *a*:

$$a = l_a + \frac{d_l}{2} + \frac{d_r}{2} = 133{,}9\ \text{mm} + 8{,}0\ \text{mm} + 8{,}1\ \text{mm}$$

$\underline{\underline{a = 150{,}0\ \text{mm}}}$

Das Istmaß liegt innerhalb der geforderten Grenzmaße.

Der Mittenabstand kann auch über das Kontrollmaß für die Außenmessung erfolgen; es müssen nur die halben Durchmesser vom Kontrollmaß abgezogen werden.

4.2.3 Messfehler

Wenn ein Werkstück an der gleichen Stelle mit zwei verschiedenen Messschiebern gemessen wird und dabei die Messergebnisse nicht gleich sind, kann das mehrere Gründe haben. Ist z. B. der feste Messschenkel um 0,1 mm abgenutzt, werden alle Messergebnisse 0,1 mm kleiner als beim neuen Messschieber. Da dieser Unterschied bei jeder Messung mit dem abgenutzten Messschieber auftritt, handelt es sich um einen **systematischen Messfehler**. Den systematischen stehen die **zufälligen Messfehler** gegenüber, die nicht bei jeder Messung eintreten. Sie haben ihre Ursache meistens in der unsachgemäßen Handhabung des Messgerätes.

Kippfehler

Durch das Schrägstellen des beweglichen Messschenkels (Bild 2) wird der Messwert verfälscht. Das Schrägstellen oder Kippen geschieht besonders dann, wenn das Werkstück weit von der Messschiene zwischen den Messschenkeln liegt. Es kommt zu einer Hebelwirkung, weil die Messkraft dicht an der Messschiene auf den beweglichen Schenkel eingeleitet wird. Eine schlechte Führungsqualität zwischen beweglichem Schenkel und Messschiene begünstigt das Entstehen des Kippfehlers.

Der Kippfehler wird klein, wenn

- **eine gute Führung vorhanden ist,**
- **das Werkstück dicht an der Schiene gemessen wird,**
- **keine zu große Messkraft wirkt.**

Parallaxe

Bei Messschiebern mit Nonien, aber auch z. B. bei Gliedermaßstäben können fehlerhafte Messwerte ermittelt werden, wenn beim Ablesen der Blick schräg auf die Skala gerichtet ist (Bild 3). Je kleiner das Maß *t* ist, umso geringer ist die Gefahr, dass dieser Messfehler Δx eintritt, der als **Parallaxe** bezeichnet wird. Bei dünnen Stahlbandmaßen oder bei dem Messschieber in Bild 1 (Seite 181) entsteht dieser Messfehler nicht.

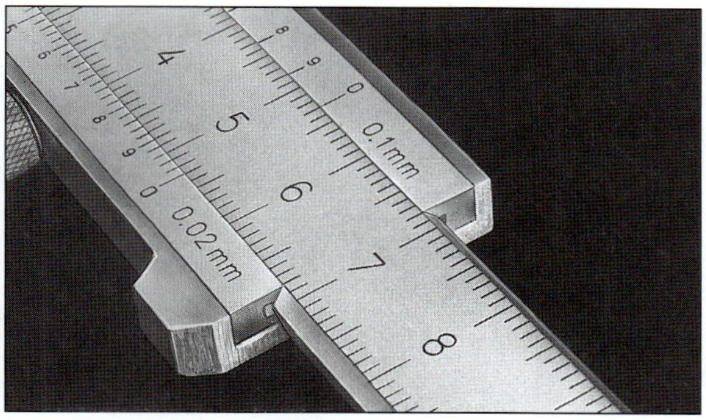

Bild 1 Messschieber mit parallaxfreier Ablesung, weil Nonius und Messschine in einer Ebene liegen

4.2.4 Maßbezugstemperatur

Bauteile dehnen sich beim Erwärmen aus. Ein Werkstück aus Stahl von 1 m Länge wird bei einer Temperaturerhöhung um 10 K um ca. 1/10 mm länger. Es entstehen unterschiedliche Messwerte, wenn z. B. die Messung eines Werkstückes direkt nach der spanenden Bearbeitung oder erst später, wenn es wieder abgekühlt ist, erfolgt. Ähnliche Fehler entstehen, wenn sich das Messgerät z.B. durch intensive Sonneneinstrahlung erwärmt hat.

Aufgabe
Entsteht beim Messen mit dem zu warmen Messschieber ein zu großer oder zu kleiner Messwert?

Um die Vergleichbarkeit der Messungen zu gewährleisten, ist durch Norm eine Maßbezugstemperatur von 20 °C bzw. 293 K festgelegt. Das gilt sowohl für die Werkstücke als auch für alle Werkzeuge.

4.2.5 Indirektes Messen mit dem Taster

Ein Maß kann auch mithilfe eines Tasters erfasst werden. Z.B. kann der Innendurchmesser einer Seilrolle von 35 mm nicht direkt mit dem Messschieber erfasst werden, wie das bei den bisherigen Messungen der Fall war. Das Abtasten des Innendurchmessers erfolgt mit einem **Innentaster** (Bild 2). Anschließend wird die Entfernung der beiden Tastflächen mit dem Messschieber gemessen. Eine Messung, bei der ein Hilfsmittel (z. B. Taster) die Länge erfasst und erst danach die „gespeicherte" Länge gemessen wird, heißt indirektes Messen, im Gegensatz zu dem direkten Messen ohne zwischengeschaltetes Hilfsmittel.

Aufgabe
1. Unterscheiden Sie systematische und zufällige Messfehler.
2. Wie schätzen Sie die Genauigkeit einer indirekten Messung im Vergleich zu einer direkten ein?

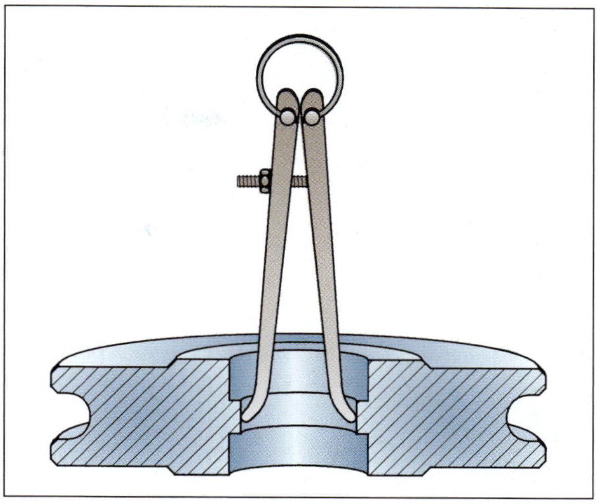

Bild 2 Erfassen des Durchmessers mit dem Taster

4.2.6 Winkelmesser

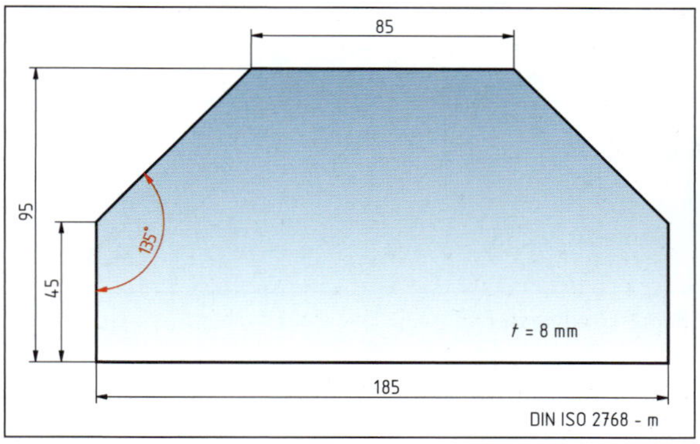

Bild 3 Winkel an einem Blech

Für Winkel gelten die Allgemeintoleranzen (Bild 1, Seite 182), wenn keine weiteren Toleranzangaben in der Zeichnung eingetragen worden sind.

Die Genauigkeit hängt von zwei Größen ab:
- dem **Genauigkeitsgrad** und
- dem **Nennmaß für den kürzeren Schenkel**.

Die Größe des Winkels wird **nicht** berücksichtigt. Sollen die Abweichungen am 90°-Winkel berechnet werden, muss der Genauigkeitsgrad m und der kürzere Schenkel von 45 mm beachtet werden. Es ergibt sich nach Tabelle ein oberes Abmaß von 30′ (Gradminuten) und ein unteres von –30′.

Es gilt:
Vollwinkel = 360°
Rechter Winkel = 90°
1° = 60′ (Gradminuten)
1′ = 60″ (Gradsekunden)

1

Genauigkeitsgrad	Nennbereich für kürzeren Schenkel in mm				
	bis 10	über 10 bis 50	über 50 bis 120	über 120 bis 400	über 400
	Grenzabmaße für Winkelmaße in Grad				
f (fein)	± 1°	± 30′	± 20′	± 10′	± 5′
m (mittel)					
c (grob)	± 1°30′	± 1°	± 30′	± 15′	± 10′
v (sehr grob)	± 3°–	± 2°	± 1°	± 30′	± 20′

***Bild 1** Allgemeintoleranzen für Winkelangaben nach DIN ISO 2768-1: 1991-06*

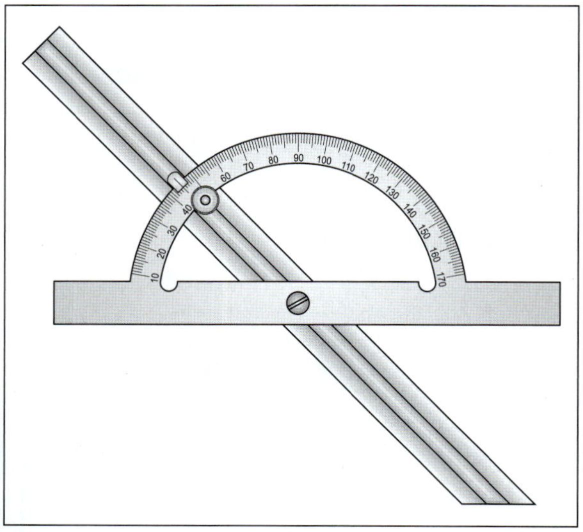

***Bild 2** Gradmesser*

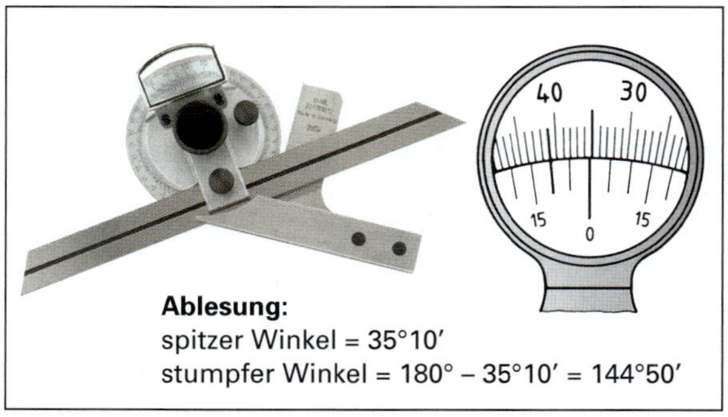

***Bild 3** Universalwinkelmesser*

Die Toleranz für den rechten Winkel beträgt also 60′ = 1° = 30′ – (–30′).
Zur groben Messung werden Gradmesser eingesetzt. Zur feineren Winkelmessung eignet sich ein Universalwinkelmesser (Bild 3), da er über einen Nonius mit einem Nonienwert von 5′ verfügt. Die angebrachte Lupe verbessert die Ablesegenauigkeit.

***Bild 4** Gehrungswinkel an einem Gartenzaun*

Bestimmung von Gehrungswinkeln

Bevor die Einzelteile z. B. für einen Gartenzaun (Bild 4) zugeschnitten werden, sind die Gehrungswinkel β und γ in ihrer Größe zu bestimmen und mit dem Winkelmesser anzureißen. Für die untere linke Ecke des Gartenzaunes ergibt sich der Eckenwinkel α aus der Differenz von 90° und der Straßensteigung von 15°, d. h., $\alpha = 75°$. Da die beiden Gehrungswinkel β und γ gleich sind, muss $\beta = \frac{\alpha}{2}$ sein, d. h. $\beta = \gamma = 37{,}5°$.

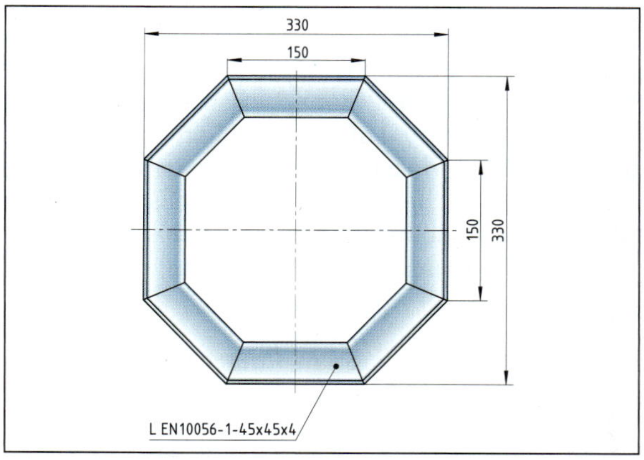

***Bild 5** Gehrungswinkel an einem Kranz aus Winkelprofilen*

Aufgabe
Wie groß sind die Gehrungswinkel in Bild 5?

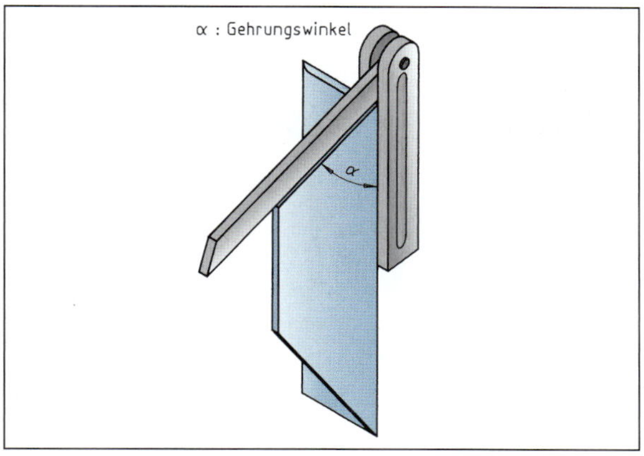

Bild 1 Übernahme des Gehrungswinkels mit der Schmiege

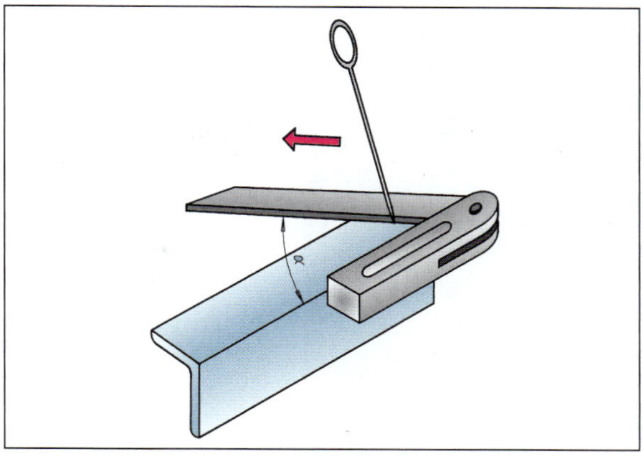

Bild 2 Anreißen des Gehrungswinkels mit der Schmiege

4.2.7 Schmiege

Die Einzelteile für den Rahmen aus Winkelstahl (Bild 5, S. 237) müssen auf Gehrung abgesägt werden. Weil die Fertigung solcher Rahmen im Metallbau des öfteren geschieht, liegt ein Muster für den Gehrungswinkel vor. Mit der Schmiege (Bild 1) wird der Gehrungswinkel von dem Muster abgenommen. Das Anziehen einer Schraube im Drehpunkt der Schmiege ermöglicht das Einstellen des beweglichen Schenkels auf beliebige Winkel. Die Gehrungswinkel können auf dem abzusägenden L-Profil mithilfe der eingestellten Schmiege (Bild 2) angerissen werden.

4.3 Lehren

In der Prüftechnik gibt es neben dem Messen das **Lehren**. Mit ihm wird festgestellt, ob ein Maß oder eine Werkstückform den Anforderungen entspricht. Beim Lehren werden die Form oder ein Maß mit einer Lehre verglichen. Das Ergebnis zeigt an, ob das Werkstück an dieser Stelle gut oder unzulässig (Ausschuss) ist.

Die Winkligkeit des Blechteils wird z. B. mit dem **Flach- oder Anschlagwinkel** (Bild 3) geprüft bzw. gelehrt. Dabei wird kein Istmaß ermittelt, sondern der Prüfer oder die Prüferin entscheidet, ob das Seitenteil die Form des Rechten Winkels besitzt oder davon abweicht. Aufgrund dieser Feststellung wird entschieden, ob das Werkstück in die Bereiche **„Gut"**, **„Nacharbeit"** oder **„Ausschuss"** (Fehlprodukt) einzuordnen ist.

4.3.1 Lehren im Einsatz

Haarlineal

Die Ebenheit einer Fläche wird mit dem spitz zulaufenden Haarlineal gelehrt. Ist die Fläche eben, liegt das Lineal so auf der Berührungsfläche auf, dass kein Lichtspalt zwischen Werkstück und Lehre zu sehen ist (Bild 4).

Rundungslehre

Innen- und Außenradien können mit der Rundungs- bzw. Radiuslehre geprüft werden. Auch hier wird nach dem Lichtspaltverfahren gelehrt. Rundungslehren sind in verschiedenen Sätzen zusammengefasst, z. B.:

1 bis 7 mm
7,5 bis 15 mm
15,5 bis 25 mm.

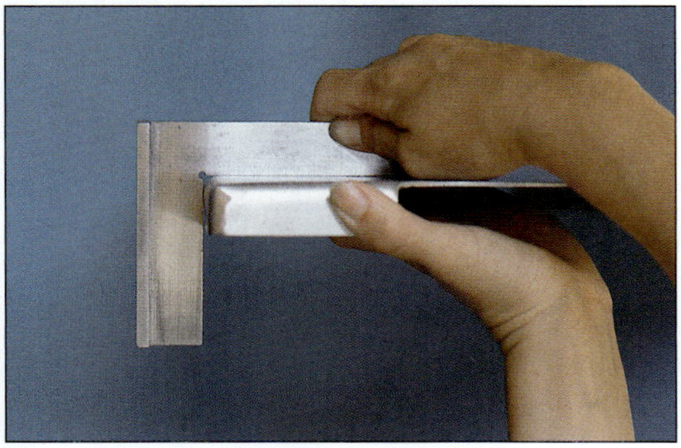

Bild 3 Prüfen bzw. Lehren der Winkeligkeit

Bild 4 Haarlineal

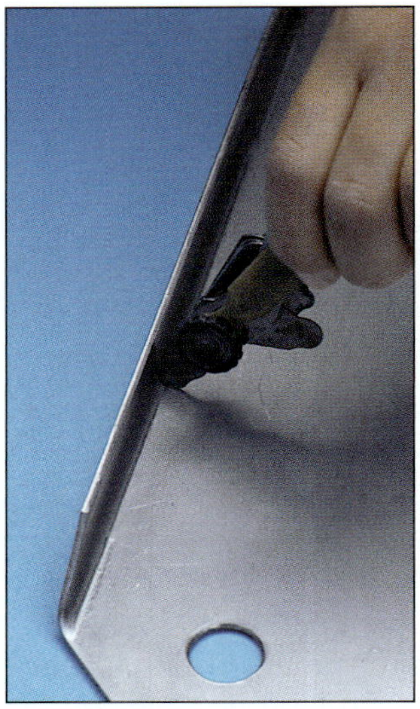

Bild 1 Rundungslehre

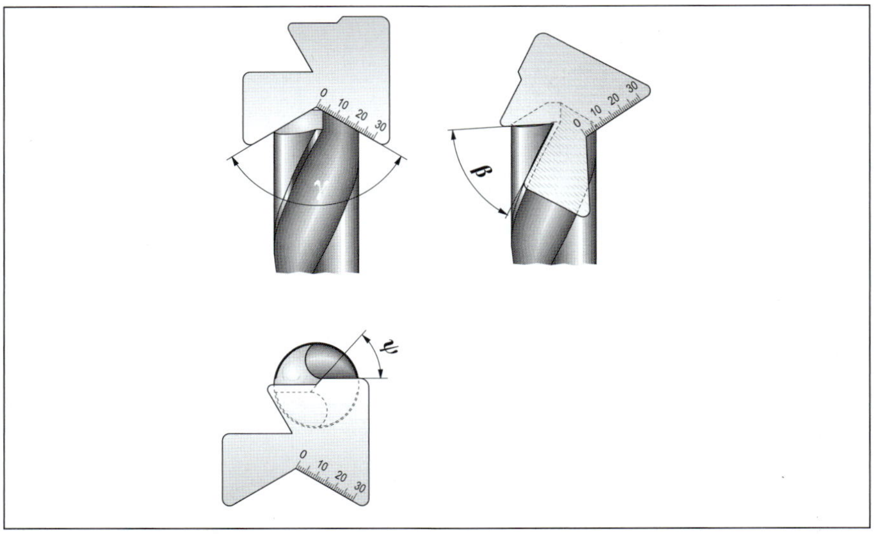

Bild 2 Schleiflehre für Bohrerschneiden

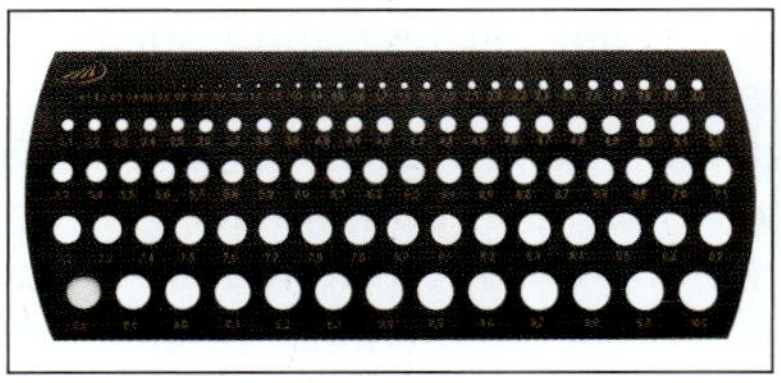

Bild 3 Lochlehre

Schleiflehre

Das Anschleifen von Spiralbohrern kann mit Schleiflehren kontrolliert werden. Die Schleiflehre ermöglicht die Prüfung der wichtigsten Winkel an der Bohrerschneide.

Lochlehre

Die Bestimmung der Durchmesser von Bohrern, Fräsen, Niete, Bolzen usw. erfolgt schnell mit Lochlehren. Dazu werden die Teile in die passenden Bohrungen der Schablone gesteckt und die Durchmesser abgelesen.

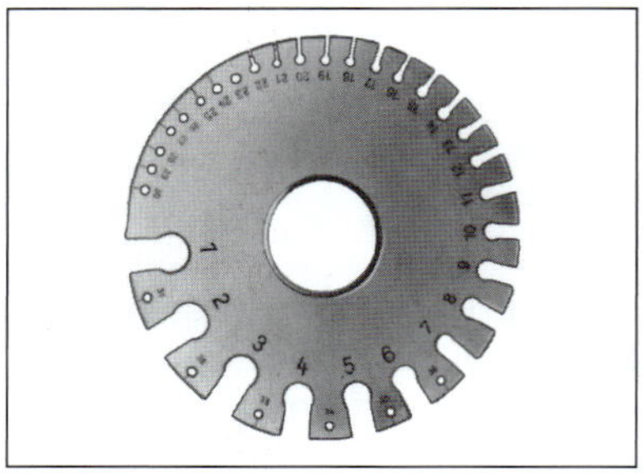

Bild 4 Blechlehre

Fühlerlehre („Spion")

Der Abstand oder das Spiel zwischen eng aneinander liegenden Bauteilen kann mit einer Fühlerlehre annähernd bestimmt werden. Die Blechstreifen haben eine Dicke zwischen 0,05 mm und 1 mm. Fühlerlehren müssen vorsichtig eingesetzt werden, weil sich sonst die dünnen Streifen leicht verbiegen.

Blechlehre

Die genormten Blechdicken sind bei Blechlehren als Spalte am Umfang verkörpert. Die Lehre wird auf das entgratete Blech aufgesteckt. Wenn sich z. B. der Schlitz mit 0,5 mm aufstecken lässt und der mit 0,4 mm nicht, hat das Blech eine Dicke von 0,5 mm.

Schablone

Mit einer Schablone als Formlehre wird z. B. überprüft, ob das Profil der Seilrolle in der geforderten Weise gefertigt ist. Die Schablone verkörpert die ideale Kontur. Mit ihr wird von dem Seilrollenprofil gleichzeitig dessen Mittigkeit, Radius, Tiefe und Breite gelehrt.

Bild 5 Schablone

4.3.2 Richtungsprüfgeräte

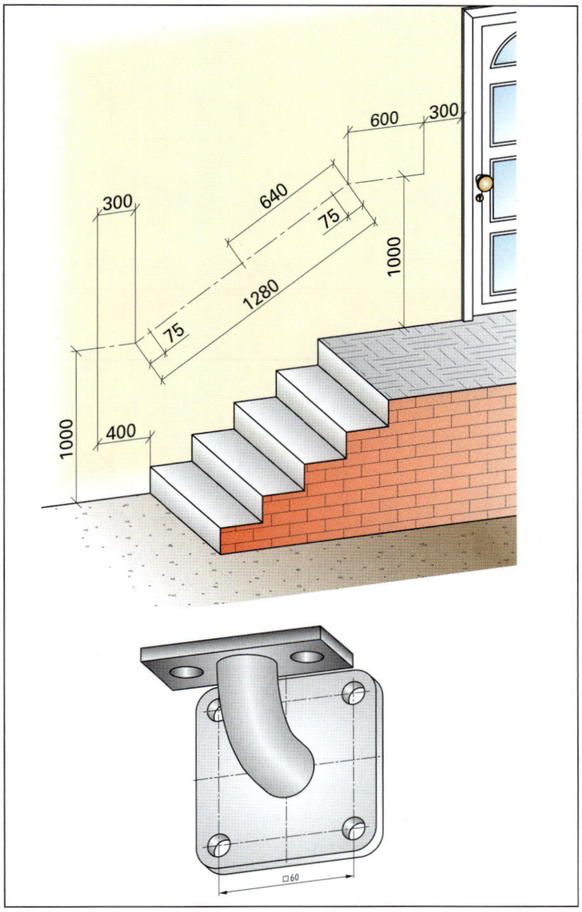

Bild 1 Lageskizze und Handlaufhalterung

An einem Treppenaufgang soll ein Handlauf montiert werden. Es müssen fünf Konsolen für den Handlauf gemäß Skizze mit Dübeln in der Wand befestigt werden. Dabei ist wichtig, dass die Konsolen an der Tür und am Treppenende waagerecht verlaufen. Außerdem muss die mittlere Konsole die gleiche Neigung wie die benachbarten Konsolen haben.

Richtwaage, Wasserwaage

Die Bohrlöcher müssen vor dem Bohren an der Wand angezeichnet werden. Mithilfe der Richt- oder Wasserwaage kann ein waagerechter Strich an der Wand gezogen werden, auf dem anschließend der Mittenabstand von 60 mm eingezeichnet wird.

In die Richtwaage ist ein leicht gekrümmtes Glasröhrchen eingebaut, das nicht vollständig mit einer Flüssigkeit gefüllt ist. Es wird Libelle genannt. Die Gasblase wandert in der Libelle immer auf den höchsten Punkt, weil sie gegenüber der Flüssigkeit die niedrigere Dichte besitzt. Liegt die Richtwaage waagerecht, muss sich die Blase zwischen den beiden mittleren Strichen befinden.

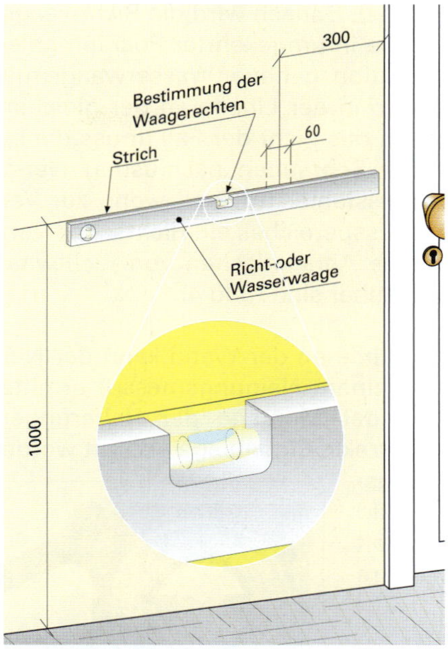

Bild 2 Waagerechte mit Wasserwaage

Zur Bestimmung der Senkrechten ist an der Richtwaage eine zweite Libelle eingebaut, die zur ersten in einem Winkel von 90° steht. Mit ihrer Hilfe ist es möglich, die senkrechte Lage der beiden Bohrungen in der Wandscheibe anzuzeichnen.

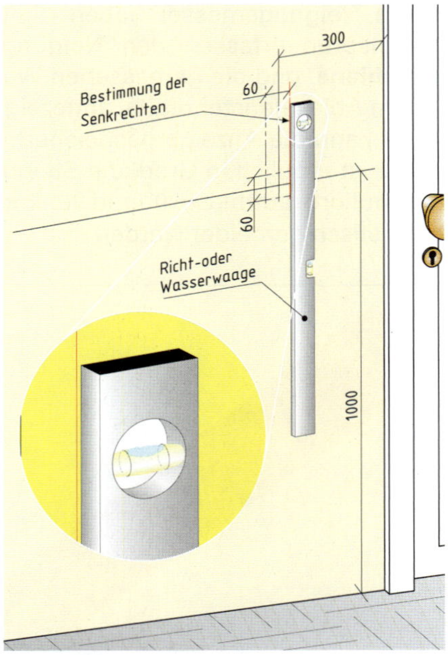

Bild 3 Senkrechte mit Wasserwaage

Bei unsachgemäßer Handhabung der Richtwaage kann sich die Lage der Libelle in der Richtwaage verändern und es können **Prüffehler** entstehen. Zur Genauigkeitsüberprüfung der Richt- bzw. Wasserwaage wird sie auf eine saubere, ebene Unterlage gelegt, die nicht unbedingt waagerecht sein muss (Bild 1a). Danach wird die Richtwaage an die gleiche Stelle in umgekehrter Position gelegt (Bild 1b). Bei funktionsgenauer Wasserwaage muss sich die Gasblase in der Libelle an der gleichen Stelle befinden. Ist das nicht der Fall, muss die Lage der Libelle über Schrauben nachjustiert werden. Ein weiterer Messfehler tritt auf, wenn zur Vergrößerung des Messbereiches ein **Richtscheit** verwendet wird und die Anlageflächen von Richtwaage und -scheit unsauber sind (Bild 4).

An der Risslinie an der Wand kann der Neigungswinkel mit einem Neigungsmesser ermittelt werden. Nach der Montage der Halterungen kann dann die korrekte Einbaulage geprüft werden.

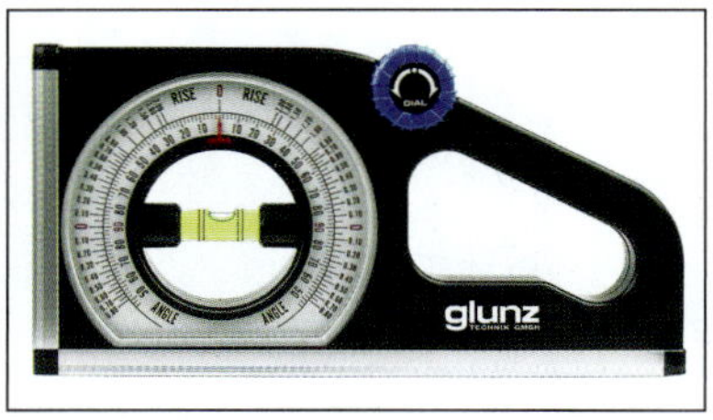

Bild 1 Neigungsmesser

Der **Neigungsmesser** (Bild rechts) enthält eine drehbare Libelle. Zur Neigungsmessung wird der Neigungsmesser angelegt und die Libelle so lange gedreht, bis die Libelle mittig ist. Am Rand lässt sich dann die Neigung ablesen.

Zeitgemäße Neigungsmesser haben digitale Anzeigen. Sensoren erfassen den Neigungswinkel der **Messschiene**, und die gemessenen Werte werden dann im Ablesefenster digital angezeigt. Durch Knopfdruck kann die Anzeige gespeichert werden. Die Anzeige ist möglich in Grad, die Steigung in % oder als simulierte Luftblase. 0° und 90° können zusätzlich akustisch gemeldet werden.

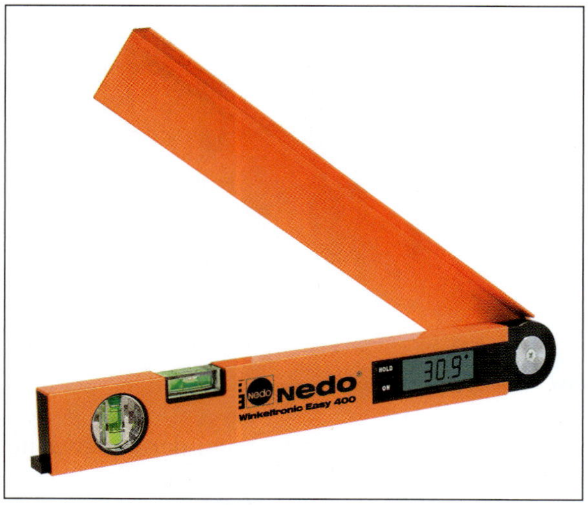

Bild 2 Winkelneigungsmesser

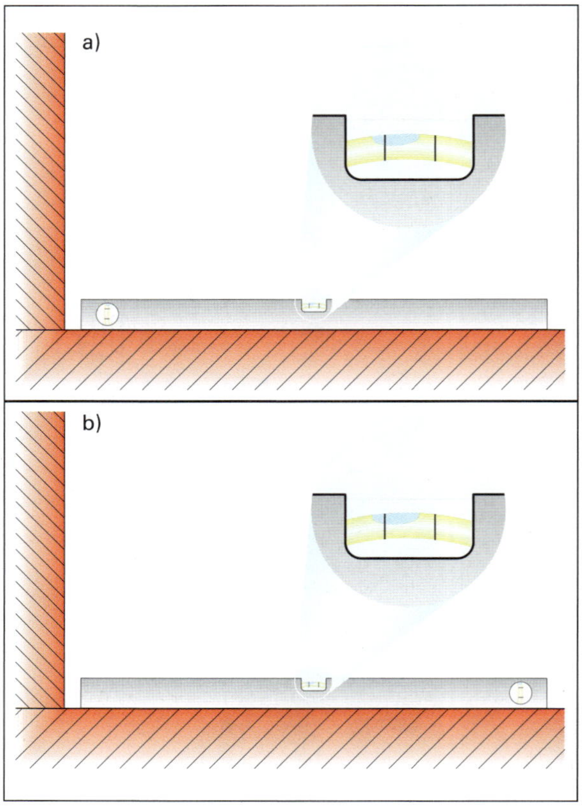

Bild 3 Überprüfen der Richtwaage

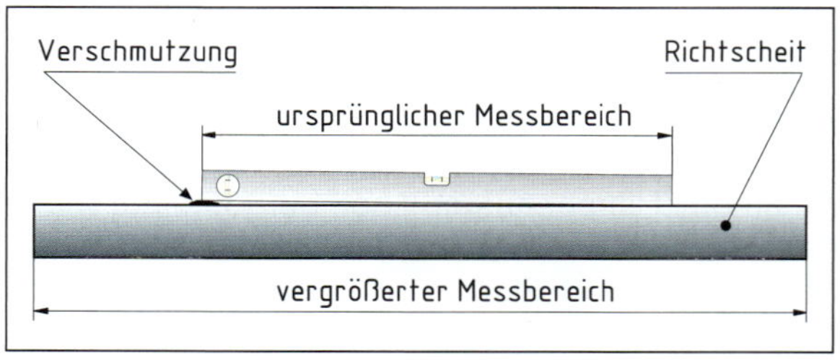

Bild 4 Verwendung eines Richtscheits und mögliche Messfehler

In einem Gebäude sollen Aluminiumfenster eingebaut werden. Mit dem **Teleskopmessstab** und der **Richtwaage** lassen sich die Größe und Rechtwinkligkeit der Laibung feststellen. Dazu wird die Fensteröffnung dreimal in der Breite (oben, Mitte, unten) und der Höhe (links, Mitte, rechts) gemessen.

Bild 5 Messen mit dem Teleskopmessstab

Damit alle Fenster auf „gleiche Höhe" eingebaut werden und ein einheitliches Erscheinungsbild gewährleistet ist, muss eine gemeinsame Bezugshöhe in allen Räumen festgelegt werden. Diese gemeinsame Bezugshöhe ist der **Meterriss**.

Meterriss = Markierung 1m über der Oberkante des späteren Fertigfußbodens (= OKFFB)

Der Meterriss wird mit einem Lasergerät auf der Wand als „rote Linie" abgebildet. Es muss darauf geachtet werden, dass das Lasergerät vor der Markierung ausgerichtet wird. Am Lasergerät befindet sich eine Dosenlibelle. Das Gerät befindet sich in der Waage, wenn sich die Luftblase genau in der Mitte des Markierungsringes befindet.

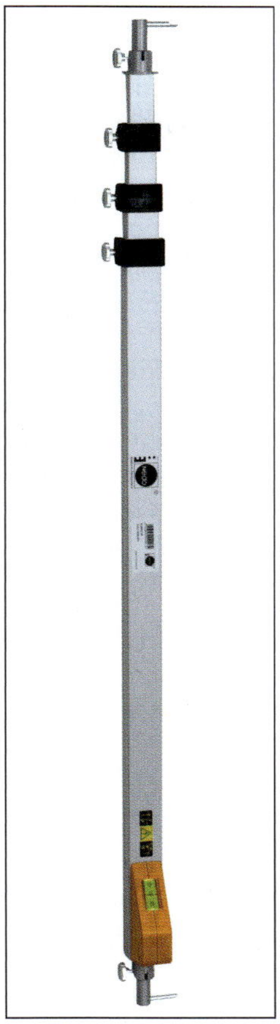

***Bild 1** Teleskopmessstab*

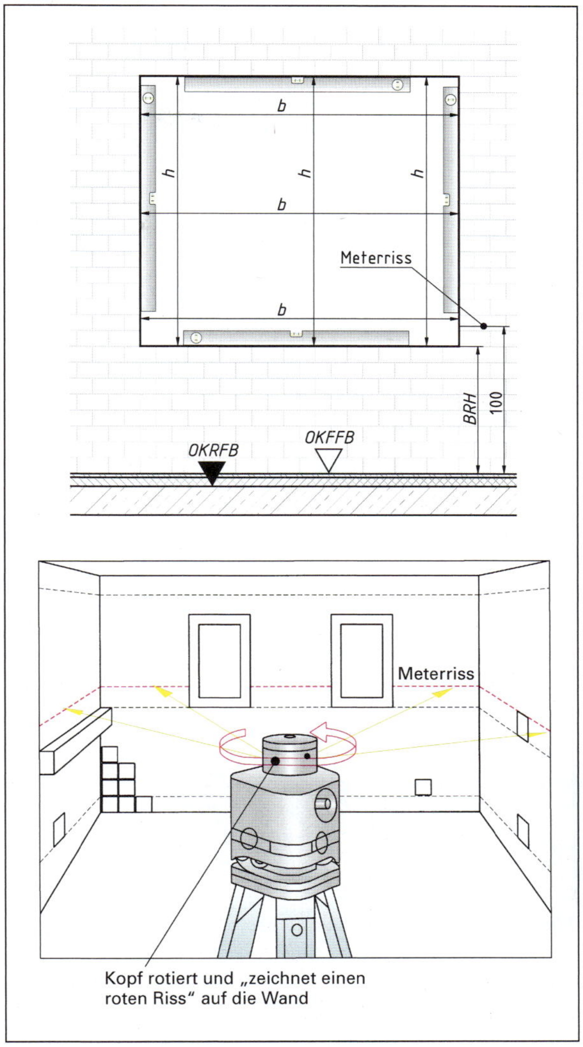

***Bild 3** Meterriss mit Lasergerät erzeugen*

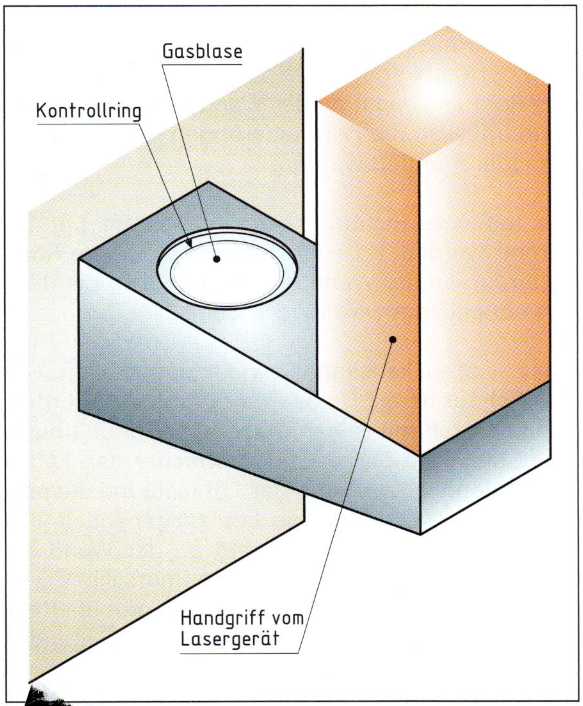

B [illegible] des Lasergerätes

Der im ersten Raum erzeugte Meterriss ist Bezugshöhe für alle Räume. Der Meterriss muss auf alle Räume übertragen werden. Die Höhe wird mit einer Schlauchwaage bestimmt.

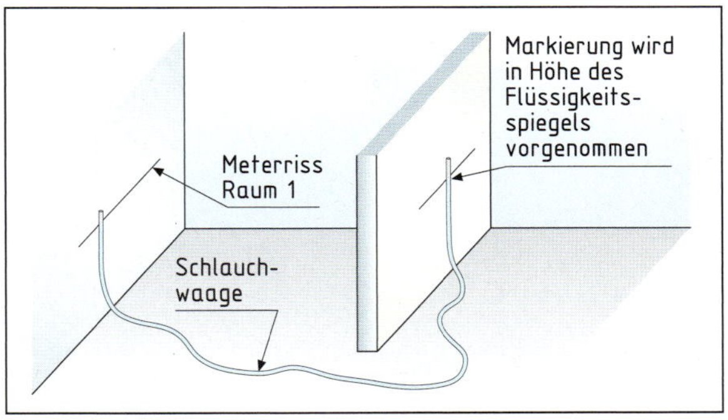

***Bild 4** Übertragen des Meterrisses mit der Schlauchwaage*

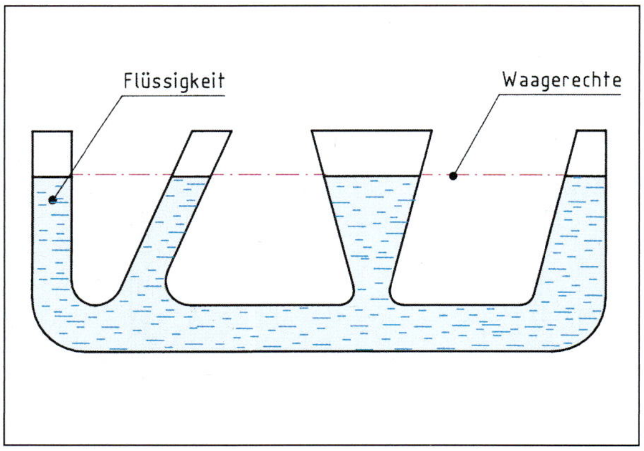

Bild 1 Die Flüssigkeitsspiegel liegen in einer Waagerechten

Bei miteinander verbundener Röhren liegen die Flüssigkeitsspiegel auf einer Höhe. Die Schlauchwaage funktioniert nach dem gleichen Prinzip. Sie besteht aus einem durchsichtigen Schlauch, der meist mit Wasser gefüllt ist. Zum Einsatz der Schlauchwaage sind zwei Personen erforderlich. Im Beispiel muss der erste Mitarbeiter den Flüssigkeitsspiegel auf die Markierung für die erste Risslinie halten bzw. einpendeln. Steht die Flüssigkeit ruhig im Schlauch, kann der zweite Mitarbeiter die Markierung für die zweite Risslinie im Nachbarraum vornehmen. **Fehler** können entstehen, wenn Luftblasen in der Schlauchwaage sind. Daher sollte sie vor ihrem Einsatz daraufhin kontrolliert werden.

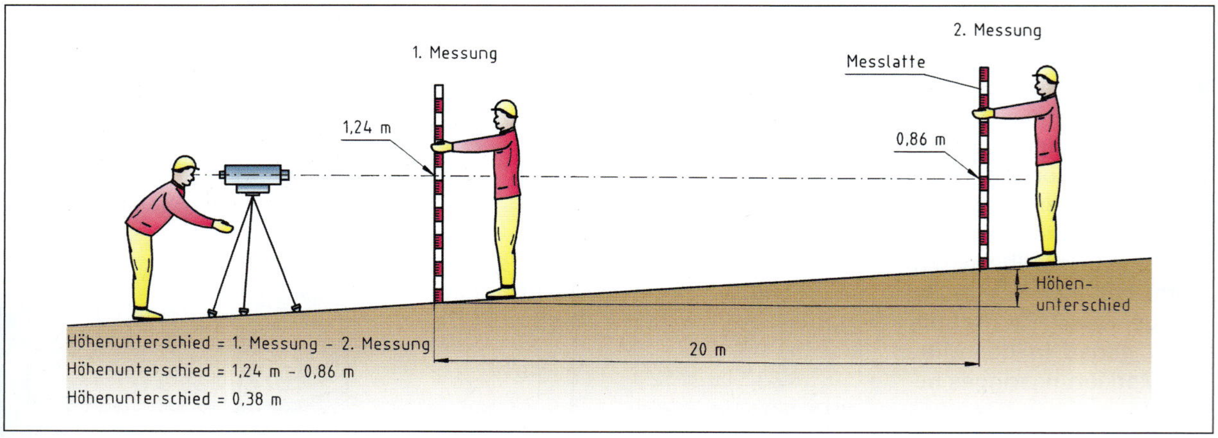

Bild 2 Arbeiten mit dem Nivelliergerät

Nivelliergerät

Die waagerechte Richtung kann mit Nivelliergeräten auch über größere Entfernungen leicht überprüft werden. Das Nivelliergerät besteht im Wesentlichen aus einem drehbaren Fernrohr, das auf einem Dreifuß waagerecht ausgerichtet wird. Der Höhenunterschied einer Straße (Bild 2) wird durch Anpeilen der Messlatte an zwei Messstellen ermittelt.

4.3.3 Senklote

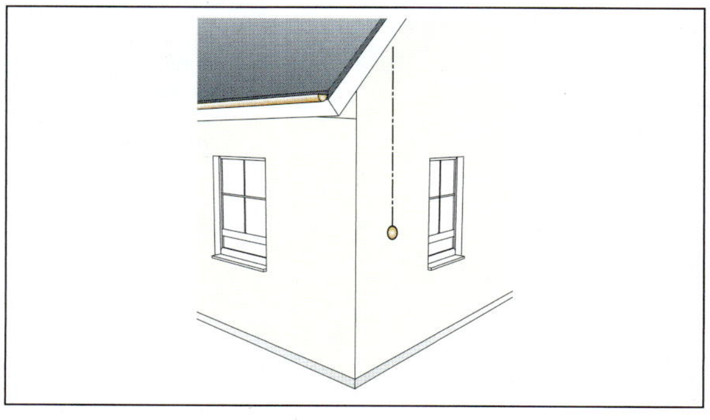

Bild 3 Ermittlung der Lotrechten mit dem Senklot

An der Hauswand soll ein Entlüftungsrohr entlang der markierten Linie montiert werden. Damit das Rohr senkrecht an der Wand befestigt werden kann, müssen die Rohrhalterungen lotrecht untereinander montiert werden.

Die lotrechte Richtung kann mit einem **Lot** bestimmt werden. Dazu ist zunächst die obere Rohrhalterung an der Wand zu befestigen, an die dann das Lot gehängt wird (Bild 1, Seite 244).

Das Lot ist ein kegeliges Gewicht, das an einer dünnen Schnur hängt. Da das Lot aufgrund der Erdanziehungskraft mit seiner Spitze zum Erdmittelpunkt zeigt, stellt die Schnur eine **Lotrechte** dar. Fehler können entstehen, wenn das Lot nicht frei auspendeln kann. Nachdem das Lot ausgependelt hat, kann die untere Rohrhalterung an der Wand befestigt werden. Obere und untere Rohrschelle werden mit einer Schnur verbunden. Sie gibt die Richtung für die Montage der dazwischenliegenden Rohrhalterungen vor.

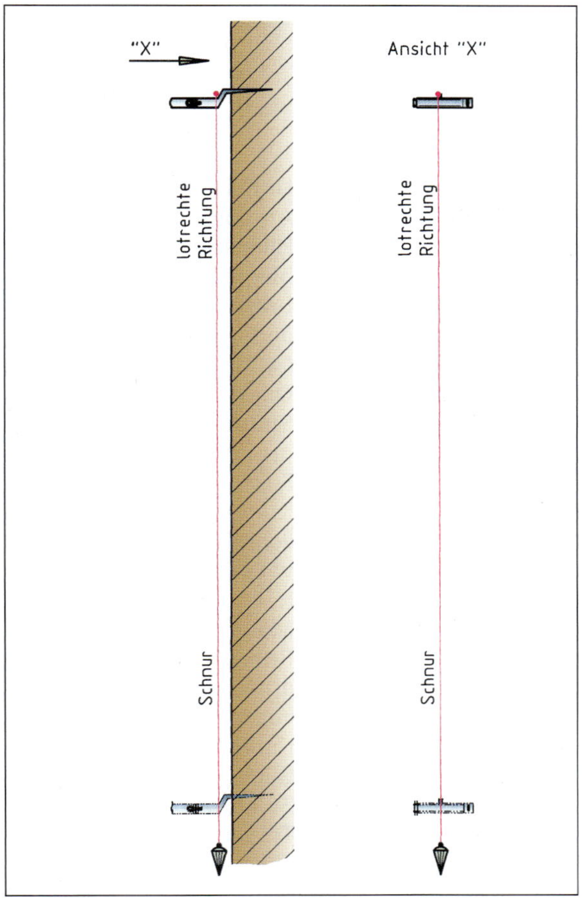

Bild 1 Lotrechte Befestigung der Rohrschellen

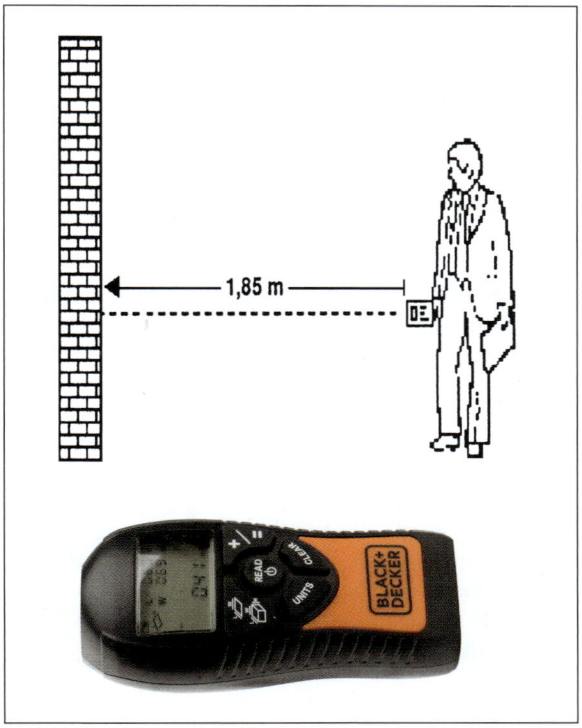

Bild 2 Ultraschall-Entfernungsmessgerät

Entfernungsmesser

Mit elektronischen Ultraschallmessgeräten können größere Entfernungen berührungslos gemessen werden. Die Messungenauigkeiten sind meist kleiner als 1 % der Messstrecke.

1

4.4 Aufgaben zu 4

1. Für welche Prüfaufgabe bevorzugen Sie einen Gliedermaßstab gegenüber einem Stahlbandmaß?
2. Nennen Sie drei Messaufgaben aus Ihrem Arbeitsbereich, bei denen Sie Messschieber einsetzen. Begründen Sie Ihre Auswahl.
3. Welche Aufgabe hat der Nonius beim Messschieber?
4. Beschreiben Sie das Funktionsprinzip des Nonius.
5. Was wird unter den Begriffen Nonienwert, Skalenteilungswert und Ziffernschrittwert verstanden?
6. Skizzieren Sie einen Maßstab und Nonius mit den Nonienwerten 1/50 mm.
7. Durch welche Maßnahmen kann die Parallaxe bei Messen verringert, bzw. verhindert werden?
8. Welche Messefehler können bei bei einem Messschieber mit digitaler Anzeige auftreten?
9. Welche Vorteile haben Messschieber mit digitaler Anzeige?
10. Beschreiben Sie die Anwendung einer Schmiege.
11. Beschreiben Sie den Unterschied zwischen einer Lehre und einem Messwerkzeug. Welches Prüfergebnis erhalten Sie beim Lehren oder Messen?
12. Das Seitenteil einer Presse muss geprüft werden. Beschreiben Sie ihre Vorgehensweise.

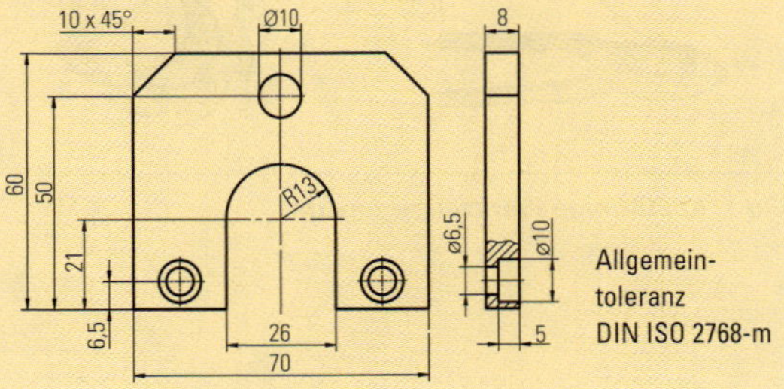

5 Englisch im Metallbaubetrieb

5.1 Trennen

Translate into german, please.

Separation

The simplest ways of working on pieces of work are the separation by chisel, saw and file. These simple tools – they are based on the wedge principle – were used as early as the Bronze Age and are still in use today for simple profiling at the vice. The wedge must be harder than the work piece and takes off cuttings while working on it. Profiles and sheet metal can be separated by scissors, too. Then the working material is being sheared off. The leverage force leads to enormous powers. It is important to know the material and its reaction during separation and deformation work.

The form of the material can be changed through bending or forging. A warming up in gas – or coal-fire reduces the forces needed for deformation. In metal design anvil forging is the most important deforming method. You need special skill to bend pipes so that the round cross section is preserved. For all processes, methods and operations it is especially important to keep to accident prevention. That saves you from being hurt by tools, pieces of work and auxiliary attachments such as forge fire.

Vokabelliste

accident prevention	Unfallverhütung
anvil	Amboss
auxilliary attachment	Hilfseinrichtung
to bend	biegen
Bronze Age	Bronzezeit
to change	ändern, verändern
chisel	Meißel
cross section	Querschnitt
cuttings	Späne
to deform	umformen
file	Feile
forces	Kräfte
to forge	schmieden
to hurt	verletzen
leverage force	Hebelkraft
metal design	Metallgestaltung
pipe	Rohr
to preserve	erhalten bleiben
to reduce	verringern, reduzieren
to save	retten, bewahren vor
saw	Säge
scissors	Schere
separation	Trennen
to shear off	abscheren
sheet	Blech
skill	Können, Geschicklichkeit
vice	Schraubstock
wedge principle	Keilprinzip
wedge	Keil
to warm	erwärmen

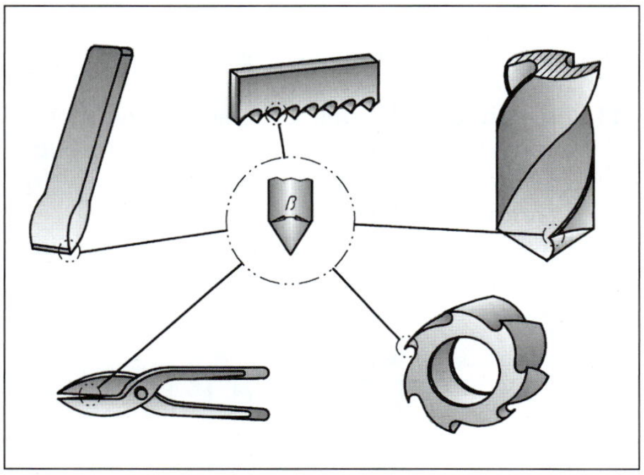

Bild 1 Keilförmige Werkzeugschneide

Assignments

1. Describe in correct sentences the simple tools shown in the picture *„Keilförmige Werkzeugschneide"*.
2. How is the wedge principle used in each tool?
3. List the manufactoring principles you need to make the *„Klemmblech"* (page 151, picture nr. 1)

Lernfeld 2: Fertigen von Bauelementen mit Maschinen

Auftrag

Es sollen bewegliche Stahlgelenke zum Festhalten von Abdeckplatten für Aluminiumbehälter gefertigt werden.

Analyse

Die Gelenkgabel Pos. 2 wird dabei in die seitliche Halteleiste der Behälterwand eingeschraubt. Die Gelenklasche ist beweglich an der Gelenkgabel mit Hilfe von Normteilen (Bolzen, Splint) befestigt und gesichert. Die Abdeckplatte wird mit Zylinderschrauben an der Gelenklasche befestigt. Die Einzelteile werden überwiegend durch maschinelles Spanen hergestellt.

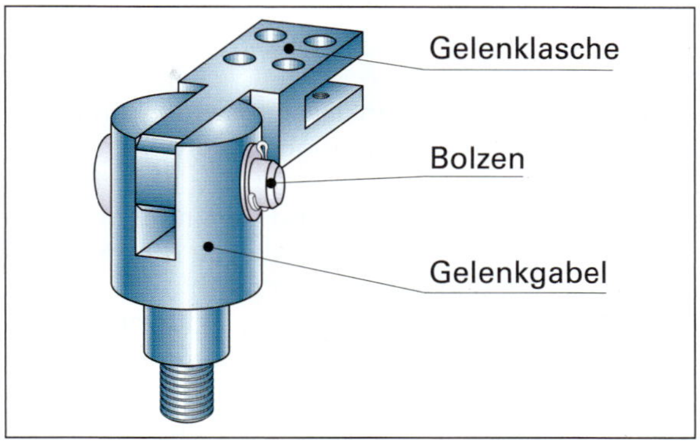

***Bild 1** Stahlgelenk für Abdeckplatte*

Planung der Fertigungsunterlagen

Vor der Fertigung der Bauteile sind zunächst wichtige Fertigungsunterlagen zu erstellen:

- Detailzeichnungen der Gelenklasche (Pos. 1) und der Gelenkgabel (Pos. 2)
- Stückliste mit Angabe der verwendeten Halbzeuge und Normteile (Pos. 3, 5, 6 und 4)
- Gesamtzeichnung der Bauteile Pos. 1–6

Um die Detailzeichnungen erstellen zu können, müssen vorab die verwendeten Normteile bestimmt

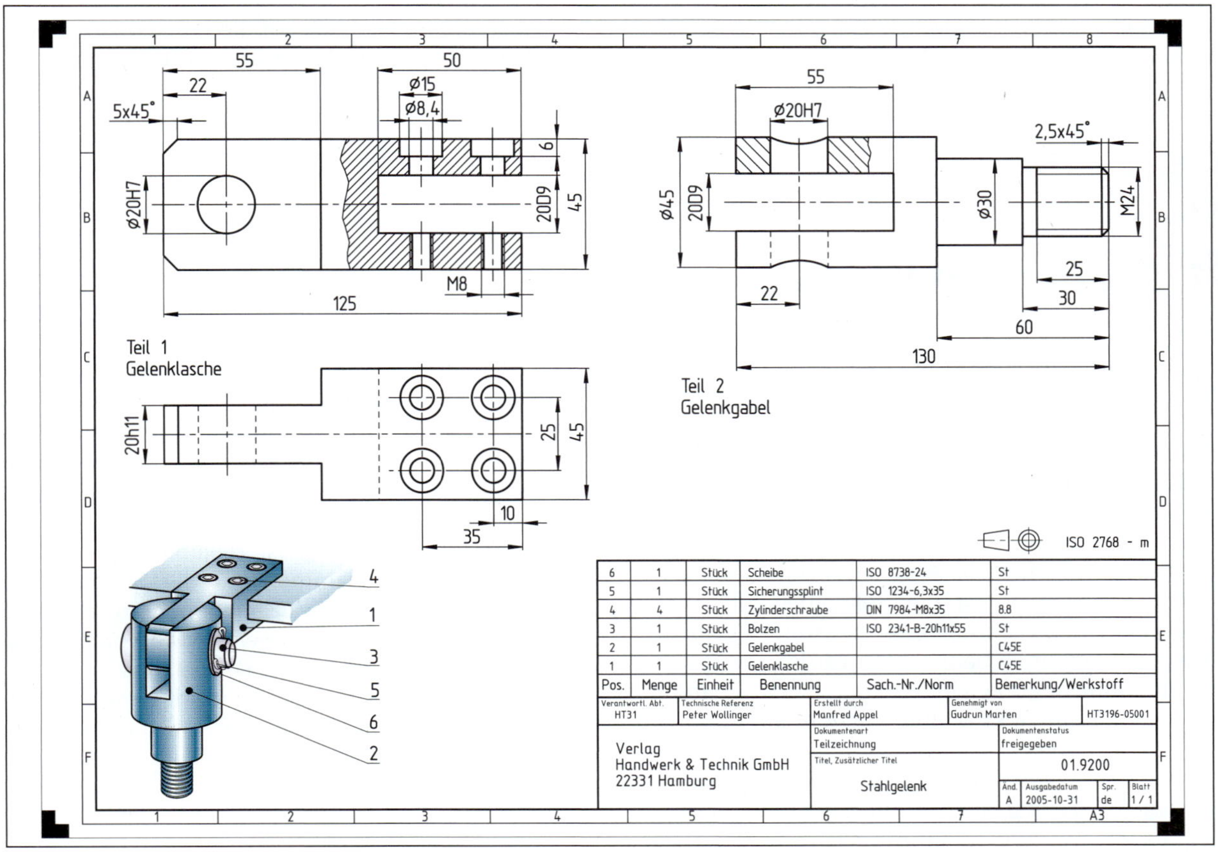

***Bild 2** Stahlgelenk für Abdeckplatte – Detailzeichnungen*

werden. Danach richten sich die Bohrungen, Gewinde und Senkungen für die Befestigungsschrauben Pos. 4 und die Bohrung für den Gelenkbolzen Pos. 3. Die Einzelteilzeichnungen werden zweckmäßigerweise im Schnitt bzw. Teilschnitt dargestellt, die die Details der Bohrungen zeigen.

Fertigung

Gelenkgabel und Gelenklasche werden unter anderem durch folgende Fertigungsverfahren hergestellt:

- Bohren, Senken, Reiben und Gewindebohren für Bohrungen mit unterschiedlicher Form, Maßgenauigkeit und Oberflächengüte
- Drehen für zylindrische Werkstückformen
- Fräsen für ebene Flächen, Absätze und Nuten.

Auswahl der Werkzeuge: Für die anzuwenden Fertigungsverfahren müssen geeignete Werkzeuge ausgewählt werden. Dies erfordert genaue Kenntnisse über die einzelnen Verfahren und deren Abhängigkeit vom zu bearbeitenden Werkstoff und dem verwendeten Werkzeug.

Bei den maschinellen Fertigungsverfahren werden von den Werkzeugmaschinen die erforderlichen Arbeitsbewegungen und die notwendigen Trennkräfte aufgebracht. Der Einsatz von Werkzeugmaschinen erlaubt wesentlich kürzere Fertigungszeiten sowie höhere Maß- und Formgenauigkeiten gegenüber der manuellen Bearbeitung. Ebenso wird die körperliche Belastung der arbeitenden Menschen erheblich verringert.

Kontrolle – Dokumentation – Qualitätssicherung

Vor, während und nach der Fertigung müssen die Maßhaltigkeit und Oberflächengüte der Werkstücke geprüft und gegebenenfalls in Prüfprotokollen dokumentiert werden. Dies ist unerlässlich, um qualitativ hochwertige Produkte herzustellen. Vor der Fertigung überzeugt man sich bereits, ob die in der Stückliste abgegebenen Halbzeuge auch richtig ausgewählt wurden. Während der Fertigung ist eine ständige Maßkontrolle notwendig, um etwaige Maßabweichungen frühzeitig korrigieren zu können und/oder Ausschussware nicht bis zum Ende der Fertigung durchlaufen zu lassen. Die abschließende Gesamtkontrolle der Bauteile beinhaltet nicht nur die Maßkontrolle der Einzelteile, sondern auch die Funktionskontrolle im zusammengebauten Zustand.

Aufgaben

1. Kennzeichnen Sie in Bild 1, S. 172 die verschiedenen Bearbeitungsstellen und geben Sie die entsprechenden Fertigungsverfahren dafür an!
2. Welche Maße an den Einzelteilen müssen besonders im Hinblick auf die Funktionstüchtigkeit des Gelenks überprüft werden?

2

1 Spanen mit Werkzeugmaschinen

1.1 Bewegungen an spanenden Werkzeugmaschinen

Werkzeugmaschinen führen beim Spanen verschiedenartige Bewegungen zwischen dem Werkzeug und dem Werkstück aus. Dabei spielt es für die Spanbildung keine Rolle, ob das Werkzeug oder das Werkstück die Arbeitsbewegungen durchführt. Maßgebend ist die Relativbewegung zwischen ihnen. Es können dabei meistens 3 verschiedene Bewegungen beobachtet werden:

- Schnittbewegung v in m/min, z. B. v = 120 m/min bedeutet, in einer Minute entsteht ein Span von 120 m Länge
- Vorschubbewegung f in mm (pro Umdrehung des Werkzeugs); sie bestimmt die Spandicke
- Zustellbewegung a in mm (z. B. a = 0,5 mm verringert beim Drehen den Durchmesser um 1 mm)

Die Schnittbewegung ist die kreisförmige Bewegung zwischen Werkzeug und Werkstück, bei der ohne Vorschubbewegung nur eine einmalige Spanabnahme während einer Umdrehung oder eines Hubes erfolgt. Die Schnittgeschwindigkeit bestimmt die Länge des Spanes.

Die Vorschubbewegung ist diejenige geradlinige Bewegung, die zusammen mit der Schnittbewegung eine mehrmalige Spanabnahme während mehrerer Umdrehungen bewirkt. Die Vorschubbewegung bestimmt die Dicke des Spanes.

Durch die Zustellbewegung erfolgt senkrecht zur Vorschubbewegung. Durch sie wird die Breite der abzutragenden Schicht, auch Schnitttiefe genannt, eingestellt.

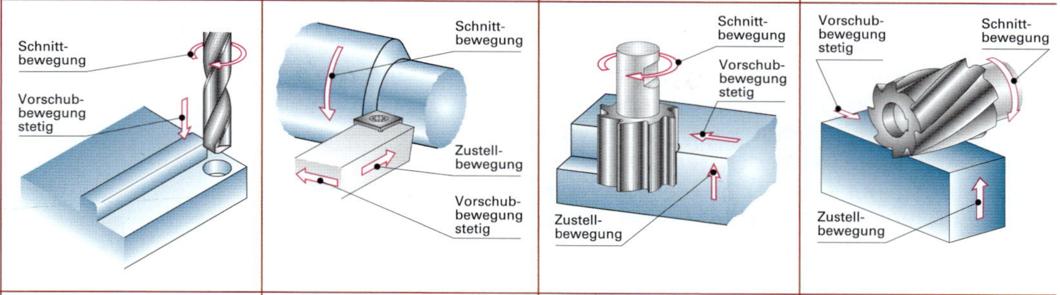

	Bohren	Drehen	Stirnfräsen	Umfangsfräsen
Schnitt-bewegung	Werkzeug	Werkstück	Werkzeug	Werkzeug
Vorschub-bewegung	Werkzeug	Werkzeug	Werkzeug/Werkstück	Werkzeug/Werkstück
Zustell-bewegung	keine	Werkzeug	Werkzeug/Werkstück	Werkzeug/Werkstück

***Bild 1** Bewegungsabläufe verschiedener maschineller Spanverfahren*

An der Maschine müssen demnach drei Größen eingestellt werden:

- Für die kreisförmige Schnittbewegung, die **Schnittgeschwindigkeit v_c** (sie wird im allgemeinen in m/min gemessen) ist die notwendige **Umdrehungsfrequenz (Drehzahl)** einzustellen.
- Zur Erzielung der Vorschubbewegung muss der **Vorschub f** in mm/Umdrehung oder als **Vorschubgeschwindigkeit v_f** in mm/min eingestellt werden.
- Für die Zustellbewegung ist die **Zustellung a_P**, gemessen in mm, einzustellen

Die Werte dieser Größen werden Tabellenbüchern entnommen; sie sind v.a. abhängig vom zu bearbeitenden Werkstoff, dem Schneidstoff des verwendeten Werkzeugs und den Kühlschmierbedingungen:

- Gehört der Werkstoff innerhalb der Gruppe zu den festeren, werden niedrige Einstellwerte gewählt.
- Werden gute Oberflächen mit geringen Rautiefen gefordert, so sind eine hohe Schnittgeschwindigkeit bei kleinem Vorschub zu wählen.
- Soll das Werkzeug eine lange Standzeit haben (lange Arbeitszeit ohne Nachschliff), sind bei Schnittgeschwindigkeit und Vorschub ebenfalls untere Einstellwerte zu wählen.
- Geringe Kühlschmierung erfordert ebenfalls kleine Werte bei den Arbeitsbewegungen. Die oberen Bereichswerte gelten stets nur für optimale Kühlschmierverhältnisse.

1.2 Bohren und Senken

Gelenkgabel und Gelenklasche des Stahlgelenkes sind über den Bolzen beweglich verbunden. Der Bolzendurchmesser beträgt 20 mm. Damit die

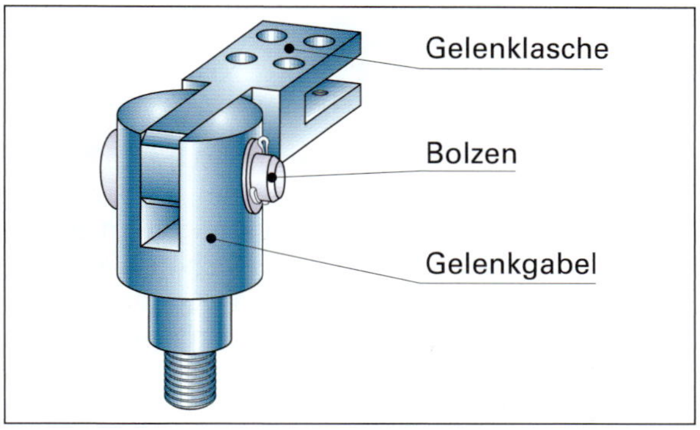

***Bild 2** Stahlgelenk*

Funktion sichergestellt ist, müssen die Bohrungen in der Gelenkgabel und der Gelenklasche maß- und formgenau erstellt werden.

Arbeitsschritte beim Bohren

Der Bohrungsmittelpunkt wird **angerissen und gekörnt** (vgl. Bild). Um Unfälle zu vermeiden, ist das **Werkstück** sicher zu **spannen.** Meist erfolgt dies im Maschinenschraubstock. Wenn hohe Kräfte auftre-

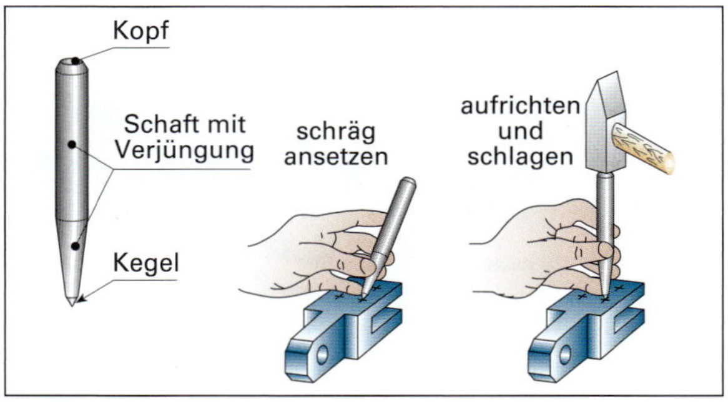

***Bild 3** Ankörnen*

ten, wird dieser auf dem Bohrmaschinentisch befestigt.
Die **Bohrer** sind **auszuwählen**. Dazu sind der Bohrertyp und der Bohrerdurchmesser festzulegen:
Gelenklasche und Gelenkgabel werden aus Stahl C45E gefertigt. Für Stahl wird Bohrertyp N gewählt. Da anschließend noch gerieben wird, muss eine Bohrung mit einem kleinerem Durchmesser vorgebohrt werden. Beim Bohren ist auf ausreichende **Kühlschmierung** zu achten. Das vermindert die Reibung und leitet Wärme aus dem Zerspanbereich ab. Wegen der hohen Schnittgeschwindigkeiten beim Bohren ist die Kühlwirkung wichtiger als die Schmierwirkung. Man verwendet deshalb **wassermischbare** Kühlschmierstoffe. Die Fähigkeit des Wassers, die Wärme gut abzuführen, wird mit der Schmierfähigkeit von Ölen kombiniert. Das Öl wird hierzu in kleinsten Tröpfchen im Wasser verteilt (Kühlschmier-Emulsion). Wegen der gesundheitlichen Gefahren für Haut und Atemwege sind die Angaben und Empfehlungen des Herstellers unbedingt zu beachten.

Spiralbohrer – Aufbau
Zum Bohren verwendet man meist Spiralbohrer. Sie haben zwei Werkzeugschneiden, an denen die Spanabnahme erfolgt. Das Werkzeug führt die erforderlichen Bewegungen aus. Durch eine kreisförmige Schnittbewegung und eine geradlinige Vorschubbewegung dringen die beiden Hauptschneiden stetig in den Werkstoff ein und trennen Späne ab. Die wendelförmige Spannut führt die Späne ab.

Die Führungsfasen des Bohrers führen das Werkzeug im Bohrloch. Diese sind schmal, um die Reibung an der Bohrlochwandung gering zu halten. Eine vereinfachte Darstellung des Spiralbohrers zeigt die keilförmige Werkzeugschneide (vgl. Bild).

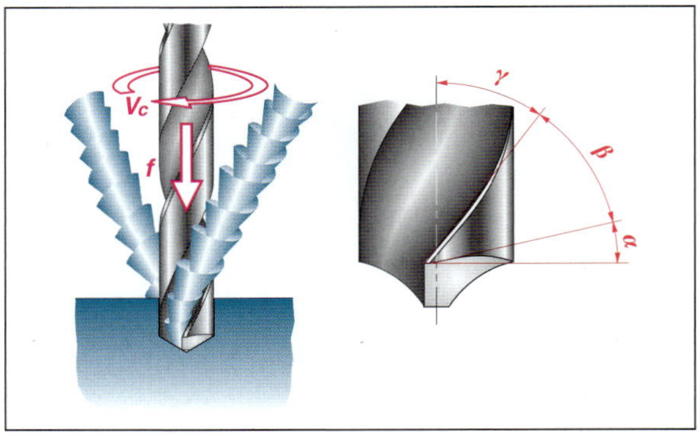

Bild 1 Werkzeugkeil am Bohrer

Bohrer bis zu einem Durchmesser von 13 mm haben meist einen zylindrischen Schaft, größere Bohrer dagegen einen Kegelschaft.
Bohrer werden vorzugsweise aus Schnellarbeitsstahl (HSS) hergestellt. Diese werden auch mit einer Titannitridbeschichtung (TiN) geliefert, welche bei höheren Schnittgeschwindigkeiten eine längere Standzeit erlauben. TiN-beschichtete Bohrer werden auch zur Bearbeitung von hochlegierten Stählen (z. B. EDELSTAHL Rostfrei®) eingesetzt. Man erkennt sie an der meist gelben Farbgebung. Daneben verwendet man auch Bohrer mit aufgelöteten Hartmetallschneiden (HM).

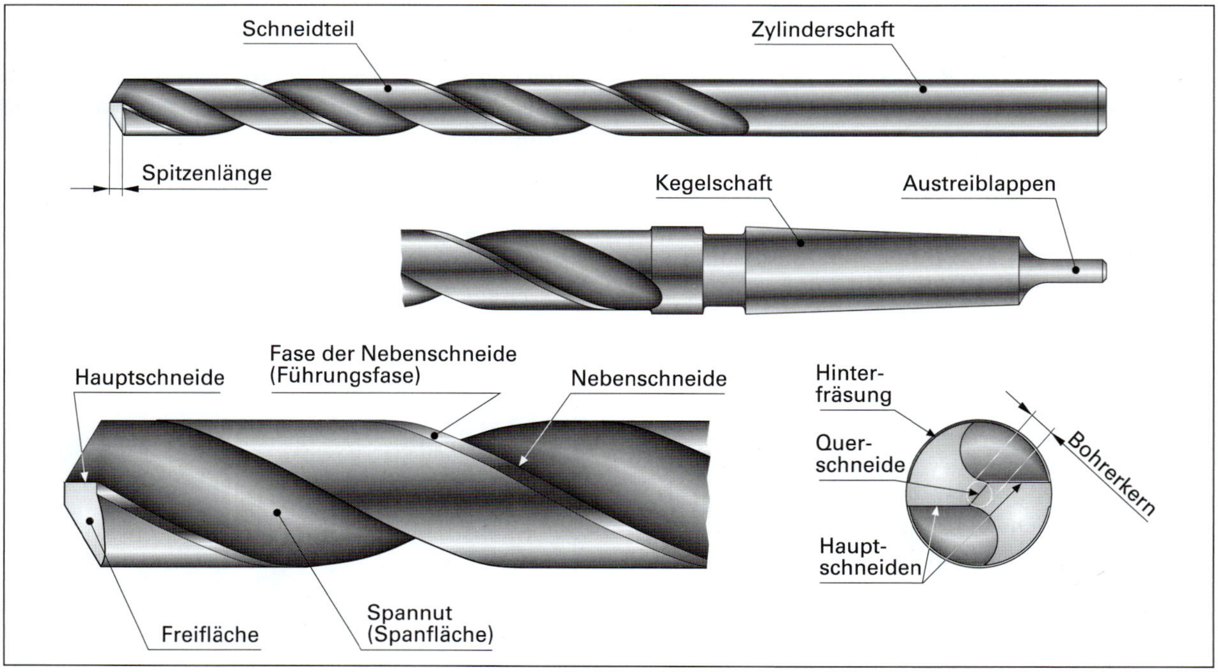

Bild 2 Aufbau des Spiralbohrers

Spiralbohrertypen – Winkel an der Werkzeugschneide

Der Spanwinkel γ ist durch die Steigung der Wendelnut im Spiralbohrer (Drallwinkel) gegeben (vgl. Bild 1). Der Freiwinkel α von ca. 7° entsteht durch Hinterschleifen der Hauptschneide (Bild 1 S. 175). Über die Winkelsumme kann der Keilwinkel $\beta = 90° - \alpha - \gamma$ berechnet werden.

Zum Bohren unterschiedlich fester und harter Werkstoffe werden verschiedene Bohrertypen verwendet. Sie unterscheiden sich in der Steigung der Wendelnut, wodurch sich unterschiedlich große Span- und Keilwinkel ergeben.

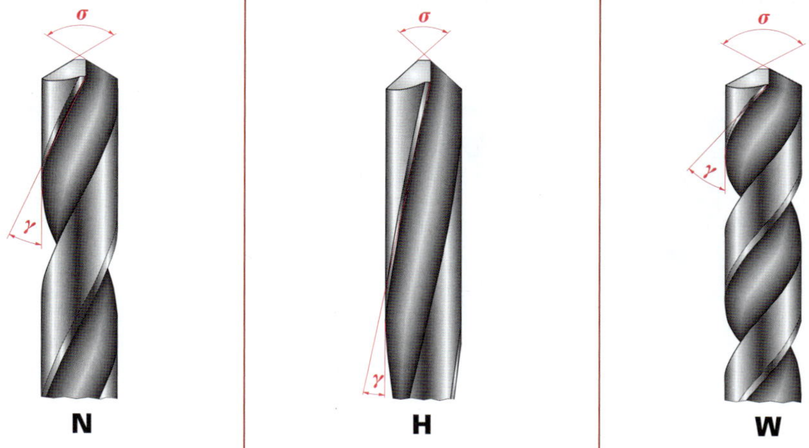

Bohrertyp	Typ N		Typ H			Typ W
Spanwinkel γ	16°–30°		10°–13°			35°–40°
Schneidkeil	Mittlere Stabilität		Große Stabilität			Geringere Stabilität
Verwendung	Werkstoffe mittlerer Härte und Festigkeit		Harte und kurzspanende Werkstoffe			Weiche, zähe und langspanende Werkstoffe
Spitzenwinkel σ	118°	140°	80°	118°	140°	130°
Werkstoffbeispiele	Unlegierter und niedriglegierter Stahl, Gusseisen	Hochlegierter, nichtrostender Stahl	Thermoplaste, Marmor, Hartgummi, Schichtpressstoffe	Weiche CuZn-Legierung	Nichtrostender, austenitischer Stahl (V2A, V4A)	Kupfer, Kupferlegierungen geringer Festigkeit

Bild 1 Bohrertypen

Der Spitzenwinkel σ ist von den verschiedensten Einflüssen abhängig. Er beeinflusst z. B. die Stabilität des Bohrers und die Wärmeabfuhr durch das Werkzeug. Kleine Spitzenwinkel ergeben lange Hauptschneiden, die die Zerspanungswärme besser ableiten. Lange Hauptschneiden eignen sich daher gut für Werkstoffe mit schlechter Wärmeleitfähigkeit (z. B. Kunststoff).

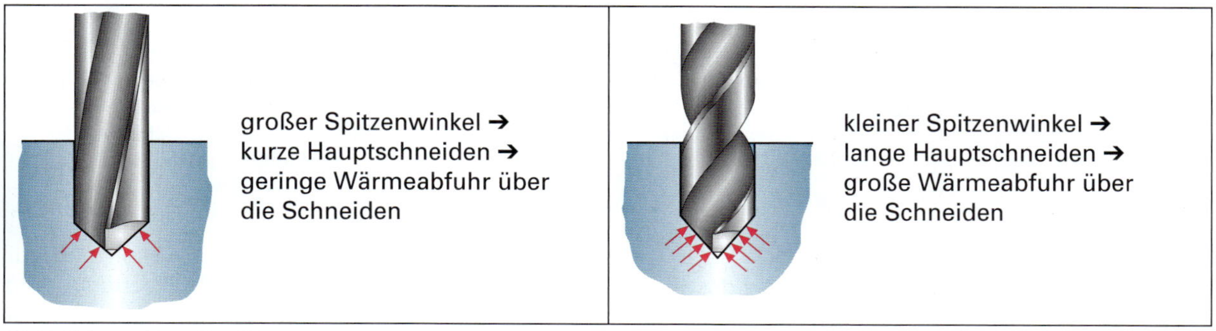

Bild 2 Wärmeabfuhr über Werkzeugschneiden

Geeignete Spitzenwinkel können Tabellen entnommen werden. Aus Erfahrung wird für Stahl der Spitzenwinkel σ mit 118° festgelegt.

Beim Anschleifen der Bohrerspitze entsteht eine Querschneide. Sie ist bei einem Spitzenwinkel von 118° um 55° gegen die Hauptschneide verdreht. Die Querschneide hat eine schabende Wirkung und erhöht die erforderliche Vorschubkraft. Durch Ausspitzen des Spiralbohrers oder durch Vorbohren wird diese Wirkung der Querschneide und damit die erforderliche Vorschubkraft verringert.

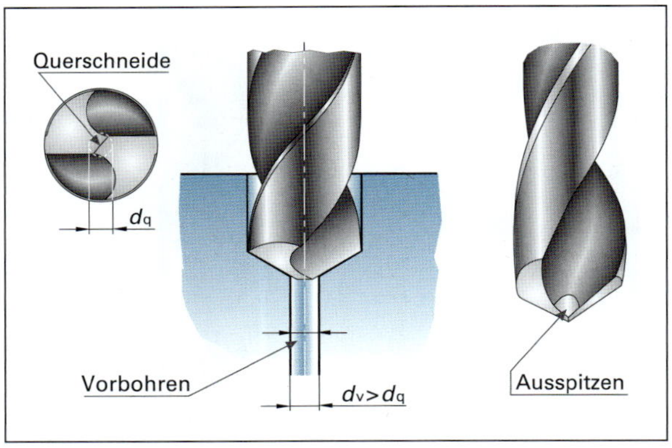

Bild 1 Querschneide

Scharfschleifen und Anschleiffehler

Die Schneiden des Spiralbohrers verschleißen während der Bohrarbeit. Die Folgen sind sinkende Spanleistungen und unsaubere Bohrungen. Zum Nachschleifen sollten geeignete Schleifvorrichtungen oder Spiralbohrer-Schleifmaschinen verwendet werden. Muss der Bohrer von Hand geschliffen werden, kann es zu Schleiffehlern kommen, die sich nachteilig auf die Standzeit des Bohrers und auf die Maßhaltigkeit der Bohrung auswirken. Zur Vermeidung solcher Schleiffehler muss der Nachschliff des Bohrers mit speziellen Schleiflehren kontrolliert werden.

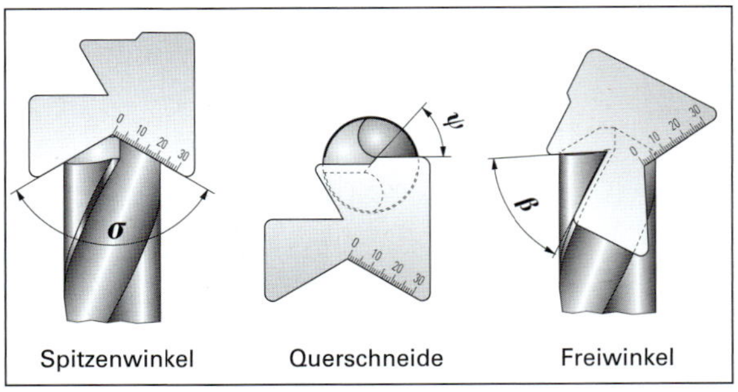

Bild 2 Bohrer – Schleiflehren

Die Bohrerspitze muss symmetrisch angeschliffen werden, damit beide Schneiden gleichmäßig belastet werden und genaue Bohrungsdurchmesser hergestellt werden können. Die beiden Hauptschneiden müssen gleich lang sein und symmetrisch zur Bohrerachse liegen. Folgende Tabelle zeigt häufige Anschleiffehler und deren Folgen für die Bohrung und das Werkzeug.

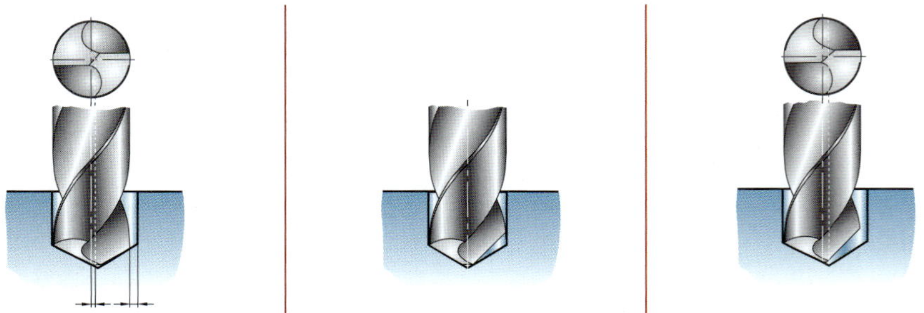

Fehler	Hauptschneiden ungleich lang, Bohrerspitze außermittig	Hauptschneiden unter verschiedenen Winkeln	Hauptschneiden ungleich lang und unter verschiedenen Winkeln
Folgen für Bohrung	Bohrung zu groß, Bohrer verläuft	–	Bohrung zu groß, Bohrer verläuft
Folgen für Bohrer	Ungleiche Beanspruchung der Schneiden	Nur eine Schneide im Eingriff, einseitige Schneidenbeanspruchung, rascher Verschleiß	Nur eine Schneide im Eingriff, einseitige Schneidenbeansprucħnung, rascher Verschleiß

Bild 3 Schleiffehler

Bohren von Blechen

Zum Bohren von Blechen wird die Spitze des Spiralbohrers in besonderer Weise geschliffen. Der Bohrer erhält einen sogenannten Zentrumsanschliff (Spitzenwinkel 172°–185°, Ausspitzung zur Verkleinerung der Querschneide, Verlängerung der Hauptschneiden durch betonte Spitze, Bild 1 S. 178). Der Spiralbohrer dringt nicht mehr so leicht in den Werkstoff ein. Unrunde Bohrungen mit Grad werden vermieden. Gleiche Ergebnisse werden auch mit Schälbohrern erzielt. Durch ihre kegelige Form lassen sie Bohrungen für bestimmte Durchmesserbereiche zu. Sie haben aber nur eine geringe Zerspanungsleistung (Bild 2).

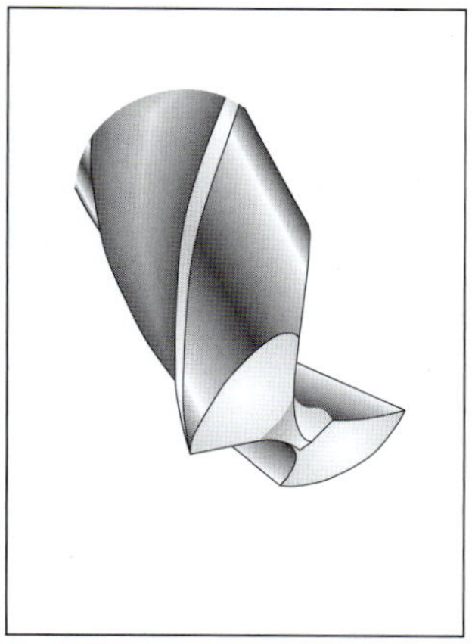

***Bild 1** Zentrumanschliff*

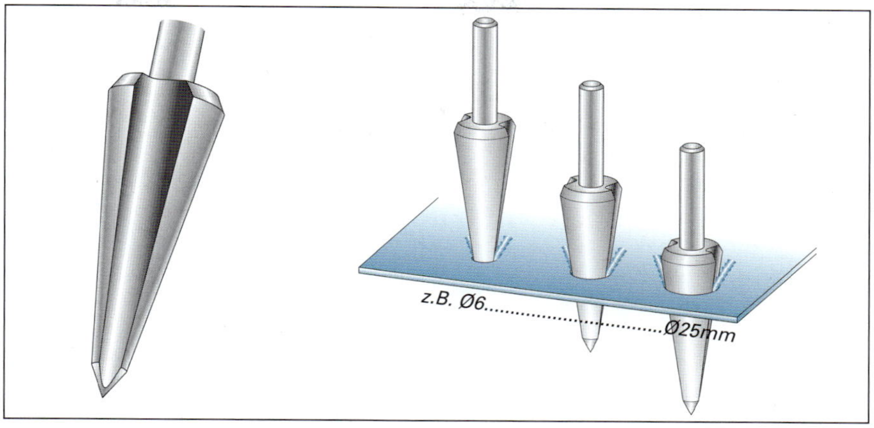

***Bild 2** Blech-Schälbohrer*

Bohrmaschinen – Aufbau Ständerbohrmaschine
Bohrarbeiten in der Werkstatt werden meistens auf Säulenbohrmaschinen ausgeführt. Tischbohrmaschinen eignen sich nur für Bohrungen bis zu 13 mm Durchmesser. Handbohrmaschinen werden dagegen nur für Montagearbeiten oder zu Reparaturzwecken eingesetzt. Die richtige Handhabung und Bedienung einer Säulenbohrmaschine setzt Kenntnisse über deren Aufbau voraus (vgl. Abbildung S. 179).

Das Spannen der Bohrer kann auf zwei Arten erfolgen:

Indirekt über Dreibackenfutter (Schnellspann-Bohrfutter)

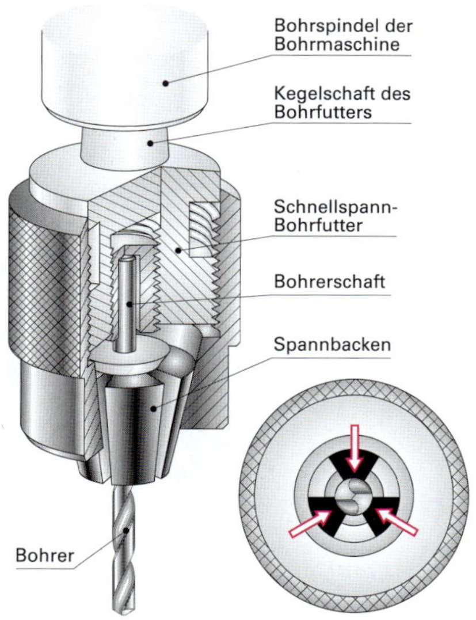

- Für Bohrerdurchmesser bis ca. 13 mm
- Bohrer muss auf dem Grund des Bohrfutters aufsitzen, damit er sich beim Bohren nicht tiefer in das Bohrfutter schiebt
- Für große Spannkräfte eigenen sich Schnellspannfutter, die ohne Schlüssel bedienbar sind
- Bohrfutter hat kegeligen Schaft zur Befestigung in der Bohrspindel der Bohrmaschine

Direkt in der kegeligen Aufnahmebohrung der Bohrspindel

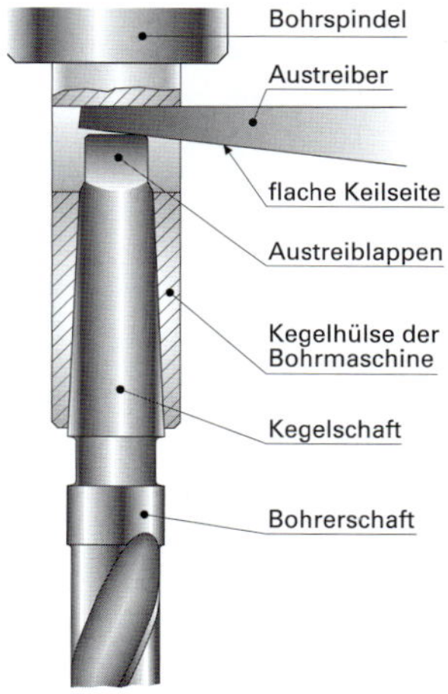

- Bohrer mit größerem Durchmesser haben einen kegeligen Aufnahmeschaft für die direkte Befestigung in der Bohrspindel der Bohrmaschine
- Bohrer mit kleinem Kegelschaft können durch Aufstecken entsprechender Reduzierhülsen dem Innenkegel der Bohrspindel angepasst werden

***Bild 3** Spannmittel für Bohrer*

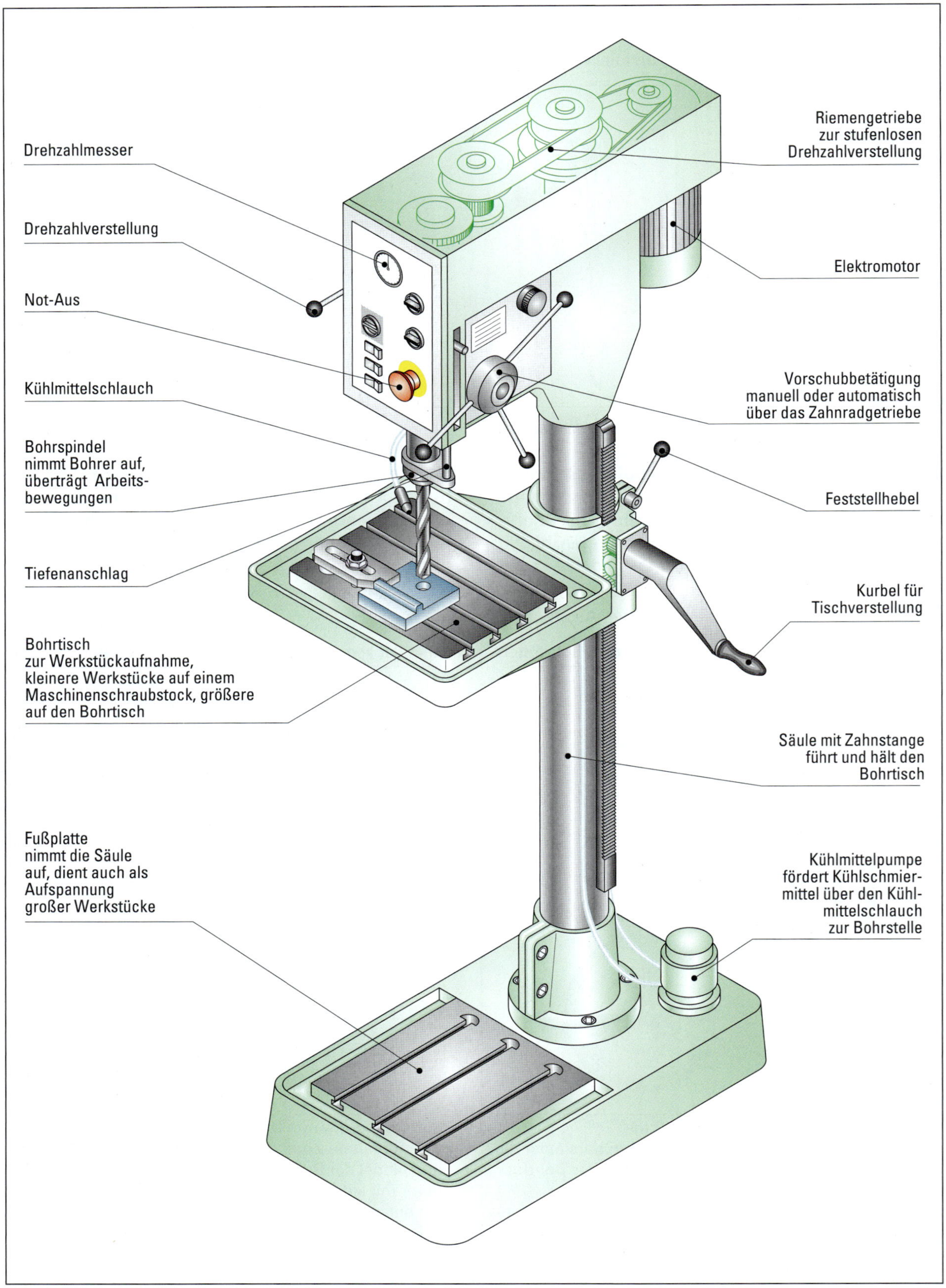

Bild 1 Aufbau einer Säulenbohrmaschine

Arbeitsregeln beim Bohren – Unfallverhütung

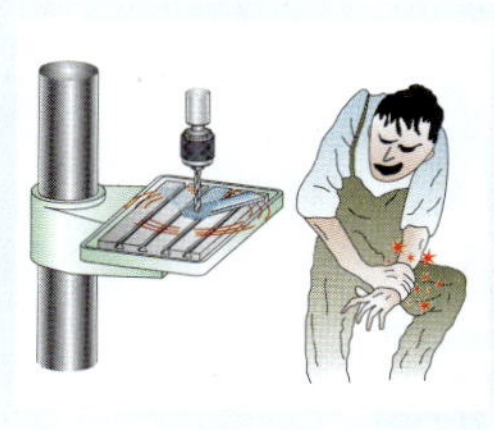

Vorsicht!
Falsches oder unsicheres Spannen der Werkstücke kann zu schweren Unfällen und Verletzungen durch umherfliegende Werkstück führen!

Der rotierende Bohrer versucht das Werkstück in Drehung zu versetzen. Werkstücke daher fest und sicher spannen!

- Werkstücke müssen im Maschinenschraubstock gespannt werden.
- Zylindrische Werkstücke müssen im Bohrprisma aufgenommen werden.
- Beim Bohren von dünnen Blechen können zum Festhalten Feilkloben verwendet werden.
- Größere Werkstücke müssen mit Zwingen oder Spannpratzen auf dem Bohrtisch befestigt werden

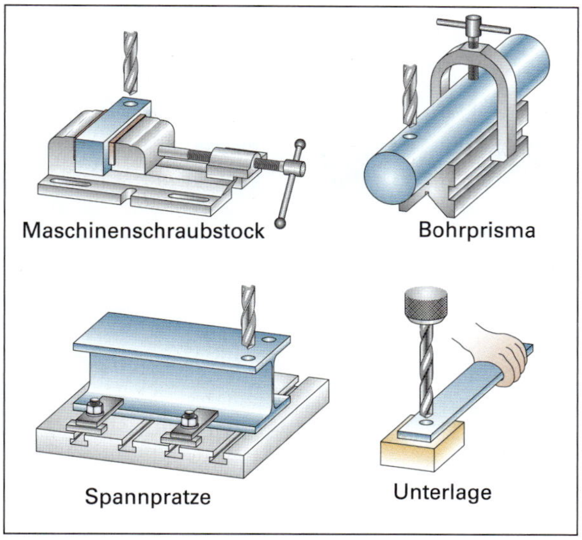

***Bild 1** Werkstückspannmittel beim Bohren*

- Nie ohne Unterlage bohren, damit der Bohrtisch nicht beschädigt wird
- Beim Anbohren einen kleinen Vorschub wählen und auf genaue Zentrierung achten (Kontrollkörner). Verlaufene Bohrungen können nur schlecht korrigiert werden
- Beim Bohren von Hand mit gleichmäßigem Vorschub arbeiten
- Vorschubkraft beim Austreten das Bohrers aus dem Werkstück verringern, da der Bohrer verhaken und brechen kann
- Große Bohrungen vorbohren
- Schräge Flächen vorher anfräsen, damit der Bohrer eine ebene Anlagefläche hat
- Eng anliegende Arbeitskleidung und bei langen Haaren eine Kopfbedeckung (Haarnetz) tragen
- Beim Bohren keine Handschuhe tragen!
- Schutzbrille aufsetzen, wenn kurzspanende, spröde Werkstoffe gebohrt werden
- Bohrspäne mit Pinsel oder Besen stets entfernen
- Werkzeugwechsel nur bei abgeschalteter und stillstehender Bohrspindel

Senken

Gebohrte Löcher werden in jedem Fall entgratet, um Verletzungen an scharfen Rändern zu vermeiden. Dazu verwendet man Kegelsenker, ebenso wie zum Herstellen von Senkungen für Senkkopfschrauben und Senkniete.

Die Befestigungslöcher für die Abdeckplatte aus Aluminium in der Gelenklasche müssen zudem spezielle plane Senkungen erhalten, damit die Schraubenköpfe der verwendeten Zylinderschrauben mit Innensechskant („Inbus®-Schrauben") in der Aluminiumplatte versenkt werden können.

Die Schnittgeschwindigkeit beim Senken darf nur halb so groß sein wie beim Bohren, damit glatte Oberflächen entstehen.

2

Senkerarten und Verwendung

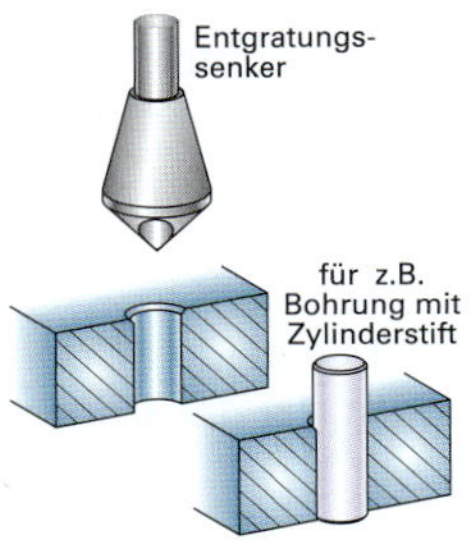	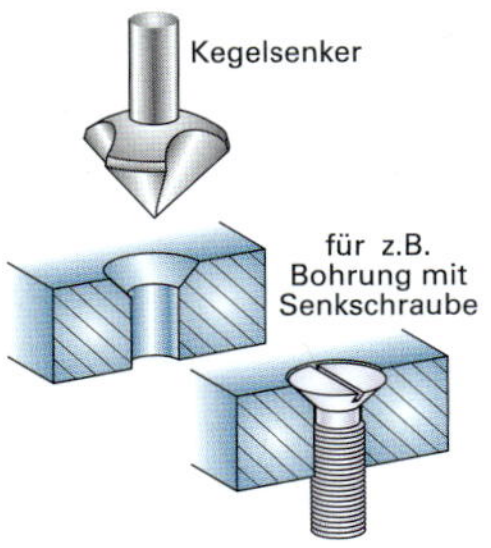	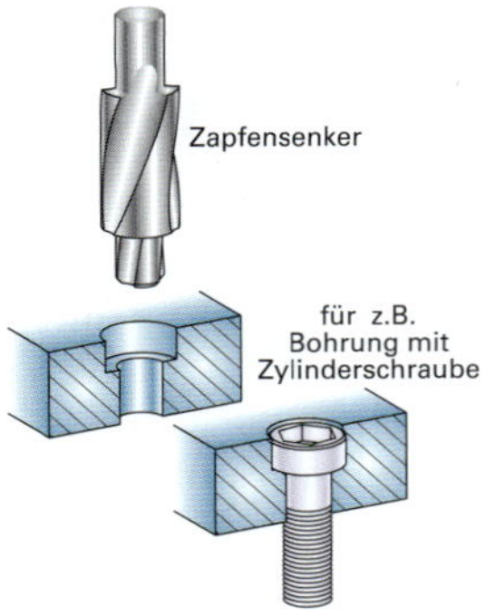
• Entgraten von Bohrungen ➔ Kegelsenker 60°	• Senkungen für Senkniete ➔ Kegelsenker 75° • Senkungen für Senkschrauben, Ansenken von Kernlochbohrungen ➔ Kegelsenker 90°	• Plansenken für ebene Auflageflächen von Schraubenköpfen oder Einsenkungen für Zylinderschraubenköpfe ➔ Flachsenker (Zapfensenker)

Bild 1 Senkerarten

Aufbohren

Aufbohrer werden bei vorgebohrten und vorgestanzten Löchern verwendet. Man setzt sie meist als Vorstufe zum Reiben von größeren Bohrungen ein. Aufbohrer (früher auch Spiralsenker genannt) haben 3 bis 4 Wendelungen mit Führungsfasen. Dies gewährleistet einen bessere Führung in der Bohrung, was die Rundheit und Maßgenauigkeit, Fluchtung und Oberflächengüte verbessert.

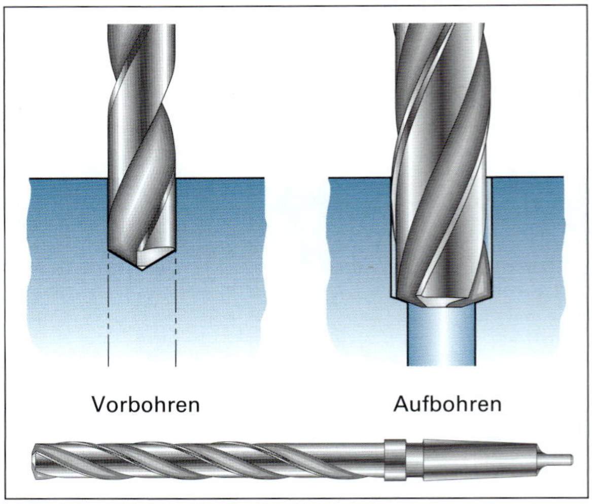

Bild 2 Vorbohren und Aufbohren

1.2.1 Aufgaben zu 1.2

1. Welchen Bohrertyp wählen Sie aus, wenn die Gelenkgabel und die Gelenklasche aus Stahl C45E gefertigt werden?
2. Welchen Bohrerdurchmesser wählen Sie aus, wenn noch eine abschließende Feinbearbeitung durch Reiben erforderlich ist?
3. Bestimmen Sie anhand des Tabellenbuches die erforderlichen Schnittgeschwindigkeiten für das Bohren und Senken der Bohrungen an der Gelenklasche.
4. Beschreiben Sie den Aufbau eines Spiralbohrers.
5. Welcher Zusammenhang besteht zwischen den Winkeln an der Bohrerschneide, den Spiralbohrertypen und dem Einsatzgebiet der verschiedenen Bohrerarten?
6. Welche Fehler können beim Anschleifen von Bohrern gemacht werden? Beschreiben Sie deren Auswirkung auf den Zerspanungsprozess, die Standzeit und die Qualität des Werkstücks.

1.3 Gewindeschneiden

Die Gewindeherstellung erfolgt in der Einzelfertigung oder für Montagezwecke meist von Hand. In der Massenfertigung dagegen schneidet man Gewinde meist auf Bohrmaschinen.

Gewindeschneiden von Hand

Als Werkzeuge benutzt man dazu Handgewindebohrer für Innengewinde und das Schneideisen für Außengewinde (Bild 1).

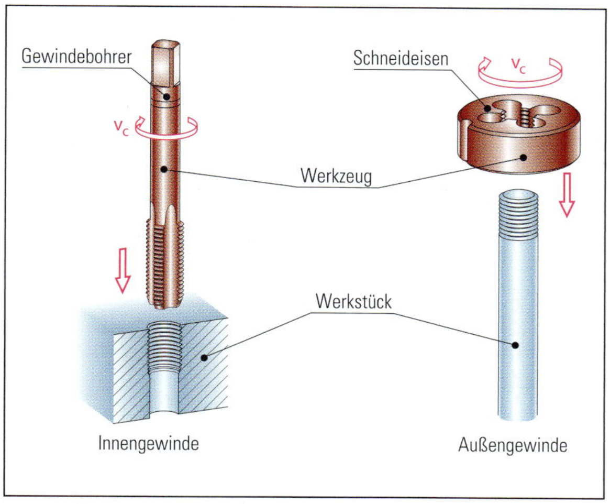

***Bild 1** Schneiden von Gewinden*

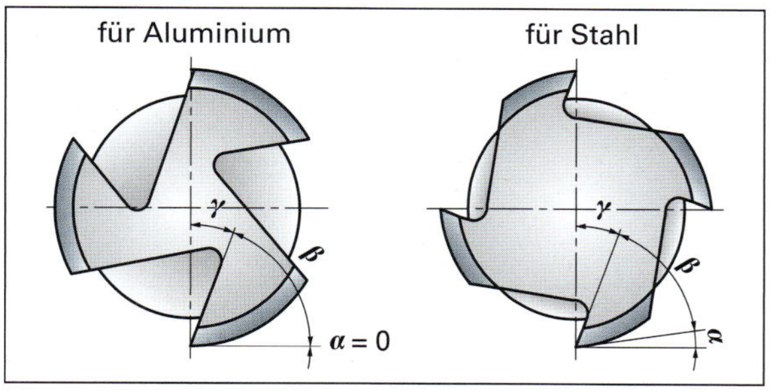

***Bild 2** Schneidkeile an Gewindebohrern*

Die Winkel am Schneidkeil richten sich nach dem zu bearbeitenden Werkstoff. Für weiche Werkstoffe erhält der Schneidkeil einen größeren Spanwinkel zur besseren Spanabnahme. Der Gewindebohrer für Aluminium hat im Gegensatz zum Stahl-Gewindebohrer nur 3 Scheiden (Bild 2). Die Spanräume werden dadurch vergrößert. Der Zerspanvorgang erfolgt am Anschnitt des Werkzeuges. Wie beim Reiben ist beim Innengewindebohrer ein langer Anschnitt erforderlich. Um die Zerspankraft beim Schneiden von Hand zu verringern, wird die Zerspanungsarbeit meist auf 3 Gewindebohrer verteilt (3-teiliger Gewindebohrersatz, Bild 3).

Beim Außengewindeschneiden wird das vollständige Gewinde in einem Arbeitsgang geschnitten. Dazu wird das Schneideisen in den Schneideisenhalten gespannt (Bild 4).

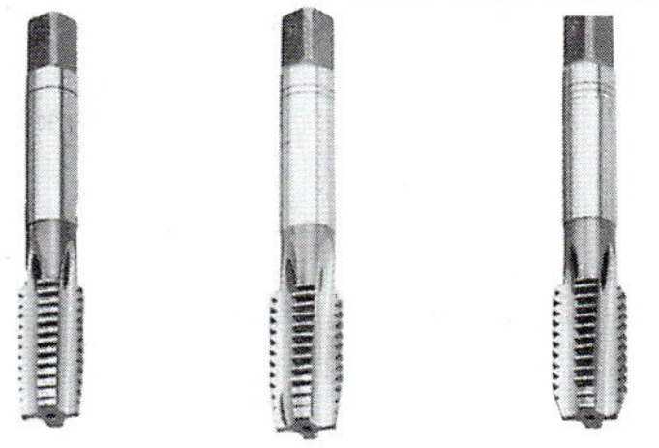

	Vorschneider	Mitteschneider	Fertigschneider
Kennzeichen:	1 Ring	2 Ringe	kein Ring oder 3 Ringe
Zerspanleistung:	50 %	30 %	20 %

***Bild 3** Gewindebohrsatz*

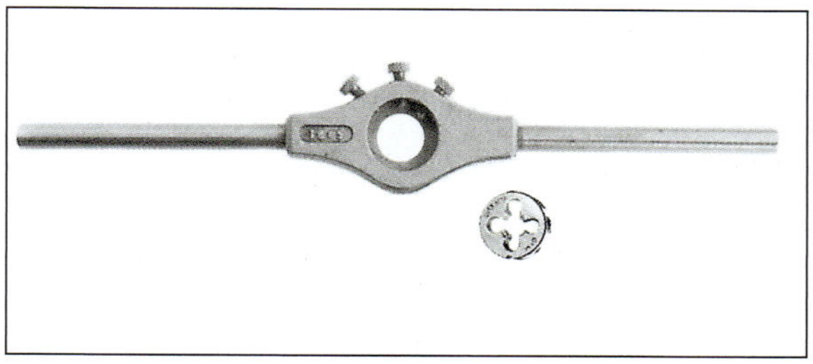

***Bild 4** Schneideisen mit Schneideisenhalten*

Maschinelles Gewindeschneiden

Das Innengewinde M8 in der Gelenklasche (vgl. Bild 1, Seite 191) wird zweckmäßigerweise auch auf der Bohrmaschine geschnitten. Hierzu ersetzt ein **Gewindeschneidapparat** (Bild 5) das Bohrfutter. Der Gewindebohrer führt eine kreisförmige Schnittbewegung aus und schraubt sich dabei selbst in die Bohrung hinein und sorgt so für den axialen Vorschub. Eine Sicherheitskupplung verhindert eine Überlastung des Gewindebohrers und schützt so vor einem möglichen Bohrerbruch. Der Rücklauf mit umgekehrter Drehrichtung erfolgt automatisch durch ein Wendegetriebe.

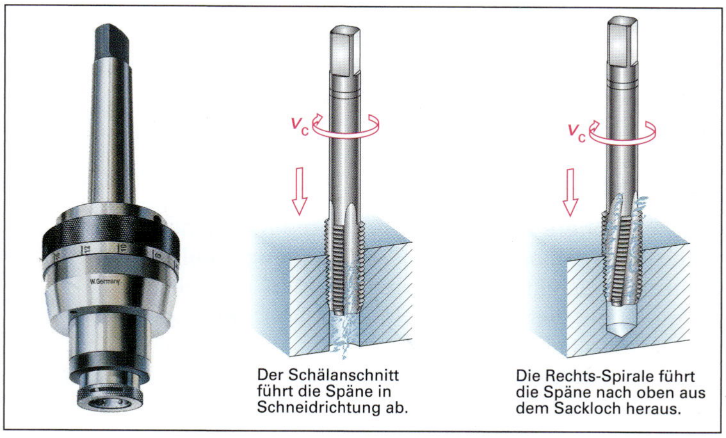

***Bild 5** Maschinelles Gewindeschneiden*

Alle **Maschinengewindebohrer** haben einen kurzen Anschnitt und schneiden das Gewinde in einem Arbeitsgang. Man unterscheidet geradgenutete, linksspiralgenutete und rechtsspiralgenutete Maschinengewindebohrer: Eine Rechtsspirale führt die Späne wie bei einem Spiralbohrer nach oben heraus. Die ist für Grundlöcher erforderlich. Linksspiralgenutete Gewindebohrer führen die Späne dagegen in Schneidrichtung ab. Dadurch wird eine Beschädigung des geschnittenen Gewindes durch die Späne vermieden. Diese Gewindebohrer können bei Durchgangslöchern angewendet werden.

Außengewinde werden in der Einzelfertigung häufig auf Drehmaschinen geschnitten (⇒ **LF 2**, Kapitel 1.6, Seite 206).

Kernloch bohren	Ansenken	Gewindebohren
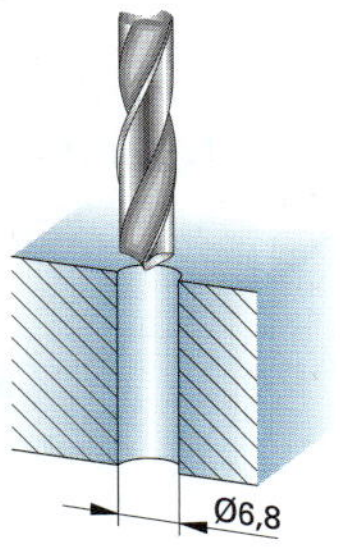	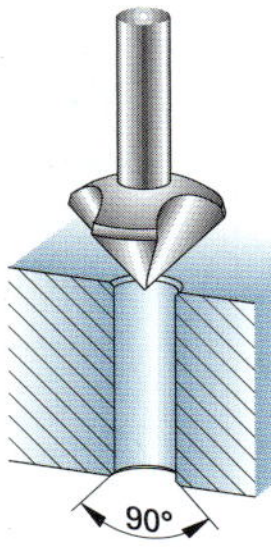	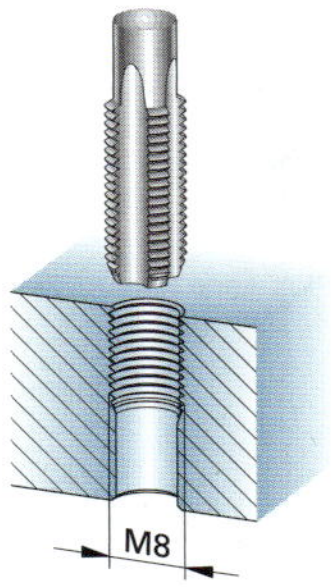
• Der Durchmesser der Kernlochbohrung ist etwas größer als der Kerndurchmesser des Gewindes • Kernlochbohrer-∅ nach Gewindetabellen ermitteln oder • Durch Berechnung: Kernlochbohrer-∅ = Nenn-∅ – Steigung Beispiel: M10, Steigung 1,5 mm ➔ Kernlochbohrer 8,5 mm	• Durch das Ansenken schneidet der Gewindeboher besser an und • die äußeren Gewindegänge werden nicht herausgedrückt.	• Mit 3-teiligen Satzgewindebohrern von Hand oder • Mit Maschinengewindebohrern: mit stark reduzierter Schnittgeschwindigkeit (30 %–50 % im Vergleich zum Bohren) Beispiel: Baustahl S235: Schnittgeschwindigkeit v_c ca. 10–12 m/min

***Bild 1** Arbeitsschritte beim Gewindebohren (Beispiel: M8 Innengewinde):*

Beim Gewindeschneiden muss Schneidöl verwendet werden, damit die Gewindeflanken nicht rau werden und die Funktionstüchtigkeit des Gewindes beeinträchtigen. Beim Schneiden von Hand war es bei älteren Bohrern auch ratsam, nach 2–3 Umdrehungen den Gewindebohrer zurückzudrehen, damit die Späne brechen und aus der Bohrung transportiert werden und der Bohrer nicht abbricht. Bei Gewindebohrern mit Spanbrechernuten ist das nicht erforderlich.

1.4 Reiben

Werden höhere Anforderungen an die Maßgenauigkeit, Formgenauigkeit und Oberflächengüte einer Bohrung gestellt, so muss diese noch zusätzlich aufgerieben werden. Das Reiben kann entweder mit Handreibahlen oder mit Maschinenreibahlen erfolgen. Die Schnittgeschwindigkeit beim Reiben beträgt nur ca. 30 %–50 % des Wertes beim Bohren. Genaue Werte müssen Tabellenbüchern entnommen werden.

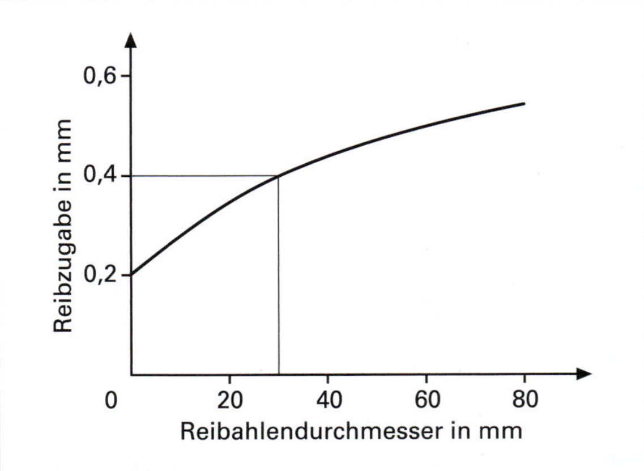

***Bild 2** Reibahlendurchmesser und Reibzugabe*

Voraussetzung für eine günstige und gleichmäßige Schnitttiefe für die Reibahle ist ein möglichst runde Vorbohrung mit geringer Durchmessertoleranz und nicht zu starken Riefen. Deshalb wird bei größeren

2

Bohrungen neben dem Vorbohren meist noch aufgebohrt und anschließend erst gerieben. Die Reibzugabe ist dabei abhängig vom Nenndurchmesser der Bohrung und liegt zwischen 0,2 und 0,5 mm (Bild 1, S. 183).

Aufbau einer Reibahle – Reibvorgang

Eine Reibahle besitzt Schneiden mit einem meist negativen Spanwinkel. Die Schneidkeile wirken schabend und es entstehen kleine Späne. Die geringe Reibzugabe verteilt sich zudem noch auf mehrere Schneiden (zwischen 6 und 12). Das zu zerspanende Volumen ist somit gering. Durch die ungleiche Teilung der Schneidkeile wird die Oberflächengüte noch weiter erhöht. Hätte die Reibahle gleiche Teilung, würden die Späne voraussichtlich immer an der gleichen Stelle und an allen Schneiden gleichzeitig abbrechen. In die Vertiefungen könnten die Zähne einhaken und sogenannte Rattermarken erzeugen. Die gerade Schneidenzahl der Reibahlen bewirkt, dass sich immer zwei Schneiden gegenüberstehen und somit der Durchmesser mit einer Messschraube genau gemessen werden kann. Bei ungerader Schneidenzahl ist dies nicht der Fall, weshalb der Reibahlendurchmesser so nicht bestimmt werden kann.

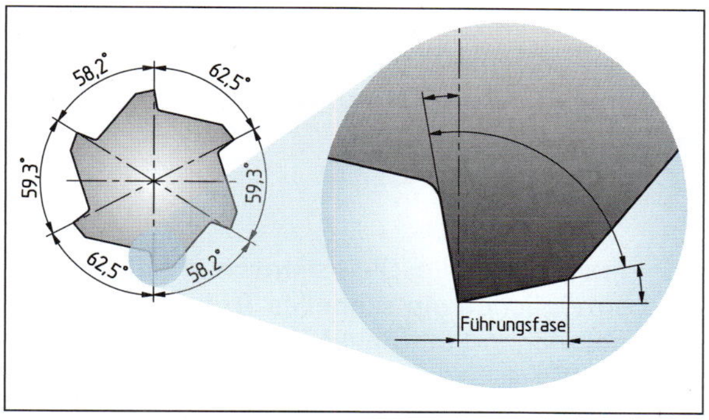

Bild 1 Schneidenteilung an der Reibahle

Handreibahlen besitzen im Gegensatz zu den Maschinenreibahlen lange Schneiden mit einen langen Anschnitt, der das Einführen in die Bohrung erleichtert. Wegen des langen Anschnittes können aber keine Grundlöcher gerieben werden. Sie haben einen zylindrischen Schaft mit Vierkantzapfen zum Ansetzen des Windeisens.

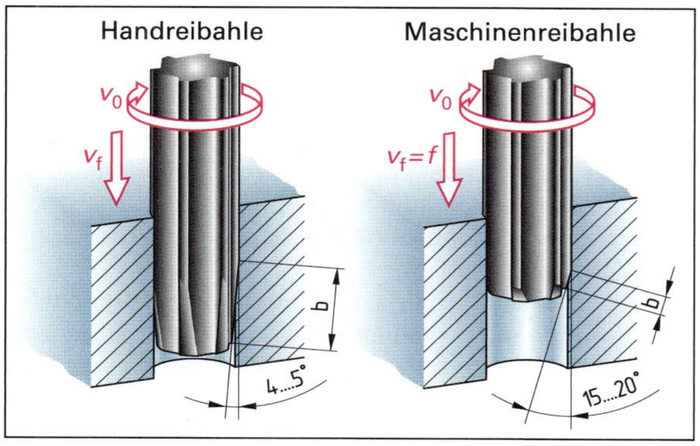

Bild 2 Arten von Reibahlen

Die Schneiden und der Anschnitt der Maschinenreibahlen sind dagegen kurz, da die Führung die Maschinenspindel übernimmt. Durch den kurzen Anschnitt eignen sie sich auch zum Reiben von Grundlöchern (Bild 2).

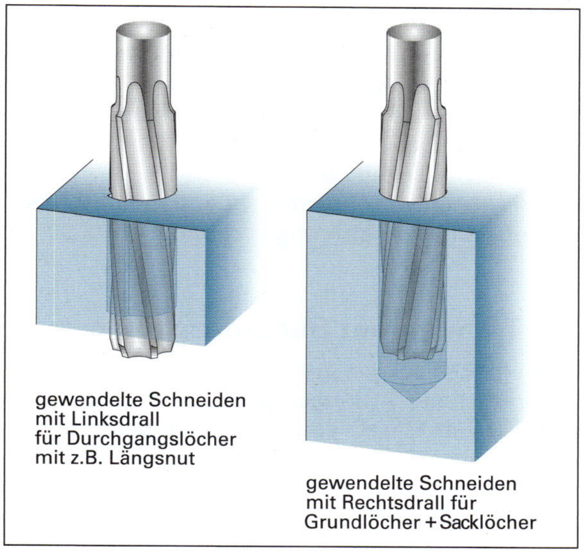

Bild 3 Reibahlen mit gewendelten Schneiden

Nach dem Schneidenverlauf unterscheidet man weiterhin Reibahlen mit geraden mit gewendelten Schneiden.

Bohrungen ohne Unterbrechungen reibt man mit Reibahlen mit geraden Schneiden auf. Bohrungen mit Längsnut erfordern dagegen Reibahlen mit gewendelten Schneiden. Die Schneiden können dadurch nicht an der Nutkante verhaken. Die Wendelrichtung ist entgegen der Drehrichtung gesetzt (Linksdrall). Die Späne werden in Vorschubrichtung abgeführt. Reibahlen mit linksgewendelten Schneiden können daher nur für Durchgangsbohrungen verwendet werden (Bild 3).

Drallgenutete Reibahlen mit Rechtsdrall führen die Späne entgegen der Vorschubrichtung nach oben aus der Bohrung heraus. Diese Reibahlen werden zum Reiben von Grundlöchern eingesetzt. Durch den Rechtsdrall besteht aber die Gefahr, dass die Reibahle in die Bohrung hineingezogen wird (Bild 3).

Neben festen Reibahlen verwendet man manchmal auch verstellbare Reibahlen. Diese können je nach Größe um mehrere Zehntel bis einige Millimeter im Durchmesser verstellt werden (Bild 1, S. 204).

Nachstellbare Handreibahle für Durchgangsbohrungen mit unterschiedlichen Abmaßen (geringe Aufspreizung bis etwa 1/100 Reibahlendurchmesser)

Verstellbare Handreibahle für Reparaturarbeiten und Reiben von Zwischenabmessungen

***Bild 1** Verstellbare Reibahlen*

1.4.1 Aufgaben zu 1.4

1. Welche Bohrungen müssen an der Gelenkverbindung gerieben werden?
2. Wählen Sie eine geeignete Maschinenreibahle aus und geben Sie die erforderliche Schnittgeschwindigkeit für das Reiben an.
3. Mit welchem Durchmesser müssen Sie die aufzureibende Bohrung vorbohren?
4. Worin besteht der wesentliche Unterschied zwischen einer Handreibahle und einer Maschinenreibahle?
5. Warum besitzen Reibahlen eine ungerade Zähnezahl?
6. Welchen Vorteil haben wendelgenutete Reibahlen? Welche Drallrichtung sollen die Wendelnuten haben? Begründen Sie.

1.5 Trennen mit Sägemaschinen

Sägearbeiten spielen in der Metallverarbeitung nach wie vor eine große Rolle. Die elektrischen Antriebe für Sägemaschinen erbringen große Leistungen und Kräfte und ermöglichen ein schnelles Trennen von Rohmaterial. Der Einsatz von Handsägen beschränkt sich heute überwiegend auf Baustellen und Montageeinsatz. Grundsätzlich unterscheidet man drei verschiedene Bauarten:

- Hubsäge (Bügelsäge)

Bügelsägen sind Hubsägen, bei denen sich das Sägeblatt hin und her bewegt. Sie arbeiten je nach Bauart stoßend oder ziehend. Beim Rückhub (Leerhub) wird das Sägeblatt zur Schonung der Schneiden angehoben. Daher sind die Schnittzeiten lang und die Schnittleistung gering. Vorteilhaft ist der robuste Aufbau. Durch die geringen Schnittgeschwindigkeiten ergeben sich außerdem sehr lange Standzeiten für die Sägeblätter. Abhängig vom Werkstoff und der Größe des Werkstücks können die Hublänge und die Schnittkraft eingestellt werden. Der Antrieb dieser Sägen erfolgt meist mechanisch oder hydraulisch.

- Kreissäge

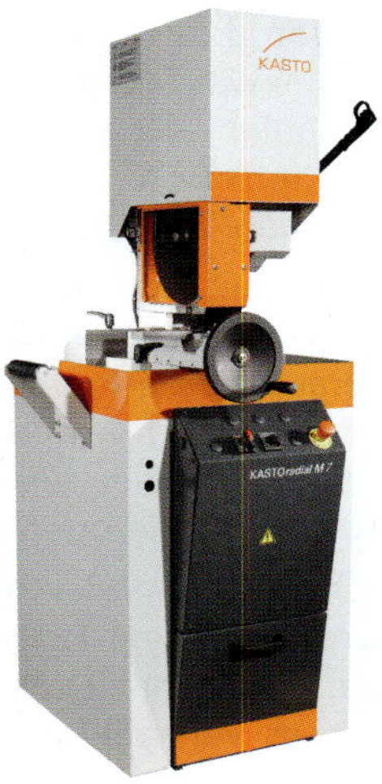

Das Sägeblatt führt eine kreisförmige, endlose Schnittbewegung aus. Maschine und Sägeblatt sind sehr robust gebaut. Kreissägen eignen sich besonders zum Ablängen großer Profilquerschnitte und bei der Massenfertigung.

Bei einfachen Gehrungskreissägen wird der Vorschub manuell durch Schwenken des Handhebels ausgeführt. Hierbei ist ein Sägen nach Anriss möglich. Es kann aber auch der verstellbare Anschlag zum Ablängen auf Maß verwendet werden.

Bei modernen Hochleistungskreissägen passt sich der Vorschub der Schnittkraft an. Durch einen in zwei Ebenen schwenkbaren Sägekopf können sogenannte „Schifterschnitte“ ausgeführt werden.

Mit Kreissägen erzielt man hohe Schnittleistungen bei größeren Schnittverlusten (breiteres Sägeblatt).

Für den Zuschnitt von Systemprofilen zur Fenster- und Türherstellung eignen sich besonders Doppelgehrungskreissägen, mit denen beidseitig in einem Durchgang die Gehrungen geschnitten werden können. Das Sägeblatt fährt hierbei meist von unten oder von der Seite gegen das zu trennende Profil. Ein Sägen nach Anriss ist dabei nicht mehr möglich.

- Bandsäge

Bandsägen trennen Profilstangen und Vollmaterial mit einem endlosen Sägeblatt (Sägeband). Das Band läuft in einem schwenkbaren Bügel über zwei Scheiben um und wird im Schnittbereich von Führungsköpfen geführt. Die Zerspanung erfolgt kontinuierlich mit geradliniger Bewegung. Die Abnutzung der Zähne ist gleichmäßig. Die Profil- und Stabstähle werden in verstellbaren Schraubstöcken gespannt, sodass Gehrungsschnitte ausgeführt werden können. Da auch sehr dünne Sägeblätter verwendet werden, sind die Schnittverluste wegen der dünnen Schnittfuge sehr klein.

Mit Metallbandsägen werden höhere Schnittleistungen als mit Bügelsägen erreicht.

Mit Vertikal-Bandsägen lassen sich außerdem auch komplizierte Innen- und Außenformen herstellen. Man kann das Werkstück von Hand führen.

Beim Einbau des Bandsägeblattes ist auf gute Führung zu achten, da flatternde Bänder festklemmen und brechen.

Sägeblätter

Wie bei allen spanenden Trennverfahren bestimmt auch bei den Maschinensägeblättern der Werkstoff des Werkstücks die Schneidengeometrie und die wichtigen Zerspanungsgrößen Schnittgeschwindigkeit, Vorschub und Zahnteilung.

Freischneiden bei Maschinensägeblättern

Bei Sägebändern und Sägeblättern für Hubsägen erfolgt das Freischneiden durch Schränken und Wellen des Sägeblattes (Bild 1, S. 154). Bei Kreissägeblättern werden die Zähne gestaucht oder es werden breitere Zähne in die Blätter eingesetzt.

Sägeblätter mit Winkelzähnen und Bogenzähnen

Normale Band- und Bügelsägeblätter, sowie kleine, feingezahnte Kreissägeblätter besitzen Winkelzähne mit ebenen Zahnflächen (1). Sägeblätter mit Bogenzähnen (2) können größere Kräfte aufnehmen und erleichtern den Spanabfluss in den günstiger geformten Spanraum. Sie erreichen eine höhere Schnittleistung. Diese Zahnform kommt vorwiegend bei großen Maschinenbügelsägen und Kreissägen zum Einsatz (Bild 1).

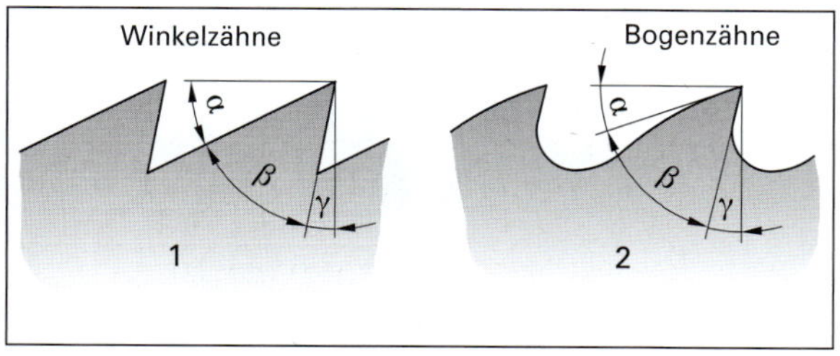

***Bild 1** Zahnformen von Maschinensägeblättern*

Wechselschliff

Beim Wechselschliff an Bügel- und Kreissägeblättern mit kleiner bis mittlerer Zahnteilung sind die Zähne wechselseitig abgeschliffen. Der Span wird dadurch zweigeteilt. Für weiche bis mittelharte Werkstoffe ist dies besonders geeignet (Bild 2).

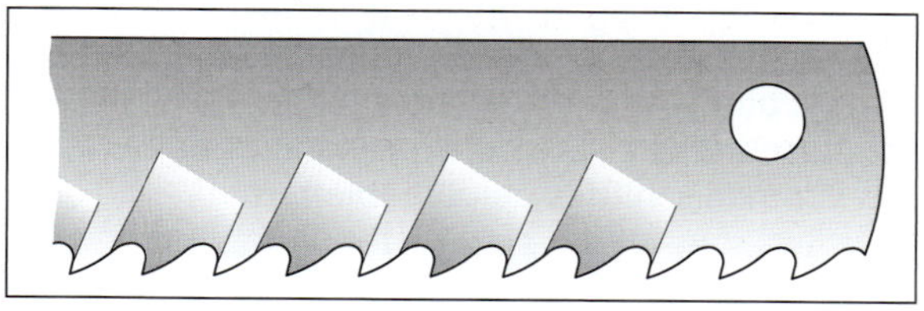

***Bild 2** Wechselschliff*

Vorschneideschliff bei Hochleistungssägeblättern

Bei Hochleistungssägeblättern mit Bogenzahnform werden in vielen Fällen die Zähne abwechselnd als Vor- und als Nachschneider ausgeführt. Jeder zweite Zahn wird an beiden Seiten abgeschrägt, so dass er nur in der Mitte schneidet (Vorschneider). Die anderen Zähne sind im Durchmesser kleiner und schneiden nur an den Ecken (Nachschneider). Durch diesen Schliff wird der Span dreigeteilt. Damit die Seitenreibung verringert und der Kühlschmierstoff besser an die Schneide geführt wird, sind die Zahnrücken seitlich hinterschliffen (Bild 3).

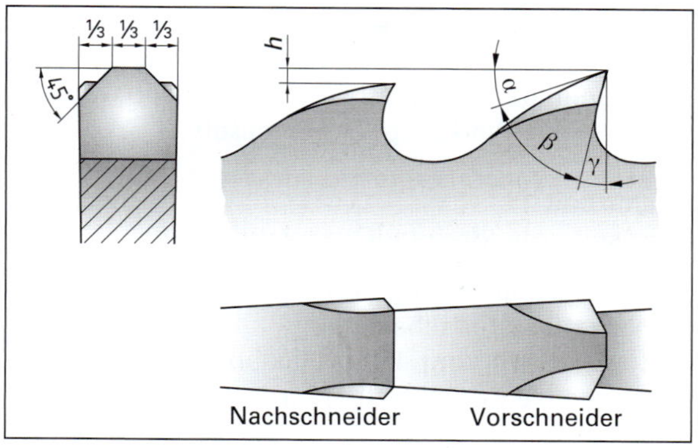

***Bild 3** Vorschneideschliff*

Ausführungsformen von Kreissägeblättern

HSS-Vollstahl-Sägeblätter: Sie neigen wegen ihrer Sprödigkeit beim Sägen von Stahl leicht zum Bruch; sie sind steifer und schneiden präziser als Segmentsägeblätter.

HSS-Segmentsägeblätter: In der Scheibe aus gehärtetem Stahlblech sind auswechselbare Zahnsegmente aus HSS angenietet. Sie sind flexibler und robuster als Vollstahlsägeblätter.

Hartmetallsägeblätter: Statt Zahnsegmenten aus HSS sind einzelne Hartmetallzähne eingelötet. Diese Blätter sind in erster Linie für harte Stähle und Aluminiumlegierungen mit hohem Siliziumanteil, jedoch weniger für zähe Stähle (Baustahl) oder stoßartige Belastung geeignet. Die Standzeit ist dreimal höher als bei HSS-Sägeblättern.

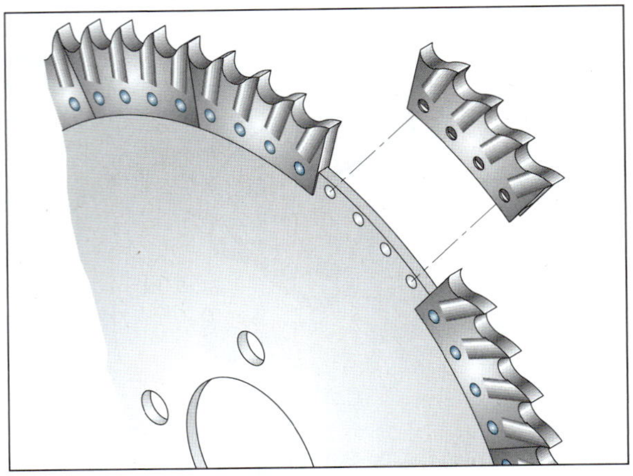

Bild 1 HSS-Segmentsägeblatt

1.5.1 Aufgaben zu 1.5

1. Beschreiben Sie die grundsätzlichen Unterschiede zwischen den drei Bauarten von Maschinensägen hinsichtlich des Einsatzbereiches und der Zerspanungsleistung. Stellen Sie alle Vor- und Nachteile gegenüber.
2. Beschreiben Sie die Besonderheiten des Wechselschliffes bei Sägeblättern.
3. Beschreiben Sie die Besonderheiten des Vorschneideschliffes von Hochleistungssägeblättern.
4. Welche Ausführungsarten von Kreissägeblättern gibt es? Erläutern Sie die Vor- und Nachteile der verschiedenen Kreissägeblätter.

1.6 Drehen

Zur Herstellung der Gelenkgabel muss ein passender Rundstahl auf der Drehmaschine bearbeitet werden. Folgende Arbeiten sind auszuführen:

- Absägen des Rundstahls Rd48 mit einer Zugabe von ca. 2 mm (Maschinensäge)
- Dreharbeit 1: Erste Stirnseite plandrehen – Querplandrehen
- Umspannen des Rundstahls
- Dreharbeit 2: Plandrehen der zweiten Stirnseite (die Gelenkgabel erhält ihre endgültige Länge)
- Dreharbeit 3: Werkstückabsätze drehen. – Längsdrehen
- Dreharbeit 4: Schneiden des Außengewindes

Arbeitsbewegungen beim Drehen:

- kreisförmige Schnittbewegung durch das Werkstück
- geradlinige Vorschub- und Zustellbewegung durch das Werkzeug (Drehmeißel)

Dreharbeit 1:
Stirnseite plandrehen (Querplandrehen)

- Vorschubbewegung erfolgt quer (radial) zur Werkstückdrehachse.
- Zustellbewegung längs (axial) zur Werkstückdrehachse (→ Schnitttiefe a_p.)

Das Plandrehen erzeugt ebene Stirnflächen.

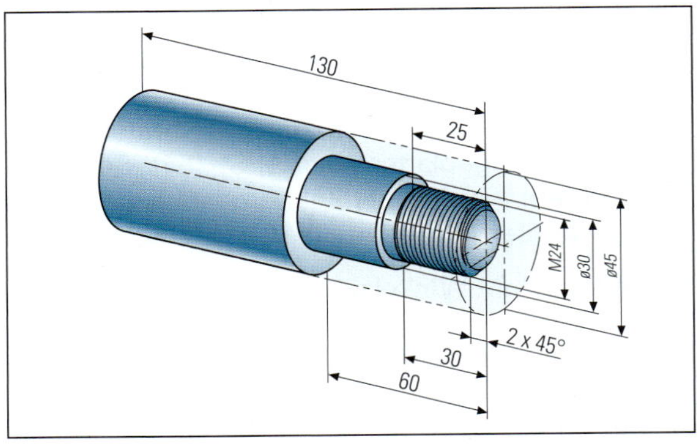

Bild 2 Dreharbeiten an der Gelenkgabel

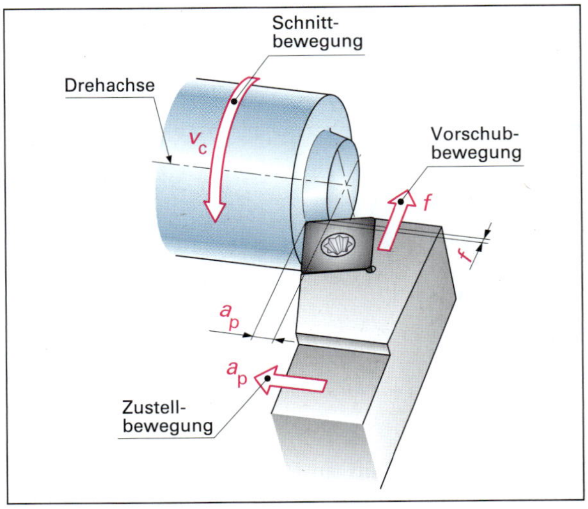

Bild 3 Bewegungen beim Querplandrehen

Dreharbeit 2:
Werkstückabsätze drehen (Längsdrehen)

- Vorschubbewegung verläuft längs (axial) zur Werkstückdrehachse.
- Zustellbewegung erfolgt quer (radial) zur Werkstückdrehachse (→ Schnitttiefe a_p.)

Längsdrehen verringert den Durchmesser, es entsteht eine zylindrische Form.

Dreharbeit 3:
Schneiden des Außengewindes
Das Außengewinde am Gelenkbolzen kann am einfachsten mithilfe eines Schneideisens geschnitten werden (Bild 2 oben). Das Schneideisen wird auf den Zapfen des Bolzens angesetzt, festgehalten und das Dreibackenfutter mit niedrigster Drehzahl betrieben.

Soll das Gewinde mit einem Drehmeißel gefertigt werden, so ist über die Leitspindel der Drehmaschine der richtige Vorschub entsprechend der Gewindesteigung einzustellen und mit einem passend geformten Drehmeißel das richtige Gewindeprofil herzustellen (Bild 2 unten).

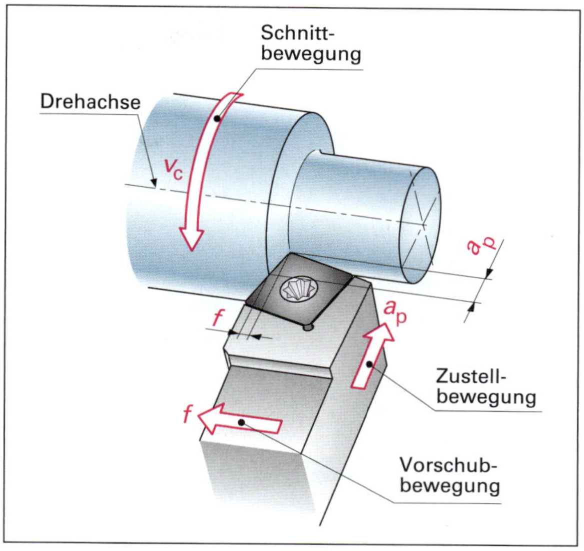

Bild 1 Bewegungen beim Längsdrehen

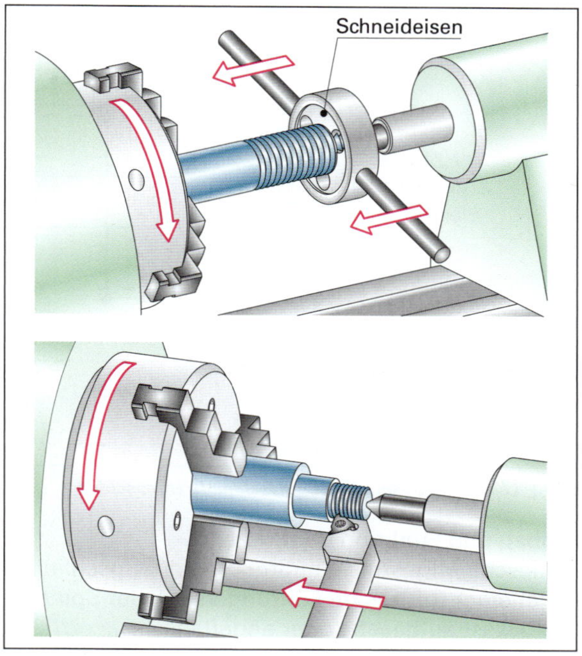

Bild 2 Gewindeschneiden an der Drehmaschine

1.6.1 Aufgaben zum Drehen

1. Um wie viele Millimeter muss die Zustellung bei Längsdrehen erfolgen, damit der Bolzendurchmesser in einem Schnitt von 30 mm auf 24 mm verringert wird?
2. Wie verändert sich die Schnittgeschwindigkeit beim Querplandrehen, wenn der Vorschub den Drehmeißel von außen zum Werkstückmittelpunkt hin bewegt?
3. Tragen Sie die Arbeitsbewegungen beim Querplandrehen und Längsdrehen in die Skizzen ein.

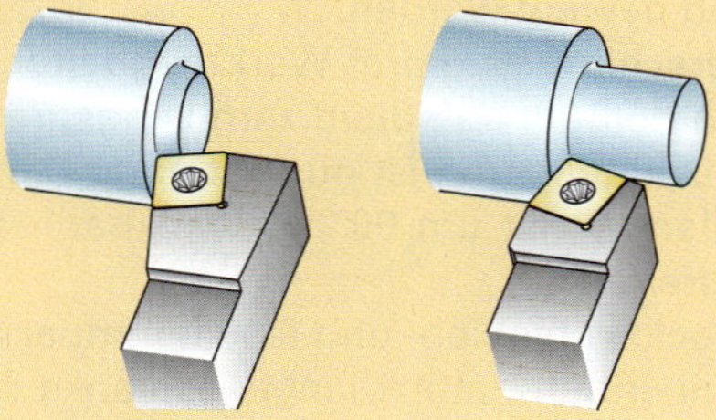

Drehmaschinen
Drehmaschinen für die Produktion von Einzelteilen oder Kleinserien sind sogenannte **Leit- und Zugspindeldrehmaschinen (Universaldrehmaschinen)**. Um diese Drehmaschinen richtig bedienen zu können, muss man deren Aufbau und Funktion kennen (vgl. Bild 1, folgende Seite).

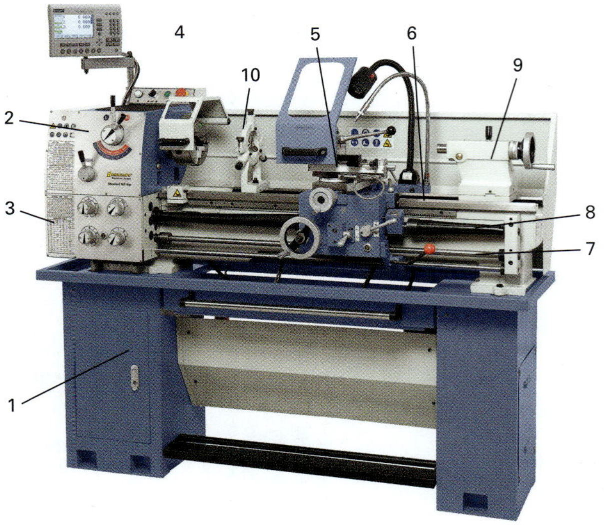

Bauteile

1 Maschinenbett
2 Spindelstock mit Hauptgetriebe und Arbeitsspindel
3 Vorschubgetriebe
4 Spannmittel (z.B. Dreibackenfutter)
5 Werkzeugschlitten mit Oberschlitten und Planschlitten
6 Führungen für Reitstock und Werkzeugschlitten
7 Zugspindel (zum Längsdrehen mit Vorschub)
8 Leitspindel (zum Gewindedrehen)
9 Reitstock
10 Setzstock

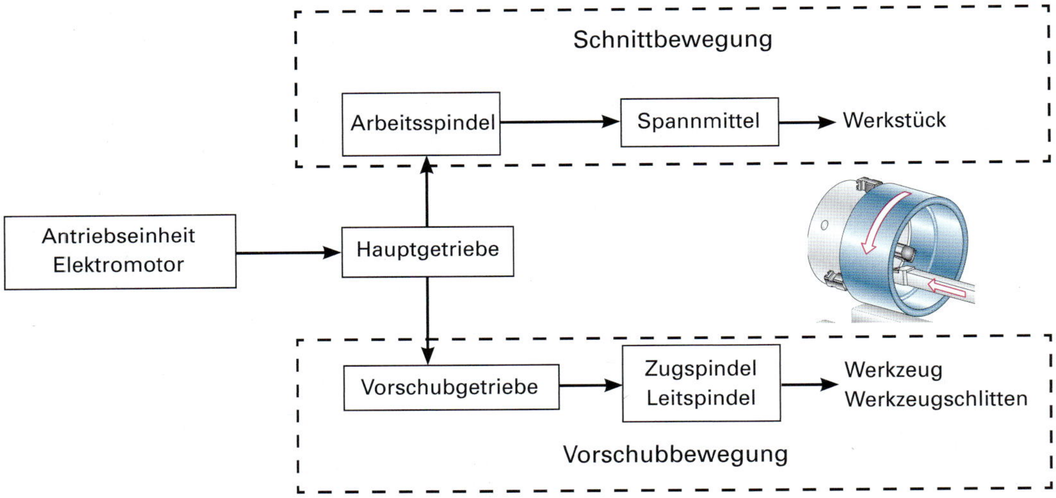

Bild 1 Leit- und Zugspindeldrehmaschine-Drehmaschine

Aufbau und Funktion der Bauteile:

- **Maschinengestell:** nimmt Werkzeugschlitten, Reitstock mit seinen Führungen auf; der Spindelstock ist aufgesetzt oder angeflanscht
- **Hauptgetriebe:** überträgt die Antriebsenergie einerseits zur Arbeitsspindel und andererseits zum Vorschubgetriebe.
  - **Arbeitsspindel:** führt die kreisförmige Schnittbewegung aus (Einstellung der unterschiedlichen Drehzahlen).
  - **Spannmittel:** übertragen die Schnittbewegung auf das Werkstück, als Spannmittel werden verwendet: Dreibackenfutter, Vierbackenfutter, Planscheibe und Spannzangen.
- **Vorschubgetriebe:** zur Übertragung geradliniger Vorschubbewegungen auf den Werkzeugschlitten über die Leitspindel und die Zugspindel.
  - **Zugspindel:** überträgt Vorschubbewegung für das Längs- und Querdrehen.
  - **Leitspindel:** überträgt Vorschubbewegung zum Gewindeschneiden.
- **Werkzeugschlitten:** auf den Führungsbahnen des Drehmaschinenbettes geführt, über die Zugspindel angetrieben
  - **Planschlitten:** dient zum Plandrehen; kann von Hand bewegt werden.
  - **Oberschlitten:** nimmt Werkzeughalter mit den Drehmeißeln auf, dient zum Längsdrehen kurzer Drehteile und ist nur mit einer Handkurbel bedienbar; ist um 90° schwenkbar – zum Kegeldrehen
- **Reitstock:** verschieb- und festklemmbar auf dem Maschinenbett , stützt lange, schlanke Drehteile gegen seitliche Kräfte durch den Drehmeißel ab, Werkzeuge wie Bohrer, Reibahlen und Gewindebohrer können eingespannt werden (Handkurbel zur Vorschubbewegung der Reitstockpinole)

Spannen der Werkstücke

Je nach Größe und Form des Werkstücks verwendet man verschiedene Spannmittel, z.B.

- **Dreibackenfutter mit Innen- und Außenbacken:** Mit einem Vierkantschlüssel werden die Außenbacken zum Spannen runder Wellen und die Innenbacken zum Spannen zylindrischer Hohlkörper gleichmäßig bewegt. Eine Durchgangsbohrung erlaubt das Durchstecken längerer Werkstücke durch das Futter und die Hauptspindel.
- **Planscheibe:** Sie wird zum Festspannen unregelmäßiger oder großer Werkstücke benutzt. Ihre Spannbacken können einzeln und unabhängig voneinander verstellt werden.
- **Spannen zwischen Backenfutter und Reitstock:** Lange Drehteile müssen am anderen Ende durch die Reitstockspitze abgestützt werden, da sie durch die Schnittkraft des Drehmeißels durchgebogen werden. Dazu wird das Drehteil an der Stirnseite mit einer Zentrierbohrung versehen und kann so am freien Ende auf die Zentrierspitze der Reitstockspindel gesteckt werden.

Ein oder mehrere Setzstöcke (Lünetten) unterstützen dabei lange Drehteile und verhindern das Durchbiegen unter dem Einfluss der Schnittkräfte.

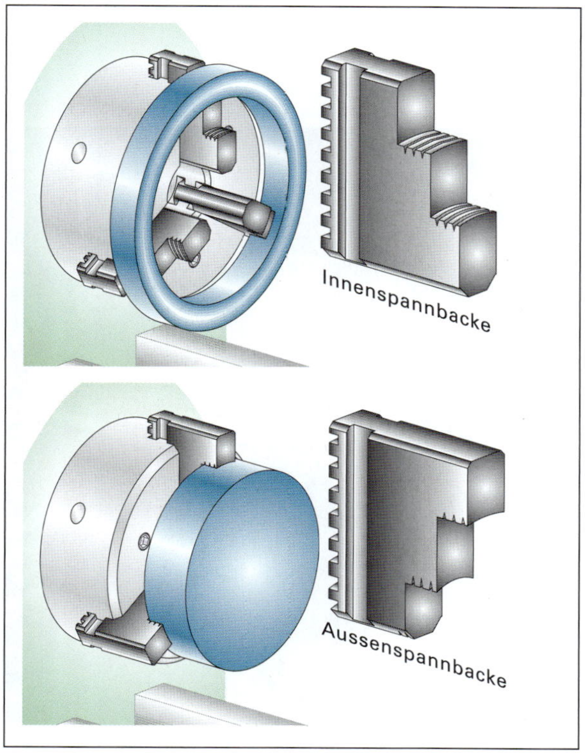

Bild 1 Dreibackenfutter

Bild 2 Planscheibe

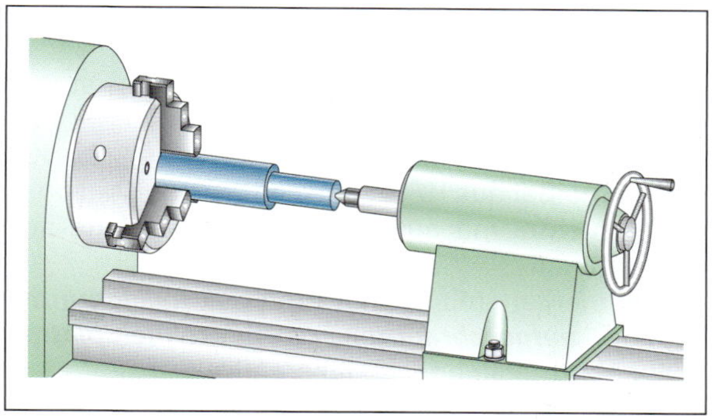

Bild 3 Spannen zwischen Dreibackenfutter und Reitstock

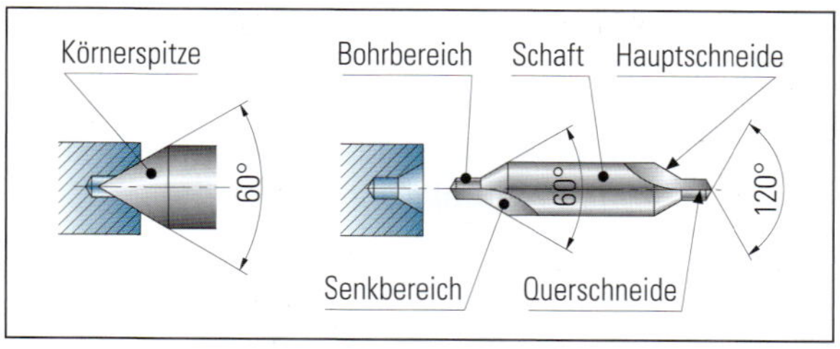

Bild 4 Zentrierspitzen und Zentrierbohrer

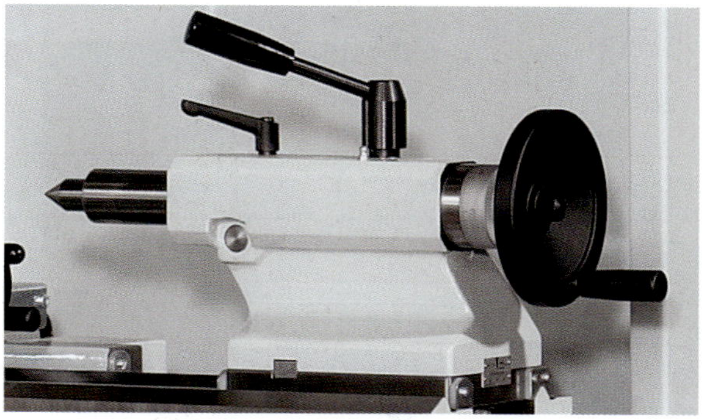

Bild 5 Reitstock

CNC-Drehmaschinen

In der industriellen Fertigung werden zunehmend Drehmaschinen mit numerischer Steuerung eingesetzt (CNC-Maschinen). Ein CNC-Programm (CNC: Computerized Numerical Control = computerunterstützte numerische Steuerung) steuert alle Antriebe (Arbeitsspindel, Leit- und Zugspindel). Das Programm erfasst mithilfe eines Wegmesssystems die aktuelle Werkzeugposition und regelt in Zusammenarbeit mit den Vorschubantrieben den gewünschten Verfahrweg des Werkzeugschlittens. Da Plan- und Oberschlitten gleichzeitig bewegt werden können, lassen sich Kegel- und Kugelflächen drehen. Ein automatischer Werkzeugwechsel steigert die Effizienz für die Serienproduktion. Das Programm wird meist im technischen Büro im Computer aus der CAD-Zeichnung erzeugt, kann aber auch direkt am Bildschirm der Maschine eingegeben werden.

***Bild 1** CNC-Drehmaschine*

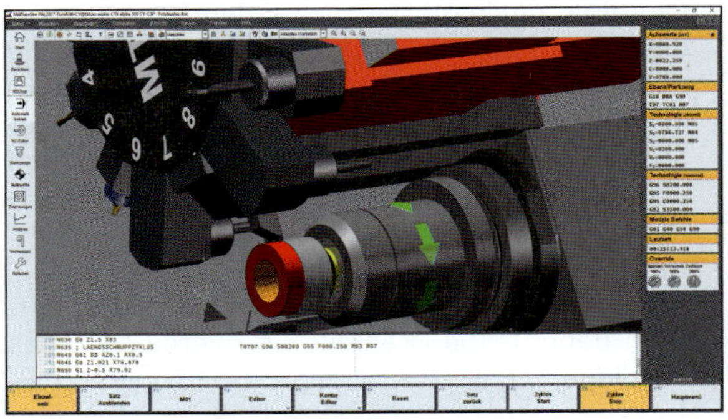

***Bild 2** CNC-Simulationssoftware*

Drehmeißel und Schneidstoffe

Das Spannen der Drehmeißel erfolgt meist mit einem Schnellwechsel-Meißelhalter.
Als Drehmeißel verwendet man:
- Drehmeißel aus HSS-Stahl
- Drehmeißel mit ***aufgelöteter*** Schneidplatte aus Hartmetall
- Drehmeißel mit genormten, ***aufgeklemmten*** oder ***aufgeschraubten Wendeschneidplatten*** aus Hartmetall oder Oxidkeramik

Vorteile der Wendeschneidplatten aus Hartmetall und Oxidkeramik:
- wesentlich höhere Schnittgeschwindigkeiten
- schneller Werkzeugwechsel bei Verschleiß durch Drehen und/oder Wenden der Schneidplatten
- gleichbleibender Schneidengeometrie (geringere Fertigungszeiten)

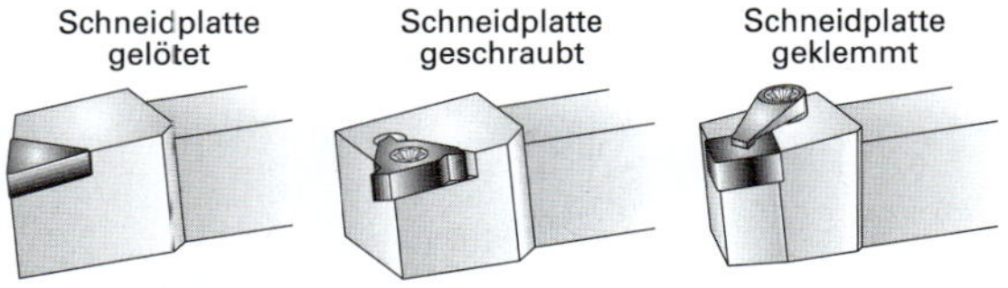

Schneidstoffe	v_c in m/min
Schnellarbeitstahl HSS	20–200
Hartmetalle (HM)	60–200
Keramische Schneidstoffe	100–1600

***Bild 3** Drehmeißel*

***Bild 4** Spannen eines Drehmeißels mit Schnellwechsel-Meißelhalter*

Zerspanungsvorgang
Die erforderliche Oberflächengüte laut Zeichnung und die Wirtschaftlichkeit (Verschleiß, Fertigungskosten) hängen von mehreren Einflüssen ab:

- Schneidengeometrie,
- Einstellwerte,
- Zerspanbarkeit des Werkstoffes.

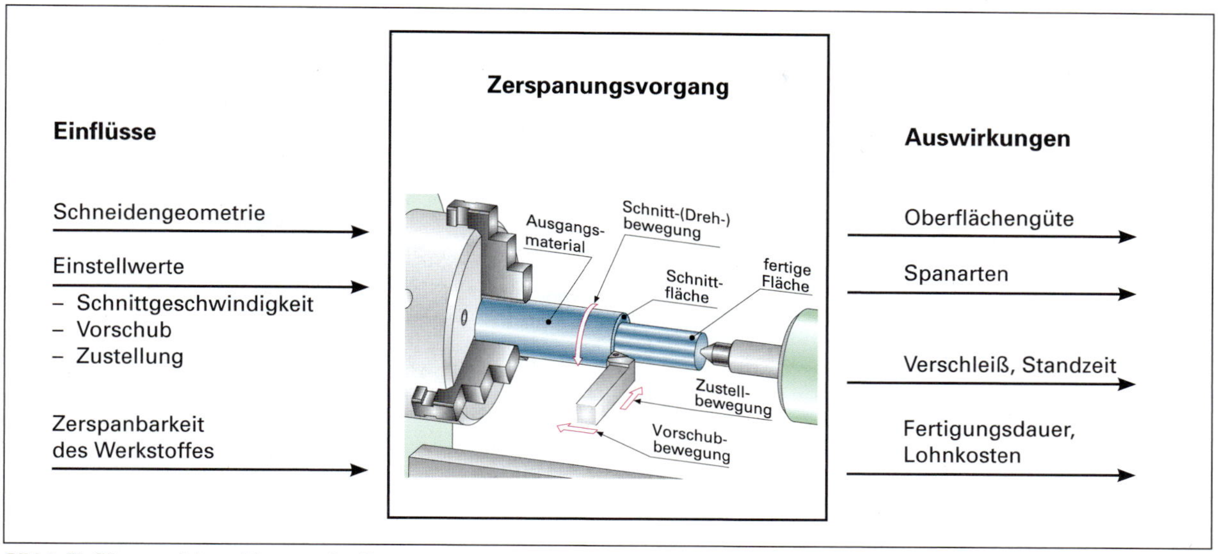

Bild 1 Einflüsse und Auswirkungen des Zerspanungsvorgangs

Einfluss der Schneidengeometrie
Der Drehmeißel besitzt eine keilförmige Werkzeugschneide mit der bekannten Schneidengeometrie (Frei-, Keil-, Spanwinkel).

- Kleine oder gar negative Spanwinkel γ (schabende Wirkung) stauchen den Span und erzeugen sehr kurze, unregelmäßige Reißspäne: → raue Oberflächen.
- Große positive Spanwinkel γ erleichtern das Eindringen der Schneide, die Späne werden nicht gestaucht und gleiten gut ab. Es entstehen lange, zusammenhängend Fließspäne: → sehr glatte Oberflächen.
  Gefahr zu langer Späne: wickeln sich leicht um das Werkzeug oder Werkstück und stören den Drehvorgang oder beschädigen das Werkzeug und/oder das Werkstück.
- Kleine positive Spanwinkel erzeugen Scherspäne: → gute Oberflächenqualität.

Die Schneidkante des Drehmeißels ist auf Werkstückmitte einzustellen, damit die vorgeschriebenen Werkzeugwinkel eingehalten werden.

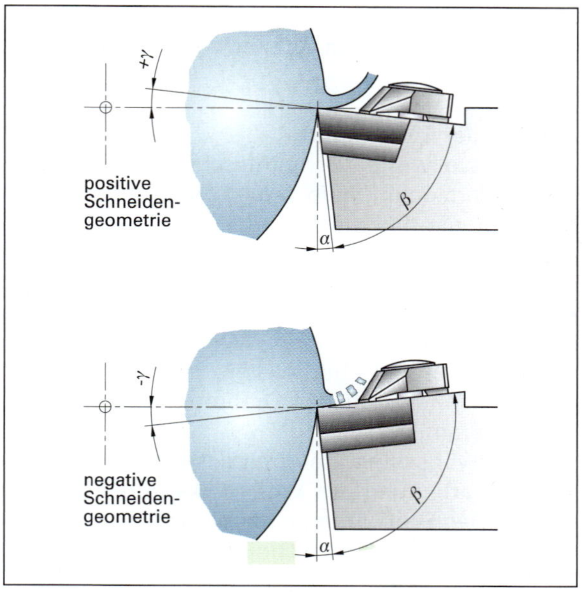

Bild 2 Einfluss des Spanwinkels

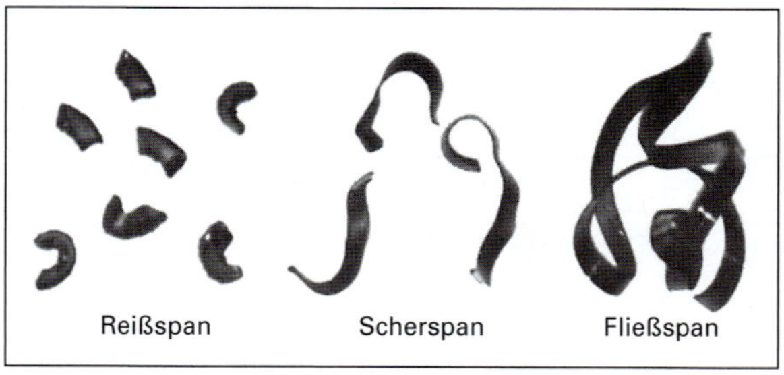

Bild 3 Spanarten

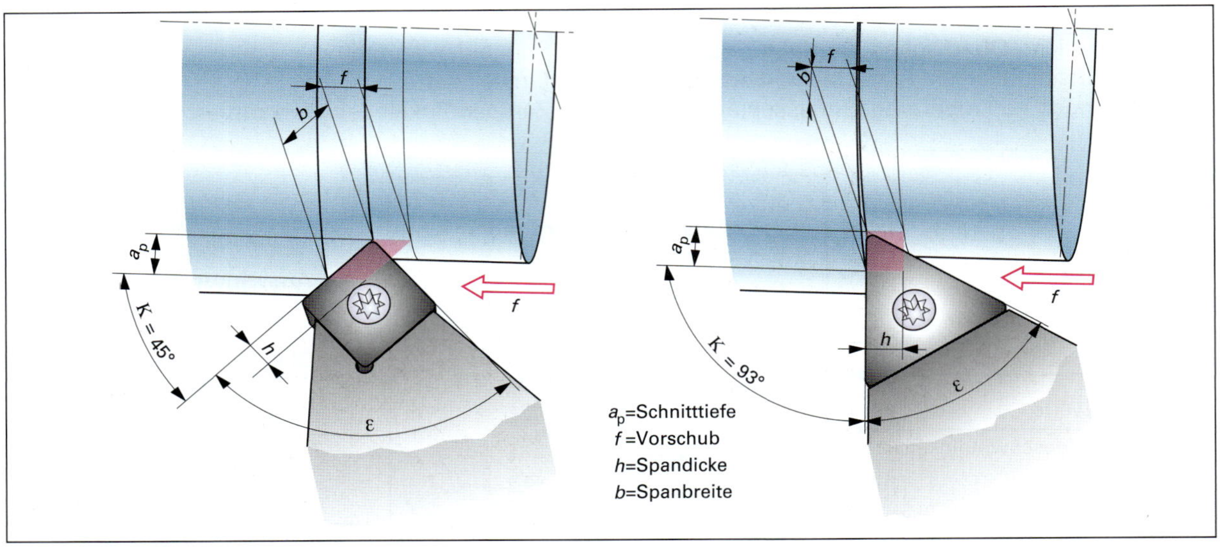

Bild 1 Einstellwinkel, Eckenwinkel

Der Einstellwinkel κ (kappa) und der Eckenwinkel ε (epsilon) beeinflussen ebenfalls die Spanbildung und die Oberflächengüte:

- Eckenwinkel – durch die Schneidplattenform vorgegeben
- Einstellwinkel beim Längsdrehen: 30°–60°
- Einstellwinkel beim Drehen von Absätzen: ca. 93°

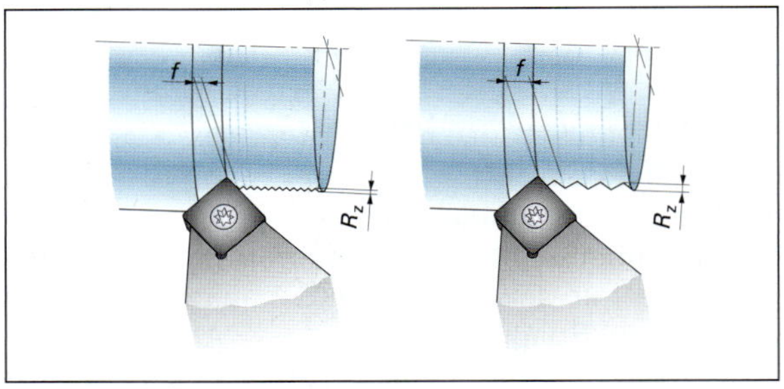

Bild 2 Einfluss Vorschub

Einfluss der Einstellwerte

Die Einstellwerte Schnittgeschwindigkeit, Vorschub und Schnitttiefe haben wesentlichen Einfluss auf die Oberflächengüte, die Standzeit des Werkzeugs und auf die Bearbeitungsdauer und damit die Fertigungskosten. Sie werden in Versuchen ermittelt und hängen in erster Linie ab von:

- dem zu bearbeitenden Werkstoff (Stahlwerkstoff, NE-Metall – hart/weich),
- dem Schneidstoff des Drehmeißels (HSS, HM, Oxidkeramik),
- der gewünschten Standzeit des Werkzeugs und
- der Bearbeitung des Werkstücks durch ***Schruppen*** oder ***Schlichten*** (abhängig von der Oberflächenangabe in der Zeichnung).

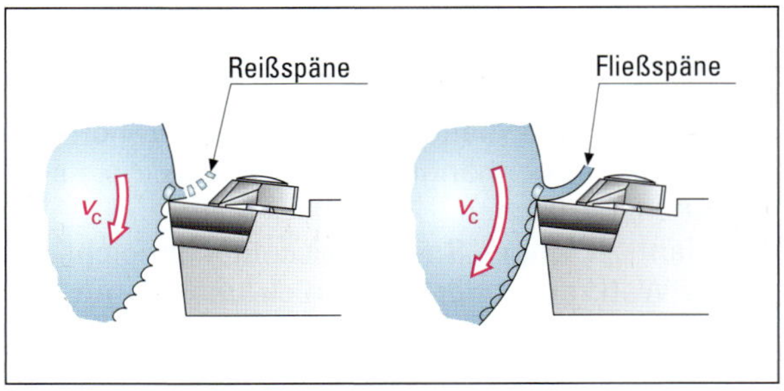

Bild 3 Einfluss Schnittgeschwindigkeit

	Schruppen	Schlichten
Hauptzweck:	große Spanabnahme	feine Oberfläche
Einstellwerte:		
Vorschub	**groß** → große Spanmenge, gerillte, raue Oberfläche (Scher-/Reißspäne)	**klein** → geringes Spanvolumen
Zustellung (Schnitttiefe)		
Schnittgeschwindigkeit	**klein** → Verringerung der Schneidenbelastung	**groß** → Fließspäne hohe Oberflächengüte
Standzeit des Werkzeugs:	**geringer**	**höher**
Bearbeitungsdauer/Fertigungskosten:		

1.6.2 Aufgaben zum Drehen

1. Benennen Sie an der Leit- und Zugspindel-Drehmaschine im Bild unten auf dieser Seite die einzelnen Baugruppen und deren Aufgabe bzw. Funktion. Stellen Sie diese in einer Übersicht nach Muster dar.

Nr	Baugruppe	Aufgabe
1	Gestell	Unterbau der Maschine
2	Spindelstock	usw.

2. Ausgangsprofil für den Drückerhals ist ein Vierkantprofil. Die Kontur wird durch Drehen gefertigt.

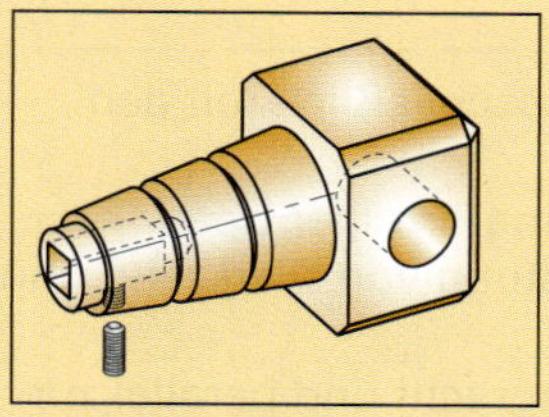

a) Welches Spannmittel wird gebraucht?
b) Skizzieren Sie den Drehmeißel im Eingriff zum Vordrehen der zylindrischen Form
c) Wie kann die kegelige Endform erzeugt werden?

3. Nennen Sie zwei Vorteile von Schnellspann-Einrichtungen für Drehmeißel.

4. Was gibt die Standzeit eines Drehmeißels an? Wovon hängt sie ab?

5. Nennen Sie drei kennzeichnende Merkmale von CNC-Drehmaschinen

6. Vergleichen Sie einen Drehmeißel aus HSS und einen mit HM-Schneide.
a) mögliche Schnittgeschwindigkeit *v*
b) Standzeit

7. Warum sind Fließspäne beim Drehen nicht erwünscht?

8. Der Gesenkzapfen aus C60 wird aus einem Rd20 mit einem HM-Drehmeißel hergestellt. Der Rohling ist bereits beidseitig plangedreht. Der Zapfen soll durch Längsdrehen geschlichtet werden.

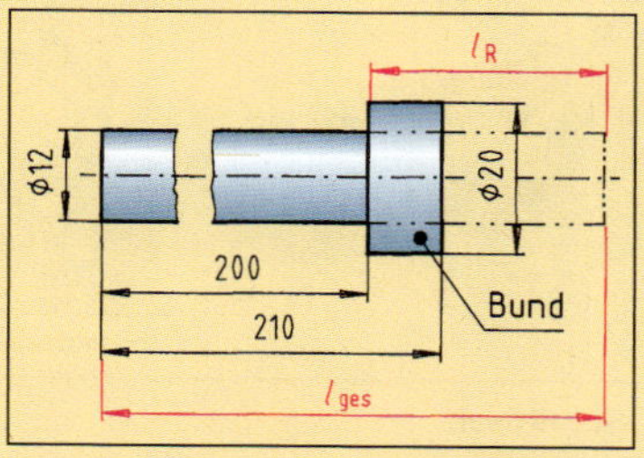

a) Bestimmen Sie die die Anzahl der erforderlichen Schnitte für Schruppen und Schlichten und die jeweilige Schnitttiefe.
b) Wählen Sie geeignete Einstellwerte für Schnittgeschwindigkeit *v* und Vorschub *f*, getrennt nach Schruppen und Schlichten

2

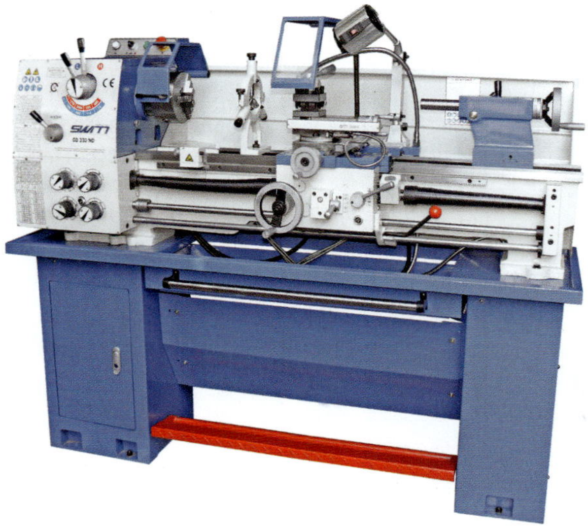

Bild zu Aufgabe 1

1.7 Fräsen

Die Gelenklasche wird nach dem Ablängen mit der Säge auf einer Fräsmaschine bearbeitet.
Folgende Arbeitsschritte sind durchzuführen:

- prismatischen Grundkörper fräsen
- Werkstückabsätze fräsen
- Nut fräsen

Abschließend fallen noch Bohrarbeiten an.

Fräsverfahren

Die Schneiden des rotierenden Fräsers zerspanen den Werkstoff, indem sie nacheinander in den Werkstoff eindringen und jeder Zahn dabei einen Span abhebt. Es entsteht im Gegensatz zum Drehen ein unterbrochener Schnitt.

Bild 1 Gelenklasche des Stahlgelenks

Je nach Lage der Fräserachse werden verschiedene Fräsverfahren unterschieden:

Fräsverfahren		Abbildung	Merkmale
	Umfangsfräsen	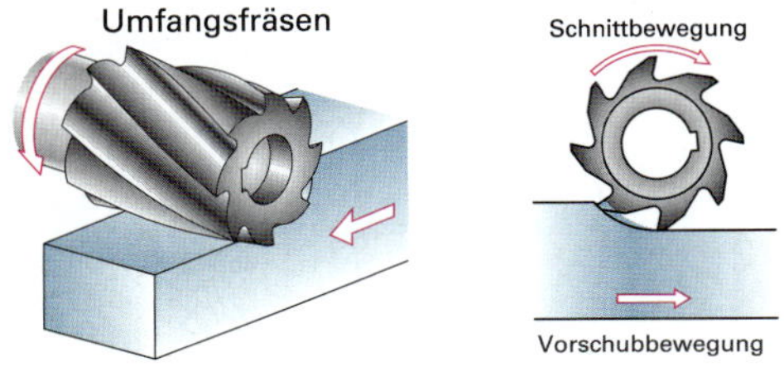 	• Zerspanung erfolgt ausschließlich mit den Umfangsschneiden • unregelmäßiger, kommaförmiger Span • ungleichmäßige Belastung von Werkzeug und Fräsmaschine • Fräserachse steht waagrecht und parallel zur Bearbeitungsfläche (Waagrechtfräsen)
	Stirnfräsen	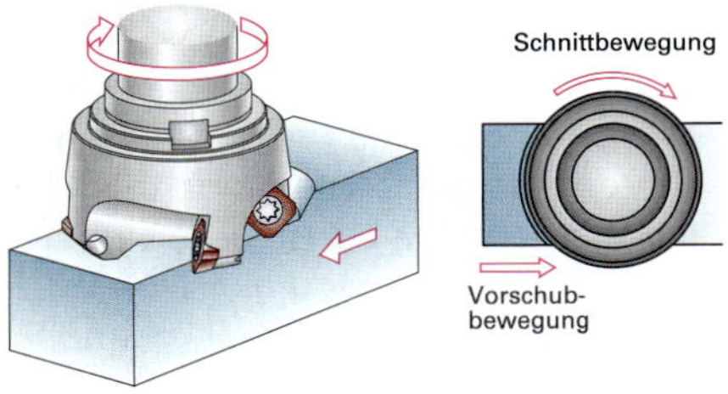 	• Zerspanung erfolgt mit den an der Stirnseite liegenden Nebenschneiden des Fräsers (meist ein Messerkopf) • Späne haben annähernd gleichbleibenden Querschnitt • gleichmäßigere Werkzeug und Maschinenbelastung • Fräserachse steht senkrecht zur Bearbeitungsfläche (Senkrechtfräsen)
	Stirn-Umfangsfräsen	**Stirn-Umfangsfräsen** 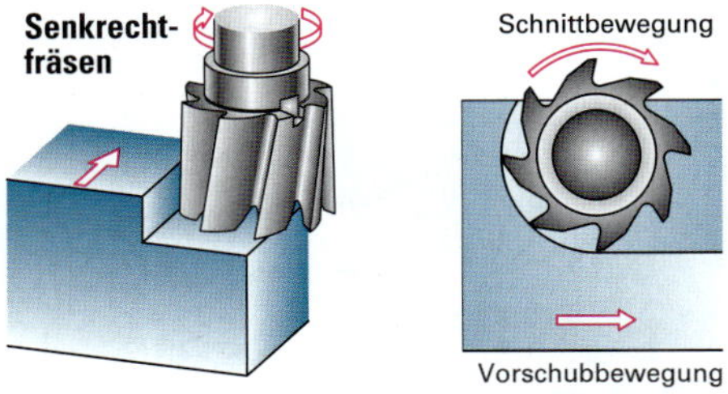 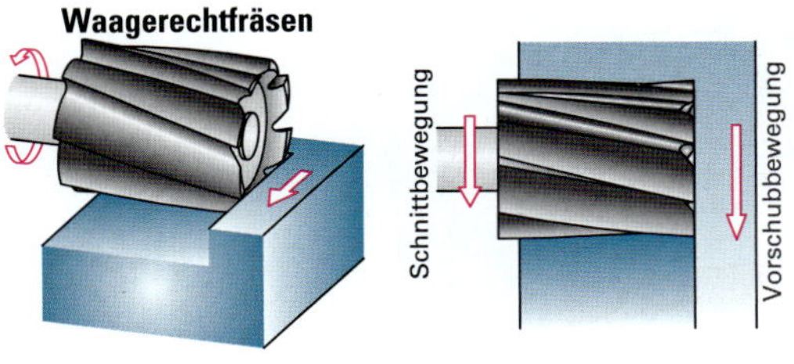 	• Zerspanung erfolgt mit den Umfangs- und Stirnschneiden zugleich • Erzeugung zweier gefräster Flächen in einem Arbeitsgang • Fräserachse steht zugleich parallel und senkrecht zu den Bearbeitungsflächen • Stirn-Umfangsfräsen kann als Senkrechtfräsen (Bild links) oder als Waagrechtfräsen (Bild rechts) ausgeführt werden.

Umfangsfräsen im Gegenlauf und Gleichlauf
Nach der Richtung von Vorschub- und Schnittbewegung zueinander unterscheidet man das Fräsen im Gegenlauf oder Gleichlauf.

Gegenlauffräsen: Schnitt- und Vorschubbewegung sind einander entgegengesetzt. Vor der Spanabnahme gleitet der Schneidkeil auf der Werkstückoberfläche. Diese Reibung kann die Frei- oder Schnittfläche beschädigen. Der Spanwerkstoff muss auf eine bestimmte Dicke gestaucht werden, bevor ein Span abgetrennt werden kann. Durch das elastische Verhalten federt ein Teil des angestauchten Werkstoffs zurück. Dies verschlechtert die Güte der Oberfläche. Es entstehen Rattermarken. Vorteilhaft ist dieses Verfahren jedoch bei Werkstücken mit einer harten Oberfläche (z. B. Walz- oder Gusshaut). Die Schneide trifft von innen auf die harte Oberfläche und sprengt diese ab. Dadurch wird der Schneidkeil nicht zusätzlich beansprucht.

Gleichlauffräsen: Schnitt- und Vorschubbewegung sind gleichgerichtet. Die Spanabnahme beginnt mit der größten Dicke des "kommaförmigen" Spans. Ein Anstauchen des Spanwerkstoffes erfolgt hier nicht. Die unerwünschte Reibung und Rückfederung entfällt. Damit sind die Voraussetzungen für gute Oberflächenqualitäten gegeben. Das Gleichlauffräsen ist jedoch nur auf Maschinen ohne Spiel in der Vorschubspindel möglich.

Wird beim Stirnfräsen der Fräser mittig angestellt, so treten Gleich- und Gegenlauffräsen gleichermaßen auf; ihre Wirkungen heben sich jedoch gegenseitig auf.

Fräsmaschinen
Umrüstbare Universalfräsmaschinen erlauben alle gängigen Fräsverfahren, da sie eine senkrechte und eine waagrechte Frässpindel besitzen:

- Vertikal- und Horizontalspindel jeweils mit eigenem Antrieb
- Vertikalfräskopf manuell in 2 Ebenen schwenkbar (beliebige Winkel einstellbar)
- Frästisch in der X-Achse schwenkbar
- automatische Vorschübe und Eilgänge in allen 3 Achsen
- Bedienfeld über schwenkbaren Ausleger gut positionierbar

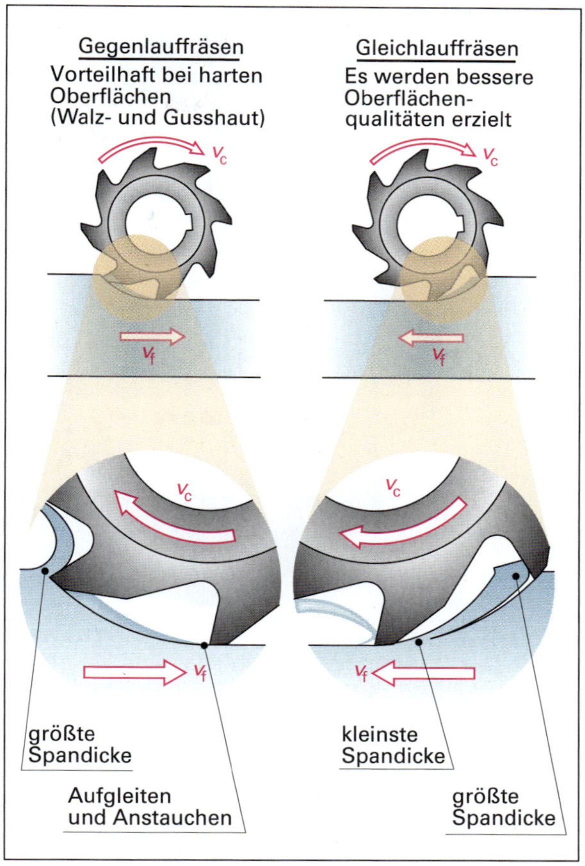

Bild 1 Umfangsfräsen im Gleich- und Gegenlauf

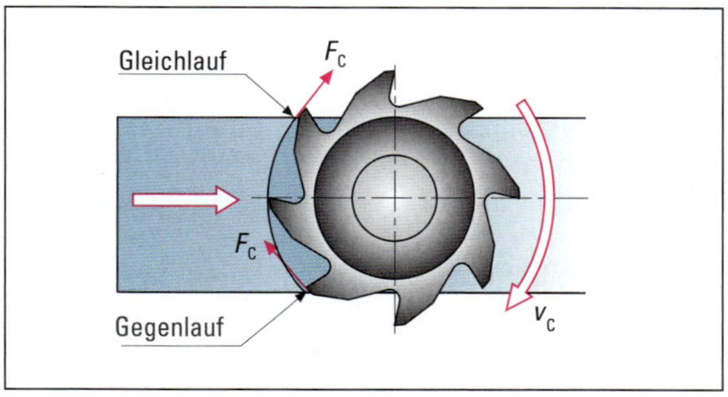

Bild 2 Stirnfräsen im Gleich- und Gegenlauf

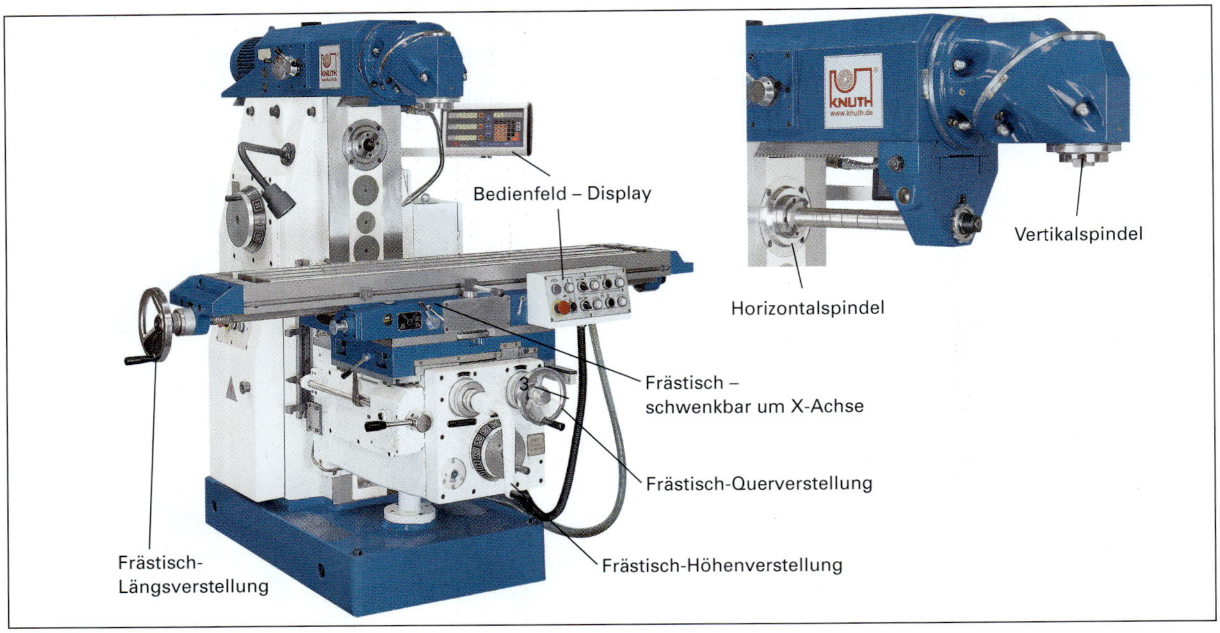

Bild 1 Universalfräsmaschine

Spannmittel für Werkzeug und Werkstück

Beim Fräsen wirken sehr große Schnittkräfte, sodass Werkstücke besonders sicher gespannt werden müssen. Zum Spannen werden Maschinenschraubstöcke oder Spannvorrichtungen verwendet. Der Schraubstock wird mit Spannschrauben auf dem Maschinentisch befestigt. Mit entsprechenden Werkstückspannern kann auch direkt auf dem Maschinentisch gespannt werden. Bei modernen Werkzeugmaschinen und Maschinen für die Serienproduktion (CNC-Maschinen) werden die erforderlichen Spannkräfte pneumatisch oder hydraulisch erzeugt. Dadurch ergeben sich sehr große Spannkräfte und sehr kurze Spannzeiten.

Die großen Schnittkräfte wirken auch am Umfang des Fräsers und müssen sicher von der Frässpindel auf den Werkzeugspanner auf den Fräser übertragen werden. Entsprechend der Vielzahl der Fräser sind auch verschiedenartige Werkzeugaufnahmen erforderlich.

Spindelköpfe (Bild 2)

Am Ende der Arbeitsspindel (Hohlspindel) ist ein Innenkonus (ISO-Steilkegel 1:3,429) zur zentrischen Aufnahme von Werkzeugspannern vorhanden. Eine im Innern der Hohlspindel befindliche Zugstange zieht die Werkzeugspanner fest in den Konus. Größere Fräser (z. B. Messerköpfe) können auch an der Stirnseite der Spindeln angeschraubt werden. Die Werkzeuge werden durch einen zylindrischen Ansatz auf der Spindel zentriert und durch zwei Mitnehmersteine gegen Verdrehen gesichert.

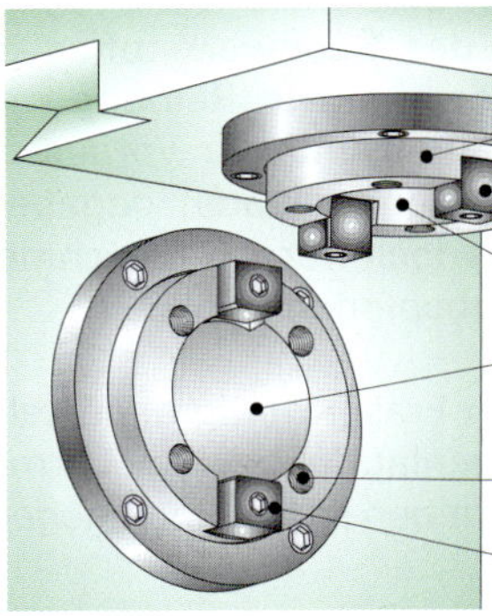

Bild 2 Vertikal- und Horizontalspindelkopf

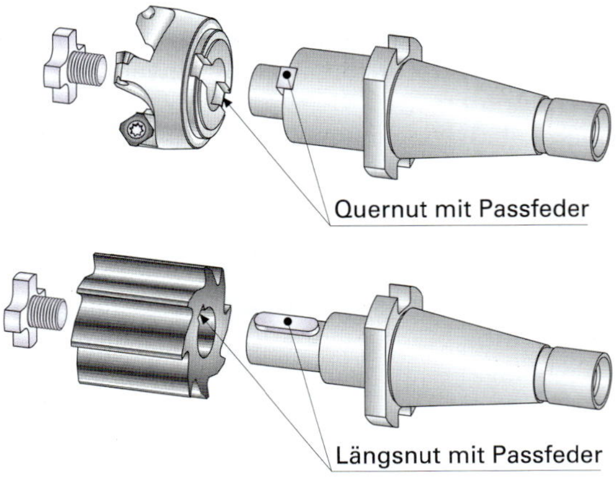

Bild 3 Aufsteckfräsdorne

2

Aufsteckfräsdorne (Bild 3, Seite 216)
Mit Aufsteckdornen werden Fräser mit zylindrischer Aufnahmebohrung gespannt. Die großen Kräfte werden durch Passfedern vom Dorn auf den Fräser übertragen. Die Fräser besitzen zur Aufnahme der Passfedern entweder eine Längsnut oder eine Quernut.

Langer Fräsdorn (Bild 1)
Der lange Fräsdorn mit ISO-Steilkegel dient zum Spannen von Walzenfräsern, Scheibenfräsern, Satzfräsern und Abwälzfräsern. Um die Fräser in verschiedenen Lagen auf den Fräsdorn zu platzieren, werden Fräsdornringe verschiedener Länge auf den langen Fräsdorn gesteckt.

Fräserspannfutter (Bild 2)
Zum Spannen von Bohrern, Fräsern und Reibahlen mit zylindrischem Schaft benutzt man Fräserspannfutter. Verschiedene Spannzangen ermöglichen die Aufnahme verschiedener Schaftdurchmesser der obengenannten Werkzeuge.

Fräswerkzeuge
Fräsewerkzeuge unterscheiden sich im Wesentlichen durch ihren Anwendungszweck. Entsprechend der vielfältigen Anwendungen ist auch eine Vielzahl von Fräswerkzeugen entwickelt worden.

Schneidstoffe für Fräser
Fräser werden in der Regel aus hochlegiertem Werkzeugstahl (HSS) hergestellt, damit die hohe Zerspanungsleistung auch erreicht werden kann. Bei besonders hohen Anforderungen, insbesondere in der CNC-Fertigung mit den dort üblichen hohe Schnitt- und Vorschubgeschwindigkeiten, werden Fräser mit hartmetallbestückten Wendeschneidplatten (HM) eingesetzt (Bild 3 Messerkopf – Abb. rechts). Hartmetalle sind auch bei Schneidentemperaturen bis 900 °C schneidhaltig und gewähren somit hohe Standzeiten.

Schneidenzahl (Zähnezahl)
Bei weichen Werkstoffen fallen große Spanmengen an, die in den Zahnlücken (Spanräumen) aufgenommen und abtransportiert werden müssen. Weiche Werkstoffe
erfordern daher größere Spankammern als harte Werkstoffe. Daher gilt (bei gleichen Fräserdurchmessern):

Werkstoffhärte	Zahnlücken	Zähnezahl
groß	klein	groß
klein	groß	klein

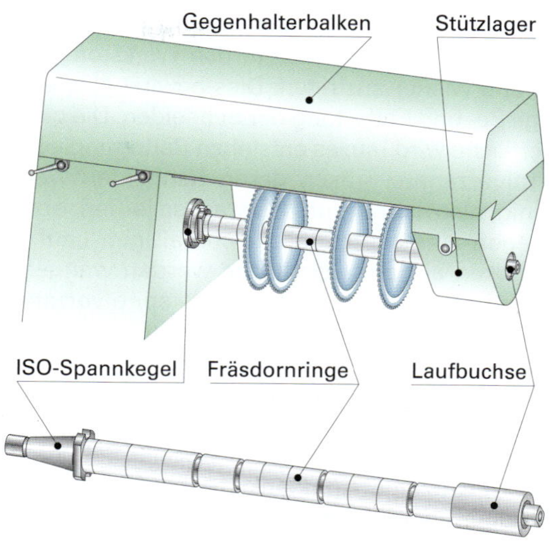

Bild 1 Langer Frässdorn

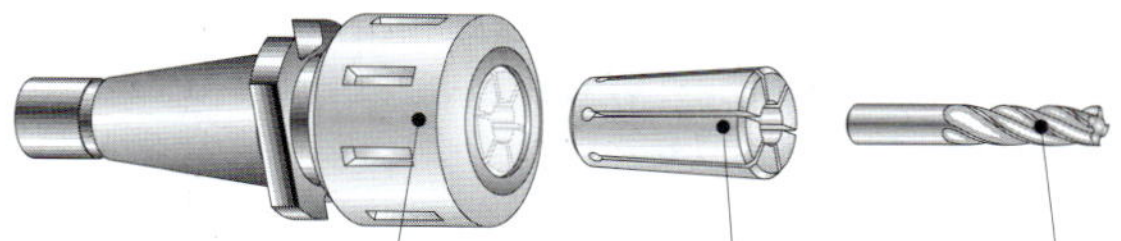

Bild 2 Fräserspannfutter

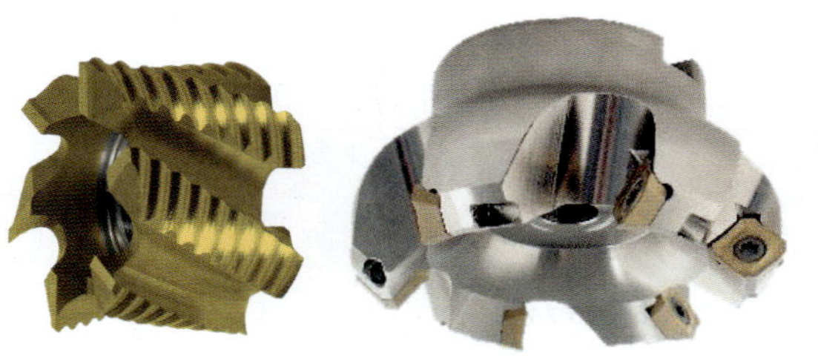
Fräser aus HSS-Stahl
Messerkopf mit hartmetallbestückten Schneiden
Bild 3 Fräserwerkstoffe

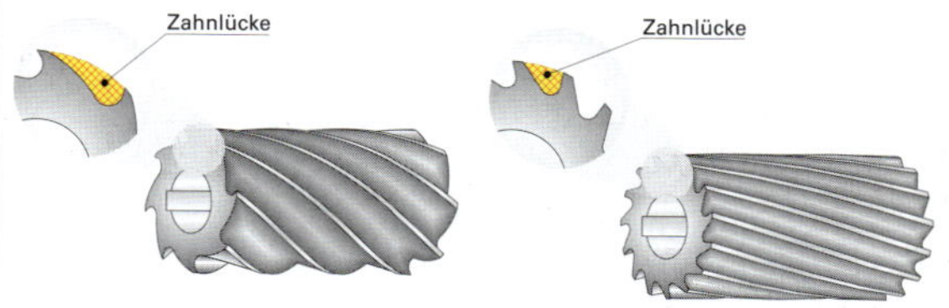

Bild 4 Schneidenzahl

Schneidenverlauf

Geradverzahnte Fräser laufen unruhig, da ihre Schneiden auf der ganzen Länge in den Werkstoff eindringen und wieder austreten. Dies bewirkt eine schlagartige Be- und Entlastung der Schneiden. Die gefräste Oberfläche wird rau, es entstehen Rattermarken.
Spiralverzahnte Fräser, deren Schneiden wendelförmig, also schräg zur Fräserachse laufen, erzielen dagegen einen ruhigen, gleichmäßigen Lauf. Rattermarken auf der Oberfläche werden weitgehend verhindert. Jedoch treten bei spiralverzahnten Fräsern axiale Kräfte auf, die den Fräser aus der Spannvorrichtung lösen können. Dieser Nachteil kann aber durch geeignete Werkzeugspanner ausgeglichen werden. So muss beispielsweise ein rechtsschneidender Schaftfräser (= Schneidrichtung im Uhrzeigersinn) Linksdrall aufweisen, damit er in die Kegelbohrung gedrückt wird (Bild 2).

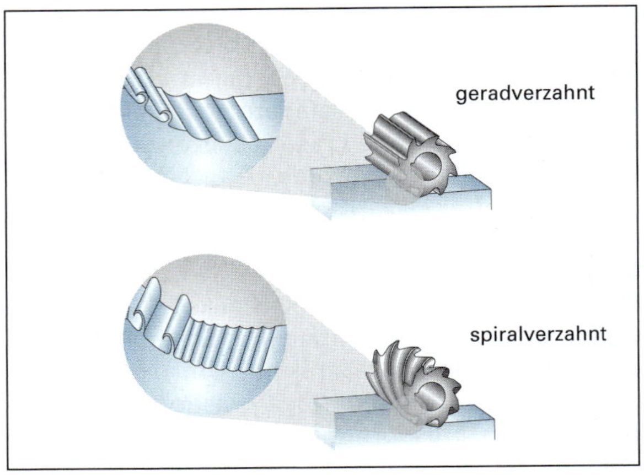

***Bild 1** Schneidverlauf*

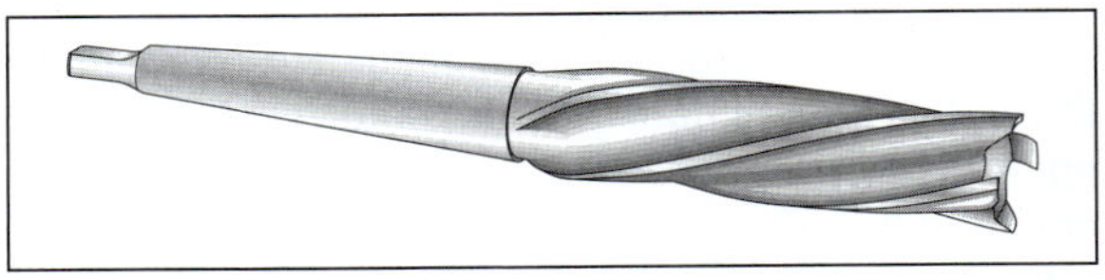

***Bild 2** Schaftfräser rechtsschneidend mit Linksdrall*

Schruppfräser – Schlichtfräser

Mit Schruppfräsern sind hohe Spanleistungen möglich. Im Gegensatz zu Schlichtfräsern, deren schneiden durchgehend sind, besitzen sie am Umfang ein gewindeartiges Profil und die Schneiden sind gegeneinander versetzt. Dadurch entstehen kurze und kleine Späne.

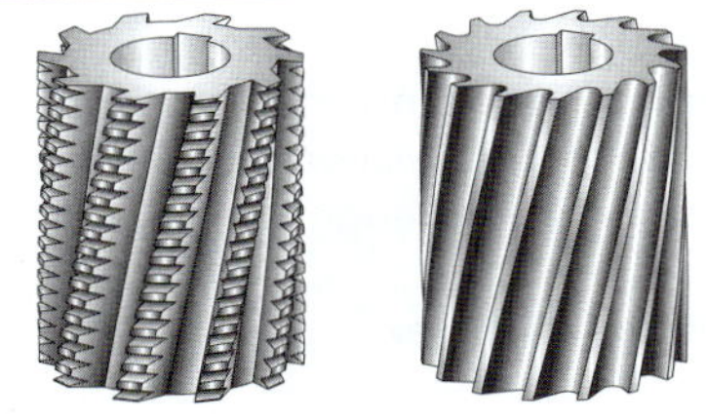

***Bild 3** Schrupp- und Schlichtfräser (Walzenfräser)*

Fräserart und Werkstoff

Wie beim Spiralbohrer unterscheidet man die Frästypen H, N und W.

Typ	bearbeitete Werkstoffe	Schneidenwinkel				
		α_o	β_o	γ_o	λ	
H	harte und zähharte Werkstoffe wie hochfester und legierter Stahl, harter Grauguss	4°	80°	6°	15°	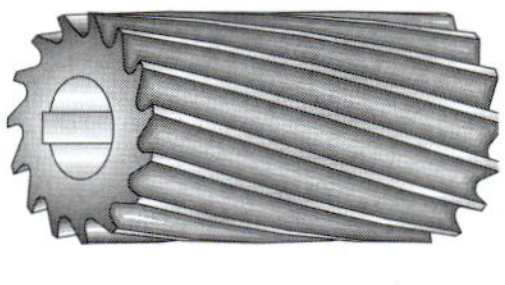
N	Baustähle, normaler Grauguss, Stahlguss, Temperguss, harte Leichtmetalle, Messing	7°	73°	10°	30°	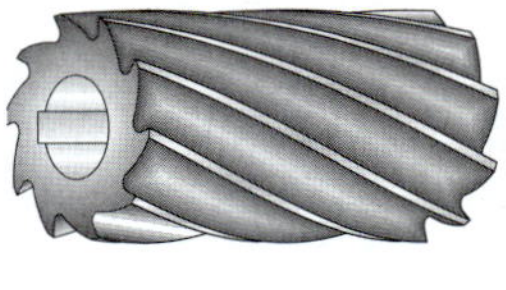
W	weiche Werkstoffe, wie Kupfer, Leichtmetalle, Zinklegierungen	8°	57°	25°	45°	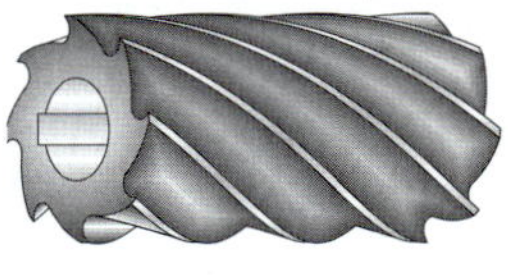

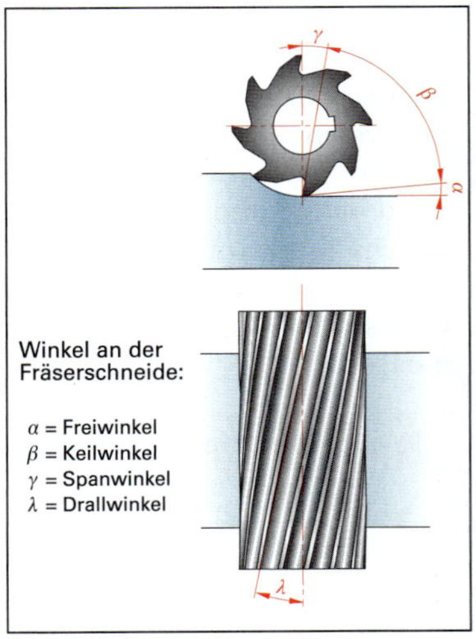

Fräserarten und Werkstückform

Abhängig von der Bearbeitungsform verwendet man unterschiedlich geformte Fräswerkzeuge:

Walzenfräser 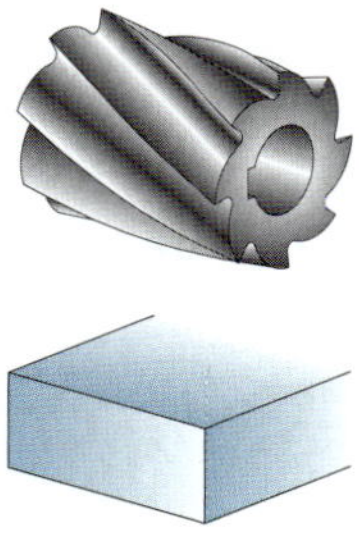 Anwendung: ebene Flächen	Walzenstirnfräser 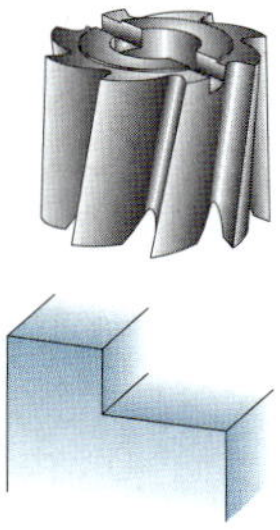 Anwendung: rechtwinklige Flächen	Scheibenfräser 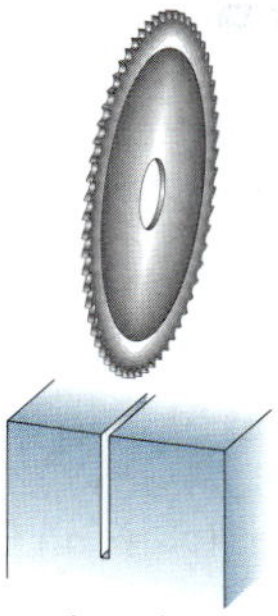 Anwendung: schmale, tiefe Schlitze	Nutenfräser 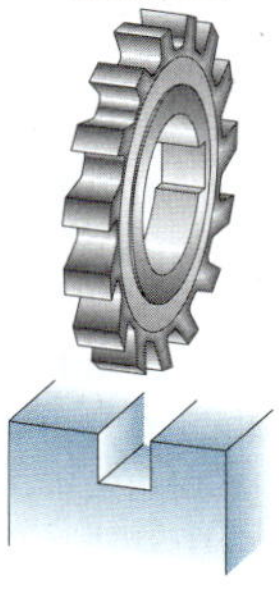 Anwendung: schmale, flache Nuten
Winkelstirnfräser 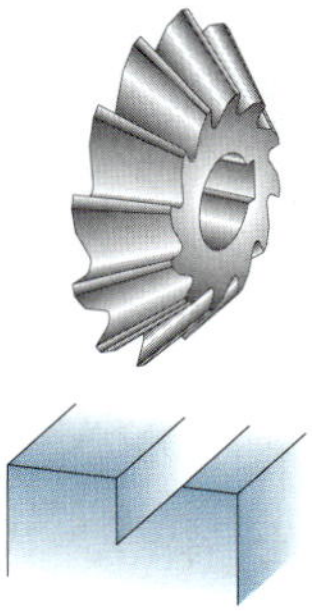 Anwendung: schräge Flächen	Prismenfräser 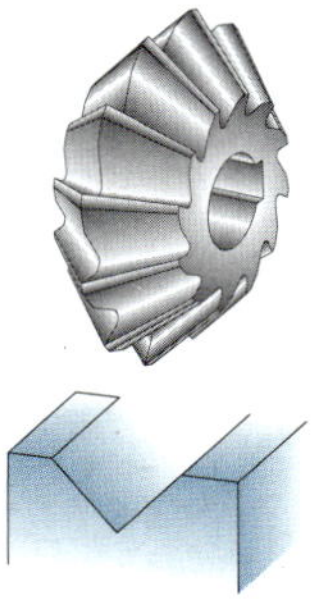 Anwendung: prismatische Führungen	Halbkreisformfräser konvex 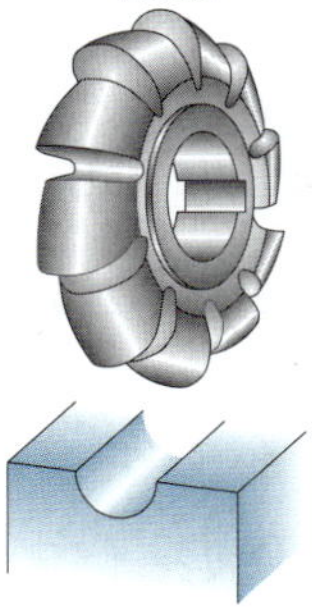 Anwendung: konkave Nuten	Halbkreisformfräser konkav 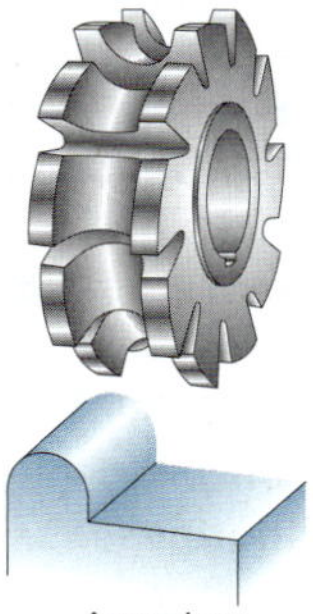 Anwendung: konvexe Flächen
Langlochfräser 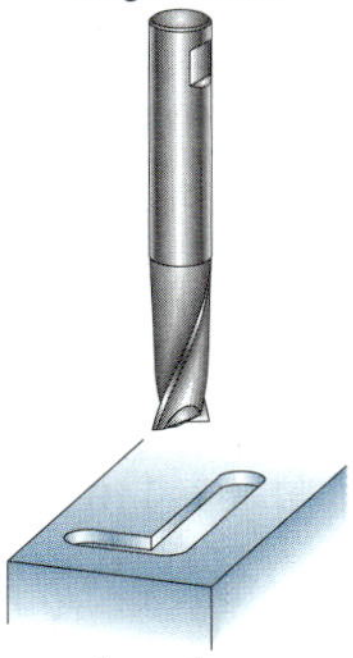 Anwendung: Keilnuten, flache Langlöcher	Schaftfräser 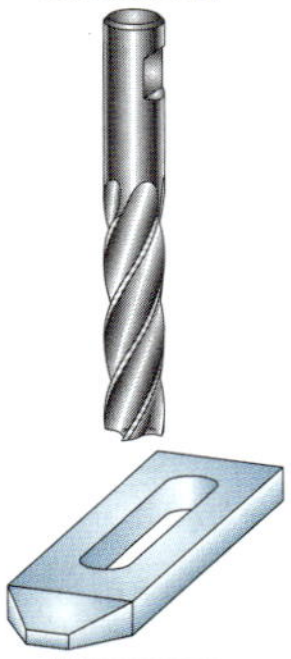 Anwendung: tiefe Nuten und Langlöcher	T-Nutenfräser 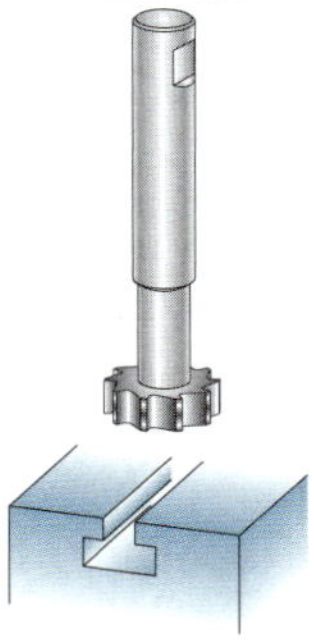 Anwendung: T-Nuten	Gesenkfräser 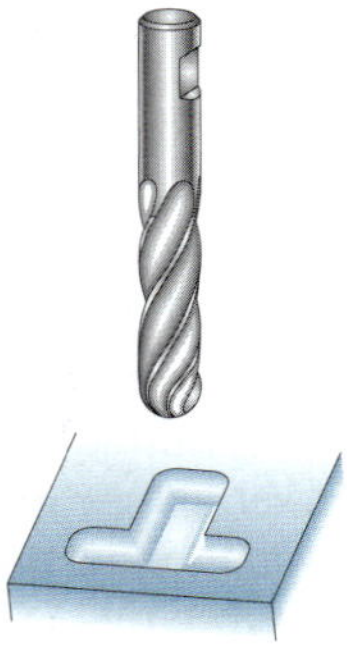 Anwendung: Formen, Gesenke
Schwalbenschwanzfräser 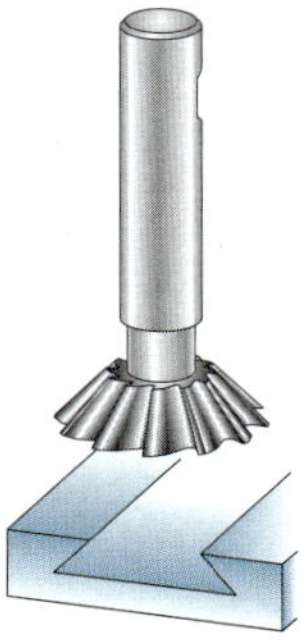 Anwendung: Schwalbenschwanznuten	Zahnformfräser 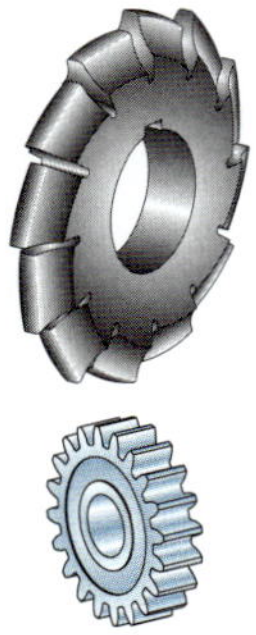 Anwendung: Zahnräder	Abwälzfräser 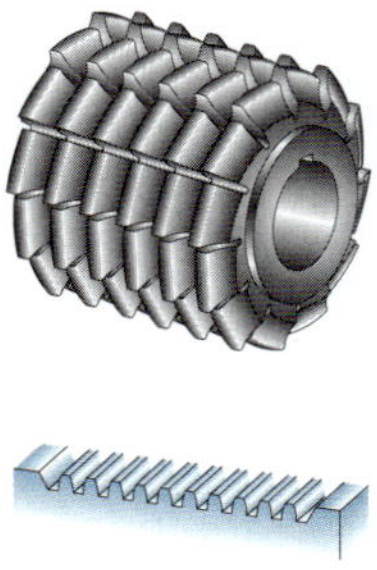 Anwendung: Zahnstangen	Messerkopf 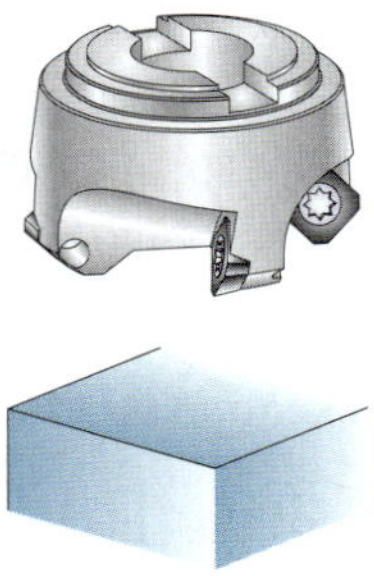 Anwendung: ebene Flächen

Einstellen der Arbeitswerte

An der Fräsmaschine sind folgende Arbeitsbewegungen einzustellen, deren Richtwerte Tabellenbüchern entnommen oder als Erfahrungswerte gesetzt werden:

- **Kreisförmige Schnittgeschwindigkeit v_c** in m/min: Daraus wird notwendige Drehzahl der Fräserspindel berechnet oder Diagrammen entnommen.
- **Vorschubgeschwindigkeit v_f in mm/min**: Sie wird über den Vorschub f_z je Zahn bestimmt.
- **Zustellbewegung** mithilfe der Schnitttiefe a_p in mm und dem Arbeitseingriff a_e in mm: Beide Einstellwerte bestimmen die Größe der abzuspanenden Schicht.

Die Einstellwerte beim Fräsen sind abhängig von:

- dem zu spanenden Werkstoff,
- der Art des Fräswerkzeugs,
- dem Schneidstoff des Fräsers,
- der Bearbeitungsart (Schruppen oder Schlichten) und
- der geforderten Standzeit des Fräswerkzeugs.

Berechnung der Drehzahl *n*:

n = Drehzahl in 1/min
v_c = Schnittgeschwindigkeit in mm/min (aus Tabellen)
d = Fräserdurchmesser in mm
1000 mm/m = Umrechnungsfaktor von m in mm

$$n = \frac{1000 \cdot v_c}{d \cdot \pi}$$

2

Berechnung der Vorschubgeschwindigkeit v_f:

v_f = Vorschubgeschwindigkeit in mm/min
n = Umdrehungsfrequenz in 1/min
f = Vorschub in mm (pro Umdrehung)
f_z = Vorschub je Zahn in mm (aus Tabellen)
z = Zähnzahl des Fräsers

$$f = f_z \cdot z$$
$$v_f = f \cdot n$$

Beispielaufgabe:

Die Gelenklasche aus blankgezogenem Vierkantstahl, 50–130 lang (S235), wird mit einem Walzenstirnfräser (∅ 63 mm, 14 Zähne, Schneidstoff HSS) auf den notwendigen prismatischen Grundkörper 125 × 45 × 45 mm gefräst. Die Schnitttiefe soll einmal 2 mm und nach dem Umspannen 3 mm betragen.
Ermitteln Sie die erforderliche Umdrehungsfrequenz (Drehzahl) in 1/min und die einzustellende Vorschubgeschwindigkeit in mm/min.

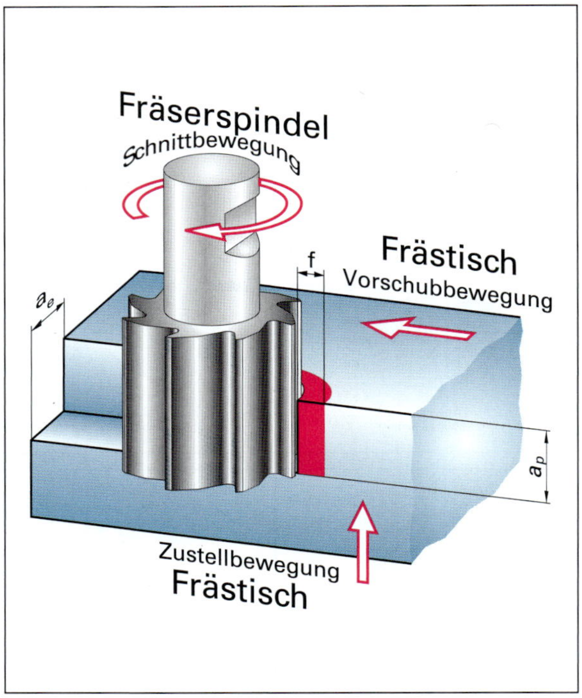

***Bild 1** Arbeitsbewegungen an der Fräsmaschine*

Lösungsweg:

1. Bestimmung der Schnittgeschwindigkeit v_c
2. Ermittlung des Vorschubs je Zahn f_z in mm
3. Ermittlung der Drehzahl n in 1/min durch Rechnung oder mittels Drehzahldiagramm
4. Berechnung des Vorschubs je Umdrehung f in mm
5. Berechnung der Vorschubgeschwindigkeit v_f in mm/min

Abhängig von der Schnitttiefe und Vorschub je Zahn werden anhand Tabellenbüchern bzw. Herstellerunterlagen folgende Werte gewählt:

Zu bearbeitende Werkstoffe	Schnitttiefe a_p in mm	Vorschub f_z in mm	Schnittgeschwindigkeit v_c in $\frac{m}{min}$									
			Walzenfräser bis 150 mm Fräsbreite		Walzenstirnfräser bis 100 mm Fräsbreite		Scheibenfräser bis 32 mm Fräsbreite		Schaftfräser bis 63 mm Fräsbreite		Messerköpfe bis 300 mm Fräsbreite	
			HSS	HM	HSS	HM	HSS	HM	HSS	HM	HSS	HM
Unlegierte Stähle, z. B. S235, S355, C15, 9S20	0,5 ... 1	0,05 ... 0,1	32	200	30	200	20	150	30	200	30	200
	1 ... 2	0,1 ... 0,2	30	180	28	180	16	120	25	160	28	180
	2 ... 4	0,2 ... 0,3	26	150	25	150	12	100	22	130	25	170
	4 ... 8	0,3 ... 0,4	24	120	20	120	10	80	20	100	20	160
Legierte Stähle, z. B. 100 Cr 6, 16 MnCr5, 34 CRMoV4	0,5 ... 1	0,05 ... 0,1	25	100	20	100	16	80	20	160	25	180
	1 ... 2	0,1 ... 0,2	18	80	16	80	12	65	16	130	20	160
	2 ... 4	0,2 ... 0,3	14	65	13	65	10	50	14	100	16	140
	4 ... 8	0,3 ... 0,4	10	50	10	50	8	40	12	80	12	130

***Bild 1** Werkstoffe und Schnittdaten beim Fräsen*

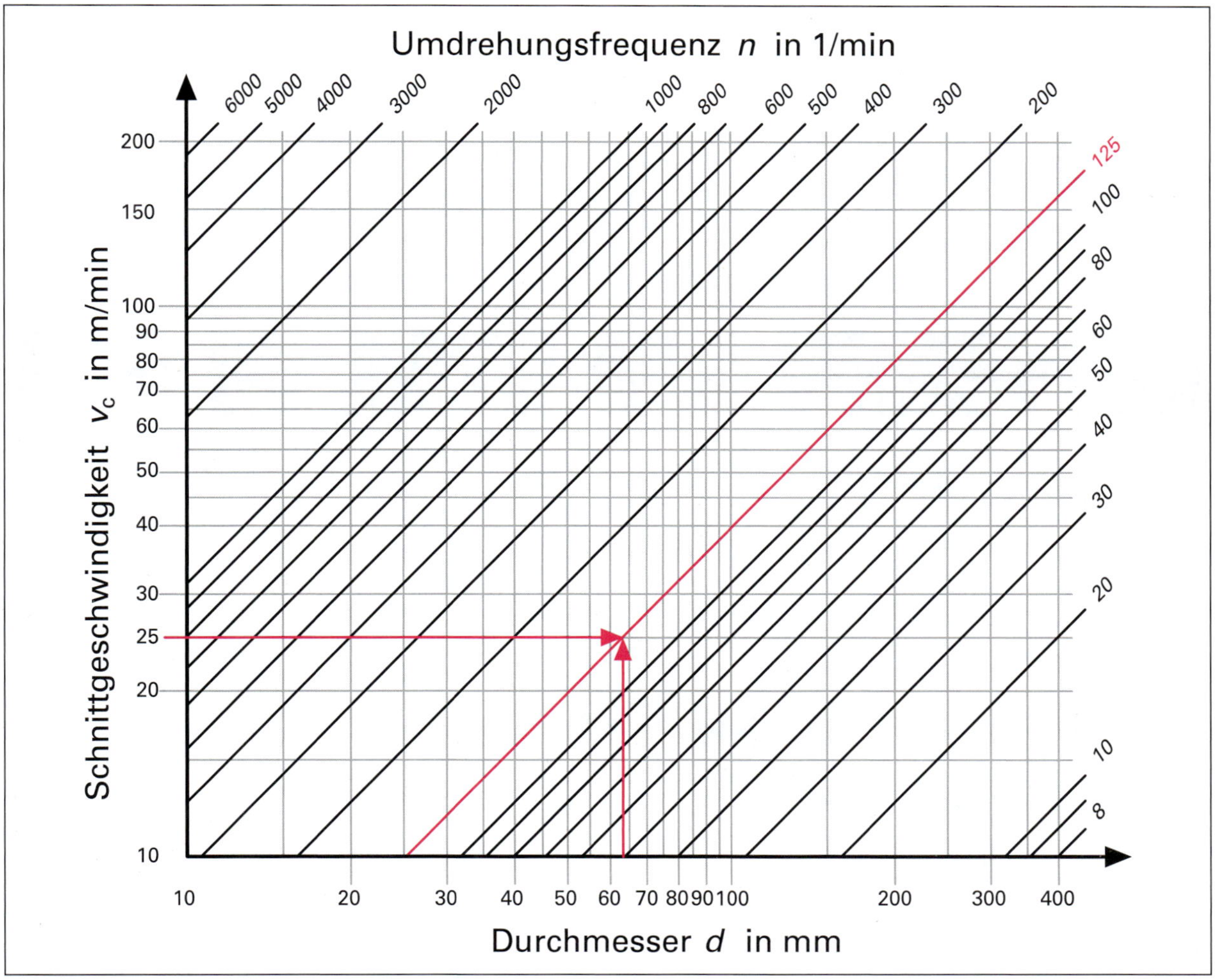

***Bild 2** d-v-n-Diagramm (Drehzahl-Schaubild)*

2

Lösung 1:
Schnittgeschwindigkeit v_c = 25 m/min; Lösung 2: Vorschub je Zahn f_z = 0,25 mm;
Lösung 3: Die Drehzahl wird wie folgt ermittelt und eingestellt:

a) durch Berechnung:

$$n = \frac{v_c \cdot 100}{d \cdot \pi} \rightarrow n = \frac{25 \frac{m}{min} \cdot 1000 \frac{mm}{m}}{63\ mm \cdot 3{,}1415}$$

$$\rightarrow \underline{\underline{n = 126 \frac{1}{min}}}$$

b) mithilfe eines Drehzahldiagramms:

Die Umdrehungsfrequenz erfolgt schneller und einfacher mit den auf Fräsmaschinen angebrachten „Drehzahlschaubildern". Damit werden Rechenfehler vermieden. Die Schaubilder enthalten außerdem nur die an der Maschine einstellbaren Drehzahlen, so dass bei Zwischenwerten stets die nächst kleinere Drehzahl gewählt werden muss.

Ablesebeispiel: $\underline{\underline{n = 125\ 1/min}}$

Lösung 4:
Berechnung des Vorschubs f in mm:

$$f = f_z \cdot z \rightarrow f = 0{,}25\ mm \cdot 14 \rightarrow f = \underline{\underline{3{,}5\ mm}}$$

Lösung 5:
Berechnung der Vorschubgeschwindigkeit v_f in mm/min:

$$v_f = f \cdot n \quad v_f = 3{,}5\ mm \cdot 126 \frac{1}{min} \quad v_f = 441 \frac{mm}{min}$$

Arbeitsplanung Gelenklasche
Die Planung und Durchführung einer Fräsaufgabe läuft nach folgendem Schema ab:

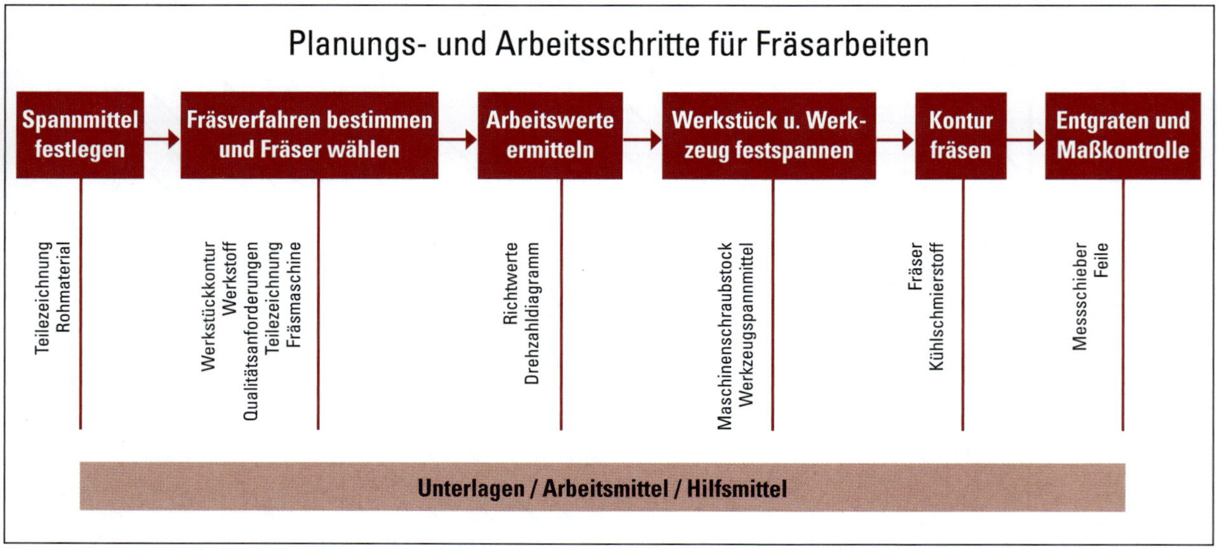

***Bild 1** Planungs- und Arbeitsschritte beim Fräsen*

Für die Gelenklasche ergeben sich aufgrund der vorhandenen Teilzeichnung (vgl. Seite 172) und der vorgegebenen Rohmaße folgende Arbeitssschritte:

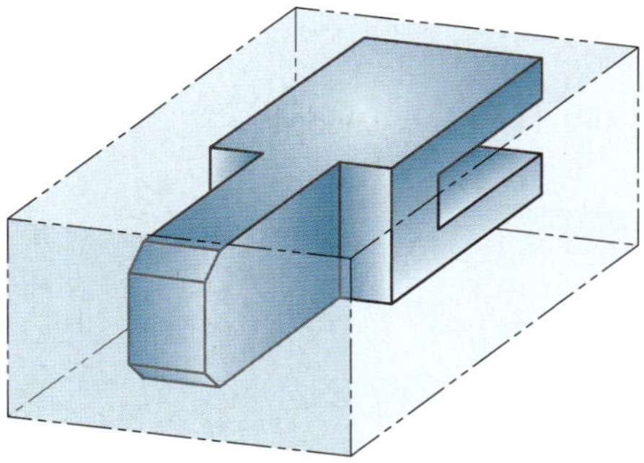

Rohmaße: 4 kt 50–130 lang

1. Prismatischen Grundkörper fräsen mit Messerkopf

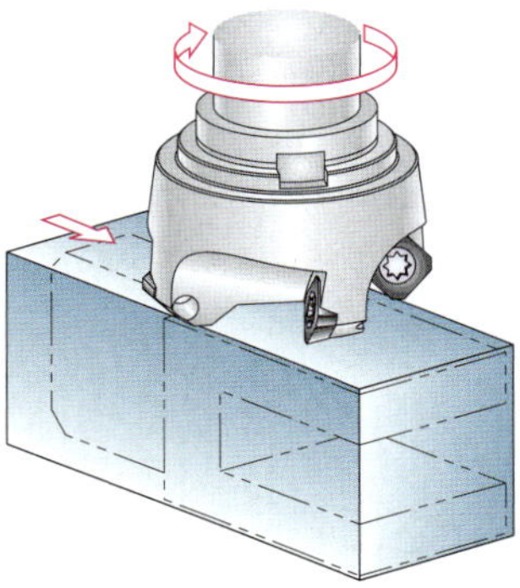

- Fräsverfahren: Stirnfräsen mit Messerkopf (hartmetallbestückt)
- Spannmittel: Maschinenschraubstock
- Quadratstahl einspannen, eine Fläche fräsen (Schnitttiefe 3 mm)
- Umspannen und gegenüberliegende Fläche fräsen (Schnitttiefe 2 mm)
- Gleichermaßen mit beiden anderen Flächenpaaren verfahren

2. Werkstückabsätze fräsen mit Walzenstirnfräser

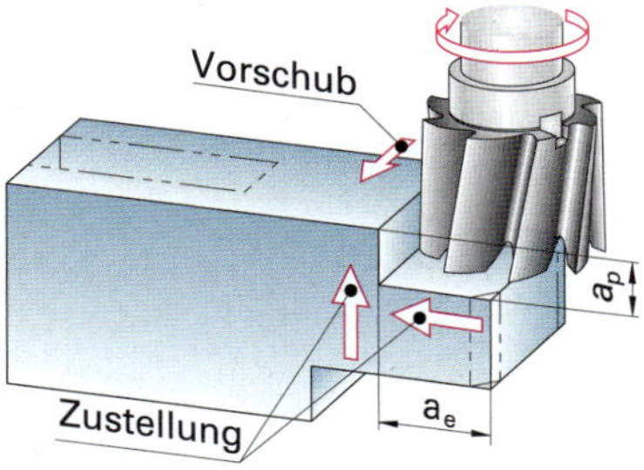

- Fräsverfahren: Umfangsstirnfräsen mit Walzenstrinfräser (Schneidstoff HSS, ∅ 63 mm, 10 Zähne)
- Frästisch auf richtige Höhe (Schnitttiefe) und Querzustellung (Schnittbreite) einstellen
- Schnittaufteilung:
  1. Schruppen mit Schnitttiefe a_p = 10 mm und Schnittbreite a_e = 50 mm
  2. Schlichten mit Schnitttiefe a_p = 2,5 mm und Schnittbreite a_e = 5 mm

3. Nut fräsen mit Schaftfräser

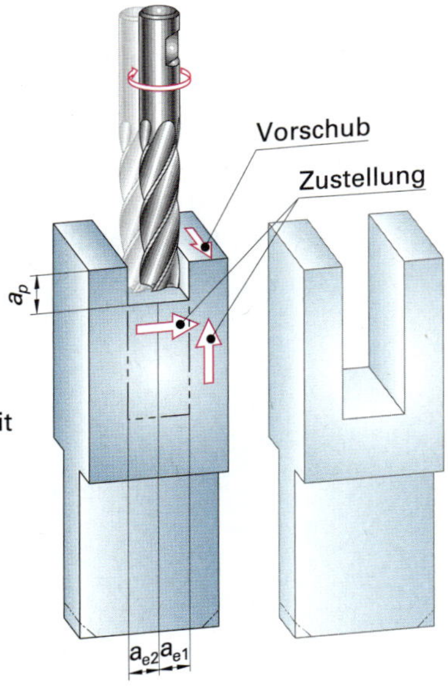

- Fräsverfahren: Umfangsstirnfräsen mit Schaftfräser (Schneidstoff HSS, ∅ 16 mm, 4 Zähne)
- Fräsen der Nut erfolgt in 20 Schnitten aufgrund des Abmaßes der Nut von +0,1/0 mm:
  1. Schnitt 1–5: Schnitttiefe a_p = 10 mm, Schnittbreite a_e = 16 mm
  2. Schnitt 6–10: Schnitttiefe a_p = 10 mm, Schnittbreite a_e = 8 mm

  Die Verwendung eines Schaftfräsers von 20 mm garantiert nicht die Einhaltung des Abmaßes, da z. B. geringfügige Durchmesserabweichungen durch Anschleifen des Fräsers auftreten können.

***Bild 2** Arbeitsfolge: Fräsen des Stahlgelenks*

4. Fase fräsen mit Formfräser (Fasenfräser 45°)

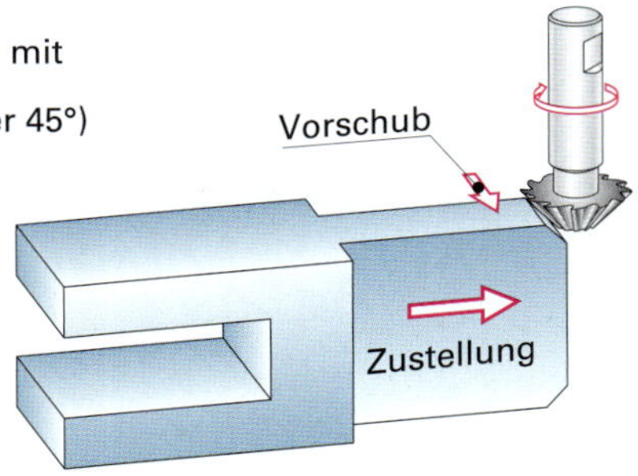

Formfräsen mit 45°-Formfräser
Die Fase wird in einem Arbeitsschritt gefräst. Nach leichtem „Ankratzen" des Werkstücks wird der Fräser vom Werkstück entgegen der Vorschubrichtung zurückgefahren und es erfolgt die Zustellung entsprechend der Fasenbreite. Anschließend wird die Fase mit einem geeigneten Vorschub gefräst.

Bild 1 Arbeitsfolge: Fräsen des Stahlgelenks (Fortsetzung)

1.7.1 Aufgaben zu 1.7

1. Beschreiben Sie den grundsätzlichen Aufbau einer Universalfräsmaschine mit ihren wichtigsten Baugruppen und Bauelementen.
2. Worin unterscheiden sich Stirnfräser, Umfangsfräser und Stirnumfangsfräser?
3. Nach welchen Kriterien werden Fräser ausgewählt?
4. Unterscheiden Sie die Spanabnahme bei Stirnfräsen und beim Umfangsfräsen.
5. Unterscheiden Sie die beiden Umfangsfräsverfahren des Gegenlauf- und des Gleichlauffräsens.
6. Welche Fräsmaschinen werden nach der Lage der Frässpindel unterschieden?
7. Welche Werte sind bei Fräsen an der Maschine einzustellen?
8. Wovon hängen die einzustellenden und zu berechnenden Arbeitswerte beim Fräsen ab?
9. Stellen Sie eine Arbeitsplan unter Angabe der erforderlichen Werkzeuge, Hilfsmittel und Arbeitswerte für das Fräsen der Nut in der Gelenkgabel Pos. 2 des Stahlgelenks.

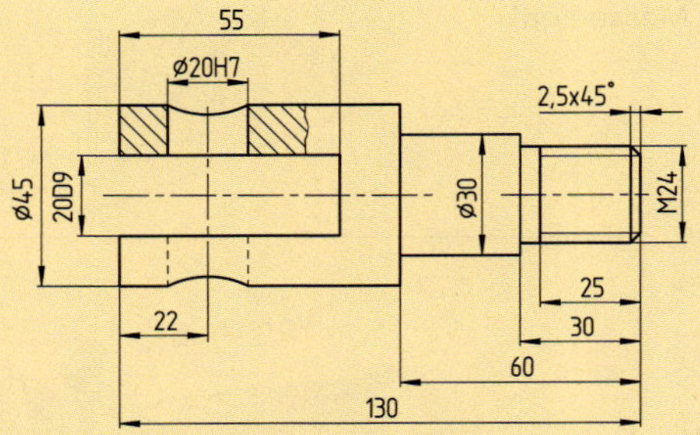

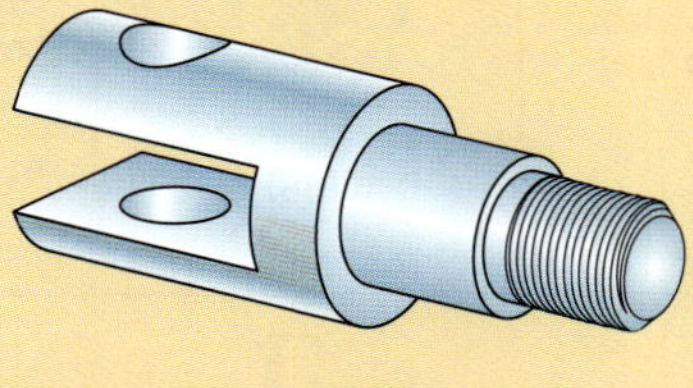

10. Welches Fräsverfahren liegt in nebenstehender Abbildung vor? Beschreiben Sie die Auswirkung auf die Oberflächengüte. Kennzeichnen Sie die Haupt- und Nebenschneiden und geben Sie an, welche Fläche damit jeweils zerspant wird.

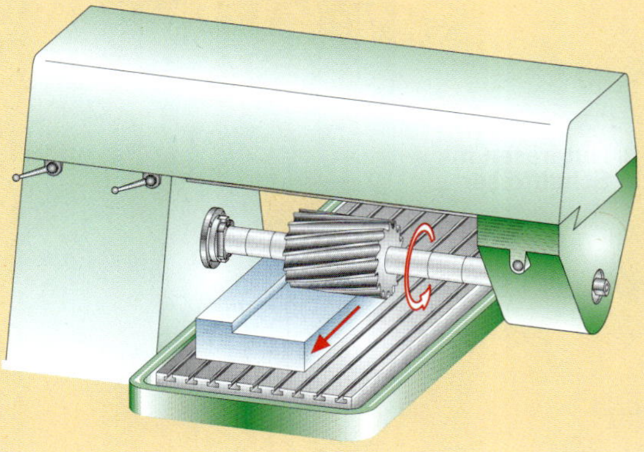

2

1.8 Schleifen

Das Schleifen im Stahl- und Metallbaubetrieb dient meist dazu, Werkzeuge an speziellen Werkzeugschleifmaschinen scharf zu schleifen, Profile mit dem Winkelschleifer oder Trennjäger zu trennen, mit Bandschleifgeräten Oberflächen möglichst glatt und blank zu schleifen oder mit dem Winkelschleifer oder Handbandschleifgerät Schweißnähte zu verputzen und abzuschleifen.
Schleifen ist ein zerspanendes Trennverfahren, mit dem je nach Einsatzbereich hohe Oberflächengüten selbst bei sehr harten oder gehärteten Werkstoffen erreicht werden können.

Schleifvorgang
Das Schleifen erfolgt mit sehr hoher kreisförmiger Schnittgeschwindigkeit (20–160 m/s). Die Schleifscheibe besteht aus vielen einzelnen Schleifkörnern, die durch ein Bindemittel zusammen gehalten werden. In den Zwischenräumen (Poren) werden die Späne gesammelt und abtransportiert. Die Form und Lage der Körner ist dabei völlig unbestimmt und zufällig. So können die Körner unterschiedlichste Schneidenwinkel mit sowohl schneidender als auch schabender Wirkung aufweisen (vgl. Bild 1).

Das Schleifen wird deshalb auch als ein Hochgeschwindigkeitsspanen mit geometrisch unbestimmten Schneiden bezeichnet.

Schleifkörper
Zum Schleifen werden unterschiedlichste Schleifkörper verwendet, die in Form und Werkstoffeigenschaften dem jeweiligen Verwendungszweck angepasst sein müssen.
Die Schleifkörner müssen härter sein als der zu spanende Grundwerkstoff. Das härteste Schleifmittel ist der Diamant. Als **Schleifmittel** kommen meist Körner aus Korund zum Einsatz, die künstlich hergestellt werden.

Die **Körnung** ist ein Maß für die Größe der Schleifkörner. Je größer die Körnungsnummer ist, desto feiner sind die Körner. Die Körnung bzw. die Korngröße bestimmt die Zerspanungsleistung und die erzielbare Oberflächengüte (vgl. Tabellenbuch).

Die **Bindung** hält die Schleifkörner fest. Ihr Verhalten gegenüber Wärme und Feuchtigkeit und ihre Haltbarkeit beeinflussen die Eigenschaften und Anwendung von Schleifscheiben. Keramische Bindungen sind sehr formstabil und unempfindlich gegenüber Wasser und Öl. Sie werden zum Werkzeugschleifen verwendet. Zum Trennschleifen sind sie aber ungeeignet, da sie sehr spröde und un-

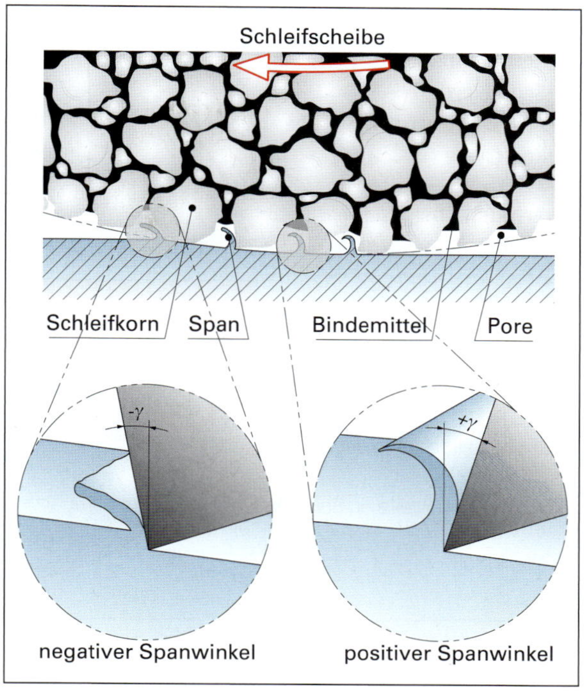

Bild 1 Schneidende und schabende Wirkung beim Schleifen

elastisch sind. Für diesen Zweck verwendet man elastische Bindungen aus Kunstharz, die zudem faserverstärkt und damit bruchunempfindlich sind (vgl. Tabellenbuch).

Der **Härtegrad** (vgl. Tabellenbuch) einer Schleifscheibe ist eine Maß für die Haltekraft der Bindung. Werkzeuge wie Bohrer oder Fräser können nachgeschliffen werden, bei Schleifscheiben ist dies nicht möglich. Sind die Körner stumpf geworden oder die Poren verstopft, so „schmiert" die Schleifscheibe. Nur durch erhöhten Druck kann noch ein Spanabtrag erreicht werden. Dabei brechen die stumpfen Körner aus und geben die darunter liegenden neuen scharfen Körner frei (Selbstschärfung). Wie schnell die abgenutzten Körner ausbrechen, hängt vom Härtegrad der Scheibe ab. Bei harten Werkstoffen werden die Körner schneller stumpf, daher müssen sie früher ausbrechen; harte Werkstoffe schleift man daher mit weichen Scheiben.

Um Schleifkörper richtig auszuwählen, muss die Schleifscheiben-Kennzeichnung gelesen werden können. Die Kennzeichnung enthält Informationen über die Form und Abmessungen der Scheibe, das Schleifmittel, die Körnung, die Härte und die Bindungsart. Außerdem ist die höchstzulässige Schnittgeschwindigkeit deutlich gekennzeichnet, bei Schleifscheiben für überhöhte Umfangsgeschwindigkeiten zusätzlich durch einen Farbstreifen (s. Bild 1, S. 226).

2

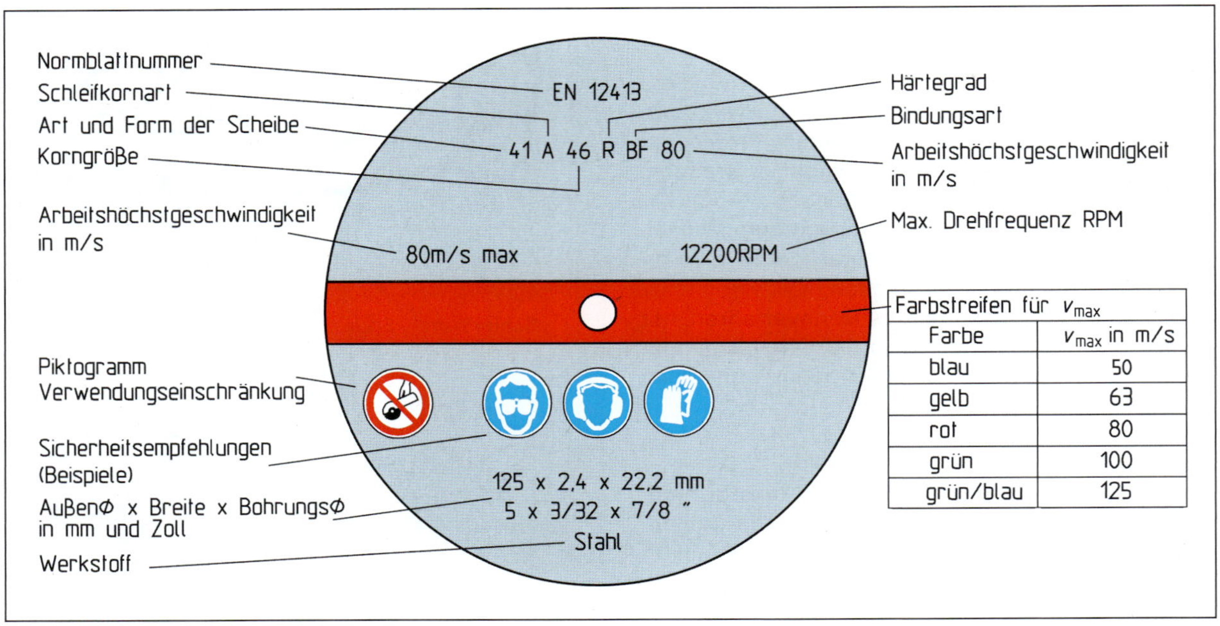

Farbstreifen für v_{max}	
Farbe	v_{max} in m/s
blau	50
gelb	63
rot	80
grün	100
grün/blau	125

***Bild 1** Kennzeichnung einer Schleifscheibe*

Trennschleifen mit dem Winkelschleifer
Stabstähle, Rohre und Profile werden sehr häufig durch Trennschleifen abgelängt, bevorzugt beim Werkstoff EDELSTAHL Rostfrei®. Dieser Werkstoff lässt sich wegen der eintretenden Kaltverfestigung nur schlecht sägen. Die verwendeten flexiblen Trennscheiben besitzen eine faserverstärkte Kunstharzbindung mit Netzeinlage und sind schmal, gerade oder gekröpft.

Handgeführte Winkelschleifer,
die neben dem Trennschleifen auch zur Oberflächenbearbeitung im Metallbau eingesetzt werden können, sind weit verbreitet. Die Maschine besteht aus einem Elektromotor, der über ein Winkelgetriebe die Schleifscheibe antreibt. Motor und Getriebe sind so ausgelegt, dass sehr hohe Umdrehungsfrequenzen (Drehzahlen) bis zu $n = 10\,000$ 1/min erreicht werden können. Entsprechend hoch sind die Schnittgeschwindigkeiten ($v_c > 100$ m/s). Beim Trennschleifen

***Bild 2** Trennschleifen mit dem Winkelschleifer*

von Hand besteht die Gefahr des Verkantens. Daher dürfen nur flexible Scheiben mit Kunstharzbindung und stabilisierendem Netz verwendet werden, damit eventuell abplatzende Teilchen nicht sofort von der Scheibe abfliegen. Die Werkstattbezeichnung für den Winkelschleifer, die „Flex", entstand aus der Bezeichnung ‚Flex'ible Scheibe.

Unfallverhütung beim Trennschleifen mit dem Winkelschleifer

Wegen der hohen Umdrehungsfrequenzen (Drehzahlen) und Umfangsgeschwindigkeiten bestehen erhöhte Unfallrisiken, die durch strenge Sicherheitsvorkehrungen einzugrenzen sind.

- Werkstücke kurz und fest einspannen.
- Maschine beidhändig führen, damit die Scheibe nicht verkantet.
- Scheibe während des Schneidens nicht drehen oder biegen.
- Trennscheibe nicht schlagartig auf das Werkstück setzen.
- Scheibe nicht zu stark anpressen, um ein „Festfressen" zu vermeiden.
- Die verstellbare Schutzhaube muss so eingestellt sein, dass sie immer zwischen Mensch und rotierender Scheibe liegt.

Zeitgemäße Winkelschleifer besitzen folgende zusätzliche Sicherheitsvorkehrungen:

- Ein elektronisches Bremssystem, mit dem die Scheibe in rund drei Sekunden zum Stehen kommt (herkömmliche Winkelschleifer benötigen ca. 30 Sekunden Auslaufzeit).
- Eine Selbstanlaufsperre, die ein selbsttätiges Anlaufen eines Winkelschleifers nach einem Stromausfall verhindert. Der Winkelschleifer muss nach dem Stromausfall bewusst aus- und wieder eingeschaltet werden.
- Ein „Anti-Blockier-System", welches das plötzliche Blockieren des Werkzeugs verhindert. Der Rückschlag der Maschine bleibt aus, der Anwender wird vor Verletzungen bewahrt und das Werkzeug wird geschont.

Scheibenwechsel am Winkelschleifer

Die Schleifscheiben werden mithilfe einer Lochmutter auf die Spindel des Winkelschleifers geschraubt. Bei älteren Maschinen kann ein Scheibenwechsel nur mithilfe zweier Schlüssel erfolgen. Mit einem Schraubenschlüssel hält man die Spindel fest, mit einem Lochschlüssel wird die Lochmutter gelöst bzw. wieder festgezogen.

Lochmutter	Lochschlüssel	Schraubenschlüssel für Spindelarretierung	Lösen/Festziehen der Schleifscheibe

***Bild 1** Scheibenwechsel am Winkelschleifer*

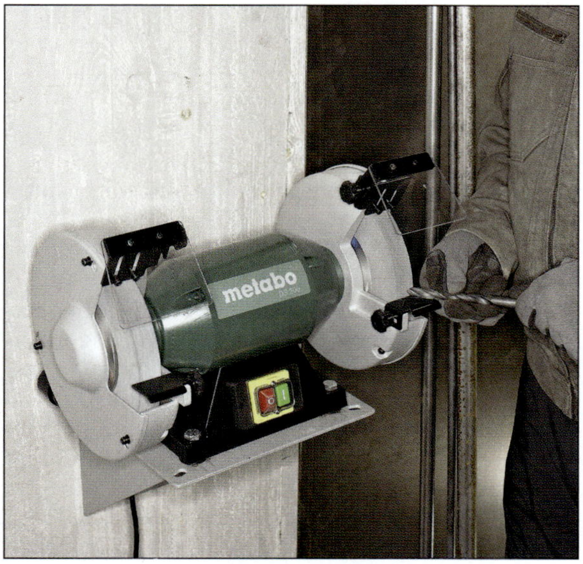

***Bild 2** Freihandschleifen am Schleifbock*

Moderne Winkelschleifer besitzen eine Spindelarretierung. Durch einen Knopfdruck wird die Spindel festgehalten und die Lochmutter kann ohne den zusätzlichen Schraubenschlüssel gelöst bzw. festgezogen werden.

Schleifen an der Freihandwerkzeugschleifmaschine (Schleifbock)

In der Stahl- und Metallbauwerkstatt wird zum Scharfschleifen von einfachen Werkzeugen wie Bohrer oder Meißel in erster Linie der Schleifbock verwendet. Der Schleifbock besteht aus einem Elektromotor, der auf einem Ständer montiert, zwei verschiedene Schleifscheiben auf seiner Welle trägt. Eine Scheibe besteht meist aus dem Schleifmittel Korund für die Bearbeitung von HSS-Werkzeugen, die andere aus Siliziumkarbid für hartmetallbestückte Werkzeuge. Beide Scheiben haben eine temperaturbeständige, aber spröde keramische Bindung.

Das Bohrerschleifen von Hand erfordert ein gewisses handwerkliches Geschick.

Unfallverhütungsvorschriften
Bei allen Schleifarbeiten muss wegen der Verletzungsgefahr der Augen eine **Schutzbrille** getragen werden. Ein entsprechendes **Hinweisschild**, welches das Tragen einer Schutzbrille für die Schleifarbeit vorschreibt, ist in der Nähe der Schleifmaschine anzubringen. Bei kurzzeitigen Schleifarbeiten sind schwenkbare durchsichtige Schutzschilde über der Schleifstelle als gleichwertiger Schutz anzusehen. Sie verhindern Funkenflug sowie das Wegschleudern von Schleifpartikeln in den Gesichtsbereich der Bedienungsperson.

Ohne Schutzhaube darf der Schleifbock nicht betrieben werden. Die Haube darf dabei einen Winkel von maximal 65° freigeben. Die Werkstückauflage darf nicht weiter als 3 mm von der Schleifscheibe entfernt sein, weil sonst das zu schleifende Teil in den Spalt gezogen werden kann. Dadurch könnte die Scheibe zerspringen und die Bruchstücke würden zu lebensgefährlichen Geschossen. Der Abstand zwischen Scheibe und Schutzhaube ist ebenfalls einzuhalten und darf 5 mm nicht überschreiten.

Sind Schleifscheiben zu stark abgenutzt, müssen sie ausgewechselt werden. Hierbei müssen folgende Unfallverhütungsvorschriften beachtet werden:
- Die neue Scheibe muss gekennzeichnet sein und zuerst eine Sichtprüfung durchlaufen.
- Die Scheibe muss für die Umdrehungsfrequenz (Drehzahl) der Maschine zugelassen sein.
- Vor der Aufspannung muss die Schleifscheibe durch eine Klangprobe auf Risse untersucht werden (heller Ton ➔ Scheibe ist einwandfrei; dumpfer Ton ➔ Scheibe hat Risse).
- Zwischen den Spannflanschen und der Scheibe muss eine elastische Zwischenlage gelegt werden, die Oberflächenunebenheiten der Schleifmaschine ausgleicht und einen zu großen örtlichen Anpressdruck durch die Flansche verhindert.
- Vor der Freigabe ist ein 5-minütiger Probelauf durchzuführen.

2

1.9 Kühlschmierstoffe

Kühlschmierstoffe sollen die durch den Zerspanungsvorgang entstehende Wärme abführen, die Reibung senken und außerdem die Späne wegspülen. Dadurch wird die Standzeit des Werkzeuges deutlich verlängert. Gleichzeitig kann mit höheren Schnittgeschwindigkeiten gearbeitet weren, was die Bearbeitungszeiten wesentlich verkürzt. Weiterhin wird die Oberflächengüte der zerspanten Fläche verbessert.

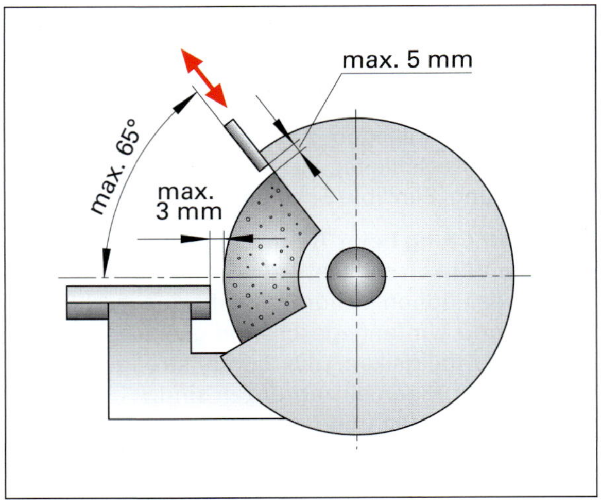

Bild 1 Einstellmaße am Schleifbock

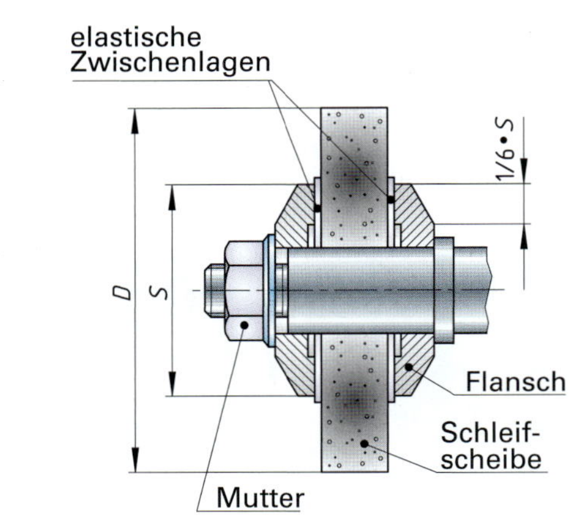

Schleifscheibe ohne Gewalt auf Spindel schieben und mit Spannflanschen befestigen. Beide Flansche müssen gleiche Durchmesser ($s = ½ \cdot D$) und parallele Auflageflächen besitzen und innen ringförmig ausgespart sein.

Bild 2 Aufspannen einer Schleifscheibe

Arten von Kühlschmierstoffen
In erster Linie werden Werkzeuge aus Schnellarbeitsstahl gekühlt, weil deren Härte mit zunehmender Temperatur schnell abnimmt. Werkzeuge aus Hartmetall werden wegen der Gefahr des Ausreißens der Schneidkanten bei ungleichmäßiger Abkühlung nicht oder nur selten gekühlt. Außerdem sind sie bis zu 1000 °C temperaturbeständig und schneidhaltig. Die Zusammensetzung der Kühlschmierstoffe wird durch genormte Kennzeichnungen abgekürzt (vgl. Tabellenbuch).

	Nicht wassermischbare Kühlschmierstoffe (Schneidöle)	Wassermischbare Kühlschmierstoffe (Emulsionen)
Anwendung	Gewindebohren, Gewindeschneiden, Reiben, Räumen	Bohren, Drehen, Fräsen
Erforderliche Eigenschaften	• Schmierwirkung ist am wichtigsten • Hohe Oberflächengüte • Niedrige Schnittgeschwindigkeiten	• Kühlwirkung ist am wichtigsten • Öl in kleinsten Tröpfchen im Wasser verteilt (Kühlschmier-Emulsion) • Wasser leitet die Wärme gut ab • Hohe Schnittgeschwindigkeiten

Umgang mit Kühlschmierstoffen

Kühlschmierstoffe können bei unsachgemäßem Umgang (Einatmen der Dämpfe, Verschlucken, Hautkontakt) ein Gesundheitsrisiko darstellen. Sie reizen die Haut, greifen den Säureschutzmantel der Haut an und können durch die Bildung von Nitrosaminen krebserregend wirken. In Kühlschmierstoffen können sich Bakterien und Pilze bilden, die Hautkrankheiten auslösen können.

Die Beschäftigten müssen in entsprechenden Betriebsanweisungen über den sicheren Umgang mit Kühlschmierstoffen unterrichtet werden.

Die Kühlschmierstoffe müssen nach besonderen Vorschriften entsorgt werden.

2 Zerteilen mit Werkzeugmaschinen

Auftrag

Die Konferenzzimmer eines Tagungshotels werden mit Beamern ausgestattet. Dazu sind entsprechende Wand- und Deckenhalterungen anzufertigen.

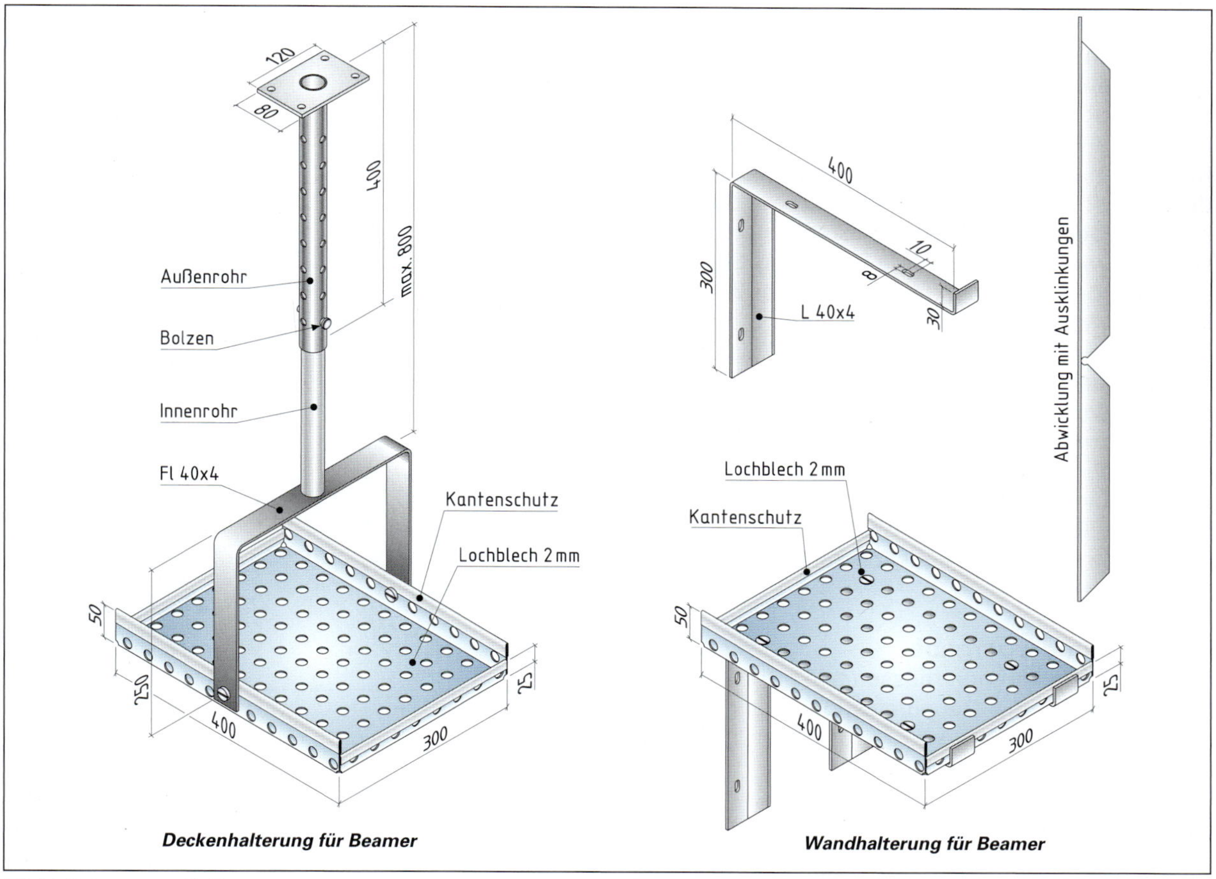

Bild 1 Halterungen für Beamer

Analyse

Die Deckenhalterung soll in 5 Stufen höhenverstellbar und leicht schwenkbar sein, um den Beamer auf die Leinwand ausrichten zu können. Die Halterung besteht aus zwei ineinander gesteckten Rohren, die über eine Bolzensicherung gehalten werden. Der Bügel, der die Blechauflage für den Beamer trägt, wird aus Flachstahl 40 × 4 gefertigt. Die Blechauflage wird aus 2 mm dickem Lochblech aus Aluminium gefertigt. Der Bügel und die Blechauflage sind miteinander verschraubt.
Die Wandhalterungen sind für Räume vorgesehen, die eine Befestigung an der Decke nicht zulassen. Diese sind nicht höhenverstellbar und nicht schwenkbar. Sie bestehen aus zwei gekanteten T-Profilen mit aufgeschraubtem Lochblech zur Aufnahme des Beamers.

Fertigungsunterlagen

Bevor mit der Fertigung begonnen werden kann, müssen alle notwendigen Fertigungsunterlagen bereitgestellt werden. Hierzu gehören Einzel- und Detailzeichnungen, eine Gesamtzeichnung sowie eine Stückliste mit allen Angaben über die verwendeten Halbzeuge, Normteile und Werkstoffe.

Fertigung

Die verwendeten Halbzeuge müssen entsprechend den Zeichnungsvorgaben auf geeigneten Maschinen abgelängt werden. Für den Zuschnitt der Blechauflagen werden Maschinenscheren benötigt, für die Formgebung der Bleche benötigt man Maschinen zum Biegen bzw. Kanten. Die verwendeten Profil- und Stabstähle müssen auf Sägemaschinen oder mit Hilfe von Profilstahlscheren zugeschnitten werden. Anfallende Bohr- und Gewindeschneidarbeiten werden mit den in jeder Werkstatt üblichen Maschinen und Werkzeugen durchgeführt. Bei der Deckenhalterung müssen außerdem zwei Schweißarbeiten ausgeführt werden. Das Außenrohr wird mit der Befestigungsplatte und das Innenrohr mit dem Bügel verschweißt. Bevor die Halterungen auf der Baustelle, d. h. in den Klassenzimmern angebracht werden können, müssen alle Einzelteile vorher auf Maßhaltigkeit und die Gesamtkonstruktion auf Funktionstauglichkeit überprüft werden.

Montage und Übergabe

In den Tagungsräumen müssen alle erforderlichen Bohrlöcher für die Dübelbefestigung angebracht werden. Dabei sind die örtlichen Gegebenheiten zu berücksichtigen. Nach Abschluss der Montagearbeiten erfolgt die Übergabe an den Kunden.

2.1 Trennen mit Blechscheren

Schneiden von Blechen

Fertigungsbeispiel: Blechzuschnitt (Abwicklung) der Beamerauflage

Für längere Schnitte und dickere Bleche eignen sich keine Handscheren. Durch die geringe Schneidenlängen der Scheren würde der Schnitt nicht gerade und der zum Scheren notwendige Kraft- und Zeitaufwand wäre zu groß. Die Blechzuschnitte für die Beamerhalterungen lassen sich wirtschaftlich nur auf Maschinenscheren herstellen. Zum Einsatz kommen beispielsweise Tafelscheren, Hebelscheren und/oder Profilstahlscheren.

Sie verfügen über die notwendige Schneidenlänge und Schneidkraft. Der Antrieb der Maschinenscheren erfolgt dabei entweder von Hand mit Hilfe eines langen Hebels oder durch elektrischen oder hydraulischen Antrieb.

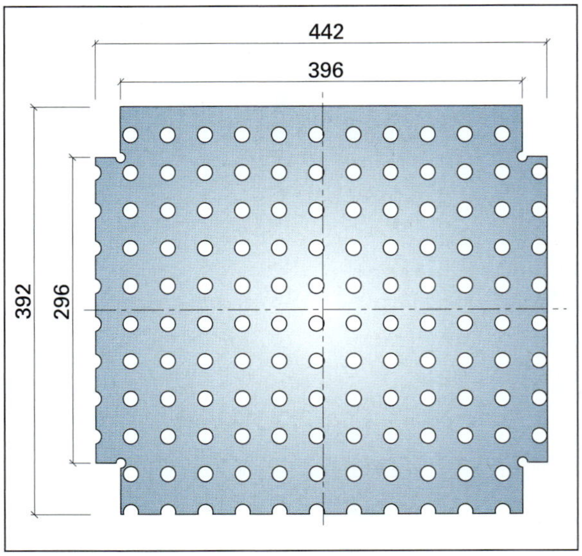

Bild 1 Blechzuschnitt

	Tafelscheren für die Blechbearbeitung		Bemerkungen
Hebeltafelschere	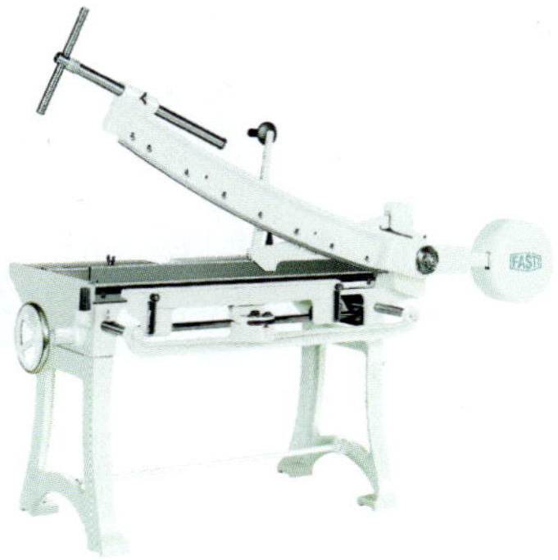	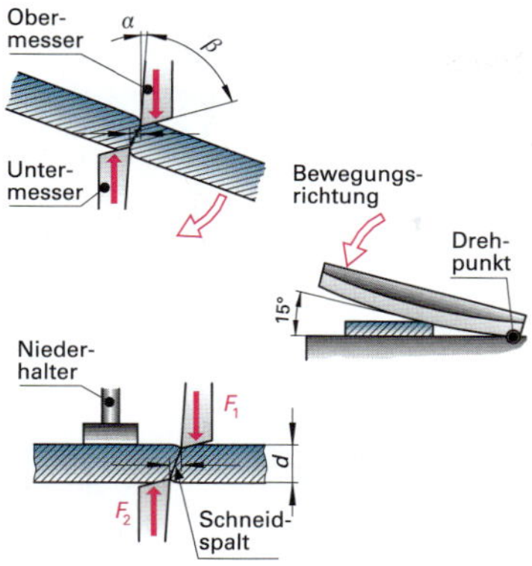	• Für längere Schnitte bis ca. 1 m Länge • Nur für Feinbleche geeignet (Stahl bis 1 mm, Aluminium bis ca. 2 mm) Ziehender Schnitt: • fortlaufendes Schneiden durch gekrümmtes Obermesser • gekrümmtes Obermesser gewährt immer gleichbleibender Öffnungswinkel von ca. 14°
Tafelschere	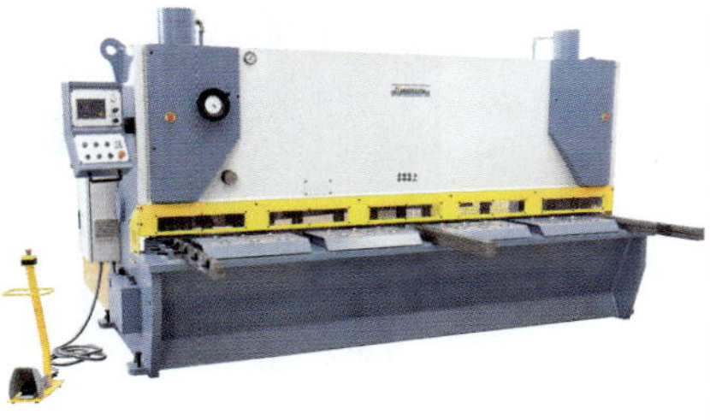	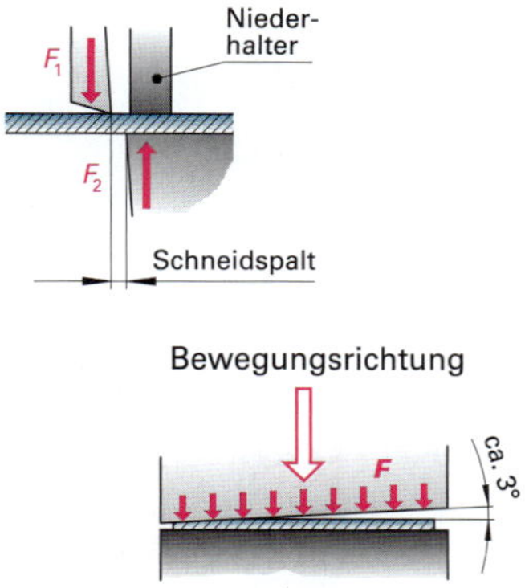	• Für lange Schnitte von 1000–6000 mm • Für Bleche bis zu 25 mm Dicke geeignet • Einzeln hydraulisch gefederte Niederhalter ermöglichen das Scheren eines Bleches mit unterschiedlicher Dicke (tailored blanks) Ziehender Schnitt: • Fortlaufendes Schneiden bei schrägem Obermesser • Stets gleicher Öffnungswinkel von ca. 14°

Ein richtige Schneidspalt gewährt saubere Schnittkanten:

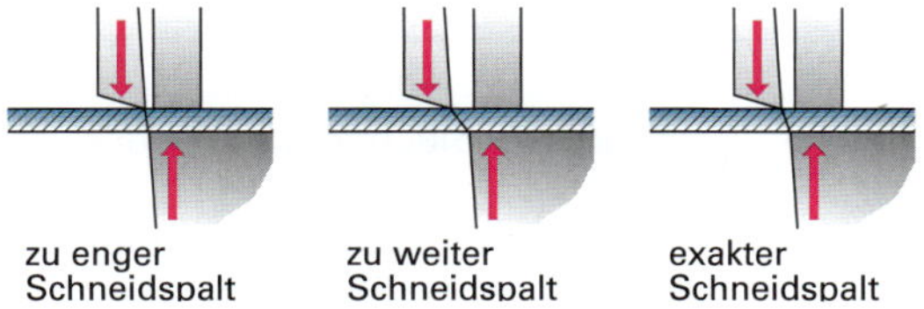

Faustregel: Schneidspalt ≈ 10 ... 20 % Blechdicke

Ziehender Schnitt: durch fortlaufendes Schneiden wird ein geringerer Kraftaufwand benötigt
Trennender Schnitt: Die Bleche werden auf ganzer Länge auf einmal getrennt → großer Kraftaufwand

Bild 1 Maschinenscheren

2.2 Trennen mit Profilscheren

Schneiden von Profil und Stabstählen

Fertigungsbeispiel: Ablängen und Bearbeiten der Wandkonsole aus L 40 × 40 × 4

Die Zuschnitte für die Konsole der Wandhalterung und den Bügel der Deckenhalterung können auf einer kombinierten Profilstahlschere ausgeführt werden. Zudem lassen sich auf dieser Maschine auch weitere Bearbeitungsvorgänge wie Lochen und Ausklinken durchführen. Die Maschine muss entsprechend der zu bearbeitenden Profile und Bleche eingerichtet werden.

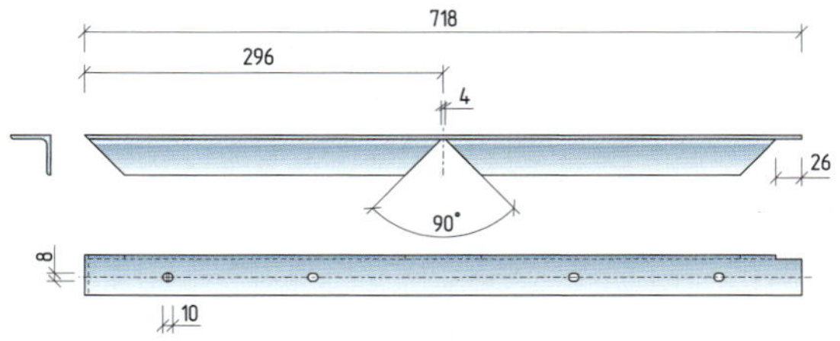

Bild 2 Profilzuschnitt für Wandkonsole

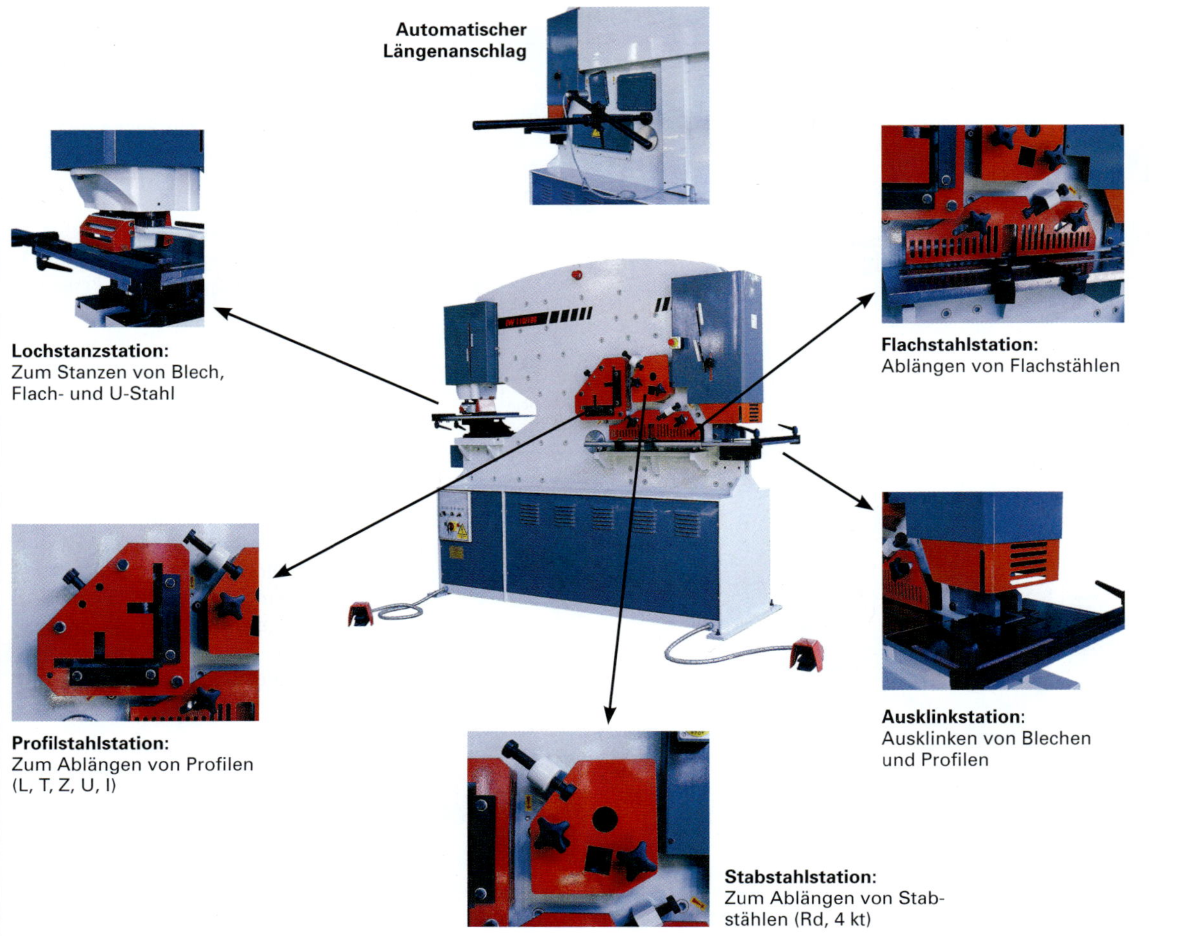

Ausklinken:
Darunter versteht man das Ausschneiden von Flächenstücken am Rand von Blechen und Profilen
Stanzen (Lochen):
Darunter versteht man das Ausschneiden von Flächenstücken inmitten von Blechen bzw. Profilen

***Bild 1** Kombinierte Profilstahlschere: für Blech- und Profildicken bis ca. 20 mm*

Da beim Scherschneiden mit Maschinen, Stanzen und Ausklinken große Schnittkräfte auftreten, dürfen die vom Hersteller angegebenen Beschränkungen hinsichtlich Materialdicke, Werkstoffe und Schnittlänge nicht überschritten werden. Damit die Werkzeuge in jedem Fall nicht überbeansprucht werden, müssen gegebenenfalls die Überlastsicherungen der Presse ansprechen.

2.3 Aufgaben zu 2

1. Informieren Sie sich über den Aufbau, die Vor- und Nachteile und den Einsatzbereich der verschiedenen Maschinenscheren.
2. Besorgen Sie sich Herstellerunterlagen über verschiedene Maschinenscheren, bestimmen Sie deren jeweilige Anwendungsbereiche und wählen Sie geeignete Maschinen für die Fertigung der Lochbleche für die Beamerhalterungen aus.
3. Welche Arbeiten können an einer Profilstahlschere durchgeführt werden?
4. Erstellen Sie einen Arbeitsplan zur Fertigung der Konsole der Wandhalterung.

3 Englisch im Metallbaubetrieb

3.1 Fertigen mit Werkzeugmaschinen

Translate into german, please.

Production with tool machines

Tool machines simplify the handling of materials and shorten the labour time. Simple tool machines are drilling machines, lathes, milling and sawing machines. These are machines which you find not only in engineering works but also in small steel and metal processing workshops. Simple tools are drill, rotary chisel, screw-tap and saw-blades. They work on the principle of wedge which removes cutings from the work piece. As this leads to heat one has to use cooling agents. This also reduces friction of work piece and tool. But cooling agents are often dangerous to your health, so you have to follow the directions for use very carefully, Tool machines are driven by electric motors, the number of revolutions is changed by gear. For that you have to do calculations and have to be able to handle tables of charts. In order to calculate you have to compute the costs per hour.

Deformation machines such as machines to do bending and edging work are needed especially for steel and metal work. With their help one can design and model profiles and sheets and plates of big cross sections quickly and in an exact way. Tool machines are very expensive and have to be attended and cleaned perpetually. Modern tool machines are no longer manually operated but by CNC (= Computer numeric control) machines. But it is only sensible to take advantage of them when producing a large number of pieces or very complicated pieces of work.

Vokabelliste

to take advantage of	von Vorteil sein
to be attended	gewartet werden
to bend	biegen
blade	Klinge, Blatt
to calculate	kalkulieren, Kosten berechnen
carefully	sorgfältig
to clean	reinigen
complicated	kompliziert
cooling agent	Kühlmittel
costs per hour	Kosten pro Stunde
cross section	Querschnitt
cutting	Späne
to deform	umformen
to design	gestalten
direction	Anweisung
to drill	bohren
to drive	antreiben, fahren
to edge	kanten
friction	Reibung
gear	Getriebe
to handle	handhaben
in order to	um...zu
labour time	Arbeitszeit
lathe	Drehmaschine
to lead	führen zu
manually	von Hand
milling machine	Fräsmaschine
to model	in Form bringen
number of revolutions	Drehzahl, Umdrehungsfrequenz
number	Anzahl
to operate	bedienen
perpetually	laufend
to remove	abheben, entfernen
rotary chisel	Drehmeißel
to saw	sägen
screw-tap	Gewindebohrer
to shorten	verkürzen
to simplify	vereinfachen
tool machine	Werkzeugmaschine
use	Gebrauch
wedge	Keil

Assignments

1. Describe the machine components of a double bench grinder.
2. What is a milling machine used for?
3. What sort of deformation machines you can find in your workshop?
4. Why is it necessary to calculate the number of revolutions of machine tools?
5. Look at page nr. 205/206. Describe in correct sentences how this workpiece is manufactured from the profile to a complete *Gelenklasche*? What kind of simple tools are used for?

4 Berechnungen: Fertigung mit Werkzeugmaschinen

4.1 Geradlinige Bewegung – Geschwindigkeit

Mit einem Transportband sollen Werkstücke einer Bearbeitungsmaschine zugeführt werden. Für einen störungsfreien Ablauf müssen sie die Weglänge von 5 m in 30 s zurücklegen.

Die Geschwindigkeit ist einzustellen.

Gegeben:	Weg vom Anfang bis zum Ende des Bandes:	5 m
	Mit Stoppuhr gemessene Zeit:	30 s
Gesucht:	Geschwindigkeit v des Bandes	

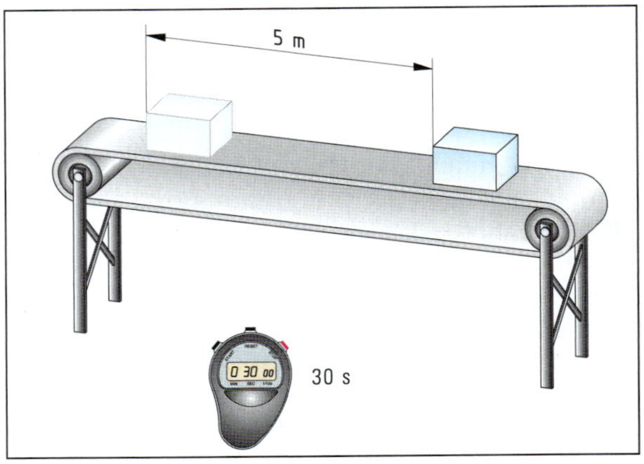

Bild 1 ***Transportband***

$$v = \frac{s}{t}$$

$$v = \frac{5\ \text{m}}{40\ \text{s}}$$

$$v = 0{,}17\ \frac{\text{m}}{\text{s}}$$

5 m Wegstrecke werden in 30 s zurückgelegt.

Berechnung der Geschwindigkeit mithilfe der Weg-Zeit-Beziehung

$$\textit{Geschwindigkeit} = \frac{\textit{Weg}}{\textit{Zeit}}$$

$$v = \frac{s}{t}$$

2

4.1.1 Aufgaben zu 4.1

1. Ein Laufkran benötigt von einer Hallenseite zur anderen 1,33 min. Er hat dann einen Weg von 20 m zurückgelegt.
Mit welcher Fahrgeschwindigkeit wird die Last bewegt?

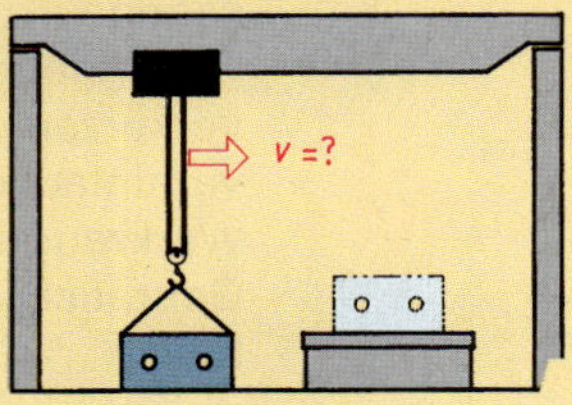

2. Die Kiste auf einem Förderband legt in 0,5 min einen Weg von 12 m zurück. Ihre Geschwindigkeit muss kleiner als 0,5 m/s sein. Überprüfen Sie diese Forderung.

3. a) Berechnen Sie den zurückgelegten Weg in der so genannten „Schrecksekunde".

b) Welche Erkenntnis lässt sich aus dem Ergebnis ableiten?

v_1	v_1	v_1
40 km/h	80 km/h	160 km/h

4. Mit einer hydraulischen Strangpresse werden Rohre hergestellt. Sie arbeitet mit einer Pressgeschwindigkeit von 7,5 m/min.
Wie lange dauert ein Pressvorgang, wenn die Werkstücklänge auf 50 m begrenzt ist?

5. Die Hubgeschwindigkeit der Flasche (Haken) beträgt 450 mm/s.
In welcher Zeit kann die Last 9 m hoch gehoben werden?

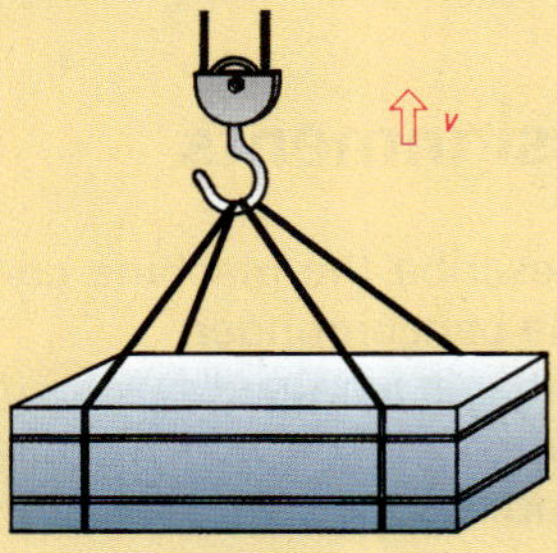

6. Berechnen Sie die fehlenden Werte:

v	t	s
32 km/h	? h	112 km
? km/h	4 h 10 min	360 km
120 m/min	5 h 48 min	? km
4 m/s	5,2 min	? km
? m/s	42,8 min	54 km
12 m/min	? h	620 m

7. Die Brennschneidmaschine arbeitet mit einer Verfahrgeschwindigkeit von v = 620 mm/min. Welche Zeit wird benötigt, um das Seitenteil auszuschneiden?

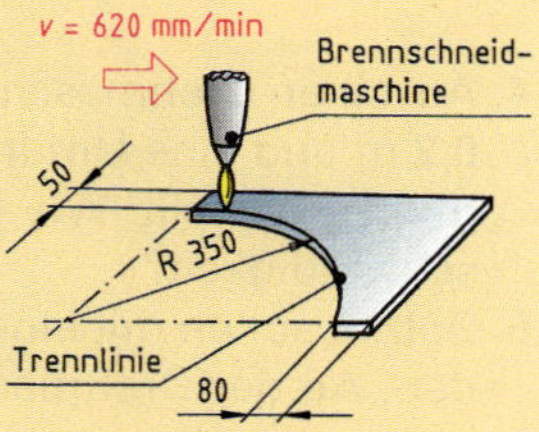

8. Ein Doppelschlepplift hat eine Schlepplänge von 2500 m. Seine Schleppgeschwindigkeit beträgt 6 km/h.

a) Wie lang ist die Schleppzeit?

b) Wie viele Personen können pro Stunde befördert werden, wenn die Schleppbügel einen Abstand von 12 m haben?

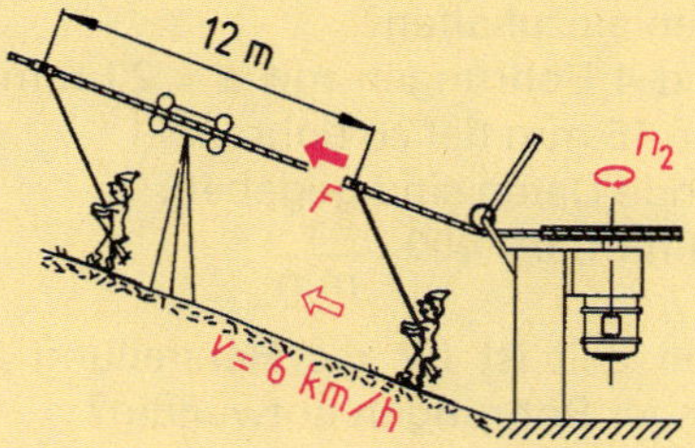

4.2 Geradlinige Bewegungen an Werkzeugmaschinen

In 50 Stirnplatten sind jeweils 14 Bohrungen mit einem ∅ 13 mm herzustellen.
Für eine optimale Standzeit müssen Schnittdaten eingehalten werden.
Aus Schnittdatentabellen kann entnommen werden:

n = 355 1/min
f = 0,1 mm

- Welche Bedeutung hat der Wert f?
- Mit welcher **Vorschubgeschwindigkeit** v_f soll gearbeitet werden?

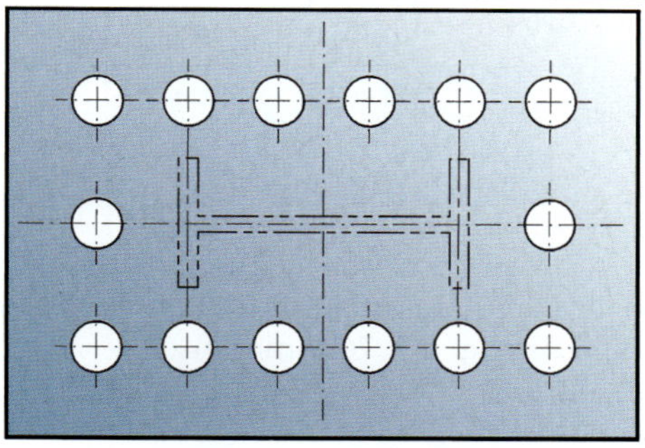

Bild 1 Stirnplatte

Die allgemeine Formel für die Geschwindigkeit

$$v = \frac{s}{t}$$

gilt auch für die Vorschubgeschwindigkeit, lässt sich aber nicht direkt anwenden, da weder der Bohrweg (Werkstoffdicke) noch die benötigte Zeit bekannt sind.

Bekannt sind aber:

- Der Vorschub f des Werkzeuges bei einer Umdrehung des Bohrers.
- Die Anzahl der Umdrehungen des Bohrers in 1 Minute.

s bei 1 Umdrehung = f = 0,1 mm ⇒
s bei n Umdrehungen = $f \cdot n$
s bei 355 Umdrehungen = 0,1 mm · 355
$\underline{s = 35{,}5\ \text{mm}}$

$$v_f = \frac{s}{t}$$

$$v_f = \frac{35{,}5\ \text{mm}}{1\ \text{min}}$$

$$\underline{\underline{v_f = 35{,}5\ \frac{\text{mm}}{\text{min}}}}$$

oder

$$v_f = f \cdot n$$

$$v_f = 0{,}1\ \text{mm} \cdot 355\ 1/\text{min}$$

$$\underline{\underline{v_f = 35{,}5\ \frac{\text{mm}}{\text{min}}}}$$

Für den Weg des Bohrers gilt:

Weg = Vorschub f des Bohrers je Umdrehung · Anzahl n der Umdrehungen
$s = f \cdot n$
Für die **Vorschubgeschwindigkeit** v_f gilt damit:

$$v_f = \frac{s}{t} = \frac{f \cdot n}{t}$$

Daraus ergibt sich die Formel für die **Vorschubgeschwindigkeit**:

$$\boxed{v_f = f \cdot n} \quad \text{in } \frac{\text{mm}}{\text{min}}$$

2

4.2.1 Aufgaben zu 4.2

1. Es sind 12 Bohrungen in 30 mm dicke Stahlplatten zu bohren. Die eingestellten Schnittwerte sind: $f = 0{,}1$ mm, $n = 650 \cdot 1/\text{min}$.
   a) Berechnen Sie die Vorschubgeschwindigkeit.
   b) Warum sind die vorgegebenen Schnittdaten einzuhalten?
2. Es sind 4 Bohrungen mit $d = 20$ mm in eine Lasche 15 mm tief zu bohren.
   Folgende Daten sind gegeben:
   $f = 0{,}1$ mm, $n = 400 \cdot \frac{1}{\text{min}}$

   Welche Zeit ist für die Herstellung (Zerspanung) der Bohrungen notwendig?

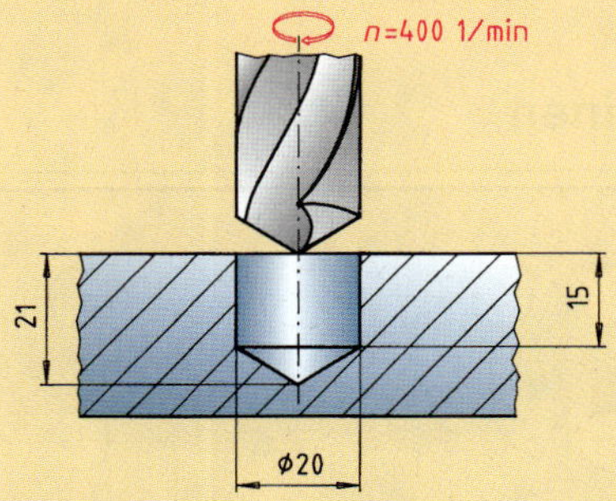

3. Die Vorschubgeschwindigkeit einer Fräsmaschine beträgt $v_f = 70$ mm/min.
   Berechnen Sie die Zeitdauer für das Überfräsen der Platte bei 420 mm Verfahrweg.

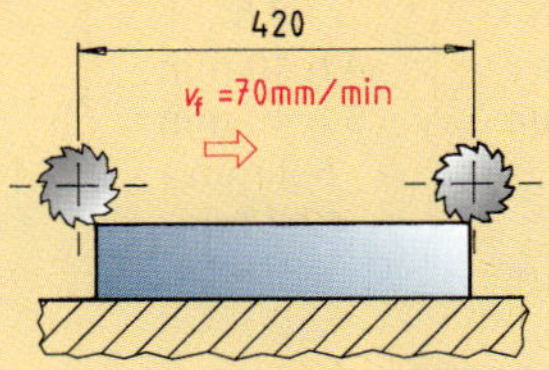

4. An einer Drehmaschine ist ein Vorschub $f = 0{,}2$ m und eine Umdrehungsfrequenz $n = 540/\text{min}$ eingestellt. Wie groß ist die Vorschubgeschwindigkeit?
5. Bolzen sollen mit einem Ansatz versehen werden. An der Drehmaschine sind folgende Daten einzustellen:
   $n = 500 \cdot \frac{1}{\text{min}}$, $f = 0{,}4$ mm, Schnitttiefe jeweils 4 mm.
   Welche Zerspanzeit muss für das Bearbeiten eines Bolzens vorgesehen werden?

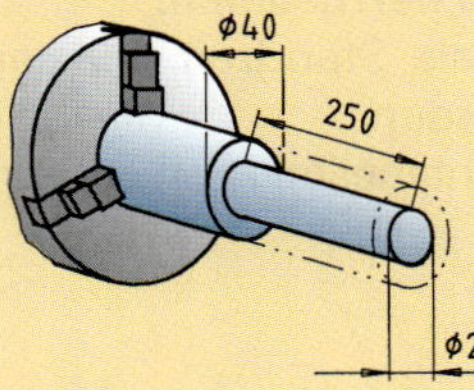

4.3 Kreisförmige Bewegungen an Werkzeugmaschinen

Ein Auszubildender erhält den Auftrag, in 25 Seitenteile aus S235JR eine Aussparung mit der Bandsägemaschine einzusägen. An der Säge können folgende Umdrehungsfrequenzen (Drehzahlen) eingestellt werden:

$n_1 = 15$ 1/min; $n_2 = 25$ 1/min;
$n_3 = 35$ 1/min; $n_4 = 40$ 1/min.

Laut Schnittdatentabelle ist für das Sägen eine Schnittgeschwindigkeit von 40 m/min geeignet.

Mit welcher Schnittgeschwindigkeit arbeitet die Maschine, wenn der Auszubildende eine Umdrehungsfrequenz (Drehzahl) von 15 1/min gewählt hat?

Gegeben: Durchmesser der Scheiben 500 mm

Gesucht: Schnittgeschwindigkeit in m/min bei $n_1 = 15 \frac{1}{\text{min}}$.

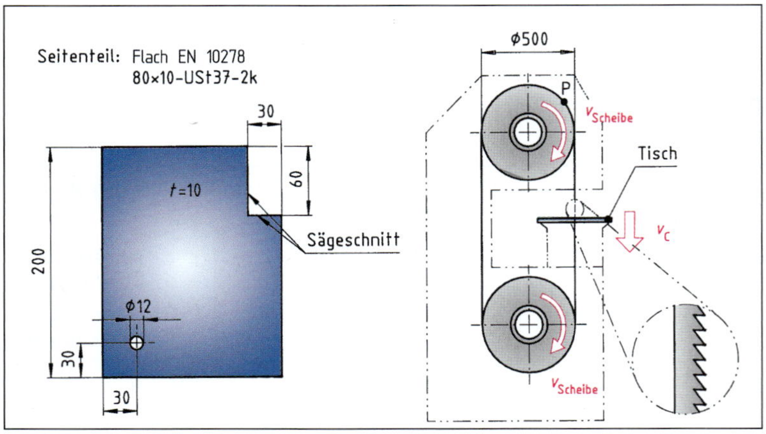

Bild 1 Seitenteilezuschnitt auf Bandsägen

Weg der Scheibe bei einer Umdrehung	Umfang $\pi \cdot d$	$3{,}1415 \cdot 0{,}5\ \text{m} = 1{,}570\ \text{mm}$
Weg bei 15 Umdrehungen in der Minute	$\pi \cdot d \cdot n$	$3{,}1415 \cdot 0{,}5\ \text{m} \cdot 15\ 1/\text{min} = 23{,}561\ \text{m/min}$
➔ Schnittgeschwindigkeit v_c in m/min	$v_c = \pi \cdot d \cdot n$	$v_c = 3{,}1415 \cdot 0{,}5\ \text{m} \cdot 15 \frac{1}{\text{min}} = 23{,}561 \frac{\text{m}}{\text{min}}$

***Bild 1** Ermittlung der Schnittgeschwindigkeit*

Bestimmung der Umdrehungsfrequenz (Drehzahl)

Welche Umdrehungsfrequenz n ist an einer Bohrmaschine bei folgenden Angaben zu wählen?

Gegeben: Werkstoff: S235JR; Schneidstoff: HSS; Bohrerdurchmesser: d = 20 mm; Kühlschmiermittel ist vorhanden.

Gesucht: Umdrehungsfrequenz n

Aus der Schnittgeschwindigkeitstabelle (Tabellenbuch) wird v_c = 27 m/min gewählt.

1. Rechnerische Lösung

$v_c = d \cdot \pi \cdot n$

$$n = \frac{v_c}{d \cdot \pi}$$

$$n = \frac{27 \frac{\text{m}}{\text{min}}}{20\ \text{mm} \cdot \pi}$$

$$n = \frac{27\ \text{m} \cdot 1000\ \text{mm}}{\text{min} \cdot 20\ \text{mm} \cdot \pi \cdot 1\ \text{m}}$$

$$n = 430 \cdot \frac{1}{\text{min}}$$

2. Lösung mithilfe des v_c - d - Nomogramms

Der mathematische Zusammenhang zwischen Schnittgeschwindigkeit v_c, Durchmesser d und Umdrehungsfrequenz n kann in einem Nomogramm dargestellt werden (siehe Seite 238).

Zur Bestimmung der Umdrehungsfrequenz mithilfe des Nomogramms sind folgende Lösungsschritte erforderlich:

- Durchmesser 20 mm aufsuchen und senkrecht nach oben gehen.
- Schnittgeschwindigkeit 27 m/min suchen und eine waagerechte Linie ziehen.
- Mithilfe des Schnittpunktes A die Umdrehungsfrequenz festlegen. Meistens wird die nächst niedrigere Umdrehungsfrequenz gewählt (in diesem Beispiel 355 1/min).

An den meisten Werkzeugmaschinen befinden sich derartige Drehzahldiagramme auffällig sichtbar angebracht, um die richtige Einstellung der Drehzahl schnell und einfach vornehmen zu können. Die angegebenen Drehzahllinien sind die einstellbaren Drehzahlen an der Werkzeugmaschine (bei abgestuften Drehzahlen). Liegt die ermittelte Drehzahl zwischen zwei Linien, so wählt man i. d. R. die niedrigere Drehzahl, um die gewählte Schnittgeschwindigkeit keinesfalls zu überschreiten, damit die Standzeit des Werkzeugs nicht darunter leidet.

Man unterscheidet zwei Arten von Diagrammen:

- Diagramm mit linearer Teilung
- Diagramm mit logarithmischer Teilung

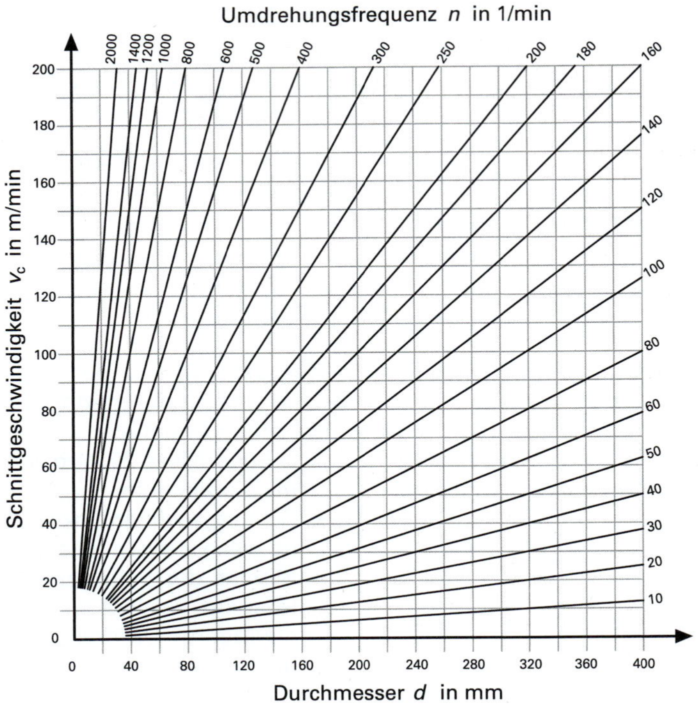

Umdrehungsfrequenzdiagramm mit linearer Teilung

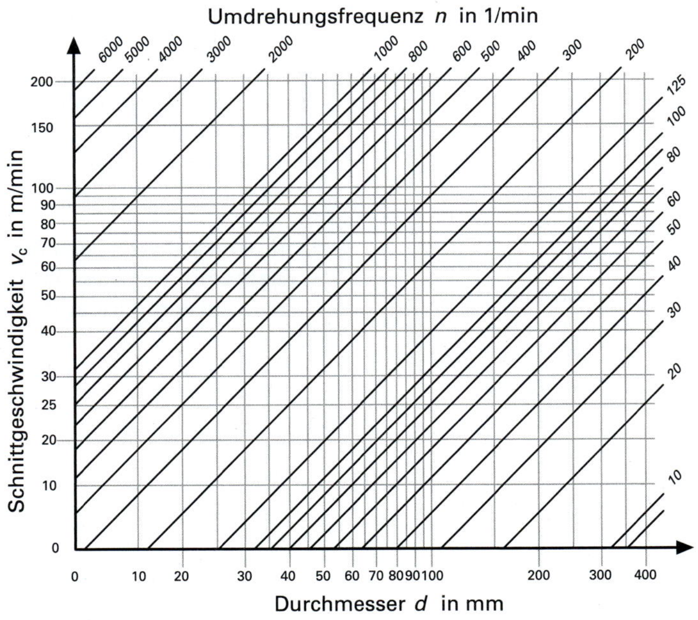

Umdrehungsfrequenzdiagramm mit logarithmischer Teilung

Bild 2 Umdrehungsfrequenz-Diagramme

4.3.1 Aufgaben zu 4.3

1. An einer Bohrmaschine lassen sich folgende Umdrehungsfrequenzen einstellen:
n_1 = 140/min; n_2 = 220/min;
n_3 = 360/min; n_4 = 500/min
Welche Umdrehungsfrequenz ist für einen Bohrer mit 15 mm Durchmesser einzustellen, wenn mit einer Schnittgeschwindigkeit v = 18 m/min gearbeitet werden soll?

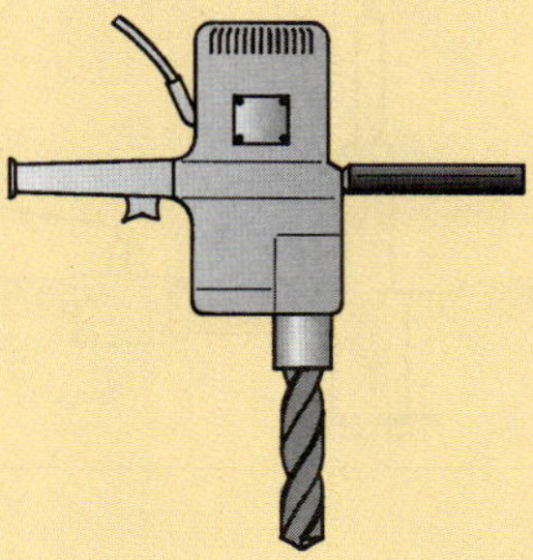

2. Bestimmen Sie die fehlenden Werte der Tabelle.

	a	b	c	d	e
n in $\frac{1}{\text{min}}$	?	500	200	?	500
d in mm	15	120	?	50	320
v_c in $\frac{\text{m}}{\text{min}}$	40	?	160	300	?

3. Eine Trennscheibe mit 180 mm Durchmesser soll in einem Winkelschleifer mit einer Umdrehungsfrequenz von max. 8400/min eingesetzt werden.
Die zulässige Umfangsgeschwindigkeit der Scheibe beträgt v = 80 m/s.
Darf diese Scheibe für dieses Gerät verwendet werden?

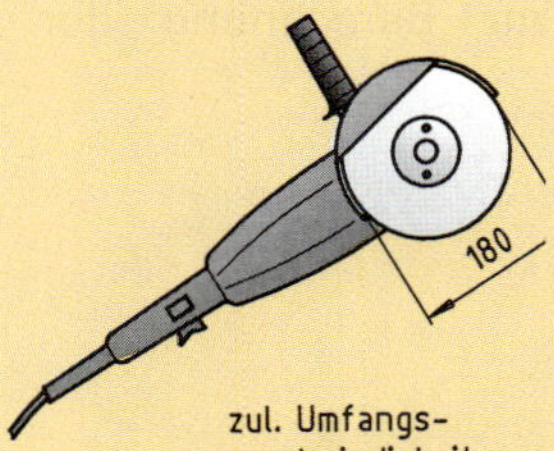

4. Winkelstähle aus S235JR sind zu bohren.
a) Erstellen Sie hierzu einen Arbeitsplan.
b) Bestimmen Sie die Umdrehungsfrequenz des Bohrers, wenn die Schnittgeschwindigkeit 25 m/min betragen soll.

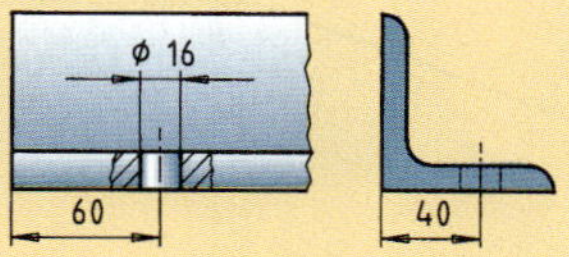

5. An einer Fräsmaschine sollen Werkstücke aus S235JR mit einem Scheibenfräser aus HSS bearbeitet werden.
Der Fräser hat einen Durchmesser d = 100 mm.
a) Legen Sie v_c fest.
b) Ermitteln Sie die Umdrehungsfrequenz aus dem v_c - d - Nomogramm.

6. Eine Bohrmaschine wird für folgende Arbeit vorbereitet:
Werkstoff: S235JR;
Bohrer aus HSS
Durchmesser:
a) 8 mm; b) 15 mm; c) 25 mm.
Kühlschmiermittel vorhanden.
a) Ermitteln Sie v_c.
b) Legen Sie die Umdrehungsfrequenzen n nach dem v_c - d - Nomogramm fest.

7. In eine Platte aus E295 ist eine Nut einzufräsen. Welche Umdrehungsfrequenz ist an der Maschine einzustellen, wenn eine Schnittgeschwindigkeit v_c = 20 m/min vorgegeben wird?

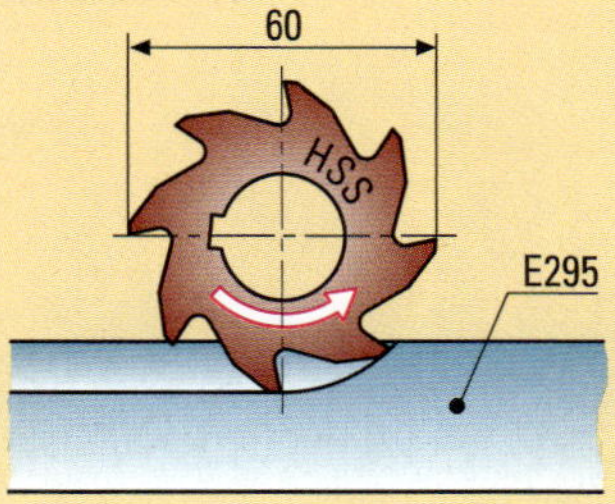

8. Für das Längsrunddrehen eines Rundstahles aus S235JR mit einem ∅ von 40 mm wurde eine Umdrehungsfrequenz von 530/min an der Maschine eingestellt. Drehmeißelwerkstoff HSS.
Bestimmen Sie mithilfe des Nomogramms (S. 223) die Schnittgeschwindigkeit.

9. In Flachstähle sind Bohrungen mit ∅ 14 mm zu bohren. Die Umdrehungsfrequenz beträgt dabei n = 600/min.
Kontrollieren Sie, ob die zulässige Schnittgeschwindigkeit v_c überschritten wird.

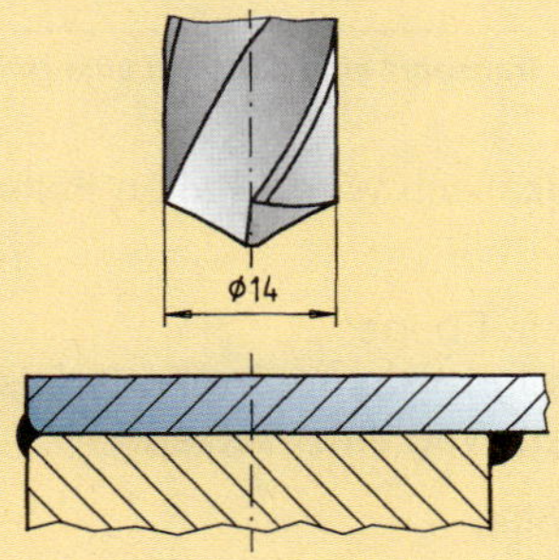

10. Das Werkstück wird aus S235JR hergestellt.
a) Wählen Sie die Werkzeuge (Bohrer, Gewindebohrer) für das Werkstück aus.
b) Legen Sie die Schnittgeschwindigkeit v_c und die Vorschübe fest.
c) Ermitteln Sie die Umdrehungsfrequenzen aus dem v_c - d - Nomogramm.

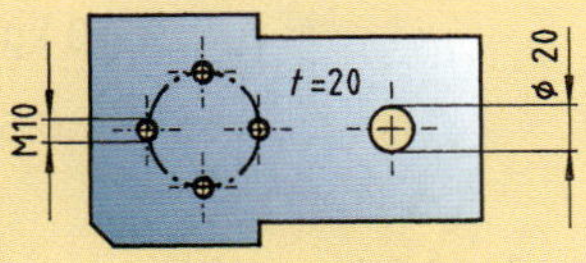

4.4 Mechanische Arbeit und Leistung von Maschinen

4.4.1 Mechanische Arbeit und Energie

Eine Last kann auf verschiedene Arten auf eine gewünschte Höhe transportiert werden:

- die Last wird auf einer geneigten Ebene (*„Schiefe Ebene"*) hochgezogen.
- die Last wird an einem Seil hochgezogen oder
- die Last wird durch eine hydraulische Hebebühne hochgehoben.

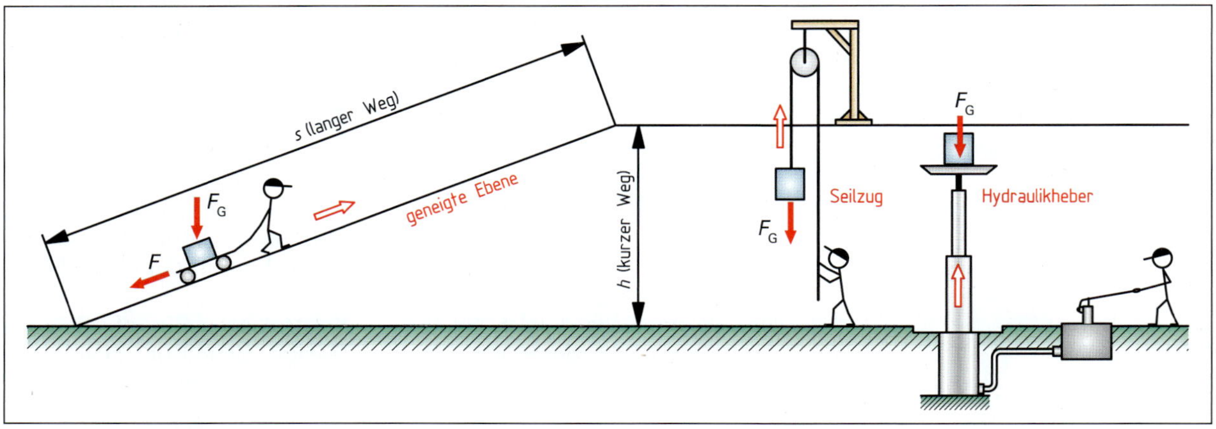

***Bild 1** Transport einer Last auf eine Höhe h*

Physikalisch wird in allen Fällen die gleiche Arbeit verrichtet:

Schiefe Ebene:
Die relativ kleine Zugkraft F ist über einen relativ langen Weg einzusetzen.

Seilrolle:
Die Last wird mit großem Kraftaufwand bei kürzestem Weg hoch befördert.

Hydraulikanlage:
Mit einer kleinen Pumpenkraft wird durch oftmaliges Pumpen (= langer Weg) die Last nach oben transportiert.

Die mechanische Arbeit ist das Produkt aus Kraft, die in Richtung des zurückgelegten Weges wirkt, multipliziert mit dem zurückgelegten Weg:

Arbeit = Kraft · Weg	W in N · m	1 N · m = 1 J
$W = F \cdot s$	F in N	(Joule)
	s in m	

Beispielaufgabe:
Auf einer Hebebühne soll ein Kraftfahrzeug mit m = 1650 kg um h = 1,65 m angehoben werden. Wie groß ist die Arbeit in N · m und kJ?

Gegeben: $m = 1650$ kg
$h = s = 1{,}65$ m
Gesucht: W in N · m und kJ

$W = F \cdot s = F_G \cdot h$ ⇒ Bestimmungsgleichung zur Berechnung der Arbeit aufstellen.

$F_G = m \cdot g$ ⇒ Zwischenrechnung zur Berechnung der Gewichtskraft.

$F_G = 1650\ \text{kg} \cdot 9{,}81\ \frac{\text{m}}{s^2}$

$\underline{F_G = 16186{,}5\ \text{N}}$

$W = 16186{,}5\ \text{N} \cdot 1{,}65\ \text{m}$

$\underline{\underline{W = 26707{,}7\ \text{N} \cdot \text{m}}}$

$\underline{\underline{W \approx 26{,}7\ \text{kJ}}}$

2

Aufgaben zu 4.4.1

1. Bestimmen Sie die erforderliche Arbeit, wenn sich in der Beispielaufgabe S. 225
a) der Hub auf h = 1,80 m erhöht.
b) die Kraft auf F_G = 12 000 N verringert.

2. a) Wie wirkt sich ein kleinerer Weg (Hub) auf die erforderliche Arbeit aus, wenn die Kraft konstant bleibt?
b) Wie wirkt sich eine größere Kraft auf die erforderliche Arbeit aus, wenn der Weg konstant bleibt?

3. Auf Baustellen dienen Kräne zum Transport von Baumaterialien. Welche Hubarbeit ist erforderlich, um Rohre mit m = 650 kg auf die Höhe h = 16,5 m anzuheben?

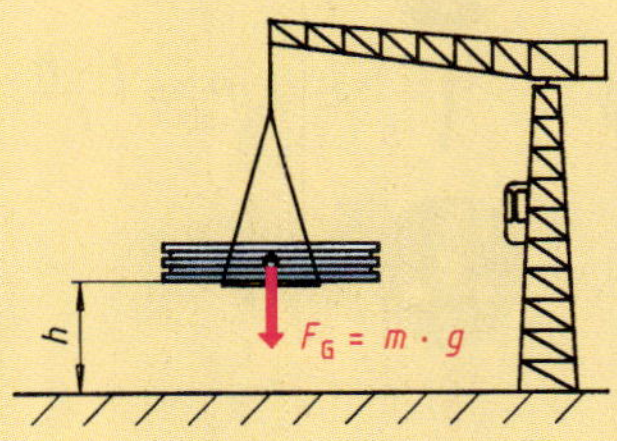

4. Mithilfe einer Seiltrommel (d = 250 mm Durchmesser) soll eine Last mit m = 120 kg um 6 m angehoben werden. Wie groß ist die Hubarbeit? Wie viele Umdrehungen der Seiltrommel sind erforderlich?

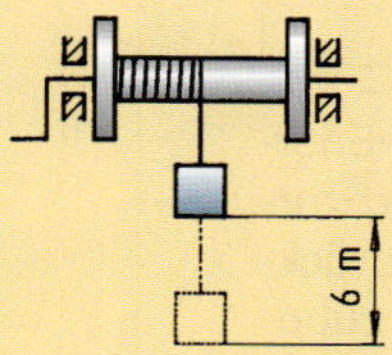

5. Auf einer Drehmaschine wird Rundmaterial mit d = 80 mm zerspant. Welche Schneidarbeit pro Umdrehung wird verrichtet, wenn die Zerspanungskraft F = 4300 N beträgt? (Hinweis: Der Weg entspricht hier dem Umfang)

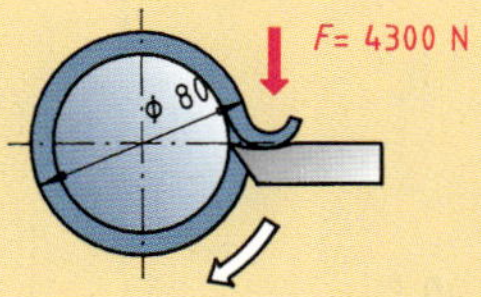

6. Mit dem Flaschenzug wird eine Masse von 200 kg um 2,5 m angehoben. Dabei muss das Seil um insgesamt 15 m verkürzt werden. Wie groß ist die Zugkraft? (Hinweis: Arbeit an der Masse = zugeführte Arbeit)

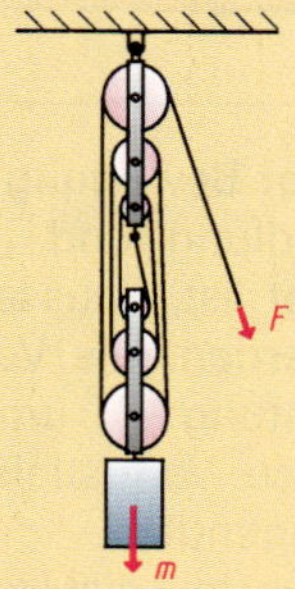

7. Welche Arbeit haben die Pumpen verrichtet, wenn 30 000 m³ Wasser in den Wasserspeicher gepumpt wurden?
(g = 9,81 m/s², ρ = 1 kg/dm³)

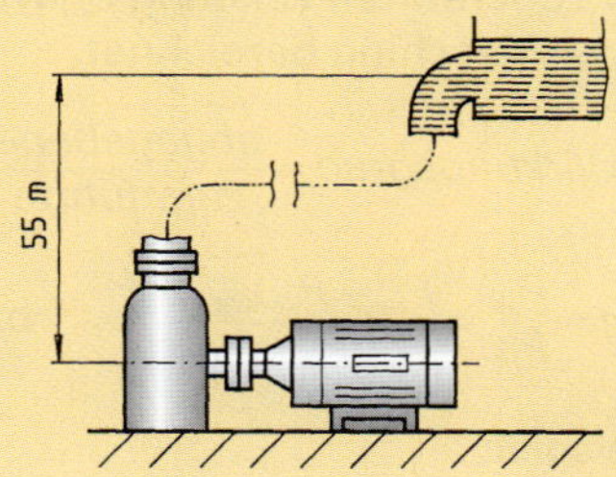

4.4.2 Mechanische Leistung und Wirkungsgrad

Bei nahezu allen Maschinen ist die Zeit wichtig, in der die Arbeit verrichtet wird. Die Arbeit pro Zeit wird als Leistung P bezeichnet. Je weniger Zeit das Hubwerk braucht, um das Zahnrad anzuheben, desto größer muss seine Antriebsleistung sein.

Für die Leistungsberechnung gilt allgemein:

$$\text{Leistung} = \frac{\text{Arbeit}}{\text{Zeit}}$$ P in W (Watt) $1\ \text{W} = \frac{1\ \text{N} \cdot \text{m}}{\text{s}} = \frac{1\ \text{J}}{\text{s}}$

$$P = \frac{W}{t}$$ mit $W = F \cdot s$ gilt:

$$P = \frac{F \cdot s}{t}$$ und mit $v = \frac{s}{t}$ gilt:

$$P = F \cdot v$$

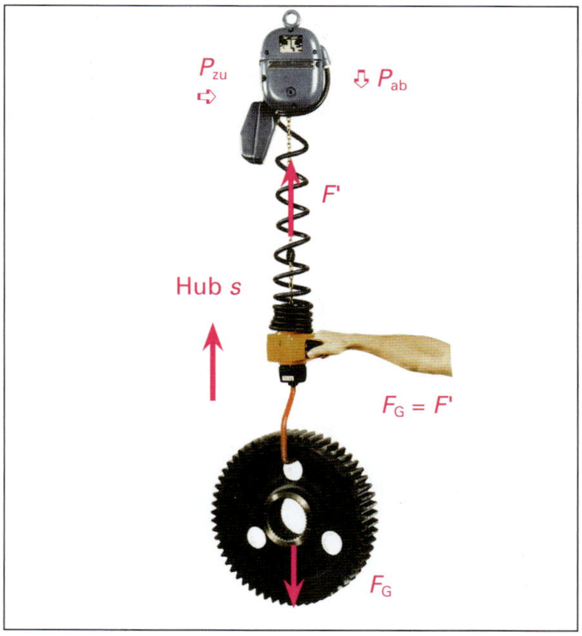

Wirkungsgrad

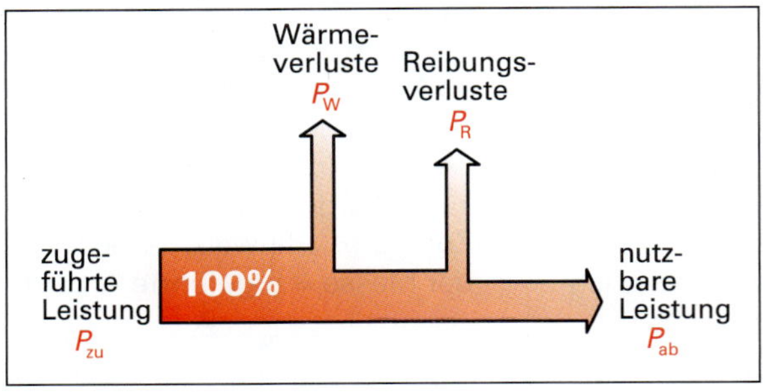

Da bei jeder Bewegung Reibung auftritt, jede Energieumwandlung und jeder Energietransport verlustbehaftet ist, müssen diese Einflüsse berücksichtigt werden. Die Verluste verringern die zugeführte Leistung P_{zu} um einen bestimmten Betrag $P_{Verlust}$. Diese Verlustleistung $P_{Verlust}$ bleibt für den Prozess ungenutzt.

Die zugeführte Leistung muss daher um die Verlustleistung erhöht werden, um die erforderliche abzugebende Leistung (Hubleistung) bereitstellen zu können.

Das Verhältnis zwischen abgegebener Leistung P_{ab} zur zugeführten Leistung P_{zu} wird als Wirkungsgrad einer Maschine bezeichnet.

$$\text{Wirkungsgrad} = \frac{\text{abgegebene Leistung}}{\text{zugeführte Leistung}}$$

$$\eta = \frac{P_{ab}}{P_{zu}} = \frac{P_{zu} - P_{Verlust}}{P_{zu}}$$

$\eta < 1$ bzw. $\eta = < 100\ \%$

Ohne Verluste: $P_{ab} = P_{zu}$

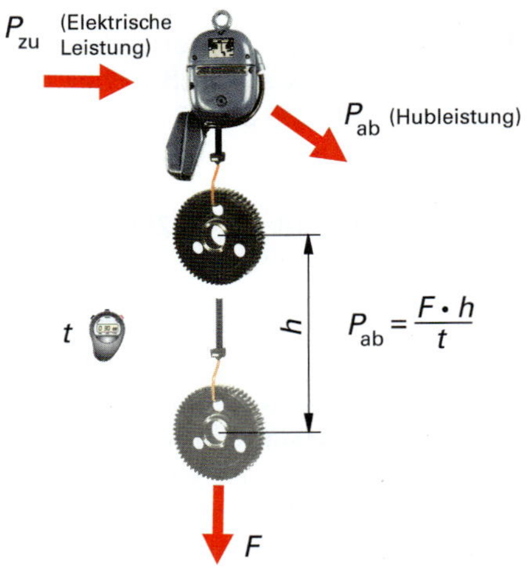

Mit Verlusten (Reibung, Wärme): $P_{ab} = P_{zu} - P_{Verluste}$

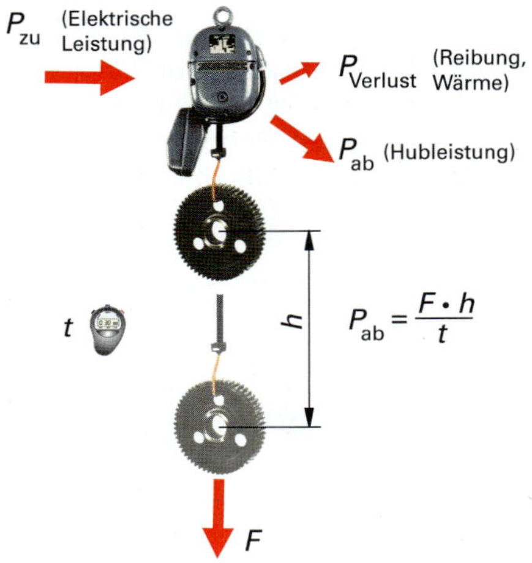

Beispiel:

Zum Anheben von Massen bis $m = 350$ N soll ein Hebezeug beschafft werden. Es stehen unterschiedliche Elektromotoren für den Antrieb zur Verfügung. Der Hub von $s = 2{,}50$ m soll in $t = 8$ s erfolgen.

a) Welche Leistung ist für das Anheben mindestens erforderlich?

b) Der Wirkungsgrad des Hebezeuges ist mit $\eta = 0{,}69$ angegeben (elektrischer und mechanischer Wirkungsgrad). Welche Leistung P_{zu} wird dem Elektromotor zugeführt?

a) $P = \frac{W}{t} = \frac{F \cdot s}{t} = \frac{F_G \cdot s}{t}$ ⇒ Bestimmungsgleichung zur Berechnung der Arbeit aufstellen.

$F_G = m \cdot g$ ⇒ Zwischenrechnung zur Berechnung der Gewichtskraft.

$F_G = 350\ \text{kg} \cdot 9{,}81\ \frac{\text{m}}{s^2}$

$\underline{F_G = 3433{,}5\ \text{N}}$

$P = \frac{3433{,}5\ \text{N} \cdot 2{,}50\ \text{m}}{8\ \text{s}}$

$P = 1072{,}97\ \frac{\text{N} \cdot \text{m}}{\text{s}} = 1072{,}97\ \text{W}$

$\underline{\underline{P \approx 1{,}1\ \text{kW}}}$ ⇒ Die Leistung muss wegen Reibung usw. größer als 1,1 kW sein.

b) $\eta = \frac{P_{ab}}{P_{zu}}$	$\Rightarrow$	Bestimmungsgleichung zur Berechnung des Wirkungsgrades aufstellen.
$P_{zu} = \frac{P_{ab}}{\eta}$		Gleichung zur Berechung der zugeführten Leistung umstellen.
$P_{zu} = \frac{1{,}1\ \text{kW}}{0{,}69}$		
$P_{zu} = 1{,}59\ \text{kW}$		
$\underline{\underline{P_{zu} \approx 1{,}6\ \text{kW}}}$		

Aufgaben zu 4.4.2

1. Wie verändert sich in der Beispielaufgabe S. 227 die zugeführte Leistung P_{zu}, wenn sich bei sonst gleichbleibenden Größen
a) die zu hebende Masse auf $m = 550$ kg erhöht?
b) die Hubzeit auf $t = 11$ s vergrößert?
c) der Hub auf $s = 2$ m verringert?
d) der Wirkungsgrad auf $\eta = 0{,}74$ verbessert?

2. Stellen Sie die Bestimmungsgleichung für die Leistung nach der Kraft F, dem Weg s, der Zeit t und der Geschwindigkeit v um.

3. Ein Förderkorb soll Lasten von $m = 200$ kg in $t = 15$ s auf 3,4 m Höhe transportieren.
a) Welche Leistung ist mindestens erforderlich?
b) Welche Leistung muss der Elektromotor abgeben, wenn ein Wirkungsgrad für die mechanischen Baugruppen von 75 % angenommen wird?

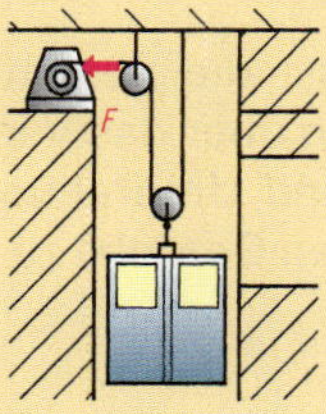

4. Welche Leistung gibt die Pumpe ab, wenn die 30 000 m³ Wasser in 30 min in den Wasserspeicher gepumpt wurden? ($g = 9{,}81$ m/s², $\rho = 1$ kg/dm³)

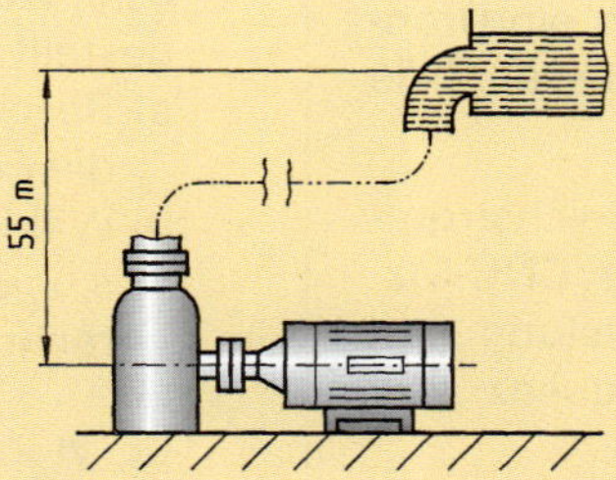

5. Die Seilwinde soll eine Masse von $m = 1{,}5$ t um $s = 5$ m anheben. Die Leistung des Elektromotors ist mit 2 kW angegeben. Wie lange dauert der Hubvorgang, wenn mit einem Wirkungsgrad von 0,65 gerechnet wird?

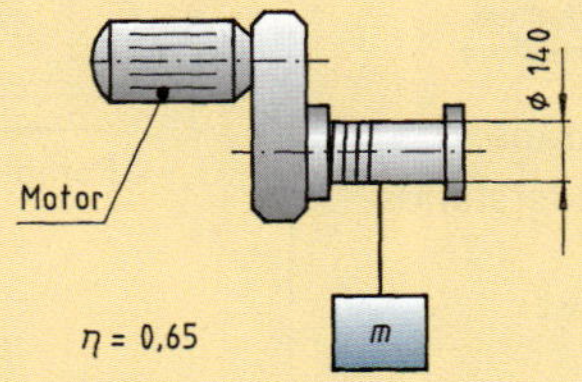

6. Ein Kran hebt in 14,5 s eine Last mit einer Gewichtskraft von $F_G = 21{,}0$ kN um 6,3 m hoch. Der Motor des Krans gibt eine Leistung von $P = 13{,}5$ kW ab. Bestimmen Sie den Wirkungsgrad η des Hubgetriebes in %.

7. Ein Förderband wird von einem Elektromotor mit einer Leistung $P = 2{,}2$ kW angetrieben. In welcher Zeit könnten 6,5 t Schüttgut 2,5 m hoch gefördert werden? ($g = 9{,}81$ m/s²)

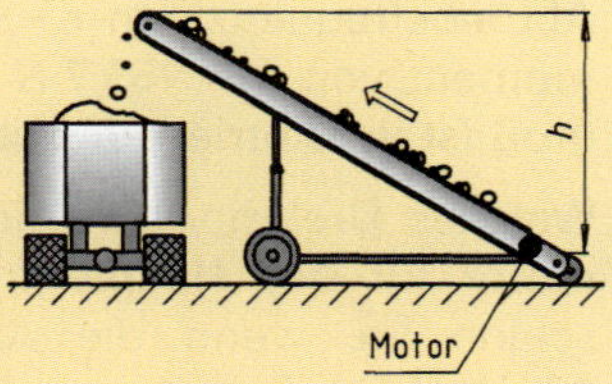

8. Ein Gabelstapler hebt eine Palette mit Knotenblechen 9,8 m in 60 s hoch. Die Palette hat eine Gesamtmasse von 450 kg. Dem Elektromotor wird eine Leistung von $P = 3{,}2$ kW zugeführt. Bestimmen Sie die Arbeit W, die Leistung P und den Wirkungsgrad η des Gabelstaplers.

9. Die zugeführte elektrische Leistung für den Motor eines Baukrans ist mit 13 kW angegeben. Der Wirkungsgrad beträgt insgesamt 60 %. Berechnen Sie die maximale Gewichtskraft, die noch mit der Hubgeschwindigkeit $v = 0{,}6$ m/s angehoben werden kann.

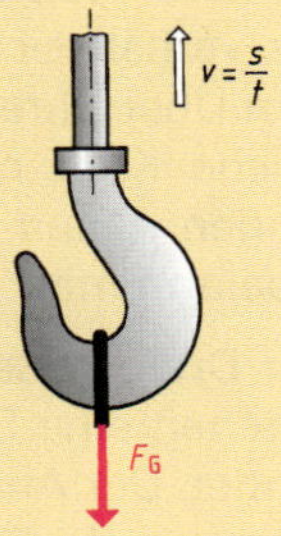

2

10. Ein Monteur zieht mit einem Seil ein Rohr mit einer Masse $m = 22{,}4$ kg in 23 s auf eine Höhe von 18,5 m. Bestimmen Sie die Arbeit und die Leistung des Monteurs.

11. Welche Leistung im physikalisch/technischen Sinn vollbringt ein 80 kg schwerer Sprinter, der die 100 m in 9,95 s läuft? Welche Leistung vollbringt er, wenn er in der gleichen Zeit 50 Treppenstufen von jeweils 18 cm Höhe überwindet?

12. Auf einem Leistungsprüfstand wird bei einer Abtriebsfrequenz von $n = 460$ 1/min ein Drehmoment von $M = 155{,}7$ N · m gemessen. Wie groß ist die Abtriebsleistung?

13. Welches Drehmoment gibt ein Gleichstrommotor für den Hauptantrieb einer CNC-Maschine ab, wenn die Antriebsleistung mit 22 kW bei einer Umdrehungsfrequenz von 2 500/min angegeben ist?

14. Innerhalb einer Getriebestufe wirkt ein Moment von 62 N · m. Welche Leistung muss der Antriebsmotor mindestens besitzen, wenn die Umdrehungsfrequenz mit 930/min angegeben ist?

15. Bei einer Geschwindigkeit von $v = 135$ km/h betragen die Fahrtwiderstandskräfte an einem Kraftfahrzeug $F_w = 740$ N.

a) Welche Leistung muss bei einer ebenen Fahrbahn an den Antriebsrädern wirken?

b) Was bemerkt der Fahrer bei ansteigender bzw. abfallender Straße?

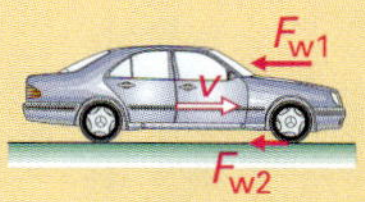

F_{w1} = Windkräfte
F_{w1} = Rollwiderstandskräfte
$F_w = F_{w1} + F_{w2}$

16. Ein Elektromotor für eine Handbohrmaschine besitzt eine Nennleistung von $P = 450$ W.

a) Wie groß ist das max. Drehmoment eines Bohrers bei einer Umdrehungsfrequenz von $n = 2\,200$/min?

b) Wie verhält sich die Umdrehungsfrequenz beim Überschreiten dieses Drehmoments?

c) Welche Kraft muss der Facharbeiter aufbringen, wenn seine Handkraft an einem Hebelarm mit $r = 265$ mm wirkt?

17. An der Drehmeißelspitze wird für das Längsrunddrehen eine Schnittkraft von $F_c = 5\,500$ N berechnet. Der Antriebsmotor gibt eine Nennleistung von $P = 22$ kW ab.

a) Wie groß darf die Schnittgeschwindigkeit und die Umdrehungsfrequenz höchstens gewählt werden, wenn der Wirkungsgrad zunächst unberücksichtigt bleibt?

b) Wie verändert sich die Schnittgeschwindigkeit bei einem Gesamtwirkungsgrad von 63 %?

c) Welche Abhängigkeit besteht beim Zerspanen zwischen den Einstelldaten und der Antriebsleistung der Werkzeugmaschine?

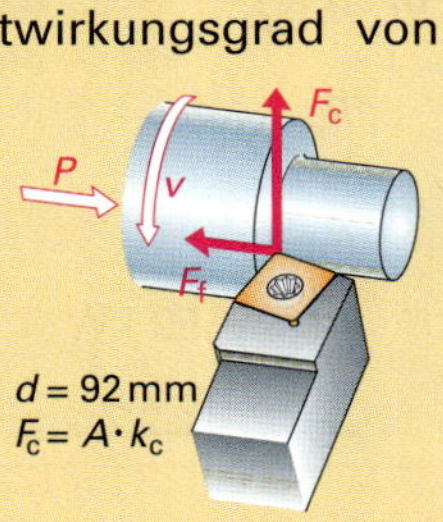

18. In den folgenden Bildern sind unterschiedliche Aufgaben zur Leistungsberechnung dargestellt.

a) Beschreiben Sie für die einzelnen Skizzen die Einflussgrößen auf die Leistung.

b) Wählen Sie für die Einflussgrößen (z. B. F, s, v, d, h) technisch sinnvolle Werte und berechnen Sie die jeweilige Leistung.

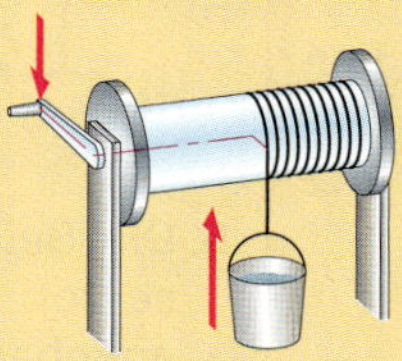

Hubleistung

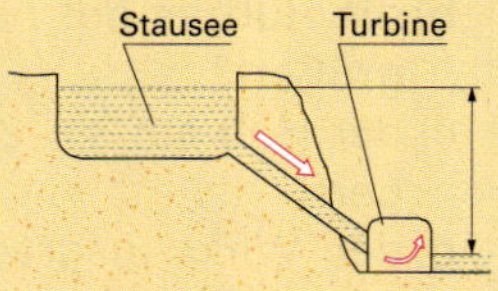

Turbinenleistung

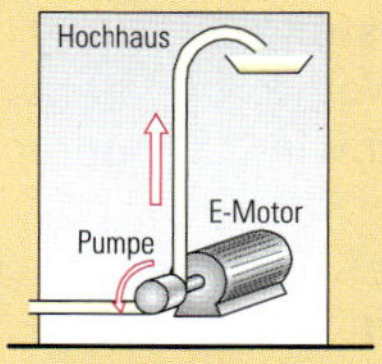

Pump-/Förderleistung

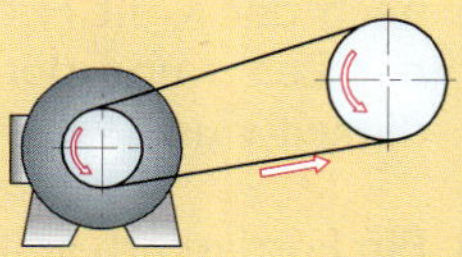

Antriebsleistung

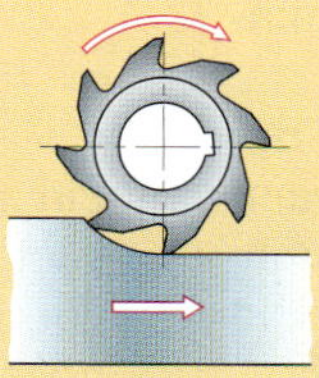

Zerspan-/Vorschubleistung

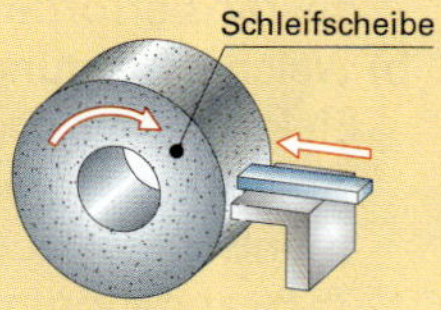

Schleifleistung

19. Welche Aussage lässt die Bestimmungsgleichung $P = M \cdot 2 \cdot \pi \cdot n$ über das Verhältnis von Leistung, Moment und Umdrehungsfrequenz in einem mehrstufigen Getriebe zu (Annahme: Wirkungsgrad = 1)?

5 ISO-Toleranzen

5.1 Prüfen von Wellen und Bohrungen, toleriert mit ISO-Toleranzen

Rad und Welle werden in einen Stützbock eingebaut (Bild 2). Beim Zusammenbau von Welle und Rad sollen die Bauelemente durch Pressen miteinander gefügt werden. Damit eine solche Verbindung möglich wird, müssen die Bauelemente im µm-Bereich (1/1000 mm) gefertigt werden. Die Allgemeintoleranzen nach DIN ISO 2768 eignen sich nicht, da die Toleranzfelder zu groß festgelegt sind.

Die Toleranzklassen sind feinstufig angelegt, sodass sich beim Fügen zweier Bauteile daraus ein funktionsfähiges Passungssystem (eine Passung) ableiten lässt (siehe Tabellenbuch).

Sie dürfen nur für

- kreiszylindrische Formen (z. B. Bohrungen und Wellen) und
- parallelen Formen (z. B. Nuten) angewendet werden.

Die Toleranzklassen werden durch die Kombination eines Buchstaben mit einer Zahl verschlüsselt. Die Entschlüsselung wird aus der Tabelle entnommen.

Merke:
Der Buchstabe legt die Lage zur Nulllinie (Nennmaß) fest; die Zahl bestimmt die Größe des Toleranzgrades.
Das Nennmaß bestimmt die Größe des Toleranzgrades.

Toleriertes Maß	*N*	*es/ ES*	*ei/ EI*	G_o	G_u	*T*
∅20 H7	20 mm	21 µm	0	20,021 mm	20 mm	21 µm
∅20 r6	20 mm	41 µm	28 µm	20,041 mm	20,028 mm	13 µm

***Bild 1** Beispiel für tolerierte Maße*

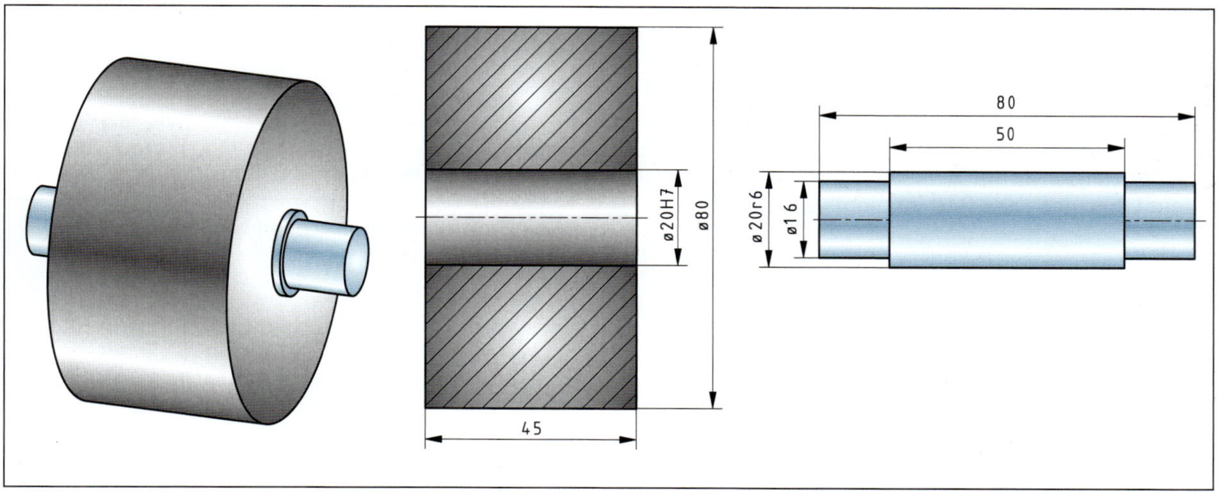

***Bild 2** Welle mit Rad*

Für dieses Beispiel gilt:

20 H7: Das Toleranzfeld „sitzt“ auf der Nulllinie und ist 21 µm groß.

20 r6: Das Toleranzfeld liegt über der Nulllinie und ist 13 µm groß.

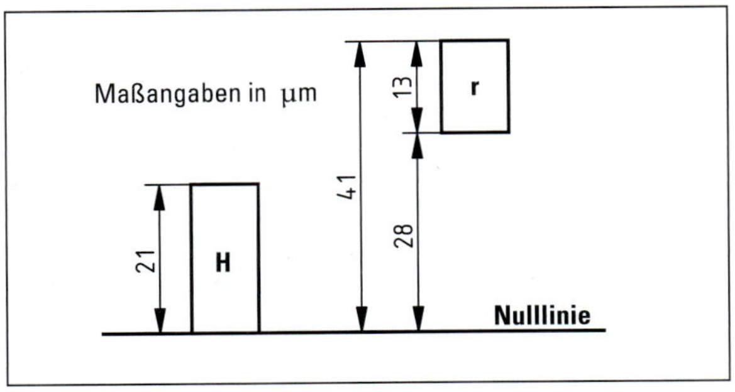

Bild 1 Lage der Toleranzfelder

Die Festlegung der Toleranzen wird durch die Konstruktion bestimmt. Aus Kostengründen sollte dabei beachtet werden:

> Fertigung so genau wie notwendig und so grob wie möglich.
> Das Toleranzfeld sollte möglichst nahe an der Nulllinie liegen.

Aus der Lage der Toleranzfelder zueinander kann die Passungsart abgelesen werden. Hier handelt es sich um eine Übermaßpassung. In der Technik wird unterschieden zwischen Übermaß-, Übergangs- und Spielpassung Bild 2).

- Spielpassung: Zwischen Welle und Rad ist ein Spiel, das Rad ist verschiebbar.
- Übergangspassung: Zwischen Welle und Rad ist ein Spiel/Übermaß, das Rad ist/ist nicht verschiebbar.
- Übermaßpassung: Zwischen Welle und Rad ist ein Übermaß, das Rad ist nicht verschiebbar.

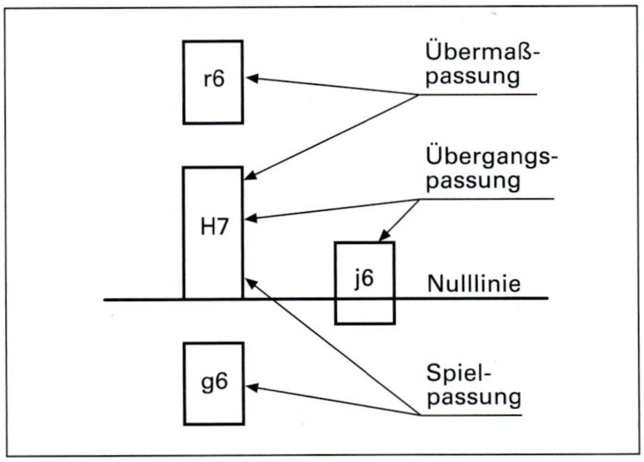

Bild 2 Passungsbeispiele

5.2 Messschraube

Mit der Messschraube können Längen gemessen werden. Die Ablesegenauigkeit beträgt 1/100 mm. Zum Ablesen der Messschraube (Bild 3) wird zuerst festgestellt, welcher Strich der Skalentrommel mit der Bezugslinie fluchtet.

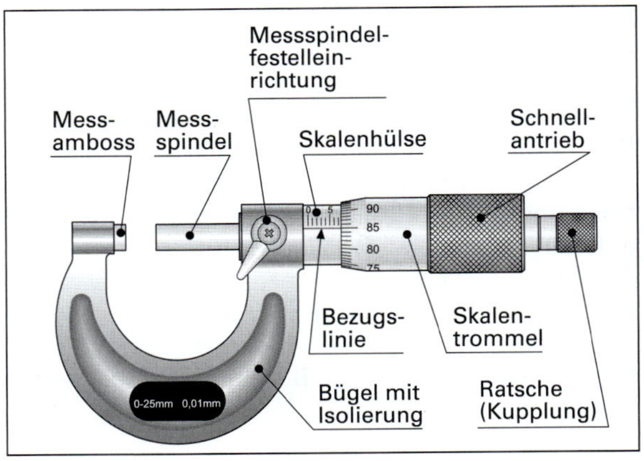

Bild 3 Benennungen an der Messschraube

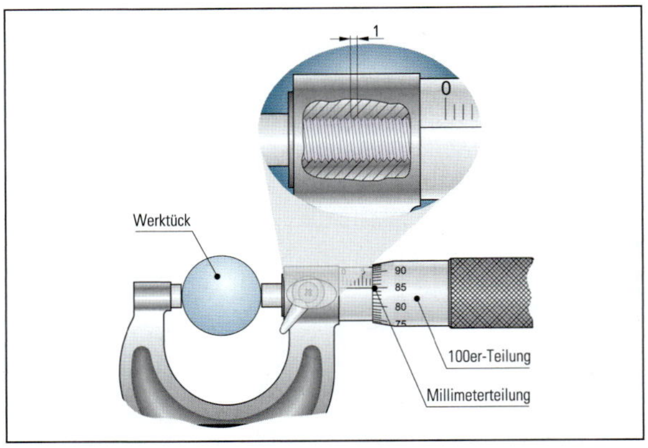

Bild 4 Funktionsmodell einer Bügelmessschraube

2

Im Bild 4 Seite 246 fluchtet der 31er Strich der Skalentrommel mit der Bezugslinie auf der Skalenhülse. Bei der Millimeterteilung steht die Skalentrommel zwischen 11 mm und 12 mm. Trotzdem heißt das Messergebnis nicht 11,31 mm. Denn die Trommel muss zweimal gedreht werden, um den Weg von 11 mm nach 12 mm zurückzulegen.

Ob die Trommel innerhalb der ersten Millimeterhälfte (0 mm bis 0,5 mm) oder schon in der zweiten Hälfte (0,5 mm bis 1,0 mm) steht, lässt sich mithilfe der Skalierung für halbe Millimeter unterhalb der Bezugslinie bestimmen. Da der Strich für halbe Millimeter zwischen 11 mm und 12 mm schon zu sehen ist, beträgt das Messergebnis 11,5 mm + 31/100 mm = 11,81 mm.

Für die Messung des Durchmessers von 20 –0,028/–0,041mm eignet sich eine Messschraube mit einem Ziffernschrittwert von 1/1000 mm (Bild 3). Für Innenmessungen mit kleinen Toleranzen werden Innenmessschrauben (Bild 4) gewählt.

Zur Vermeidung von **Messfehlern** beim Messen mit der Messschraube sollten folgende Regeln beachtet werden:
- Damit die optimale Messkraft zum Einsatz kommt, Skalentrommel über die **Ratsche** betätigen. Sie rutscht bei zu großem Drehmoment durch.
- **Maßbezugstemperatur** beim Messgerät und Werkstück einhalten. Deshalb die Bügel an der Kunststoffisolierung anfassen.

Für Innenmessungen wird eine Innenmessschraube (siehe Bild 4) und für Tiefenmessungen eine Tiefenmessschraube verwendet.

5.3 Messuhr

Eine Messuhr kann z.B. zur Rundlaufprüfung der Welle mit montiertem Rad (Bild 2, S. 248) eingesetzt werden. Die Messuhr wird in einer Halterung so festgeklemmt, dass ihr Messbolzen auf der Lauffläche aufsitzt. Durch langsames Drehen des Rades erfolgt die Prüfung. Bei unrundem Lauf verändert der Messbolzen seine Stellung. Diese Bewegung wird durch Zahnrad- und Zahnstangentriebe in eine Drehbewegung des Zeigers umgewandelt.

Das ist neben dem Nonius- und Messschraubenprinzip eine weitere konstruktive Möglichkeit, Millimeter weiter zu unterteilen. Der Skalenteilungswert ist meist 1/100 mm.

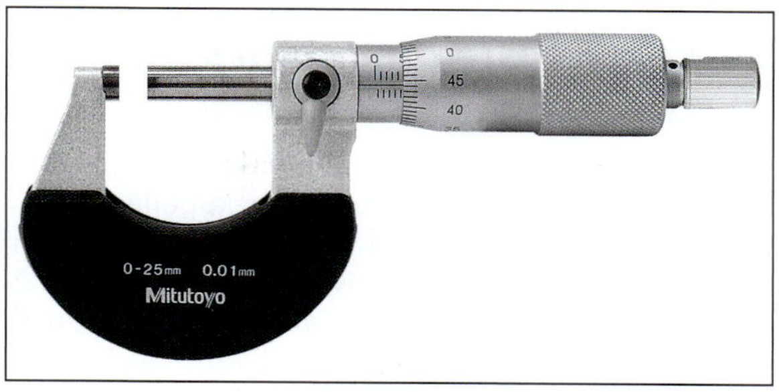

Bild 1 Bügelmessschraube mit 0,5 mm Spindelsteigung

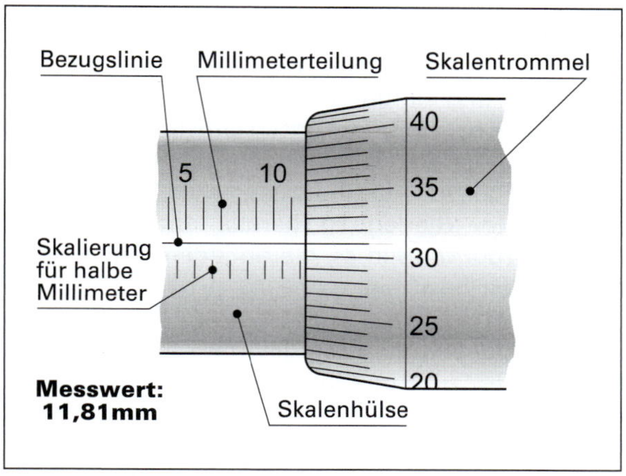

Bild 2 Ablesebeispiel an einer Bügelmessschraube

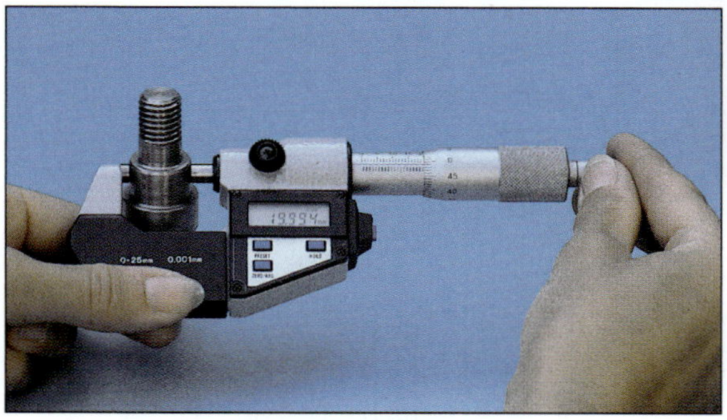

Bild 3 Bügelmessschraube mit digitaler Anzeige

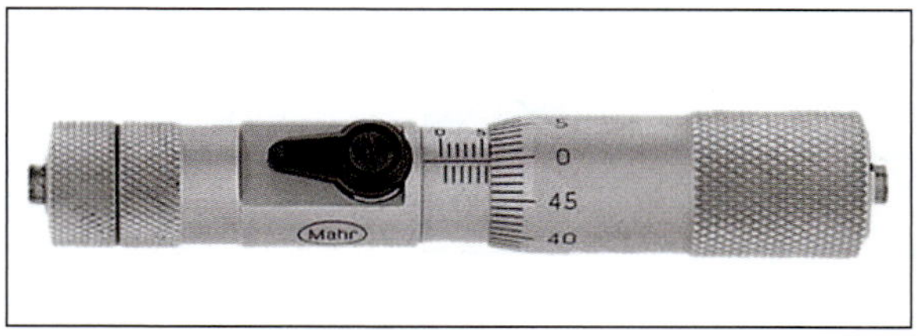

Bild 4 2-Punkt-Innenmessschraube

5.4 Lehren (Grenzlehrdorn – Grenzrachenlehre)

Der Bohrungsdurchmesser einer Seilrolle (Bild 1) ist für die Aufnahme eines Rillenkugellager mit 42+0,039 eng toleriert. Der Bohrungsdurchmesser ist „Gut", wenn er nicht größer als das Höchstmaß 42,039 mm und nicht kleiner als das Mindestmaß 42,000 mm ist. Ob das der Fall ist, kann auch ohne Messen beurteilt werden. Dazu sind zwei Prüfzylinder erforderlich, von denen der eine 42,039 mm und der andere 42,000 mm Durchmesser besitzt.

Der Bohrungsdurchmesser liegt innerhalb der Toleranz, wenn folgende Bedingungen zutreffen:

- Das **Mindestmaß ist überschritten**, d.h., der Prüfzylinder lässt sich mit dem Mindestmaß in die Bohrung einführen.
- Das **Höchstmaß ist unterschritten**, d.h., der Prüfzylinder lässt sich mit dem Höchstmaß **nicht** in die Bohrung einführen.

Aus dieser Überlegung heraus entstanden die **Grenzlehrdorne** (Bild 4), die an jedem Ende einen Prüfzylinder besitzen.

Der Zylinder mit dem **Mindestmaß** ist die **Gutseite.** Sie muss aufgrund ihres Eigengewichtes in die Bohrung gleiten (Bild 5a). Der Zylinder der **Ausschussseite** besitzt das **Höchstmaß.** Er darf nicht in die Bohrung passen, sondern nur anschnäbeln (Bild 5b). In der Praxis ist die Ausschussseite **rot** gekennzeichnet und der Zylinder ist an dieser Seite **kürzer**.

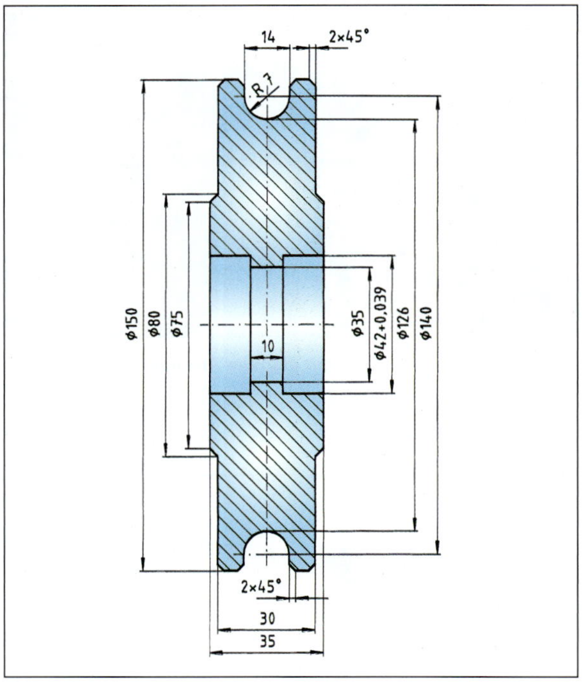

Bild 1 Seilrolle

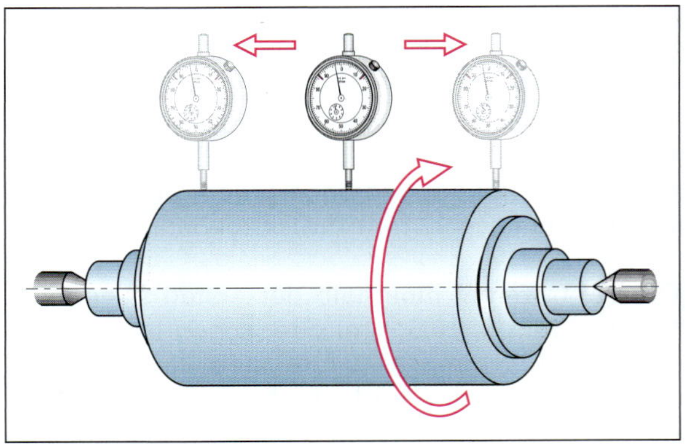

Bild 2 Rundlaufprüfung

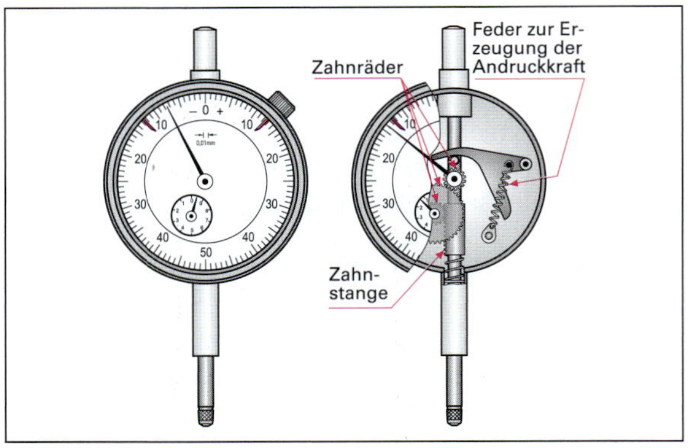

Bild 3 Messuhr

Bild 4 Grenzlehrdorn

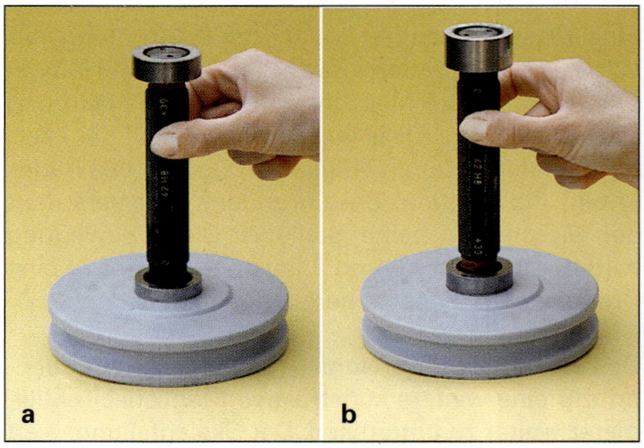

Bild 5 Lehren mit Grenzlehrdorn

Der Seilrollenbolzen soll im Bereich der Rillenkugellager einen Durchmesser von 20–0,013 erhalten. Die Überprüfung des Durchmessers ist mit einer **Grenzrachenlehre** (Bild 1), möglich.

Aufgaben

1. Welche Maße muss die Grenzrachenlehre erhalten?
2. Besitzt die Gutseite das Höchst- oder das Mindestmaß?

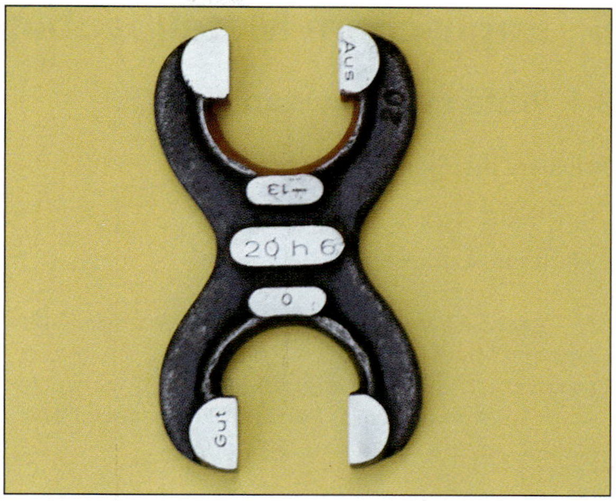

Bild 1 ***Grenzrachenlehre***

Die beiden Seiten der Grenzrachenlehre sind folgendermaßen gekennzeichnet:

- Die Ausschussseite ist **rot**.
- Die Prüfflächen der Ausschussseite sind **angeschrägt**.
- Die Abmaße sind an beiden Seiten angegeben.

Bei dem Einsatz der Grenzrachenlehre (Bild 2) darf die Lehre keinesfalls mit einer zusätzlichen Kraft auf die Welle aufgedrückt werden, weil dadurch die Lehre aufgebogen und das Prüfergebnis verfälscht werden kann.
Das Lehren mit Grenzlehren ist gegenüber dem Messen vorteilhaft, wenn Werkstücke mit

- Normmaßen in großen Stückzahlen und
- engen Toleranzen
- schnell und sicher überprüft werden sollen,
- ohne dass die Istwerte erfasst werden müssen.

Bei der spanenden Bearbeitung ist der Istwert des Werkstückes oft sehr wichtig, um die entsprechenden Zustellungen vornehmen zu können. Daher wird dort zunehmend gemessen anstatt zu lehren. In Endkontrollen kann das Lehren bevorzugt werden.

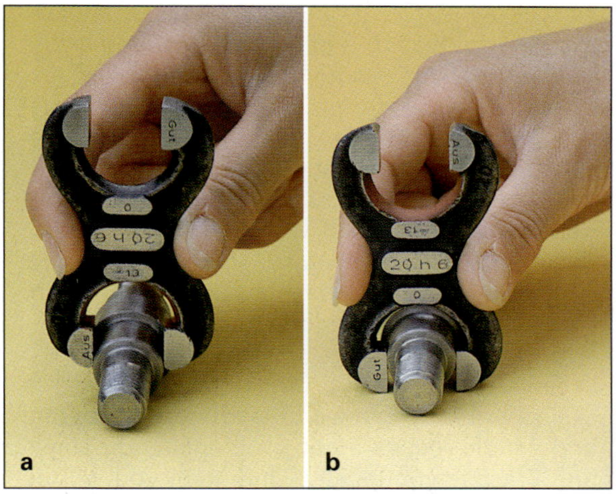

Bild 2 ***Lehren mit Grenzrachenlehren***

5.5 Aufgaben zu 5

1. Nennen Sie zwei Messaufgaben, bei denen Sie sich für den Einsatz einer Messschraube entscheiden. Begründen Sie Ihre Entscheidung.
2. Welche Auswirkung hat beim Messen mit der Messschraube eine zu große oder zu kleine Anpresskraft zwischen Messschraube und Werkstück auf das Messergebnis?
3. Wodurch kann ein Anwender bei der Messschraube aus Aufgabe 2 erkennen, ob das Messergebnis 22,22 mm oder 22,72 mm beträgt?
4. Durch welche Maßnahme wird eine konstante Anpresskraft zwischen Messschraube und Werkstück erreicht?
5. Warum besitzen Messschrauben meist Kunststoffplättchen am Bügel?
6. Woran erkennen Sie die Ausschussseite eines Grenzlehrdorns?
7. Wie ist die Gutseite einer Grenzrachenlehre gekennzeichnet?

6 Englisch im Metallbaubetrieb

6.1 Prüfen von Werkstücken

Translate into german, please.

Work piece checking

All pieces of work have to be measured while and after being produced. Tolerances, which are determined by the designer, tell you how much aberration is allowed. For simple constructions tolerances are listed in chart books.

Simple measuring instruments are metre rule and measuring tape; for exacter measuring there exist vernier calliper, micrometer, dial gauge as well as electronic testing pieces of apparatus. Special testing equipment is needed at the building site for examining e. g. steel constructions. When measuring you need yet an actual size and compare it to the basic size. Gauges, such as gauge pins just notify „good" or undergrade material". Tolerances are not open but depend on the kind of work piece, its function and the necessary accuracy. That is why an axle for a tool machine has to be made much more precisely than a frame for a grid.

While you are being trained in becoming a skilled worker you have to learn how to operate and handle measuring instruments and gauges and practise continually. Only then you will be able to produce work pieces according to drawings which fulfil the wanted demands. It is also important to know possible measurement errors and to avoid them. They arise by a wrong handling or by differing temperature of work piece against tool instrument. The standard temperature while measuring is 20 °C.

Vokabelliste

according to	passen zu, übereinstimmend mit
accuracy	Genauigkeit
actual size	Ist-Maß
to arise	erreichen, anzeigen
as well as	auch, ebenso
to avoid	vermeiden
axle	Achse, Welle
basic size	Soll-Maß
building site	Baustelle
chart book	Tabellenbuch
to depend on	abhängen von
designer	Konstrukteur
to determine	festlegen, bestimmen
dial gauge	Messuhr
drawing	Zeichnung
equipment	Ausrüstung, Gerät
error	Fehler, Irrtum
frame	Rahmen
to fulfil	erfüllen
gauge pin	Lehrdorn
gauge	Lehre
grid	Gitter
to measure	messen
measuring tape	Maßband
metre rule	Meterstab, Maßstab
micrometer	Messschraube
open	offen, beliebig
to operate	handhaben
precisely	genau, präzise
possible	möglich
to practise	praktizieren, üben
simple	einfach
skilled worker	Facharbeiter
standard	Standard, Norm
tolerance	Toleranz
undergrade	unter Maß
vernier calliper	Messschieber

2

Assignments

1. Describe in your own words the following measuring and checking tools. In which case do you need them?
   try square
   vernier calliper
   engineers square
   micrometer
   measuring tape
   45 degree square
   Try to answer in correct sentences.

2. In which respect is a vernier calliper with a digital scale different from a conventional one?

3. Use a search engine (like google) and find companies that sell measuring and checking tools. What kind of tools do they offer? Use a dictionary in the web (www) to find out the unkown words.

Measuring in metal construction technology

After finished this chapter you know a lot measuring and checking tools that are used in the workshop and on the construction site and how to use them. The rule for choosing the tool is: The workpiece and the tolerances determine the measuring tool.

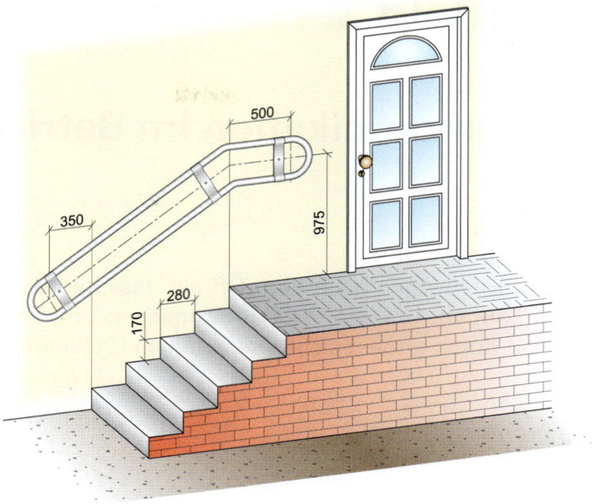

Examples:

1. A customer orders a window made of aluminium profiles. You have to take the dimensions, width and height of the hole in the wall, on the construction site. A measuring tape made of steel is sufficient for this job.
a) What is the accuracy of a measuring tape?
b) Why is a measuring tape made of steel better than a wooden metre rule?

2. The filling rods of a railing must have the same distance. You check the distances with a vernier caliper.
a) Which tolerance for the distances is reasonable?
b) Why it is important that the distances are equal?
c) Can the distances also be checked by sight?

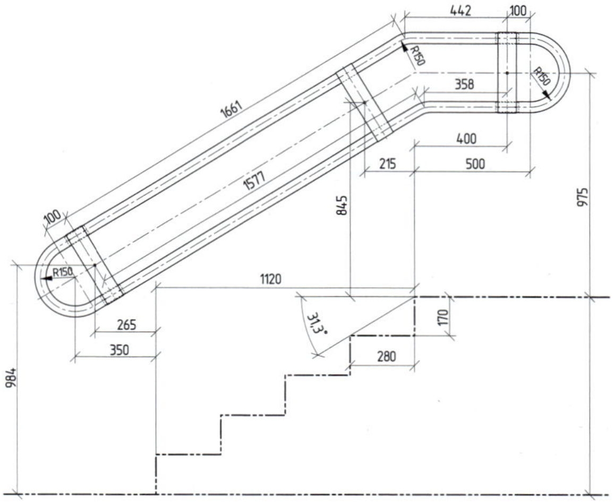

3. You have to check the dimensions of the handrail after installation.
Select the suitable measuring and testing tool for
a) height 975 mm,
b) inclination 31,3 °,
c) distance of the handrail tubes inside,
d) distance of the handrail tubes outside,

What is the advantage of this handrail construction with the two parallel tubes?

Lernfeld 3: Herstellen von einfachen Baugruppen

1 Kommunikation im Betrieb

Auftrag:

Drehtore müssen nach dem Öffnen gesichert werden können, um Schäden an Menschen und Personen durch unbeabsichtigtes Zufallen (Schließen) zu verhindern. Dazu soll die folgende Sperrfalle gefertigt und an ein bestehendes Hoftor montiert werden.

***Bild 1** Sperrfalle für Drehtor*

1.1 Technische Unterlagen

Die Sperrfalle wird zunächst aus verschiedenen Einzelteilen gefertigt. Zur Vorbereitung der Fertigung und Montage stehen verschiedene Unterlagen zur Verfügung:

- Gesamtzeichnung
- Baugruppenzeichnungen
- Stückliste
- Detailzeichnungen

1.1.1 Gesamtzeichnung

Die Gesamtzeichnung (siehe Bild 1, S. 252) zeigt die Sperrfalle in 3 Ansichten. Die Einzelteile sind durch Positionsnummern gekennzeichnet. Gleiche Bauteile, die in der Zeichnung mehrmals vorkommen, erhalten in der Gesamtzeichnung die gleiche Positionsnummer. In der Zeichnung wird die Positionsnummer nur einmal angegeben (z. B. der Gewindestift Pos. 10). In der Vorderansicht werden die Verbindungsstellen zwischen Haltewinkel Pos.1 und der Dämpferaufnahme Pos.5 sowie die Verbindung zwischen der Dämpferaufnahme Pos.5 und dem Anschlagdämpfer Pos.6. in einem Teilschnitt (Ausbruch) dargestellt, sodass die beiden Schrauben Pos. 11 und Pos.12 als Verbindungsmittel sichtbar werden. Die Draufsicht zeigt den Schnittverlauf A-A, wie er in der Vorderansicht angegeben ist. Durch diesen Schnittverlauf werden die innenliegenden Bauelemente erst sichtbar gemacht, da sonst der Haltewinkel Pos.1 alle darunter liegenden Teile verdecken würde. In den Teilschnitten erkennt man, dass nicht alle Bauteile geschnitten sind. Normteile wie Schrauben, Scheiben, Muttern, Bolzen, Stifte usw. werden auch in Schnittdarstellungen als Ansichten gezeichnet. Im Schnitt dargestellte Bauteile werden schraffiert; innerhalb eines Bauteils muss die Schraffur in Richtung und Abstand gleich sein (vgl. Dämpferaufnahme Pos.4). Treffen die Schnittflächen mehrerer Bauteile zusammen, so muss die Schraffur unterschiedlich sein. Die Schraffurlinien können gegengesetzte Ausrichtung haben (vgl. Pos. 4 und Pos.1) oder sich durch den Abstand der Linien zueinander unterscheiden.

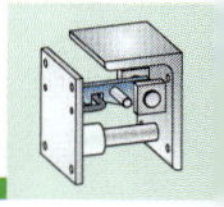

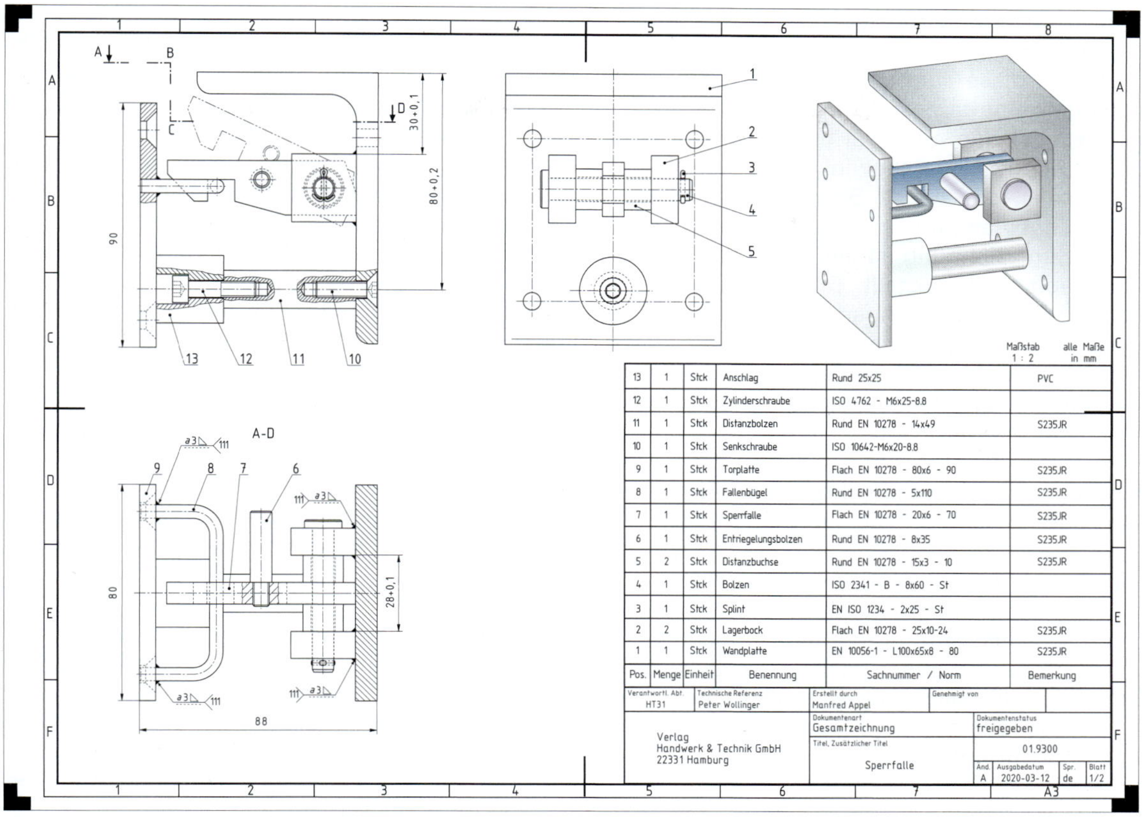

Pos.	Menge	Einheit	Benennung	Sachnummer / Norm	Bemerkung
13	1	Stck	Anschlag	Rund 25x25	PVC
12	1	Stck	Zylinderschraube	ISO 4762 - M6x25-8.8	
11	1	Stck	Distanzbolzen	Rund EN 10278 - 14x49	S235JR
10	1	Stck	Senkschraube	ISO 10642-M6x20-8.8	
9	1	Stck	Torplatte	Flach EN 10278 - 80x6 - 90	S235JR
8	1	Stck	Fallenbügel	Rund EN 10278 - 5x110	S235JR
7	1	Stck	Sperrfalle	Flach EN 10278 - 20x6 - 70	S235JR
6	1	Stck	Entriegelungsbolzen	Rund EN 10278 - 8x35	S235JR
5	2	Stck	Distanzbuchse	Rund EN 10278 - 15x3 - 10	S235JR
4	1	Stck	Bolzen	ISO 2341 - B - 8x60 - St	
3	1	Stck	Splint	EN ISO 1234 - 2x25 - St	
2	2	Stck	Lagerbock	Flach EN 10278 - 25x10-24	S235JR
1	1	Stck	Wandplatte	EN 10056-1 - L100x65x8 - 80	S235JR

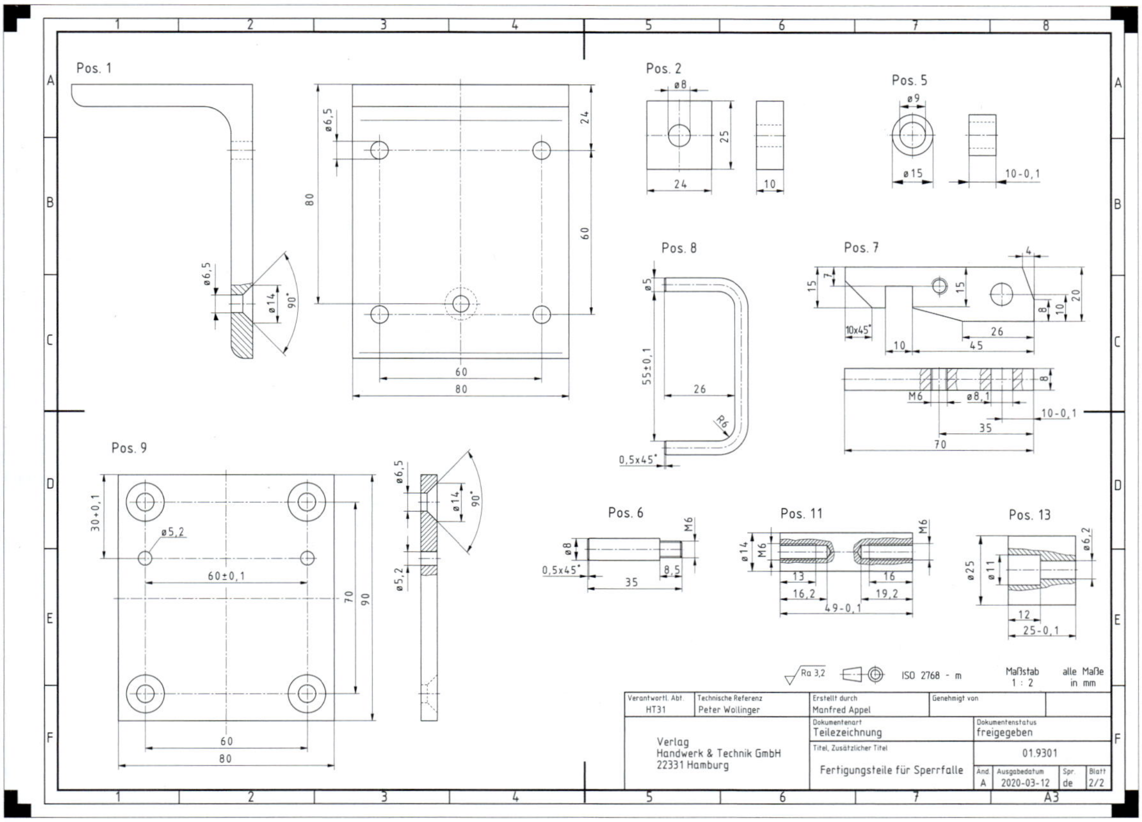

Bild 1 Gesamt- und Detailzeichnungen der Sperrfalle

1.1.2 Baugruppenzeichnung

Besteht eine Konstruktion aus mehreren Baugruppen, so werden diese der besseren Übersichtlichkeit wegen getrennt dargestellt. Die Sperrfalle besteht im Wesentlichen aus zwei Baugruppen. Die erste Baugruppe ist der Haltewinkel mit dem Fallenmechanismus, die zweite Baugruppe besteht aus der Einhängeplatte mit Bügel. In der Seitenansicht der Gesamtzeichnung ist die Sperrfalle ohne die Einhängeplatte dargestellt. Die Gesamtzeichnung bzw. auch die Baugruppenzeichnungen enthalten die Zusammenbaumaße sowie erforderliche Fügesymbole, hier Schweißsymbole. Sie geben Aufschluss über die Vorbereitung und die Ausführung der Schweißnaht.

Baugruppen- und Gesamtzeichnungen dienen als Grundlage für die Montage und Demontage.

Folgende Erzeugnisgliederung zeigt den Aufbau der Sperrfalle, ihrer Baugruppen und die dazugehörenden Einzelteile. Außerdem ist angegeben, welche Teile Eigenfertigungsstücke bzw. Zukaufteile sind. Erzeugnisgliederungen stellen eine zusätzlich Hilfe bei der Montage- bzw. Demontageplanung von Baugruppen dar.

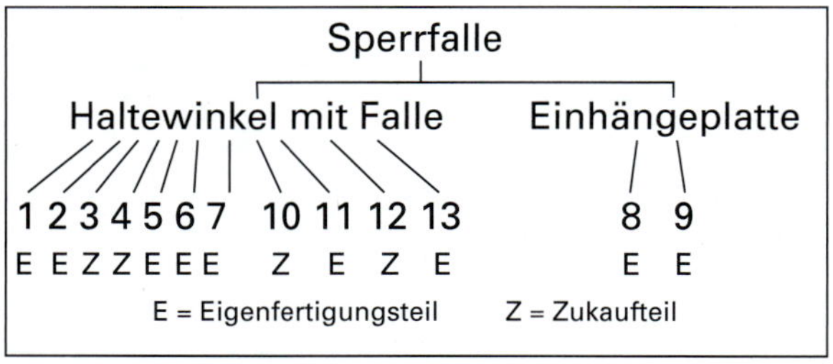

Bild 1 Erzeugnisgliederung der Sperrfalle

1.1.3 Stückliste

In der Stückliste werden alle Einzelteile gemäß ihrer Positionsnummer von unten nach oben aufgelistet. In der Regel beginnt man mit den Fertigungsteilen, die benötigten Zukaufteile (z. B. Normteile) werden als letzte Positionsnummern aufgeführt. Die Stückliste informiert weiterhin über die Anzahl der benötigten Einzelteile, den Werkstoff und die Normbezeichnung, aus der die Größe der verwendeten Halbzeuge bzw. Normteile hervorgeht. Im einzelnen sind von jeder Position in der Stückliste folgende Daten aufgeführt:

- Positionsnummer
- Menge
- Benennung
- Sachnummer / Normkurzbezeichnung
- Bemerkung / Werkstoff

Mithilfe dieser Informationen können Fertigung, Lagerhaltung und Wartung organisiert und abgestimmt werden.

1.1.4 Einzelteilzeichnung (Detailzeichnung)

Die Einzelteilzeichnungen (Detailzeichnungen) zeigen jedes einzelne Bauteil in den für die Fertigung erforderlichen Ansichten. Außerdem enthalten alle Detailzeichnungen die entsprechenden Fertigungsangaben wie alle Fertigungsmaße und Angaben zur Oberflächenbeschaffenheit.

1.1.5 Explosionsdarstellungen

Für Wartungsarbeiten und zu Montagezwecken eignen sich ganz besonders auch sogenannte Explosionszeichnungen. Sie zeigen die Einzelteile meist in räumlicher Anordnung zueinander, so dass die eindeutige Position der Bauelemente leicht erkannt wird und die Reihenfolge der Montage- oder Demontageschritte sofort abgeleitet werden kann.

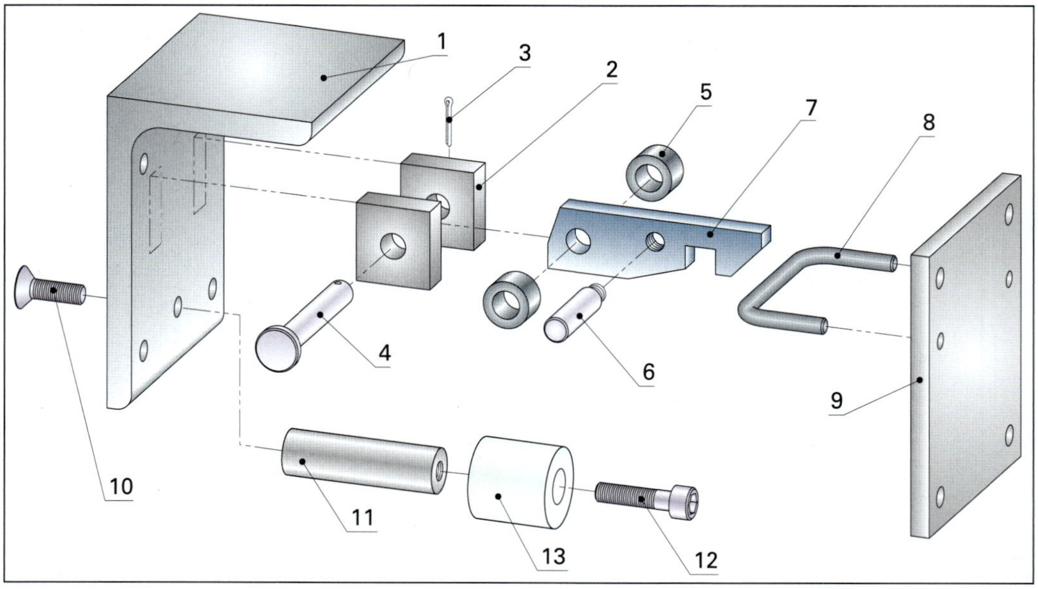

Bild 2 Anordnungsplan der Baugruppe „Haltewinkel mit Sperrfalle"

Die Strich-Punkt-Linien in dem Anordnungsplan kennzeichnen die Fügestellen der Einzelteile zueinander. So können auch einzelne Montage- und Funktionsgruppen gekennzeichnet werden.

1.2 Technische Anleitungen zum Fügen

Die Baugruppe „Einhängeplatte" wird an das Hoftor geschraubt, die Baugruppe „Haltewinkel mit Falle" muss an einer Mauer befestigt werden. Dies wird am einfachsten durch die Auswahl geeigneter Dübel geschehen. Bei der Auswahl und Anwendung passender Dübel sind die Unterlagen der Dübelhersteller zu beachten. Für einen gewählten Dübel müssen der Bohrerdurchmesser, die Mindest-Bohrlochtiefe und der passende Schraubendurchmesser laut Herstellerangaben gewählt werden. Außerdem liefern die Dübelhersteller i. d. R. Montageanweisungen für ihre Dübel mit.

Für die Befestigung des Haltewinkels eignet sich beispielsweise ein Nylondübel (Bild 1).

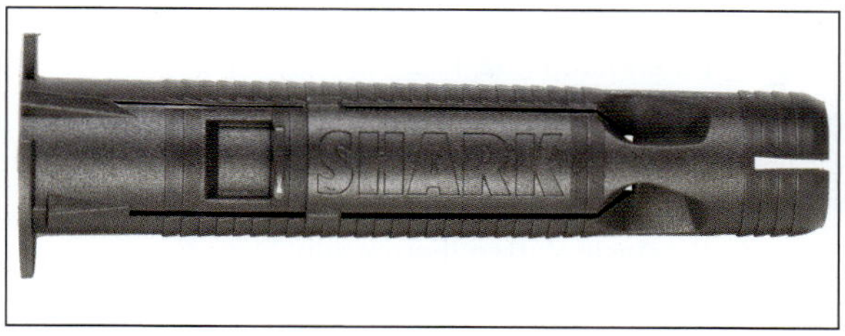

Bild 1 Kunststoffdübel

1. Einsatzbereiche
- Universell einsetzbarer Kunststoffdübel für den unteren und mittleren Lastbereich
- Einsetzbar in Beton, Vollziegel, Kalksandvollstein, Hochlochziegel, Kalksandlochstein, Porenbeton, Gipskartonplatten, Gipsfaserplatten (Fermacell)
- Geeignet zur Befestigung von Garderoben, Gardinenschienen, Wandregalen, leichten Hängeschränken, Bilderrahmen, Spiegeln, Lampen, Kabelkanälen, Kabelschellen, Elektroschaltern, Waschtischen, Handtuchhaltern, Hinweisschildern, Bewegungsmeldern, Blumenampeln, etc.
- Zum Befestigen von Bauteilen in Verbindung mit einer Holz- oder Spanplattenschraube
- Verwendbar mit Außen- oder Feuchtraumbereich in Verbindung mit einer Edelstahlschraube

2. Vorteile
- Gewährleistet Verknoten in allen Hohlräumen und Spreizen in allen Vollbaustoffen
- Patentierter Dübelkopf bewirkt beim Eindrehen der Schraube ein Verknoten des Dübelschaftes
- Geringes Eindrehmoment und hohes Festdrehmoment
- Die Einschlagsperre verhindert bei der Durchsteckmontage ein vorzeitiges Aufspreizen
- Umklappbarer Dübelbund, dadurch geeignet für die Vorsteck- und Durchsteckmontage
- Die Verdreh- bzw. Haltesicherung verhindert ein Mitdrehen im Bohrloch
- Der Zebra Shark W-ZX ist für alle Schraubenarten geeignet

3. Eigenschaften
- Hochwertiges Polyamid (Nylon)
- Halogenfrei und silikonfrei
- Resistent geegen Verrottung, Witterungseinflüsse und Alterung
- Temperaturneutral von –40 °C bis + 100 °C

Der besondere Clou dieser Dübelentwicklung besteht in einem sich verknotenden Dübelschaft durch Eindrehen der Schraube.

Setzanweisung

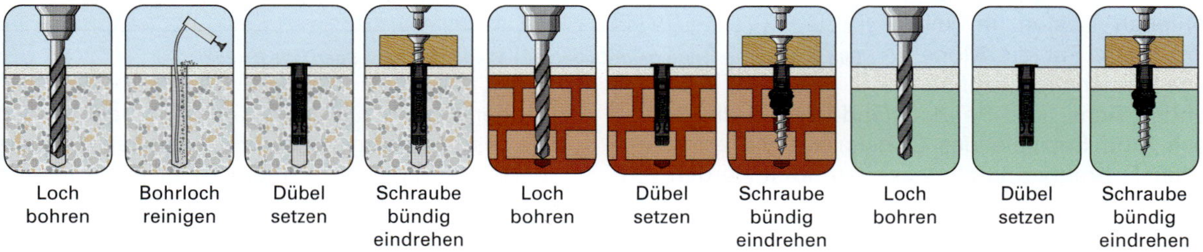

Bild 2 Herstellerunterlagen zum Befestigen mit Nylondübeln

3

Leistungsdaten								
Dübel Durchmesser [mm]			5	6	8	10	12	14
Empfohlene Lasten	**Beton ≥ B25; C20/25**	$F_{empf.}$ [kN]	0,4	0,8	1,0	1,6	2,2	2,5
	Vollsteine ≥ Mz12; KS12		0,3	0,5	0,7	1,4	1,7	1,7
	Hochlochziegel ≥ Hlz12		0,1	0,2	0,2	0,3	0,3	0,4
	Kalksandlochsteine ≥ KSL12		0,2	0,4	0,6	1,0	1,0	1,0
	Porenbeton Pb2; PP2		0,05	0,1	0,1	0,15	0,2	0,35
	Gipskarton d = 12,5 mm		0,1	0,1	0,1	0,1	0,1	0,1
	Gipskarton d = 25 mm		0,15	0,15	0,15	0,15	0,15	0,15
	Gipsfaserplatten (Fermacell)		0,2	0,2	0,2	0,25	0,25	0,25
Kennwerte								
Randabstand		**a_r ≥ [mm]**	30	35	40	50	65	80
Bohrlochtiefe		**t ≥ [mm]**	40	50	60	75	80	90
Setztiefe		**h_s ≥ [mm]**	27	34	45	55	65	75
Bohrernenndurchmesser		**d_{Bohr} [mm]**	5	6	8	10	12	14
Schraubendurchmesser		**d_{Bau} [mm]**	3–**4**	4–**5**	4,5–**6**	6–**8**	8–**10**	10–**12**
Schraubenlänge		**l_s [mm]**	Anbauteildicke (+ Putz-/Dämmstoffdicke) + Dübellänge + Schraubendurchmesser					

***Bild 1** Weitere Herstellungsunterlagen zum Befestigen mit Nylondübeln*

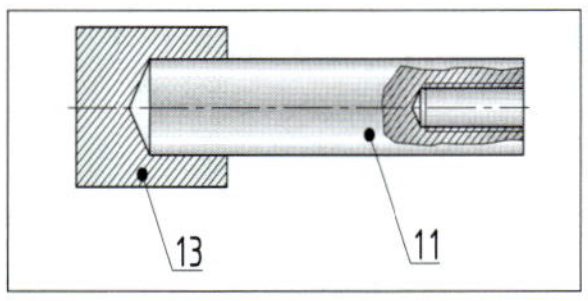

***Bild 2** Verkleben unterschiedlicher Werkstoffe*

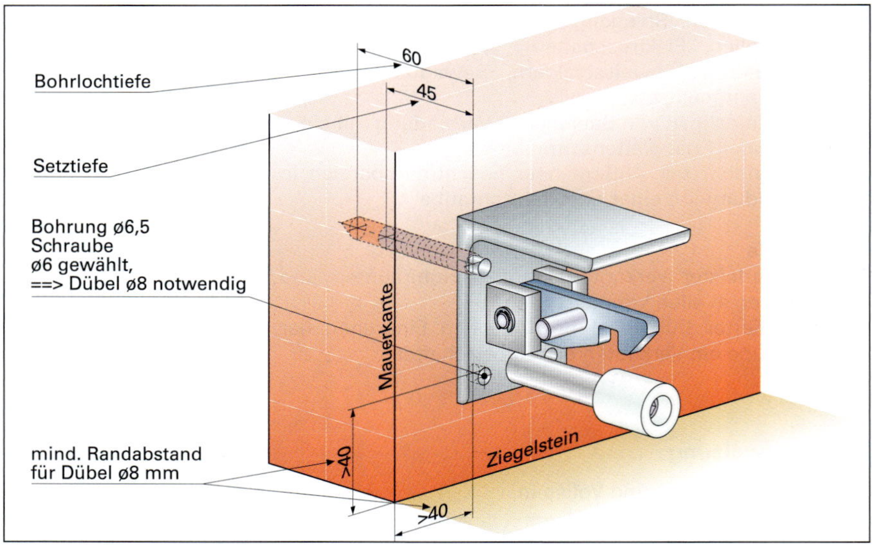

***Bild 3** Montagewerte beim Dübeln der Wandplatte der Sperrfalle (S. 252)*

Aus den Herstellerunterlagen können alle für die Auswahl und Montage des Dübels notwendigen Informationen ermittelt werden. So sind beispielsweise abhängig vom Baustoff (Untergrund) und dem Dübeldurchmesser die empfohlenen Lasten in kN abzulesen. Für die Montage können die einzuhaltenden Achs- und Randabstände sowie die Bohrloch- und Setztiefe des Dübels und die erforderlichen Schraubendurchmesser ermittelt werden.

Die Verbindung der Dämpferaufnahme Pos. 11 mit dem Abschlagdämpfer könnte beispielsweise statt geschraubt auch geklebt werden (vgl. Bild 2). Viele Klebstoffhersteller geben Hilfen zur Auswahl des richtigen Klebers für die vielfältigsten Klebearbeiten. Dies geschieht zum einen mithilfe von tabellarischen Übersichten oder auch interaktiv über die Internetseiten der Klebstoffhersteller (Bild 1, S. 256).

Um eine dauerhaft haltbare Klebeverbindung herzustellen, sind auch die Verarbeitungsvorschriften der Hersteller genauestens einzuhalten. Diese sind im entsprechenden „Beipackzettel“ nachzulesen.

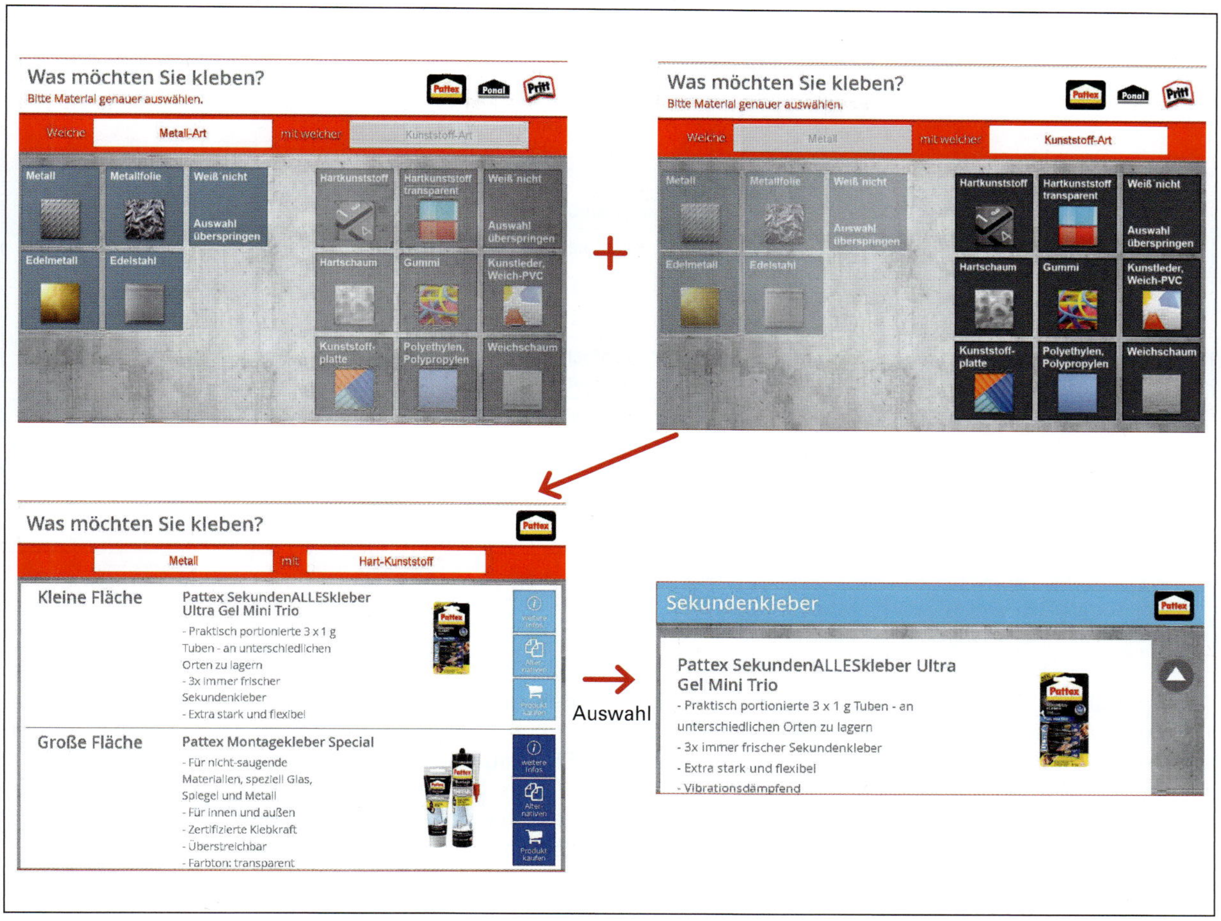

***Bild 1** Interaktive Klebstoffauswahl auf Internetseiten von Herstellern*

1.3 Arbeits- und Fertigungspläne

Ein Arbeitsplan beschreibt, wie eine Fertigungsaufgabe durchgeführt werden soll. Die Fertigungsplanung muss dabei folgende Gesichtspunkte berücksichtigen:
- die Fertigungsverfahren,
- die notwendigen Werkzeuge und Hilfsmittel,
- die Reihenfolge der Arbeitsschritte,
- die vorhandenen Werkzeuge und Maschinen.

Diese Informationen werden in einem Arbeitsplan tabellarisch erfasst. Als Grundlage zur Erstellung eines Fertigungs- oder Arbeitsplans dient die Einzelteilzeichnung. Aus ihr können alle notwendigen Informationen wie Geometrie, Maße, Genauigkeitsgrade der zu bearbeitenden Werkstücke herausgelesen werden.

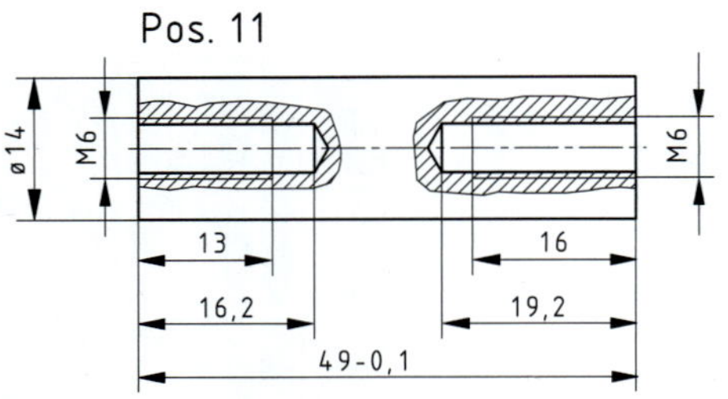

Lfd. Nr.	Arbeitsschritte	Werkzeuge/Hilfsmittel	Bemerkungen
10	Anreißen der Bohrungsmittelpunkte	Zentrierwinkel	
20	Körnen der Mittelpunkte	Körner, Schlosserhammer	
30	Kernloch bohren	Spiralbohrer, Säulenbohrmaschine	∅ 6,8 mm; Umdrehungsfrequenz n = 1100 1/min
40	Kernlochbohrung ansenken	90° Kegelsenker	Drehzahl halbieren
50	Gewinde schneiden	Maschinengewindebohrer oder 3-teiliger Handgewindebohrersatz	Gewinde M8 Schneidöl verwenden
60	Gewinde kontrollieren	Schraube	

Bild 1 Arbeitsplan – Fertigung eines Innengewindes im Bolzen Pos. 11

1.4 Montagepläne

Montagepläne sind Planungsunterlagen, die den organisatorischen, zeitlichen und fachlichen Ablauf für die Montage von Metallbaukonstruktionen festlegen. Mithilfe vorhandener Zusammenbauzeichnungen, Einzelteilzeichnungen und/oder Explosionszeichnungen der verschiedenen Baugruppen (siehe Seite 254) sowie der Herstellerunterlagen von Verbindungsmittel (z. B. Dübel) können Pläne für die Montage erstellt werden.
Für die Montage der Drehtor-Sperrfalle (siehe Seite 253) wurde beispielsweise folgender Plan für die Montage beim Kunden aufgestellt:

Nr.	Arbeitsschritte	Werkzeuge Prüfmittel	Material	Arbeitssicherheit Umweltschutz	Terminabsprache
1	Vor Ort Maßaufnahme: Befestigungssituation in Augenschein nehmen (Befestigungsuntergrund usw.)	Messzeuge	Bohrmaschine		Kundentermin vereinbaren, Kunde unterschreibt Auftragsbestätigung
2	Materialbestellung		Befestigungsmittel (Dübel)		Genehmigung durch Meister, Materialausgabe
3	Montagetermin vereinbaren				Kundentermin
4	Benötigtes Arbeitsmaterial, Werkzeuge und Prüfmittel zusammenstellen	Bohrmaschine, Akkuschrauber, Bohrersatz, Gewindebohrersatz, Gewindeschneider, Schneidöl, Anreißwerkzeuge, Schraubendrehersatz, Schraubzwingen	Befestigungsmittel (Dübel), Senkschrauben M6	Werkzeuge auf ordnungsgemäßen Zustand überprüfen	Materialausgabe
5	Montage vor Ort:			Toreinfahrt absichern, Elektroanschluss für Werkzeuge sicherstellen	Datum (siehe Kundenabsprache)
5.1	Torplatte am Torflügel befestigen	Siehe Nr. 4	Senkschrauben M6		
5.2	Tor- und Wandplatte zusammenspannen	Siehe Nr. 4			
5.3	Befestigungslöcher der Wandplatte an der Mauer anzeichnen, bohren und Wandplatte montieren	Siehe Nr. 4	Dübel		
5.4	Sperrfallenfunktion prüfen				
6	Übergabe und Einweisung des Kunden			Baustelle aufräumen und säubern	Kunde unterschreibt Lieferschein

Bild 1 Montage und Demontageplan

2 Fügeverfahren

2.1 Übersicht Fügeverfahren

Fahrzeuge, Maschinen und Anlagen sind aus einzelnen Bauteilen und/oder Baugruppen zusammengesetzt (vgl. Bild 1). Die Teile sind durch unterschiedliche Fügeverfahren verbunden.

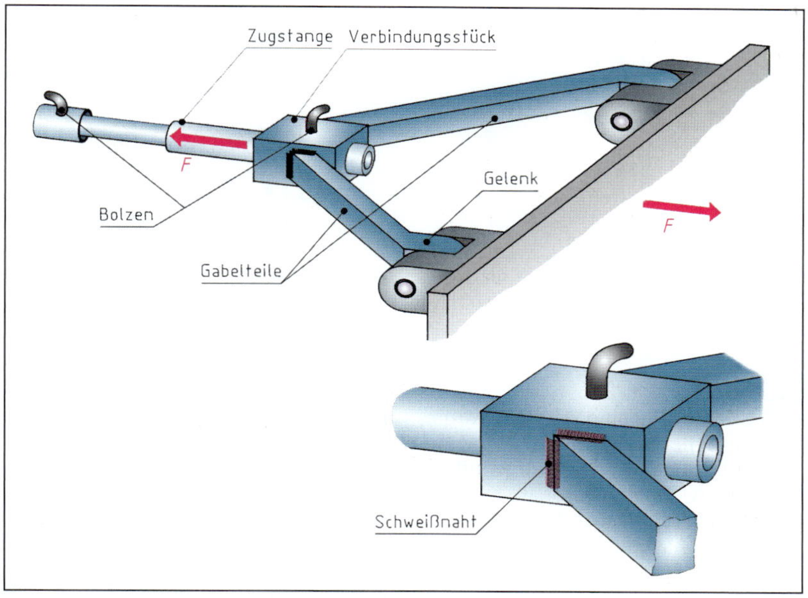

***Bild 1** Kraftübertragung an einer Anhängergabel*

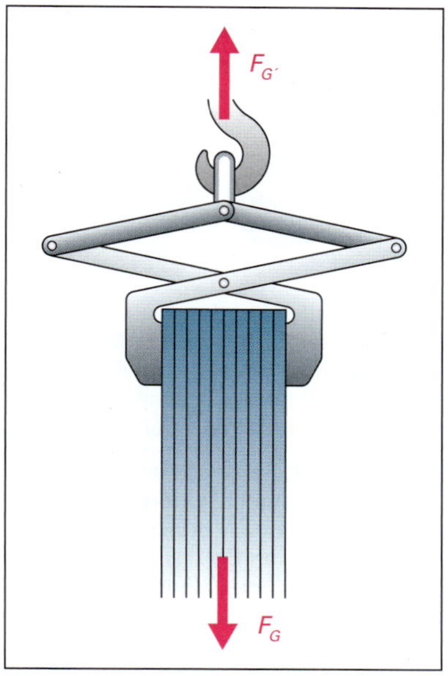

***Bild 2** Kraftübertragung an einer Scherenzunge*

Lösbare und unlösbare Verbindungen
Die Zugstange einer Anhängegabel muss ausgekoppelt werden können. Dazu muss das Verbindungsstück der Gabel mit der Zugstange lösbar mit Bolzen verbunden werden.

Lösbare Verbindungen ermöglichen den Ausbau einzelner Teile, ohne dass die Fügestelle oder das Verbindungselement beschädigt wird.

Lösbare Verbindungen sind auch vorteilhaft, wenn Fahrzeuge, Maschinen oder Anlagen umgerüstet werden, z. B. beim Montieren eines Dachgepäckträgers oder beim Befestigen eines Maschinenschraubstocks zum Bohren.

Die Gabelteile und das Verbindungsstück der Anhängergabel müssen dagegen nicht wieder getrennt werden, sie werden unlösbar durch Schweißen miteinander verbunden.

Unlösbare Verbindungen können nicht zerlegt werden, ohne dass die Fügestelle oder das Verbindungselement zerstört wird.

Aufgabe
Welche lösbaren und unlösbaren Verbindungen kennen Sie aus Ihrem Berufsalltag?

Einteilung der Verbindung nach der Lösbarkeit:

Bezeichnung	Beschreibung	Beispiel
Lösbare Verbindungen	Die Bauteile werden durch Schrauben, Stifte, Bolzen, Keile u. a. verbunden. Die Teile lassen sich ohne Beschädigung demontieren und wieder zusammenfügen.	Bolzen in Bild 1
Unlösbare Verbindungen	Die Teile sind z. B. durch eine Schweiß-, Löt- oder Klebnaht gefügt. Bei der Demontage wird die Fügestelle zerstört.	Schweißnähte in Bild 1

Verschiedene Möglichkeiten der Kraftübertragung

In den meisten Fällen werden an den Fügestellen Kräfte oder Drehmomente von einem Bauteil auf ein anderes übertragen. Je nach Art dieser Kraftübertragung lassen sich die Fügeverfahren in drei Gruppen einteilen:

	Formschlüssige Verbindungen	Stoffschlüssige Verbindungen	Kraftschlüssige Verbindungen
Erklärung	Naben-verbindung, Falz-verbindung 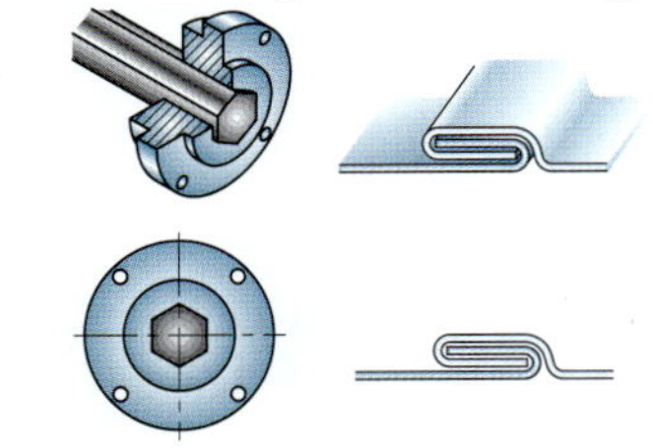	Klebe-verbindung, Löt-verbindung 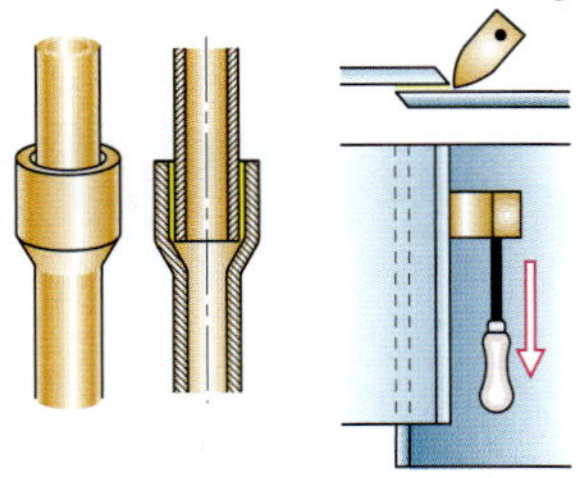	Kegel-verbindung, Klemm-verbindung 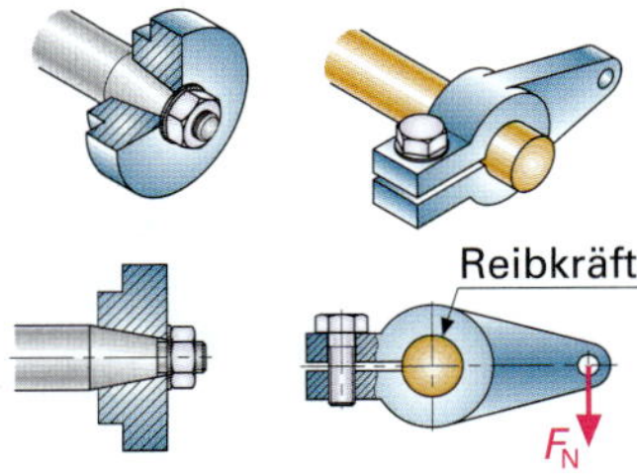
	Die Teile sind durch ein zusätzliches Element (z. B. einen Bolzen) verbunden, oder sie besitzen Formflächen, die ineinander greifen (z. B. Schraubenschlüssel und Schraubenkopf).	Ein Zusatzwerkstoff haftet an den Oberflächen oder verbindet sich mit den Grundwerkstoffen der Bauteile.	An den Berührungsflächen der Bauteile wirken Reibungskräfte. Sie übertragen äußere Kräfte.
Anwendungsbeispiele	In Bild 1, Seite 260 ist die Anhängergabel eines LKW dargestellt. Die Zugkraft des Motorwagens wird durch einen Bolzen von der Zugmaschine auf den Hänger übertragen. Durch den Bolzen wird eine formschlüssige Verbindung hergestellt. Die Größe der übertragbaren Kraft hängt maßgeblich von der Querschnittsgröße des Bolzens ab. Formschlüssige Verbindungen liegen auch zwischen der Zugstange und der Gabel sowie in den Gelenken vor.	Die Gabelteile sind mit dem Verbindungsstück verschweißt. Somit überträgt der Schweißwerkstoff die Zugkraft. Die Schweißnaht bewirkt eine stoffschlüssige Verbindung. Stoffschlüssige Verbindungen entstehen z. B. auch beim Löten von Kupferrohren oder beim Kleben von Aluminiumprofilen.	In Bild 2, Seite 260) ist eine Scherenzange dargestellt. Bei dieser Zange wird der Block durch Reibungskräfte an den Berührungsflächen gehalten. Es liegt eine kraftschlüssige Verbindung vor. Reibungskräfte sind in vielen Baueinheiten von Fahrzeugen, Maschinen und Anlagen festzustellen. In vielen Fällen sind Reibungskräfte unerwünscht, z. B. bei einem Lager. Reibung führt unter anderem zum Verschleiß an Bauteilen. Deshalb wird in diesen Fällen die Reibungskraft durch Schmierung möglichst klein gehalten. In anderen Fällen nutzt man Reibungskräfte z. B. bei Bremsen, Kupplungen oder bei Schraubenverbindungen.

2.2 Fügen durch Bolzen und Stifte

In Bild 1 ist der Auflagetisch einer Blechschere dargestellt. Auf dem Tisch ist eine Anschlagleiste befestigt, die rechtwinklig zu den Schermessern angeordnet ist. Der Anschlag erleichtert das Ausrichten der Bleche. Die Leiste sollte so an dem Tisch befestigt sein, dass

- sich ihre Lage durch die ständige Nutzung nicht verändert und
- nach einer Demontage die winklige Position leicht zu finden ist.

Bei kraftschlüssigen Verbindungen (z. B. mit Schrauben) müssen die Anschlagleisten ausgerichtet werden. Außerdem können sich die Leisten unter Umständen verschieben, wenn z. B. die Schrauben nicht richtig montiert werden.

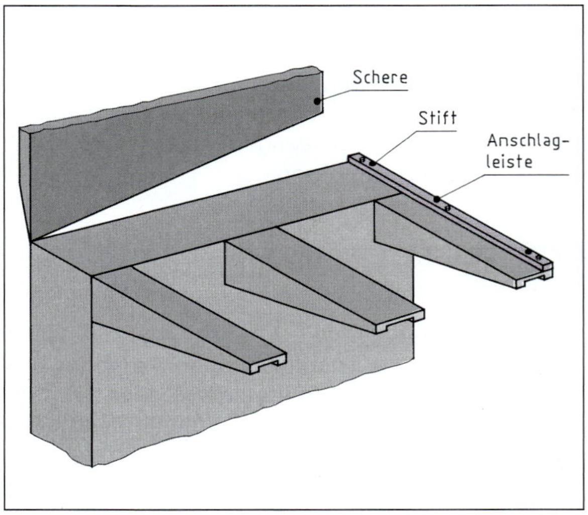

***Bild 1** Auflagetisch einer Blechschere*

Die angegebenen Forderungen lassen sich durch Stiftverbindungen erfüllen, z. B. durch zwei Zylinderstifte. Sie ermöglichen eine genaue Lagefixierung, weil sowohl die Stifte als auch die Bohrungen mit kleinen Toleranzen hergestellt werden und eine hohe Oberflächengüte besitzen.
Für unterschiedliche Anwendungsbereiche gibt es verschiedene Ausführungsformen (vgl. Bild 1).

Aufgaben

1. Warum ist die Leiste zusätzlich durch Schrauben zu sichern?
2. Wie muss der Schraubenkopf beschaffen sein? (Begründung)

	Zylinderstifte	Kegelstifte	Kerbstifte	Spannstifte
Merkmale	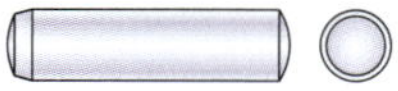 Diese Stifte werden mit unterschiedlichen Stiftenden und mit den Toleranzen m6 und h8 gefertigt.	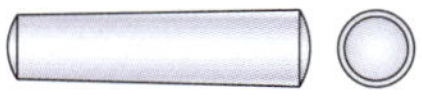 Diese Stifte eignen sich für Teile, deren Lage sehr genau fixiert werden muss. Die Verbindung ist teuer	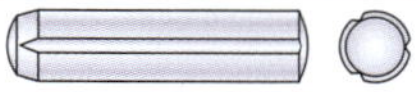 Am Umfang sind drei um 120° versetzte Kerben eingewalzt. Dadurch entstehen Wülste, die sich beim Eintreiben teils plastisch, teils elastisch verformen.	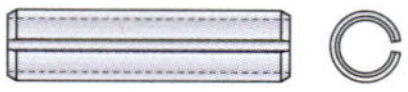 Vor dem Eintreiben hat der Spannstift ein Übermaß von 0,2–0,5mm. Bei der Montage wird er zusammengedrückt. Er presst sich deshalb an die Bohrungswand.
Herstellung der Bohrung	Bohren (0,1 ... 0,3 mm Untermaß) Reiben	Bohren in Stufen oder mit dem Kegelbohrer Reiben (Kegelreibahle)	Bohren	Bohren
Wiederverwendbarkeit	beliebig oft		kann mehrmals wiederverwendet werden	
Belastbarkeit	Der volle Querschnitt des Stiftes steht zur Kraftaufnahme zur Verfügung.			Die Kreisringform verkleinert den tragenden Querschnitt.

Bild 1 Stifte

Verbindungen zwischen Welle und Nabe

Verbindung	Passfederverbindung	Keilwellenverbindung	Pressverbindung
	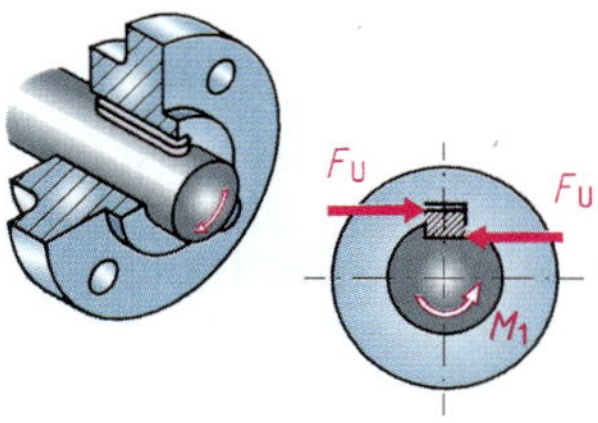 F_U: Umfangskraft	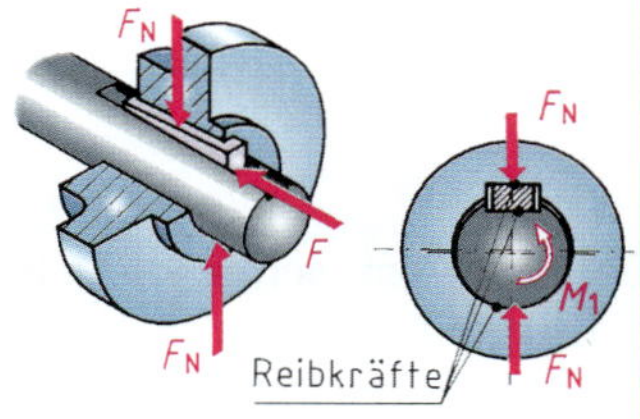 F: Montagekraft F_N: Normalkraft	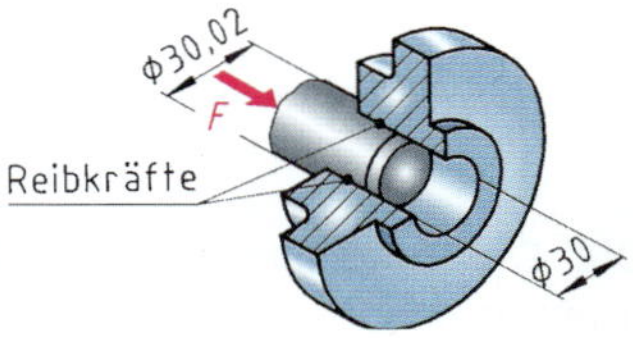
Anmerkungen	Bei hohen Umdrehungsfrequenzen ist es wichtig, dass die aufmontierten Teile (Kupplungen, Riemenscheiben u. a.) rund laufen. Durch einen unrunden Lauf wird bei manchen Teilen die Funktion beeinträchtigt (z. B. bei Zahnrädern). Es entstehen Fliehkräfte, die auf die Lager wirken und sie vorzeitig zerstören können.		
Rundlauf wird	nicht beeinflusst, weil die Passfeder an der oberen Seite Spiel hat.	beeinflusst, weil der Keil durch die Montagekräfte die Mittenlage des Rades oder der Scheibe verändert.	nicht beeinflusst, weil die elastischen Verformungen gleichmäßig am Umfang wirken.
Kraftübertragung	formschlüssig	kraftschlüssig	kraftschlüssig

3

Bolzenverbindungen

Bolzen sind zylindrische Bauteile mit oder ohne Kopf. Sie werden in beweglichen Gelenkverbindungen (vgl. Anhängergabel Seite 260) eingesetzt und sind auf Abscherung belastet. Bolzen müssen in beweglichen Verbindungen mit speziellen Sicherungselementen gegen Lösen durch Verschieben gesichert werden. Dazu dienen Sicherungsringe oder Splinte.

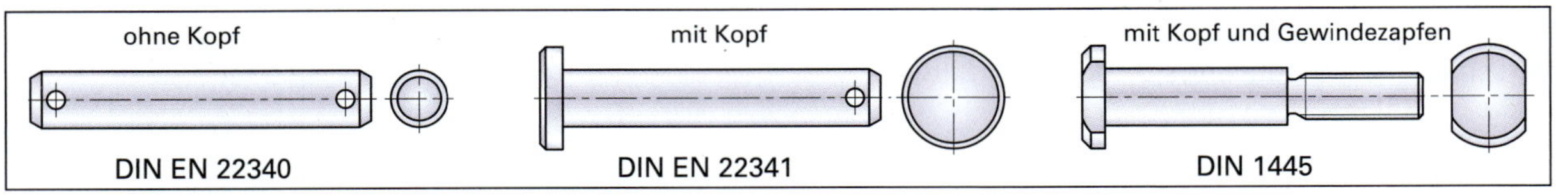

***Bild 1** Bolzen*

2.3 Schraubenverbindungen

Die Einzelteile der Monitorhalterung (Bild 2) werden mit Schrauben miteinander verbunden. Für die Montage sollen Sechskantschrauben mit passenden Muttern und Unterlegscheiben verwendet werden.

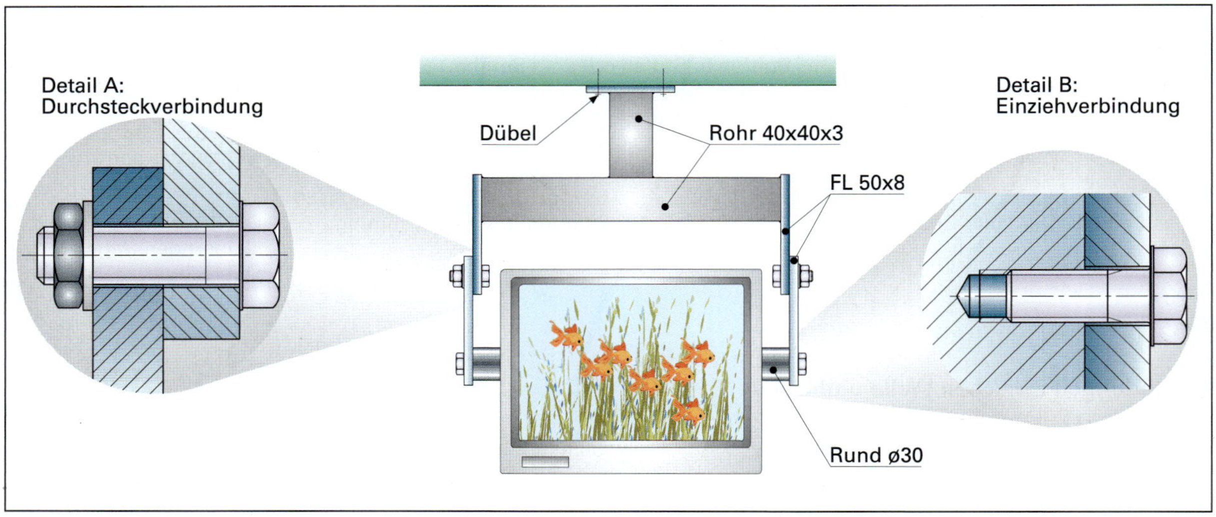

***Bild 2** Monitorhalterung*

Die Durchsteckverbindung (Detail A) ist schnell und wirtschaftlich herzustellen. Es genügen Durchgangsbohrungen in den beiden Flachstählen. Die Mutter und das Schraubenende ragen über die Bauteile hinaus.

Die Verbindung zwischen dem Rundstahl und dem Flachstahl muss als Einziehverbindung ausgeführt werden. Dazu wird in den Rundstahl ein Innengewinde geschnitten, das ausreichend tief sein muss. Die Mindesteinschraubtiefe richtet sich dabei nach der Festigkeit des Werkstoffes und der Schraube.

2.3.1 Wirkungsweise einer Schraubenverbindung

Die Schraubenverbindungen an der Monitorhalterung wirken kraftschlüssig. Kraftschluss bedeutet, dass die Gewichtskräfte F_G des Monitors durch Reibungskräfte auf die beiden Flachstähle übertragen werden. Dies geschieht an den Berührungsflächen zwischen den beiden Flachstählen. Folgender Kraftfluss stellt sich bei korrekter Montage ein (Bilder 1 und 2 S. 264):

Durch die Mutter entsteht bei der Montage in der Schraube eine Zugkraft F_Z. Mit dieser Kraft werden die beiden Flachstähle zusammen gepresst ($F_Z = F_N$). Dabei entsteht die Reibkraft F_R zwischen den Berührungsflächen. Die maximale Reibkraft muss größer als die Gewichtskraft F_G sein, um die beiden Flachstähle in ihrer Lage zu halten.

Ein Modell (Bild 2, S. 264) verdeutlicht die Entstehung der Schraubenzugkraft F_Z. Die Schraube wird dabei gedanklich durch eine Feder ersetzt

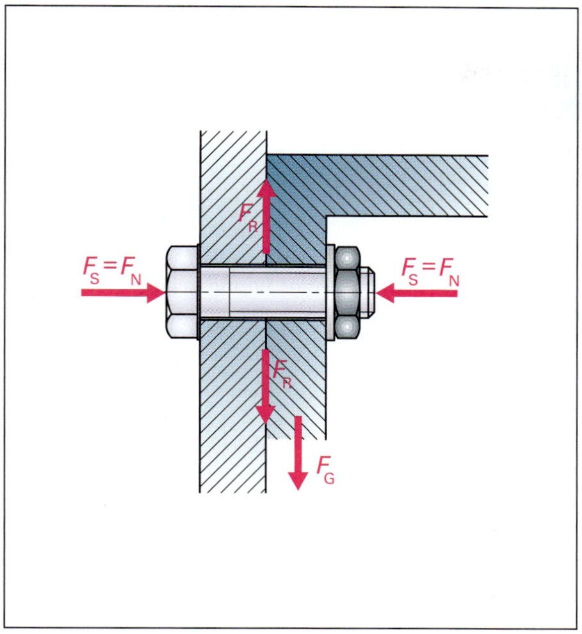

Bild 1 Wandverschraubung

anlegen	anziehen

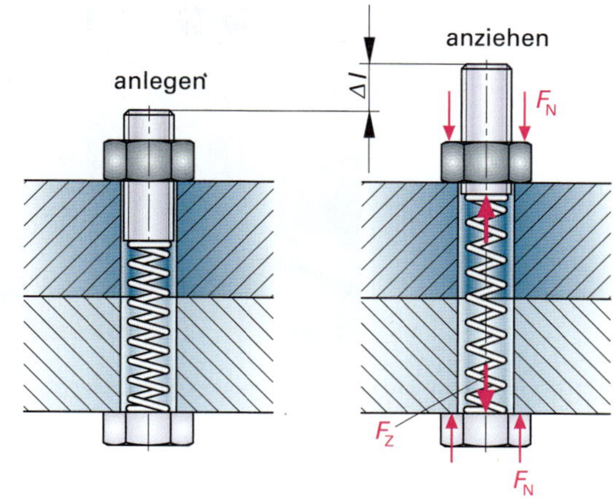

- Mutter wird bis zur Bauteiloberfläche aufgeschraubt – angelegt.
- Eine weitere Drehbewegung der Mutter von Hand ist nicht mehr möglich

- Eine weitere Drehbewegung der Mutter führt zur Dehnung des Schraubenschaftes
- Die Zugkraft F_Z wirkt über Schraubenkopf und Mutter als Normalkraft F_N auf die Bauteile

Bild 2 Wirkungsweise von Schraubverbindungen

2.3.2 Gewindearten

Schrauben und Muttern werden je nach Aufgabenstellungen und Anforderungen mit unterschiedlichen Gewindearten hergestellt (Bild 3).

Verwendungsbereich	Beispiel	Gewindeart, Kommentar
Befestigen **Befestigen, Einstellen**	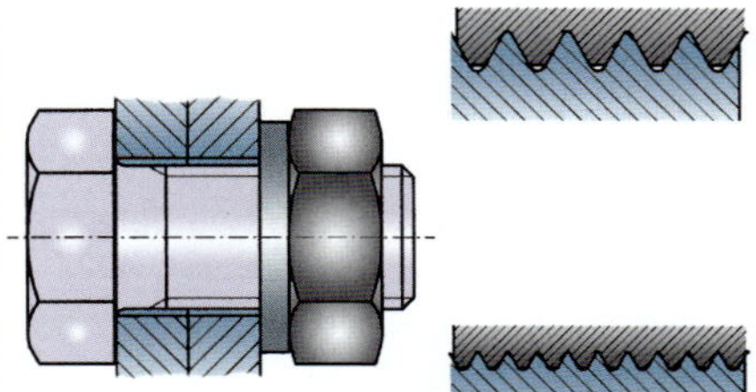	**Spitzgewinde**  **Metrisches ISO-Gewinde,** z. B. M24 × 3,0 Befestigungsschrauben mit diesem Gewinde kommen in unterschiedlichen Ausführungen, z. B. im Stahlbau, im Maschinen- und Fahrzeugbau zum Einsatz. **Metrisches Feingewinde,** z. B. M24 × 1,5 Bei diesem Gewinde ist die Steigung relativ klein. Es eignet sich z. B. zum Befestigen (und auch zum Einstellen des Lagerspiels) bei Wälzlagern.
Verbinden und Dichten bei Rohren	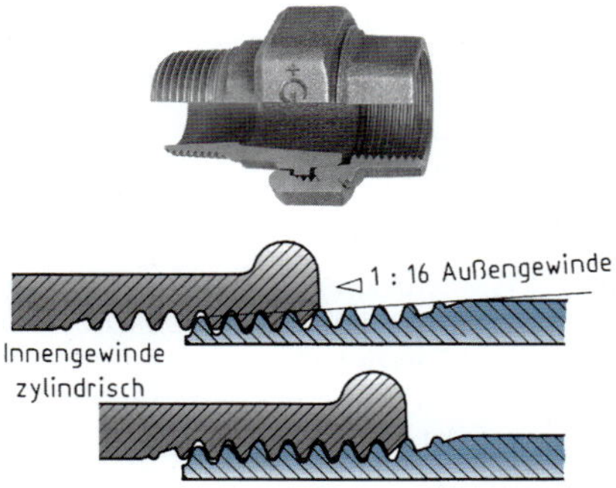	Für diesen Aufgabenbereich werden **Whitworth-Rohrgewinde** (mit Zollmaßen) verwendet. Zwei Gewindearten sind zu unterscheiden: • **Befestigungsgewinde** (DIN ISO 228-1), z. B. G3/4 Außen- und Innenwände sind zylindrisch. Die Dichtwirkung erzielt eine durch die Montage zusammengepresste Dichtung • **Rohrgewinde** (DIN EN 10226), z. B. R3/4 Das Außengewinde ist kegelig (z. B. R3/4), das Innengewinde zylindrisch (z. B. Rp3/4). Bei der Montage entsteht durch das kegelige Gewinde eine große Flächenpressung.

Bild 3 Gewindearten und deren Anwendung

3

Verwendungsbereich	Beispiel	Gewindeart, Kommentar
Bewegen, Positionieren		**Trapezgewinde** 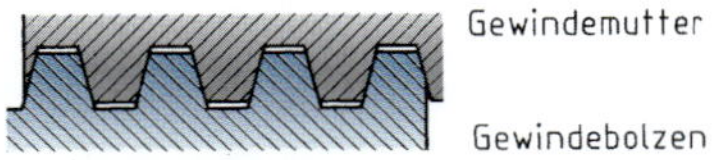 **Kugelgewinde** 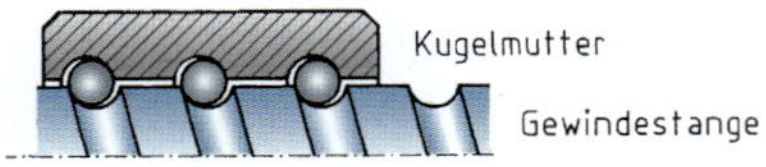 Als Bewegungsgewinde für Werkzeugschlitten werden Trapez- oder Rundgewinde verwendet, weil ihre Flankenreibung geringer als die von Spitzgewinde ist.

***Bild 1** Gewindearten und deren Anwendung (Fortsetzung)*

2.3.3 Verschiedene Arten von Schrauben, Muttern und Unterlegscheiben

Schrauben
werden für unterschiedlichste Aufgaben der Fügetechnik eingesetzt. Sie sind nach dem jeweiligen Verwendungszweck auszuwählen. So gibt es Schrauben:

- in vielen Größen (z. B. Nenndurchmessern und Schaftlängen),
- in verschiedenen Ausführungsformen (z. B. Kopfformen, Gewinde und Gewindelängen),
- aus verschiedenen Werkstoffen.

Aufgaben

1. Informieren Sie sich mithilfe Ihres Tabellenbuches über die verschiedenen Schraubenkopfformen und Schraubenwerkstoffe.
2. Was ist bei der Werkstoffauswahl von Schrauben zu beachten, wenn unterschiedliche Metalle miteinander verbunden werden sollen?

Die Bauteile bestimmen die zu verwendende Schraubenart. Die häufigste Schraubenart ist die Sechskantschraube. Weitere wichtige Schraubenarten zeigt folgende Übersicht (Bild 2):

Beispiel	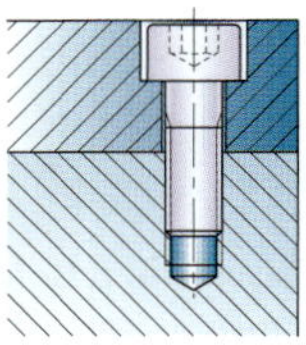 **Zylinderschraube mit Innensechskant** z. B. ISO 4762	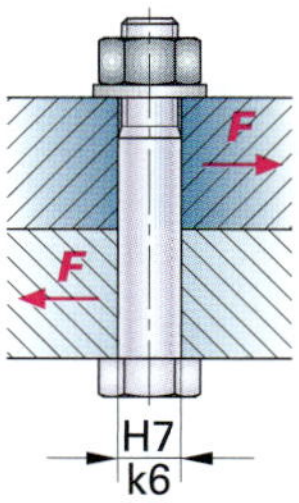 **Passschraube** z. B. DIN 7968	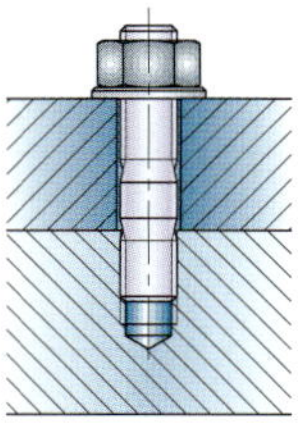 **Stiftschraube** z. B. DIN 835	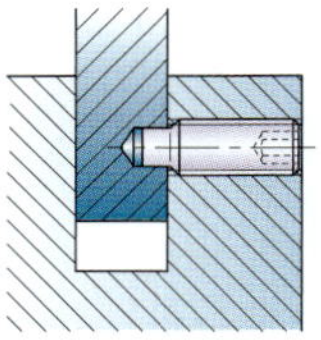 **Gewindestift** z. B. ISO 4027	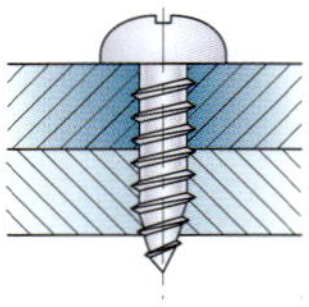 **Blechschraube** z. B. DIN EN ISO 1481
Anwendung	• bei geringem Platzangebot für Schraubenkopf • wenn Schraube versenkt werden soll	• Lagesicherung von Bauteilen • Aufnahme großer Querkräfte	• bei häufiger Montage und Demontage	• Sicherung gegen Verdrehen von Maschinenteilen • Positionierung von Bauteilen	• für dünne Bleche
Erklärung	Schraubenkopf kann im Werkstück versenkt werden, weil die Formflächen für das Werkzeug als Innensechskant ausgeführt sind.	Schraubenschaft besteht aus einem genau gearbeiteten zylindrischen Teil und einem Gewindeteil.	Gewindezapfen mit kurzem Gewinde wird in das Werkstück geschraubt. Lösen und Festziehen der Verbindung erfolgt durch die Mutter.	Gewinde über die gesamte Länge des Stiftes. Zum Anziehen dient ein Schlitz oder Innensechskant.	Blechschrauben formen ihr Muttergewinde selbst. Es muss vorgebohrt werden.

***Bild 2** Schraubenarten*

3

Muttern
werden ebenso in unterschiedlichen Formen und Ausführungen hergestellt. An manchen Montagestellen kann aus Platzgründen kein Schraubenschlüssel angesetzt werden. Dafür sind dann spezielle Werkzeuge erforderlich und die Formflächen an den Muttern sind dann diesen Werkzeugen angepasst (vgl. Nutmutter und Hakenschlüssel). Die Kronenmutter kann mit einem Splint gesichert werden, die Hutmutter verdeckt und schützt das Gewindeende der Schraube und ist dekorativ.

Unterlegscheiben
sind notwendig, wenn die Oberfläche der Bauteile beim Anziehen der Mutter nicht beschädigt werden darf. Außerdem vergrößern sie die Berührungsfläche der Mutter mit dem Werkstück. Dadurch verringert sich der Anpressdruck auf die Werkstückoberfläche. Dies ist besonders bei weichen Werkstoffen wichtig. Durch entsprechend geformte Scheiben können auch Schrägen an Profilen ausgeglichen werden. Bei Schraubenverbindungen im Stahlbau werden bei Verschraubungen an I- und U-Profilen spezielle Vierkantscheiben und HV-Schrauben verwendet.

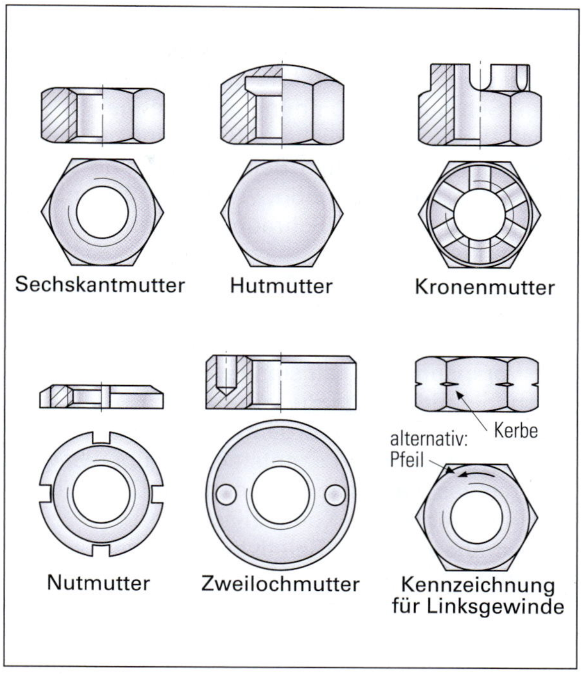

Bild 1 Genormte Mutterformen

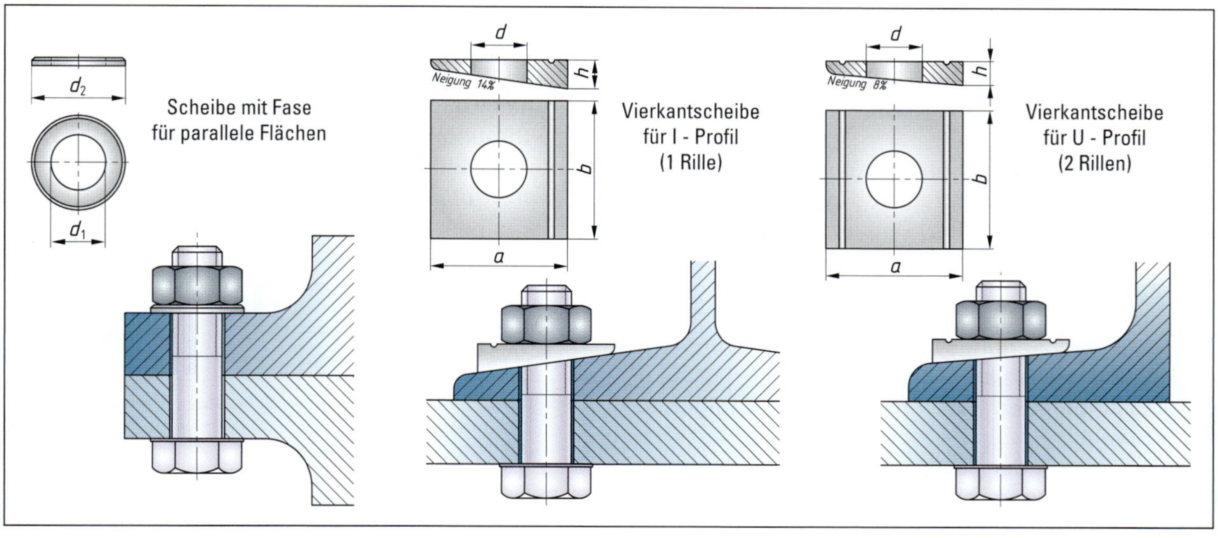

Bild 2 Unterlegscheiben

2.3.4 Montage einer Schraubenverbindung

Die Werkzeuge für die Montage der Schraubenverbindung (z.B. Schraubenschlüssel oder Schraubendreher) bilden mit dem Schraubenkopf (oder der Mutter) eine formschlüssige Verbindung. Das Werkzeug muss deshalb die richtige Größe haben. Nur so ist gewährleistet, dass

- keine Unfälle durch das Abrutschen des Werkzeugs entstehen und
- der Schraubenkopf bzw. das Werkzeug nicht beschädigt wird.

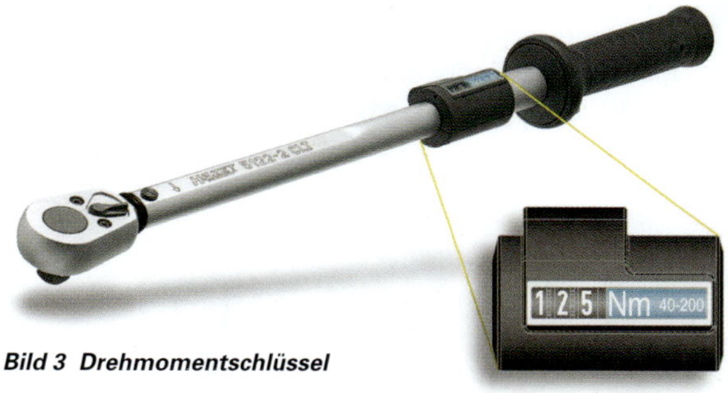

Bild 3 Drehmomentschlüssel

Ein gefordertes Drehmoment beim Anziehen der Schraubenverbindung lässt ist z.B. mit einem Drehmomentschlüssel genau aufbringen.

2.3.5 Schraubensicherungen

Ausreichend dimensionierte und zuverlässig montierte Schraubenverbindungen benötigen in der Regel keine zusätzlichen Sicherungselemente. Selbst bei dynamischen Belastungen sind zusätzliche Sicherungen unnötig, wenn die Klemmlänge mindestens 5 × dem Schraubendurchmesser entspricht (L > 5×d).

Trotzdem kann sich die Schraubenverbindung bei ungünstigen dynamischen Verhältnissen (Bild 2) durch einen vollständigen oder teilweisen Verlust der Vorspannkraft selbständig lösen. Dies wird durch folgende Vorgänge verursacht:

- **Lockern** durch Setzvorgänge:
  Setzerscheinungen entstehen überwiegend durch das plastische Einebnen von Oberflächenrauigkeiten in den Kontaktflächen.
- **Losdrehen** durch Relativbewegungen in der Trennfuge:
  Vibrationen (dynamische Belastungen) können die verschraubten Bauteile so gegeneinander hin- und her bewegen, dass sich die Schraube bzw. Mutter losdreht.

Das Lockern durch Setzvorgänge ist meistens die erste Versagensstufe.

Sicherungen gegen Lockern (Setzsicherungen) können durch folgende Maßnahmen erreicht werden:

1) Verwendung von **höherfesten Schrauben (8.8 oder 10.9)** mit entsprechend großer Vorspannkraft (Anzugsmoment). Dabei muss die Flächenpressung an der Schrauben- bzw. Mutterauflage möglichst klein gehalten werden, um zu große Setzvorgänge in den Kontaktflächen zu vermeiden (Vorspannungsverluste). Harte Unterlegscheiben reduzieren die auftretenden Flächenpressungen und Setzvorgänge. Es gilt folgende Auswahl:
   - Schrauben der Festigkeit 8.8 erfordern Unterlegescheiben mit 200 HV Härte,
   - Schrauben der Festigkeit 10.9 erfordern Unterlegescheiben mit 300 HV Härte.
2) Verwendung von **mitverspannten, federnden Elementen**, insbesondere bei Schrauben mit niedriger Festigkeit, z.B. 5.6, 5.8, 6.8 , siehe Bild 1:

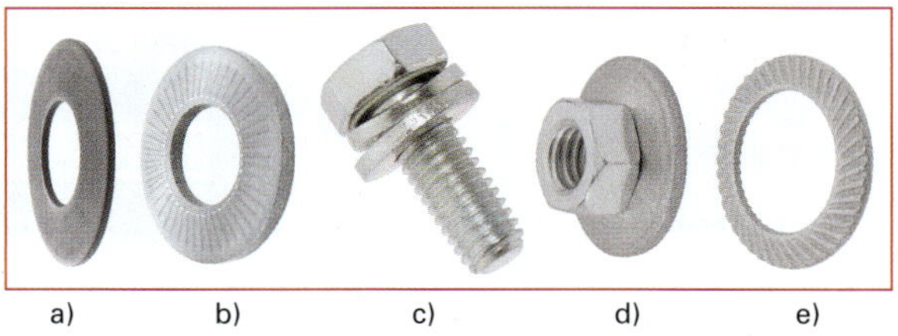

a) Tellerfedern nach DIN 2093
b) Spannscheiben nach DIN 6796
c) Kombischrauben nach DIN 6900
d) Kombimuttern
e) Sicherungsscheiben

Bild 1 Mitverspannte federnde Elemente

Sicherungen gegen Losdrehen verhindern auch unter dynamischen Belastungen wirkungsvoll Relativbewegungen zwischen den Verbindungselementen und damit das selbsttätige Losdrehen. Bis auf geringe, unvermeidliche Setzbeträge bleibt die Vorspannkraft in der Verbindung erhalten.

Bild 2 Dynamisch belastete Konstruktion

Losdrehsicherungen können erfolgen durch:

1) Sicherungselement mit Sperrverzahnung
2) Verklebung im Gewinde (chemische Sicherungen)

Sicherungselemente mit **Sperrverzahnung** besitzen eingeprägte, meist asymmetrische Zähne, die sich beim Anziehen in das Bauteil graben und einen Formschluss erzeugen, der beim Lösen überwunden werden muss (Bild 3).

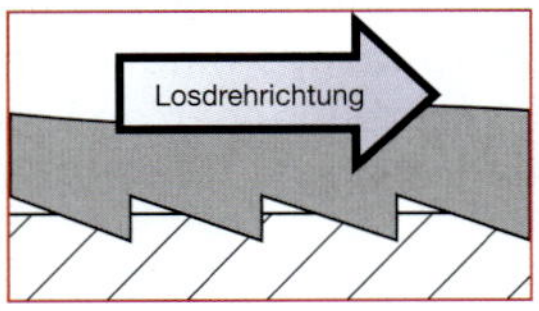

Bild 3 Prinzip der Sperrverzahnung

Grundsätzlich unterscheidet man:

- Schrauben und Muttern mit Unterkopfverzahnung (Bild 4)
- Verzahnte Unterlegscheiben (Bild 4)

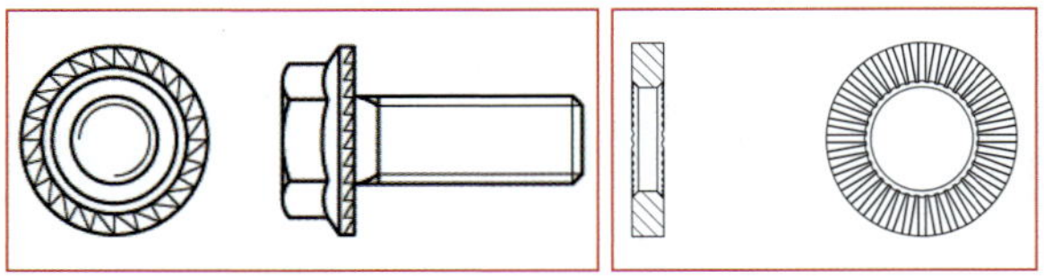

Bild 4 Unterkopfverzahnung von Schrauben, Muttern und Unterlegscheiben

Das Verkleben im Gewinde erfolgt mit

- Anaerob (= ohne Luftsauerstoff) aushärtendem Flüssigkunststoff (Bild 1, S. 268)
- Schrauben mit mikroverkapselten Klebstoffen nach DIN 267-27 (Bild 2, S. 268).

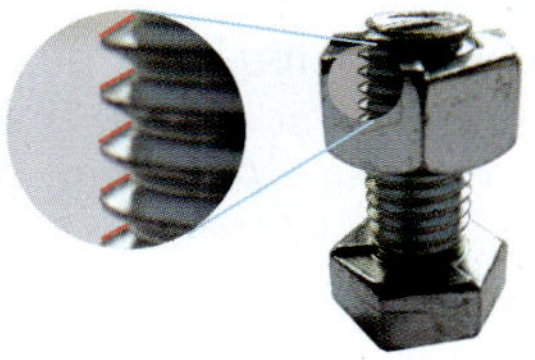

Bild 1 Verklebung mit anaerobem Flüssigkunststoff

Bild 2 Schrauben mit mikroverkapselten Klebstoffen

Muttern mit Klemmteil

Muttern mit Kunststoffeinsatz, z. B. nach DIN EN 1663

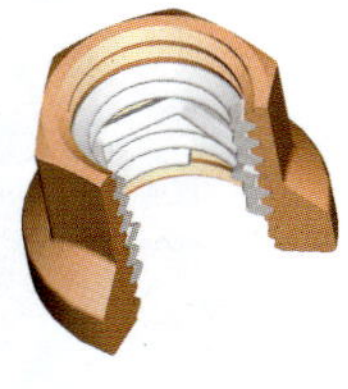

Ganzmetallmutter mit Klemmteil, z. B. nach DIN EN 1664

Gewindefurchende Schrauben, z. B. nach DIN 7500

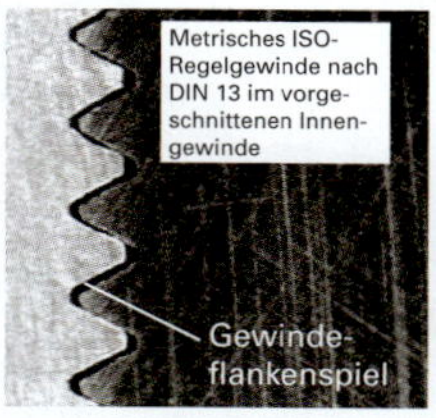

Gewindefurchende Schrauben formen sich ihr Muttergewinde selbst ➔ (fast) kein Gewindeflankenspiel ➔ größere Reibung zwischen Schrauben- und Muttergewinde erhöht Sicherheit gegen Losdrehen

Bild 3 Verliersicherungen

Verliersicherungen können ein Losdrehen zwar nicht verhindern, aber schützen vor einem vollständigen Auseinanderfallen der Verbindung. Dazu gehören u. a. folgende Elemente (Bild 3):

Unlösbare Verschraubung – gegen starke Vibrationen, Diebstahl und Vandalismus

Einsatz von patentierten Sicherungsschrauben/-muttern und runden oder sechskantigen Sicherungsscheiben (Bild 4):

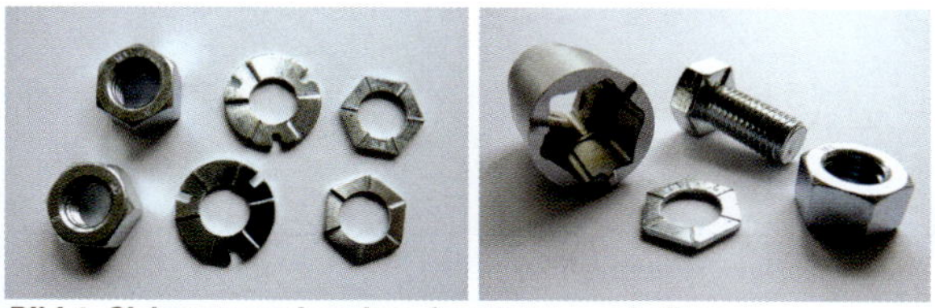

Bild 4 Sicherungsschrauben /-muttern , -scheiben

- Sicherungsschraube mit Sechskant-Sicherungsscheibe (Bild 5): Verbindung ist nur lösbar, wenn unter Verwendung eines herkömmlichen Schraubenschlüssels die Schraube (Mutter) zusammen mit der Sechskantscheibe gelöst wird.
- Sicherungsschraube mit runder Sicherungsscheibe (Bild 6): Verbindung ist nur lösbar, mit einem Sonderwerkszeug. Der Steckschlüssel mit Lösezapfen wird in die Sicherungsscheibe mit Lösenuten gesteckt. Sicherungsschraube bzw. -mutter und runde Sicherungsscheibe werden gemeinsam aufgeschraubt (Diebstahlhemmung).

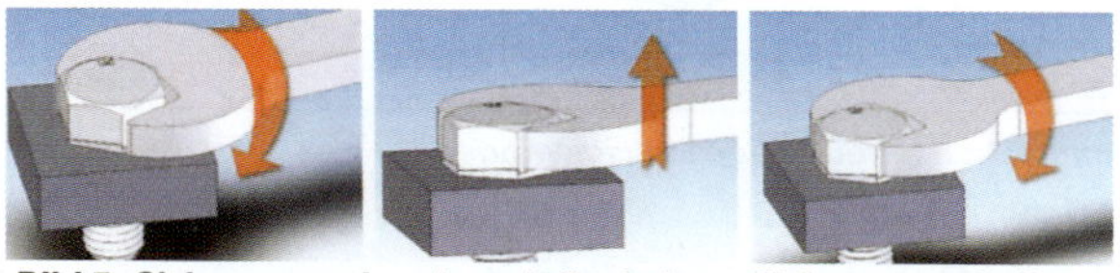

Bild 5 Sicherungsschraube mit Sechskant-Sicherungsscheibe

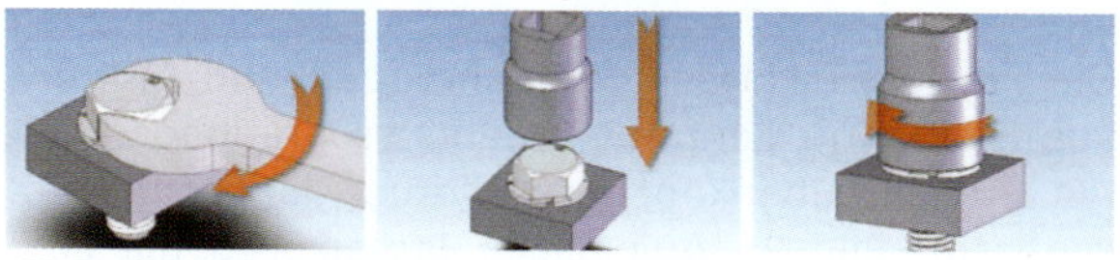

Bild 6 Sicherungsschraube mit runder Sicherungsscheibe

Bild 7 Diebstahlsichere Schraubensicherung

Werden 2 Sicherungsscheiben verwendet (Bild 7), so ist die Verbindung zerstörungsfrei nicht mehr lösbar (Diebstahlschutz).
Einsatzbereiche: überall dort, wo mit Diebstahl zu rechnen ist.

3

2.3.6 Rechts- und linksgängiges Gewinde

Gewinde werden in Normalausführung als rechtsgängige Gewinde hergestellt, d.h. der Einschraubvorgang erfolgt im Uhrzeigersinn, Linksgewinde werden im Gegenuhrzeigersinn eingeschraubt. Eine linksgängige Mutter hat entweder eine Rille am Umfang oder ein großes L auf einer Auflagefläche. Linksgewinde werden in der normgerecht durch Anhängen der Buchstaben LH (Left Hand) gekennzeichnet.

Manche Schraubenverbindungen erfordern den Einsatz linksgängiger Gewinde. Bei einem „Doppelschleifbock" muss eine Scheibe mit einem Rechtsgewinde und die andere mit einem Linksgewinde befestigt werden. Beim Anlaufen der Scheiben könnte sich sonst die linke Scheibe lösen (funktionsbedingtes Linksgewinde). An der Acetylengasflasche verhindert das Linksgewinde die Verwechslung mit anderen Gasarmaturen (sicherheitsbedingtes Linksgewinde).

Linke Scheibe durch Mutter mit Linksgewinde gesichert

Schleifbock

Propangasflasche

***Bild 1** Verwendung von Linksgewinde*

2.3.7 Schraubenfestigkeit

Die Festigkeitsklassen für Schrauben und Muttern aus Stahl sind genormt. Qualitätsschrauben erhalten am Schraubenkopf den Aufdruck der Festigkeitskennzahl (Bild 2). Aus dieser lassen sich die Festigkeitswerte des Schraubenwerkstoffs ermitteln:

Die erste Zahl ist die Kennzahl gibt die Mindestzugfestigkeit R_m der Schraube in N/mm² an. Die zweite Zahl enthält verschlüsselt die Streckgrenze R_e der Schraube in N/mm².

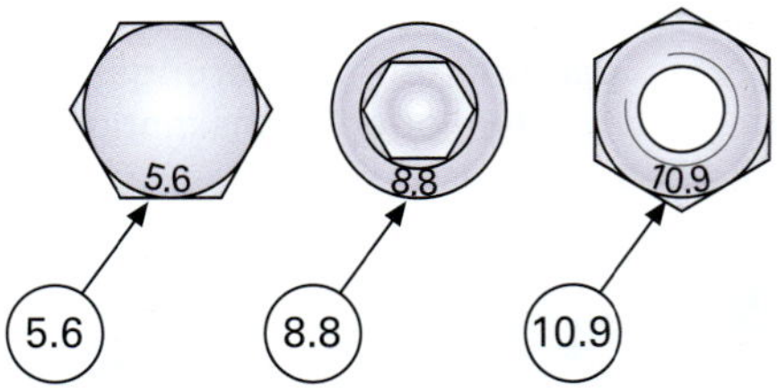

***Bild 2** Festigkeitskennzahlen*

Entschlüsselung der Angabe auf dem Schraubenkopf:

5.6

→ Streckgrenze:	1. Zahl × 2. Zahl × 10 → 5 × 6 × 10 = 300 N/mm²
→ Mindestzugfestigkeit:	1. Zahl × 100 → 5 × 100 = 500 N/mm²

Die Festigkeit einer Mutter wird durch eine Kennzahl angegeben, die die Mindestzugfestigkeit der mit dieser Mutter zu fügenden Schraube angibt:

Angabe auf einer Mutter:

5

→ Mindestzugfestigkeit der Schraube:	1. Zahl × 100 → 5 × 100 = 500 N/mm²

Eine Schraube der Festigkeitsklasse 5.6 muss mit einer Mutter der Festigkeit 5 verschraubt werden. Diese Verbindung kann höchstens bis zur Streckgrenze von 300 N/mm² belastet werden.

Aufgaben

1. Warum dürfen Schraubenverbindungen maximal nur bis zur Streckgrenze belastet werden?
2. Informieren Sie sich mit Hilfe Ihres Tabellenbuches über die gängigen Festigkeitsklassen von Schrauben und Muttern!

2.4 Fügen durch Löten

Beim Löten werden Bauteile im festen Zustand durch einen geschmolzenen Zusatzwerkstoff, das Lot, miteinander verbunden. Die Bauteile können dabei aus gleichen oder verschiedenen metallischen Werkstoffen bestehen. Folgende Abbildungen zeigen Beispiele für Lötarbeiten:

Das Abgasrückführungsrohr (Bild 1) für ein Kraftfahrzeug muss an den Stirnseiten mit je einem Flansch dicht und temperaturbeständig (Abgastemperaturen deutlich über 800 °C) verbunden werden. Beim Verlegen einer Trinkwasserinstallation aus Kupferrohren (Außendurchmesser 22 mm, Wandstärke 1 mm) sind Fittings für Verzweigungen und Richtungsänderungen einzulöten (Bild 2).

Bild 1 Abgasrückführungsrohr

Beide Lötaufgaben erfordern aber unterschiedliche Lötverfahren. Nach dem Schmelzbereich der Lote unterscheidet man:

Hartlöten: Arbeitstemperatur über 450–900 °C. Dieses Verfahren wird hauptsächlich im Maschinenbau verwendet.

Weichlöten: Arbeitstemperatur unter 450 °C. Dieses Verfahren wird überwiegend in der Elektrotechnik (Löten von leitenden Verbindungen) und in der Trinkwasser-Hausinstallation eingesetzt.

Für Trinkwasserinstallationen ist grundsätzlich das Weichlöten verbindlich vorgeschrieben. Grund dafür ist das bei hartgelöteten Kupferrohren schlechtere Korrosionsverhalten, das später zu Rohrbrüchen führen kann.

Aufgabe

Warum kann das Auspuffrohr nicht weichgelötet werden?

2.4.1 Der Lötvorgang

Beim Löten bleiben die zu verbindenden Werkstücke im festen Zustand, lediglich das Lot wird verflüssigt und kann somit in den vorbereiteten Lötspalt zwischen den Bauteilen eindringen. Dabei verbindet es sich mit der Randzone der Werkstücke; dieser Vorgang heißt **Diffusion**. Lot und Grundwerkstoff bilden zusammen in dieser Randzone eine **Legierung** (Bild 1, S. 271). Der Schmelzpunkt des Lotes muss dabei niedriger sein als der Schmelzpunkt der zu verbindenden Werkstücke. Es ist möglich, auch Metalle oder Legierungen miteinander zu verbinden, deren Schmelzpunkte unterschiedlich sind.

2.4.2 Herstellen von Lötverbindungen

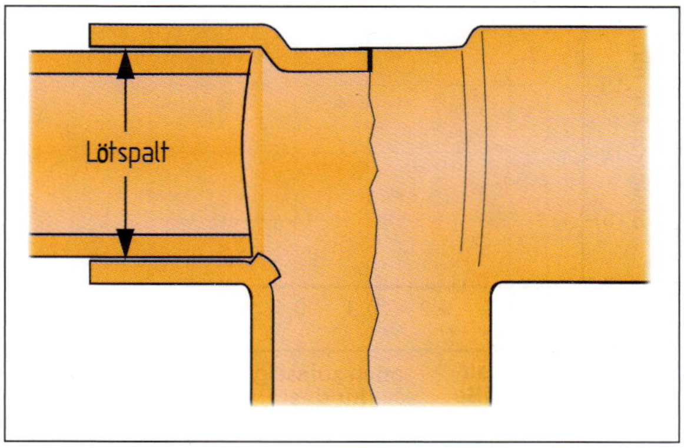

Bild 2 Kapillarlötfitting

3

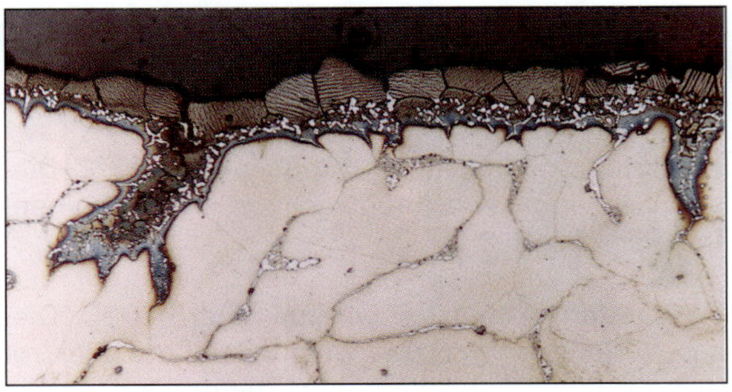

Bild 1 Randzone einer Lötnaht

Lötspalt (Lötfuge)

Eine gute Lötverbindung erfordert einen richtig vorbereiteten Lötspalt. Nur ein Spalt kleiner 0,5 mm gewährleistet, dass der gesamte Lötspalt mit flüssigem Lot ausgefüllt und benetzt wird. Ist der Spalt sogar kleiner als 0,2 mm, so wird das Lot auch entgegen der Schwerkraft in den Spalt hineingezogen (Kapillarwirkung). Je geringer der Spalt ist, desto größer ist dieser Effekt der Kapillarwirkung (Bild 2). Bei einem Spalt größer als 0,5 mm spricht man von einer Lötfuge. Das Lot kann hier nur durch die eigene Schwerkraft in den Spalt hineinfließen und die Lötflächen benetzen. Die Festigkeit von Lötfugen ist geringer als die von Lötspalten.

Da bei weichen Kupferrohren für die Trinkwasserinstallation nicht immer die Rundheit der Rohre und Fittings gewährleistet ist, müssen diese Rohre vorher kalibriert werden. Mithilfe entsprechender Kalibrierringe und -dorne werden Rundheitsabweichungen beseitigt und ein optimaler Lötspalt gesichert.

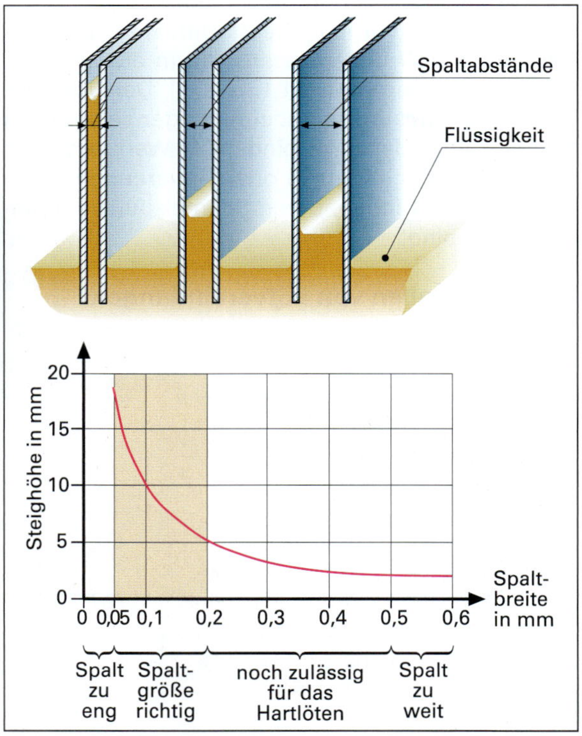

Bild 2 Abhängigkeit der Steighöhe eines Lotes von der Spaltbreite

Flussmittel

Vor dem Löten müssen die Lötflächen metallisch rein gemacht werden, damit sie vom Lot benetzt werden können. Die vorhandenen Oxidschichten, aber auch Schmutz und Fett müssen vorab mecha-nisch mit Schmirgelleinen, Drahtbürste oder einer Feile entfernt werden. Damit die Lötflächen auch während des Lötens durch die hohen Temperaturen oxidfrei bleiben, verwendet man ein Flussmittel. Flussmittel beseitigen geringe Verunreinigungen, entfernen dünne Oxidschichten und schützen die Flächen vor erneuter Oxidation. Flussmittel, die sehr wirkungsvoll die Oxidschichten lösen, greifen dafür umso mehr die Metalle an und verursachen Korrosion. Deshalb sind Flussmittelreste nach dem Löten sorgfältig zu entfernen. Jedes Flussmittel hat einen bestimmten Wirktemperaturbereich, in dem es Oxidschichten auflösen kann. Dieser Temperaturbereich muss auf die Arbeitstemperatur abgestimmt sein. Die Arbeitstemperatur ist die niedrigste Temperatur, bei der das Lot die Oberflächen benetzen und fließen kann (Bild 3).

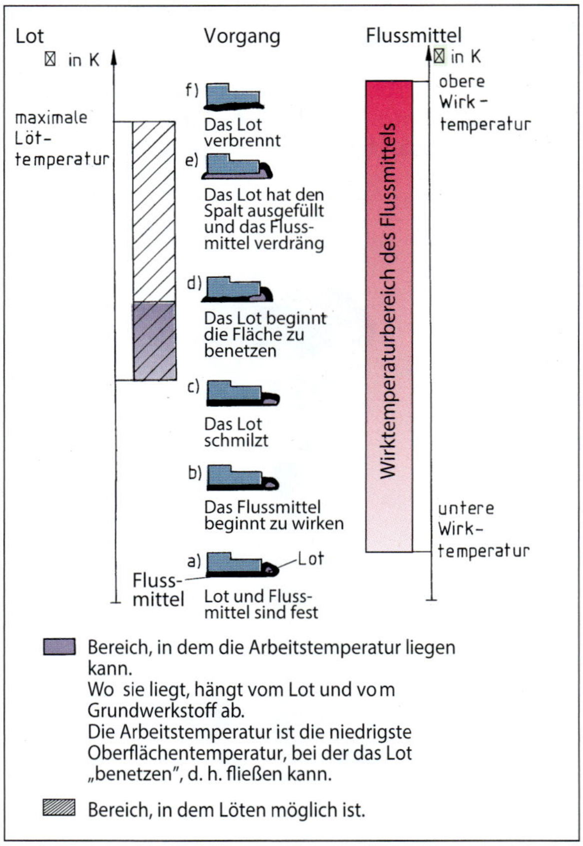

Bild 3 Wichtige Temperaturbegriffe beim Löten

Flussmittel sind genormt. Die Einteilung erfolgt nach den Hauptbestandteilen:

Flussmittel zum Hartlöten			
Normzeichen	Wirktemperaturbereich		Wirkung der Rückstände *(Anwendungen)*
FH11	für Schwermetalle	550 °C... 800 °C	Allgemein korrodierend. Rückstände, z. B. durch Waschen oder Beizen entfernen *(Kupfer-Aluminium-Legierungen)*
FH21	für Schwermetalle	750 °C... 1100 °C	Allgemein nicht korrodierend. Rückstände können mechanisch oder durch Beizen entfernt werden *(Vielzweckflussmittel).*
FL10	für Leichtmetalle	>550 °C	Allgemein korrodierend. Rückstände z. B. durch Waschen oder Beizen entfernen.

Flussmittel zum Weichlöten				
Normzeichen	Flussmitteltyp	Flussmittelbasis	Flussmittel-Aktivator	Wirkung der Rückstände *(Anwendung)*
3.2.2.	anorganisch	Säuren	andere Säuren	korrodierend *(Klempnerarbeiten)*
3.1.1.	anorganisch	Salze	mit Ammoniumchlorid	korrodierend *(Klempnerarbeiten)*
2.1.2.	organisch	wasserlöslich	mit Halogenen aktiviert	bedingt korrodierend
1.1.1.	Harz	Kolophonium	ohne Aktivator	nicht korrodierend *(Elektrotechnik)*

Bild 1 Ausgewählte Flussmittel

Auswahl der Lote

Verschiedene Metalle wie Zinn, Blei, Kupfer und deren Legierungen oder Silber werden als Lotwerkstoffe verwendet. Weichlote sind nach DIN EN ISO 9453 und Hartlote nach DIN EN ISO 17672 genormt.

Bezeichnung eines **Weichlotes**:

S-Sn97 Cu3
- **Cu3** – **Kupfer,** Masseanteil 3 % (kann zwischen 2,5 % und 3,5 % liegen)
- **Sn97** – **Zinn,** Masseanteil ca. 97 %

Bezeichnung eines **Hartlotes**[1]:

CP 105
- **105** – 3-stelliges Nummernsystem
- **CP** – **Kupfer-Phosphor** Hartlot

[1] Um die **chemische Zusammensetzung** und den **Schmelzbereich** anzugeben, kann dieses Lot nach DIN EN ISO 3677 auch wie folgt bezeichnet werden: **B-Cu92PAg-645/825**

Bei der Auswahl der Lote ist zu beachten:

- Der Grundwerkstoff muss ausreichend temperaturbeständig sein. Bei einem Werkstück aus Aluminium, Schmelzpunkt 660 °C, muss das Lot einen niedrigeren Schmezlpunkt als 660 °C haben.
- Sollen hohe Festigkeiten der Lötverbindung erreicht werden, so eignen sich dafür nur Lote mit hohem Schmelzpunkt. Bei hohen Temperaturen dringt das Lot sehr tief in die Randzonen der Grundwerkstoffe und bildet hier „dicke" Legierungsschichten. Außerdem ist bei diesen Loten die Festigkeit des Lotwerkstoffes größer als bei Loten mit niedrigem Schmelzpunkt.
- Lote für Trinkwasserleitungen dürfen keine gesundheitsgefährlichen Schwermetalle (Blei, Cadmium) enthalten.

Wärmequellen/Erwärmen der Lötstelle

Bei zu langer Erwärmung verlieren die Flussmittel ihre Wirksamkeit. Darum müssen die Bauteile in relativ kurzer Zeit auf Löttemperatur gebracht werden (max. 5 Minuten). Mit folgenden Wärmequellen können diese Anforderungen erfüllt werden:

Brenner	Bemerkungen	Bild
		Weichlöten
Propan-Luft-Brenner	Die Anlage besteht aus der Gasflasche, dem Schlauch und dem Brenner. Der Brenner kann mit Selbstzündautomatik ausgerüstet werden. Die Flammentemperatur liegt je nach Brenner und Einstellung zwischen 1200 °C und 2000 °C.	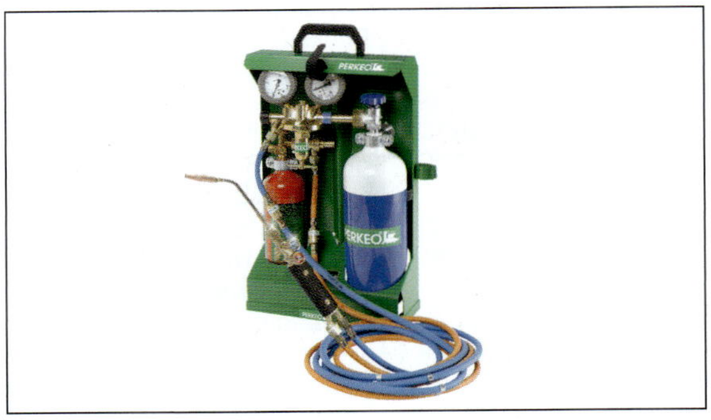
Elektrisches Widerstands-lötgerät	Bei diesem Gerät wird elektrische Energie in Wärme umgesetzt. Die Wärme wird durch eine Zange, die an dem Rohr befestigt wird, übertragen. Die Zangenbacken sind dem Rohrdurchmesser angepasst. Das Verfahren eignet sich für Lötarbeiten in bewohnten Räumen, da keine offene Flamme benötigt wird.	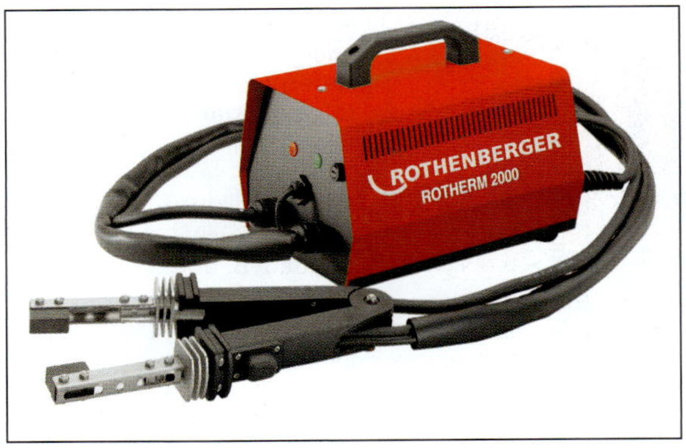
Lötkolben	Lötkolben werden meist durch eine eingebaute Wärmequelle (elektrisches Heizelement oder Brenner) auf die erforderliche Temperatur gebracht. Die Wärme wird beim Andrücken des Kolbens auf die Lötstelle übertragen. Die Kolbengröße hängt von dem Wärmebedarf der Lötarbeit ab.	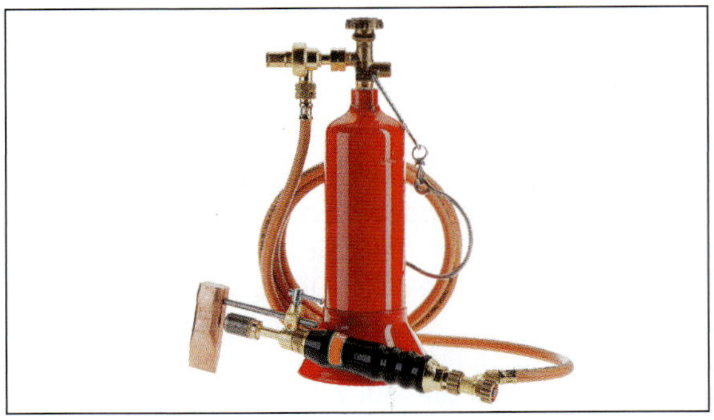
		Hartlöten
Acetylen-Sauerstoff-Brenner	Für diese Anlage sind Acetylen- und Sauerstoffflasche, Schläuche und Brenner erforderlich. Zum Löten wird nicht die Schweißdüse verwendet, sondern eine Mehrlochdüse, mit der eine bessere Wärmeverteilung am Werkstück zu erreichen ist.	

***Bild 1** Wärmequellen beim Löten*

Beim Weichlöten muss das Lot durch das erwärmte Bauteil geschmolzen werden.

Das Lot darf nicht an der offenen Flamme geschmolzen werden, weil es hier zu stark erwärmt wird und verbrennt. Folgende Abbildung zeigt die Arbeitsgänge beim Weichlöten eines Kupferrohrfittings:

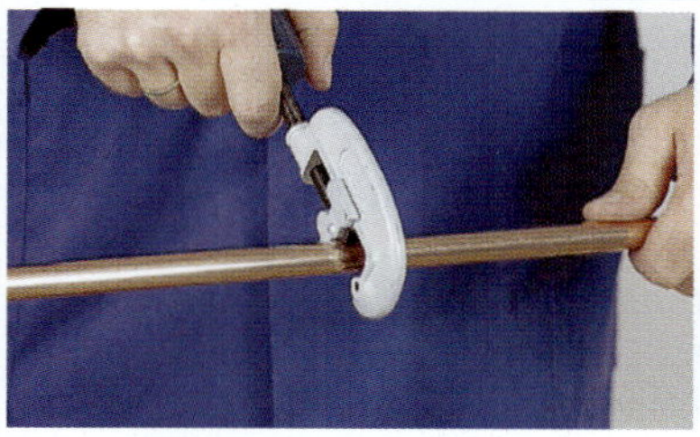

1. Ablängen
Rohre sind vorzugsweise mit einem Rohrabschneider, alternativ mit feinzahnigen Bügelsägen oder speziellen elektrischen Rohrsägen, rechtwinklig abzulängen. Winkelschleifer oder Schneidbrenner dürfen zum Ablängen nicht verwendet werden!

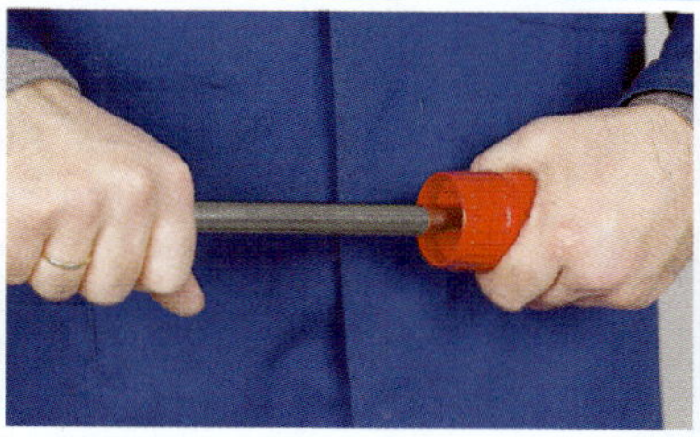

2. Entgraten und Kalibrieren
Die Rohre sind danach außen und innen sorgfältig zu entgraten. Rohre im Festigkeitszustand „weich" sind vor der Weiterverarbeitung außerdem stets zu kalibrieren.

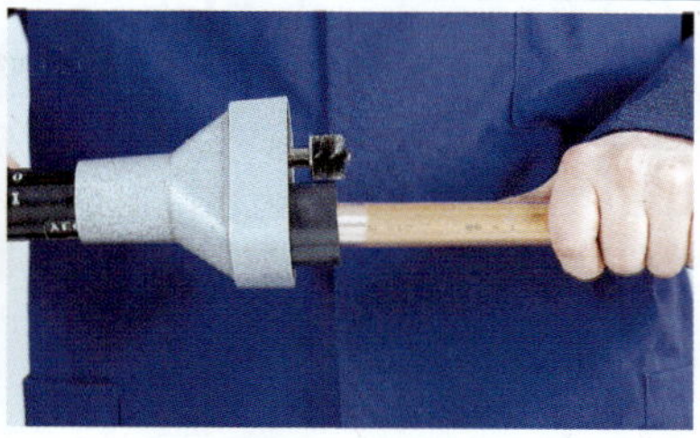

3. Reinigen der Außenlötenden
Rohrenden und Fitting-Außenlötenden sind sorgfältig mechanisch zu reinigen. Für das Reinigen sind metallfreie Reinigungsvliese, Schmirgelleinen feiner Körnung oder Ring- und Rundbürsten mit Drahtborsten aus Messing oder Edelstahl geeignet. Reinigungsbedingte Rückstände sind zu entfernen.

4. Flussmittel auftragen
Wichtig ist, dass das Flussmittel nur dünn auf das Außenlötende des Rohres/Fittings aufgestrichen wird, damit nicht mehr als nur ein technisch unvermeidbarer Anteil des Flussmittels ins Leitungsinnere gelangen kann.

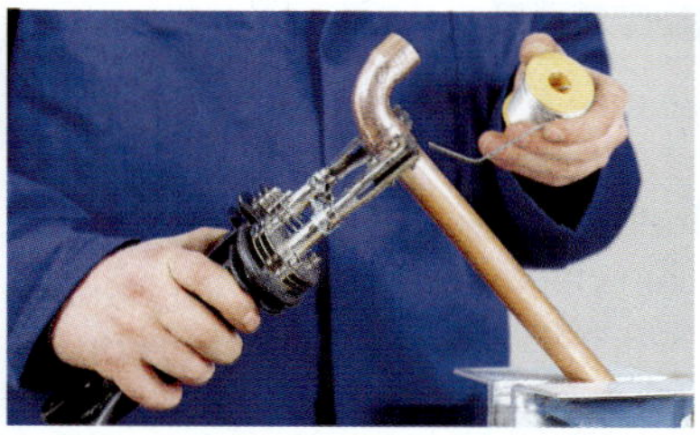

5. Herstellen der Lötverbindung
Weichlot ist ohne unmittelbare Flammeneinwirkung an der auf Löttemperatur erwärmten Lötstelle aufzuschmelzen. Im Gegensatz hierzu erfolgt die Lotzufuhr beim Hartlöten in der Streuflamme der kirschrot glühenden Werkstücke.

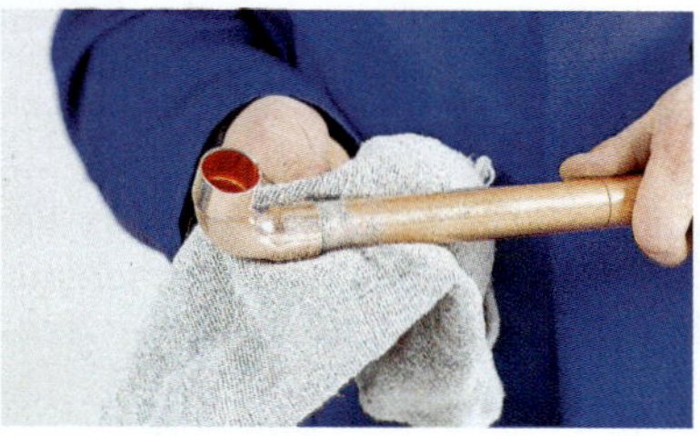

6. Reinigen der Lötstelle
Das Entfernen kann bei Weichlötflussmitteln z. B. mit einem feuchten Lappen erfolgen, bei Hartlötflussmitteln aufgrund ihres glasurartigen Charakters z. B. mit einer Messingbürste. Erfahrungsgemäß haben äußerlich nicht entfernte Flussmittel keinen Einfluss auf die spätere Betriebssicherheit der Installation.

Bild 1 Die Arbeitsgänge beim Weichlöten

Die Bauteile müssen dabei mindestes auf die Temperatur gebracht werden, bei der das Lot noch benetzt und fließt (Arbeitstemperatur). Allerdings darf auch die Löttemperatur nicht zu hoch sein, sonst verbrennt das Lot und das Flussmittel verliert seine Wirksamkeit. Die richtige Temperatur lässt sich beim Weichlöten durch Antupfen des Lotes an das erwärmte Rohr kontrollieren. Schmilzt das Lot, ist die Arbeitstemperatur erreicht oder überschritten. Gleichzeitig ist ein leichtes Verdampfen des Flussmittels zu beobachten. Beim Erwärmen muss darauf geachtet werden, dass die Brennerflamme (Propanflamme) den richtigen Abstand zum Werkstück hat und die Lötstelle gleichmäßig am Umfang erwärmt wird.

Beim Hartlöten werden die Bauteile auf Rotglut vorgewärmt. Anschließend wird das Lot mit der Acetylen-Sauerstoffflamme geschmolzen.

Hartlötverbindungen sind fester als Weichlötungen. Es können sogar die Festigkeitswerte von Stahl erreicht bzw. überschritten werden. Hartlötverbindungen können höheren Temperaturen ausgesetzt werden und sind vorteilhafter, wenn die Verbindungen stärker korrosionsgefährdet sind. Hartlötungen sind für einige Bereiche in der Installationstechnik zwingend vorgeschrieben:

- Heizungsanlagen mit Betriebstemperaturen über 110 °C
- Gasinstallationen
- Heizölinstallationen

Wenn Bauteile aus Kupfer mit phosphorhaltigen Loten (L-Ag2P, L-CuP6) gefügt werden, ist kein Flussmittel erforderlich. Der freiwerdende Phosphor zerstört die Oxidschicht. Beim Fügen anderer Werkstoffe (z. B. Messing) mit diesen Loten ist dagegen ein Flussmittel zuzugeben.

Aufgabe:
Wählen Sie für das Abgasrückführungsrohr und die Trinkwasser-Kupferrohrfittings geeignete Lote und Flussmittel aus. Bestimmen Sie die jeweiligen Arbeitstemperaturen.

2.5 Fügen durch Kleben

Montagefüße dienen zum Abstellen und Ausrichten von Werkzeugmaschinen auf dem Hallenboden. Die verstellbaren Stahlfüße werden mit einer Gummiplatte verklebt.

Bild 1 Montagefuß

Kleben ist eine stoffschlüssige Verbindung. Hierbei können neben gleichartigen auch verschiedenartige Werkstoffe miteinander verbunden werden.

Die Festigkeit einer Klebeverbindung hängt im Wesentlichen davon ab, wie gut der Klebstoff auf der Oberfläche der zu verbindenden Teile haftet. Neben der Wahl eines geeigneten Klebstoffes beeinflusst vornehmlich auch die fachmännisch vorbereitete Oberfläche der Klebeteile sowie die ordnungsgemäße Verarbeitung des Klebstoffes die Haltbarkeit

2.5.1 Wirkungsweise und Vorbereitung von Klebeverbindungen

Die Festigkeit einer Klebeverbindung entsteht durch Adhäsionskräfte (Anhangskräfte) zwischen dem Klebstoff und der Werkstückoberfläche und durch Kohäsionskräfte (Zusammenhangskräfte) innerhalb des Klebstoffes (Bild 2).

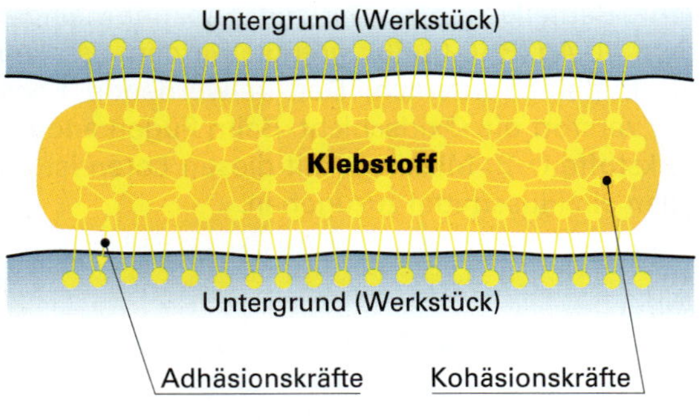

Bild 2 Kräfte in der Klebnaht

Versuch: Legt man eine Glasscheibe auf eine mit Wasser benetzte andere Scheibe, so wirkt das Wasser wie ein Klebstoff; beim senkrechten Abheben der oberen Platte bleibt die untere Platte kleben. Die molekulare Anhangskraft hält beide Scheiben zusammen. Hält man die Platten jedoch schräg, so rutscht die untere Scheibe ab. Die Kohäsionskraft zwischen den Wassermolekülen ist gering.

Vorbehandlung und Gestaltung der Klebeflächen
Verschmutzte oder verölte Oberflächen behindern den Kontakt zwischen Klebstoff und Bauteil und verringern die Adhäsionskräfte erheblich. Der Klebstoff kann sich nicht auf der Oberflächen ausbreiten, er benetzt die Oberfläche nicht (Bild 3).

Deshalb sind die Klebeflächen sorgfältig zu reinigen und zu entfetten. Dies kann durch Abreiben mit einem sauberen Lappen geschehen, der mit Aceton getränkt ist. Bei Metallflächen sind zusätzlich die vorhandenen Oxidschichten zu entfernen, dies kann durch mechanische Behandlung (Schmirgeln, Schleifen, Sandstrahlen) oder chemische Behandlung (Beizen mit Säuren) geschehen.

Da die Festigkeit des Klebstoffe in der Regel viel geringer ist als die der zu verbindenden Teile, müssen die Klebeflächen möglichst groß gestaltet werden. Neben einer klebegerechten Gestaltung der Bauteile erreicht man dies auch durch Aufrauen der Klebeflächen.

Der Klebstoff breitet sich nicht auf der Oberfläche aus

ungenügende Benetzung

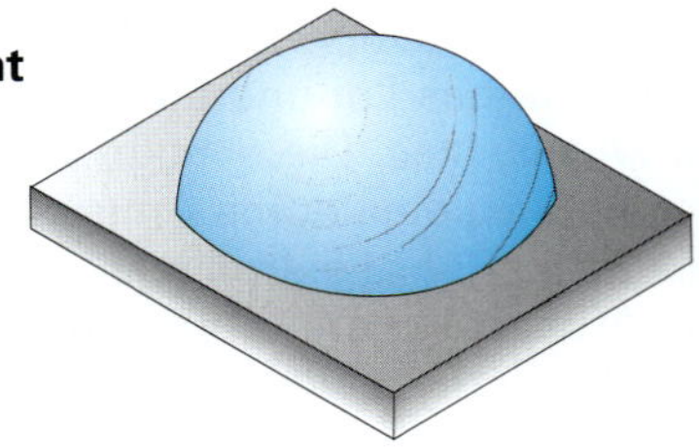

Der Klebstoff breitet sich auf der Oberfläche aus

ideale Benetzung

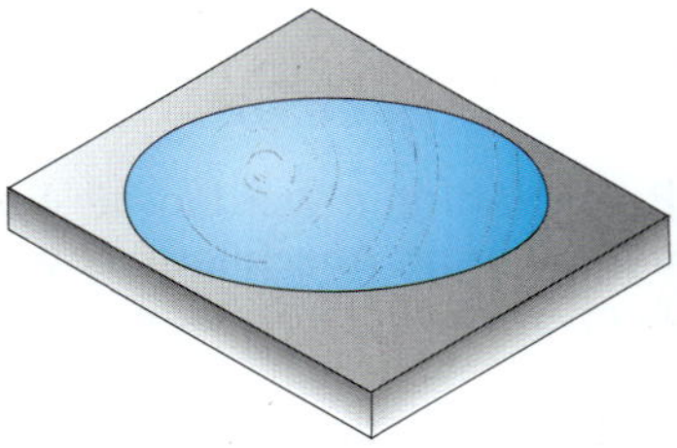

Bild 3 Ausbreitung eines Tropfens auf einer Oberfläche

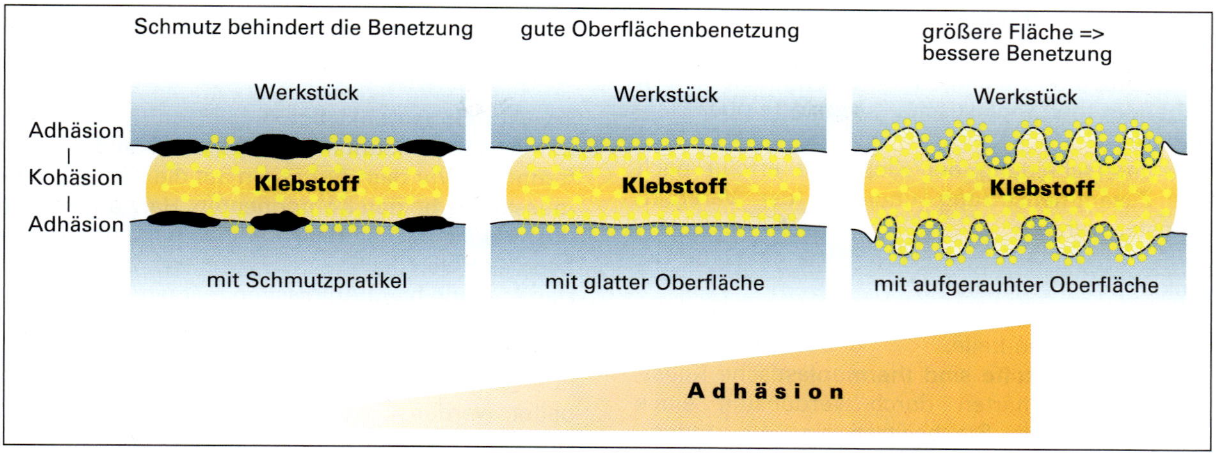

Bild 1 Vorbereitung der Klebefläche

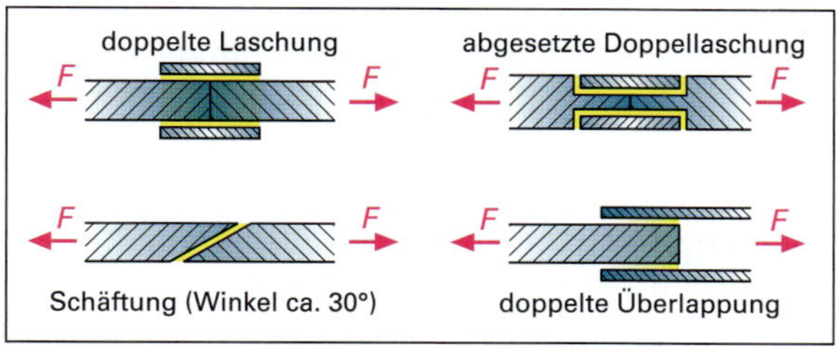

Bild 2 Gestaltung der Klebeflächen

Aufgabe:
Begründen Sie, warum die abgebildeten Beispiele nicht klebegerecht gestaltet sind. Skizzieren Sie bessere Klebeverbindungen!

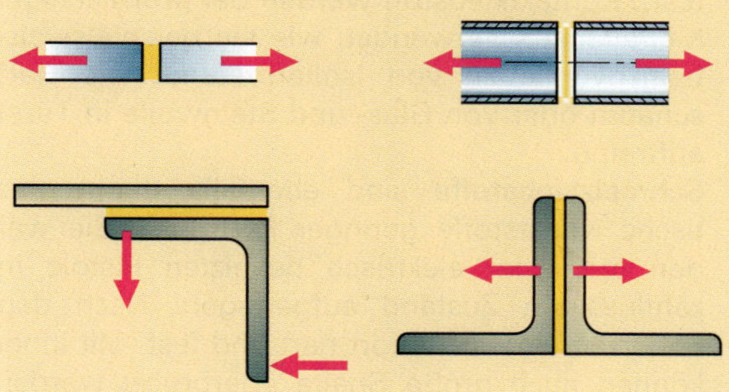

Die Belastbarkeit einer Klebeverbindung hängt aber nicht nur von der Größe der Klebefläche ab, sondern auch von der Beanspruchung der Klebenaht:

Klebeverbindungen sollen **nicht** auf **Zug** und **keinesfalls** auf **Schälung** belastet werden!

Günstig sind dagegen **Druck**- oder **Scherbeanspruchungen**!

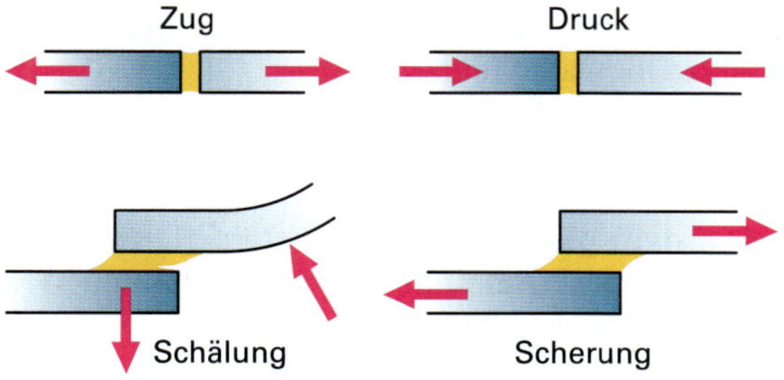

Auftragen der Klebstoffe und Fügen der Bauteile
Klebstoffe werden auf beiden Bauteiloberflächen mit Pinsel, Zahnspachtel, Filzwalzen oder durch Spritzen und Sprühen aufgetragen. Dabei soll eine Schichtdicke von ca. 0,3 mm nicht überschritten werden, weil sonst die Festigkeit der Klebeverbindung leidet. Beim Fügen der Bauteile dürfen keine Luftblasen eingeschlossen und der Klebstoff nicht weggeschoben werden. Austretender überschüssiger Klebstoff muss entfernt werden. Die gefügten Teile sind gegen Verrutschen zu sichern. Ein geringer Pressdruck beim Fügen ist vorteilhaft. Er fixiert die Teile, erzeugt einen geringen Klebstofffilm, der schneller aushärtet und fester ist. Die Aushärtedauer nach Herstellerangaben ist unbedingt einzuhalten, erst nach dieser Zeit dürfen Klebeverbindungen voll belastet werden.

2.5.2 Klebstoffarten

Klebstoffe sind Kunststoffe, meist handelt es sich dabei um thermoplastische Kunststoffe oder Elastomere.
Die Unterscheidung der Klebstoffe erfolgt nach der Zusammensetzung und/oder der Verarbeitungstemperatur:

Einkomponentenklebstoff
Diese Klebstoffe enthalten alle zum Aushärten notwendigen Bestandteile.

- **Kontaktklebstoffe** sind thermoplastische Kunststoffe und härten durch Verdunsten eines Lösungsmittels. Sie besitzen eine nur geringe Wärmebeständigkeit bei hoher Elastizität. Kontaktklebstoffe müssen beidseitig aufgetragen werden. Die Bauteile werden unter Druck gefügt, nachdem das Lösungsmittels verdunstet ist. Dies erkennt man, wenn beim Berühren des Klebstofffilms kein Klebstoff mehr haften bleibt, der Klebstoff sich aber noch klebrig anfühlt (Fingertest). Kontaktklebstoff werden bei großflächigen Klebeflächen verwendet, wie sie beispielsweise beim Verkleben von Isoliermaterial wie Hartschaum oder von Glas- und Steinwolle in Türen auftreten.
- **Schmelzklebstoffe** sind ebenfalls thermoplastische Kunststoffe geringer Festigkeit. Sie werden mit einer elektrisch beheizten Pistole im zähflüssigen Zustand aufgetragen. Nach dem Erstarren sind sie sofort hart und fest. Mit ihnen können auch große Spalte überbrückt werden. Die Wärmebeständigkeit ist ebenfalls nur gering (bis ca. 150 °C).
- **Sekundenklebstoffe** härten durch die Feuchtigkeit in der Luft oder am Werkstück aus. Es sind Thermoplaste, die nach wenigen Sekunden handfest sind. Ihre Endfestigkeit erreichen sie allerdings erst nach mehreren Stunden. Man klebt mit ihnen beispielsweise Metalle, Kunststoffe oder Gummi für Fensterdichtungen. Schrauben mit mikroverkapseltem Klebstoff zur Schraubensicherung sind mit Sekundenklebstoff vorbeschichtet.
- **Anaerobe Klebstoffe** härten unter Luftabschluss und Metallkontakt aus. Handfest sind sie erst nach ca. 15–30 Minuten, die Endfestigkeit wird nach mehreren Stunden erreicht. Einsatz finden diese Klebstoffe bei flüssigen Schraubensicherungen und zum Abdichten von Gewinden und engen Spalten. Kleine Präzisionsteile werden ebenfalls mit anaeroben Klebstoffen gefügt.
- **Silikonkautschuk** ist ein Klebstoff, der aus elastomerischem Kunststoff hergestellt ist. Diese Klebstoffe dienen in erster Linie zum Abdichten von dauerelastischen Dehnfugen und Spalten. Ihre Klebwirkung ist nur gering. Sie härten durch Abspaltung von Essigsäure aus, was man am beißenden Geruch während des Aushärtens feststellen kann.

Zweikomponentenklebstoff
Bei diesen Klebstoffen liegen die Bestandteile getrennt vor. Vor dem Auftragen auf die Klebeflächen müssen die beiden Komponenten, Harz und Härter (löst die chemische Reaktion aus) nach den Angaben des Herstellers gemischt werden. Da Harz und Härter schon beim Anmischen reagieren, muss der Klebstoff schnell verarbeitet werden. Die Verarbeitungszeit nennt man Topfzeit. Ist diese Topfzeit überschritten, kann die Klebstoff nicht mehr verarbeitet werden. Zweikomponentenklebstoffe sind kalt- und warmaushärtend. Unter Wärme allerdings werden diese Klebstoffe wesentlich schneller fest.

2.5.3 Arbeitssicherheit und Unfallverhütung

Beim Umgang mit Klebstoffen (Chemikalien) können die Hände, evtl. die Augen und die Atmungsorgane gefährdet sein. Folgende Vorsichtsmaßnahmen sollten unbedingt beachtet werden:

- Die Haut wird besonders angegriffen, wenn sie Risse aufweist. Die Hände sind deshalb durch Handschuhe oder schutzfilmbildende Mittel zu schützen. Klebespritzer auf der Haut sollten abgetupft und mit Wasser und Seife abgewaschen werden.
- Das längere Einatmen von Lösungsmitteldämpfen ist gesundheitsschädlich. Deshalb ist beim Verarbeiten und beim Aushärten dieser Klebstoffe unbedingt für ausreichende Belüftung zu sorgen.
- Bei dünnflüssigen Klebstoffen sollte eine Schutzbrille getragen werden. Spritzer müssen sofort mit Wasser ausgewaschen werden, anschließend ist sofort ein Augenarzt auzusuchen.

Die Dämpfe von Lösemitteln und von Reinigern sind feuergefährlich. Sie können mit der Luft explosive Gemische bilden.

- Es darf beim Verarbeiten und beim Aushärten deshalb nicht gleichzeitig gelötet oder geschweißt werden.
- Aus dem gleichen Grund besteht Rauchverbot. Die Verbote gelten auch für Nebenräume.
- Eine ausreichende Belüftung ist auch wegen der Brandgefahr wichtig.

2.5.4 Merkmale von Klebeverbindungen

Unterschiedliche Materialien können problemlos miteinander ebenso einfach gefügt werden wie dicke und dünne Bauteile. Die Klebefugen sind dicht und fast unsichtbar. Im Gegensatz zum Schweißen und Löten treten keine Gefügeverän-

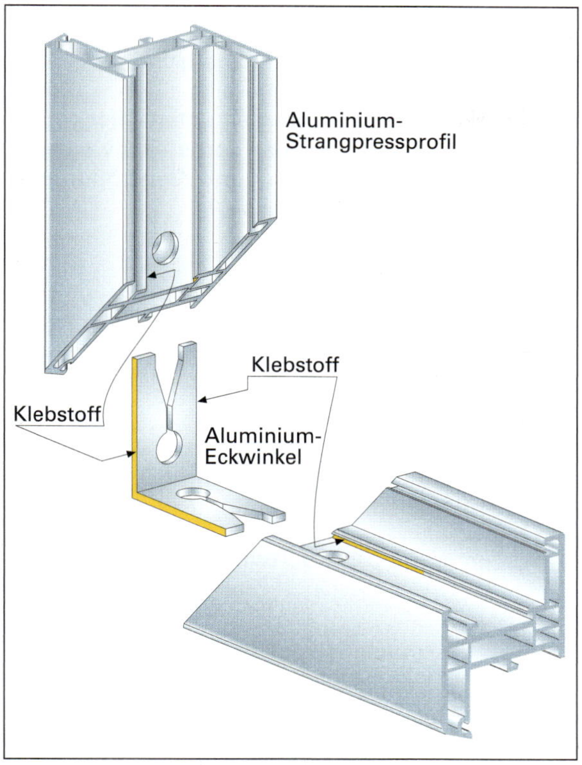

Bild 1 Aluminiumfenster-Eckverbindung

derungen an den Bauteilen auf. Ein Verzug durch Wärmeeinwirkungen ist ebenfalls ausgeschlossen. Die Fügestellen erfordern keine zusätzlichen Verbindungselemente wie Schrauben, Stifte oder Niete. Geklebte Konstruktionen sparen daher Gewicht. Klebungen sind einfach und i. d. R. kostengünstig herzustellen. Nachteilig erweisen sich allerdings die relativ langen Aushärtungszeiten der Klebstoffe sowie die aufwändige Oberflächenvorbereitung. Die Festigkeit von geklebten Konstruktionen ist erheblich geringer als die geschraubter oder geschweißter Konstruktionen. Unter Wärmeeinwirkung verlieren Klebungen zusätzlich rasch an Festigkeit. Klebefugen „altern", d. h. sie verlieren im Laufe der Zeit fast bis zu 50 % ihrer Festigkeit. Klebefugen können außerdem nicht allen Belastungsarten ausgesetzt werden. Schälende Beanspruchungen sind „Gift" für jede Klebefuge.

2.5.5 Anwendungen von Klebeverbindungen

Klebeverbindungen werden in der Fertigungstechnik beispielsweise zum Fügen von Buchsen, Kugellagern, Bolzen oder Stiften oder zum Sichern von Schrauben angewendet. In der Versorgungstechnik werden hauptsächlich Kunststoffrohre verklebt. Im Metallbau und in der Konstruktionstechnik verwendet man Klebstoffe zum Abdichten der Eckverbindungen von Aluminiumfenstern und Aluminiumtüren. Müssen Isoliermaterialien in Türfüllungen, Hartschaumkern in Sandwichplatten, Beschlagteile auf Glastüren oder Steinstufen auf Treppenholmen befestigt werden, setzt man heute auf geeignete Konstruktionskleber. Selbst ein großflächiges Bauteil wie die Trapezblechbeplankung eines Garagentores kann durch Kleben am Rahmen befestigt werden. Schwerlastbefestigungen in Beton wie beispielsweise das Befesti-

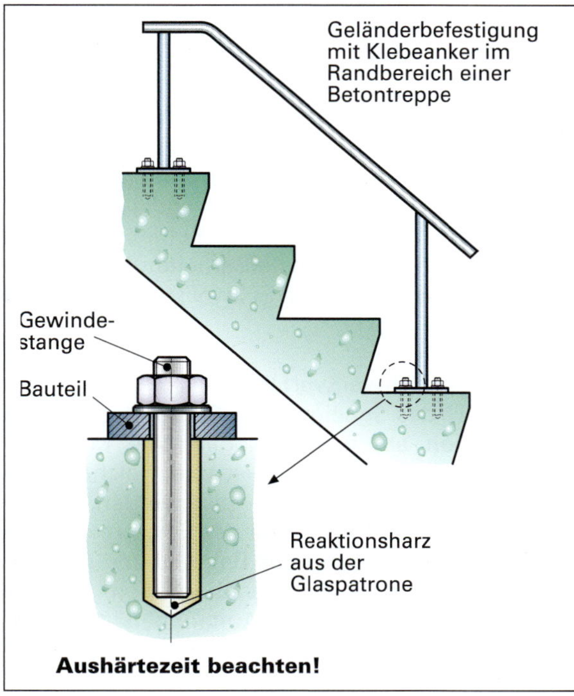

Bild 2 Klebeanker

gen von Vordächern oder Treppen- und Balkongeländern werden zunehmend mit sogenannten Klebeankern ausgeführt. Bei diesen Dübeln tritt kein Spreizdruck auf, der zum Abplatzen des Betons führen kann. Diese verklebten Dübel erlauben geringe Randabstände zur Betonkante, wie sie gerade bei Balkonplatten oder betonierten Treppenläufen anzutreffen sind.

Aufgaben
1. Suchen Sie Anwendungsbereiche des Klebens aus Ihrem Arbeitsbereich.
2. Welche Kleberarten werden unterschieden?
3. Wie müssen Klebeflächen vorbereitet werden?
4. Warum ist beim Umgang mit Klebstoffen besondere Sorgfalt notwendig?

2.6 Fügen durch Schweißen

Ein Betrieb muss mehrere Auffangbehälter für Lackreste nach Skizze anfertigen.

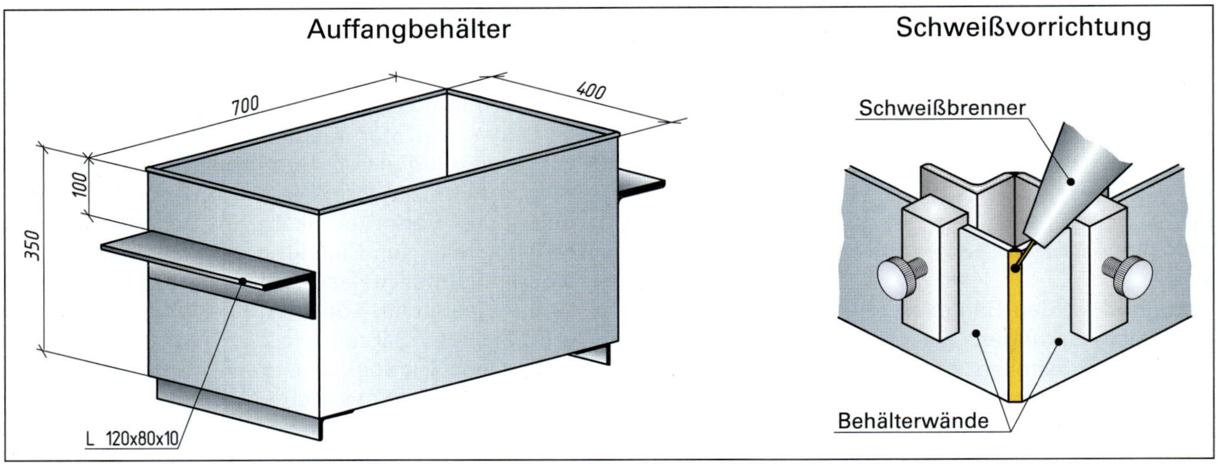

***Bild 1** Auffangbehälter und Schweißvorrichtung für die Behälterwände*

Dazu wurde eine Fertigungszeichnung und eine Stückliste erstellt (Bild 1, S. 279). Die Zeichnung enthält alle notwendigen Fertigungsangaben für das Schweißen der Einzelbauteile, wie Schweißverfahren, Nahtarten und Zusatzwerkstoff. Wichtige Fügestellen sind zur Verdeutlichung vergrößert herausgezeichnet worden (Einzelheiten im Maßstab 1:2,5).

Nach dem Zuschneiden der Profile und Bleche werden die einzelnen Bauteile miteinander verschweißt. Das Schweißen der Behälterwände zu einem Kasten wird mit einer selbstgebauten Schweißvorrichtung (Kap. 2.6.5) vereinfacht und erleichtert. Für den Bau dieser Schweißvorrichtung wurde ebenfalls eine kleine Skizze mit notwendigen Fertigungsangaben erstellt.

Die Reihenfolge der einzelnen Schweißungen muss vorher gründlich geplant und überlegt werden, um größeren Schweißverzug zu vermeiden. Daher ist ein Schweißfolgeplan aufzustellen (vgl. Kap. 2.6.5). Vor der Durchführung der Schweißarbeiten sind außerdem alle notwendigen betrieblichen Einrichtungen auf ihre Betriebssicherheit zu überprüfen, denn Schweißarbeiten bergen Gefahren und Risiken für den Schweißer und auch die Mitarbeiter.

Auswahl der Schweißverfahren
Die Wahl des geeigneten Schweißverfahrens hängt davon ab, wie zugänglich die Konstruktion für die Schweißgeräte ist und welche Werkstoffe und Nahtarten verschweißt werden. Außerdem ist die Wirtschaftlichkeit des Einsatzes abhängig von der Einrichtung des Betriebs und des vorhandenen Fachpersonals zu überprüfen. Für das Schweißen der Bleche des Auffangbehälters wurde das Gasschmelzschweißen und das Lichtbogenhandschweißen gewählt.

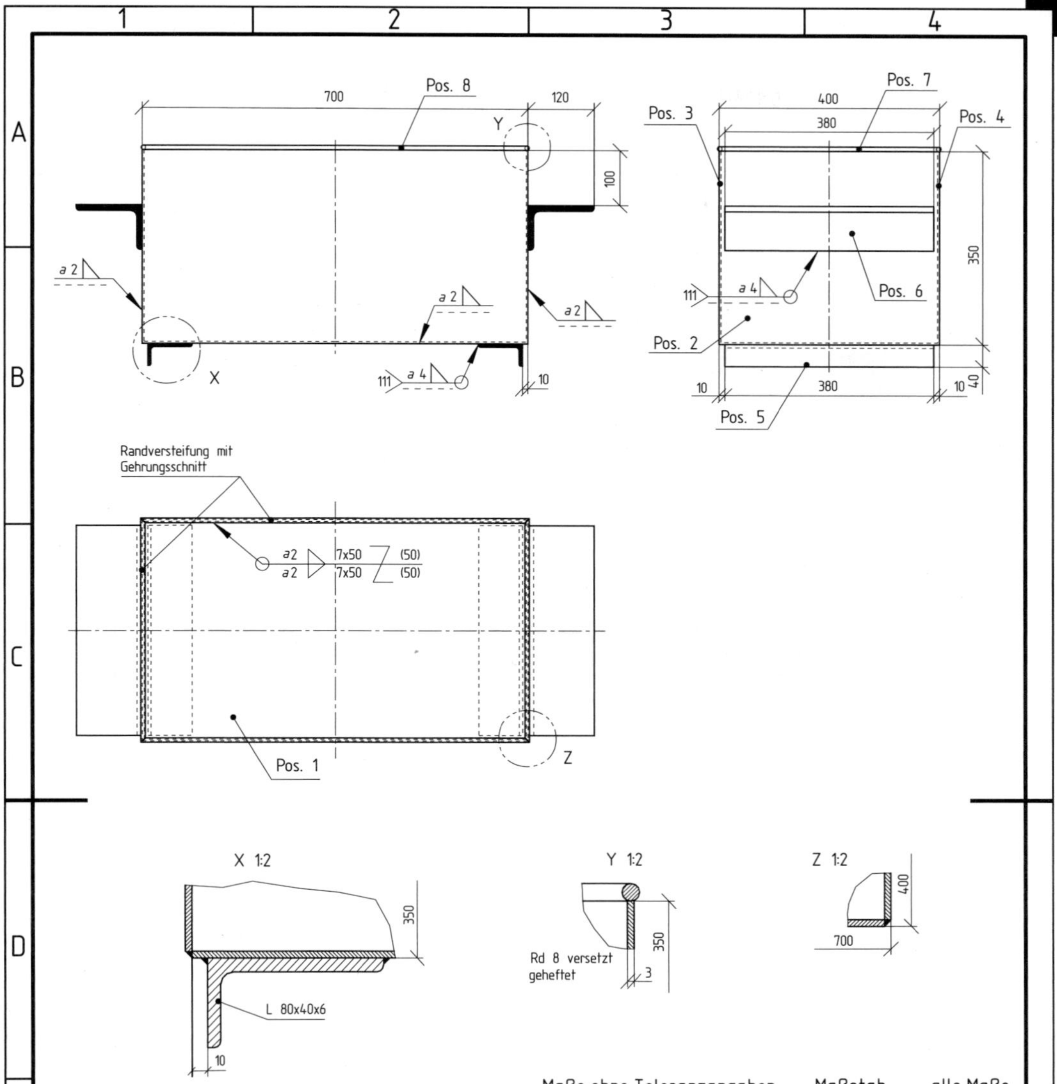

Maße ohne Toleranzangaben nach DIN ISO 2768 - m	Maßstab 1:10 (1:2)	alle Maße in mm

Pos.	Menge	Benennung	Sach.-Nr. / Norm	Bemerkung / Werkstoff
8	2	Randversteifung lang	EN 10060	Rd 8 - 705 S235JR
7	2	Randversteifung kurz	EN 10060	Rd 8 - 405 S235JR
6	2	Einhängeschiene	EN 10056	L 120x80x10 - 380 S235JR
5	2	Auflageschiene	EN 10056	L 80x40x6 - 380 S235JR
4	1	Vorderwand	EN 10130	BL 3x347x694 S275JR
3	1	Rückwand	EN 10130	BL 3x347x694 S275JR
2	2	Seitenwand	EN 10130	BL 3x347x694 S275JR
1	1	Bodenblech	EN 10130	BL 3x694x394 S275JR

Verantwortl. Abt.	Technische Referenz	Erstellt durch	Genehmigt von
HT31	Peter Wollinger	Manfred Appel	

Verlag Handwerk & Technik GmbH 22331 Hamburg	Dokumentenart: Gesamtzeichnung	Dokumentenstatus: freigegeben
	Titel, Zusätzlicher Titel: Auffangbehälter	01.9300
		Änd.: A; Ausgabedatum: 2020-03-12; Spr.: de; Blatt: 1/1

Bild 1 Auffangbehälter

3

2.6.1 Übersicht Schweißverbindungen

Beim Schweißen werden die Werkstücke im flüssigen oder teigigen Zustand meist mit einem Zusatzwerkstoff verbunden. Durch einen entsprechende Wärmezufuhr werden die Werkstücke und der Zusatzwerkstoff miteinander vereinigt. Werden die Bauteile in der Fügezone verflüssigt, spricht man vom Schmelzschweißen. Bei einer Verbindung im teigigen Zustand spricht man vom Pressschweißen, weil hier zusätzlich ein entsprechender Pressdruck erforderlich ist.

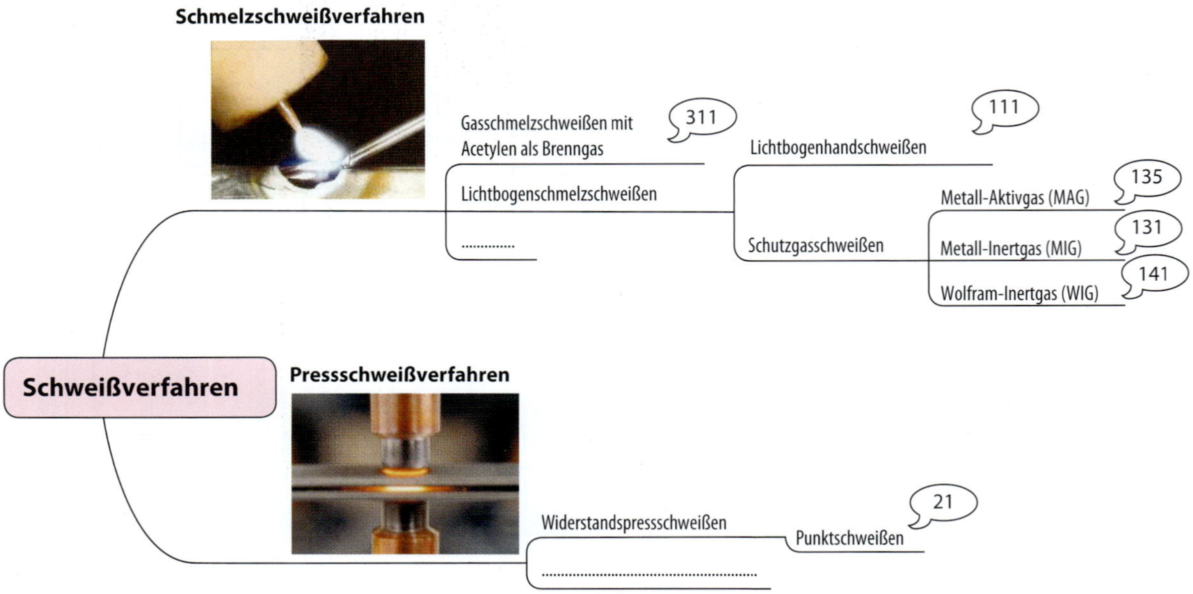

***Bild 1** Die wichtigsten Schweißverfahren im Metallbau mit Kennzahlen,*

2.6.2 Schweißnahtsymbole

Die Kennzeichnung von Schweißnähten in Zeichnungen erfolgt durch Symbole.

Die Pfeilseite zeigt immer auf die Fügestelle der zu verbindenden Teile. Sie ist unter einem Winkel von 60° zu zeichnen. Auf der Bezugslinie stehen das Symbol für die Nahtart (Kehlnaht, V-Naht ...) und evtl. die Angabe der Nahtdicke. Einseitige Nähte erhalten immer eine gestrichelte Bezugslinie. Durch sie wird die Lage der Schweißnaht (Pfeilseite oder Gegenseite) festgelegt. Hinter der Gabel können weitere Informationen zum Schweißverfahren und dem Schweißzusatzwerkstoff angegeben sein.

3

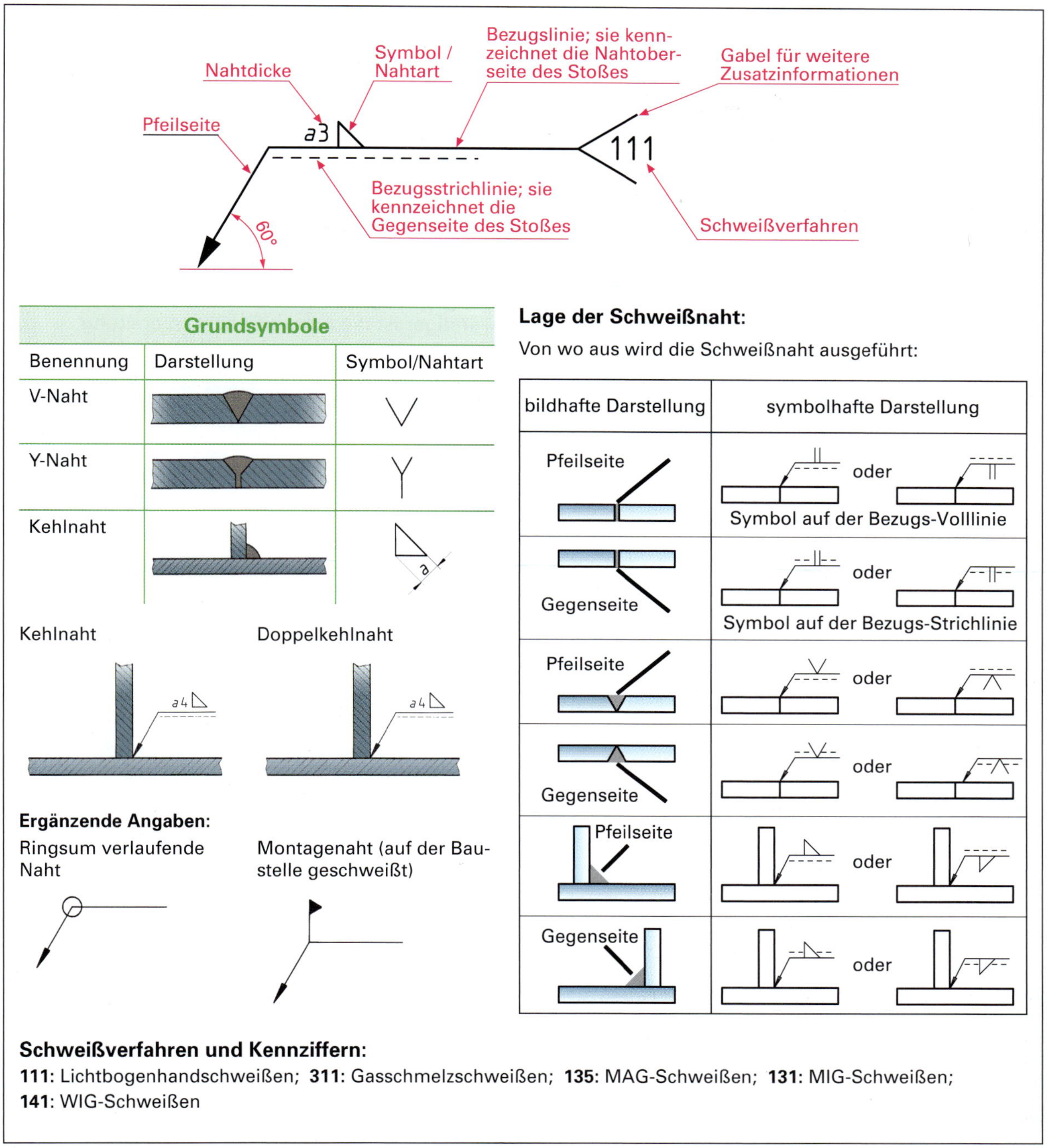

***Bild 1** Schweißnahtsymbole und ihre zeichnerische Darstellung*

2.6.3 Stoßarten – Nahtarten – Schweißpositionen

Die Verbindungsstelle der zu verschweißenden Teile wird als **Stoß** bezeichnet. Liegen die Bauteile in einer Ebene, so wird ein Stumpfstoß, Parallelstoß oder Überlappstoß verwendet. Stoßen die Teile in einem Winkel aufeinander, so entsteht ein T-Stoß, Eckstoß, Schrägstoß oder Mehrfachstoß.

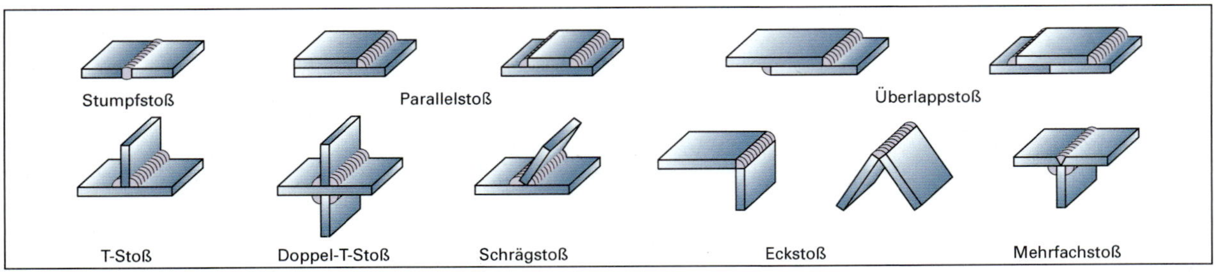

Bild 1 Stoßarten

Die entstehenden Stöße bestimmen zusammen mit der Blechdicke im Wesentlichen die möglichen **Nahtarten** und die dazugehörigen **Schweißnahtvorbereitungen**. Je dicker das Blech ist, umso aufwändiger ist die Schweißnahtvorbereitung.

Nahtart	Bezeichnung	Symbol		Kriterien für die Nahtauswahl Schweißnahtvorbereitung	
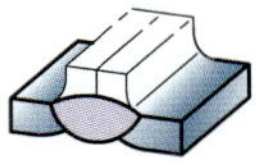	Bördelnaht (Die Bördel werden ganz niedergeschmolzen)		Stumpfstoß	Bördelnähte für Blechdicken kleiner 1,5 mm ohne Zusatzwerkstoff geschweißt	
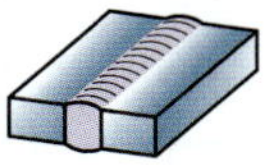	I-Naht	||		Bleche $t \leq 2$ mm Dicke ohne Zusatzwerkstoff (Luftspalt kleiner 1 mm); Blechdicken zwischen 3 und 5 mm beidseitig mit Zusatzwerkstoff (Luftspalt 1–2 mm)	
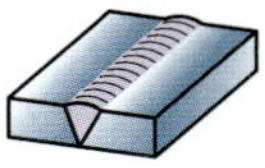	V-Naht	V		Bis 10 mm Blechdicke, Schweißnahtvorbereitung mit Nahtfugenwinkel 60° und 1–2 mm Fugenspalt	
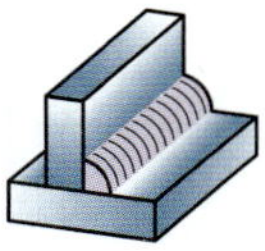	Kehlnaht		T-Stoß	**Faustformel:** *a* – Maß = 0,7 · dünnste Blechdicke	Kehlnaht 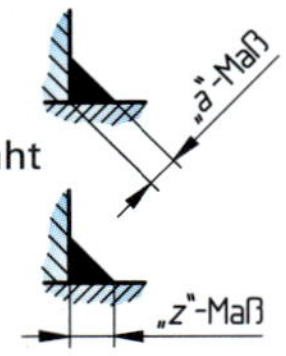
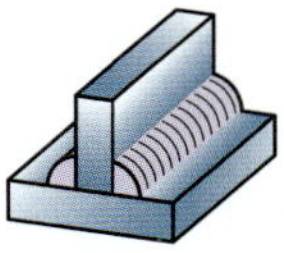	Doppel-Kehlnaht			Faustformel: *a* – Maß = 0,5 · dünnste Blechdicke	Geringste Nahtdicke 3 mm Faustformeln bei geringen Belastungen ohne Bedeutung
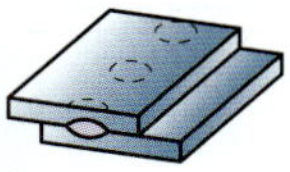	Punktnaht	○	Überlappstoß	Durch Punktschweißen (Widerstandspressschweißen) bei Blechen bis ca. 3 mm	

Bild 2 Nahtarten

Abhängig von der Größe und Lage der Schweißkonstruktion müssen die Nähte unter Umständen in verschiedenen Schweißpositionen geschweißt werden. Eine Übersicht über die möglichen Schweißpositionen zeigt folgende Abbildung.

	 waagerecht	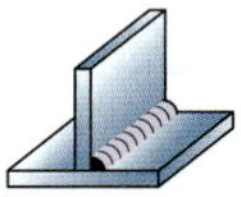 horizontal	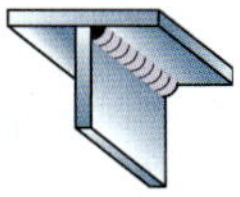 horizontal Überkopfposition	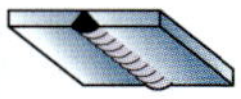 Überkopfposition	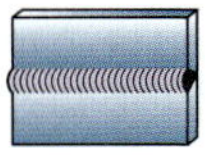 quer	 steigend	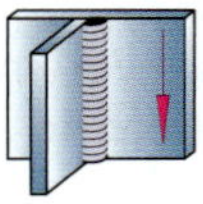 fallend
Nach ISO 9606-1	PA	PB	PD	PE	PC	PF	PG

Bild 3 Schweißpositionen

Die Wannenposition (waagerecht) ist dabei die beste Schweißposition. Die Gefahr von Schweißfehlern ist hier am geringsten, da das Schmelzbad seitlich abgestützt und geführt wird.

2.6.4 Gasschmelzschweißen

Bei allen Schmelzschweißverfahren müssen die Schmelztemperaturen der Werkstücke ungefähr gleich hoch liegen. Daher sind meist nur gleichartige Werkstoffe schmelzschweißbar. Das **Gasschmelzschweißen** wird auch **Autogenschweißen** genannt. Die Schweißstelle wird mit einer Flamme aus Brenngas und Sauerstoff bis zum flüssigen Zustand erwärmt. Der Sauerstoffentzug aus der Luft läuft an der Acetylenflamme selbsttätig (= autogen) ab, der Sauerstoff kann deshalb das Schweißbad nicht mehr oxidieren. Das Brenngas verbrennt dabei unter dem Einfluss des Sauerstoffs. Die freiwerdende Wärme schmilzt die Werkstücke und den Zusatzwerkstoff auf. Je nach Brenngas können dabei verschieden hohe Schweißtemperaturen erzielt werden. Die höchste Schweißtemperatur von ca. 3200 °C kann mit Acetylen als Brenngas erreicht werden.

Schweißgase

Sauerstoff
Zum Verbrennen des Brenngases ist Sauerstoff notwendig. Da Luft nur zu ca. 21 % aus Sauerstoff besteht, muss zur Erzielung einer hohen Flammentemperatur reiner Sauerstoff zugeführt werden.

Acetylen

Als Brenngas wird beim Gasschmelzschweißen fast ausschließlich Acetylen verwendet, da es wegen der hohen Verbrennungstemperatur, hohen Zündgeschwindigkeit und des niedrigen Sauerstoffbedarfs allen anderen Brenngasen (Propan, Butan) überlegen ist.

Brenngase zum Gasschweißen	Verbrennungstemperatur
Acetylen C_2H_2	3200 °C
Propan CH_2	2750 °C
Wasserstoff H_2	2100 °C

Acetylen (C_2H_2) ist ungiftig und riecht stechend. Mit Luft oder Sauerstoff vermischt entsteht ein hochexplosives Gasgemisch. Es wird aus Kalziumkarbid gewonnen.

Acetylen hat die Eigenschaft, sich ab einem Druck von 1,5 bar selbst zu entzünden und zu explodieren. Dabei zerfällt es in seine Bestandteile Wasserstoff und Kohlenstoff.

Gasflaschen
Um Verwechslungen beim Umgang mit den Gas zu vermeiden, haben die Flaschen unterschiedliche Farbkennzeichnungen und Anschlüsse für die Armaturen. Die Kennzeichnung erfolgt nach DIN EN 1089. Flaschen nach dieser Norm erhalten auf der Flaschenschulter das Kennzeichen N.

Sauerstoff kann problemlos in Stahlflaschen gespeichert werden. In handelsübliche Stahlflaschen mit 50 l Flaschenvolumen wird der Sauerstoff mit 200 bar Fülldruck gepresst. Dadurch ergibt sich eine Sauerstoffmenge von 10 000 l (umgerechnet auf den Umgebungsdruck von 1 bar). Sauerstoffflaschen sind blau bzw. blau-weiß (Schulter der Flasche) und haben einen ¾" Rohrgewinde-Anschluss für den Druckminderer. Werden große Mengen Sauerstoff benötigt, so würde der rasche Druckabfall bei zu schneller Entnahme der Anschluss vereisen. Verhindert wird dies, indem man mehrere Stahlflaschen parallel schaltet (vgl. Bild 1).

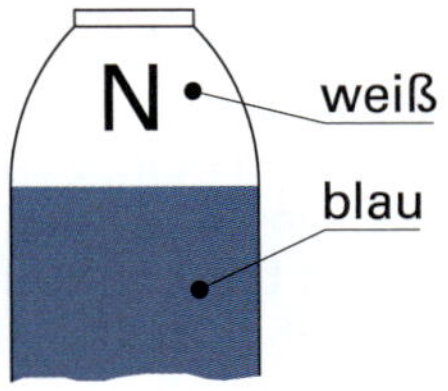

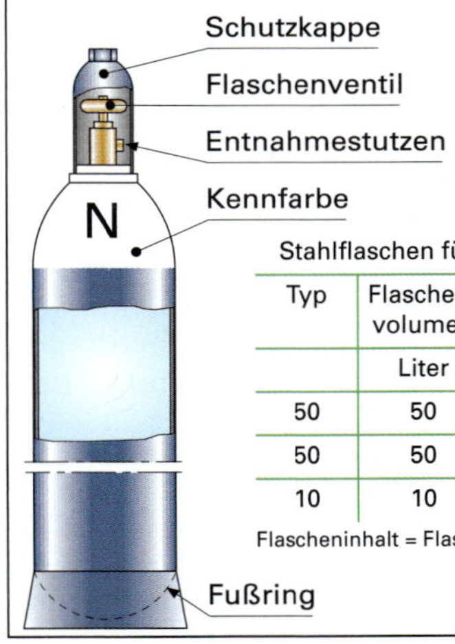

Stahlflaschen für gasförmigen Sauerstoff

Typ	Flaschenvolumen	Inhaltsdruck	Sauerstoffmenge
	Liter	bar	Liter
50	50	200	10 000
50	50	300	15 000
10	10	200	2 000

Flascheninhalt = Flaschenvolumen × Inhaltsdruck

Bild 1 Sauerstoffflasche

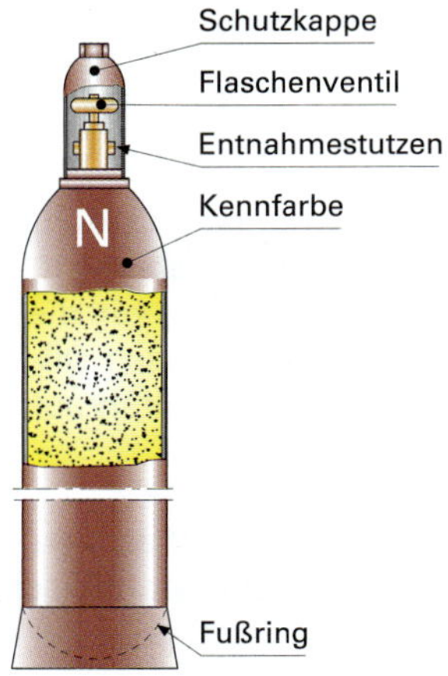

Stahlflaschen für gelöstes Acetylen	normale Füllmasse		hochporöse Füllmasse		
Flaschenvolumen (Liter)	20	40	20	40	50
Acetylenfüllmenge (kg)	9,0	6,3	4,0	8,0	10,0
Acetylenfüllmenge (Liter)	≈3 000	≈6 000	≈4 000	≈8 000	≈10 000
Fülldruck bei 15 °C (bar)	18	18	18	19	19
Acetonfüllung (Liter)	6	13	8	16	20
Entnahmemenge Liter/Stunde					
Stoßbetrieb	1 000				
Dauerbetrieb	500 bis 700				

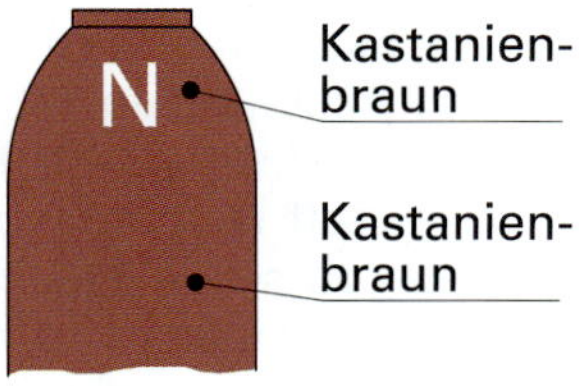

Bild 1 Acetylenflasche

Da reines Acetylen nicht mit hohem Druck gespeichert werden kann, enthalten Acetylenflaschen flüssiges Aceton unter hohem Fülldruck. Eine normalporöse Masse (Holzkohle, Kieselgur) oder hochporöse Masse (Calcium-Silikat-Hydrat) saugt das Aceton auf wie ein Schwamm und verhindert den explosiven Zerfall des Acetylens. 1 Liter Aceton kann bei 1 bar Überdruck 25 Liter Acetylen freigeben. Je höher der Druck ist, unter dem das flüssige Aceton steht, desto mehr Acetylengas kann gelöst werden. Eine Acetylenflasche mit normalporöser Masse enthält i.d.R. 13 Liter Aceton bei 18 bar Fülldruck. Damit enthält eine frisch gefüllte Acetylenflasche folgende Füllmenge $V_{Acetylen}$ an Acetylen:

1 Liter Aceton → 25 Liter Acetylen
(bei 1 bar Überdruck)
13 Liter Aceton → 13 × 25 Liter Acetylen
= 325 Liter Acetylen (bei 1 bar Überdruck)
Da das Aceton unter einem Fülldruck von 18 bar steht ergibt sich eine Füllmenge von:
$V_{Acetylen}$ = 325 Liter/bar × 18 bar
= 5 850 Liter (ca. 6 000 l)

Wird das Flaschenventil am Brenner geöffnet, tritt Acetylen aus dem Aceton aus, ähnlich dem Kohlendioxid aus dem Mineralwasser. Der Druckminderer ist mit einem Bügel an die Acetylenflasche angeschlossen (siehe Bild 2, S. 285).

Gelbe Acetylenflaschen mit einem zusätzlichen roten Ring dürfen waagrecht gelagert werden, da sie gegen das Auslaufen des flüssigen Acetons geschützt sind.
Den gleichen Auslaufschutz besitzen die kastanienbraunen Flaschen. Die Gasentnahme bei Flaschen ohne roten Ring darf nur stehend oder schrägliegend erfolgen, das Flaschenventil muss mindestens 40 cm über dem Fußboden liegen, damit das Aceton nicht ausläuft.
Auslaufendes Aceton würde die Armaturen verschmutzen und die Schweißnahtqualität verschlechtern.

Generell dürfen einer Acetylenflasche nicht mehr als 700 Liter Acetylen pro Stunde im Dauerbetrieb entnommen werden (im Stoßbetrieb max. 1000 l), da sonst ebenso flüssiges Aceton mitgerissen werden könnte.

Deshalb werden wie bei der Sauerstoffentnahme bei größerem Gasbedarf mehrere Acetylenflaschen parallel zu einer Flaschenbatterie zusammengeschaltet und an einen gemeinsamen zentralen Druckminderer angeschlossen (vgl. Bild 1, S. 285).

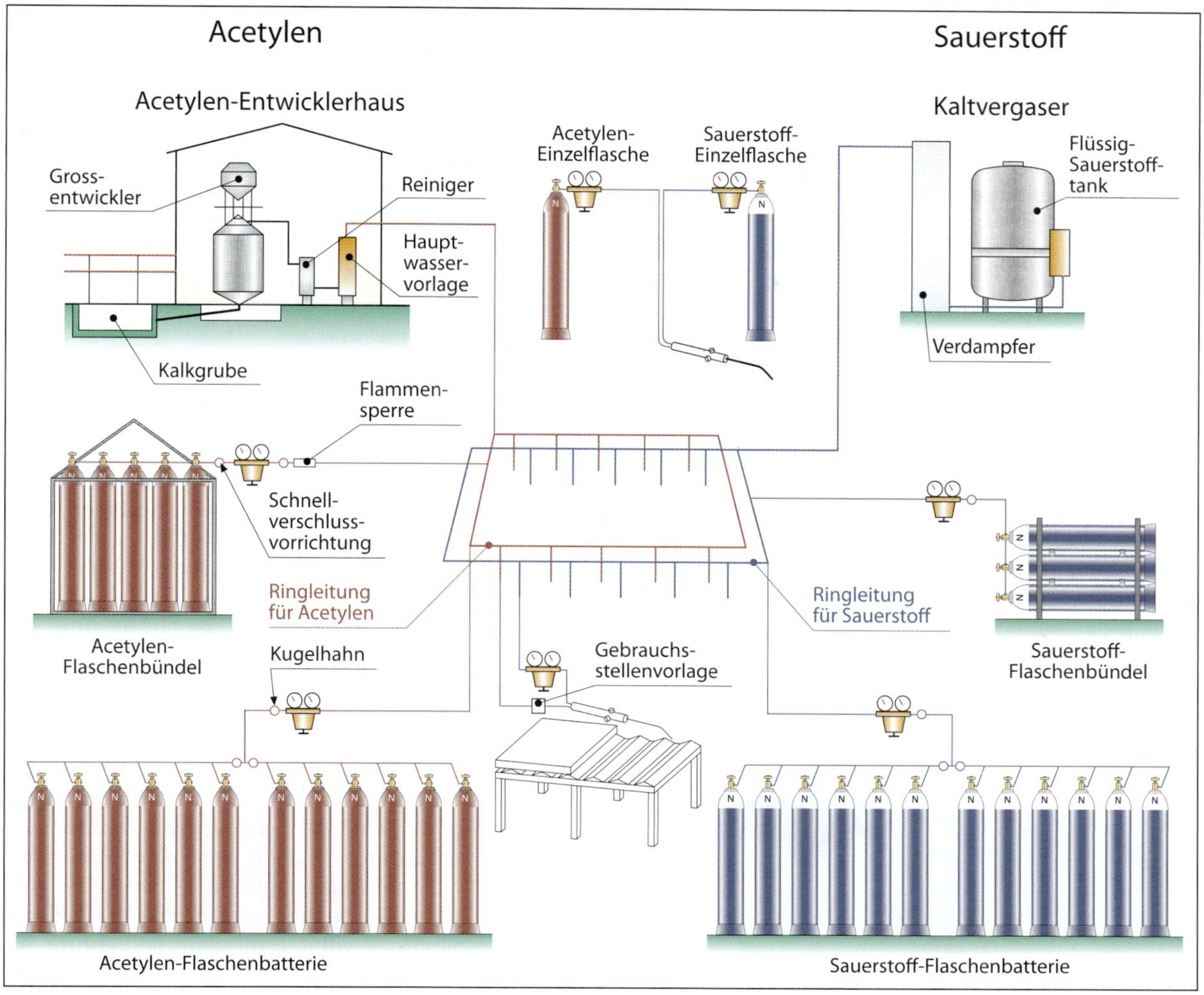

***Bild 1** Versorgung mit Schweißgasen*

Aufgaben

1. Berechnen Sie den Gasinhalt einer Sauerstoffflasche, deren Inhaltsmanometer noch einen Druck von 130 bar anzeigt.
2. Wie viel Liter Acetylen befinden sich in einer Acetylenflasche, wenn das Inhaltsmanometer noch 11 bar anzeigt?

Druckminderer

Druckminderer reduzieren den hohen Flaschendruck (Vorderdruck) auf einen geeigneten Arbeitsdruck (Hinterdruck) und halten diesen während des Schweißens konstant. Dieser beträgt bei Sauerstoff ca. 2 bis 2,5 bar, bei Acetylen ca. 0,3 bis 0,5 bar. Es werden einstufige und zweistufige Druckminderer verwendet; letztere für Sauerstoffflaschen, da der Druck stärker reduziert werden muss. Das linke Manometer zeigt den Druck in der Flasche an (Inhalts-

***Bild 2** Druckminderer*

manometer), das rechte Manometer den Arbeitsdruck. Vom Druckminderer werden die Gase durch Schläuche zum Schweißbrenner geführt. Schläuche für Sauerstoff sind blau, die für Acetylen sind rot. Bevor das Druckminderventil angeschlossen wird, muss das Flaschenventil kurz geöffnet werden, damit eventuelle Schmutzteile ausgeblasen werden.

Schweißbrenner
Im Brenner wird das Acetylen mit Sauerstoff nach dem Injektorprinzip vermischt. Der Sauerstoff strömt mit dem eingestellten Druck von ca. 2,5 bar zur Düse. Die Acetylenzuführung ist ringförmig um die Sauerstoffdüse angeordnet. Durch die Verengung der Sauerstoffdüse wird dort die Strömungsgeschwindigkeit erhöht und es entsteht dort ein Unterdruck. Dadurch wird das Acetylengas mit niedrigem Druck (Hinterdruck) von 0,2 bis 0,5 bar angesaugt und mit dem Sauerstoff vermischt. Durch die Ventile am Brenner kann die Durchflussmenge der beiden Gase unabhängig voneinander reguliert werden.

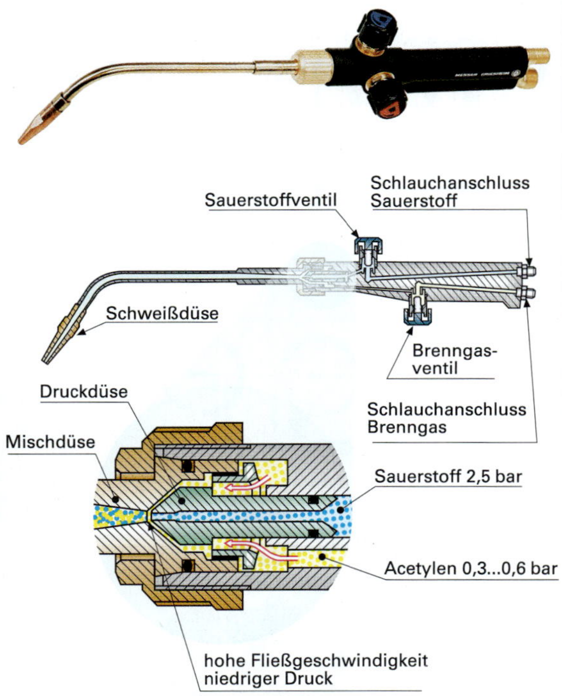

Der Sauerstoff tritt mit einem Druck von *p* = 2,5 bar in den Brenner. Durch den verkleinerten Querschnitt steigt die Strömungsgeschwindigkeit erheblich. Dadurch sinkt der Druck. Am Ende der Düse ist der Gasdruck niedriger als der Luftdruck – es ist ein Unterdruck entstanden, durch den das Acetylen angesaugt wird (Injektorprinzip). Beide Gase vermischen sich und strömen durch den Schweißeinsatz zum Mundstück.

Bild 1 Injektorbrenner/Injektorwirkung

Die unterschiedlichen Blechdicken erfordern beim Schweißen unterschiedliche Wärmemengen, d.h. verschiedene Gasmengen, die in einer bestimmten Zeit verbrennen. Die Gasmenge lässt sich durch Austauschen des Brennereinsatzes den verschiedenen Schweißaufgaben anpassen. Beim Auswechseln der Einsätze ist darauf zu achten, dass die Dichtflächen und das Gewinde sauber sind.

Richtwerte für die Auswahl von Brennereinsätzen und weiteren Einstellwerten können Tabellenbüchern entnommen werden.

Acetylen-Sauerstoff-Schweißflamme
Bei allen Schmelzschweißverfahren besteht die Gefahr, dass das Schweißgut bedingt durch die hohen Temperaturen mit dem vorhandenen Luftsauerstoff reagiert, die Schweißnaht oxidiert. Die Acetylen-Sauerstoff-Flamme verhindert beim Gasschweißen aber wirkungsvoll den Zutritt von Luftsauerstoff. Ebenso wird eine Beeinflussung der Schweißnaht mit den beiden Schweißgasen Acetylen und Sauerstoff vermieden. Dies geschieht durch das Einstellen einer **neutralen Schweißflamme** mit einem **Mischungsverhältnis** von 1 : 1. Dabei verbrennt das Acetylen nur unvollständig. Der zusätzlich benötigte Sauerstoff wird der Umgebungsluft entzogen. Damit wird sichergestellt, dass weder der Luftsauerstoff noch der reine Sauerstoff mit dem Schmelzbad reagieren können. Bei den meisten Schweißaufgaben wird die neutrale Flammeneinstellung gewählt. Eine neutrale Flamme erkennt man an einem weißen, scharf abgegrenzten Flammenkegel (Bild 1 S. 287).
Mithilfe der Gasventile am Brenner kann das Mischungsverhältnis auch geändert werden.

Sauerstoffüberschuss führt normalerweise zum Oxidieren der Schweißnaht. Lediglich beim Schweißen von Messing ist dies erwünscht, da die sich bildende Oxidschicht das Ausdampfen von Zink aus der Legierung Messing verhindert. Auch beim Brennschneiden von Stahl wird oft eine sauerstoffüberschüssige Flamme eingestellt, da der erhöhte Sauerstoffgehalt die Verbrennung des Stahls fördert, eine höhere Flammentemperatur und somit eine größere Schneidgeschwindigkeit erreicht wird. Auch zum Flammrichten und Flammhärten stellt man die Flamme auf Sauerstoffüberschuss ein, um eine rasche Erwärmung der Bauteile zu erzielen. Die Flamme mit Sauerstoffüberschuss ist sehr kurz und hat einen bläulichen Kern.

Acetylenüberschuss führt zu einer Aufkohlung des Schweißgutes, da Acetylen Kohlenstoff enthält und das überschüssige Acetylen nicht vollständig verbrennen kann. Nur Gusseisen und Aluminium werden mit Acetylenüberschuss geschweißt. Bei Gusseisen, das gegenüber Stahl einen wesentlich höheren Kohlenstoffgehalt aufweist, wird dadurch der Ausbrand des Kohlenstoffes während des Schweißvorganges wieder ausgeglichen. Beim Schweißen von Aluminium verhindert der Acetylenüberschuss, dass sich während des Schweißprozesses eine Oxidschicht bildet. Da diese Aluminiumoxidschicht einen wesentlich höhere Schmelztemperatur (ca. 2000 °C) ausweist als der Grundwerkstoff selbst (650 °C), würde sonst das Aluminium aufschmelzen und abfließen, bevor die darüber liegende Oxidhaut flüssig wird. Eine Flamme mit Acetylenüberschuss erkennt man an einem grünlichen, zerflatterten und unscharfen Flammenkegel.

Harte und weiche Flamme

Harte und weiche Flammen unterscheiden sich *nur* in der Ausströmgeschwindigkeit der Gase. Das Mischungsverhältnis wird dabei nicht verändert.
Durch Drehen an den Brennerventilen wird die Ausströmungsgeschwindigkeit verändert. Je größer die Ausströmungsgeschwindigkeit ist, desto härter wird die Flamme, d. h. um so mehr Wärmeenergie wird der Schweißstelle zugeführt. Eine harte Flamme erzeugt einen größeren Flammenkegel. Um das Schweißen unterschiedlicher Blechstärken zu ermöglichen, bedient man sich dieser Einstellungen .

Zünden und Abstellen der Schweißflamme

Beim Zünden wie beim Abstellen der Schweißflamme ist eine bestimmte Reihenfolge zu beachten, damit nicht unkontrolliert das leicht entflammbare Acetylen ausströmt und ein explosives Gasgemisch bildet. Außerdem würde die Umwelt belastet und der Brenner durch die stark rußende Flamme verschmutzt.

Arbeitsfolge beim Zünden:	**Arbeitsfolge beim Abstellen:**
1. Flaschenventile langsam öffnen **2.** Drücke am Manometer einstellen **3.** Sauerstoffventil öffnen **4.** Acetylenventil öffnen **5.** Zünden **6.** Flamme regulieren	**1.** Acetylenventil schließen **2.** Sauerstoffventil schließen **3.** Flaschenventile schließen **4.** Druckentlastung der Druckminderer

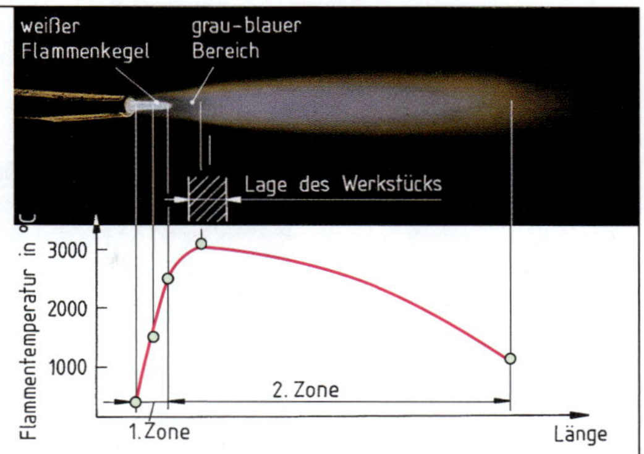

Verlauf der Flammentemperatur einer neutral eingestellten Schweißflamme

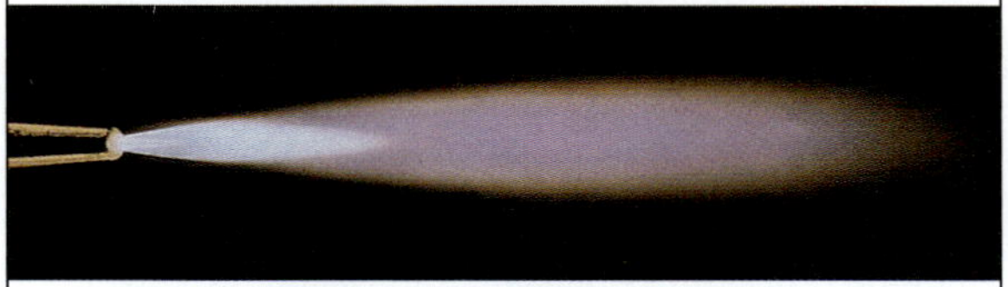

Schweißflamme mit Brenngasüberschuss

Schweißflamme mit Sauerstoffüberschuss

Bild 1 Schweißflammen

Ausführung der Schweißarbeit

Die Blechdicke der zu schweißenden Bauteile bestimmt die Schweißrichtung und die Schweißstab- und Schweißbrennerführung.

Dünne Bleche werden nach links geschweißt.

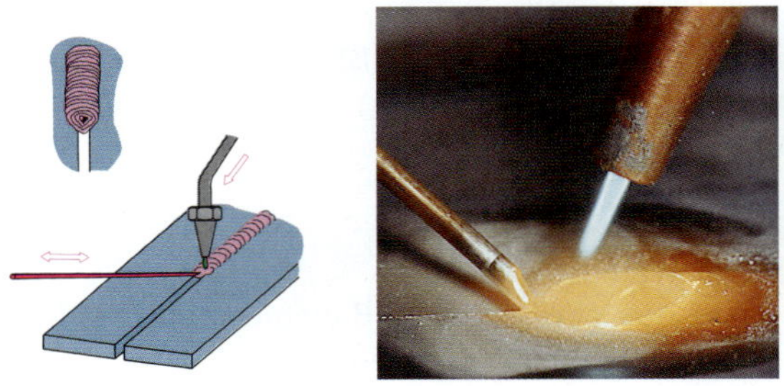

Nachlinksschweißen kommt bei Blechen bis 3 mm Blechdicke zur Anwendung, weil dünne Bleche beim Schweißen leicht durchbrennen können. Bei dieser Brennerhaltung wirkt die Flamme nicht voll auf die Schweißstelle, sondern auch auf die Blechränder vor der Naht. Nachteilig ist, dass das flüssige Schweißgut durch die Flamme in die noch nicht aufgeschmolzene Unterseite (Wurzel) gedrückt wird. An diesen Stellen kann die Schweißnaht fehlerhaft sein. Der Schweißstab wird vor der Flamme geführt und von Zeit zu Zeit in das Schmelzbad getaucht. Der Brenner führt eine leicht pendelnde Bewegung aus.

Bild 2 Nachlinksschweißen

Dünnbleche, die nach links geschweißt werden, müssen mit einer weichen Flamme mit niedriger Gasgeschwindigkeit geschweißt werden.

Dicke Bleche werden **nach rechts geschweißt**.

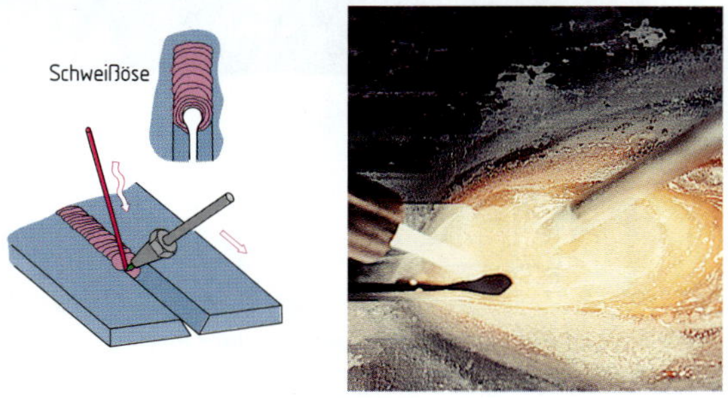

Beim **Nachrechtsschweißen** ist die Flamme unmittelbar auf die Schweißnaht gerichtet. Dadurch wird die Wärme auf die Schweißstelle konzentriert. So kann die Schweißnaht auch bei dickeren Blechen ab 3 mm Stärke bis zur Wurzel durchgeschweißt werden. Dies wird durch eine gut sichtbare Schweißöse angezeigt. Die Flamme drückt im Gegensatz zum Nachlinksschweißen auf das Schmelzbad, so dass das Schweißbad nicht vorlaufen kann. Beim Nachrechtsschweißen wird der Brenner geradlinig geführt, der Schweißstab kreisförmig.

Bauteile mit dicken Wandstärken, die nach rechts geschweißt erden, erfordern eine harte Flammeneinstellung mit hoher Gasgeschwindigkeit.

Bild 1 Nachrechtsschweißen

Wärmeeinwirkung beim Schweißen

Durch die lange Einwirkungszeit der Schweißflamme wird die Schweißstelle stark erwärmt. Dadurch dehnen sich die Werkstücke örtlich ungleichmäßig aus und schrumpfen auch ungleichmäßig beim Abkühlen. So entstehen in den Bauteilen örtliche Spannungen, die zum Verzug und Verwerfungen der Bleche führen. Durch Vorwärmen können diese örtlichen Wärmespannungen verringert werden. Eine schmale Schweißfuge hält die einzubringende örtliche Erwärmung gering und vermindert den Verzug.

Schweißzusatz

Gasschweißstäbe

- sind aus allgemeinem Baustahl oder niedriglegierten Stählen hergestellt.
- sind entsprechend dem Grundwerkstoff auszuwählen.
- unterscheiden sich hinsichtlich Fließverhalten, Spritzerbildung, Porenneigung.
- sind genormt nach DIN EN 12536 (alt: DIN 8554).
- werden in 1000 mm Länge und Durchmessern von 2,5 mm, 3 mm, 4 mm und 5 mm (Auswahl) hergestellt.
- werden zum Schutz gegen Korrosion verkupfert.

Schweißstabklasse nach DIN EN 12536 (DIN 8554)	Fließverhalten	Spritzer	Porenneigung	Einprägung	Farbe
O I (G I)	dünnfließend	viel	ja	I	–
O II (G II)	weniger dünnfließend	wenig	ja	II	Grau
O III (G III)	zäh fließend	keine	nein	III	Gold
O IV (G IV)				IV	Rot
O V (G V)				V	Gelb
O VI (G VI)				VI	Grün
– (G VII)[1]			gering	VII	Silber

[1] Der Schweißstab G VII wird in DIN EN 12536 nicht aufgenommen

Bild 2 Schweißstäbe

Unfallverhütung

Beim Umgang mit Gasflaschen ist große Sorgfalt erforderlich, da sie bei unsachgemäßer Behandlung explodieren können. Deshalb ...

- sind schlagartige Belastungen zu vermeiden.
- dürfen beim Transport die Flaschen nicht gerollt und nicht geworfen werden.
- ist das Flaschenventil durch eine Schutzkappe zu sichern.
- sind die Gasflaschen gegen Umfallen zu sichern, z. B. durch eine Kette.
- darf bei gelben Acetylenflaschen ohne roten Ring nur in stehender oder schräg liegender Stellung (Flaschenkopf oben) Gas entnommen werden. Bei liegenden Flaschen fließt Aceton bei der Gasentnahme aus. Ausnahme: Acetylenflaschen mit rotem Ring oder kastanienbraune Flasche.
- sind die Schläuche gegen Beschädigungen zu sichern, wenn sie Transportwege kreuzen.
- darf bei der Sauerstoffflasche das Anschlussgewinde nicht geschmiert werden, da Sauerstoff mit Öl oder Fett explosionsartig reagiert.
- Muss die Gebrauchsstellenvorlage zum Schutz gegen Flammenrückschläge zwischen Druckminderer und Schläuchen angeschlossen werden.

Für den individuellen Schutz der Mitarbeiter gilt:

- Handschuhe und schwer entflammbare Schutzkleidung tragen.
- Zum Schutz der Augen vor der Strahlung der Schweißflamme und vor Spritzern müssen Schweißer eine Schutzbrille tragen.
- Der Flaschensauerstoff darf wegen der Brandgefahr nicht zum Kühlen oder Reinigen verwendet werden. Ein kleiner Funke genügt und die mit „Sauerstoff gekühlte Kleidung" steht in Flammen!

Beachten Sie den **„Sicherheitslehrbrief Gasschweißen"**, der kostenlos von den Berufsgenossenschaften bezogen werden kann.

Bild 1 Schutzbrille in Schweißerausführung

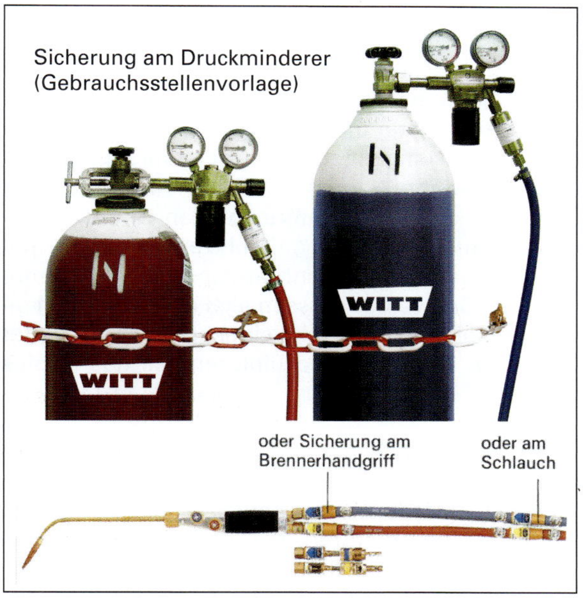

Bild 2 Unfallsicheres Aufstellen von Gasflaschen und mögliche Einbauweisen von Flammenrückschlagsicherungen

Aufgaben zu 2.6.4

1. Welche Aufgabe haben die beiden Gase Acetylen und Sauerstoff beim Gasschmelzschweißen?
2. An welchen Merkmalen unterscheiden sich die beiden Gasflaschen, warum können sie eigentlich nicht verwechselt werden?
3. Warum kann eine Acetylenflasche mit 18 bar Überdruck gefüllt werden, obwohl Acetylen bei mehr als 2 bar explosionsartig in seine Bestandteile zerfällt?
4. Welche Schweißrichtungen werden beim Gasschweißen unterschieden, in welchem Fall werden sie jeweils angewendet?
5. Beschreiben Sie die verschiedenen Flammeneinstellungen. Woran erkennt man sie und wofür werden sie verwendet?
6. Welche Sicherheitsvorschriften müssen Sie beim Umgang mit den Gasflaschen beachten?
7. Welche persönlichen Schutzmaßnahmen müssen Schweißer beachten?

2.6.5 Lichtbogenhandschweißen

Die Einhänge- und Auflageschienen des Auffangbehälters (Pos. 5 und 6 in Zeichnung Seite 280) werden auf Länge zugeschnitten und an die beiden Seitenwände Pos. 2 bzw. das Bodenblech Pos. 1 angeschweißt. Dies erfolgt laut Zeichnungsvorgabe durch das Lichtbogenhandschweißen. Das Werkstück und der Zusatzwerkstoff, die Elektrode, werden durch die Wärmewirkung eines Lichtbogens aufgeschmolzen und verschmelzen miteinander. Im Lichtbogen wird elektrische Energie in Wärmeenergie umgesetzt. Der Lichtbogen schließt den elektrischen Stromkreis zwischen Elektrode und Werkstück. Hierbei überwindet eine elektrische Ladung den hohen Widerstand der Luftstrecke zwischen Werkstück und Elektrode (Luft ist normalerweise ein elektrischer Nichtleiter), wodurch die hohen Temperaturen zwischen 3600 °C und 4200 °C im Lichtbogen entstehen.

Gegenüber dem Gasschmelzschweißen ergeben sich durch dieses Verfahren folgende Vorteile:

- größere Abschmelzleistung an der Elektrode und am Werkstück wegen der höheren Temperaturen
- örtlich stärker konzentrierte Wärmeeinbringung
- höhere Schweißgeschwindigkeiten
- kleinere Wärmeeinflusszone und geringerer Schweißverzug
- einfachere Handhabung des Verfahrens
- bessere Nahtqualität durch langsam abkühlende Schweißnaht aufgrund der Schlackeschicht

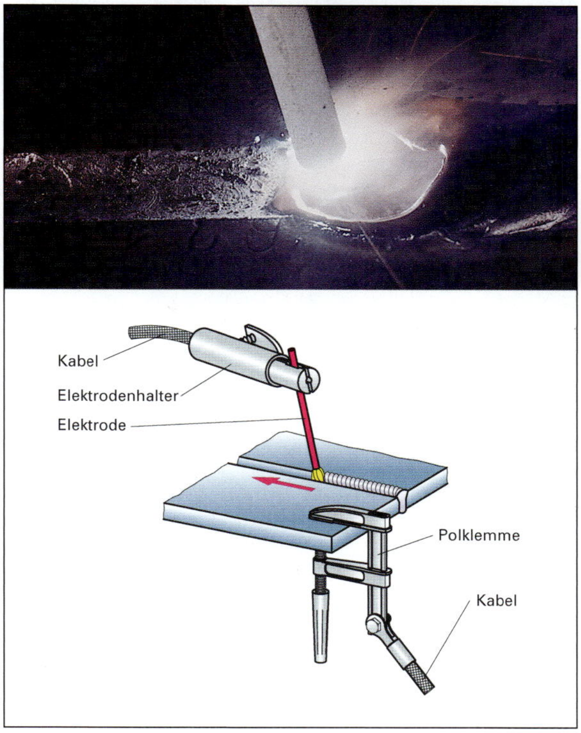

Bild 3 Lichtbogenhandschweißen

Lichtbogen

Zünden des Lichtbogens:

Luft ist normalerweis ein Nichtleiter. Um den Lichtbogen zu zünden, muss ein Kurzschluss durch Aufsetzen der Elektrode auf das Werkstück erzeugt werden. Der hohe Stromdurchgang erwärmt die Elektrode und das Werkstück. Hebt man die Elektrode wenige mm ab, entsteht der Lichtbogen, der den Stromfluss aufrecht erhält. Dabei werden die Luftmoleküle in elektrisch positive Ionen und elektrisch negative Elektronen zerlegt. Die Luftstrecke wurde ionisiert (elektrisch leitfähig). Die positiv geladenen Ionen werden vom negativen Pol (Kathode) angezogen und erzeugen beim Aufprall eine Temperatur von ca. 3600 °C. Die negativen Elektroden fließen zum positiven Pol (Anode) und erzeugen dort eine Temperatur von 4200 °C. Die Arbeit, die der Strom zur Überwindung des hohen Widerstandes leisten muss, bewirkt die starke Erwärmung der ionisierten Luft, die dadurch zu leuchten beginnt (Lichtbogenstrahlung).

Gefährdung durch die Lichtbogenstrahlung

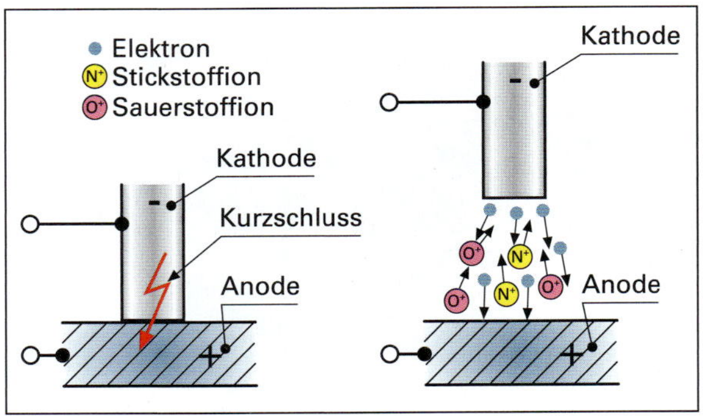

Bild 2 Entstehung des Lichtbogens

Der Lichtbogen sendet neben dem sichtbaren Licht auch ultraviolette und infrarote Strahlung aus. Die Infrarotstrahlung ist eine Wärmestrahlung, vor der sich Schweißer durch entsprechende Kleidung schützen können. Die ultravioletten Strahlen führen zu Augenschäden, „Verblitzen" genannt, daneben auch zu sonnenbrandähnlichen Verbrennungen. Schweißer müssen sich deshalb durch einen entsprechenden Schweißschirm schützen, der auch den seitlichen und hinteren Teil des Kopfes schützt.

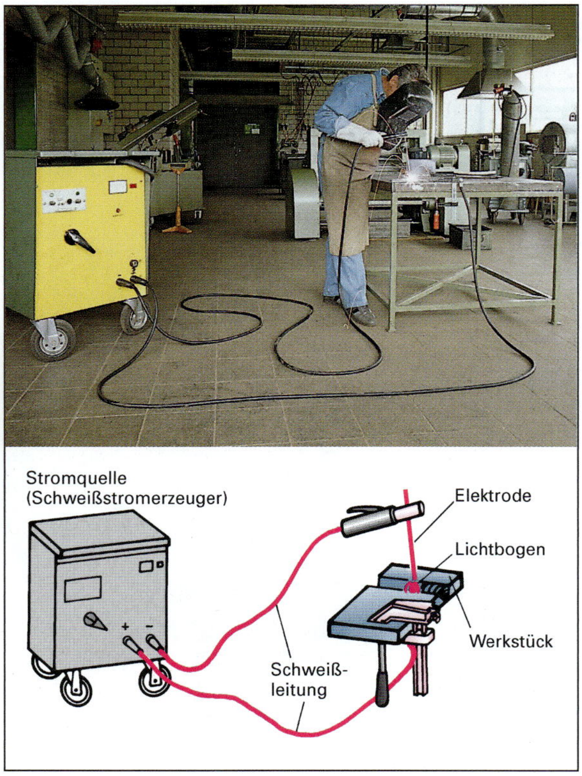

Bild 1 Stromkreis beim Lichtbogenschweißen

Schweißen mit Gleich- oder Wechselstrom

Die unterschiedlichen Temperaturen werden beim Gleichstromschweißen genutzt. Wird wegen der höheren Temperaturen die Elektrode am Pluspol angeschlossen, werden höhere Abschmelzleistungen erzielt. Dies ist für das Auftragsschweißen von Vorteil. Wird das Werkstück am Pluspol angeschlossen, so werden tiefere Einbrände erzielt.

Wird mit Wechselstrom geschweißt, ändert sich die Stromflussrichtung ständig. Der Lichtbogen brennt nicht durchgehend, sondern erlischt und zündet permanent. Dies macht sich durch ein unruhiges Brennen und ein „knatterndes" Geräusch bemerkbar. Diesen Nachteil gleichen etwas die Stoffe in der Elektrodenumhüllung aus. Die Schweißtemperaturen an beiden Polen ist gleich. Vorteile zeigt der Lichtbogen lediglich in der nicht vorhandenen unerwünschten Blaswirkung.

Blaswirkung

Beim Schweißen mit Gleichstrom kann der Lichtbogen leicht abgelenkt werden, d.h. er zeigt nicht auf die gewünschte Schweißstelle. Diese Erscheinung wird als „Blasen" des Lichtbogens bezeichnet und führt häufig zu Schweißfehlern. Die Blaswirkung entsteht durch den Einfluss magnetischer

3

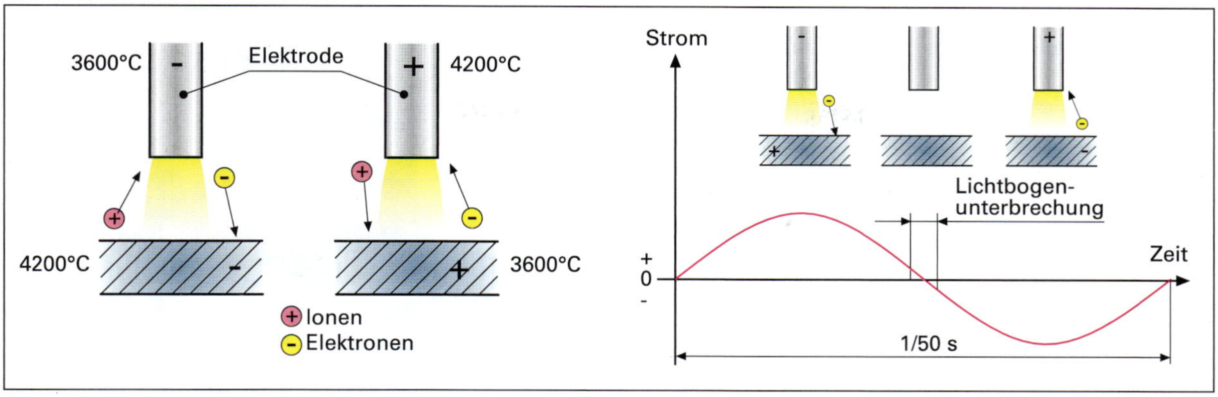

Bild 1 Schweißen mit Gleich- oder Wechselstrom

Felder. Wie jeder stromdurchflossener Leiter umgibt auch den Lichtbogen ein ringförmiges Magnetfeld. Durch den bogenförmigen Stromverlauf verdichtet sich das Mag-netfeld auf der Innenseite. Der Lichtbogen wird dadurch auf die schwache Seite des Magnetfeldes abgelenkt. Man hat den Eindruck, als würde ein Luftzug den Lichtbogen wegblasen, weshalb diese Erscheinung „Blaswirkung" genannt wird.

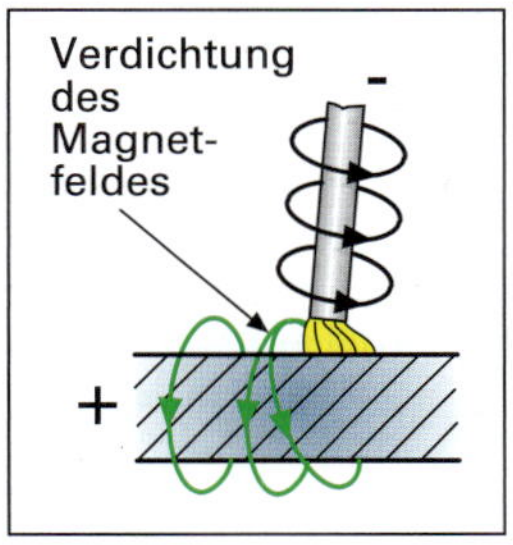

Bild 2 Blaswirkung

Da Stahl magnetisierbar ist, wird der Lichtbogen meist in Richtung der Masseanhäufung abgelenkt. Im ungünstigsten Fall kann dadurch die Ablenkung so groß sein, dass kein Tropfenübergang erfolgt und der Lichtbogen erlischt. Durch die Blaswirkung können weitere Schweißfehler wie etwa eine vorlaufende Schlacke oder Bindefehler auftreten. Der Blaswirkung kann durch verschiedene Maßnahmen begegnet werden:

- Anbringen zusätzlicher Stahlmassen
- Neigen der Stabelektrode
- Verlegen des Stromanschlusses (Wanderpol)
- Lichtbogen möglichst kurz halten
- Schweißen mit Wechselstrom
- Gezieltes Setzen von Heftnähten

Elektrotechnische Grundlagen

Schweißstromquellen

Der Wechselstrom bzw. Drehstrom (Dreiphasen-Wechselstrom) aus dem öffentlichen Netz mit Spannungen von 230 Volt und 400 Volt ist für das Schweißen völlig ungeeignet. Gelangt der Schweißer zwischen die Pole, wäre ein tödlicher Stromschlag die Folge. Denn Wechselspannungen über 50 Volt sind für den Menschen lebensgefährlich. Der Strom zum Schweißen muss deshalb auf eine niedrige, ungefährliche Spannung transformiert werden. Da man aber zum Aufschmelzen der Werkstoffe eine große elektrische Leistung benötigt, muss im Gegenzug die Stromstärke stark heraufgesetzt werden. Diese Aufgabe erfüllen Schweißstromquellen wie Transformatoren, Gleichrichter, Umformer und Inverter.

Schweißstromquellen wandeln die hohe Spannung und die niedrige Stromstärke des öffentlichen Versorgungsnetzes um in eine niedrige Schweißspannung bei großer Schweißstromstärke.

Schweißtransformatoren
liefern Wechselstrom mit niedriger Spannung. Das Grundprinzip des Transformators zeigt folgende Abbildung. Die vom öffentlichen Versorgungsstrom durchflossene Primärspule erzeugt im Eisenkern ein Magnetfeld. Dieses induziert in der Sekundärspule die transformierte Schweißspannung. Aufgrund der unterschiedlichen Wicklungszahlen der beiden Spulen (Primärspule – viele Wicklungen; Sekundärspule – wenige Wicklungen) wird der Wechselstrom des öffentlichen Netzes in den geeigneten Schweißstrom mit geringer Spannung und hoher Stromstärke umgewandelt.

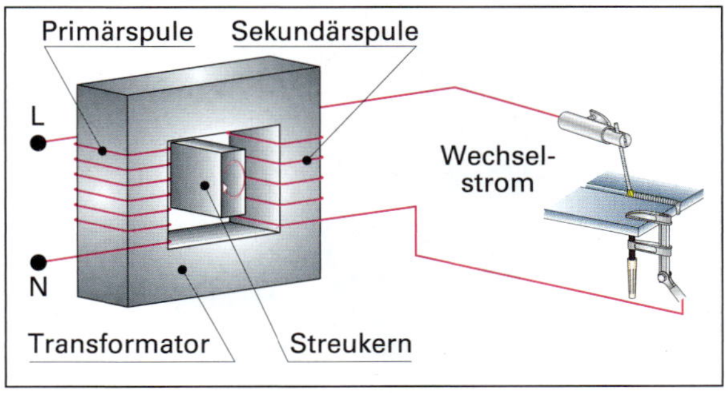

Bild 3 Schweißtransformator – Prinzip

Tragbare Schweißtransformatoren für den mobilen Einsatz im Haushalt oder auf Baustellen geben Schweißströme bis etwa 180 Ampere ab. Sie können an normale Steckdosen angeschlossen werden. Fahrbare Schweißtransformatoren werden in Werkstätten verwendet und liefern Schweißströme bis 600 Ampere und werden mit Drehstrom bei 400 Volt Netzspannung betrieben. Der Wirkungsgrad von Schweißtransformatoren liegt bei ca. 80 %.

Schweißgleichrichter
bestehen aus einem Schweißtransformator, der die Spannung des Netzstromes herabsetzt, und einem nachgeschalteten Gleichrichter, der den Wechselstrom in Gleichstrom umwandelt.
Schweißgleichrichter liefern Schweißströme bis ca. 500 Ampere bei Netzanschlüssen von 230 V bzw. 400 V. Die Leerlaufspannung ist auf 113 Volt begrenzt. Tragen die Geräte das Kennzeichen S (alte Geräte das Zeichen K), so sind sie auch für Schweißarbeiten in Kesseln bei erhöhter elektrischer Gefährdung geeignet. Der Wirkungsgrad von Schweißgleichrichtern liegt bei ca. 70–75%.

Bild 1 Schweißgleichrichter

Schweißumformer
bestehen aus einem Antriebsmotor und einem Gleichstromgenerator. Der Antriebsmotor kann ein Drehstrommotor oder ein Dieselaggregat sein. Verbrennungsmotoren werden dann eingesetzt,

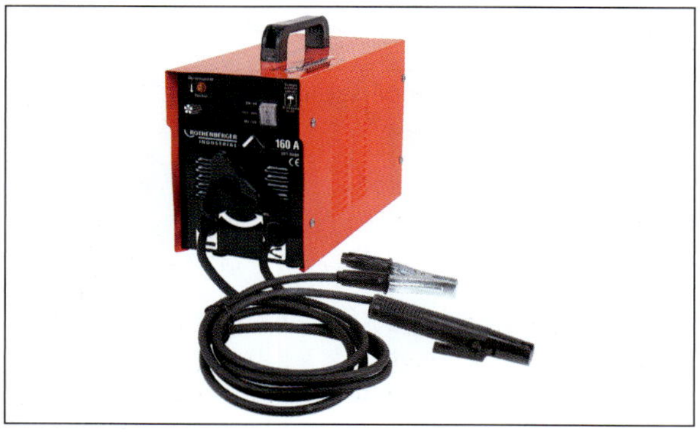

Bild 2 Tragbarer Transformator

Bild 3 Fahrbarer Transformator

wenn kein Stromanschluss an Baustellen vorhanden ist. Schweißumformer sind teuerer in Anschaffung und Wartung, außerdem sind sie schwer und Betrieb recht laut. Der Wirkungsgrad dieser Geräte ist gering und liegt bei ca. 50–60 %.

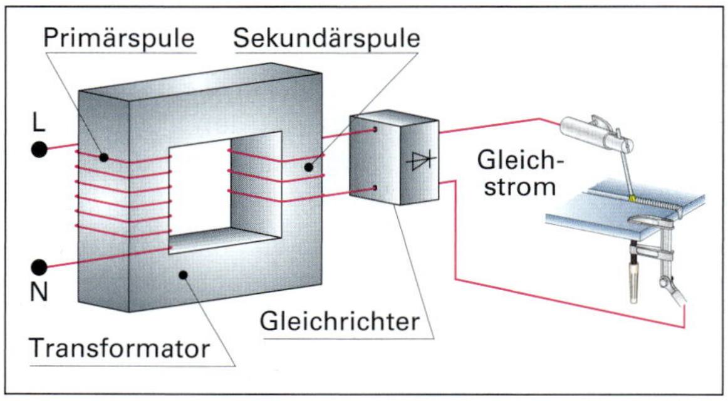

Bild 4 Schweißgleichrichter – Prinzipbild

Schweißinverter
sind moderne elektronische Schweißgeräte. Sie werden als kleine tragbare Schweißgeräte (ca. 150 Ampere, max. Elektrodendurchmesser 3,25 mm) für den Baustelleneinsatz verwendet, als auch in großen fahrbaren Einheiten für den Werkstattbetrieb (Schweißstrom bis 300 Ampere, Elektrodendurchmesser bis 5 mm) hergestellt. Diese Schweißinverter können sowohl für das Lichtbogenhandschweißen als auch das Wolfram-Inertgas-Schweißen eingesetzt werden.
Schweißinverter sind primärgetaktetes Schweißgeräte, d.h. die Netzspannung (230 V/400 V) wird zunächst gleichgerichtet und auf eine höhere Spannung transformiert. Anschließend wird diese Wechselspannung in schneller Folge getaktet, d.h. zerhakt. Dabei entsteht eine „Wechselspannung" (eigentlich eine Gleichspannung, die ständig ein- und ausgeschaltet wird), deren Frequenz 400-mal höher als die Netzfrequenz ist (ca. 20 kHz – im Vergleich zu 50 Hz Netzfrequenz). Diese „hochfrequente Gleichspannung" wird wieder herab

Bild 1 ***Schweißumformer***

transformiert und endgültig gleichgerichtet. Dieses Verfahren garantiert einen hervorragend geglätteten Gleichstrom, der einen sehr leisen und stabilen Lichtbogen mit besten Zünd- und Schweißeigenschaften erzeugt. Vorteile zeigen sich speziell bei der Zwangslagenschweißung, in der guten Spaltüberbrückung und in der geringen Spritzerbildung. Der Wirkungsgrad dieser Geräte liegt bei ca. 85–90 %. Aufgrund der hohen primären Taktfrequenz benötigen diese Geräte ein viel geringeres Leistungsteil, den Transformator. Dadurch sinkt das Gewicht im Vergleich zu den anderen Geräten erheblich.

Bild 2 ***Schweißinverter***

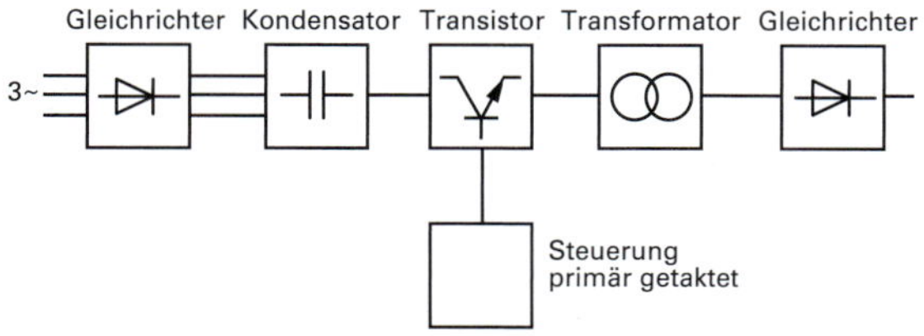

Bild 3 ***Blockdiagramm eines Schweißumrichters (Inverter)***

Leerlaufspannung von Schweißgeräten

Die Leerlaufspannung ist die höchste Spannung bei eingeschalteter Stromquelle, wenn nicht geschweißt wird. Aus diesem Grund ist die Zeit des „Nicht Schweißens" die gefährlichste Zeit für den Schweißer. Die zulässigen Höchstwerte der Leerlaufspannung sind für verschiedene Einsatzbedingungen so festgelegt, dass sie alle Schweißaufgaben ermöglichen, aber unnötig große Gefährdungen vermeiden.

Einsatzbedingung	Spannungsart	Höchstwerte in Volt	
		Scheitelwert	Effektivwert
Erhöhte elektrische Gefährdung (➔ Feuchträume, Kessel)	Gleichspannung	113	
	Wechselspannung	68	48
Ohne erhöhte elektrische Gefährdung	Gleichspannung	113	
	Wechselspannung	113	80

Auch die zum Lichtbogenschweißen unter erhöhter elektrischer Gefährdung zulässigen Leerlaufspannungen bieten allein keinen ausreichenden Schutz für Schweißer. Deshalb ist es hier besonders notwendig, Schweißer z. B. durch isolierende Zwischenlagen oder isolierende Kopfbedeckungen zu schützen.

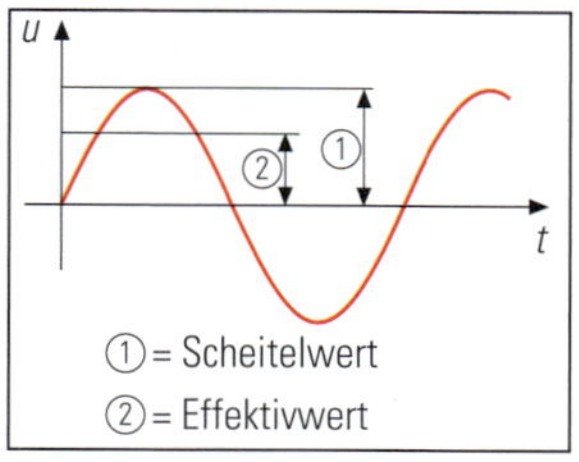

Alle Schweißstromquellen, die für Lichtbogenarbeiten unter erhöhter elektrischer Gefährdung geeignet sind, müssen deutlich erkennbar und dauerhaft das Symbol [S] tragen. Ältere Geräte sind bei Wechselstromquellen mit (42V) und bei Gleichstrom quellen mit [K] gekennzeichnet.

Einschaltdauer von Schweißgeräten

Um unzulässige Erwärmung der Schweißgeräte zu vermeiden, dürfen je nach Schweißstromstärke bestimmte Einschaltdauern nicht überschritten werden. Je höher die Schweißstromstärke, umso größer ist die Belastung der Schweißstromquelle. Entsprechende Angaben sind auf dem Leistungsschild des Schweißgerätes festgehalten.

Die Einschaltdauer ist das Verhältnis der reinen Schweißzeit (Belastungszeit) zur gesamten Spieldauer von 10 Minuten.

$$\text{Einschaltdauer} = \frac{\text{Schweißzeit}}{\text{Spieldauer}} \cdot 100\,\% \quad \text{bezogen auf eine Spieldauer von 10 min}$$

Bei einer Einschaltdauer ED = 100 % wird also während der gesamten Spieldauer geschweißt. Dieser Zustand wird auch **Dauerschweißbetrieb (DB = 100 % ED)** bezeichnet. Da das Schweißgerät in dieser Betriebsart natürlich am höchsten belastet wird, ist die maximal zulässige Schweißstromstärke am geringsten.

Im sogenannten **Nenn-Handschweißbetrieb** beträgt die Einschaltdauer 60 % der Spieldauer (HSB = 60 % ED). Das bedeutet, dass innerhalb von 10 Minuten 6 Minuten lang geschweißt wird bei ei-

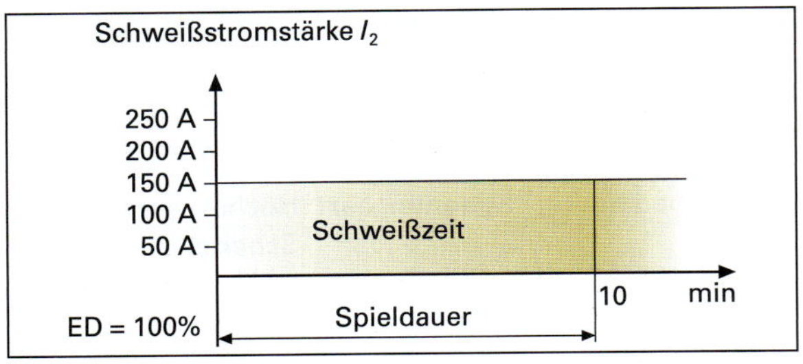

Bild 1 Einschaltdauer 100 %

ner Pause von 4 Minuten. Die Stromstärke darf entsprechend höher ausfallen. Man kann davon ausgehen, dass beim Lichtbogenhandschweißen eine Einschaltdauer von 60% nicht erreicht werden kann, da die Zeiten für den Elektrodenwechsel und die Entfernung der Schlackeschicht zwangsläufig zu mehr als 40 % Pausenzeiten führen.

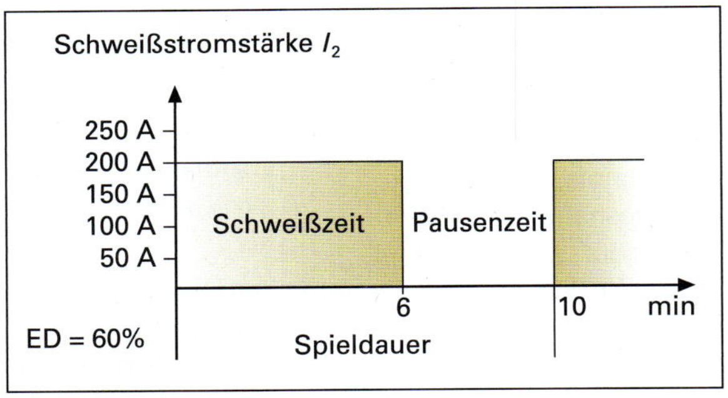

Bild 2 Einschaltdauer 60 %

Im **Handschweißbetrieb HSB** geht man von einer Einschaltdauer von 35 % aus (HSB = 35 %). Dieser Wert erlaubt die höchste einstellbare Schweißstromstärke.

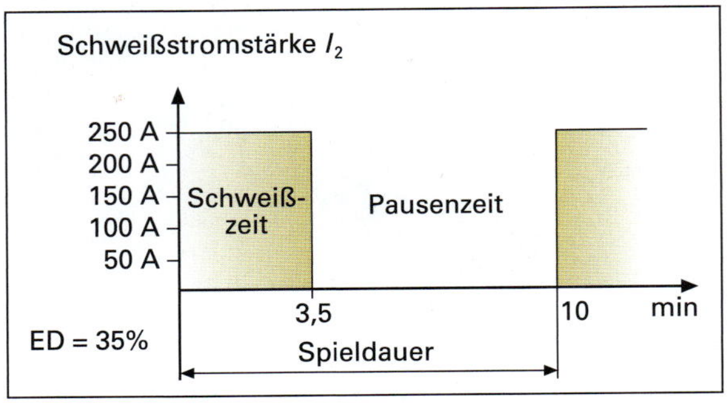

Bild 3 Einschaltdauer 35 %

Das Leistungsschild von Schweißgeräten
gibt neben der Einschaltdauer weitere wichtige Hinweise für den Einsatz und die Handhabung des Gerätes. Folgende Übersicht zeigt alle Angaben auf dem Schild:

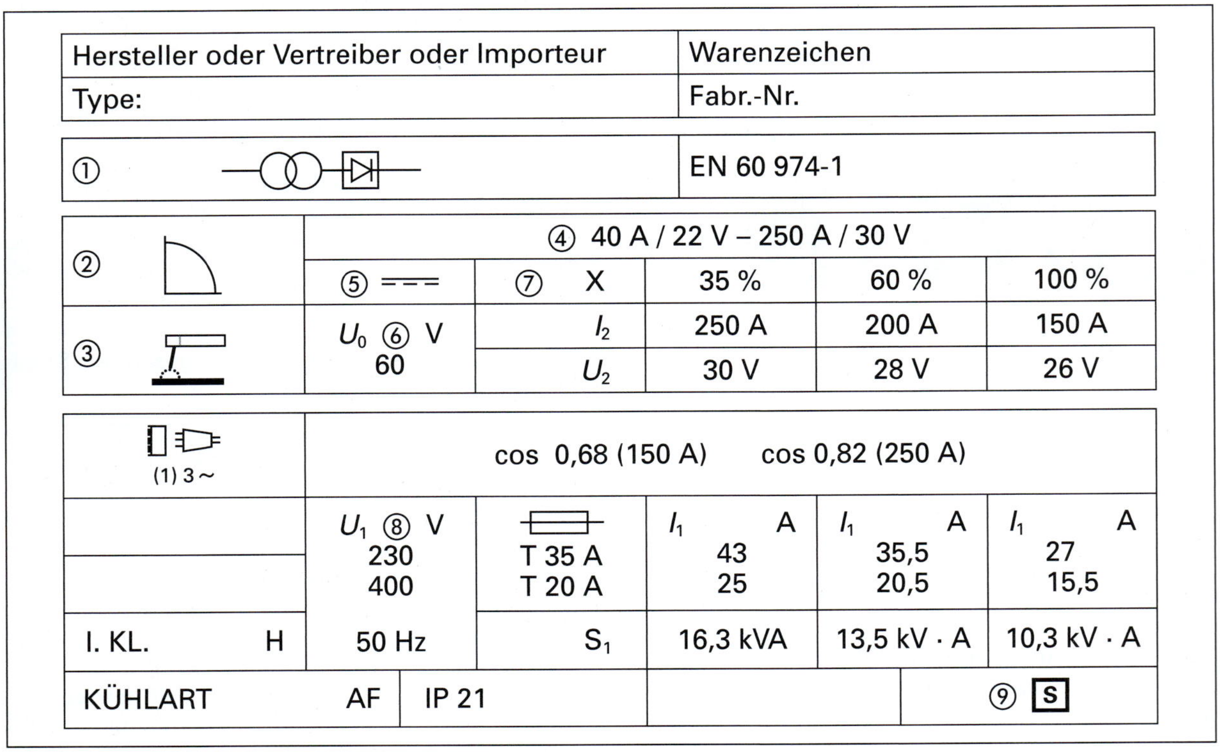

Bild 4 Leistungsschild eines Schweißgerätes

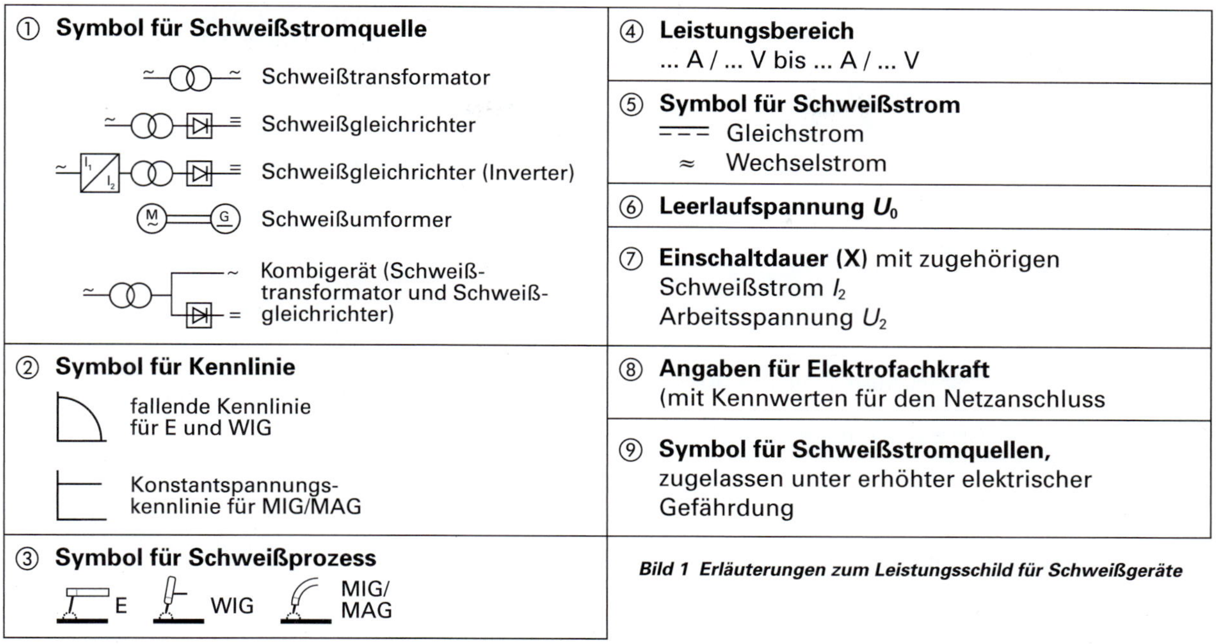

***Bild 1** Erläuterungen zum Leistungsschild für Schweißgeräte*

Kennlinien von Lichtbogenhandschweißgeräten
Das Leistungsschild gibt Aufschluss über die Art des Gerätes. Neben dem Symbol für den Schweißprozess erscheint auch das Symbol für die Kennlinie. Lichtbogenhandschweißgeräte besitzen eine steil abfallende Kennlinie. Diese Kennlinie sorgt für ein gleichmäßiges Abschmelzen der Elektrode auch bei größeren Schwankungen der Lichtbogenlänge, bedingt durch „zittrige Führung" der Schweißzange.

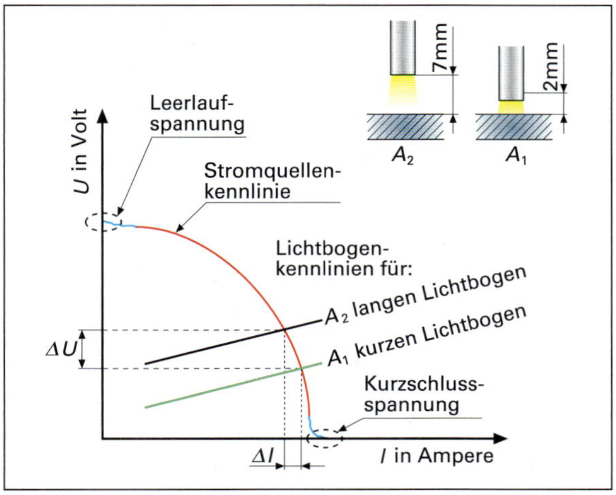

***Bild 2** Kennlinie und Lichtbogen beim Lichtbogenhandschweißen*

Die optimale Lichtbogenlänge entspricht in etwa dem Kerndurchmesser der Elektrode. Es ist verständlich, dass selbst der geübteste Schweißer nicht exakt immer diesen Abstand einhalten kann.

Damit ergeben sich zwangsläufig Schwankungen in der Lichtbogenlänge. Diese Schwankungen werden aber durch die fallende Kennlinie ausgeglichen. Wird der Lichtbogen länger, so steigt zwar die Spannung an, aber die Stromstärke fällt nur geringfügig. Die Abschmelzleistung der Stabelektrode bleibt dabei annähernd konstant.

Schweißzusatzwerkstoffe, Schweißhilfsstoffe
Beim Lichtbogenhandschweißen verwendet man runde, stabförmige Elektroden. Diese leiten den Strom zum Lichtbogen, schmelzen dabei ab und liefern damit den Zusatzwerkstoff für die Schweißnaht. Heute werden überwiegend umhüllte Elektroden verwendet. Die Umhüllung der Stabelektrode besteht aus mineralischen oder organischen Schweißhilfsstoffen und verbessert das Schweißergebnis in entscheidendem Maße. Durch das Abbrennen der Umhüllung sollen sie

- durch Bildung eines Schutzgasmantels um den Lichtbogen und die Schweißstelle die Umgebungsluft fernhalten und die Oxidation der Naht verhindern,
- die Zündung des Lichtbogens erleichtern,
- den Lichtbogen leitfähiger und stabiler machen,
- während des Schweißens herausgebrannte Legierungsbestandteile wieder ersetzen,
- während des Schweißvorganges die Schlacke bilden, in der sich Verunreinigungen ablagern können,
- durch die sich bildenden Schlacke eine zu schnelle Abkühlung der Schweißnaht verhindern.

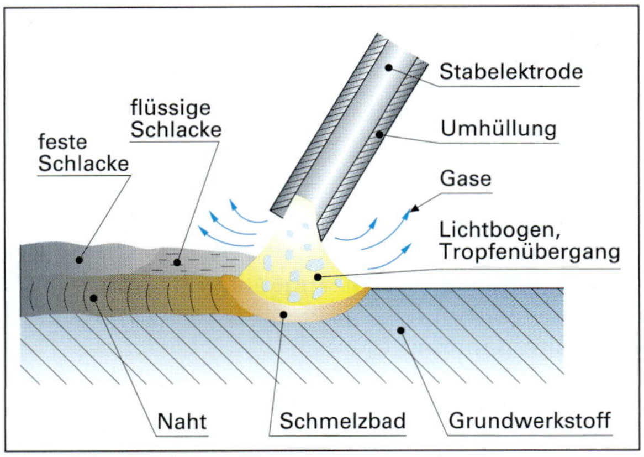

Bild 1 ***Abschmelzvorgang beim Lichtbogenhandschweißen mit umhüllter Stabelektrode***

Wird der Umhüllung zusätzlich Eisenpulver zugegeben, so kann die Ausbringung der Elektrode gesteigert werden, d. h., die Abschmelzleistung wird gesteigert (siehe Bild 2).

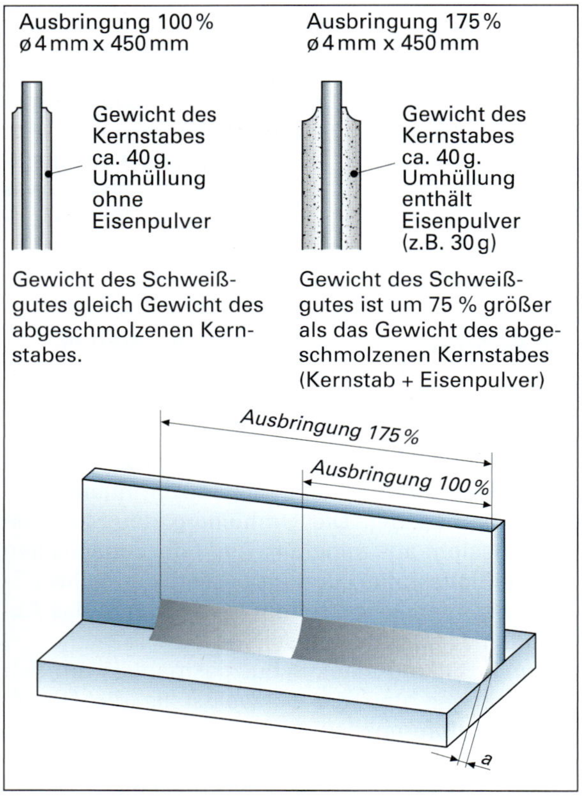

Bild 2 ***Ausbringung von Stabelektroden***

Elektroden mit einer Ausbringung von mehr als 140 % können nur in Wannenlage (PA) geschweißt werden. Bei Kehlnähten funktioniert auch die Horizontallage (PB). Früher bezeichnete man solche Elektroden auch als Hochleistungselektroden.

Das Schweißgut sollte vergleichbare Eigenschaften besitzen wie der Grundwerkstoff. Daher müssen der Kernstab und die Umhüllung auf den Grundwerkstoff angepasst werden. Mit einer Vielzahl von verschiedenen Elektrodenwerkstoffen und Umhüllungstypen lassen sich diese Anforderungen recht gut erfüllen. Während der Kernstab der Elektrode in erster Linie die mechanischen Eigenschaften des Schweißgutes bestimmt (Festigkeit, Kernschlagzähigkeit), beeinflussen die Umhüllungsstoffe und auch die Dicke der Umhüllung vorwiegend die Schweißeigenschaften wie Werkstoffübergang, Spaltüberbrückbarkeit, Nahtaussehen und Einbrand.
Für den Behälter (Bild 1 S. 280) eignet sich z. B. folgende Stabelektrode: EN ISO 2560 – E 38 2 RB 12

E → Elektrode-Lichtbogenhandschweißen	
38 → Kennziffer für Festigkeit und Dehnung des Schweißgutes	Mindestzugfestigkeit 380 N/mm² Mindestbruchdehnung 22 %
2 → Kennziffer für Mindestkerbschlagarbeit	47 Joule bei –20 °C
RB → Kennbuchstabe für Umhüllungstyp	Rutil-Basisch
1 → Kennziffer für die Stromart, mit der die Elektrode geschweißt werden kann und die Ausbringung	Gleich- und Wechselstrom, Ausbringung <= 105 %
2 → Kennziffer für die Schweißposition	Alle Positionen außer Fallnaht

Je nach EXC-Klasse[1] der Konstruktion nach DIN EN 1090 legen Schweißfachmann, Schweißtechniker oder Schweißfachingenieur die Schweißelektrode fest.

Arbeitsregeln beim Lichtbogenhand schweißen

Einstellen der Schweißstromstärke

Nach dem Zuschneiden der Seiten-, des Vorder- und des Bodenbleches werden die Bleche mit Hilfe der Schweißvorrichtung so positioniert, dass die Kehlnähte in den Eckstößen in Wannenlage geschweißt werden können. Die Stromart, die Polung, dei Schweißposition und die Höhe des Schweißstroms wird nach den Angaben der Elektrodenpackung eingestellt. Folgende Faustformeln leisten auch gute Dienste, wenn bedingt durch den rauen Werkstattbetrieb die Höhe des Schweißstromes auf der Packungsangabe nicht mehr lesbar sein sollte. Vor dem Schweißen müssen aber die Einstellwerte an Probeblechen getestet werden.

[1] Die EXC-Klassen nach DIN EN 1090 legen fest, welche Qualifikationen im Betrieb vorhanden sein müssen, um Schweißarbeiten in Abhängigkeit von Art und Größe der Konstruktion ausführen zu dürfen.

$I = 30 \cdot d$ [A] für $d = 2 \ldots 3{,}2$ mm

$I = 40 \cdot d$ [A] für $d \geq 3{,}2$ mm

d = Kernstabdurchmesser der Elektrode

Zünden des Lichtbogens
Der Lichtbogen muss immer in der Schweißfuge gezündet werden. Die Zündstelle muss muss anschließend aufgeschmolzen und überschweißt werden, weil sonst wegen der hohen Kurzschlusswärme Risse im Werkstoff entstehen können.

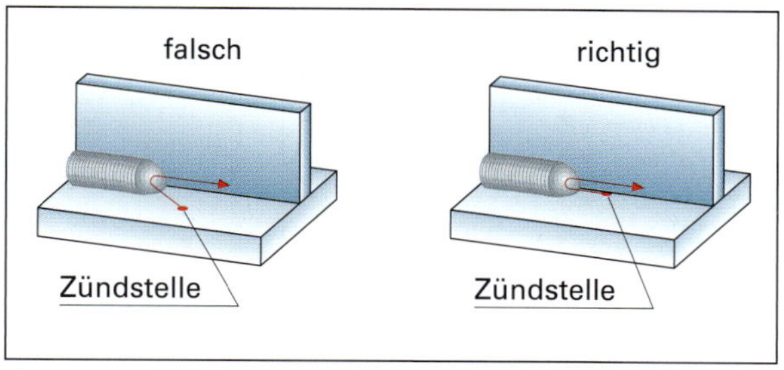

Bild 1 Zünden des Lichtbogens

Führung der Stabelektrode
Der Schweißer muss zunächst versuchen, den Abstand zwischen Elektrode und Werkstück, die sogenannte Lichtbogenlänge, möglichst konstant zu halten. Als Richtwerte gelten dabei folgende Faustformeln:

Lichtbogenlänge $a \approx 1{,}0 \cdot d$
(bei Elektroden vom Umhüllungstyp R, RR, A, C)*

Lichtbogenlänge $a \approx 0{,}5 \cdot d$
(bei Elektroden vom Umhüllungstyp B)*

d = Kernstabdurchmesser der Elektrode

* Umhüllungstypen siehe Tabellenbuch

Ein zu langer Lichtbogen verringert die Einbrandtiefe und vergrößert die Blaswirkung. Ein zu kleiner Lichtbogenabstand verringert die Wärmeeinbringung in das Werkstück.

Die Stabelektrode muss beim Schweißen leicht geneigt (45°) in Schweißrichtung geführt werden. Am Nahtende sollte man kurz anhalten und gegen die Schweißrichtung abziehen. Dadurch werden Endkrater vermieden.

Unfallverhütung

Für Schweißer und für die in näherer Umgebung tätigen Mitarbeiter entstehen Gefahren aus dem Umgang mit dem Schweißstrom, dem Lichtbogen und durch die Schweißdämpfe. Deshalb sind folgende Vorsichtsmaßnahmen zu treffen:

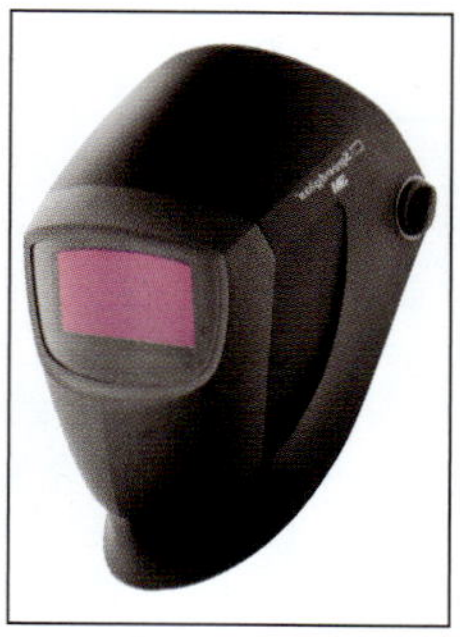

Bild 2 Schweißschirm

- Blendung durch die Lichtbogenstrahlung verhindern (UV-Strahlung). Schutzschirme müssen mit Schutzgläsern der für das Lichtbogenhandschweißen geeigneten Stärke ausgerüstet sein. Moderne Elektro-optische Schutzschirme verdunkeln automatisch sobald der Lichtbogen gezündet wird.
- Der Schweißplatz muss zum Schutz der Mitarbeiter gegen Sicht abgeschirmt werden.
- Schutz der Haut vor der ultravioletten und infraroten Lichtbogenstrahlung („Sonnenbrand-Gefahr") und vor Schweißspritzern durch entsprechende Schutzkleidung wie Stulpenhandschuhe und Lederschurz.
- Schweißdämpfe müssen durch geeignete Belüftungsmaßnahmen oder entsprechende Rauchabzugsanlagen vom Schweißer und seiner Umgebung entfernt werden.
- Schweißkabel nicht um oder über den Körper legen.
- Schweißzange nicht unter die Achseln klemmen.
- Bei Schweißarbeiten unter erhöhter elektrischer Gefährdung nur geeignete Geräte mit entsprechender Kennzeichnung [S] (oder alte Kennzeichnung (42V) und [K]) verwenden!

2.6.6 Herstellen von Schweißverbindungen

Bei größeren geschweißten Stahl- und Metallbaukonstruktionen müssen ergänzend zu den Zeichnungen **Schweißpläne** und **Schweißfolgepläne** erstellt werden. Geschweißte Konstruktionen neigen aufgrund der großen örtlichen Wärmeeinwirkung auf die Schweißstelle zum Verzug bzw. es können hohe Schweißspannungen in den Nähten auftreten. Der Schweißplan enthält genaue Angaben über:

- Nahtarten
- Schweißverfahren
- Schweißzusatzwerkstoff
- Notwendige Schweißnahtvorbereitungen
- Erforderliche Qualifikationen der Schweißer
- Verwendung von Schweißvorrichtungen

- Detaillierte Schweißfolge (zeitliche Abfolge der einzelnen Schweißarbeiten, Reihenfolge und Richtung der zu schweißenden Nähte)
- Wärme- bzw. Nachbehandlung der Schweißnähte (z. B. Spannungsarmglühen)
- entsprechende Schweißnahtprüfverfahren zur Qualitätssicherung

Schweißplan

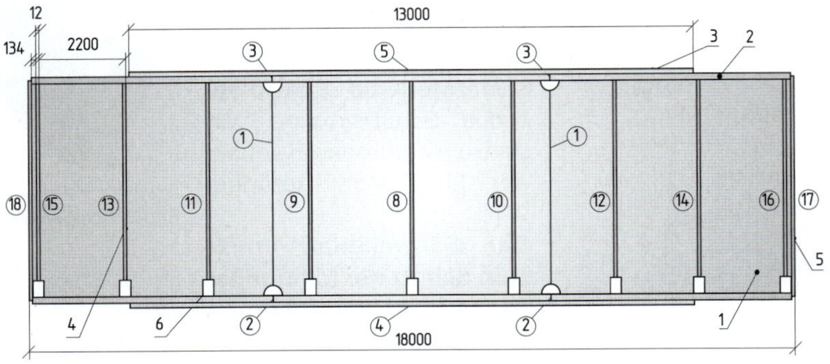

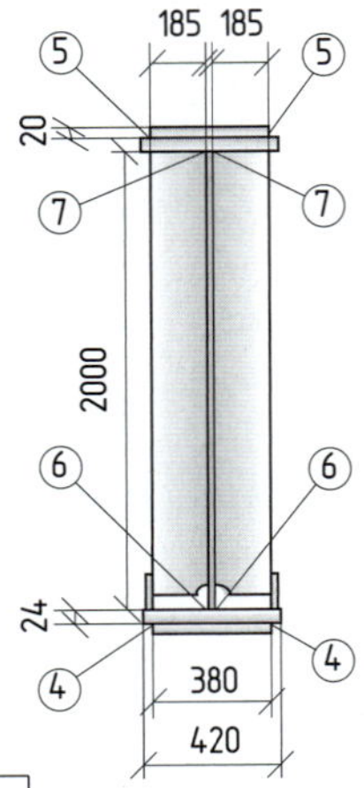

Schweißfolgeplan

Folge	Pos.-Pos.	Vorgang	Elektroden	Hinweise
①	1 mit 1	2 x Stegblechstöße heften und schweißen	W:3,25 F4 D5	Vorschweißbleche anheften
②	2 mit 2	2 x untere Gurtlamelle heften und schweißen	W:3,25 F4 D5	Vorschweißbleche anheften auf Winkelschrumpfung achten evtl. überhöhen durch Unterlage
③	2 mit 2	2 x obere Gurtlamelle heften und schweißen	W:3,25 F4 D5	Vorschweißbleche anheften auf Winkelschrumpfung achten
④	3 mit 3	untere Gurtlamelle innen mit aussen heften Kehlnähte in 2 Lagen von der Mitte nach aussen	3,25 1. Lage: 5 2. Lage: 4	2 Schweißer arbeiten, anschl. Stirnkehlnähte, evtl. überhöhen
⑤	3 mit 3	obere Gurtlamelle innen mit aussen heften weiter: wie Folge 4	3,25	
⑥ … ⑦	1 mit 2	mit 1 mm Luftspalt heften Träger auf Untergurt senkrecht stellen: Nähte von beiden Seiten von der Mitte nach aussen schw.	1. Lage: 5 2. Lage: 4	Anschl. Träger auf Obergurt stellen und Kehlnaht 7 schweißen
⑧ … ⑯	4 mit Träg.	Träger senkrecht stellen, Aussteifungen einpassen und heften, beidseitig schweißen	3,25 4	Fallnahtelektroden verwenden Anschl. Kehlnaht 19 schweißen
⑰ … ⑱	5 mit Träg.	Träger senkrecht stellen, Stirnbleche anpassen und heften, beidseitig schweißen	3,25 4	Fallnahtelektroden verwenden
⑲	6 mit Träg.	Träger auf Untergurt stellen Passbleche heften, schweißen	Kb 4	erst Kehlnähte an Aussteifung mit Fallnahtelektrode, dann Kehlnähte am Gurt mit Kb 4

Bild 1 Schweißkonstruktion mit Schweißfolgeplan

Nr.	Arbeitsschritt	Nahtart	Pos.	Schweiß-verfahren	Anweisungen
1	Bleche und Profile zuschneiden	–	1–8	–	Brennschneiden, Sägen
2	Bleche bearbeiten	–	1, 4	—	Bohren; Durchbruch brenn-schneiden
3	Kasten schweißen	Kehlnaht 2 mm	2–4	311	Schweißvorrichtung
4	Kasten schweißen	Kehlnaht 2 mm	1 mit 2–4	311	Heftnähte 20 mm, 100 mm Abstand
5	Kasten schweißen	Kehlnaht 2 mm	1 mit 2–4	311	Fertigschweißen
6	Randversteifung anschweißen	Kehlnaht 2 mm	7,8 mit 2–4	111	Kettenteilung: 7 × 50 (50)
7	Einhänge- und Auflageschienen anschweißen	Kehlnaht 4 mm	5 mit 1; 6 mit 2	111	Umlaufende Naht

***Bild 1** Schweißfolgeplan für Auffangbehälter*

Heften und Schweißvorrichtungen

Um die Schweißteile maßgerecht zusammenfügen zu können, muss ihre Lage zueinander vor dem Schweißen fixiert werden. Dadurch soll außerdem verhindert werden, dass sich die Form der Schweißfuge während das Schweißvorganges als Folge der Wärmedehnung und Abkühlungsschrumpfung verändert. Das Heften soll verhindern, dass sich der Schweißspalt schließt oder die Bleche sich übereinander schieben. Je nach Blechdicke werden daher in Abständen zwischen 20 und 300 mm kurze Nähte geschweißt. Fallen diese Heftnähte zu schwach und zu kurz aus, so reißen sie während des Schweißens auf und werden dadurch zwecklos. Werden sie zu kräftig, so entstehen an diesen Stellen leicht Bindefehler, wenn sie nicht wieder vollständig aufgeschmolzen werden. Um diese Bindefehler oder auch „Kaltstellen" genannt zu vermeiden, müssen Heftnähte beim Überschweißen generell wieder ganz aufgeschmolzen werden. Die Länge von Heftnähte *n* und deren Zwischenabstände können nach folgenden Faustregeln gesetzt werden (Bild 2)

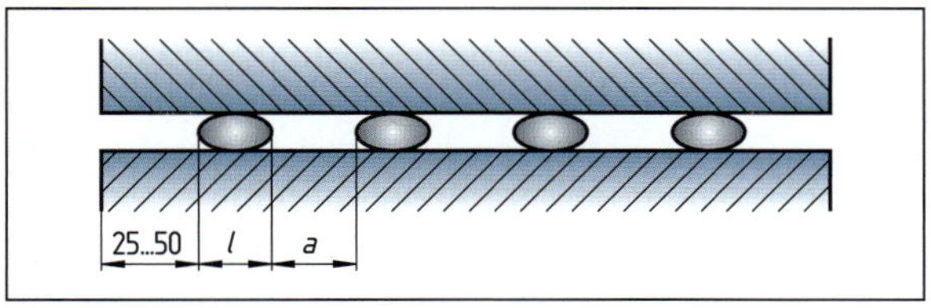

Bleckdicke t in mm	Heftnahtlänge l in mm	Zwischenraum a in mm
≤ 1,2	5	$10 \cdot t$
≤ 2	12 ... 25	$10 ... 20 \cdot t$
2 ... 5	25	$15 \cdot t$
> 5	≤ 100	≤ 300

***Bild 2** Regeln für das Heften von Schweißverbindungen*

Bei Stücken mit größeren Querschnitten oder aufhärtungsanfälligen Grundwerkstoffen (Stahl mit hohem Kohlenstoffgehalt, niedrig- und hochlegierter Stahl) können in Folge der schnellen Abkühlung an den Heftstellen feine Haarrisse auftreten. Deshalb sollte man bei rissgefährdeten Werkstoffen auf das Heften verzichten oder die Bauteile vorwärmen.

Stattdessen leisten Schweißvorrichtungen die gleichen Dienste wie Heftnähte, ohne der Gefahr von „Kaltstellen" oder Aufhärtungsrissen ausgesetzt zu sein. Die Seitenwände des Auffangbehälters können beispielsweise mit der Vorrichtung (vgl. Bild 3) schnell und maßgenau positioniert und fixiert werden, so dass Heftnähte überflüssig sind.

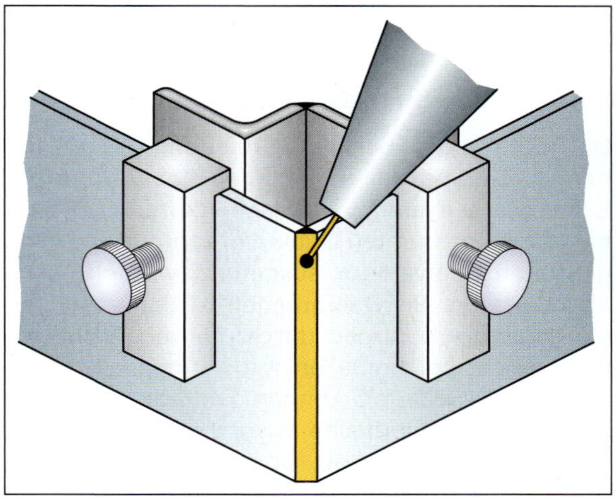

***Bild 3** Schweißvorrichtung*

Heftnähte und/oder Schweißvorrichtungen positionieren und fixieren die zu schweißenden Bauteile maßgenau und verringern den Verzug geschweißter Konstruktionen.

Aufgaben zu 2.6.6

Die abgebildete Schweißvorrichtung soll gefertigt werden. Zeichnen Sie die Vorrichtung in 3 Ansichten (ohne Rändelschraube). Tragen Sie die zur Fertigung notwendigen Maße und Schweißsymbole unter Angabe des gewählten Schweißverfahrens ein und erstellen Sie eine Stückliste.

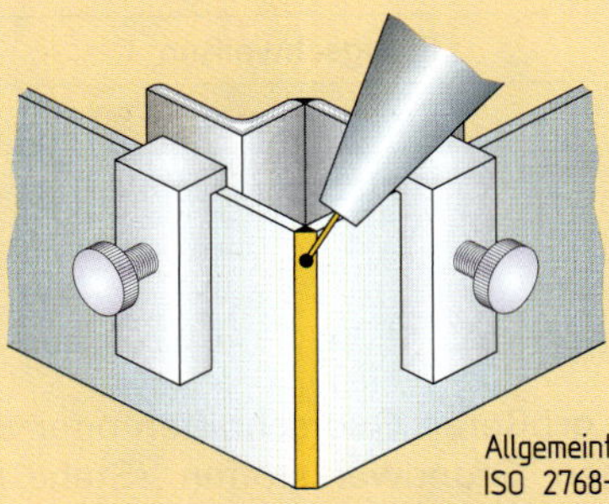

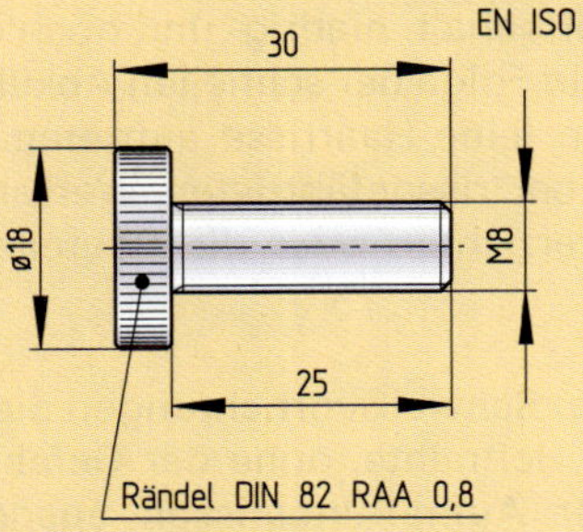

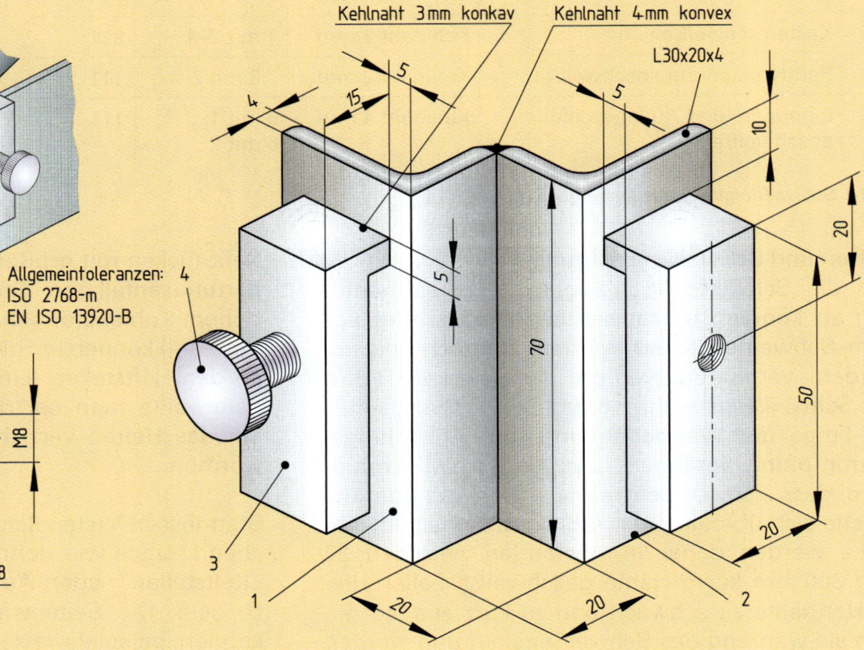

2.6.7 Schweißnahtfehler (Schweißunregelmäßigkeiten)

Die Güte einer Schweißverbindung ist in hohem Maße von der sorgfältigen Ausführung der Schweißarbeit abhängig. Daher dürfen Schweißnähte mit bestimmten Güteanforderungen nur von geprüften Schweißern ausgeführt werden. Nach Abschluss der Schweißarbeiten ist dann eine zerstörungsfreie Kontrolle durchzuführen. **Sichtkontrolle** reicht bei Bauteilen mit geringen Anforderungen aus. Hiermit können Schlackenteile und Poren an der Oberfläche ebenso leicht festzustellen wie Einbrandkerben, Spritzer oder Endkrater. Die Maßhaltigkeit von Schweißnähten kann leicht durch Nachmessen oder unter Zuhilfenahme von Schweißnahtlehren überprüft werden. Höhere Qualitätsanforderungen an die Schweißnähte können nur mit speziellen Schweißnahtprüfverfahren überprüft werden. Die Schweißnähte werden dabei mit **Röntgenstrahlen** oder mit **Ultraschallwellen** auf innenliegende Schweißnahtfehler „durchleuchtet“. Eine einfache Oberflächenprüfung auf Risse erlaubt das sogenannte **Farbeindringverfahren.**

Folgende Übersicht (Bild 1, S. 301) zeigt eine Auswahl häufiger Schweißnahtfehler:

beim Gasschmelzschweißen	beim Lichtbogenhandschweißen
Schweißnahtunregelmäßigkeiten und ihre möglichen Ursachen – beispielhaft an Stumpfnähten dargestellt	**Schweißnahtunregelmäßigkeiten und ihre möglichen Ursachen – beispielhaft an Kehlnähten dargestellt**

Die häufigsten Schweißnahtunregelmäßigkeiten und ihre Ursachen sind:

beim Gasschmelzschweißen

Ungenügende Wurzeldurchschweißung
- zu geringer Stegabstand
- zu kleiner Brennereinsatz
- zu weiche Flamme
- keine birnenförmige Öffnung (Schweißöse)

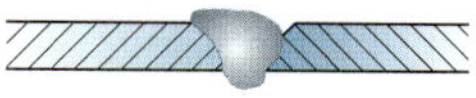

Einbrandkerben
- falsche Schweißstabführung
- falsche Brennerhaltung
- zu harte Flamme

Durchtropfung („Schweißnasen")
- Stegabstand zu groß
- falsche Schweißstabführung
- Flamme zu hart
- Schweißgeschwindigkeit zu niedrig

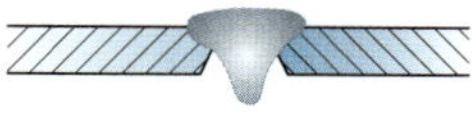

Bindefehler
- ungenügendes Aufschmelzen
- einseitige Brennerhaltung
- vorgelaufenes Schweißbad
- zu großer Brennerabstand
- zu kleiner Brennereinsatz

Gaseinschlüsse (Poren)
- Schweißflamme zu schnell vom Schweißbad entfernt
- Verunreinigungen (Fett, Öl u. a.)
- falsche Flammeneinstellung
- ungeeigneten Schweißstab verwendt

Risse
- bedingt schweißgeeigneter Werkstoff
- zu schnelle Abkühlung des Endkraters
- Schrumpfkräfte

beim Lichtbogenhandschweißen

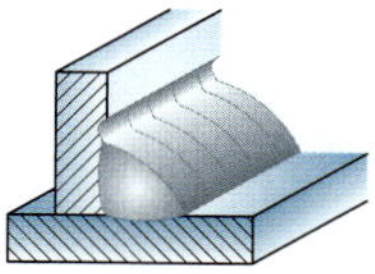

Einbrandkerben
- zu große Schweißstromstärke
- zu steile Stabelektrodenhaltung
- zu langer Lichtbogen

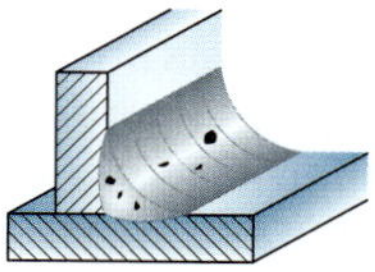

Schlackeneinschlüsse
- zu geringe Schweißstromstärke
- zu große Schweißgeschwindigkeit
- Überschweißen von Schlackenresten bei mehrlagigen Schweißnähten

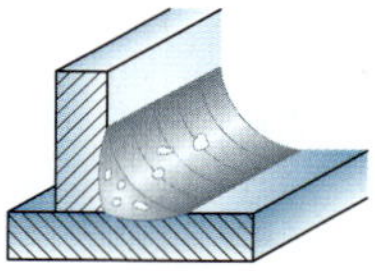

Gaseinschlüsse (Poren)
- unsaubere Werkstückoberfläche (Rost, Fett, Beschichtungsstoffe)
- zu langer Lichtbogen
- nicht ausreichend trockene basisch umhüllte Stabelektroden

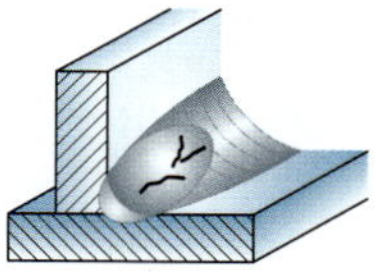

Endkrater
- zu schnelles Entfernen der Stabelektrode von der Schmelze
- besonders bei großen Schweißstromstärken Gefahr von Schrumpfrissen

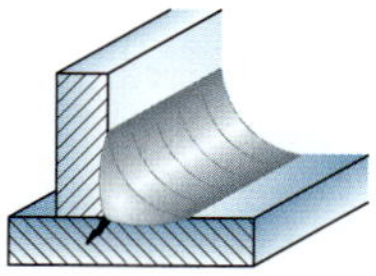

Risse im Schweißnahtübergang
- schlecht geeigneter Werkstoff
- zu schnelles Abkühlen nach dem Schweißen

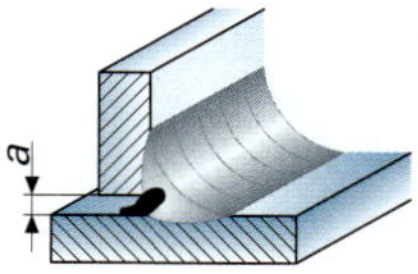

Wurzelfehler
Eindringen von Schlacke in der Wurzelbereich bei zu großem Stirnflächenabstand *a*

Bild 1 Häufige Schweißnahtfehler

3

2.7 Englisch im Metallbaubetrieb: Fügen von Bauteilen

Translate into german, please.

Joining of structural elements

Metal constructions and machines consist of many structural elements. These are combined by joining. The most important methods of joining in the engineering industry are screws, pins and tacks and bonding. At the metal and steel work industry joining is done by screwing, welding, solding, glueing and riveting.
The position of the structual elements in relation to each other can be seen in overall drawings and assembly plans. A manufactoring line or operation schedule informs you of the necessary steps of work. For the notation in drawings and plans there are standard signs which are listed in chart books.
Joining techniques differ by their principle. So when glueing the single parts stick together through the adhesive material, whereas when welding the groove turns fluid and parts get fused. Joint connections can be calculated. That is important so that you know which forces are allowed.
There are technical rules for each method.
Example screw joint: 1. choose screws 2. bore passing holes into one part 3. bore core holes into the other part 4. cut screw thread 5. join parts with screws 6. examine joint.
Example welding: 1. choose welding method and welding machine 2. choose welding electrode 3. prepare edges of work pieces 4. weld 5. clean and check welded joint.
Welding especially demands much craftmanship and practise. Simple welding techniques for steel are manual arc welding and gas weldry. For aluminium and stainless steel the best method is WIG-welding. Which method ever it is always important to control and examine the finished joint. Faults and defects can lead to enormous damages and danger to life. In the field of steel structural engineering welders have to pass examinations and are supervised at work.

Vokabelliste

adhesive material	Klebstoff
allowed	zulässig
assembly plan	Montageplan
to bore	bohren
chart book	Tabellenbuch
to check	prüfen
combined by	verbunden durch
connection	Verbindung
to consist of	bestehen aus
core hole	Kernloch
craftmanship	Fachkenntnisse
to cut	schneiden
to damage	zerstören
defect	Schaden
to demand	fordern, verlangen
edge	Kante
electrode	Elektrode
to examine	prüfen, untersuchen
fault	Fehler
force	Kraft
to fuse	verschmelzen
gas weldry	Gasschweißen
to glue	kleben
groove	Fügestelle
in relation to	in Lage zu
to join	fügen, verbinden
joining technique	Fügetechnik
joint	Verbindung
manual arc welding	Lichtbogenhandschweißen
necessary	notwendig
notation	Angabe
operation schedule	Arbeitsplan
overall drawing	Übersichtszeichnung
pin	Stift
to rivet	nieten
screw	Schraube
to sold	löten
stainless steel	Edelstahl Rostfrei
standard sign	genormtes Zeichen
to stick	haften
technical rule	technische Regel
thread	Gewinde
to supervise	überwachen
to weld	schweißen
welding method	Schweißverfahren

Assignments

1. There are a lot of joining techniques used in manufactoring the *Anhängergabel* (see page 260, picture nr. 1). Try to describe them in correct sentences.

2. Joining by welding is the most important technique in metal an steel constructions. Give same examples (remember the last order in your workshop).

3 Grundlagen der Steuerungstechnik

Damit ein Unternehmen mit seinen Waren und Produkten auf dem Markt wettbewerbsfähig sein kann, muss es seine Erzeugnisse möglichst kostengünstig produzieren. Dieser Zwang hat zu einer immer weiter zunehmenden **Automatisierung** der Fertigung geführt. An Maschinen und Geräten sollen möglichst viele Betriebsabläufe ohne menschlichen Eingriff erfolgen. Die Bedeutung der Steuerungs- und Regelungstechnik hat dadurch in den letzten Jahrzehnten ständig zugenommen, denn moderne Fertigungsanlagen erfordern komplizierte Steuerungs- und Regelungseinrichtungen, die schnell, genau und sicher die Arbeitsabläufe an der Maschine oder Anlage festlegen. Die Bedienung, Wartung und Pflege dieser Anlagen erfordern auch umfangreiche Kenntnisse in der Steuerungs- und Regelungstechnik.

Folgende Anwendungsbeispiele verdeutlichen die Bedeutung der Automatisierungstechnik:

- **In der Fertigungstechnik:** Einsatz von CNC-Maschinen (CNC-Brennschneidanlagen, CNC-Biegepresse), Bearbeitungszentren mit automatischer Werkstückzuführung und -abführung sowie automatischem Werkzeugwechsel.
- **In der Fördertechnik:** Beladen und Entladen von Magazinen, Sortieren und Verteilen von Päckchen und Briefen, Transportieren von Schüttgut aus Silos oder Schiffen über Förderbänder zu den Verbrauchsstationen.

3.1 Prinzip von Steuern und Regeln

Ständig benutzen wir Geräte und Maschinen, die gesteuert werden. So ist das Ein- und Ausschalten einer Bohrmaschine oder das Einstellen des Schweißstromes an einem Schweißgleichrichter ein Steuerungsvorgang. Auch kompliziertere Vorgänge wie das Aus- und Einfahren einer Markise über einem Wintergarten kann durch eine Steuerung automatisiert werden.

Steuern und Steuerkette

Die Beschattung eines Wintergartens soll durch eine automatische Markisensteuerung nach folgendem Schema erfolgen:

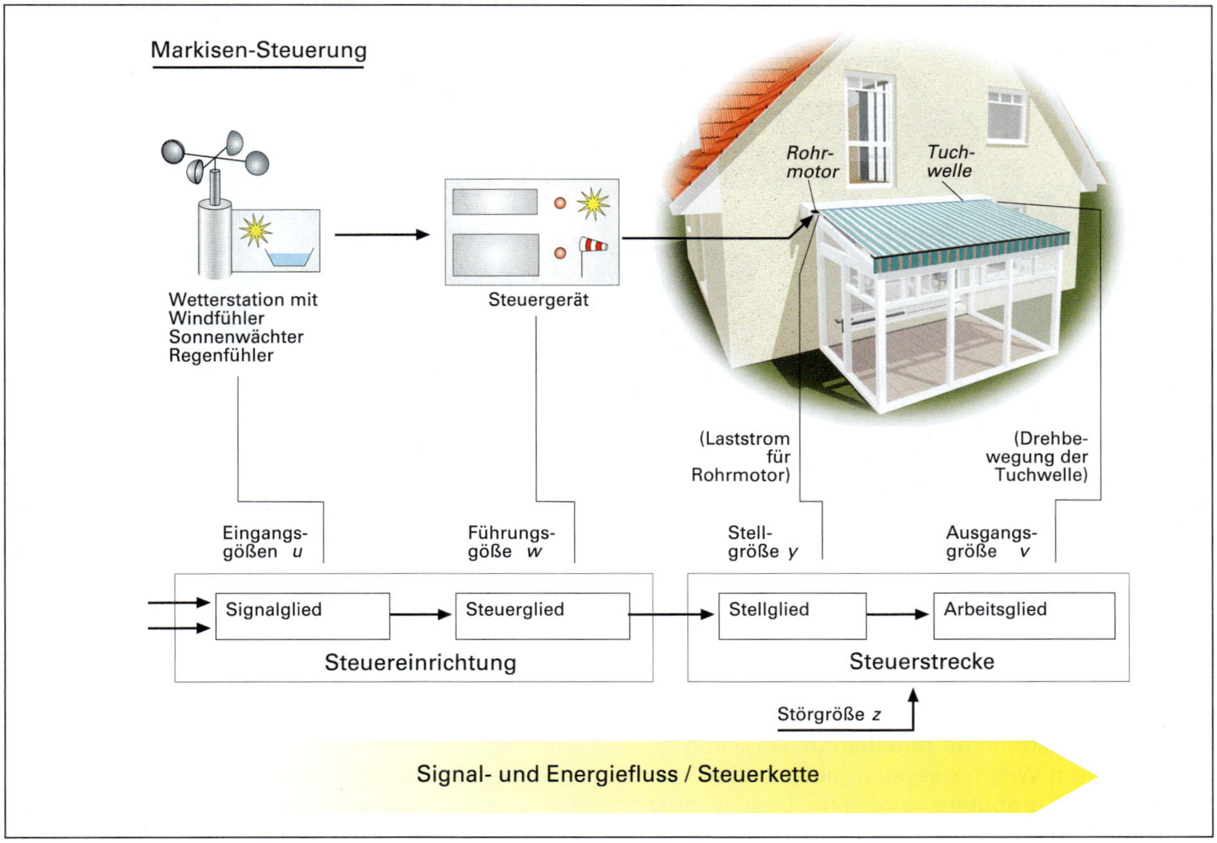

Bild 1 Markisensteuerung eines Wintergartens

Jede Steuerung funktioniert nach dem sogenannten **EVA**-Prinzip:

- **E**ingabe: Windfühler und Sonnenwächter sind die Signalglieder der Steuerung und liefern die Signale (Eingangsgrößen) an das Steuergerät.
- **V**erarbeitung: Bei starkem Wind muss die Markise auch dann einfahren, wenn bei Sonnenschein der Sonnenwächter den Ausfahrbefehl gibt. Das Steuergerät (Steuerglied) verarbeitet die beiden Eingangssignale so, dass das Signal des Windfühlers in jedem Fall Vorrang hat (Windvorrangschaltung).
- **A**usgabe: Das Steuergerät gibt einen Stromimpuls zum Rohrmotor (Stellglied) weiter, sodass dieser die entsprechende Drehrichtung zum Aus- oder Einfahren der Tuchwelle (Arbeitsglied) vornimmt.

Dieser Wirkungszusammenhang zwischen den Eingangsgrößen (Signale von Wind- und Sonnenfühler) und der Ausgangsgröße (Drehbewegung der Tuchwelle) wird Steuern genannt. Störeinflüsse (Störgrößen) können von der Steuerung nicht erfasst werden und bleiben unberücksichtigt. So bleibt beispielsweise ein in der Tuchwelle durchrutschender Rohrmotor von der Steuerung selbst unentdeckt und die Markise fährt nicht vollständig aus. Nur der Bediener kann diese Störung erkennen und beheben.

In einer Steuerung hat die Ausgangsgröße **keine** Rückwirkung auf die Eingangsgröße. Der Signalfluss läuft stets nur in einer Richtung, der Steuerkette. Der Wirkungsablauf ist offen.

Regeln und Regelkreislauf

Bei Regelungen wird im Gegensatz zu Steuerungen der gewünschte Wert (Regelgröße) immer gemessen, ob er auch erreicht wurde. So wird zum Beispiel die Temperatur in Heizungsanlagen, die Umdrehungsfrequenz von Elektromotoren oder der Druck in pneumatischen Anlagen geregelt. Dabei wird der tatsächlichen Istwert mit dem geforderten Sollwert ständig verglichen und solange nachreguliert, bis sie übereinstimmen. Am Beispiel der Geschwindigkeits- und Lageregelung an einer CNC-Brennschneidmaschine soll die Wirkungsweise einer Regelung verdeutlicht werden:

Bild 1
CNC-Brennschneidmaschine

Bei einer CNC-Portalbrennschneidmaschine wird der Brenner mithilfe einer Computersteuerung über die X- und Y- Achse bewegt. Damit eine CNC-Maschine eine bestimmte Kontur abfahren kann, muss jede Achse mit einem spielfreien Antrieb (Arbeitsspindel), stufenlos regelbarem Vorschubmotor und einem Wegmesssystem ausgestattet sein. Mithilfe des Computers wird eine Geschwindigkeits- und Lageregelung in den Achsen und somit eine genaue Positionierung des Brenners möglich.

Lageregelung: Der Computer erhält ständig die Brennerposition (Istwert) durch die Wegmesssysteme der Achsen. Er vergleicht diese Werte mit der im Programm hinterlegten Sollposition (Sollwert). Solange zwischen der tatsächlichen Brennerposition und der Sollposition eine Abweichung besteht, erhalten die Vorschubmotoren entsprechende Verfahrimpulse. Ist die Sollposition erreicht, wird die Vorschubbewegung unterbrochen.

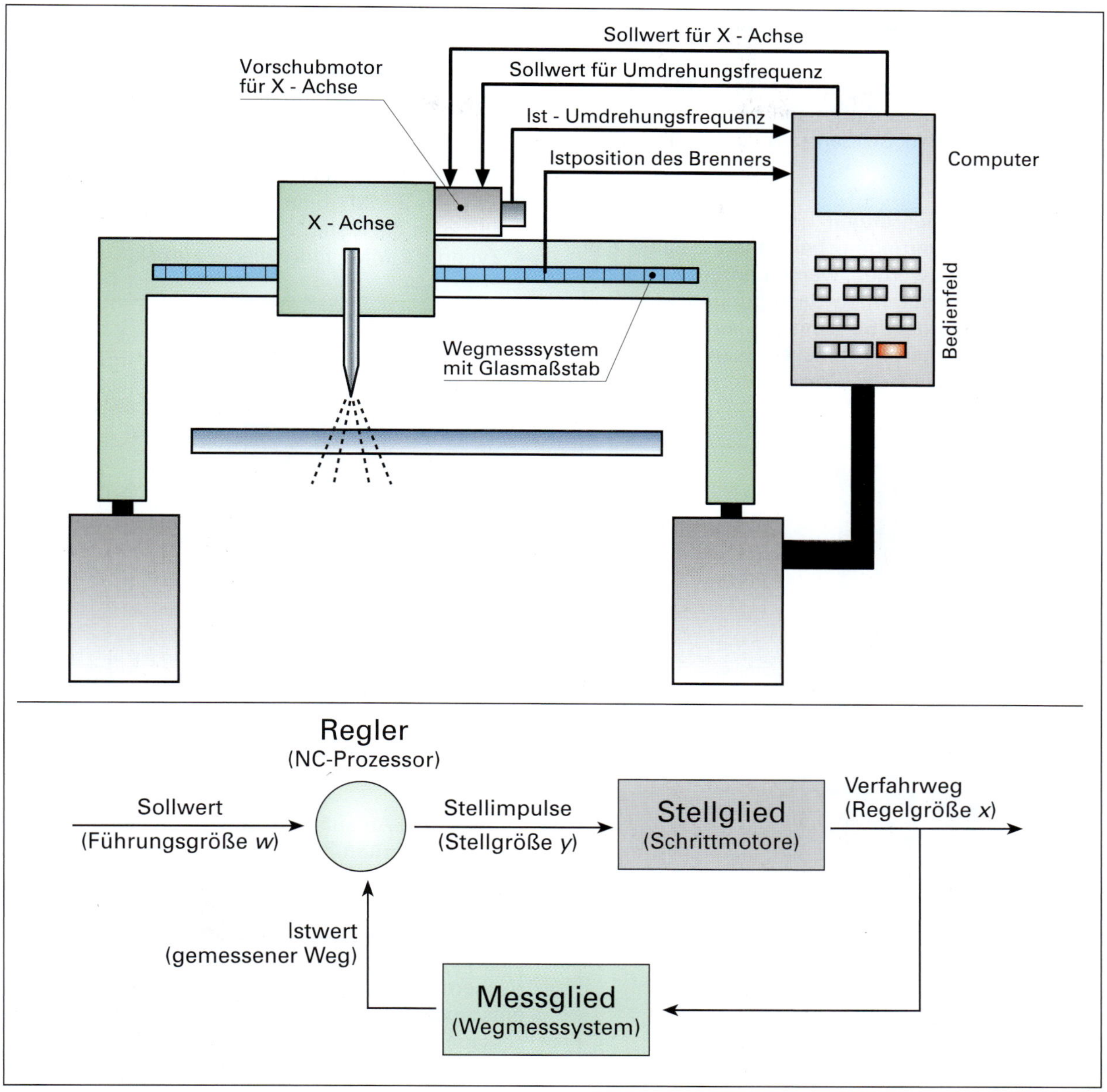

***Bild 1** Lageregelungen an einer CNC-Brennschneidmaschine*

Geschwindigkeitsregelung: In ähnlicher Weise wie die Lagereglung erfolgt die Regelung der Vorschubgeschwindigkeiten. In die Vorschubmotoren sind Tachogeneratoren eingebaut, die ständig deren Umdrehungsfrequenzen ermitteln. Der Rechner erkennt aus der Umdrehungsfrequenz die tatsächliche Vorschubgeschwindigkeit (Istwert) und vergleicht sie mit der programmierten Geschwindigkeit (Sollwert). Bei Abweichungen dieser Werte regelt der Computer die Umdrehungsfrequenz des Vorschubmotors nach.

Eine Regelung misst ständig den Istwert der Regelgröße und vergleicht ihn mit dem Sollwert. Solange eine Abweichung zwischen beiden Werte vorliegt, wird nachreguliert, d.h. der Istwert dem Sollwert angenähert. Der Wirkungsablauf einer Regelung ist geschlossen.

3.2 Arten von Steuerungen

Die Signalglieder (Eingabeglieder) von Steuerungen erhalten Informationen über die Änderung von physikalischen Größen (z. B. Druck, Temperatur, Weg, Zeit...).

Verknüpfungssteuerungen
nennt man Steuerungen, bei denen Befehle erst dann ausgeführt werden, wenn mehrere Eingangssignale unter bestimmten Bedingungen verknüpft (kombiniert) werden. So kann z. B. ein Zylinder eine Dose erst dann platt pressen, wenn ein Druckknopf betätigt und die Pressentüre geschlossen wurde.

Bild 1 Verknüpfungsbedingungen der Steuerung

Ablaufsteuerungen
lassen Steuervorgänge Schritt für Schritt ablaufen. Der Übergang von einem zum nächsten Arbeitsschritt kann **prozessabhängig** oder **zeitanhängig** sein. Der nachfolgende Arbeitsschritt kann erst erfolgen, wenn der vorangegangene Arbeitsschritt abgeschlossen wurde. So kann bei folgender prozessabhängiger Stempelvorrichtung der Zylinder 2-MM1 erst dann ausfahren, wenn der Zylinder 1-MM1 die Werkstücke gestempelt hat und wieder eingefahren ist. Die Steuerung läuft unter folgendem zwanghaftem Schema ab:

1. Zylinder 1-MM1 fährt aus und stempelt die Ventilkörper.
2. Zylinder 1-MM1 fährt wieder zurück.
3. Zylinder 2-MM1 fährt aus und schiebt die Werkstücke in die Kiste.
4. Zylinder 2-MM1 fährt wieder zurück.

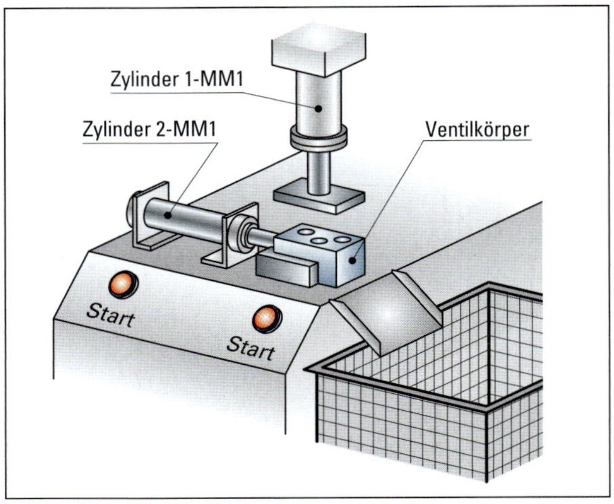

Bild 2 Ablaufsteuerung: Lageplan der Dosen-Pressvorrichtung

Zeitgeführte Ablaufsteuerungen schalten erst nach einer bestimmten Zeit von einem Programmschritt zum nächsten (z. B. eine Verkehrsampel).

Verbindungsprogrammierte Steuerungen
sind alle pneumatischen, hydraulischen und elektrischen Steuerungen, da die einzelnen Bauteile mit entsprechenden Leitungen fest verbunden (verschlaucht bzw. verdrahtet) sind. Die Art und Weise der Verbindung der Bauelemente bestimmt die Funktion der Steuerung.

Speicherprogrammierte Steuerungen (SPS)
besitzen einen elektronischen Programmspeicher. Muss bei einer Steuerung die Funktion geändert werden, so wird mit relativ geringem Aufwand nur das Programm und somit der Ablauf der Steuerung umgeschrieben. Bei einer verbindungsprogrammierten Steuerung kann dies nur durch eine arbeitsaufwendige Umverdrahtung der Bauteile erfolgen.

Nach der Art der Energie, die eine Steuerung betätigt, unterscheidet man
- Mechanische,
- Pneumatische,
- Hydraulische,

- Elektrische und
- Elektropneumatische bzw.
- Elektrohydraulische Steuerungen.

Mechanische Steuerungen
bestehen überwiegend aus mechanischen Bauelementen. So bilden in Getrieben entsprechende Zahnräder oder Riemenscheiben und Keilriemen die Bauelemente zur Übertragung der Steuerungsaufgaben. Die Nockenwelle in einem Verbrennungsmotor übernimmt beispielsweise die Steuerung der Ventile und bestimmt damit den Zeitpunkt des Öffnens und Schließens. Ein einfaches Türschloss stellt bereits eine mechanische Steuerung dar. Der Schlüssel steuert über passende Bartaussparungen die Zuhaltungsstifte und betätigt damit die Schließnase des Profilzylinders, wodurch der Riegel im Türschloss gesperrt werden kann.

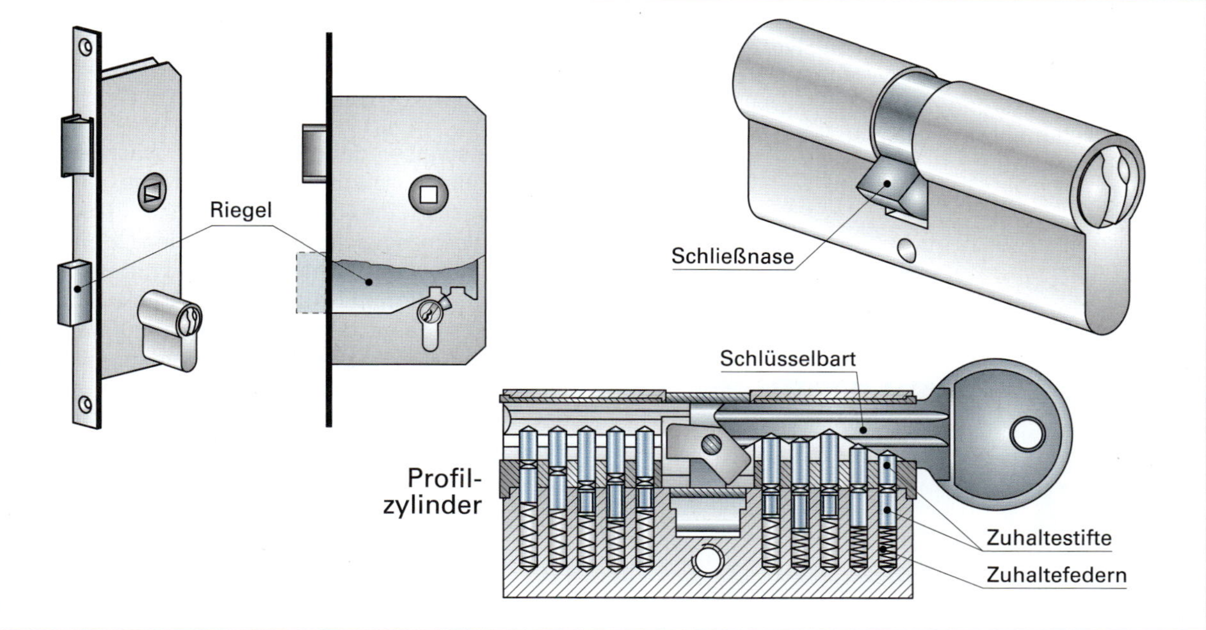

***Bild 1** Mechanische Steuerung am Beispiel eines Türschlosses*

Pneumatische Steuerungen
findet man in vielen Bereichen der betrieblichen Praxis, wie z. B. für einfache Spannvorgänge an Werkzeugmaschinen. Die Druckluft (6–10 bar) transportiert dabei die Steuerungsinformationen (z. B. Start des Spannvorgangs) und liefert zugleich die Energie zum Festspannen des Werkstücks (Spannzylinder fährt aus). Pneumatische Anlagen haben den Vorteil, dass Druckluft umweltfreundlich ist und überall zur Verfügung steht, die Anlagen meist einfach, wartungsarm und betriebssicher arbeiten. Nachteilig ist die Komprimierbarkeit der Luft, weshalb nur begrenzte Kräfte übertragen werden können. Außerdem ändert sich mit der Belastung auch die Geschwindigkeit, sodass bei wechselnden Belastungen keine gleichförmigen Bewegungen möglich sind. Pneumatische Anlagen erzeugen auch Lärm, wenn sich die Druckluft beim Ausströmen entspannt.

Kreissäge zum manuellen Gerad- und Gehrungssägen von Alu- und Kunststoff-Profilen, ausgerüstet mit einer pneumatischen, horizontalen Spannvorrichtung und einem HM-Sägeblatt 400 mm Durchmesser.

***Bild 2** Pneumatische Steuerung (Spannvorrichtung)*

Hydraulische Steuerungen
werden vor allem dort eingesetzt, wo große Kräfte übertragen werden müssen. Der Grund liegt darin, dass Drucköl im Gegensatz zur Druckluft nicht (kaum) komprimierbar ist. So werden z. B. Abkantpressen oder Tafelscheren für Bleche mit Drucköl angetrieben. Wie in der Pneumatik dient das Hydrauliköl nicht nur zur Steuerung der einzelnen Bewegungsabläufe, sondern liefert auch die Energie für das Umsetzen der Arbeitsaufgaben, z. B. das Trennen einer Blechtafel mit dem Schermesser. Wegen der Inkompressibilität von Hydrauliköl sind gleichförmige Vorschubbewegungen trotz unterschiedlicher Belastungen möglich, sodass hydraulische Vorschubantriebe auch an Werkzeugmaschinen zu finden sind.

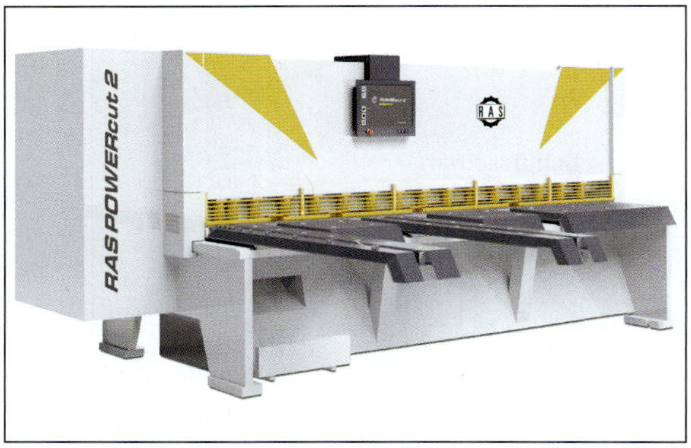

Bild 1 Hydraulische Steuerungen (Tafelschere, Vorschubantrieb)

Elektrische Steuerungen
nehmen aufgrund des Siegeszugs der Mikroelektronik und der immer preiswerter werdenden Datenverarbeitungsanlagen ständig zu. Keine Werkzeugmaschine ist heute ohne eine elektrische Steuerung mehr vorstellbar. Selbst einfachste Elektrohandwerkzeuge sind einfache elektrische Steuerungen, wie z. B. der Winkelschleifer oder die Handbohrmaschine. Steuerungen mit elektrischen Eingabe- und Verarbeitungsbauteilen haben folgende Vorteile:

- Geringer Raum- bzw. Platzbedarf,
- geringer Energiebedarf,
- geringe Wartungskosten und
- große Verarbeitungsgeschwindigkeit der elektrischen Signale.

In der Regel findet man kombinierte Anlagen mit pneumatischen oder hydraulischen Arbeitszylindern und Ventilen, die jedoch elektrisch oder elektronisch angesteuert werden. Die elektrischen Bauteile übernehmen dabei die Steuerungsaufgabe, die fluidtechnischen (pneumatischen, hydraulischen) Bauteile übertragen die erforderliche Energie. Die Steuerungen werden als **elektropneumatische bzw. elektrohydraulische Steuerungen** bezeichnet. Die hydraulischen Tafelscheren sind elektrohydraulische Steuerungen.

3.3 Pneumatische Steuerungen

In einer Werkstatt werden zwei Druckluftpressen zum Biegen von Rohrschellen eingesetzt. Die pneumatischen Schaltpläne der Pressen sollen später verbessert werden und evtl. in andere gerätetechnische Ausführungen (z. B. elektropneumatisch) umgesetzt werden.

Funktionsweise der Steuerung: Nachdem die Blechstreifenzuschnitte in die Presse eingelegt sind, müssen die beiden Starttaster 1-SJ1 und 1-SJ2 gleichzeitig gedrückt werden, damit der Pressenstößel nach unten fährt und die Blechstreifen biegt. Alternativ genügt das Drücken des Pedals 1-SJ3, damit der Kolben des pneumatischen Zylinders 1-MM1 ausfährt. Lässt man einen der beiden Taster oder das Pedal wieder los, so fährt der Kolben des Zylinders wieder in seine Ausgangslage zurück.

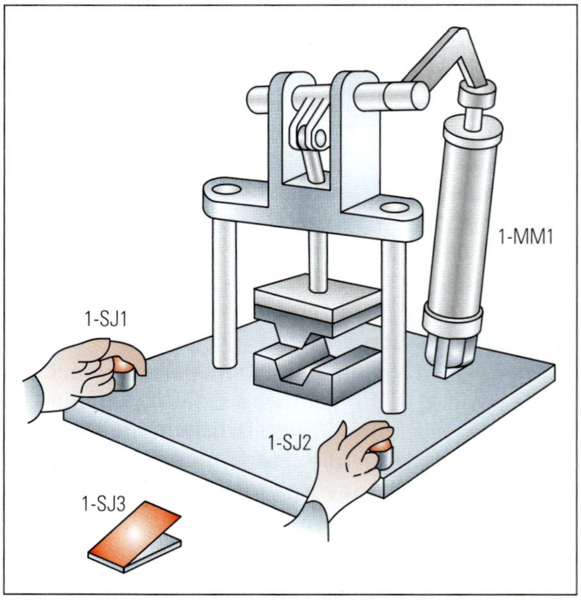

Bild 2 Lageplan der pneumatischen Rohrschellenbiegevorrichtung

Funktionspläne pneumatischer Verknüpfungssteuerungen

Pneumatische Steuerungen arbeiten mit binären (zweiwertigen) Signalen. Die Starttaster können zwei Schaltzustände einnehmen, sie können betätigt oder nicht betätigt sein. So leiten sie die Druckluft

Logikplan

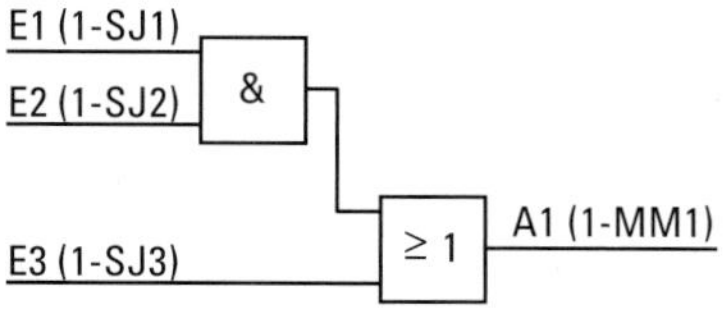

Funktionsbeschreibung

WENN
der Druckknopf 1-SJ1
und
der Druckknopf 1-SJ2 betätigt werden
oder
das Pedal 1-SJ3 betätigt wird,
DANN
fährt der Biegezylinder 1-MM1 aus und biegt die Rohrschelle

Funktionstabelle

1-SJ1	1-SJ2	1-S3	1-MM1
0	0	0	0
1	0	0	0
1	1	0	1
1	0	1	1
0	0	1	1
0	1	0	0
0	1	1	1
1	1	1	1

***Bild 1** Funktionspläne der pneumatischen Rohrschellenbiegevorrichtung*

weiter oder sperren sie ab. An den nachfolgenden Bauteilen ist dann Druck vorhanden oder sie sind drucklos. Die pneumatische Biegevorrichtung enthält 3 Signalgeber (1-SJ1, 1-SJ2 und 1-SJ3), deren Signale erst richtig miteinander verknüpft, d. h. verarbeitet werden müssen, damit der Biegestempel ausfährt. Die **Verknüpfung verschiedener Signale** wird in der Steuerungstechnik in Funktionsplänen mit Logiksymbolen, dem **Logikplan**, und/oder in **Funktionstabellen** dargestellt. Funktionspläne beschreiben die Art der Signalverarbeitung unabhängig von der Gerätetechnik. Dabei spielt es keine Rolle, ob die Steuerungsaufgabe pneumatisch, elektrisch oder hydraulisch gelöst wird. Bild 1 zeigt den Logikplan und die Funktionstabelle der Rohrschellenpresse – gegenübergestellt die Funktionsbeschreibung in Worten.

Logikplan und Funktionstabelle

Logikpläne geben in grafischer Darstellung die Art der Signalverarbeitung wieder. Die Schaltzeichen werden als Rechtecke dargestellt. Eingänge (Kennzeichen E) sind links und Ausgänge (Kennzeichen A) rechts vom Rechteck angeordnet, sodass der Signalfluss von links nach rechts erfolgt. Innerhalb des Rechtecks wird ein Symbol für die Art und Weise der Signalverarbeitung eingetragen.

Funktionstabellen sind eine umfassende tabellarische Darstellung aller möglichen Kombinationen von Eingangszuständen der Signalgeber und die entsprechenden Ausgangszustände der Steuerung. Je mehr Signalglieder miteinander verknüpft werden, umso mehr Kombinationsmöglichkeiten gibt es. Da alle 3 Signalgeber der Steuerung jeweils 2 Signalzustände (0 = kein Druck liegt an; 1 = Druckluft liegt an) besitzen können, gibt es für die Rohrschellensteuerung $2^3 = 8$ Kombinationsmöglichkeiten. Somit ergeben sich für die Steuerung 5 Möglichkeiten, bei denen der Biegezylinder ausfährt (Signalzustand 1 am Ausgang A – vgl. Bild1).

Für die Signalverarbeitung in Verknüpfungssteuerungen werden sehr häufig die drei wichtigen Grundfunktionen benötigt (vgl. Bild 2):

- UND-Verknüpfung
- ODER-Verknüpfung
- NICHT-Verknüpfung

Grundfunktionen

Logikpläne
Signalverarbeitung (logische Funktion)
Eingänge Ausgänge

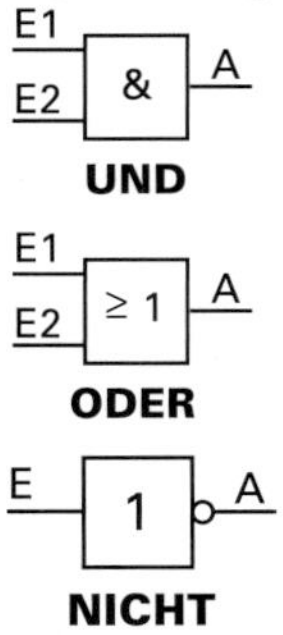

Funktionstabellen

E1	E2	A
0	0	0
0	1	0
1	0	0
1	1	1

Signal am Ausgang A liegt nur an, wenn E1 **UND** E2 Signal haben.

E1	E2	A
0	0	0
0	1	1
1	0	1
1	1	1

Signal am Ausgang A liegt immer an, wenn E1 **ODER** E2 Signal haben.

E	A
0	1
1	0

Wenn E1 ein Signal bekommt, liegt am Ausgang A **kein Signal** an.

***Bild 2** Grundfunktionen: Logikpläne und Funktionstabellen*

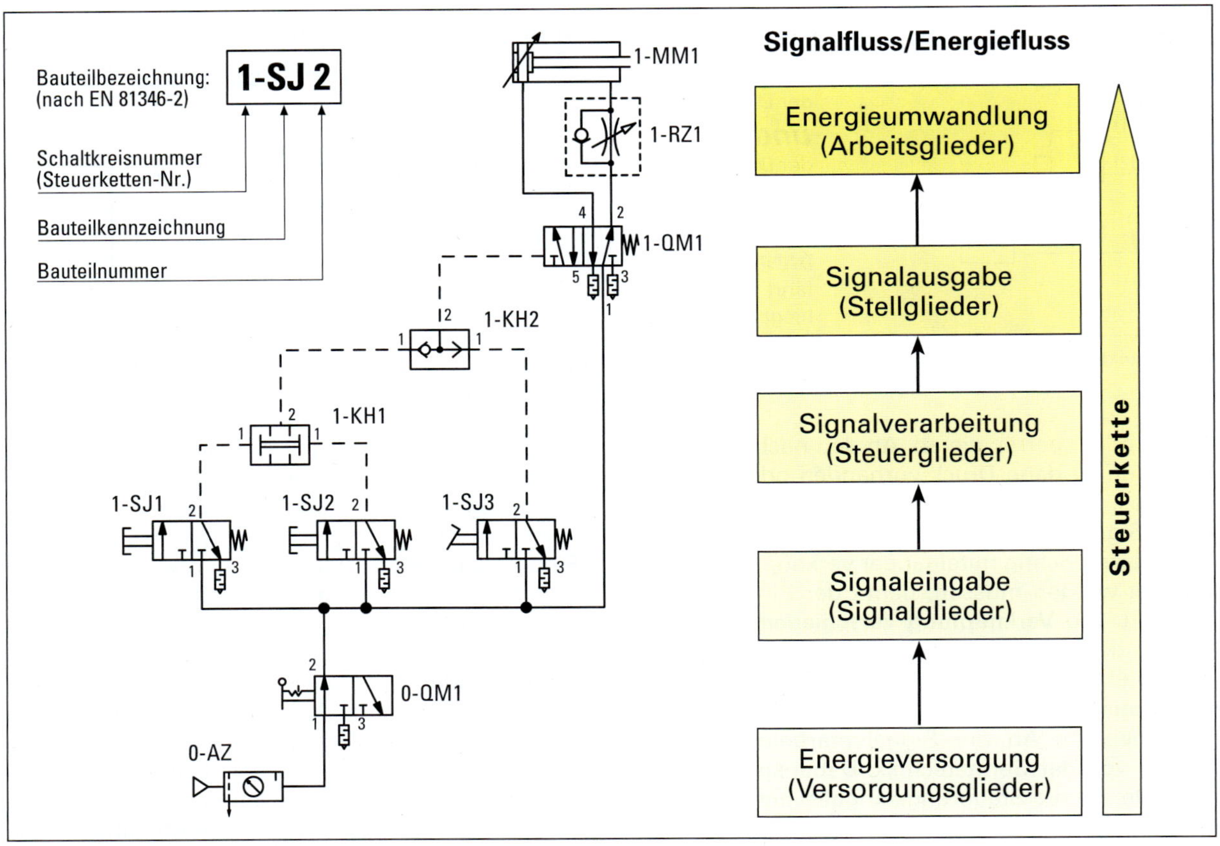

Bild 1 Pneumatischer Schaltplan der Rohrschellenpresse

Pneumatischer Schaltplan

Schaltpläne werden zum Aufbau der Steuerung und zur Fehlersuche bei Störungen benötigt. Jede Steuerung verläuft nach dem sogenannten **EVA**-Prinzip. Man benötigt Bauteile zur **E**ingabe der Befehle (Signalglieder), dann Bauglieder zur **V**erarbeitung der Befehle (Steuerglieder) und Bauelemente zur **A**usgabe der verarbeiteten Informationen (Arbeitsglieder).

Darstellungsregeln für pneumatische Schaltpläne

Die Pressensteuerung arbeitet mit einem Zylinder und besitzt daher nur einen Schaltkreis (Steuerkette). Ein Schaltkreis umfasst alle Bauteile zur Steuerung eines Zylinders. Werden bei komplexeren Steuerungen mehrere Zylinder eingesetzt, so wird die Steuerung in einzelne, nebeneinanderliegende Schaltkreise (Steuerketten) unterteilt. Die Schaltkreise werden von links nach rechts entsprechend des Funktionsablaufes aneinandergereiht und durchnummeriert.

Anordnung der Bauglieder:

- Die Bauelemente jedes Schaltkreises sind in Richtung des Signal- und Energieflusses (**EVA**-Prinzip) von unten nach oben angeordnet.
- Sie werden dabei in ihrer Ruhestellung bzw. in der Ausgangsstellung (bei eingeschalteter Steuerung) gezeichnet.
- Die Sinnbilder der Bauelemente werden waagrecht dargestellt; gleichartige Bauteile (z.B. alle Signalglieder) werden auf gleicher Höhe angeordnet.

Bezeichnung der Bauelemente und deren Anschlüsse:

- Jedes Bauteil erhält eine Schaltkreisnummer, die angibt, in welchem Schaltkreis das Bauteil liegt. Die Versorgungsglieder erhalten dabei die Ziffer 0.
- Die Kennzeichnung der Bauteile erfolgt nach EN 81346-2 und ist funktionsbezogen:

Bauelemente	Kennung	Bauelemente	Kennung	Bauelemente	Kennung
Wartungseinheit	AZ	Fluidregler, Ventilblock	KH	Rückschlagventil	RM
Endschalter	BG	Pneumatik-/Hydraulik-Zylinder	MM	Drossel	RN
Drucksensor	BP	Anzeigeinstrument	PG	Drosselrückschlagventil	RZ
Pumpe	GP	Wegeventil	QM	Handbetätigte Ventile	SJ

- Gleiche Bauteile werden im Schaltkreis fortlaufend nummeriert.
- Die Anschlüsse an den Ventilen werden folgendermaßen gekennzeichnet:
  - Arbeitsleitungen: 2, 4, 6 oder mit Buchstaben A, B, C
  - Rückleitungen: 3, 5, 7 oder mit Buchstaben R, S, T
  - Druckluftversorgung 1 oder mit Buchstaben P
  - Steuerleitungen 10, 12, 14 oder mit Buchstaben X, Y, Z

Leitungen und Druckquellen

- Die Arbeitsleitungen und Anschlussleitungen zur Versorgung der Ventile mit Druckluft werden als Volllinien gezeichnet.
- Steuerleitungen sind als Strichlinien darzustellen. Sie leiten die Steuersignale zum Umschalten der Ventile.
- Alle Leitungen müssen geradlinig waagrecht bzw. senkrecht und möglichst kreuzungsfrei gezogen werden.
- Leitungsverbindungen werden durch einen Punkt gekennzeichnet.
- Die gleiche Druckquelle kann aus Platzgründen auch mehrmals gezeichnet werden, z.B. an jedem Stellglied oder Signalglied am Druckanschluss „P“ bzw. „1“ das Symbol für die Druckquelle.

Bauglieder pneumatischer Steuerungen

Für die Steuerung der Rohrschellenpresse werden folgende pneumatische Bauglieder verwendet:

- Eine Drucklufterzeugungs- und Aufbereitungseinheit
- Ein 3/2-Wegeventil und ein 5/2-Wegeventil
- Ein Zweidruckventil und ein Wechselventil
- Ein Stromventil (Drosselrückschlagventil)
- Ein doppelwirkender Arbeitszylinder mit Endlagendämpfung

Die Übersicht (Bild 1 hier und Bild 1, Seite 312) zeigt die Schaltzeichen wichtiger pneumatischer Bauteile.

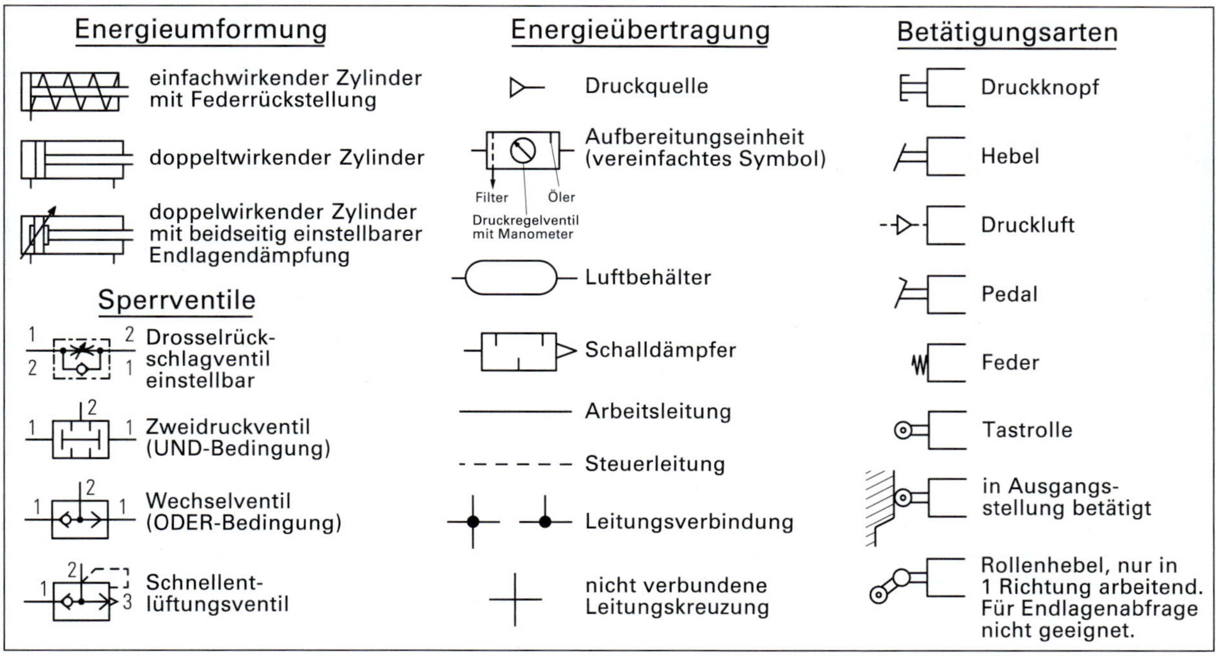

Bild 1 Darstellung pneumatischer Bauelemente (Auswahl)

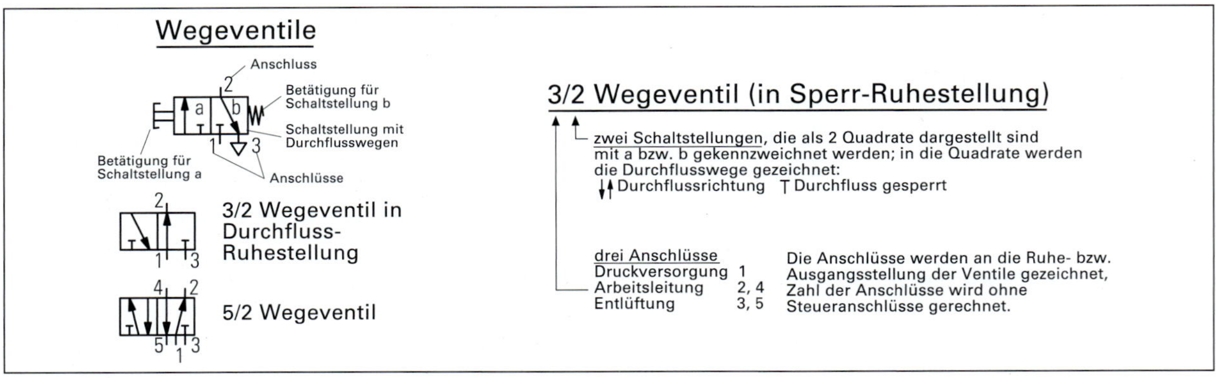

***Bild 1** Darstellung pneumatischer Bauelemente (Auswahl)*

Erstellung des pneumatischen Schaltplans

Grundlage für die zeichnerische Darstellung ist die DIN ISO 1219, Schaltzeichen der Fluidtechnik (vgl. Bild 1).
Zum Zeichnen der verschiedenen Pneumatikbauteile verwendet man entweder Schablonen oder ein entsprechendes PC-Programm, mit dem der Zeitaufwand für die Schaltplanerstellung erheblich reduziert wird. Die einzelnen Bauteile werden aus einer „Bibliothek" aufgerufen und miteinander verknüpft. Jeder Schaltplan kann außerdem simuliert und auf seine Funktionsfähigkeit getestet werden.

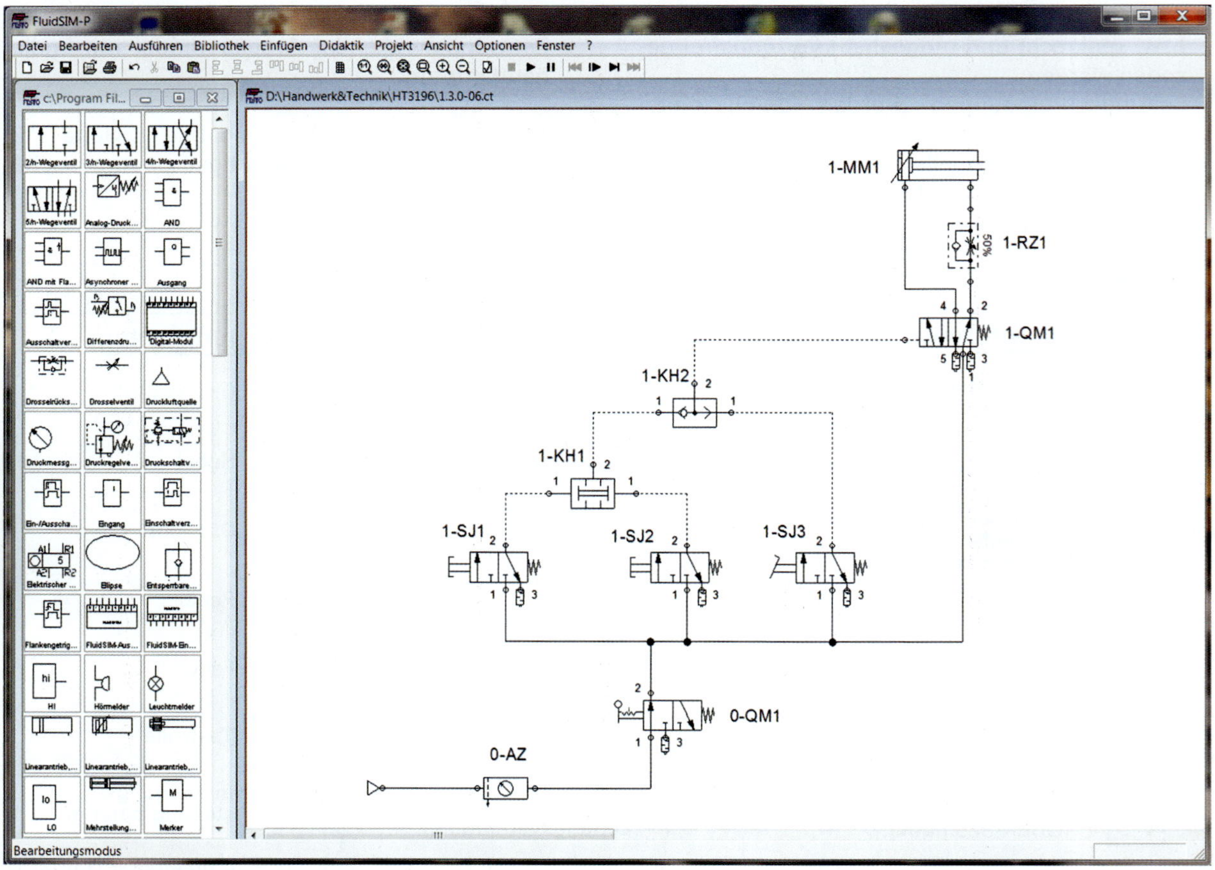

***Bild 2** Software zur Schaltplanerstellung*

3

Druckluftversorgung und -aufbereitung

Damit die Blechzuschnitte zu Rohrschellen gebogen werden können, ist Druckluft von mindestens 6 bar (6 bis 12 bar) erforderlich. Die Druckluftaufbereitungsanlage besteht aus einem Verdichter, dem Druckkessel und der Wartungseinheit.
Ein Kolbenverdichter saugt Umgebungsluft an und presst sie in den Druckkessel, wo sie gespeichert wird. Von dort strömt sie zur Wartungseinheit, bestehend aus

- dem Druckluftfilter – hier wird die Luft von Kondenswasser und Staubpartikeln gereinigt, damit die Führungen und Dichtungen nicht so schnell verschleißen,
- dem Druckregelventil – hier wird der benötigte Systemdruck eingestellt (geregelt!) und
- dem Druckluftöler – damit die bewegten Bauteile (Ventile, Zylinder) geschmiert werden und die Lebensdauer dieser Bauteile erhöht wird.

Die Schaltplan-Symbole für die Druckerzeugungsanlage und die Aufbereitungseinheit sind in Bild „Darstellung pneumatischer Bauelemente (Auswahl)", Seite 311 und 312 zu sehen.

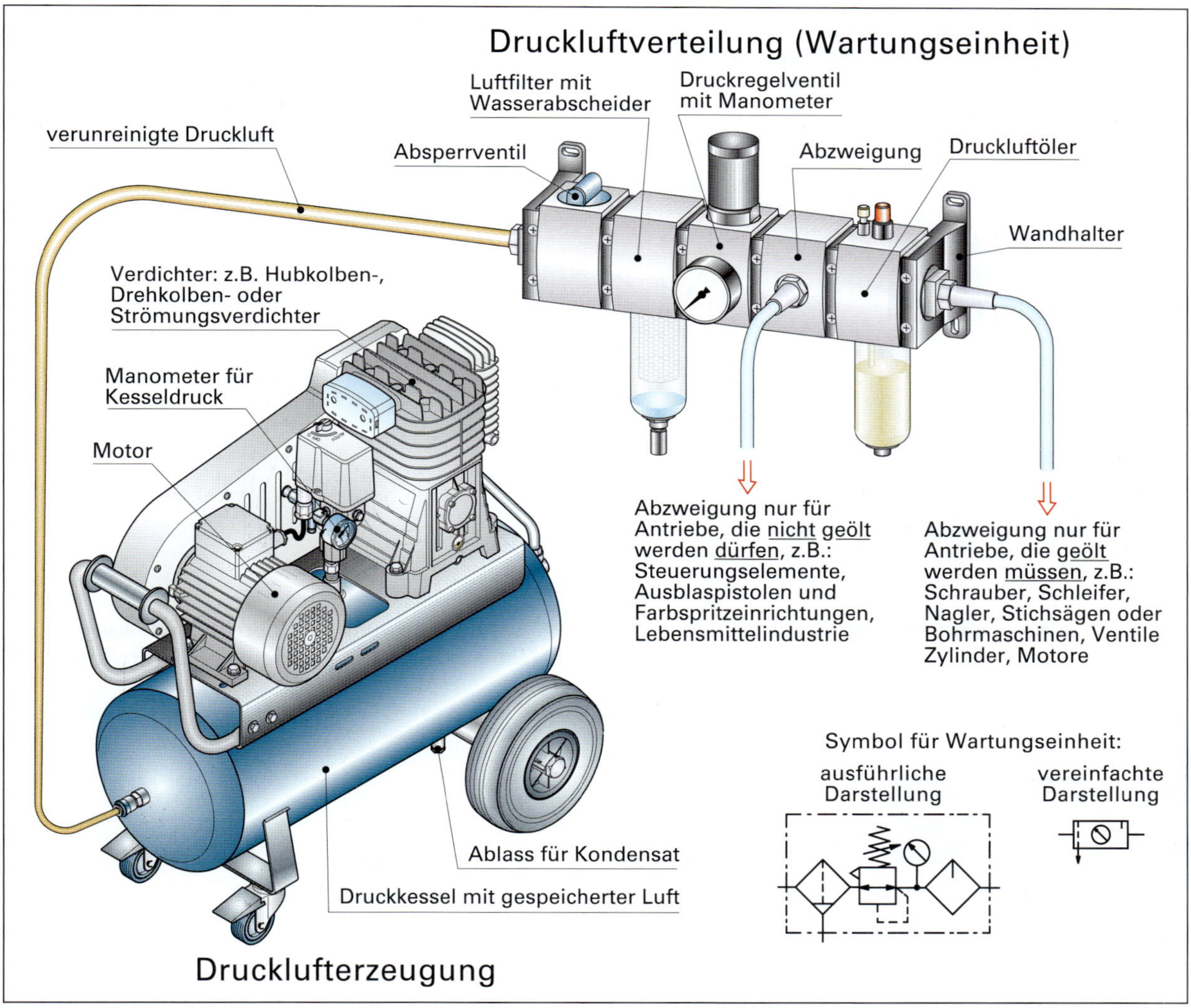

***Bild 1** Druckklluftaufbereitung*

Wegeventile

Die Pressensteuerung verwendet als Signalgeber (Bauteilnummern 1-SJ1, 1-SJ2 und 1-SJ3 im Schaltplan) **3/2-Wegeventile** in Sperr-Ruhestellung mit Druckknopfbetätigung bzw. Pedalbetätigung und Federrückstellung.
Diese Ventile besitzen **3 Anschlüsse** für Druckluftleitungen, wobei die Steuerleitungen zur Veränderung der Schaltstellung des Ventils nicht als

Anschlüsse mitgezählt werden, und **2 Schaltstellungen**. Die Schaltstelllungen werden jeweils durch ein Quadrat dargestellt. Die Quadrate können mit „a“ und „b“ gekennzeichnet sein. Die Schaltstellung mit den eingezeichneten Druckluftanschlüssen ist dabei die Ruhestellung oder Ausgangsstellung (Quadrat „b“), wenn das Ventil unbetätigt ist. Die andere Stellung zeigt das Ventil in betätigtem Zustand (Quadrat „a“). Da der Versorgungsanschluss „1“ die Druckluft in der Ruhestellung des Ventils absperrt, hat dieses Ventil eine sogenannte **„Sperr-Ruhestellung“** (Bild 1, S. 311). Erst durch Betätigung des Drucktasters verschiebt sich der Ventilkolben und lässt die Druckluft vom Anschluss „1“ zum Anschluss „2“ weiterströmen (Arbeitsstellung „a“). Der Entlüftungsanschluss ist dabei gesperrt. Lässt man den Taster los, so schaltet das Ventil bedingt durch die Feder wieder in die Ruhestellung „b“ (Federrückstellung). Die Strömungsrichtungen der Druckluft werden innerhalb der Quadrate durch Pfeile, abgesperrte Wege sind durch einen Querstrich gekennzeichnet. Die Betätigungsarten werden seitlich links und rechts an den Ventilen eingetragen. Eine Übersicht über die Darstellung und Kennzeichnung von Wegeventilen zeigt Bild 1.

3/2-Wegeventile gibt es auch in **„Durchfluss-Ruhestellung“** (Bild 1) mit umgekehrten Strömungsverhältnissen. Damit kann eine logische „NICHT“-Verknüpfung realisiert werden.

Das **Stellglied** der Steuerung 1-QM1 , das unmittelbar den Arbeitszylinder mit Druckluftenergie versorgt, ist ein **5/2-Wegeventil** mit pneumatischer

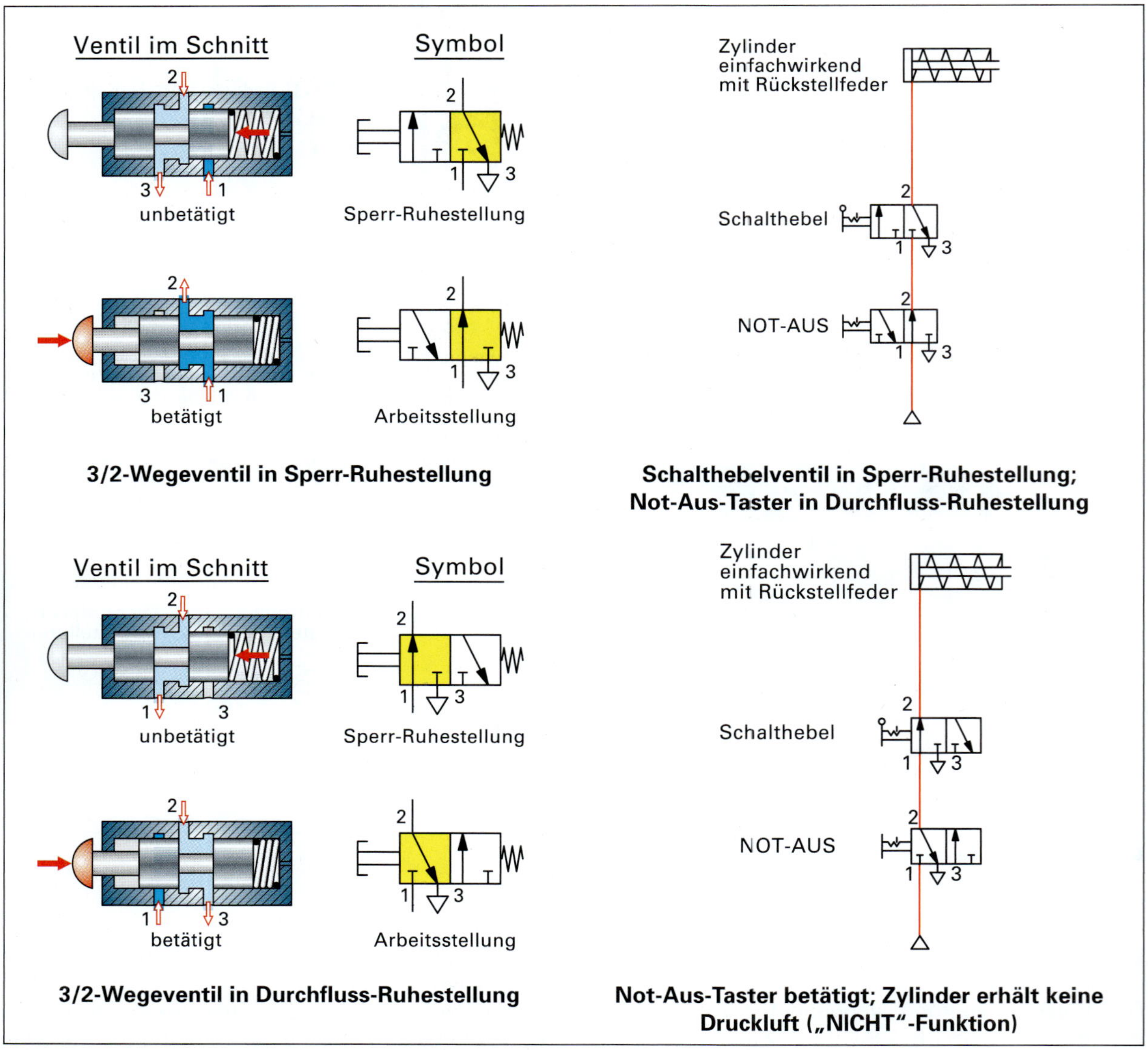

***Bild 1** Wegeventile: Sperr-Ruhe- und Durchfluss-Ruhestellung mit Anwendungsbeispiel*

Ansteuerung und Federrückstellung. In der Ausgangsstellung strömt die Druckluft von Anschluss „1" nach „2" und der Zylinderkolben ist eingefahren. Wird das Wegeventil über die Steuerleitung „14" druckbeaufschlagt, so schaltet das Ventil in die andere Schaltstellung. Druckluft strömt nun von Anschluss „1" nach Anschluss „4" und der Zylinder fährt dann aus. Daher erhält die entsprechende Steuerleitung auch die Bezeichnung „14" (Luft von 1 nach 4!). Die beiden Schaltzustände in folgender Abbildung zeigen die Druckluftströmung durch das 5/2-Wegeventil 1-QM1.

Steuerleitung „14" ist drucklos (Ausgangsstellung der Steuerung)

Steuerleitung „14" ist druckbeaufschlagt (wenn z. B. Signalglied 1S3 betätigt wurde)

***Bild 1** Druckluftströmung im 5/2-Wegeventil*

Sperrventile

lassen die Druckluft nur in einer Richtung durch, in der anderen Richtung sperren sie den Durchfluss. Sperrventile sind z. B. das Zweidruck- und das Wechselventil, die beide in der Rohrschellenpressensteuerung eingesetzt werden.

Zweidruckventile haben 2 Eingänge und 1 Ausgang. Sie leiten Druckluft nur dann weiter, wenn an beiden Eingängen Druck anliegt, also am Eingang 1 **und** am Eingang 2 (**„UND"-Funktion**).

Wechselventile erzeugen eine **„ODER"-Funktion**. Der Ausgang eines Wechselventils führt immer Druck, wenn entweder an jeweils einem Eingang Druckluft anliegt oder auch beide mir Druck beaufschlagt sind.

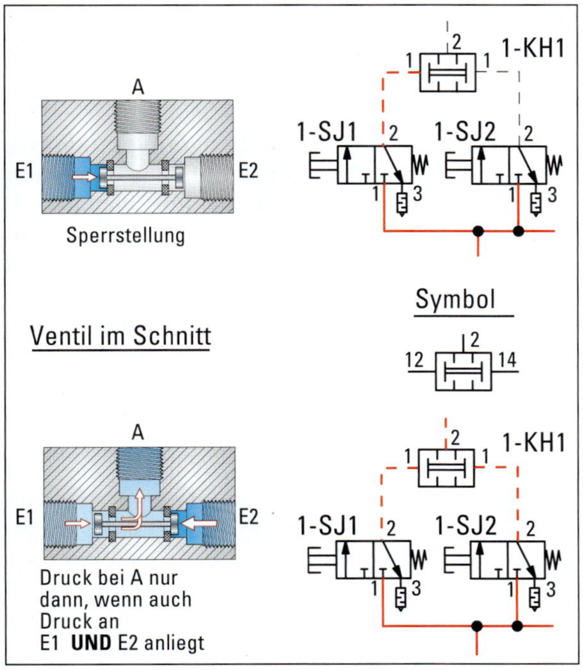

***Bild 2** Zweidruckventil – „UND"-Funktion*

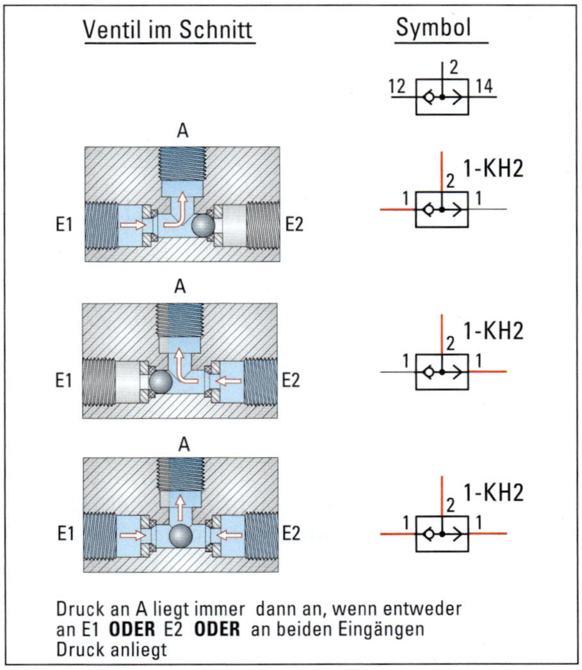

***Bild 3** Wechselventil – „ODER"-Funktion*

Stromventile

Die Geschwindigkeit des Zylinderkolbens der Schellenpresse muss beim Ausfahren einstellbar sein, damit die Blechzuschnitte ordentlich gebogen werden können. Dazu verwendet man ein **Drosselrückschlagventil**. Drosselrückschlagventile sind Stromventile, die die Strömungsgeschwindigkeit der Luft steuern. Mit ihnen kann man die Aus- oder Einfahrgeschwindigkeit eines Zylinders verändert werden. Folgende Darstellung zeigt die Wirkungsweise eines Drosselrückschlagventils. Über eine Stellschraube lässt sich der Leitungsquerschnitt im Ventil verringern (Drosselwirkung). Als Folge strömt weniger Druckluft durch und der Kolben fährt langsamer. Das Drosselventil wirkt aber nur in einer Verfahrrichtung des Kolbens. In der anderen Richtung wird der volle Leitungsquerschnitt über den Kugelsitz im Ventil (Rückschlagventil) freigegeben. Damit ist z. B. ein langsames Ausfahren und schneller Rücklauf möglich.

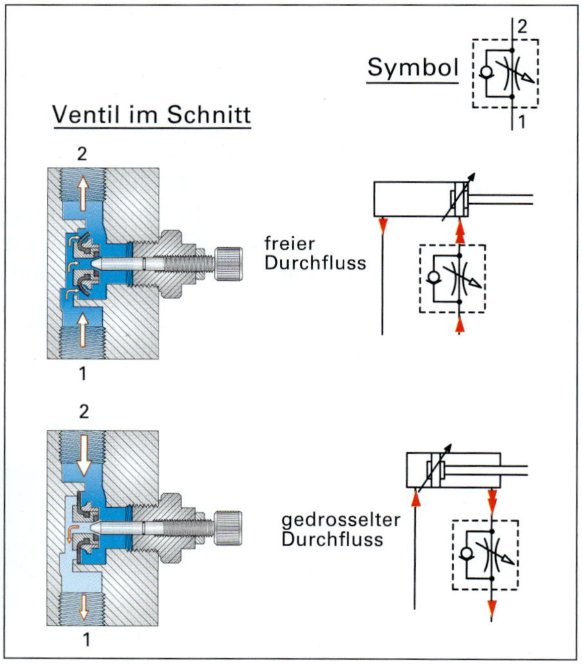

***Bild 1** Dosselrückschlagventil – Einstellung der Kolbengeschwindigkeit*

Grundsätzlich kann man für die Geschwindigkeitssteuerung die Zuluftleitung zum Zylinder oder die Abluftleitung des Zylinders drosseln. Die Abluftdrosselung ist aber vorteilhafter, weil der Zylinderkolben zwischen ein Luftpolster gespannt wird. Dies verhindert ein ruckartiges Gleiten des Kolbens bei sehr niedriger Geschwindigkeit („Stick-Slip-Effekt", Bild 2).

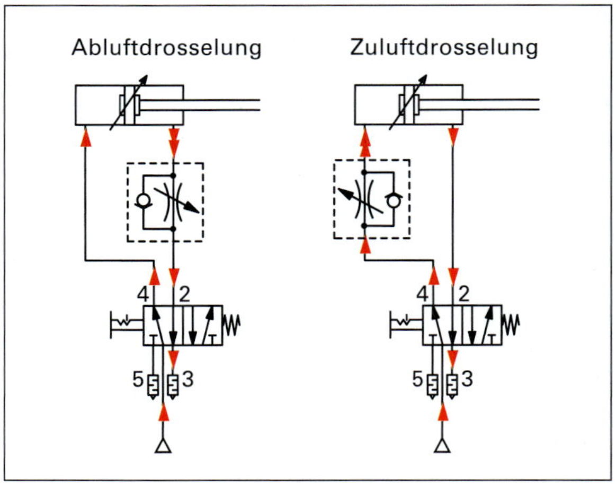

***Bild 2** Abluft- und Zuluftdrosselung*

Druckluftzylinder

Zum Pressbiegen der Rohrschellen wird ein doppeltwirkender Druckluftzylinder mit Endlagendämpfung verwendet. Der Zylinder ist in der Steuerkette das letzte Glied, das Arbeitsglied. Es wandelt die Energie der Druckluft in eine geradlinige Bewegung, in mechanische Arbeit um.

Bei doppeltwirkenden Zylindern wird das Ein- und Ausfahren durch Druckluft erzwungen, wodurch beidseitige Arbeitsbewegungen möglich sind. Außerdem verharrt der Kolben nach einem Druckausfall in der augenblicklichen Position. Doppeltwirkende Zylinder müssen mit einem 5/2-Wegeventil als Stellglied angesteuert werden.

Bei einfachwirkenden Zylindern erfolgt nur das Ausfahren durch Druckluftzufuhr, das Einfahren erfolgt durch eine Rückholfeder im Zylinder, sobald die Druckluftzufuhr unterbrochen ist. Einfachwirkende Zylinder können nur dort verwendet werden, wo nur in einer Richtung eine Arbeitsbewegung ausgeführt werden soll, z. B. bei Spannzylindern. Einfachwirkende Zylinder müssen mit einem 3/2-Wegeventil als Stellglied angesteuert werden (Bild 1 S. 316).

Die **Endlagendämpfung** von Zylindern wird mit einem sogenannten Dämpfungskolben ermöglicht. Vor Erreichen der Endlage verschließt er den direkten Weg der Abluft ins Freie. Es bleibt nur ein sehr kleiner Abluftquerschnitt offen. Dadurch wird im letzten Teil des Zylinderraums ein Überdruck aufgebaut, der wie ein Luftpolster wirkt und den Kolben sanft in die Endlage einfahren lässt.

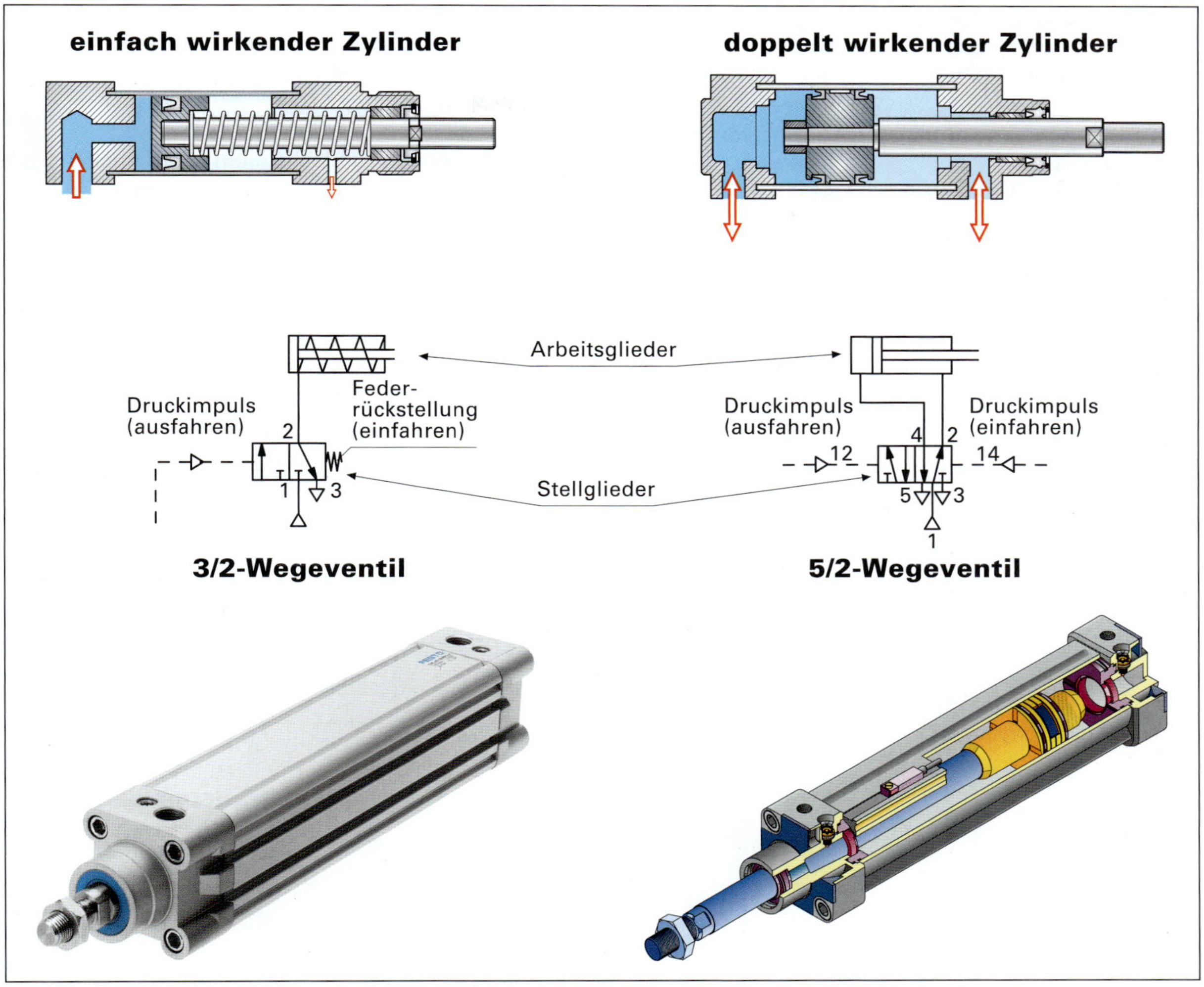

Bild 1 Einfach- und doppeltwirkender Zylinder

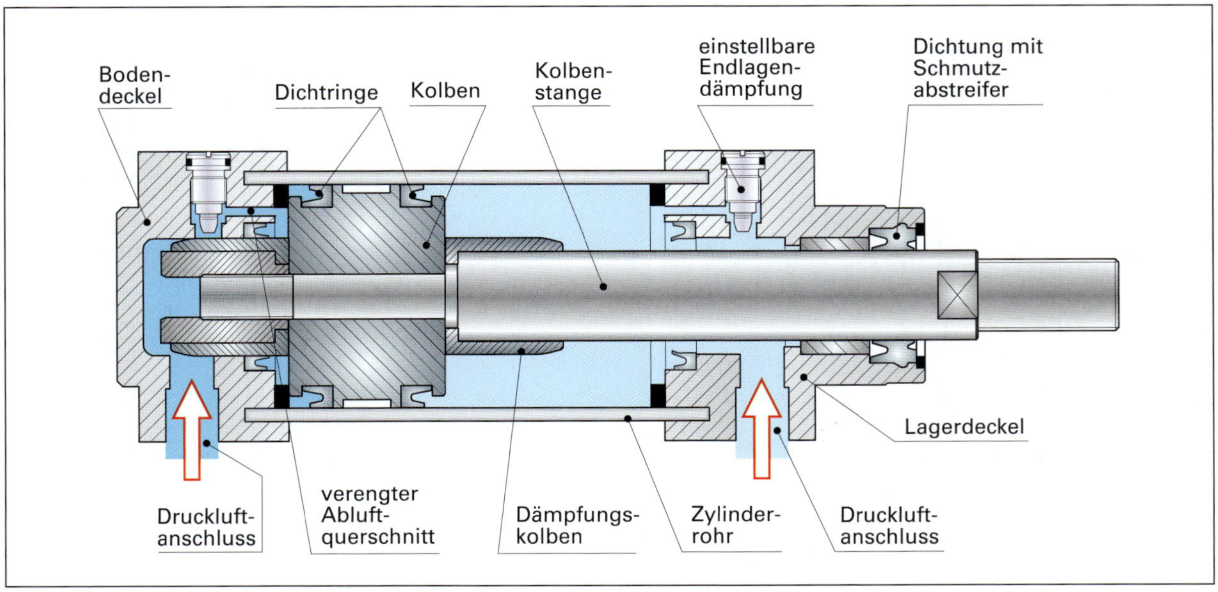

Bild 2 Endlagendämpfung an einem doppeltwirkenden Zylinder

3

Funktionsablauf der Rohrschellenpresse

Die einzelnen Bauteile der Steuerung erfüllen unterschiedliche Aufgaben.

Man unterscheidet funktionsbedingt von unten nach oben die

- Versorgungsglieder (0-AZ, 0-QM1), → Bereitstellung der Druckluftversorgung
- Signalglieder (1-SJ1, 1-SJ2, 1-SJ3), → **E**ingabe der Steuerbefehle
- Steuerglieder (1-KH1, 1-KH2), → **V**erarbeitung der Signale
- Stellglieder (1-QM1) und → **A**usgabe der Signale
- Arbeitsglieder (1-MM1) → Verrichtung der Arbeit

Die Versorgungsglieder stellen die Druckluft zur Verfügung und bereiten sie entsprechend auf. Über die Druckknopftaster der Signalglieder 1-SJ1 und 1-SJ2 und das pedalbetätigte Ventil 1-SJ3 werden die Befehle für das Pressen gegeben. Die Ventile 1-KH1 und 1-KH2 müssen aufgrund der logischen Verknüpfungen die gegebenen Signale verarbeiten. Sie werden Steuerglieder genannt. Das Ven-

Logikplan

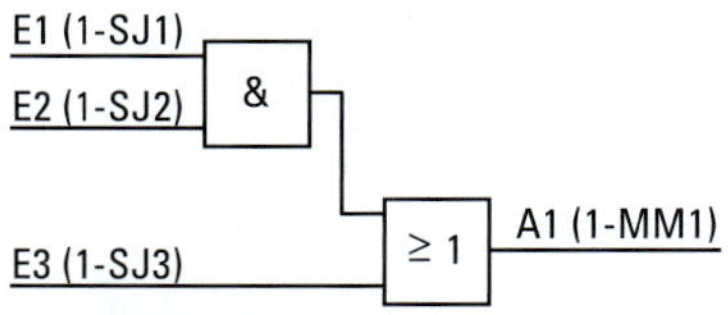

Funktionsbeschreibung

WENN
der Druckknopf 1-SJ1
und
der Druckknopf 1-SJ2 betätigt werden
oder
das Pedal 1-SJ3 betätigt wird,
DANN
fährt der Biegezylinder 1-MM1 aus und biegt die Rohrschelle

Funktionstabelle

1-SJ1	1-SJ2	1-SJ3	1-MM1
0	0	0	0
1	0	0	0
1	1	0	1
1	0	1	1
0	0	1	1
0	1	0	0
0	1	1	1
1	1	1	1

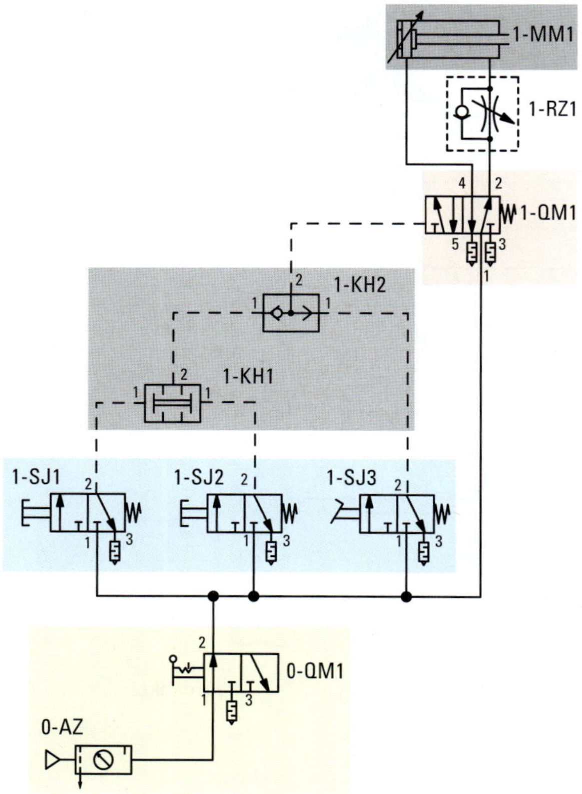

Signalfluss/Energiefluss

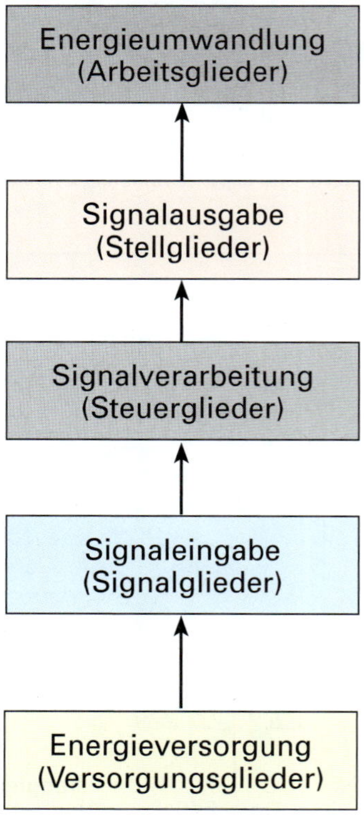

Bild 1 Funktionspläne und Schaltplan der Rohrschellenpresse

til 1-QM1 steuert unmittelbar den Druckluftstrom zum Ein- und Ausfahren des Zylinders. Es wird Stellglied genannt, weil es die notwendige Energie zum Antrieb des Arbeitsgliedes stellt.

Folgende Abbildungen zeigen den Verlauf der Druckluft unter den verschiedenen möglichen Signaleingaben nach dem Logikplan bzw. der Funktionstabelle.

Wird nur der Druckknopf 1-SJ1 betätigt, so bleibt der Zylinder eingefahren.

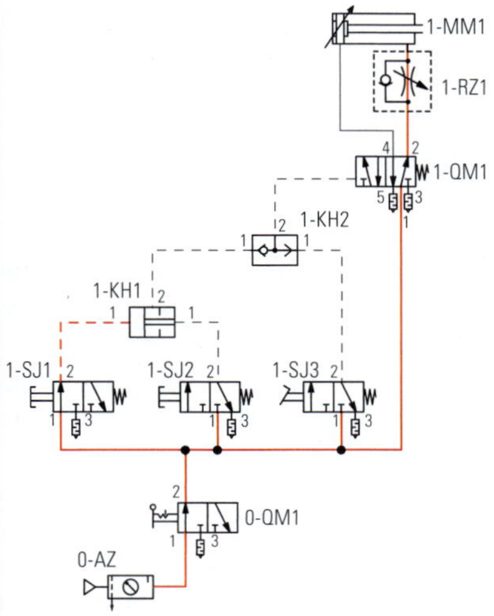

Werden die Signalglieder 1-SJ1 **UND** 1-SJ2 betätigt, so fährt der Zylinder 1A1 aus.

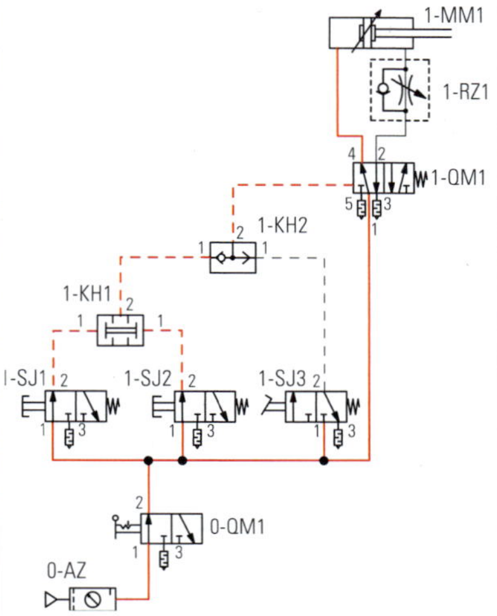

Immer wenn das Signalglied 1-SJ3 betätigt ist, fährt der Zylinder 1-MM1 aus, weil die Bedingung **„ODER** das Ventil 1-SJ3 ist betätigt" in jedem Fall erfüllt ist.

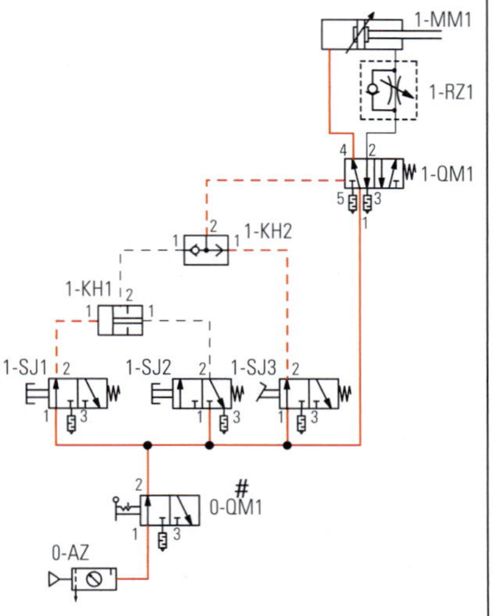

Wird nur der Druckknopf 1-SJ2 betätigt, so bleibt der Zylinder eingefahren.

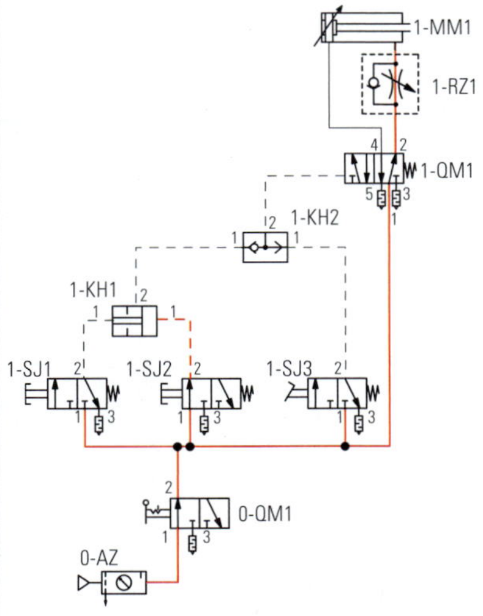

Wird das Pedal 1-SJ3 betätigt, so fährt der Zylinder 1-MM1 aus (1-SJ1 bzw. 1-SJ2 **ODER** 1-SJ3)

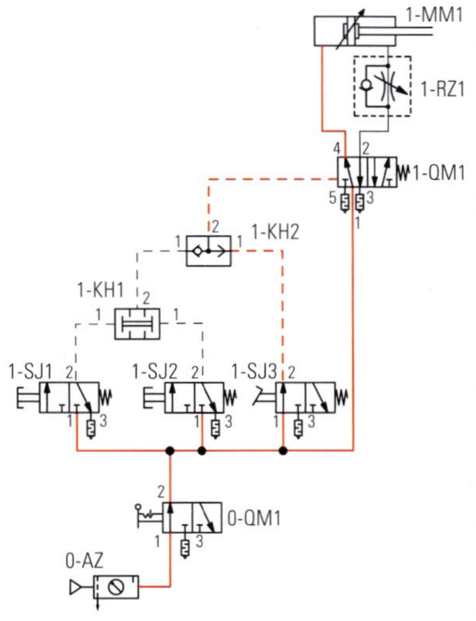

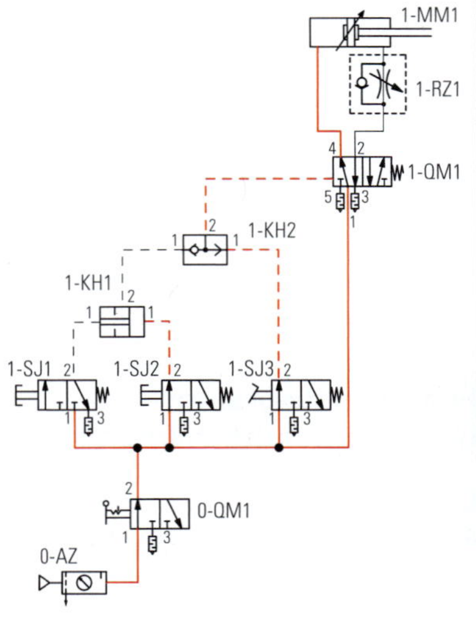

***Bild 1** Druckluftstrom unter verschiedenen Signalzuständen*

Pneumatische Ablaufsteuerungen

Die Rohrschellenpresse wird nun prozessabhängig und zeitabhängig gesteuert:

- **Prozessabhängigkeit:** Der Pressenzylinder soll nach dem Biegevorgang wieder selbständig in seine Ausgangslage zurückfahren. Der Bewegungsablauf in Kurzschreibweise sieht folgendermaßen aus: 1-MM1+ 1-MM1— („+" → Ausfahren; „—" → Einfahren)
- **Zeitfunktion:** Der Rücklauf soll erst nach einer festgelegten Zeitspanne (beispielsweise nach 5 Sekunden) erfolgen.

Die Zeitfunktion kann mit einem sogenannten **Zeitverzögerungsventil** realisiert werden. Das Zeitver-

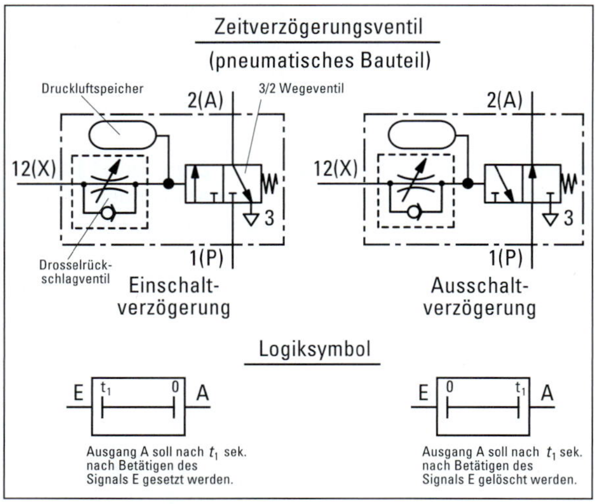

***Bild 1** Zeitverzögerungsventil (einschaltverzögert und ausschaltverzögert)*

zögerungsventil ist ein Drosselrückschlagventil mit einem nachgeordneten Druckluftspeicher (vgl. Bild 1).

Erst wenn der Druckluftspeicher gefüllt ist, steht am Ausgang 2 ein Ausgabesignal an. Das 3/2-Wegeventil schaltet bedingt durch die Rückstellfeder erst um, wenn ein bestimmter Druck erreicht ist. Dieser Druck muss sich erst im Speicher aufbauen, wozu eine bestimmt Zeit benötigt wird. Die Länge der Zeitspanne lässt sich über die Strömungsgeschwindigkeit der Druckluft durch das Drosselrückschlagventil festlegen. Bei der Einschaltverzögerung erhält der Ausgang 2 ein Signal, wenn am Steuereingang 12 ein Signal eine Zeit lang anliegt. Bei der Ausschaltverzögerung wird dieses Ausgangssignal 2 bei Anliegen eines Eingangssignals abgeschaltet („NICHT"-Funktion!).

3

Funktionsdiagramm – das Weg-Schritt-Diagramm

Ein prozessgesteuerter Ablauf einzelner Arbeitsschritte wird in einem Funktionsdiagramm als Weg-Schritt-Diagramm dargestellt. Wie der Logikplan einer Verknüpfungssteuerung ist auch das Weg-Schritt-Diagramm einer Ablaufsteuerung unabhängig von der gerätetechnischen Ausführung. Hier werden lediglich die Arbeitsbewegungen der Zylinder und der sie auslösenden Zustandsänderungen der Stellglieder (und manchmal auch der Signalglieder) graphisch festgehalten (Bild 2).
Die **Wege** entsprechen den Zustandsänderungen eines Bauteiles, z.B. Zylinder eingefahren oder ausgefahren oder Ventil in Schaltstellung a bzw. b.
Die **Schritte** sind die Aufeinanderfolge der einzelnen Zustandsänderungen.

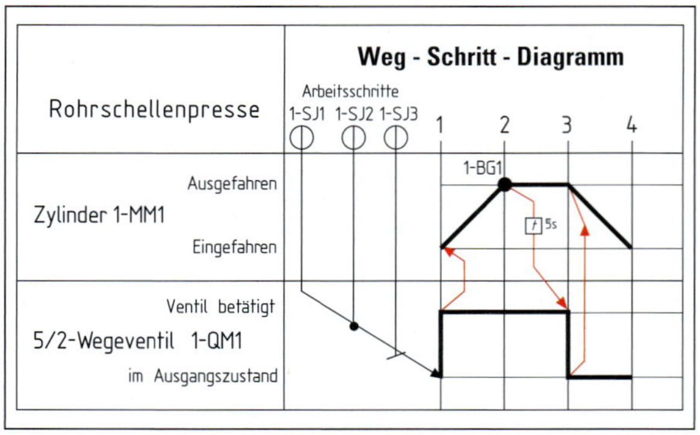

***Bild 2** Weg-Schritt-Diagramm der Rohrschellenpresse*

Die **Funktionslinien** beschreiben graphisch die **Wege** der Zylinder sowie das Umschalten der Ventile in ihre **Schaltstellungen**. Eine **schmale Funktionslinie** kennzeichnet die **Ruhe- bzw. Ausgangsstellung** eines Bauteils. Eine **breite Funktionslinie** kennzeichnet die **Änderung** der Bewegung bzw. eines Schaltzustandes. **Schräg verlaufende Funktionslinien** kennzeichnen längere Ein- bzw. Ausfahrbewegungen von Zylindern; senkrecht verlaufende Funktionslinien dagegen sehr kurze Schaltzeiten wie das Umschalten von Wegeventilen.
Die **Signallinien** werden als schmale Volllinien mit Pfeil dargestellt. Sie zeigen die Verknüpfung zwischen den Signalgliedern, den Stell- und den Arbeitsgliedern einer Steuerung in Richtung des Energieflusses (vgl. Bild 3).

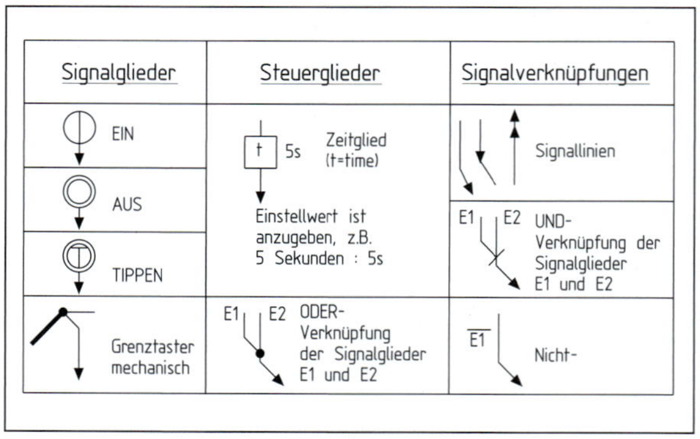

***Bild 3** Symbole für Funktionsdiagramme*

Das selbstständige Einfahren des Zylinders mit Zeitverzögerung wird nun folgendermaßen realisiert:
Wie aus dem Weg-Schritt-Diagramm zu erkennen ist, wird ein weiteres Signalglied 1-BG1 benötigt, das von der Kolbestange des ausgefahrenen Zylinders 1-MM1 selbst betätigt wird (Schritt 1–2 im Diagramm). Dieses schaltet dann das 5/2-Wegeventil 1-QM1 (Stellglied) wieder um. Dieser Umschaltvorgang geschieht aber nicht sofort, sondern erst

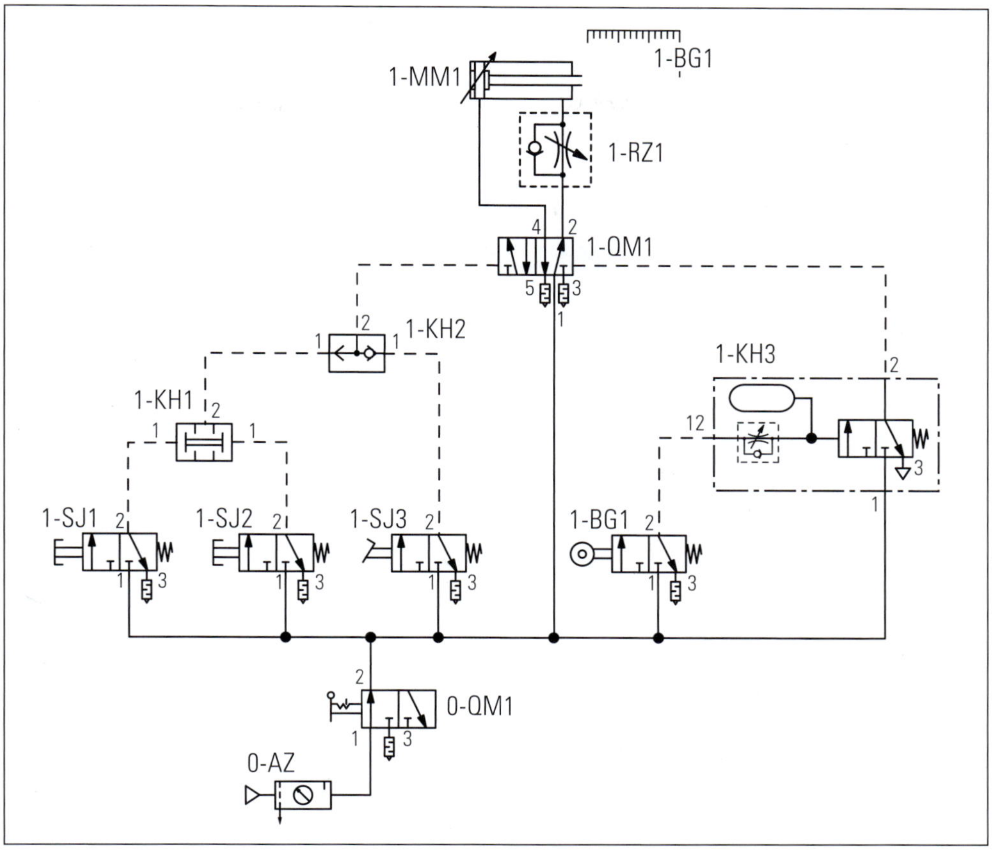

Bild 1
Schaltplan der Ablaufsteuerung der Rohrschellenpresse

5 Sekunden später, nachdem der Zylinder 1-MM1 seine hintere Endlage erreicht hat (Schritt 2–3). Durch das Umschalten des 5/2-Wegeventils erhält der Zylinder das Signal zum Einfahren (Schritt 3–4). Den dazugehörenden pneumatischen Schaltplan zeigt Bild 1.

Wird ein Signalglied über eine Kolbenstange betätigt, wird im pneumatischen Schaltplan die Einbaulage des Signalglieds durch einen Markierungsstrich und die Gerätenummer gekennzeichnet (vgl. Bild 1). In der hinteren Endlage des Kolbens 1-MM1 steht über dem Markierungsstrich die Gerätenummer 1-BG1 für das rollenbetätigte 3/2-Wegeventil, das vom Kolben angesteuert wird.

Funktionsdiagramme erleichtern in Verbindung mit dem Schaltplan das Erfassen des Steuerungsablaufes. Gerade zur Überwachung und Instandhaltung von Steuerungen leisten beide zusammen ein wichtige Hilfe.

Pneumatische Selbsthaltung (Speicherung von Signalen)

Im ersten Schaltplan der Pressensteuerung (Bild 1, Seite 309) müssen die Signalglieder 1-SJ1 bis 1-SJ3 immer betätigt bleiben, damit der Zylinder ausfährt. Wird die Betätigung aufgehoben, so schaltet das Stellglied aufgrund der Federrückstellung wieder um. Der Ausfahrbefehl wird also nicht gespeichert.

Bei der Steuerung in Bild 1 dagegen genügen lediglich kurze Impulse auf die Signalglieder 1-SJ1 bis 1-SJ3. Dadurch wird das Stellglied 1-QM1 umgeschaltet und verharrt in dieser Stellung, bis der Gegenbefehl vom Signalglied 1-BG1 erfolgt. Der Ausfahrbefehl wird also gespeichert (vgl. Bild 1, Seite 322). Derartige Wegeventile werden auch als Impulsventile bezeichnet.

Die Signalspeicherung mit einem beidseitig pneumatisch angesteuerten 5/2-Wegeventil (Impulsventil) wird in Logikplänen folgendermaßen dargestellt:

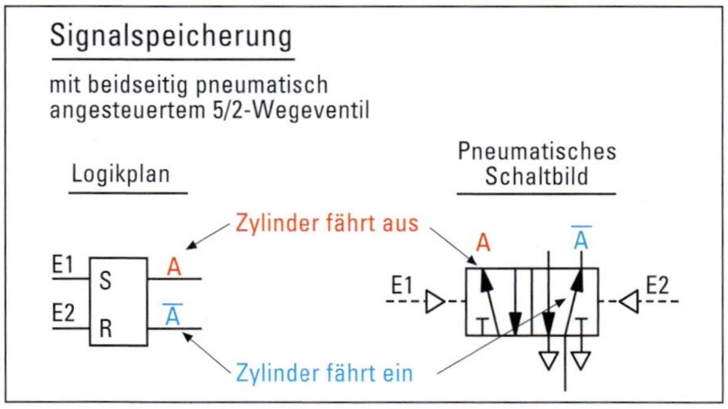

Bild 2 ***Signalspeicherung im Logikplan***

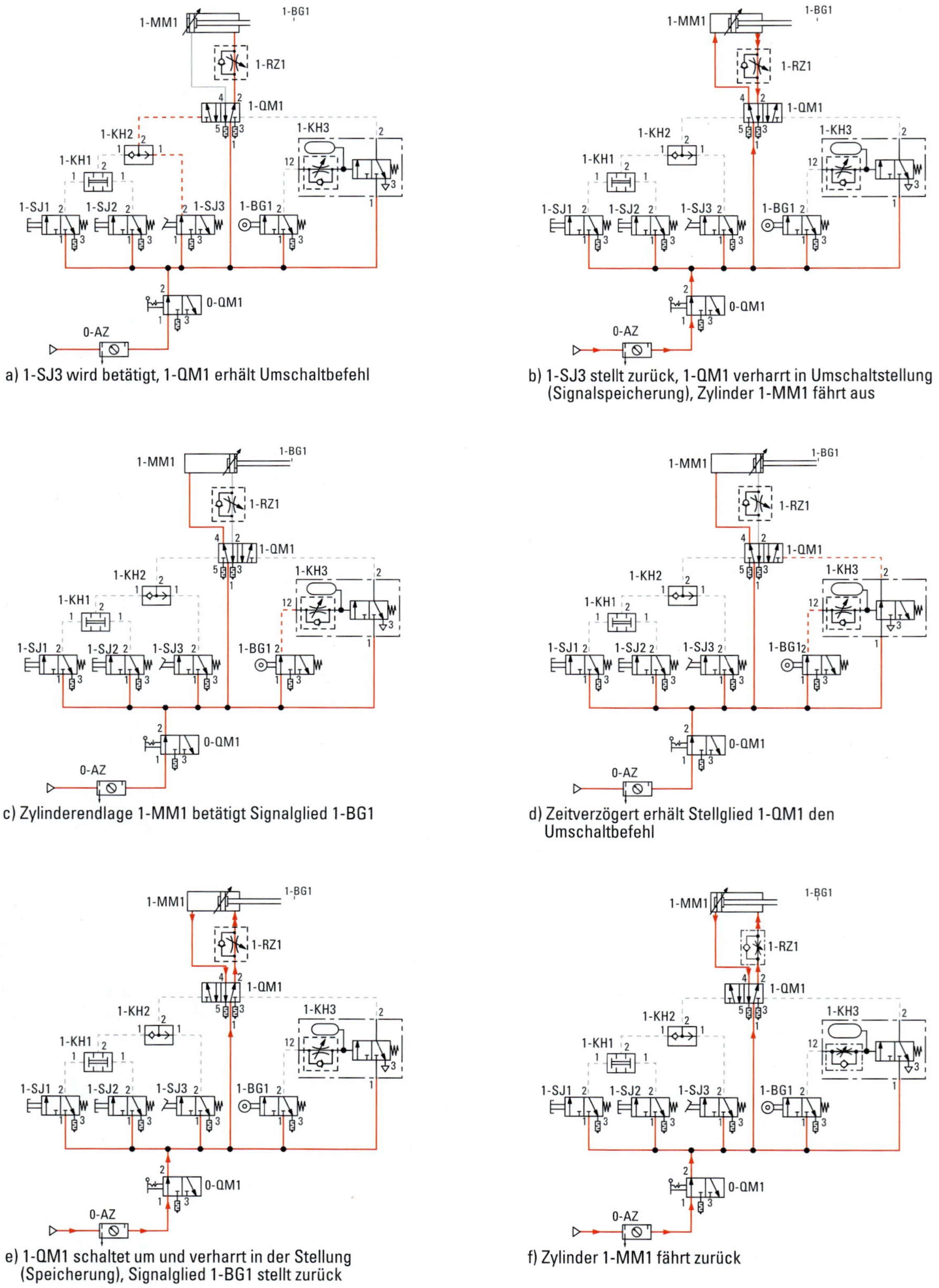

a) 1-SJ3 wird betätigt, 1-QM1 erhält Umschaltbefehl

b) 1-SJ3 stellt zurück, 1-QM1 verharrt in Umschaltstellung (Signalspeicherung), Zylinder 1-MM1 fährt aus

c) Zylinderendlage 1-MM1 betätigt Signalglied 1-BG1

d) Zeitverzögert erhält Stellglied 1-QM1 den Umschaltbefehl

e) 1-QM1 schaltet um und verharrt in der Stellung (Speicherung), Signalglied 1-BG1 stellt zurück

f) Zylinder 1-MM1 fährt zurück

***Bild 1** Verschiedene Zustandsänderungen bei der Ablaufsteuerung mit Signalspeicherung*

3.3.1 Aufgaben zu 3.3

1. Welche Regeln gelten für die Anordnung und Darstellung von pneumatischen Schaltplänen?
2. Worin unterscheiden sich einfach- von doppeltwirkenden Zylindern hinsichtlich des Aufbaus und der Funktion?
3. Aus welchen Baugliedern besteht eine Steuerkette? Beschreiben Sie deren jeweilige Aufgaben.
4. Skizzieren und erklären Sie folgende Ventile:
   - 5/2-Wegeventil mit beidseitiger Druckbeaufschlagung
   - 3/2-Wegeventil in Sperr-Ruhestellung mit Federrückstellung
   - 3/2-Wegeventil in Durchfluss-Ruhestellung mit Federrückstellung
   - Wechselventil
   - Zweidruckventil

5. In die Steuerung der pneumatischen Stanzvorrichtung ist eine zusätzliche Werkstückkontrolle einzubauen. Das schiefe bzw. verkantete Einlegen der Werkstücke soll damit verhindert werden. Eine Verminderung von Ausschuss ist das Ziel. Die bisherige Kurzbeschreibung der Schaltungsfunktion, die Bedienungsanleitung, besagt: Stanzbetrieb: Nach Einlegen des Werkstückes ist das Schutzgitter zu schließen. Der Endlagensensor 1-SJ1 erfasst den Zustand „Schutzgitter geschlossen". Nur dann ist über die Fußbetätigung 1-SJ2 oder die Handbetätigung 1-SJ3 der Kolben des Zylinders 1-MM1 einstellbar langsam auszufahren. Das Stromventil 1-RZ1 erlaubt das Einstellen der Verfahrgeschwindigkeit. Erfolgt keine Fuß- oder Handbetätigung mehr, bewirkt die Federrückstellung die Bewegung des Kolbens in die Ruhestellung.

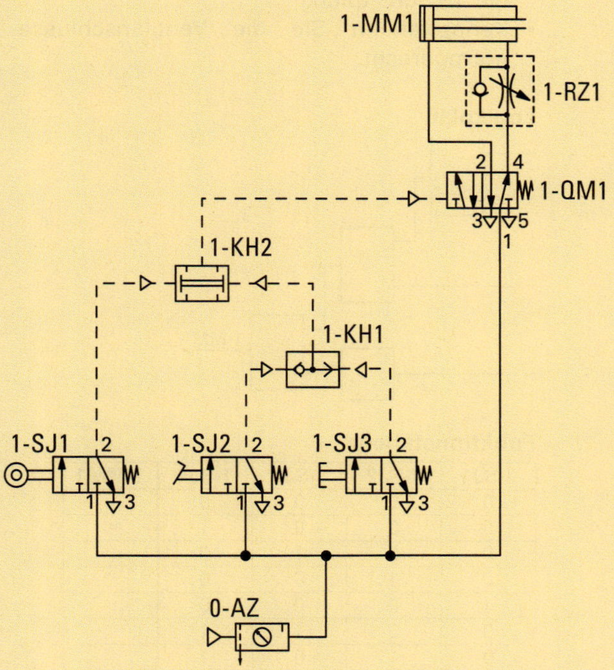

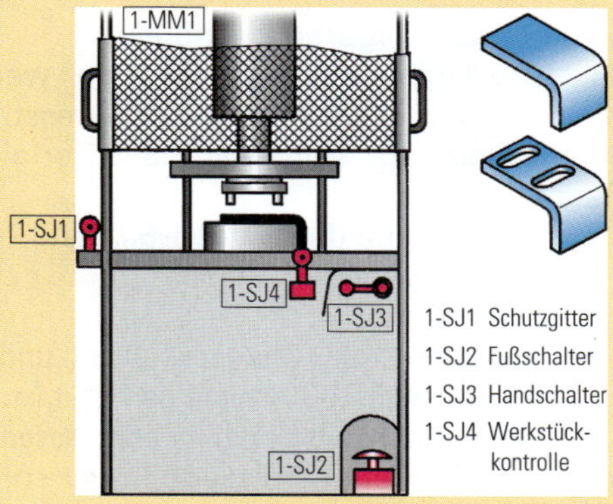

a) Beschreiben Sie anhand des Schaltplans die Steuerungsfunktionen.
b) Erstellen Sie dazu einen Logikplan und eine Funktionstabelle.
c) In diesem Schaltplan fehlt noch die Werkstückabfrage. Wie müssen Sie den Schaltplan verändern, um diese Funktion zu erreichen? Zeichen Sie den Schaltplan neu.

6. Der Schaltplan in folgender Abbildung beschreibt eine Steuerung. Kontrollieren Sie, unter welchen Bedingungen der Zylinder ausfährt.

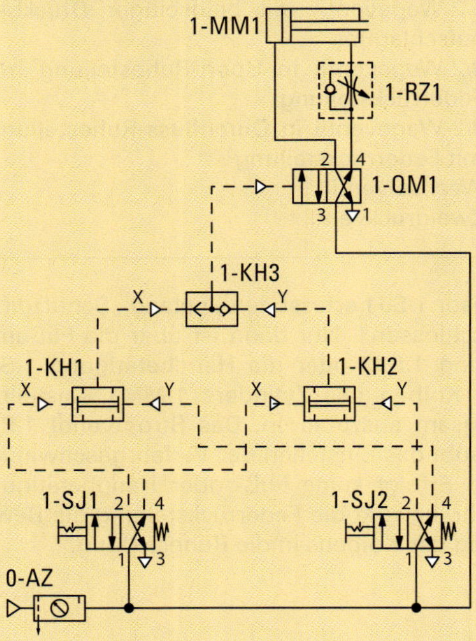

7. Pneumatische Lagerbuchsenpresse:
Mit der dargestellten Vorrichtung werden Lagerbuchsen in Laufrollen eingepresst. Der Einpressvorgang soll nur dann erfolgen, wenn
- mit den Händen die Taster 1-SJ1 und 1-SJ2 gleichzeitig gedrückt bleiben
  oder wenn
- der Fußtaster 1-SJ3 gedrückt bleibt und der Schutzgittertaster 1-SJ4 nicht gedrückt ist, weil das Schutzgitter vollständig herabgelassen ist.

Der doppeltwirkende Pressenzylinder soll außerdem geschwindigkeitsgesteuert ausfahren können. In der Ausgangsstellung ist der Zylinder eingefahren.

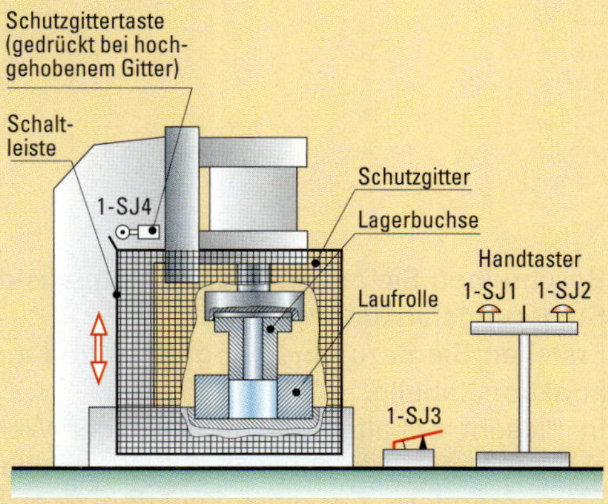

a) Erstellen Sie den Logikplan für diese Steuerungsaufgabe.

b) Ergänzen Sie die Funktionstabelle passend zu dem Logikplan. Wie viele Kombinationsmöglichkeiten in der Funktionstabelle gibt es bei 4 Signalgliedern, die das Ausfahren des Zylinders beeinflussen?

c) Erfolgt bei dieser Steuerungsaufgabe eine Signalspeicherung, begründen Sie?

d) Als **Signalglieder** (1-SJ1–1-SJ4) werden 3/2-Wegeventile benötigt. Geben Sie an, welche Ventile in Sperr-Ruhestellung und welche in Durchfluss-Ruhestellung benötigt werden.

e) Welche Ventile benötigen Sie als **Steuerglieder** (1-KH1 und 1-KH2) zur Realisierung der Verknüpfungen?

f) Welches Ventil (1-QM1) benötigen Sie als **Stellglied** zum Ansteuern des Zylinders? Geben Sie auch hier die genaue Ventilbezeichnung an.

g) In welcher Leitung wird das Drosselrückschlagventil für das Ausfahren des Zylinders eingebaut? Begründen Sie!

h) Übertragen Sie den Schaltplan auf ein Blatt und ergänzen Sie ihn:
- Zeichnen Sie alle Leitungen ein.
- Zeichen Sie die Schaltstellungen der Ventile im Schaltplan.
- Kennzeichnen Sie die Ventilanschlüsse normgerecht.

Logikplan

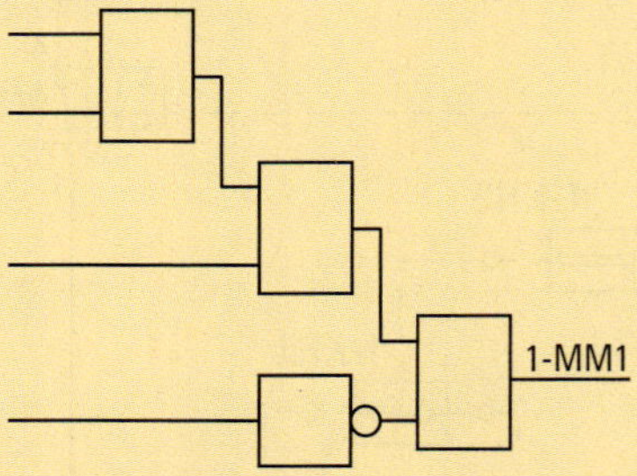

Funktionstabelle

1-SJ1	1-SJ2	1-SJ3	1-SJ4	1-MM1
0	0	0	0	
0	0	0	1	
0	0	1	0	
0	1	0	0	
1	0	0	0	
0	0	1	1	
0	1	0	1	
1	0	0	1	
1	0	1	0	
1	1	0	0	
0	1	1	0	
0	1	1	1	
1	0	1	1	
1	1	0	1	
1	1	1	0	
1	1	1	1	

Berechnen Sie die Kombinationsmöglichkeiten in der Funktionstabelle bei 4 Signalgliedern, die das Ausfahren des Zylinders beeinflussen?

Pneumatischer Schaltplan (unvollständig):

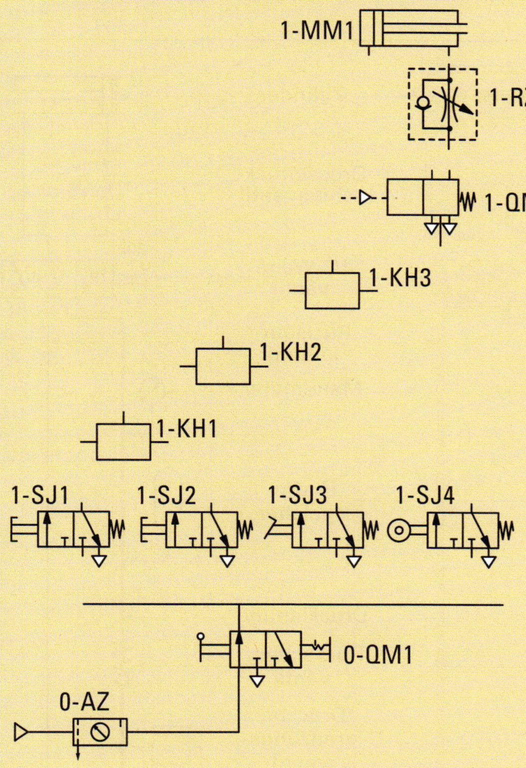

8. Ventilkörper für 5/2-Wegeventile sollen mit den Buchstaben P, A, B und R und S bezeichnet werden. Die Ventilkörper werden in die Aufnahme gelegt. Der Zylinder 1-MM1 stempelt die Buchstaben ein, der Zylinder 2-MM1 schiebt die Ventilkörper in den Korb.

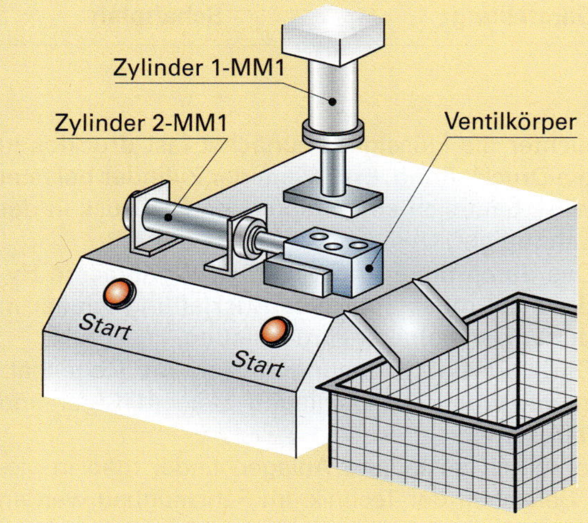

Pneumatischer Schaltplan

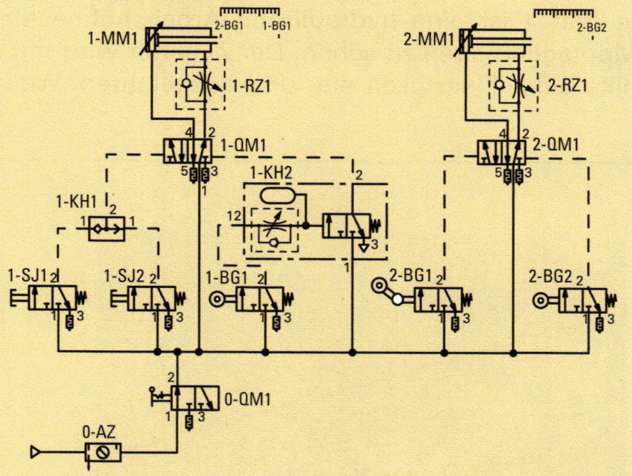

a) Analysieren Sie den pneumatischen Schaltplan und erstellen Sie den Bewegungsablauf in Kurzschreibweise: 1-MM1+, ...

b) Wie viele Steuerketten hat dieser Schaltplan?

c) Kennzeichnen Sie in jeder Steuerkette die Signal-, Steuer- und Stellglieder.

d) Welche Bedingung wird mit dem Ventil 1-KH1 realisiert, wie nennt man dieses Ventil?

e) Welche Funktion erfüllen die beiden Ventile 1-RZ1 und 2-RZ1 und wie werden sie bezeichnet?

f) Welche Aufgabe erfüllt das Ventil 1-KH3 in der Steuerung?

g) Was kann man mit dem Ventil 1-KH2 im Steuerkreis 1 der Stempelvorrichtung bewirken?

h) Wie und wann wird das Ventil 2-BG1 betätigt?

i) Beschreiben Sie den Steuerungsablauf in Worten.

j) Zeichnen Sie das dazugehörige Weg-Schritt-Diagramm mit den Antriebs- und Stellgliedern.

k) Zeichen Sie den Schaltplan mithilfe einer Simulationssoftware und/oder bauen Sie die Steuerung auf einem pneumatischen Versuchsstand auf.

3.4 Hydraulische Steuerungen

In Bild 1 ist eine hydraulische Arbeitsbühne für Montagearbeiten zu sehen. Der Zylinder wird mithilfe einer Flüssigkeit ein- und ausgefahren. Werden Anlagen und Maschinen mit Druckflüssigkeiten angetrieben und gesteuert, spricht man von hydraulischen Steuerungen.

Arbeitsbühne mit Scherenhub

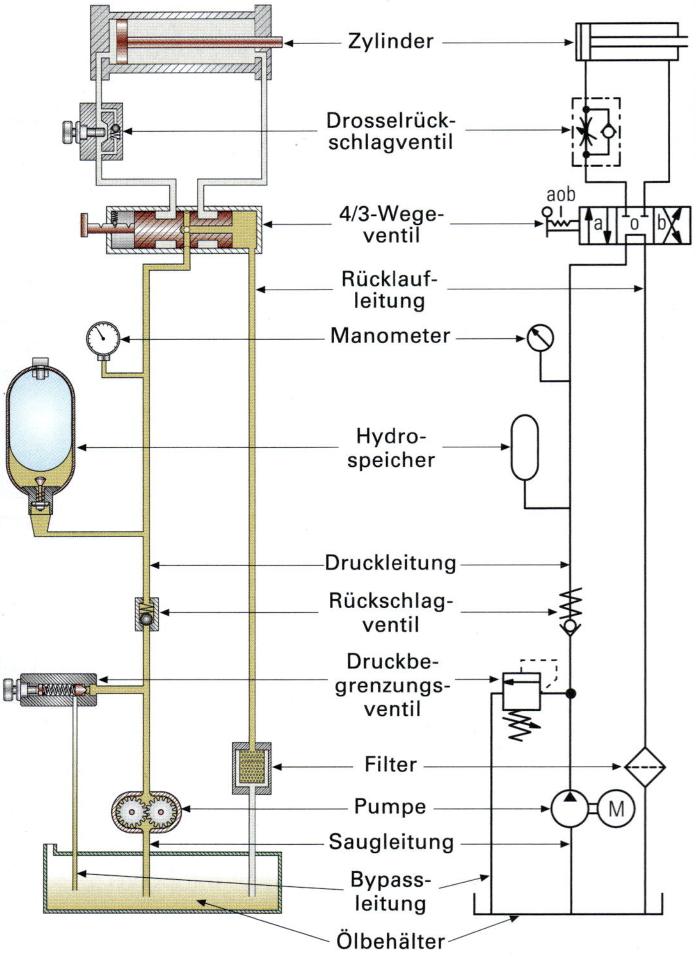

Bildhafte Darstellung **Schaltplan**

***Bild 1** Hydraulische Arbeitsbühne*

Unterschiede zu pneumatischen Anlagen

Sind große Massen zu heben oder große Kräfte zu übertragen, so müssen hydraulische Zylinder eingesetzt werden. Pneumatische Steuerungen sind hier unbrauchbar, da Druckluft komprimierbar ist und große Drücke nicht möglich sind.

- Hydrauliköl dagegen ist wie grundsätzlich jede Flüssigkeit inkompressibel. Dadurch können große Drücke bis zu mehreren hundert bar erzeugt und große Kräfte übertragen werden.
- Der Druck wird durch eine Pumpe erzeugt. Diese fördert im Gegensatz zum pneumatischen Verdichter die Flüssigkeit zunächst fast drucklos in die Druckleitung. Erst wenn der Zylinder belastet wird, baut sich ein entsprechender Druck in der Leitung auf.
- Das durch die Pumpe in Umlauf gebrachte Hydrauliköl muss über eine Rückleitung wieder in der Vorratsbehälter zurückfließen.
- Die Vorschubbewegungen sind im Gegensatz zu pneumatischen Anlagen gleichmäßiger und langsamer.

Hydraulisch gesteuerte Anlagen findet man in vielen Bereichen der Technik. Im Fahrzeugbau werden beispielsweise Bremsen damit betätigt oder bei Lastkraftwagen die Ladeflächen gehoben bzw. gesenkt. Schwere Baumaschinen wie Bagger, Raupen usw. sind ohne Hydraulik nicht vorstellbar. Auch Werkzeugmaschinen wie z.B. Tafelscheren und Abkantpressen sind hydraulisch angetrieben und gesteuert.

Hydraulischer Schaltplan und Bauteile

Grundsätzlich ähneln hydraulische Schaltpläne den pneumatischen. Auch die Funktion der Bauteile ist vergleichbar, ihr Aufbau jedoch zum Teil sehr unterschiedlich.

Eine von einem Elektromotor angetriebene Pumpe saugt Öl aus dem Vorratsbehälter und fördert es in die Druckleitung über die Ventile hin zum Druckzylinder. Ein Druckbegrenzungsventil sorgt dafür, dass der maximal zulässige Druck nicht überschritten wird. Es schützt dadurch die Pumpe und das Rohrleitungsnetz vor Überlastung und Bruch.

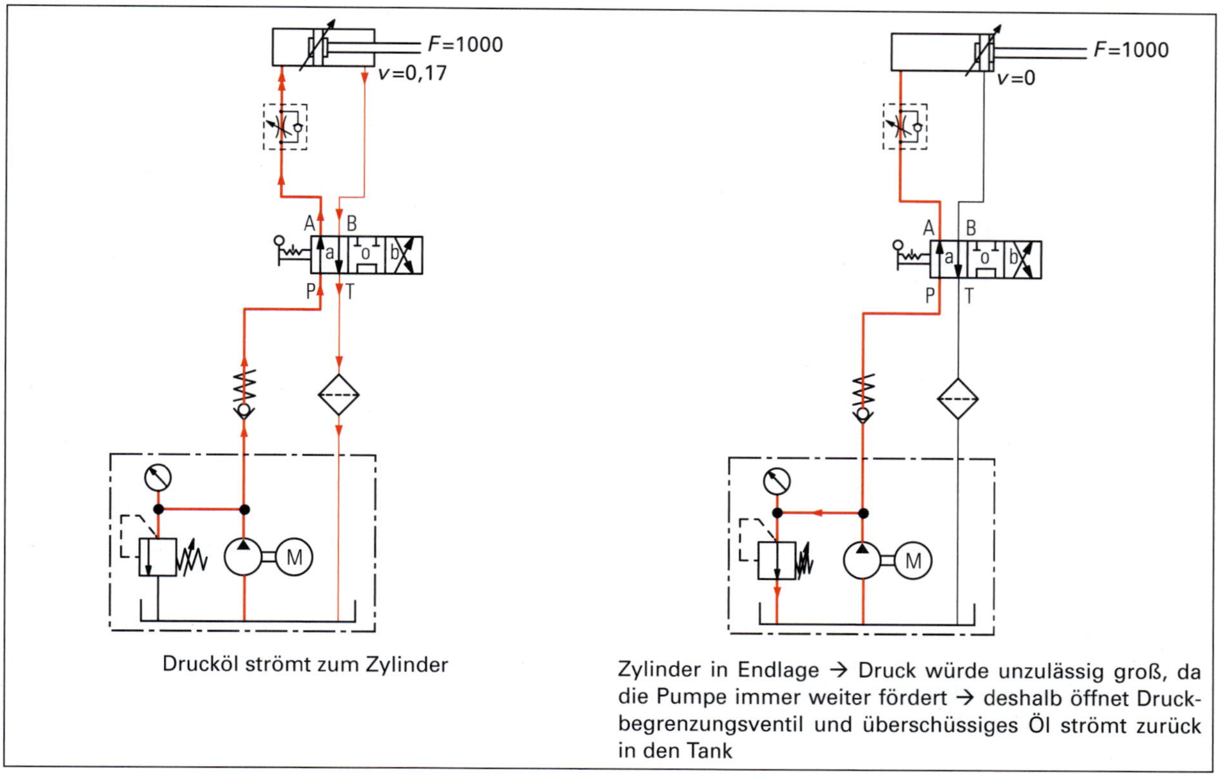

***Bild 1** Wirkung des Druckbegrenzungsventils*

Das Rückschlagventil muss bei einem Ausfall der Pumpe den Rückfluss des Drucköls in den Behälter verhindern und ein plötzliches Absacken der Arbeitsbühne verhindern.

Der Hydraulikspeicher erfüllt mehrere Aufgaben in der Anlage. Zum einen gibt er für Eilbewegungen zusätzlich benötigtes Drucköl ab. Er dämpft außerdem Förderstromschwankungen und Druckstöße. Andererseits gleicht er Leckverluste aus und kann bei Pumpenausfall kurzzeitig die Energieversorgung übernehmen.

Der doppeltwirkende Zylinder wird von einem 4/3-Wegeventil angesteuert. Dieses Ventil wird von Hand über einen Hebel betätigt und besitzt 4 Anschlüsse und 3 Schaltstellungen. In der dritten Schaltstellung, der Mittelstellung (Stellung 0), sind beide Arbeitsanschlüsse des Ventils gesperrt. (Bild 1 nächste Seite) Das Öl wird wieder über das Druckbegrenzungsventil direkt zurück in den Behälter gefördert. Der Zylinder verharrt in der aktuellen Position, die Arbeitsbühne kann in jeder Position gestoppt werden. Schaltzeichen, Benennung und Betätigung der Wegeventile gleichen im Wesentlichen den pneumatischen Wegeventilen.

Das Drosselrückschlagventil dient hier wie in der Pneumatik zum Steuern der Durchflussmenge. Damit kann die Ausfahrgeschwindigkeit eingestellt

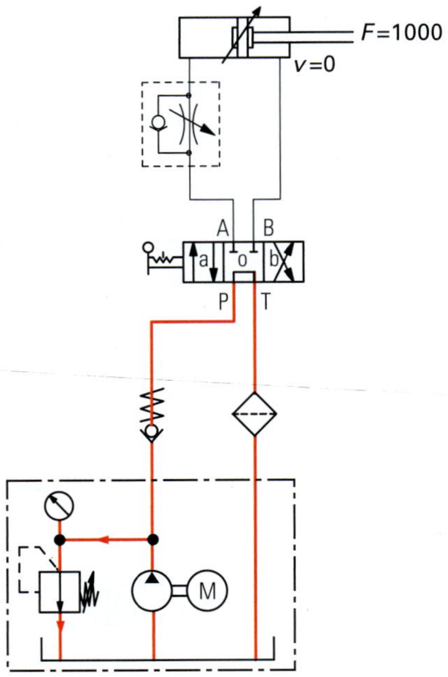

Bild 1 *4/3-Wegeventil in Mittelstellung*

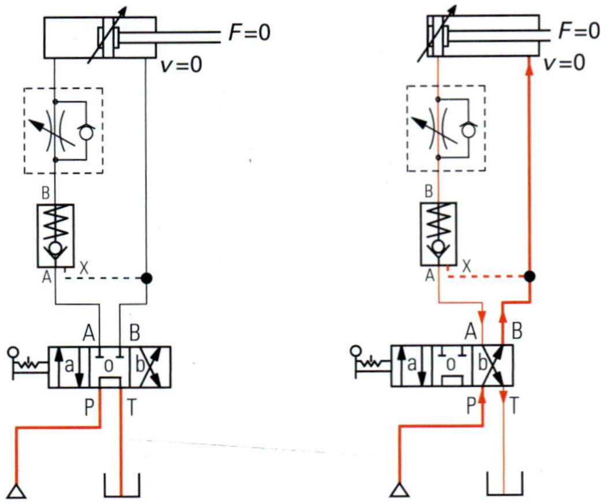

4/3-Wegeventil in Mittelstellung: Rückschlagventil verhindert Absacken des Zylinderkolbens unter Last.

4/3-Wegeventil in Durchflussstellung P ⑦ B: Druck in der Steuerleitung des Rückschlagventils entsperrt dieses. Öl aus der Druckleitung fließt zurück in den Tank.

Bild 2 ***Wirkungsweise des entsperrbaren Rückschlagventils***

werden. Der Ölfilter hält Schmutzteilchen zurück, die durch den Abrieb der bewegten Teile entstehen. Die Lebensdauer der Anlage wird dadurch wesentlich erhöht.

Zum Schutz vor schnellem Absacken durch Leitungsbruch und gegen langsames Absacken durch Leckverluste in der Leerlaufstellung (Mittelstellung) werden oft auch so genannte entsperrbare Rückschlagventile unmittelbar vor dem Druckanschluss des Zylinders eingebaut.

Treten Leckverluste auf oder bricht die Druckleitung vor dem Rückschlagventil, bleibt der Zylinder in der momentanen Stellung, sodass das Hydrauliköl nicht rückwärts strömen kann.

Erst wenn der Zylinder durch Umschalten des 4/3-Wegeventils einfahren soll, wird das Rückschlagventil entsperrt und das Öl in der Druckleitung kann in den Tank zurückfließen.

3.5 Elektropneumatische Steuerungen

Lageplan

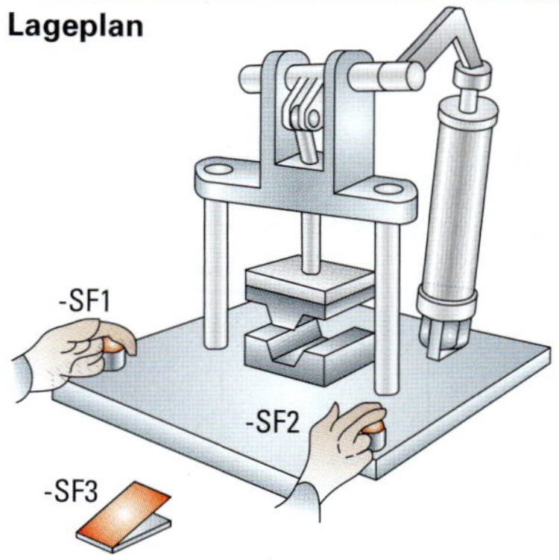

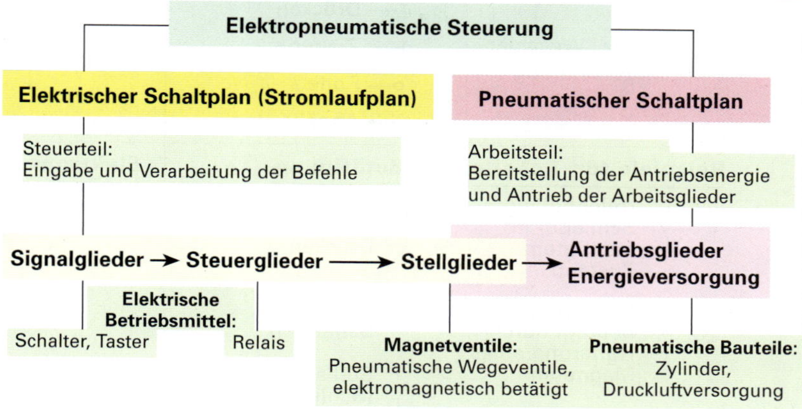

Logikplan

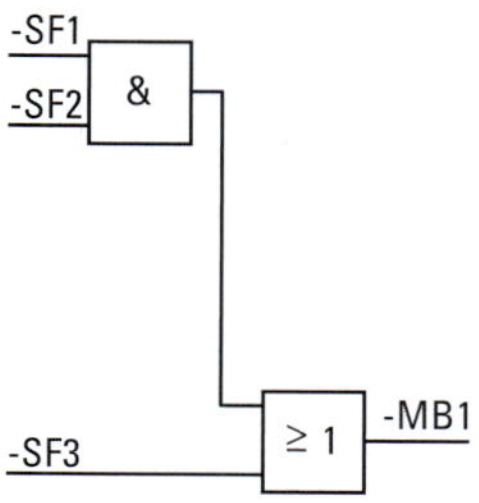

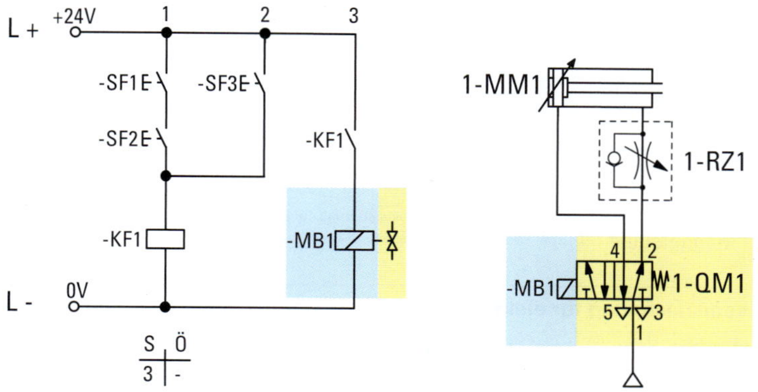

Funktionstabelle

-SF1	-SF2	-SF3	-MB1
0	0	0	0
1	0	0	0
1	1	0	1
1	0	1	1
0	0	1	1
0	1	0	0
0	1	1	1
1	1	1	1

Die pneumatische Steuerung der Rohrschellenpresse soll durch eine elektropneumatische Steuerung ersetzt werden. Die neue Steuerung ersetzt dabei einen Teil der pneumatischen Bauglieder durch elektrische Bauteile.

***Bild 1** Grundsätzliche Struktur elektropneumatischer Steuerungen*

Die Signaleingabe und Signalverarbeitung werden durch elektrische Betriebsmittel (Schalter, Taster, Relais) durchgeführt. Diese elektrischen Komponenten müssen entsprechend verdrahtet werden. In modernen Steuerungsanlagen ist die elektrische Signaleingabe und -verarbeitung der Normalfall.

Die Energieumsetzung, d.h. die Ausführung der Steuerungsaufgabe, wird durch pneumatische Antriebsglieder (Zylinder oder Motoren) erledigt. In elektropneumatischen Steuerungen existieren also zwei getrennte Schaltpläne.

Der elektrische Schaltplan (Stromlaufplan) für die Signaleingabe und der pneumatische Schaltplan für die Arbeitsglieder (Zylinder). Die Stellglieder elektropneumatischer Steuerungen sind die Bindeglieder zwischen den Systemgrenzen Elektrik und Pneumatik. Die Ansteuerung des Arbeitszylinders erfolgt durch ein pneumatisches Wegeventil, welches aber durch einen Elektromagneten (Magnetspule), also ein elektrisches Betriebsmittel erst in die entsprechende Schaltstellung verschoben wird. Die Federrückstellung des Wegeventils sorgt für das Einfahren des Zylinders in die Ausgangsstellung.

Stromlaufplan und Elektrische Betriebsmittel

Der Stromlaufplan (nach DIN EN 61082) zeigt die Verdrahtung der elektrischen Betriebsmittel wie Schalter, Taster und Relais und Elektromagnetventile (vgl. Bild 1, nächste Seite). Durch die Verdrahtung werden die entsprechenden Steuerungsfunktionen, z.B. Grundfunktionen wie UND-, ODER- bzw. NICHT-Funktion usw. realisiert.

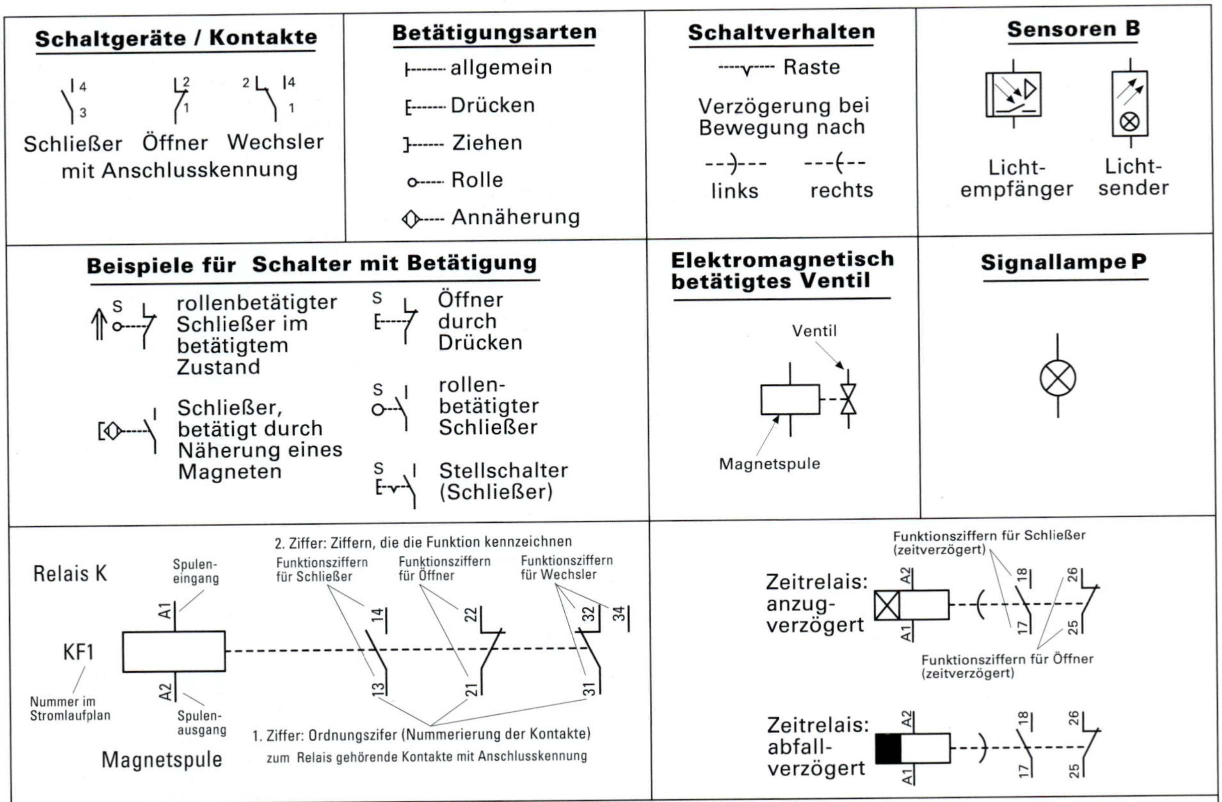

Bauteilkennzeichnung für elektrotechnische Systeme (elektrische Schaltpläne, Stromlaufpläne) nach EN 81346-2

Bauelemente	Kennung	Bauelemente	Kennung	Bauelemente	Kennung
Lüfter, Kompressor	GQ	Hilfsschütz, Regler, Relais	KF	Elektromotor	MA
Betätigungsspule (z. B. für Ventile)	MB	Meldeanlage, LED	PF	Anzeigeinstrument	PG
Leistungsschütz	QA	Trennschalter	QB	Elektrischer Taster	SF

Bild 1 Elektrische Betriebsmittel (Auswahl)

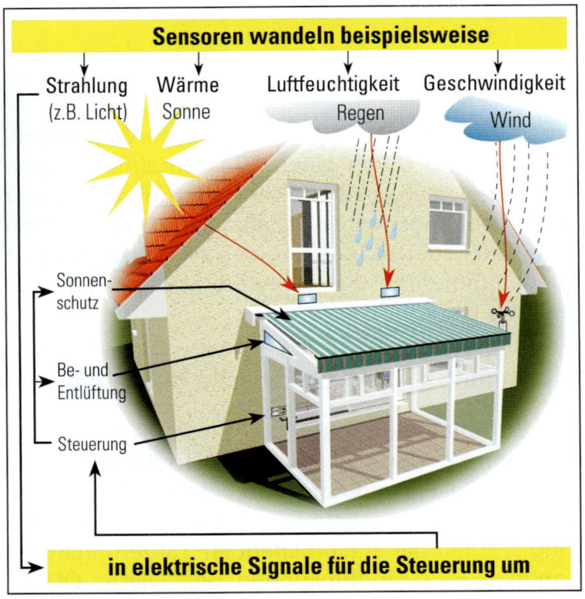

Bild 2 Sensoren – „elektrische Fühler"

Die wichtigsten elektrischen Signalglieder sind Taster, Stellschalter und Sensoren. Während Schalter und Taster von Hand bedient werden, stellen Sensoren eine „Tuchfühlung" zur Umwelt her. Dabei werden physikalische Größen wie z.B. Wärme, Strahlung, Kraft oder magnetische Energie in elektrische Schaltsignale umgewandelt und verarbeitet (vgl. z.B. Sensoren für eine Wintergartensteuerung, Bild 2).

Elektrische Signalglieder sind elektrische Kontakte, die einen Stromkreis schließen (**Schließer-Funktion** → Stromfluss – Signalzustand „1") oder öffnen (**Öffner-Funktion** → Stromfluss unterbrochen – Signalzustand „0" → „NICHT"-Funktion"). Taster und Schalter können neben der Schließer- oder Öffner-Funktion auch in einer **Wechsler-Funktion** arbeiten. Wechsler besitzen sowohl einen Schließer- als auch einen Öffnerkontakt. Beim Betätigen des Wechseltasters wird gleichzeitig ein Stromkreis geschlossen

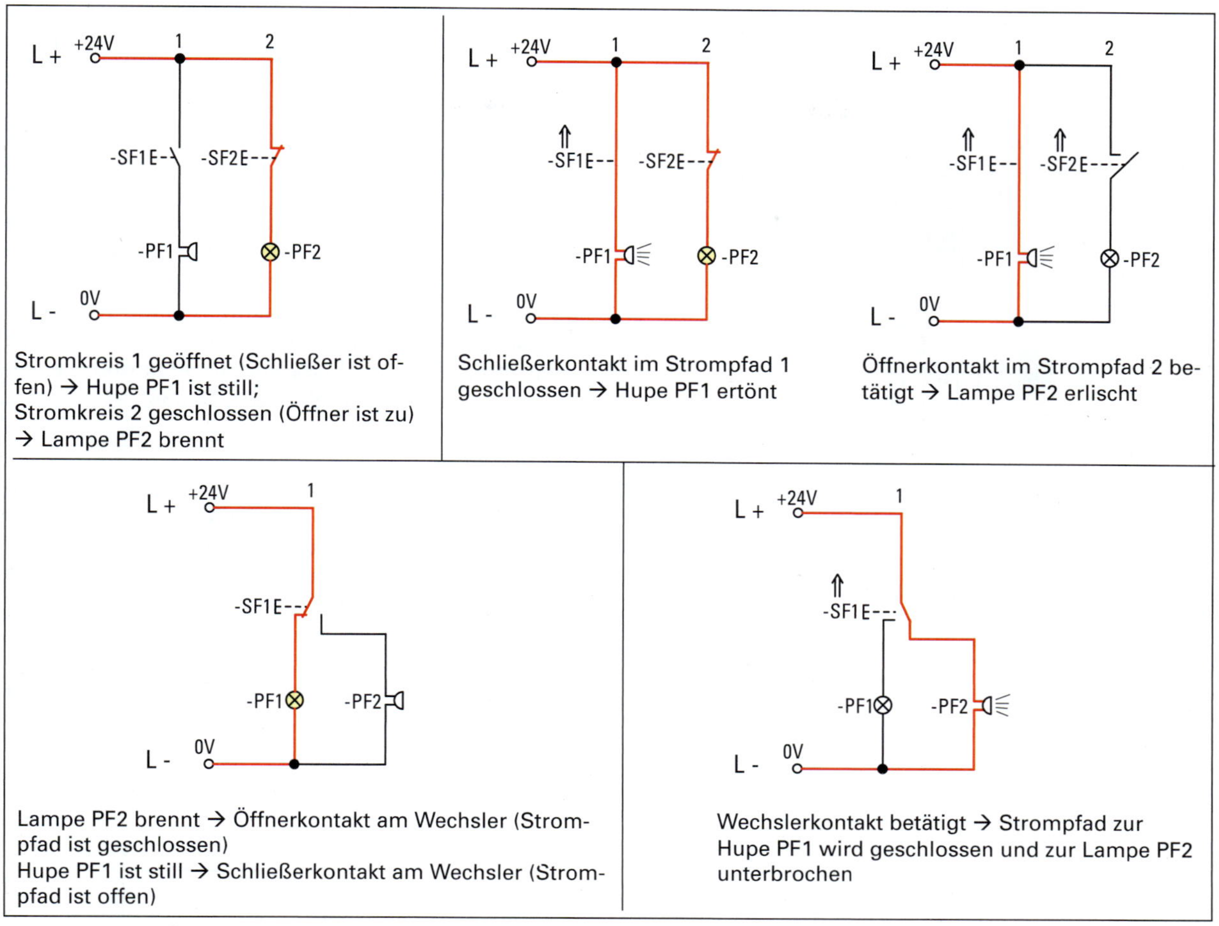

Stromkreis 1 geöffnet (Schließer ist offen) → Hupe PF1 ist still;
Stromkreis 2 geschlossen (Öffner ist zu) → Lampe PF2 brennt

Schließerkontakt im Strompfad 1 geschlossen → Hupe PF1 ertönt

Öffnerkontakt im Strompfad 2 betätigt → Lampe PF2 erlischt

Lampe PF2 brennt → Öffnerkontakt am Wechsler (Strompfad ist geschlossen)
Hupe PF1 ist still → Schließerkontakt am Wechsler (Strompfad ist offen)

Wechslerkontakt betätigt → Strompfad zur Hupe PF1 wird geschlossen und zur Lampe PF2 unterbrochen

***Bild 1** Schließer-, Öffner- und Wechsler-Funktionen*

und der andere geöffnet. Die Funktionen der verschiedenen Kontakte zeigt Bild 1).

Taster
geben das Signal solange weiter, wie der Taster von Hand gedrückt wird. Sobald der Taster losgelassen wird, öffnet eine Feder den Schaltkontakt. Die Signalgeber der Pressensteuerung (Bild 1, S. 328) sind als Taster ausgeführt.

Stellschalter
dagegen speichern den Signalzustand, da eine Raste die Schaltstellung mechanisch speichert. Erst ein nochmaliges Betätigen bringt den Schalter in seinen ursprünglichen Zustand zurück. Stellschalter werden meist als Kippschalter oder Drehschalter ausgeführt.

Relais
bestehen aus einer Magnetspule und besitzen mehrere Öffner- und Schließerkontakte (vgl. Bild 1, nächste Seite). Sie werden elektromagnetisch betätigt und können mehrere Stromkreise schalten. Mit einem Relais kann man also Signale vervielfältigen und umkehren (vgl. Bild 2, nächste Seite). Im Stromlaufplan der Pressensteuerung wird nur 1 Schließerkontakt des Relais KF1 in Anspruch genommen (vgl. Strompfad 1 und 3 in Bild 1, S. 328).

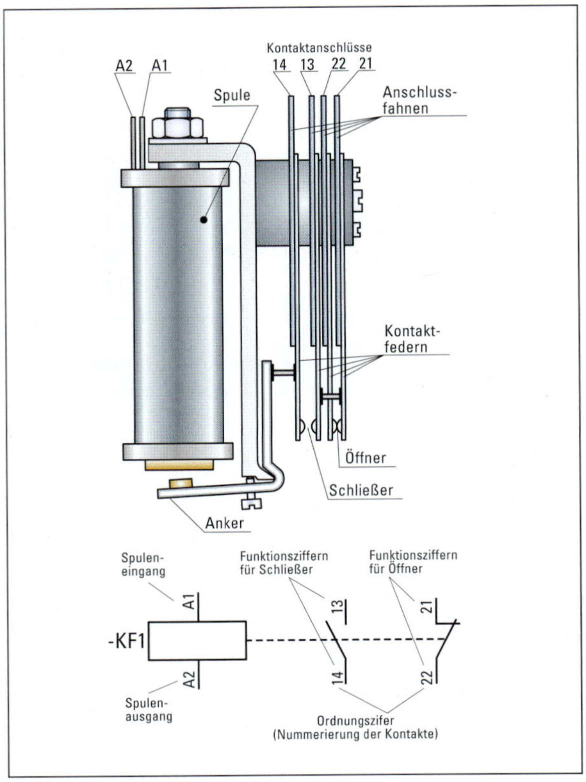

Bild 1 Relais mit Schaltzeichen

In Bild 1 (S. 330) und Bild 1 (links) sind die zeichnerische Darstellung von Relais und deren Anschlusskennzeichnungen erläutert. Die Magnetspule wird als Rechteck gezeichnet, senkrecht davon abgehend die Spulenanschlüsse A1 und A2. Die von der Spule aus geschalteten Kontakte werden mit zweistelligen Nummerierungen gekennzeichnet. Die erste Kennziffer ist eine Ordnungsnummer, welche die Reihenfolge der Kontakte angibt. Die zweite Kennziffer gibt die Funktion der Kontakte an, d.h., ob es sich um Schließer, Öffner- oder Wechslerkontakte handelt. Ebenso werden mit der zweiten Kennziffer die Anschlüsse von sogenannten Zeitrelais gekennzeichnet (vgl. Bild 1, S. 336).

Magnetventile

sind pneumatische Wegeventile, die elektromagnetisch angesteuert und umgeschaltet werden. Der Elektromagnet kann den Kolben des Wegeventil direkt umschalten oder erst ein Vorsteuerventil umschalten, das die Druckluft so umleitet, dass der Kolben des Wegeventils durch die Druckluft verschoben wird. Magnetventile mit dieser Funktion werden vorgesteuerte Magnetventile genannt (Bild 1, nächste Seite).

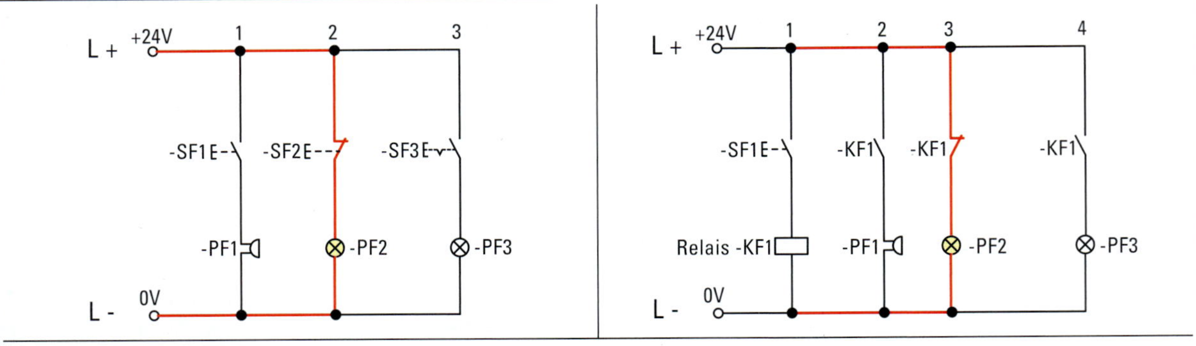

Steuerungsaufgabe: Hupe PF1 soll ertönen, Lampe PF2 erlöschen und Lampe PF3 brennen

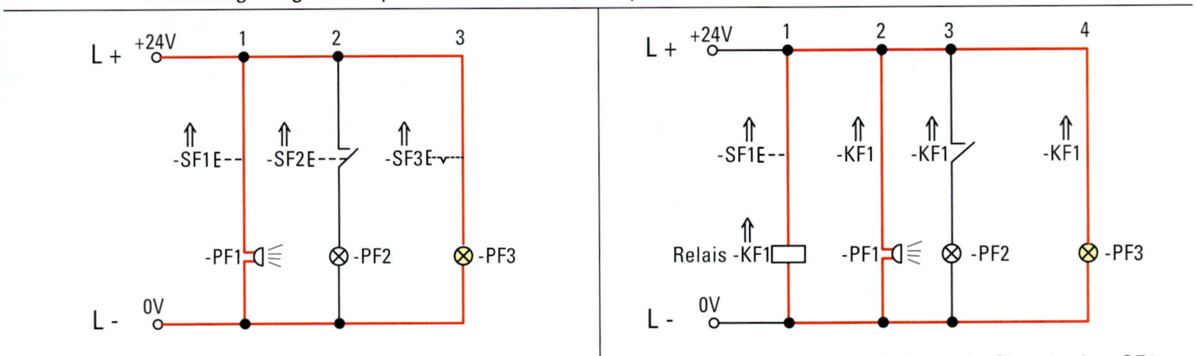

Steuerung **ohne** Relais: Zum Betätigen der Hupe PF1, dem Ausschalten der Lampe PF2 und dem Einschalten der Lampe PF3 werden 3 Taster benötigt (2 Schließer, 1 Öffner).

Steuerung **mit** Relais: Es wird nur ein Signalgeber SF1 benötigt. Signalumkehr durch Öffnerkontakt (Signal an SF1 bewirkt kein Signal an Lampe PF2 = NICHT-Funktion)

Bild 2 Signalvervielfältigung und Signalumkehr mit Relaisschaltung

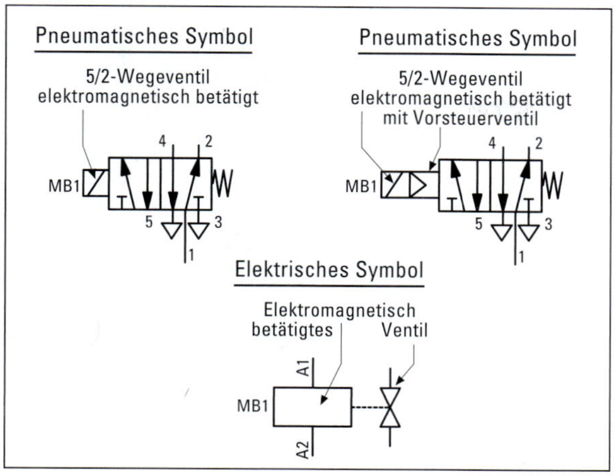

Bild 1 Elektromagnetisch betätigte Wegeventile – Schaltsymbole

Der Stromlaufplan

Die Abbildung 2 zeigt den Stromlaufplan der Rohrschellenpresse. Durch eine entsprechende Verdrahtung der elektrischen Betriebsmittel wird die jeweilige Steuerungsaufgabe realisiert.

Für das Erstellen und Lesen von Stromlaufplänen sind folgende Regeln zu beachten:

- Der Steuerstromkreis und der Haupt-(Last-) stromkreis werden üblicherweise getrennt gezeichnet. Im Steuerstromkreis sind alle Signal- und Steuerglieder (Schalter und Sensoren) miteinander „verdrahtet"; der Hauptstromkreis zeigt den Anschluss der Stellglieder (Magnetventile).
- Alle Bauteile werden ohne Rücksicht auf die tatsächliche Anordnung in der Anlage dargestellt und mit den entsprechenden Gerätebezeichnungen SF für Schalter, KF für Relais usw. versehen.
- Relais und zugehörige Kontakte erhalten die gleichen Bezeichnungen.
- Der Signalfluss erfolgt von oben nach unten in durchnummerierten Strompfaden.
- Die Strompfade sind geradlinig, senkrecht und im Verlauf parallel zu zeichnen.
- Der Stromlaufplan ist grundsätzlich im stromlosen Zustand und die Schalter im mechanisch nicht betätigten Zustand darzustellen.

Elektrische Grundschaltungen

Die Signale der Steuerung der Rohrschellenpresse müssen zu einer UND- bzw. einer ODER-Verknüpfung kombiniert werden. Diese Grundschaltungen müssen nun durch eine entsprechende Verdrahtung der elektrischen Taster und Schalter hergestellt werden.

UND-Verknüpfung

Schaltet man die beiden Schließerkontakte SF1 und SF2 in Reihe (= **Reihenschaltung**), so erhält das Relais KF1 nur dann Strom, wenn beide Taster SF1 **UND** SF2 gedrückt werden. Das Relais KF1 zieht an und schließt den zu ihm gehörenden Schließerkontakt KF1 im Strompfad 3. Dadurch wird das Magnetventil MB1 erregt und schaltet in die andere Schaltstellung um. Der Zylinder 1-MM1 fährt aus.

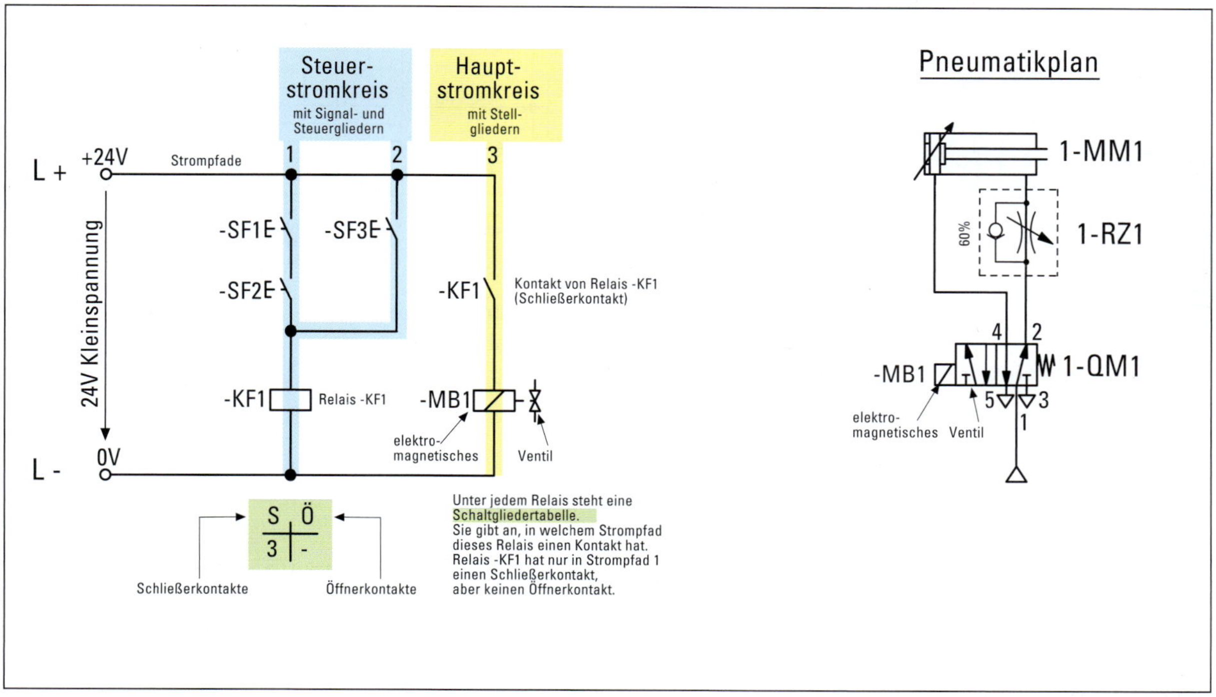

Bild 2 Elektromagnetisch betätigte Wegeventile – Schaltsymbole

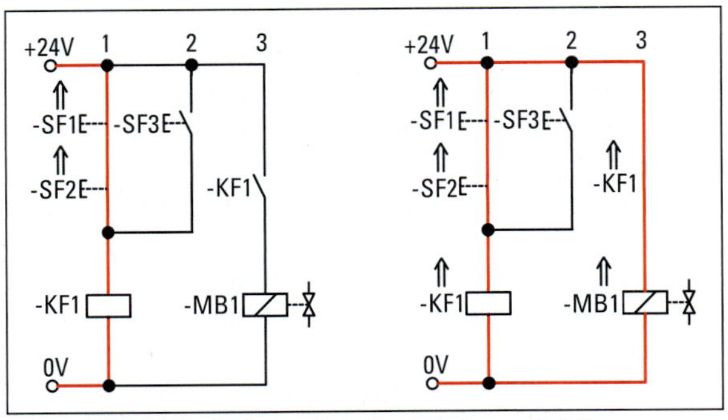

Bild 1 UND-Verknüpfung – Schaltzustände am Relais

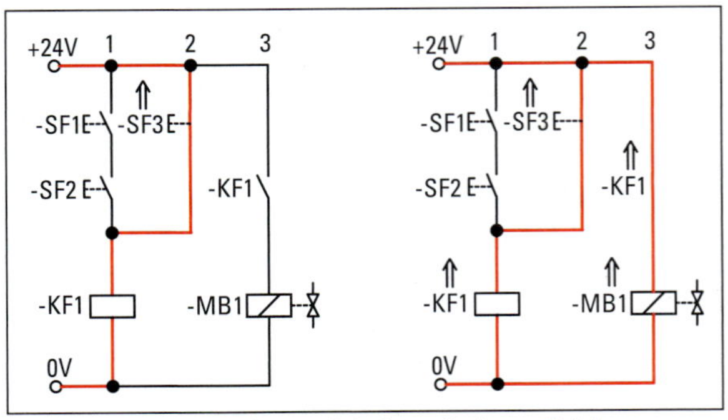

Bild 2 ODER-Verknüpfung – Schaltzustände am Relais

ODER- Verknüpfung

Die Steuerung muss entweder durch Betätigung von SF1 und SF2 **ODER** durch Betätigen von SF3 ablaufen können. Dies geschieht durch eine **Parallelschaltung**. Der Taster SF3 wird parallel zum Strompfad der beiden Taster SF1 und SF2 geschaltet. Strompfad 2 muss hinter dem Taster SF2 mit dem Strompfad 1 verbunden werden. So wird eine alternative Betätigung sichergestellt. Das Relais KF1 erhält also Strom entweder durch SF1 und SF2 *oder* durch den Taster SF3.

Die Elektropneumatische Rohrschellenpresse soll nun folgendermaßen verändert werden:

- Es soll zusätzliche eine Betriebslampe leuchten, wenn das Gerät betriebsbereit ist; sie soll aber erlöschen, sobald ein Steuerungsvorgang abläuft (**NICHT-Funktion**).
- Die Signale zum Ausfahren des Pressenzylinders sollen elektrisch gespeichert werden, sodass man das Einfahren durch ein eigenes Signal auslösen muss (**Signalspeicherung**).
- Der Einfahrbefehl soll durch den Zylinder selbst erfolgen, wenn er seine hintere Endlage erreicht hat. Dazu wird ein Näherungsschalter (Reedkontakt-Schalter) verwendet.
- Der Zylinder soll nach dem Erhalt des Einfahrbefehls erst 5 Sekunden warten. Er soll also zeitverzögert einfahren (**Zeitfunktion**).

Folgendes Bild 3 zeigt alle wichtigen Pläne und Zustandsdiagramme.

Lageplan

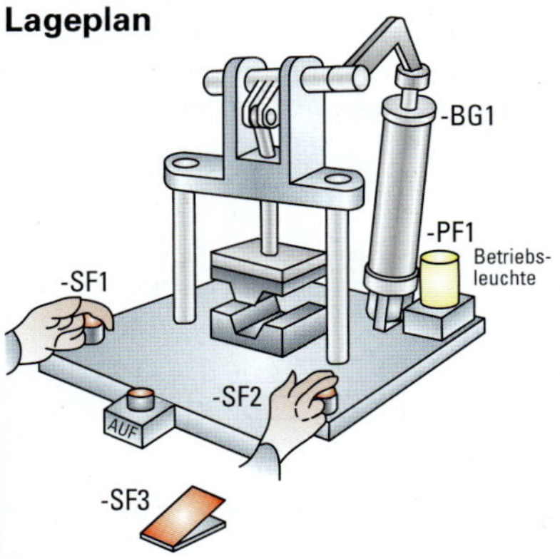

Logikplan

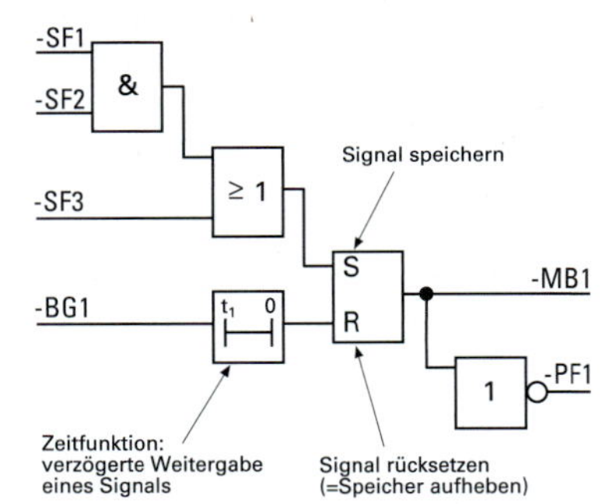

Funktionstabelle

SF1	SF2	SF3	SF4	MB1	PF1
0	0	0	0	0	1
1	0	0	0	0	1
0	1	0	0	0	1
0	0	1	0	1	0
0	0	0	1	0	1
1	1	0	0	1	0
1	0	1	0	1	0
1	0	0	1	0	1
0	1	1	0	1	0
0	1	0	1	0	1
0	0	1	1	*	*
1	1	1	0	1	0
1	1	0	1	*	*
1	0	1	1	*	*
0	1	1	1	*	*
1	1	1	1		*

*** = Zustand unbestimmt (unverändert wie vorher)**
(Werden zugleich sich widersprechende Signale gegeben, verändert sich der Zustand der Steuerung nicht.

Stromlaufplan

Steuerstromkreis Hauptstromkreis

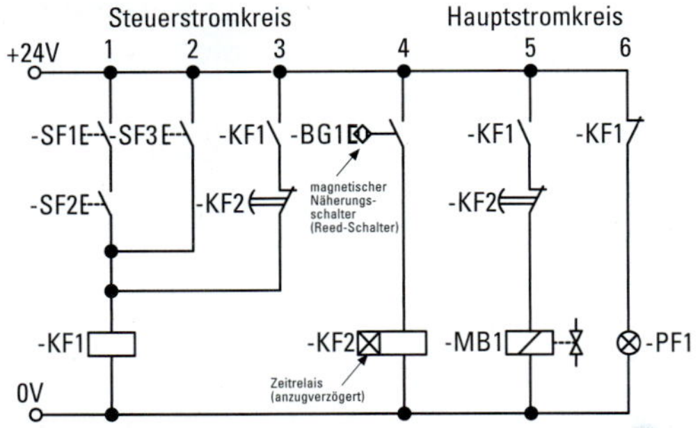

Pneumatischer Schaltplan

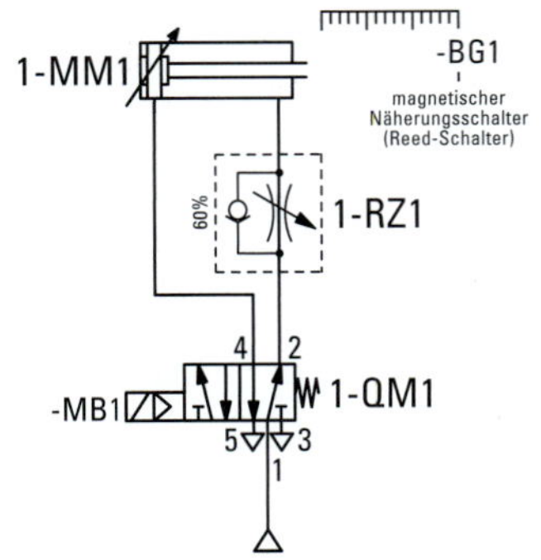

Bild 3 Pressensteuerung mit NICHT-Funktion, Zeitfunktion und Signalspeicherung

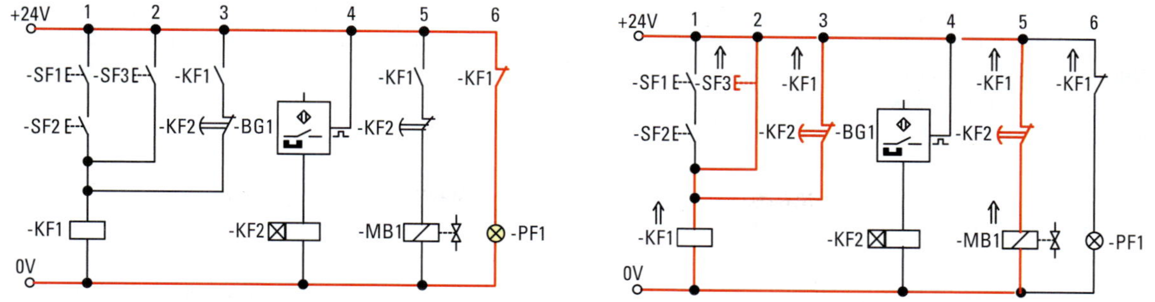

Steuerung im Ruhezustand: Betriebsleuchte brennt

Betätigung von SF3 (SF3 erhält Signal) → Lampe erlischt (kein Signal)

Bild 1 NICHT-Funktion

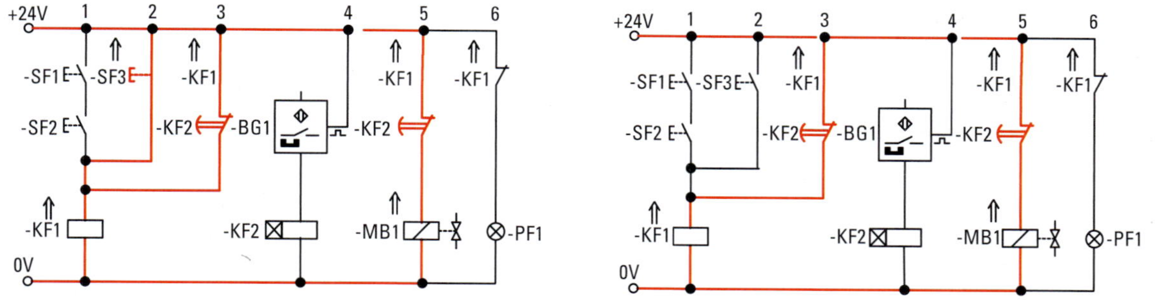

Geschlossener Stromkreis in Pfad 2 (durch Taster SF3 aktiviert Relais KF1 → Relaiskontakt KF1 im Strompfad 3 schließt

Stromfluss über Relaiskontakt KF1 in Pfad 3 überbrückt den unterbrochenen Stromfluss in Pfad 2 (SF3 nicht mehr betätigt)

Bild 2 Elektrische Signalspeicherung

NICHT-Verknüpfung

Die NICHT- Verknüpfung wird hier mithilfe des Relais KF1 realisiert. Die Lampe erlischt, sobald das Relais KF1 anzieht (Bild 1). Dies erreicht man durch Öffnerkontakte des Relais im Strompfad 6 der Betriebslampe.

Signalspeicherung (Elektrische Selbsthaltung)

Die Befehle zum Ausfahren des Pressenzylinders sollen gespeichert werden, damit man nicht ständig die Taster gedrückt halten muss. Die Speicherung geschieht im Stromlaufplan mithilfe eines Schließerkontaktes von Relais KF1 im Strompfad 3 (vgl. Bild 2). Erhält das Relais Strom, so schließt der Kontakt KF1 im Strompfad 3 und überbrückt den Strompfad 2, sodass nach dem Loslassen von Taster SF3 der Strom weiter zum Relais KF1 fließt. Damit wird der Stromfluss zum Pfad 5 des Magnetventils nicht unterbrochen.

Zeitverzögertes selbstauslösendes Einfahren des Zylinders

Mithilfe eines magnetischen Grenztasters (Reedschalter) wird die Endlage von Zylindern abgefragt. Diese Sensoren reagieren auf sich verändernde Magnetfelder, wenn ein magnetsicher Werkstoff sich ihnen nähert (hier der Zylinderkolben). Man nennt sie daher auch Näherungsschalter. An der hinteren Endlage des Zylinders angebracht, gibt der Reedschalter den Einfahrbefehl.

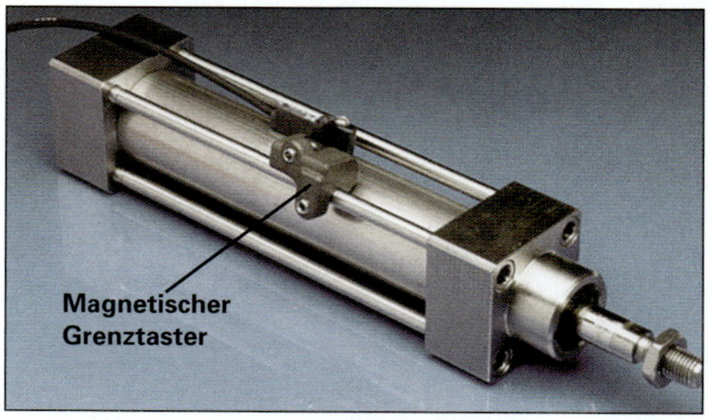

Bild 3 Doppeltwirkender Zylinder mit Reedschalter

Im Stromlaufplan befindet sich der Reedschalter im Strompfad 4. An der hinteren Endlage des Zylinders schließt der Reedkontakt den Strompfad 4. Dadurch erhält das Relais KF2 Strom und öffnet zeitverzögert den Öffnerkontakt KF2 im Strompfad 5. Die Magnetspule des Wegeventils MB1 wird stromlos und der Zylinder fährt bedingt durch die Federrückstellung des Wegeventils wieder in seine Ausgangslage zurück. In folgenden Abbildungen sind die einzelnen Schritte und Schaltzustände ausführlich erklärt (Bild 1).

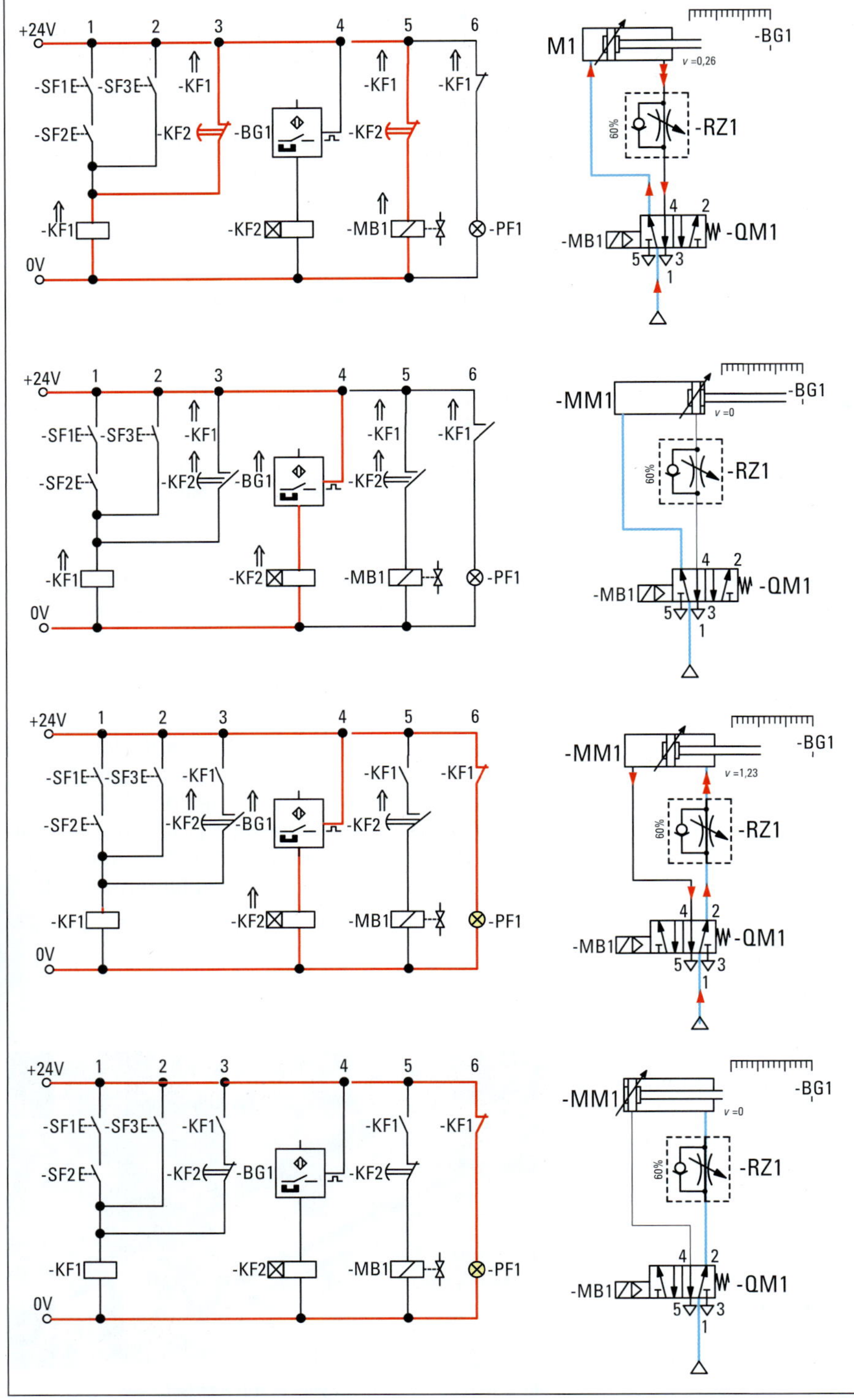

a) Ausgelöste Selbsthaltung im Strompfad 3 → Zylinder MM1 fährt aus

b) Zylinder in hinterer Endlage → Reedkontakt BG1 (Schließerkontakt) schließt Strompfad 4 → nach Ablauf der eingestellten Zeit → Relais KF2 wird stromdurchflossen → Strompfad 5 **und zugleich** Strompfad 3 werden, unterbrochen, bedingt durch die Öffnerkontakte von Relais KF2

c) Offener Strompfad 3 bewirkt Auflösung der Selbsthaltung (Signalspeicherung) – notwendig, damit wieder neue Befehle gegeben werden können! → Offener Strompfad 5 bewirkt stromloses Magnetventil MB1 → Federrückstellung im Wegeventil verursacht Einfahren des Zylinders

d) Ausgangsstellung der Steuerung: Zylinder wieder eingefahren

***Bild 1** Selbsttätiges Einfahren des Zylinders durch Reedkontakte*

Zeitfunktionen

Ein Relais schaltet die Kontakte sofort um, wenn Spannung an der Spule liegt. Daneben gibt es aber auch sogenannte **Zeitrelais**, welche die Kontakte erst zeitverzögert schalten (Schaltzeichen und Anschlussbezeichnungen siehe Bild 1, S. 330). Man unterscheidet dabei

- Anzugsverzögertes Zeitrelais: erhält die Magnetspule Strom, schalten die Kontakte zeitverzögert um.
- Abfallverzögertes Zeitrelais: schaltet das Relais ab (Stromfluss durch die Spule unterbrochen), schalten die Kontakte zeitverzögert um.

Für diese Steuerungsaufgabe wird ein anzugsverzögertes Zeitrelais verwendet. Ist der Endlagenschalter BG1 betätigt, erhält die Magnetspule des Relais KF2 Strom. Die Kontakte dieses Relais schalten aber erst nach einer festgelegten Zeitspanne die vorgesehenen Strompfade 3 und 5.

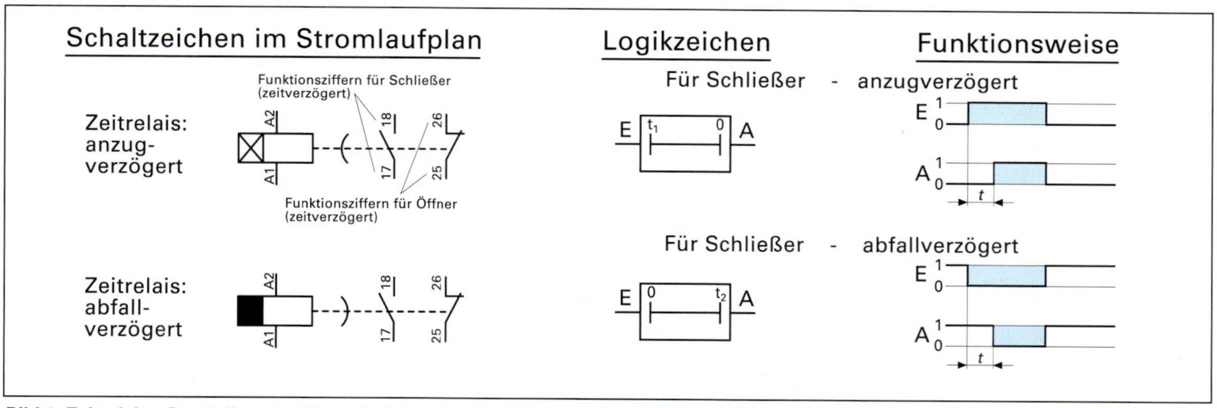

Bild 1 Zeitrelais – Darstellung im Stromlaufplan, Logikzeichen und Funktionsweise

Folgende Gegenüberstellung (Bild 2, Bild 1 nächste Seite) zeigt die Beschreibung der wichtigsten Grundfunktionen von Verknüpfungen im Logikplan und der Funktionstabelle sowie in pneumatischer und elektropneumatischer Ausführung. Die Schreibweise als Funktionsgleichung ist ebenfalls erläutert.

Bezeichnung und Logiksymbol	Ausführungsform		Funktionsbeschreibung und Funktionsgleichung
	pneumatisch	elektromechanisch	
UND 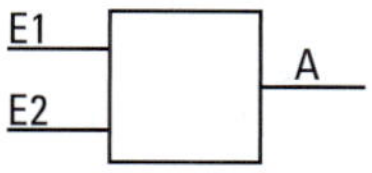	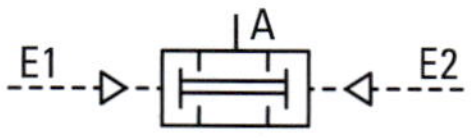 **Alternativen** 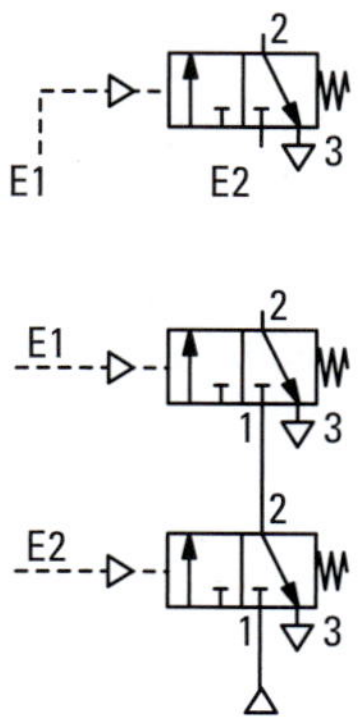		Wenn Signalglied E1 UND E2 betätigt sind, dann erfolgt eine Signalweiterleitung am Ausgang A. **Funktionsgleichung** $A = E1 \wedge E2$ Das Wort UND wird ersetzt durch das Symbol $\wedge$

Funktionstabelle

E1	E2	A
0	0	0
0	1	0
1	0	0
1	1	1

Bild 2 Logische Verknüpfungen (Teil 1)

<table>
<tr><th rowspan="2">Bezeichnung und Logiksymbol</th><th colspan="2">Ausführungsform</th><th rowspan="2">Funktionsbeschreibung und Funktionsgleichung</th></tr>
<tr><th>pneumatisch</th><th>elektromechanisch</th></tr>
<tr><td>ODER
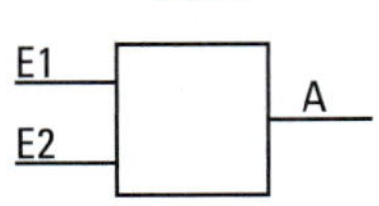
Funktionstabelle<table><tr><th>E1</th><th>E2</th><th>A</th></tr><tr><td>0</td><td>0</td><td>0</td></tr><tr><td>0</td><td>1</td><td>1</td></tr><tr><td>1</td><td>0</td><td>1</td></tr><tr><td>1</td><td>1</td><td>1</td></tr></table></td>
<td>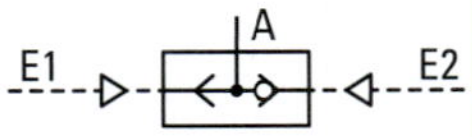
Alternativen
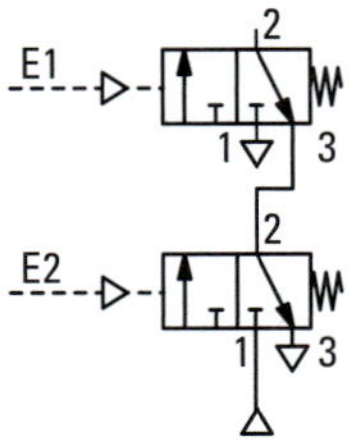</td>
<td>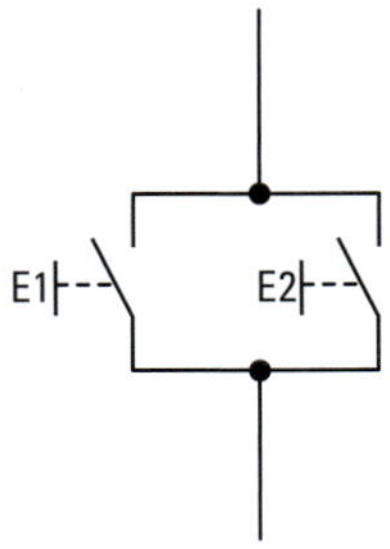</td>
<td>Wenn Signalglied E1 ODER E2 betätigt sind, dann erfolgt eine Signalweiterleitung am Ausgang A.
Funktionsgleichung
$A = E1 \vee E2$
Das Wort ODER wird ersetzt durch das Symbol ∨</td></tr>
<tr><td>NICHT
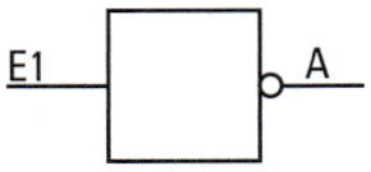
Funktionstabelle<table><tr><th>E1</th><th>A</th></tr><tr><td>1</td><td>0</td></tr><tr><td>0</td><td>1</td></tr></table></td>
<td>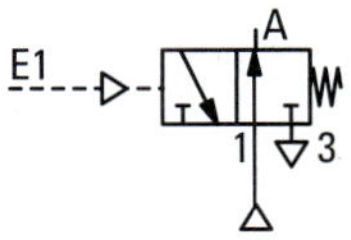</td>
<td>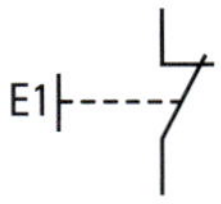</td>
<td>Wenn Signalglied E1 NICHT betätigt ist, dann erfolgt eine Signalweiterleitung am Ausgang A.
Funktionsgleichung
$A = \overline{E1}$
Das Wort NICHT wird ersetzt durch das Symbol ‾ (Überstrich)</td></tr>
</table>

Bild 1 Logische Verknüpfungen (Teil 2)

3.5.1 Aufgaben zu 3.5

1. Zeichnen Sie einen Schließer und einen Öffner in der Grundstellung und in betätigter Stellung.
2. Kennzeichnen Sie die Anschlüsse am Relais und erklären Sie die Funktionsweise, wenn es „anzieht".

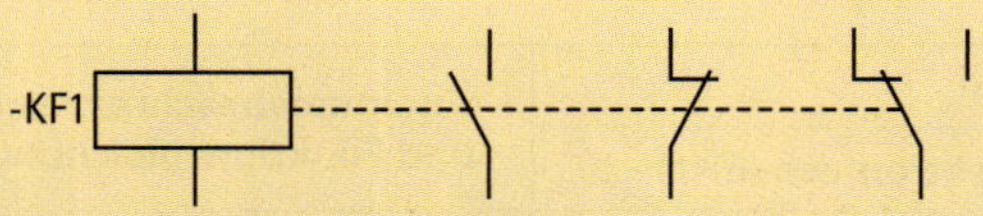

3. Ein doppeltwirkender Zylinder soll bei Betätigung des Tasters SF1 Werkstücke aus einem Magazinschacht ausschieben. Bei Unterschreitung einer Mindestreservestückzahl muss der Ausschiebevorgang unterbleiben. Die Mindestreservestückzahl wird durch den Taster SF2 abgefragt. Nach dem Loslassen des Tasters SF1 fährt der Zylinder wieder zurück. Der Zylinder wird mit einem elektromagnetischen 5/2-Wegeventil mit Federrückstellung angesteuert.

   Erstellen Sie für diese Steuerung
   a) den Funktionsplan,
   b) die Funktionstabelle und
   c) den Stromlaufplan!

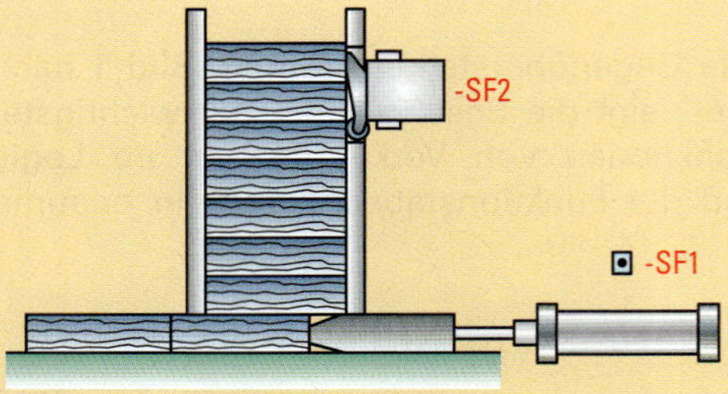

4. An einem Härteofen wird das Schauglas der Kontrollöffnung durch einen Schieber verschlossen. Durch Tippen auf den Taster SF1 oder SF2 wird der Schieber durch einen einfachwirkenden Zylinder geöffnet, die Kontrollöffnung wird frei. Der Zylinder fährt bedingt durch die Federrückstellung des elektromagnetischen 5/2-Wegeventils nach Loslassen des Tasters wieder in die hintere Endlage zurück.

   Erstellen Sie für diese Steuerungsaufgabe
   a) den Funktionsplan,
   b) die Funktionstabelle und
   c) den Stromlaufplan.
5. Folgende Tischpresse dient zum Prägen von Kunststoffteilen. Durch den Handtaster SF1 oder den Fußtaster SF2 soll der Stempel ausfahren. Der Zylinder soll aber aus Sicherheitsgründen erst ausfahren dürfen, wenn

das Schutzgitter geschlossen ist. Nach dem Loslassen von Hand- oder Fußtaster soll der Stempel **nicht** zurückfahren. Über einen AUS-Schalter muss aber der Zylinder sofort in seine Ausgangsstellung zurückfahren können.

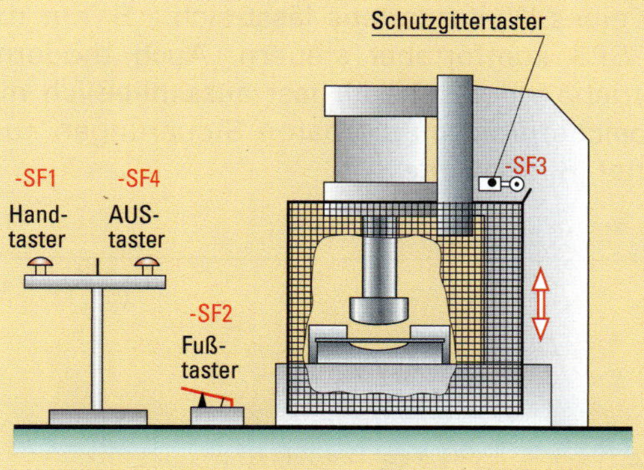

Beschreiben Sie die Signalverknüpfungen in Worten nach nebenstehendem Muster. Übertragen und ergänzen Sie den Logikplan. Stellen Sie die Funktionstabelle auf und zeichnen Sie den Pneumatikplan und den Stromlaufplan.

Signalverknüpfung in Worten

Wenn der

____

____

betätigt werden

____

betätigt wird
dann fährt der Pressenzylinder aus!

Wenn der

____

betätigt wird
dann fährt der Pressenzylinder wieder ein!

Logikplan

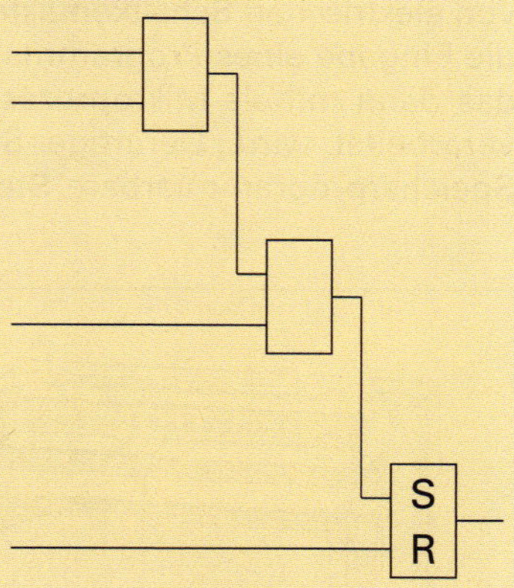

6. Für eine Biegepresse sind zwei verschiedene elektropneumatische Lösungsansätze abgebildet. An beiden Varianten sind folgende Aufgaben zu bearbeiten:

a) Erklären Sie die Unterschiede zwischen beiden Lösungen bezüglich der verwendeten Stellglieder und der Signalspeicherung.

b) Beschreiben Sie die Funktionsabläufe in Worten.

c) Übertragen Sie die Stromlaufpläne auf ein Blatt und ergänzen Sie diese.

Lageplan

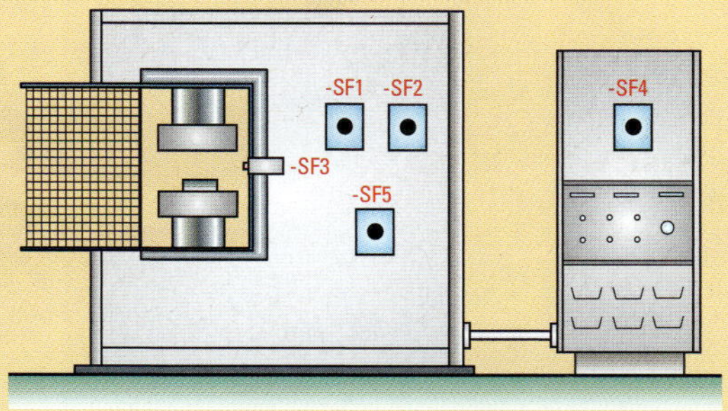

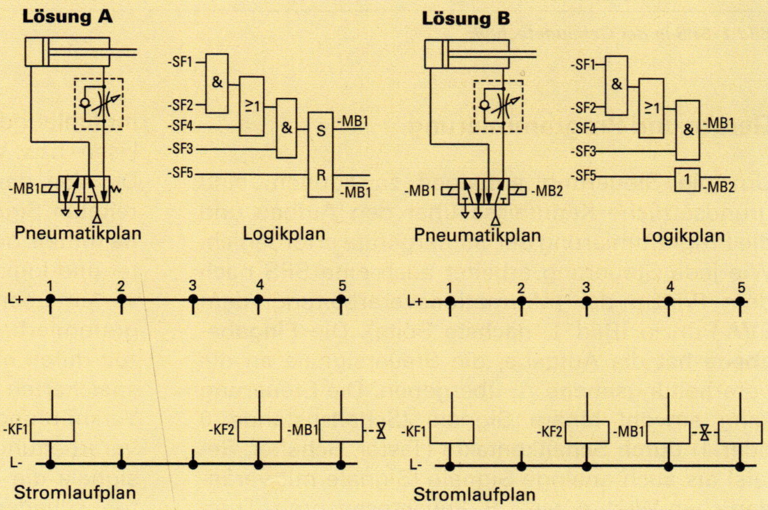

3.6 Speicherprogrammierbare Steuerungen

Die Steuerungsfunktionen werden im Gegensatz zur den verbindungsprogrammierten Steuerungen (pneumatische und elektropneumatische Steuerung) hier in das Gerät einprogrammiert. Die Verschlauchung von Ventilen bzw. die Verdrahtung von elektrischen Schaltkontakten wird ersetzt durch die Eingabe eines Programms über eine Software, das dann mittels Mikroprozessoren entsprechend verarbeitet wird. Derartige Steuerungen werden **S**peicher**p**rogrammierbare **S**teuerungen (**SPS**) genannt. In der Gebäudetechnik sind SPS-Steuerungen heute bereits Standard. So können damit beispielsweise die komplette Beschattungs- und Beleuchtungseinrichtung oder die Heizungsanlage eines Gebäudes (Bild 1) gesteuert werden. Das Klima eines Wintergartens lässt sich z. B. nur mit einer SPS komfortabel steuern. Auch moderne Torantriebe werden heute fast ausschließlich nur mit speicherprogrammierbaren Steuerungen ausgestattet (Bild 1, Seite 343).

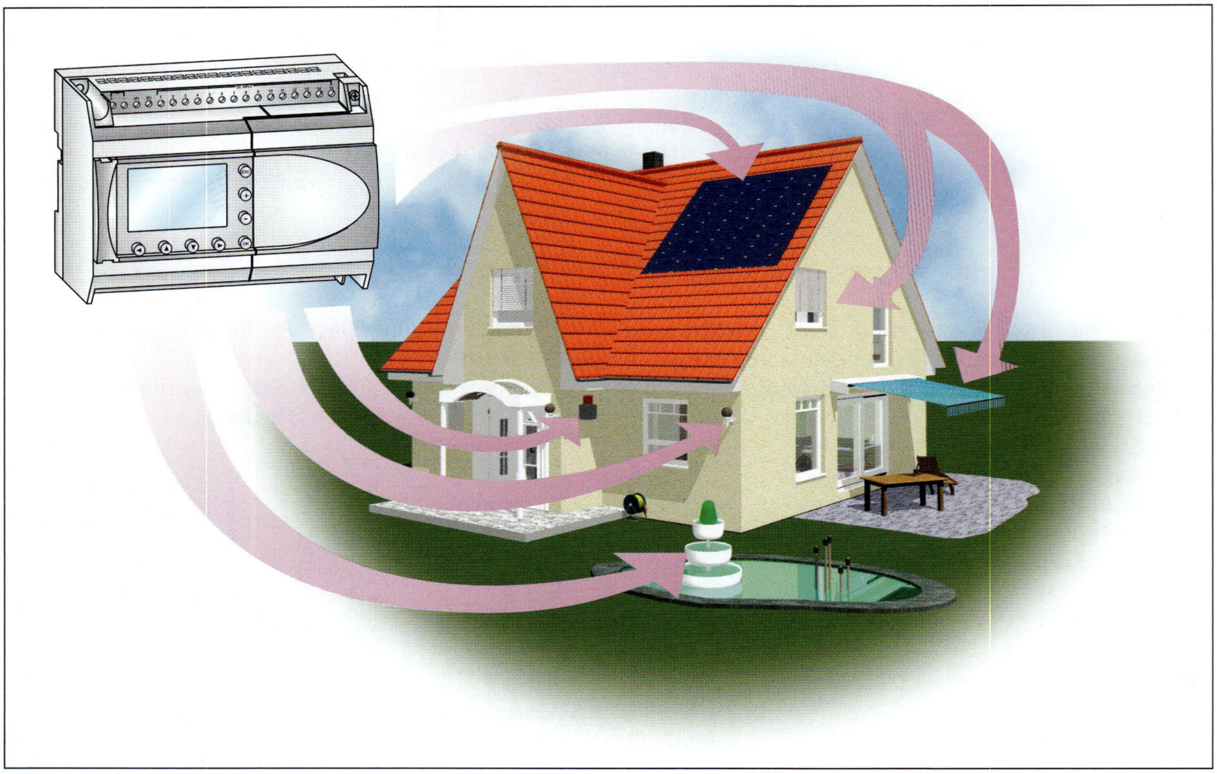

Bild 1 SPS in der Gebäudetechnik

Geräte und Programmierung

Um die Steuerung aufbauen zu können, sind grundsätzliche Kenntnisse über den Aufbau und die Programmierung der Steuergeräte erforderlich. Wie jede Steuerung arbeitet auch eine SPS nach dem Prinzip der Informationsverarbeitung, dem **EVA**-Prinzip (Bild 1, nächste Seite). Die **Eingabeebene** hat die Aufgabe, die Steuersignale an die Verarbeitungsebene zu übergeben. Die Steuerung kann sowohl binäre Signale (Schaltzustände 0 oder 1) durch Schaltkontakte (Taster, Schalter, Relais) als auch analoge Signale (Signale mit veränderlichen Werten wie z. B. Feuchtesensoren, Thermofühler oder Geschwindigkeitssensoren bei Markisen- bzw. Wintergartensteuerungen) aufnehmen. Die von der Eingabeebene erfassten und aufbereiteten Signale werden in der **Verarbeitungsebene** mittels des **gespeicherten Programms** verarbeitet und logisch verknüpft. Die Verarbeitungsebene verfügt über einen Programmspeicher, der frei programmierbar ist. Der Steuerungsablauf kann jederzeit durch eine Ändern oder Austauschen des gespeicherten Programms abgeändert werden. Die Verknüpfungsergebnisse des Programms aus der Verarbeitungsebene beeinflussen als Ausgangssignale die Steuerung von Stellgliedern oder Antriebsgliedern der **Ausgabeebene**.

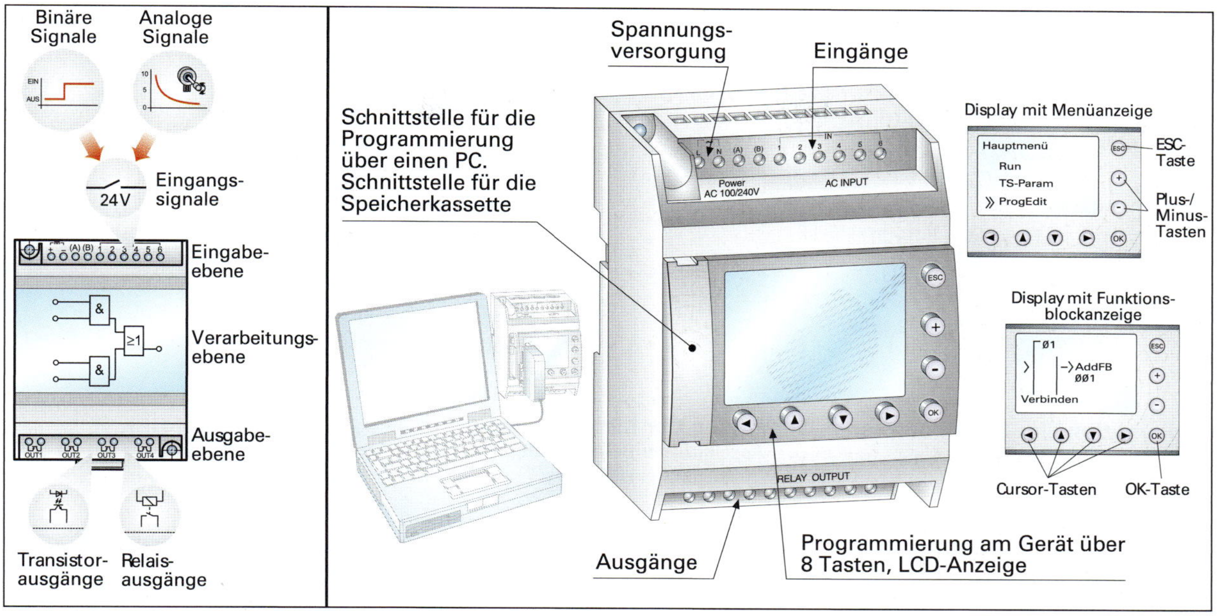

Bild 1 SPS-Kleinsteuerung

Das Programm kann prinzipiell auf zweierlei Arten erzeugt werden: Durch
- Programmieren am Gerät über die Funktionstasten des Steuergeräts
- Programmieren in Verbindung mit einem PC und entsprechender Software (Bild1).

Zur Programmierung des Steuerungsablaufes stehen grundsätzlich 3 verschiedene Methoden zur Verfügung. Je nach Hersteller der Steuerung und der Software wird dabei entweder
- eine **An**weisungs**l**iste (**AWL**) programmiert, oder
- der Logikplan als sogenannter **Fu**nktions**p**lan (**FUP**), oder
- der Stromlaufplan als sogenannter **Ko**ntakt**p**lan (**KOP**) geschrieben.

Bevor das Programm für die SPS-Kleinsteuerung geschrieben werden kann, muss zunächst eine eindeutige Zuordnung der Betriebsmittel, d.h.
- der Signalglieder (Sensoren) der Pressensteuerung zu den Eingängen der SPS und
- der Ausgänge der SPS zu den Stellgliedern der Pressensteuerung erfolgen.

Dies geschieht mittels einer Zuordnungs- oder Belegungsliste (Bild 1, nächste Seite)

Rohrschellenpresse mit einer SPS-Kleinsteuerung

Die elektropneumatische Rohrschellenpresse wird mit einer programmierbaren Kleinsteuerung aufgebaut.

Die in unserem Fall verwendete Steuerung bedient sich des Funktionsplans, der auf dem bereits bekannten Logikplan aufsetzt. Die bekannten logischen Verknüpfungen wie UND, ODER, NICHT; Signal Speichern (Setzen/Rücksetzen) sind als feste Programmbausteine in der Software vorhanden. Diese Begriffe sind meist in englischer Sprache verfasst. Neben den Grundfunktionen besitzt eine SPS-Kleinsteuerung auch noch viele weitere Sonderfunktionen wie Zählen (von Impulsen), Schaltverzögerung oder Zeitschalter und Datumsfunktionen. Alle an die SPS anschließbaren Sensoren (Signalglieder) und Aktoren (Arbeitsglieder), sämtliche Grundfunktionen und wichtigen Sonderfunktionen können mittels der SPS-Software per „Drag and Drop" zu einem Funktionsplan zusammengesetzt werden. Die Steuerung kann anschließend am PC auf ihre Funktionstüchtigkeit simuliert werden.

Folgende Übersicht zeigt die Umsetzung der Steuerungsfunktion der Rohrschellenpresse in eine SPS-Steuerung (Bild 1, nächste Seite).

3

Lageplan

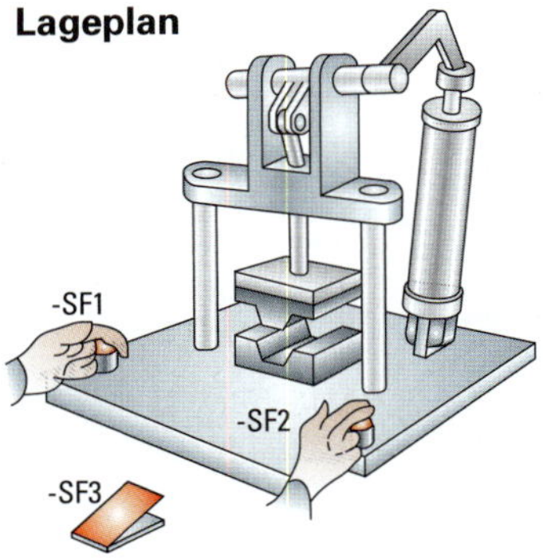

Logikplan

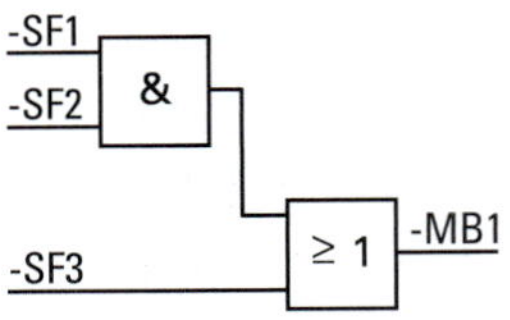

Zuordnungs-/Belegungsliste

Betriebsmittel	Kennzeichen	SPS-Eingang	SPS-Ausgang
Starttaster	–SF1	I 01	
Starttaster	–SF2	I 02	
Fußtaster	–SF3	I 03	
Magnetventil	–MB1		O 01

Konventioneller Stromlaufplan der elektropneumatischen Steuerung

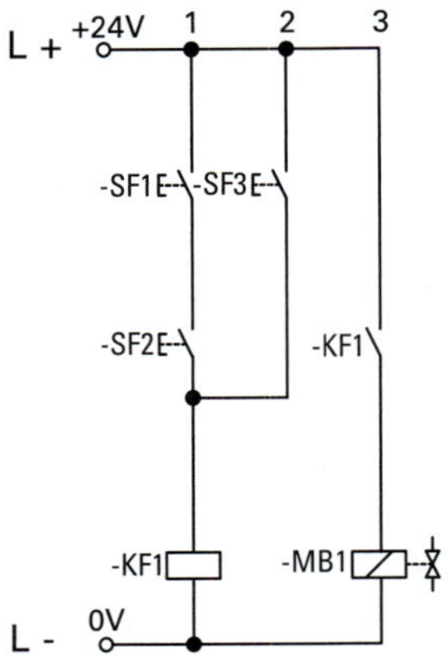

Schaltplan der Kleinsteuerung
Anschluss der Betriebsmittel an der Kleinsteuerung

Funktionsplan (FUP)
mittels Herstellersoftware per „drag and drop" programmiert

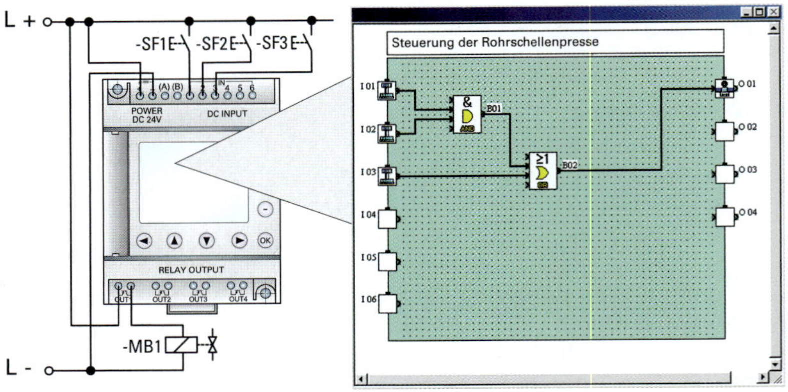

***Bild 1** Umsetzung der Steuerungsfunktion der Rohrschellenpresse in eine SPS-Steuerung*

Vorteile durch die Verwendung einer SPS-Steuerung

- Die Ventile und/oder die elektrischen Betriebsmittel müssen nicht aufwendig verschlaucht bzw. verdrahtet werden. Die notwendigen Verknüpfungen (UND, ODER, NICHT, SETZEN/ RÜCKSETZEN usw.) realisiert ein entsprechendes Programm.
- Müssen Steuerungsaufgaben abgeändert werden, so reicht es bei der SPS-Steuerung aus, lediglich das Programm umzuschreiben. Die bestehende Verdrahtung bzw. Verschlauchung bleibt dagegen bestehen.
- Je komplexer eine Steuerung sein muss, je mehr Sensoren (Eingänge) und Aktoren (Ausgänge) miteinander verknüpft werden müssen, desto wirtschaftlicher ist der Einsatz einer speicherprogrammierbaren Steuerung.

Folgende Abbildung zeigt eine komplexe Torsteuerung mit mehreren Signalgebern und Sensoren und dem am PC geschriebenen Funktionsplan (FUP):

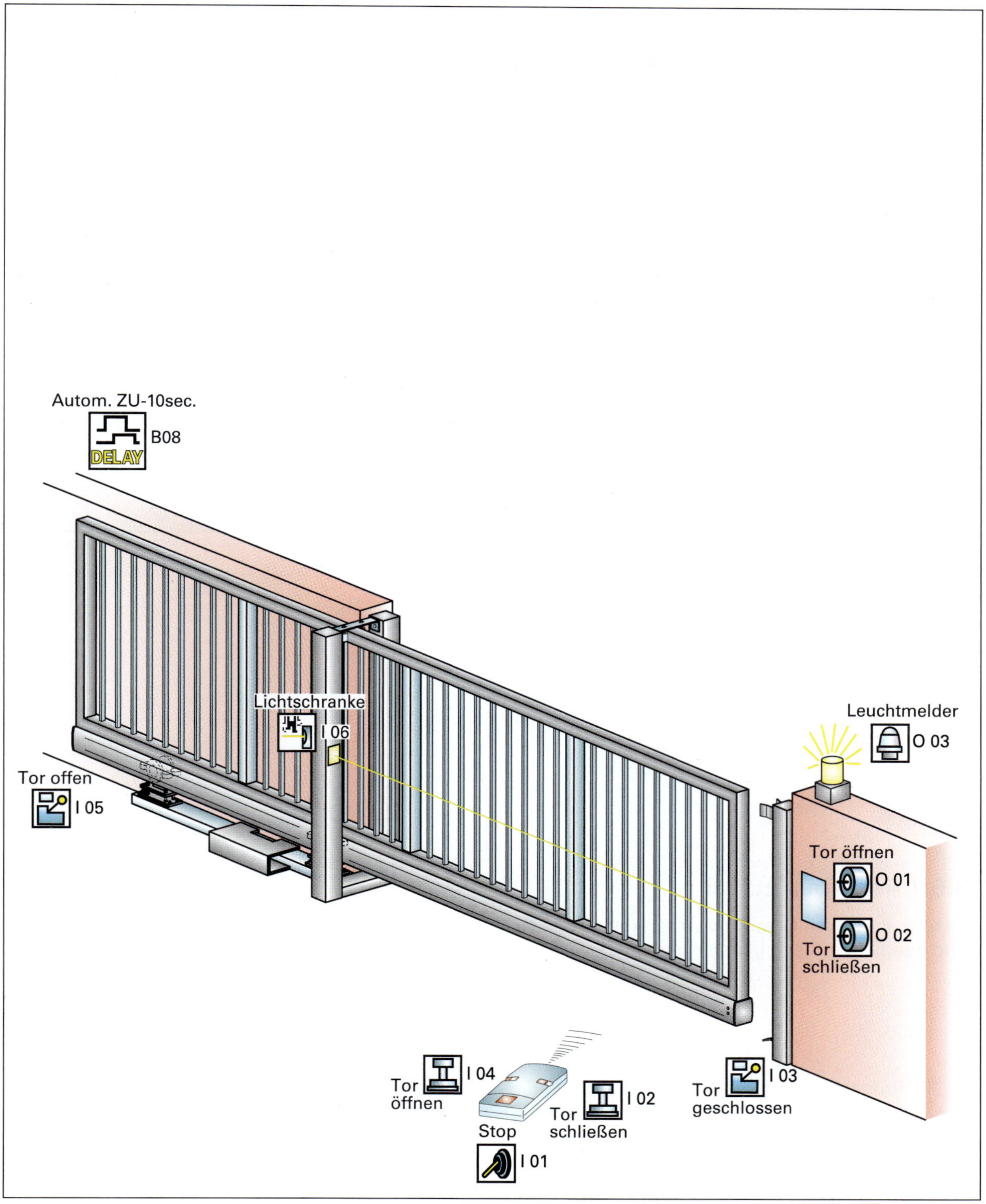

***Bild 1** Steuerung einer Schiebetoranlage*

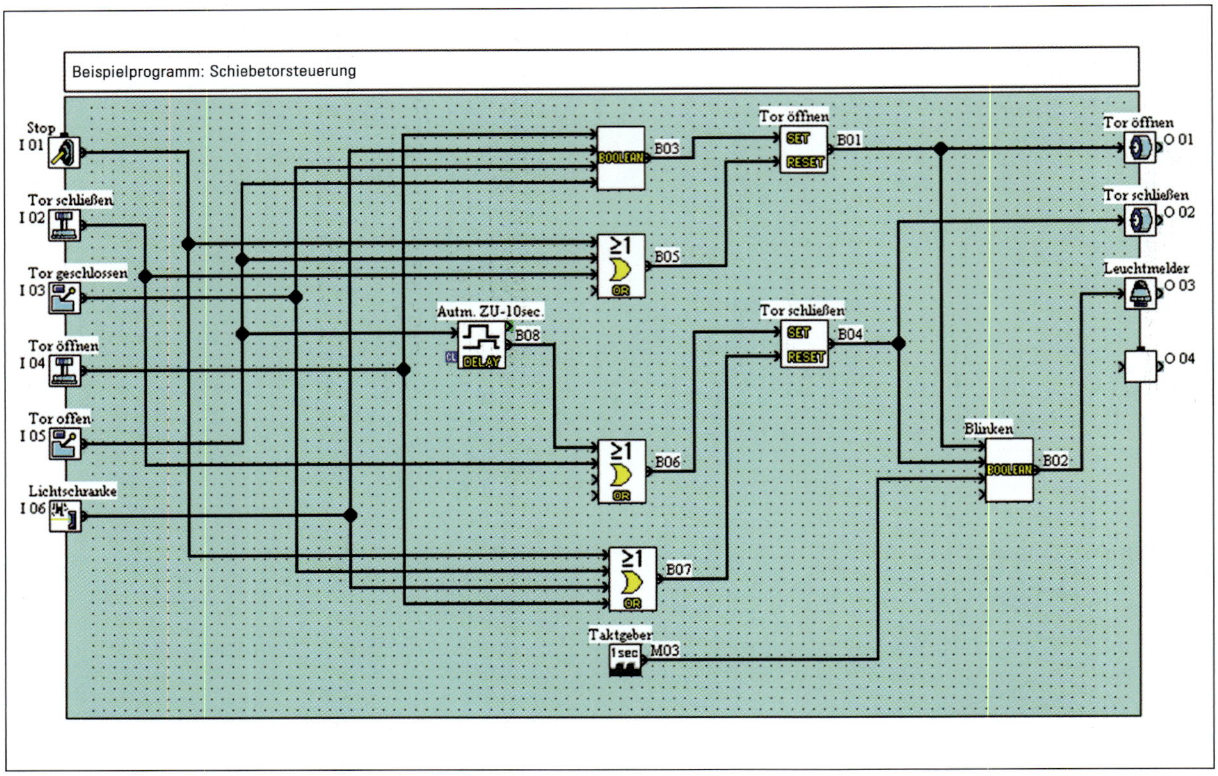

***Bild 1** Funktionsplan (FVP) der Torsteuerung*

3

3.6.1 Aufgaben zu 3.6

Besorgen Sie sich Demoversionen (kostenlos) zur Programmierung von SPS-Kleinsteuerungen und bearbeiten Sie folgende Aufgaben.

1. Die Rohrschellenpresse soll unter den Bedingungen des folgenden Logikplans (S. 344) mit einer SPS-Kleinsteuerung realisiert werden.

a) Beschreiben Sie die Verknüpfungsbedingungen anhand der vorgegebenen Pläne.

b) Erstellen Sie die Funktionstabelle und ergänzen Sie die Belegungsliste.

c) Schließen Sie die Betriebsmittel ordnungsgemäß an die SPS an.

d) Schreiben Sie mithilfe einer Demoversion einer SPS-Steuerung den Funktionsplan (FUP).

Lageplan

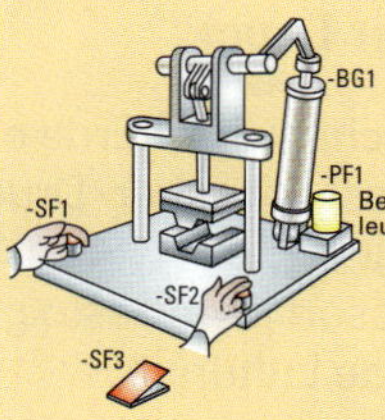

Pneumatischer Schaltplan

Logikplan

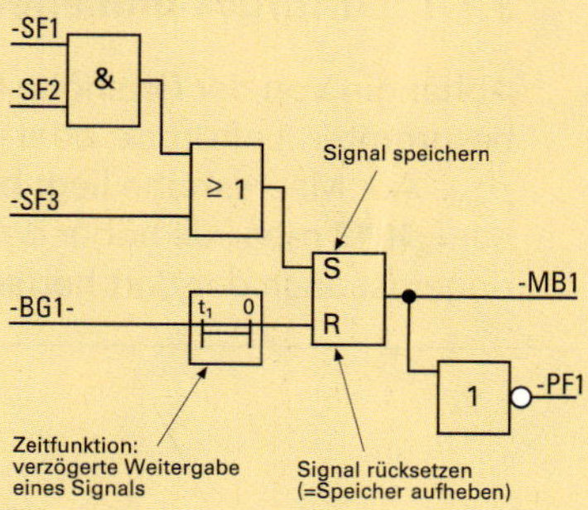

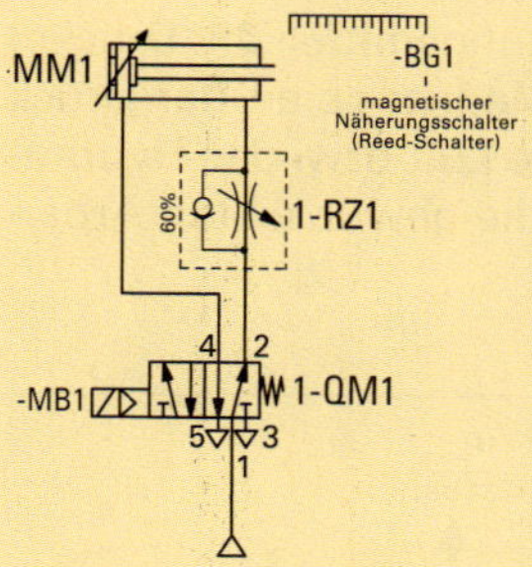

Funktionstabelle

–SF1	–SF2	–SF3	–BG1	–MB1	–PF1
0	0	0	0		
1	0	0	0		
0	1	0	0		
0	0	1	0		
0	0	0	1		
1	1	0	0		
1	0	1	0		
1	0	0	1		
0	1	1	0		
0	1	0	1		
0	0	1	1		
1	1	1	0		
1	1	0	1		
1	0	1	1		
0	1	1	1		
1	1	1	1		

*** = Zustand unbestimmt (unverändert wie vorher)** (Werden zugleich sich widersprechende Signale gegeben, verändert sich der Zustand der Steuerung nicht.

Anschluss der Betriebsmittel an die Kleinsteuerung

L + o

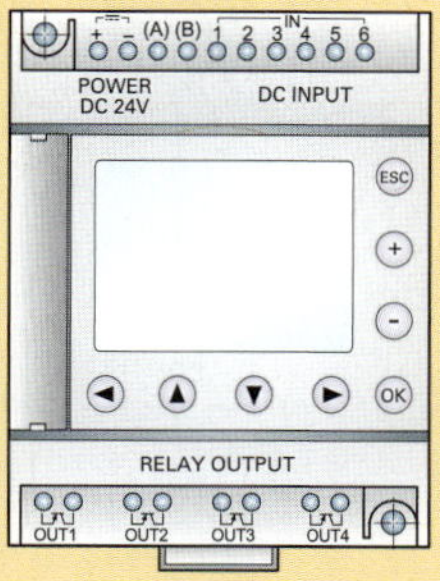

L - o

Zuordnungs-/ Belegungsliste

Betriebsmittel	Kennzeichen	SPS-Eingang	SPS-Ausgang

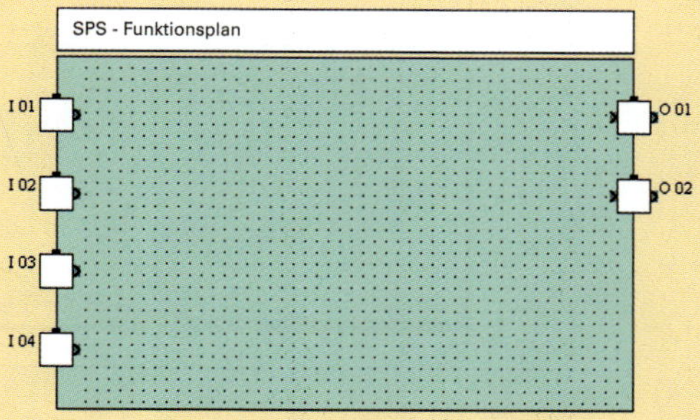

2. Ein Schieber am Speicher einer Abfüllanlage wird durch einen Pneumatikzylinder betätigt. Der Zylinder fährt ein und öffnet damit, wenn

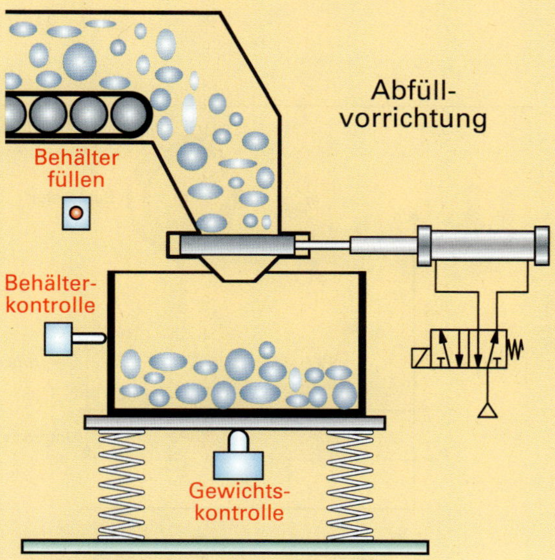

- der Knopf „Füllen" gedrückt gehalten wird,
- ein Behälter unter dem Silo steht und
- der Taster unter der Gewichtskontrolle nicht gedrückt ist.

Ist eine der Bedingungen nicht erfüllt, fährt der Zylinder wieder aus und verschließt den Fülltrichter. Die Kolbengeschwindigkeit soll in beiden Richtungen einstellbar sein.

a) Beschreiben Sie die Verknüpfungsbedingungen dieser Steuerungsaufgabe und erstellen Sie den Logikplan und die Funktionstabelle.

b) Erfolgt bei dieser Steuerung eine Signalspeicherung? Begründen Sie!

c) Stellen Sie eine Geräteliste auf, benennen Sie die benötigten Bauteile fachgerecht und schreiben Sie die Belegungsliste für die SPS-Steuerung.

d) Schließen Sie die benötigten Betriebsmittel an die Ein- und Ausgänge der SPS-Steuerung an (zeichnen Sie die Verdrahtung).

e) Schreiben Sie mithilfe einer Demoversion einer SPS-Software den Funktionsplan (FUP) der Steuerung.

3

3.7 Berechnungen zur Steuerungstechnik

Hebezeuge, Spanneinrichtungen und Fördermittel benutzen als Kraftübertragungsmittel oft Drucköl oder Druckluft. Für beide Medien spielt der Druck die entscheidende Rolle. Die Luft bzw. das Hydrauliköl kann nur unter Druck die gewünschten Arbeiten verrichten.

3.7.1 Luftdruck und effektiver Druck

Abhängig von der Ortshöhe herrscht auf der Erde ein bestimmter Luftdruck oder atmosphärischer Druck p_{amb}. Auf Meereshöhe liegt beträgt er ca. p_{amb} = 1,013 bar = 1013 mbar. Je höher der Messort liegt, desto geringer ist auch der dort herrschende Luftdruck.

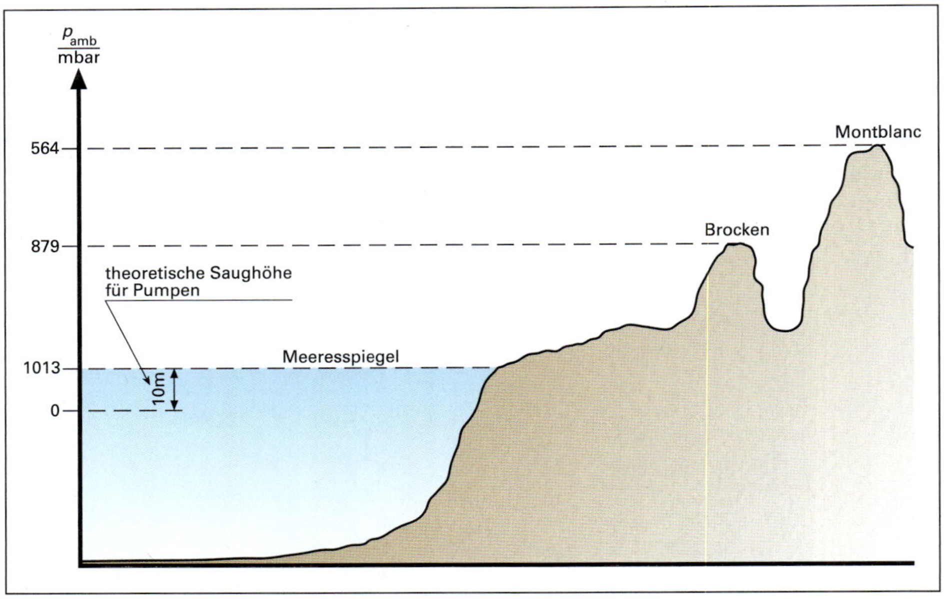

***Bild 1* Ortshöhe und Luftdruck p_{amb}**

Für Berechnungen in pneumatischen Anlagen muss der ortsbezogene Luftdruck berücksichtigt werden. Füllt ein Kompressor einen Druckluftkessel mit zusätzlicher Luft, so entsteht im Kessel ein Überdruck p_e, der größer als der Umgebungsluftdruck ist. Dieser Überdruck wird auch effektiver Druck genannt. Der absolute Druck im Kessel ergibt sich dann aus der Summe der beiden:

$$p_{abs} = p_{amb} + p_e$$

engl.: p = pressure
amb = ambivalent
e = efficient

Die meisten Druckmessgeräte (Manometer) zeigen den Überdruck p_e (effektiven Druck) an.

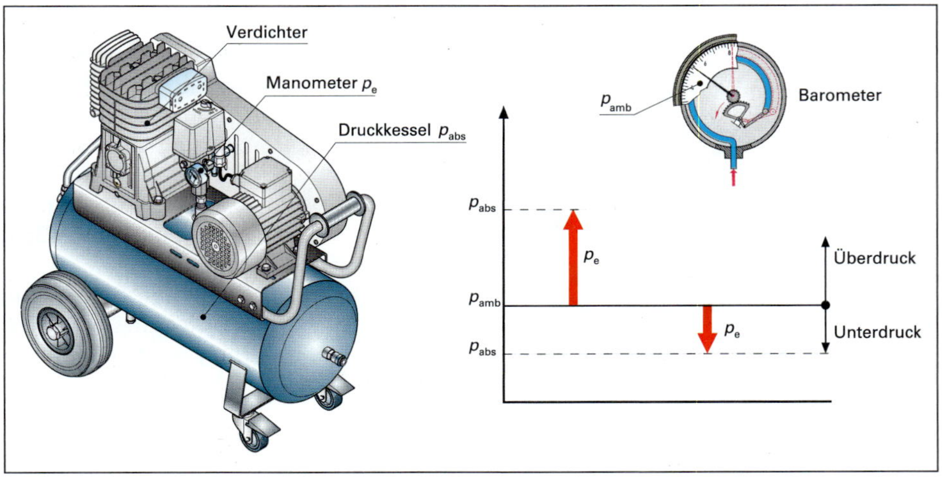

***Bild 2* Luftdruck – Überdruck – absoluter Druck**

Beispielaufgabe:
Das Manometer eines Druckkessels zeigt einen Druck p_e = 9,8 bar an. Der atmosphärische Luftdruck beträgt p_{amb} = 1031 mbar. Welcher absolute Druck p_{abs} herrscht im Kessel?

Gesucht: p_{abs}	⇒	gesuchte Größe aus dem Text entnehmen
Gegeben: $p_e = 9{,}8$ bar $p_{amb} = 1031$ mbar $= 1{,}031$ bar	⇒	gegebene Größen aus dem Text entnehmen Einheit umrechnen
$p_{abs} = p_{amb} + p_e$ $p_{abs} = 1{,}031$ bar $+ 9{,}8$ bar $\underline{\underline{p_{abs} = 10{,}831 \text{ bar} \approx 10{,}8 \text{ bar}}}$	⇒	Formel z. B. aus Tabellenbuch Werte mit gleichen Einheiten einsetzen Der absolute Druck beträgt ungefähr 10,8 bar

Aufgaben zu 3.7.1

1. Bestimmen Sie den absoluten Druck aus der Beispielaufgabe, wenn sich der Druck im Kessel auf 8,64 bar verringert hat.
2. Welcher absolute Druck herrscht im Kessel (Beispielaufgabe und Übungsaufgabe Nr. 1), wenn sich der Kessel auf dem Brocken befindet (siehe Bild 1, Seite 346)?
3. Für eine Druckmessung wird ein absoluter Druck p_{abs} = 16,4 bar erwartet. Welchen effektiven Druck muss das Manometer mindestens anzeigen können, wenn der atmosphärische Luftdruck mit 1000 mbar angenommen wird?
4. Am Manometer wird ein Überdruck von p_e = 1,3 bar abgelesen. Rechnen Sie diese Messung in den absoluten Druck p_{abs} in bar und Pa um. (Atmosphärendruck 1 bar)
5. Der absolute Druck im Ansaugrohr eines Benzinmotors wird mit p_{abs} = 650 mbar angegeben. Wie groß ist der Unterdruck (effektive Druck p_e) in bar, wenn der Atmosphärendruck 1033 mbar beträgt?

3.7.2 Druck und Kolbenkraft

Für Flüssigkeiten (Hydrauliköl) und für Gase (Luft) gelten hier die gleichen Zusammenhänge.
Zwischen Druck und Kolbenkraft besteht eine Wechselwirkung:
Wirkt auf einen mit Luft oder Flüssigkeit gefüllten Behälter eine Kolbenkraft, so entsteht im Medium ein Druck, der sich in alle Richtungen mit gleicher Intensität ausbreitet. Dieser Druck ist umso kleiner, je größer die Kolbenfläche bei gleichem Kraftaufwand ist.
Wirkt andererseits auf einen Zylinderkolben ein unter Druck stehendes Medium, so entsteht daraus eine Kolbenkraft. Diese Kolbenkraft ist umso größer, je größer die Kolbenfläche bei gleichem Druck ist.

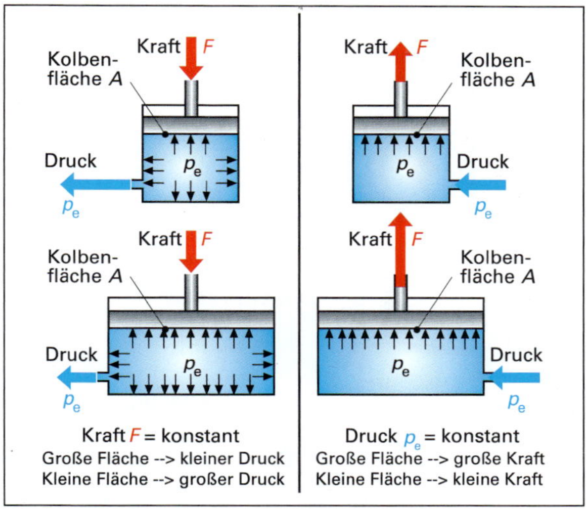

***Bild 1** Wechselwirkung zwischen Druck, Kraft und Fläche*

$$\text{Druck} = \frac{\text{Kraft}}{\text{Fläche}} \qquad p = \frac{F}{A}$$

umgestellt: $\text{Kraft} = \text{Druck} \cdot \text{Fläche}$ $\quad F = p \cdot A$

Die Kraft F wirkt senkrecht auf die Fläche A.

Bezeichnungen und Einheiten:
Kraft F: gemessen in N (Newton)
Fläche A: gemessen in m²
Druck p: gemessen in $\frac{\text{N}}{\text{m}^2}$

Die Si-Einheit des Drucks ist N/m².
Es gilt: 1 N/m² = 1 Pa (Pascal)
Die Druckeinheit N/m² oder Pa wird sehr selten in der Technik angewendet, da sie sehr klein ist. Für pneumatische und hydraulische Berechnungen sind die Einheiten N/cm² oder bar üblich. Folgende Umrechnungen sind dabei zu beachten:

1 Pa	=	1 N/m²
1 bar	=	100000 Pa
1 bar	=	10 N/cm²

Beispielaufgabe:
Die pneumatische Dosenpresse wird benutzt, um Farbeimer platzsparend zu entsorgen. Sie zerdrückt Farbdosen aller Größen. Mit dieser Presse können bis zu acht 1-Liter Dosen, zwei 3-Liter Dosen oder je eine 5- oder 60-Liter Dose gepresst werden. Die Dosenpresse kann als Tischgerät überall leicht aufgestellt werden.

Die Daten:

Presskraft:	2 to
Gewicht:	150 kg
Luftanschluss:	8 bar
Presskammergröße:	*B* 450 mm, *T* 450 mm, *H* 650 mm

Dosenpresse

Pneumatischer Schaltplan der Dosenpresse:

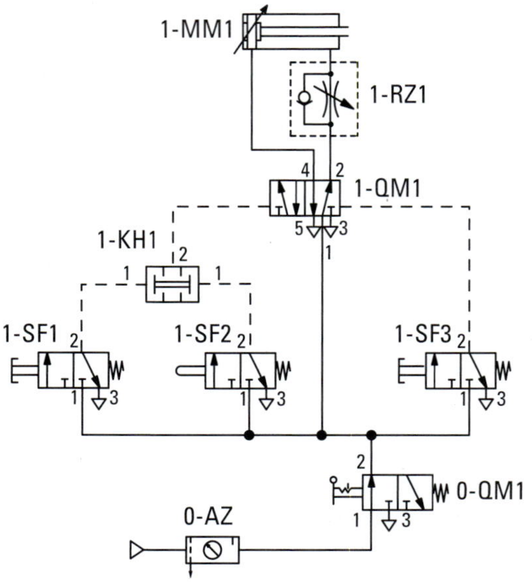

Zylinderdurchmesser
Ø 32 - 40 - 50 - 63 - 80 - 100 - 125 - 160 - 200

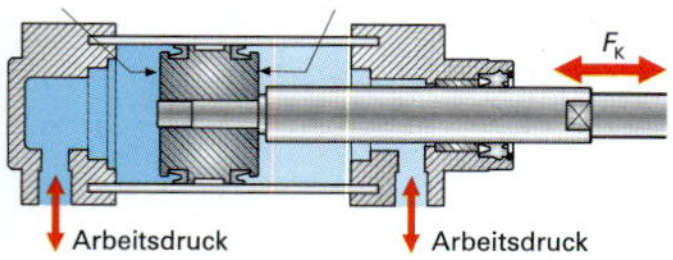

Auszug – Datenblatt Zylinderkräfte

Zyl.-Ø	Bewegung	Nutzfläche cm²	Schubkraft und Zugkraft in N, abhängig vom Betriebsdruck in bar									
			1 bar	2 bar	3 bar	4 bar	5 bar	6 bar	7 bar	8 bar	9 bar	10 bar
80	Schub	50,24	500	1000	1510	2010	2510	3010	3510	4020	4520	5020
	Zug	45,36	450	910	1360	1810	2270	2720	3170	3620	4080	4530
100	Schub	78,54	790	1570	2360	3140	3930	4710	5500	6260	7070	7650
	Zug	70,49	710	1410	2220	2820	3530	4230	4940	5640	6350	7050
125	Schub	122,68	1230	2450	3680	4910	6140	7350	8590	9820	11040	12270
	Zug	114,67	1150	2290	3440	4580	5730	6880	8020	9170	10310	11460
160	Schub	201,06	2010	4020	6030	8040	10050	12060	14070	16080	18090	20100
	Zug	188,49	1890	3770	5650	7540	9420	11300	13190	15070	16960	18850
200	Schub	314,15	3140	6280	9430	12570	15710	18850	21990	25140	28270	31420
	Zug	301,59	3020	6030	9050	12060	15080	18100	21110	24130	27140	30160

Bei Druckluftzylindern mit durchgehender Kolbenstange wirkt die gleiche Kraft in beiden Richtungen und sie entspricht immer dem in der Tabelle unter „Zug" aufgeführtem Wert. Die Werte in der Tabelle sind theoretische Werte. Für die praktische Anwendung müssen sie unter Berücksichtigung des Gewichts und der Gleitreibung des bewegten Teils um ca. 10 % verringert werden.

***Bild 1** Dosenpresse: Schaltplan und Datenblatt*

a) Die „Presskraft" wird mit ca. 2 to angegeben. Berechnen Sie die Presskraft in N.

b) Der Druckluftanschluss der Presse ist mit 8 bar angegeben, wobei andere Drücke eingestellt werden dürfen. Berechnen Sie den Druck in N/cm².

c) Wie groß ist der absolute Druck bei einem vorhandenen Umgebungsluftdruck von ca. 1 bar?

d) Welchen Pneumatikzylinder wählen Sie, um die geforderte Presskraft bei vorgegebenem Systemdruck von 8 bar einhalten zu können?

e) Welcher Druck müsste am Druckminderer der Wartungseinheit eingestellt werden, damit die Presskraft von 2 to mit dem unter d) gewählten Zylinder genau erreicht wird?

f) Der Systemdruck wird auf 6 bar gesenkt und ein kleinerer Zylinder mit 63 mm Durchmesser gewählt. Berechnen Sie die theoretische Kolbenkraft *F* des Zylinders in N.

g) Welche Kolbenkraft erzeugt ein Zylinder mit 200 mm Durchmesser bei 6 bar Systemdruck in der praktischen Anwendung laut Herstellerangaben? Begründen Sie den Unterschied zum Tabellenwert. Mit welchem Wirkungsgrad arbeitet der Zylinder?

Lösungen:

Gegeben: Maximale Presskraft 2 to
Systemdruck 8 bar voreingestellt

Gesucht:

a) Presskraft in N

$F = m \cdot g = 2000 \text{ kg} \cdot 9{,}81 \text{ m/s}^2$
$\underline{\underline{F = 19620 \text{ N}}}$

b) Systemdruck p_e in N/cm²

$p_e = 8 \text{ bar} \cdot 10 \text{ N/cm}^2\text{/bar}$
$\underline{\underline{p_e = 80 \text{ N/cm}^2}}$

c) Absoluter Druck p_{abs} in bar

$p_{abs} = p_e + p_{amb}$
$p_{abs} = 8 \text{ bar} + 1 \text{ bar} =$
$\underline{\underline{p_{abs} = 9 \text{ bar}}}$

d) Auswahl eines geeigneten Pneumatikzylinders

Laut Herstellertabelle für $p = 8$ bar
und $F >= 19620$ N
→ Zylinderdurchmesser $d = 200$ mm

e) Einzustellender Systemdruck p_e in bar (für F = 19620 N und d = 200 mm)

$p = F/A$
A laut Herstellertabelle: $A = 315{,}15 \text{ cm}^2$
A nach Berechnung: $A = d^2 \cdot \pi/4$
$A = (200 \text{ mm})^2 \cdot \pi/4$
$A = 31415 \text{ mm}^2 = 314{,}15 \text{ cm}^2$
$p = 19620 \text{ N} / 314{,}15 \text{ cm}^2$
$p = 62{,}45 \text{ N/cm}^2$
$\underline{\underline{p = 6{,}245 \text{ bar}}}$

f) Kolbenkraft F in N bei 6 bar und $d = 63$ mm

$p = F/A \rightarrow$
$F = p \cdot A$
$A = d^2 \cdot \pi/4 \rightarrow A = (63 \text{ mm})^2 \cdot \pi/4$
$A = 3117 \text{ mm}^2 = 31{,}17 \text{ cm}^2$
$F = 60 \text{ N/cm}^2 \cdot 31{,}17 \text{ cm}^2$
$\underline{\underline{F = 1870 \text{ N}}}$

g) Kolbenkraft F in der Praxis für $d = 200$ mm und $p = 6$ bar

Theoretische Kolbenkraft laut Tabelle:
$F_{theoretisch} = 18850 \text{ N}$
Praktisch erzielbare Kolbenkraft wegen Reibungsverlusten: Minderung um 10 %
$F_{praktisch} = F_{theoretisch} \cdot 90\,\% / 100\,\%$
$F_{praktisch} = 18850 \text{ N} \cdot 0{,}9$
$\underline{\underline{F_{praktisch} = 16965 \text{ N}}}$

Der Zylinder hat einen Wirkungsgrad von 0,9 oder 90 %

Aufgaben zu 3.7.2

1. Bestimmen Sie den einzustellenden Druck für die Beispielaufgabe, wenn eine Spannkraft von 14000 N gefordert wird.

2. Eine hydraulisch betriebene Rohrbiegemaschine mit einem Hydraulikkolben von A_K = 8 cm² benötigt eine Biegekraft von 42000 N. Welchen Arbeitsdruck muss die Zahnradpumpe mindestens erzeugen?

3. Beschreiben Sie, wie sich die Reibung des ausfahrenden Kolbens und der Kolbenstange auf die Biegekraft der Aufgabe 2 auswirken. Welchen Einfluss hat die Reibung bei der Beispielaufgabe?

4. Für ein Biegewerkzeug ist eine Kraft von 43,5 kN erforderlich.
a) Welchen Druck muss die Hydraulikpumpe mindestens erzeugen, wenn der Kolbendurchmesser des Hydraulikzylinders 150 mm misst?
b) Wie verändert sich der erforderliche Druck bei einer Verdoppelung des Kolbendurchmessers?

5. Auf den Kolben eines Hydraulikzylinders mit dem Durchmesser d_K = 45 mm wirkt eine Kraft von F_K = 225 N. Wie hoch ist der effektive Druck im Zylinderraum in bar?

6. Die Kolbenstange eines Pneumatikzylinders überträgt beim Ausfahren eine Kraft F_K = 15,5 kN. Welcher Druck wirkt auf den Kolben, wenn der Kolbendurchmesser D_K = 65 mm beträgt?

7. Ein Pneumatikzylinder soll zerbrechliches Material mit einer maximalen Kraft von 800 N spannen. Der Kolbendurchmesser ist mit 50 mm angegeben.
a) Auf welchen maximalen Druck (Überdruck) muss das Druckbegrenzungsventil eingestellt werden?
b) Welchem absoluten Druck entspricht dieser Wert bei p_{amb} = 1 bar?

8. Für eine pneumatische Vorrichtung ist eine Spannkraft von 4200 N erforderlich. Bestimmen Sie den kleinstmöglichen Durchmesser bei einem Überdruck von 6,5 bar und Reibungsverlusten von 15 %.
Wählbare genormte Zylinder in mm:
32; 40; 50; 63; 80; 100; 125; 160.

9. Der Kolben eines Verdichters besitzt einen Durchmesser D = 70 mm.

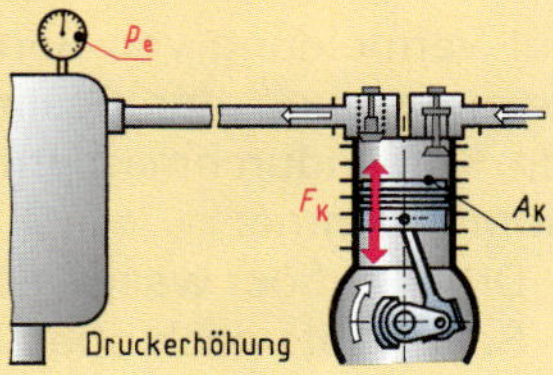

3

a) Welcher effektive Druck p_e in N/cm², bar und Pa wird am Manometer des Verdichters gemessen, wenn die wirksame Kolbenkraft $F = 3800$ N beträgt?
b) Wie groß ist der absolute Druck bei einem Luftdruck von 1,05 bar?

10. Zur Begrenzung der Spannkraft eines Hydraulikzylinders ist ein Druckbegrenzungsventil eingebaut.
a) Welche maximale Spannkraft ist bei einem Kolbendurchmesser von 70 mm und einem eingestellten Grenzdruck von 42 bar möglich?
b) Welche Federkraft muss auf den Kolben im Druckbegrenzungsventil wirken? (Ventil ∅ = 8 mm)

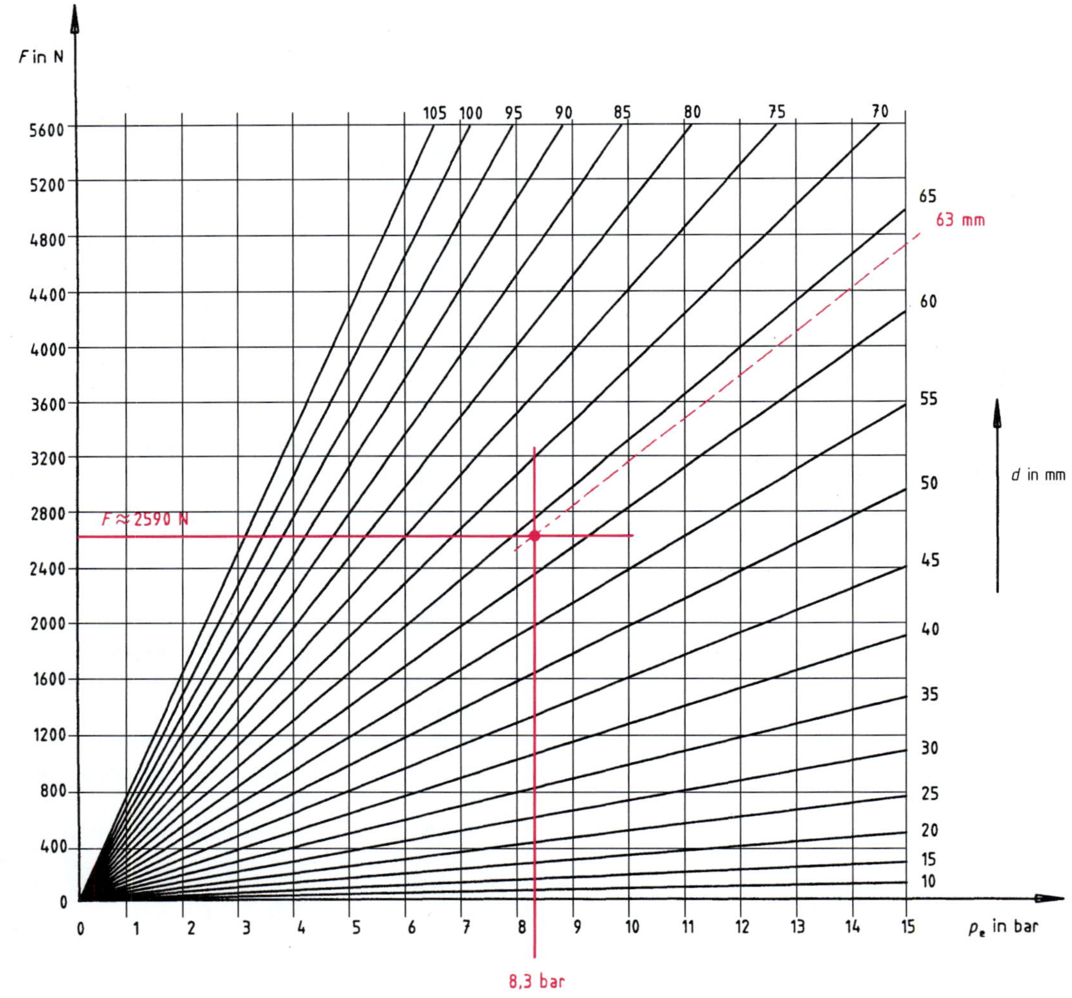

Bild 1 Nomogramm zur Bestimmung von Kolbenkraft, Kolbendurchmesser und Druck

Zur Vermeidung von Berechnungsfehlern und zur Vereinfachung der Bestimmung von Kolbenkräften, Kolbendurchmessern und Drücken eignen sich Nomogramme:

- Druck auf der waagerechten Achse festlegen,
- Senkrechte nach oben bis zum Schnittpunkt mit der Durchmesserlinie ziehen (evtl. mitteln),
- Gerade vom Schnittpunkt waagerecht bis zur Kraftachse ziehen und
- Kraft maßstabsgerecht ablesen.

Zur Ermittlung von Durchmesser und Druck gilt eine entsprechende Vorgehensweise.

Beispielaufgabe

Der pneumatische Spannzylinder besitzt für das Ausfahren einen wirksamen Kolbendurchmesser von D_K = 63 mm. Mit welcher Kraft wird das Werkstück gespannt, wenn ein Druck p_e = 8,3 bar eingestellt ist? Die wirkliche Kraft wird geringer sein, da die Reibung noch nicht berücksichtigt wurde.

Lösung:
Aus obigem Nomogramm ergibt sich bei der beschriebenen Vorgehensweise:
$F \approx 2590$ N.

3.7.3 Luftverbrauch in pneumatischen Anlagen

Luftverbrauch

Ein einfacher Versuch lässt die Zusammenhänge zwischen dem Volumen einer Gasmenge und dem entsprechenden Druck erkennen (Bild 1). Durch Vergrößern der Wassermenge im Zylinder verkleinert sich das eingeschlossene Luftvolumen von V_0 = 4 l auf V_1. Mit V_0 ist das Ausgangsvolumen bei normalem Luftdruck $p_0 = p_{amb}$ gemeint. Gleichzeitig vergrößert sich der Luftdruck im Behälter von p_0 auf p_1. Das Manometer erfasst den effektiven Druck p_e (vgl. Seite 345). Die Auswertung der Messwerttabelle zeigt, dass mit Verkleinerung des Luftvolumens eine entsprechende Druckvergrößerung verbunden ist.

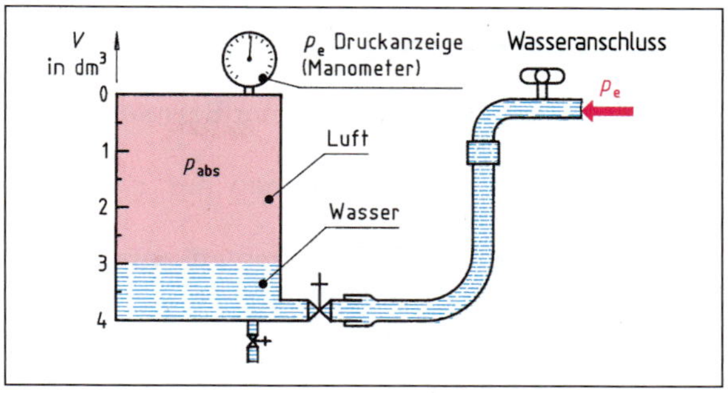

Nr.	V_{Luft} in dm³	absoluter Druck p_{abs} in bar	Überdruck p_a in bar	Atmosphärendruck p_{amb} in bar
0	4	1	0	1
1	3,5	1,1	0,1	1
2	3,0	1,3	0,3	1
3	2,5	1,6	0,6	1
4	2,1	1,9	0,9	1
5	1,5	2,7	1,7	1

***Bild 1** Versuch zum Gesetz von Boyle-Mariotte*

Genauer:

$$p_0 \cdot V_0 = p_1 \cdot V_1$$

Bei jedem Kolbenhub z. B. eines doppelt wirkenden Zylinders wird dem Kessel ein Luftvolumen V_1 entnommen. Beim Folgehub presst der Kolben dieses Luftvolumen in die Umwelt. Das Volumen V_1 nimmt sein ursprüngliches Volumen V_0 bei p_{amb}, 1 bar ein. Es expandiert auf V_0. Dieses ausgestoßene Zylindervolumen V_1 bei einem Zylinderdruck p_1 lässt sich berechnen. Dazu wird es auf das Luftvolumen V_0 bei normalem Luftdruck p_0 umgerechnet. Bleibt die Lufttemperatur unberücksichtigt, kann die Bestimmungsgleichung $p_0 \cdot V_0 = p_1 \cdot V_1$ genutzt werden.

Beispielaufgabe:

Berechnen Sie das Luftvolumen, das zum Ausfahren des doppelt wirkenden Zylinders erforderlich ist, wenn das Manometer einen Druck von p_e = 8 bar anzeigt (Luftdruck p_{amb} = 1 bar).

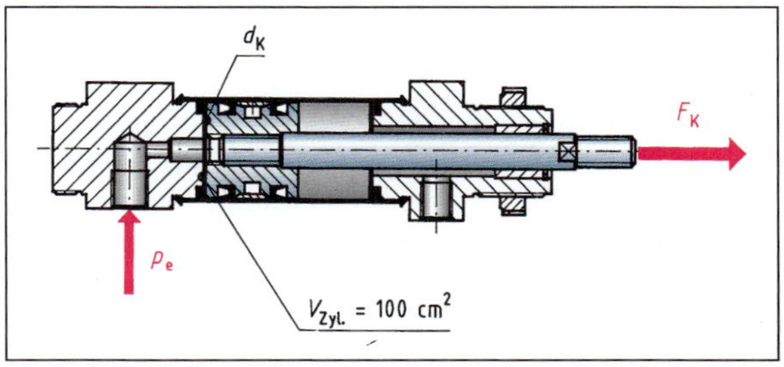

Gegeben: p_e = 8 bar, $V_{Zyl} = V_1$ = 100 cm³ ⇒ gesuchte Größen aus dem Text heraussuchen
p_{amb} = 1 bar — gegebene Werte aus dem Text heraussuchen

Gesucht: V_0

Lösung:

$p_0 = p_{amb}$ = 1 bar ⇒ Luftdruck berechnen $p_0 = p_{amb}$

$p_1 = p_{abs} = p_e + p_{amb}$ — Zylinderdruck als absoluten Druck berechnen

p_1 = 8 bar + 1 bar

$\underline{p_1 = 9 \text{ bar}}$

$p_0 \cdot V_0 = p_1 \cdot V_1$ ⇒ Formel z. B. aus Tabellenbuch

$V_0 = \frac{p_1 \cdot V_1}{p_0} = \frac{9 \text{ bar} \cdot 100 \text{ cm}^3}{1 \text{ bar}}$ — Formel nach gefragter Größe, dem Luftvolumen V_0 bei p_0 umstellen

$\underline{\underline{V_0 = 900 \text{ cm}^3 = 0{,}9 \text{ l}}}$ — V_0 beträgt pro Ausfahrhub ca. 0,9 l

Beim Einfahrhub muss wie bei den Kolbenkräften die Kolbenstange berücksichtigt werden.

3

Aufgaben zu 3.7.3

1. Welche Luftmenge V_0 ist in der Beispielaufgabe erforderlich,
   a) wenn das Zylindervolumen auf V_1 = 140 cm³ vergrößert wird?
   b) wenn der Druck der Pneumatikanlage auf p_e = 6 bar abgesenkt wird?

2. Beschreiben Sie mit „Je.., desto"-Sätzen den Einfluss folgender Größen auf den Luftverbrauch: Druck im Zylinder, Zylinderdurchmesser *d*, Zylinderhub *h*, Kolbenfläche *A*, Luftdruck p_0.

3. Welche Luftmenge muss der Kolbenverdichter in den Druckkessel mit V_1 = 120 l der Pneumatikanlage pumpen, bis ein Überdruck von p_e = 10 bar gemessen werden kann. Wie groß ist das gesamte Luftvolumen, wenn p_{amb} = 1040 mbar beträgt?

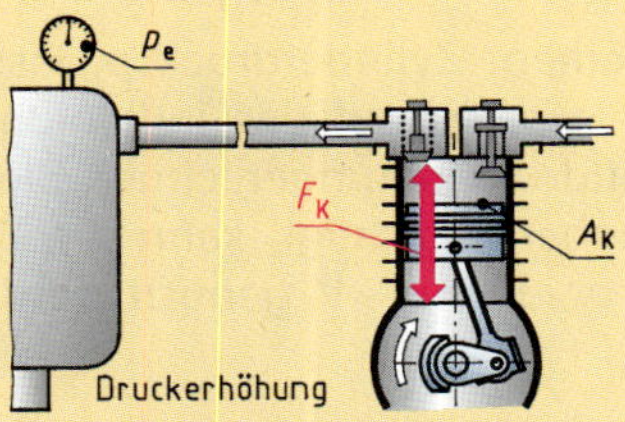

4. Der Druckkessel (*V* = 400 l) einer pneumatischen Anlage wird von einem Luftverdichter mit einem Überdruck von p_e = 14,5 bar gefüllt.
   a) Bestimmen Sie die nutzbare Luftmenge (normaler Luftdruck p_{amb} = 1 bar) bis zum Erreichen des Mindestkesseldrucks (Arbeitsdruck) von 6 bar (Verdichter füllt wieder auf).
   b) Bestimmen Sie das gesamte Luftvolumen im Kessel beim Erreichen des Enddruckes.

5. Ermitteln Sie für einen einfach wirkenden Pneumatikzylinder das Luftvolumen, das pro Hub an die Umwelt abgegeben wird. Der Arbeitsdruck p_e ist auf 7,5 bar eingestellt, der Kolbendurchmesser beträgt 140 mm, der Hub 80 mm. (Luftdruck p_{amb} = 1 bar)

6. Das Manometer einer vollen Sauerstoff-Normalflasche zeigt einen Druck von p_e = 200 bar an. Das Flaschenvolumen beträgt 50 l. Wie groß ist die Gasmenge in l, die bei Normaldruck (p_{amb} = 1 bar) zur Verfügung steht?

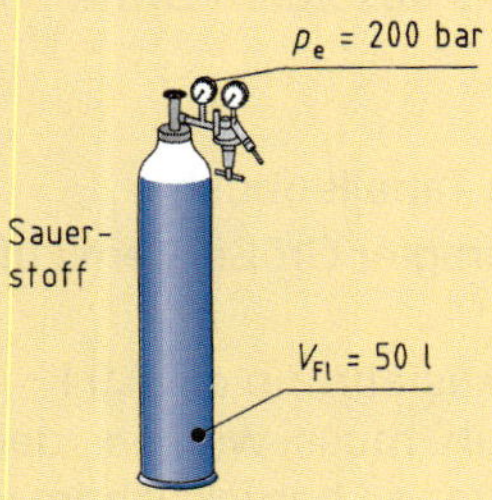

7. Beim Hartlöten werden der Sauerstoffflasche (*V* = 40 l) 800 l Sauerstoff entnommen. Welchen Druck zeigt das Manometer nach der Arbeit an, wenn der Anfangsdruck p_{e1} = 95 bar betrug?

8. Ein doppelt wirkender Zylinder mit einem Kolbendurchmesser *d* = 80 mm und einem Hub von 45 mm arbeitet 22 mal in der Minute (z. B. Werkstück biegen). Der Durchmesser der Kolbenstange beträgt 12 mm. Die Anlage wird mit einem Arbeitsdruck p_e = 8 bar betrieben (p_{amb} = 1 bar).
   a) Wie groß ist der Luftverbrauch beim Ausfahren des Zylinders?
   b) Wie groß ist der Luftverbrauch beim Einfahren des Zylinders?
   c) Wie hoch ist der stündliche Luftverbrauch, wenn der Zylinder mit einem Luftdruck von p_e = 8 bar betrieben wird?

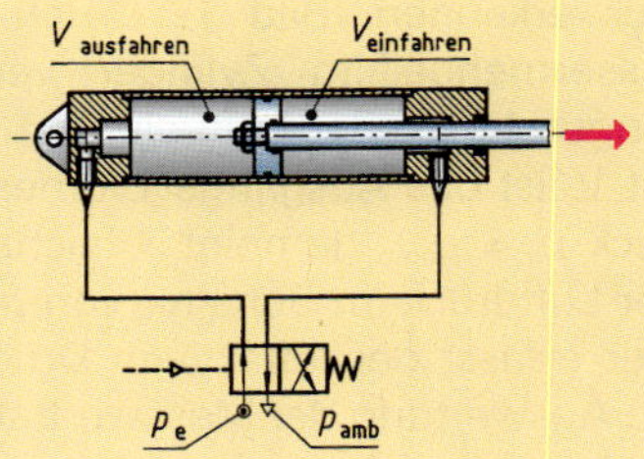

9. Ein einfach wirkender Pneumatikzylinder transportiert aus einem Fallmagazin 64 Werkstücke pro Minute. Der Kolbendurchmesser beträgt 80 mm und der Kolbenhub 120 mm.
   a) Welche Luftmenge (p_{amb} = 1 bar) entnimmt der Zylinder der Pneumatikanlage pro Stunde bei p_e = 6,0 bar?
   b) Um wie viel Prozent erhöht sich der Luftverbrauch, wenn stattdessen ein doppelt wirkender Zylinder mit einem Kolbenstangendurchmesser von 20 mm verwendet wird?
   c) Wie viele solcher Zylinder könnten theoretisch an einen Verdichter mit einem Volumenstrom von 9 m³/min Ansaugluft angeschlossen werden?

10. Aus einer undichten Pneumatikkupplung entweichen ca. 0,016 m³ Luft je Minute.
   a) Welchen Druckabfall bewirkt dieses Leck nach einer Stunde in einem Kessel mit 160 l und einem Druck p_e = 8,0 bar?
   b) Wie viel E Verlust entstehen pro Tag an dieser einen Leckstelle, wenn die Erzeugung von 1 m³ Druckluft 0,02 E kostet und die Leitung dauernd unter Druck steht?

3.7.4 Kolbengeschwindigkeit

Kolbengeschwindigkeit

In hydraulischen Anlagen bleibt bis auf geringfügige Leckverluste die Masse und somit auch das Volumen des strömenden Hydrauliköls konstant (Bild 1). Das bedeutet, dass der zugeführte **Volumenstrom $\dot{Q}$** (Volumen pro Zeiteinheit) den beweglichen Kolben durch Verdrängung mit der Kraft $F = p \cdot A_K$ verschiebt. Die Zeit, in der das Hydrauliköl den Zylinder füllt, hängt vom Zylinderquerschnitt, dem Hub und dem Volumenstrom $\dot{Q}$ ab. Bleibt der Volumenstrom konstant, nimmt somit die Ausfahrgeschwindigkeit des Kolbens bei größeren Kolbendurchmessern ab. Für den Volumenstrom sorgt die eingebaute Hydraulikpumpe mit entsprechenden Fördermengen.

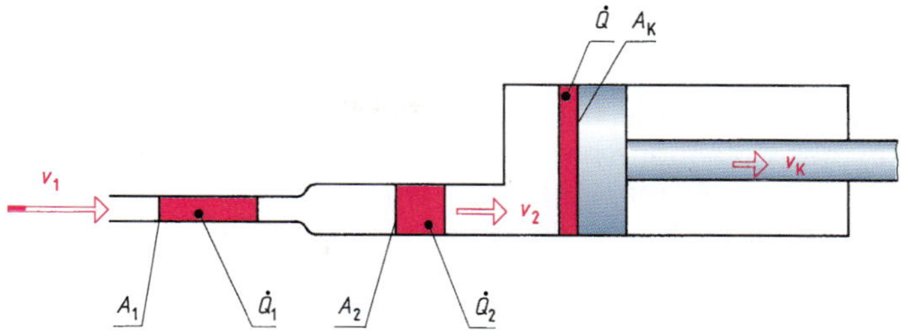

Bei konstantem Volumenstrom gilt: $\dot{Q}_1 = \dot{Q}_2 = \dot{Q}$

$$\left.\begin{array}{l} \dot{Q}_1 = v_1 \cdot A_1 \\ \dot{Q}_2 = v_2 \cdot A_2 \\ \dot{Q} = v_K \cdot A_K \end{array}\right\} v_1 \cdot A_1 = v_2 \cdot A_2 = v_K \cdot A_K$$

$$v_K = \frac{v_1 \cdot A_1}{A_K}$$

$$v_K = \frac{\dot{Q}}{A_K}$$

Bild 1 Bestimmung der Strömungsgeschwindigkeit

Beispielaufgabe:

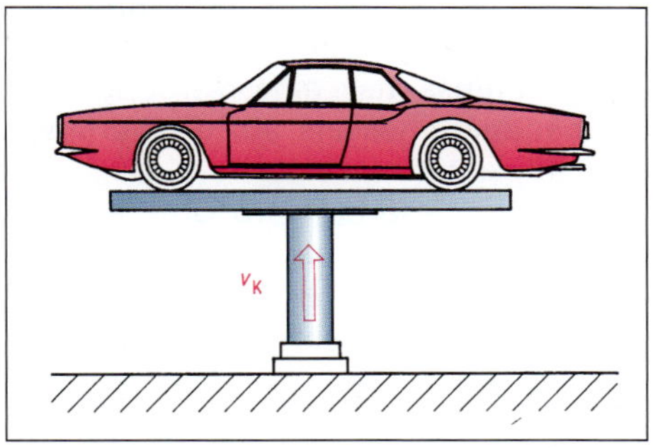

Beim Heben eines Kraftfahrzeugs auf einer hydraulischen Hebebühne werden $\dot{Q} = 188{,}5$ l/min Hydrauliköl in den Arbeitszylinder gepumpt. Der Kolbendurchmesser des Zylinders ist mit $d_K = 200$ mm angegeben. Mit welcher Geschwindigkeit wird das Kraftfahrzeug angehoben $\left(v_K \text{ in } \frac{\text{dm}}{\text{min}} \text{ und } \frac{\text{m}}{\text{s}}\right)$?

Gegeben: $\dot{Q} = 188{,}5 \frac{\text{l}}{\text{min}} = 188{,}5 \frac{\text{dm}^3}{\text{min}}$

Gesucht: v_K in $\frac{\text{dm}}{\text{min}}$ und $\frac{\text{m}}{\text{s}}$

$d_K = 200 \text{ mm} = 2 \text{ dm}$

$$v_K = \frac{v_1 \cdot A_1}{A_K} = \frac{\dot{Q}}{A_K}$$

$$A_K = \pi \cdot \frac{d_K^2}{4}$$

$$A_K = 3{,}14 \cdot \frac{2^2 \text{ dm}^2}{4}$$

$$\underline{A_K = 3{,}14 \text{ dm}^2}$$

$$v_K = \frac{188{,}5 \text{ dm}^3}{3{,}14 \text{ dm}^2 \text{ min}}$$

$$\underline{\underline{v_K = 60{,}03 \frac{\text{dm}}{\text{min}}}}$$

$$\underline{\underline{v_K = 0{,}1 \frac{\text{m}}{\text{s}}}}$$

Aufgaben zu 3.7.4

1. Auf welchen Betrag verändert sich die Verfahrgeschwindigkeit v_1 der Beispielaufgabe, wenn
a) der Kolbendurchmesser des Hubzylinders auf $d = 240$ mm vergrößert wird?
b) die Fördermenge der Pumpe auf $\dot{Q} = 220$ l/min erhöht wird?

2. Für einen Zylinder mit den gegebenen Abmessungen ist die Ausfahrgeschwindigkeit zu bestimmen. Der Volumenstrom ist auf $\dot{Q} = 10$ l/min eingestellt.

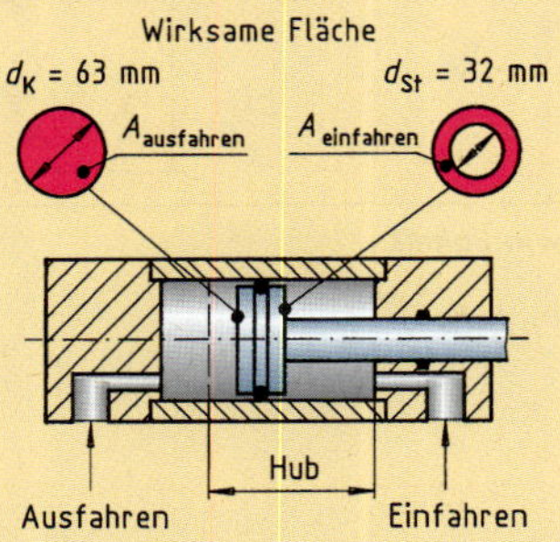

3. Für den Zylinder von Übungsaufgabe 2 ist bei einem Kolbenstangendurchmesser von $d_{St} = 32$ mm die Einfahrgeschwindigkeit zu ermitteln.

4. Berechnen Sie die Verfahrgeschwindigkeit eines Hydraulikzylinders (d = 30 mm) in m/min, wenn der Volumenstrom auf $\dot{Q} = 420$ cm³/min eingestellt ist. Wie beeinflussen Leckverluste die Verfahrgeschwindigkeit?

5. Der Hydraulikzylinder einer automatischen Zuführeinrichtung besitzt einen Kolbendurchmesser von 80 mm und einen Kolbenstangendurchmesser von 35 mm. Über die Zahnradpumpe ist ein Volumenstrom von 8 dm³/min sichergestellt.
a) Berechnen Sie für den Vor- und Rücklauf des Kolbens die jeweilige Kolbengeschwindigkeit.
b) Wie groß ist die Zeit für einen Doppelhub, wenn Vorlaufweg und Rücklaufweg jeweils 1,2 m lang sind?

6. Berechnen Sie den einzustellenden Volumenstrom für den Vorschub an einer Bohrmaschine mit 85 mm/min. Der Kolbendurchmesser ist auf $d = 50$ mm festgelegt.

7. Über eine Zahnradpumpe ist ein Volumenstrom von $\dot{Q} = 41$ l/min vorgegeben.

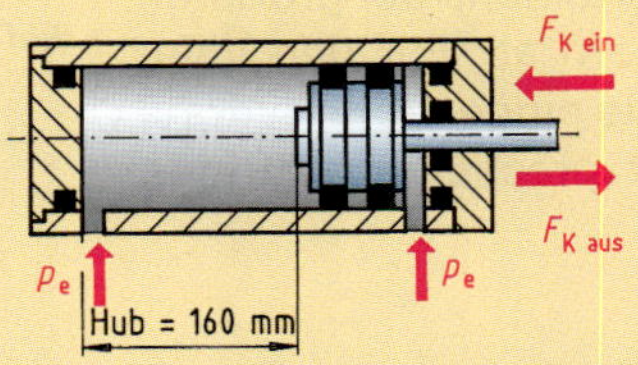

a) Mit welchem Zylinderdurchmesser ist die Verfahrgeschwindigkeit von 4500 mm/min für das Ausfahren gerade noch erreichbar?
b) Welchen Einfluss hat eine Verdopplung des Kolbendurchmessers auf die Verfahrgeschwindigkeit?

8. Eine Zahnradpumpe fördert pro Umdrehung 45 cm³. In welcher Zeit erfolgt ein Doppelhub (Aus- und Einfahren) des Hydraulikzylinders von Übungsaufgabe 7, wenn die Pumpe mit einer Umdrehungsfrequenz von 960/min angetrieben wird?

3.7.5 Hydraulische Kraftübersetzung

Kraftübersetzung

Ähnlich wie beim Hebel können Kräfte in der Pneumatik und Hydraulik übersetzt werden. Dabei verändern sich die Wege (Hübe) entsprechend. Wirkt die Kraft auf eine kleine Kolbenfläche (Bild 1), entstehen z. B. in der Hydraulikflüssigkeit große Drücke. Diese wirken auf Kolben mit entsprechend größerer Fläche. Damit erhöht sich die Kraft und verringert sich der Weg (Hub) des Kolbens. Die hydraulische und pneumatische Kraftübersetzung wird in der Technik vielfältig genutzt. Bekannte Anwendungen sind z. B. die Bremskraftanlage beim Pkw oder der Hydraulikheber.

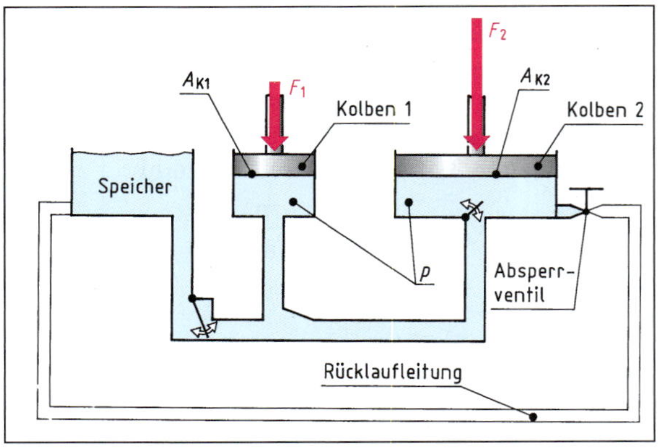

Bild 1 Prinzip der hydraulischen Kraftübersetzung

Beschreibung

- Durch die Kraft F_1 auf den Kolben 1 entsteht im Hydrauliköl der Druck

$$p_1 = \frac{F_1}{A_{K1}}.$$

- Dieser Druck breitet sich im gesamten System gleichmäßig aus. Damit gilt für den Druck p_2 in Kolben 2: $p_2 = p_1 = p$.
- Auf den Kolben 2 mit der größeren Kolbenfläche A_{K2} wirkt damit die die Kraft $F_2 = p \cdot A_{K2}$

Für die Kraftübersetzung in hydraulischen und pneumatischen Anlagen gilt damit folgender Zusammenhang:

$$\frac{F_1}{A_{K1}} = \frac{F_2}{A_{K2}}$$

Bild 1 Hydraulische Kraftübersetzung

Beispielaufgabe:
Zum Richten der Querstrebe ist eine Kraft von 6000 N erforderlich. Der Pumpkolben hat eine Fläche von 8,6 mm² und der „Arbeitskolben" 31 mm². Welche Kraft muss mindestens auf den Pumpkolben wirken?

Gegeben: $F_2 = 6000\ \text{N}$
$A_1 = 8{,}6\ \text{mm}^2$
$A_2 = 31\ \text{mm}^2$

Gesucht: F_1

$$\frac{F_1}{A_{K1}} = \frac{F_2}{A_{K2}}$$

$$F_1 = F_2 \cdot \frac{A_{K1}}{A_{K2}}$$

$$F_1 = 6000\ \text{N} \cdot \frac{8{,}6\ \text{mm}^2}{31\ \text{mm}^2}$$

$$\underline{\underline{F_1 = 1664{,}5\ \text{N}}}$$

Die berechnete Handkraft kann von einem Bediener nicht aufgebracht werden. Daher findet zusätzlich bei nahezu allen einfachen Hydraulikhebern das Hebelgesetz Anwendung (Bild 2).

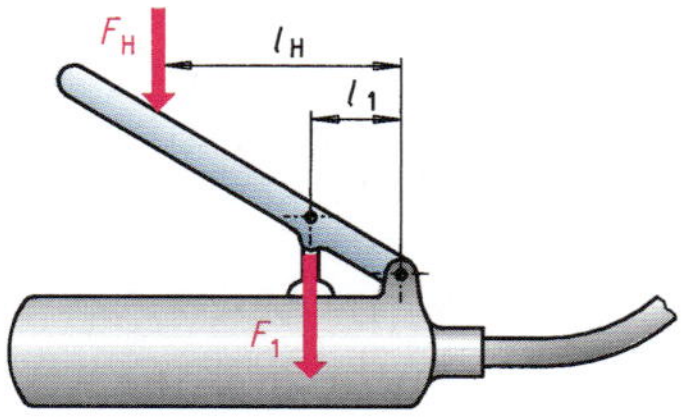

$$F_H \cdot l_H = F_1 \cdot l_1$$

$$F_H = \frac{F_1 \cdot l_1}{l_H}$$

Bild 2 Anwendung des Hebelgesetzes

Aufgaben zu 3.7.5

1. Ermitteln Sie entsprechend der Beispielaufgabe die erforderliche Kraft F_1, wenn
a) eine Kraft von $F_2 = 4000\ \text{N}$ erforderlich wird.
b) die Fläche des Arbeitskolbens $A_2 = 42\ \text{mm}^2$ beträgt.
c) die Fläche des Pumpkolbens $A_1 = 4{,}3\ \text{mm}^2$ beträgt.

2. Beschreiben Sie allgemein die Veränderung von F_1, wenn sich jeweils eine der folgenden Einflussgrößen auf die Kraft vergrößert: A_1, A_2, F_2.

3. Der Pumpkolben wird mit einer Kraft von $F_1 = 120\ \text{N}$ betätigt. Die Flächen der Kolben sind mit $A_1 = 25\ \text{cm}^2$ und $A_2 = 144\ \text{cm}^2$ konstruktiv festgelegt. Welche Kraft F_2 erzeugt der Hydraulikheber?

4. In einer hydraulischen Presse wird der Druckkolben (Druckfläche $A_1 = 10\ \text{cm}^2$) mit der Handkraft $F_1 = 480\ \text{N}$ betätigt.
Welche Druckfläche A_2 muss der Presskolben für die Presskraft $F_2 = 15000\ \text{N}$ haben?

5. a) Bei der Betätigung der Fußbremse wirkt eine Kraft von 160 N.

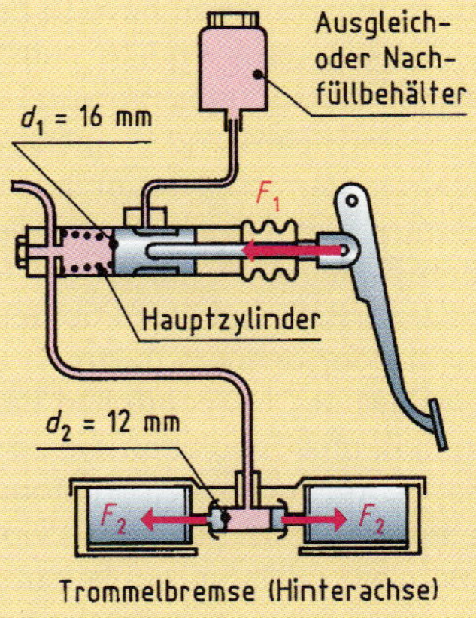

Mit welcher Kraft F_2 werden die Bremsbacken gegen die Bremstrommel gedrückt?

3

b) Mit welcher Kraft F_1 muss der Kolben im Hauptzylinder betätigt werden, wenn die Bremsbacken mit F_2 = 225 N gegen die Bremstrommeln gedrückt werden sollen?

c) Welchen Durchmesser d_2 muss der Kolben für die Betätigung der Bremsscheiben besitzen, wenn bei einer Kraft von F_1 = 160 N auf den Kolben im Hauptzylinder die Betätigungskraft von F_2 = 225 N gefordert wird?

6. Eine hydraulische Presse ist mit den Kolbendurchmessern d_1 = 35 mm und d_2 = 240 mm ausgelegt.
Wie groß muss die Kraft F_1 mindestens sein, damit am Arbeitskolben die erforderliche Presskraft von 25 kN genutzt werden kann?

7. Bestimmen Sie die Kraft F_1 zum Anheben der Masse m = 2,4 t. Die Kolbendurchmesser betragen d_1 = 30 mm und d_2 = 320 mm. Auf welchen Betrag verändert sich die Kraft F_1, wenn mit einem Wirkungsgrad von h = 0,83 gerechnet werden muss?

8. Mit Druckwandlern können in Druckluftanlagen und hydraulischen Anlagen hohe Drücke p_2 trotz geringer Eingangsdrücke erzeugt werden. Der erhöhte Druck wirkt auf den Arbeitskolben (beachte: $F_1 = F_2$ am Druckwandler).

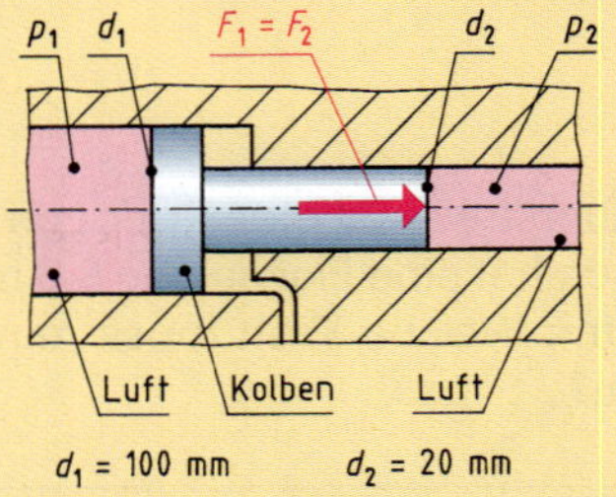

a) Bestimmen Sie für einen Arbeitsdruck von 6,5 bar die Kräfte F_1 und F_2, den erhöhten Druck p_2 und die Kraft F am Arbeitskolben bei einem Kolbendurchmesser von d = 80 mm.

b) Beschreiben und begründen Sie die Veränderungen von F_1, F_2, p_2 und F, wenn der Arbeitsdruck p_1 erhöht wird.

c) Welchen Durchmesser d_1 müsste der Druckwandler haben, wenn der Druck p_2 = 104 bar betragen soll?

3.8 Englisch im Metallbaubetrieb: Automatisierung

Translate into german, please.

Automatisation

Modern machines and installations can no longer be run by hand. Their structural elements are moved pneumatically, hydraulically or electrically. The energy needed is air, oil or electric power. The principle and the course of regulation is depicted in wiring diagrams by standard symbols.
In your instruction period you have to be able to understand circuit diagrams and to construct simple regulation systems. Important structural elements are cylinder, valves, switches and connecting elements. Each regulation system consists of at least input element, final control element and output element. Modern regulation systems are no longer handled mechanically or electrically but by computers. Examples you will find at door openers (buzzers) as well as at bending machines or CNC-controlled tool machines. After having built up a regulation system you always have to examine its functions first before starting operation. An important task for skilled workers is also to search and clear faults at regulation systems. Before building a regulation system the task has to be analysed, the kind of regulation has to be chosen and plans have to be drawn. Calculations tell you whether the regulation system has been planned correctly or not. In practise the following items are important: pressure, speed of pistons, gear ratio and energy consumption.

Vokabelliste

at least	mindestens
bending machine	Biegemaschine
to calculate	rechnen, berechnen
circuit diagram	Schaltplan
to clear	beheben
CNC-controlled	CNC-gesteuert
to connect	verbinden
course of regulation	Ablauf einer Steuerung
to depict	darstellen
electric power	elektrische Energie
energy consumption	Energieverbauch
fault	Fehler
final control element	Stellglied
gear ratio	Übersetzungsverhältnis
to handle	handhaben
installation	Anlage
instruction period	Lehrzeit
item	Dinge, Punkte
kind	Art
to move	bewegen
to need	verwenden
output element	Ausgabeelement
pressure	Druck
regulation system	Steuerung
to be run by	betrieben werden von/mit
skilled worker	Facharbeiter
speed of pistons	Kolbengeschwindigkeit
structural element	Bauteil
switch	Schalter
task	Aufgabe
to draw	zeichnen
valve	Ventil
wiring diagram	Verdrahtungsplan

Lernfeld 4: Warten technischer Systeme

In Metallwerkstätten arbeiten Menschen mit unterschiedlichen Tätigkeiten an der Herstellung von Werkstücken, Baugruppen und Erzeugnissen. Zu ihren Aufgaben gehört es auch, die Betriebsmittel in Ordnung zu halten, denn nur einwandfreies Werkzeug und funktionsfähige Maschinen erlauben eine wirtschaftliche Fertigung. In diesem Lernfeld erarbeiten Sie sich die dafür notwendigen Grundlagen, über die jeder Mitarbeiter neben seinen berufsbezogenen Fachkenntnisse verfügen muss. Dazu brauchen Sie Kenntnisse

- über die Betriebsorganisation und die -anlagen in der Werkstatt und auf der Baustelle,
- zur Elektrotechnik und über elektrische Maschinen Ihres Berufsfelds,
- über Instandhaltungsaufgaben in Werkstatt und auf der Baustelle.

Bild 1 Wartungspflichtige Betriebsmittel

4

1 Betriebsorganisation

Hauptaufgabe von Betrieben ist die Fertigung von Gütern und das Anbieten von Dienstleistungen. In Kap. 1 haben Sie als Einführung in Ihren Beruf bereits die Arbeitsgebiete von Metallbetrieben kennengelernt. Jeder Betrieb braucht eine für ihn passende Organisationsstruktur, sie hängt ab von der Zahl seiner Mitarbeiter und den Erzeugnissen, die die Mitarbeiter herstellen. Man unterscheidet dabei

- **Aufbauorganisation:** sie legt fest wie der Betrieb in Abteilungen und Bereiche gegliedert ist
- **Ablauforganisation:** sie regelt den Auftragsdurchlauf von der Kundenbestellung bis zur Auslieferung und Abnahme eines Auftrags durch den Kunden.

Werden Sie in einem handwerklichen Metallbaubetrieb ausgebildet, so arbeiten Sie von Beginn Ihrer Ausbildung an in der Werkstatt mit und gewinnen rasch einen Überblick über alle Aufgaben und Tätigkeiten einer Auftragsdurchführung. Sie haben auch Kontakt mit Kunden in Werkstatt und auf der Baustelle.

Das übergeordnete Prinzip ist die Orientierung an den Kunden und am Markt. Bild 1 zeigt eine mögliche Organisationsstruktur eines Handwerksbetriebs mit seinen Aufgaben. Die gesamte Betriebsorganisation muss bei zertifizierten Unternehmen in einem Qualitätsmanagement-Handbuch beschrieben sein, dort finden Sie auch Angaben über die laufenden Instandhaltungsmaßnahmen.

Betriebsleitung	Meister (oft der Inhaber selbst)
Aufgaben	• Aufträge beschaffen • Auftragsdurchführung planen und überwachen, • Mitarbeiter anleiten, • kaufmännische Verwaltung.
Mitarbeiter	z. B. 5 Gesellen + 1 Auszubildender
Aufgaben der Mitarbeiter	Aufträge selbstständig oder nach Anweisungen, Arbeitsplänen, Zeichnungen und Skizzen in der Werkstatt und/oder auf der Baustelle ausführen

Beispiel: Metallbaubetrieb

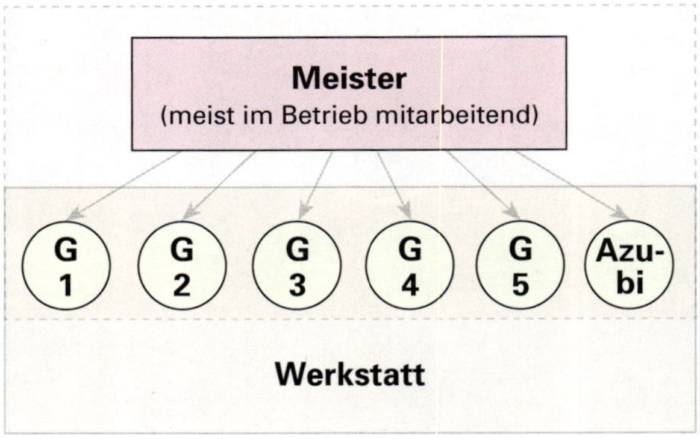

Auftragsdurchlauf

***Bild 1** Organisation: Handwerklicher Metallbaubetrieb*

In größeren Maschinenbaubetrieben sind Auftragsbearbeitung bzw.– vorbereitung und Fertigung organisatorisch voneinander getrennt, oft auch räumlich weit auseinanderliegend. Die Mitarbeiter und die Auszubildenden haben selten direkten Kontakt mit den Kunden, sie sind in eine Prozesskette eingebunden. Es herrscht Arbeitsteilung vor, ein einzelner Mitarbeiter arbeitet oft nur einen Arbeitsgang an einer größeren Menge (= Losgröße) von Werkstücken ab. Die Instandhaltung der Betriebsmittel wird selten von den Mitarbeitern selbst, sondern von darauf spezialisierten Abteilungen (Betriebsschlosser, -elektriker) bzw. von Fremdfirmen durchgeführt.

Geschäftsleitung	**Geschäftsführer** Kaufmännische und technische Leitung	
Betriebsleitung	Technisches Büro	Fertigung 1. Fertigungshauptstellen, z. B. Teilefertigung, Montage 2. Fertigungsnebenstellen, z. B. Instandhaltung, innerbetrieblicher Transport
Aufgaben	• Aufträge beschaffen • Einkauf • Konstruktion der Erzeugnisse, Baugruppen und Einzelteile • Auftragsdurchführung planen und veranlassen	In 1. Aufträge selbständig oder nach Anweisungen, Arbeitsplänen und Zeichnungen ausführen In 2. Instandhaltung von Maschinen und Anlagen bzw. Transport der Werkstücke innerhalb der Prozesskette
Mitarbeiter	Ingenieure, Techniker, Verwaltungspersonal in Abteilungen wie Beschaffung, Konstruktion, Arbeitsvorbereitung	Je ein Meister in verschiedenen Werkstätten/Abteilungen sowie Facharbeiter, Anlernkräfte und Auszubildende (teilw. räumlich abgetrennt in einer Ausbildungswerkstatt)
Auftragsdurchlauf		

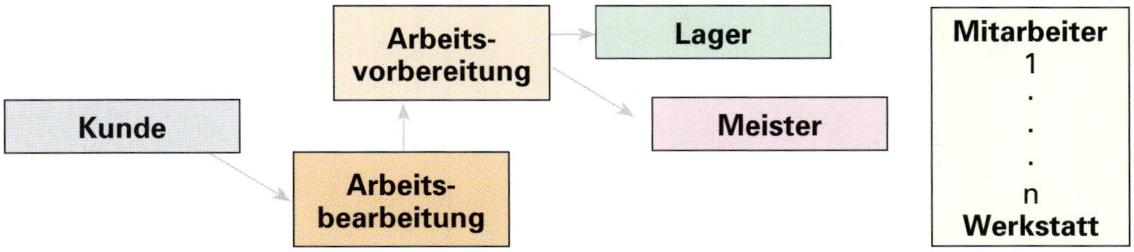

Beispiel:
Organisation: Maschinenbaubetrieb

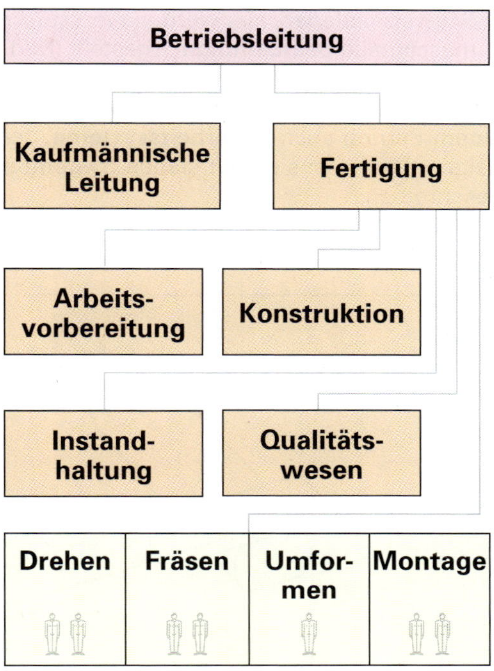

***Bild 1** Organisation: Stahlbaubetrieb*

Als Auszubildender beginnen Sie oft in einer der Fertigung angeschlossenen Ausbildungswerkstatt. Dort erlernen Sie die Grundfertigkeiten, die Sie dann in den einzelnen Abteilungen und Werkstätten des Unternehmens, wie in Ihrem Ausbildungsplan vorgesehen. Mit Kunden werden Sie in Unternehmen dieser Art wenig Kontakt haben.

1.1 Betriebseinrichtungen und Arbeitssysteme

Jeder Betrieb braucht unabhängig von seiner Größe und der Art seiner Erzeugnisse Betriebseinrichtungen und Anlagen in den Werkstätten und in den technischen Büros. Man bezeichnet diese auch als das **Betriebskapital**. Es wird jedes Jahr in einer Inventur erfasst und in einer Bilanz zusammengestellt. In Metallwerkstätten unterscheidet man nach Art der Fertigung

4

- **Bankarbeitsplätze**, z.B. Werkbank mit Schraubstock, Handwerkzeugen, einfachen Mess- und Prüfmitteln: hier werden Werkstücke mit handgeführten Werkzeugen hergestellt und montiert (Bild 1)
- **Maschinenarbeitsplätze**, z.B. Maschinensägen, Dreh- und Fräsmaschinen, Bohrmaschinen, Schweissanlagen; hier werden Werkstücke durch maschinelle Bearbeitung hergestellt (Bild 2).

Man bezeichnet die einzelnen Arbeitsplätze in einem Betrieb auch als **Arbeitssysteme**. Jedes Arbeitssystem lässt sich mit sieben Systembegriffen beschreiben:

1. Mitarbeiter,
2. Betriebsmittel,
3. Arbeitsgegenstand,
4. Arbeitsaufgabe,
5. Zustand des Werkstücks bei Eingabe,
6. Zustand des Werkstücks bei Ausgabe,
7. Umwelteinflüsse.

Neben der Fertigung von Werkstücken in einer vorgegebenen Zeit müssen alle Mitarbeiter eines Betriebes, unabhängig von seiner Größe und der Art der Erzeugnisse

- vorgegebene Termine einhalten,
- ihr Arbeitssystem pfleglich behandeln und nach Gebrauch reinigen,

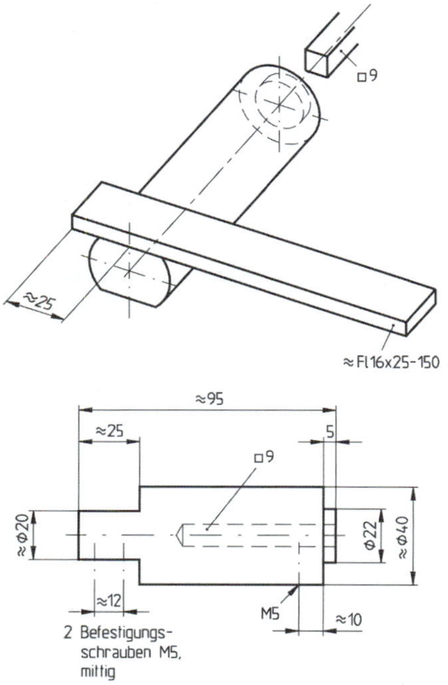

Türdrücker

Der Türdrücker wird an einem Bankarbeitsplatz und einer Tischbohrmaschine gefertigt (die Numerierung bezieht sich auf die sieben Systembegriffe).

1. Metallbauer
2. Handwerkzeuge, Bohrer, Schraubstock, Messzeuge, usw
3. Türdrücker
4. Türdrücker nach Skizze fertigen
5. Rundstahl Rd 40-95, Flachstahl Fl 16 × 25–150
6. Türdrücker nach Skizze
7. Raumtemperatur, Schweißrauch usw.

Bild 1 Arbeitssystem: Bankarbeitsplatz Metallbauwerkstatt

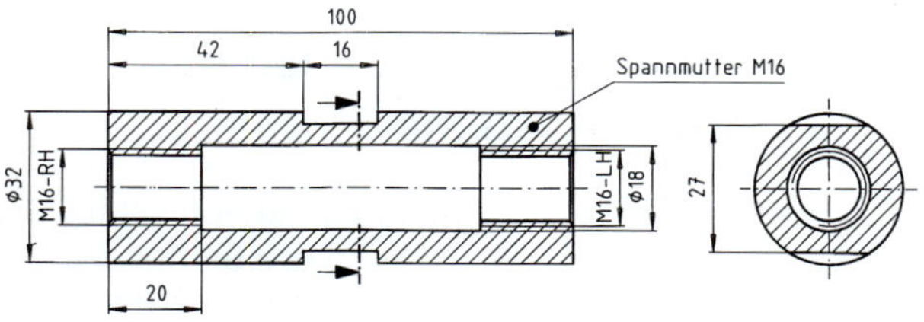

Spannmutter

Die Spannmutter wird an einer Drehmaschine gebohrt und das Gewinde geschnitten die Schlüsselflächen werden an einer Universalfräsmaschine gefräst (die Numerierung bezieht sich auf die sieben Systembegriffe).

1. Maschinenbauer/Zerspanungsmechaniker
2. Drehmaschine, Fräsmaschine sowie Messzeuge, Drehmeissel, Schaftfräser usw.
3. Spannmutter
4. Spannmutter nach Zeichnung fertigen
5. Rundstahl Rd 32–100
6. Spannmutter nach Zeichnung
7. Raumtemperatur, Lärm usw.

Bild 2 Arbeitssystem: Dreherei Maschinenbau

- die Unfallverhütungsvorschriften einhalten,
- einfache Inspektions- und Wartungsarbeiten selbst durchführen,
- auf die fachgerechte Entsorgung von Wertstoffen achten,
- mit Material und Hilfsmitteln wie Kühlschmiermittel sparsam umgehen,
- sich mit neuen Arbeitsverfahren, Maschinen und Anlagen vertraut machen,
- kollegial mit anderen zusammenarbeiten.

Nur wenn Sie diese Regeln schon in ihrer Ausbildungszeit beachten, tragen Sie zum wirtschaftlichen Erfolg Ihres Ausbildungsbetriebs bei und erwerben neben den fachlichen auch soziale Kompetenzen, die in der Berufs- und Arbeitswelt zunehmend an Bedeutung gewinnen.

1.2 Elektrische Maschinen und Anlagen

Waren früher die Werkstätten des Metallhandwerks noch durch Bankarbeitsplätze geprägt, so dominieren heute durch Elektromotoren angetriebene Arbeitsmaschinen, wie Tisch- und Ständerbohrmaschinen, Dreh- und Fräsmaschinen, Umformmaschinen, Scheren sowie Kreis- und Bandsägen. Das Fügen durch Schweißen erfolgt zunehmend durch elektrische Schweißmaschinen; Gas-Schmelz-Schweißanlagen sind nur noch für untergeordnete Fügearbeiten und in der handwerklichen Blechbearbeitung üblich. Neben den Gefahren durch den elektrischen Strom drohen hier Unfallgefahren durch unsachgemäße Verwendung und Bedienungsfehler.

Merke:
Vor jeder Arbeit an elektrischen Maschinen und Anlagen muss in jedem Fall eine fachkundige Einweisung erfolgen.

Sehr hilfreich für die Arbeit an Maschinen ist ein Überblick über deren Funktionseinheiten. Das beugt nicht nur Unfällen vor, es hilft auch sie auftragsgerecht einzusetzen, die Fertigungszeit zu verringern und erleichtert die Bedienung, Wartung und Instandhaltung dieser oft sehr kostenintensiven Anlagen. Das sind Aufgaben, die jeder Maschinenbediener sicher beherrschen muss. Man unterscheidet an allen Maschinen die Funktionseinheiten Stützen und Tragen, Antrieb, Energieübertragung, Arbeiten, Steuern und Regeln, Ver- und Entsorgung (Bild 1). Nur wenn sie alle bestimmungsgemäß zusammenwirken, ist ein wirtschaftliches Arbeiten an elektrischen Maschinen möglich, können z. B. mit einer Säulenmaschine ohne Nacharbeit Löcher gebohrt, gerieben und gesenkt sowie Gewinde geschnitten werden.

Funktionseinheit	Baugruppe, Bauteil	Aufgabe	Beispiel: Säulenbohrmaschine
Stütz- und Trageinheiten	Maschinenfuß, Säule, Werkstücktisch, Getriebe- und Spindelkasten, (aus Gusseisen) Lagerungen (Wälz- und Gleitlager)	bildet das Gestell der Maschine, nimmt Kräfte und Lasten auf	
Energieübertragungseinheiten	Getriebe für Spindeldrehzahl und Vorschub (Riementrieb und Zahntrieb)	überträgt die Energie zwischen Funktionseinheiten, wandelt Drehmoment, Umdrehungsfrequenz und Bewegungrichtung und -art	
Antriebseinheit	Elektromotor (Dreiphasenstrom 400 V)	liefert die Antriebsenergie	
Arbeitseinheiten	Bohrfutter, Bohrer, Maschinenschraubstock	nimmt das Werkstück auf und ermöglicht Bohren, Senken, Reiben usw.	
Steuerungs- und Regelungseinheiten	Schalter, Tiefenanschlag für die Bohrspindel	setzen Informationen und Signale um, z. B. EIN = Drehbewegung	
Ver- und Entsorgungseinheiten	Zuleitungskabel für elektrischen Strom, Kühlmittelbehälter und -zuführleitungen	führen Energie und Stoffe zu	

***Bild 1** Funktionseinheiten an einer Säulenbohrmaschine*

1.3 Transporteinrichtungen

Zum Transport von Lasten in der Werkstatt, vom und zum Lager und auf der Baustelle dienen Flurförderfahrzeuge, Krane und hydraulische Hebezeuge. Für ihre Bedienung bestehen besondere Vorschriften der Berufsgenossenschaften sowie Handzeichen zur Verständigung der Bediener mit den übrigen Mitarbeitern.

Man unterscheidet bei Arbeiten auf der Baustelle

- die Montage einzelner Bauteile, wie Unterkonstruktion einer Markise (Bild 1)
- die Komplettmontage von Konstruktionen, wie Stahlhallen (Bild 2)

In der Fachstufe werden Sie sich mit Einzel- und Blockmontage vertraut machen sowie Montagefolgepläne lesen und einfache selbst erstellen. Wichtig für die Sicherheit auf der Baustelle ist der fachgerechte Umgang mit Hebezeugen. Für ein gefahrloses Arbeiten mit Transporteinrichtung sind immer zu beachten

- Montageteile richtig anschlagen (= befestigen)
- Last erst nach vollständigem Aufsetzen auf dem Boden abhängen,
- Handzeichen sicher beherrschen.

Alle Hilfsmittel wie Kabeltrommeln, Schweissgeräte, Schlagschrauber und andere müssen in einwandfreiem Zustand sein und laufend auf ihre Sicherheit hin geprüft werden. Bei Maschinen und Hilfsmitteln ist besonders auf Körperschluss zu achten. Dieser tritt auf, wenn ein Metallgehäuse (= Körper) mit dem stromführenden Leiter in Kontakt kommt. Der Strom fließt dann vom Gehäuse durch Ihren Körper und kann tödlich sein (Bild 3). Zu den regelmäßigen Inspektionsaufgaben in Werkstatt und Baustelle zählt deshalb das Überprüfen von elektrischen Maschinen und Hilfsmitteln auf Körperschluss. Er kann z. B. bei Kabeltrommeln aus Stahlblech auftreten, wenn das Kabel an einer Stelle durchgescheuert ist und die Wandung berührt.

Bei der Montage an Gebäuden, z. B. Fassaden oder Anbaubalkonen muss ein Gerüst vorhanden sein, das vom verantwortlichen Bauleiter für die Benützung freigegeben ist (Bild 1, nächste Seite). Der persönlichen Sicherheit dienen zum Beispiel Fallschutzgeschirre (Bild 2, nächste Seite)

Für eine sichere und wirtschaftliche Montage gelten neben den Unfallverhütungsvorschriften der Berufsgenossenschaften folgende Arbeitsregeln:

Bild 1 Montage einer Markise

Bild 2 Montage einer Stahlhalle

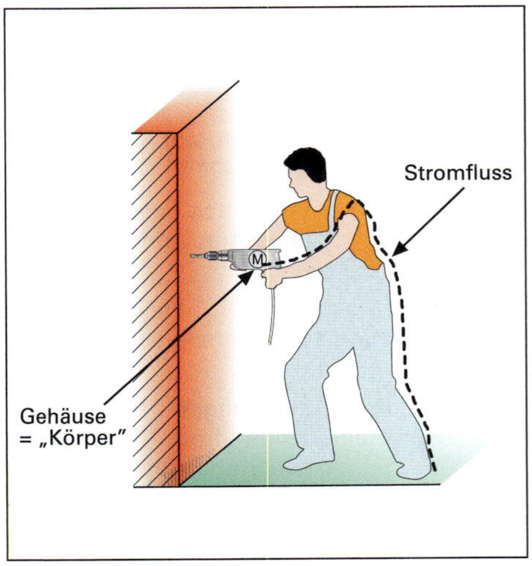

Bild 3 Körperschluss

- Ab 2 m Absturzhöhe immer mit Fanggerüsten oder Fangnetzen arbeiten,
- Schutzhelme und Schutzhandschuhe tragen,
- Kleinmaterial nie gegenseitig zuwerfen sondern in einer Tasche mitführen,
- Anpassarbeiten auf der Baustelle vermeiden,
- Auf Windkräfte achten,
- Schraubenverbindungen statt Schweißverbindungen vorsehen,
- Bei Arbeiten in der Nähe von Elektroleitungen diese immer erst spannungslos schalten lassen.

Merke:
Nur wenn Sie diese Arbeitsregeln beachten sind Sie vor Unfällen relativ sicher.

Sehr hilfreich ist auch eine gute Organisation auf der Baustelle. Bild 3 zeigt die Baustelleneinrichtung für die Montage einer Stahlhalle, sie wird vom technischen Büro erstellt und ist für ein zügiges Arbeiten unbedingt einzuhalten.

Bild 1 Arbeiten mit Fallschutzgeschirr

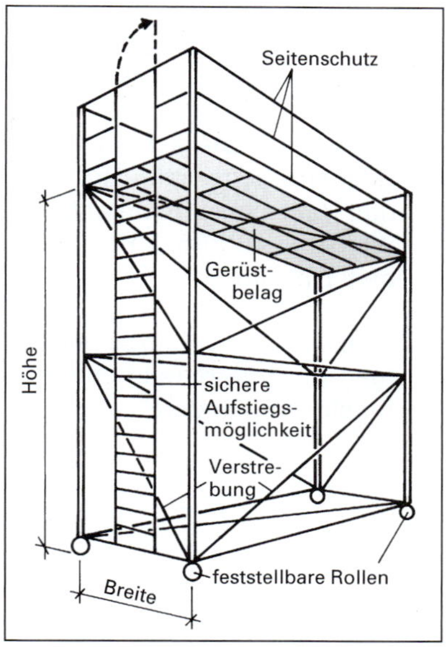

Bild 2 Fahrgerüst

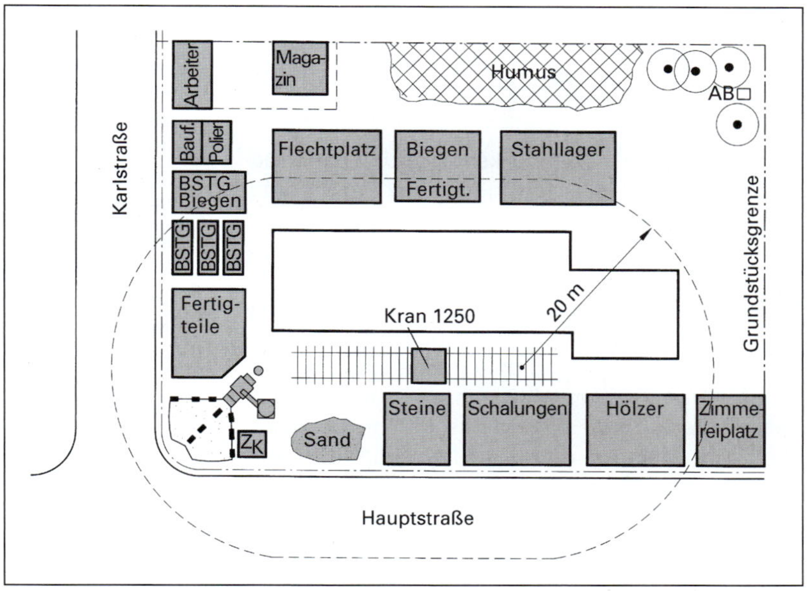

Bild 3 Baustellen-Einrichtungsplan

1.3.1 Aufgaben zu 1.3

1. Beschreiben Sie die Aufbauorganisation in Ihrem Ausbildungsbetrieb.
2. Skizzieren Sie ein Layout Ihres Ausbildungsbetriebs.
3. Beschreiben Sie in einer Arbeitsgruppe typische Tätigkeit der Teammitglieder in deren Ausbildungsbetrieb mit den sieben Systembegriffen und stellen Sie die Ergebnisse in Tabellenform dar.
4. Skizzieren Sie eine Tischbohrmaschine, bezeichnen Sie die Funktionseinheiten und ordnen Sie diesen ihre Aufgaben zu.
5. Sammeln Sie Arbeitsregeln für den Umgang mit einem Hubwagen.
6. Begründen Sie die strengen Vorschriften der Berufsgenossenschaften auf Baustellen.

4

7. Nennen Sie Beispiele für Betriebsanweisungen in Ihrem Ausbildungsbetrieb.

8. Informieren Sie sich im Internet über eine Berufsgenossenschaftliche Vorschrift (z. B. über den Hautschutz in Metallbetrieben) und leiten Sie daraus Maßnahmen für sich an Ihrem Arbeitsplatz ab.

9. Schildern Sie Verstöße gegen Schutzmaßnahmen und die daraus entstehenden Gefahren für sich und andere.

10. An welchen Orten in Ihrem Ausbildungsbetrieb sind Hinweisschilder (Verbots-, Gebots-, Warn- und Rettungszeichen) angebracht und welche Bedeutung haben diese für Sie?

11. Nennen Sie weitere Verbots-, Gebots-, Warn- und Rettungszeichen. Welche Aufgaben erfüllen diese und worauf weisen sie hin?

12. Wie sind in Ihrem Betrieb die Transportwege markiert?

1.4 Englisch im Metallbaubetrieb: Unfallschutz

Translate into german, please.

Accident prevention

When working in the workshop and at construction sites there is the danger of many accidents. You can protect yourself against accidents and occupational diseases by observing regulations and using your personal safety equipment.
It is thoughtless, e.g. not to wear any safety glasses when grinding or not putting on the safety belt when working on a trestle or scaffold. It is especially important to behave properly when accidents happen and to rescue the hurt person from the area of danger immediately. Damages which have been developing from long existing influences, e.g. from metal vapour of welding, are also dangerous. Here a good protection are sucking off devices and a mask over your mouth.

Vokabelliste

accident	Unfall
construction sites	Baustellen
grinding	schleifen
hurt person	Verletzter
influence	Einwirkung, Einfluss
mask	Maske
to observe	beachten
occupational disease	Berufskrankheit
safety equipment	Schutzausrüstung
scaffold	Baugerüst
sucking off device	Absaugvorrichtung
thoughtless	leichtsinnig
trestle	Bock, Gerüst
vapour	Dampf

Assignments

1. What does your master do to prevent you from accidents and occupational disease in your workshop?

2. Why is it important to behave properly when an accident happens?

3. We hope, there are safety glasses near double bench grinders in your workshop. Why are these glasses the best safeguarding for your eyes?

2 Technische Systeme: Inspektion – Wartung – Instandhaltung

Als technisches System bezeichnet man sowohl die Summe der technischen Anlagen eines Betriebs als auch bei näherer Betrachtung die einzelnen Arbeitssysteme, Maschinen und Geräte, die bei der Herstellung und Montage von Erzeugnissen verwendet werden. Ein technisches System ist nur dann leistungsfähig und wirtschaftlich, wenn es laufend instand gehalten wird.

2.1 Instandhaltung

Instandhaltung ist der Überbegriff für eine Folge von abgestuften Tätigkeiten zur Sicherung der Leistungsfähigkeit von Technischen Systemen (Bild 1). Man unterscheidet Wartung, Inspektion, Instandsetzung und Qualitätsverbesserung. In größeren Betrieben werden alle Instandhaltungsarbeiten geplant und ihre Ausführung schriftlich festgehalten und besonders die Instandsetzung durch speziell damit betraute Mitarbeiter durchgeführt. Man bezeichnet ihre Aufgaben als Instandhaltungsmanagement. Wartung und Inspektion bleiben aber primär Aufgabe jedes einzelnen Mitarbeiters.
Diese Sichtweise hat sich erst um das Jahr 1990 durchgesetzt. Gründe dafür waren

- die Einführung eines Qualitätsmanagementsystems in vielen Unternehmen, die Normen zu jedem QM-System verlangen auch Aussagen zum Instandhaltungsmanagement.
- die zunehmende Komplexität der Maschinen und Anlagen, z. B. CNC-gesteuerte Umformmaschinen auch in Metall- und Stahlbaubetrieben.
- die hohen Kosten durch einen unerwarteten Ausfall bzw. durch eine Nichtverfügbarkeit von Maschinen und Anlagen.

Instandhaltung Alle Arbeiten, die technische Systeme funktionsfähig halten oder wiederherstellen			
1. Stufe: Inspektion	**2. Stufe: Wartung**	**3. Stufe: Instandsetzung**	**4. Stufe: Qualitätsverbesserung**
Stellt den Ist-Zustand von technischen Systemen fest	Sichert den Soll-Zustand von technischen Systemen	Stellt die Funktionsfähigkeit von technischen Systemen wieder her und schafft so einen neuen Abnutzungsvorrat	Steigert die Funktionssicherheit und Einsatzmöglichkeiten von technischen Systemen und/oder senkt die Kosten
z. B. Feststellen von Leckstellen an der betrieblichen Druckluftanlage	z. B. Reinigen von Maschinen bei Arbeitsende	z. B. Auswechseln eines gerissenen Keilriemens an einer Säulenbohrmaschine	z. B. Einbau eines Bewegungsmelders im Lager um elektrische Energie zu sparen wenn sich niemand im Lager aufhält

***Bild 1** Instandhaltung von technischen Systemen*

Zur Sicherung der Wirtschaftlichkeit W (W = Ertrag/Aufwand) muss der Aufwand bei der Herstellung von Gütern und Dienstleistungen gesenkt werden. Das ist nur möglich, wenn die Verfügbarkeit V der technischen Systeme hoch ist, sie sollte über 85 % liegen.

$$\text{Verfügbarkeit } V \text{ in } \% = \frac{\text{Einsatzzeit } TE}{\text{Betriebszeit } TB} \times 100$$

Beispiel:
Einsatzzeit: 42 Wochen, Betriebszeit: Jahresarbeitszeit + 3 Wochen Ausfallzeit

Jahresarbeitszeit: 45 Wochen (52 Wochen – 6 Wochen Urlaub – 1 Woche durchschnittl. Krankheitsdauer der Mitarbeiter)

$$V = \frac{42 \text{ Wochen} \times 100}{45 \text{ Wochen}}$$

$$\underline{\underline{V = 93\ \%}}$$

Eine Verfügbarkeit in dieser Höhe wird nur erreicht, wenn die Betriebsmittel planmäßig instandgehalten werden und ausschließlich die Ausfallzeit für Instandsetzungarbeiten und Qualitätsverbesserungen genutzt wird.

Dabei darf man aber nicht vergessen, dass die Instandhaltung selbst auch Kosten verursacht. Bild 1 zeigt, dass hier das Optimum gefunden werden muss. Zu beachten ist auch, dass gerade bei älteren Anlagen die Instandhaltungskosten steil ansteigen, und ein Optimum der Gesamtkosten nicht mehr erreicht werden kann. Betriebsmittel über ihre Abschreibungszeit hinaus verfügbar zu halten ist also nicht sinnvoll. (Abschreibungszeiten: Ständerbohrmaschine 12 Jahre, WIG-Schweißanlage 8 Jahre)

2.2 Inspektionsaufgaben

Die Inspektion technischer Systeme nehmen die Mitarbeiter subjektiv durch Sehen, Fühlen und Hören wahr. So lässt ein außergewöhnliches Geräusch an einer Handbohrmaschine darauf schließen, dass etwas an der Maschine nicht in Ordnung ist. Sie muss sofort abgeschaltet und Fachleuten zur Überprüfung vorgelegt werden. Zischgeräusche an der Druckluftanlage weisen auf Leckstellen hin, auch sie sind sofort dem Vorgesetzten zu melden, auch wenn genügend Druck an der Druckluftpistole vorhanden ist, die Leckverluste verursachen hohe Kosten durch den Dauerbetrieb des Kompressors. Sehr oft genügen die Sinneswahrnehmungen nicht für die Inspektion, es müssen objektive Messverfahren eingesetzt werden. So besitzen z. B. moderne Werkzeugmaschinen hydrodynamische Lager und nur die Messung der Lagertemperatur gibt Auskunft über die Funktionsfähigkeit der Ölpumpe und der Versorgung der Lager mit genügend Schmierstoff. Durch eine Regeleinrichtung kann die Maschine so gesteuert werden, dass bei einer unzulässigen Temperaturerhöhung der Antrieb abgeschaltet wird.
Teure Anlagen werden durch eine kontinuierliche (= regelmäßige) Inspektion vor vorzeitigem Ausfall bewahrt, das senkt auch die Kosten für eine vorzeitige Instandsetzung und verlängert die Einsatzzeit.

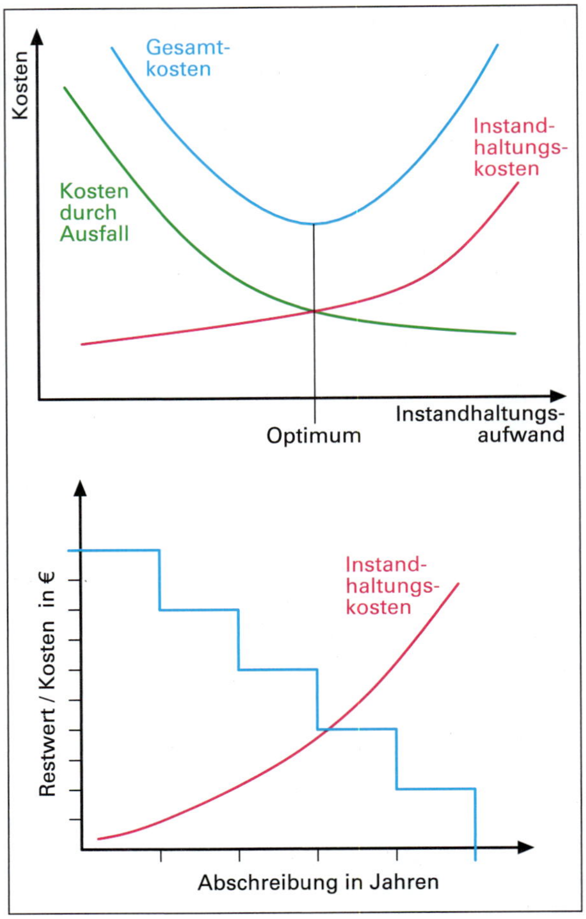

***Bild 1** Kostenoptimum*

Inspektionspläne und -vorschriften sorgen für das Einhalten der regelmäßigen Inspektionsintervalle. Sie orientieren sich an der Art des Systems (Bild 2). In manchen Bereichen gibt es dazu gesetzliche Vorschriften. So müssen z. B. Lkw regelmäßig einer Fachwerkstatt zur Inspektion der Bremsanlage vorgeführt werden.

System	Pkw	Druckluftanlage	Flugzeug	Abfüllanlagen
Inspektions-intervalle	alle 1.000 km	jährlich	nach 1000 Flugstunden	nach 100.000 befüllten Einheiten
Inspektions-arbeiten z. B.	Ölstandkontrolle	Druckprüfung der gesamten Anlage	Systemcheck	Justieren der Dosierungseinrichtungen

***Bild 2** Beispiele für Inspektionsintervalle und -arbeiten*

2.3 Wartungsaufgaben

Wartung ist immer mit einer Tätigkeit verbunden. Sie beugt einer Instandsetzung vor und erhöht den Abnutzungsvorrat eines technischen Systems, es bleibt länger in funktionsfähigem Zustand und kostenintensive Instandsetzungsarbeiten werden hinausgeschoben. Wartungsarbeiten sind in DIN 31051 genormt, man unterscheidet dabei fünf verschiedene Maßnahmen (Bild 1).

Wartungsmaßnahmen durch					
Reinigen	**Konservieren**	**Schmieren/ Kühlen**	**Ergänzen**	**Auswechseln**	**Nachstellen/ Justieren**
Entfernen von Verschmutzungen	Schützen von Oberflächen	Reibungsverluste mindern/Wärme abführen	Ergänzen von Hilfsstoffen	Auswechseln von Verschleißteilen	Abweichungen vom Soll-Zustand korrigieren
• Pinsel • Besen	• Öl • Fett	• Kühl-/Schmiermittel • Ölkühler	• Schweißpulver • Kühl-/Schmiermittel	• Keilriemen • Scherstift	• Führungen • Anschlagmittel

***Bild 1** Übersicht: Wartungsmaßnahmen*

Am Beispiel einer Säulenbohrmaschine lassen sich die werkstattüblichen Wartungsarbeiten einfach nachvollziehen (Bild 1, S. 390).

Reinigen: Nach jeder Benutzung sind die Späne abzukehren, am Ende eines Arbeitstages werden Maschinentisch und Nuten mit einem Pinsel gereinigt. Verschmutzung ist nicht nur eine optische Beeinträchtigung, sie kann auch zu Schäden führen, wenn Schmutzpartikel zwischen Gleitflächen gelangen

Konservieren: am Ende eines Arbeitstages sind der Maschinentisch und die Säule mit einem geölten Pinsel einzustreichen, dieses Konservieren schützt vor Korrosion und Wertverlust.

Schmierung: Am Ende einer jeden Arbeitswoche sind die Schmiernippel nach einem vom Hersteller gelieferten Schmierplan mit den dafür bestimmten Schmiermittel, Öl, Fett oder Festschmierstoff, zu versorgen. Die Säule ist mit einem ölgetränkten Lappen nach Reinigung einzuölen. Moderne Säulenbohrmaschinen besitzen oft eine Selbstschmieranlage, ihre Funktionsfähigkeit ist wöchentlich zu testen. Für Schmieranleitungen gibt es genormte Symbole (Bild 2)

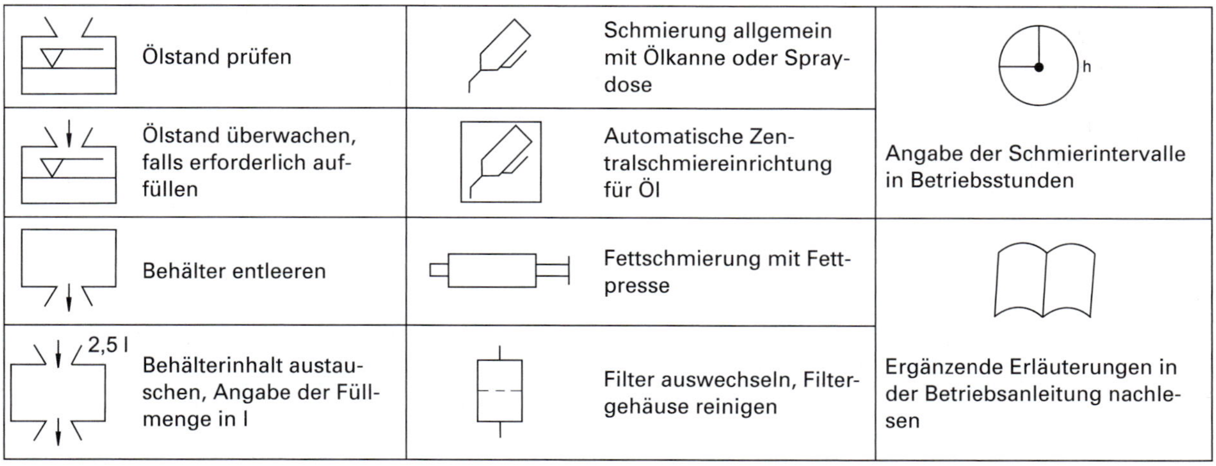

***Bild 2** Symbole für Schmieranleitungen*

Da Schmierstoffe Gefahrstoffe sind, gibt es für den Umgang mit ihnen Betriebsanweisungen nach der Gefahrstoffverordnung (GefStoffV).

Ergänzen: Einmal wöchentlich ist der Kühlmittelvorrat im Maschinenfuß zu inspizieren und bei Bedarf zu ergänzen.

4

Auswechseln: Nach 500 Betriebsstunden ist der Keilriemen zwischen Motor und Getriebe auszuwechseln. Einmal jährlich ist die Kühl-/Schmiermittelbehälter vollständig zu entleeren, zu reinigen und mit neuem Kühl-/Schmiermittel zu befüllen, ebenso der Ölvorrat einer Selbstschmieranlage.

Nachstellen: Einmal jährlich ist die Rechtwinkeligkeit von Maschinentisch und Säule zu prüfen und bei Abweichungen von mehr als 30 Winkelminuten nachzustellen. Die Vorspannung des Keilriemens ist zu messen und nach Herstellerangaben wieder auf das geforderte Maß zu bringen.

ALZMETALL
we drive productivity

11.6.2 Schmieranleitung AX 4/SV - Säulenbohrmaschine

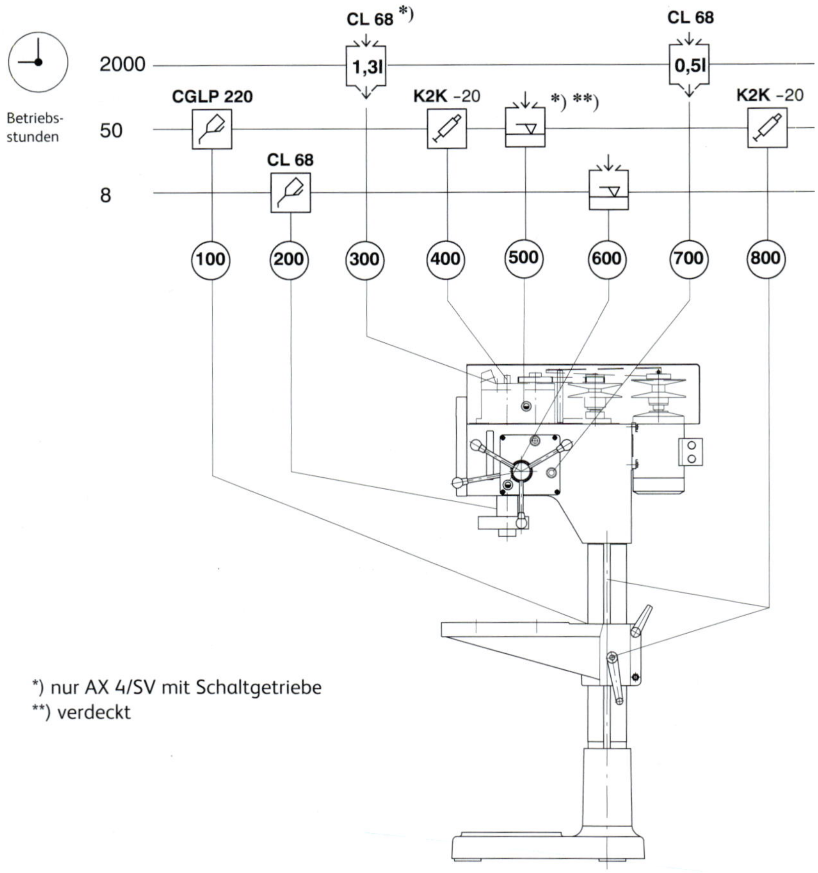

*) nur AX 4/SV mit Schaltgetriebe
**) verdeckt

Nr.	Beschreibung der Eingriffsstelle
100	Säule
200	Pinole
300	Einfüllstopfen für Getriebe
400	Spindelkeilwelle

Nr.	Beschreibung der Eingriffsstelle
500	Ölschauglas AX 4/SV mit Schaltgetriebe
600	Ölschauglas Vorschubgetriebe
700	Tischhubgetriebe Öleinfüllschraube Vorschubgetriebe
800	Tischhubgetriebe/Zahnstange

ALZMETALL Werkzeugmaschinenfabrik und Gießerei Friedrich GmbH & Co. KG · Telefon +49 (0) 8621/88-0 · E-Mail: info@alzmetall.com · www.alzmetall.com

***Bild 1** Schmieranleitung eines Herstellers von Säulenbohrmaschinen*

2.4 Wartungsanleitungen und -pläne

Die Vielzahl der Betriebsmittel in einer Metallbauwerkstatt macht es notwendig, für Wartungsarbeiten Anleitungen und Pläne zu erstellen. Sie werden meist vom Hersteller der Anlage mitgeliefert und können in schriftlicher Form als Fließtext oder Tabelle oder als grafische Darstellung vorliegen. Ihre Einhaltung und Aufzeichnungen über ausgeführte Arbeiten sind oft Voraussetzung für Garantie und Gewährleistung durch den Hersteller. Werden sie nicht beachtet, so nimmt nicht nur die Anlage Schaden und kann ausfallen, der Betrieb muss auch für Instandsetzungsarbeiten selbst aufkommen. Es liegt also im Interesse aller Mitarbeiter, diese Anleitungen und Pläne genau zu befolgen. Fasst man die in 4.1 genannten Wartungsarbeiten in einer Tabelle zusammen, so entsteht daraus ein Wartungsplan (Bild 1).

Lfd. Nr.	Wartung = W Inspektion = I	Intervall	wird durchgeführt von	Bemerkungen	wird überprüft von
1	Späne entfernen (W)	mind. täglich	Benutzer	Späne nach Werkstoff trennen und als Wertstoff entsorgen	Meister
2	Funktionsflächen ölen	mind. täglich	Maschinenbetreuer	Tisch, Säule; nur zugel. Öle verwenden	Meister
...	...	...	...	...	...
...	Keilriemenspannung prüfen	1 × pro Woche	Maschinenbetreuer	Bei Bedarf nachspannen, auf Ausfaserung prüfen	Meister
...	...	...	...	...	...
...	Motorleistung	1 × jährlich	externer Elektrowerkstatt	Herstellerunterlagen beachten; in Maschinenkarte eintragen	QM-Beauftragter
...	...	...	...	...	...

Bild 1 Wartungsplan

Zu den Wartungsarbeiten im weitesten Sinne gehört auch die Wartung der Werkstatt selbst. Sie ist regelmäßig zu reinigen, Wert- und Reststoffe sind zu entsorgen, an den einzelnen Arbeitsplätzen ist Überflüssiges zu entfernen.

Von Vorteil und zur Verbesserung der Kommunikation und des Betriebsklimas ist ein von den Mitarbeitern selbst erstellter Plan, der öffentlich am „Schwarzen Brett" aushängt.

2.5 Instandsetzung

Trotz einer planmäßigen Inspektion und Wartung treten an Anlagen und Maschinen bei Gebrauch Schäden und Fehlfunktionen oft unerwartet auf. Ursachen können sein:

- Materialermüdung der Bauteile,
- fehlerhafte Bedienung und Verwendung,
- Überlastung.

In der Folge fällt die Maschine oder Anlage aus, es kann zu Verzögerungen bei der Auftragsdurchführung kommen und es fallen Kosten durch Störungssuche, Beschaffung von Ersatzteilen und Reparaturarbeiten an.
In der Instandsetzung unterscheidet man schadensbedingte, vorbeugende und zustandsbedingte Arbeiten (Bild 1, nächste Seite).

Der Schwerpunkt sollte sowohl in der Metallwerkstatt als auch bei Anlagen und Geräten des privaten Bedarfs in der zustandsbedingten und in der vorbeugenden Instandhaltung liegen, denn Vorbeugung ist besser als jeder noch so kurze Totalausfall.

Instandsetzungsarbeiten		
schadensbedingt	vorbeugend	zustandsbedingt
Es tritt eine unvorhergesehene Störung auf, der Schaden muss sofort behoben werden.	In regelmäßigen Zeitintervallen werden mögliche Verschleißteile ausgewechselt, obwohl sie funktionsfähig sind.	Die Inspektion von verschleißanfälligen Bauteilen weist auf einen demnächst drohenden Ausfall hin, die Instandsetzung wird vorbereitet.
in einer Metallwerkstatt		
z. B. Keilriemen am Bohrmaschinenantrieb reisst, Kühlmittelpumpe fällt aus	z. B. der Filter an der Kühlmittelpumpe einer Bohrmaschine wird jährlich ausgewechselt	z. B. starke Druckschwankungen in der Druckluftanlage
an einem PKW		
z. B. Kühlwasserschlauch reißt	Nach 100.000 km wird der Zahnriemen gewechselt.	Die Anzeige weist auf eine erhöhte Kühlwassertemperatur hin, das weist auf Schäden in der Anlage hin.

***Bild 1** Instandsetzungsarbeiten*

2.6 Reibung und Verschleiß

Ein wichtige Aufgabe der Instandhaltung ist die Verringerung von unerwünschter Reibung zwischen Funktionsflächen. Reibung entsteht immer dann, wenn sich Funktionsflächen gegeneinander bewegen, so z. B.

- in Wälz- und Gleitlagern von Maschinen,
- zwischen Bohrmaschinentisch und Säule der Bohrmaschine beim Verstellen des Tisches.

Reibung führt zur Erwärmung an den Funktionsflächen und zum Verschleiß, so lässt sich verringern durch

- überlegte Werkstoffpaarung, z. B. Bronze – gehärteter Stahl
- einen dünnen reißfesten Ölfilm
- hydrodynamische Lager; dabei wird Öl eingepresst, die Funktionsfläche berühren einander nicht mehr.

Reibung ist erwünscht, wenn sie zur Befestigung oder Haftung von Bauteilen zueinander durch Kraftschluss dient, z. B.

- Dübel in einer Wand (Bild 2),
- Klemmverbindung (Bild 3),
- PKW-Reifen beim Bremsen.

Die Reibung hängt ab von der Reibkraft F_R in N und der Reibzahl μ, eine dimensionslose Größe.

$$\text{Reibzahl } \mu = \frac{\text{Reibkraft } F_R \text{ in N}}{\text{Normalkraft } F_N \text{ in N}}$$

Die Normalkraft F_N ist die auf die Reibfläche senkrecht wirkende Kraft und lässt sich bei geneigten Flächen mithilfe der Winkelfunktionen berechnen (Bild 1, nächste Seite).

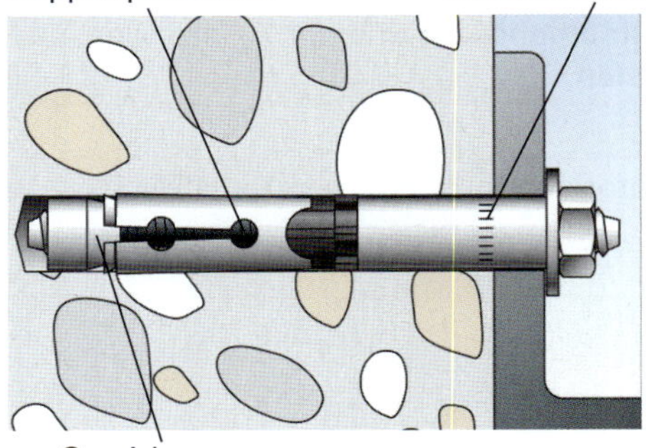

***Bild 2** Dübelmontage: der Spreizkonus erhöht die Reibung zwischen Wandung und Dübel*

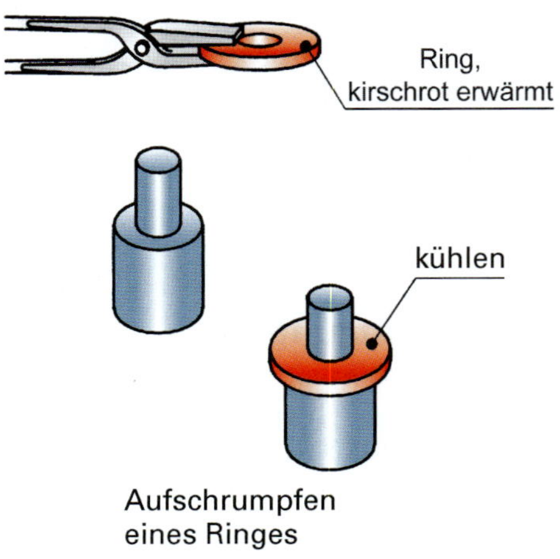

***Bild 3** Aufschrumpfen eines Ringes: die Schrumpfkräfte beim Abkühlen erhöhen die Reibung zwischen Dorn und Ring, die Verbindung ist kraftschlüssig*

4

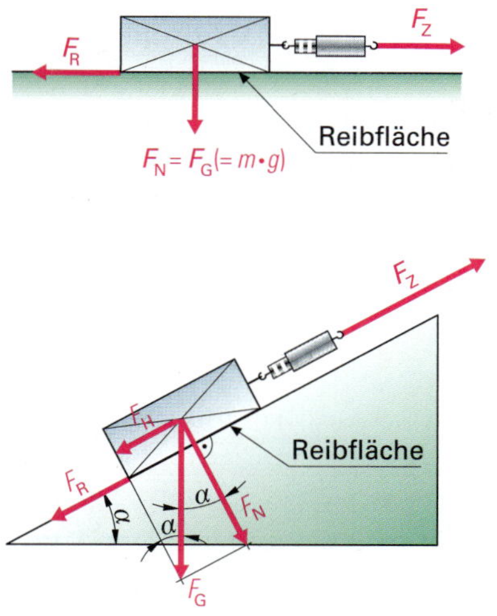

F_G: Gewichtskraft $\quad F_G = m \cdot g$

F_N: Normalkraft $\quad g = 9{,}81\ \frac{m}{s^2}$

hier gilt: $F_N = F_G$

F_Z: Zugkraft

F_R: Reibkraft

hier gilt: $F_Z \leq F_R$: Körper haftet auf der Reibfläche

$F_Z > F_R$: Körper geitet auf der Reibfläche

$F_N = F_G \cdot \cos\alpha \quad F_G = m \cdot g$

$F_H = F_G \cdot \sin\alpha$

hier gilt: $F_Z \leq F_H + F_R$: Körper haftet auf der Reibfläche

$F_Z > F_H + F_R$: Körper geitet auf der Reibfläche

Bild 1 Normalkraft F_N

Die Reibzahl μ hängt ab von

- Werkstoffpaarung,
- Bewegungszustand: Haften = μ_H, Gleiten = μ_G, Rollen = μ_R (Bild 2),
- Schmierungszustand.

Die Reibzahl hängt nicht von der Größe der Reibflächen ab, allerdings wird bei sehr kleinen Reibflächen die Flächenpressung p sehr groß. Diese verursacht eine oft nur mikroskopisch kleine Verformung, die bei der Relativbewegung erst überwunden werden muss.

Es gilt in jedem Fall:

- μ_H größer μ_G größer μ_R: deshalb bei Relativbewegungen von Funktionsflächen möglichst immer Gleit- oder Rollreibung anstreben!
- je größer die Reibzahl μ, desto größer ist die Reibkraft F_R in N: deshalb bei Kraftschlussverbindungen immer eine hohe Reibzahl anstreben, z. B. Bohrlöcher für Dübel ausblasen, der Bohrstaub würde zu Gleitreibung führen!

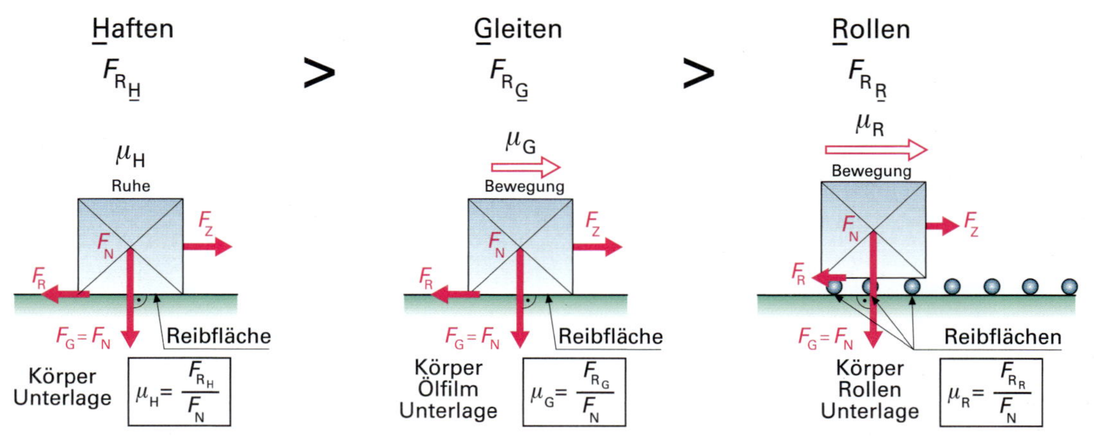

Bild 2 Reibungsarten

2.6.1 Aufgaben zu 2.6

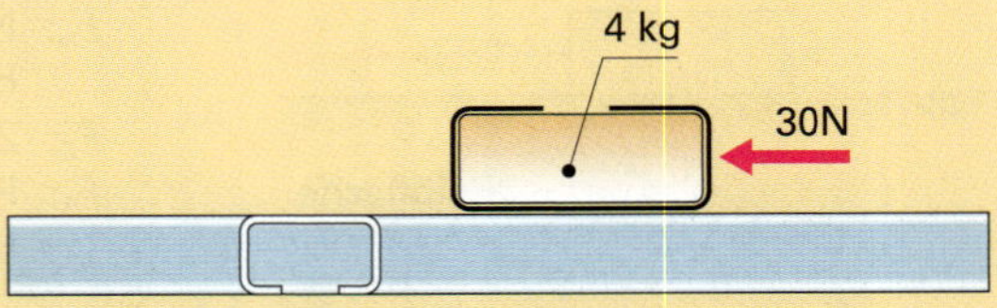

1. Ein Profil aus EDELSTAHL Rostfrei® wird mit einen um einen Klotz gewickelten Schleifband geschliffen. Zum Verschieben des Klotzes ist eine Kraft von 30 N notwendig (Bild rechts). Wie groß ist die Reibzahl μ ?

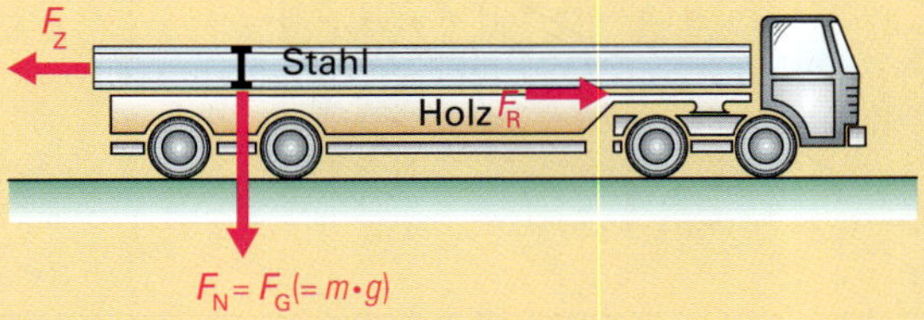

2. Ein HE-Profil mit einer Masse m = 15 t muss wegen Ausfall des Krans von der Pritsche eines Lkw gezogen werden (Bild rechts). Die Reibzahlen betragen:
Haften: Stahl auf Holz $\mu_H = 0{,}50$
Gleiten: Stahl auf Holz $\mu_G = 0{,}25$
Rollen (untergelegte Rundprofile): $\mu_R = 0{,}10$.

Bestimmen Sie die zu überwindenden Reibungskräfte beim Abladen des HE-Profils:
F_{RH} zum „in Bewegung bringen"
F_{RG} zum Verschieben auf der Pritsche
F_{RR} zum Verschieben, wenn Rollen aus Rundstahl untergelegt werden.

3. Beschreiben Sie am Beispiel einer Tischbohrmaschine Inspektion, Wartung, Instandsetzung.

4. Welche Bauteile sind an Drehmaschinen/MAG-Schweißanlage/Gas-Schmelz-Schweißanlagen besonderer Abnutzung ausgesetzt?

5. Entwerfen Sie in Matrixform für vier Maschinen oder Anlagen in Ihrem Ausbildungsbetrieb einen Plan für Inspektionsintervalle und -arbeiten.

6. Welche Wartungsarbeiten fallen an Drehmaschinen/MAG-Schweißanlage/Gas-Schmelz-Schweißanlagen an?

7. Nennen Sie Arbeitsregeln beim Umgang mit Kühlschmiermitteln.

8. Erstellen Sie für eine Werkzeugmaschine aus Ihrem Ausbildungsbetrieb eine Wartungsanleitung in symbolhafter Darstellung.

9. Sammeln Sie durch Internetrecherche oder aus Katalogen je ein Beispiel zu flüssigen und festen Schmierstoffen und vergleichen Sie deren Eigenschaften und Eignung.

10. Erstellen Sie einen Wartungsplan für Ihre Ausbildungs-/Schulwerkstatt mit Angabe aller Arbeiten, deren Bedeutung und ordnen Sie die Personen den Aufgaben zu.

11. Ermitteln Sie in einer Gruppe durch Versuch die Reibungszahlen beim Verschieben z. B. einer Waschbetonplatte auf unterschiedlichen Böden (trocken, Ölfilm, Rollen; Reibungskraft mit Federwaage messen)

2.7 Englisch im Metallbaubetrieb: Wartung von technischen Systemen

Translate into german, please.

Attendance of technical systems

In all workshops of the engineering as well as steel and metal work industry the sequences and actions have to be planned in order to be able to work in an economically efficient way. Operation scheduling is an important section of the company organisation. It plans the usage of men, material and machines at the different work places and the logistics. What concerns the costs, the times for the individual work steps are important but also the costs for machinery, material and auxiliary material.

Simple tool machines and special machines are always driven by electric engines. Skilled workers not only have to be able to operate the machines but also have to know about the dangers of electric current. That avoid accidents. As a „must" you always have to keep in mind: „Electric installations – hands off!" Nevertheless, in your training period, you have to deal with the basics of electrical engineering in order to understand the effects of current, voltage and resistance. You can calculate these sizes with the help of formulae and control them by tests at a simple D. C. (= direct current) circuit. The current network, however, is an A. C. (= alternating current) network, as you need equal voltage (240 or 400 V) for all machines and appliances. In the field of electrical engineering only approved switches, cables, fuses, appliances, equipment and machines may be used.

For your personal safety it is necessary to know the precautionary measures and means of protection. These are specified according to the VDE-regulations and are controlled regulary.

Vokabelliste

A. C. (= alternating current)	Wechselstrom
to be able to	fähig sein zu
according to	in Übereinstimmung mit
approved	geprüft
attendance	Wartung, Instandhaltung
auxiliary material	Hilfsmaterial
cable	Kabel, Leiter
company organisation	Betriebsorganisation
to concern	betreffen
costs	Kosten
current	Strom
D. C. (= direct current)	Gleichstrom
to deal with	befassen mit
economically	wirtschaftlich
electric current	elektrischer Strom
formulae	Formeln
fuse	Sicherung
in order to	um zu
logistic	Logistik
means of protection	Schutzmaßnahmen
Network	Netz
nevertheless	nichtsdesto weniger
to operate	bedienen
operation scheduling	Arbeitsplanung
precautionary	vorbeugend
resistance	Widerstand
sequence	Ablauf
specified	geregelt
switch	Schalter
training period	Lehrzeit
usage of men	Personaleinsatz
VDE-regulations	VDE-Vorschriften
voltage	Spannung
work step	Arbeitsschritt
workshop	Werkstatt

Assignments

1. Give examples in your workshop (e.g. drilling machine) for
   - inspection,
   - maintenance,
   - recondition,
   - higher quality.
2. You can find corrosion on metal constructions made of M.S. (= Mild Steel) within some days. What can be the reason for ?
3. What is done to prevent corrosion of metal construction made of M.S. (= Mild Steel)?
4. Sketch a simple electric circuit with
   - Conductor,
   - lamp and resistor in parallel connection,
   - voltmeter,
   - ammeter,
   - switch make contact,
   - fuse,
   - battery.
5. Working with electrical energy can be very dangerous. What precautions are used to protect workers? Think of fuses, low voltage devices and so on.
6. Friction is often a great problem in devices and machine tools. How can you minimize or even avoid friction?

3 Korrosion

Umwelteinflüsse können Metallbaukonstruktionen zerstören. Unabhängig von der Werkstoffauswahl korrodieren alle Metallbaukonstruktionen. Die Veränderungen beginnen meist an der Werkstückoberfläche und setzen sich je nach Grundwerkstoff mit unterschiedlicher Geschwindigkeit fort. Auch verzinkte Bauteile wie der Schlosskasten in Bild 1 werden auf Dauer zerstört.

Korrosion ist der chemische oder elektrochemische Angriff auf Metalle, Kunststoffe und Beton.

Die Korrosionsprodukte werden als Rost, Zunder, Weißrost oder Patina bezeichnet.

Die in Bild 2 dargestellten Konstruktionen bestehen teilweise aus Kupfer, Zink oder Aluminium. Die Korrosionsschichten dieser Werkstoffe sind teilweise erwünscht, da sie dekorativen Charakter haben z. B. die Patina oder bilden einen relativ dichten Überzug, der wie ein Korrosionsschutz wirkt.

Bild 1 ***Schlosskasten, durch Korrosion zerstört: Schloss Dresden***

Bild 2 ***Erwünschte Korrosion***
a) Kupferpatina: Johannisfriedhof Leipzig
b) Aluminiumoxid
c) Zinkpatina

3.1 Korrosionsursachen an Metallkonstruktionen

Die im Metallbau verwendeten Metalle haben die Eigenschaft mit den Medien der Umwelt zu reagieren. Die uns umgebende Luft weist eine Vielzahl von schädlichen Stoffen auf, z. B. Rauche, Salze oder Säuren. In Verbindung mit Wasser werden auf den Oberflächen der Bauteile chemische und elektrochemische Prozesse in Gang gesetzt.

Die Korrosionsgeschwindigkeit ist regional sehr unterschiedlich. In Regionen mit vielen Industriebetrieben und starkem Autoverkehr werden in der Luft hohe Konzentrationen von Schwefeldioxid und Kohlendioxid gemessen. Diese Gase verbinden sich mit der Luftfeuchtigkeit und bilden aggressive Säuren und Basen. Eine hohe Korrosionsgeschwindigkeit ist die Folge. In Küstenregionen sind in der Luft Salze enthalten, die sich auf Konstruktionen niederschlagen und in Verbindung mit der Luftfeuchtigkeit Korrosion verursachen (Bild 3).

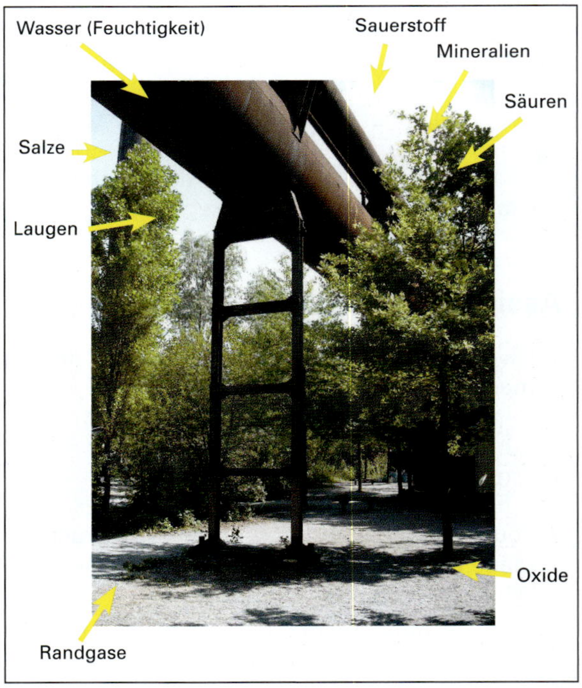

Bild 3 ***Mögliche Korrosionsangriffe auf eine Gichtgasleitung einer Hochofenanlage***

4

Jährlich verrosten Stahlteile von großem Geldwert.

Standort	Korrosionsgeschwindigkeit und Ursachen
Landluft	Gering
Stadtluft	Hoch, meist hohe Luftfeuchtigkeit
Industrieluft	Sehr hoch, Luftfeuchtigkeit reagiert mit Schwefeldioxid und Kohlendioxid und bildet Säuren bzw. Laugen
Küste	Extrem hoch, hoher Luftsalzgehalt

Aufgaben

1. Welche korrosiven Stoffe geraten durch industrielle Produktion in die Atmosphäre?
2. Welche korrosiven Medien in der Luft entstehen in Privathaushalten?
3. Welche wirtschaftlichen Folgen hat Korrosion?

3.2 Korrosionsarten

An Metallkonstruktionen werden meist zwei Korrosionsarten angetroffen:

- Chemische Korrosion
- Elektrochemische Korrosion

3.2.1 Chemische Korrosion

Bei der chemischen Korrosion verbindet sich Sauerstoff mit dem Metall und bildet ein Metalloxid. Dieser Vorgang wird „rosten" genannt. Der Sauerstoff kommt aus der Luft oder wird bei Reaktionen von Säuren und Laugen mit dem Grundwerkstoff frei.

3.2.2 Elektrochemische Korrosion

Werden in einer Metallbaukonstruktion zwei verschiedene Metalle miteinander verbunden, kann elektrochemische Korrosion auftreten, wenn ein Elektrolyt vorhanden ist. Bei Metallbaukonstruktionen im Freien ist meist Regenwasser der Elektrolyt. Der Elektrolyt sorgt für einen Elektronenübergang, z.B. von Aluminium zu Stahl. Ein Bauteil aus dem unedleren Werkstoff Aluminium wird zerstört, denn es weist ein niedrigeres „Potential" auf.

Durch Experimente wurde die Spannung zwischen verschiedenen Metallelektroden bezogen auf eine Wasserstoffelektrode gemessen. Bild 1 zeigt die Spannungsreihe verschiedener Metalle.

Beim Dachdecken verliert ein Dachdecker einen Kupfernagel, der in der verzinkten Regenrinne liegen bleibt. Das Regenwasser bildet ein Elektrolyt. Die Potentialdifferenz bzw. Spannung beträgt 1,10 Volt. Der fließende Korrosionsstrom zerstört die schützende Zinkschicht, da Zink unedler als Kupfer ist. Der Korrosionsprozess setzt sich im Stahlblech weiter fort, bis ein Loch in der Dachrinne entstanden ist, welches sich ausbreitet. Ein Austausch der Dachrinne wird notwendig.

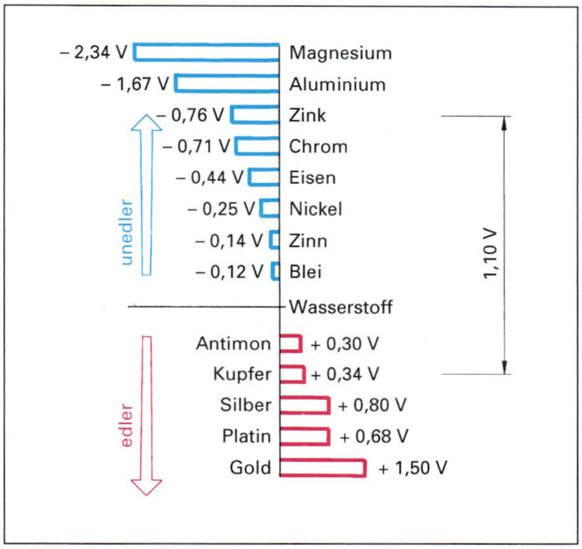

Bild 1 Spannungsreihe der Metalle

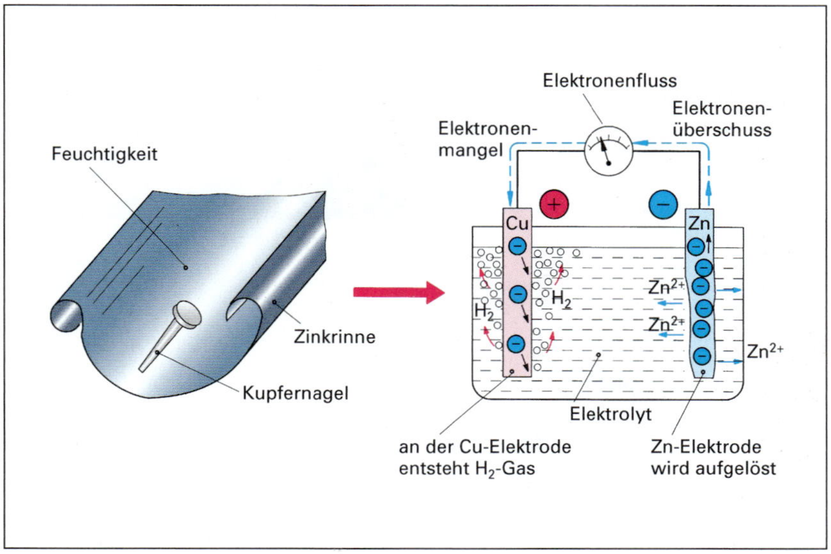

Bild 2 Galvanisches Element Regenrinne – Kupfernagel

Vergleichbare Gegebenheiten liegen bei dem im Bild 1 beschriebenen Versuch vor.

Aufgaben
1. Wie wird die elektrochemische Korrosion in einer Batterie genutzt?
2. Worin unterscheidet sich eine Batterie von einem Akkumulator, wie er als „Autobatterie" eingesetzt wird?

Versuch:
Ein blankes Stück Kupferrohr wird mit Salzwasser angefeuchtet und anschließend fest in Aluminiumfolie eingewickelt.
Am nächsten Tag hat sich die Alufolie teilweise aufgelöst.

Bild 1 Elektrochemische Korrosion

3.3 Erscheinungsformen von Korrosion

In Metallbaukonstruktionen tritt Korrosion in verschiedenen Erscheinungsformen auf (siehe Bild 2).

Fußknotenpunkt einer Gitterstütze

Flächenkorrosion
Die Oberfläche korrodiert gleichförmig. Bei Stahl bildet sich eine **poröse Rostschicht**; die Zerstörung schreitet schnell voran. Bei Al, Cr, Pb oder Cu bilden sich dagegen dichte Schichten; sie wirken wie ein Korrosionsschutz.

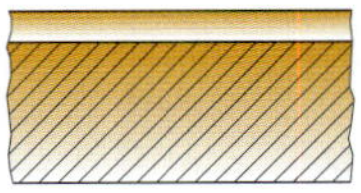

Spaltkorrosion
Korrosion, die sich in Spalten unter Niet- oder Schraubenköpfen und zwischen punktgeschweißten Blechen bildet.

Kontaktkorrosion
Feuchtigkeit (Elektrolyt) fördert Korrosion an einer Verbindung aus zwei verschiedenen Metallen. Das unedlere Metall wird zerstört. Lagerung von Erzeugnissen aus verschiedenen Metallen ist unzulässig.

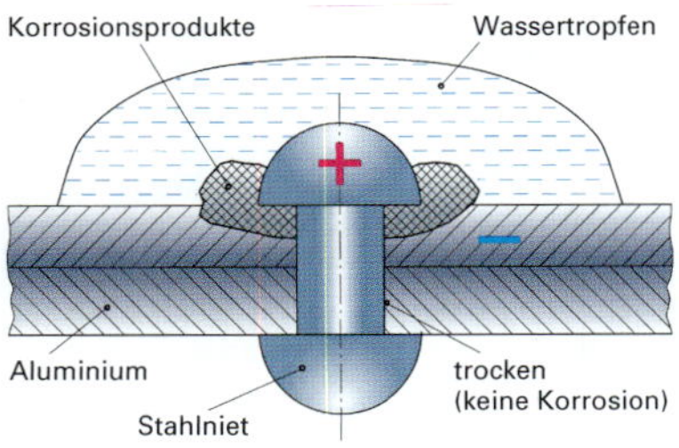

Mulden- und Lochfraßkorrosion
Die Oberfläche korrodiert ungleichmäßig stark; dies führt zu Mulden und Löchern. Lochfraßstellen in Behältern und Rohren können zur Durchlöcherung und damit zu Undichtigkeiten führen.

Selektive Korrosion
Gefügebestandteile werden zerstört
- **Interkristalline Korrosion**
  Die Korrosion entwickelt sich entlang der Korngrenzen und kann bei schlagartiger Beanspruchung zu Rissen bzw. Bruch des Bauteils führen.
- **Transkristalline Korrosion**
  Korrosionslinien gehen durch die Körner; Spannungsrisse und Schwingungsrisse treten auf.

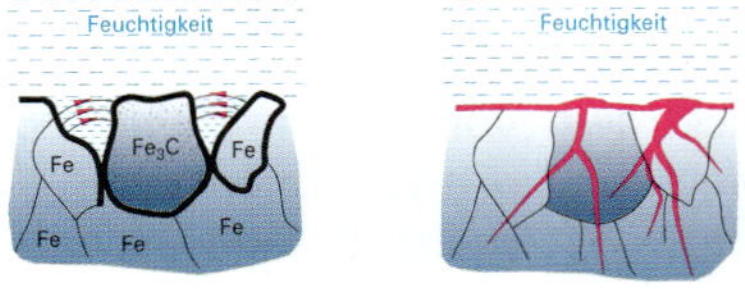

Fe = Eisenkristalle
Fe_3C = Zementitkristalle
a) Interkristalline Korrosion **b)** Transkristalline Korrosion

Bild 2 Korrosionarten

3.4 Korrosionsvermeidung

Um die Lebensdauer von Metallbaukonstruktionen zu verlängern, wird bereits in der Konstruktionsphase der Korrosionsschutz berücksichtigt. Das optimale Korrosionsschutzsystem orientiert sich dabei an folgenden Kriterien:

- Schutz der Gesundheit und Sicherheit des Menschen,
- die ökologische Belastung der Umwelt,
- die Aufgabe und Funktion der Konstruktion,
- die geforderte bzw. zu erwartende Nutzungsdauer und Güteanforderung der Konstruktion,
- die Umwelteinflüsse am vorgesehenen Einsatzort,
- die Wirtschaftlichkeit des Korrosionsschutzes:
  - Kosten für den Erstschutz und
  - Folgekosten, sowie Betriebsunterbrechungen bei Instandhaltungsarbeiten,
- die Schutzdauer des Überzuges bzw. des Beschichtungssystems,
- der Zuverlässigkeitsgrad, mit dem das System aufgebracht werden kann.

Ein wirksamer Korrosionsschutz kann erreicht werden, wenn folgende Kriterien beachtet werden:

- Auswahl geeigneter Werkstoffe,
- sachgerechte Oberflächenvorbereitung,
- richtige Wahl der Beschichtungsstoffe,
- richtige Wahl der Überzüge,
- fachgerechte Ausführung des Korrosionsschutzes,
- korrosionsschutzgerechte Gestaltung.

Man unterscheidet bei den Korrosionsschutzmaßnahmen zwischen aktivem und passivem Korrosionsschutz.

3.4.1 Aktiver Korrosionsschutz

Aktiver Korrosionsschutz ist gegeben, wenn eine Metallbaukonstruktion folgenden Grundforderungen entspricht:

- wenig gegliedert,
- zugänglich für z. B. das Auftragen von Beschichtungen,
- ohne Mulden o. Ä. in denen sich Wasser oder Schmutz ablagern kann.

Damit diese Forderungen erfüllt werden, bedeutet das:

- nach oben geöffnete, mehrteilige Profile vermeiden durch Drehen (⊔ ⇒ ⊓)
- geneigte Flächen wählen,
- bei Profilhöhe $h \leq 100$ mm mind. 15 mm Abstand lassen (Belüftung ist dann möglich),
- Zugänglichkeit für den Auftrag von Beschichtungen beachten.
- Spalte und Schlitze möglichst verschließen (Zuschweißen, Zulöten, Dichtmassen ...)
- bei hohlen Bauteilen Be- und Entlüftungsöffnungen vorsehen (z. B. Mannlöcher),
- an Metallfenstern und Fassaden für gute Wasserableitung, Belüftung und Trennung verschiedener Metalle sorgen,
- Schweißnähte, Falze und Biegekanten nicht an korrosionsgefährdeten Stellen vorsehen,
- Bauteile, die später nicht mehr zugänglich sind, z. B. Fassadenanker, mit Korrosionszuschlag konstruieren,
- Kontakt unterschiedlicher Werkstoffe durch Isolierschichten vermeiden.

3.4.2 Passiver Korrosionsschutz

Beschichtungen (Anstrich) Überzüge (z. B. Folien) halten Sauerstoff und aggressive Medien von der zu schützenden Oberfläche fern.
Bei manchen Metallen bilden sich von selbst dichte und feste Deckschichten, die den Grundwerkstoff schützen:

- Patina auf Kupfer und Kupferlegierungen,
- Oxide auf Reinaluminium,
- „Edelrost" auf wetterfestem Baustahl (= Cor-Ten-Stahl),
- Zinkpatina

Im folgenden sind einige Beispiele für passiven Korrosionsschutz genannt:

Beschichtungsarten	Überzüge
• Einölen und Einfetten • Anstreichen • Kunststoffüberzüge • ...	• Emaillieren • Tauchen durch z. B. Feuerverzinken • Plattieren • Galvanisieren • ...

3.5 Englisch im Metallbaubetrieb: Korrosion

Translate into german, please.

Corrosion

In your job you produce structural elements and constructions from metals. All metals combine with the oxygen of the air, their surfaces corrode, and therefore they have to be protected. That is why you have to deal with corrosion already in your training period. Which kinds of corrosion are there? What are the reasons for corrosion? How can corrosion be avoided?

As a rule one can say: base metal such as iron and steel corrode very quickly, noble (precious) metal such as copper or gold very slowly. But a very dense layer of corrosion, e. g. as on copper, protects the metal, a porous layer, as on steel, leads to quick destruction. Important protective measures for steel are paint and galvanization with zinc. Better than protective measures, however, is active corrosion protection, e. g. by using stainless steel or structural measures.

Corrosion on metal causes an annual damage of millions of Euros.

Vokabelliste

active	aktiv
annual	jährlich
to avoid	vermeiden
base metal	unedles Metall
to combine with	sich verbinden mit
copper	Kupfer
to corrode	korrodieren, rosten
corrosion	Korrosion
damage	Schaden
to deal with	sich befassen mit
dense	dicht
to galvanize	galvanisieren
layer	Schicht
to lead to	führen zu
noble (precious) metal	Edelmetall
oxygen	Sauerstoff
paint	Farbe
to protect	schützen
protective measure	Schutzmaßnahme
reason	Grund, Begründung
structural elements	Bauteile
surface	Oberfläche

Assignments

1. You can find corrosion on metal constructions made of M.S. (= Mild Steel) within some days. What can be the reason for ?

2. What is done to prevent corrosion of metal construction made of M. S. (= Mild Steel)?

3. Give examples to avoid corrosion on a railing. Think of active corrosion protection.

4. Translate the chapter 3.4.2 Passiver Korrosionsschutz.

5. Why does a construction made of copper corrode very slowly? Give examples of metal constructions made of copper.

6. Old metall construction like grave crosses corrode very slowly. Try to give some reasons for this curiosity.

4 Elektrische Maschinen und Geräte im Metallbau

4.1 Elektrizität als Energieform, Spannung, Stromstärke und Widerstand

An einen Torflügel soll nachträglich ein Gelenkarmantrieb angebracht werden. Der Gelenkarm hat einen integrierten Elektromotor, der den Gelenkarm bewegt. Für die Montagearbeiten werden Werkzeuge bzw. Geräte eingesetzt.

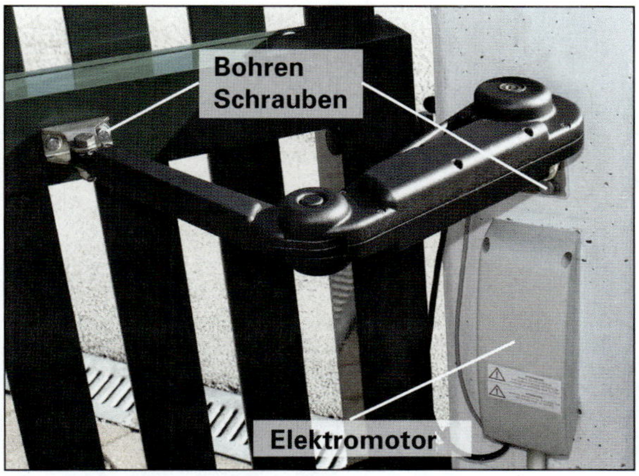

Bild 1 Elektrischer Torantrieb mit Knickarm

Sowohl Elektromotoren als auch die zu verwendenden Werkzeuge nutzen die elektrische Energie. Vor allem Elektrowerkzeuge ermöglichen rationelles Arbeiten und mindern körperliche Anstrengung. Bild 3 zeigt erforderliche Elektrowerkzeuge und -geräte für die notwendigen Arbeitsgänge.

Aufgaben

1. Mit welchen Elektrogeräten lässt sich die Montage des Torantriebs rationeller vornehmen?
2. Die elektrische Energie wird in den Werkzeugen in andere Energieformen umgewandelt. Ordnen Sie den Werkzeugen die abgegebene Energieform zu.

Bild 3 Elektrowerkzeuge und -geräte z. B. für eine Reparaturarbeit

Der Umgang mit elektrisch angetriebenen Werkzeugen bzw. Geräten ist mit besonderen Gefahren behaftet, da „Strom" nicht „sichtbar" ist. Daher müssen sich alle bei der Arbeit verwendeten Geräte in sicherheitstechnisch einwandfreiem Zustand befinden, denn:

Wirkt elektrische Energie auf den menschlichen Körper ein, so kann Lebensgefahr bestehen („elektrischer Schlag"). Mittel- und Hochspannung sind immer tödlich.

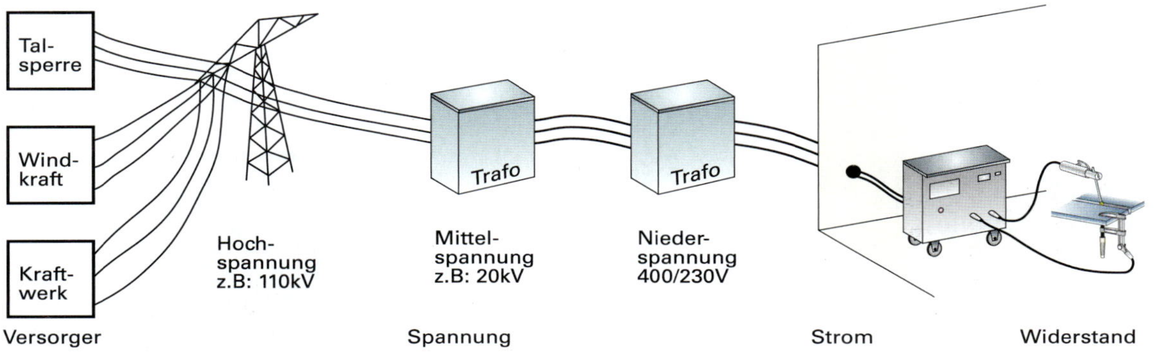

Bild 2 Verteilung der elektrischen Energie

Versorger

Elektrische Energie wird durch Versorgungsunternehmen dem Verbraucher am Nutzungsort bereitgestellt. Das Versorgungsunternehmen wandelt mechanische Energie (z.B. sich drehendes Windrad) oder Wärmeenergie (Verbrennen von Kohle im Kohlekraftwerk) in elektrische Energie um. Zum „Transport" der elektrischen Energie werden Versorgungsleitungen (Kabel) vom Versorgungsunternehmen zum **Endverbraucher** verlegt. Beim Betreiben der Elektrogeräte an der Steckdose wird die elektrische Energie in den Elektrogräten wieder umgewandelt.

Der Transport der elektrischen Energie in elektrischen Leitern ist mit Verlusten verbunden. Um diese möglichst gering zu halten, liegt die Spannung im Versorgungsnetz bei 110 kV (Hochspannung). Diese wird dann durch Transformatoren auf 20 kV (Mittelspannung) in regionalen Bereichen umgeformt. Für den Endverbraucher wird dann die Spannung nochmals auf 400 V/230 V transformiert. (Beachte: Bild 1, vorhergehende Seite)

Beim Betreiben der Geräte an Steckdosen schließt sich der **Stromkreis** und Strom kann fließen.

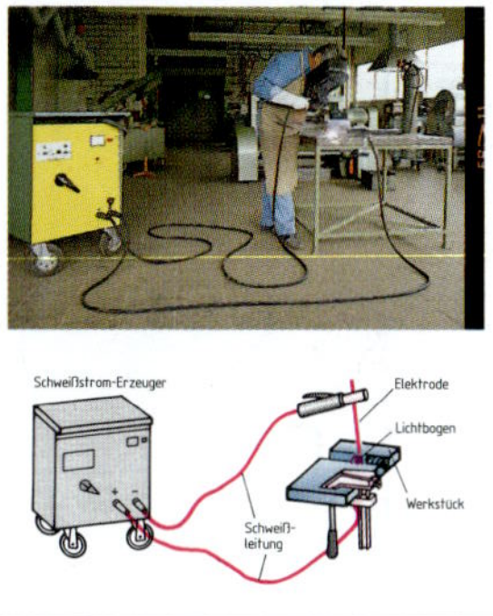

Wichtige Bestandteile:

Erzeuger (Schweißstromerzeuger)

Verbraucher (Lichtbogen zwischen Schweißelektrode und Werkstück)

Hin- und Rückleitung (Schweißleitung)

***Bild 1* Stromkreis einer Lichtbogenschweißanlage**

Spannung

Damit Strom fließen kann, muss die gleichmäßige Verteilung der Ladungsträger im Leiterwerkstoff verändert werden. Freie Elektronen werden auf die eine Seite der Anschlussklemme (Pol) verschoben; sie heißt **Minuspol** (Zeichen –). Die Anschlussklemmen mit entsprechend weniger Elektronen wird **Pluspol** (Zeichen +) genannt. Diese unterschiedliche Ladung versucht sich auszugleichen; man nennt dieses Ausgleichsbestreben **elektrische Spannung**. Elektrische Versorger nennt man **Spannungserzeuger** oder **Spannungsquelle**.

Nicht immer ist es möglich oder wünschenswert eine elektrische Maschine an eine Steckdose anzuschließen. Als Spannungsquelle dient ein **Akkumulator** (Bild: „Akku" aus einem Bohrschrauber), in dem elektrische Energie gespeichert werden kann.

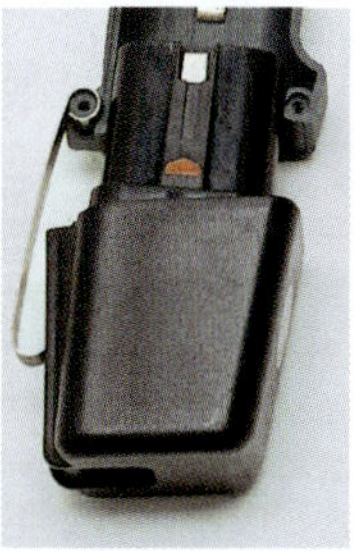

Die **Spannung** hat das Formelzeichen $\boldsymbol{U}$ und die Einheit **Volt** mit dem Einheitenzeichen $\boldsymbol{V}$. Das Leistungsschild der Bohrmaschine zeigt, dass für sie die Spannung $\boldsymbol{U}$ = 230 V gilt.

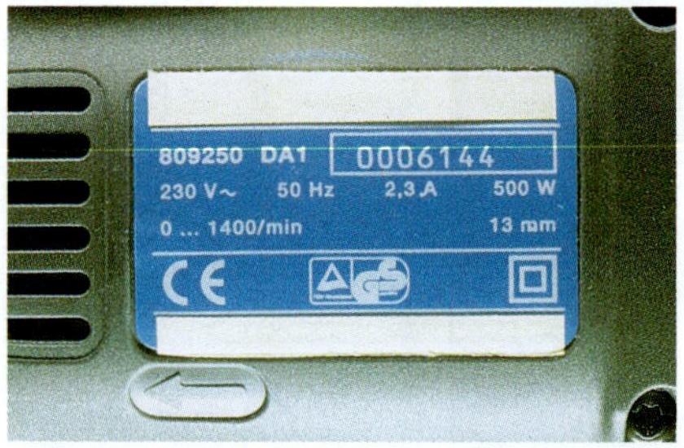

***Bild 2* Leistungsschild einer elektrischen Handbohrmaschine**

Strom

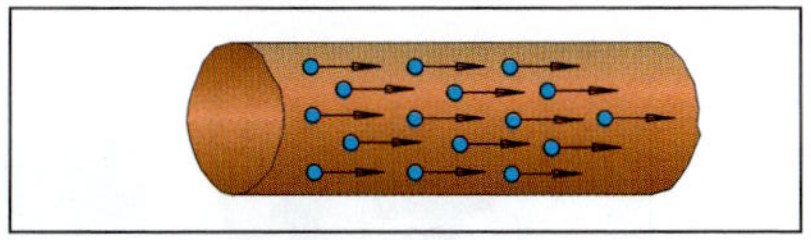

***Bild 3* Elektrischer Strom: gerichtete Bewegung elektrischer Ladungsträger**

Voraussetzung für das Fließen von Strom ist eine Spannung. In einem **geschlossenen Stromkreis** bewegen sich die freien Elektronen; diese Bewegung der freien Elektronen heißt **elektrischer Strom**.

Die unterschiedliche Bezeichnung der Anschlussklemmen (z.B. an einer Batterie) mit + bzw. – bedingt die Festlegung der Stromrichtung:

Der Strom fließt im Stromkreis außerhalb des Versorgers von dessen Pluspol über Leitungen und Verbraucher zum Minuspol.

Stromerzeuger mit gleichbleibender Polarität bewirken gleich bleibende Stromrichtung: **Gleichstrom**.

Stromerzeuger mit wechselnder Polarität bewirken wechselnde Stromrichtungen: **Wechselstrom**. **Drehstrom** ist ein vorteilhaftes Wechselstromsystem.

Die **Stromstärke** hat das Formelzeichen $\boldsymbol{I}$ und die Einheit Ampere mit dem Einheitenzeichen **A**.

Das Leistungsschild der Bohrmaschine zeigt, dass es bei Anschluss an 230 V unter Nennlast eine Stromstärke von 2,3 A aufnimmt.

Widerstand

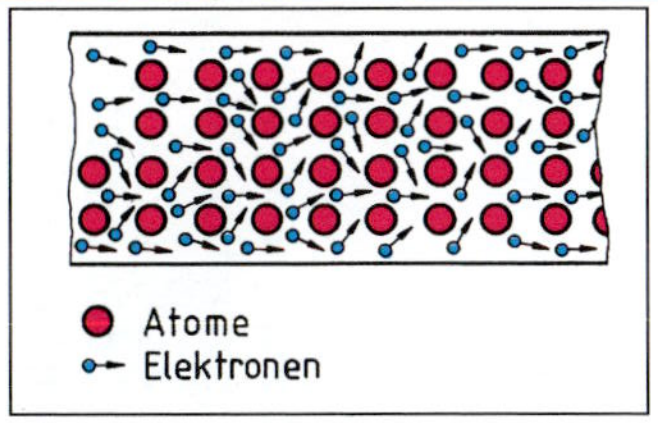

***Bild 4* Elektrischer Widerstand in Metallen (Modellvorstellung)**

Alle in einem Stromkreis vorhandenen Bestandteile hemmen den Stromfluss; sie setzen dem Stromfluss einen **Widerstand** entgegen.

Der **elektrische Widerstand** hat als Formelzeichen $\boldsymbol{R}$ und die Einheit **Ohm** mit dem Einheitenzeichen $\boldsymbol{\Omega}$.

Unterschiedliche Werkstoffe hemmen den Stromfluss unterschiedlich stark. In elektrischen Leitungen ist ein kleiner Widerstand (Verlustminderung) erwünscht, in Kabelummantelungen (Isolierung) soll dieser so groß sein, dass kein Stromfluss möglich wird.

Geräte bzw. Bauteile	Widerstand
Heizgeräte	24 ... 1000 Ω
Leitungen	1 mΩ ... 5 Ω
Isolierstoffe	> 1 000 000 Ω

***Bild 5* Beispiele für Widerstandswerte**

Der Widerstand in einem elektrischen Leiter ist abhängig von seinem spezifischen Widerstand ρ ($\Omega \cdot mm^2/m$), dem Leiterquerschnitt A (mm^2) und der Leiterlänge l (m).

$$R = \frac{\rho \cdot l}{A}$$

Den spezifischen elektrischen Widerstand findet man in Tabellen.

4.2 Wirkungen des elektrischen Stroms

In Elektrogeräten und elektrischen Maschinen erfolgt eine Energieumwandlung, man bezeichnet sie als Wirkung des elektrischen Stroms.

Wirkungsart	Beschreibung	Technische Nutzung
Wärmewirkung	Stromdurchflossene Leiter erwärmen sich (Stromwärme)	Elektroofen, Lötkolben, elektrische Schweißgeräte (Lichtbogenwärme), Verlustwärme z. B. in Kabeltrommeln (unerwünscht)
Magnetische Wirkung	Stromdurchflossene Leiter erzeugen ein Magnetfeld	Magnetventile, Elektromotore (weitere Umwandlung in mechanische Energie), Transformator
Lichtwirkung	Stromdurchflossene Leiter können glühen, stromdurchflossene Gase strahlen Licht ab	Glühlampe, Leuchtstofflampe („Neonröhre"), Leuchtdiode
Chemische Wirkung	Elektrolyte und/oder darin eingetauchte feste Leiter (Elektroden) werden chemisch oder/und physikalische verändert	Galvanisieren, anodisches Oxidieren (Eloxieren), Laden eine Akkumulators

4.2.1 Physiologische Wirkung, Unfallgefahren

Der elektrische Strom stellt z. B. beim Schweißen eine Gefahr dar:

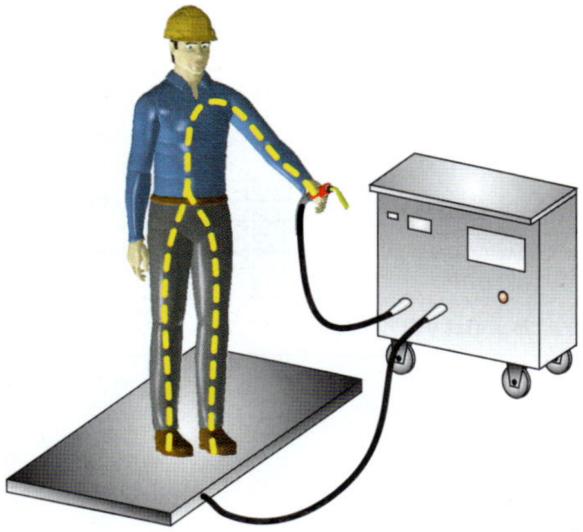

Längsdurchströmung bei leitendem Untergrund

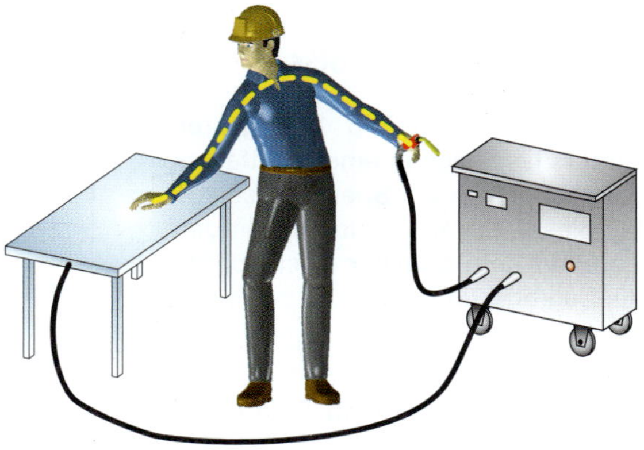

Querdurchströmung bei Kontakt mit Schweißtisch

Merke:
Nur technisch einwandfreie Geräte sichern eine gefahrlose Nutzung.

Die physiologischen Wirkungen zeigen sich unterschiedlich. Dies hängt davon ab, ob der Körper längs, quer oder teildurchströmt wird.

Beachte:
Gleichstrom ist genauso gefährlich wie Wechselstrom.

Gleichstrom wirkt bei gleicher Stromstärke weniger stark auf den Menschen. Nur beim Öffnen oder Schließen des Stromkreises finden Stromänderungen statt.

Beachte:
Nur bei Spannungen unter 42 Volt ist bei normalen Bedingungen kein lebensgefährlicher Strom durch den menschlichen Körper zu erwarten.

4

Lebensgefahr für den Menschen besteht, wenn
- eine Stromstärke > 50 mA,
- eine Wechselspannung > 50 V,
- eine Gleichspannung > 120 V auf seinen Körper einwirkt.

Besondere Gefahren im Umgang mit elektrischen Geräten treten in **engen metallischen Behältern** auf. Es gilt:
- Wechselstrom ≤ 25 A
- Gleichstrom ≤ 60 A

gefährdet den Menschen

Um Mitarbeiter o.a. beim Schweißen vor elektrischen Schlägen zu schützen, werden elektrisch leitende Teile isoliert (z.B. Schweißzange). Die Unfallverhütungsvorschriften müssen beachtet werden. Sicherheitswidriges Verhalten führt zu Unfällen. Siehe auch Kapitel 4.5.4 Umgang mit Elektrogeräten – Unfallverhütung, Seite 393.

Aufgabe
Welche technischen Mängel können an den in Bild 3, S. 379 abgebildeten Werkzeugen zu einer elektrischen Gefährdung führen?

4.3 Messen elektrischer Größen

Der elektrische Aufbau des in Bild 1 dargestellten Akku-Schraubers lässt sich in einem einfachen Stromkreis darstellen (Bild 2). Spannungserzeuger ist der Akku; dieser ist mit Leitungen mit dem Motor verbunden. Mit dem Schalter lässt sich der Stromkreis schließen oder öffnen.

Aufgabe
Ordnen Sie in Bild 1 die genannten Bauteile a bis f den Ziffern in der Abbildung zu.
Eine Auswahl von genormten Schaltzeichen zeigt Bild 3.

4.3.1 Messen der elektrischen Spannung

Die elektrische Spannung kann mit Spannungsmessern gemessen werden; die Anzeige der Spannung (Formelzeichen *U*) in Volt[1] (V) erfolgt je nach Bauart des Messgerätes analog (Skalenanzeige) oder digital (Ziffernanzeige). Die Messung erfolgt durch Anschließen des Messgerätes an den Anschlussklemmen vom Bohrschrauber oder am Netzgerät.

[1] Alessandro Giuseppe Antonio Anastasio Volta, italienischer Physiker, 1745–1827

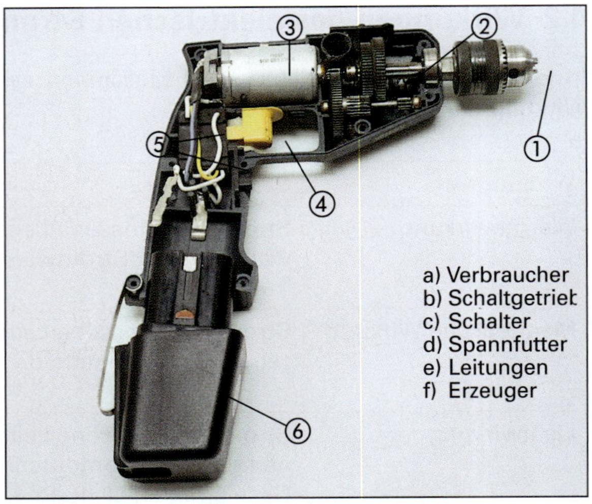

Bild 1 Schrauber (geöffnet, Zuordnungsaufgabe)

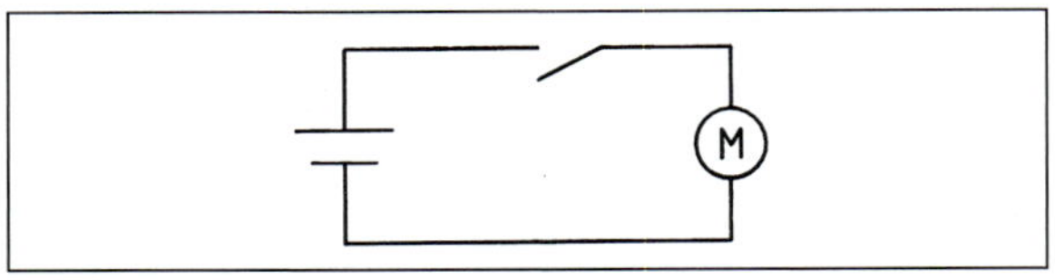

Bild 2 Schaltplan des Akku-Schraubers

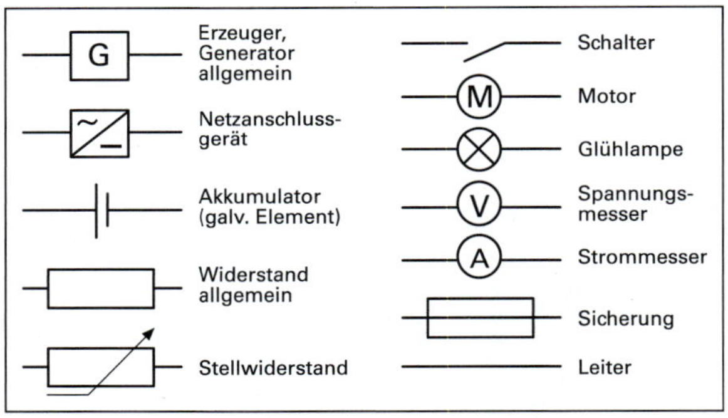

Bild 3 Schaltzeichen nach DIN EN 60617

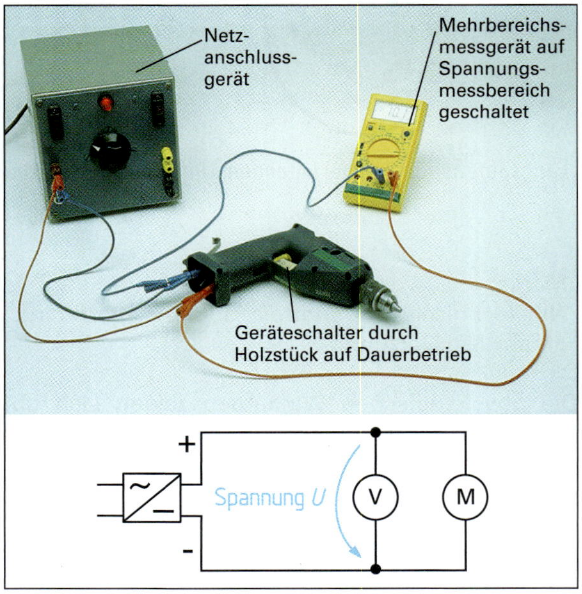

Bild 4 Spannungsmessung am Bohrschrauber

Die in den Bildern 1 und 2 abgebildeten Messgeräte sind Mehrbereichsmessgeräte, die neben der Spannung zusätzlich die Stromstärke (siehe Kap. 4.3.2), den Widerstand (siehe Kap. 4.3.3) und gelegentlich auch die Temperatur messen können. Mit einem Messbereichsumschalter lässt sich für jeden Messwert ein günstiger Messbereich wählen, der genaues Ablesen möglich macht.

Beachte:
Vor dem Messen von Spannung oder anderen Größen den Messbereichsschalter so einstellen, dass der Messbereich deutlich über dem zu erwartenden Messwert liegt. Nach erfolgter erster Messung den Messbereich anpassen.

Unbedingt beachten:
Spannungen von 50 V und darüber können für den Menschen tödlich sein.

(vgl. Kap. 2.7.1)

Berührung mit Netzspannung bedeutet Lebensgefahr. Schadhafte Elektroinstallation oder Elektrogeräte sind sofort zu melden. Schadhafte Anlagen bzw. Geräte nicht benutzen!

Reparaturen an elektrischen Anlagen und Geräten darf nur eine Elektrofachkraft ausführen.

4.3.2 Messen der Stromstärke

Mit dem Mehrbereichsmessgerät kann die Stromstärke I in Ampere[1] gemessen werden. Das Messgerät ist in den Stromkreis so anzuschließen, dass der Strom durch das Messgerät fließt.
Für den dargestellten einfachen (unverzweigten) Stromkreis ist es unbedeutend, ob das Messgerät **vor** dem Bohrschrauber (Verbraucher) oder **hinter** dem Bohrschrauber angeschlossen wird.
Überprüfen Sie diese Aussage, indem Sie folgenden Versuch durchführen:

Versuch 1:
Mit dem eingeschalteten Bohrschrauber als Verbraucher ist gemäß Bild 4 (nächste Seite) ein Stromkreis aufgebaut. Das Netzanschlussgerät (Erzeuger) ist auf die Nennspannung des Schraubers U = 9,6 V Gleichspannung eingestellt. Die beiden Strommessgeräte in der Hin- bzw. Rückleitung zeigen je I = 1,3 A an.

[1] André-Marie Ampère, französischer Physiker, 1775–1836

Bild 1 Messgerät mit Skalenanzeige (analoger Anzeige)

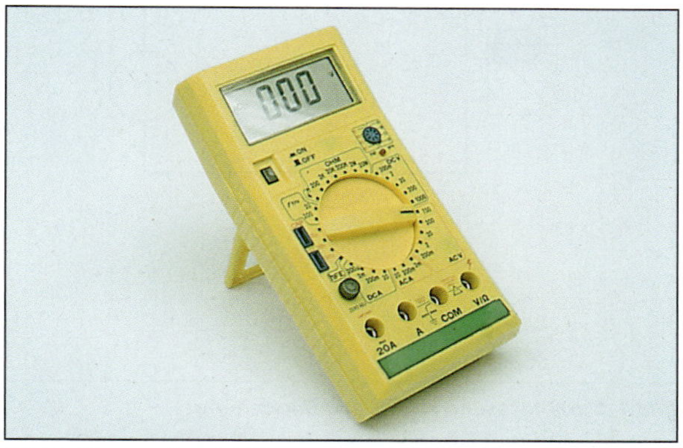

Bild 2 Messgerät mit Ziffernanzeige (digitaler Anzeige)

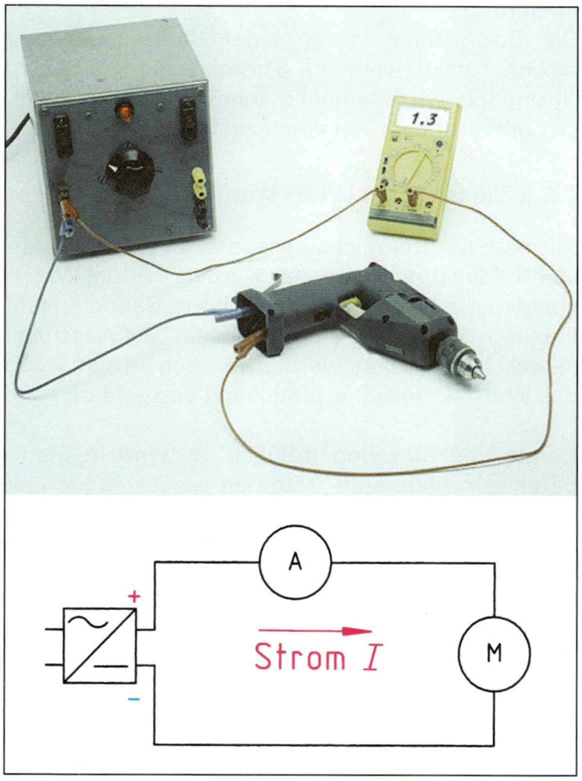

Bild 3 Strommessung am Bohrschrauber

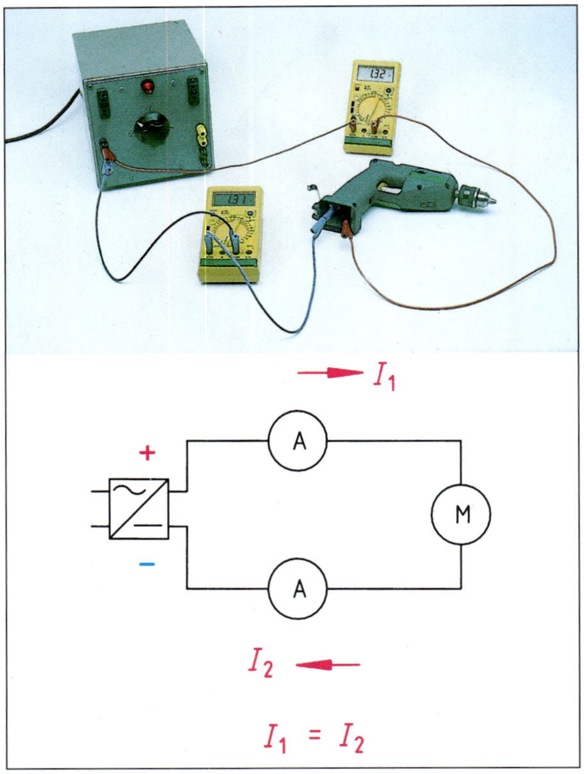

***Bild 1** Strommessung in Hin- und Rückleitung*

Folgerung:
Die Stromstärke ist an jeder Stelle eines einfachen (unverzweigten) Stromkreises gleich. Im Stromkreis wird demnach kein Strom verbraucht. „Stromverbrauch" ist ein unzulässiger Begriff.

4.3.3 Messen des Widerstandes

Mit dem Mehrbereichsmessgerät kann der Widerstand R in Ohm[1] gemessen werden. Für die Widerstandsmessung müssen elektrische Bauteile nicht in einem Stromkreis eingebaut sein. Die Anschlüsse des Messgerätes werden mit den Anschlüssen des Widerstandes (Verbrauchers) verbunden.

Damit eine Messung möglich ist, sind in Mehrbereichsmessgeräten Batterien als Erzeuger eingebaut. Deshalb dürfen Widerstandsmessungen an Verbrauchern, die in einem Stromkreis angeschlossen sind, nur im abgeschalteten Zustand erfolgen. Andernfalls treten Messfehler auf oder das Messgerät kann beschädigt werden.

***Bild 2** Widerstandsmessung*

4.3.4 Das ohmsche Gesetz

Der in Bild 1 (nächste Seite) dargestellte Versuch ist aufgebaut. Der Konstantandraht ist 20 cm lang und hat einen Querschnitt von 1 mm².

Die Spannung wird an der Spannungsquelle verändert. Die Messwerte für Spannung und Stromstärke können an den Messgeräten abgelesen werden. Die Messwerte werden in ein Diagramm eingetragen.

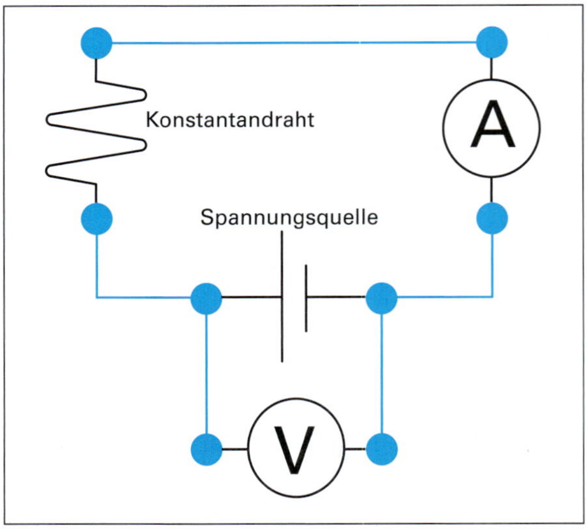

Bild 3

Anhand der Messergebnisse lassen sich folgende Erkenntnisse ableiten:

[1] Georg Simon Ohm, deutscher Physiker, 1787–1854

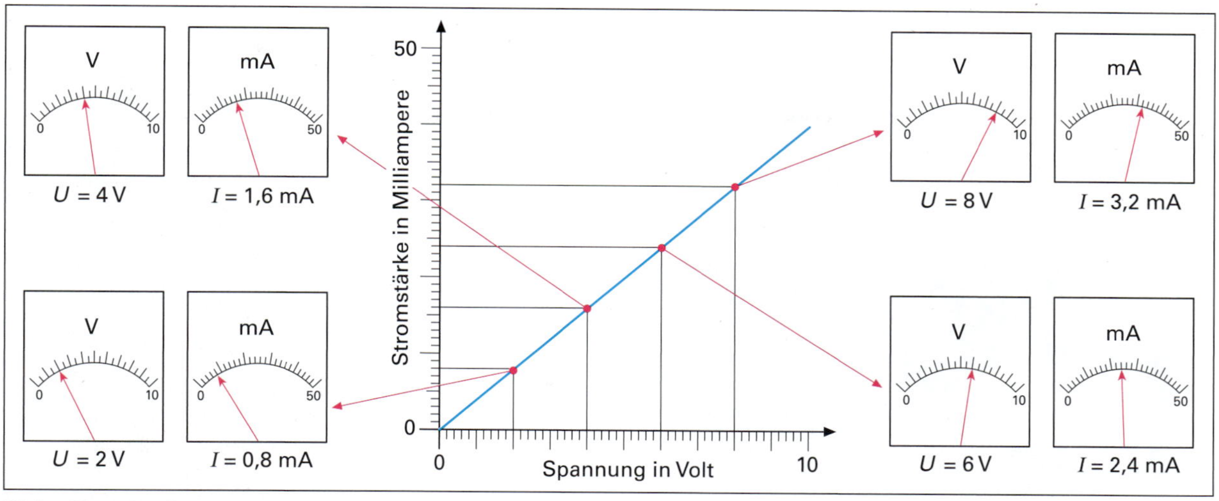

Bild 1 Ohmsches Gesetz

- Steigt die Spannung steigt auch die Stromstärke
- Verdoppelt sich die Spannung verdoppelt sich die Stromstärke
- Spannung und Stromstärke hängen linear voneinander ab (Gerade durch die Messpunkte)

Diese Gesetzmäßigkeit nennt man nach seinem Entdecker, dem deutschen Physiker Georg Simon Ohm, **Ohmsches Gesetz**.

$$R = \frac{U}{I}$$

Das Ohmsche Gesetz sagt z. B. aus:
Wenn an einem Widerstand (z. B. Verbraucher) eine Spannung von 1 V auftritt und dabei in ihm ein Strom von 1 A fließt, beträgt der Widerstand 1 Ω.

$$1\,\Omega = \frac{1\,V}{1\,A}$$

Beispielaufgabe 1:
Welchen Widerstand hat der Konstantandraht?

$$R = \frac{U}{I} \qquad R = \frac{2\,V}{0{,}8\,A} \qquad R = 2{,}5\,\Omega$$

Beispielaufgabe 2:
In der obigen Versuchsanordnung wird der 20 cm lange Konstantandraht (Kupfer-Nickellegierung CuNi44, spezifischer Widerstand ρ = 0,49 Ω · mm²/m) durch einen gleichlangen Kupferdraht ersetzt. Beide Drähte haben einen Querschnitt von 1 mm². Wie verändert sich der Widerstand R?

$$R_{Konstantan} = \frac{\rho \cdot l}{A}$$

$$R_{Konstantan} = \frac{0{,}49\,\Omega \cdot mm^2}{m} \cdot \frac{0{,}2\,m}{1\,mm^2} = 0{,}098\,\Omega \Rightarrow 98\,m\Omega$$

$$R_{Cu} = \frac{0{,}0178\,\Omega \cdot mm^2}{m} \cdot \frac{0{,}2\,m}{1\,mm^2} = 0{,}00356\,\Omega \Rightarrow 3{,}56\,m\Omega$$

Der Widerstand des Kupferdrahtes ist ca. 30-mal kleiner.

Hinweis: Das ohmsche Gesetz gilt nur für einen eingeschränkten Bereich; es ist nur für ohmsche Widerstände (metallische Leiter), bei konstanter Temperatur und kleinen Strömen (Gleichstrom) anwendbar. Steigt die Temperatur im metallischen Leiter, so vergrößert sich auch der Widerstand; sinkt die Temperatur so verringert sich der Widerstand.

4.3.5 Aufgaben zu 4.3

1. Eine als Kfz-Zubehör erhältliche Sitzheizauflage ist für U = 12 V Betriebsspannung vorgesehen. Der elektrische Widerstand dieses Verbrauchers beträgt R = 2,6 Ω.
   Für welche Stromstärke I muss die im Stecker der Heizauflage eingebaute Schmelzsicherung mindestens vorgesehen sein?
2. Ein Kleintauchsieder (Kfz-Zubehör) für 12 V Spannung hat 0,8 Ω Widerstand. Darf er an die Steckdose in einem Pkw angeschlossen werden, wenn sie mit 12 V Spannung betrieben wird und mit 20 A abgesichert ist?
3. Zwei Stahlblechteile von je 0,4 mm Dicke werden durch Widerstandspressschweißen miteinander verbunden.
   Wie viel Ohm Widerstand hat die Schweißstelle, wenn sie von 800 A durchflossen wird und eine Spannung von 1 V anliegt?

4. Berechnen Sie den elektrischen Widerstand der Hinleitung zur Schweißzange (Elektrodenhalter) eines Lichtbogenschweißgerätes. Die Stromstärke in der Leitung beträgt 160 A, die an den Enden der Leitung (zwischen Anschlussstecker und Zange) gemessene Spannung 48 mV.

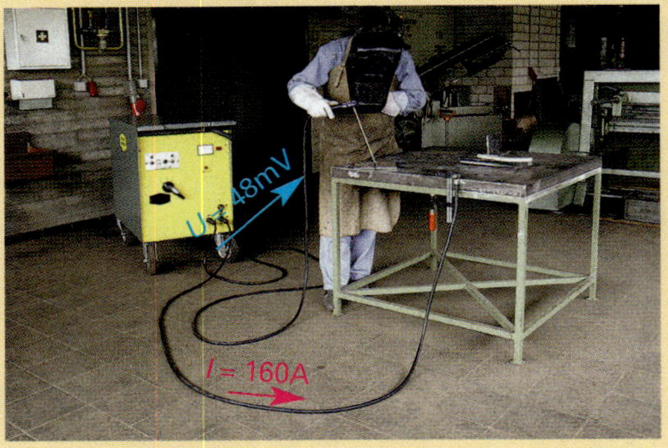

5. Berechnen Sie die Stromstärke in einer Heizwendel, wenn der Widerstand 30 Ω und die Anschlussspannung 230 Volt beträgt.

6. Wie groß ist der fließende Strom, wenn der Lastwiderstand R = 100 Ω und die Spannung U = 230 V beträgt?

7 Eine Glühlampe hat einen Widerstand von 1,28 kΩ bei einer Spannung von 230 V. Wie groß ist die Stromstärke?

8. Wie groß ist die Stromstärke, wenn in einem Tauchsieder ein Widerstand von 43 Ω gemessen wird und die Anschlussspannung 230 V beträgt?

4.4 Mehrere Verbraucher im Stromkreis

Auf Baustellen werden meist mehrere Verbraucher in einen Stromkreis betrieben. An Kabeltrommeln werden z. B. ein Trennschleifer (P = 2800 W), ein Strahler (P = 500 W) und eine Bohrmaschine (P = 800 W) angeschlossen. Wenn mehrere Verbraucher an eine Kabeltrommel angeschlossen werden, muss darauf geachtet werden, dass die durch den Hersteller festgelegten Grenzwerte nicht überschritten werden.

Elektrowerkzeuge und -geräte z. B. für eine Reparaturarbeit

4

4.4.1 Parallelschaltung

Der Anschluss der drei Verbraucher Trennschleifer, Strahler und Bohrmaschine an der Kabeltrommel wird Parallelschaltung genannt (im Schaltplan werden die Verbraucher parallel angeordnet gezeichnet).

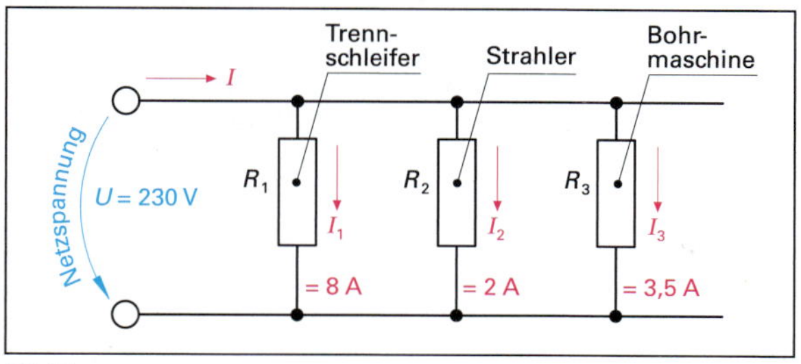

Bild 1

Die Spannung ist an allen Verbrauchern (Widerständen) gleich.

$U = U_1 = U_2 = U_3$ (Bild 1: $U = 230$ V)

Wegen der in Bild 1 ersichtlichen Verzweigung des Gesamtstromes in die Teilströme der Verbraucher gilt:
Die Summe der Ströme in den Einzelwiderständen ist gleich dem Gesamtstrom (in der Hin- bzw. Rückleitung).

$I = I_1 + I_2 + I_3$ (Bild 1: $I = 8\ \text{A} + 2\ \text{A} + 3{,}5\ \text{A}$; $I = 13{,}5$ A)

Mit Anschluss weiterer Geräte an der Kabeltrommel nimmt der Gesamtstrom zu. Bei einer Absicherung der Kabeltrommel von $I = 16$ A darf damit nur noch ein Verbraucher angeschlossen werden, dessen Stromaufnahme geringer als 2,5 A beträgt.

Aufgaben

1. Weshalb hat der Widerstand R_1 den kleinsten Wert in der Parallelschaltung von Bild 1? Begründung!
2. Berechnen Sie mithilfe der Angaben in Bild 1 und des Ohmschen Gesetzes den Widerstand R_2.

Mit der Anschlussspannung von $U = 230$ V und der Stromstärke in der Zuleitung von $I = 13{,}5$ A ergibt sich nach dem Ohmschen Gesetz (ersatzweise) der Ersatzwiderstand für die drei Widerstände dieser Schaltung :

$$R = \frac{U}{I};\ R = \frac{230\ \text{V}}{13{,}5\ \text{A}};\ R = 17{,}03\ \Omega$$

Der Ersatzwiderstand der Parallelschaltung ist immer kleiner als ihr kleinster Einzelwiderstand.
Das bedeutet auch:
Der Ersatzwiderstand wird umso kleiner, je mehr Widerstände(Verbraucher) parallelgeschaltet.
Es gilt:

$$\frac{1}{R} = \frac{1}{R_1} + \frac{1}{R_2} + \frac{1}{R_3}$$

$$\frac{1}{R} = \frac{1}{28{,}75\ \Omega} + \frac{1}{115\ \Omega} + \frac{1}{65{,}7\ \Omega} = 0{,}059\ \frac{1}{\Omega}$$

$$R = \frac{1}{0{,}059\ 1/\Omega} = 17\ \Omega$$

4.4.2 Reihenschaltung

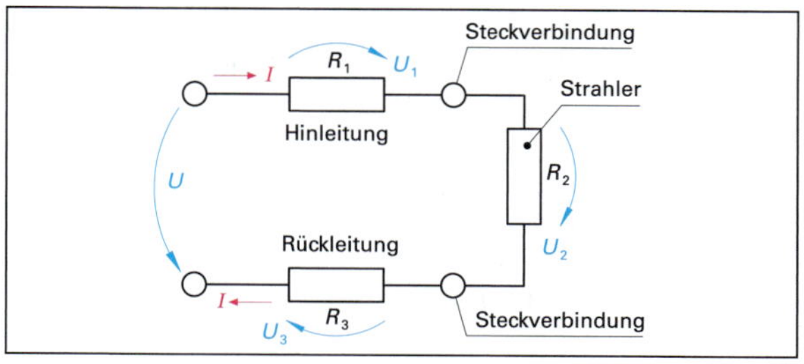

Bild 2

Für die Reparatur an einem Gartentor wird eine Kabeltrommel mit 50 m Kabellänge eingesetzt. Die Entfernung überbrücken die 50 m Leitung einer Kabeltrommel mit 1,2 Ohm Leiterwiderstand. Dieser verteilt sich auf die Hin- und Rückleitung mit $R_1 = 0{,}6\ \Omega$ bzw. $R_3 = 0{,}6\ \Omega$. Der Strahler hat einen Widerstand von $R_2 = 10\ \Omega$. Den Schaltplan zeigt Bild 2.
Da die Stromstärke in Hin- und Rückleitung gleich ist, (vgl. Kap. 2.3.2) gilt:
Alle Widerstände (Einzelwiderstände) dieser Schaltung werden vom gleichen Strom I der Reihe nach durchflossen.
Eine solche Anordnung von Widerständen nennt man Reihenschaltung.
Es gilt:

$I = I_1 = I_2 = I_3$

Der Gesamtwiderstand der Reihenschaltung ist gleich der Summe der Einzelwiderstände.

$R = R_1 + R_2 + R_3$ (Bild 2: $R = 0{,}6\ \Omega + 10\ \Omega + 0{,}6\ \Omega$; $R = 11{,}2\ \Omega$)

Aufgaben

Berechnen Sie mithilfe des umgeformten Ohmschen Gesetzes

1. die Stromstärke I dieser Reihenschaltung,
2. jeweils die Spannung an denn Widerständen R_1, R_2 und R_3.

Messungen oder Ihre Berechnungen zeigen, dass an jedem der drei Teilwiderstände eine entsprechende Teilspannung auftritt. Addiert man die drei Teilspannungen, so ergeben sich (etwa) 230 V, die an der gesamten Schaltung (am Anfang der Leitung) anliegen.

Es gilt:
Die Gesamtspannung einer Reihenschaltung ist gleich der Summe ihrer Teilspannungen.

$$R = R_1 + R_2 + R_3$$

(Gemäß Bild 2: $U = 4{,}9\ \text{V} + 220\ \text{V} + 4{,}9\ \text{V} = 229{,}8$ V)

Die Summe der Spannungen an den Widerständen R_1 und R_3 der Hin- bzw. Rückleitung stellt einen Spannungsverlust (Spannungsfall) $U_v = 9{,}6$ V dar. Die am Verbraucher R_2 verfügbare Spannung U_2 beträgt deshalb statt 230 V nur noch etwa 220 V.

Verbraucher, also Geräte, werden im Netz immer parallel betrieben. Das ist erforderlich, wegen der
- gleichen Spannung für die Elektrogeräte,
- Möglichkeit eines voneinander unabhängigen Betriebes der Verbraucher.

Diese Möglichkeiten sind bei der Reihenschaltung nicht gegeben.
Die in Bild 2 auf der Vorseite dargestellte Reihenschaltung von unerwünschten Leitungswiderständen mit dem Verbraucher ist Bestandteil jedes Stromkreises. Dies bedingt Verluste. Auch Steckverbindungen treten als Teilwiderstände und damit als Verlustquellen in dieser Schaltung auf. Abhilfe ist nur bedingt möglich.
Eine geplante Reihenschaltung von Verbrauchern (Widerständen) am Netz ist nur in wenigen Fällen erforderlich. (Beispiele: Elektrische Christbaumbeleuchtung, Anordnung von Vorschaltgerät (Drossel) und Röhre in der Leuchtstofflampe.)

Alle elektrische Geräte haben ein Typenschild, damit eine gefahrlose Nutzung durch sachgerechtes Anschließen gewährleistet ist. Neben anderen Angaben wird die **elektrische Leistung** angegeben. Für den Strahler beträgt sie **500 W**. Mit dem Einschalten des Strahlers wird elektrische Arbeit verrichtet; die elektrische Energie wird im Strahler in Lichtenergie und Wärmeenergie umgewandelt. Je länger der Strahler genutzt wird, um so mehr wird die **elektrische Energie *W*** in Lichtenergie umgesetzt. Der Strahler verrichtet **elektrische Arbeit.** Bei der Nutzung des Strahlers stellt man fest, dass neben der Lichtenergie auch Wärmenergie entsteht; das Lampengehäuse wird warm. Nur ca. 10 % der elektrischen Energie wird in Lichtenergie umgewandelt. Die Wärmeenergie wird als Verlustleistung bezeichnet, da sie hier unerwünscht ist. Der **Wirkungsgrad** elektrischer Geräte ist sehr unterschiedlich.

Elektrische Arbeit

Elektrische Arbeit wird verrichtet, wenn Ladungsträger im elektrischen Leiter verschoben werden. Die Größe der elektrischen Arbeit ist abhängig von der elektrischen Leistung und der Zeit.
Es gilt:

$$W = P \cdot t$$

Durch Einsetzen für $P = U \cdot I$ ergibt sich:

$$W = U \cdot I \cdot t$$

Einheiten:
Elektrische Arbeit W in W · s
(Ws = Wattsekunde)
1 W · s = 1 V · 1 A · 1 s = 1 J = 1 N · m

Als elektrische Arbeitseinheiten sind außerdem üblich:
- die Wattstunde:
  1 Wh = 3600 W · s
- die Kilowattstunde:
  1 kWh = 1000 Wh = 3600000 W · s.

Elektrische Leistung

Die Größe der **elektrischen Leistung** ist abhängig von der anliegenden Spannung und der Stromstärke
Es gilt:

$$P = U \cdot I$$

Einheiten:
1 W = 1 V · 1 A = 1 N · m/s = 1 J/s;
1 kW = 1000 W;
1 MW = 1000000 W = 1000 kW.

Beispiele:

Geräte bzw. Anlagen	Leistung (ungefähre Angaben
Glühlampen	25 ... 1000 W
Elektrische Lötkolben	15 ... 759 W
Mobile Heizgeräte (Heißluftgebläse, Heizlüfter)	1 ... 2 kW
Generatoren in Kraftwerken	500 kW ... 700 MW
Elektrische Steuerungen	1 mW ... 10 W

Wirkungsgrad

Das Verhältnis von abgegebener (geplanter) Leistung P_{ab} zu zugeführter Leistung P_{zu} nennt man Wirkungsgrad.
Es gilt:

$$\eta = \frac{P_{ab}}{P_{zu}}$$

Für den Wirkungsgrad ergeben sich immer Werte < 1, da die abgegebene Leistung immer kleiner ist, als die zugeführte Leistung. Der Wirkungsgrad wird als Zahl z. B. 0,1 oder Prozentwert z. B. 10 % angegeben.

Beispiele:

Geräte bzw. Anlagen	Wirkungsgrad (ungefähre Angaben)
Elektromotoren	70 ... 95 %
Transformatoren	80 ... 99 %
Glühlampen	7 ... 12 %
Energiesparlampe	25 ... 30 %
LED-Leuchte	30 ... 40 %

4

Beispielaufgabe:
Das Typenschild einer Bohrmaschine zeigt an: P = 800 W. Der Wirkungsgrad soll 80 % betragen. Wie viel elektrische Arbeit kann für die Bohrarbeit genutzt werden?

Lösung:

$$\eta = \frac{P_{ab}}{P_{zu}}$$

$P_{ab} = \eta \cdot P_{zu}$

$P_{ab} = \frac{80\ \%}{100\ \%} \cdot 800\ \text{W}$

$P_{ab} = 640\ \text{W}$

Es verbleiben 640 W für den Bohrvorgang.

4.5 Elektrische Maschinen und Geräte

Im Metallbau wird eine Vielzahl verschiedener Maschinen eingesetzt (siehe nachfolgende Bilder). Sie erleichtern und verkürzen die Arbeit.

4.5.1 Maschinenantriebe

Alle abgebildeten Maschinen werden durch einen Elektromotor angetrieben. Die elektrische Energie wird im Motor in magnetische Energie umgewandelt. Die Magnete üben Kräfte aufeinander aus und führen zum Drehen des Läufers. Die magnetische Energie wurde in mechanische Energie umgewandelt. Damit der Bediener dieser Maschinen durch

Stichsäge Handkreissäge Rohrsäge

***Bild 1** Elektrisch betriebene Handsägen*

***Bild 2** Heizungspumpe*

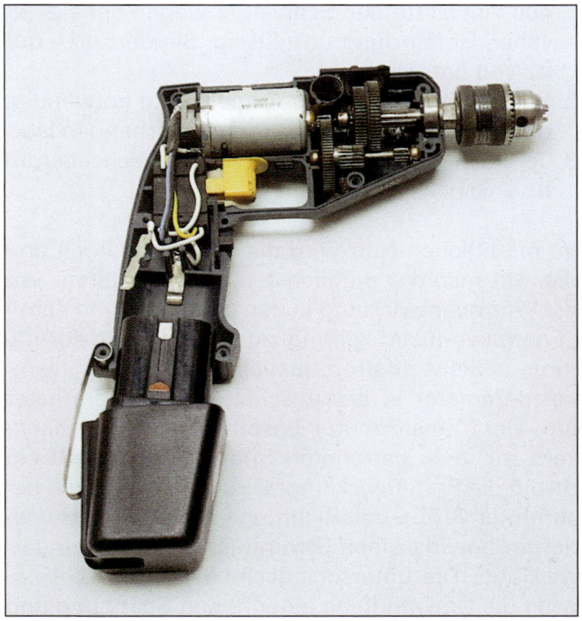

***Bild 3** Akkuschrauber*

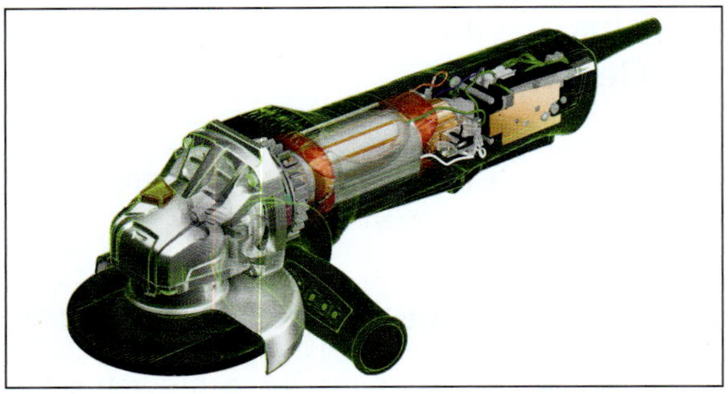

Bild 1 Winkelschleifer

den elektrischen Strom nicht gefährdet wird, hat der Hersteller Schutzmaßnahmen ergriffen.

Aufgabe
Analysieren Sie die abgebildeten Maschinen (S. 374/5) hinsichtlich stromführender Bauteile. Benennen Sie diese und beschreiben Sie die Schutzmaßnahme.

4.5.2 Schweißmaschinen

Im Gegensatz zu den oben abgebildeten Maschinen, erfolgt in Schweißmaschinen keine Umwandlung der elektrischen Energie in mechanische Energie.
Beim Schweißen wird Wärmeenergie zum Aufschmelzen des Grund- und Zusatzwerkstoffs benötigt. Im Lichtbogen wird die elektrische Energie in Wärmeenergie umgesetzt. Dabei lassen sich Temperaturen bis zu 4000 °C erreichen.
An die Schweißmaschinen werden folgende Anforderungen gestellt:

1. Die hohe Spannung des Stromnetzes 230 bzw. 400 Volt ist für den Schweißer wegen der elektrischen Gefährdung unzulässig. Sie darf u. U. nur 42 Volt betragen.
2. Stromstärken über 100 Ampere sind notwendig, damit genügend Wärmeenergie vorhanden ist.
3. Je nach Schweißaufgabe wird Wechselstrom bzw. Gleichstrom benötigt.

Im öffentlichen Netz wird die Spannung hoch und die Stromstärke möglichst niedrig gehalten, um die Wärmeentwicklung in den Leitungen und damit „Energieverluste" gering zu halten. Transformatoren in Schweißstromquellen wandeln die Stromnetzparameter in gewünschte Schweißparameter um. Der Transformator besteht aus einem Eisenkern mit zwei getrennten Spulen. Durchfließt ein Strom die Primärwicklung, wird ein Magnetfeld bestimmter Größe und Richtung erzeugt. Dieses wiederum bewirkt einen Stromfluss in der Sekundärwicklung. Die unterschiedliche Wicklungszahl bewirkt die Umwandlung einer hohen Spannung und niedrigen Stromstärke in eine niedrige Spannung

Bild 2 Stationäre Bohrmaschinen

und hohe Stromstärke, wie es für das Schweißen notwendig ist (Bild 3).
Der Wechselstrom wird mit einem Gleichrichter in Gleichstrom umgewandelt.

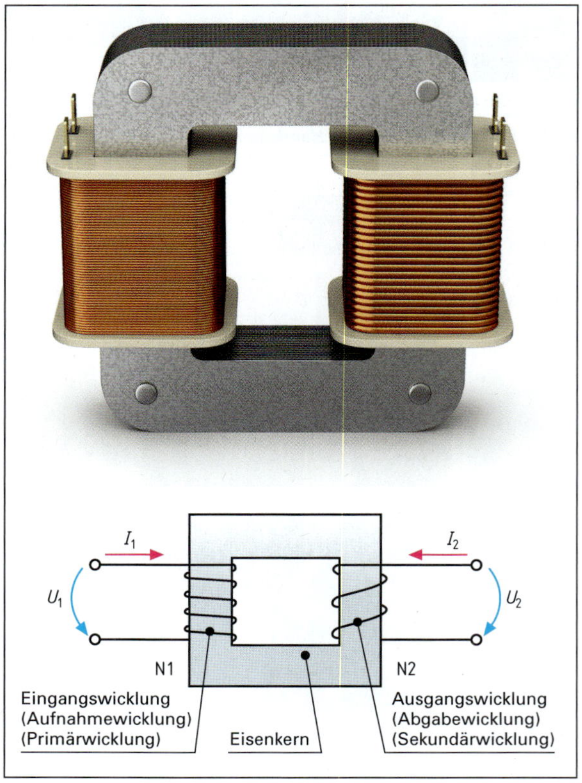

Bild 3 Transformator

4.5.3 Schutzmaßnahmen gegen Unfälle mit elektrischem Strom

Ein „elektrischer Schlag" ist eine Folge unachtsamen und unerlaubten Hantierens an elektrischen Anlagen und Geräten. Der Strom kann durch den Körper fließen, wenn der Mensch spannungsführende Anlage- oder Geräteteile durch Berühren überbrückt.

Wechselspannungen über 50 V (Gleichspannungen über 120 V) **gelten als lebensgefährlich.**

Elektrogeräte enthalten Bauteile, die im Betriebszustand unter Spannung stehen müssen (z. B. Heizleiter, Motorwicklungen). Andere Teile wieder dürfen keine Spannung führen (z. B. Eisenkerne von Wicklungen, Gehäuse).
Durch Gebrauch (Abnutzung) kann beispielsweise Isolierstoff durchgescheuert werden und so Spannung auf den „Körper" (z. B. Metallgehäuse) gelangen (siehe Seite 381). Dieser Fehlerfall heißt **Körperschluss**. Dabei entsteht z. B. zwischen Gehäuse und Erde eine **Berührungsspannung**. Beträgt diese mehr als 50 V Wechselspannung, besteht Lebensgefahr.

Zeichen	Benennung und erteilende Stelle	Bedeutung
V D E	**VDE-Zeichen** Erteilung durch VDE-Prüfstelle	Gerät ist entsprechend den VDE-Bestimmungen gebaut
GS	Zeichen für **geprüfte Sicherheit** Erteilung durch eine vom Bundesarbeitsministerium benannte Prüfstelle, z. B. TÜV oder VDE	Das Gerät entspricht den sicherheitstechnischen Anforderungen des Gesetzes für technische Arbeitsmittel
N	**Funkschutzzeichen** Erteilung durch VDE-Prüfstelle	Gerät ist funkentstört: G grob N normal K Kleinstörungsgrad

***Bild 1** Kennzeichen auf zugelassenen Elektrogeräten*

Schutz durch

Schutzisolierung

Schutzklasse II
Kennzeichen am Gerät

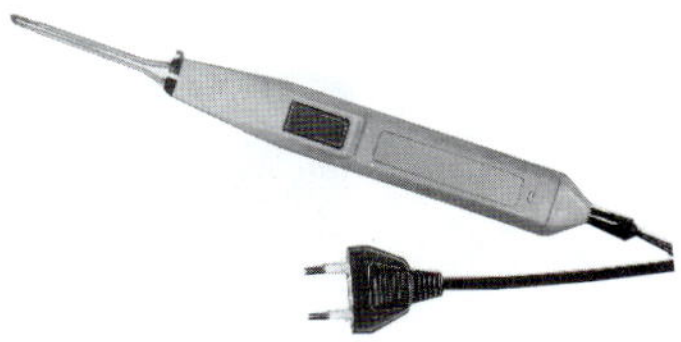

Kleinlötkolben mit Stecker **ohne** Schutzkontakt (hier Flachstecker)

Alle Geräte, die im Fehlerfall Spannung gegen Erde führen können, sind zusätzlich mit Isolierstoff abzudecken. Die Zuleitung darf **keinen Schutzleiter** enthalten und muss bei ortsveränderlichen Geräten mit einem Profilstecker (Form eines Schukosteckers, aber ohne Schutzkontakt) oder mit einem **Flachstecker** versehen sein.

Schutzkleinspannung (PELV[1])

Schutzklasse III
Kennzeichen am Gerät

Trenntransformator für Schutzkleinspannung

Die Betriebsspannung für solche Geräte darf höchstens 50 V Wechselspannung bzw. 120 V Gleichspannung betragen. Diese Spannungen gelten als Schutzkleinspannungen aber nur, wenn sie von vorschriftsmäßigen speziellen Stromquellen bereitgestellt werden.
Bei Geräten für Schutzkleinspannung sind nur Steckvorrichtungen zugelassen, die mit solchen für Niederspannung (50 V bis 1000 V) nicht zusammenpassen.
Anwendungsbeispiele: Arbeiten mit Elektrowerkzeugen in Behältern, Elektrospielzeug.

[1] PELV: **p**rotective **e**xtra **l**ow **v**oltage

Schutztrennung

Kennzeichen am Gerät

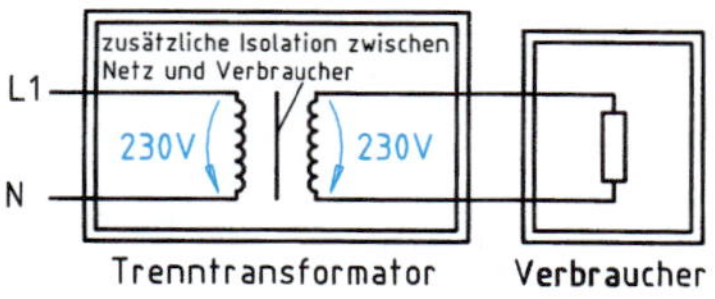

Funktionsprinzip

Ein Trenntransformator bewirkt, dass zwischen dem Niederspannungsnetz und dem Elektrogerät keine elektrisch leitende Verbindung besteht (Die Energie überträgt der Transformator mithilfe magnetischer Wirkung). Deshalb kann im Fehlerfall am Gehäuse des Verbrauchers keine Spannung gegen Erde auftreten.
Mobile Trenntransformatoren müssen schutzisoliert sein. Im Allgemeinen darf an ihnen nur ein einziges Gerät mit maximal 16 A Nennstrom betrieben werden; gegebenenfalls mit Steckdose ohne Schutzkontakt.
Anwendungsbeispiel: Arbeiten in beengter, elektrisch leitender Umgebung (z. B. in Metallbehältern), vor allem, wenn Verbraucher (z. B. eine Trennschleifmaschine) wegen ihres großen Nennstroms nicht mit Kleinspannung betrieben werden können.

4

Schutz durch automatische Abschaltung der Stromversorgung

Schutzmaßnahmen mit Schutzleiter

Schutzklasse I
Kennzeichen am Gerät 

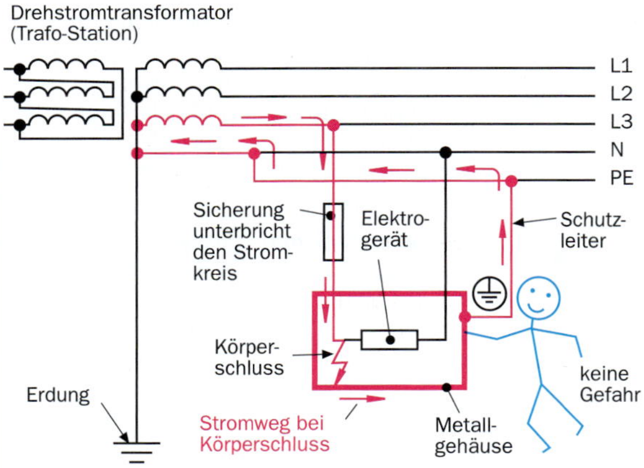

Bei **intaktem** Schutzleiter besteht im Fehlerfall (Körperschluss) keine Gefahr für den Benutzer des Elektrogerätes. Durch ihn kann kein Strom durch leitenden Boden zur Erdungsleitung der Sromquelle (Drehstromtransformator) fließen. Der Fehlerstrom fließt über den Schutzleiter zurück.

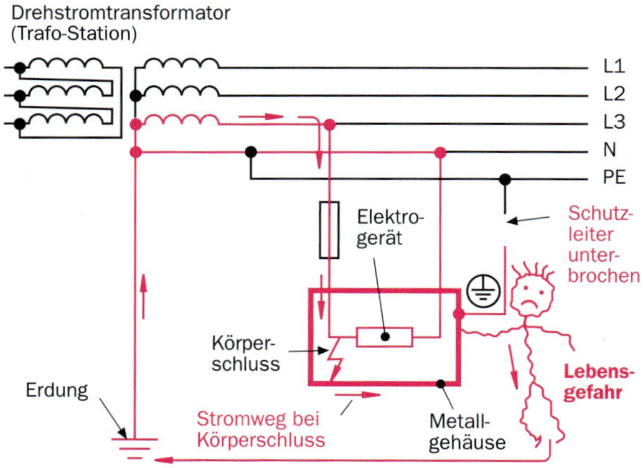

Bei **unterbrochenem** Schutzleiter besteht im Fehlerfall (Körperschluss) **Lebensgefahr** für den Benutzer des Elektrogerätes. Durch ihn hindurch fließt ein Fehlerstrom durch leitenden Boden zur Erdungsleitung der Sromquelle (Drehstromtransformator). Die Sicherung unterbricht den fehlerhaften Stromkreis **nicht**.

An (Metall-) Teile des Verbrauchers (Gehäuse), die nur im Fehlerfall (Körperschluss) an Spannung liegen, ist ein **Schutzleiter** angeschlossen (Kennzeichen: Grün-Gelb; Bezeichnung PE[1]). Bei Körperschluss bildet er neben dem Verbraucherstromkreis einen geschlossenen **Fehlerstromkreis**. Dessen Strom verursacht die Trennung des Verbraucherstromkreises vom Netz.
Dieses selbsttätige Abschalten übernehmen

- **Überstromschutzeinrichtungen**
  (z. B. Leitungsschutzschalter)
  Der Fehlerstromkreis stellt einen Kurzschluss dar.
  Anwendungsbeispiele: Die meisten stationären Maschinen im Netz.
- **Fehlerstrom-Schutzeinrichtung (RCD[2])- oder FI-Schutzschalter)**
  Während Überstromschutzeinrichtungen erst bei sehr großen Strömen (Kurzschlussstrom) im Fehlerstromkreis den Verbraucherstromkreis unterbrechen, schalten RCD- oder FI-Schutzschalter schon bei Fehlerströmen im Bereich von 10 mA ... 500 mA in Sekundenbruchteilen ab.
  Wenn z.B. wegen eines schadhaften Gerätes 10 mA Fehlerstrom durch den Bediener fließen, ist dieser wegen des kleinen Stromes und wegen des fast augenblicklichen Abschaltens nicht gefährdet.
  Anwendung: RCD- oder FI-Schutzschalter sind vorgeschrieben z.B. in Baustellenverteilern und Schwimmbädern.

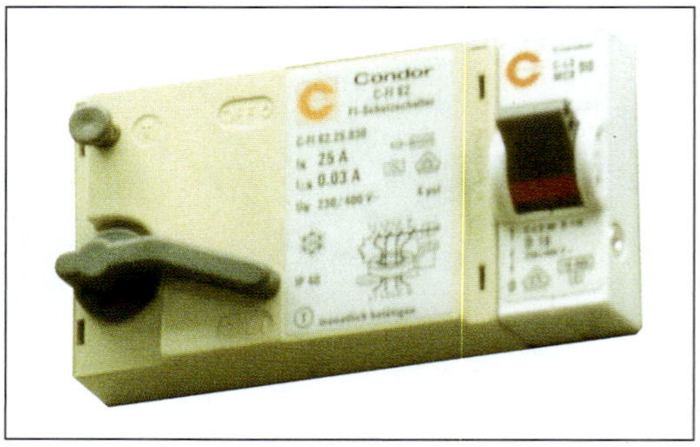

FI-Schutzschalter

Im Zusammenhang mit netzabhängigen Schutzmaßnahmen sind **Steckvorrichtungen mit Schutzkontakt** vorgeschrieben. Ihre Schutzkontakte stellen eine durchgehende Verbindung des Schutzleiters vom Verbraucher bis zum Netz sicher.

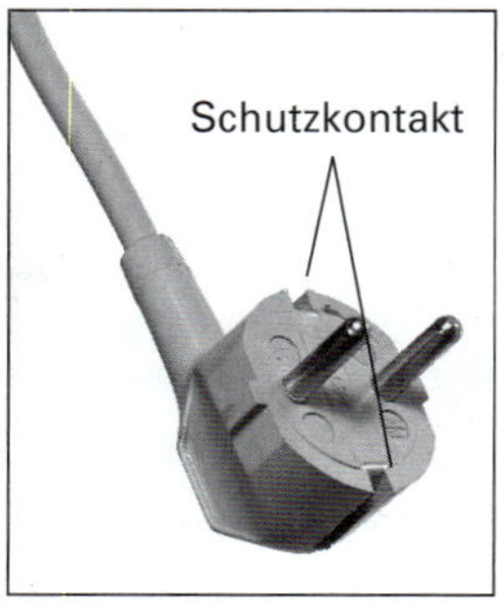

SCHUKO-Stecker für Einphasen-Wechselstrom

[1] Englische Abkürzung für **p**rotection **e**arth = Schutzerde
[2] Englische Abkürzung für **r**esidual **c**urrent protective **d**evice = Reststromschutzvorrichtung

4.5.4 Umgang mit Elektrogeräten – Unfallverhütung

kein Zeichen	**Abgedeckt:** Nur für trockene Räume, z. B. Wohnräume, Büros, Flure, Dachböden usw.	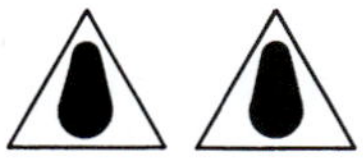	**Strahlwassergeschützt:** Schutz gegen Wasserstrahlen aus allen Richtungen. Für Leuchten in Wasch- und Badeanstalten, Färbereien, Käsereien, Molkereien, Brauereien usw.
	**Tropfwassergeschützt:** Für feuchte Räume und im Freien unter Dach, z. B. Großküchen, Backstuben, Kühlräume, Gewächshäuser.	 3 bar	**Druckwassergeschützt:** Mit Angabe des Druckes. Für nasse Räume wie Schwimmbäder.
	**Regengeschützt:** Für Leuchten und Geräte in feuchten Räumen und im Freien ohne Dach. Z. B. wie bei Tropfwassergeschützt.		**Staubgeschützt:** Leuchten in Räumen mit Staub aber ohne Explosionsgefahr. Z. B. Landwirtschaft, Holzbearbeitungswerkstätten.
	**Schwallwassergeschützt:** Schutz gegen Wassertropfen aus allen Richtungen. Für Motoren und Geräte in feuchten Räumen und im Freien. Z. B. Landwirtschaft und Baustellen.	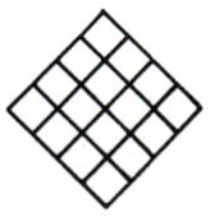	**Staubdicht:** Schutz gegen Eindringen von Staub unter Druck. Für Leuchten in Räumen mit brennbaren Stäuben.

***Bild 1** Kennzeichnung der Schutzart elektrischer Betriebsmittel*

Abhängig von Verwendung und Einsatzort müssen elektrische Geräte und Maschinen entsprechend geschützt sein.
Diese Schutzarten und die Schutzmaßnahmen gegen elektrischen Schlag gewährleisten nur dann Sicherheit, wenn mit Geräten und elektrischen Anlagen sorgfältig umgegangen wird.
Einen Stecker an seiner Leitung aus der Steckdose zu ziehen oder ein Gerät an seiner Zuleitung anzuheben, ist unzulässig. Eine Zu- oder Verlängerungsleitung darf nicht eingeklemmt (gequetscht) werden. Sie darf auch keine Knoten bilden. Elektrogeräte dürfen nicht nass werden oder gar in Wasser getaucht werden, außer, es handelt sich um dafür geeignete Spezialgeräte.
Ist die Handhabung eines Elektrogerätes nicht bekannt, so muss vor der Anwendung eine sachkundige Unterweisung erfolgen (z. B. erfahrene Personen fragen, die Bedienungsanleitung lesen).

Elektrische Geräte und Anlagen mit Schäden, z. B. an Isolation, Gehäusen, Steckvorrichtungen oder Schaltern, müssen sofort außer Betrieb gesetzt werden.

Schäden an elektrischen Geräten und Anlagen – und scheinen sie noch so geringfügig zu sein – darf ausschließlich eine Elektrofachkraft beheben.
Diese Vorschrift dient nicht nur der eigenen Sicherheit, sondern bewahrt auch andere vor den Gefahren unsachgemäß instandgesetzter Geräte und Anlagen. Schilder mit Anweisungen oder Hinweisen auf Gefahren (z. B. Bild 2) sind zu beachten; den Anweisungen ist unbedingt zu folgen. Das gilt auch für entsprechende Anweisungen von Fachleuten.

***Bild 2** Warnhinweis zur Verhinderung einer Unfallgefährdung durch elektrischen Strom*

4.5.5 Sofortmaßnahmen bei Unfällen

Ob eine durch elektrischen Schlag verunglückte Person überlebt, hängt oft von rasch einsetzender erster Hilfe ab. Es ist sofort ärztliche Hilfe anzufordern.

Die verunglückte Person erst berühren, wenn die elektrische Anlage, mit der sie in Verbindung ist, spannungsfrei geschaltet ist.

Andernfalls sind auch Helfende gefährdet.

Es ist also gegebenenfalls der NOT-AUS-Schalter (Bild 1) zu betätigen oder der Netzstecker des betreffenden Gerätes zu ziehen oder der/die Leitungsschutzschalter auszuschalten. Ist die Anlage nicht spannungsfrei zu machen, sollte versucht werden, die verunglückte Person mithilfe nicht leitender Gegenstände (z.B. Holzstangen) aus dem Gefahrenbereich herauszuholen.

Im übrigen sind die bei erster Hilfe üblichen Maßnahmen durchzuführen, wie Seitenlage der verletzten Person und Atemspende bei Atemstillstand.

Bild 1 NOT-AUS-Schalter (-Taster). Bei Gefahr kann damit die Anlage oder Maschine abgeschaltet, d.h. spannungsfrei geschaltet werden.

4.6 Aufgaben zu 4

Elektrizität als Energieform

1. Nennen Sie Beispiele für die Umwandlung von Elektrizität in andere Energieformen mit je einer technischen Anwendung.

Elektrischer Stromkreis

2. a) Welche Bestandteile muss ein elektrischer Stromkreis mindestens enthalten?
b) Skizzieren Sie den Schaltplan dieses Stromkreises.

3. Nennen Sie Beispiele für Erzeuger und Verbraucher.

4. Zählen Sie einige elektrische Leiterwerkstoffe und Isolierwerkstoffe auf.

5. Erklären Sie, weshalb z.B. Kupfer ein guter elektrischer Leiter ist und weshalb Porzellan den elektrischen Strom nicht leitet.

6. Auf dem Leistungsschild einer Handbohrmaschine lesen Sie unter anderem den Aufdruck 230 V. Erklären Sie diese Angabe.

7. Welche beiden Spannungen stellt das Niederspannungsnetz in Ihrer Werkstatt bzw. in Ihrem Betrieb zur Verfügung?

8. Von einem Bohrschrauber wissen Sie, dass sein Akkumulator 9,6 V Spannung abgeben kann. Sie wollen diese Spannung messen.
a) Ist versehentliches Berühren der Anschlüsse des Akkumulators lebensgefährlich? Begründen Sie Ihre Antwort.
b) Zeichnen Sie den Schaltplan zu Ihrer Messung.

9. Eine Pkw-Batterie ist an ein Ladegerät angeschlossen. Die Anschlussklemmen tragen die Kennzeichnung + und –.
a) Erklären Sie deren Bedeutung für den Stromkreis.
b) Welche Stromart liegt im Ladestromkreis vor?

10. Nennen Sie für jede Stromart einen typischen Verbraucher.

11. Sie messen in einem Stromkreis die Stromstärke zuerst in der Hinleitung (vor dem Verbraucher), dann in der Rückleitung (nach dem Verbraucher).
a) Vergleichen Sie die Messergebnisse.
b) Nehmen Sie Stellung zu dem Wort „Stromverbrauch".

12. Nennen Sie die Wirkungen des elektrischen Stromes und je zwei technische Anwendungen.

13. Nennen Sie zwei Beispiele für unerwünschte Wärmewirkung des elektrischen Stromes.

14. Eine zu starke Erwärmung von Leitungen muss vermieden werden. Nennen Sie mindestens drei Möglichkeiten, um dies zu erreichen.

15. Begründen Sie den großen Kupferquerschnitt von Schweißleitungen.

16. Zeichnen Sie den Schaltplan eines vollständigen Stromkreises, in dem mit entsprechenden Messgeräten Strom und Spannung gemessen werden.

17. Welche Aufgabe haben Sicherungen (Überstromschutzeinrichtungen)?

18. Eine Sicherung „fliegt raus“ (unterbricht den Stromkreis). Sie wollen wieder einschalten bzw. den Sicherungsautomaten austauschen. Welche vorausgehende Maßnahme sollten Sie ergreifen?

19. Weshalb werden die meisten Verbraucher am Netz in Parallelschaltung betrieben?

20. Zwei Widerstände $R_1 = 45\ \Omega$ und $R_2 = 10\ \Omega$ bilden eine Parallelschaltung.
Geben Sie – ohne zu rechnen – den Bereich an, in dem der Wert des Ersatzwiderstandes R liegt. Begründen Sie Ihre Schätzung.

21. Nennen Sie Beispiele für Reihenschaltungen von Widerständen (Verbrauchern) am Netz.

Elektrische Leistung und Arbeit

22. Ein elektrischer Lötkolben hat die Nenndaten 230 V, 400 W. An der Hälfte seiner Nennspannung betrieben, beträgt seine Leistung nur noch ca. 100 W. Erklären Sie diesen Sachverhalt.

23. Eine kleine Trennschleifmaschine nimmt bei Nennlast 1000 W elektrische Leistung auf und hat dabei einen Wirkungsgrad von 75 %.
a) Welche Leistung gibt die Maschine bei Nennlast an der Trennscheibe ab?
b) Wie viel Prozent – bezogen auf die Leistungsaufnahme – betragen in diesem Betriebszustand die Verluste der Maschine?

24. Stellen Sie den folgenden Satz fachlich richtig:
„Im vergangenen Jahr hatte unser Betrieb sehr hohe Stromkosten.“

Unfallgefahr durch elektrischen Strom

25. Ein Elektrogerät ist mit dem Zeichen ⧈ versehen.
a) Nennen Sie die Bedeutung des Zeichens.
b) Woran sind so gekennzeichnete Geräte außerdem zu erkennen?

26. Ein Elektrogerät mit dem Zeichen ⏚ hat einen Körperschluss.
a) Was versteht man unter diesem Fehler?
b) Dieses Gerät wird an das Netz angeschlossen. Beschreiben Sie die Wirkung der mit diesem Symbol gekennzeichneten Schutzmaßnahme gegen gefährliche Körperströme.

27. Wozu dient der Schutzkontakt einer Schukosteckdose oder eines Schukosteckers?

28. Sie wollen einem durch elektrischen Strom Verunglückten Erste Hilfe leisten. Worauf müssen Sie besonders achten?

Sachwortverzeichnis

S

H

I

K

S

S

S

T

Einteilung der Fertigungsverfahren nach DIN 8580

Hauptgruppe 1 **Urformen**	Hauptgruppe 2 **Umformen** **DIN 8582**	Hauptgruppe 3 **Trennen**	Hauptgruppe 4 **Fügen** **DIN 8593-0**	Hauptgruppe 5 **Beschichten**	Hauptgruppe 6 **Stoffeigenschaft ändern**
Merkmal: Erzeugen der Form, wobei Zusammenhalt geschaffen wird	Merkmal: Ändern der Form, wobei der Zusammenhalt beibehalten wird.	Merkmal: Erzeugen der Form, wobei Zusammenhalt vermindert wird	Merkmal: Erzeugen der Form, wobei Zusammenhalt vermehrt wird	Merkmal: Erzeugen der Form, wobei Zusammenhalt vermehrt wird	Merkmal: Ändern der Werkstoffeigenschaften
Gruppe 1.1 Urformen aus dem flüssigen Zustand	Gruppe 2.1 Druckumformen DIN 8583-1	Gruppe 3.1 Zerteilen DIN 8588	Gruppe 4.1 Zusammensetzen DIN 8593-1	Gruppe 5.1 Beschichten aus dem flüssigen Zustand	Gruppe 6.1 Verfestigen durch Umformen
Gruppe 1.2 Urformen aus dem plastischen Zustand	Gruppe 2.2 Zugdruckumformen DIN 8584-1	Gruppe 3.2 Spanen mit geometrisch bestimmten Schneiden DIN 8589-0	Gruppe 4.2 Füllen DIN 8593-2	Gruppe 5.2 Beschichten aus dem plastischen Zustand	Gruppe 6.2 Wärmebehandeln DIN EN 10052
Gruppe 1.3 Urformen aus dem breiigen Zustand	Gruppe 2.3 Zugumformen DIN 8585-1	Gruppe 3.3 Spanen mit geometrisch unbestimmten Schneiden DIN 8589-0	Gruppe 4.3 An- und Einpressen DIN 8593-3	Gruppe 5.3 Beschichten aus dem breiigen Zustand	Gruppe 6.3 Thermomechanisches Behandeln
Gruppe 1.4 Urformen aus den körnigen oder pulverförmigen Zustand	Gruppe 2.4 Biegeumformen DIN 8586	Gruppe 3.4 Abtragen DIN 8590	Gruppe 4.4 Fügen durch Urformen DIN 8593-4	Gruppe 5.4 Beschichten aus dem körnigen oder pulverförmigen Zustand	Gruppe 6.4 Sintern Brennen
Gruppe 1.5 Urformen aus den span- oder faserförmigen Zustand	Gruppe 2.5 Schubumformen DIN 8587	Gruppe 3.5 Zerlegen DIN 8591	Gruppe 4.5 Fügen durch Umformen DIN 8593-5	Gruppe 5.6 Beschichten durch Schweißen	Gruppe 6.5 Magnetisieren
Gruppe 1.8 Urformen aus dem gas- oder dampfförmigen Zustand		Gruppe 3.6 Reinigen DIN 8592	Gruppe 4.6 Fügen durch Schweißen DIN 8593-6	Gruppe 5.7 Beschichten durch Löten	Gruppe 6.6 Bestrahlen
Gruppe 1.9 Urformen aus dem ionisierten Zustand			Gruppe 4.7 Fügen durch Löten DIN 8593-7	Gruppe 5.8 Beschichten aus den gas- oder dampfförmigen Zustand (Vakuumbeschichten)	Gruppe 6.7 Photochemische Verfahren
			Gruppe 4.8 Kleben DIN 8593-8	Gruppe 5.9 Beschichten aus dem ionisierten Zustand	
			Gruppe 4.9 Textiles Fügen		

S